主　　编　　庞发现

副主编　　刘忠孝　安树宝　葛守焕

　　　　　　涂国良　庞　宏　孙尚斌

主　　审　　刘翰德　高　崖　吴润泽

中华优秀传统人文文化

【经·典·卷】

黑龙江人民出版社

图书在版编目（CIP）数据

中华优秀传统人文化：经典卷/庞发现主编.—哈尔滨：
黑龙江人民出版社,2015.12（2021.8重印）
ISBN 978－7－207－10607－0

Ⅰ.①中... Ⅱ.①庞... Ⅲ.①中华文化—通俗
读物 Ⅳ.①K203－49

中国版本图书馆 CIP 数据核字（2015）第 315935 号

责任编辑：姜海霞
装帧设计：于克广　张　涛

中华优秀传统人文化（经典卷）
庞发现　主编

出版发行　黑龙江人民出版社
通讯地址　哈尔滨市南岗区宣庆小区 1 号楼
邮　　编　150008
网　　址　www. longpress. com
电子邮箱　hljrmcbs@ yeah. net
印　　刷　北京一鑫印务有限责任公司
开　　本　787×1092　　1/16
印　　张　44. 25
字　　数　800 千字
版　　次　2015 年 12 月第 3 版　2021 年 8 月第 2 次印刷
书　　号　ISBN 978－7－207－10607－0
定　　价　168.00元

版权所有　侵权必究　　　　　　**举报电话：**（0451）82308054
法律顾问：北京市大成律师事务所哈尔滨分所律师赵学利、赵景波

前　言

　　优秀传统文化指具有真理性，能产生正能量，世代传承下来的能为人们求生存发展实践提供理论指导和智力支持的思想、道德、习惯、知识、技艺等。追求生存发展自由，自古是人类第一重大基本问题。毛泽东总结人类经验说："科学是人们争取自由的一种武装。"科学是揭示事物本质及其发展规律的知识体系。中国不但是人类文明古国之一，而且是人类迄今为止唯一文明发展史没有中断过的国家。中华文化源远流长，博大精深，真理性深刻，中华民族自古重视文化建设。当今中国有世界最伟大的文化宝库，汇集了古今中外圣哲们的经典。"经藏是圣智寄身之处。"人们要想求得大智慧，不可不读圣哲们的经典。古圣哲经典是打开中华优秀传统文化大门的钥匙。"一切真知都是从直接经验发源的。但人不能事事靠直接经验。事实上多数的知识都是间接的东西，这就是古代的和外域的知识。这些知识在古人在外人是直接经验的东西。"宇宙大道运行的恒常性，人的类本质属性的亘古不变性，决定了今日社会求生存发展的人们不可不读古今中外圣哲们的经藏。伏羲画八卦，演易变之道，揭示人的生存发展与宇宙运行之道间的规律，引导人们求人的本性与正道的统一，标志着中华优秀文化的产生。炎帝、黄帝继往开来，推动中华文化不断向前发展。四千多年前，尧舜禹执政时期，中国就把文明素质作为评价人的根本标准，尧舜禹皆因文明素质出类拔萃而登上执政高位。四千年来，人类求生存发展的实践表明，中华优秀传统人文化真理性俱足。马克思恩格斯说："思想根本不能实现什么东西。为了实现思想，就要有使用实践力量的人。"列宁进一步指出："人们一经认识了不依赖于我们意志而起作用的规律（马克思把这点重复了千百次），我们就成为自然界的主人。"五千年前的伏羲演易变之道，画八卦，揭示了人的生存发展与天地运行之道的关系，教人驾驭天地运行之道，确立了中华民族

1

求主观与客观、理论与实践、知与行统一的思想。中华优秀传统人文化告诉人们，人的本性与宇宙运行之道统一之时，就是人求得生存发展自由之日。纵观中华文明发展史，人们会清楚地看到，正是优秀传统人文化造就了伟大的中华民族，指导中国人民创造了辉煌历史，指引中华文明不断发展进步，推动了人类的文明进步。

当今人类社会正处于新的伟大变革之中，人们的生存发展环境正在发生深刻变化，每个国家、民族和个人的生存发展都面临着新的挑战。要想战胜挑战，求得生存发展自由，必须进行深层次思考从而做出正确抉择。《中华优秀传统人文化》（经典卷）组织研究人文化的专家学者，依据人类文明演进的逻辑，站在人类文明进步的全局高度，审视中华优秀传统人文化，探索人类生存发展之道。世界著名思想家纷纷指出，人类文明始于中国。中华民族最早求得了理性自由，确立了文明理念，创造了求生存发展的大智慧，开辟了人类文明进步之道。中国古圣哲早在五千年前，就告诉人们，明宇宙人生真相，实施人的本性与宇宙运行大道的统一，是人类求生存发展的必由之路。中华民族最早懂得人是人类社会的主体，人是人类社会存在发展的主导力量，人的文明化是人类社会的根本出路。

本书遵照古圣孔子"述而不作"、"践迹入室"的原则，原原本本地汇集了中国古代百家精英关于搞好人的自身建设，提高人的文明素质，发展社会文明事业的论述，展现了中国古代圣哲认识人生、管理人生、开发人生的伟大智慧。这些智慧是中华民族长期实践、认识、再实践、再认识的经验结晶和理论升华，闪烁着永恒真理的光辉，展现了继往开来之道，揭示了人生必由之路、圣明通达之路、大成至圣之路，具有指导人生实践的作用，有利于个人成长、人民和谐、国家昌盛、社会文明进步。老子说："执古之道，以御今之有。"《中华优秀传统人文化》（经典卷）告诉人们，人文化建设也需要继往开来。善继往者圣明通达，能站在巨人肩上者比巨人高，能开创未来者才能成为新时代的巨人。本书是中国古代圣哲优秀人生思想的汇集，具有广泛的知识性和切实可行的应用价值。一切关心个人前途、祖国命运和人类文明进步的人们，皆可从中得到启迪和鼓舞。这是中国真正的软实力，也是世界人民共有的宝贵精神财富。

目录

中 华 优 秀 传 统 人 文 化

目 录
中 华 优 秀 传 统 人 文 化

目录

中华优秀传统人文化

目 录

中华优秀传统人文化

第一编

中华优秀传统
人文化概说

　　经济基础决定上层建筑。经济全球化,世界统一市场形成,人生环境发生深刻变化,致使世界一切国家、民族和个人对生存发展问题皆产生紧迫感。在新的条件下,应当如何求生存发展问题已成为人们共同关心的重大基本问题。黑格尔说,"要存在需合理"。毛泽东说,"要发展,看历史"。"历史的经验值得注意"。黑格尔认为,世界文明史是从东方到西方,从中国到日耳曼人。东方人最先实现了理性自由。世界诸多著名思想家站在人类的总体高度,研究人类的生存发展问题,纷纷指出,中华民族创造了诸多文明奇迹,在1870年以前,中国一直是世界最大经济体;在从汉朝到清朝的十几个世纪中,中国经济、科技、文化、教育和社会文明化建设一直处于世界领先地位;池田大作说:中国有世界最大的文化宝库;罗素在1922年著的《中国问题》中指出:中华文明是人类"唯一从古代存留至今的文明","中国人能自由地追求符合人道的目标,而不是追求白种民族都迷恋的战争、掠夺和毁灭","中国的力量不至于加害他国,他们是完全依靠自己的能力来生存的","中国人摸索出的生活方式已沿袭数千年,若能被世界采纳,地球上肯定会比现在有更多的欢乐祥和"。他强调说"对中国问题应该有明智的了解"。"文化问题最为重要","中国在丝毫未受欧洲影响的情况下,完全独立地发展了自己的传统文化"。伏尔泰说,世界文明"始于中国",当中华文明依然昌盛、发达之时,欧洲人"还只是一群在阿登森林中流浪的野人呢"。马克思说中国是一块活化石。恩格斯说:"一个民族想要登上科学的各个高峰,就一刻也不能没有理论思维。"中华民族是世界上理论思维成熟最早的民族。

　　中华文明大厦经过百万年筑基,"根深柢固"。从古人类算起,中华民族在中国这片土地求生存发展,迄今已走过了大约一百七十万年的历程。中国靠什么力量维持发展民族和国家的生命力?这是一切关心自己国家命运和人类前途的人们,多年来一直探讨的问题。《中华优秀传统人文化》(经典卷)综合了国内外专家学者的优秀思想,深入考究了中国古圣哲经典,进一步明确地告诉人们,中华民族永不枯竭的生命力,源于中华优秀传统人文化。中华民族在长期、连续不间断、反复实践、认识、再实践、再认识过程中,揭示了宇宙人生真相,提出了文明概念,创造了文明智慧,开辟了文明道路;懂得了人间正道是沧桑,真理正义是正能量;尊道贵德行真正,生存发展永安祥;清楚了人求生存发展必须解决的根本问题,是自觉将人的本质属性与天地自然运行之道统一起来,不断提高文明素质,能经纬天地人生,做自己命运的主人,自觉地追求尽人性、践人形、成其大、得其贵的理想。这些思想作为中华民族求生存和发展的精神支撑,极大地激发了中华民族的自觉能动性,赋予了中国人民无穷智慧和无限创造力,引领中国人自觉追求修身、齐家、治国、平天下，把个人成长与人类文明进步和谐统一起来，造就了伟大的中华民族，赋予了中华民族无限光明无限美好的前途。

中华民族"自强不息"，继往开来，历经百万年沧桑，建起了"世界最大文化宝库"。池田大作说："这宝库是中国的，也是世界的。"中华文化建设是在纷繁复杂的情况下建设起来的。中华大地上自古生活着诸多民族。《吕氏春秋》说："当禹之时，天下万国，至于汤两千余国。"周朝建国时尚封八百诸侯国。中华先祖与天奋斗、与地奋斗、与人奋斗，历经千辛万苦，在解决各种矛盾的实践中，创造诸多辉煌，中华优秀传统文化宝库中宝藏种类多种多样，其活的灵魂和核心是人文化。中华人文化不但产生时间早，而且博大精深，体系完整，真理性强，堪称世界之最。春秋战国时期的百家争鸣把中华民族的思想统一到了求文明进步的轨道。中华优秀传统人文化建设，不但有明确的宗旨，而且形成了完整的体系。中国人早在两千多年前就把佛文化引进中国，进行了中国化的加工改造。佛文化的宗旨是明确教人必须把做人放在第一位。佛文化在中华人文化建设中发挥了积极的作用。毛泽东正是从这一意义上指出佛文化是中国传统文化。儒、道、佛作为中华文化的主流，早在两千年前，就成了中华民族求生存发展的精神支撑，为一代又一代中国人求生存发展提供了智力支持和理论指导，成为中华民族的精神家园和优秀传统。

优秀传统是民族之根，丢掉优秀传统犹如树木丧根。因此，古圣哲皆提倡继往开来。当今中国人中真正了解中华文明史的有多少？有多少人清楚古代中国人曾经对世界做出过哪些贡献？又有多少人思考过世界诸多文明古国中，为什么只有中华文明史从古至今没有中断过？中华传统文化中最可宝贵的是什么？我们应当继承什么？世界文明进步急需中华文明宝库中的哪些智慧？中华民族实现伟大复兴需要古圣哲的哪些思想等。本书第一编汇集诸精英贤达的思想，对上述问题做了简要回答，目的在于抛砖引玉，以便外国人正确认识中国，中国人知道自己该向自己的历史学什么。

第一章 中华优秀传统人文化形成

中华优秀传统人文化是中华民族长期求生存发展实践的产物。中华优秀传统人文化形成的标志是：中华民族创造了真理性的人文化；中华民族以

真理性人文化为指导,在求生存发展实践中创造了诸多世界性的奇迹,中国是世界迄今为止文明发展史唯一没有中断过的国家,近两千年来,中国在科技文化、经济、政治和社会文明建设等方面居世界领先地位十几个世纪。实践表明,人类求生存发展需要真理性人文化指导。中华民族长期求生存发展实践造就了中华优秀传统人文化,中华优秀传统文化由诸多智慧构成。

一、理智形成

毛泽东总结人类认识发展规律时说:"通过实践而发现真理,又通过实践而证实真理和发展真理。从感性认识而能动地发展到理性认识,又通过理性认识而能动地指导革命实践,改造主观世界和客观世界。实践、认识、再实践、再认识,这种形式,循环往复以至无穷,而实践和认识之每一循环的内容,都比较地进到了高一级的程度。这就是辩证唯物论的全部认识论,这就是辩证唯物论的知行统一观。"中华民族对人生存发展之道的认识,就是遵循这一认识规律发展起来的。

理智是人辨别是非、真假、善恶、利害及控制自己行为的能力。理智是理性之花结出的硕果。中华民族理性觉醒大约在万年之前。阴阳符号系统,太极图是其基本标志。中国古圣哲指出,宇宙是一个统一的整体,万物皆由具有阴阳两种属性的物质构成,共处于一个统一体中,相互影响,相互作用,阴阳和谐之时,宇宙才能展现曼妙美好。五千年前,伏羲画八卦演易变之道,揭示人的生存发展与宇宙运行之道的关系,告诉人们欲成长发展,须要明宇宙人生真相,能经纬天地人生。从此,中华民族把求主观与客观、理论与实践、知与行统一视为人求生存发展最大基本问题。炎帝、黄帝继伏羲之后继续画八卦演易变之道,进一步探究了人的生存发展与天地变化的关系。尧舜禹把明宇宙人生真相,经纬天地人生纳入人的素质和能力的核心地位。文王演周易,孔子编《易经》,老子作《道德经》,表明中华民族的理智觉悟逐步成熟。

中华民族的理智以求至高无上真理,行无上正真之道,成其大,得其贵为宗旨,微妙玄通。《易经》说:"天下之动,真夫一者也。"一者即是大道。在宇宙运行之道的作用下,人的生存发展与天地运行之间有八个方面六十四类三百八十四种联系。人欲求生存发展,需要懂得求位当,"与天地合其德,与日月合其明,与四时合其序,与鬼神合其吉凶,先天而弗违,后天而奉天时。天且弗违,而况于人乎,况于鬼神乎"。"知进退存亡而不失其正"。《道德经》说:"古之善为道者,微妙玄通,深不可识。"道慧能教人"成其大","得其贵","死而不亡"。明确指出,道是天地之始,万物之母。"昔之得一者:天得一以清,地得一以宁,神得一以灵,谷得一以盈,万物得一以生;侯王得一以为天下正"。"圣人抱一为天下式"。"道乃久,没身不殆","不道早

5

已"，强调"行于大道"，不走邪径。《道行般若经》指出，第一正真大道只有一条，人欲成其大，必须持守"第一正真大道"。《华严经》教人求无上真理。《不退转法轮经》说："不退转地是菩提道"，"如理思维"，"住菩提道"才能"得不退转"，得以成佛做圣。孔子强调持守中庸之道。《中庸》说："道也者，不可须臾离也。可离，非道也。""中也者，天下之大本也。和也者，天下之达道也。致中和，天地位焉，万物育焉。"《天地八阳神咒经》说："常行真正，故名为人"，"违天时，逆地理，背日月之光明，常没暗室，返正道之广路，恒寻邪经"，"却福招殃，自受苦"，"流转诸趣，堕于恶道，永沉苦海"。

中国古圣哲明确指出，理智是人所具有的特质。儒家、道家、佛家圣哲皆明确指出，天地之间唯人最可宝贵。《道德经》说，人凭借理智能自知、知人、知天、知地、知道，能将人性、人道与天道、地道、宇宙运行之道统一起来，成长为与道、天、地并列称大者，"故道大、天大、地大，人亦大。域中有四大，而人居其一焉"。中国圣哲皆指出，唯人能自觉发展人性，实现人性与宇宙运行大道的统一，大成至圣。中国古圣哲不厌其烦地指出，人欲成其大，必须认识道，相信道，至心求道，志存大道。《论语》说："朝闻道，夕死足矣"，必须"守死善道"。中国化的大佛法说，虎狼虽有善性，但不能使其发展成熟，而人则能"学十分天下人道"，立身于"第一正真大道"，成佛圣道。（详见《道行般若经》）"志慕于道慧"，"得道慧如文殊"，"发大道意"，"志立于大道"，"存道无放逸"，"于无上正真之道得不退转"。（详见《阿维越致遮经》）。《宝雨经》说："菩提为正觉"，"如理思维"，"随法行"方能得"正信正业正命正思维正精进正念正定正见"，"得阿多罗三藐三菩提"。《不退转法论经》说："明智不退转"，"智慧得解脱"，有了理智，"入佛乘，住菩提道"，方能求得大成至圣之果。综观古圣哲经典，可知理智是人的智慧体系中居于主导地位的部分。人有了理智才能自觉追求主观与客观、理论与实践、知与行的统一。

理智是文明智慧形成的先决条件。理智成熟之时，才有文明智慧。文明智慧是理智结出的硕果，是其核心和活的灵魂，可明宇宙人生真相，能经纬天地人生。只有文明智慧才能结出文明之果。《易经》揭示了宇宙的整体性、天地人自然万物的统一性、事物联系及其发展变化的规律性，教人发挥自身主观能动性，求位当，即找到主观与客观、理论与实践、知与行的统一点，求得人生最佳效益。从伏羲画八卦演易变之道，揭示宇宙人生真相，中经炎帝、黄帝，到尧、舜、禹执政中华，文明素质逐步成为人必须具有的最基本素质，明照四方，经纬天地人生，成为中华民族的精神归宿，中华民族精神家园随之确立。从伏羲开创理智之先河，到老子《道德经》问世、孔子"志于道"、"守死善道"思想形成，历经三千年，中华民族逐步把精神统一到人性是人存在发展的根据，道是主宰，德是根本，文明是人性与道统一的体现。

人们要想求得生存发展的自由,必须明人性,行人道,提高文明素质,为人类文明进步贡献自己的聪明才智。中国化的大乘佛法又把理智称之为法慧。《大通方广经》强调指出:"以法成人","离法无人","善法可崇,并为心轨,皆是法宝","智慧身命,谓之宝也"。依法修行,方成圣道。美国阿斯彭研究所高级研究员与领导力课程主持人斯基普·巴托指出:"中国古代哲学思想和古代经典","经常强调内心深处的自省与发现,而不是强调事物表面呈现的东西。在我看来,抛弃这些精神层面追求的想法是令人羞愧的"。他强调说:中国古圣哲"所强调的要远高于西方","如果能花一点时间学中国古圣哲的传统文化,会对他们长期的发展有益"。中华优秀传统文化从本原意义上研究宇宙人生,指出宇宙的根本是道,道是"天地之始,万物之母",不以任何个人意志为转移,"不道早已";人的根本是人的本性,人的本性决定人能求得与道的统一,成为与道并列称大者。尤为可贵的是,中国古圣哲明确指出宇宙大道"独立而不改,同行而不殆",人道与宇宙大道的统一是具体的历史的,人应当懂得"唯道是从","是道则进,非道则退","守死善道","与日俱新"。伏羲画八卦演易变之道,引领中华民族求人的本性与宇宙大道的统一,为中华民族建造了无限美好的精神家园。

二、认识人的智慧形成

(一)人的理念形成

人的理念形成是中华优秀传统人文化形成的基本标志。伏羲画八卦演易变之道,不但揭示了天地运行的规律性,而且展示了人的生存发展与天地运行间的联系,从而告诉人们,人能认识和驾驭人的生存发展与天地运行之道。《黄帝内经》具体研究了人体的变化与天地运行的联系,明确告诉人们,在什么情况下应如何做和不应如何做,进一步激发了人的自觉能动性。《尚书》从理论与实际结合的高度,揭示了人在求生存发展的过程中应怎么做和不应怎么做,展现了杰出人物成长之道。《道德经》用论理思维的方法,论证了人能成其大、得其贵、死而不亡及如何成为与道、天、地并列称大的问题,进一步展现了人类的光明前途。在此以后问世的"六经"及诸家精英贤达的经书,皆把人应如何求生存发展问题作为核心来研究。在中国人生存发展最困难的春秋战国时期,中国诸圣哲经过长达一百多年的百家争鸣,系统揭示了人的本质属性,指出人的本性决定人必须行人道,明确告诉人们,人只有把人性与天地运行之道统一起来,才能尽人性、践人形,最大限度地实现人生价值。

中华民族在长期求生存发展实践中,逐步懂得,认识宇宙人生真相,正确认识和处理人与天地自然万物的关系,是人求生存发展过程中应解决的最基本问题。从中华文明演进的历程看,太极图是中华民族在大约一万年前对宇宙认识的标志图。收藏在瑞典远东博物馆画有双龙的太极彩陶壶,是中国六千五百年前的制品。它是当今世界人们能见到的最早宇宙模型图。《易经》八卦图是伏羲在五千年前画出的。从阴阳符号出现,到伏羲画出完整的八卦图,其间经历了大约五千年的时间。八卦图是研究人的生存发展与天地自然变化联系的图像。《易经》是中国古圣哲留给后人的第一部经典。其宗旨就是教人认识和驾驭人的生存发展与天地自然运行的关系,置身最佳位置,求得最佳效益。从伏羲画八卦演易变之道到老子作《道德经》,孔子作易传,其间约三千年时间里,中国古圣哲精心研究的是人的知明问题。《道德经》指出:"知常曰明,不知常,妄作凶。"《易传》强调"与日月和其明","必将无往而不胜"。春秋战国时期,是中国社会大变革时期,延续五百多年的战乱,迫使中华精英不得不深入探讨人的生存发展之道。经过长达一百多年的"百家争鸣",逐步揭示了人的生存发展问题需要从正确认识人开始,使越来越多的人逐步懂得,人生实践需要人生理论指导。

(二)揭示人的本性,提出行人道

中国古圣贤对人的本质属性进行了长期研究,到春秋战国时期取得了具有普遍真理性的认识。

1.揭示了人的本质属性是什么

中华文明是伴随着对人的本性的认知和开发发展起来的。中国古圣贤明确指出"凡人有所同一"。中华民族首先在人的德善性上求得了共识,即共同把至心为百姓谋利益的神农和轩辕尊称为自己的始祖。迄今五千年来,中华民族选择国家领导者和评价各个时期的卓越人物,首要标准就是德善觉悟及为百姓谋利益的数量和质量。刻写在中华文明事业丰碑上的伟大人物,都是善于为人民谋利益的人。古圣贤皆把有慈善性作为做人的第一基本要求。哲圣老子在《道德经》中说:"吾有三宝,第一曰慈。"《孔子家语》说:"无德道不尊。"即是说,人如果没有德善品质,即使道的修养很高,也难以受到人们的尊重。《中庸》说:"苟不至德,至道不凝焉。"《大学》说:"道盛德至善,人之不能忘也。"《道德经》说:"重积德,则无不克;无不克,则莫知其极";"是为深根固柢,长生久视之道"。《孟子》说:德需要发展成熟,"苟为不熟,不如荑稗。"《荀子》说:"积善成圣。"《大学》说:"大学之道,在明明德,在亲民,在止于至善。"《佛说十善业道经》说:"譬如一切城市聚落,皆依大地而安住,一切药草、卉木、丛林,亦皆依地而得生长。此十善道,亦复如是,一切人天,依之而立。一切声闻,独觉菩提,诸菩萨行,一切佛法,咸共依此十善大地,而得成就。若离十善业,欲修行正果,譬如空中建楼阁,或种稻子,欲成就生长,无有是处。"古圣贤告诉人们,不但要知道善的重要性,懂得

行善,而且要求至善圆满,成就像宇宙大道、天、地一样大的德善之性。

觉知性是人的本质属性中起发动机作用的因素。中国古圣贤普遍认为人有认知万事万物的性能。《道德经》说,人能识道,能知天、地、人、自然万物,能自知。《孟子》说:"是非之心,智之端也。"它告诉人们,要知道发展人的知性,即"扩而充之"。《荀子》说:"凡以知,人之性。"他强调指出:"人生而有知,……知而有异;异也者,同时兼知之;同时兼知之,两也;然而有所谓一,不以夫一害此一谓之壹",即依靠人的知性,未得道想求道者可明察道,已明察道想行道者可以知道如何践行道,达到"大清明"的境界,即"对万事万物,没有什么露出了行迹而看不见的,没有什么看见了而不能评判的,没有什么评判而不到位的,坐在屋里能看见整个天下,处在现代而能评判远古,通观万物而能看清它们的真相,研究社会的治乱而能通晓它的法度,治理天地而能控制利用万物,对宇宙变化及其治理之道都了如指掌",就能成为"明参日月,大满八极"的伟大人物。大乘佛法说,人的觉知性发展,需要有一个过程,初始阶段要求正觉正知,接着则要求正等正觉和正知正见,直至无上正等正觉和正遍知为止。古圣贤皆告诉人们,知是行的先导。《道德经》说,知明者不妄行;《无量寿经》《楞严经》等诸多大乘佛经反复指出,有了正知正见,才能"从明入明"。《大乘金刚经论》指出,佛与凡夫之间的区别在觉和迷,佛是觉者,凡夫则迷。欲求圣道,必须变迷为觉。因此,释佛把教化众生"发菩提之心"的文殊师利菩萨尊称为三世佛师或三世佛母,亦称为大智文殊师利菩萨,为众菩萨之首。《论语》说:"知者不惑",教人"崇德辩惑"。《荀子》说:"知明行无过。"

践行真正性是人的本质属性中起决定作用的因素。古圣贤告诉人们,只有把慈善性,认知性,落实到行动上,人的本质属性才能得以展现,人才能成为人。《佛说天地八阳神咒经》说:"天地之间,为人最胜最上者,贵于一切万物,人者、真也、正也,……常行真正,故名为人。"大乘佛法诸大经反复强调修行,《华严经》强调修普贤行,告诉人们,"行普贤慧行",才能成圣道;《大乘密严经》说,"修密严行",才能入无上庄严妙喜国。

自觉能动性是人的本质属性的活的灵魂。《易经》的宗旨就是教人发挥自觉能动性,驾驭天地人运行规律,趋吉避凶,防祸求成。《黄帝内经》进一步指出,人求生存发展,必须发挥自觉能动性,遵守天地运行之道。《道德经》明确指出,"知常曰明",遵循常道而行"没身不殆","不知常,妄作凶","孔德之容,惟道是从"。《天地八阳神咒经》说:人的觉知性和践行真正性,是人的主观能动性的具体体现。《荀子》说:"知道察,知道行,体道者也";又说:"正义而为谓之行","行有防表"、"行有律"、"一切行动都必须用正确原则去衡量"。他明确指出:"强本节用,则天下能贫;养备而动时,则天不能病;循道而不忒,则天不能祸";"背道而行,则天不能使之吉"。

社会性是人立身社会求生存发展的根据。《论语》说，人只能与人生活在一起。《尚书》说："民惟邦本，本固邦宁。"没有人民群众则没有社会。《荀子》说："人不能离群索居。"《孟子》说，现实社会生活中的每个人都肩负着对社会的责任。《道德经》说："知和曰常，知常曰明"，人在社会中如果能像道与万物"和其光，同其尘"，社会就会"至治之极"。

2. 指出了人的本质属性的作用

人的本质属性决定人的形象、作用、价值、地位和特有发展之道。守持人的本质属性，才能保持人的形象。若失人性就不是人了。《孟子》不厌其烦地告诉人们，做人最基本的条件是保持人的本性，守住做人资格底线。《十善业道经》说，人若背离十善道，就要行十恶道；而行十恶道者，必失人身，坠入地狱或成恶鬼做畜生。《荀子》说："口能言善，身能行善者，国之宝也；口言善，身行恶，国之妖也。""君子的可贵在于他德性的完美"，"好的行为少，不好的行为多，就成了夏桀、商纣、盗拓那样的坏人"。《荀子》引用《诗经·大雅》说："温温恭人，惟德之基。"又引用《诗经·小雅》说：该在左就在左，君子在左无不可；该在右就在右，君子在右也常有。荀子进一步指出，君子能根据道义屈伸进退随机应变，君子推崇别人的德行，赞扬别人的优点，并不是出于谄媚阿谀；公正地议论、直接地指出别人的过错，并不是出于诋毁挑剔；说自己十分美好，可以和舜、禹相比拟，和天地相并列，并不是出于浮夸欺骗；随着时势或退缩或进取，柔顺得就像香蒲和芦苇一样，并不是出于懦弱胆怯；刚强坚毅，没有什么地方不挺直，并不是出于骄傲横暴。这些都是根据道义来随机应变，知道该屈曲就屈曲，该伸直就伸直。他指出，小人是君子的反面。"君子大心则敬天而道，小心则畏义而节；知则明通而类，愚则端悫而法；见由则恭而止，见闭则敬而齐；喜则和而治，忧则敬而理；通则文而明，穷则约而详。小人则不然，大心则慢而暴，小心则淫而倾；知则攫盗而渐，愚则毒贼而乱；见由则兑而倨，见闭则怨而险；喜则轻而慢，忧则挫而慑；通则骄而偏，穷则弃而儑。"《道德经》说，人的本性决定每个人都能"成其大"、"得其贵"、"死而不亡"。《孟子》说"人皆可为尧舜"。大乘佛法说"众生皆可成佛"，然而并不是说人生下来就是圣就是佛。《孟子》说："五谷者，种之美者也；苟为不熟，不如荑稗。夫仁，亦在乎熟之而已矣。"大乘佛法则明确告诉人们，人皆有认知属性，然而只有成佛才能达到正遍知，才有无上正等正觉；人皆有慈善属性，然而只有至善圆满，才能成佛；人皆有觉，人皆知行，然而只有佛才能觉行圆满。《孟子》说，"形色，天性也。惟圣人然后可以践形"，即说，人只有成圣道后才能真正展示人的美好形象。《中庸》说：人只有成就圣道之后，才"能尽人之性；能尽人之性，则能尽物之性；能尽物之性，则可以赞天地之化育；可以赞天地之化育，则可以与天地参矣"。

对人的本性觉悟，是人应具有的最基本的最重要的觉悟。《佛说真宗妙义经》说："先得成佛者，静心修行，内明性理，直门而入，得成无上道果。所以，先得成佛。未得成佛者，不知门户，不见自性，内不明心，一心向外求，所以不知佛来处！迷失真种子，不得成佛。"释迦佛在本经中明确指出："明心见性即是佛。迷人不悟，自向外求，终日奔奔波波，色相迷佛，渐渐远也。"

人的类本质的同一性，决定人与人之间的平等。古圣哲告诉人们，凡是人皆有相同的本质属性，在圣不增，在凡不减。人与人之间只有觉悟先后和自觉程度差别，真正明心见性者，皆可成圣做祖。《坛经》还明确指出人的"顿悟"潜质，即人在一定条件下，可立地成佛。

3.明确指出了什么是真正的人

《孟子》说，守持人性合格者，才能称之为人；丧失人性者就不是真正的人了。"无恻隐之心，非人也；无羞恶之心，非人也；无辞让之心，非人也；无是非之心，非人也。恻隐之心，仁之端也；羞恶之心，义之端也；辞让之心，礼之端也；是非之心，智之端也，人之有是四端也，犹其有四体也。……凡有四端于我者，知皆扩而充之矣，若火之使然，求之始达。苟能充之，足以保四海；苟不充之，不足以事父母。"《佛说天地八阳神咒经》进一步指出了什么是真正的人以及怎样才能成为真正的人，明确地告诉人们："人者，真也，正也；心无虚妄，身行真正，……故名为人。"该经还明确指出，"心无虚妄"是指能坚持以"正见之法"为指导，有正见正识，"心不信邪，崇敬佛法"，守如来之性，有正等觉。"依道依人"，"常行真正"是说行为不离"天之常道，自然常理"，不离佛圣教导，守持"智慧之理，大道之法"，"发无上菩提心"，"善法常转"，积德修福，至善圆满。经中指出，人们要想成为真正的人，必须管好八识。眼是色识，两眼应是光明天，"光明天中"现"日月光明天如来"；耳是声识，两耳应是声闻天，"即现无量声如来"；鼻是香识，两鼻应是佛香天，"即现香积如来"；舌是味识，应是法味天，"即现法喜如来"；身是触识，应是卢舍那天，"即现成就卢舍那佛、卢舍那镜像佛、卢舍那光明佛"；意是分别识，应是无分别天，"即现不动如来大光明佛"；心是法界天，"即现空王如来；含藏识，应是含藏识天，演出阿那含经、大般涅槃经"；阿赖耶识，应是阿赖耶识天，演出大智度论经、瑜伽论经。也就是说，八识全由佛做主，才能皆得正识，"明解大乘无为之理，了解分别八识因缘"。

释佛指出身处五浊恶世的众生中，"有识者少，无知者多；念佛者少，不念佛者多；持戒者少，破戒者多；精进者少，懈怠者多；智慧者少，愚痴者多；长寿者少，短命者多；禅定者少，散乱者多；富贵者少，贫贱者多；柔软者少，刚强者多；兴盛者少，悍独者多；正直者少，曲谄者多；清慎者少，贫浊者多；布施者少，悭吝者多；信实者少，心虚者多"。这些人真如本性迷失，"信邪倒见"，"背真向伪，造种种恶业"，在三途六道轮回，受种种罪，显然不是释佛说的真正的人。

4.明确指出开发人性才能成其大得其贵

《孟子》说：如果从人的本性来说，可以说都是善良的。这就是我所说的人性的善良。至于有不善的人，那不是天生资质的原因。同情怜悯心，人人都有；羞耻心，人人都有；恭敬之心，人人都有；是非之心，人人都有。同情之心，属于仁；羞耻之心，属于义；恭敬之心，属于礼；是非之心，属于智。仁义礼智不是从外部得来的，而是自我本性具有的。而是追求就能得到，放弃就丧失它。人与人之间有相差一倍、五倍乃至无数倍的，原因在于能不能充分发挥人天生的资质。《孔子家语》说："天生万物，唯人为贵。"《荀子》说："水火有气而无生，草木有生而无知，禽兽有知而无义，人有气有生有知有义，故为天下贵。"《佛说天地八阳神咒经》说："天地之间，为人最胜最上者，贵于一切万物。"古圣贤在指出人之可贵之后，明确指出，并不是每个得人身之人都能自然而然得以实现其宝贵性。《大学》说："惟善人君子可以称之为宝。"《荀子》说：嘴里说得好听，自身干坏事，这种人是国家的妖孽，心里没公正的人叫作欺昧，埋没贤良的人叫作妒忌，奉承妒忌欺昧的人叫作狡猾诡诈。狡猾诡诈的小人，妒忌欺昧的臣子，是国家的垃圾和妖孽。《荀子》反复强调，人群中有"不是人的人"，有"禽兽不如的人"。中国化了的大乘法指出，人世间有十法界，一般意义上说的普通人处于十法界的中间位次，普通意义上的人修行十善业合格者，来世还可以做人；修行十善业好者可升天上；在修十善业基础上修三福者，可往生西方极乐世界，做菩萨，成佛圣道；行十善业不合格者，将分别堕入三恶道，其中愚痴者入畜生道，贪心者堕饿鬼道，瞋恚者堕地狱。《孔子家语》说："天下无生而贵者。"从而告诉人们，人的宝贵性价值的实现，是"人的本性和人为加工的结合"。

（三）认识人的地位作用，捍卫人的权利

中国古圣贤对人的地位和作用问题进行了长期探讨。从记载中华文明发展的史料看，中国圣哲早在大约四千多年前，就认识了人在社会中的主体地位和主导作用。《尚书》说："惟人万物之灵"，"民惟邦本，本固邦宁"，"天聪明，自我民聪明。天明畏，自我民明畏。达于上下，敬哉有土"。其意是说，"上天的视听依从臣民的视听，上天的赏罚依从臣民的赏罚。天意和民意是相通的，有国土的君王要谨慎啊"；《孔子家语》说，"天生万物，唯人为贵"；《佛说天地八阳神咒经》说，"天地之间，为人最胜最上者，贵于一切万物"；《荀子》说，"天地万物之中，最宝贵的是人"。《孔子家语》指出："人者，天地之心"；"君者，舟也；庶人者，水也；水所以载舟，亦所以覆舟"。又说："上者尊严而危，民者卑贱而神。爱之者存，恶之则亡。长民者必明此要。"人的主体地位和主导作用的表现是多方面的：第一，人是构成社会的基

本要素,是国家存在的基础。无人则无社会,亦无国家。《大学》说:有人此有土。《中庸》说:"人存则其政举,人亡则政息。"《论语》说:子贡向孔子请教如何处理国家政事。孔子说:"足食,足兵,民信之矣。"子贡曰:"必不得已而去,于斯三者何先?"子曰:"去兵。"子贡曰:"必不得已而去,于其二者何先?"子曰:"去食。"自古皆有死,民无信不立。第二,人心向背决定君王得天下还是失天下。《孔子家语》说:"夫君者,舟也;庶民者,水也;水所以载舟,亦所以覆舟。"《荀子》说:夏桀、商纣为什么失败而商汤、周武王为什么成功呢?这并没有其他的缘故,而是因为夏桀、商纣好做人们所厌恶的事情,而商汤、周武王好做人们所喜欢的事情。荀子又说:夏桀、商纣并不是失了天下,……而是天下人抛弃了他们。天下人归顺他就称王,天下人抛弃他就灭亡。《孟子》说:"民为贵,社稷次之,君为轻。是故得乎丘民而为天子";"夏桀之失天下,失其民也"。

(四)对人的责任和义务问题取得了正确认识

中华文明起始于对人的责任和义务的觉悟。翻开中华文明史,我们会看到,中华文明丰碑上最先一组精英是伏羲、神农、黄帝等自觉为百姓谋利益的人。《孟子》说:"稷思天下有饥者,由己饥之也。""禹见天下有溺者,由己溺之也。"孟子赞颂伊尹自觉的责任觉悟,伊尹渴望再现尧舜盛世。他说:我与其从事农耕,以行尧舜之道为乐,还不如使这个君王成为像尧舜那样的君王呢,还不如使这里的百姓像尧舜时代的百姓呢,还不如让我亲眼看到尧舜盛世再现呢!上天创造了人类,就是让先认识事物的人启迪后认识事物的人,让先认清事理的人启迪后认清事理的人。我就是上天创造的人中先认清事理的人,我应当用尧舜之道启迪现在的百姓。我不唤醒他们,还有谁呢?伊尹为天下百姓着想,天下人只要有一个人没有承受过尧舜所施的恩泽,就好比是自己把他推到深沟里一样。伊尹就是一个把拯救天下的重担担在自己肩上的人。周朝末期,世道衰微,文明倒退,各种邪说和逆行迭起,有臣下杀君王的,有儿子杀父亲的,社会混乱,孔子对其很担心,编写了《春秋》,乱臣贼子才有所畏惧,亦警世人谨慎做人。《孟子》说:编写《春秋》这种事,本来是天子应做的事,孔子这样做,完全出于自觉地对社会负责。孟子在谈到自己时说:我也是想使人心端正,消除各种邪说,反对偏激行为,批判浮夸失实的学说,以继承大禹、周公、孔子等圣人的事业,我哪里是喜欢辩论,是迫不得已呀。《论语》反复讲述了孔子的责任意识。有个叫微生亩的对孔子说:"你为什么这样忙忙碌碌呢?是不是为了显示自己的口才呢?"孔子说:"我哪里敢显示自己的口才,而是痛恨人们的顽固无知啊。"孔子一生为提高人的文明素质和推进社会文明进步操劳奔波,表现了高度的责任觉悟。他一生积极争取参与政治,其目的在于推进社会文明进步,他说:"如天下有道,我就不参与政治改革了。"他提倡人人做君子,要求君子以德行推动社会进步。《论语》说:"孔子要到九夷这个地方居住。有人说:九夷这个地方风俗鄙陋,怎么住呢?孔子说:君子住在那里,还有什么鄙陋的呢?"孔子说,人对社会尽责的表现是多种多样的,《论语》说:"孝乎惟孝,友于兄弟。施于有政,是亦为政,奚其为为政?"即是说,把孝敬父母,友爱兄弟的风气推广到社会上去,也是对社会尽责。《孟子》说:"舜尽事亲之道而瞽瞍底豫,瞽瞍底豫而天下化,瞽瞍底豫而天下之为父子者定,之谓大孝。"

古圣哲把自觉尽人的责任和义务而不求个人利益的人称之为好人,教人存好心,说好话,行好事,做好人。《道德经》教人"居善地,心善渊,与善仁,言善信,正善治,事善能,动善时","贵以身为天下,若可寄天下;爱以身为天下,若可托天下"。《大乘金刚经论》说:"若是好心,利益他人,不求他报;结事他人,不求果报;供养他人,不求福报;济利他人,不求恩报;及至下心满人心愿,难舍能舍,难忍能忍,难行能行,难救能救,不择冤亲,平等济度,真实能行……若是舍寸而求尺,种少而望多者,是不好心也。"

(五)对人生价值及其实现问题求得了真理性认识

中国古圣贤早在两千五百年前,就为中华民族确立了评价人生价值的标准,明确指出,为公还是为私,是评价人的价值的根本标准。《孔子家语》说:"大道之行,天下为公。"即兴天下利者为公,为自己谋利者为私。《道德经》说:"圣人无常心,以百姓心为心。善者吾善之,不善者吾亦善之,德善。信者吾信之,不信者吾亦信之,德信。圣人在天下,歙歙为天下浑其心",像道、天、地那样"处无为之事"、"功成而弗居",成为与道、天、地并列称大的人。孟子明确指出:人与人之间有相差一倍、五倍乃至无法计算多倍数的人,原因在于不能充分发挥自己本身具有的才能。他强调:"惟圣人然后可以践形",即成圣后才能充分发挥自己的才能,展现人应具有的形象;"圣人,百世之师也,……奋乎百世之上,百世之下闻者莫不兴起也"。《尚书》说:"一人有庆,兆民赖之。"《中庸》说:"聪明圣知达天德者","为能经纶天下之大经,立天下之大本,知天地之化",惟天下至诚的圣人"能尽人性,能尽人之性,则能尽物之性;能尽物之性,则可以赞天地之化育;可以赞天地之化则可以与天地参矣",即成为与天地一样伟大的人。《大学》强调,惟君子是国家真正的珍宝。《荀子》进一步明确指出,祸国殃民的人是国之垃圾及妖孽。

(六)个人与社会和谐统一思想形成

正确认识和处理个人与社会的关系,是中国古圣哲最早关心,且较早求得真理性认识的又一重大基本问题。中华文明史是个人成长与社会发展统

一的历史,中华文明发展史上各个时期的代表人物皆是实施个人与社会统一原则的典范,其中实现完美统一者,则被尊为圣者。迄今为止,中华民族皆称自己是炎黄子孙。炎帝神农和黄帝轩辕是把个人与社会统一起来的光辉典范。《神农本草》记录了炎帝神农对中华文明发展的贡献。《淮南子》说,神农为解决百姓饥饿和消除百姓疾病痛苦,"尝百草之滋味,一日而遇七十毒"。他教百姓种五谷,创造了中国原始农业文明;他开创中草药治病历史,创造了具有中国特色的中草药医病学说,从而为中华民族得以生存,繁衍生息,绵延不绝提供了基本保证。《古史考》说:"黄帝始蒸谷为饭,烹谷为粥。黄帝作瓦甑";《白虎通》说:"黄帝作宫室,以避寒暑";《汉书》说:"黄帝作舟车以济不通";《庄子》讲述了黄帝为百姓日夜操劳的事。这就是说,中国历史演进到炎黄时期,开始阔步跨入文明时代。尧舜禹是继炎黄之后的伟大人物。他们的伟大在于个人成长与中国社会发展的完美统一。中国古代记述尧舜禹事迹的典籍很多,儒家如:《尚书》、四书五经,道家《道德经》《南华真经》,墨家《墨子》都讲述了尧、舜、禹是怎样把个人与社会统一起来的。《孟子》说,尧不但自己日夜操劳,而且竭力物色能为百姓谋利益的人才,在选择治国接班人时,明确指出:"总不能让天下人受苦,而让一个人得利。"他认为自己的儿子丹朱非治国之才,不能把天下传给他,而是从百姓中选择了舜为治国接班人。舜继任后,扬善惩恶,他首先协助尧处置了四大恶势力,击败三苗,然后与百官讨论天子的德行,研究如何推行德政,制定选用百官的原则,明确指出:"谁能够努力工作,光大尧帝事业,就让他任官辅政。"他派禹去治水,要求禹"尽忠守职";他对稷说,老百姓要挨饿了,你来担任农官,指导百姓种好各种谷物;他对契说,民众不和睦,百官不团结,你来担任司徒,认真推行五种典教,但要一步一步慢慢来;他对皋陶说,蛮夷侵华夏,盗寇杀人越货,你来担任刑官,五种刑法要量刑适中,只有公正廉明才能使人心服;他对龙说,我厌恶谗言和伪善,它们骚扰惑乱我的人民,任命你为纳言,晨昏替我宣布政令,并转达下情,一定要真实可信。舜三年考核一次政绩,经三次考核,政绩卓越者升迁,政绩不好者贬斥。舜执政期间,百官尽职尽责,一切事业都振兴起来。禹导通了九大山脉,治了九大湖泽,疏通了九条大河,功劳最大。禹是中国历史上践行个人与社会统一的杰出代表。他治水13年,结婚4天,便奔向治水之工地,三过家门都没能回去看一看,指甲被磨光了,腿肚子上汗毛被碱水腐蚀掉了,患了肌肉萎缩症,他奋斗在治水第一线,一瘸一拐地指挥治水。他在原始社会末期指导百姓完成了一件使世界震惊的伟大治水工程,然而不自以为有功。公元19世纪初,法国学者雷缪塞惊叹地说:"大禹治理了两条大河,它们的流速等于而宽度几乎等于美洲的那些大河,并把成百条河流的大水引入十万平方里格以上的土地上",他赞美中国人是"一个一向培植和尊重知识的民族"。(以上引文见李约瑟《中国科学技术史》)春秋时代,鲁国昭公元年(公元前541年)刘定公说:"美哉禹功,明德远矣。微禹,吾其鱼乎!"即是说,禹治水功德美好,明远。如果没有禹,我们就变成鱼了。继禹之后,中国历史上商汤赶走夏桀,周武王推翻商纣王,都是在维护任何个人都不许危害人民利益的原则下进行的。个人成长与社会发展和谐统一思想,保证了中华民族的和谐友爱,亦使中华民族屡遭侵略而不被灭亡。几千年来,诸多侵略者幻想灭亡中国乃至变中国为殖民地,然而皆失败了。

(七)深刻认识了人的生存发展与天地自然万物变化的联系

天地自然阴阳变化与人生存发展关系是中华民族最早关注的问题之一。太极图是中国古人研究宇宙阴阳变化与人的关系的符号标识。它何时出现没有明确记载,永静出土的收藏在瑞典远东博物馆的六千五百年前的彩陶壶上双龙太极图,说明中国人早在六千五百年前,就对阴阳变化有了一定认识。大约五千年前,伏羲观天地、裁万物、画阴阳变化与人生关系八卦图,说明中国人对天人感应问题已取得了一定规律性的认识。继伏羲之后,炎帝神农氏继续研究阴阳变化对人的影响,重六十四卦,名《连山易》;轩辕氏重六十四卦,名《归藏易》;周文王重六十四卦,作《周易》;周公写卦辞、爻辞;孔子作《易传》等,都是中华民族精心研究人与天地自然万物关系的证明。中国古人研究人与天地阴阳变化联系的目的明确,就是将人的追求和活动置于最恰当的地位,能趋利避害。经验告诉人们,正确认识天地阴阳变化对人的影响,可以预知自然界可能发生的变化,以便提前实施应变措施。如《黄帝内经》中记录了许多天地阴阳变化与疾病发生的联系,从而告诉人们应当如何顺应天地自然阴阳变化,防止疾病发生。中国许多古籍中都记录了天地阴阳变化与水害发生的联系,从而教给了人们如何预防水患的知识。

实践是检验认识真理的唯一标准,亦是推动认识发展的动力。中华文明始祖炎帝黄帝确立的个人与社会统一的人生思想,经过尧、舜、禹、夏、商、周约两千多年人生实践的检验和推动,逐步成为指导中国人生实践的强大思想武器。春秋战国时期,是中国社会大变革大动荡时期。各种社会思想争相登台表演,形成了百家争鸣的局面。以老子为代表的道家站在中华文明发展史的总体高度,看待个人与社会的关系,指出,"吾所以有大患者,为吾有身,及吾无身,吾有何患",明确告诉人们,圣者成圣在于没有私心,而是"以百姓心为心","歙歙为天下浑其心"。以孔子为代表的儒家学派从弘扬尧舜大兴教化的思想入手,深入浅出地宣扬了个人成长与社会发展相统一的思想,强调指出,从国家君王到庶人百姓,都应当遵守修身、齐家、治国、平天下的原则。他们把践行个人与社会统一原则杰出者尊称为圣。以墨子为

代表的墨家以禹为榜样,提倡像禹那样把个人与社会统一起来。墨家代表了平民百姓的要求,成为与儒家一样受社会尊重的学派。经过长达百年以上的争鸣,道家、儒家、墨家等学派脱颖而出。这象征着个人与社会统一的思想得到中国人的普遍认同,中华优秀传统人文化得以深入发展,中国社会统一有了坚实的思想基础。秦王朝就是在这一思想指导下建立的。

(八)对事物存在发展规律性取得了正确的认识

中国古圣贤明确指出,懂得事物运行的规律性,是人求生存发展不可缺少的觉悟。《道德经》指出,万物生存发展皆有其规律:"夫物芸芸,各复归其根。归根曰静,是谓复命;复命曰常,知常曰明。不知常,妄作凶。知常容,容乃公,公乃王,王乃天,天乃道,道乃久,没身不殆。"《荀子》说:"天行有常,不为尧存,不为桀亡。应之以治则吉,应之以乱则凶。强本而节用,则天不能贫;养备而动时,则天不能病;循道而不忒,则天不能祸。……背道而妄行,则天不能使之吉。"又说:"天有其时,地有其财,人有其治","不可以怨天",只要能尊重事物规律,守持事物运行法则,就可以了。《诗经·大雅·烝民》说:"天生烝民,有物有则。"《孟子》强调,"有物必有则",既是说万物都有自己固有的运行法则。《论语》反复强调,"礼之用,和为贵。先王之道,斯为美"。又说:"谁能出不由户,何其由斯道也?"孔子告诉人们,礼是社会保持和谐的基本法则,"立身之道在于礼","不学礼,无以立"。"克己复礼为仁。一日克己复礼,天下归仁焉"。他反复强调:"不知命,无以为君子也;不知礼,无以立;不知信,无以知人。"其意是说,君子有君子之道,立身有立身之道。《孟子》载有盆成括被杀之事。孟子说:"盆成括要死了!"弟子问道:"老师您怎么知道他要被杀呢?"孟子说:"他这个人有点小才,但不懂君子大道,就足以招致自己被杀了。"又说:"君子所过者化,所存者神,上下与天地同流,岂曰小补之哉?"他强调"求之有道",告诉人们,求什么都要按其道去求。《荀子》则进一步明确指出,"知与规律合",懂"制天命而用之"。《中庸》说:"中也者,天下之大本也;和也者,天下之达道,天地位焉,万物育焉。"

(九)对人成长发展机制取得了真理性的认识

中华民族自古重视人的成长发展问题,到春秋战国时期,在人的成长发展机制问题上取得了具有相当高度的真理性认识。

1. 认识了人的成长发展受诸多因素制约

古圣贤指出,制约人成长发展的因素有许多,其中主要有以下一些方面:第一,自然因素。其中包括自然环境对人的生长发展是否有利;自然灾害的发生对人生存发展的影响;天地阴阳变化对人生存发展的制约等。第二,社会因素。其中包括家庭、学校、社会环境、国家政策、法令、社会管理者的风范等。第三,自身因素。其中包括自身素质能力、信仰追求、驾驭自身的觉悟等。第四,规律、理念等因素,其中包括宇宙运行大道,天地变化之道,万物生灭之道,神、仙、佛圣、鬼怪的作用等。

2.明确指出人的成长发展是在内外两种积极因素作用下实现的

中华民族在长期研究天地阴阳变化、自然界的运行之道、自然环境对人的生存发展影响实践中,形成了风水学说、阴阳学说等,告诉人们,必须用好天地、自然、阴阳变化之道,抓住有利条件,掌握有利时机。《庄子》说,与天和得天乐,与地和得地利,与人和得人乐等。

古圣贤对如何用好社会有利因素的论述很多。古圣贤明确指出,对人的成长发展产生影响最早且最直接的是父母的素质和家庭教育。中华民族重视家庭教育已有三千多年的历史。公元前11世纪,开创周朝王业的周文王,从未出生就开始接受母亲的教育。其母太任是迄今为止有文字记载的最早实施胎教的人。为了使文王能长大成才,其母太任从怀文王之始,就对其实施胎教,揭开三太相夫教子新篇章。继周文王之后,周武王、周公都接受了贤母的教育。儒家圣者孔子、亚圣孟子,都受过贤母的优化教育。古圣贤指出,父母最大功德在善于教育子女,并对家庭教育目的有明确说法,《尚书》说:"崇爱自己的儿子,应以道义教育他,以免走上邪路。骄横、无礼、违法、放荡,是走上邪路的开始。""应从小就实行明哲教育。"古代教育家还进一步指出,秦始皇为子孙谋万世,曹操为子孙谋江山,都难得长久,唯尊道贵德教育才是人成长发展最基本的条件。

学校教育是把个人成长纳入社会发展需要的纽带和桥梁。中国早在四千年前的夏朝,就有了国办和地方办的各类学校。商汤的祖先契早在尧执政时期就负责国家的教育工作。商朝创建后,更加重视学校教育。周朝总结了夏、商治国经验教训,把学校教育提高到了一个新水平。《礼记·学记》是记载周王朝学校教育的典籍。《学记》说:"玉不琢,不成器。人不学,不知道。"学校要教育学生,"首先树立学习志向",引导学生"深藏学习之志";要求老师竭诚施教,倾才施教,交给学生的知识必须正确无误;强调及时入校学习,"超龄了再入校学习,不但会勤苦而且难以成功";强调"懂得教育方法","要引导而不是牵着走,要鼓励而不要压抑学生的主动性,要启发而不要讲得太透";"老师的语言简约而明达,含蓄而美妙";要求立志求成长发展的人懂得:"具有大德性的人不拘泥一官之任,懂得大道的人不像器皿那样只能容纳有限的东西,有大信用的人不必盟誓定约,善于把握大时机的人行动并不整齐划一",人有了这样的觉悟,就可以立志去学习了。孔子从三十岁创办私学,终生不辍,成为我国大乘至圣先师,把学校教育推向了一个新高度。《论语·述而篇》记载了孔子对儒家教学大纲的概括,即教

育学生"志于道,据于德,依于仁,游于艺"。《大学》进一步深化了儒家的教育要求,指出,"大学之道,在明明德,在亲民,在止于至善",即彰显人本性中具有的德性,"作新民"、"克明德"、"苟日新,日日新,又日新",求"道盛德至善"、"无所不用其极",直至大成至圣。释佛高度强调了老师的作用,明确指出老师在一定条件下对人的成长发展起着决定性作用,因而非常强调老师的责任。

佛家讲过地狱中的一件事:被关在地下十八层地狱中的一个人又蹦又跳地喊冤枉,弄得地下十九层地狱尘土飞扬。住在十九层地狱的人问十八层地狱的人为什么喊叫,原来是做什么工作的。十八层地狱中的人说是医生。十八层地狱的人问十九层地狱的人是做什么工作的,十九层地狱的人说是教师。这件事告诉人们,教师如果误人子弟,其罪过比医生治死人还罪加一等。

社会教育是把个人成长发展纳入社会发展需要轨道的最重要环节。无论任何人的成长,都是在为社会发展做贡献中实现的。社会教育的直接目的,就是把人的发展成长纳入社会发展需要的轨道,求个人与社会的和谐统一。《学记》说:"古代做君王的人,建立国家,治理民众,把兴教办学放在第一位。"古圣贤认为,开展社会教育,是全社会的事,不但每个家庭,每座学校都要教育人,而且提倡社会办教育。《孟子·万章章句》提出"使先知觉后知,使先觉觉后觉也"。伊尹说自己"就是上天创造的人中能先认清事理的人,我应当用尧舜之道启迪现在的百姓。我不唤醒他们,还有谁呢"。中华民族重视社会教育,大约已有五千年历史。早在伏羲时代就已开始社会教育。到了尧舜时期,已有专门负责教育的官员,并对教化内容做了明确规定。《尚书·虞书》说:"契,你作司徒吧。百姓不亲,父母兄弟子女不和顺。你去谨慎地施行五常教育",又说:舜"大施文教",主张"对那些愚蠢而又喜欢谗毁、谄媚的人","用射侯之礼明确地教训他们,用鞭打警戒他们,用刑书记录他们的罪过,要让他们共同上进"。伊尹是一个坚持用正道教育人的贤德之人。《尚书·商书》详细记载了伊尹教育太甲的事。太甲立为君王,不遵守成汤的法典,伊尹把他放置到桐宫自省。三年后太甲悔过,伊尹又从桐宫接回太甲,伊尹多次开导过太甲。《尚书·周书》说周公是一位善于实施教化的人,他不但对家族成员坚持进行正确教育,而且主张"教育好臣民","和谐华夏"。周成王在周公教化下走上治国正道,且赞颂周公是"万民师表"。《周书》还提出"普遍实施五常教育",把五常"作为和谐人民的准则";提倡年轻人向老年人求教。

社会监督是个人成长发展不可缺少的条件。中国古圣贤早在三千年前就清楚地认识了社会监督对个人成长发展的制约作用。要求一切渴望成长发展自己的人,必须有接受严格监督的觉悟。《尚书·商书》明确指出"上天监视下民"。《道德经》说:"天网恢恢,疏而不漏","天道无亲,常与善人",即告诉人们,上天不会放过一个背道而行的恶人,而是经常保护依道行事的善人。《太上感应篇》告诉人们:"天地有思过之神,依人所犯轻重,以夺人算。算减则贫耗。多逢忧患,人皆恶之,刑祸随之,吉庆避之,恶星灾之,算尽则死";"又有三台北斗神君,在人头上,录人罪恶,夺其纪算。又有三尸神,在人身中,每到庚申日,辄上诣天曹,言人罪过。月晦之日,灶神亦然。凡人有过,大则夺纪,小则夺算。其过大小有数百事,欲求长生者,先须避之";"是道则进,非道则退。不履邪径,不欺暗室";"所谓善人,人皆敬之,天道佑之,福禄随之,众邪远之,神灵卫之,所作必成,神仙可翼";"心起于善,善虽未为,而吉神已随之;或心起于恶,恶虽未为,而凶神已随之"。又说:"如是等罪,司命随其轻重,夺其纪算,算尽则死,死有余责,乃殃及子孙";"又诸横取人财者,乃计其妻子家口以当之,渐至死丧。若不死丧,则有水火盗贼、遗亡器物、疾病口舌诸事,以当妄取之值"。《论语》说,人不可以得罪于天,"获罪于天,无所祷也",告诉人们:"敬鬼神而远之",不要得罪鬼神。《大学》强调"慎独",一个人独处的时候,要经常想到"十目所视,十手所指"。

　　古圣贤指出,制约人成长发展的诸因素中,居于主导地位起决定作用的是人自身因素。《荀子·修身》说:"一步二步地走个不停,瘸了腿的甲鱼也能走到千里之外","一会前进一会后退,一会向左一会向右,就是六匹骏马拉车也无法到达目的地。至于个人的资质,即使相差遥远,也不会像瘸了腿的甲鱼和六匹骏马之间那么悬殊,然而,瘸腿甲鱼能达到目的地,而六匹骏马却不能到达目的地,这没有其他缘故,只差在为之或不为之","道虽迩,不行不至;事虽小,不为不成"。"无所不明而其思考永不枯竭的是圣人"。《荀子·礼论》说:"没有本性,那么人为加工就无处加工;没有人为加工,那么本性不能自行完美。本性和人为加工相结合,然后才能成为圣人。"《荀子·性恶》说:"凡人之性者,尧、舜之与桀跖,其性一也;君子之与小人,其性一也","凡所贵尧、禹、君子者,能化性,能做出人为努力"。"积善而不息,则通于神明,参与天地矣。故圣人者,人之所积而致也。"《荀子·修身》说:"调气养生,就能使自己的寿命仅次于彭祖";"修身自强,就能使自己的名声和尧、舜相媲美",《荀子》强调"严肃地端正自己,不被外界事物弄得神魂颠倒","不放纵自己的情欲","不使自己为物役","尧、舜是普天下最善于教化的人","然而丹朱、象不能被教化,这不是尧舜的过错,而是丹朱,象自己的罪过"。《佛遗教经》说:"我如良医,知病说药,服与不服,非医咎也。又如善导,导人善道。闻之不行,非导过也。"强调"常当自勉,当一心舍诸放逸,勤而行之"。《佛说四十二章经》说:"行道守真者善,志与道合者大";强调"学道见谛","行道守真"。《佛说真宗妙义经》开章即指出:"世间修行

者有先得成佛者,有未得成佛者,原因何在?"佛答曰:"先得成佛者,静心修行,内明性理,直门而入,得成无上道果","未得成佛者,不知门户,不见自性,内不明心,一心向外求,所以不得成佛"。"佛在心头莫远求,古今无缝塔中修","每日省察身心","扫除心田尘垢","不教色声香味诸魔牵引","无明若息,金刚不坏,永劫结成真性,渐渐明了"。《孟子》说:"人皆可以为尧舜","服尧之服,诵尧之言,行尧之行,是尧而已;服桀之服,诵桀之言,行桀之行,是桀而已"。大乘佛法亦告诉人们:"入如来室,著如来衣,坐如来座,则成如来之圣道。如来室者大悲心是,如来衣者柔和忍辱心是,如来座者一切法空是。人若能自讼其过,日日知非,日日改过,积功累德;继往开来,便成圣道。"《佛说真宗妙义经》说:"心中起念圣贤知。"《佛说自爱经》说,做人要懂"自爱之法","口四不言,三凶远身,危命全行诸佛所珍,亲安族兴终得上天福惠","四王遣善神护焉"。《佛说善恶因果经》说:"万法皆空,果报不虚",善恶报应,因果随行。世人受报不同,"皆由先世用心不等是以所受千差万别"。"用佛语者,弥勒出世得度无疑";"众苦皆由十恶业生,上者地狱因缘,中者畜生因缘,下者饿鬼因缘";"十恶业道皆是众苦大聚因缘";佛告众生,要"自知宿命",常行善道,必成正道。《佛说分别善恶所起经》告诉人们必须注意"分别善恶","不杀生得五福","不贪利得五善","不念邪僻得五善","不两舌,不恶口,不妄言绮语得五善","从不醉得五善","和心不瞋恚,见贤者敬之,愚者忍之,得五善";"孝顺父母,敬事长老,恭执谦卑","常教恶人为善","得五善";"用谏晓事,善心好竟,敬事尊老,礼节兼备,得五善";"不悭贪,好善布施,爱视诸家亲属贫穷者,捐乞怜贫者,得五善";"有明经贤者,若沙门道士,喜往问度世之道,心不嫉妒、贪爱高远贤者,得五善";"今见有明经晓道者,皆故世宿命作道行德所致也"。佛经告诉人们,"作恶得恶",行十恶道者,每行一恶各得五种恶报。"喜欢酒醉者得三十六失";"不孝尊老,无有礼节,轻易骄慢,自用自强,得五恶报";"得财多悭贪,不肯布施,不爱视诸家贫困者,不供事沙门明经道士……得五恶报";"求寿得寿,不求寿不得寿;求病得病,不求病不得病;求端正好色得端正好色,求丑恶色得丑恶色;求媚得媚,不求媚不得媚;求下贱得下贱,不求下贱不得下贱;求富贵得富贵,不求富贵不得富贵;求贫得贫;求明经晓道,得明经晓道;求愚痴得愚痴";"人作善得善","作恶得恶","如人种苦得苦实,种甜得甜实,长实譬如种五谷,种稻得稻,种豆得豆;如人作善得善,作恶得恶矣"。《佛说十善业道经》《地藏菩萨本愿经》等大乘佛法皆告诉人们因果报应真实不虚。

(十)坚持真理,修正错误,理智做人的理念形成

早在四千年前,中华民族就明确确立了坚持真理,修正错误的理念。

《尚书·大禹谟》说:"罔违道以干百姓之誉,罔咈百姓以从己之欲。"《尚书·商书》说:"改过不吝。""天道福善祸淫,降灾于夏,以彰厥罪。""作善降之百祥;作不善,降之百殃"。《尚书·周书》说:"志以道宁,言以道接。"《道德经》明确指出宇宙间有真理存在,告诉人们对真理的客观性必须坚信不疑,"信不足,有不信",就无法坚持真理。老子不厌其烦地强调:"不道早已",告诉人们"是以早服","坐进此道","无遗身殃"。"万物莫不尊道而贵德";"圣人抱一为天下式","终日行,不离辎重","守其母,没身不殆","成其大","得其贵","死而不亡"。老子还反复介绍了自己是如何信道、守道、坚持真理的。他说:"吾言甚易知,甚易行;天下莫能知,莫能行。……夫唯无知,是以不我知。知我者希,则我者贵;是以圣人被褐怀玉。"又说:"人之所畏,不可不畏,荒兮其未央哉。众人熙熙,如享太牢,如春登台。我独泊兮其未兆,如婴儿之未孩,累累兮若无所归。众人皆有余,而我独若遗。我愚人之心也哉,沌沌兮。俗人昭昭,我独昏昏;俗人察察,我独闷闷。澹兮其若海,飂兮若无止。众人皆有以,而我独顽似鄙。我独异于人,而贵食母。"他说:"孔德之容,惟道是从。"《孔子家语》说:"动必以道动,静必以道静,必顺理以奉天地之性,而不害其所主,谓之仁圣焉。"他强调:"君子修道立德。不为穷困而改节。""孔子不得行,绝粮七日,外无所通,藜羹不充,从者皆病。孔子愈慷慨讲诵,弦歌不衰。"子路怀疑孔子"不太智慧";子贡建议孔子"降低自己主张的标准",孔子对他们的观点皆加以批评。颜回说:"夫子之道至大,天下莫能容。虽然,夫子推而行之,世不我用,有国者之丑也,夫子何病焉?不容然不见君子。"孔子欣然叹曰:"有是哉,颜氏之子。使而多才,吾为尔宰。"《论语》说,孔子主张"志于道,据以德","守死善道"。

中国古圣贤告诉人们,错误是难免的,人要懂得改过。《道德经》说,圣人的任务就是"复众人之所过,以辅万物之自然"。《论语》告诉人们"过则无惮改";"改之为贵";"过也,人皆见之;更也,人皆仰之"。《孔子家语》说:"过失,人情莫不有焉。过而改之,是谓不过","过而能改,其进矣乎";"能补过者,君子也";孔子强调"惩己所病,以诲其嗣",《无量寿经》说,悔过得生极乐。《玉历宝钞》说:"世间有多少种罪恶,地狱便有多少种报处";世间犯罪者"假若回心向善,诚恳改过,虽然曾种下罪恶种子,但是行善后,就会使罪恶种子失去成熟因缘";又说:"假若有人发誓向善,在生时忏悔改正一件过错,能够不再违犯,准予减赎他犯过的两个罪行;假如忏悔改过,尽力实行,达五件之多的,所有的罪刑,可一概赦免","减免诸苦,即放下屠刀立地成佛";强调指出:"因果报应定律,就是诸佛也不能改变","因果的报应,并不是种一收一,种十收十,而是如同农夫种地,春天播下一斗种子,秋天就会收获一百斗谷子",犯罪的恶习不改,继续犯罪,"滋生出来的苦果是无法计算的",就会永无解脱之日。如果"能在行住坐卧之间经常地制止住自己的

妄念,而且能发菩提慈悲心,劝化有缘众生,令其知道改过忏悔,学习佛法,就会成就一切种智,成就佛道"。

(十一)兴教化,求文明的觉悟形成

中华民族是世界上最早提倡教化,以人的文明化为目标的民族之一。中华文明发展源于教化。中国最早的一部经书《易经》就提出"明而化之","文明以止"的思想。伏羲教民求位当,神农氏教民种庄稼,用草药医病,在市场上交换产品;"黄帝始蒸谷为饭,烹谷为粥";"黄帝做宫室,以避寒暑";"黄帝作舟车以济不通"。《孟子》说:"人所以为人,吃饱了,穿暖了,住的安逸了,如果没有教化,也和禽兽差不多。圣人又为此而忧虑,便让契担任司徒,用人伦道德教化百姓。"又说伊尹是最先提倡"先知觉后知"、"先觉觉后觉"者,"上天创造了人类,就是让先认识事物的人启迪后认识事物的人,让先认清事理的人启迪后认清事理的人","我应该用尧舜之道启迪现在的百姓。我不唤醒他们,还有谁呢?""伊尹为天下百姓着想,天下人只要有一个人没有承受过尧舜所施的恩泽,就好比是自己把他们推进深沟里一样";孟子主张君子应对百姓进行多方面教化,"有如时雨化之者,有成德者,有达财者,有答问者,有私淑艾者"。《尚书》说:最重要的教化,是"在他初受教育时,就进行明哲教育"。孔子集先贤教化思想之大成,创办私学,广兴教化,制定了"志于道,据以德,依于仁,游于艺"的教化纲领,极大地推进了中华民族文明化的进程,被誉为"大成至圣先师"。中国国家管理者自古以来亲自抓教化。中国古代的三皇五帝三王皆是抓教化的典范。自汉朝起,皇帝亲自抓大乘佛法教化,宰相抓百姓全民教化。

(十二)从实际出发的辩证思维方式确立

中华文明之所以能持续不断、经久不衰地向前发展,是因为中国古人在从实际出发研究人生存发展的实践中懂得了辩证思维。中华文明是中国人自己创造的。中国人自古不凭空想研究问题,而是从客观存在的事实出发。《易经》是记载中华民族思维方式形成过程的典籍。从伏羲始画八卦算起,迄今约五千多年。如果从收藏在瑞典远东博物馆的彩陶壶(永静出土的6500年前的陶器,画有双龙太极图)算起,中国人的太极观念形成至少应有七千年的历史。太极图是阴阳合成图。八卦图是在太极基础上研究阴阳变化而得到的规律性的认识。从太极图观念形成,到老子著《道德经》,其间约四千多年历程。翻开《道德经》,我们会清楚地看到,"道生一,一生二,二生三,三生万物。万物负阴而抱阳,冲气以为和";"知和曰常,知常曰明,益生曰祥";"致虚极,守静笃,万物并作,吾以观复。夫物芸芸,各复归其根。归根曰静,是谓复命;复命曰常,知常曰明。不知常,妄作凶。知常容,容乃

公,公乃王,王乃天,天乃道,道乃久,没身不殆"。这一论述显然是从实际出发的辩证思维方式的精彩描述。老子的继承人庄子又进一步引入了实践的观点。《庄子》开篇就指出:"朝菌不知有早晚之分,寒蝉不懂得有春秋之别,……楚国之南有'冥龟',以五百岁为一春,五百岁为一秋;上古有一种大椿树,以八千年为一春,八千年为一秋",从而评论说蝉和小鸟讥笑大鹏是无知之举。再看中国的四书五经,无不是从客观实际出发研究问题。从千变万化的客观实际出发,用辩证思维方式研究问题,得到的认识必然博大精深。辩证思维给予人的是理念。中国古圣明确地告诉人们,任何具体的有形的事物都是必然要灭亡的,唯有真理可超时空而永远长存。

三、管理人的智慧形成

中华管理人的智慧,是指建立在正遍知和无上正等正觉理论基础之上的,以求人性、人道与天地自然运行之道统一为宗旨的管理,其活的灵魂是求人的本性与善道统一,即教人自觉求尽人性,践人形,成其大,得其贵,赞天地之化育,与天地参。

(一)指出了管理人生的极端重要性

中华民族在求生存发展的实践中,逐步懂得了人的管理,关系个人成败、国家存亡、人类命运。《尚书》说:早在四千多年前,尧就懂得了"敬事节用","与天地合其德,与日月齐其明","百姓昭明,协和万邦","命令羲氏与和氏,敬慎地遵循天数,推算日月星辰运行规律,制定历法","一周年为三百六十天"。又说鲧不按水性治水,招致失败;禹按照水性治水,获得了成功。"丹朱傲慢放逸,懒惰淫乱,被人民抛弃,未能继承尧帝之位"。夏桀贪图享乐,花费大量人力、物力、财力建造宫室,杀先贤,纳奸佞,胡作非为,导致丧身亡国。商纣王"残义损善",胡作非为,建造肉林酒池,供青年男女裸体逐乐;设"炮烙之法"等镇压敢于反对者,九侯不满被剁成肉酱,鄂侯反对被制成肉脯,比干反对被挖心示众,结果导致自己被割头,执政六百年的商朝灭亡。《孔子家语》说:孔子好学,"闻老聃博古知今,通礼乐之原,明道德之归",则视老子为师,前去求教。临别时,老聃说:"吾闻富贵者送人以财,仁者送人以言。吾虽不能富贵,而窃仁者之号,请送子以言乎:'凡当今之士,聪明深察而近于死者,好讥议人者也。博辩广大而危其身,好发人之恶者也。无以有己为人子者,无以恶己为人臣者'。"颜渊问子路说:"勇力胜过品德的人,死得真正有价值的人很少,这些人为什么不谨慎啊?"孔子对颜渊说:"人不是不知道谨慎为人的好处,而是控制不住自己,没有认真去这样做。"

（二）明确了管理人生的宗旨和基本任务

中华人文化站在事物本质属性和发展变化规律的高度，研究人的生存发展问题，深刻揭示了管理人的宗旨和任务。

1. 求尽人性与尽物性统一

中华民族在长期求生存发展实践中，逐步懂得了人有人之本性，万物亦各有本性。《吕氏春秋》说："性者，万物之本。"人必须"通晓性命真情"，"依本性做人"，"依据事物本性使用万物"。懂得以本性做人者，才能成不骄，败不馁，"尊贵到做天子而不骄横傲物，富足到拥有天下而不放纵自夸，卑下到做百姓而不感到失意屈辱，贫困到无衣无食而不忧愁恐惧"。"昏惑的人"不知道依本性办事。《庄子》说："人有常性"，"小的迷惑使人迷失方向，大的迷惑令人丧失本性"。"丧失本性的人是徒具形骸之人"。他强调指出："人的形体千变万化不曾有过穷尽"，人们应懂得像圣人那样"游于万物而不失与大道共存"的本性。本性"就是自己的根，自己的本"，明本性的人，才能与道统一。他告诉人们要防止智慧残缺。人有了智慧，才能"通达大道境界"，"随顺天地自然本性，驾御大气变化，遨游于无穷宇宙"。《中庸》强调"尽其性"。告诉人们必须从"能尽人之性"开始，"能尽人之性，则能尽物之性；能尽物之性，则可以赞天地之化育；可以赞天地之化，则可以与天地参矣"。《孔子家语》说："圣人之智，过人远矣。""所谓圣者，德合于天地，变通自如，穷万事之始终，协庶品之自然，敷其大道而遂成情性，明并日月，化行若神。"

2. 求人道与天地自然运行之道和谐统一

中华民族在长期求生存发展实践中，逐步认识到天地自然万物运行各有其道，人求生存发展，不能为所欲为。《道德经》说："不知常，妄作凶。"古圣哲在如何把人道与宇宙运行大道统一起来的问题上，求得了至高无上真理性认识。

中国古圣哲告诉人们，人的本性中蕴藏着正遍知能力、求无上正等正觉能力、行真正能力。人应当措置好自身资质，发挥主观能动性。其中首要之点，是御道术。《道德经》说：道"为天下之母"，"万物之宗"，"万物之奥，善人之所宝，不善人之所保"，"以道莅天下，其鬼不神"。御道术的前提，是识道，即知道是什么。老子说，道是万物运行之常规，"知常曰明。不知常，狂作凶"。知道是什么之后，就要努力求道。老子说："天得一以清，地得一以宁，神得一以灵，谷得一以盈，万物得一以生，侯王得一为天下贞。"老子指出，得道之后必须守道，"守其母，没身不殆"，"圣人抱一为天下式"。《论语》说："守死善道。"《地藏经》说："依止善道，永取解脱。"《金刚经论》说："非道不行。"《太上感应篇》说："是道则进，非道则退，不履邪径，不欺暗室。"古圣哲指出,道有大道小道,正道邪道之区别,人必须懂得守持大道,不离正道。《道德经》说:"使我介然有知,行于大道,唯施是畏。大道甚夷,而民好径。"老子告诉人们,要有行大道的觉悟,要知道走邪道危险,"无遗祸殃"。《墨子》指出,天下之所以出现混乱,是因为有些人不懂得持守大道而行小道的结果。古圣哲还告诉人们,必须坚持与道同行。《道德经》说:宇宙大道"独立不改,周行而不殆"。《庄子》说:"道未始有封","时不可止,道不可壅。苟得于道,无自而不可;失焉者,无自而可"。强调"跟随大道往返进退"。他赞颂孔子能与道同行,"与日俱新"。

《道德经》说:道是一种"视之不见"、"听之不闻"、"搏之不得"的客观存在物,"迎之不见其首,随之不见其后","是谓无状之状,无物之象,是谓惚恍"。道本身无形,也不赋物以形,只主宰事物生命。事物形象靠德体现,事物形象好坏、生命长短,由自身尽道情况来决定。《道德经》说:"孔德之容,惟道是从",圣人是尽道典范。老子指出,人的本性与道和谐统一之后,人就能"成其大"、"得其贵","死而不亡"。《中庸》说:"苟不至德,至道不凝焉。"《大学》指出:"道盛德至善,民之不能忘也。"《华严经》提出"修普贤行",告诉人们,德行圆满之时,人就可以成圣道。古圣哲明确告诉人们,所谓德善之行,就是利益众生之行。《道德经》说:"圣人无常心,以百姓心为心。善者吾善之,不善者吾亦善之,德善","圣人在天下,歙歙焉为天下浑其心"。老子指出:"吾所以有大患者,为吾有身,及吾无身,吾有何患。贵以身为天下,若可寄天下。爱以身为天下,若可托天下。"他强调学习道的品质,"万物恃之生而不辞,功成不名有,衣养万物而不为主"。要求人们修养至德,"上德不德,是以有德;下德不失德,是以无德","上德若谷","广德若不足","重积德,则无不克,无不克,则莫知其极";"是为深根固柢,长生久视之道"。

古圣哲教人信奉圣道,守持正法。圣道是人们求人的本性与宇宙大道和谐统一经验的总结,是成圣者成功经验的升华。人的生命存在时间的短暂性,宇宙的无限性,决定现实生活中的人们无法事事实践,必经善于学习继承。圣人是成功者,人的类本质的同一性,决定向圣者学习是最好的学习途径。《孟子》说:圣人先得我心之所同,圣人是百代后人的老师,圣人是为人的标准,孔子登东山而小鲁,登泰山而小天下。故观于海者难为水,游于圣人之门者难为言。历史上成圣道的人,都是善于向圣者学习的人。《孟子》说:自从有人类以来,还没有孔子这么杰出的人,圣人高出他的同类,孔子又高出圣人。《庄子》说,孔子之所以能高出圣人,是因为他善于向圣人学习。《道行般若经》说:般若波罗蜜是唯一正确的成圣道之法,是诸佛如来得以觉悟成佛的智慧。《金刚经论》说:"修行得正法,无一不成佛。"《大方广经》强调"善求法宝"、"入佛知见"、"安住佛法"、"藏身佛法中"。古圣

哲再三强调指出，虽有至道，圣哲不说，"弗学不知其善也"（《礼记·学记》）。《阿难问事佛吉凶经》说："道不可不学，经不可不读"，"违法失理，其罪莫大"，"有所施作，当启三尊，佛之玄通，无细不知，戒德之人，道护为强"。《庄子》说：不可不通晓的是道，不可不高明的是德。《中庸》说，追求人道与宇宙大道统一的君子，应持守中庸之道，"喜怒哀乐之未发谓之中，发而皆中节谓之和。中也者，天下之大本也；和也者，天下之达道也。致中和，天下位焉，万物育也"。《法灯明心正觉经》说："佛法是觉知"，"智开内外明"。佛法是成圣道者教人成圣道的方略。即教人把主观与客观、理论与实践、知与行统一起来的方法。

3. 求个人生存发展与社会文明进步和谐统一

人的社会本质属性，决定人们必须处理好个人生存发展与社会文明进步的关系。中国古圣哲在处理这一问题上，展现了真理性的智慧。《尚书》说，四千年前，尧舜执政时，就为人们树立了解决这一问题的榜样。《大禹谟》说：不要违背百姓利益来顺从自己私利。提倡学习禹"能勤劳于国，能节俭于家"、"不夸功"、"不自满自大"。《孔子家语》进一步指出，即使国家君王，也不能把自己凌驾于社会百姓之上。"夫君者，舟也；庶人者，水也；水所以载舟，亦所以覆舟"。《大学》提出，"自天子以至于庶人"，皆应遵守修身、齐家、治国、平天下的原则，把个人生存发展与天下太平发展和谐统一起来。《荀子》说：追求个人功业而忘民，亦不可。《华严经》说："一切众生为树根，诸佛菩萨而为华果，以大悲水饶益众生，则能成就诸佛菩萨智慧华果。何以故？若诸菩萨以大悲水饶益众生，则能成就阿耨多罗三藐三菩提故。是故菩提属于众生。若无众生，一切菩萨终不能成无上正觉。"

（三）明确了管理人必须解决好的问题

1. 唤起觉悟，培养自觉

中华管理人生理论的灵魂是觉。《密严经》说："一切唯有觉"，"能觉所觉性"。《华严经·十定品》说：人的觉知性醒悟之后，就能"明见了知一切"，"究竟入于一切智海"。《楞严经》进一步指出："觉的真性是无上明。"《四十二章经》说："得一切智"，"无有不见，无有不知，无有不闻"。古圣哲指出，智慧觉是人应具有的第一位觉悟。《遗教经》说："智慧者则是度老病死海坚牢船也，亦是无明黑夜大明灯也。"古圣哲普遍强调，人要成其大，必须有信觉。《道德经》说："信不足，有不信。"人对道信不足，就有可能背道而行。《天地八阳神咒经》说："善恶之理，不得不信"，"善法常转即成圣道"，"恶法常转即堕地狱"。"不正信修善"，"反天时，逆地理，背日月之光明，违正道之广路，恒寻邪径"者，必堕苦海。《不退转法轮经》说："当修信法，不取于空。"《阿惟越致遮经》说：不信正法者，不能"立于无上正真之道"，必成魔之伴侣。古圣哲强调必须有戒定觉。《遗教经》说："戒为第一安稳功德住处"，"戒是正顺解脱之本"；"得定者，心则不散"。《四十二章经》强调："住大禅定，降诸魔道。"《金刚经论》说："把得定，作得主，不造诸恶，常修诸善"，必成圣道。古圣哲教人必须有修心觉。《遗教经》说："心之可畏，甚于毒蛇，恶兽怨贼"，"当知嗔心甚于猛火，常当防护，无令得入。劫功德贼，无过嗔恚"。《法灯明心经》说："心境无垢染，智开内外明，不上邪贼船，不受伪道蒙，悟识真自性"，"随缘心不动，修道守戒定，心动受八风"，"心净见虚空，知空莫执空，执空亦邪径，知空识妙有，妙有正虚空"。《观无量寿经》说："是心作佛，是心是佛。诸佛正遍知海，从心想生。"《金刚心总持论》说："佛由心成，学由心学，德由心积，功由心修，福由心作，祸由心为，心能作天堂，心能作地狱，心能作佛，心能作众生，心正成佛，心邪成魔。"古圣哲教人修真如本性觉。《大般涅槃经》反复强调：人有共同的真如本性，大乘佛法称之为佛性，"如来微密宝藏"教人"知我之真性"，"众生受诸烦恼覆蔽，所以不识佛性"，如果能成就无上正等正觉，才能够证知这真如自性，"断除覆障，即得见佛性而成无上道"。人的心性觉了后，就能见道行道。得道之人，才能真正修德善觉。《道德经》说："孔德之容，唯道是从"，圣人是修德尽道的典范。人有了道和德的觉悟，才知修行觉。《华严经》教人修普贤行，《密严经》教人修密严行。《四十二章经》教人妙行中道，"犹木在水，寻流而行，不触两岸，不为人所取，不为鬼神所遮，不为洄流所住，亦不腐败"，佛说"此木决定入海"，"学道之人，不为情欲所惑，不为众邪所娆，精进无为，吾保此人必得道矣"。古圣哲还教人修知非觉、除蔽觉、破魔觉、改过觉、观想觉、观行觉、学习觉、交往觉、功德觉、无量寿觉、无量光明觉、无边身觉、无量能力觉、无量神通自在觉等。

中华管理人生智慧中活的灵魂是自觉。古圣哲不厌其烦地教导说，人有了自觉，才可能真正成为有活力的自在体，赋予诸觉以活力，发挥自觉能动性，措置好自身资质，结诸善缘，断诸恶缘，求得人性与道的和谐统一。《真宗妙义经》说，真正的自觉是"内明性理"，即"见自性"，"不晓自性"者"不得成佛"，"明心见性即是佛"。"每日省察身心"，"扫除心田尘垢"，"不教色声香味诸魔牵引"，"佛在法堂，贯古通今"。"诸漏已尽，超凡入圣"。《金刚经论》说："若人明自心，达自性，依佛修行，决定成佛。""一切诸佛及诸佛阿耨多罗三藐三菩提法，皆从自心流出，无穷无尽，不坏不杂"，"一切功德皆从自己心地修成"，"若是明心见性之人，常闻自己心佛，时时说法，时时度众生，时时现神通，时时作佛事"。

2.搞好人生定位，管好人生方向、道路、目标

现实生活中的人，是宇宙间具有客观实在性的实体之一。人区别于其他事物的本性，要求每个具体的人要给自己的人生定好位。古圣哲指出，具

有人的形象的客观存在中,有禽兽一般的人,还有禽兽不如的人。《孟子》强调,人必须把自己定位在人的地位上。这就是要求人们遵守人的类本质属性。按人的本性行事的是人,反之则"非人也",即"无恻隐之心,非也人;无羞恶之心,非人也;无辞让心,非人也;无是非之心,非人也"。《大学》说:"自天子以至于庶人,壹是皆以修身为本。"《论语》说:"君子务本,本立而道生。"即是说,做人抓住根本之后,做人之道才会生长起来。《孝经》说:"孝是德之根本,是教化产生的基础",做人应该从孝亲开始,止于"博爱","以顺天下",达到人民和睦。

人生是人的生命存在的过程。即从人的生命开始到终结的过程。每个具体人的一切活动都是在这一过程中完成的,人生价值在这一过程中实现,人生成败由人们自己一生行为论定。古圣哲指出,人们必须给自己的人生定好前进方向,把握好自己的人生道路。《孟子》说:"人之有道也,饱食、暖衣、安居而无教,则近于禽兽。"《尚书》指出,文明化,是人生唯一正确发展方向。经纬天地谓之文,照临四方谓之明。尧是践行与天地合其德,与日月合其明,"百姓昭昭,协和万邦,黎民于变时雍"的典范。舜也是"浚哲文明,温恭允塞"的典范。中国古圣哲留给人们的第一部经典《易经》,就是教人怎样实现人生文明化的宝藏。《道德经》从理论与实际的结合上论证了人的文明化是人们应选择的唯一正确方向,不但指出"明白四达"才能有所作为,而且剖析了圣人是如何坚持文明化方向、如何走文明化道路,得以成其大、得其贵、死而不亡的。从而告诉人们,"居善地,心善渊,与善仁,言善德,正善治,事善能,动善时",善者"唯道是从","是谓道纪","用其光,复归其明,无遗身殃,是为习常"。《孟子》强调,文明化之路是"君子之大道也",只知追求才能而不修君子大道的人,是难免祸殃临身的人。

3. 管好心意,规范行为

《金刚心总持论》说:"一切善恶皆出自心。自心修善令身安乐,自心造恶令身受苦","心能作地狱,心能作佛;心正成佛,心邪成魔"。欲成圣道,"令悟真心,常觉不昧,不随妄想流转,但依真性立行"。"若有人悟自心,把得定,作得主,不造诸恶,常修诸善,依佛行持,立佛行愿,佛说是人,不久成佛。""心生颠倒,不成佛道。""若不发心,佛也难救。"《轮转五道罪福报应经》说:"制心刚毅离祸殃。"《四十二章经》强调"发菩提心","行道在心","处于浊世,当如莲花不为泥污"。《佛遗教经》说:心为五根之主,"当好制心","当自摄心","当知嗔心甚于猛火,常当防护,无令得入。劫功德贼,无过嗔恚"。"当一心舍诸放逸","常当一心勤求出道"。《佛说善恶因果经》说:"受报不同,皆因先世用心不等。"《十善业道经》说:"一切众生心想异故,造业亦异,由是故有诸趣轮转。"《真宗妙义经》说:"每日省察身心","扫除心田尘垢","净心修行",必成圣道。

《密严经》说:"众生身中,种种诸法,意为先导,意最速疾,意为殊胜。"又说:"一念嗔心起,百万障门开。"《佛说自爱经》说:"有恶念必获其殃。"《佛遗教经》说:"若有不妄念者,诸烦恼贼则不能入","常当摄念在心,若失念者则失诸功德。若念力坚强,虽入五贼中,不为所害"。《佛说般舟三昧经》说:"有三昧,名定意","定意向十方佛,佛悉在前立","定意得自在,常立佛前","常当守念,莫有休息,如是得来生我国","随时欲见佛即见佛"。《长寿灭罪护诸童子陀罗尼经》说:"守护一念菩提心,是真正远离无常,灭除罪业的究竟之法。若能不忘菩提心念,诸烦恼贼则不能侵入,虽入五欲贼中,亦不为所害。念念不忘菩提,才能制服自己的习气,舍轮回之身。"《十善业道经》说:"昼夜常念思维观察善法,念诸善法念念增长,不容毫分不善间杂,是即能令诸恶永断,善法圆满,常得亲远诸佛菩萨及余圣众",得成圣道。

中华文明是伴随着规范人生行为智慧的发展而逐步发展起来的。古圣哲全部经典皆围绕规范人生行为而展开。中华民族倡导规范人生行为管理,已有五千年以上的历史。《易经》是一部从根本上规范人生行为的经典,指出把行为纳入天地自然运行之道,是人们求生存发展过程中最基本的管理。《道德经》进一步从理论高度指出道决定事物生死存亡,告诉人们顺道者昌,逆道者亡。《太上感应篇》强调:"是道则进,非道则退。"把行为纳入为人民谋利益的轨道,是中华民族从炎黄时代就确定了的人生管理原则。炎帝把人民利益看得比自己生命还重要。他为解除百姓饥饿和疾病痛苦,寻找可食用食物和可治疗疾病的草药,尝百草常一日几十次中毒;教民种五谷、打井灌溉、开创"日中为市",处处为百姓着想。《吕氏春秋》说:从前神农治理天下的时候,百姓乐于公正,就帮助他们实现公正;百姓乐于太平,就帮助他们实现太平。《华严经》提出"普贤行","于诸病苦,为作良医。于失道者,示其正路。于暗夜中,为作光明。于贫穷者,令得伏藏","平等饶益一切众生"。"因于众生而起大悲,因于大悲生菩提心;因于菩提心成等正觉","是故菩提属于众生。若无众生,一切菩提终不能成无上正觉"。《维摩诘经》进一步指出:菩萨建佛国乃是为了有益众生,佛国大小取决于他们度化众生多寡。《道德经》赞诵圣人"歙歙为天下浑其心",指出:"贵以身为天下,若可寄天下;爱以身为天下,若可托天下。"《密严经》提出修密严行,指出"密严中之人,一切同于佛";"复以佛威神,而居密严中";教人"一心求密严,不染着三界","解脱一切苦,灭除众怖畏","常依于正定,游戏诸神通","密严佛土能净众生福,灭一切罪";告诉人们:"密严佛国"是"得正定人之所住所,于诸佛刹最胜无比","是诸如来解脱之处"。

古圣哲指出,规范行为的基本点,是守正。《无量寿经》指出"住正定聚"。所谓正定聚,即全方位持正。《金刚经论》说:"不随妄想流转,但依真

性主行。"《天地八阳神咒经》说:"常行真正。"《道行般若经》说,时时事事不离真正,"世世作功德,事事发菩提心,世世教授人等,只有这些事合起来,才能成圣道"。

4. 信守因果之道,断诸恶因,集诸善缘

古圣哲教人信守因果报应之理。《三世因果经》说,人应懂"因果之报","了知正道"。《太上感应篇》说:"祸福无门,惟人自招。善恶之报,如影随形。"《轮转五道罪福报应经》说:"天地万物,各有宿缘。"《分别善恶所起经》说:"作善得善,作恶得恶。"《善恶因果经》说:"受报不同者,皆由先世用心不等","众苦皆由十恶业生","十恶业道皆是众苦大聚因缘"。《十善业道经》指出,断诸恶因,"不容毫分不善间杂,是即能令诸恶永断,善法圆满",圣道"皆依此法,以为根本,而得成就"。《地藏经》说:"不行善者,行恶者,乃至不信因果者,邪淫妄语者,两舌恶口者,毁谤大乘者,如是诸业众生,必堕恶趣。"《孝经》说:"非法不言,非道不行","言满天下无口过,行满天下无怨恶","言思可道,行思可乐,德义可尊,作事可法,容止可观,进退可度,以临其民"。《无量寿经》说:"要当作善,所谓一不杀生,二不偷盗,三不淫乱,四不妄言,五不绮语,六不恶口,七不两舌,八不贪,九不嗔,十不痴。如是昼夜思惟","三昧常寂,善护口业,不讥他过。善护身业,不失律仪。善护意业,清净无染","积植德行","植种德本","住普贤行","于诸众生,视若自己,拯济负荷,皆度彼岸。悉获诸佛无量功德","安住一切功德法中","以定慧力,降伏魔怨,得微妙法,成最正觉"。《观无量寿经》说:欲求极乐,"一者孝养父母,奉事师长,慈心不杀,修十善业。二者受持三归,具足众戒,不犯威仪。三者发菩提心,深信因果,读诵大乘,劝进行者。如此三事,名为净业","此三业,乃是过去、未来、现在三世诸佛,净业正因"。《尚书》说:"树德务滋,除恶务本。"《无量寿经》说:"永拔生死之本,无复苦恼之患,寿千万劫,自在随意。"《地藏经》说:"拔出根本业缘","依止善道,永取解脱"。

(四)人生管理主体及其责任

人是社会的主体,社会由个人组成。由无数个人组成的社会,需要有统一的管理机制;每个个人又都具有自觉能动性。这就决定人生管理主体,由社会和个人两大部分组成。中国古圣哲早在两千多年前,不但明确了谁是人生管理主体,而且明确了各自的责任。

1. 社会管理机构构成及其责任

人生社会管理机构有家庭、学校、国家、社会几个主要部分,各自担负着管理人生的责任。

家庭是中国社会构成的基础部分。个人分属于各个家庭。人生管理从家庭开始。人生伊始,个人尚无自我管理能力,人的生存发展责任,主要由家庭负责。《尚书》指出:"若生子,应在他初受教育时,亲自对其进行明哲教育"。如养而不教,必遗其殃。《易经》说:"蒙以养正,圣功也。"早在三千年前,周文王的母亲就开创了胎教。周朝"三太教子",奠定了周王朝八百年基业。

学校担负着管理人的特殊任务。其基本的任务,是教化人。《学记》说:"人不学,不知道。是故古之王者,建国君民,教学为先。"中国从四千年前的夏朝,就建立了从上至下的教育体系,国都有学,遂中有序,党中有庠,百姓在家有塾。"凡学之道,严师为难。师严,然后道尊。道尊,然后,民知敬学"。即使向天子讲授,老师也不面朝北,这是体现对师尊敬。老师要诚心施教,倾尽才干教诲学生,让学生知道学习有什么好处。学校要慎重地选择老师。中国化了的大乘佛法进一步强调,教师责任重大,教师贻误学生比医生治不好病罪责还重。国家级的管理人员是人生总管,担负着全面管理人的责任。《论语》说,第一位的任务是使人生存得以保证,富裕起来;第二,富裕起来之后,要使之受教育。中国从伏羲开始,就教民如何求生存。炎帝把人民生存置于比自己生命还重要的地位,为解决百姓挨饿问题,尝百草不惜日中毒几十次。黄帝教民取火熟食,解决出行等问题,不惜日夜操劳,身心疲惫。《尚书》说,尧舜时代就开始设立专门负责教化人的官员,尧委托舜负责人的文明化教育;舜大施文教,舜又让契推行五常教育;禹又提出"德惟善政"政在养民,"安民则惠,黎民怀之";皋陶提出"教民修九种美德","不放纵逸欲"。夏朝时指出,管理人要严明,严明胜过慈爱。从商汤开始,设置专门负责帝王子女管教的官员。《尚书·商书》讲述了伊尹担任太甲师保,教育太甲的事例。太甲不遵守成汤法典,伊尹把太甲放置到桐宫思过。太甲在桐宫悔过三年,伊尹多次开导他。太甲悔过自新后,又回到亳都王位。《尚书·周书》记述了周公担任成王师保教育成王的事。周公克服重重困难,教育成王走上正路,才使周王朝得以延续八百年。

古代中国还提倡全社会管人的教化问题。《论语》说,孔子倡导君子自觉做人之楷模,发挥移风易俗的作用。《孟子》说伊尹倡导先觉觉后,提倡先认识事理的人启迪后觉知事理的人。孔子是开创民办教育,自觉开展人生教育的典范。中国古圣哲皆是自觉教化人的典范。鬼谷子一生居住在深山之中,史料说他一生只下过一次山,然而教出了孙膑、庞涓、苏秦、张仪等影响中国历史进程的人物。孔子自觉编《尚书》、作《春秋》,对中国人的文明化起了巨大作用。《孟子》说:孔子写作了《春秋》,乱臣贼子才有所惧怕。《论语》中孔子引用《尚书》说:把孝敬父母,友爱兄弟,这种风气影响到政治生活中去,也是参与政治。

2. 个人在人生管理中的作用及其责任

人的自觉能动性,决定每个人都是自己命运的主人。就人生全过程来

说，人的自我管理具有关键的决定性作用。《尚书》说："天作孽，犹可违；自作孽，不可活。"释迦牟尼在《遗教经》中说："我如良医，知病说药，服与不服，非医咎也。又如善导导人善道，闻之不行，非导过也。"《金刚经论》说：一切功德皆从自己心地修成，不从外得，"若不发心，佛也难救"。《荀子》说："自知者不怨人，知命者不怨天"，"失之己，反之人，岂不愚乎哉？""循道而不贰，则天不能祸"，"背道而妄行，则天不能使之吉"；"发挥自己那天生的主宰作用，管好自己那天生的感官"，"做好取决于自己的事"，"措置好自己的资质"，"以千岁之法自持，是乃千岁之信士矣"。《孟子》强调"不自失"，"人自侮而后有人侮之"；教人"充分发挥自己天生资质"，全方位修养自己，发展自己，"人皆可为尧舜"。

人自我管理觉悟和能力形成，需要一个过程。每个具体的人生都从自己无自我管理觉悟和能力开始。这就是说，人的成长发展是从接受管理教育开始的。中华人文化从人是自己命运主人的观点看问题，强调最多的是启发人们自觉请求教育。《孟子》赞颂舜是求教典范，"善于与人沟通，舍去自己不正确的意见，采用别人正确意见，吸取别人长处来发展自己的善行。从亲自耕作、制陶器、捕鱼一直到做天子，没有哪个优点不是从别人那里学来的"。诸经典皆赞颂孔子是善于请求他人给予教育的典范。他小时候最初接受母亲教育时，总是求妈妈多教一些。孔子无常师，坚持向一切人请教。《论语》说："子入太庙，每事问。""十室之邑，必有忠信如丘者焉，不如丘之好学也。""其为人也，发愤忘食，乐以忘忧，不知老之将至云尔。"《庄子》赞颂孔子善于向圣贤请教，孔子听说哪有贤良人就立刻前去求教。《尚书·周书》记载周公向召公求教时说："请求你及时教导我"，"我恫昧少知却居大位，您不督责纠正我，就没有人勉力指出我的不足了"，"你这样年高有德的人不指示治国的法则，鸣鸟不闻，又怎么能得到上天嘉许呢？"

自我管理的首要任务是尽早唤起自我管理觉悟，确立自我管理意识。《孔子家语》说："孔子适齐，中路闻哭者之声，其音甚哀。"孔子谓其仆曰："此哭哀则哀矣，然非丧者之哀矣。"驱而前，少进，见有异人焉，拥镰带素，哭者不哀。孔子下车，追而问曰："子何人也？"对曰："吾丘吾子也。"曰："子今非丧之所，奚哭之悲也？"丘吾子曰："吾有三失，晚而自觉，悔之何及。""遂投江而死。"《无量寿经》说："不知为善"，"不肯为善"，"不顺法度"，"不孝父母，轻慢师长，朋友无信"，"父母教诲，违戾反逆，譬如怨家，不如无子，负恩违义，无有报偿"，"不识人情，无义无礼，不可谏然"，"不信诸佛经法，不信生死善恶，欲害真人"，"大命将终，悔惧交至。不预修善，临时乃悔。悔之于后，将何及乎"。

自我管理终极目标，是请出真如自性佛，统管六根八识，跟随宇宙大道往返进退，与日月参，赞天地之化育。《天地八阳神咒经》强调"常行真正"。

《孔子家语》强调行"成人立行",即"通晓天地万物变化,了知明暗缘由","穷尽万物精微之理","德才兼备""又能用仁义礼乐约束自己","可谓成人矣"。真如自性即其大乘佛法说的佛性。《金刚经论》说:"一切众生皆有佛性,本来不生不灭,只因迷悟而升沉","众生常迷不觉,所以永劫堕落。诸佛常觉不迷,所以永成佛道"。"若人明自心,达自性,依佛修行,决定成佛"。《真宗妙义经》说:"佛在人身坎宫,回光返照,明心见性即是佛。""一戒香:诸恶莫作,众善奉行;二定香:真心不乱,一性常存;三慧香:真常不变,智慧圆明;四解脱香:一尘不染,诸缘照破;五知见香:明心见性,一切境界,本是空寂,万缘顿息,达诸佛性。"真如自性在法堂,则"贯古通今","三心不动","自身清净,心无尘垢,每日省察身心","扫除心田尘垢","便成佛道"。

自我管理的根本问题是清清楚楚明白管理之道,把自己全方位地纳入宇宙大道运行的轨道。《荀子》说:清清楚楚明白道的人,道才能在其心灵深处闪发出光芒。《中庸》说,通晓道的人,才能懂得道"须臾不可离也"。《道行般若经》教人"学十方天下做人之道"。能否把自我管理之道落到实处,还要看是否善于发心立志。《学记》反复强调立志问题,"凡学,官先事,士先志","君子之于学也,藏焉修焉,息焉游焉"。《论语》说:"三军可夺帅也,匹夫不可夺志也。"又说:"降志辱身矣。"《墨子》说:"志不强,则智不达。"《佛遗教经》说:"常当自勉,精进修之,无为空死,后致有悔。"又说"勿令一生空过无所得也。"《孟子》说:"夫志,气之帅也;气,体之充也,夫志至焉,气次焉。故曰:'持其志,无暴其气。'"

四、开发人的智慧形成

中华文明建立在不断深入开发人的智慧之上。中华民族在长期求生存发展实践中,逐步懂得,人的全部创造力潜藏在人生过程中。人类生存发展需要向每个具体的人生过程要创造物质财富和精神财富的能力。中国优秀传统人文化中,开发人生的智慧极其丰富。其中,具有无上真理性的人生开发理论,是人的真如本性开发。

(一)人的心地开发

1. 开发心地,请出自性佛

中国古圣贤非常重视心的作用,认为心是人的主宰。《孟子》说:"尽其心者,知其性。知其性,则知天性矣。存其心,养其性,所以事天也。夭寿不贰,修身以俟之,所以立命也。"即是说,尽心能知人的本性;知人的本性之后,就可以知天运行之道;持守人的本心,培养人的真如本性,就可以适应天道安排自己一生了。《荀子》说:"心生而有知,知而有异;异也者,同时兼知之;同时兼知之,两也;然而有所谓一,不以夫一害此一谓之壹。"即是说,心

生来就有知的能力,知能区别不同的事物,就能彼此兼顾,从而就能防止一种事物伤害另一事物。"未得道而求道者",必须善用其心。

大乘佛法认为,开发心地是众生成佛的切入点。《佛说真宗妙义经》开章即说:昔日文殊菩萨"在清凉境界大光明藏,请问世尊,世间修行者有先得成佛者,有未得成佛者,其事云何?"佛答曰:"先得成佛者,静心修行,内明性理,直门而入,得成无上道果。所以先得成佛。未得成佛者,不知门户,不见自性,内不明心,一心向外求,所以不得成佛。""佛者金刚不坏,自性如如是也。""一切诸法因人所置,一切诸佛,因人所得,无人者也无佛也。迷人不晓自性,逐日向外求,所以不知佛来处,迷失真正种子,不得成佛。"释迦牟尼强调指出:"明心见性即是佛。"众生要想成佛圣道,就要"深解经义,通达教宗,明心见性,破色为空,身虽在凡,心不在凡,达诸佛性"。"世上凡夫俗眼,贪着酒色财气,心猿不定,常思散乱,狐疑不信,根源自错","前世不修,今世不知,酒色财气凭你迷,只管目前贪乐,限到头来悔也迟"。

《佛说大乘金刚经论》说:"一切众生皆有佛性,本来不生,本来不灭。只因迷悟而至沉升。众生长迷不觉,所以永劫堕落。诸佛常觉不迷,所以永成佛道。""若人明自心,见自性,是人身中有经,六根门头,常放光明,照天照地,具足恒沙功德,出生四果、四向、十圣、三贤,乃至如来三十二相、八十种好。一切功德皆从自己心地修成,不从外得。""若是明心见性之人,常闻自己心佛,时时说法,时时度众生,时时现神通,时时作佛事,得此理者名持金刚经,名得金刚不坏身也。"释佛指出:"心寓舍,性喻王。清净斋戒喻城墙。六根喻六部宰辅。六尘喻六贼强梁。六识喻六门出入。五欲喻五道阱坑。见闻觉知喻住国四相,同佐性王,一体家邦。性王一出,坐于心舍,常共六臣四相同理国政。若性王有道,不徇私情,有功则赏,有过则罚,替天行道,死者无怨,如此行政,能另外戒墙坚固,六门警慎,六贼不起,在内六臣清政,四相体公不敢作弊,内外如一,性土太平。若性王无道,听谗纳妄,背公向私,赏罚不平,上下相乖,在内六臣相背,四相作弊,在外六门不关,六贼乱起,攻破戒墙,入自家邦,劫自功德,福尽法无,身心落泊,便受沉沦。""佛由心成,道由心学,德由心积,功由心修,福由心作,祸由心为,心能作天堂,心能作地狱,心能作佛,心能作众生,是故心正成佛,心邪成魔,心慈是天人,心恶是罗刹,心是一切罪福种子。若有悟自心,把得定,作得主,不造诸恶,常修诸善,依佛行持,立佛行愿,佛说是人,不久成佛。"《净土十凝论》说:"故《往生论》云,发菩提心者,正是愿作佛心。愿作佛心者,是度众生心。度众生心者,则是摄取众生生佛国心。"

中国古圣贤论述心地开发的思想极其丰富,其中主要有:明心见性是开发人的关结点。《楞严经》中佛对阿难说:如果不知道心和眼在什么地方,就不能够制服俗尘生活中的烦劳。就像一个国王,遭到敌人侵犯,他要发兵讨伐，必须知道敌人在哪里。人在生死轮回中不得解脱，原是受制于心和眼的缘故。我问你，心和眼在什么地方？阿难多次回答，佛都说不对，最后阿难说：心既不在内，也不在外，亦不在中间，不在一切地方，心不执着在一切事物之上，这是不是心的本性呢？如来又问阿难：你说心的觉知认识本性不在一切地方，世间、天上、地下、水中所有一切事物，都不去执着在其中，那么你的心是在还是不在呢？你的心不在就如龟角上长毛，兔头上长角完全空无所有，那还说什么执着不执着呢？说不执着，就不能说它不在，不是空无的就会有形态外相。有外相就是在，这时还说什么不执着一切事物？所以应当知道，说不执着一切事物就是觉知心的本性，也是不对的。佛告阿难，一切众生久远以来以妄念为根据而修行，就像煮食河沙做美味一样，即是经历了万千劫，也终归不能成功。一切事物都有其本体本性，即使是虚空也还是有其名相外貌。怎么能说无垢无染妙明圆觉心以及一切心性，即具有一切万物本性的心没有自身本体？如果执着那分别认知的觉知上并以为它就是心，那么，这个心应当离弃所有与觉知相关的事物，如色、声、香、味、触等尘世器物，这才有心的整体本性。就如你现在听我说话，是因为有声音分别识知，即使除去所有引起见闻觉知的东西，向内守望那一片寂静空无，这也是一些示现出来的尘世器物的种种分别的幻影。我没有责怪你依持一个假心，只要你仔细揣摩这个心，如果离弃了六尘境相，仍然有能分别的体性存在，那就是你的真心。如果这个能分别的体性，离开了六尘境界，就不存在，那么它就不过是六尘境界的分别影像显现，这个心也就是尘世器物世界的种种分别的幻影而已。六尘境相不会常存不变，如果它变易生天，那么这个心也就随之而空无所有，你的常住不灭的真身也会与六尘境界事物一样变易灭绝了，这时谁来修证那不生不灭安忍不动的心呢？明确指出，真心在与真如本性统一之处。

2. 发菩提心，求无上道

中华优秀传统人文化明确告诉人们，欲成大业，必须自己发心。《佛说大乘金刚经论》说："若不发心，佛也难救。"《楞严经》指出："用佛妙觉，启发自己的心。"明确指出，菩萨的成长是靠修心逐步完成的，菩萨修菩提心，置身于"大菩提之中，完善地获得通达之心，觉悟通达如来，穷尽了佛的境界"，"周遍一切真如境地，这叫运行地，惟一无上真如心，这叫作不动地。真如之心发用无碍，这叫作善慧地"，"从善慧地到等觉菩萨，这一觉慧能获金刚心"。《华严经》强调"发求阿耨多罗三藐三菩提心"，又说：发起广大深重的悲悯心，意欲救护一切众生，普贤菩萨的功德就会显示在你面前。深重的大悲心愿，是圆满纯洁的菩萨心，是圆满成熟的菩提心，依持这个心念，就能获得佛的广大能力。《文殊菩萨无尽十种甚深大愿》说：菩提心就是觉佛圣道之心，发菩提心者，"则是世尊诸佛之子，亦是我父母"。"我有先誓大

愿,依我十种大愿者,先为父母、兄弟、姊妹、妻子、眷属,得令富贵,果报圆满……令发胜愿,回向大乘,学习菩提,渐成佛道。于是,我作他作,大臣官长,理务世俗,一一清正,于国忠孝,恶共有缘,归向菩提,得值三宝,令发菩提之心。"此大愿的核心和灵魂就是"发菩提心,求无上道","登正觉路","得入佛道"。

诸佛菩萨皆靠发心成就。阿弥陀佛靠发四十八大愿救度众生得成就。药师佛靠发十二大愿成就。文殊菩萨靠发无尽十种甚深大愿成就。普贤菩萨靠发修十种广大行愿成就。《华严经·十地品》详细阐述了十地菩萨每前进一步都靠提高发心品位而成就。发大悲心是诸佛菩萨修行的起点,只有救度世间一切苦难的大悲心,其广大如同万事万物的法界一样,其究竟如同虚空一样清净无杂,便获得了利益心,柔软心,随顺心,寂静心,调伏心,寂灭心,谦下心,润泽心,不动心,不浊心,在此基础上,求佛的大智慧,修行大舍心,以慈悲大舍心救护一切众生,得住欢喜地。菩萨要想进入离垢地,"当起十种深心……"菩萨要想进入第三地,应当起十种深心……直到入佛境界,具足佛的十神力,跻身于佛的行列,全凭逐步发深心大愿。

《成唯识论述记》卷一说:"梵云菩提此翻为觉,觉法性故。"《大智度论》卷四云:"菩提名诸佛道。"佛是真正的觉者,佛道为正觉之道。如实觉知世间,是佛法在世间的真实价值所在。《坛经》说:诸佛出现在世间,只是为了一件大事,就是帮助众生脱离所有邪见,内外都不迷惑。这就是说,发菩提心,就是发成佛的无上正等正觉之心。有了这样的心愿,就会懂得,发菩提心者,必须自觉正其心。《大学》说:"欲修其身,先正其心","所谓修身在正其心者,身有所忿,则不得其正;有所恐惧,则不得其正;有所好乐,则不得其正;有所忧患,则不得其正;心不在焉,视而不见,听而不闻,食而不知其味"。《楞严经》强调"用心要正","要保护众生,清楚他们的邪见,叫他们身心开觉海常住之真义,在修无上觉道中不发生枝歧",不要让他们的心魔作怪,"心魔作怪",就会身心颠倒,自己造下深重孽障,迷惑菩提真性,如果心正不邪,魔就不能在其身上得到便宜。

《楞严经》说:心的本性是明净光洁的,如用之于种种妄念,则成颠倒不真实,致使众生在生死烦恼中不停地流转。为保持"净明心",《佛说真宗妙义经》说,必须燃起"万里心香,二六时中存养省察,扫除心田尘垢,冰清玉洁,恶念不起,但存平等,慈悲和合"。《佛说清净心经》说:"修习正行欲得清净心者,当断五法,修习七法而令圆满。"断五法又叫除五盖障,即清除贪欲、嗔恚、昏沉睡眠、吊悔、疑惑五种障碍。修习七法即修习用来调心的七种觉悟。这七种觉悟和起来就是圆满的大觉。世尊告诉人们,觉的智慧,是修行的枢纽。该经指出,心不清净者心不得解脱,"离贪染污得心解脱","断除无明,得慧解脱","永离贪爱了知真实正知",即入佛知见,"尽苦边际",

即超三界,永离轮回流转。《庄子》说:心解脱以后,心境便能如朝阳一般清新明澈;心境如朝阳般明澈后,就能够感受到那独立存在的"道"了;感受到"道"之后,就能进入无所谓生无所谓死的境界;摒除了生也就没有了死,不留恋生也就不存在生。……不受外界事物纷扰,就能保持心境的宁静。

在心地播种用爱心养育天下的种子。《孟子》说:嫂子掉在水里,需要用手救,天下人掉在水里,需要用爱心救。《庄子》说:圣人用爱心养育天下。《道德经》说:"圣人在天下,歙歙为天下浑其心。""贵以身为天下,若可寄天下;爱以身为天下,若可托天下。"中国古圣贤皆明确指出,善心是人成圣道的种子,做人需要懂得润泽心田的道理。《法华经》指出用法雨润泽心田。《庄子》提出用心斋养心。庄子借用孔子的话说:心斋就是摒除杂念,专一心思,不用耳去听而是用心去领悟,不用心去领悟而用凝寂虚无的意境去感应!耳朵的功用仅在于聆听,心的功用只在于与外界事物交合,有了凝寂虚无的心境才能正确对待宇宙万物,只有凝寂虚无的心境才能与宇宙大道汇合。求虚无空明的心境就叫"心斋"。《佛说大乘金刚经论》说:"心要理养,佛要法扶,则食养身命,道理养慧命,悟道兼通,即成佛道。"

3.用心专一求大成

中国古圣贤指出,人身难得,生命有限,要想有成,必须懂得善用其心。《论语》说,孔子把"志于道","守死善道",视为终身为之奋斗的大事。他毕生坚持把自己从事的事业与道统一起来。孔子对子贡说:"赐也!女以予为多学而识之者与?"对曰:"然,非?"曰:"非也。予一以贯之。"《荀子》说:有精于道的人,有精于具体事物的人。精于具体事物的人只能支配这种具体事物。精于道的人则能够全面地支配各种事物。所以君子专心于道而用它来帮助自己考察万物。专心于道就能正确无误,用它来帮助自己考察万物就能看得非常清楚;用正确的思想去处理非常清楚的调查结论,那么万物就能被利用了。又说:固守专心于道的原则而达到了戒惧的境界,光荣就会充满于身边;培养专心于道的品质达到了精妙的境界,就会在不知不觉中得到光荣。所以《道德经》说,一般的人思想品质只能达到戒惧的境界。这戒惧与精妙的苗头,只有明智的君子才能了解它。人的思想就像盘中的水,端正地放着而不去搅动,那么沉淀的污浊的渣滓就在下面,而清洁透明的水就在上面,就能用来照见胡须眉毛、看清皮肤的纹理。如果微风在它上面吹过,沉淀的污浊渣滓就会在下面泛起,在上面的清澈透明的水就会被搅乱,靠它就看不清人体的正确影像了。人心也是这样啊。如果用正确的道理来引导它,用高洁的品德来培养它,外物就不能使它倾斜不正,就能用来判断是非,决断嫌疑。如果有点小事牵制了它,那么它那端正的神智就在外表上发生变化,思想就会在胸中发生倾斜,就不能用来决断各种事理了。古代喜欢写字的人很多,但只有仓颉一个人的名声流传了下来,这是因为他用心专一

啊;喜欢种庄稼的人很多,但只有后稷一个人的名声流传了下来,这是因为他用心专一啊;爱好音乐的人很多,但只有夔一个人的名声流传了下来,这是因为他用心专一啊;爱好道义的人很多,但只有舜一个人的名声流传了下来,这是因为他用心专一啊。倕制造了弓,浮游创造了箭,而羿善于射箭;奚仲制造了车,乘杜发明了用四马拉车,而造父精通驾车。从古到今,还从来没有过一心两用而能专精的人。曾子说,唱歌的时候看着那打节拍的棍棒而心想可以用它来打老鼠,又怎么能和我一起唱歌呢? 想要求得道的人,达到了虚心的地步就能够得到道;想要奉行道的人,达到了专心的地步就能够穷尽道的全部;想要探索道的人,达到了静心的地步就能够明察道。了解道十分明察,知道了道能实行,就是践行道的人。达到了虚心、专心与静心的境界,叫最大的清澈澄明。万物露出了行迹没有看不见的,看见了没有什么不能评判的,评判了没有什么不到位的。坐在屋里能看见整个天下,处在现代而能评判远古,通观万物而能看清它们的真相,检验考核社会治乱而能通晓它的法度,治理天下而能控制利用万物,掌握了全局性的道理对整个宇宙就都了如指掌了。"恢恢广广,孰知其极? 睾睾广广,孰知其德! 涫涫纷纷,孰知其形! 明参日月,大满八极,夫是之谓大人。"

《华严经·入法界品》说:"文殊师利菩萨劝诸比丘发阿耨多罗三藐三菩提心已",又对善财童子说:"汝已发阿耨多罗三藐三菩提心,复欲亲近诸善知识,问菩萨行,修菩萨道。"善财童子按照文殊菩萨的教导,南行向诸善知识求教,参拜了五十三位善知识。这些善知识分别向善财童子介绍了自己如何专心于一法求证无上正等正觉的。《楞严经》说:释迦牟尼佛问"诸大菩萨及诸漏尽大阿罗汉,汝等菩萨及阿罗汉,生我法中,得成无学。吾今问汝最初发心,悟十八界,谁为圆通? 从何方便入三摩地?"接着二十五位无学大菩萨以及阿罗汉,各自说了自己最初成道的方便法门。包括观世音菩萨、大势至菩萨、普贤菩萨、虚空藏菩萨、舍利弗、大目犍连、摩诃迦叶等都是靠专心于一法入圣道而得成无学的。

(二)人的智慧开发

1. 清楚智慧在人生存发展过程中的地位和作用

中国古圣贤指出,智慧是人的中枢神经系统和活的灵魂。人生价值实现度的差别,皆源于智慧。孔子编著的记载中华文明发展史的《尚书》说:"明作哲,聪作谋,睿作圣","爽邦由哲",羲和昏迷无知遭惩罚。《孔子家语》说,子路问孔子"持满有道乎?"孔子说:"聪明睿智,守之以愚;功被天下,守之以让;勇力振世,守之以怯;富有四海,守之以谦;此所谓损之又损之道也。"《道德经》反复阐述了如何运用智慧求生存和发展的问题。老子明确指出,人要成其大,得其贵,死而不亡,必须懂得"无为无不为"的道理。

而驾驭"无为无不为"之道,需要至高无上的智慧,其中包括"知其荣,守其辱","知其白,守其黑","知其雄,守其雌","方而不割","光而不耀","报怨以德","强大处下,柔弱处上","图难于其易","大成若缺,其用不弊。大盈若冲,用其无穷。大直若屈,大巧若拙,大辩若讷","自知不自见,自爱不自贵","是以圣人为而不恃,功成不处",学"圣人被褐怀玉","圣人终不为大,故能成其大","善行无辙迹,善言无瑕谪,善数不用筹策,善闭无关键而不开,善结无绳约而不可结","不自见,故明;不自是,故彰;不自伐,故有功;不自矜,故长","圣人常善救人,故无弃人;常善救物,故无弃物。是谓袭明。故善人者,不善人之师;不善人者,善人之资。不贵其师,不爱其资,虽智大迷,是谓妙要"。《荀子》说:"不仁不智,辱莫大焉","志意修,德行厚,智虑明,是荣之由中出者也","陋也者,天下之公患也,人之大殃大害也"。《论语》说,孔子"痛恨人们的顽固无知",明确告诉人们"知者不惑",只有明智的人才可能成为完美的人。《孟子》说:明智的人不会被蒙蔽,"贤者以其昭昭使人昭昭","人之有德慧术知者,恒存乎疢疾"。

中国化了的大乘佛法,把智慧摆在了至高无上的地位。《坛经》说:"一灯能除千年暗,一智能灭万年愚","般若波罗蜜最上最尊最第一","般若波罗蜜法生智慧",使众生得"大智慧到彼岸"。《道行般若经》说:"佛从般若波罗蜜中生",佛在般若波罗蜜中存在,菩萨只有学般若波罗蜜,才能学得成佛之道,修持般若波罗蜜者,诸魔永远找不到害他的机会,般若波罗蜜能降伏一切恶,般若波罗蜜是最大波罗蜜,能生布施、持戒、忍辱、精进、禅定五波罗蜜,五波罗蜜是从般若波罗蜜中生出来的,而般若波罗蜜又能生出萨芸若智慧。《般若波罗蜜多心经》说:"三世诸佛依波若波罗蜜多故,得阿耨多罗三藐三菩提",又说:"般若波罗蜜多是大神咒,是大明咒,是无上咒,是无等等咒,能除一切苦,真实不虚。"般若波罗蜜多心经是600卷《大品般若经》的核心,般若波罗蜜多是破除无明障的光明导师,是诸佛之母。《华严经》说:"菩萨摩诃萨以般若波罗蜜为母。"《金刚经》说,修持般若波罗蜜多"皆得成就不可量、不可称、无有边、不可思议功德",获金刚不坏身,得大坚固力,究竟到彼岸,"一切诸佛及诸佛阿耨多罗三藐三菩提法,皆从此经出"。

智慧是人成圣道的前提条件。大乘佛法之所以称文殊菩萨为"三世佛师","法王子",就是因为文殊菩萨是修持智慧的代表人物。《华严经》说,善财童子以文殊菩萨为师,在文殊菩萨指导下,遍求无上真理智慧,经五十三参,在普贤菩萨处得无上正等正觉。《法华经》不但讲述了文殊菩萨是三世佛师,而且介绍了龙女依文殊菩萨教化,八岁成圣道的事。佛家用大量事实告诉人们,智慧是人求生存和发展的关键性条件。

2.确知人应具有的基本智慧

中华民族历经百万年求生存发展实践后,确知了人只不过是宇宙间极

小的一种客观存在。《庄子》说,整个人类在宇宙间只不过像马身上一根毫毛的末梢。这么微不足道的人要想存在发展,需要具备诸多的智慧和能力。

觉智是排在第一位的智慧。《密严经》说:"一切唯有觉","能觉所觉性"。《孟子》说,古圣哲皆是觉者。神农见天下人受饿,就觉得像是自己使他们挨饿。禹见有人受洪水害,就觉得像是自己把他们推到水里一样。伊尹是中国最早提出"生觉觉后觉"者。释迦牟尼佛一生讲得最多的是觉智。他把智慧出类拔萃的文殊菩萨称为"三世佛师"、"法王子",念念不忘,教人修"般若智慧"。《大方通广经》说:"佛名觉者","自觉觉人,故号为佛"。他再三告诉人们,真如自性觉是真觉,自性佛是真佛。

信智是修大智慧的基础。《道德经》反复强调指出:"信不足焉,有不信焉。"他指出对宇宙大道信不足者,就不能"唯道是从",不能以德尽道,不能"成其大","得其贵"。释迦牟尼佛说,圣道是佛超凡至圣的法宝,不信佛道者就不信有人能超凡成圣,人就难以成为人应当成为的人。佛圣只是将人的本性开发出来者,佛与众生间的差别仅在于真如自性开未开发出来。人的类本质属性是皆有"真如自性"。《密严经》说:"碎末于金矿,矿中不见金,智者巧融炼,真金方万显。""佛体不可见,亦非无有佛,定者观如来,三十二相具","密严中之人,一切同于佛。"《无量寿经》强调,不信佛慧,不信人的本性,人不能成佛圣道。《华严经》明确指出:"信为道之功德母,长养一切诸善根。"《密严经》说:"应生净信。信为佛体,必当解脱。"

心智是智慧开发的核心。古圣哲非常重视心的作用。纵观古圣经典,人们会发现,贯穿圣哲经典的一条红线是心智。两千多年来,中国人中会背诵《般若波罗蜜多心经》的人数居诸经之首。本经的宗旨就是教人使心神乘上智慧船。《观无量寿经》说:"是心作佛,是心是佛。诸佛正遍知海,从心想生。"《金刚心总持论》说:"一切善恶皆出自心。自心修善令身安乐,自心造恶令身受苦。心是身主,身是心用。……佛由心成,道由心学,德由心积,功由心修,福由心作,祸由心为,心能作天堂,心能作地狱,心能作佛,心能作众生,……若人悟自心,把得定,作得主,不造诸恶,常修诸善,依佛行持,立佛行愿,佛说是人不久成佛。"《真宗妙义经》说:"明心见性即是佛。"《楞严经》明确教人修心与真如自性的统一。

大明智、大道智、大德智、大使命智、大担当智、大依止智、究竟智、不断智、无碍智、解脱智、行真正智、普贤智、密严智等皆是渴求人生自由者必修的智慧。

3.明确开发智慧的意义和方法

智慧是人成长和求得成功的灵魂和方略。《尚书》说:"睿作圣","爽邦由哲",求"智慧深远"。《庄子》赞颂圣智。提倡作"圣哲之人",使"智慧达到至高境界","注焉而不满,酌焉而不竭,而不知其所由来,此之谓葆光",

像圣人那样把自己寄托在无穷无尽的境域之中。《中庸》说："唯天下至圣为能聪明睿知。"《荀子》说："无所不明而思虑又永不枯竭者为圣人。"智慧开发的宗旨是"使人成圣智,知通乎大道,应变而不穷,辩护万物之情性","修百王之法,若变黑白,应当时之变,若数一二;行礼要节而安之,若生四枝;要时立功之巧,若诏四时;平正和民之善,亿万之众而博若一人;如是,则可谓圣人矣"。《中庸》说："唯天下至圣为能聪明睿知。"从而告诉人们,开发智慧与成就圣道是一致的,人有了至高无上的智慧才能成圣道,人成圣之时才能有至高无上的智慧。《法华经》说："诸佛世尊,唯一大事因缘故出现于世","欲令众生开佛知见","以佛智佛见指示众生,以佛智佛见觉悟众生,使众生得佛的智慧"。《大乘大集地藏十轮经》说,佛菩萨为诸众生说法,"为除灭一切众生大无明暗,大怖畏事,一切摔损,得大光明,及大名称,如实觉悟一切智智","利慧胜福常得增长"。《华严经》说,智慧能使人们在一念之间即普照过去、现在、未来所有诸法事物;修智慧波罗蜜才能"顺入佛智慧的真理之境";"发心求菩提智慧"才能"往生彼岸",又说菩萨有了往生彼岸的智慧,才能够随顺众生应化而救度众生;证得一切真理之无上智慧,才能破一切众生痴暗,以智慧明照世间事物,为处在生死长夜中的人们照亮道路,照亮众生心地中的黑夜,让众生迅速发心去求证一切真理之无上菩提智慧,在一切世界用清净之光驱逐无明黑暗障碍的境界,以一念智慧之光明,普照一切广大无边的三界方便海的境界,用如是顺缘的方便智巧,促使众生最终成就佛位的一切智之智,一念而遍入一切秘密法门,一念而便知三世一切法。《华严经》又说："十波罗蜜中,智慧波罗蜜最为增上,其余的波罗蜜不是不修,而是随分修学,各有差别。"即是说,波若波罗蜜是一切渴求圣道者都必须修学的,是进入圣道必不可少的条件。

古圣贤指出,智慧是人本性中具有的,因迷惑颠倒不得见。《华严经》说,所谓开发智慧,就是为众生打开智慧宝藏,就是把觉者的智慧布施给众生,把自证自悟的智慧及自性本有的智慧布施给众生。《大般涅槃经》中,痴迷无知的人非常可怜而悲哀,譬如有人要到远处去,由于无知迷失了正路,已走上了邪路还认为自己在正道上走呢。《贤愚因缘经》说:开发智慧就是用智慧之火去烧众生的烦恼,就是让众生掌握无上真理智慧,破除"迷惑颠倒,邪知邪见",解除众生的一切烦恼,使众生转凡为圣。《道行般若经》说,救度众生最重要之点,是把慧眼交给一切众生,让众生认识般若波罗蜜法,依照般若波罗蜜法进行修行。《庄子》说,人不但"知有所困",而且有"知有所残"的问题,"岂唯形骸有聋盲哉?夫知亦有之!"告诉人们,"去小知而大知明",除知之残才能获得知一切的大智慧。《荀子》说："陋也者,天下之公患也,人之大殃大害也","老不知恶谓上愚",人有大智慧,才能得"大清明"。清除迷惑颠倒的邪见,至心求正法慧,是人们成圣道的前提条

件。《道德经》告诉人们必须清除伪智。老子说:"智慧出,有大伪。"伪智是虚假的东西,不但不能引导人们成圣道,而且会使人们入邪径,堕三途。《佛说大乘金刚经论》说,欲求成长发展,必须"有圣智之宝,善能决断是非","修行得正法,无一不成佛"。

智慧开发无常法可依。每个人的因缘不同,开发智慧的入手处也各不相同。《孟子》说:"该在左就在左,君子在左无不可;该在右就在右,君子在右亦常有。"《金刚经》说:"无有定法名阿耨多罗三藐三菩提","一切圣贤皆以无为法而有差别"。又说:"不应取法,不应取非法。"以往圣者成长经验表明,智慧从学习中得。《孔子家语》说,"好学近乎智",又说,"好学则智"。《华严经》中文殊菩萨告诉善财童子说:"亲近供养诸善知识,是具一切智最初因缘",你如果要想成就佛的智慧,你就应当下决心去访求一切真正具备了菩提智慧的人们。《佛说大乘金刚经论》说:"佛从下心参求名师得","得见真明师,修行得正法,无一不成佛"。大乘佛法告诉人们,经藏是圣者智慧的寓身之处,至心深入经藏,可智慧如海。

(三)人的德性开发

1.清楚德的地位和作用

古圣贤明确指出,德是人求生存发展的大根大本。《道德经》说,道赋予万物命,德赋予万物形。"道生之,德畜之,物形之,势成之。是以万物莫不尊道而贵德。道之尊,德之贵,夫莫之命而常自然。故道生之,德畜之,长之育之,亭之毒之,养之覆之。"《孔子家语》说:"非德道不尊。"《尚书》说:"惟德动天。""舜帝先前到历山去耕田的时候,天天向上天号泣,向父母号泣,自己负罪引咎。恭敬行事去见瞽瞍,诚惶诚恐庄敬瞽瞍。瞽瞍也信任顺从了他。至诚感通了神明,何况这些苗民呢?"又说:"天道福善祸淫","作善,降之百祥;作不善,降之百殃","德惟一,动罔不吉;德二三,动罔不凶。惟吉凶不僭,在人;惟天降灾祥,在德!"《尚书》再三强调"不可不敬德",不厌其烦地指出,夏朝"惟不敬德,乃早坠厥命","殷革夏命"在于夏桀失德而商汤敬德;"周革商命"在于商纣失德而周文王周武王崇德。

2.明确德性开发的任务和目标

德善之性是人本性中固有的宝贵资源。德性开发就是要把人身上这种宝贵的资源发掘出来。以孔子为代表的儒家在其具有教化纲领性质的经书《大学》中说:"大学之道,在明明德,在亲民,在止于至善。"即是说,教化要解决的基本问题是彰显人本身具有的光明德性,于于使人自新,在于使人的成长发展达到德行完美的境界。《尚书》说:"嗣前人,恭明德,在今。"其意是说,能像以往的圣贤那样,恭行明德。又说:"惟新厥德,终始惟一,时乃日新。"即是说,唯有始终如一,不断更新自己美好的德行,才能不断成长进步。

还说：至心于善行，就能"功加于时，德垂后裔"。

古圣贤指出，德性的成熟和德行的完美需要一个过程，德行开发的目标必须定在求德性至善和德行完美上。《孟子》说："五谷者，种之美者也；苟为不熟，不如荑稗。夫仁，亦在乎熟之而已矣。"《道德经》反复阐述了德性开发问题，再三强调求"大德"、"上德"、"玄德"、"孔德"，指出："上德若谷"，主张"长养上德"，又说："上德不德，是以有德；下德不失德，是以无德。上德不为，而无以为；下德为之，而有所为。""生之畜之，生而不有，为而不恃，长而不宰，是为玄德。""孔德之容，惟道是从。""常德不离，复归于婴儿"，"常德不忒，复归于无极"。《中庸》强调求大德、天德，求德之至，指出："小德川流，大德敦化"；"为天下至诚，为能经纶天下之大经，立天下之大本，知天下之化育。……苟不固聪明圣知达天德者，其孰能知之？""苟不至德，至道不凝焉。"又说：上天运行无声无息，这是德的最高境界。《孟子》主张发展向善之心，推广善行，指出推广慈善之心，足以使天下安定，又说：圣人远远高于一般人，没有别的原因，只不过是善于推广他们的善行罢了。《庄子》主张"游心乎德之和"，"养大德"，求"德行完备"，"德行与万事万物混同"，"能用德行化人"；明确指出：唯有德行完备的人，才能做到在人和鬼面前都光明正大；要求人们求德至圣，告诉人们"为大胜者，惟圣人能之"。

中国化了的大乘佛法指出，德行开发是人们成圣道的根本条件。《佛说阿弥陀经》说：欲生西方极乐世界，"不可以少善根福德因缘"。《圆觉经》说："植众德本，佛说是人，成就一切种智。"《华严经·普贤菩萨行愿品》说："圆满普贤所有功德"，"既得往生极乐世界"。德无不遍为普，随心益物为贤，德行圆满圣道成。《涅槃经》说，众生虽有佛性，若不修功德亦不得见，只能"依诸功德因缘和合得见佛性，然后得成佛"。

佛性开发的根本问题是将人的德善本性变为德善行为。《孔子家语》说："德贯乎心，藏乎志，形乎色，发乎声。"《孟子》说："尊德乐义，则可以嚣嚣矣。……古之人，得志，泽加于民；不得志，修身见于世。穷则独善其身，达则兼善天下。"《感应篇序·文昌帝君降笔》说："今观世人，每日诵太上感应篇一遍，遵以修行，及书写一帙，日夕瞻视。依此修行，行之二年，万罪消灭；行之四年，百福皆集；行之七年，子孙贤明，荣登科第；行之十年，寿命延长；行之十五年，万事如意；行之二十年，子孙为辅相；行之三十年，注名仙籍；行之五十年，天神恭敬，名列仙班；不以此加意修行，或作或辍，今日行，明日废，人事既乖，心田日暗，虽口诵经，而其心不悟，是为渎天，罪不容赦。"《大学》说："富润屋，德润身。"《孝经》说，德善修养要达到至善的程度，即"口不择言，身不择行；言满天下无口过，行满天下无怨恶"。《地藏十轮经》说："我当正勤，修身善行，修语善行，修意善行"，"能行十善业道"，"住正行"，"于诸佛法增进自在常无退转"。《华严经》说，欲成就如来殊胜功德

门,"应修十种广大行愿","成满普贤菩萨诸行愿海","恒修普贤广大行","以普贤行悟菩提"。

3. 把握德性开发的方略和方法

《太上感应篇》说:"诸恶莫作,众善奉行,久久必获吉庆","语善、视善、行善,一日有三善,三年天必降之福;凶人语恶,视恶、行恶,一日有三恶,三年天必降之祸"。《十善业道经》说:"菩萨有一法,能断一切诸恶道苦。何等为一? 于昼夜常念思维观察善法,令诸善法念念增长,不容毫分不善间杂,即令诸恶永断,善法圆满,常得亲近,诸佛菩萨及余圣众。"《地藏菩萨本愿经》说,欲修德行,需要"知苦乐法","不行善者,毁谤大乘者,如是诸业众生,必堕恶趣","莫轻小恶,以为无罪","莫以善小而不为,莫以恶小而为之",要"拔出根本业缘","依止善道,永取解脱"。

《道德经》指出,应像圣人那样开发德行。"圣人无常心,以百姓心为心。善者吾善之,不善者吾亦善之,德善。信者吾信之,不信者吾亦信之,德信。圣人在天下,歙歙为天下浑其心,圣人皆孩之。""圣人为而不恃,功成不处。""圣人之道,为而不争。""圣人终不为大,故能成其大。""圣人处上,而民不重;处前,而民不害。是以天下乐推而不厌。以其不争,故天下莫能与之争。""圣人常善救人,故无弃人;常善救物,故无弃物。是谓袭明。"

《金刚经》说:"一切菩萨都不会享受福德","一切菩萨如果作有什么功德,他们首先是不应贪念执着的",如贪念功德就是有我相、人相、众生相、寿者相,就不是菩萨。"通达无我法者,如来说名真是菩萨。""以福德无故,如来说得福德多。"《华严经》说:"诸大菩萨不执着一切功德法海","大菩萨发心观照一切浩广如海的法门;发心修持功德已回向佛智慧,从而圆满成熟菩提心;发心端正意识不作一切过失行为;发心求取一切菩萨广深如海的禅定清净;发心要修成一切菩萨功德;发心要去庄严一切菩萨之道;发心精进求取一切智慧,勤修种种功德无有休息,就像劫火炽然紧迫不休;发心实践普贤菩萨功德,教化一切众生;发心去学习一切菩萨的威仪,以此实践菩萨功德,舍弃一切有为法,住持守护一切无所有的真实心境界"。《庄子》强调"不可不高明的是德"。

(四)人的能力开发

1. 清楚能力在人生存发展过程中的地位和作用

古圣贤明确指出,能力是人求得好的生存发展条件,实现人生价值最具实际意义的因素。《论语》在阐述儒家教学纲领时说:"志于道,据于德,依于仁,游于艺。"其意是说,人在求生存和发展的过程中,应立志求道,依据仁德的原则办事,游乐于礼、乐、射、御、书、数六艺之中。也就是说,除了有道和德的修养之外,还必须具有运用各种知识的技艺和能力。能游于艺者,不但需要精通技艺知识,而且必须具有熟练运用技艺知识的能力。人求生存发展,犹如在人生海洋中游泳,能游乐于人生海洋中,必须具有驾驭人生海洋的高超能力。孔子在讲述上述原则后,进一步强调,"不患无位,患所以立;不患其已知,求为可知也"。"不患人之不己知,患其不能也。"又说:"太宰知我乎?吾少也贱,故多能鄙事。君子多乎哉?不多也。""吾不试,故艺。"《论语》指出:没有实在的本事不行。《论语》记述了棘子成与子贡的对话:棘子成曰:"君子质而已矣,何以文为?"子贡曰:"惜乎夫子说君子也!驷不及舌。文犹质也,质犹文也,虎豹之鞟,犹犬羊之鞟。"《荀子》说:短绳取不了深井的水,知识不到家的人难懂大道理。《华严经》说:菩萨十波罗蜜中,以力波罗蜜为最胜,其余的波罗蜜不是不修,而是随其力随其分而修罢了,佛弟子必须"知一切佛调伏众生不思议的自在力","念念之中证知一切佛不可思议的大神通力","成就神足神通力"。《大般涅槃经》说:"佛弟子必须大力开发神通力,因为有了大自在神通力,才能降伏魔波旬,才能饶益一切众生。"《维摩诘经》说:菩萨"修无相无着的法门,但不执着无相与无作"。《宝积经》说:"宁可肯定自我的见解像须弥山那样高磊,也绝不要因起执空的见解而导致增上慢的出现。"这是因为执空不但导致无力破魔而且无益于众生。

2.把握能力开发的着眼点和着重点

人身心中蕴藏着多种多样的潜能。人的有效生命时间有限,精力和体力有限,不允许随心所欲,必须解决好着眼点和着重点问题。

人的能力开发的着眼点应放在发展正定力上。所谓正定力,是把个人成长与国家发展、人民需要、宇宙大道运行方向统一起来的能力。古圣贤在这方面论述很多。《大学》说:"大学之道,在明明德,在亲民,在止于至善。知止而后有定,定而后能静,静而后能安,安而后能虑,虑而后能得。"《孔子家语》中颜回问子路说:"勇力胜过品德的人,死的真正有价值的人很少。这些人为什么不谨慎啊?"孔子对颜回说:"人莫不知此道之美,而莫之御也,莫之为也。"《论语》中孔子对子贡说:"女以予为多学而识之者与?"子贡说:"然,非与?"孔子说:"非也。予一以贯之。"孔子"志于道,据于德,依于仁,游于艺"就是告诉人们时时、事事、处处坚持正定。《道德经》说:"万物莫不尊道而贵德",其意是告诉人们,万物的生存和发展都是靠正定求得的,人要想求生存和发展自己,必须懂得正定和善于正定。正定力越强则生命力越旺盛越长久。历史上"死而不亡"者,都是正定力超过一般人的人。中国化了的大乘佛法说,释迦牟尼佛把佛法概括为戒、定、慧三学,告诉人们,修此三学,可由戒得定,由定生慧,戒、定、慧三无漏,可成圣道。《无量寿经》说,阿弥陀佛度众生四十八愿之一是"住正定聚"。《佛说大乘金刚经论》说:"善男子善女人,一生斋戒,种种善根,老来颠倒,破戒犯戒","此等

众生,虽有善根,无大愿力,无正知正见,远离明师,漏失前功,六贼返转,劫自功德,心生颠倒,不成佛道"。"随业轮回,一失人身,万劫不复。"《十善业道经》说:"正勤庄严故,悉能断除一切不善法,成就一切善法。"

人的能力开发的着重点应放在求自在创造力上。古圣贤指出,人的创新能力包括质和量两个方面。《道德经》说:"天下万物生于有,有生于无。"其意是说,不但要懂得万物从有中生,而且要懂得无中生有。从实质上说,无中生有就是创新。人类文明发展史,从本质上说,是一个不断追求有所发现、有所发明、有所创造、有所前进的历史。这一过程具体表现为新事物不断产生,新局面不断涌现。创新能力不但表现在质上,而且表现在量上。《论语》说:"君子不器。"人不能像器皿那样只有一种用途。孔子说:我小时候很穷,没被国家所用,所以多学了一些技艺。多才多艺的人与只有一种才能技艺者相比,是一种新的复合型人才。《论语》又强调,君子不应满足于小能力,"力不足者,中道而废",要达到大目标需要有大能力。大能力与小能力相比,是量的创新。有大能力的人能创造比小能力者大的价值。《中庸》说:"人一能之已百之,人十能之已千之。果能此道,虽愚必明,虽柔必强。"释迦牟尼佛在诸多大经中不厌其烦地强调开发大神通大能力大自在力,明确指出,没有比魔强的能力无法战胜魔,不能游戏自在神通则不能度众生。人不可缺少的是殊胜无比的能力。

3. 掌握能力开发的原则和方法

开发为人民造福的能力,是人的能力开发必须守持的基本原则。《华严经》说:发起"广大深重的悲悯心,急欲救护一切众生,普贤菩萨的功德就会显示在你面前。深重的大悲心愿,是圆满纯洁的菩萨心,是圆满成熟的菩提心,依持这个心念,就能获得佛的广大能力"。《庄子》说:"昔赵文王喜剑,剑士夹门而客三千余下,日夜相击于前,死伤者岁百余人,好之不厌。如是三年,国衰,诸侯谋之。太子悝患之,募左右曰:'孰能说王之意止剑士者赐之千金。'"大家推荐庄子。太子派人送庄子千金,庄子不受且接受了太子请说剑之事。庄子用天子剑、诸侯剑、百姓剑三种剑术,说服了赵文王,其中至理就是发展为百姓造福的能力。从而阐明了人的能力开发的根本原则是为人民造福,即把发为人民造福的心愿,培养为人民谋利益的能力,作为能力开发的基本原则。

以良好的综合素质为基础开发能力,是人的能力开发的又一基本原则。《孔子家语》说:"弓调而后求劲焉,马服而后求良马焉,士必悫而后求智能者焉,不悫而多能,譬之豺狼不可迩。"《荀子》亦说:"士不信悫而有多智能,譬之,其豺狼也,不可以身尔也。"

崇敬能人是开发能力不可缺少的原则。《尚书》说:"别人有能力,好像自己的一样。别人美好明哲,他心里喜欢。"《孟子》提出耻己无能,"不耻不若人,何若人有?"《孔子家语》说:"不能则学,不为己终身无忧。"即是说知道自己无能或能为不足,就学习,把不学习视为终生的忧患。

五、驾驭圣明通达人生之道的智慧形成

中华优秀传统人文化是以大悲心为体而发展起来的。在人们不明宇宙人生真相不知什么是光明人生之道的日子里,轻则常常堕入苦难深渊,重则会丧命亡族亡国。悲惨的现实迫使人们探索人生金光大道。伏羲画八卦开探索易变之道之先河,揭示了人的生存发展与天地自然运行联系的规律性。中华民族从此走上了求圣明通达人生之道。《易经》乾文言:"知进退存亡而不失正者,其唯圣人乎。""夫大人者与天地合其德,与日月合其明,与四时和其序,与鬼神和其吉凶,先天而弗违,后天而奉天时。"系辞传说:"变通之意尽利","道也屡迁,变动不居,周流六虚,上下无常,刚柔相易","唯变所造","变通者趣时者也"。《尚书》从理论与实际结合的高度,进一步探索了什么是圣明通达人生之道。《道德经》指出,圣明通达人生之道是人"成其大"之道,人的本性与宇宙运行大道统一之时,人就可以成为与道、天、地并列称大者。《孔子家语》说:"德合于天地,变通四方,穷万事之终始,协庶品之自然,敷其大道而遂成情性;明并日月,化行若神,下民不知其德,睹者不识其邻,此谓圣人也。"从伏羲揭示人道与天地之道的联系,到《荀子》提出"做人做事圣明","在天下能处处行得通",其间约三千年时间,中华民族终于明白了什么是圣明通达人生之道并确立了驾驭圣明通达人生之道的理念。

圣明通达人生之道的基本点有以下一些:

(一)关于人性的觉悟和修养

古圣哲指出,圣明通达人生之道的核心和活的灵魂是人的本性。人类一切问题的产生和解决都离不开人的本质属性。《吕氏春秋》教人"通达天性",精通"全性之道";"人之性能主宰万物";"不论人之性,必生乱","违背天性而不知",难以生存发展。第一,人的本质属性是人区别于其他一切事物的根据。《孟子》指出:人的本性是做人的根据,人与非人的区别,在于有没有人性,"无恻隐之心,非人也;无羞恶之心,非人也;无辞让之心,非人也;无是非之心,非人也"。《庄子》说:做人需懂"不危其真性","心存真性"。第二,人的本性是人成长发展的根据。《道德经》说:"域中有四大,人居其一焉",人能成其大的根据,在于人的本质属性。《孟子》说:"人皆可为尧舜",原因在于人有共同的本质属性。《金刚经论》说:"一切众生皆有佛性","修行得正法,无一不成佛"。《真宗妙义经》说:"明心见性即是佛。"古圣哲告诉人们,人的本质属性由慈善性、觉知性、行真正性构成,其活的灵魂

是自觉能动性,人凭借自觉能动性,能不断发展慈善性,求得至善圆满;能发展觉知性求正遍知,得无上正等正觉;能修普贤行,成佛圣道。古圣哲指出,虎狼虽有善性,因无自觉能动性,而不能使其圆满。人靠自觉能动性,能认识和守持人道,尽人性,践人形,成其大,得其贵,死而不亡。中国古圣者皆是靠自觉发展人性,而成圣道的。《庄子》提出"开启自然真性"。《大般涅槃经》说,所谓开发人生,"就是开发人的真如本性"。开发人生的入手处,就是唤起人们对自身真如本性的觉悟。《金刚经论》说:"若是明心见性之人,常闻自己心佛时时说法,时时度众生,时时现神通,时时作佛事。得此理者","名得金刚不坏身也"。

(二)关于自我的觉悟和修养

中国古圣哲对自我在人成长发展过程中的作用和地位求得了至真的认识。孔子在《论语》中说:"为仁由己,而由人乎哉";"自己不知如之何,如之何者,吾未知如之何也已矣","君子求诸己,小人求诸人","朽木不可雕也,粪土之墙不可杇也"。《道德经》说:"自知者明","自胜者强","自见者不明,自是者不彰,自伐者无功,自矜者不长";"知不知","能自正","无遗身殃"。《荀子》说:"成败关键在自己","强本而节用,则天不能贫;养备而动时,则天不能病;循道而不忒,则天不能祸";"背道而妄行,则天不能使之吉"。"故明于天人之分,则可谓至人矣"。《佛遗教经》教人"常当自勉","常自省察,不令有失,是则于我法中能得解脱";"惭耻之服,于诸庄严最为第一","故常当惭耻,无得暂替。若离惭耻,则失诸功德。有愧之人,则有善法。若无愧者,与禽兽无异相也"。释迦佛强调指出:"我如良医,知病说药。服与不服,非医咎也。又如善导导人善道,闻之不行,非导过也"。古圣哲明确指出,做自己命运主人的关键,是认识和驾驭自性。《孟子》说:"尽其心者,知其性也。知其性,则知天矣。存其心,养其性,所以事天也。殀寿不贰,修身以俟之,所以立命。"《真宗妙义经》说:"不见自性,内不明心,一心向外求,不得成佛。"《金刚心总持论》说:"若人明自心,达自性,依佛修行,决定成佛","一切功德皆从自己心地修成,不从外得"。《孟子》强调做人要尽人性践人形,明确指出,"唯圣人然后可以践形",即是说,人成圣后,才能尽人性,才能展现人应有的形象。《荀子》说:孔子是尽人性践人形的典范,他总是依正道行事,他能真诚地把道义贯彻到自己的思想中,落实到立身行事上,表白在语言中,到成功的时候,就显扬于天下,名声流传到后世。

(三)关于道的觉悟和修养

中国古圣哲教人认识道的地位和作用,切实加强道的修养。《道德经》

说道是"天地之始"、"万物之母",是宇宙万物的主宰,"道者,万物之奥,善人之所宝,不善人之所保","立天子,置三公,虽有拱璧以先驷马,不如坐进此道。古之所以贵此道者何?不曰以求得,有罪以免邪?故为天下贵"。道是万物产生消亡的终极原因(《庄子·则阳》)。"天得一以清,地得一以宁,神得一以灵,谷得一以盈,万物得一以生,侯王得一以为天下贞,其致之","天无以清将恐裂,地无以宁将恐发,神无以灵将恐歇,谷无以盈恐竭,万物无以生将恐灭,侯王无异高贵恐蹶。"(《道德经》三十九章)形体不凭借道就不能产生(《庄子·天地》),天不从它那儿获得什么便不会高远,地不从它那获得什么便不会昌盛(《庄子·知北游》),体悟大道的人,天下一切有道德修养的人都将归附于他(《庄子·知北游》)。人得道之后就可以与造化交朋友,使自己享尽自然寿命而不中途夭折(《庄子·大宗师》)。"不通于道者,无自而可;不明于道者、悲夫!"(《庄子·在宥》)他指出:"有人的形体而糊里糊涂的多,而有人的形体又拥有道的人,几乎没有。"(《庄子·天地》)他告诉人们,要想求得强大的生命力,惟有与道同行。

古圣大德告诉人们,求道明道还只是提高道的修养的开始,还必须"守死善道"(《论语·泰伯》第十三章);"惟道是从"(《道德经》二十一章);"以道为宗,不以心智去损害道"(《庄子·宗师》);"言行举止符合道"(同上在宥);"寄身于道"(《庄子·人间世》);"置心于道";"不半途而废","不可须臾离也"(《中庸》);"是道则进,非道则退,不履邪径,不欺暗室"(《太上感应篇》)。"依止善道,永取解脱"(《地藏经》)。

中国古代精英指出,人们提高道的修养,一般要经过两种境界,第一种境界是胸中"生起戒惧心",即清楚地懂得不守道必然招祸殃,时刻小心自己的言行举止;第二种境界是胸中"生起妙明心",即道"在心灵深处发生光芒","奉行道没有什么勉强",无论做什么以及怎样做都符合宇宙大道,做人做事圣明通达。(以上引文见《荀子·解蔽》21.12)"动而世为天下道,行而世为天下法,言而世为天下则,远之则有望,近之则不厌。诗曰:'在彼无恶,在此无射,庶几夙夜,以永终誉。'君子未有不如此而蚤有誉于天下者也。"(《中庸》)

(四)关于德的觉悟修养

1. 清楚德是立身之根本

老子告诉人们,万物由道创生,然而大道无形,它也不赋予万物之形,万物之形靠自身德性形成,即"道生之,德畜之,长之育之,亭之毒之,养之覆之"(《道德经》五十一章)。庄子说:"形体如不借道就不能产生,生命产生了不能顺德就不会明达","故通于天下者,德也"。(《庄子·天地》)《大学》说:"德者本也","君子先慎乎德,有德斯有人,有人斯有土,有土斯有

财,有财斯有用",人如果没有德行,"菑必逮夫身"。孔子强调:惟有仁德之人才能知道爱什么和憎恶什么(《论语·里仁》第三章),"苟志于仁矣,无恶也"(《论语·里仁》第四章)。爱好仁德的人是最美好最高尚的人;厌恶不仁德的人,是实行仁德的人;不要让不仁德的东西影响自己(《论语·里仁》第六章)。庄子用大量实例告诉人们,人最重要的是德性。他说:鲁国有个叫王骀的人受刑被砍去一脚,跟随他学习的人却和孔子学生的人数差不多,孔子的学生常季问老师孔子:"王骀站着不教学生,坐着不发言论,但学生怀空而来,充实而归,这是怎么回事呢?"孔子回答说:"那是位圣人啊,我不如他,我准备拜他为师,我还要引领普天下的人都向他学习。"(《庄子·德充符》)庄子又举例说:"一个脖子上长着个瓮盆般大肉瘤的人去游说齐桓公,桓公很喜欢他,却觉得那些形体完整的人脖颈太细了。"庄子发议论说:"只要某人的德性有过人之处,他形体上的缺陷就会被人们忘记。"(《庄子·德充符》)

古圣者指出,"道者同于道,德者同于德,失者同于失。同于道者,道亦乐得之;同于德者,德亦乐得之;同于失者,失亦乐得之"(《道德经》二十三章)。《诗经·大雅·假乐》说:有德之人"一定能受到天命眷顾"。"大德必得其位,必得其禄,必得其名,必得其寿"(《中庸》)。

2. 善于明明德,能恒心守德

中国古代圣者不厌其烦地告诉人们,要彰显自己的德性。《大学》开章明义,第一句话就指出:"大学之道,在明明德。"即第一重要的是要显明自己原本具有的德性。接着引用《尚书·康诰》说:要显明自己本有的美好德性;引用《尚书·大甲》说:要时常想到上天赋予你的德性;引用《尚书·尧典》说:要显明那伟大的德性。孟子说:"尊重道德,喜爱仁义,就可以自得其乐了。……古代的人,得志时,就把恩泽施给百姓,不得志时,就修养自己,使自己的德性在社会上显现出来。"(《孟子·尽心上》第九章)

中国古圣再三再四地强调守持德性,老子说:"常德不离"(《道德经》二十八章);孔子强调"要恒心守德","不恒心守德,就可能要招致羞辱"(《论语·子路》第二十二章)。"当仁,不让于师。"(《论语·卫灵公》第三十六章)孟子说:"处境艰难时不失掉仁德,得意时不背弃道德。"(《孟子·尽心上》第九章)

3. 发展德行,求德至善

古大德者告诉人们,人皆有德性,但是人的德性成熟需要经历一个发展过程。老子说:"上德不德,是以有德;下德不失德,是以不德。上德无为而无以为。下德为之,而有以为。"(《道德经》三十八章)他指出,人及万物的德性有上下之分别,下德是低层次的德性,上德是高层次的德性。具有下德的人遇事只知想着自己不失德,尚没有达到德化自身的程度,做成了事,则觉得自己是有德之人;上德之人是完成了德化自身的人,德性已从必然达到自由,不用考虑就能自觉行德事,自由自在地行走在德的大路上,像宇宙大道和天地那样,根本不觉得自己有德。老子又说:"修之于身,其德乃真;修之于家,其德乃余;修之于乡,其德乃长;修之于国,其德乃丰;修之于天下,其德乃普。"(《道德经》五十四章)他说:"含德之厚,比于赤子。蜂虿虺蛇不螫,猛兽不据,攫鸟不搏。骨弱筋柔而握固。未知牝牡之合而朘作,精之至也。终日号而不嗄,和之至也。"(《道德经》五十五章)孟子指出,德的价值在成熟。他说:"五谷者,种之美者也;苟为不熟,不如荑稗。夫仁,亦在乎熟之而已矣。"(《孟子·告子上》第十九章)

古大德者指出,德性发展的制高点是与道和谐统一,与道和谐统一的德是至高无上的德。"苟不至德,至道不凝焉。"(《中庸》)也就是说,只有至德才能与至道和谐统一。

(五)关于智慧的觉悟

中国古圣哲指出,智慧是知的发展,是人运用知识的一种修养。人生经验表明,有知识而不知用,其知识则无法发挥作用,这样的人也就无法充分实现自己的人生价值。因此,中国古圣哲要求人们必须大力加强将知识转化为智慧的修养。

1. 无智慧则不能明道养德

荀子说:"知者明于事,达于数。"(《荀子·太略》24.108)"故明智者不能被蒙蔽。"(《荀子·解蔽》21.4)又说:具有圣明智慧的人"无所不能而其思虑又永不枯竭"(《荀子·解蔽》2.10)。"恢恢广广,孰知其极!睾睾广广,孰知其德!涊涊纷纷,孰知其形!明参日月,大满八极,夫是之谓大人。夫恶有蔽矣哉!"(《荀子·解蔽》21.8)他强调,"智慧能使那些闭塞的人很快开窍,能使孤陋寡闻的人开阔眼界,能使愚蠢的人很快变聪明"(《荀子·荣辱》4.12)。庄子说,智慧是明道的前提条件,有智慧的人,才能"立之本原,而知通于神,故其德"(《庄子·天地》)。又说:只听说过有智慧才能了解事物,没听说过没有智慧也能了解事物(《庄子·人世间》)。

2. 无圣智则不能超凡成圣

《庄子·秋水》篇讲述了浅井蛤蟆与东海大鳖的故事。浅井蛤蟆对东海鳖说:"我活得实在快乐,出来就在井栏上跳跃,进去就在井壁洞里休憩,游在水里,水就托着我的两腋、抬着我的两腮,踩在泥里,泥就遮住我的脚丫、吞没我的脚背。回头看看蚧蛤、螃蟹、蝌蚪,没有一个能像我这样快乐的。先生你为什么不常来我这观赏呢?"东海大鳖左脚还没跨入,而右脚已经被绊住了,于是退了回来对蛤蟆说:"我住的那儿,用千里之遥远,不足以形容它的广大;七八千尺的高度,不足于穷尽它的深,大禹执政的时候,十年

九涝,可是海水并没因此增多;商汤执政的时候,八年七旱,海水也没因此减少。面积不因时间长短而改变,水位不因雨水多少而升降,这是东海的大快乐啊。"文中又说:"智力不足以明白是非的界限,却要窥探庄子的言论,这就像蚊子背负大山、让百足虫在河水中游泳,必然是不能胜任的。"从而告诉人们,智力不足是无法成大事的。《庄子·逍遥游》一文告诉人们,世人多智慧残缺不全,因而难成其大。他指出,智慧残缺比肢体残缺更可怕,小聪明不及大智慧。他希望人们不要要小聪明,要想成大事,就要想法弥补智慧的残缺,求通达无碍的大智慧。"心彻为知,知彻为德。凡道不欲壅,壅则哽,哽而不止则跈,跈者众害生。"(《庄子·外物》)《中庸》指出:"惟天下至圣,为能聪明睿智足以有临也,宽裕温柔足以有容也,发掘刚毅足以有别也。"也就是说,人有了聪明睿知,才能体察事物的真伪,才能认知、判断事物,才能监督众人,才能成长为至圣之人。孔子说:"臧文仲居蔡,山节藻棁,何如其知也?"(《论语·公冶长》第十八章)孔子告诉人们,像臧文仲那样崇拜乌龟,还不如增长自己的智慧。庄子主张做人必须求最高的智慧,他说:"学人所不能学,做人所不能做,辨人所不能辨,懂得在人所无法懂的地方停下,这是最高的智慧。如不这样,造化会使他失败。"(《庄子·庚桑楚》)佛家文化告诉人们,至高无上的智慧是人离苦得乐,超凡成圣的先决条件。《金刚般若波罗蜜经》指出,人有了能明一切的智慧,才能形成正知、正见、正觉,才可能有正行、成正事、成大事。

中国古代圣者告诉人们,世人眼中的智慧是多种多样的,惟圣智是至高无上的智慧,是唯一能给人正遍知的智慧。人有了圣智,才能真正明白"尊道而贵德"的极端重要性。因而圣者无不提倡人们求圣智,明是非。道家圣哲不厌其烦地告诫人们,伎巧之类的智慧害人害己,必须杜绝。老子、庄子等人主张弃绝的就是此类智慧。佛家明确告诉人们,"世智辨聪"是众生八难之一。为了区别俗人追求的"世智辨聪"、小聪明、巧智之类的智慧,佛家提倡修金刚般若智慧,即圣智、佛智。

3. 懂得用好智慧

智慧的本质是运用知识。智慧的价值只能在应用实践中展现出来。因此中国古代圣哲非常重视智慧的应用。《庄子·德充符》一文中说王骀是一个致力于自身修养,运用自己的智慧感觉自己的心灵,又用自己的心灵去领悟永恒不变的心境的人,是一个把躯体作为暂时寄身的寓所、把耳目所闻所见当作幻象,运用天赋的智慧洞察所有境界而心中没有生死念头的人。《庄子·大宗师》一文说:真人用智适应时变,以德行作为依据,又说:所谓用智慧适应时变,就是遇到不得已时而采用智慧。

中国古代精英还告诉人们必须善于运用智慧。《庄子·庚桑楚》一文中记述了南荣趎与老子的对话。南荣趎挑着粮食,经过七天七夜来到老子处。南荣趎对老子说："不用智慧吧，人家说我笨；用智慧吧，却反而束缚了自己。不行仁会伤害别人，行仁却反而束缚了自己。不行义吧，会伤害别人，行义吧，却反而束缚了自己。我该怎样脱离这窘境才好呢？"老子说："你一副失魂落魄的样子。好像失去了父母，却拿着竹竿，要到大海里去寻找他们。你是一个丧失天性的人，实在是无所适从啊！你要使自己真性回归，却不得其门而入，真可怜啊！"南荣趎请求住在老子家以求其所好，去其所恶。过了十天，依然感到自己的束缚没有解除，故又去求问老子。老子说："你自己已将内心洗涤了一番，为什么还闷闷不乐呢？可见你仍然还有恶念存在。"老子告诉他："大凡耳目被外物束缚的，不能用捆绑的办法去捕捉它，要考虑关闭内心；内心被物欲束缚的，也不能用捆绑的办法去捕捉它，要考虑关闭耳目。耳目与内心都被束缚，即使有道之人也不能自持，何况是背道而肆意妄为的人呢！"南荣趎说："乡里有个病人，邻居去问候他，病人说出自己病的症状，认定自己的病情，这样的人还没有大的疾病。像我这样的人，聆听了大道之后，却好像服了药没好病反而加重了。所以，我想听听养生的原则。"老子说："说到养生的原则，你能固守纯一之道吗？能不离开它吗？能不经卜筮而预知吉凶吗？能将自己的追求控制在本分之内吗？能不追求已消逝的事物吗？能不求别人而在自己身上找到满足吗？能做到无拘无束吗？能做到纯朴无知吗？能像婴儿一样吗？那婴儿成天啼哭却喉咙不哑，因为这声音平和之极；成天看着却眼睛不动，因它的眼睛并不专注外物。走着并不有意到哪里去；呆着，并不要做什么。随顺万物而与其同波。这是养生的原则啊。"南荣趎问老子："这是至人的德吗？"老子说："不是，这只是所谓的冰融解冻而已。那至人和人们一起求食于地而求乐于天，不因人事上的利害而相干扰，不和别人一起标新立异，不和别人一起出谋划策，不和别人一起干事情，无拘无束地去，朴朴实实地来。这就是养生的原则啊。"南荣趎又问老子："这是道的极致了吗？"老子说："没有。婴儿动着，却不有意要干什么；走着，却不有意要到哪里去。身体像枯树枝而心境如死灰一样平静。像这样的人，祸不会降临，福也不会降临，没有了祸福，哪还会有常人的灾难呢？"

《庄子·列御寇》一文中说："圣人对于必然的事理并不执着，所以就不会起争端。众人对于并非必然的事理也十分执着，所以就多有争端。被相争之心所驱使，就一定有所贪求。倚仗纷争达到目的，就会自取灭亡。匹夫的智慧，往往不外乎礼物的互赠、书信的往来，把精神耗费在这些鄙薄的小事上，却又想兼通无形的道和有形的物。这样的人对宇宙世界是一片迷茫，他们的身体被外物所束缚牵累，自然不能真正了解道的本质。那至人把自己的精神归于无始无终止境，安卧于一无所有之乡，它像水一样流淌在自然之中。众人却喜欢在如同毫毛般微不足道的事情上花费心智，却不懂得将

心安顿在那极其虚静的境界中。"该文举例说:宋国有个叫曹商的人,替宋王出使秦国。他去的时候,宋王给了他几辆车,到了秦国,秦王喜欢他又给他一百辆车。回到宋国,他向庄子炫耀说:"住在偏僻狭小的巷子里,处境窘迫,以织鞋为生,头颈干瘪,脸色蜡黄,这是我做不到的;一旦使大国之君省悟而让百辆车跟着我,这却是我擅长的。"庄子认为曹商这一类的举动属于错用智慧之举。

(六)关于能力的觉悟修养

中国古代百家精英是在春秋至战国长达五百多年时间中各诸侯国争相养士的背景下靠能力脱颖而出的。因而对能力重要性的认识极其深刻,他们在人的能力修养上,提出了以下一些基本观点:

1. 无能力则不能尽道

中国古代百家圣者老子、孔子都认为人的生存和发展受宇宙大道制约,人只有与道同行,才能成其大,得其贵。而实现这一目标的根本保证就是能力。人们认识道需要能力;把自己的思想、言论、行动纳入道的规范需要能力;与道同行的程度取决能力。因而中国古代百家精英普遍重视提高能力。孔子一而再告诉人们:不要担心没有职位,而要担心没有立足的能力(《论语·里仁》第十四章);"不患人之不己知,患其不能也"(《论语·宪问》第三十章);"君子病无能焉,不病人之不己知也"(《论语·卫灵公》第十九章)。《庄子·山木》一文提出学习神农氏和黄帝,以顺应自然为法则,自己畅游于虚无的境界,役使万物而不被万物所役使。《庄子·达生》一文记载了孔子在吕梁游览,与一个善游水人对话的事。孔子请问游水之道。游水人说:"始乎故,长乎性,成乎命。与齐俱入,与汩偕出,从水之道而不为私焉。此吾所以蹈之也。"他告诉孔子,他游水的能力与水之道统一起来,自己在水中才有了自由。

2. 力求至能至强

中国古代圣者对人应有什么样的能力修养,提出了明确的要求。第一,用大气力求至能至强。孔子说:"力不足者,中道而废。"(《论语·雍也》第十二章)他告诉人们,要求能尽道的能力。《中庸》进一步指出:"人一能之,己百之;人十能之,己千之。果能此道矣虽愚必明,虽柔必强。"从而告诉人们,要竭尽全力发展自己强大的能力。荀子说,射出一百支箭,只要有一支没射中,就不能称之为善于射箭(《荀子·劝学》1.14)。他告诉人们,短绳取不了深井中的水(《荀子·荣辱》4.13),能力小做不了大事(《荀子·儒效》)。他说:君子必须求能驾驭一切的能力,苍天所覆盖的,大地所承载的,没有什么东西不能发挥他们的优点、竭尽他们的效用(《荀子·王制》9.17)。第二,求有用的实实在在的能力。孔子批评"苗而不秀"和"秀而不实者"(《论语·子罕》第二十二章),子游指出"没有实在的本事,那怎么行呢?"(《论语·子张》第十二章)第三,懂得有所为,有所不为,求出类拔萃的能力。《庄子·寓言》一文说:作为一个人,没有超过别人的地方,就不能尽人道。一个人如果不能尽人道,就会成为朽人。庄子主张做人要像庖丁那样,用自己手中的刀,靠自己纯熟的解牛技术,化解前进的一切困难;主张学吕梁游水人,靠自己的游水能力,能在"瀑布高悬二十多丈,飞流溅沫延伸四十里,鼋鼍鱼鳖都无法游水的地方游泳";主张学钓大鱼的任公子,专攻钓大鱼的技艺,能忍得住自己的心,耐得住自己的性,不怕整整一年没钓到鱼,一年后终于钓到了一条大鱼,任公子将这条鱼制成鱼干,从浙江以东至苍梧山以北的人们,没有不饱食此鱼的。庄子感叹地说:只知提着细绳钓竿,跑到水渠边,守候着小鱼的人,他们想钓到大鱼是极难的。那些靠修饰浅薄琐屑之言来谋求崇高美好声誉的人,他们距离大道是很远的。因此,不曾领略过任公子风度气概的人,也就远不能从容应付世事了。(《庄子·外物》)

3. 善于施展自己的才能

中国古代精英重视才能的实施。荀子说:从天子到老百姓,没有谁不想施展自己的才能,实现自己的志向,安逸愉快地从事自己的工作。(《荀子·君道》12.7)孔子说:古代史官周任有一句话说:能施展自己能力就在位上,不能就罢休。(《论语·季氏》第一章)孔子在鲁国担任司寇并代行宰相职务时,杀了乱政之臣少正卯,鲁国国政渐上轨道。三个月后,风俗大变,国家路不拾遗,百姓夜不闭户,国政稳定。齐国十分害怕,便想法破坏鲁国。于是做了三十辆彩车,每辆车用四匹马拉着,载着由八十名美女组成的大歌舞团,送鲁定公。鲁国接受了齐国的美女,鲁定公开始通宵达旦地狂欢作乐,一连三天不上朝,孔子一再劝谏,鲁君不听,孔子只好离开鲁国,开始了周游列国的流浪生涯。孔子周游列国的时候,希望能找到一个传播自己的政治主张且能得以重用的国家。在齐国时,齐景公多次向孔子询问治国方略,并想重用孔子,由于晏婴的阻挠,齐景公放弃了重用孔子的想法。孔子便离开了齐国。庄子告诉人们,才能要用在正道上。《庄子·天下》一文中写道:惠施懂得许多学问,他的书有整整五车,惠施才气横溢却不能行正道,追逐万物而不知回头,多么可悲啊! 庄子还告诉人们,施展才能要有所为、有所不为。《庄子·知北游》一文说:大司马问他手下一个善于锻造"钩"的工匠:"你是有技巧呢,还是有道术呢?"工匠回答说:"我有所恪守啊。我二十岁时就喜欢造钩,对于其他的物品我看也不看。我用心观察钩、锻造钩,我已经八十岁了,借助了没有用于其他方面的精力,专注于造钩上。"庄子以此议论说:这就是用以观察钩、锻造钩的心力,借助了没有用于其他方面的精力,造钩的能力长得其用,更何况是那无所不用的天道啊,万物哪个不借助于它呢!

（七）关于学习的觉悟修养

中国古代精英指出，学习方面的修养是人诸多必不可少的修养中最基本的修养。一切关爱人生、渴望求得光明美好人生归宿的人们，必须下决心提高学习觉悟和修养。

1. 关于学习重要性的觉悟

中国古代精英指出世人的通病是无知而又不知道学习。孔子把这种人称之为"顽固无知"。孔子认为，解决这一问题是开发人应解决的第一位重要的问题。因而他终生致力于解决人的顽固无知，守持"诲人不倦"的原则。有个叫微生亩的人问孔子："您为什么这样忙忙碌碌呢？不是为了显示自己的口才吧？"孔子回答说："我哪里是显示自己的口才，而是痛恨人们的顽固无知啊！"荀子在讲人的荣辱时指出：浅陋无知实在是天下人的通病，是人们的大灾大难的根源。（《荀子·荣辱》4.12）他告诉人们，人生而无贵贱、智愚、贫富等区分，产生这些分别的原因在于人们接受教育的情况不同。他强调，学习能使人们变无知为有知，"知明而行无过矣"（《荀子·劝学》1.1）。致力学习，就能成为人；放弃学习，就会成为禽兽（《荀子·劝学》1.8）。《礼记·学记》说："玉不琢，不成器。人不学，不知道。"孔子指出："下学而上达"（《论语·宪问篇》第三十五章），"君子学以致其道"（《论语·子张》第七章）。他告诉人们，学习才能圣明通达，懂得道的要求。孔子告诉人们，无论天生的资质好坏，都需要学习，谁不爱学习，谁就会遭受灾祸。他说：喜好仁德的人不爱学习，会愚昧。喜欢聪明的人不爱学习，其弊端是放荡。喜欢诚信的人不爱学习，其弊端是可能被人利用，反害了自己。喜欢直率的人不爱学习，其弊端是急切。喜好勇敢的人不爱学习，其弊端是闯祸作乱。喜好刚强的人不爱学习，其弊端是轻狂。（《论语·阳货》第八章）

2. 热爱学习的觉悟

学习是人们提高素质、发展能力、成其大、得其贵的根本途径，因而中国古代百家精英非常重视提高人们的学习觉悟。老子、孔子都是热爱学习的典范。老子是周朝末年有名的大学问家，孔子为自己热爱学习而感动自豪。他说："十室之邑，必有忠信如丘者焉，不如丘之好学也。"（《论语·公冶长》第二十八章）孔子好学，"发愤忘食，乐以忘忧，不知老之将至云尔"。（《论语·述而》第十九章）他说："我非生而知之者，好古，敏以求之者也。"（《论语·述而》第二十章）孔子忧虑的问题之一，是人们"不讲学习"（同上第三章）。他告诉人们：广博地学习文化典籍，用礼乐来约束自己的行为，就可以不离正道（《论语·颜渊》第十五章）。孔子一生"学而不厌，诲人不倦"。（《论语·述而》第二章）孔子明确指出用什么样的态度对待学习叫好学，他

说:"君子食无求饱,居无求安,敏于事而慎于言,就有道而正焉,可谓好学也已。"(《论语·学而》第十四章)

3. 深藏高远学习志向的觉悟

《礼记·学记》指出,学习知识者,首先要解决学习目的问题。这一问题不解决,就无法调动学习积极性,学习者"不但会觉得学习很苦,而且一定会忘得很快"。文中反复强调"首先要树立学习的志向"。

孔子主张渴望学习知识的人,一定要有明确的学习志向,他以自己为例说:"吾十有五而志于学,三十而立,四十而不惑,五十而知天命,六十而耳顺,七十而随心所欲不逾矩。"从而告诉人们学习的直接目的是求自己有能力立世,求圣明通达、自由自在地做人(《论语·为政》第四章)。孔子的学生子夏亦说:"博学而笃志。"(《论语·子张》第六章)

荀子认为,学习的近期目标是做一个有学识的人,学习的最终目标是超凡成圣。(《荀子·劝学》1.8)

4. 学有专长的觉悟

《论语》记述了孔子学贵专的思想。樊迟向孔子问种庄稼的知识,孔子说:"我不如老农";樊迟又问种菜的事,孔子说:"我不如种菜的人。"(《论语·子路》第四章)卫灵公问孔子关于军队的事。孔子说:"军队的事,我没学过。"(《论语·卫灵公》第一章)

老子告诉人们,学识的专长,能使人成其大,得其贵。他说:"吾言甚易知,甚易行;天下莫能知,莫能行","知我者希,则我者贵"。(《道德经》七十章)老子又说:天下都说我的道太大,似乎没有一样东西可以比拟。正因为道太大,没有什么东西可比,我的道才伟大。如果有某样东西可与道比拟,就会减低道的伟大性,道甚至会成为渺小得不值一顾的东西啦。(《道德经》第六十七章)

庄子对学贵以专也有精辟论述。他说:所谓学,就是要学他人所不能学;……懂得在他人无法懂得的地方停下来,……如果不这样做,造化就会使他失败。(《庄子·庚桑楚》)

5. 关于学习有用知识的觉悟

孔子说:学习的目的在于提高自己。(《论语·宪问》第二十四章)《大学》说:只有从尽量多地获得各种有益的知识入手,自己的意志才会诚恳笃实;只有自己意志诚恳笃实后,自己的心地才能端正而不邪僻。也就是说,只有学习有用的知识,才能知道学习有用,才能下决心去学习;学识越渊博,人生则越有主动权,人生前途则越美好。《庄子·列御寇》一文讲述了一个追求学绝技的人,有个叫朱泙漫的人向支离益学宰龙术,耗尽了千金家产,三年后学完了宰龙的技艺,而这种技艺却无处施展。

6. 与时俱进,终身学习的觉悟

中国古代精英在两千多年前,就明确提出了终身学习的思想。孔子从三十岁办私塾,从事教育四十多年。有的学生跟随他学习多年,其中有人问孔子:"老师,我们求学究竟要学到什么时候呢?"孔子说:"这个问题,明天再给你答复。"第二天,孔子带着弟子们到郊外郊游,一路上能看到好多坟墓。返回的路上,这个学生又问昨日问题的答案。孔子问这个学生:"今天见到了什么?"学生说:"看到了许多坟墓。"孔子说:"这就是答案。只有躺在墓中的时候,才能停止学习。"

《庄子》一书中记述了老子、孔子论证与时俱进、终生学习的故事。《庄子·天运》借老子的口说:时光不会停留,大道不会壅塞,只有与道同行,才能无所不通。孔子悟道后说:人需要与自然变化为友。《庄子·寓言》一文说孔子勤于励志用心学习,孔子活了六十年而六十年来随年变化,与日俱新,当初所肯定的,最终又做了否定,不知道今天认为是对的不就是五十九岁时所认为是不对的。《庄子·大宗师》一文提出与大道浑同相通为一体,与万物同一就没有偏好,顺应变化就不执滞常理,这样的学习才能使人真正进步。

《荀子·劝学》篇说学习是片刻也不能丢的,荀子也告诉人们,到生命结束时学习才能停止。

7. 持之以恒,刻苦学习的觉悟

中国古代圣者告诉人们,学习知识必须横下心来,拼搏到底。《中庸》说:如果已经去学习,没有达到目的就不要轻易放弃,要锲而不舍;问了没问明白时,不要轻易放弃,要打破砂锅问到底;思虑了没思考明白时,不要轻易放弃,要钻研到头;研究了没研究明白时,不要轻易放弃,要究根溯源,到弄明白为止;做了没达目的不要轻易停止,要坚持到底。别人用一分气力能做到的,如果我也需要做而我用一分气力做不到时,宁可用一百分气力去做;别人用十分气力能做到的,我宁可用千分气力去做。孟子告诉人们,学习需要坚持到底,他说:路是人走出来的,一间断就会有茅草长出来。人的心如果间断不用,也会生长"茅草"(《孟子·尽心下》第二十一章)。他指出,今日学,明日不学,时断时续,是没有希望成功的。"天下易生之物也,一日曝之,十日寒之,未有能生者也。"(《孟子·告子上》第九章)又说:"有为者辟若掘井,掘井九轫而不及泉,犹为弃井也。"(《孟子·尽心上》第二十九章)人们学习学问也是这样,不坚持到底也会半途而废。

8. 对人应学知识及其构成机制的觉悟

中华文明起始于对人与天地自然万物联系的认识。在从伏羲到春秋战国约三千年研究实践中,人们对人与周围世界关系的认识日益深入。中国古代百家精英对以往三千年的认识进行了理性升华,提出了许多颇具真理性的思想,对于人立世应具有什么样的知识修养,做了明确回答。老子从道赋予人及万物生命力,德赋予人及万物形象的观点出发,指出"万物莫不尊道而贵德"(《道德经》五十一章),深入阐述了道和德的品质及其基本要求。他认为人必不可少的是道和德的知识及修养。孔子提出:"志于道,据于德,依于仁,游于艺。"(《论语·述而》第六章)他认为道、德、仁、艺是人立世不可缺少的知识。孟子说:"人之有德慧术知者,恒存乎疢疾。"(《孟子·尽心上》第十八章),他又说,仁、义、礼、智是人不可缺少的,无仁、义、礼、智之心"非人也"(《孟子·公孙丑上》)。他要求人们置仁、义、礼、智于心中。此外还需要有思的知识,"未知思也,何远之有"(《论语·子罕》第三十一章);法纪知识,关心法度(《论语·里仁》第十一章),做事有法律依据(《孟子·尽心上》第三十五章),"君子行法以俟命"(《孟子·尽心下》第三十三章);信的知识,"人而无信,不知其可也"(《论语·为政》第二十二章);这就是说,道、德、仁、义、礼、智、信、法、思、艺等诸多知识都是人不可缺少的。此外,说话、做事等皆有常识性的要求。事实表明,人在上述哪一方面缺少知识,都要碰壁遭挫折,因而都需要学习。

人生短暂,面临的周围世界极其复杂,人的一生需要学习的知识很多。那么人们应当如何认识和构建自己的知识体系呢?中国古代精英对此进行了积极的探索,提出了许多有益的思想。

老子认为,人要想安排好自己的生存和发展,首先要"知常"。他说:"知常曰明。不知常,妄作凶。"(《道德经》十六章)他所讲的常,即规律性的东西。他认为,整个宇宙运行有常规,人的存在发展也有常规,人应有的知识构成也有其常规。他认为,人在世上如万物一样,要想自由自在地生存和发展,最基本的原则就是"尊道而贵德",即是说,人所需要的诸多素质中,最基本的就是两个,这就是关于道和德的知识,其他方面的知识都是为这两个基本知识服务的,只要有利于这两个基本方面知识发展就可以了。在道与德两个方面,道是决定生命力的因素,德是道的具体体现,表现为形相。德的形相与道完全统一,人就会获得美好形象,求得"亡而不死"的生命力。老子认为人生的重点,是寻求德的完美。其他方面的知识都从属于德。德的完美需要什么具体的知识,就去发展什么方面的知识。

孔子对人知识构成的认识更具体了一些。他说:"志于道,据于德,依于仁,游于艺。"其四者关系是:道是方向、目的,德是根据,仁是具体行事的原则,艺则是关系人们在人生海洋中游泳能不能被淹没的具体的才能和技艺。人们都知道,在人生海洋中游泳比在大自然水的海洋中游泳要复杂得多。需要人们用大量时间学习的则是技艺才能方面的知识。

老子和孔子是中国古代百家中的圣者,从他们对人的知识结构的认识看,人应该学习的知识结构层次是:道是人全部知识的灵魂,需要求妙明;德

是核心,需要求圆满;仁是守持道发展德的依据,需要持守;艺则是把人的成长发展推向美好结局的关键性的部分,需要无限地学习发展增强。人的技艺能力如果不至强,仁不能成熟、德不会圆满,从而也就无法尽道。

9. 对学习途径的觉悟

中国古代圣者对学习途径做了明确地阐述。老子告诉人们要懂得向道、天、地、人、自然、万物学习,他说:"人法地,地法天,天法道,道法自然。"(《道德经》第二十五章)他赞美水的品质,他说:"上善若水。水善利万物而不争,处众人之所恶,故几于道。"(《道德经》第八章)"天下莫柔弱于水,而攻坚强者莫之能胜,其无以易之。"(《道德经》第七十八章)又说:"天下之至,驰骋天下之至坚,无有入无间。"(《道德经》第四十三章)这里说的至柔性的东西具体说来,就是水、空气等。"含德之厚,比之赤子。"(《道德经》第五十五章)"圣人欲不欲,不贵难得之货;学不学,复众人之所过。以辅万物之自然,而不敢为。"(《道德经》第六十四章)"天之道利而不害,圣人之道,为而不争。"(《道德经》第八十一章)"江海所以能为百谷王者,以其善下之。"(《道德经》第六十六章)他赞美古代得道之人,他说:"古之善为道者,微妙玄通,深不可识。夫唯不可识,故强为之容:豫兮若冬涉川,犹兮若畏四邻,俨兮其若客,涣兮若冰之将释,敦兮其若朴,旷兮其若谷,混兮其若浊。孰能浊以止?静之徐清;孰能安以久?动之徐生。保此道者不欲盈。夫唯不盈,故能蔽而不成。"(《道德经》第十五章)又说:"善人者,不善人之师;不善人者,善人之资。不贵其师,不爱其资,虽智大迷,是谓要妙。"(《道德经》第二十七章)

孔子和老子一样,主张时时处处自觉向天、地、自然万物和各种各样人学习。他喜欢古典精华,读《易经》留下"韦编三绝"佳话。他讲得最多的是向以往圣者学习,"践迹入室"(《论语·先进》第二十章);"述而不作,信而好古,窃比于我老彭"(《论语·述而》第一章)。他说:"三人行,必有我师。择其善者而从之,其不善者而改之。"(《论语·述而》第二十二章)他提倡"见贤思齐焉,见不善而内省也"(《论语·里仁》第十七章);"见善如不及,见不善如探汤"(《论语·季氏》第十一章)。他向鲁国乐官师襄子学过琴。孔子到周京太庙参观各种祭器,其中有一个大小与人相同的金人,口上粘着三道封锁,背上还刻着很长的铭文,便对敬叔说:"今天看见这三缄其口的金人,才知道做人不要多言,多言多失;不要多事,多事多败啊!"他在周京时,还访乐于苌弘,进一步了解了武乐和韶乐的区别。孔子到鲁桓公庙参观,看见神位前有一木器。便问宗庙人。宗庙人告诉他:"这叫'宥坐'之器,又名敧器,内中无水便不正,半满则正,水满时又倾覆。"孔子叫弟子注水试看,果真中而正,满而覆。他感慨地说:"世间哪有满而不倾覆的啊!"孔子在齐国学了三个月韶乐,他专心投入学习到了食肉不知其味的地步。孔子主张向大地学习,他说:"对人谦虚,就要像大地那样。深深地挖下去,就能得到甜美的水;在上面种植,五谷就茂盛地生长;草木在它上面生长繁殖,禽兽在它上面生息,活着就站在它上面,死了就埋在它里面;它功劳很多,却不自以为有功德。"(《荀子·尧问》32.5)孔子主张向川流不息的东流江河学习。子贡问孔子:"君子为什么喜欢观赏浩大流水?"孔子说:"那流水浩大,普遍地施舍给各种生物而无所为,好像德;它流动起来向着低下的地方,弯弯曲曲一定遵循那向下流动的规律,好像义;它浩浩荡荡没有穷尽,好像道;如果有人掘开堵塞物而使它通行,它随即奔腾向前,它奔向前面丈深的山谷也不怕,好像勇;它注入量器时一定很平,好像法度;它注入量器后不用刮平,好像公正;它能柔软地到达一切细微的地方,好像明察;各种东西在水里淘洗,便渐渐美洁,好像善于教化;它千曲万折而一定向东流去,好像意志。"(《荀子·宥坐》28.5)子贡问孔子:"君子为什么喜欢宝玉而轻视珉石? 是不是因为宝玉少而珉石多?"孔子说:"君子是喜欢宝玉的品德啊:它温柔滋润而有光泽,好比仁;它坚硬而有纹理,好比智;它刚强而不屈,好比义;它有棱角而不伤人,好比行;它即使折断也不弯曲,好比勇;它的斑点缺陷都暴露在外,好比诚实;敲它,声音清悦远扬,戛然而止,好比言辞之美。"(《荀子·法行》30.4)

孟子认为选择老师最重要。他说:"孔子登上东山就觉得鲁国小了;登上泰山就觉得天下小了。所以见过大海的人就觉得其他的水很难算做水了,在圣人门下学习过的人就觉得其他言论很难作言论了。"(《孟子·尽心上》第二十四章)

荀子说:"不登高山,不知天之高也;不临深谷,不知地之厚也;不闻先王之遗言,不知学问之大也。"(《荀子·劝学》1.2)他举例说,孩子生下来啼哭声音差不多,长大了却相差悬殊,其根本原因在于后天教育不同。他反复强调:"学习没有比接近贤师更便利的了","仿效贤师而学习君子的学说,那就能养成崇高的品质并获得广博的知识,也能通晓世事了"。(《荀子·劝学》1.11、1.12)。他告诉人们,"神莫大于化道,福莫长于无祸"(《荀子·劝学》1.12)。他明确回答了"学习从哪里开始,到哪里终结的问题",他说:"从学习的科目来说,是从诵读《书》《诗》等经典开始,到《礼》为止;从学习的意义来说,是从做一个有学识的人开始,到成为圣人为止……《尚书》是政事的记载;《诗》是和谐的音乐所附丽的篇章;《礼》是行为规范的要领和准则……《礼》肃敬有文诤,《乐》中正而又和谐,《诗》《书》内容渊博,《春秋》词意隐微,天地之间的道理都包括在这些典籍中了。"(同上1.8)

10. 关于学习方法的觉悟

中国古代精英从万事万物各有运行之道的观点出发,指出学习知识,必须遵守学习之道。孟子说:"君子深造之以道,欲其自得之也。自得之,则居

之安;居之安,则资之深;资之深,则取之左右逢其源。"(《孟子·离娄下》第十四章)孟子又说:"学问之道无他,求其放心而已矣。"(《孟子·告子上》第十一章)他告诉人们:"大匠诲人必以规矩,学者亦必以规矩。"(《孟子·告子上》第二十章)

中国圣者提出的学习原则方法主要有以下一些:

第一,"一以贯之"。孔子对学生子贡说:"女以予为多学识之者与?"子贡对曰:"然,非与?"孔子说:"非也。予一以贯之。"(《论语·卫灵公》第三章)他明确告诉子贡,我也不是学了就能记得住的人,而是用一个最基本的思想把所学知识贯穿起来。荀子告诉人们,如果能抓住根本,就好像先提起皮衣的领子,然后弯着手指去抖动一下,那数不清的裘毛就会理顺了。(《荀子·劝学》1.12)

第二,善于积累。荀子说:"积土成山,风雨兴焉;积水成渊,蛟龙生焉;积善成德,而神明白得,圣明备焉。故不积跬步,无以至千里;不积小流,无以成江海。骐骥一跃,不能十步;驽马十驾,功在不舍。锲而舍之,朽木不折;锲而不舍,金石可镂。"(《荀子·劝学》1.6)

第三,专心致志。孟子告诉人们,做学问必须一心一意。他说:"今夫弈之为数,小数也;不专心致志,则不得也。弈秋,通国之善弈者也。使弈秋诲二人弈,其一专心致志,惟弈秋之为听;一人虽听之,一心以为有鸿鹄将至,思援弓缴而射之。虽与之俱学,弗若之矣。"(《孟子·告子上》第九章)荀子说:"蚓无爪牙之利、筋骨之强,上食埃土,下饮黄泉,用心一也;蟹八跪而二螯,非蛇、鳝之穴无可寄托者,用心躁也。是故无冥冥之志者,无昭昭之明;无惛惛之事者,无赫赫之功。行衢道者不至,事两君者不容。目不能两视而明,耳不能两听而聪。螣蛇无足而飞,鼫鼠五技而穷。"(《荀子·劝学》1.6)学习时专心致志而不三心二意,就能通于神明,与天地并列了。(《荀子·儒教》8.21)

第四,博学而深思。孔子说:"学而不思则罔,思而不学则殆。"(《论语·为政》第十五章)他告诉人们,如果只知学而不善于思考,就不会有所得;但是只知思而不学习,就会成为空想。孔子强调:"博学而笃志,切问而近思。"(《论语·子张》第六章)孟子说:"资之深,则致之左右逢其源。"他告诉人们,广博地学习,深厚地积累,到用的时候,才能左右逢源。荀子说,善于思考才能明道,才能使道在心灵深处,闪发出光芒(《荀子·解蔽》21.12)。思考如果能精心,道在心中才神明,爱好专一神明生,定能成为大圣人。(《荀子·成相》25.20)

(八)关于善做事,能成事,建功垂统的觉悟和修养

做事是人求生存发展的根本途径和方式,也是衡量人生成败的基本依

据。翻开人类文明进步的史册，我们会清楚地看到，那些彪炳青史受人尊敬的成功者的名字是雕刻在他们事业大厦上的。

中国古代圣哲非常重视人的行为，主张提高人们做事的觉悟，反对胡作非为，主张把能力用在做正事上，要善于做好事，能成大事。老子明确告诉人们，要懂得用无，善于创造性做事。他说："天下万物生于有，有生于无。"（《道德经》四十一章）他举例说："三十辐共一毂，当其无，有车之用。埏埴以为器，当其无，有器之用。凿户牖以为室，当其无，有室之用。故有之以为利，无之以为用。"（《道德经》十一章）他还指出，"大器晚成"（《道德经》四十一章），告诉人们做大事不能急功近利；他指出："其安易持，其未兆易谋。其脆易泮，其微易散。为之于未有，治之于未乱。"（《道德经》六十四章）"天下难事，必作于易。天下大事，必作于细。"（《道德经》六十三章）他告诉人们，做事应遵循"以辅万物之自然"的原则，不能为所欲为。（《道德经》六十四章）

孔子主张以做事为乐，他说："知之者不如好之者，好之者不如乐之者"（《论语·雍也》第二十章），"为之不厌"（《论语·述而》第三十四章）。他反对蛮干，赞颂"善谋而成者"（《论语·述而》第十一章），告诉人们："多闻阙疑，慎言其余，则寡尤；多见阙殆，慎行其余，则寡悔。言寡尤，行寡悔，禄在其中矣。"（《论语·为政》第十八章）他强调："言忠信，行笃敬。"（《论语·卫灵公》第六章）曾子告诉人们，立身行事要懂得"任重而道远，仁以为己任"，"死而后已"。（《论语·泰伯》第七章）孟子强调，做事必须行正道，守礼法。他赞颂伊尹不愿接近不按正道办事的人（《孟子·尽心》第三十一章），赞颂园林主管拒不接受齐景公不合礼法的召唤（《孟子·滕文公下》第一章），他说："动容周旋中礼者，盛德之至也"，"经德不回，非以干禄也。言语必信，非以正行也。君子行法以俟命而已矣"（《孟子·尽心下》第三十三章）他赞扬舜行善不怕辛苦（《孟子·尽心上》第二十五章），推广善行有不可阻挡之势，"闻一善言，见一善行，若决江河，沛然莫之能御也"（《孟子·尽心上》第十六章）。他还举例说："舜发于畎亩之中，傅说举于版筑之间，胶鬲举于鱼盐之中，管夷吾举于士，孙叔敖举于海，百里奚举于市。故天将降大任于斯人也，必先苦其心志，劳其筋骨，饿其体肤，空乏其身，行拂乱其所为，所以动心忍性，曾益其所不能。"从而告诉人们："困于心，衡于虑，而后作。"（《孟子·告子下》第十五章）他强调"用好人的善良本性"，"建功垂统"，"顺天地而行"，"尽其道而死"。荀子告诉人们："不为而不成"（《荀子·修身》2.9），"彼求之而后得，为之而后成，积之而后高，尽之而后圣。故圣人者，人之所积也"（《荀子·儒效》8.22）。又说："知莫大乎弃疑，行莫大乎无过，事莫大乎无悔。事至无悔而止矣，成不必也。"（《荀子·议兵》15.4）孟子告诉人们，做事要懂得坚持到底，"有为者辟若掘井，掘井九轫而

不及泉,犹为弃井也"(《孟子·尽心上》第二十九章)。荀子说:"故跬步而不休,跛鳖千里;累土而不辍,丘山崇成;厌其源,开其渎,江河可竭;一进一退,一左一右,六骥不致。彼人之才性之相县也,岂若跛鳖之与六骥足哉?然而跛鳖致之,六骥不致,是无他故焉,或为之,或不为尔。"(《荀子·修身》2.8)孟子告诉人们,做仁德善事,就是为自己积累功德,"为其事而无其功者,髡未尝睹之也"(《孟子·告子下》第六章)。庄子主张善于做事,他说:"通于天下者,德也;行于万物者,道也;上治人者,事也;能有所艺者,技也;技兼于事,事兼于义,义兼于德,德兼于道,道兼于天。"又说:"《记》曰:'通于一而万事毕,无心得而鬼神服。'"(《庄子·天地》)他强调做事一定要谨慎,要懂得"美成在久,恶成不及改,可不慎与! 且夫乘物以游心,托不得已以养中,至矣"(《庄子·人间世》)。他告诉人们"做自己能力所及而不做自身能力所不及的事","不回避不可回避的事"。(《荀子·知北游》)《左传》提出"立德、立功、立言"说。

中国的大乘佛法大力宣扬释迦牟尼佛的"行普贤慧行"(《华严经·普贤行愿品》);"改恶行善",善行中道,"犹木在水,寻流而行,不触两岸,不为人取,不为鬼神所遮,不为洄流所住,亦不腐败,吾保此木决定入海。学道之人,不为情欲所惑,不为众邪所娆,精进无为,吾保此人必得道矣"。(《佛说四十二章经》);"断十恶,行十善"(《佛说十善业道经》);至心"修行","舍邪归正","心无虚妄,身行真正","弘道润身","成就圣道"(《佛说天地八阳神咒经》);《大乘密严经》强调严密管理自己的行为,主张"密严行",告诉人们懂得"中道之妙道",守"密严行","善行清净",才能"得妙喜",入"密严佛国"。

(九)除蔽障防灾祸的觉悟和修养

中国古代精英指出,人类在宇宙间只不过像马身上一根毫毛的末梢,每个具体人的生命存在时间,犹如白驹过隙,转瞬即逝。人的生命存在的时间有限,人一生活动的空间有限。而人们求生存和发展的客观世界却无始无终、无边无际。这就要求人们必须有除蔽障、防灾祸的觉悟和修养。

中国古代圣哲告诉人们,蔽障给人们造成的祸患太多太大了。许许多多人只知追求幸福美好,而不知除蔽障,防灾祸,结果却事与愿违,招来了各种各样的苦难。

老子说,人们的蔽障首先源于缺少道的觉悟,"不知常,妄作凶"(《道德经》第十六章)。其次在于"吾有身,及吾无身,吾有何患?"(《道德经》第十四章)即人们只知有我,只知追求满足自己的欲望,他说:"祸莫大于不知足,咎莫大于欲得。"(《道德经》第四十六章)为满足私利,不惜强取豪夺、用武杀人。这些人不信"不道早已"(《道德经》第三十章)。老子告诉人们,求生存和发展,必须"尽早服从道"(《道德经》第五十九章),明道守常,"不失其所久"(《道德经》第三十三章),"夫唯道,善贷且成"(《道德经》第四十一章),"用其光,复归其明,无遗身殃,是为习常"(《道德经》第五十二章)。他强调,只有用道放出的光,看清万事万物,然后做起事来遵循道照明的方向和方针去做,就不会给自己留下祸患。老子说:"善摄生者,陆行不遇兕虎,入军不被甲兵;兕无所投其角,虎无所措其爪,兵无所容其刃。夫何故?以其无死地。"(《道德经》第五十章)他告诉人们,自己不入死地,生命就不会有危险。他举例说:"知不知,上;不知不知,病。是以圣人不病。以其病病,是以不病。"(《道德经》第七十一章)

孔子是中国历史上懂得道的重要性,且善于求道、守道、尽道的典范。他把"立志求道"(《论语·述而》第六章)置于人生第一重要位置,告诉人们,道是比人的生命还重要的东西,"朝闻道,夕死可矣"(《论语·里仁》第八章)。纵观孔子一生,他花费精力最多的是求道。《庄子》书中记述了孔子谈自己求道的经过。孔子五十一岁时曾与老聃谈过自己求道的事。老子问孔子是如何求道的,孔子说,"我在规范、法度方面求道,用了五年时间的工夫还未得","我又从阴阳的变化方面求,十二年还未能得到"(《庄子·天运》)。从这里,我们可以看出,孔子不只是求懂得道的含义,而是志于求与道同行,即把尽道当作自己终生的追求。

孔子说"信道不笃"(《论语·子张》第二章)的人,无法求得道的盛明;老子说,"信而不足焉,有不信焉"(《道德经》十七章)。不信道者不能求道,因而无法明理;不知常者,无法守常,就会陷入主观臆断、为所欲为、放荡不羁、矜持而不讲道理(《论语·阳货》第十六章),"好行小慧"(《论语·卫灵公》第十七章)。孔子告诉人们,人一旦陷入这种境遇就难办了。随之而来的是"菑必逮夫身"(《大学》),又说:"自己不知躲避灾难而陷入网、笼中,能算有智慧吗?"(《中庸》)孔子强调:"愚而好自用,贱而好自专,生乎今之世反古之道,如此者灾及其身者也。"(《中庸》)孔子又说,不知遵道而行的人,常常不清楚自己该怎么办,自己不考虑"怎么办,怎么办"的人,我也不知道该怎么办呀。(《论语卫·灵公》第十六章)他要求人们懂得走必由之路,他说:"谁能不由户,何莫由斯道也?"(《论语·雍也》第十七章)孔子告诉人们,广博地学习知识,是明道除蔽的重要途径。他说:"困而不学,民斯为下矣。"(《论语·季氏》第九章)"下学而上达"(《论语·宪问》第三十五章)。他告诉人们,完备礼的修养,是防灾避祸的重要途径。孔子说:"立身之道在于礼"(《论语·泰伯》第八章),又说:"不学礼,无以立"(《论语·季氏》第十三章)。荀子说:"人无礼则不生,事无礼则不成,国家无礼则不宁。"(《荀子·修引》2.2)他告诉人们没有什么比礼更能使人灿烂的东西(《荀子·无论》17.12),"圣人的厚道,是靠礼的积蓄;圣人的大度,是靠礼的深广;圣人

的崇高,是靠礼的高大;圣人的明察,是靠礼的透彻"(《荀子·礼论》19.9)。"足以为万世则,则是礼也"(《荀子·礼论》19.14)。他强调指出:"礼者,人之所履也。失所履,必颠蹶陷溺。所失微而其大乱者,礼也。"(《荀子·大略》27.42)

走正路而不走邪路是防灾避祸者不可缺少的觉悟。老子说:"行于大道,惟施是畏,大道甚夷,而民好径。"(《道德经》第五十三章)《左传》说:必须用正道教育孩子,以防止他走邪路。骄横、奢侈、纵欲、放荡是走邪路的开始。而这四种恶习的养成则是宠爱和赏赐太多的缘故。(《左传·隐公三年·石碏谏宠州吁》)慎其独是渴望圣明通达者不可缺少的修养。《大学》反复强调"君子必慎其独也","毋自欺",告诫人们,在自己独处之时,必须谨慎,要想着"十目所视,十指所指",绝对不能放纵自己。庄子说:在光天化日之下干坏事的人,人可以惩罚他;在阴暗之处干坏事的人,鬼可以处罚他;在人和鬼面前都光明正大的人,无论白天还是黑天独自行走都可以毫无畏惧。(《庄子·庚桑楚》)《太上感应篇》说:"天地有司过之神,依人所犯轻重,以夺人算。算减则贫耗,多逢忧患;人皆恶之,刑祸随之,吉庆避之,恶星灾之,算尽则死",还说:"又有三台北斗神君在人头上录人罪恶,夺其纪算;又有三尸神在人身中,每到庚申日,辄上诣天曹,言人罪过;月晦之日,灶神亦然凡人有过,大则夺纪,小则夺算"。《太上感应篇》告诫人们:"不履邪经,不欺暗室。"列举了人们常犯的上百条罪障,明确告诉人们:"如此等罪,司命随其轻重,夺其纪算,算尽则死。死有余责,乃殃及子孙。"

孟子主张"中道而立"(《孟子·尽心上》第四十一章),他告诉人们:"得道者多助,失道者寡助。寡助之至,亲戚畔之;多助之至,天下顺之。以天下之所顺,攻亲戚之所畔;故君子有不战,战必胜矣。"(《孟子·公孙丑下》第一章)孟子指出,不守持君子做人的大道,是难以立身的。《孟子·尽心下》说:盆成括在齐国做官,孟子说:"盆成括就要死了!"弟子问道:"老师你怎么知道他会被杀呢?"孟子说:"他这个人有点文才,但不懂君子大道,就足以招致自己被杀了。"孟子指出,如果人能推广不害人的心,那么仁就用不尽了;如果能推广不受轻视的实际言行,那么无论到哪都不会不合乎义了。(《孟子·尽心下》第三十一章)他告诉人们,杀别人父亲的人,别人也会杀他的父亲;杀别人的哥哥,别人也会杀他的哥哥。虽然父亲和哥哥不是自己杀的,但相差也不多。(《孟子·尽心下》第七章)孟子指出:重道应当重于生命,"天下有道,以道殉身;天下无道,以身殉道"(《孟子·尽心上》第四十二章)。"身不行道,不行于妻子;使人不以道,不能行于妻子。"(《孟子·尽心下》第九章)"仁也者,人也。合而言之,道也。"(《孟子·尽心下》第十六章)孟子说:人有人性,保住人性才能做人;失掉人性,人就会与禽兽差不多了。尽可能地修养善心,就是懂得了人的本性。(《孟子·尽心上》第一章)

"无恻隐之心,非人也;无善恶之心,非人也,无辞让之心,非人也;无是非之心,非人也。"(《孟子·公孙丑上》第六章)

庄子进一步指出,道不是什么人随意都可以得到的,他说得道需要两个最基本的条件:一个是圣人明敏的才气,另一个是圣人虚淡的心境。《庄子·大宗师》一文中说,南伯子葵问女偊说:"你的岁数已经很大了,可是你的容颜却像孩童,这是什么缘故?"女偊说:"我得道了。"南伯子葵问女偊:"道可以学吗?"女偊说:"怎么可以学呢! 你不是可以学道的人。卜梁倚有圣人明敏的才气却没有圣人虚淡的心境,我有圣人虚淡的心境却没有圣人明敏的才气,我想用虚淡的心境教导他,恐怕他真能成为圣人哩!……如果能够心境如朝阳般清新明澈,就能感受道了,也就能超越古今的时限,进入无所谓生无所谓死的境界。"

《中庸》说:"道不远人,人之为道而远人,不可以为道。"孟子进一步指出,道就像光明的大路那样存在,人们只要去寻找,就可以找到。必须用心去寻求那美好的道,用力去做,并且抓住不放。多多地去学习道的知识,详详细细地去审察这大道之理,小心翼翼地去思考大道,明白无误地分别各种具体的道,切切实实地按道去做。(《中庸》)

中国古代圣哲明确指出,要想明明白白地做人做事,必须明道。所谓明道,是指对宇宙间一切事物产生、存在、发展变化之道的认识没有蔽障。哲圣老聃最先明确指出天、地、人、自然万物产生、存在、发展变化皆有其常道。只有知常道,才能明明白白地做人做事。"不知常,妄作凶。"(《道德经》十六章)庄子说:"不通于道者,无自由可讲;不明道者,必招悲哀。"(《庄子·在宥》)《大学》说:"道盛德至善,民之不能忘也。"荀子指出,明道是人们解蔽的唯一途径,他说:"凡人之患,蔽于一曲而暗于大理。"(《荀子·解蔽》21.1)

荀子告诉人们,完善德行和才能,是防灾避患的重要途径。他说,讲究仁德的人,就是喜欢正道的人;讲究道义的人,就是把正道当作职务的人;讲究节操的人,就是为这正道而献身的人;讲究忠诚的人,就是忠贞地奉行正道的人;囊括了仁德、道义、节操、忠贞而全能做到,德行就完备了;德行完备而不向人夸耀,一切都是为了改善自己的德行,就能成为圣人。不向人夸耀,天下人就不会和他争论,因而他就能极好地利用众人的力量。有了德才而不自以为有德才,就会为天下人尊重。(《荀子·君子》24.5)荀子强调指出,只有德行完美的人才能圣明通达。他说,君子知道品质和素质不全面不纯粹是不能称之为完美的,所以广博地学习,求融会贯通;思考探索,求领会通晓;效法良师益友来实践之,去掉自己有害的作风来保养之,眼睛不看不正确的东西,耳朵不听不正确的东西,嘴不说不正确的东西,心不想不正确的东西。修养达到极其爱好礼义的时候,道德操守品质就能形成,……权势

利禄不能使之倾倒，人多势众不能使之屈服，整个天下不能使之动摇。活着能遵守礼义，至死也不违背礼义。有了这样的道德修养，才能站稳脚跟，才能应付各种复杂情况，才会成为德行完美无缺的人。（《荀子·劝学》1.15）

（十）省恶改过自新求进的意识和觉悟

老子说："圣人不病，以其病病，是以不病。"（《道德经》七十一章）他告诉人们，圣人之所以能不犯错误，是因为他们非常重视错误，能把过错当病看待，及时改正过错。"曾行恶事，后自改悔，诸恶莫作，众善奉行，久久必获吉庆，所谓转祸为福也。"（《太上感应篇》）他强调，如果有了错误不改正，过错就会越积越多，"凶人语恶、视恶、行恶、一日三之恶，三年天必降之祸"（《太上感应篇》）。"死有余辜乃殃及子孙"。孔子说："过而不改，是谓过矣"（《论语·卫灵》第三十章），"过则勿惮改"（《论语·学而》第八章），"改之为贵"（《论语·子罕》第二十四章），"不迁怒，不贰过"（《论语·雍也》第三章）。孟子说："人恒过，然后能改。"（《孟子·告子下》第十五章）他说，应当允许人犯错误，"归，斯受之而已矣"（《孟子·尽心下》第二十六章）。他告诉人们："有了过失，要立刻改正"（《孟子·公孙丑下》第九章），"如知其非义，斯速已矣，何待来年？"（《孟子·滕文公下》第八章）更不要"以五十步笑百步"（《孟子·梁惠王上》第三章）。《地藏经》说："欲达平地，须省恶路，无再经历。"荀子进一步指出，有罪过而不悔改者，肯定灭亡。他说，自己极其错乱，却还憎恨别人对自己的责备；自己极其无能，却要别人说自己贤能；自己心地像虎狼，行为像禽兽，却憎恨别人指出其罪恶；对阿谀奉承自己的就亲近，对规劝自己改正错误的就疏远，把善良正直的话当作对自己的讥笑，把极端忠诚的行为看成是对自己的残害，这样的人即使想不灭亡，可能吗？（《荀子·修身》2.1）错误在自己身上，却反去责怪别人，岂不迂乎？（《荀子·荣辱》4.6）他说，一直到自己衰老了、儿子长大了，也不知厌恶自己错误，这就是极端愚蠢的人。（《荀子·儒效》8.6）庄子指出，犯错误的人，不但应当改正过错，还要懂得弥补过失。《庄子·德充符》一文中说，有一个叫叔山无趾的人，到孔子那里去学习，孔子说："你过去不谨慎惹祸造成后果，今天来向我请教，哪里还来得及呢！"叔山无趾说："我以前因为不懂世务，才失去了脚趾。我来向你求教，是因为还有比脚趾更为尊贵的东西存在着，我想尽力促进它。我把先生当作天地一样高大的人看待，哪里知道先生居然这样啊！"孔子说："我太浅薄了，请先生进屋来。"叔山无趾转身走了。孔子对学生说："那叔山无趾是一个因受刑而失去脚趾的人，尚且致力于学习来弥补以前的过错，我们应当勉励自己呀！"《礼记·学记》说："教也者，长善而救其失者也。"中国大乘佛法告诉人们，要懂得惭愧，指出："惭愧之服，于诸庄严最为第一。惭如铁钩，能制人非法，是故常当惭愧，不得暂替。若离惭耻,则失诸功德。有愧之人则有善法,若无愧者,与禽兽无相异也。"(《佛遗教经》)又说:"人有众过而不自悔顿息其心,罪来赴身,如水归海,渐成深广。若人有过,自解知非,改恶行善,罪自消灭。"(《佛说四十二章经》)

(十一)管好生死,发展生命力的觉悟

中华传统人文化告诉人们,要热爱生命,懂得"卫生之经"(见《庄子》),善于摄生,重视发展生命力。儒家圣者把大成至圣作为人生奋斗目标,因而要求人们,不但要懂得人的天性,而且要努力实现人的天性,"尽人之性"(《孟子·尽心下》第二十四章),"出于其类,拔乎其萃"(《孟子·公孙丑上》第二章),"成为一个真正的人"(《论语·宪问》第十二章),"其生也荣,其死也哀"(《论语·子张》第二十五章)。孟子指出,"惟圣人然后可以践行"(《孟子·尽心上》第三十八章),《中庸》说,"惟天下至圣",才能最大限度地展现人之天性,尽人之道。为达此目的,必须善于养生,大力发展生命力。《论语》讲述了孔子从吃饭、睡觉做起,时时不忘养生,时刻保持旺盛的生命力。孟子强调"存其心,养其性","修身以俟之"(《孟子·尽心上》第一章);"中道而立,能者从之"(《孟子·尽心上》第四十一章)。他主张"尽其道而死"(《孟子·尽心上》第二章),"穷则独善其身"(《孟子·尽心上》第九章),"将仁、义、礼、智植根于心,把清和润泽的色彩表现在脸上,显现在肩背上,波及到四肢上,四肢不会言语,别人也完全能感觉到"(《孟子·尽心上》第二十一章)。荀子为养护生命,甚至于不惜装疯卖傻。

道家圣哲老子主张把人生奋斗的目标定在"成其大","得其贵","死而不亡"。(引文详见《道德经》)他告诉人们"大器晚成",为成其大,应"贤于贵生"(《道德经》七十五章),"善于摄生"(《道德经》五十章),"无遗身殃"(《道德经》五十二章),"不失其所者久"(《道德经》三十六章),"惟道是从"(《道德经》五十九章),"重修德"(《道德经》五十四章)。庄子强调人一生应有所成就,"成为他应该成为的物类"(《庄子·大宗师》)。为达此目的,必须驾驭"卫生之经"(《庄子·刻意》),择"道德之乡"而居,"乘道德而浮游"(《庄子·山木》),"通乎道,合乎德"(《庄子·天道》),"以德为本,以道为门,兆于变化"(《庄子·天下》);"纯素之道,唯神是守。守而勿失,与神为一。一之精通,合乎天伦","循天之理,故无灾、无物累、无鬼责"(《庄子·刻意》),"与物相处不伤物,物也不伤他"(《庄子·知北游》)。他强调,要想大成,必须通晓圣道,惟"圣明的人内心宁寂","各种事物都不能动摇和扰乱他的内心",通晓"大本大宗",才能"与天合",得"天乐";"与人和"得"人之乐"。(《庄子·天道》)"形非道不生,生非德不明","明道立德"才能成其大,"执道者德全,德全者形全,形全者神全。神全者,圣人道

也"。(《庄子·天地》)

佛家佛陀把人生终极目标定位在成佛做圣上,明确指出:"人身难求得,成佛依人身"(《佛说法灯明心经》),告诉人们,欲离三途六道苦,求涅槃乐,成圣道,必须爱护人身,"当自端心,正念求度,不得包藏瑕疵","当自摄心","勿令放逸"、"直心念道","行道在心","去心垢染","净心守志","防危身之火","慎勿为恶"。(以上引文见《佛说四十二章经》)"身纯是法,心纯是法,口常说法"(《佛说弥勒大成经》)。《佛说大乘无量寿庄严清净平等觉经》《佛说阿弥陀经》等都明确指出,只有往生西方极乐世界、成就佛道,才能求得无限生命力。释佛讲经说法四十九年,归结起来,就是告诉人们如何发展生命力,求得无量寿命。

(十二)与时俱进,做新人的觉悟

中国传统人文化告诉人们,做人要懂得与日俱新。道家从宇宙大道永不停止地发展变化的思想出发,强调做人必须尽人性,与时俱进,跟上宇宙大道的变化。《庄子·天运》篇说:"性不可易,命不可变,时不可止,道不可壅。苟得于道,无自而不可;失焉者,无自而可。"它告诉人们,人的天性不可改变,时间不能停止;道不可壅阻。如果得到道,就没有行不通的;如果失掉道,就没有能行得通的。本篇强调做人必须"随顺自然而变化"。《庄子·寓言》篇说:"孔子行年六十而六十化,始时所是,卒而非之,未知今之所谓是之非五十九非也。"从而告诉人们,孔子善于随时改变自己。具有儒家教化纲领之称的《大学》,开章就强调做人要懂得"苟日新,日日新,又日新",时时刻刻不忘"作新民"。《论语》中反复指出,孔子"学而不厌,诲人不倦"(《论语·述而》第二章),"为之不厌"(《论语·述而》第三十四章),"其为人也,发愤忘忧,不知老之将至云尔"(《论语·述而》十九章)。孔子提倡做人应学习河水"不舍昼夜"(《论语·子罕》第十七章)、不断前进的精神。孟子提出:"上下与天地同流。"(《孟子·尽心上》第十三章)中国化了的大乘佛法,更是要求人们懂得永不停止进步。佛家把成就圣道作为人生终极目标,认为人成佛后可得正遍知、无上正等正觉、至善圆满、大能力大自在;同时指出,成佛不是目的,成佛后还要乘愿再来,回到众生之中,教度众生。释佛举例说,文殊菩萨早已成佛,他是"三世佛师",为教化众生,仍回到众生之间做菩萨,行教化。佛家还指出,阿弥陀佛、观世音菩萨、大势至菩萨、普贤菩萨等都曾回到中国从事教化。他们适应十方世界诸有情众生的愿望,与时俱化,不停地变化着形象,众生希望以什么形象得度,他们就现化什么形象。

(十三)思想观点和方法的觉悟和修养

中华传统人文化的宗旨是使人驾驭必然,自由自在地追求生存发展。

古圣哲明确指出，欲达其目的，必须明宇宙人生真相。中国古圣哲继往开来，坚持不懈，排在第一重要地位的问题，是解决宇宙观、社会观、人生观、价值观和方法论问题。中国古圣哲留给后人的第一部经典《易经》，记载了中华民族至心解决世界观和方法论的历程。从考古学发现六千五百年前的双龙太极图，至伏羲画八卦，中经炎帝、黄帝、文王、周公，到老子、孔子，其间约四千年，中华民族对宇宙和人生真相求得了真理性认识。

1. 妙明的宇宙观

太极图和八卦图是中国古圣哲研究宇宙人生成果的标志。太极图表明了宇宙的整体性、万物之间的普遍联系。八卦图表明了事物不停地运动发展变化及人的生存发展与天地自然万物发展变化间关系的规律性。《易经》是中华民族妙明宇宙观形成的标志。它告诉人们，宇宙是一个统一的整体，事物处于普遍联系之中，事物生存发展有规律性，人求生存发展应认识和驾驭其规律。这就是毛泽东概括的："人类的历史，是一个不断地从必然王国向自由王国发展的历史。这个历史永远不会完结……人类总是不断发展的，自然界也总是不断发展的，永远不会停止在一个水平上。因此，人类总是不断地总结经验，有所发现，有所发明，有所创造，有所前进。"（转摘自毛泽东在《周恩来在第三届全国人民代表大会第一次会议上的政府工作报告》上的批示，一九六四年十二月三十一日《人民日报》）

2. 和谐的社会观

由于中国古代百家精英是在春秋战国长达五百年以上战乱中成长起来的，因而对和谐社会的重要性，认识极其深刻，纷纷指出，和谐的社会是人们立身社会求生存发展的基础性条件。

老子是当时周王朝国家图书馆的守藏吏，周王朝又是这场社会大变革的焦点，老子的工作岗位决定他能够看到的资料、能够听到的社会变化信息比一般人多而又准确及时，老子又是当时中国最有名的大思想家，因而他的认识也自然比一般人深入。从《道德经》论述宗旨及其命名来看，老子的着眼点和重点是揭示个人和社会的必然联系，其目的在于告诉人们应当如何认识和处理个人与社会的关系。老子的基本观点概括起来，主要有以下几点：第一，人与人和谐相处。他说："善者吾善之，不善者吾亦善之，德善。信者吾信之，不信者吾亦信之，德信。"（《道德经》第四十九章）又说："善人者，不善人之师；不善人者，善人之资。不贵其师，不爱其资，虽智大迷，是谓要妙。"（《道德经》第二十七章）他还提出"以德报怨"（《道德经》第六十三章）。第二，个人与社会和谐相处。老子说："圣人无常心，以百姓心为心"，"圣人在天下，歙歙为天下浑其心"（《道德经》第四十九章），"圣人处无为之事"，"功成而弗居。夫唯弗居，是以不去"（《道德经》第二章），"圣人终不为大，故能成其大"（《道德经》第六十三章），圣人"学不学，复众人之所过，

以辅万物之自然,而不敢为"(《道德经》第六十四章)。又说:"贵以身为天下,若可寄天下;爱以身为天下,若可托天下。"(《道德经》第十三章)他强调:"人之所恶,唯孤、寡、不谷……强梁者不得其死。"(《道德经》第四十二章)第三,国与国和谐相处。老子说:"夫佳兵者,不祥之器,物或恶之,故有道者不处",并强调:"乐杀人者,则不可以得志于天下"(《道德经》第三十一章),"不以兵强天下,其事好还"(《道德经》第三十章)。"大国不过欲兼畜人,小国不过欲人事人。此两者各得其所欲,大者宜为下。"(《道德经》第六十一章)第四,国君与人民百姓和谐相处。老子提倡以道治国,他说:"侯王得一以为天下正。"(《道德经》第三十九章)"执大象,天下往。往而不害,安平太。"(《道德经》第三十五章)他指出:"以正治国"(《道德经》第五十七章),"不玩弄伎巧之智,是国家百姓之福"(《道德经》第六十五章),"道常无为而无不为。侯王若能守之万物将自化。化而欲作,吾将镇之以无名之朴。无名之朴,夫亦将无欲,不欲以静,天下将自定"(《道德经》第三十七章)。

儒家的社会观更为具体,突出了人与人之间的相互关爱,提倡发展仁德和善心,进一步推进了个人成长与社会发展进步的统一,提出了自天子乃至庶人皆以修身为本的修身、齐家、治国、平天下的思想;在社会管理上,提出了以德治国、行仁政的思想等,增强了国家的凝聚力,促进了社会的和谐发展。

3. 大成至圣的人生发展观

中国古圣哲明确指出,现实生活中每个具体的人,都有无限光明的人生前途,能不能成就美好人生,关键在于是否发心立志。老子指出人不要看不起自己,他明确告诉人们,"域中有四大,人居其一"(《道德经》第二十五章),人天生有与道、天、地并列称大的资质。他要求人们学习道的品质,创造与道并列称大的自我。他说:"天下皆谓我道大,似不肖。夫唯大,故似不肖;若肖,久矣其细也夫!"(《道德经》第六十七章)他以自己为例说:"吾言甚易知,甚易行;天下莫能知,莫能行。……夫唯无知!是以不我知。知我者希,则我者贵。"(《道德经》第七十章)他告诉人们,只要尊道而贵德到制高点,即自己的德性与道和谐统一之时,人就可以成其大,得其贵,"死而不亡"(《道德经》第三十三章)。儒家圣者指出:"人皆可以为尧舜"(《孟子·告子章句下》第二章),只要选择"尧舜之道……穿上尧穿的衣服,说尧说的话,做尧做的事你便是尧了"(《孟子·告子章句下》)。儒家强调,人皆可以大成至圣。人们能不能实现大成至圣,关键在于人们自己选择不选择大成至圣之路,去不去按大成至圣的要求去做。孔子指出,要想实现大成至圣,其基本之点,就是:"志于道,据于德,依于仁,游于艺"(《论语·述而》第六章)。《四十二章经》说:"行道守真者善,志与道合者大。"明确告诉人们,只有把善志与道统一起来,才能成其大。《论语》说:"匹夫不可夺志也"。

《墨子》说:"志不强则智不达。"《学记》教人从小"深藏学习之志"。《孟子》说,人与人之间相差一倍、五倍乃至无数倍的,唯成圣才能真正展现人的美好形象。《吕氏春秋》说:"得地千里,不若得一圣人。舜得皋陶而授之,汤得伊尹而有夏民,文王得吕望而服殷商。夫得圣人,岂有里数哉?"

全部中国文明史,从实质上说,就是围绕着人如何成其大展开的。

中国古代精英认识了人是宇宙间具有自己特殊属性的客观存在物。从人的生物属性看,人是域中很小的一个存在物。《庄子·秋水》一文中说,估计四海在天地间,就像蚁穴在大沼泽中一样;中国在四海中,就像小米粒在大粮仓里一样。……人与万物相比,就像马身上一根毫毛的末梢。从人潜在的能量看,他又可以与道、天、地并列称大。道是宇宙间无形事物中最大者,天地是有形事物中最大者,与万物比,形体如同马身上毫毛末梢一样小的人,为什么能与宇宙间无形和有形最大的事物并列称大呢? 在于人生来具有认识和效法道、天、地、自然万物的能力。《荀子》说:人"生而有知",只要能"虚心、专心、静心",就能够穷尽道的全部,"明参日月,大满八极"。至心求人性与宇宙大道统一,人就能成其大。

4. 无所不用其极的方法论

中国古圣哲告诉人们,法是过河的筏子、渡海的船。人要渡人生海洋,必须解决船的问题,要想成其大,得其贵,必须懂得"无所不用其极"(《大学》)。

中国古代圣哲告诉人们,圣明通达人生之路的求得及实施需要行之有效的方法。善于深入观察思考,是活的灵魂。《道德经》介绍了老子求道的经验,告诉人们,老子是靠认真的观察和思考,求得对宇宙大道认识的。老子说:"致虚极,守静笃,万物并作,吾以观复。"(《道德经》第十六章)即首先使自己的心真正静下来,排除一切念头,宁静虚明到极点。反复观察万物的发展变化,发现了万物运行的一般规律,"夫物芸芸,各复归其根。归根曰静,是谓复命;复命曰常,知常曰明"(《道德经》第十六章)。孔子说:"绎之为贵。"(《论语·子罕》第二十四章)他告诉人们,分析思考是可贵的。他说:"未之思也,夫何远之有?"(《论语·子罕》第三十一章)"人无远虑,必有近忧。"(《论语·卫灵公》第十二章)他告诉人们,无论什么时候都不能忽视思考,"视思明、听思聪、色思温、貌思恭、言思忠、事思敬、疑思问、忿思难、见得思义"(《论语·季氏》第十章)。孔子十分重视观察,他对天、地、水、山、宝玉等诸多事物的优秀品质都有很深的见地。

优化组合,是根本保障。《大学》主张求"知之至",强调:"道盛德至善,民之不能忘也。"《中庸》说:"苟不至德,至道不凝焉。"人们有了至道修养,才能明道和认识一切事物;有了至德修养,才能使无形的道凝聚成有形的伟大事物,使人成其大,得其贵。庄子说:"神何由降? 明何由出?""圣有所

生,王有所成,皆原于一。"(《庄子·天下》)他强调:"守其一以处其和",不可不通晓的是道,不可不高明的是德。(《庄子·在宥》)《庄子·庚桑楚》一文说:"学者,学其所不能学也;行者,行其所不能行也;辩者,辩其所不能辩也;知止乎其所不能知,至矣;若有不即是者,天钧败之。"《中庸》说:苟不至能则不能尽道,主张用至坚的决心,求至强的能力,"人一能之,已百之;人十能之,已千之。果能此道矣,虽愚必明,虽柔必强"。《无量寿经》开篇即指出:"德遵普贤",《密严经》强调,实行密严管理,"观密严行",指出有漏则有患。

纵观古圣人生之道,简而言之,即"无所不用其极",至心求人性、人道与宇宙大道和谐统一。

六、继往开来的智慧形成

中华文明之所以能不断发展进步,是因为中华民族懂得继往开来之道。

(一)明继往开来之道

中华民族是人类文明发展史上最先懂得继往开来之道的民族。大约一万年前,中华民族进入重理性思维阶段,其标志是阴阳符号系统产生,对宇宙开始进行整体研究,逐步明确宇宙万物皆由具体阴阳两种属性的物质构成。这一研究到了大约五千年前的伏羲时期开始产生新的飞跃。伏羲运用阴阳符号画八卦,揭示了宇宙间事物的相互联系及发展变化的规律性。中华民族的继往开来之道,一开始就有自己的鲜明特色,其一是把继往开来之道用于求生存发展实践。伏羲创造性地运用前人创造的阴阳符号画八卦,揭示了人的生存发展与天地自然运行的联系,开辟了求主观与客观、理论与实践、知与行统一之道。其二是人民群众的最高领导者带头从本源上探索继往开来之道,从伏羲开始,炎帝、黄帝直至周文王、周武王、周公,皆抓住《易经》不放,坚持不懈探索人的生存发展与天地自然运行的关系。炎帝重六十四卦,名《连山易》,以艮卦为首。黄帝重六十四卦,名《归葬易》,以坤卦为首。周文王、周公重六十四卦,以乾卦为首,名《周易》。其三是行继往开来之道的主体具有日益广泛的群体性。《尚书》说,商汤、周武王都明确要求其后人懂得继往开来之道。到春秋战国时期,中国社会出现了老子、孔子、孙武等一大批懂得继往开来之道的圣贤。孔子是继伏羲之后,践行继往开来之道发展中华文明事业的又一集大成者。从伏羲至孔子约三千年时间里,中国古圣哲坚持不懈,继往开来,不断深入研究人的生存发展与天地运行之道的关系,从数理高度,精确地揭示了人的行为与天地万物运行的关系,告诉人们,一切行为要有度的观念。《道德经》是对《易经》理论价值及实践意义的概括,孔子及弟子们作《易传》进一步指出了《易经》对人生实践的指导作用。春秋战国时期，"尊道而贵德"成为中华民族求文明发展的第一要则。

古圣哲明确告诉人们，人不懂继往开来之道，就无法生存发展。道主宰宇宙万物的地位和作用永远不变，"独立而不改，周行而不殆"（《道德经》）。人的本质属性恒长不变，人类求道永无止境。万物运行之道有常规，人凭其本性能知其常规。一定社会条件下的人们皆能对道求得相对真理性的认识。然而现实生活中的一切个人生命存在时间有限，精力有限，无法事事亲身实践创造，生命力靠代代相继，人们生存需要的物质和精神生活资料时刻离不开继往开来。中华民族在求生存发展实践中，懂得不可丢失前人一切有价值的东西。炎帝、黄帝继承了伏羲优秀思想，进一步发展了为人民谋利益之道。中国人民之所以共尊炎黄为始祖，是因为他们确立了国家领导者是人民利益集中代表的理念。五千年来，中国人民就是根据这一原则评价治国者及一切人的功过。三皇五帝的成功，夏桀商纣的灭亡，皆以此为根据；伊尹、周公等贤臣，吕望、老子、孔子等圣贤的立世，亦皆此为根据。

中国古人的继往开来之道，展现了中华民族的伟大智慧。《尚书》深刻阐明了继往的极端重要性，指出："学于古训乃有获，事不师古，以克永世，匪说攸闻。"强调"继承前人"，"垂范后人"，"开导后人"；"稽考古代，尊崇圣德，效法先贤，继承传统"，"弘扬祖先治道"。《尚书》还进一步指出，周朝之所以能存在八百年，在于能"遍求古代圣明帝王治国保民遗教"，能"遍求殷代圣明先王保民方法"，"能鉴戒夏代殷代"，"夏桀淫乱"，"夸大天命"；"商纣违背先王成法"，"百姓受害无处申诉"。《周书》强调，古训不可忘掉，"不由古训，于何其训？"《道德经》说："执古之道，以御今之有，能知古始，是谓道纪。"《论语》说："不践迹，亦不入室。"《荀子》说："人无百岁之寿，而有千岁之信士，何也？曰：以夫千岁之法自持者，是乃千岁之信士矣。"人生短暂得好像一天，然而却安然地存在有经历千年以上的国家。这是为什么呢？这是因为采用了积累了千年以上的确实可靠的办法治国，又和那些上千年的真诚之士一起治理。

能否继往的关键问题，在于是否善于学习，能否站在历史巨人肩上。中国古圣哲指出：善于学习者不固步自封。《列子》赞颂孔子是善于学习的人。宋国太宰问孔子说："你是圣人吗？"孔子答："圣人怎么敢当？我不过是一个博学多识的人。"太宰问："三王是圣人吗？"孔子答："三王是善于运用智勇的人，是不是圣人我不知道。"太宰问："五帝是圣人吗？"孔子答："五帝是善于推行仁义的人，是不是圣人不知道。"太宰又问："三皇是圣人吗？"孔子回答："三皇是善于顺应时势的人，是不是圣人我也不知道。"太宰大惊地说："那么谁是圣人呢？"孔子过了一会回答说："西方有圣者焉，不治而不乱，不言而自信，不化而自行，荡荡乎民无能名焉。吾疑其为圣。"孔子教人

放开眼界,向世界各国人民学习。中华民族正是因为懂得不固步自封,知道向世界学习,才能将印度大乘佛法中国化。《道德经》说:"善人者,不善人之师;不善人者,善人之资。不贵其师,不爱其资,虽智大迷,是谓要妙。"《孔子家语》说:"夫子见人之一善而忘其百非","见人之有善,若己有之","闻善必躬行之,然后导之"。古圣哲还明确指出,继往需要解决的一个十分重要问题,就是找到该时代的圣者,虚心向圣者学习,在圣者基础上前进。《道德经》不厌其烦地教人学圣人。《孟子》说:"圣人,百世之师也。"向圣人学习,成为继承圣人事业的人。他说自己是学习孔子之道的人。他强调:"见过大海的人,就觉得其他的水很难宣做水了,在圣人门下学习过的人就觉得其他的言论很难宣做言论了。"《庄子》说:孔子是率领天下人向圣者学习的典范。《孟子》告诉人们,之所以强调向圣人学习,是因为圣人是为人的标准,代表一定时代的最高水平。

能否开创未来的关键在于能否站在时代发展制高点,能否把握制约时代发展的因素,能否解决时代发展最需要解决的问题,是否善于创新。中华民族是世界上最早倡导创新的民族。中国古圣哲留给后人的经典,皆教人懂得创新。太极图是创造。《易经》八卦图不但是创新,而且教人必须懂得创新。天地万物时刻在变化,人必须适应其变化而创造自己求生存发展的方式方法。《尚书》不厌其烦地教人创新。"德日新,万邦为怀;志自满,九族乃离。""惟新厥德,终始唯一,时乃日新。""人惟求旧,器非求旧,惟新。""不前进不作长远打算,则有今罔后。"情况天天变化,"德日新",才能"永得天命"。不但要懂得继承前人,而且应追求比前人做得更好。"惟新厥德,始终如一,时乃日新。"《大学》说:"汤之《盘铭》曰:'苟日新,日日新,又日新。'《康浩》曰:'作新民。'《诗》云:'周虽旧邦,其命惟新。'"《道德经》说:"天下万物生于有,有生于无";"有之以为利,无之以为用",人们应当善于从社会发展需要而尚没有的现状出发,创造社会实践需要的东西。中华民族自古懂得掌握求生存发展的主动权,占据时代发展的制高点,不但要有一往无前的精神,而且必须有能战胜一切困难的资质。这是中华文明进步的保证,也是中国能在 1870 年以前长期居于世界第一大经济体地位的根据。

(二)建立健全传承机制

中华民族在长期求生存发展实践中,不但懂得了继往开来之道,而且认识了建立优秀传统文化传承机制的重要性,逐步健全了优秀传统人文化传承机制。中华优秀传统人文化传承机制,丰富多彩,行之有效。其中尽人皆知的主要是:

1. 用经法典籍传承

中华民族的经典建设是举世闻名的。中国重视经法典籍建设有六千年以上的历史。瑞典远东博物馆收藏有中国六千五百年前画有双龙太极图的彩陶壶。太极图是中华早期文明经典标志。《易经》是五千年前的典籍标志。《诗经》收集了公元前 11 世纪至公元前 5 世纪约五百年间的诗歌,是世界第一部诗歌总集。《尚书》记载了尧舜禹至周朝两千多年治国经验教训。《道德经》是世界上最早的做人学。《论语》《孟子》《大学》《中庸》《荀子》《庄子》等皆是世界少见的阐述做人之道的经典,《春秋》《左传》《国策》《史记》《管子》《墨子》《韩非子》等皆是中国两千年前的经典。包含无限真理性的文化典籍,具有超时空的价值。孟子读孔子著作得入圣道,苏秦读太公著作成为战国纵横家,张良得太公《六韬》为汉朝立汗马功劳。这些经典指导中华文明不断发展进步。经典是圣智藏身之处。读经典可得古圣哲的睿智。

2. 用政策和法规传承

将优秀传统文化转化为政策和法规,是中华优秀传统人文化传承机制建设的一个重要组成部分。纵观中华文明发展史,人们会清楚地看到,凡是能做出贡献的治国者,多是能把真理性的人生原理和原则,转化为国策和法规者。伏羲、炎帝、黄帝是中国五千年前的治国者。他们把教人正确处理主观与客观、理论与实践、知与行的关系,作为治国的指导思想;把为民造福作为自己生命的主旋律观念形成,亦是人民的社会主体地位理念的落实。中国人民之所以共尊他们为始祖,是因为他们为中华文明发展奠定了坚实的基础。尧舜禹的成功,在于他们推进了中华优秀传统人文化传承机制的建设。《尚书》说:帝尧"克明俊德",慎遵天道,"明照四方,善治天地,道德纯备","百姓昭明,协和万邦",明确提出了"为百姓造福"的原则,确立了在全国范围选择能为人民造福的人为治国接班人的原则。尧选舜为接班人,不但听从了百官的推荐,而且用自己儿女为舜服务,用一系列的实践活动考察舜之后,确知舜"浚哲文明"。商汤推翻夏桀、周文武推翻商纣,是因为夏桀商纣"违背先王成法",不遵守天地运行之道,胡作非为。商治国六百载,周治国八百年,皆因为他们制定了具有真理性的国策。国策国法一旦背离了真理性人文化,失败随之即来。老子、孔子等圣哲是为制定正确政策和策略提供理论根据的人,圣明君王是善于制定和实行政策和策略的人,诸精英是善于协助治国者制定和实行正确政策和策略之人。

3. 用家训、校训、师训传承

中国自古把家的文明化建设视为社会文明化建设的基础。商朝的祖先契,是尧舜时代负责社会文明化建设的官吏。契对自己子孙的文明化素质提高做出了巨大贡献。正是契对自己子孙的成功教化,使商汤得以建立商

朝,汤的子孙得以执政治国六百年。周王朝是中国历史上重视家教的王朝,"三太"教子,为周王朝治国八百载奠定了不朽功绩。孔母严征善教子,促进了孔子的成长。"孟母三迁",为孟子成长创造了良好条件。管仲、孙武的成长也有家训功德。两千年前的中国,已懂得了家训不可少。

中国办校,已有四千多年的历史。从夏朝开始,中国社会上下皆开始兴办学校教育。《学记》是中国最早的教学大纲,既阐明了教学的重要性,又指出了应当如何办教育。"教也者,长善而救其失者也。""古之王者,建国君民,教学为先。""虽有至道,弗学,不知。""学然后知不足,教然后知困。知不足,然后能自反也。知困,然后能自强也。"办教育应选择好的老师,老师要善教,要讲究教学方法,教人要"尽其材"。学生要深藏气志,要善学,要懂尊师之道,要"有志于本"。中国古圣贤皆有良师,皆有真理性训示。老子的"遵道而贵德",孔子的"志于道,据于德,依于仁,游于艺",孟子的"先觉觉后觉"、"君子之教如时雨化物"、"圣人是百代后人的老师"等训示,皆具有超时空的真理性。

4. 用榜样、舆论导向

中华民族重视榜样的作用,已有五千多年历史。中国人最早的榜样是三皇、五帝、三王。他们是中华优秀传统人文化的奠定人,是探索人性、人道与天地自然之道统一性的先驱,是正确处理主观与客观、理论与实践、知与行关系的圣哲,是与中华文明进步同呼吸共命运的人。老子、孔子是高举他们的旗帜,为中华文明航船指引航向的人。他们是中华民族的脊梁,是"死而不亡"者。五千年来,中华民族在诸多方面和层次,树立了各种各样的榜样。每个渴望成长发展的中国人,心中都有着光辉的榜样。

中华民族懂得舆论的作用,创造了诸多舆论形式弘扬优秀传统人文化。中国人自古主张明是非,辨善恶,赞扬真善美,批评假恶丑。古圣哲把此原则作为评价人与非人的基本标准。《孟子》说:"无是非之心,非人也。"中国习惯把人分成三大类:一是好人,二是坏人,三是介于好坏之间。好事居于主导地位者是好人,坏事居于主导地位者是坏人,好坏差不多者属于一般人。好人包括善人君子圣贤。坏人包括邪恶懒汉懦夫。一般人包括无大善亦无大恶,或有善亦有恶者。中国舆论把君子类好人定调为"国之珍宝";把小人坏人类定为"国之垃圾和妖孽";为好人干坏事者惋惜。说到古时坏君王,无人不说夏桀、商纣;说起应赞颂的人,无人不说三皇、五帝、三王好。中国人的舆论工具,多种多样,如:书刊画册剧戏、家训、校训、师训等。

5. 用奖励和惩处传承

中华民族自古奖惩分明。奖惩机制是推动中华文明进步的重要工具。炎帝和黄帝联手打败蚩尤,是对黩武好战不顾人民死活者的惩处。舜选禹作为治国接班人是对禹为人民谋利德能品质的肯定和奖赏。商汤讨伐夏桀、周武王伐商纣，是对邪恶者的惩处。《尚书》说，"把共工流放到幽州，把驩兜流放到崇山，把三苗驱逐到三危，把鲧流放到羽山"是处罚。中国人主张奖惩分明。中国人不但讲"盖棺"论定，而且主张与文明演进相适应，一时惩错者必平反，一时奖不当者应纠正。

第二章　中华优秀传统人文化的历史功绩

中华优秀传统人文化是中华传统文化的核心和活的灵魂,是中华民族生生不息团结奋进的不竭动力源泉。几千年来,中华民族历经磨难而绵延不绝,屡遭入侵而保持统一,在人类进入 21 世纪的今天,仍能充满生机,一个重要原因,就是我国具有优秀的人文化作指导。

一、中华优秀传统人文化造就了伟大的中华民族

中华优秀传统人文化是中华民族在长期认识和改造主客观世界过程中,逐步形成发展起来的真理性日益深刻完善的人生知识体系。这一知识体系,在伏羲炎黄时期产生,到了尧舜禹时期得到社会确认。迄今为止,人们计算中华文明史,仍从伏羲、神农、黄帝开始,十三亿中国人仍把大约五千年前的伏羲、炎帝和黄帝作为自己的始祖,就是因为伏羲、神农、黄帝创立的人文化已经成为中华民族精神的灵魂。五千年来,中国人就是遵循炎黄精神发展中华文明事业的。

(一)中华民族独立自主,勤劳勇敢,自强不息的品质

展开中华文明史卷,我们会清楚地看到,中国人的勤劳勇敢,是世界罕见的。五千年前的伏羲,为弄清楚人的生存发展与天地自然万物的联系,不辞日夜,尽心观察思考天地人万事万物变化规律,始画八卦。炎帝神农尽心竭力寻找可食谷物教民耕种和寻找可医治病痛的草药,有时一日中毒几十次。黄帝轩辕日夜操劳,尽心竭力寻找为百姓谋利益的方略。《孟子》赞颂圣人为百姓尽心操劳,尧舜尽心替天下百姓物色贤才,禹尽心竭力组织百姓根治水患,小腿得了肌肉萎缩症,走路一瘸一拐的,仍战斗在治水第一线。老子日夜不停思考宇宙变化之道,探索做人理论。孔子为百姓知识化而自己发奋学习,韦编三绝,佳话传天下;为施德政,周游列国,忙得连吃饭睡觉都没有时间。生活在战国时期的墨子为制止战乱,不顾自己死活,更顾不上自己吃饭睡觉,穿梭于战火纷飞之中。正是这些圣者做了中华民族的脊梁,造就了中华优秀传统人文化。

中华文明史卷中，还有燧人氏钻木取火、精卫填海、愚公移山等诸多凸显中华民族勤劳进取，善于排除万难的伟大气魄的故事。

中华优秀传统人文化教人做君子而不做小人。《易经·象》曰："天行健，君子自强不息。"《道德经》说："上士闻道，勤而行之。"《孔子家语》指出：君子"笃行信道，自强不息"。中华民族长期教导人们做君子，因而中华民族是一个懂得自强不息的民族。中国是世界公认的靠自强不息发展起来的伟大国家。罗素说："中国要胜于我们英国。我们的繁盛以及我们努力为自己攫取的大部分东西都是依靠侵略弱国而得来的，而中国的力量不至于加害他国，他们完全是依靠自己的能力来生存的。"长期以来，中华民族依靠自己的力量，打败了一切侵略者，战胜了一切困难，不断求得发展进步。

（二）中华民族尊重智慧，常行真正觉悟

中华民族在长期求生存发展的实践中，逐步懂得了智慧最重要。中国古圣哲说的智慧，一般包括三个方面的具体内容：一是知智，即知的智慧，包括知正、知常、至知。其基本点是求知明。明确提出，"知明行无过"，"不知常，妄作凶"。强调求"知之至"。二是行智，即行的智慧，包括知如何行，知行之止，其基本点是求行的最佳功效。明确提出，"常行真正"，"止于至善"。三是求圣智，即求大智慧，大圣明，包括无所不知，无所不晓，无有不能正确判断评价。其基本点是求至高无上的智慧。明确提出"求正遍知"，"求无上正等正觉"。通观中国古圣哲留给我们的经典，我们会清楚地看到，我们的先人排在人生第一位的重要问题是智慧。指导中华优秀传统人文化建设的第一部经典是《易经》。从伏羲到孔子，中国古圣用了连续不断约三千多年时间研究人的生存发展与天地自然万物的联系。伏羲始作八卦。神农氏重六十四卦，名《连山易》，以艮卦为首。轩辕氏重六十四卦，名《归藏易》，以坤卦为首。周文王重六十四卦，名《周易》，以乾卦为首。周公写卦辞、写爻辞。孔子作《易传》，反复阅读《易经》，致使韦编三绝，深感自己读易过晚，"加我数年，五十以学易，可以无大过矣"（见《论语》述而篇）。

中国古圣哲明确告诉人们，求知的目的在于行。《荀子》开篇即指出："君子博学而日参省乎己，则知明而行无过矣。"《道德经》反复强调："知常曰明。不知常，妄作凶。""明白四达，能无为乎？"《天地八阳神咒经》进一步指出，求智慧的根本目的在于"常行真正"，即时时处处事事都按正道正理正法行事，做正事而不做坏事。中国化了的大乘佛法，反复强调"行普贤行"，"行普贤慧行"，"行密严行"。明确指出："觉行圆满"才能成佛圣道。

（三）中华民族重和谐，求世界大同的觉悟

中华优秀传统人文化造就了中国人重和谐，爱天下人，求天下大同的思

想。中国古圣贤把人置于天地之间认识考察,在研究人与天地自然万物之间联系的问题上,最早做出贡献的是伏羲,他终日观察天地万物之理,求利世之道,发现阴阳变化对人生存发展的影响,始创八卦,以便把人的活动置于与天地自然万物和谐的境域之中。炎帝、黄帝继承伏羲未竟事业,进一步研究人与天地自然万物的联系,引导中华民族逐步确立了与天地自然万物和谐相处的觉悟。这一研究到了周王朝末年,老子、孔子时期,得以系统化理论化。老子在《道德经》中提出"至和"说,告诉人们"和生万物","万物负阴而抱阳,冲气以为和",要求人们学道与万物"和其光,同其尘",强调求"和之至",他说:"知和曰常,知常曰明,益生曰祥。"指出,人如果能像道那样与万物相处,则会求得无限生命力。《庄子》说,天与人不可能相互对立争胜,具有这样认识的人,就是真人,圣人将生活在各种事物都不会丢失的环境里与万物共存亡,与人和者,谓之人乐;与天和者,谓之天乐。《论语》指出"和为贵"。《孔子家语》说:"大道之行,天下为公,选贤与能,讲信修睦。古人不独亲其亲,不独子之子,老有所终,壮有所用,矜寡孤疾皆有所养。货恶其弃于地,不必藏于己。力恶其不出于身,不必为人。是以奸闭而不兴,盗窃乱贼而不作,故外户而不闭,是谓大同。"

中华优秀传统人文化造就了中华民族的博爱胸怀。中国圣者早在两千五百年前,就明确提出了博爱思想。《孝经》明确提出"先之以博爱"、"敬天下人";《论语》提出"泛爱众,而亲仁";《大学》说:"尧舜率天下以仁";《道德经》说:"贵以身为天下,若可寄天下;爱以身为天下,若可托天下。"

中华优秀传统人文化造就了中华民族追求天下和顺,世界大同的思想。《尚书》说,三千年前的周王朝明确提出"敬于和","协和天下"。《孝经》的宗旨就是求天下和顺。该经开章,孔子就问曾子:"先王有至德要道,以顺天下,民用和睦,上下无怨。汝知之乎。"全经以孝道是一切德性之根本展开,明确指出"爱亲者不敢恶于人,敬亲者不敢慢于人",强调以孝治天下,敬天下人,告诉人们,如果人人都能行孝道,敬天下人,天下就会和顺。《孟子》说:"老吾老以及人之老,幼吾幼以及人之幼,天下可运于掌。"《孔子家语》说:"大道之行,天下为公";"人不独亲其亲,不独子其子",全天下人相亲相爱,大家都为社会做贡献,社会就会实现大同。孔子告诉人们,因圣人懂人性,明义理,知利害,才能将天下治理得如同一家,能将一国治理得如同一个人。

(四)中华民族爱己、爱家、爱国与爱天下人相统一的觉悟

《孔子家语》说:"君子无不敬,敬也者,敬身为大。身也者,亲之支也,敢不敬与? 不敬其身,是伤其亲。伤其亲,是伤本也。伤其本,则支从之而亡。三者,百姓之象也。身以及身,子以及子,妃以及妃。君以修此三者,则

大化忾乎天下矣。昔太王之道也,如此,国家顺矣。"又说:"爱政而不能爱人,则不能成其身。不能成其身,则不能安其土。不能安其土,则不能乐其天","已成而明之,是天道也"。他告诉人们,爱惜自己生命等待成就大事,保养自己身体以待有所作为,忧国忧民,不忘百姓的苦难,"凡圣人能以天下为一家,以中国为一人"。他强调:"大道之行,天下为公,选贤与能,讲信修睦。故人不独亲其亲,不独子其子。"《尚书》说:舜赞颂禹"勤劳于国,节俭于家",完成治水,为人民谋了福利,自己不夸功……我赞美你的德行,嘉许你的大功。《道德经》深入浅出地论述了自爱与爱家、爱国、爱天下人的问题。老子强调,人应懂得"自爱不自贵","贵以身为天下,若可寄天下;爱以身为天下,若可托天下"。"后其身而身先,外其身而身存。非以其无私耶,故能成其私。""圣人无常心,以百姓心为心……圣人在天下,歙歙为天下浑其心。百姓皆注其耳目,圣人皆孩之。"他告诉人们,"善建者不拔,善抱者不脱,子孙以祭祀不辍。修之于身,其德乃真;修之于家,其德乃馀;修之于乡,其德乃长;修之于邦,其德乃丰;修之于天下,其德乃普。故以身观身,以家观家,以乡观乡,以邦观邦,以天下观天下。吾何以知天下然哉?以此"。《孟子》说:"老吾老,以及人之老;幼吾幼,以及人之幼;天下可运于掌……古之人所以大过人者,无他焉,善推其所为而已矣。"他举例说,尧、舜、禹、后稷、孔子等圣者,皆是从自己做起,心怀天下,善于为天下人谋利益的人。《大学》明确指出:"自天子以至于庶人,壹是皆以修身为本","身修而后家齐,家齐而后国治,国治而后天下平"。

(五)造就了中华民族热爱和平,反对穷兵黩武、反抗侵略的觉悟

炎帝神农、黄帝轩辕是中国古代两个部落的首领。他们热爱和平,反对穷兵黩武,联合起来消灭了喜欢穷兵的蚩尤,统一了中华大地,使人民过上了和平生活。他们的精神指导了中华民族的成长发展。周朝末年,中国社会又进入了战乱时期,诸侯穷兵黩武,百姓又陷入了战火纷飞的痛苦生活之中。中国哲圣老聃在其《道德经》中展现了热爱和平,反对穷兵黩武的心声。他反复强调:"夫佳兵者,不祥之器,物或恶之,故有道者不处。"又说"兵者,不祥之器,非君子之器","胜而不美,而美之者,是乐杀人。夫乐杀人者,则不可以得志于天下矣","杀人之众,以哀悲泣之;战胜,以丧礼处之"。他强调:"以道佐人主者,不以兵强天下,其事好还。师之所处,荆棘生焉。大军过后,必有凶年。"中华民族不是绝对反对战争,而是主张在强敌入侵时必须以牙还牙,以反侵略战争反抗侵略战争,坚决打击侵略者,直至取得反侵略战争的胜利。这种战争是"不得已而用之,恬淡为上"。兵圣孙武说:"记住老子的话,乐杀人者,则不可以得志于天下。"以墨子为代表的墨家是春秋战国时期百家中倡导博爱、反对穷兵黩武的典型代表。墨家不

但在口头上反对侵略战争,而且行义于天下,竭力制止那些将给天下百姓带来无穷灾祸的战争。墨子来往穿梭在战火纷飞的各国之间,冒着生命危险,竭力制止各种侵略战争。其中劝楚惠王放弃攻打宋国是最具代表性的一例。在鲁国的墨子,听说楚国造好了攻城云梯,要去攻打宋国,便立即动身,去楚国劝阻此次战争。楚国在湖北,宋国在河南,其间相隔七百多公里。墨子日夜兼程,用一天走七十公里的速度,步行十天十夜,在战争爆发前赶到了楚国的首都。他首先见了公输般,劝说其停止这次战争,公输般说他已答应楚王。墨子又去见楚王,楚王固执己见,坚持攻打宋国。墨子提出与公输般演示攻防,坚持与公输般较量一番。墨子解下腰带围做城墙,用小木块作为守墙器械。公输般变幻了九种攻城方法,墨子则巧妙变化防御技巧,公输般攻城办法全用完之后,仍攻不下墨子的防御,虽然认输,但仍说自己有办法。墨子说,我知道你有什么办法,但我不说。楚王再三追问两人说明攻下宋国的办法,墨子则对楚王说,公输般认为杀掉我则可攻下宋国,可我已安排学生禽滑厘等三百人,带着我的守城器械,守持在宋国的城墙上,即使你们杀掉我,也将无法攻下宋国。楚王只好停止进攻宋国的计划。

(六)中华民族重人民利益的思想形成

中华优秀传统人文化造就了中华民族重视人民利益的思想。中华文明起始于对人的主体地位和主导作用的认识。人民是社会的主体,是创造社会财富的主导力量。从这一思想出发,中国从伏羲时代开始,就确立了为百姓谋利的思想。炎帝继承了伏羲为百姓谋利益的思想。炎帝又称神农氏,他把解决百姓痛苦看得比自己的生命还重要,为了解决百姓饥饿之苦和疾病痛苦,他亲尝百草,寻找可吃的食物和可以医治疾病的药物,有时一天就中毒几十次。他从自己亲身试验中,发现了可食用的五谷,教会了百姓耕种,发明了锄头、斧头,发明了桑麻、陶器,发明了打井灌溉,创造了中国的农业文明。神农氏在亲尝百草的实践中,不但发现了可食用的五谷,还找到了许多可医治疾病的药草,中国历史上第一部药物学专著就以神农命名,称为《神农百草》。黄帝是一位尽心为百姓谋利益的人,他千方百计寻求利国利民的治理方略,联合炎帝战胜了穷兵黩武的蚩尤,他对人的保健问题进行了深入研究,创造了辨证施治的医疗学说,为我国中医学说的产生做出了巨大的贡献,战国时期成书的《黄帝内经》是黄帝学说的系统化。尧舜禹继承和发展炎黄思想,进一步推进了中华文明建设。尧揭开了人文化建设新篇章,设专职人员负责人的教化,选择优秀人才从事社会管理,舜和禹都是当时善于为社会谋利益,不计较个人得失,深受百姓爱戴的杰出人物。舜是盲人的儿子,父亲冥顽不化,继母心地阴暗,弟弟骄恣无礼,而舜坚持行孝道,保持家庭和睦,使他们力求上进,事迹感动全国。尧亲自考察舜,让他推行五种教典,而民众都乐意接受;又让他总理百官事务,他能把各种职事处理得有条不紊;让他接待宾客,能使四门工作人员庄重和气,从诸侯到远道来的客人都对他肃然起敬;让他进入原始森林和无边沼泽之中接受考验,磨炼,即使遇上狂风暴雨,也不迷失方向。舜替尧巡视天下,赏罚分明,向尧报告,请求把共工流放到幽陵,让他去治理北狄;把灌兜放逐到崇山,让他去治理南蛮;把三苗迁到三危,让他去治理西戎;把鲧远贬到羽山,让他去治理东夷。处理了这四大恶人,天下人都心悦诚服。舜协助尧治理天下二十年,代理尧行天子职又八年。有一次,尧问群臣:"在我之后,谁可以托付天下?"放齐说:"你的儿子丹朱聪明通达,足当大任。"尧说:"他这个人顽劣好斗,不可任用。"灌兜说:"共工可任用。"尧说:"共工巧言善辩,办事能力不行,连上天都敢欺骗,这种人不可任用。"尧说:"总不能让天下人受苦,而让一人得利。"他精心选择了舜为接班人。尧去世后,舜让尧之子丹朱行帝职,自己迁到南河南岸去,而诸侯朝见天子不去丹朱那里,而去朝见舜;打官司办事不去找丹朱而是找舜。舜只好回到京城登天子位。舜推行德政,选贤任能,揭开中华文明新篇章。《尚书·虞书》说,禹对四海进行治理之后,又敬慎地辅助帝舜治理天下,舜对禹说:"你完成了治水,不自以为贤能,不夸功,所以天下没人能与你争功。我赞美你的德行,嘉许你的大功。上天的大命落到你的身上,你终当升为大君。"禹建夏朝,商汤建商朝,文王、武王建周朝,都是以中华优秀人文化为指导,中华古代百家赞颂的三皇五帝三王都是践行中华优秀人文化的杰出代表。商汤赶走夏桀,周武推翻商纣,都是为了维护人民利益,发展社会文明进步。

春秋战国时期是中国社会激剧变革时期,战争接连不断,社会动荡不安,百姓朝不保夕,生活苦不堪言,各派思想争相登台表演,以天下为己任的思想推动了中国百家精英的成长。适应社会发展需要,老子、孔子、墨子、孙子等一大批精英脱颖而出,他们对中华文明发展史进行了各种理性思考,分析了中华文明演进的逻辑,提出了治理社会的方略。通观古代百家学说,我们会清楚地看到,都是围绕人的生存和社会发展问题展开的,这些学说的杰出代表人物,都是为解决人的生存和社会发展做出卓越贡献者。

(七)中华民族与道同行,与时俱进的觉悟

古圣贤明确提出站在时代高峰,跟随宇宙大道往返进退,顺应事物无穷无尽变化,不断创新的思想。《道德经》指出:宇宙大道"周行而不殆"。《庄子》反复提出与大道浑同相通为一体、与万物同一、顺应变化的观点。明确指出,先王治世方略,治国政绩,乃是先王留下的陈旧遗迹,不是先王遗迹的本质,时光不会停留,大道不会壅塞,提出与自然变化相识为友。他指出:宇宙大道的枢纽和灵魂是要求人们顺应事物无穷无尽的变化,旧事物的分解

即是新事物形成,新事物形成即旧事物的分解。《庄子》说,书不是真正值得看重的,这个道理连普通百姓都知道。他举例说:一次齐桓公在堂上读书,轮扁在堂下砍削车轮。他放下锥子和凿子,走上堂,问齐桓公:"你读的是什么书?"齐桓公说:"是圣人说的话。"轮扁说:"圣人还在吗?"齐桓公说:"已经死了。"轮扁说:"国君读的都是古人的糟粕啊。譬如砍削车轮,全靠操作者操作的技巧,其中奥妙是文字说不清楚的。"《庄子》又说,崇尚古代而鄙薄当今,是未通达事理之人。万物变化发展无穷尽,无有成见的言论必须天天变化更新。《佛说四十二章经》说:"夫为道者,犹木在水,寻流而行。不触两岸,不为人取,不为鬼神所遮,不为洄流所住,亦不腐败,吾保此木决定入海。学道之人,不为人情所惑,不为众邪所挠,精进无为,吾保此人必得道矣。"

古圣贤告诉人们,宇宙大道川流不息,自然万物日新月异,做人必须懂得如何跟上变化。《尚书·商书》说:"时乃日新",人应当"惟新厥德",不前进将没有明天。《尚书·周书》强调"在今","做新民"。《大学》引用商汤《盘铭》说:"苟日新,日日新,又日新。"《诗经》说:"周虽旧邦,其命惟新。"

中国古代成圣者皆是懂得跟随宇宙大道变化前进,站在以往巨人肩上的人。《庄子》评论孔子时说:"孔子行年六十而六十化,始时所是,卒而非之,未知今之所谓是之非五十九非也。"孔子终生坚持向圣者学习,他只要知道哪儿有杰出人物,就坚持前去请教。孔子是"见贤思齐,就有道而正焉"思想的倡导者和实践者。"圣人无常师",孔子一生向苌弘、郯子、师襄、老子等众多时代精英请教过。苌弘是东周内史大夫,精通天文、气象、历法、音律,有"智多星"之称;郯子是郯国国君,精通周礼;师襄是鲁国音乐大师;老子是周朝末年著名的大学问家,道家学说的创始人,中国最早的哲圣。兵圣孙武出生在兵法世家,祖父孙书、叔父田穰苴皆是赫赫有名的战将和兵学家。孙武从懂事之日起,就参与讨论战争观念的变化。《兵圣孙武》说,今天的人与百年前的人,战争观念发生了很大的变化,齐桓公在位四十三年,参与战争二十三次,都是坚持"正而不谲"的原则,但现在不同了,正义舆论的力量越来越弱,而兵力的强弱为人们所重视,战争中的仁义成分在逐渐降低。齐孝公五年,宋楚泓水之战,宋襄公所谓"楚君渡河未毕,我趁机攻之不义"的观念,导致宋军大败,宋襄公受重箭伤亡的事实,就是最好的证明。战争观念在变,指导战争的战略战术必须随之变化。孙武是更新战争观念和战略战术的杰出代表,《孙子兵法》是指导新的历史条件下战争的方略。与时俱进的观念,造就了兵圣孙武。兵圣孙武出生在兵法世家,叔父田穰苴不仅是有名战将,而且对兵法深有研究,"搜罗群言,成一家之说,传之后世",是叔父的平生之愿。孙武不但得叔父亲传,而且广泛向当时时代精英学习,他深入研究了老子的《道德经》;到曲阜去请教孔子,虽然孔子不在,还是进一步了解了孔子的成长过程及其学说,从孔子家童那里听到了"圣人无常师,容纳百川为海"的话,以及孔子"见贤思齐,就有道而正焉"的教导。孙武到云梦山拜谒了鬼谷子,亲自聆听鬼谷子教导四个多月,鬼谷子的许多观点给了孙武极其深刻的启迪。孙武考察了长勺之战、城濮之战、牧野古战场、鸣条之战、崤山之战等重大战争的战场,具体分析了战争胜负的原因,总结了经验教训。

(八)中华民族预测未来,驾驭必然的觉悟

中华优秀传统人文化造就了中华民族重理性的品质,而重理性的品质培养了中华民族高瞻远瞩的伟大胸怀。中国人自古重视预测未来,把握必然。中国古圣哲的经典中,这方面的思想颇为丰富。从伏羲到孔子,中国古圣哲连续三千年继往开来,不断深入研究的一个重大问题,就是预测未来,驾驭必然的知识。《易经》表明,中国人早在五千年前的伏羲时期,就对人的生存发展与天地万物发展变化的联系,取得了规律性的认识。《尚书》表明,中国早在四千多年前尧舜时期,就开始设置负责预测的官员,用阴阳变化之道预测国家命运和前途,指出"视远惟明","不作长久打算","将会有今天而没有明天"。中国古圣哲从多方面探索了预测未来的问题。概括起来,主要有以下几点:一是根据适道的情况预测未来。宇宙大道运行不可抗拒,"适道则昌,逆道则亡","不道早已"。二是根据事物本性和存在根据预测未来。中国古圣哲指出,事物存在的合理性在其德善性,发展德善性者存,丧失德善性者亡。"作善,降之百祥;作不善,降之百殃"(详见《尚书》《十善业道经》等)。三是根据"和生万物"的原理预测未来。中华文明起始于对和的认定。中国古圣贤普遍指出和生万物。太极图是和生万物的标志。《道德经》指出道与万物"合其光,同其尘",得永久生命力。《无量寿经》说阿弥陀佛与众生同呼吸共命运得无量寿命。四是根据因果关系原理预测未来。"善恶之报,如影随形"。集善成圣,集恶成魔。至善圆满则成圣道,恶贯满盈必堕地狱。五是根据对待人民群众的态度预测未来。人民群众是社会主体,在社会发展中起主导作用。为群众谋利益者,有美好未来、光明前途;而危害群众者,必然灭亡(参见《尚书》《道德经》《孔子家语》《华严经》等)。

(九)中华民族养浩然之气,求大成的觉悟

中华优秀传统人文化从人的本质属性出发研究问题,把尽人性、践人形,确定为做人的宗旨。因而,明确指出,由于人们尽人性、践人形程度不一样,因而人的价值也不一样,"有差一倍、五倍乃至无数倍的"(引文见《孟子》),"惟圣人然后可以践行"(见《孟子》)。大乘佛法说,佛是出矿金,众

生是在矿金（详见《梵网经》《密严经》），"成金后，价值无量"（引文见《涅槃经》）。作为中华传统文化主流的儒家、道家、佛家文化，皆明确告诉人们，从庶民百姓，到宰辅大臣、国王，乃至佛圣，无不主张实现自身价值。

中华优秀传统人文化自古有一个明确合理的价值体系。这个价值体系，以"尊道贵德"为灵魂；以"养浩然之气"、"求大成至圣"为宗旨；以"自利利他"、"己所不欲，勿施于人"为起点，从做君子起，止于成圣做佛。中国古人把实行这一规则，称为正道，明确指出，这是人成长发展的光明幸福之路。反之，则为邪道，则是必然遭挫折、堕三途受苦之路。

中国古圣哲明确指出，欲走人间正道，求大成至圣，必须从养正开始。纵观古圣哲全部经典，皆是围绕养正求成展开的。中国古圣留下来的第一部经典《易经》指出："蒙以养正，圣功也。"《道德经》把宇宙运行之道，称为唯一具有本源意义的正真大道，其他一切事物发展变化，与宇宙大道相符合的，才能称其为尽道。宇宙大道运行无我无私，与万物"和其光，同其尘"。"圣人无常心，以百姓心为心。善者吾善之，不善者吾亦善之，德善。信者吾信之，不信者吾亦信之，德信。圣人在天下，歙歙为天下浑其心。""居善地，心善渊，与善仁，言善信，正善治，事善能，动善时。"儒家四书五经不但以养正成圣为宗旨展开，而且进一步明确指出，失正则会导致人性倒退，人就会成为禽兽或禽兽不如者。儒家人文化明确提出了大成至圣的一系列原则。德国古典哲学家黑格尔说孔子明确了做人原则。《孟子》深入论述了什么是浩然之气和如何养浩然正气的问题。他说，这种气，最宏大，最刚健，最正直……是义与道的融合，是积累正义而生成的，不是偶然一两次正义行为能形成的，培养这种气，一定要做具体事，但不要带有强烈的功利主义目的，内心里铭记不忘，又不能违背规律，用正确的方法培养它，不伤害它，它就会充塞于天地之间。中国化了的大乘佛法，对培养浩然正气，求大成至圣的问题，做了尤为深入的论述。佛陀明确指出，必须信有正道存在，"信为道元功德母，长养一切诸善根"（引自《华严经》）；信佛法是引导人们将做人与宇宙大道统一起来的唯一正真之法，众生只有"学无上正法"，"求无上正觉知"，"能正观察"，"能正觉知"（见《密严经》），"发无上正真道义"（《解深密经》），"种正义，立于大定"（《文殊悔过经》），"成无上正真之道"（《文殊师利净律经》），"成无上正等正觉"，"正道庄严"，能"正见、正思维、正语、正业、正精进、正定、正知、正命"（见《真宗妙义经》《十善业道经》），"正知正见与正行统一"（《无量寿经》），"立于正圣道"，"塞邪恶路"（《阿惟越致遮经》），才能战胜邪恶，"正义如不能战胜邪恶，则无正义而言"，"正义的力量是不可战胜的"（《大宝积经》）。

中国古圣哲明确指出，不但个人成长不能违背道，国家和任何集团群体皆不可违背宇宙大道，"有国之母，可以长久"，"立天子，置三公，虽有拱璧以先驷马,不如坐进此道"。"侯王得一为天下贞","侯王无以贵高将恐蹶"。(以上引文皆见《道德经》)"背道则亡国"(见《孔子家语》)。治国者必须善于将治国之道与宇宙大道统一起来,反之国必亡。

二、中华优秀传统人文化指导中华文明不断发展进步

中华优秀传统人文化为中国精神文明建设提供了精神动力和智力支持,为中国人选择人生方向和道路提供了思想保证。

(一)为中国人的思想建设指明了正确方向

"尊道"思想使中国人懂得理性思维和理智做人。中国古圣普遍重视思想建设。《道德经》反复强调"知常曰明。不知常,妄作凶"。老子这里讲的常字包括常规、常理、规律等含义。他告诉人们,宇宙大道就是天地自然万物运行的常规,是任何事物存在发展都不可违背的。《论语》指出"君子重道",要求人们"立志求道","守死善道"。孔子把道看得比生命还重要,他说:"朝闻道,夕死可矣。"古圣普遍要求人们依道而行,"成其大","得其贵","死而不亡"。《道德经》说:"圣人终日行,不离辎重","圣人抱一为天下式","天得一以清,地得一以宁,神得一以灵,谷得一以盈,万物得一以生,侯王得一以为天下贞,以致之。天无以清将恐裂;地无以宁将恐发;神无以灵将恐歇;谷无以盈将恐竭;万物无以生将恐灭;侯王无以贵高将恐蹶"。《佛说四十二章经》说:"夫为道者,犹木在水,寻流而行。不触两岸,不为人取,不为鬼神所遮,不为洄流所住,亦不腐败。吾保此木,决定入海。学道之人,不为情欲所惑,不为众邪所挠,精进无为。吾保此人,必得道矣。"《庄子》说:"时不可止,道不可壅。苟得于道,无自而不可;失焉者,无自而可。""不明于道者,悲夫。"他告诉人们大道无处不在,大道无时不变,跟随大道往返进退,顺应事物无穷无尽的变化。《佛说四十二章经》告诉人们:"行道守真者善,志与道合者大",即是说,懂得且能按照宇宙大道运行规律要求做事,才有真正的善行;立志为人民和社会做贡献者,只有把自己的行为纳入道发展变化所需求的轨道,才能成其大。《荀子》说:"凡人之患,蔽于一曲而暗于大理",要想除去蔽患,就要整治思想,"治则复经"。"天下无二道,圣人无两心","两疑则惑",天下真理只有一个,要想认识真理,"不失正术",就要达到"大清明"境界。孔子等圣者,之所以能"明参日月,大满八极",在于他们"知心术之患,见蔽塞之祸,故无欲、无恶、无始、无终、无近、无远、无博、无浅、无古、无今,兼陈万物之中具横焉"。他告诉人们,精于具体事物的人,只能支配这种具体事物。精于道的人则能够全面地支配各种事物。所以君子专心于道而用它来帮助自己考察万物。专心道就能正确无误,用它来帮助自己考察万物就能看得非常清楚;用正确的思想去处理非常

清楚的调查结论,那么万物就能被利用了。他说:"得道之人的思想,才能达到精妙的境界","如果用正确的道理来引导人的思想,用高洁的品德来培养人的思想,那么外物就不能使人的思想倾斜不正","清楚地明白道的人,心灵深处才会闪发出光芒",才能认清各种事物。"凡以知,人之性也;可以知,物之理也","治心之道"的宗旨,就是懂得且能用人的认知性,认知事物。

(二)为中国人的道德建设奠定了坚实的基础

中国古圣贤不厌其烦地告诉人们,德是做人的根本。《道德经》告诉人们,宇宙大道创生万物而不畜养之,万物生存发展的任务由德负责,"故道生之,德畜之,长之育之,亭之毒之,养之覆之","万物莫不尊道而贵德"。既是说,道创生万物后,万物能不能存活成长,皆由其自身的德性决定。它告诉人们:"治人事天,莫若啬。夫唯啬,是谓早服。早服是谓重积德。重积德,则无不克;无不克,则莫知其极;莫知其极,可以有国。有国之母,可以长久。是谓深根固柢,长生久视之道。"《孔子家语》说养德是"树根置本","圣人者,德合于天地,变通四方","夫道者,所以明德也。德者,所以尊道也。是以非德道不尊,非道德不明"。《庄子》说:"不可不高者,德也","以德分人谓之圣"。《论语》提倡"崇德",说做人行事要"据于德",强调指出:"不恒其德,或承之羞。"《中庸》说:"苟不至德,至道不凝焉","大德必得其位,必得其禄,必得其名,必得其寿"。《大学》说:"德者本也","大学之道,在明明德","是故君子先慎乎德,有德此有人"。《诗经》说:"温温恭人,惟德之基。"《荀子》说:"备而不矜,一自善也,谓之圣。"古圣贤皆把德善视为人之根本。《佛说十善业道经》说:"譬如一切城邑聚落,皆以大地而得安住,一切药草、卉木、丛林,亦皆依地而得生长。此十善道,亦复如是,一切人天,依之而立。一切声闻,独觉菩提,诸菩萨行,一切佛法,咸共依此十善大地而得成就。若离十善业,欲修行正果,譬如空中建楼阁,或种稻子,欲成就生长,无有是处。"大乘佛法告诉人们,"至善圆满则成佛圣道"。《荀子》说:"积厚者流泽广,积薄者流泽狭也。"

古圣贤认为义是做人诸多品质中的重要内容之一。义之所以重要是因为它包含道义、正义、义务、礼仪、情义等诸多内容。古圣贤指出人不可无义。《中庸》说:"义者宜也。"《管子·法禁》说:"道义必有所明。"《论语》说:"君子义以为上","君子义以为质",即君子行事应以义为根本;批评"言不及义","见义不为","闻义不能徙";赞颂"质直而好义";指出:"君子有勇而无义为乱,小人有勇而无义为盗。"《孟子》说:义是人至圣之门径,"人之所以异于禽兽者几希,庶民去之,君子存之。舜明于庶物,察于人伦,由仁义行,非行仁义也"。又说:浩然正气"是集义所生者,非义袭而取之也"。

即是说浩然之气是积正义感而生成，而不是偶然一次两次正义行为所能形成的。《荀子》说："水火有气而无生，草木有生而无知，禽兽有知而无义；人有气、有生、有知，亦且有义，故最为天下贵也。"他告诉人们，义是人特有的一种品质。治理国家的人把道义确立了就能称王天下，孔子没有立锥之地，但他真诚地把道义贯彻到思想中，落实在立身行事上，表白在言语中，到成功的时候，他就扬名于天下，名声流传到后代。他告诉人们："夫义者，内节于人而外节于万物者也，上安于主而下调于民者也。内外上下节者，义之情也。然则凡为天下之要，义为本，而信次之。古者禹、汤本义务信而天下治；桀纣弃义背信而天下乱。故为人上者，必将慎礼义，务忠信，然后可。此君人者之大本也。""天子诸侯无靡费之用，士大夫无流淫之行，百吏官人无怠慢之事，众庶百姓无奸怪之俗、无盗贼之罪，其能以称义遍矣。""君子能以义屈信变应"，"以义变应，知当曲直"。"体恭敬而心忠信，术礼义而情爱人，横行天下，虽困四夷，人莫不贵。"

（三）为中国人的文明化教育奠定了坚实的基础

中华文明史开始于人的教化。中国自古重视人的教化。早在四千多年前的尧舜时期，就开始设置专门负责教化的官员。《孟子》说，人所以为人，吃饱了穿暖了，住得安逸了，如果没有教化，也和禽兽差不多。圣人又为此而忧虑，便让契担任司徒，用人伦道德教化百姓；尧指出，使他们勤奋努力、正直，帮助他们，使他们培养好的品德，然后对他们施加恩惠；舜脱颖而出后，尧又让舜负责推行教化。禹建夏朝后，国办学、地方办校，教育逐步正规化。商朝和周朝继承夏朝制度，进一步兴办国学和地方校。周朝末年，孔子创办私学，更加广泛地在国人中开展知识化和文明化教育。孔子从三十岁办学，直到七十三岁逝世，终生不辍，在他周游各国的十四年中，也从未停止过教育工作。

中国古代自觉地实施教化从大约五千年前的伏羲开始。伏羲在教化方面的主要贡献是教民织网捕鱼，扩大食物来源；观察日月星辰变化，始画八卦，教民懂得正确处理人的生存发展与周围事物发展变化的关系。继伏羲之后，在教化方面做出突出贡献的是神农和黄帝。神农尝百草寻找可食和可医治疾病的植物，教民耕种，开创农作物耕种和中草药治病之先河。黄帝令仓颉造字，与医官共商疾病防治之策，推进了中国人的文明化进程。从尧舜开始，中国开始设置专门负责教化的官员，令契做司徒，专门负责教化，尧又令舜施五教。禹建夏朝，兴办官学，开始学校教育。在商代汉字开始走向成熟，有单字3 500个左右，为中国古代文化发展和人的文明化教育奠定了初步基础。商朝吸取了夏朝灭亡的教训，开始重视对君王的教化，成汤以伊尹为师，令伊尹任"师保"，专司君王的教化。伊尹不辱使命，太甲继国君位

后，不遵守成汤法度，暴虐无道，恣意妄为，伊尹果断地将太甲流放到桐宫，令其悔过，三年后太甲决心改恶自新，伊尹接回太甲，使商朝得以重新回到正道，享国六百年。周朝总结了夏桀、商纣灭亡教训，上从国君，下至百姓，广兴教化，把中国古代文明化教育推向高峰。周朝初年，周公为成王师保。他对成王尽师保之责，严加教诲，经过多年努力，终于使成王成熟起来。成王与周公及诸贤臣精诚合作，把教化作为治国重要方略，设专职教育官师，从上到下兴办学校。我国出土的周代金文史料，对周天子带领群臣及学生在学宫学习的事，有明确记载。周朝的学校分为国学和乡学，学习内容有礼、乐、射、御、书、数。周朝后期又兴起民办学校。我国古代教育逐步走向正轨。

中国古代教化有以下几个方面的突出贡献：

1. 养正教育

记载中华民族文明发展史的最早的经书《易经》中明确指出："蒙以养正，圣功也。"《尚书·商书》说："上天监视下民，赞美他们合宜行事"；《尚书·周书》进一步明确指出："天有显道，厥类惟彰"，"尔身克正，罔敢弗正"。"无偏无陂，遵王之义；无有作好，遵王之道；无有作恶，遵王之路；无偏无党，王道荡荡；无党无偏，王道平平；无反无侧，王道正直。会其有极，归其有极。曰：皇，极之敷言，是彝是训，于帝其训，凡厥庶民，极之敷言，是训是行，以近天子之光。曰：天子作民父母，以为天下王。"《论语》说："其身正，不令而行；其身不正，虽令不从。"《孟子》说："我善养吾浩然之气"，这种气，最宏大，最刚健，最正直。如果能用正确的方法培养它，不伤害它，那它就会充满天地之间。这种气的形成，必须与道和正义融合，否则就不会有气势。这种气是长期累计正义感而生成的，而不是偶尔一两次正义行为能形成的……培养浩然之气……内心里要时刻铭记着不忘，又不能违背规律拔苗助长。《孟子》强调，对人民必须进行养正教育，明确指出尧、舜、禹、成汤，周文王、武王都是善于实施养正教育的圣王，伊尹、周公、孔子都是善于施行养正教育的圣者。他赞颂文王、武王的子孙能"完美无缺地守正道"，他提倡批驳邪说，捍卫圣道，他指出，邪说在心里，就会危害工作，危害工作就要危害国政；他鼓励人们自觉坚持圣道，批驳邪说，做圣人的门徒。

2. 明哲教育

《尚书》说："若生子，罔不在厥生初，自贻哲命。"其意是说，教养孩子最重要的是必须在其开始接受教育时，就对他进行明哲的教导。又说："知之曰明哲，明哲实作则。"《道德经》说："知常曰明"，"明白四达，能无为乎？"《荀子》说："知明而行无过矣"，"凡人之患，蔽于一曲而暗于大理"；"孔子仁知且不蔽，故学乱术足以为先王者也。一家得周道，举而用之，不蔽于成积也。故德与周公齐，名与三王并，此不蔽之福也"；"知道察，知道行，体道者也。虚壹而静,谓之大清明。万物莫形而不见,其见而不论,其论而失位。坐于室而见四海,处于今而论久远,疏观万物而知其情,参稽治乱而通其度,经纬天地而材官万物,制割大理而宇宙里矣。恢恢广广,孰知其极? 睪睪广广,孰知其德? 涫涫纷纷,孰知其形? 明参日月,大满八极,夫是之谓大人。夫恶有蔽矣哉?"孔子是伟大的教育家,深知明哲的重要,终生不忘求明哲,做智者。《孔子家语》说,孔子晚年做了一个梦,梦见自己在两楹之间坐着进行祭奠。他知道殷人殡于两楹之间,那里是宾客和主人之间的夹缝。孔子想:"丘也即殷人,夫明王不兴,则天下其孰能宗余? 余逮将死。"于是"负手曳杖,道遥于门而歌曰:泰山其颓乎,梁木其坏乎! 哲人其萎乎?"《老子·佚书》说:"见知不惑,乃知奋起",告诉人们要求"知道"、"知畏人"、"知所为用"、"知福祸所从生",使认识达到"至素至精,浩弥无形",一切行动都符合规律。

3. 综合素质教育

中国自古重视人的综合素质教育。商朝的学校对学生进行伦理、军事、乐舞、文字和技术文化知识教育。周代学校教学内容有礼、乐、射、御、书、数,即六艺。周朝后期,孔子办学校时,更加突出了综合素质教育。《论语》中明确指出:"志于道,据于德,依于仁,游于艺",其要求显然比六艺教育更具综合性。《孔子家语》中几次叙述了孔子对综合素质深远意义的论述。《六本》说:子夏问于孔子曰:"颜回之为人奚若?"子曰:"回之信贤于丘。"曰"子贡之为人奚若?"子曰:"赐之敏贤于丘。"曰:"子路之为人奚若?"子曰:"由之勇贤于丘。"曰:"子张之为人奚若?"子曰:"师之庄贤于丘。"子夏避席而问曰:"然则四子何为事先生?"子曰:"居,吾语汝,夫回能信而不能反,赐能敏而不能诎,由勇而不能怯,师能庄而不能同,兼四子者之有以易吾,弗与也。此其所以事吾而弗贰也。"《五仪解》说:"不悫而多能,譬之豺狼不可迩。"其意是说,如果仅仅有聪明才智,但是不忠厚诚实,这样的人就像豺狼一样,不可以亲近也。

4. 大成教育

中国古代的教育目标明确。《道德经》指出的目标是"成其大"、"得其贵"、"死而不亡"。《孟子》反复强调:"居天下之广居,立天下之正位,行天下之大道。得志,与民由之;不得志,独行其道。富贵不能淫,贫贱不能移,威武不能屈,此之谓大丈夫。"又说,"天降大任于斯人,必先苦其心志,劳其筋骨,饿其体肤,空乏其身,行拂乱其所为,所以动心忍性,曾益其所不能",排除一切困难发展自己,成为能担当大任的人。他说:"舜发于畎亩之中,傅说举于版筑之间,胶鬲举于鱼盐之中,管夷吾举于士,孙叔敖举于海,百里奚举于市。"这些能担当大任之人,皆是早就有伟大奋斗目标的人。《孟子》强调,"人皆可以为尧舜";"惟圣人然后可以践形";"充实而有光辉之谓大,大

而化之谓圣,圣而不可知之谓神";"养浩然之气……塞于天地之间"。明确指出:"圣人是为人标准。"《中庸》指出,唯圣人能尽人的本性,"能尽人性,则能尽物之性;能尽物之性,则可以赞天地之化育;可以赞天地之化育,则可以与天地参矣"。中国化了的大乘佛法,唯一宗旨是教化众生成佛做圣。

(四)为中国政治文明建设奠定了良好的基础

中华民族自古重视国家的政治文明建设。中国古圣总结了先王们政治建设的经验,提出了一系列具有真理性的政治建设原则,极大地推进了中国古代的政治文明建设。正因为古代中国有强有力的政治文明建设,中华民族才能成为世界上凝聚力最强的伟大民族之一,长期以来,一直是世界上人口最多、生命力最强,文明有序的国家之一。法国启蒙思想家伏尔泰盛赞中国是"举世最优美、最古老、最广大、人口最多和治理最好的国家"。

1. 明确了国家构成的基础是人民

中国古圣贤明确指出,国家构成的基础是人民,人民是国家的主人,人民在国家存在和发展中起主导作用。中国最早记载国家治理的《尚书·虞书》说:"天聪明,自我民聪明。天明畏,自我民明威。达于上下,敬哉有土。"《尚书·夏书》说:"民惟邦本,本固邦宁。"《论语》说,子贡问政。孔子曰:"足食,足兵,民信之矣。"子贡曰:"必不得已而去,于斯三者何先?"子曰:"去兵。"子贡曰:"必不得已而去,于斯二者何先?"子曰:"去食。自古皆有死,民无信不立。"《孔子家语》说:"人者,天地之心,而五行之端。"又说:"人情以为田,故人以为奥也","夫君者,舟也;庶人者,水也;水所以载舟,亦所以覆舟。君以此思危,则危可知矣"。"上者尊严而危,民者卑贱而神。爱之则存,恶之则亡。长民者必明此之要。"《孟子》说:"民为贵,社稷次之,君为轻。是故得乎丘民而为天子,得乎天子为诸侯,得乎诸侯为大夫。"

2. 研究了国家各类人员的社会地位、职责及其管理

古圣贤还明确指出,国家治理得好坏,主要原因在国君。《荀子》说:"主者,民之唱也,上者,下之仪也。彼将听唱而应,视仪而动……故上者,下之本也。""君者,治辨之主也,文理之原也,情貌之尽也。"《荀子》记载了李斯向老师荀子请教治政之道,荀子说:"政修,则民亲其上,乐其君,而轻为之死。故曰:凡在于君,将率末事也。"又说:"天子也者,势至重……尊无上矣","圣王之用也:上察于天,下错于地,塞备天地之间,加施万物之上,微而明,短而长,狭而广,神明博大以至约。故曰:一与一,是为人者,谓之圣人"。荀子在论国人职事时说:君主有君主的职事,"令道德,致隆高,綦文理,一天下,振毫末,使天下莫不顺比从服,天王之事也"。《荀子》引用《尚书·吕刑》说:"一人有庆,兆民赖之。"正因为国君十分重要,所以中国自古主张对国君施行严格管理。《尚书·商书》说,太甲立为君主,不遵守成汤

的法典,伊尹把他放置到桐宫,让他思过。太甲在桐宫三年,悔过自新,于是伊尹又迎接他回到亳都。自太甲初立到放于桐宫,又从桐宫回来,伊尹多次开导过他。伊尹告诉太甲:"做君主而不尽君道",不仅"会羞辱自己的祖先",而且"以自取灭亡"。太甲悔过后对伊尹说:"予小子不明于德,自底不类。欲败度,纵败礼,以速戾于厥躬。天作孽,犹可违;自作孽,不可逭。"

《尚书·周书》说,武王死后,成王年幼,周公代理政事,管叔、蔡叔放出流言说周公将不利于成王。成王开始怀疑周公,发生了隔阂。周公想方设法教导成王忠诚为国,平定叛乱,千方百计巩固周王朝统治。

周公代理执政七年,不断教育成王,见成王长大懂事,便把政权交给成王,自己归到群臣的行列。成王知周公忠心为国家利益操劳后,深深敬重依靠周公。成王与周公君臣亲爱无间,奠定了周王朝"成康之治"的基础。中国古圣贤还不厌其烦地指出,夏桀王和商纣王都是在自己不能尽国君职责后被人民抛弃的。

中国古圣贤强调人要各司其职,各尽职责。《论语》说,齐景公问政于孔子。孔子对曰:"君君、臣臣、父父、子子。"《荀子》明确阐述了君王、诸侯、宰辅、臣民等各类人群的职责,指出,只有人们从各自的职事着手为国家和人民尽心竭力做事,国家才能兴旺发展,人民才能安康。

3. 确立了国家政治建设的基本原则和方略

(1)选贤任能的原则

中国从四千多年前尧执政时期就确立了选贤任能的治国原则。《尚书·虞书》中,尧帝问诸臣:"谁善治四时啊,我要提升任用他。"放齐说:"你的儿子丹朱很开明。"尧说:"他说话太虚妄,又好争辩,可以吗?"尧问:"谁善于处理政务呢?"驩兜说:"共工防救水灾已有成效。"尧说:"他善言而赏邪僻,貌似恭谨而怀疑上天。"尧帝问四方诸侯之长:"滔滔洪水普遍危害人们,臣民百姓都在叹息,有能治理洪水的吗?"人们都说:"鲧可以。"尧说:"错了吧!他不服从命令,危害族人。"尧对四方诸侯之长说:"我在位七十年你们能听我命令,升任我的帝位吧。"四方诸侯之长说:"我们德行鄙陋,不配升任帝位。"尧说:"可以明察贵戚,也可以推举地位低微的人。"众人提议说:"在下面有一个穷困的人,叫虞舜。"尧说:"我也听说过,这个人怎么样呢?"四方诸侯之长介绍了舜的情况。尧说:"我试试吧!把我的两个女儿嫁给舜,从这两个女儿那里观察舜的治家之法。"尧强调"敬慎地处理政务"。《尚书·虞书》又说尧让舜担任守山林的官,舜在暴风雷雨的恶劣天气也不迷误。让舜在明堂四门迎接四方宾客,四方宾客都肃然起敬。舜慎重地赞美父义、母慈、兄友、弟恭、子孝五种常法,人们都能顺从。舜总埋百官,百官都能承顺。尧说:"来吧!舜啊。我同你谋划政事,又考察你的言论,你提的建议用了可以成功,已经三年了,你登上帝位吧!"舜要让给有德

之人，不肯继承。舜辅助尧帝二十八年后，尧逝世，舜仍坚持让尧的儿子即位，最后百官群臣拥戴舜执政，舜只好登上帝位。

《尚书·虞书》说，舜执政时期，坚持选贤任能，诸要职的官员皆由四方诸侯的君长、十二州的君长和众臣推荐，大家都说可用的，舜自己还要亲自考察。舜慎重地选择担当大命的人，他从德与能力结合的高度选定了禹。舜帝对禹说："洪水警戒我们的时候，实现政教的信诺，完成治水的工作，只有你贤能；你能勤劳于国，节俭于家，不自满自大，只有你贤德；你不自以为贤，所以天下没有人与你争能；你不夸功，所以天下没有人与你争功。我赞美你的德行，嘉许你的大功。上天的大命落到你的身上了，你终当升为大君。"禹让舜帝"逐个卜问有功的大臣"。舜说："我的志向先已定了，询问商量的意见都相同，鬼神依顺，龟筮也协合依从。"禹跪拜叩首，再辞。舜帝说："不要推辞了！只有你适合啊！"

《孟子》讲述了商汤选贤任能的事。成汤曾三请伊尹辅佐政务，伊尹不负汤望。《史记·殷本纪》载："汤崩，太子太丁未立而卒，立太丁弟外丙；三年崩，立外丙弟仲任；四年崩，伊尹乃立太丁子太甲，成汤嫡长孙也。"太甲立为君主，不遵守成汤的法典，伊尹把他放置到桐宫思过。太甲在桐宫思过三年，悔过自新后，伊尹又迎接他回到亳都登君王之位。正是伊尹在成汤去世后，帮助商朝渡过难关，使商朝得以复兴延续六百载。

周王朝能享国八百载，是同历代国君坚持选贤任能执政方针分不开的。周文王广开视野，到王孙贵族之外的渭水河畔选姜太公辅佐朝政，为周朝选贤任能奠定了基础。

《论语》说仲弓为季氏宰，问政。子曰："先有司，赦十过，举贤才。"又说："舜有天下，选于众，举皋陶，不仁者远矣。汤有天下，选于众，举伊尹，不仁者远矣。"舜有五位贤臣就把天下治理好了。武王说："我有能治理天下的臣子十人。"孔子说："管仲相桓公，霸诸侯，一匡天下。"《孟子》说："尊贤使能，俊杰在位，则天下之士皆悦，而愿立于其朝矣。"又说："尧对于舜，派自己的九个儿子去服侍，又把自己的两个女儿嫁给他，所有官吏，牛羊，府库都给他准备好好的，用来供养在田野中耕种的舜，然后又任用他，让他做大官。这是君王尊敬贤能的典范。"又说："虞国不任用百里奚，因而亡了国；秦穆公任用了百里奚，因而称霸诸侯。"

（2）政治教化为先导的原则

把政治教化纳入治国轨道，从尧执政时期开始。《孟子》说，人所以为人，吃饱了穿暖了，住得安逸了，如果没有教化，也和禽兽差不多。圣人为此而忧虑，便让契担任司徒，用人伦道德教化百姓。尧说，使他们勤奋努力、正直，帮助他们，使他们培养美好的品德。如果在上位的人没有礼貌，在下位的人不受教育，刁民起来作乱，那么国家灭亡就不远了。《礼记·学记》说：

"玉不琢,不成器,人不学,不知道。是故古之王者建国君民,教学为先。"《兑命》曰:"念终始典于学。"《论语》收录了孔子对广兴教化的目的论述。微生亩对孔子说:"您为什么这样忙忙碌碌呢?不是为了显示自己的口才吧?"孔子说:"哪里是显示自己的口才,而是痛恨人们的顽固无知啊!"《易经》说:"蒙以养正圣功也。"孔子还指出,政治教化的基本点是对人进行责任义务教育。《论语》说:"巍巍乎,舜禹之有天下也而不与焉!"其意是说,舜和禹拥有天下而不为自己享受,其境界崇高啊!《孟子》说:"舜是一位真正的君王啊,他是那样崇高,拥有天下却不谋私利!"孔子强调提高人们自觉参与政治的觉悟。《论语》记载,有人对孔子说:"子奚不为政?"子曰:"《书》云:'孝乎惟孝,友于兄弟。'施于有政,是亦为政,奚其为为政?"其意是说,把孝顺父母友爱兄弟这种风气影响到政治上去,也是参与政治呀。《孟子》也说,伊尹也认为,从事农耕也能行尧舜之道。古圣贤还明确指出,广兴教化是全社会的事,每位先贤都要懂得"先觉觉后觉"的道理。《孟子》引用伊尹的话说:"天之生此民也,使先知觉后知,使先觉觉后觉也。予天民之先觉者也;予将以斯道觉斯民也。非予觉之,而谁也?"伊尹"思天下之民匹夫匹妇有不被尧舜之泽者,若己推而内之沟中。其自任以天下之重如此,故就汤而说之以伐夏救民"。

(3)以道治国的原则

中华民族的祖先自古提倡以道治国,即依国之运行规律办事。《尚书·虞书·大禹谟》就提出"罔违道以干百姓之誉,罔咈百姓以从己之欲"。《尚书·周书》说:"君王建立政事要守中道",君王"不要作私好,要遵守王道;不要威恶,要遵行正路。不要行偏,不要结党,王道坦荡;不要结党,不要行偏,王道平平;不要违反,不要倾侧,王道正直。团结那些中道之臣,归附那个中道之君"。举例说:"高辛,尧,舜相继在下,都显用贤德的人扶持常,于是孤苦之人没有壅蔽之苦了。"《道德经》说:"道者,万物之奥,善人之宝,不善人之所保……故立天子,置三公,虽有拱璧以先驷马,不如坐进此道,古之所以贵此道者何?不曰以求得,有罪以免耶?故为天下贵。"《论语》说:"士志于道","不以其道得之不处也","道之以政,齐之以刑,民免而无耻。道之以德,齐之以礼,有耻且恪"。孔子明确指出:"获罪于天,无所祷也。"其意是说,如果违背了规律,无论怎么祈祷都没有用了。《孟子》说:"乐天者得天下,畏天者保其国。《诗》曰'畏天之威,于时保之。'""得道者多助,失道者寡助。寡助之至,亲戚畔之;多助之至,天下顺之。以天下之所顺,攻亲戚之所畔;故君子有不战,战必胜矣。"《孟子》提倡"居天下之广居,立天下之正位,行天下之大道"。《孔子家语》说:"夫道不可不贯也。中行文子倍道失义,以亡其国。"子贡向孔子请教治民的方法。孔子说:"像用腐朽的绳索驾车一样恐惧紧张就行了。"子贡说:"多么可怕呀!"孔子说:"夫通达

御皆人也，以道导之，则吾畜也；不以道导之，则吾仇也。如之何其无畏也？"《荀子》说："道是政治的永恒法则"，人民需要以道而导之，"导之以道"，"其民之化道也如神，辨势恶用矣哉？""以道治国，政治就清明"，"凡得人者，必与道也"。

（4）以德治国的原则

《尚书》说："夏代先君勉力施德的时候，没有天灾发生，山川的鬼神也没有不安宁的，连同鸟兽鱼鳖各种动物生长也都很顺遂。到他子孙不遵循先人施德政的时候，上天降下灾祸，借我商汤的手，讨伐夏桀。上天有命我就从亳都执行。我商王宣明德威，用宽和代替暴虐，所以天下兆民相信我，怀念我。现在我王嗣形成汤的美德……行爱于亲人，行敬于长上，从家和国开始，最终推广到天下。"又说："从成汤到帝乙，没有人不力行德政的"，"上帝不把大命给予不勉行德政的人，凡是四方小国大国的灭亡，无不是怠慢了上帝的责罚"。"具有九德的人都担任官职，那么在职的官员就都是才德出众的人了"，"天命有德，五福五章哉！天讨有罪，五刑五用哉！政事懋哉懋哉！《尚书》强调"不可不重视行德"，夏王朝"不重视行德，才过早失去了他们的福命"，伊尹勉励太甲效法先王励精图治，增进德行，"视远惟明，听德惟聪"，"德日新，万邦惟怀；志自满，九族乃离"。《尚书·周书》强调"各级官员……行动符合中正的美德"，"不注重细行，终究会损害大德"，"不要行使作伪，行德就心逸而日美，作伪就心劳而日拙"，"文王和武王能够慎重行德，德辉升到上天，名声传拤在下土，于是上天降下福命给文王、武王"。《论语》说："为政以德，譬如北辰，居其所而众星共之"，"中庸之为德也，其至矣乎！民鲜久矣"，强调"恒其德"，"德不孤，必有邻"。《孔子家语》说，闵子骞为费宰，问政于孔子。子曰："以德以法。夫德法者，御民之具，犹御马之有衔勒也。"子骞曰："敢问古子为政。"孔子曰："古者天子以内史为左右手，以德法为衔勒……善御民，壹其德法，正其百官，以均齐民力，和安民心。故令不在而民顺从，刑不在而天下治"，"其法盛，其德厚，故思其德，必称其人，朝夕祝之，升闻于天，上帝俱歆，用永厥世而丰其年"；"不能御民者，弃其德法，专用刑辟……无德法而用刑，民必流，国必亡。治国而无德法，则民无修，民无修则迷惑失道"，"故曰德法者，御民之本"，"以之道则国治；以之德，则国安；以之义，则国义。此御政之术也"。又说："德盛者治也，德薄者乱也。故天子考德，则天下之治乱，可坐庙堂之上而知之。夫德盛则法修，德不盛则饬法与政，咸德而不衰。故曰：王者又以孟春论吏之德及功能，能德法者为有德，能行德法者为有行，能成德法者为有功，能治德法者为有智。故天子论吏而德法行，事治而功成。"《孟子》说："尧舜之道，不以仁政，不能平治天下"，"夏、商、周三代之得天下也以仁，其失天下也以不仁。国之所废兴存亡者亦然。天子不仁，不保四海；诸侯不仁，不保社稷；卿大夫不仁，不保宗庙；士庶人不仁，不保四体。今恶死亡而乐不仁，是犹恶醉而强酒"。又说："国君好仁，天下无敌"；"苟不志于仁，终身忧辱，以陷于死亡"；"仁，人之安宅也；义，人之正路也。旷安宅而弗居，舍正路而不由，哀哉！""德之流行，速于置邮而传命"，"以德服人者，中心悦而诚服也，如七十子之服孔子也"。《道德经》说："治人事天，莫若啬。夫唯啬，是谓早服；早服谓之重积德；重积德则无不克；无不克，则莫知其极；莫知其极，可以有国；有国之母，可以长久。是谓根深固柢，长生久视之道。"老子强调修德，他说："修之于身，其德乃真；修之于家，其德乃余；修之于乡，其德乃长；修之于国，其德乃丰；修之于天下，其德乃普。"

（5）以法治国的原则

《尚书·夏书》说，四千年前的夏启，即禹的儿子就提出："有扈氏威侮五行，怠弃三正，天用剿绝其命，今予惟恭行天之罚"，即有扈氏轻蔑大法，废弃正德、利用、厚生三大政事，上天要灭其国，我只有奉行天命讨伐他。《尚书·周书·洪范》一文进一步明确指出，治国必须遵守大法。即必须奉行符合五行运行要求的法规。《尚书·商书·微子》说："凡有罪辜，乃罔恒获。"成汤制定了常法，纣王和官员们违反法度，不用常法，殷商恐怕要灭亡了。《尚书·周书》强调"慎乃服命，率由典常，以蕃王室。弘乃烈祖，律乃有民"。又说："继承文王、武王的大训，治理领导周朝，遵守大法，协和天下，以宣扬文王、武王的光明教训。"《孔子家语》一再强调"以德以法"治理国家政事，"善御民，壹其德法，正其百官，以均齐民力，和安民心"；"圣人之设防，贵其不犯也。制五刑而不用，所以为至治也。凡夫之为奸邪窃盗靡法妄行者，生于不足。不足生于无度。无度则小者盗窃，大者侈靡，各不知节"；"顺天之道，礼度既陈，五教毕修，而民犹或未化，尚必明其法典以申固之"；"古之大夫，其有坐不廉污秽而退放之者……大夫之罪，其在五刑之域者，闻而谴发，则白冠厘缨，盘水加剑，造乎阙而自请罪……其有大罪者，闻命则北面再拜跪而自裁，君不使人捽引而刑杀。曰：'子大夫自取之耳，吾遇子有礼矣，以刑不上大夫而大夫亦不失其罪者'，教使然也"。"孔子曰：'圣人之治化也，必刑政相参焉。太上以德教民，而以礼齐之，其次以政焉。导民以刑，禁之刑，不刑也。化之弗变，导之弗从，伤义以败俗，于是乎用刑。'""爵人必于朝，与众共之也；刑人必于市，与众弃之也。""刑肃而俗弊，则法无常，法无常则礼无别，礼无别则士不仕，民不归，是谓疵国。"《孟子》说："离娄之明，公输子之巧，不以规矩，不成方圆；师旷之聪，不以六律，不能正五音"；"大匠诲人必以规矩，学者亦以必以规矩"；"君子行法以俟命而已矣"。《荀子》强调，实行王道的君王必须制定合理的法规，"规定好赋税等级，管理好民众事务，管理好万物"；"王者之制：道不过三代，法不贰后王"；"无德不贵，无能不官，无功不赏，无罪不罚。朝无幸位，民无幸生。赏贤使能，而等

位不遗;折愿禁悍,而刑罚不过。百姓晓然皆知夫为善于家而取赏于朝也,为不善于幽而蒙刑于显也。夫是之谓定论。是王者之论也"。荀子强调,用各类事务的法则去治理各种纷繁复杂的事务,用统括一切的法则去治理万事万物,从始至终,周而复始,就像圆环没有头一样。如果舍弃了这个原则,那么天下就要衰微了。"彼国错者,非封焉之谓也,何法之道,谁子之与。故道王者之法,与王者之人为之,则亦王;道霸者之法,与霸道之人为之,则亦霸;道亡国之法,与亡国之人为之,则亦亡。"《荀子》强调治国必须明正道明禁令,使天下人明明白白地知道盗窃是不可能发财致富的,知道抢劫杀人是不可能长寿的,知道触犯君主的禁令是不可能得到安宁的;知道遵守圣明帝王的正道,能得到他所喜欢的奖赏;如果不遵守圣明帝王的正道,就一定会遭到他所厌恶的刑罚,社会上都明明白白地知道为非作歹后即使躲藏逃亡也不能免受惩罚。一定使自己遵行那些可以相互并存而没有抵触的公正原则和普遍适用的法则。《商君书》指出,要想治理国家,不可不"明法令",强调官吏"为天下师",做人须"学读法令"。《韩非子》提出"不游意于法之外,不为惠于法之内,动无非法";"父母积爱而令穷,吏用威严而民听从";"严家无悍虏,而慈母有败子";强调:"法不阿贵","以法为教"。

(6)以礼义治国的原则

《孔子家语》载:子张向孔子询问圣人是如何治理政事的。孔子说:"颛孙师啊,我来告诉你。圣人明晓于礼乐,是为了将它们融合在一起用到治理政事上而已。"子张没有听明白,便又问了一遍。孔子说:"子张,你认为非得要大摆筵席,对上下都作揖打拱,相互劝酒,才能称为礼吗? 你认为非得要排列乐队,挥动舞具,吹起乐器,奏起钟鼓,才能称作乐吗? 说出话来并且亲自做到,就是礼;去做事并且感到快乐,就是乐。圣人致力于这两方面,并且把自己摆在君王的地位上亲自去做,因此天下才得以太平,人们都很顺服,百官听从政令并各司其职,上上下下的人都依礼行事。礼仪大兴的时候,天下能太平;礼仪被废止的时候,天下就大乱。"孔子指出:"礼必本于太一,分而为天地,转而为阴阳,变而为四时,列而为鬼神。其降曰命,其官于天也,协于分艺。其居于人也,曰养。所以讲信修睦,而固人之肌肤之分,筋骸之束者;所以养生送死,事鬼神之大端;所以达天道,顺人情之大窦。唯圣人为知礼之不可以已也,故破国、丧家、亡人、必先去其礼。礼之于人,犹酒之有蘖也。君子以厚,小人以薄。圣人修义之柄、礼之序,以治人情。""人情者,圣王之田也,修礼以耕之,陈义以种之,讲学以耨之,本仁以聚之,播乐以安之。故礼者,义之实也,协诸义而协则礼,虽先王未有,可以义起焉。"孔子强调:"治国不以礼,犹无耜而耕;为礼不本于义,犹耕之而弗种。""夫礼者,理也;乐者,节也。无礼不动,无节不作。"礼是可以使一切行为都恰到好处的依据,明白了礼,治理国家就能像在手掌上画画一样容易了,"无礼则手足无所措,耳目无所加,进退揖让无所制"。孔子指出:"礼周流无不遍也","凡制度在礼","夫礼,生死存亡之体"。《论语》说:"以礼治理国家何难之有。""礼之用,和为贵……知和而和,不以礼节之亦不可行。"颜渊问仁。子曰:"克己复礼为仁。一日克己复礼,天下归仁焉……非礼勿视,非礼勿听,非礼勿言,非礼勿动。"《孟子》说:"上无礼,下无学,贼民兴,丧无日矣。"孟子强调:"非仁无为也,非礼无行也。如有一朝之患,则君子不患矣。"他指出:"夫义,路也;礼,门也。"《荀子》说:"礼者,治辨之极也,强国之本也,威行之道也,功名之总也,王公由之,所以得天下也;不由,所以陨社稷也。"荀子指出:"在天者,莫明于日月,在地者莫明于水火,在物者莫明于珠玉,在人者莫明于礼义。故日月不高,则光辉不赫;水火不积,则晖润不薄;珠玉不睹乎外,则王公不以为宝;礼义不加于国家,则功各不白。故人之命在天,国之命在礼。君人者,隆礼,尊贤而王,重法、爱民而霸,好利、多诈而危,权谋、倾覆、幽险而尽亡矣。"

荀子强调:"礼者,表也。非礼,昏世也;昏世,大乱也。""礼者,政之挽也。为政不以礼,政不行矣。""礼有三本:天地者,生之本也;先祖者,类之本也;君师者,治之本也。无天地,恶生?无先祖,恶出?无君师,恶治?三者偏亡,焉无安人。故礼,上事天,下事地,尊先祖而隆君师。是礼之三本也。""足以为万事则。则是礼也。非顺孰修为之君子,莫之能知也。""礼之于正国家也,如权衡之于轻重也,如绳墨之于曲直也。故人无礼不生,事无礼不成,国家无礼不宁。""礼者,人之所履也,失所履,必颠蹶陷溺。所失微而其为乱大者,礼也。"

三、中华优秀传统人文化指导中国人民创造了辉煌历史

中国是世界上历史悠久的国家。从旧石器时代的元谋人算起,中国人在中国这片土地上求生存和发展,至今已经历了约一百七十多万年的连续不间断的历史。从创建农业文明算起,我国已经有超过七千年的历史;从文明勃兴的炎黄时代算起,我国已经有了五千年的人文化文明史。长期反复实践、认识,再实践、再认识,使中国人懂得了自强不息、靠创造求生存发展的人生哲理。在以往一百多万年的实践中,中国人创造了数不清的辉煌业绩。这些辉煌业绩推动中国文明事业日益发展,同时不断促进着中国人文化日益向新的高度发展。

(一)中国先民是世界上最早的用火者

《中国原始社会史》说,世界迄今为止,能证明古人类最早用火的遗迹,理由最为充分的是我国元谋人和北京人。1930年,我国考古学家首先发现北京古人洞穴有被火烧过的鹿角,有很厚的灰烬层,最厚处的灰烬层深达六

米,有经火烧过的石块和骨头。灰烬的底层,多为黑色物质,化验为草木炭灰。郭沫若主编的《中国史稿》说:在北京人居住过的山洞里,发现了火烧过的灰烬、石块和兽骨。这些灰烬有时成层,有时成堆。灰烬里有一块块颜色不一的火烧兽骨和石头,一粒粒烧过的朴树籽及烧过的紫荆树木炭块。这些迹象,表明他们已经掌握和使用天然火了。苏联考古学家阿列克谢耶夫等著的《世界原始社会史》说:"在中国北部北京附近周口店山洞中所作的发现……提供了北京猿人广泛使用火的无可争辩的证据",因而证明北京人进行着"较高水平的劳动活动"。1973 年冬,在发掘元谋人化石产地时,不仅找到了旧石器,而且在底层中找到大量炭屑,炭屑最大的达 15 毫米。还有动物化石、烧骨和石器。《元谋人》说:"我们认为从元谋人化石层里找到了可能是目前已知人类用火的最早证据",即距今一百七十万年前的元谋人已经开始用火。《中国原始社会史》说,考古学家还发现,在距今约为一百八十万年前的山西芮城和距今八十万年前的陕西蓝田,也发现了古人类用火的痕迹。这些用火遗迹说明,我国是世界迄今为止发现最早的人类用火国度。

恩格斯在《反杜林论》中评论人类用火的意义时说:"就世界的解放而言,摩擦生火还是超过了蒸汽机。因为摩擦生火第一次使人得以支配了一种自然力,从而最后与动物分开。"中国传统文化史对人类取火用火有比较系统的记述。《中国神话传说》讲述了燧人氏钻木取火的故事。中国人取火用火的传说,与恩格斯说的摩擦生火如出一辙。用火是人类文明的重要起点之一。因为有了火,人们才能熟食,乃至扩大食物来源和防止疾病发生;有了火,人们才能使冷寒潮湿的岩洞变温暖;火又可以用来围攻野兽、驱赶野兽、发展狩猎、畜牧业和农业,乃至烧制陶器,熔炼铜、铁,制造生活和生产用具,大大增强人们求生存和发展的能力。

古代中国之所以能在诸多方面走在人类的前面,是同中国人最先用火分不开的。

(二)中国是世界上最早创造了农业文明的国家

农业文明化为中华文明的发展奠定了坚实的基础。因而中国人把为中国农业文明做出杰出贡献的炎帝尊奉为中华民族的始祖之一,五千年来一直承认我们是炎黄子孙。神农炎帝尝百草,发现了可食用的五谷,教会了百姓农耕,发明了锄头、斧头、打井灌溉,结束了游牧流动生活,迎来了稳定的生存和发展环境。《七千年前的奇迹——我国河姆渡古遗址》说:世界最早的种稻人,是中国长江中下游的原始居民。据考古学家叙述,河姆渡遗址地层中的秕谷、谷壳、谷粒、稻根和稻秆堆积遗物厚度平均达40～50厘米。在当时人居住的建筑遗迹中,到处都有稻谷存在,不少炊煮用的釜底还残留着米粒和锅巴。《从河姆渡遗址出土稻谷谈亚洲栽培稻的起源》说：考古学家和农学史专家分析认为，河姆渡稻谷，不但是迄今我国发现最早的稻谷，而且也是"世界上最古老的人工栽培稻"。我国江苏吴兴钱三漾、苏州（原吴县）草鞋山、上海青浦崧泽、云南元谋、广东曲江马坝等三十多处原始遗址，都有古代栽培的稻谷出土。《中国稻作农业的起源》一文说："把迄今获得的考古资料按照时间先后排比，最早的水稻仅限于杭州湾和长江三角洲近海一侧，然后像波浪一样，逐级地扩充到长江中游、淮河平原、长江上游和黄河中下游。最后完成了今天水稻分布的格局。这就清楚地说明了长江下游及其附近地区，仍是我国栽培稻起源的一个重要中心。"《农作物史话》说：种植水稻，是中国对世界文明发展的重要贡献。中国的水稻种植技术在大约三千年前的殷周之交，北经朝鲜，南传越南。两千年前的汉代，东传日本，随后传到菲律宾，在公元5世纪，经伊朗传到西亚，然后传达非洲、欧洲。新大陆发现后再由非洲传到美洲以至全世界。

中国是世界上唯一最早从粟发展起来的农业国家。据农业科学家考证，粟最初是由野生的狗尾草培育而成的粮食作物。河北武安磁山遗址有储存粮食的窖穴88个。科学鉴定认为，这是世界上最早的粟。西安半坡、宝鸡北首岭、华县泉护村遗址等，都有远古的粟出土。这证明，六七千年以前，粟已成为我国北方人民的主要食粮。《周书》说："神农之时，天雨粟，神农遂耕而种之。"磁山遗址还同时出土了石铲、石镰、石磨棒多件。粟的成功栽培，使人类又有了一样可食用的粮食，推动了温饱问题的解决。日本农学家星川清亲的《栽培植物的起源与传拥》说：目前世界种粟的面积很广，欧洲意大利、德国、匈牙利，都大面积种植。日本在传入稻之前，粟曾是国民的主要粮食。而世界各地的粟，全是由中国传入的。中国粟由东向西逐步传拥开来。东传朝鲜、日本，西传阿拉伯、小亚细亚、俄国、奥地利，直至整个欧洲。

（三）养蚕、缫丝、丝织和纺织是中国人的发明创造

恩格斯在《自然辩证法》中说："蚕在（公元）550年左右从中国输入希腊"，"而养蚕业传入意大利，1100年左右"。我国山西夏县西阴村遗址，发现了蚕茧及蚕茧上的整齐切割痕迹，专家鉴定认为，这是距今五千年前原始居民用来加工抽丝的蚕茧。日本学者藤井守一说："茧壳的发现使素称'丝绸之源'的中国获得了证据。"江苏吴江梅堰出土的黑陶器上，发现了活泼流利的蚕的纹样；浙江河姆渡遗址，出土的牙雕小盅壁上雕着四条宛若蠕动的家蚕；浙江吴兴钱三漾遗址出土了绢片、丝带和丝线，这个遗址距今时间为4700—5200年，据中国科学院考察研究所鉴定，绢片的确切年代距今约五千年，纺织学家鉴定绢片工艺水平已相当高。中国的养蚕、缫丝、丝纺技

术东传朝鲜、日本，南经越南，继而传到中亚、欧洲。

中国自古是世界纺织大国，纺织工艺曾在世界遥遥领先。湖南长沙东郊五里牌马王堆1号汉墓，出土物中的精细麻布和绚丽多彩的丝织品，反映了我国古代纺织工艺水平的高超。考古学认定，我国在春秋时期织纱已广为流行，相传西施曾经在越国诸暨苎罗村浣渚浣纱，说明此时越国的山村已经能织纱。伊斯兰教的《古兰经》中多次提到中国的丝绸，把能穿上丝绸衣服看得非常神圣。该书中说，今世行善积德者，来世可以升入乐园，穿丝绸衣服。古希腊人把中国称为"丝绸之国"。古罗马的恺撒大帝曾把穿丝绸衣服视为荣耀。他穿丝绸长袍去看戏，引得在场贵族羡慕不已，曾不惜重金购买丝绸。中国的丝绸，成了神话天堂里的宝物。早在六七千年以前，我国就有了原始的织机，到了春秋时期发明了脚踏提综的斜织机，开始在亚洲各国传拓，接着传入欧洲。我国商代出现了提花技术，到了汉代，提花机提综的蹑多达120个，提花工序复杂。汉锦不仅花纹生动，而且还能织出隶书吉祥文字。我国的提花技术通过古安息、条支（现在的阿富汗、伊朗、叙利亚）传到西方，对世界许多国家的纺织业发展都起了推动作用。

（四）中国是世界上最早使用文字的国家

我国河南安阳出土的殷墟甲骨文，有3 000个以上的词，中国考古学家郭沫若认为，六千年前半坡仰韶陶钵口沿上刻的二三十种刻画符号，"应该就是汉字的原始阶段"。《中国古代文化史》（1）说，我国的汉字是"在公元前第三千年的中期"形成。《汉字通论》说，中国汉字六千年前"在人民中萌芽"，在四千年前的夏朝中后期"形成比较完整的文字体系"。刘鹗先后搜得了甲骨文5 000余片，编为《铁云藏龟》一书问世。罗振玉获得的甲骨更多，总数在3万片以上，先后编成《殷虚书契》前后编等书。甲骨文中记载了商朝后期大量史实，具有极其重要的史料价值。从甲骨文发展到今天的汉字，已经有了三千多年的历史。汉字是世界上最古老且经久不衰的文字。埃及古文字在公元前5世纪灭绝了，玛雅文字在历史上仅存在了一千多年，而汉字至今不但仍在十几亿人口中流行，而且世界各国学汉字的人越来越多，汉语是当今世界联合国规定的六种工作语言中的一种。随着改革开放的深入，中华文明为世界越来越多的人所认识。德国前总理施密特在他的著作《邻居———中国》一书中说："请西方不要用自己的尺度来要求中国，更不要以西方现有的眼光来衡量世界。中国有五千年文明，当中国人开始使用文字时，西方人还只是游牧人，连农业还没有。"

（五）中国是世界上最早进入青铜时代的国家之一

青铜时代是指人类社会告别石器时代向金属时代迈进的一个新的时

代。青铜器运用于生产和生活领域,使整个社会面貌发生了巨大变化。

在世界许多民族尚处在野蛮时代时,我国已进入青铜文化的新的文明时期。夏商周时代是我国青铜文化的光辉时期。1957年甘肃马家窑和马场文化遗址出土的铜刀,说明我国在公元前三千年至公元前两千三百年,就有了青铜制品。河南安阳殷墟遗址、郑州商城遗址、湖北盘龙城遗址,皆发现铸铜作坊,说明商代青铜制作业已有相当规模,青铜器具应用广泛,生产工具、生活用品、武器,都用青铜制造。我国现存最大的青铜器,是商朝的司母戊鼎。这个鼎需要二三百人用七八十斤重的将军盔协同合作才能制成。大鼎耳高133厘米,长110厘米,宽78厘米,重达875公斤。这种大规模的生产和复杂的工艺过程,说明我国青铜冶铸业早在商代就已达到相当高的水平。

我国古代的青铜器具有鲜明的中华民族风格,铸造工艺居世界先进地位。考古学家夏鼐认为,我国商朝的青铜器,是"上古文明世界技术方面最突出的成就之一"。

(六)中国古代创造了诸多世界领先的科学

1.中国古代数学的辉煌

我国当代著名数学家吴文俊,曾把我国古代数学成就列了一个表,共列出了112项世界领先的数学方面的杰出贡献。周朝的《周髀算经》记载了商高与周公关于勾股定理的对话。表明中国人在距今三千年前的周朝初年,就清楚地懂得了勾股定理,比西方希腊数学家毕达哥拉斯发现这一定理,要早好几个世纪。我国秦汉时代的数学经典著作是《九章算术》。这一著作从公元1世纪问世,直到公元14世纪,为我国数学的《九章》时代。该书形成了东方初等数学的完整体系,内容涉及算术、代数、几何等各个方面。数学家们把该书与西方最早的数学书《几何原本》做了比较。李迪的《中国数学史简编》说:"《几何原本》以形式逻辑方法把全书贯穿起来,而《九章算术》则以问题的性质分类编排;《几何原本》以几何为本,略有一点算术内容,而《九章算术》则包含了算术、代数、几何等全部内容;《几何原本》中没有谈到应用问题,而《九章算术》则以应用问题为主。"比较结果认为,我国《九章算术》的知识体系和应用价值都比《几何原本》略胜一筹。《九章算术》为我国数学打下了深厚基础,开创了独具特色的中国式的机械化算术体系。东汉末年的赵君卿,在勾股定理的基础上,研究了二次方程,得到了二次项系数和常数项,比后来欧洲发现此项定理的韦达早一千三百多年。三国时期魏人刘徽,创造了十进小数、改进了线性方程的解法等。他对极限的观念认识深刻,是数学史上极为光辉的成就。日本数学家三上义夫的《中国数学史》说:"如果对《九章算术》中某些章节的内容细加推敲,我们就不能

不把代数学的诞生,归功于中国在它历史上早期的数学家们。"南朝宋时的何承天使用分数近似算法,被称为"何承天算法",比外国早八九百年。南北朝时的祖冲之,把圆周率的数值计算精确到3.1415926～3.1415927之间,这一数值直到一千多年后德国数学家渥脱才求得,日本数学家建议把这一数值称为"祖率"。隋唐时期数学家王孝通,用代数方法解决几何问题,提出了二次方程的解法,是目前世界上流传下来的最早的二次方程,比阿拉伯人的解法早四五百年。唐朝僧一行俗名张遂,建立了不等间距二次内插公式,后来被国际命名为"张遂内插法公式"。宋朝秦九韶提出了许多先进的数学原理和定理,如高次方程的近似根的求法,线性方程组的解法,中外数学家认为,他提出的线性方程组的解法,已经有了"矩阵的萌芽",而矩阵的学说到了19世纪欧洲人才建立起来。美国科学史家萨顿评价秦九韶时说:"他是他那个民族,他那个时代,并且确实也是所有时代最伟大的数学家之一。"比利时数学家李信始还出版了《13世纪中国数学——秦九韶〈数学九章〉》专著。

2.中国古代天文学的光辉成就

我国是世界天文学发达最早的国家之一。《尚书·胤政》记载了公元前21世纪夏朝第四个王仲康时的一次日食,这是世界上最早的日食记录。殷商时代的甲骨文记录了发生在公元前12世纪到公元前14世纪的4次日食和5次月食,比古巴比伦最早的日食记录约早五百年,比埃及最早的月食记录早四百年以上。春秋时期,从鲁隐公三年(公元前720年)到鲁哀公十四年(公元前481年)间,又有37次日食记录。从春秋到清朝乾隆年间,我国约有日食记录1 000次,月食记录900多次,观测数量之多、积累资料之丰富,是古代其他国家没有的。这些记录资料,对于研究地球自转不均匀和万有引力常数是否变化等问题,具有重大价值。我国古代天文学家,还对日食、月食的原因和周期做了研究。西汉末年的刘向在《五经通义》中说:"日食者,月往蔽之。"指出日食是因为月球挡住了太阳光的缘故。东汉张衡在《灵宪》中指出,月光来自太阳的照射,地球遮住了太阳光,便会发生月食。同时认为日食、月食发生有一定的周期。西汉末年的三统历总结出的周期为135个月有23次日食,唐代五统历提出的比较精密的周期比美国19世纪提出的纽康周期早一千一百年。古代中国很早就能准确预报日食、月食。我国古代还发现了太阳黑子活动现象。《汉书·五行志》记载了西汉河平元年(公元前28年)"日出黄,有黑气,大如钱,居日中",是世界公认的关于太阳黑子的最早正确记录。从西汉汉平元年到明朝末年,我国古籍中关于黑子的记录共有100多次,包括黑子出现的日期、形状、大小、位置和变化情况等,对研究太阳黑子活动规律,地日关系和气候变迁等,具有重要价值。欧洲最早的太阳黑影记录是在公元807年,直到1610年望远镜发明出来以后，意大利人伽利略才观察到太阳黑子，比我国晚了一千六百年。中国古代的客星记录居世界第一位。到 17 世纪末，我国古籍记录了数百颗客星，其中一部分是彗星，另一部分是新星。我国《殷墟书契前编》《殷墟书契后编》皆收录了记载新星的甲骨文。我国殷代甲骨记载的是公元前 14 世纪的新星，而欧洲希腊人直到公元前 134 年才有一颗新星记录，比我国晚了一千多年。从殷商到清末，我国的彗星记录有 360 多次，不仅有彗星的形状、颜色、出现的时间、位置、运行路线，而且还有彗星分裂现象的记载，为研究彗星周期、轨道和太阳系的演化等提供了珍贵的资料。其中《春秋》记载的鲁文公十四年（公元前 613 年）"秋七月，有星孛（即彗星）于北斗"，是世界公认的有关哈雷彗星的最早记录，比欧洲的记录早了几百年。从春秋战国到清朝末年，哈雷彗星共出现 31 次，我国史书都有记载。这样长期连续两千多年的观测，是世界其他国家所没有的。法国天文学家巴尔代称赞说："彗星记载最好的，当推中国的记载。"湖南长沙马王堆西汉墓出土的一幅帛画，就绘有 29 颗形状各异的彗星图像，这是世界上最早的彗星图。我国还有丰富多彩的流星雨和陨石雨记录。《竹书纪年》中有夏桀十年"夜中星陨如雨"的记载。《春秋》记载鲁庄公七年（公元前 687 年）四月"夜中星陨如雨"，则是世界最早的流星雨记录。我国古代有关流星雨的记录，初步统计，约有 180 次之多。其中包括流星雨出现的时间、位置、流向、数目、颜色、声响等各种情况的记录，对于研究流星群周期、轨道的变迁以及弄清流星群和彗星的关系等，具有重要意义。《左传》记载了鲁僖公十六年落入宋国的陨石是"陨星也"。欧洲在公元 1803 年才认识这一事实。比我国晚两千多年。

秦汉时期，我国有当时世界最先进的观测天象的仪器浑象仪，曾对太阳黑子、新星、超新星作了准确的记载，并对天体运动和宇宙结构进行了深入研究，形成了"盖天说"、"宣夜说"和"浑天说"三派。其中浑天说认为，大地是圆球状的，宇宙是无边的。东汉张衡进一步研究了天文学，写了《浑天仪图注》和《灵宪》两部著作。他指出，日有光，月亮自身不会发光，月光是由日光照射而产生的；月食是因地球遮住日光而生成的；地球是圆的。中国人关于地球是圆的之见解比欧洲人早一千多年。他于公元 117 年创造了世界上第一架能比较准确地演示天象的浑天仪。唐代僧一行、梁令瓒，宋代的张思训等人在浑天仪基础上，制成了世界上最早的天文钟。

3. 中国古代地震学的光辉成就

从公元 96 年到公元 125 年的三十年间，发生过 23 次较大地震，地震成一大灾难。张衡经过六年的艰苦努力，于公元 132 年造出了世界第一架测定地震方位的仪器——候风地动仪。这架地动仪预告了 138 年陇西地震，人们无不赞颂。直到一千七百年后，欧洲才制造出类似的地震仪器。

4. 中国古代地图学和地理学的辉煌成就

《尚书》中有四千年前原始地图的记载。《史记》中有了立体地图的记载。长沙马王堆汉墓出土了详画山川、道路、聚落等内容,设置统一图例的地图。这些是世界上现存最早的以实例为基础的地图。魏晋时代的裴秀继承总结了前人制图经验,创造性地提出"制图六体"理论,成为后代绘制地图的准则,在世界地图学上占有光辉一页。北魏郦道元,经多年努力,参阅了437种书籍写成了《水经注》,系统描述了黄河、长江、淮河等主要水系1 252条河流的源流脉络,古今变迁及水利开发情况,并以水道为纲,记载了沿河所经地区山陵、原隰、水文、气候、土壤、植被等自然地理现象,以及城邑、关津的建置沿革,兴衰过程。还收入了相关的历史事件、人物、神话传说、民间故事。这部综合性的历史地理著作,体例谨严,内容丰富,是当时世界地理文献中无与伦比的。明代末年的徐霞客所著的《徐霞客游记》,查明了许多山脉和水系,指出金沙江是长江的真正上游,科学地论证了河流坡度、弯曲与侵蚀作用的关系,特别是他关于岩溶地貌研究,是世界最早的,领先于西方一二百年。英国科学史专家李约瑟在其《中国科学技术史》中说:"徐霞客的《游记》读起来不像17世纪学者所写的东西,倒像是一位20世纪野外勘察家所写的考察记录。"

5. 中国古代农业科学的光辉

中国古代有发达的农业。我们的祖先在农业生产实践中积累了丰富的农业生产知识,创造了深刻的农业科学理论。《中国古代科技成就》一书说:据不完全统计,我国古代的农书共有376种,而成书较早的农书,绝大部分已失散。西汉时期的氾胜之著的《氾胜之书》是今天能见到的年代最早的一部农书。北魏贾思勰写的《齐民要术》是我国第一部包括农、林、牧、副、渔的农业全书,也是世界上一部最早最系统的农业科学名著。该书总结的许多生产经验和技术,比世界其他国家的记载要早三四百年,甚至上千年。被译成多种外国文字。19世纪英国大生物学家达尔文在其《物种起源》《动物和植物在家养下的变异》著作中,先后六次引证过《齐民要术》关于变异和选择原理,称《齐民要术》是"古代中国的百科全书",比以前所有农书内容更加丰富,叙述更加全面,全面总结了我国历代农业生产经验和技术,尤其重视反映明代最新成就,是我国古代农业的真正百科全书。该书先后传入亚洲各国及欧洲等国,在国际上影响很大,英国科技史专家李约瑟说:《农政全书》是一部"农业方面的卓越巨著"。

6. 中国古代医药科学的光辉成就

中华医药学在世界上独树一帜,自古代起就是中华文明中颇具光辉的一部分。战国时期成书的《黄帝内经》,是我国现存最早的一部医学著作,其影响颇广,至今仍为世人尊爱。《神农本草经》成书于前后汉之间,托名神农所作。原书失佚，现存《神农本草经》系由历代本草书籍会集而成，总结了我国自远古至汉以前的药物知识，是我国现存最早的一部完整的药物学著作。春秋战国之际齐国的扁鹊，在长期医疗实践中，将前人"五气、五声、无色视为生死"的诊断方法，发展为望、闻、问、切的四诊法，成为我国医学上的传统诊法；扁鹊根据病情来用汤药、针灸、按摩等多种方法进行综合治疗，治愈率极高。扁鹊原名秦越人。《史记·扁鹊列传》说，有一次，秦越人到虢国行医，遇上虢国太子暴死，扁鹊打听到太子患病和死亡情况后，请求入宫诊断。扁鹊给太子诊脉后，认为气息尚存，当即命弟子用针灸抢救，太子复苏后又用熨帖法，使太子慢慢坐了起来，接着用中药调理了20多天，太子完全康复。人们赞誉他是"扁鹊再世"。扁鹊原是黄帝时代的名医。因人们都以扁鹊尊称秦越人，久而久之秦越人这一真名反倒被人们淡忘了。东汉末年的张仲景以"医圣"闻名于世。他的《伤寒杂病论》一书全面论述了中医理论和治病原则，奠定了中医治疗学的基础，对祖国医学发展有重大贡献。三国时期的华佗擅长针灸和汤药，尤其擅长外科手术，他还研究了各种有麻醉作用的草药，发明了"麻沸散"。据史料记载，他能成功进行腹腔肿瘤摘除、胃肠等大手术。他成功创制了全身麻醉剂，是世界上最早发明和使用全身麻醉术的医生，比西方早一千六百多年。华佗提倡体育锻炼，主张预防疾病，创造了"五禽戏"。他因不听从曹操的征召，屈死在曹操的屠刀下，他以毕生精力写成的书稿也没能保存下来，是我国医学史上的一大损失。西晋时期的王叔和编著的《脉经》十卷，是我国现存最早的脉学专著。东晋葛洪撰的《肘后备急方》对肺结核、天花等传染病已有较深的认识，是世界最早详细记述天花的人。他关于用疯狗脑浆治疗疯狗咬伤的医方，已初步有了免疫学的思想。南朝陶弘景总结了《神农本草经》问世后的药物知识，编了《本草经集注》七卷，在本草学发展史上起了承上启下的作用。隋唐时期的孙思邈具有"药王"之称，他70多岁时写成《备急千金要方》，在百岁高龄那年又完成了《千金翼方》，这两本书合称《千金方》，全面总结了我国唐朝以前的医学和药物学知识，丰富了我国医药学宝库。北宋王唯一，制成两具立体铜人模型，上面标注了300多个针灸学位，又撰《铜人腧穴针灸图经》三卷，为针灸教学创造了方便条件，流传国外，影响很大。南宋宋慈撰的《洗冤录》一书是我国第一部系统的法医学著作，比欧洲早了三百多年，有英、日、朝、德、荷多种外文译本。金元时期的刘完素、张从正、李杲、朱震亨是四位敢于创新、颇具影响的杰出医学家，被称为"金元四大家"，对后世影响很大。明朝李时珍，被郭沫若称为"医中之圣"，他花了二十七年时间，撰写了《本草纲目》，系统总结了我国16世纪以前药物学的经验和成就，对我国乃至世界药物学的发展起了重大推动作用，被誉为"东方药物巨典"。在我国翻印了数十次，先后有朝、日、法、俄、德、英多种文字流行于世，

仅英文译本就有十几种。

（七）中国古代创造了诸多世界领先的技术

1. 中国首先发明了生铁冶炼技术

我国应用生铁比欧洲早一千九百多年。我国在春秋战国之际创造了铸铁柔化技术,河南洛阳出土的春秋战国之际的铁铲和铁锛具有黑心可锻铸铁组织;河北石家庄出土的战国铁斧、湖北大冶铜绿山出土的战国中晚期古矿井六角铁锄和铁斧,则属于白心可锻铸铁。而国外的白心可锻铸铁是法国人在 1722 年发明的,比我国晚了两千多年。我国在汉魏时期还生产了类似现代球墨铸铁的球化石墨组织的铸铁,而现代球墨铸铁技术在 1947 年左右才发明。我国还是炼钢技术出现较早的国家。在铸铁柔化基础上,发明了铸铁脱碳钢。春秋晚期,我国工匠就创造了块炼渗碳钢,我国春秋、战国、秦汉时的著名宝剑,如干将、莫邪、太阿等,都是用优质块钢制成的。北京丰台出土的西汉燕王墓中的刀和簪,都是用铸铁脱炭钢制成的。河南巩县出土了西汉后期的炒钢炉,说明我国早在西汉后期已发明了炒钢技术,而欧洲在 1780 年才出现炒钢,比我国至少要晚一千八百年。我国南朝齐梁时的陶弘景记载了灌钢法,北朝魏齐间的綦母怀文用此法制成了十分锋利的宿铁刀。直到 16 世纪,我国的炼钢技术长期居于世界领先地位。公元 1 世纪时,罗马博物学家在《自然史》中说:"虽然铁的种类很多,但是没有一件能和中国来的钢媲美。"

2. 中国是世界纸的发源地

西安市郊的一座西汉武帝时的古墓中出土了一叠纸片,其中大的为 10×10 厘米,最小的为 3×4 厘米,米黄色,经检验为麻原料制成。甘肃天水还发现比武帝时更早的西汉文景时期的纸,纸上还绘有地图。东汉蔡伦用树肤、破渔网、敝布等原料加工成植物纤维纸,天下称之为蔡侯纸。世界上的造纸技术都是在此基础上发展起来的,6 世纪时传到朝鲜、日本和越南,随后又经阿拉伯地区传到西欧及世界各地。

3. 中国是世界印刷术的发源地

在韩国东南庆州佛国寺释迦塔石塔内发现的一部雕版印刷的《无垢净光大陀罗尼经》,经专家鉴定乃唐武则天时代所印,大约在 685—704 年间。敦煌千佛洞发现的雕版印刷《金刚经》卷末有唐"咸通九年"(公元 868 年)字样。说明我国在隋唐时期已发明了雕版印刷。北宋时毕昇又发明了活字印刷术。我国的印刷术先后传入日本、朝鲜、越南、菲律宾、泰国、柬埔寨、阿拉伯、欧洲及西方各国,为世界文化发展做出巨大贡献。

4. 中国人是火药的发明者,也是世界上应用火药最早的民族

火药是中国炼丹家最先发明的。大约在 8 世纪,炼丹术传入阿拉伯,他

们把炼丹用的硝称之为"中国雪",波斯人称之为"中国盐"。13世纪蒙古人与阿拉伯人作战,使用了火药武器。阿拉伯人随之也学会用火药武器。欧洲人又从阿拉伯人那里学到了火药的知识,法国、英国、德国、意大利等先后制造出火药武器。14世纪时,火药从意大利传遍西欧各国。中国人在8世纪时,已开始把火药用于军事。《新唐书·李希烈传》记唐朝德宗时(公元780—804年),李希烈称帝,刘洽在宋州(今河南商丘)死守,李希烈部下用火药做武器,烧毁了刘洽守城部队的战棚和城上防御物品。又有唐哀宗天佑年间(公元905—907年),郑璠攻豫章(今江西南昌)使用"发机飞火"烧了沙龙门。这里说的飞火即那时对火炮、火箭的统称。从10世纪开始,即五代十国至北宋、南宋时期,火药武器在战场上已普遍应用。1125年北方金人攻打宋朝汴梁(今开封)时,名将李纲就命令部下发霹雳炮攻击,从而迫使金人退兵。黑龙江阿城区半砬城子出土的火铳,西安东关景龙池巷出土的火铳,证明我国在宋元时代就造出了世界上第一批金属管形火器。我国明代还造成了"飞弹"、"神火飞鸦"、"火龙出水"。火龙的龙身是用大竹筒做成龙形,龙身前后各扎两支火箭,作战时,先把第一级火箭点燃,将龙身推出去,飞到二三里远时,引火线又引燃第二级火箭,药筒将完,腹内火箭飞出,攻击敌人。这是世界上最早的两级火箭。

5.中国是发明和应用指南针最早的国家,在人类航海史上有过空前壮举

我国战国时期就有了运用指南针的记载。《韩非子·有度篇》说:"先王立司南以端朝夕",端朝夕即辨方向,立司南即利用指南针。司南是世界最早的指南针。宋朝出现指南鱼。北宋曾公亮和丁度编著的《武经总要》前集卷15说:"长二寸,阔五分,首尾锐如鱼形",把它浮出水面,静止时,鱼头总朝南。北宋科学家沈括在《梦溪笔谈》卷二四中说:"方家以磁石磨针锋,则能指南。"说明我国在北宋时已广泛运用指南针。南宋陈元靓在《事林广记》中记载指南龟,用木刻成龟形,安入天然磁铁,静止时,龟转向南方。我国古代应用指南针较广,其中最多的是用在航海上。北宋宣和年间(公元1119—1125年)朱彧所著《萍洲可谈》卷二说:"舟师识地理,夜则观星,昼则观日,阴晦则观指南针。"北宋宣和五年(公元1123年),徐竞在《宣和奉始高丽图经》中说:"舟行过蓬莱山之后,水深碧,色如玻璃,浪势益大,是夜洋中不可住,惟视星斗全迈,若晦暝则用指南浮针以揆南北。"南宋咸淳年间(公元1265—1274年),吴自牧著《梦粱录》卷一二说:出洋航海"全凭南针,或有少差,即葬鱼腹"。赵汝适《诸蕃志》说:"舟舶来往,惟以指南针为则,昼夜守视惟谨,毫厘之差,生死系矣。"指南针由我国先传入阿拉伯、波斯,接着传入欧洲,但他们的指南针制造和应用远不如中国。

中国是世界最早用指南针导航的国家,也是世界上造船业发展最早的

国家。1977年浙江余姚河姆渡新石器时代遗址出土的独木舟划水用的木桨,是距今七千多年前的制品。商代已比较广泛地使用木船。商代甲骨文中若干次出现"舟"字。春秋战国时期,各国诸侯广泛地制造和使用船舶。吴越各有专设造船厂。《诗经》中有许多描写驾船航行的诗句。《庄子》将舟与车并用,说:"水行莫如用舟,陆行莫如用车。"公元前688年,晋国灾荒,向秦国借粮,船队经渭水、黄河、沁水,《左传》"泛舟之役"记载了此事。春秋末年,吴楚、吴越间多次发生大规模水战,制造了各种不同用途的船,其中大翼船长十二丈,宽一丈六尺,备员91人。秦汉以后,我国造船业突飞猛进。秦始皇在统一中国的战争中,送军粮船队能满足50万大军所需。隋代的"五牙战舰"高十余丈,起五层楼,可载800士兵。隋炀帝下江南乘坐的舟高四丈五尺,长20余丈。唐代大船可载万石。唐代造船的水密仓结构具有世界意义。唐代中国海船活动范围,东起广州,西至波斯,是南洋各国之间海上运输的重要力量。外国史料记载说,那时在波斯湾各口岸停泊的大船,大部分是中国船。宋太宗至道(公元995—997年)年间,一年造船多达3 237艘。元朝初年仅在黄河行驶的木船就超过15 000只。明朝宝船长44丈4尺,宽18丈,9桅12帆。以公尺计算,船长在130米以上,是当时世界最大的船。郑和下西洋的船队由60多艘宝船和众多其他船舶组成。载员27 000人。在1405年至1433年间,郑和七次下西洋,这支船队到过印度支那半岛、南海群岛、印度、波斯、阿拉伯的许多地方,最远到过非洲东岸,前后历时二十八年,经过三十多个国家。郑和下西洋是人类航海史上的一次空前壮举,用了当时世界上最大的船只和最先进的航海技术,促进了我国与亚非国家的经济、政治文化交流,增进了与各国的友谊。

6. 古代中国创造了世界水利史上的奇迹

早在原始社会,我们的祖先便开始治理水害,开发水利。四千多年前的大禹治水,是世界迄今最早的记述成功治水记录。战国初期,魏文侯命西门豹治水有据可查。秦国在咸阳附近修的郑国渠,长300多里,它沟通了泾水和洛水,能灌溉400多万亩土地。《史记·河渠书》载:从此"关中为沃野,无凶年,秦以富强,率并诸侯"。秦国蜀郡守李冰主持修的都江堰水利工程,开创了古代水利工程的奇迹。该工程由分水堤、飞沙堰、宝瓶口三部分组成。为了测量水位,控制内江水量,凿了三个石人立于江水中,使水位保持在不低于石人脚,不没过石人肩的位置。都江堰是集防洪、灌溉、航运于一体综合性大型水利工程,既解除了岷江的水患,又便利了航运,还能灌溉300万亩庄稼,使成都成为"水旱从人,不知饥馑"旱涝得收的"天府之国"。该项工程设计科学,整体配套严密完整,具有长远历史作用,是世界水利史上绝无仅有的奇迹。

7. 古代中国开凿了世界最早的人工运河

中国早在公元前 613 年吴王夫差时就开凿了荆汉运河、巢肥运河,随后又开凿了邗沟和鸿沟。这些运河不仅促进了经济发展,而且促进了整个中原地区的航运,成为"中原航运的重要纽带"。隋朝大运河创造了世界运河工程史上的奇迹。这条运河始建于公元 7 世纪初,比巴拿马运河和苏伊士运河早一千两百多年;长 10 倍至 20 倍;建筑技术是世界一流的;大运河开辟了我国南北航运的水路通道,促进了我国商品经济的发展和社会进步,推动了我国与世界各国的经济文化交流。日本学者本宫泰彦统计,日本与唐朝往来 37 次中,80% 的船舶都经过了大运河。阿拉伯、波斯的船舶也经常不断。

8. 中国的长城是世界最伟大的工程之一

这项工程起始于春秋,中经秦汉、辽金到元明,上下两千多年,长达 1 万多公里,展现了中华民族的坚强毅力、伟大气魄、聪明才智和辛勤品质。它跨峻岭、穿草原、横瀚海、经绝壁,纵横十万余里,望不断长龙雉堞、雄关隘口、亭障烽堠,起伏奔腾。起初修长城既为了防水患又作为军事防御工程使用,如楚国的方城就具此两种用途。春秋战国时期,战争日益频繁,作军事用日益为主要目的。据《史记》载,秦统一中国后,用九年时间修长城,对防御北方游牧民族骚扰,保障北方边郡开发和中原经济文化发展起了积极作用。汉王朝时的长城对保护丝绸之路起了重要作用。明朝修长城两百三十多年,西起甘肃嘉峪关,东到鸭绿江,总长12 700多里。古长城工程量十分惊人。修筑长城用的砖石,按宽 1 米、高 5 米的城墙算,此墙可环绕地球一周还多。长城展示了中国古代超群的建筑艺术,不但用了黄土夯筑法、石块干砌法、版筑法而且有新兴的蒸土法。用蒸土法筑起的长城距地高 32 米,加上顶部木构建筑,高约 40 米左右,相当于现在的十几层楼高。在距今一千六百年前,架如此高的建筑是世界建筑史上首创。

9. 漆器是中华民族对世界的贡献

浙江余姚河姆渡的原始社会遗址木胎漆碗表明,中国早在距今七千年前就已把漆作为涂料。河北藁城和北京琉璃河出土文物表明商周时代漆已广泛应用。《庄子》书中说庄周做过宋国漆园小吏。湖北江陵(楚园都城纪南)出土漆器最多。发掘春秋晚期到战国时的墓,出土漆器 20 多种、900 余件,其中有精美绝伦的透雕座屏。汉魏漆器工业迅速发展。两晋南北朝时夹纻技法发展到高峰。梁简文帝萧纲在《为人造丈八纻金薄像疏》中说:"造夹纻丈八佛像一躯"。唐宋时漆器品种繁多。明清漆器集中国漆器大成,使中国漆器工业更加辉煌灿烂。

10. 瓷器是我国古代的伟大发明之一

瓷器是在陶器基础上发展起来的。远在新石器晚期,我国江南和东南

沿海一带已经能烧制不透水的印纹硬陶。河南、陕西、甘肃等地出土了距今大约六千年的彩陶器皿。距今约四千年前我国已开始烧制黑陶,坯体用鹅卵石打磨,表面乌黑发亮,胎壁厚仅0.5～1毫米,故有蛋壳黑陶之称。商代开始使用玻璃质釉,一般称为青釉。原始青釉瓷器,经春秋、战国、秦汉逐步发展到东汉晚期产生胎坚质细、色泽青翠的瓷器。三国、两晋、南北朝,青瓷不断烧制出精品,北齐期间烧制出了白瓷,我国陶瓷烧制开始了新阶段。唐朝瓷器生产形成了南青北白的局面,还有黑釉、黄釉、酱釉、褐釉、花釉等瓷器。宋、元、明时期各种瓷器群芳斗艳,清代瓷器盛况空前,制瓷技术达新高峰。我国瓷器精美,自古为世界各国人民所喜爱,自唐朝开始,逐步运往日本、朝鲜、南亚、西亚、北非、欧洲。17世纪晚期外销盛况空前,为中华民族增添了光荣,为人类文明美好做出了贡献。

(八)中国古代创造了世界辉煌的哲学、史学、文学艺术

1.中国古代哲学的辉煌

中国古代有闻名于世界的哲学。老子是创造中国古代哲学辉煌的杰出代表人物。《史记》说他是"周守藏室之吏",即周王朝王室图书管理员。他的《道德经》是当时中国最高水平的哲学著作。《道德经》的贡献是多方面的,其中第一位的贡献是指出了事物发展变化的规律性及规律的不可抗拒性。老子说:"致虚极,守静笃,万物并作,吾以观复。夫物芸芸,各复归其根。归根曰静,是谓复命;复命曰常,知常曰明。不知常,妄作凶。知常容,容乃公,公乃王,王乃天,天乃道,道乃久,没身不殆。""道者,万物之奥,善人之所宝,不善人之所保。"第二,尊道贵德是一切事物生存发展规律。"道生之,德畜之,长之育之,亭之毒之,养之覆之。"即是说,道赋予万物生命力,德赋予万物以形,尊道则有生命力,贵德则有美好形象,尊道贵德才能存在和发展,"是以万物莫不尊道而贵德"。人的德性的修养和道的修养达到高度统一时,则可"成其大","得其贵","死而不亡"。他指出,"重积德,则无不克;无不克,则莫知其极;莫知其极,可以有国;有国之母,可以长久。是为深根固柢,长生久视之道"。他反复指出,"圣人抱一为天下式",圣人是尊道贵德的典范。第三,提出和谐理念。他指出,道"似万物之宗",然而对万物的态度是"生而不有,为而不恃",与万物"和其光,同其尘"。"生而不有,为而不恃,长而不宰是为玄德。""上德不德,是以有德;下德不失德,是以无德。""食德之厚,比之赤子。"圣人与百姓和,"圣人无常心,以百姓心为心。善者吾善之,不善者吾亦善之,德善。信者吾信之,不信者吾亦信之,德信。圣人在天下,歙歙为天下浑其心,圣人皆孩之"。"天地不仁,以万物为刍狗;圣人不仁,以百姓为刍狗"。第四,深刻的人生哲理。《道德经》贯穿着深刻的人生哲理,论证了人求生存和发展的诸多辩证方法,如无为无不为、

柔弱胜刚强、死而不亡、大器晚成等问题。《道德经》对世界的影响是美好的。根据联合国教科文组织统计,《道德经》是世界文化名著中,译成外文发行量最多的著作之一,仅德文译本就有五六十种。德国古典哲学家黑格尔说,老子哲学与希腊哲学一样,是人类哲学的源头。黑格尔、列夫·托尔斯泰、海德尔等许多杰出人物成长都受过老子哲学的影响。美国学者蒲克明预言:《老子》将是未来大同世界家喻户晓的一部书。

2. 中国古代史学的光辉

中华民族是人类文明史最悠久的民族之一。长久的文明史造就了中国史学宝库的辉煌。在我国灿若明星般的浩瀚史学宝库里,有《尚书》《春秋》《左传》《国语》《国策》,还有《史记》《资治通鉴》等闻名世界的瑰宝。人类文明发展实践表明,这些著作不但是中华民族的国粹,而且也是世界史学宝库的瑰宝。中国古代史学体裁丰富,有记载个别事件的,有记载一个时代的,有记载一个国度的,有系统、完整地记载中华民族各个方面文明演进情况的纪传体、编年体。这些著作为了解中华文明史创造了极其方便的条件。这是世界其他国家少见的。尤其可贵的是,中国这些史书闪烁着伟大真理的光辉。李之长《司马迁之人格与风格》一书说:"他笔下的人类活动永远常新,他笔下的人类情感,特别是寂寞和不平,永远带有生命。"中国古代史学宝库之中的上述著作,皆有如此伟大的生命力。这样的生命力源于其宝贵的真理性。《史记·报任安书》说:"文王拘而演《周易》;仲尼厄而作《春秋》;屈原放逐,乃赋《离骚》;左丘失明,厥有《国语》;孙子膑脚,《兵法》修列;不韦迁蜀,世传《吕览》;韩非囚秦,《说难》《孤愤》;《诗》三百篇,大底圣贤发愤之所为作也。"如此人物和事件的真理性永放光辉。《论语》说:"诗三百,一言以蔽之,曰:'思无邪'。"中国古代史学宝库中上述著作的生命力,用孔子上述思想概括,就是缘于其思想纯正。所谓"思无邪",就是说思想具有普遍真理性。

3. 中国古代文学艺术的光辉

中国古代文学艺术的姹紫嫣红、气象万千的气派是世界其他国家少见的。《诗经》收集了公元前11世纪至公元前5世纪约五百年间的诗歌,是世界第一部诗歌总集,是我国现实主义文学传统的源头。其中大量民歌反映了那个时代劳动人民的心声。"饥者歌其食,劳者歌其事"等诗句,唱出了对自己劳动生活的情感;《国风·豳风·七月》叙述了奴隶受奴隶主沉重剥削,男人为主人耕种,女人为主人织布,还要为主人打猎、盖房、缝制衣服、采藏蔬果,采桑养蚕,而自己却"无衣无褐,何以卒岁!"剥削者"不稼不穑,胡取禾三百廛兮? 不狩不猎,胡瞻尔庭有悬貆兮? 彼君子兮,不素餐兮"。表达了对剥削的痛恨和反抗。《诗经·东山》写道:"我东曰归,我心西悲。制彼裳衣,勿士行枚。"《采薇》说:"昔我往矣,杨柳依依。今我来思,雨雪霏

霏。行道迟迟,载渴载饥。"《诗经·蟋蟀》有"行乐也别太过度,自己职责别丢掉。行乐也别荒正业,有识之士收敛好"等诗句,告诉人们要懂做人之道,忠守职责,干好事业。大量诗篇反复赞颂君子,倡导道德礼义,抨击小人,告诉人们老老实实做人。《卷伯》(小雅)抨击造谣、玩弄阴谋、骄横无礼者说:"阴谋要把好人害","诬枉好人太过分","抓住那个造谣主,丢给豺狼和老虎。豺狼老虎不希吃,丢到北极寒地去。北极寒地不接受,丢给老天去惩处。"诗经开创了我国文学艺术工作者关心国家命运和人间疾苦,为人们理智做人提供了正确思想指导和智力支持的总体思路。先秦散文、诸子文章展现了中国多彩多姿的古文世界。唐诗、宋词、元曲展现了中国古代诗词的光辉。唐宋八大家为代表的古文运动,把中国的散文发展推向了一个新阶段。《三国演义》《水浒传》《西游记》《红楼梦》把中国古代小说创造推向高峰。

(九)中国古代创造了世界领先的教育

中国古代教育创造了诸多世界第一。中国是世界上最早懂得教育重要性,且最早设置专门负责教育工作机构的国家。在约五千年前的伏羲时期便开始了人的求生存发展教育。炎帝、黄帝是开创中华民族求生存发展教育的能手。中国是世界上最早开展做人教育的国家。《尚书》《孟子》等都说,尧舜时代,中国就开始设置专门负责人的教育的官员。《孟子》说,人如果没有教化,也和禽兽差不多。圣人又为此而忧虑,便让契担任司徒,用人伦道德教化百姓。《尚书》说,尧发现舜之后,便让舜负责推行五常教育。禹继承舜之后,建夏朝,兴办学校,人的教化进一步发展。成汤是契的后代,更加懂得教育的重要,文化教育在商朝走向正轨。周朝总结了夏朝、商朝灭亡的教训,进一步认识了人的地位和作用。把人的教化摆在了治国的首要位置。古代中国是世界最早提倡早期教育的国家。三千多年前,周文王的母亲太任怀姬昌时,经常求人给她讲先人教子的故事。她逐步悟出了"教育在幼","养正应于蒙"的道理,并学到了一些"胎教"的知识。她从自己做起,在怀孕期间,严格修养自己的德行,"目不视恶色,耳不听淫声,口不吐傲言",心怀慈善,举止端庄,身不斜坐,怪味不食,经常到依山傍水、风景秀丽的地方修养心性。太姜、太任、太姒三人相继开展早期教育,相夫教子,导儿早立伟志,为开周王朝八百年王业,奠定了坚实基础。《道德经》、"四书""五经"及中国化了的大乘佛经等,都是以做人教育为核心而展开的。中国古代创建了世界最大的人学宝库,这是迄今为止举世公认的,是世界其他国家无法比拟的。中国的做人教育,以人的本质属性和人道为基础而展开,其深度和广度,都是世界少见的。

《礼记·学记》篇是世界最早论述教学的专著。文中深刻论述了教育的重要性,指出了教育的根本问题是做人教育,指导人藏其志,尽其材,成其大,明确提出诸多具有真理性的教育规则,如"凡学之道,严师为难";"有志于本的教育";要"抓住教育时机及时施教","超龄了再学习,就会勤苦而难以成功"等。《孟子》说:"君子之所以教者五",其一就是"有如时雨化之者"。《道德经》是世界最早的做人学。中国人心目中的圣者老子、孔子、墨子及释迦牟尼等都是做人的典范。

中国是世界上最早开展高等教育的国家。三千多年前的周朝已有太学,这是我国高等学校的雏形。公元 1 世纪,即东汉质帝和桓帝时期,太学在校人数达 3 万多人。《中国高等教育史序》说,被誉为"欧洲古老大学之父"的波伦亚大学,在公元 12 世纪时,学生人数尚不足1.2万人。

中国是世界上最早开创考试制度的国家。《大英百科全书》在谈到考试制度时说:"我们所知道的最早的考试制度是中国所采用的选举制度(公元前1115 年),以及定期举行的考试(公元前202 年)"。早期来华的西方传教士利玛窦等人曾以赞叹的口吻说,中国是一个"文凭社会"。他们把中国经过考试选出的秀才、举人、进士等称谓,直译为学士、硕士、博士等学位名称,认为中国社会的等级是按考试成绩的优劣而判定的。美籍华人学者丁肇中在讲到中国在美国的留学生成绩普遍优秀时,也曾经说:"因为中国从古以来就是一个考试社会"。中国的科举考试突破了应试人的门第出身、贫富贵贱等等限制,使一般读书人获得了发展自己的机会,使社会选拔人才的途径和范围更阔广,也使更多优秀人才得以脱颖而出。

四、中华优秀传统人文化推动了人类文明进步

黑格尔认为,世界文明史是从东方到西方,从中国人到日耳曼人。中国人最早实现了理性的自由。马克思曾说:"凡是共产社会(原始社会)的产物,都是最可宝贵的。"中华文明是在漫长的原始共产社会基础上发展起来的,中华民族理性觉醒已有约万年之久的历史。长期连续不间断地求生存发展实践,推动中国人对宇宙人生本质的认识比西方人都早了一步,真理性理论的确立对人类的文明进步起了促进作用。

(一)创造了文明智慧,开辟了文明进步之道

世界著名思想家、科学家、政治家皆对中华民族对人类文明进步的贡献做了高度评价。法国启蒙思想家伏尔泰在法国大革命时期指出,人类文明历史"始于中国",当中华文明已然昌盛、发达之时,欧洲人"还只是一群在阿登森林中流浪的野人呢"。英国著名学者贝尔纳在他的名著《历史上的科学》一书中说:中国"在许多世纪以来,一直是人类文明和科学的巨大中心之一"。伯·罗素说:"与其把中国视为政治实体,还不如把它视为文明

实体——唯一从古代存留至今的文明。从孔子的时代以来,古埃及、巴比伦、马其顿、罗马帝国都先后灭亡,只有中国通过不断进化依然生存"。

中华民族最先提出了文明概念,赋予了文明概念真理性的内涵,对人类生存发展面临的诸多重大基本问题进行了探索性的实践,求得了至高无上的真理性认识,形成了文明理念;懂得了践行文明进步之道是人类求生存发展的唯一出路;创造了为人的文明化服务的真理性知识体系;进行了践行文明之道的实验,创造了人类生存发展史上的奇迹。

人类文明发展史表明,是中华民族最先揭示宇宙、社会、人生本质,使人懂得"知明行无过"。阴阳符号是中国一万年前的创造,收藏在瑞典远东博物馆中的画有双龙太极图的彩陶壶是中国人六千五百年前的制品,八卦图是中国五千年前伏羲的创造。阴阳符号告诉人们,宇宙万物皆由具有阴阳两种属性的物质构成;太极图表明宇宙间万事万物共处于一个统一体中,相互依存;八卦图明确告诉人们,宇宙间事物存在发展变化不但各守其道,而且相互间的联系具有规律性,人的存在发展与天地运行间的关系大约有八大类六十四种三百八十四个基本方面。中华民族最先揭示了人的类本质。《道德经》指出,人有觉知性能,能自知、知人、知天、知地、知道;有行正道的性能,能遵照天地宇宙运行的常道而行动;有慈善性,有自觉能动性,能"居善地,心善渊,与善仁,居善信,正善治,事善能,动善时";发展人的本质属性,人就能知正道,行正道,把自己的思想和行动纳入宇宙运行之道,"成其大",即能与道、天、地并列称大。《易经》说:"大人者与天地合其德,与日月合其明,与四时合其序,与鬼神合其吉凶,先天而弗违,后天而奉天时","文明以建,中正而应","文明以止,人文也"。

中华传统文化的最大成就,就是揭示了宇宙人生的真相,探索了人性、人道与宇宙运行大道统一的机制,明确了文明进步之道是人类求生存发展的唯一正真大道。全部中华传统文化就是围绕教人持守文明进步之道展开的。汉代经学家郑玄在给古圣哲经典"文明"一词注释时指出:"照邻四方谓之明","经纬天地谓之文"。也就是说,所谓文明,即指明宇宙人生真相,能经纬天地人生。数千年来,中华民族一直倡导明宇宙人生真相,培养经纬天地的才能。

人性、人道与宇宙大道结合的机制由两个基本方面、一个基本点构成。第一个基本的方面是宇宙运行有道。宇宙运行之道不以任何个人意志为转移。《道德经》说:"妄作,凶","不道早已"。第二个基本方面是人的本质属性中有认识道、依道而行的资质。而能否把这两个基本方面统一起来的根本点只有一个,即人的自觉能动性。《道德经》说:"同于道者,道亦乐得之";"同于失者,失亦乐得之"。"天道无亲,常与善人"。"孔德之容,惟道是从"。只有自己主动去求道、行道,才能求得人性与道的统一。老子不厌其烦地论述了如何求人性与道统一的问题,他指出:"道生之,德育之,物形之,势成之。是以万物莫不尊道而贵德。"他明确指出,圣人是行人性与宇宙大道统一的典范,"圣人抱一为天下式","圣人终日行,不离辎重","圣人常善救人,故无弃人;常善救物,故无弃物";"圣人无常心,以百姓心为心。善者吾善之,不善者吾亦善之,德善。信者吾信之,不信者吾亦信之,德信。圣人在天下,歙歙焉为天下浑其心"。《论语》强调"志于道",告诉人们道比人的生命还重要,"朝闻道,夕死足矣";要求人们"守死善道"。《道行般若经》说:"正第一大道无有两正"。文明进步之道是人类求生存发展唯一金光大道。圣者成圣之道是教人将人性与宇宙运行大道统一起来的经验结晶。《孟子》说:"圣人之于民,亦类也。出于其类,拔乎其萃,自生民以来,未有盛于孔子也。""圣人是为人的标准","人皆可以为尧舜","子服尧之服,诵尧之言,行尧之行,是尧而已矣。""夫道,若大路然,岂难知哉? 人病不求耳。"《密严经》说:"远背圣道,失于己利",不知求圣道之人,难求得解脱之法。圣道是佛之"教理","如大明灯,亦如试金石","正道之标相","至解脱之因,永离诸杂柒,转依而显现。"

人文化是为人的文明化服务的知识体系。对于人类的生存发展来说,作为知识意义上的文化应是多方面的。在人应具有的多方面的文化知识中,人文化是其中具有核心和根本意义的方面。人是人类求生存发展的主体和具有主导力量的因素。中国古圣哲深刻地认识了这一点,并且不厌其烦地教人用正确的观点看得这一点。《论语》说:"君子务本,本立而道生。"要求人们解决好制约人生存发展的根本问题。《孟子》严厉地批评了不知解决生存发展根本问题的人,他说:"拱把之桐梓,人苟欲生之,皆知所以养之者。至于身,而不知所以养之者,岂爱身不若桐梓哉? 弗思甚也。""手指不如别人,知道厌恶;心性不如别人,却不知道厌恶。这就叫作不知轻重。""尽其心者,知其性也。知其性,则知天矣。存其心,养其性,所以事天也。夭寿不二,修身以俟之,所以立命也。"全部中华传统文化以提高人求生存发展能力而展开。在中华民族长期求文明进步的实践中,创造了指导人们提高文明素质的知识体系。

中华传统文化的核心是人文化。纵观中华文明发展史,人们会清楚地看到,全部中华文化是围绕人求生存发展而展开的。中国人第一部经书《易经》,明确指出:"文明以止,人文也","蒙以养正,圣功也"。"中正有为,必得无往而不胜"。记载中华文明演进历史的第一部纪实史书是《尚书》,该书从正反两个方面的结合上,阐述了人成长发展之道。在中国社会大变革的春秋战国时期问世的《道德经》、四书五经及百家精英的典籍,皆以人的文明化为宗旨而展开。日本人学大师池田大作在《我的人学》一书中,赞扬中国有世界最大的人文化宝库,他明确指出:"这些财富是中国的,也是世界

的"。中华传统人文化宝库中，有一套系统的认识人、管理人、开发人，具有深刻真理性的人生知识体系。至高无上的真理性，成就了中华传统文化深厚无比的底蕴。

长期求生存发展实践，使中华民族懂得了人间正道是沧桑，遵正道而行，才有光明前途。古圣哲告诉人们，文明进步之道是人们求生存发展的必由之路。人们能否求得文明进步，要看人们能否行文明进步之道。

文明觉悟和文明智慧是践行文明进步之道的前提条件。《密严经》强调："一切唯有觉"，《无量寿经》教人"坚勇求正觉"。人只有清醒地懂得文明进步是人类求生存发展的唯一出路，才能坚定不移地求文明进步，践行文明进步之道。智慧是指导人们将主观与客观、理论与实践、知与行统一起来的法宝。人有了文明智慧，才能行文明之道，创文明业绩。纵观中华文明进步丰碑，上面刻写的完全是践行文明进步之道的精英和为中华民族文明进步做出杰出贡献者。那些被称为圣哲永远活在人们心中的伟大人物，是为中华文明进步之舟指引航向的智慧出类拔萃者。《孔子家语》说："所谓圣者，德合于天地，变通四方，穷万事之终始，协庶品之自然，敷其大道而遂成情性；明并日月，化行若神，下民不知其德，睹者不识其邻。"

文明素质和践行文明之道的能力是践行文明进步之道的根本保证。《尚书》是记载中华民族如何践行文明进步之道的第一部纪实史书。该书说，四千多年前，尧舜禹执政时期，中华民族就已经明确把文明素质和践行文明进步之道的能力作为考核人的根本标准，尧、舜、禹皆因文明素质好和践行文明进步之道的能力高出一般人，才被推举为治国君王。"尧明照四方，善治天地"，"光被四表，格于上下。克明俊德，以亲九族"，"协和万邦"。舜"浚哲文明"，"玄德升闻"，"慎徽五典五典克从。纳于百揆，百揆时叙。宾于四门，四门穆穆。纳于大麓，烈风雷雨弗迷。"舜执政后，发扬光大尧帝事业，制定对官吏考察制度，"明试以功，车服以庸"；制定刑法，明刑罚，"流共工于幽州，放驩兜于崇山，窜三苗于三危，殛鲧于羽山，四罪而天下咸服。"禹能依照水性治水，治理四海立了大功而不居功；回到朝廷后，敬慎地辅助帝舜治国。舜帝赞扬禹"能勤劳于国，节俭于家，不自满自大，不自已为贤"，"上天的大命落到你身上，你终当升为大君。"《孔子家语》进一步强调了人的文明素质和综合能力的重要性。子夏问孔子曰："颜回之为人兮若？"子曰："回之信贤于丘。"曰："子贡之为人兮若？"子曰："赐之敏贤于丘。"曰："子路之为人奚若？"子曰："由之勇贤于丘。"曰："子张之为人兮若？"子曰："师之庄贤于丘。"子夏避席而问曰："然四子何为事先生？"子曰："居，吾与汝。夫回能信而不能反，赐能敏而不能诎，由能勇而不能怯，师能庄而不能同。兼四子者之有以易吾，弗与也。此其所以事吾而弗贰也。"《荀子》说，贤能而奉行礼义的人是国家的珍宝，卑鄙而干坏事的人是国家的垃圾。治理国家的人,敬重国家的珍宝,爱护国家的器具,使用国家的工具,铲除国家的妖孽。《吕氏春秋》说:得到千里土地,不如得到一个圣人。舜得到皋陶就用他治好了天下,汤得到伊尹就拥有了夏的民众,周文王得到吕望就征服了商纣。得到了圣人,所得土地哪里有里数的限制!

中国古圣哲倡导全方位践行文明进步之道,求人性、人道与宇宙运行之道的和谐统一。《孝经》说:"非法不言,非道不行,口无择言,身无择行;言满天下无口过,行满天下无怨恶。"《十善业道经》说:"昼夜常念思惟,观察善法,令诸善法念念增长,不容毫分不善间杂……永离杀生、偷盗、邪行、恶语、两舌、恶口、绮语、贪欲、嗔恚、邪见。"即是说,将身口意活动纳入从实际出发、实事求是的轨道,思想上求主观与客观、理论与实践、知与行的统一,心理上求心安理得。《大学》说:"大学之道,在明明德,在止于至善。知止而后有定,定而后能静,静而后能安,安而后能虑,虑而后能得。"将身、语、意全部纳入文明之道,在社会上则能求得人和,得人乐;在自然界则能求得与天地自然万物和,得天地之乐。《中庸》说:"遵道而行","须臾不离道","素其位而行","无论在什么地方,什么情况下,都自由自在","必得其位,必得其禄,必得其名,必得其寿","唯天下至诚,为能尽其性;能尽其性,则能尽人之性;能尽人之性,则能尽物之性;能尽物之性,则可以赞天地之化育;可以赞天地之化育,则可以与天地参矣。"

人性、人道与宇宙万物运行之道的统一是动态的无止境的,是无数相对与绝对的统一。《道德经》说:道"独立而不改,周行而不殆",即是说,道不停地前进,万事万物跟随道不停地发展变化,人必须跟上道的变化,跟上万事万物的发展变化进程。《中庸》说:"道也者,不可须臾离也,可离非道也。"随着人们追求人的本性与宇宙大道统一的觉悟日益提高,人类文明进步的程度必将日益加快。

(二)揭示了人类社会发展的必然走势

社会实践是唤醒人的本质属性的伟大动力因素。人的本性是人区别于其他事物的根据。中华民族在长期求生存发展实践中,逐步觉悟了人的本性。大约在一万年前,实现了人性的觉醒。《易经》阴阳符号、太极图、八卦图相继出现,是中华民族人性觉醒的标志。五千年前的圣者懂得了天地自然运行之常道、人类存在发展之常性、人的生存发展与天地自然运行之间的联系及人应当如何持守人的生存发展与天地运行之间关系之常理。中国古圣哲把认识和处理人的生存发展与天地自然运行之道的资质称之为文明。太极图、八卦图是中华民族追求文明的标志图。太极图表明了大约七千年前的中国人已认识了宇宙事物的矛盾性及阴阳平衡性,八卦图表明了五千年前的中国人已经认识了人的生存发展与天地自然运行间联系的规律性。

伏羲画八卦,演易变之道,其宗旨在于教人明宇宙人生真相,能经纬天地人生,做自己命运的主人。中华全部传统文化是《易经》的展开发展。

中国古圣哲自古教人懂得"君子务本,本立而道生"(《论语》)。人的根本是人的本质属性。人一旦明了人的本性,就会清楚什么是生存发展的金光大道。《密严经》指出:"正第一金光大道只有一条。"《道德经》说:"不道早已",道是事物运行的常规,"不知常,妄作凶。知常容,容乃公,公乃王,王乃天,天乃道,道乃久,没身不殆"。人间正道是沧桑。《地藏经》说:"依止善道,永取解脱。"《论语》教人"志于道""守死善道"。《太上感应篇》教人懂得"是道则进,非道则退。不履邪径,不欺暗室"。《庄子》告诉人们:"不可不精通的是道。""不通于道者,无自而可;不明了道者,悲夫!""有天道,有人道","主者,天道也;臣道,人道也。"

人与宇宙间其他事物的区别在于人性。明了人性是做人的基本点。人要想明明白白地做人,其着眼点就是明了人的类本质,即人之所以为人的根据。人的类本质由德善性、觉知性、行真正性、自觉能动性构成。其中德善性是根,觉知性是魂,行真正是本,自觉能动性是中枢神经系统。《道德经》说:"上善若水","善利万物",教人"居善地、心善渊、与善仁,言善信,正善治,事善能,动善时"。《荀子》说:"凡以知人之性,可以知物之理。"《天地八阳神咒经》说:"人者,真也,正也,心无虚妄,身行真正","常行真正,故名为人"。诸圣皆强调指出,人有了自觉能动性,才能发挥自身诸多资质的作用。

中国古圣哲告诉人们,人的宝贵性潜藏在人的本质属性中,人只有尽人性,成其大,才能得其贵。人类行文明之道的必然性,是由人之本性决定的。《道德经》说:"域中有四大,即道大,天大,地大,人亦大。"而人成其大的途径,是"尊道而贵德","孔德之容,唯道是从",人的德善性与善道和谐统一之时,人就"成其大","得其贵","死而不亡"。《孟子》说:圣人成圣,"是本性发展的必然","唯圣人然后可以践形"。《中庸》说:"能尽人之性,则能尽物之性;能尽物之性,则可以赞天地之化育;可以赞天地之化育,则可以与天地参矣。"人的文明素质和社会文明化程度,则是随着人性开发的不断深化而逐步提高的。人性决定人必须行人道。人不行人道,就会非人化,成为禽兽或禽兽不如者。圣道是圣者行人道成其大的道。圣道揭示了人性、人道与宇宙自然运行之道相结合的机制。《四十二章经》指出,人的德善性与宇宙运行大道统一之时,人就可以成其大。《道行般若经》说:般若波罗蜜能指导人们驾驭"第一正真大道。"《论语》说,孔子是靠"守死善道"而得以成其大者。孔子靠"志于道,据于德,依于仁,游于艺"而大成至圣,成为天下求生存发展的典范。《道德经》说:天地无私成其大,大道无我得永存。人应懂得"大患若身"的道理,"吾所以有大患者,为吾有身,及吾无身,吾有何患。故贵以身为天下,若可寄天下;爱以身为天下,若可托天下。"圣人无为我之心,"以百姓心为心","歙歙为天下浑其心","圣人不积,既以为人,己愈有,既以与人,己愈多。天之道,利而不害;圣人之道,为而不争。"《墨子》指出,"仁者为天下人谋划","兴天下之利,除天下之害","爱天下人如爱自己。"《孟子》说,人与人之间的价值有相差一倍、五倍乃至无数倍的,圣人是百世后人的老师,人要想最大限度地实现人生价值,求得美好的人生形象,就必须向圣人学习,即只有成为圣人一样的人,才能尽人性,践人形,担当大任,做出大贡献。人的本性决定"人皆可为尧舜"。《荀子》说,人应当把自己的成长发展定位在"从作君子起,到成圣为止"。

社会实践是推动认识发展的根本动力。人类文明进步的实践经验表明,懂得实施人性与宇宙运行大道统一的人得以成为真正的人,人性能与大道和谐统一的人得以成为伟大的圣者;丧失人性,背离大道的人无不滚入人类历史的垃圾坑。随着人类社会实践的发展,追求人性与宇宙大道统一的人必然越来越多,人类文明事业必将日益繁荣昌盛。

(三)确立了人民群众的主体地位和主导作用

纵观人类文明发展史,人们会清楚地看到,人类社会在中国最先确立了人民群众在社会生活中的主体地位和在社会存在发展过程中的主导作用。《易经》说,五千年前,伏羲画八卦演易变之道,是教人们认识和驾驭生存发展之道。乾文言:"大人者与天地和其德,与日月合其明,与四时和其序,与鬼神和其吉凶,先天而弗违,后天而奉天时。天且弗违,而况人乎","知进退存亡而不失正者。"《尚书·虞书》说,四千多年前,尧舜禹治国时期,中国就确立了民为天地之心的观念,提出了"天聪明,自我民聪明。天明畏,自我民明威。达于上下,敬哉有土","民惟邦本,本固邦宁。"炎帝神农把解决百姓吃饭和医病问题看得比自己的生命还重要,为解决百姓可吃和可医病问题,尝百草不惜日中毒几十次,传《神农百草》。黄帝轩辕日夜为百姓操劳,不惜心神憔悴,传《黄帝内经》。尧明确提出不能让只知为个人谋利益的人执政,开选贤任能的先河,从平民百姓中选出舜为治国接班人。舜不负众望,不但自己尽心竭力为百姓谋利益,而且选用为民造福能力强,亦不居功自傲的禹为执政接班人。四千年前的中国确立了为民造福的理念。在此以后,中华文明发展进入了民为主体的轨道。夏桀不以民为本,被商汤推翻;商纣不以民为本,被周文王、武王推翻。《孔子家语》明确指出:"夫君者,舟也;庶人者,水也;水所以载舟,亦所以覆舟。君以此思危,则危可知矣!"又说:"人是天地之心,而五行之端","上者尊严而危,民者卑贱而神。爱之则存,恶之则亡。长民者必明此之要。"

(四)创造了造就伟大民族的教化学说

马克思在《青年在选择职业时的考虑》一文中说:"如果人只为自己而

劳动,他也许能成为有名的学者、绝顶聪明的、出色的诗人,但他绝不可能成为真正的完人和伟人。那些为共同目标劳动因而使自己变得更加高尚的人,历史承认他们是伟人;那些为最大多数人带来幸福的人,经验赞扬他们为最幸福的人;……如果我们选择了最能为人类福利而劳动的职业,我们就不能为它的重负所压倒,因为这是为全人类所作的牺牲;那时……面对我们的骨灰,高尚的人们将洒下热泪。"

中华优秀传统人文化从伏羲开始就选择了造就伟人的方向。《易经》乾卦把人的成长定位在成其大。乾文言:"夫大人者与天地合其德,与日月合其明,与四时和其序,与鬼神和其吉凶,先天而弗违,后天而奉天时。……进退存亡而不失其正者,其惟圣人乎?"中华民族从此时开始,把人成长发展的目标定位在成其大上。三皇五帝三王皆是遵循此道求生存发展者。伊尹、吕望、周公、老子、孔子等圣者皆遵循此道而行事。《道德经》说:"域中有四大,而人居其一焉","故道大、天大、地大,人亦大。"强调指出:"圣人无常心,以百姓心为心","圣人在天下,歙歙为天下浑其心"。明确指出,人"遵道而贵德",求人的本性与正道统一,就能"成其大","得其贵","死而不亡"。《孔子家语》再三强调"圣人参于天地,并于鬼神,以治政也","凡圣人能以天下为一家,以中国为一人"。孔子是尽人性,行善道,大成至圣先师。《孟子》说:"圣人,百世之师也,……奋乎百世之上,百世之后闻者莫不兴起也。非圣人而能若是乎?"圣人高于他的同类,孔子又高出圣人。自从有人类以来,没有谁比孔子更伟大的了。孔子的伟大在于他揭示了人的教化之道。孔子在《易经·蒙卦》象中指出"蒙以养正,圣功也。"在其编著的《尚书》中指出,教育孩子必经在人生一开始,就对他进行明哲教育。孔子还强调,无论什么家庭出身的人,都必须对其进行教育。他举例说,太甲继承商汤王位后,不行成汤治国之道,师保伊尹坚持对其进行强化教育,即令其离开王位省过,历时三年悔过后才接回王位。又说成王年幼不能正确行使治国理政之道,周公排除万难,费尽心机,教化成王走上正确治国之道。《尚书》说周公是善于求教成长至圣的。《孔子家语》《庄子》等诸多经典都强调孔子是善于求教化的典范。《道德经》说:圣人是在信守大道,"复众人之所过,以辅万物之自然"的过程中成长发展起来的。全部中华优秀传统文化皆明确教人从君子做起,到成圣人为止。正是这一文化造就了中华民族兴天下利,除天下害的伟大品质。

(五)明确了人应有的责任意识和人生价值觉悟

中国古圣哲明确指出人不能离群索居,群体好坏关系到个人的生存发展。从这一认识出发,要求人们必须明确和自觉践行对群体的责任。五千年前的伏羲观天地万物画八卦演易变之道,目的在于教人懂得求主观与客观、理论与实践、知与行的统一。炎帝尝百草，教人民种五谷草药，目的在于解决人民的吃饭和保健问题。黄帝日夜为百姓操劳，都是自觉地尽自己的责任。《孟子》明确指出从更夫到治国者，每个人都肩负着对群体的责任。他说伊尹是能自觉尽做人责任的典范，自觉"把拯救天下的责任担在自己肩上"。孟子赞颂孔子是一个有自觉责任意识的人，他说"写《春秋》是天子应做的事。"天子没做，"世衰道微，邪说暴行有作，臣弑其君者有之，子弑其父者有之。孔子惧，做《春秋》"。孟子承认自己亦是有自我责任意识的人。"我也是想使人心端正，消除各种邪说，反对偏激行为，批驳浮夸失实的学说，以继承大禹、周公、孔子三位圣人的事业"，他认为"欲平治天下，当今之世，舍我其谁？"他赞美禹想着天下人被大水淹没，就好像是自己淹没了他们，稷想着天下人受饥饿之苦，就好像是自己使他们受饥饿，所以他们才十分着急。《孟子》教人有明确的价值觉悟，强调指出：同样是人，人生价值实现度却不一样。人与人之间有相差一倍，五倍甚至无数倍的，"惟圣人然后可以践形"，"圣人，百世之师也"，"奋乎百世之上，百世之下闻者莫不兴起也"。《荀子》说，君子圣人是"国之珍宝"，"狡猾诡诈的小人，嫉妒欺昧的臣子，是国家的垃圾和妖孽"。《吕氏春秋》说，圣人的价值是不可结算的，"得地千里，不如得一圣人。舜得皋陶而舜授之，汤得伊尹而有夏民，文王得吕望而服殷商。夫得圣人，岂有里数哉？"

（六）倡导天下为公、世界大同的人生理念

中华民族自古公私观念明确，明确告诉人们什么叫公什么叫私。《礼运·大同篇》说："大道之行，天下为公。"而大道既隐视天下为一家一姓的财产，各人只关心自己的亲人，养育自己的子女、为自己求财、为自己出力即为自己谋利为私。古圣哲皆教人心存天下之利，造福天下人民。《道德经》说：人之所以有大患，是因有我，"及吾无身，吾有何患。故贵以身为天下；爱以身为天下，若可托天下"。《庄子》明确指出，"顺从自然而无容私焉，而天下治矣"。又说："海不辞东流，大之至也；圣人并包天地，泽及天下，而不知其谁氏。"《孟子》说："老吾老，以及人之老；幼吾幼，以及人之幼；天下可运于掌"；导人"乐以天下，忧以天下"。"居天下之广居，立天下之正位，行天下之大道"，自觉担当拯救天下之大任。"君子之守，修其身而天下平"。《墨子》教人"兴天下利，除天下害"。《吕氏春秋》说："天下非一人之天下也，天下之天下也。""昔先圣王之治天下也，必先公。公则天下平矣。平得于公。尝试观于上志，有得天下者矣，其得之以公，其失之必以偏。凡主之立也，生于公。""圣人修养自身，而大业成于天下。""天下之士者，虑天下之长利。"《洪范》说："不要偏私，不要结党。"《中庸》说："君子动而世为天下之道，行而世为天下法，言而世为天下则"，"君子未有不如此而蚤有誉于天

下者也"。

（七）确立了协和万邦、天下太平的国际交往原则

长期连续不间断地求生存发展实践,使中华民族较早地懂得了国际间友好交往的重要性。五千年前伏羲画八卦演易变之道,确立了人与周围事物和谐相处的原则,《易经》明确指出:"大人者与天地合其德,与日月合其明,与四时和其序,与鬼神和其吉凶,先天而弗违,后天而奉天时。天且弗违,而况于人乎,况与鬼神乎。"炎帝、黄帝继伏羲之后,不但继续深入研究易变之道,而且在实践中坚决捍卫和谐相处原则,炎黄联手经过坚持不懈的苦战,战胜了追求穷兵黩武的蚩尤,为人民创立了和平安定的生存发展环境。记载中华文明进步史实的第一部经典《尚书》,开篇即指出尧因为"钦明文思安安。允恭克让,光被四表,格于上下。克明峻德,九族既睦,平章百姓,百姓昭明,协和万帮,黎民与变时雍",才登上治国执政高位。《道德经》说:"知和曰常,知常曰明,益生曰祥,心使气曰强。"《论语》说:"和为贵。"《中庸》说:"和也者,天下之达道也。致中和,天下位焉,万物育焉。"在中华文明发展的历史上,尽管圣明君王实施和谐之道,诸圣哲弘扬和谐之道,然而仍有人背和谐之道而妄行。春秋战国时期五百年间,诸侯争霸严重损害了协和万邦和天下太平的国际交往原则,给人类造成了极大的灾难。秦顺应民心统一了中国。从汉朝至今,两千多年来,中华民族坚持奉行协和万邦、求天下太平的国际交往原则,在中国成为世界头号强国的十几个世纪中,没有一个殖民地国,而是主动实施和谐国策,昭君出塞,文成公主赴藏,都是中国政府实施和为贵原则的标志,中国历史上出现的与邻国之间的战争,都是中国被侵略而忍无可忍的情况下发生的,包括中日甲午战争,如果不是中国政府忍让求和失度,则不会有日本侵略者的侥幸取胜。英国思想家罗素经多年研究中国后指出:"中国至高无上的伦理品质中的一些东西,现代世界极为需要。这些品质中,我认为和气是第一位的。以公理为基础而不是以武力去解决争端。西方人究竟是能让中国人保留这种美德,还是使中国处于自卫而采用日本式的军国主义,还须拭目以待。"

（八）为人类社会的革命变革提供了伟大动力

西方近代科学之父培根说:"印刷术、火药和指南针,这三项发明已经改变了整个世界的面貌。"全世界无产者的革命导师卡尔·马克思在《机器、自然和科学的应用》一文中说,指南针、火药、印刷术的发明,"是预兆资产阶级社会到来的三项伟大发明","火药把骑士阶层炸得粉碎,指南针打开了世界市场,并建立了殖民地,而印刷术则变成了新教的工具"。从这一意义上说,中国古代的发明创造,推动了欧洲中世纪的革命变革。欧洲近代文明的发展起始于文艺复兴。欧洲的文艺复兴从意大利开始。意大利的文艺复兴运动是在内外两种动力因素推动下发生的。从内部因素来看，意大利有一批接受古罗马精神影响较深的人才，这些人才懂得古希腊文化。从外部因素看，受到东方文化影响。意大利是同中国交往最早的欧洲国家之一。《中外文化交流史》说，公元前166年大秦（当时中国对罗马帝国的称呼）王安敦遣使来华，"表明中国和意大利的交往当时已有可能达到正式建交的水平"。历史记载，罗马共和时期，恺撒大帝曾穿着丝袍出现在剧场。在此之后贵族们争相购买中国丝绸。纪元后，在罗马城内托斯卡区有专售中国丝绸的市场。公元13世纪，意大利马可·波罗21岁时在父亲和叔父的带领下觐见过忽必烈大汗。忽必烈发现马可·波罗具有敏锐的观察力，让他在京城当差，还派他到内地游览，他的游记中有淮安、宝应、高邮、泰州、扬州、苏州、杭州、福州、泉州、南京等城市的记载，他在扬州还当过三年官吏。《马可·波罗游记》在欧洲被誉为"世界一大奇书"。此书成为欧洲了解中国及东方的知识重要来源。继他之后，欧洲各国使者、教士、旅行家相继来华。中国瓷器、漆器、山水画风靡欧洲。《中外文化交流史》说："对欧洲，特别是对法国来说，中国文化的发现，强烈地冲击了西方传统的宗教观、哲学观和历史观。"古代中国没有严格的宗教神权统治，比起欧洲宗教神权政治来说，人民的自由民主权利相对好得多。欧洲近代史上启蒙思想家、科学家歌德、莱布尼茨、魁奈、伏尔泰、卢梭、狄罗德、笛卡尔等，都从中国传统文化中吸取过营养。

（九）为提高人类素质和能力提供了理论指导和智力支持

中国传统文化的核心和灵魂是人文化。中华优秀传统人文化对提高全人类的文明素质做出了巨大贡献。中华优秀传统人文化揭示了人的本质，肯定了人的主体地位和主导作用。这一真理性的认识对于人类文明事业的发展具有极其深远的意义。随着中国与世界各国交往的发展，代表中国优秀人文化的著作和作者，为越来越多的国家人民所热爱，其影响日益扩大。根据联合国教科文组织统计，在世界文化名著中，译成外文出版发行量排在第一位的是《圣经》，排在第二位的就是《道德经》。《老子》的德文译本就有五六十种。海德格尔曾经与别人一起翻译过《老子》，还把老子的"孰能浊以静之徐清？孰能安以动之徐生"两句话写在硬纸上悬挂在自己书房的墙上。翻开世界文明发展史，我们会看到世界许多国家杰出人物的成长，都受到过中国优秀传统人文化的影响。德国大诗人歌德，在学生时代就偏爱中国文学和哲学，读过儒家经典"四书"。他崇拜孔子，认为孔子是最完美的"道德哲学家"。他把元剧《赵氏孤儿》改编成德国式的悲剧；还把中国的《百美新咏》译成德文；写过十四首《中德四季晨昏杂咏》，把对中国的美好

感,全部糅合进去。德国的洪堡兄弟、法国的雨果等人,都对中国古代悠久的文明产生过浓厚兴趣,都从中国古代文化中汲取过丰富的营养。法国启蒙思想家伏尔泰,十分推崇孔子学派"敬天秉公"的做人态度和"己所不欲,勿施于人"的道德原则。他为中国古老而优秀的文明所倾倒,盛赞中国是"举世最优美、最古老、最广大、人口最多和治理最好的国家"。德国古典哲学家黑格尔的辩证思维受过中国古代哲学的影响,他认为老子哲学与希腊哲学一样,是人类哲学的源头。他在深入研究《易经》后,才得以在哲学领域取得伟大成就。他在《自传》中说:"《易经》代表了中国人的智慧,是有绝对权威的。"他承认自己的正反合辩证逻辑定理,是受《易经》启迪而完成的。世界著名的文学家托尔斯泰受中国优秀传统人文化影响极深。1891年俄国彼得堡的一位出版家问托尔斯泰,世界上哪些作者及思想家对你影响最大?托尔斯泰回答说:"受中国孔子和孟子影响很大,而受老子影响巨大。"他在一篇日记中写道:"我认为我的道德状况是因为孔子,主要是读老子的结果。"

中国古代优秀文化为世界科技进步提供了理论指导。现代物理学的两大顶梁柱量子力学与相对论的创建,皆有中国传统文化的功劳。量子力学创始人波尔创立并协原理时,总觉得概念表述不清。1937 年,他应周培源邀请来华访问,在参观孔庙时,偶然发现太极图像而大彻大悟,感到太极图是他思想的最恰当的表现,与量子力学的基础原理为相反相成,与《易经》异曲而同工。于是,他将太极图作为哥本哈根学派的会标使用。相对论创立者爱因斯坦对中国传统文化和中国古代科学文明了如指掌,他在《爱因斯坦文集》卷一中说:"西方科学发展是以两个伟大成就为基础的,即希腊哲学的形式逻辑以及通过系统实验发现有可能找到的因果联系关系。在我看来,中国的圣哲没走这两步,是用不着惊奇的,令人惊奇的倒是,这些发现在中国全部做出来了。"他认为中国古圣哲的辩证思维方式,才是真正值得人们惊奇的。

电子计算机的问世,有中国古代优秀文化的智力支持和理论指导。德国大科学家莱布尼茨在 1679 年发明二元算术后,为无法实际应用而苦恼,迟迟不敢公之于世。1698 年,他从在中国康熙身边的传教士白晋的来信中,得知《易经》是一部有公理性的经典,并从伏羲六十四卦卦图的易学逻辑体系中发现六十四卦,与他发明的"二元算术"完全一致。于是,他借用卦爻阴阳符号,即以阴爻"– –"代表 0,以阳爻"—"代表 1,结果发现伏羲六十四卦图竟然是并然有序地从 0 到 63 的一个二进位制的连续排列。莱布尼茨的 0 和 1 则和《易经》阴阳符号统一了起来。他的"二次算术"理论竟然从早他几千年的《易经》中得到了证实。于是他把 0 和 1 变成计算机语言,在 1703 年发表了《二进制计算阐述》论文。副题为关于 0 和 1 的运用,兼论伏羲氏所用的数学意义。莱布尼茨给白晋的回信说："伏羲是中国古代的君主,世界著名的哲学家,中华帝国东洋科学的创立者,他的易图对现代科学来说,可算是最古老的纪念物(永静出土的收藏在瑞典远东博物馆的六千五百年前的彩陶壶上双龙太极图是迄今为止发现的最早太极图)。"莱布尼茨在致德雷蒙的信中说:易经六十四卦使思想与数发生关系,对于思想的计算有非常的利益。这个发明对于人类精神作用的完成及道德与宗教真理的进步更有意义。莱布尼茨钦佩中国的文明进步,给康熙皇帝写信,要求加入中国国籍,并在法兰克福创立了一所中国学院(此学院在第二次世界大战中被毁)。世界著名物理学家开普勒在其惊世之作《物理学之道与东方神秘主义》一书中说:《易经》符号系统是一套宇宙原型,是解决未来科学大统一的起点,从而引发一场科学革命。他强调:"东方神秘主义提供了一个协调一致和尽善尽美的哲学框架,它能容纳物理学领域最最先进的理论。"世界大物理学家惠勒说:"阴阳图是并协理论的一个最好标志","他的伟大发现将高于玻尔和爱因斯坦。物理学并没有结束,它正在开始"。

(十)推动了周边国家发展进步

文化的传布,最常见的是把他人创造的经验、技术等汲取过来,直接为我所用。中国古代社会首先创造了世界先进的农业文明,发明了稻粟,总结了稻粟种植经验,创造了稻粟种植技术。《农作物史记》说:中国的稻谷种植经验和技术,首先传到了东亚诸邻国。殷周之交,北传朝鲜,南传越南,汉朝东传日本,随后又传入菲律宾经伊朗传到西亚,然后经非洲传到欧洲。新大陆发现后再传到美洲。世界各地的粟,全都是由中国传入的。养蚕、缫丝、丝织技术是中国古人的发明,先后传入世界诸多国家。中国是世界纸的发源地,公元6世纪传到朝鲜、越南、日本,之后又传入阿拉伯地区及欧洲各国。印刷术、火药等都是中国人的发明创造,先后传入世界各地,为各国所应用。

中国古代优秀文化推动了诸邻国的文明发展进步。朝鲜是中国的近邻,接受中国的影响最早亦最多。中朝交往有三千年以上历史。中国对朝鲜的影响从商朝末年开始。商纣王时期,王叔箕子被纣王无礼囚禁,周武王灭商后,箕子出走朝鲜,建立"箕氏朝鲜",这个国家在朝鲜存在一千多年,使中华古代文明在朝鲜生根开花结果。汉唐以后,中国文化对朝鲜的影响更加广泛,公元372年开始,当时的高句丽政府设立了大学,以汉学为主要教学内容。五代时,后周的双冀在高丽国掌握文柄大权,在朝鲜始开科举制,推动了朝鲜文化事业的发展。中国文学、科技、医药等方面成果不断传入朝鲜。公元8世纪中国雕版印刷术传入朝鲜,公元11世纪末活字印刷传入朝鲜。清朝时期,朝鲜著名学者柳得恭与中国"四库全书"总主编纪晓岚

结为忘年之交,说明朝鲜对中国文化研究十分深入。韩国是朝鲜的一部分,受中国传统人文化影响颇深。《易经》太极图被韩国搬上了国旗,以孔子为代表的儒家文化成为韩国人学习的重要内容,韩国小学、中学、大学普遍开设儒家文化课,80%的韩国人接受过中国儒家文化教育。

日本是中国邻国之一,也是接受中国传统文化影响较早且较深广的国家之一。至今在日本尚存的徐福墓和徐福祠,表明公元前3至2世纪,中国与日本就有了交往。当时中国先进的农耕技术、手工技术和文化便开始传入日本。日本藤家礼之助《日中交流二千年》表明中国和日本政府之间的经济文化交往,是从汉魏时期开始的。东汉光武帝赐予日本国王的金印,1784年在日本福冈市的老贺岛出土。中国曹魏时期,日本倭王卑弥呼又派使者来洛阳,向曹操的孙子魏明帝曹叡进献斑布等礼物,魏明帝诏赐倭女王铜镜百枚,绵绢若干匹。日本学者说:"亲身来到东方大本营中国的倭人,目睹统一的国家组织和以数千年文化为背景的壮丽的首都洛阳,必然带回不少新知识,对中国文化无限向往,一定殷切希望政治上要像中国那样统一的国家组织,经济上要过像汉人那样灿烂的文化生活。"隋唐时期,日本派圣德太子、小野妹子、南渊请安、高向玄理、吉备真备等一批优秀人才来中国学习,回国后都成为大化革新的栋梁之材。隋唐文化对日本的影响是巨大而全面的。日本所有刑法、行政法都按照中国样式进行改造。日本的土地制度也按照唐朝均田制定出日本的班田制。日本"以周孔之教"为变革纲领,对日本进行了全面革新。隋唐时期日本的"大学寮"即国子学,几乎全用儒家经典教学,教科书包括《周易》《尚书》《周礼》《礼记》《诗经》等。到江户时代,朱子学成为日本显学,推广到全国各地。《日本文化交流史》说:"德川时代的官学是朱子学,大多数日本学者都是儒学家,他们平素即习诵中国经史古典,精通汉文并不亚于中国学者。"中国的各种文化思想"加深了日本语言的内容,丰富了日本国民的思想。"

中国传统文化对印度文明的发展有深远影响。我国与越南的往来早在两千年前就开始了。考古学家认定越南东山出土的一批青铜器物"具有秦汉时代的风格";越南出土的古老铜鼓,其形制花纹全与我国云南晋宁出土的铜鼓样式相似;中国的乐器,早在汉魏时期就传入越南,三国时期越南士燮统治时,所用乐器几乎全是中原的。宋朝时期,越南还曾出现过中国早已失传的"黄帝炎"杖鼓曲。《东周列国志》《三国演义》《水浒传》等古典小说在越南与中国内地一样家喻户晓。中国古代医药家一直受到越南人民的尊敬。中国古代名医岐伯、仓公、扁鹊、张仲景、葛洪、孙思邈、张宗素等皆被越南列为祭祀对象。这些都说明越南受中国传统文化影响极深。中国与柬埔寨,老挝的交往历史悠久,早在一千多年以前,中国人就和这两国人民共同发展经济,进行文化建设,把中国先进文化带给这两国人民。

中国与东南亚各国的交往都有千年以上的历史。三国时期，蜀国丞相诸葛亮把汉族先进耕作技术传到云南，不久又传到缅甸，促进了缅甸农业生产的发展。为此，缅甸人民十分尊敬诸葛亮，称他为"阿公"，缅甸境内还建有诸葛武侯庙。缅甸还接受过中国佛家文化的影响，缅甸蒲甘王朝时的一些佛塔和佛像都受中国佛教的影响。中国对印尼、对菲律宾、对泰国等国的文化发展都做出过贡献。中国人把耕作技术、养蚕织绸技术传布给这些国家。《印尼史纲要》说："我们的祖先是从中国学习养蚕纺绢的，不久，我们也会纺绸了。"明朝时期，中国与东南亚来往十分密切，据澳大利亚王赓武教授统计，仅1402年至1424年间，东南亚诸国访问中国的次数就达95次，其中泰国22次、马六甲14次、爪哇16次、占婆18次，说明中国与东南亚文化友好往来频繁，同时表明中国在东南亚地区作用突出。

（十一）较早确立并用实践表明了论理思维方式和实事求是的思想路线的伟大价值

中华民族在长期求生存发展实践中，对思维方式、思想路线及诸多重大基本理论问题求得了至高无上真理性认识。

《爱因斯坦文集》卷一说："西方科学发展是以两个伟大成就为基础的，即希腊哲学的形式逻辑以及通过系统实验发现有可能找到的因果联系关系。在我看来，中国的圣哲没走这两步，是用不着惊奇的，令人惊奇的倒是，这些发现在中国全部做出来了。"他告诉人们，中国古圣哲创造了具有自己特色的思维方式。太极图、八卦图是中华民族最古老的思维标志图。《易经》《黄帝内经》是中国古圣哲运用辩证思维方式研究人的生存发展与天地自然运行联系的最早经典。从总体上看，其特点之一是整体性，即把宇宙万物看成一个统一的整体，探索天地人自然万物之间的关系，从整体上把握其运行规律，是一种天地人统一的整体思维，其思维方法具有普遍的指导意义。其特点之二是联系性，联系决定事物产生、发展、灭亡，没有联系就没有宇宙间万物。其特点之三是发展性，即天地自然人万物时刻处于发展变化之中，人们必须用发展的观点看待人与天地自然的联系。其四是矛盾统一性。阴阳符号和太极图表明宇宙间一切事物都是矛盾的统一体，任何具体事物都是由矛盾构成的。五千年前问世的《易经》八卦图，进一步揭示人的生存发展是在处理与天地自然诸多矛盾中实现的。其后相继问世的《黄帝内经》《道德经》等更加深入地揭示了宇宙万物皆是矛盾构成的，是矛盾运动构成了天地自然社会万事万物，亦是矛盾运动创造了宇宙的美妙。从迄今为止人们掌握的史料来看，中华民族是世界上最早运用实事求是思想路线和辩证逻辑研究问题的民族。这种大一统的辩证思维方式和实事求是的思维路线，不但为中国的思想理论建设提供了理论指导和智力支持，而且推

动了世界思想理论建设。德国古典哲学是马克思主义哲学的重要来源,而德国古典哲学大师黑格尔在其《自传》中说:"《易经》代表了中国人的智慧,是有绝对权威的。"他说自己的正反合辩证逻辑定理,是受《易经》启迪而完成的。欧洲最重视思想理论的是德国,德国人最尊重的思想理论导师是中国古圣哲。《老子》的德文译本有五六十种。海德格尔曾经与别人一同翻译过《老子》,还把老子的"孰能浊以静之徐清?孰能安以动之徐生?"这两句话写在硬纸上悬挂在自己书房的墙上。德国莱布尼茨的二进制法则、玻尔的并协原理、爱因斯坦的相对论以及刻普拉、惠勒等皆从《易经》阴阳图中得到过启迪,这是世人尽知的。《易经·系辞》谈到中国古圣哲研究问题方法时说:"古之伏羲氏之王天下也,仰则观象于天,俯则观法于地,观鸟兽之文,与地之宜,于是始作八卦,以通神明之德,以类万物之情。"正确的思想路线和思维方式指导中华民族认识了自然万物运行之道,"与天地准,故能弥纶天地之道",求"与天地合其德,与日月合其明,与四时合其序,与鬼神合其吉凶,先天而弗违,后天而奉天时","天地之情可见","思不出其位","应乎天而时行","文明以建,中正而应","中正有为,必将无往而不胜",《易经》为中华文化奠定了真理性的理论基础,长养了中华民族追求主观与客观、理论与实践,知与行统一的觉悟,推动了人类理智的觉醒。

中华传统文化的最伟大认识成就,就是在五千年前正确认识了宇宙人生真相,清楚了人的生存发展与天地运行之间的联系,明确了人类生存发展应采取的方略,确立了文明进步之道。

太极图、八卦图表明,宇宙由阴阳两种物质构成,阳气上升形成天,阴气下降形成地,阴阳和合生成万物,天地自然万物社会人皆存在于宇宙这个统一体中,相互联系,相互影响,由道主宰其运行;天地自然社会人按道的要求存在发展,并根据自己的本质属性特点,形成了各自存在发展之道;天地自然社会人等具体事物的生命力,由其与宇宙大道和谐程度来决定;宇宙大道川流不息,宇宙间万物存在发展变化不止。从而明确告诉人们,宇宙是一个统一的整体,其中万物相互联系、相互作用,不停地发展变化,发展变化有其规律性。《易经》用阴阳符号,揭示出其变化有八个方面、六十四类、三百八十四种具体形式。

《易经》深入研究了人的生存发展与天地自然运行的联系,揭示了人的生存发展与天地自然运行关系的规律性,明确指出,人类应当从人的生存发展与天地运行联系规律性高度寻求出路。《道德经》老子说:"致虚极,守静笃,万物并作,吾以观复。夫物芸芸,各复归其根。归根曰静,是谓复命;复命曰常,知常曰明。不知常,妄作凶。知常容,容乃公,公乃王,王乃天,天乃道,道乃久,没身不殆。"从人的本质属性高度进一步阐述了人如何"成其大"的问题。明确指出,无形的事物道最大,有形的事物天地最大,人凭借本性亦可成为与道、天、地并列称大者,"域中有四大,人居其一焉","道大、天大、地大,人亦大"。全部中华人文化学说,就是围绕人如何尽人性践人形成其大问题而展开的。老子认为,人成长发展的途径和方略,是求人性、人道与宇宙运行大道的统一,即"尊道而贵德",以德尽道,"孔德之容,唯道是从",像圣人那样"终日行,不离辎重","抱一为天下式"。孔子认为中庸之道是人们求生存发展应选择的最佳方略。《中庸》说:"天命之谓性,率性之谓道,修道之谓教。道也者,不可须臾离也,可离非道也。是故君子戒慎乎其所不睹,恐惧乎其所不闻,莫见乎隐,莫显乎微,故君子慎其独也。喜怒哀乐之未发谓之中,发而中节谓之和。中也者,天下之大本也;和也者,天下之达道也。致中和,天地位焉,万物育焉。"

中华传统文化揭示了社会根本问题,明确指出,社会的根本问题是人的问题。社会一切问题的解决都必须以人为基础。中华传统文化明确了人的主体地位和主导作用,把维护人权视为政权的根本任务,从捍卫人权出发,形成了一套具有中国特色的社会规范。中华传统文化自古引导人们追求自由,《易经》指出驾驭必然才有自由;《尚书》强调,民主就是人民当家做主,"民惟邦本,本固邦宁"。《孝经》明确指出:"爱亲者,不敢恶于人;敬亲者,不敢慢于人。爱敬尽于事亲,而德教加于百姓","教之可以化民也","是故先之于博爱,而民莫遗其亲","民用和睦,上下无怨"。中华民族捍卫人权,维护民主,倡导博爱、自由不但比西方国家早数千年,而且含义亦比西方深刻得多。

中国古圣哲教人善思考,守其正,求至知。《论语》说:"未之思也,夫何远之有?""诗三百,一言以蔽之,曰:'思无邪'。""君子有九思:视思明,听思聪,色思温,貌思恭,言思忠,事思敬,疑思问,忿思难,见得思义"。《大学》教人求至知。"古之欲明明德于天下者,先治其国;欲治其国者,先齐其家;欲齐其家者,先修其身;欲修其身者,先正其心;欲正其心者,先诚其意;欲诚其意者,先致其知。致知在格物,物格而后知至,知至而后意诚,意诚而后心正,心正而后身修,身修而后家齐,家齐而后国治,国治而后天下平"。

中华传统文化确立了道的绝对权威性。《道德经》明确指出:"有物混成,先天地生","独立而不改,周行而不殆",为"天地之始"、"万物之母","吾不知其名,字之曰道"。"天得一以清,地得一以宁,神得一以灵,谷得一以盈,万物得一以生,侯王得一以为天下贞","圣人抱一为天下式";"天无以清将恐裂,地无以宁将恐发,神无以灵将恐歇,谷无以盈将恐竭,万物无以生将恐灭,侯王无以贵高将恐蹶","夫唯道,善贷且成","故为天下贵";"不道早已"。《论语》指出:"朝闻道,夕死足矣",强调"守死善道"。《地藏经》指出:"依止善道,永取解脱"。《太上感应篇》教人:"是道则进,非道则退,不履邪径,不欺暗室。"

　　中华优秀传统文化阐明了人的本质属性是人类一切问题的总根据。中国古圣哲经典皆明确指出,德善性是人立身之根本,觉知性、行真正性是人能成长发展"成其大"、"得其贵"、"死而不亡"的根本保证。人能持守人的本质属性,则能得人的形象;丧失人的本质属性,就必然"非人化","成为禽兽"或"禽兽不如的人";发展人性,能尽人性者,则能成就伟业,"赞天地之化育","与天地参矣"。其活的灵魂是自觉能动性。人的本质属性决定人能驾驭必然求得自由。中华民族求人生自由已有五千多年的历史。伏羲画八卦演易变之道,就是教人驾驭必然求自由。《黄帝内经》教人认识和驾驭人的生存发展与天地自然运行之道,亦是指导人们认识和持守健康之道,掌握求健康的自由。《道德经》教人"尊道而贵德",是指导人们把握成长发展之自由;"善摄生"是教人把握长生之道,得健康之自由。人的类本质的同一性,决定人与人之间的平等。人的本质无差别,人与人之间只有觉悟的先后、潜质开发程度的差别,而且这种差别在一定条件下刹那即可消除。人的本性中有顿开圣智、立地成圣道的资质。中国古圣哲从这一意义上提出人与人之间的平等性。中华民族倡导等贵贱已有数千年的历史。夏桀商纣的灭亡,历代暴君的失败,皆因他们违背了人与人间的平等权利。人的本性决定人与人之间应当和谐友爱。中国古圣哲普遍倡导博爱。《孝经》说:先王提倡"博爱"。《道德经》说:"爱以身为天下,若可托天下","圣人在天下,歙歙为天下浑其心"。《孟子》说:"老吾老,以及人之老;幼吾幼,以及人之幼;天下可运于掌。"

　　中华传统文化告诉人们,宇宙的整体性,事物联系的普遍性,矛盾的客观永恒性,道的川流不息性,事物的瞬息万变性等,要求人们必须时刻保持清醒头脑,驾驭事物变化。中国古圣哲把人应明宇宙真相,能经纬天地人生的素质称之为文明。中华传统文化告诉人们,文明是人们求生存发展必须具有的素质和修养,亦是人类存在发展的必然方向。人有了高度文明的素质,才能在求生存发展实践中,求得主观与客观、理论与实践、知与行的和谐统一。社会沿着文明化方向前进,人类才得以生存发展。

第三章　中华优秀传统人文化的普遍适用性

中华优秀传统人文化的普遍适用性源于其真理的深刻性。从太极图和阴阳符号系统创立算起,中华民族追求至高无上真理,迄今已经历大约万年之久。中华民族正是坚定不移地坚持以真理性人文化指导求生存发展实践,才得以创造世界唯一连续而无间断的文明发展史。19世纪,马克思主义科学思想的产生,不但进一步表明伟大人生实践需要科学理论指导,而且进一步证明了中国古圣哲人生理论的深刻真理性。中华民族伟大复兴和21世纪世界文明进步呼唤中华优秀传统人文化,更加表明没有真理性人生理论指导,就没有人类的文明进步。

一、中华优秀传统人文化的普遍真理性

中华传统文化优秀的根源在于普遍真理性。纵观中华传统文化,其宗旨、指导思想和理论体系皆建立在至高无上的真理基础上。中华优秀传统人文化的宗旨是教人明宇宙人生真相,经纬天地人生。同时明确指出,人们要想达到此目的,则必须以圣哲们具有至高无上真理性的理论和大智慧为指导。中国传统文化中关于宇宙真相的论述、关于人的类本质的论述、关于人的生存发展与宇宙运行大道联系的认识、关于人类求生存发展的必由之路的认识、宇宙观、社会观、人生观、价值观等皆具有普遍真理性。

马克思说:"凡是共产社会(原始社会)的产物,都是最可宝贵的。"其最可宝贵的原因,一是因为无私有观念和阶级偏见;二是长期求生存发展实践的产物。

真理是客观事物及其规律在人意识中的正确反映。人类是在实践中认识和发展真理的。中国是世界上迄今为止唯一连续文明发展史未中断过的国家,有一百多万年在原始社会求生存发展的历史,有完整的奴隶社会发展史和漫长的封建社会发展史。长期连续不间断的求生存发展实践,使中华民族懂得了任何空想和随心所欲,都是无益的,人们求生存发展,需要真理性理论指导。认识的真理性越高,实践成功度则越高。中华民族早在五千年前就确立了求至知的理念,要求人们用具有至高无上真理性的理论指导

自己。《易经》明确指出，人求生存发展，必须懂得"穷理尽性"，"重明以丽乎正"，"与日月合其明"，"究天地之际"，"以化成天下"。中华民族自古引导人们发展理性觉悟，要求人们有目的的行动。古圣哲经典皆明确教人重视终始，把终放在始之前。《易经》指出："大明终始，六位时成，时乘六龙以御天"。《黄帝内经》指出："阴阳四时者，万物之终始，死生之本也。逆之则灾害生，从之则疾病不起，是谓得道"。《道德经》说："民之从事，常于几成而败之。慎终如始，则无败事。"人生天地间，求生存发展是目的。然而人们生存发展问题的解决不取决于天地，而取决于人们自己。中华优秀传统人文化就是围绕人如何正确解决生存发展问题展开的。《大学》说："古之欲明明德于天下者，先治其国；欲治其国者，先齐其家；欲齐其家者，先修其身；欲修其身者，先正其心；欲正其心者，先诚其意；欲诚其意者，先致其知；致知在格物。物格而后知至，知至而后意诚，意诚而后心正，心正而后身修，身修而后家齐，家齐而后国治，国治而后天下平。自天子以至于庶人，壹是皆以修身为本。其本乱而末治者，否也；其所厚者薄，而其薄者厚，未之有也。此谓知本，此谓知之至也"。

（一）中华优秀传统人文化人生观的真理性

人生观是人们对人生问题的根本看法。人生是人在时空中的表现形式和过程。中华民族在长期求生存发展过程中，对人生基本问题求得了至真的觉知。其中主要有如下一些：

尽人性践人形说。中华优秀传统人文化大厦建筑在人性基础之上，对人的本质属性认识极其深刻，明确指出人的本性是人类社会存在发展的根据，人类社会一切问题的解决都必须从人的本性着手，要想做一个真正的人，只有尽人性，才能展现人的美好形象。《孟子》说："君子所性，仁义礼智根于心，其生色也晬然，见于面，盎于背，施于四体，四体不言而喻。"又说："人之有德慧术知者，恒存乎疢疾。"他强调指出：人丧失其本性则会成为"非人"、"禽兽一类的人"，或"禽兽不如的人"。"惟圣人然后可以践形"。《真宗妙义经》说："不见自性"，"不得成佛"，"明心见性即是佛"。《密严经》说："佛是出矿金"，"众生是矿中金"，人的本性是金，只有开发才能得到。《涅槃经》反复强调指出，人性是人的类本质属性，是人成佛圣道的根据。《论语》说，人与人间最相近的是人性。《道德经》说，人的本性决定人能"成其大"，"得其贵"，"死而不亡"。全部中华优秀传统人文化，就是围绕如何尽人性践人形的问题展开的。

尊道贵德说。中华优秀传统人文化明确指出，尽人性践人形的途径是尊道而贵德。古圣哲不厌其烦地告诉人们，道是宇宙天地万物之母，赋予宇宙天地万物生命。德赋予宇宙天地万物形象。尊道者命存，贵德则本立。

尊道贵德才能生存。《道德经》说:"天得一以情,地得一以宁,神得一以灵,谷得一以盈,万物得一以生,侯王得一以为天下真,其致之。"又说:"道者,万物之奥,善人之所宝,不善人之所保","故立天子置三公,虽有拱璧以先驷马,不如坐进此道。古之所以贵道者何? 不曰以求得,有罪以免邪;故为天下贵";"不道早已"。"重积德,则无不克;无不克,则莫之其极;莫知其极,可以有国;有国之母,可以长久。是为深根固柢,长生久视之道。""孔德之容,惟道是从。"《中庸》说:"道也者,不可臾离离也,可离非道也";"大德必得其位,必得其禄,必得其名,必得其寿","大德者必受命","苟不至德,至道不凝焉"。《大学》说:"道盛德至善,民之不能忘也。"《太上感应篇说》:"是道则进,非道则退,不履邪经,不欺暗室。"

做自己命运主人说。长期求生存发展实践,使中华民族较早地懂得了人生的主人是人们自己,而不是他人或什么神秘的力量。《尚书》说:"天作孽,犹可违;自作孽,不可活。"《荀子》说:"明于天人之分,则可谓至人矣。""天行有常,不为尧存,不为桀亡。应之以治则吉,应之以乱则凶。强本而节用,则天不能贫;养备而动时,则天不能病;循道而不忒,则天不能祸。……本荒而不侈;则天不能使之富;养略而动罕,则天不能使之全;倍道而妄行,则天不能使之吉。……不可以怨天。"《吕氏春秋》说:"君子必在己者,不必在人者也。必在己,无不遇矣"。成就自己"最好的方法是向自身求";"圣人修养自己,而大业成就于天下"。"士自行不可不审也"。《佛遗教经》说:"我如良医,知病说药,服与不服,非医咎也。又如善导导人善道,闻之不行,非导过也"。大乘佛法不厌其烦地告诉人们,"自性佛是真佛"。《金刚心总持论》说:"一切众生皆有佛性",人生成败"皆在各人自己,明心见性,修而成之"。《论语》说:"自己不考虑'怎么办怎么办'的人,我也不知他该怎么办呀。"

发心立志说。古圣哲明确指出,会不会发心立志,是关系人生成败的大事。《金刚经论》说:"一切功德,不出自心","若不发心,佛也难救"。《观无量寿经》说:"是心作佛,是心是佛。诸佛正遍知海,从心想生。"《学记》说,学生要首先树立学习志向,"深藏学习之志"。《论语》说:"三军可夺帅也,匹夫不可夺志也。"《孟子》说:"夫志,气之帅也","持其志,无暴其气"。《墨子》说:"志不强者智不达。"《佛遗教经》说:"勿令一生空过无所得也","常当自勉,精进修之,无为空死,后致有悔"。《大般涅槃经》说:"譬如国王大臣宰相产育诸子,付严师而作是言:我今四子就君受学,假使三子病杖而死,余有一子必当苦治要令成就。……应当劝励诸学人等,令得增上戒定智慧"。《佛遗教经》强调指出:"惭耻之服,于诸庄严最为第一","若离惭耻,则失诸功德。有愧之人,则有善法;若无愧者,与诸禽兽无相异也"。《道德经》说:"贵以身为天下,若可寄天下;爱以身为天下,若可托天下。"

大成至圣说。古圣哲以人的本质属性为根据研究人生问题，明确教人成其大。《道德经》说："域中有四大，而人居其一焉"，"故道大，天大，地大，人亦大"。人之所以能"成其大"，是因为人能效法天地、遵道而行。《孔子家语》教人"知圣人之可贵"，明确指出："圣者，德合于天地，变通四方，穷万事之始终，协庶品之自然，敷其大道而遂成情性；明并日月，化行若神"。《吕氏春秋》引用孔子的话说，"诗经说：'国家强大完全在于贤人'，子产只是诵诗一首，郑国就免遭灾难了"。《中庸》说："唯天下至圣为能聪明睿知，足以有临也；宽裕温柔，足以有容也；发强刚毅，足以有执也；齐庄中正，足以有敬也；文理密察，足以有别也。溥博渊泉，而时出之。溥博如天，渊泉如渊。见而民莫不敬，言而民莫不信，行而民莫不说。是以声名洋溢乎中国，施及蛮貊；舟车所至，人力所通；天之所覆，地之所载，日月所照，霜露所队。"人的本性决定人能成其大。《道德经》指出：人只有"成其大"，才能"得其贵"。《孟子》说，人只有成圣后，才能尽人性，践人形。

用好天生资质，提高综合素质，担当大任，创造大价值说。《孔子家语》记载子夏问孔子说："颜回之为人奚若？"子曰："回之信贤于丘。"曰："子贡之为人奚若？"子曰："赐之敏贤于丘。"曰："子张之为人奚若？"子曰："师之庄贤于丘。"子夏避席而问曰："然四子何为事先生？"子曰："居，吾与汝。夫回能信而不能反，赐能敏而不能诎，由能勇而不能怯，师能庄而不能同。兼四子者之有以易吾，弗与也。此其所以事吾而弗贰也。"《孟子》说，人与人之间有相差一倍、五倍甚至无数倍的，原因在于能不能充分发挥人天生的资质。他教人"善养吾浩然之气"，"持其志，无暴其气"，"无以小害大，无以贱害贵"，"先立乎其大，则其小不能夺也。此为大人而已矣"。人应立志担当大任。干大事业，需要大能力。人应当全方位修养自己，"深造之以道"，"修其身而天下平"，"穷则独善其身，达则兼善天下"，"得志，泽加于民；不得志，修身见于世"。孟子不厌其烦地强调，人只有修身成圣，才能实现其大价值。《吕氏春秋》说："事业的成功在于做，做的关键在于目标远大"，"一定要致力于大事业"，"荣华富贵不是自己来的，是靠功劳得来的"，圣人的价值是无限的，"只要有圣人在，天下就太平安定"，圣人修养自己，而大业成就于天下"，"得到千里土地，不如得到一个圣人。舜得皋陶就用他治好天下，汤得伊尹就拥有了夏的民众，周文王得吕望就征服了殷商。得到了圣人，所得的土地哪里有里数的限制呢！"

善思维说。思维是人类特有的一种能力。中华民族在长期求生存发展实践中，逐步懂得了思维是人们求得主观与客观、理论与实践、知与行统一的基础。中华优秀传统人文化不厌其烦地教人懂得善于思维。《论语》说："绎之为贵，说而不绎，从而不改，吾末如之何也已矣。"他强调："未之思也，夫何远之有？"遇事必须善于思考。"君子有九思：视思明，听思聪，色思温，貌思恭，言思忠，事思敬，疑思问，忿思难，见得思义。"他举例说："诗三百，一言以蔽之，曰：'思无邪'。"《孟子》说："心之官则思，思则得之，不思则不得也"。"同样是人，为什么有人成为君子，有人成为小人呢？"关键在于是不是善于运用自己的思维器官。"思深，才能通达事理"。《大学》说："知止而后有定，定而后能静，静而后能安，安而后能虑，虑而后能得。"《庄子》说："哀莫大于心死，而人死亦次之"，不能思考，丧失本性，"徒具形骸的人，其实与鬼一样"。翻开中国化了的佛经，人们会看到，释迦牟尼佛强调最多的一句话是"善思维之"。

修行说。中华民族在长期求生存发展实践中，逐步懂得了宇宙天地人自然万物皆有自己运行之道，其发展变化不依任何个人意志为转移；人是宇宙间有自我意识、有自觉能动性的客观存在，人习惯于按照自我意志随心所欲行事，结果多遭受悲惨结局。伏羲是中华人文化发展史上第一个教人懂行之道的圣者。八卦图揭示了人的生存发展与宇宙天地运行之间的联系，教人懂得人生天地间不能随心所欲、为所欲为，必须善于把自己的行为与天地运行之道统一起来。《易经》揭示了人的生存发展与天地运行联系的规律性，教人明了天地人的联系，驾驭经纬天地人之道。《尚书》开篇就明确指出，中华圣者尧、舜、禹皆是具有明照四方和经天纬地素质者。《道德经》进一步明确指出，宇宙天地运行有常道，人能把人的生存发展之道与宇宙天地运行之道统一起来，圣人是把人道与天地宇宙运行之道统一起来的典范。《论语》提出了"志于道，据于德，依于仁，游于艺"的修行纲领。《大学》《中庸》《孟子》《荀子》等提出了一系列修行原则。大乘佛法传入中国后，佛法成为指导人们修正自己行为的法宝。修行的宗旨，是把个人行为纳入宇宙天地运行的轨道。中华优秀传统人文化认为，古圣贤践行的为社会大众服务的德善行、普贤行等是与宇宙天地运行之道统一的正确行为。《道德经》强调修德善行，"修之于身，其德乃真；修之于家，其德乃余；修之于乡，其德乃长；修之于国，其德乃丰；修之于天下，其德乃普"。主张"居善地，心善渊，与善仁，言善信，正善治，事善能，动善时"。《十善业道经》强调"永离杀生、偷盗、邪行、妄语、两舌、恶口、绮语、贪欲、嗔恚、邪见"十恶业道，"行十善业道"。《金刚经论》强调："精修十善，清净三业，远离六尘"，"只依佛法修行"。《严华经·普贤菩萨行愿品》《无量寿经》等强调"修普贤行"，"圆满普贤所有功德"，"以普贤行悟菩提"，"恒修普贤广大行"，"关闭一切诸恶趣门，开示人天涅槃正路"。

遵纪守法说。中华民族自古重视法纪建设。太极图、八卦图不但告诉人们，宇宙天地自然万物运行各有其道，而且指出，人的生存发展受宇宙天地自然运行制约，从而教人懂得遵守宇宙天地自然运行法则。《尚书》说："有扈氏威侮五行，怠弃三正，天用剿绝其命，今予惟恭行天之罚"。同时指

出："上天规定了人与人之间的常法",社会治理"有典有则","不要违背治道","慎守法度","不要行非法","要各自遵守常法","肇修人纪","正法度","不走正道,违法不恭",必受惩罚。"上天监视下民,赞美他们合宜行事",违法行事的人"自己断绝自己的性命"。夏桀、商纣"不虞天性,不迪率典",皆导致亡国亡身。《道德经》指出："天网恢恢,疏而不漏","不道早已","清静为天下正","强梁者不得其死"。《论语》教人"心怀法度","遵守法纪"。《孔子家语》教人"明其法","管住自己"。《孟子》强调"依法行事","行法以俟命"。《荀子》教人"以千岁之法自持","不为所非"。《庄子》强调"遵守中正之道","以绳墨自矫","在人鬼面前都光明正大","不可不施行的是法"。《佛遗教经》说："戒是正顺解脱之本","戒为第一安隐功德住处","若人能持净戒,则有善法;若无净戒,诸善功德皆不得生"。"当制五根,勿令放逸","五根贼祸,殃及累世,为害甚重,不可不慎"。

积功累德说。中华优秀传统人文化告诉人们,人的成长发展是一个不断积功累德的过程。《道德经》说："治人事天,莫若啬。夫唯啬,是谓早服;早服谓之重积德;重积德则无不克;无不克则莫知其极;莫知其极,可以有国;有国之母,可以长久;是谓深根固蒂,长生久视之道。"《孟子》指出,德的成熟需要一个过程。"五谷者,种之美者也;苟为不熟,不如荑稗。夫仁,亦在乎熟之而已矣"。中华民族积功累德的觉悟形成,已有四千多年的历史。《尚书》说尧凭借"克明俊德"的修养登上帝位;舜作为一个普通人凭借不断发展德性被朝廷认识;成汤倡导"德日新"。《大学》总结了先贤积功累德的经验,提出了"道盛德至善。民之不能忘也"。《道行般若经》不厌其烦地强调,佛的声音、形象、品质,"不可能以一事、二事成,以若干百千事,若世世做功德、本愿所致,亦复世世教人,用是故成佛身、相及诸好,悉皆如是"。

创新发展说。中华民族在长期求生存发展实践中,逐步懂得了人类的文明进步是靠不断求创新发展来实现的。《尚书》说："惟新厥德,终始惟一,时乃日新";又说："人惟求旧,器非求旧,惟新";不能前进便将会有今天而没有明天了,怎么能生活在这个地面上呢?《道德经》指出："有生于无",人要善于"用无",善于"无中生有"。《庄子》说："时间不可能停止,天道不可能壅塞","不能因循前人陈旧脚印","一个人如果没有先于他人的长处,就是不懂做人之道的人,就是陈腐无用的人","人应因循无穷无尽的变化与发展","天天变化更新","学者,学其所不能学也;行者,行其所不能行也;辩者,辩其所不能辩也。知止乎其所不能知,至矣;若有不即是者,天钧败之"。

破迷除障说。中华民族在长期求生存发展实践中,深刻认识了迷障对人成长发展的危害。《道德经》说："人之迷,其日固久。"迷的表现更是多种多样,有人不知"祸兮福之所依,福兮祸之所服";有人不知"宠辱若惊";有人只"知美之为美",不知美丑相生;有人只"知善之为善",不知善恶相生;有人不知"五色令人目盲;五音令人耳聋;五味令人口爽;驰骋畋猎令人心发狂;难得之货,令人行妨";有人"富贵而骄,自遗其咎";等等。老子不厌其烦地教人知如何破迷开悟,防祸除咎。"能蔽不新成","贵大患若身","贵以身为天下","爱以身为天下","唯道是从"。古圣哲指出,破迷除蔽应从整治思想入手。《道德经》教人懂得辩证思维。《荀子》说:"凡人之患,蔽于一曲而暗于大理。"明确指出:"凡以知,人之性也;可以知,物之理。"人应当发展认知能力,"明参日月,大满八极",就不会有迷蔽之患了。《金刚经论》说:"一切众生皆有佛性。本来不生,本来不灭。只因迷悟而致升沉","众生长迷不觉,所以永劫堕落。诸佛常觉不迷,所以永成佛道"。从而告诉人们,欲成圣道,必须破迷开悟。

人生保健说。中华民族在长期求生存发展实践中,深刻认识了人生保健的重要性,创建了具有中国特色的人生保健学说。从伏羲演八卦作易经开始,中国古圣哲就明确把人生保健提到了人生重要议事日程。《易经》是从天地人合一的整体意义上研究人生保健的,因而中华民族的人生保健学说不只是从生物体意义上研究问题,而是教人从宇宙总体上把握通变致久之道。《易经·说卦传》说:"是以立天之道曰阴与阳,立地之道曰柔与刚,立人之道曰仁与义,兼三才而两之,故《易》而六位而成章。"炎帝认为,人的机体保健是人生保健的基本点。人有了健康的身体和旺盛的生命力,才能更好地求生存发展。所以炎帝从解决人们食物和防治疾病入手,解决人生保健问题,著《神农本草》,开中草药治病和食疗之先河。黄帝则与医生共同探讨人生保健之道,著《黄帝内经》,教人以易变理论为指导,从天地人相互联系的整体意义上搞好人生保健。《道德经》总结了以往人生保健经验,从自然人和社会人相统一的意义上研究人生保健问题,指出人生保健既要驾驭作为生物体的人保健之道,又要驾驭作为社会人的保健问题。"出生入死,生之徒十有三。夫何故? 以其生生之厚。盖闻善摄生者,陆行不遇兕虎,入军不被甲兵。兕无所投其角。虎无所搓其主爪。兵无所容其刃。夫何故? 以其无死地。"教人"知常","守道","不妄作",告诉人们"不失其所者久"。《论语》介绍了孔子如何保健的,他从吃、坐、卧、行做起,不忘精神健康,"不知老将至矣"。《庄子》指出:最贵重的是生命,人应当懂得"不伤害形体","使自身存活","通晓生存之道,不中途夭折","颐养寿命","自身与自然相通","与自然变化为友","欢乐和哀伤不入心怀","寻求保全自己的方法";"最大的悲哀莫过于心死,而人死尚次之";"知道可贵在于自身,不因外界的变化失掉自我";"游乎至乐,谓之至人";养生的关键在于养心,只有心境安然,才能长久保持其真性,心与道合者神宁。《吕氏春秋》说:"精神与道合,生命不受挫折,因而心志不可担挡,精气与鬼神相通,深微

玄妙，没有人能看出其形体来。"又说："鬼降给人的疾病是由人精神失守引起的。"古圣哲指出，人生保健的目的在于求旺盛的生命力，成就大事业。《道德经》说，"大器晚成"，没有长久生命力则难成大器。《孔子家语》说："君子无不敬，敬也者，敬身为大。""爱其死以有待，养其身以有为也。"保护自身，自己有所成就而且推己及人使功业得到显扬。《无量寿经》教人求无量寿命，告诉人们有了无量寿命，才能成就无量功德，为众生做出大贡献。

尽其道而死说。中华优秀传统人文化的死亡学说具有深刻真理性。其一指出了死亡的必然性。《道德经》说："天地尚不能长久，而况于人乎。"《庄子》说："生之来不能却，其去不能止。"人之生死皆是必然。其二指出了死亡有道。《孟子》说："尽其道而死者，正命也；桎梏死者，非命也。"尽道而死者"丧死无憾"，"其生也荣，其死也哀"。"无以求生以害仁，有杀身以成仁"，"行法以俟命"，"天下有道，以道殉身；天下无道，以身殉道"。其三是人生命短暂，必须用好生命时间，为死而不亡做好准备。《佛说四十二章经》说："人命在呼吸间"，一息不来，即为来世。《无量寿经》说，生时为善为恶，死时报应不同。"大命将终，悔惧交至，不预修善，临时乃悔，悔之于后，将何及乎"。为恶者死后必堕三途，善根福德因缘具足，为善至高无上者死后可生极乐世界，得无量寿命。其四是用智慧看待生死。《佛遗教经》说："智慧者，则是度老病死海坚牢船也"，唯依靠智慧船能度死亡之海。《般若波罗蜜多心经》说："三世诸佛依般若波罗蜜多故，得阿耨多罗三藐三菩提"，得无量自在寿命。《庄子》亦说，依道而行者，可"超越古今时限，进入无所谓生死的境界"。

善于学习说。中国人长期求生存发展实践，造就了中华民族善于学习的觉悟。古圣哲经典中论述学习的思想极其丰富，充满至高无上的真理性。《论语》教人从学习立身之道开始。孔子以自己为例说："吾少也贱，故多能鄙事"，我没被国家重用，所以多学一点技艺。他强调学礼，告诉人们："不学礼，无以立。"《道行般若经》教人"学习十方天下人道"。《道德经》教人学习"成其大"之道，告诉人们万物莫不"尊道而贵德"，指出圣人是将人性、人道与宇宙运行大道统一起来的典范，"孔德之容，唯道是从"，"圣人抱一为天下式"。《荀子》提出学习圣明通达之道，"用千年人生经验指导自己"，"做千年真诚之士"，教人"以圣为师"，"不闻圣王之言，不知学问之大"。古圣哲皆不厌其烦地告诉人们，学习是人们成长成功的法宝。《道德经》说，人能成为宇宙四大之一，在于人善于学习，"效法"天地，取万物之长。《论语》教人提高学习觉悟。孔子说自己是"学而知之者"，"吾十有五而志于学"，学习起来"发愤忘食，乐以忘忧，不知老之将至"，"学如不及"，"学而不厌"，"不耻下问"，"见贤思齐"，"见善如不及"，"就有道而正焉"，"信而好古"，善于向圣者学习，善于取天地万物之长，"见不善而内省"。《孔子家语》说，孔子"见人一善而忘百非"。《孟子》赞颂舜是善于学习的典范，"善与人同，舍己从人，乐取于人以为善，自耕稼、陶、渔以至为帝，无非取于人者。取诸人以为善，是与人为善者也。"他强调必须深知向圣者学习的重要性，"观于海者难为水，游于圣人之门者难为言"。《荀子》说，学习"从做君子开始，到成圣为止"；"致力于学习，才会成为真正的人；放弃学习，就会成为禽兽"。不闻圣王之言，不知学问之大。他还指出："君子之学，有益的东西进入耳中，记在心中，贯彻全身，表现在举止上；稍微说一句话，动一动身，都可以成为别人效法的榜样"。"读诵群书以求融会贯通，思考探索以求通晓，效法良师益友去实践它，去掉自己的坏毛病持养它，使眼睛不看不正确的东西，使耳朵不听不正确的东西，口不说不正确的东西，脑不思考不正确的东西"，这样"才能站稳脚跟，应付各种复杂情况，做一个成熟完美的人"。"知道察，知道行，体道者也"。《庄子》说，善人不通晓圣人之道不能立业，孔子勤于励志用心学习，善于引领天下向圣者学习；"学者，学其所不能学也；行者，行其所不能行也；辩者，辩其所不能辩也；知止乎其所不能，至矣"。强调学习有用的东西，不要像学习屠龙之技的人那样学，不能像燕人到赵国邯郸学步那样学习。"不可不通晓的是道，不可不高明的是德"。

（二）中华优秀传统人文化社会观的真理性

社会观是人们对社会问题的根本看法。中华民族在长期求生存发展实践中，对诸多社会基本问题求得了至真认识。其中主要有如下一些：

人民的主体地位和主导作用说。《尚书》关于舜、禹、皋陶讨论治国之道的记载中说："天聪明自我民聪明。天明畏，自我民明威。达于上下，敬哉有土"。又说禹留给子孙的第一点遗训就是："民可近，不可下。民惟邦本，本固邦宁。予视天下，愚夫遇妇一能予。一人三失，怨岂在明？不见是图。予归兆民，懔乎若朽索之驭六马，为人上者，奈何不敬？"《孔子家语》说："人者，天地之心，而五行之端"；"上者尊严而危，民者卑贱而神，爱之则存，恶之则亡。长民者，必明此之要"。"夫君者，舟也；庶人者，水也；水所以载舟，亦所以覆舟。君以此思危，则危可知矣"。《维摩诘经》说，众生是菩萨佛土，菩萨的佛国大小，取决于他们所度化的众生多寡。《华严经》说："一切众生而为树根，诸佛菩萨而为华果，以大悲水饶益众生，则能成就诸佛菩萨智慧华果。"全部中华文化就是在捍卫和发展人民群众的主体地位和主导作用的宗旨下发展起来的。纵观中华五千年文明进步史，人们可以清楚看到，中华民族评价个人成败的根据，就是看其对人民群众的态度及其为人民群众谋利益的数量和质量。

人的社会化说。中华优秀传统人文化从人的社会性出发，研究人的生存发展问题，明确告诉人们，每个关心自己前途和命运的人，都必解决好社

会化问题。人以个体的形式存在,具有自我意识和自觉能动性,喜欢按自我意志办事,这就容易导致个人背离社会的倾向。因而,古圣哲们皆不厌其烦地教人必须处理好个人与社会的关系。炎帝黄帝是中华文明发展史上最先实现人生社会化的典范,他们为中华民族指出了求生存发展的正确方向,因而被中国人民尊称为中华文明始祖。人的社会化的根本问题,就是个人成长与社会发展的和谐统一。《道德经》说:"贵以身为天下,若可寄天下;爱以身为天下,若可托天下。""圣人无常心,以百姓心为心。善者吾善之,不善者我亦善之,德善。信者吾信之,不信者吾亦信之,德信。"《大学》进一步指出:"欲修其身者,先正其心。欲正其心者,先诚其意。欲成其意者,先致其知。致知在格物。物格而后知至,知至而后意诚,意诚而后心正,心正而后身修,身修而后家齐,家齐而后国治,国治而后天下平。自天子以至于庶人,壹是皆以修身为本。"《孝经》教人把孝敬父母与博爱天下人统一起来。

人的责任使命说。中华优秀传统人文化明确告诉人们,社会是人生存发展的舞台,社会美好,个人才能有好的生存发展环境。创造美好的生存发展社会环境,是人们共同的责任和使命。中华五千年文明史,就是在古圣哲倡导的自觉责任使命思想指导下创造出来的。伏羲自觉研究宇宙天地发展变化之道,画八卦演易经,目的在于教人懂得主观与客观、理论与实践、知与行的统一。《孟子》说:"禹思天下有溺者,由己溺之也;稷思天下有饥者,由己饥之也,是以如是其急也。"又说尧舜替百姓操劳,尽心替天下百姓物色能造福社会和人民的贤才。尧舜去世之后,圣人之道逐渐衰落,天下又大乱起来,商汤灭夏桀、周文王武王灭商纣,都是为了人民安居乐业。编写《春秋》这种事,本来是天子该做的事,天子没做而孔子自觉地做了,"乱臣贼子才有所惧怕"。孟子批评杨朱的学说只为自己,倡导自觉地为天下人谋利益,赞颂伊尹是有自觉责任意识的人,引用伊尹的话说,上天创造了人类,就是让先认识事物的人启迪后认识事物的人,让先认识事理的人启迪后认清事理的人。我就是上天创造的人中先认清事理的人,我应当用尧舜之道启迪现在的百姓。我不唤醒他们,还有谁呢? 孟子说,伊尹为天下百姓着想,天下百姓只要有一个人没有承受过尧舜所施的恩泽,就好比是自己把他推进深沟里一样。伊尹就是这样把拯救天下的重担担在自己肩上。

人生价值说。社会是个人展现自我、实现自我价值的舞台。求生存发展,是人生基本问题。人的生存发展问题,只能在社会中解决。人生从来到社会开始,到离开社会为止。人生的全部价值只能在这一过程中完成。《孟子》说,同是一生,人与人之间创造的价值有相差一倍,五倍甚至无数倍的,原因在于能不能充分发挥人天生的资质。人生价值实现的过程,是自我与社会统一的过程。个人成长与社会发展需要统一度越高,人生价值实现度则越高。《荀子》说,干坏事,危害社会的人是国家的垃圾和妖孽;坚持个人与社会统一的原则，"口能言之，身能行之，国之宝也"。《道德经》说，个人成长与社会发展和谐统一之时，人就成其为圣人，圣人无谋私利之心，"以百姓心为心"，"歙歙为天下浑其心"，"不失其所者久，死而不亡者寿"。《华严经》说，"诸佛如来以大悲心而为体"，"因于众生而起大悲，因于大悲生菩提心，因于菩提心成等正觉"，"一切众生为树根，诸佛菩萨而为华果，以大悲水饶益众生，则能成就诸佛菩萨智慧华果"，"若无众生，一切菩萨终不能成无上正觉"。《孟子》说，放出光辉且能化育万物者之谓圣，圣而不可知之之谓神。"圣人百世之师也"，"奋乎百世之上，百世之下闻者莫不兴起也。非圣人而能若是乎?"人生价值实现度，由人们尽人性、践人形，行真正情况来决定。《中庸》说："能尽人之性，则能尽物之性;能尽物之性，则可以赞天地之化育;可以赞天地之化育，则可以与天地参矣。"《孟子》说:丧失人性者则会非人化，成为禽兽或禽兽不如的人，能尽人性，才能展现人的形象。《天地八阳神咒经》说:"常行真正，故名为人"，若失人的行真正性，"反天时，逆地理，背日月之光明，常没暗室，违正道之广路，恒寻邪经"，"必沉苦海，受种种罪"。《荀子》说:"依道屈伸进退"，"通则文而明"，"可以拟于舜禹，参与天地"。

社会和谐。中华文明是在构建和谐社会观念指导下发展起来的。中华民族构建和谐社会的观念形成已有五千年。中华优秀传统人文化从人的特性决定人的社会存在的观点出发，明确指出人类的生存发展必须施行和谐之道。人类社会是由个人组成的。而个人生命存在时间短暂，自古人活七十古来稀。个人体力智力有限。人从产生之日起，就是社会的产物，靠社会生存发展，无社会就无个人。人类社会存在和发展靠人与人之间的和谐统一。《尚书》说，帝尧善于"协和万邦，使天下和睦"。中华文明丰碑上赞颂的杰出人物，皆是善于协和天下的人。《礼仪·大同篇》说:"大道之行，天下为公，选贤与能，讲信修睦。"《孝经》明确提出发扬"先王至德要道"，"教化人民"，"以顺天下"。《论语》倡导"和为贵"。孔子赞颂管仲时说:"管仲辅佐桓公，称霸诸侯，匡正天下。"桓公多次与各诸侯国盟会，不用兵力，这都是管仲的力量啊。像他这样的就是仁啊! 而仁德的核心就是和谐。《中庸》说:"中也者，天下之大本也;和也者，天下之达道也。致中和，天下位，万物育焉。"春秋战国时期是中国社会大变革、大动乱时期，诸侯争霸，人们生存朝不保夕。《道德经》及时指出:"不以兵强天下，其事好还。师之所处，荆棘生焉。大军之后，必有凶年。""夫乐杀人者，则不可以得志于天下矣。""杀人之众，以悲哀泣之;战胜以丧礼处之。"强调指出:"不道早已。"《荀子》说:"水火有气而无生，草木有生而无知，禽兽有知无义;人有气、有生、有知、亦且有义，故最为天下贵也。力不若牛，走不若马，而牛马为用，何也? 曰:人能群，彼不能群也。人何以能群? 曰:分。分何以能行? 曰:义。

故义以分则和,和则一,一则多力,多力则强,强则胜物,故宫室可得而居也。故序四时,载万物,兼利天下,无它故焉,得之分义也。"

中华文明发展史表明,和谐社会不是自然而然产生的,而是通过同诸多不和谐因素斗争取得的。捍卫人权是构建和谐社会的基本保证。人是社会的主体,人的生存发展是社会得以存在发展的根据。中华文明是在捍卫人权的斗争中求得的。炎帝和黄帝是中华民族文明始祖。他们对中华民族的最大贡献就是捍卫人权。炎帝把解决人民生存需要的食物和医治疾病需要的药物问题,看得比自己生命还重要,尝百草不惜一日中毒数十次。黄帝日夜为改善人民生存条件操劳。《神农百草》《黄帝内经》是记载他们功德的一部分。他们联合战胜穷兵黩武的蚩尤,在中华大地上为人民创造了得以和谐生存的环境。深受中华民族爱戴的尧舜禹皆是实施和谐之道的典范。《尚书》说:帝尧"克明俊德,以亲九族。九族既睦,平章百姓。百姓昭明,协和万邦,黎民于变时雍"。舜从修家庭和睦开始,到"总理百官,百官承顺;宾于四门,四门穆穆","流共工于幽州,放驩兜于崇山,窜三苗于三危,殛鲧于羽山,四罪而天下咸服",皆以求社会和谐发展为宗旨。禹尽心竭力治理四海,为百姓创造了安定的生存发展环境,又敬慎地辅助帝舜,对捍卫人权、和谐社会做出了杰出贡献。

炎帝、黄帝、尧、舜、禹开捍卫人权构建和谐社会之先河。继他们之后,中华民族即把能否构建和谐社会、是否维护人权,作为评价治国者的根本标准。商汤战胜夏桀以此为根据,周文王周武王推翻商纣亦如此。从周朝末年诸侯争霸到秦统一中国结束五百年战乱史,进一步表明,人权不可侵犯,和谐社会不可缺少。作为秦统一中国理论根据的《吕氏春秋》指出:"当禹之时,天下万国,至于汤而三千余国,今无存者矣,皆不能用其民也"。"民之用也有故,得其故,民无所不用"。"亡国的君主,大都凭着威严使用人民","威严越多,人民越不被使用"。"夙砂国人民杀死自己的君主来归附神农。密须国人民捆上自己的君主来归附周文王"。事实表明,没有人权的国家必然灭亡,不和谐社会不能久存。老子总结了以往经验,在《道德经》中反复强调指出:"不以兵强天下,其事好还";"乐杀人者,则不可以得志于天下矣";"强梁者不得其死";"知和曰常,知常曰明,益生曰祥,心使气曰强。物壮则老,谓之不道,不道早已";"道者,万物之奥,善人之宝,不善人之所保","故立天子,置三公,虽有拱璧以先驷马,不如坐进此道。古之所以贵此道者何?不曰以求得,有罪以免邪?故为天下贵"。

中华优秀传统人文化明确指出,构建和谐社会不是不要原则。《道德经》说,只知和大怨而不知怨何以生,"必有余怨,安可以为善?"宇宙间正第一大道只有一条,真理只有一个。只有全社会服从真理,才有真正的社会和谐。"天道无亲,常与善人"。正道不可违,站在正道之上的人,才有光明前途。持守宇宙大道,站在真理一边,绝不能动摇。《孟子》提出"先觉觉后觉",先知先觉一方应教育不知不觉者。《尚书》指出,觉者教育不觉者是困难的,然而只要觉者有智慧有能力,是可以教化不觉者的,如伊尹教育太甲、周公教育成王,虽然费力,但功德无量。《论语》还提出"和而不同"的原则,即有的怨可以用求同存异的方法解决,如炎帝和黄帝分别为两个部落首领,相互间有矛盾,发生过战争,然而在对抗不顾人民死活喜欢穷兵黩武的蚩尤问题上有共同点,便联合起来,打败了蚩尤,为中华民族文明进步做出了不朽的贡献。《道德经》说,站在正道一边捍卫真理的一方,不得已时可以用正义战争战胜死不悔改者,如商汤战胜夏桀、武王战胜商纣。对于不得已而用战争来解决问题的一方来说,必须掌握"适可而止"的原则,"兵者,不祥之器,非君子之器。不得已而用之,恬淡为上"。

(三)中华优秀传统人文化宇宙观的真理性

宇宙观是人们对宇宙的根本看法。中华民族在长期求生存发展实践中,对宇宙诸多重大基本问题取得了至真的认识,其中最明显的有如下一些:

整体性观点。太极图是中华民族创造。迄今人们能见到的最早太极图是收藏在瑞典远东博物馆画有双龙太极图的彩陶壶,是中国六千五百年前的制品。太极图告诉人们,宇宙是一个圆明鲜活的有机统一体,天地人万物皆处于这个统一体中,相互依存,不可分离。阴阳平衡时宇宙才会是一个妙明鲜活的整体,天地万物才能存在发展;阴阳失衡,天地社会自然万物则会出现动荡混乱。

对立统一的观点。阴阳符号、太极图、八卦图是中华民族五千年前认识宇宙的基本标志。太极图教人认识宇宙的阴阳和合特点。《易经》进一步展示了太极如何一分为二、阴阳如何合二成一、天地如何和合生万物的。宇宙是由矛盾构成的,宇宙间一切事物皆由矛盾和合而成。《易经·系辞》说:"古之伏羲氏之王天下也,仰则观象于天,俯则观法于地,观鸟兽之文,与地之宜,于是始作八卦,以通神明之德,以类万物之情。"乾卦告诉人们,大人者"与天地合其德,与日月合其明,与四时合其序,与鬼神合其吉凶,先天而弗违,后天而奉天时。天且弗违,而况于人乎,况于鬼神乎"。全部《易经》告诉人们,于变中求其位,守和而达其生。《道德经》说:"道生一,一生二,二生三,三生万物。万物负阴而抱阳,冲气以为和。""知和曰常,知常曰明,益生曰祥。""道冲而用之或不盈,渊兮似万物之宗。挫其锐,解其纷,和其光,同其尘,湛兮似或存。"《中庸》说:"中也者,天下之大本也;和也者,天下之达道也。致中和,天地位焉,万物育焉。"太极图表明:宇宙万物由具有阴阳两种属性的物质构成,阴阳平衡,天地人万物才能存在发展;阴阳失衡就

会出现动荡祸乱。

联系的观点。中国古圣哲深入研究了宇宙间事物的普遍联系性，重点研究了人的生存发展与天地运行间的联系，把其联系的基本形式分为八宫六十四卦三百八十四爻。太极图告诉人们，宇宙间天地人自然万物共处于一个统一体，这是事物的总体联系。八卦图运用阴阳符号展示了人的生存发展与天地万物运行的联系。

发展观点。中国古圣哲把《易经》作为第一部经典展现给人们，就是告诉人们，欲求生存发展，必须用正确的发展观指导自己。《易经》是研究人的生存发展与天地运行之间联系规律性的经书。《易经》是太极图、八卦图的展开。它进一步告诉人们，宇宙间万物处于永恒的发展之中，其联系发展变化具有规律性。六十四卦三百八十四爻具体告诉人们，人的生存发展与天地运行在什么情况下将产生什么样的利害关系，人应该怎么做才能求得利，怎么做才能避害得利。

物各有其性，运行各守其道的观点。中华传统文化认为宇宙间一切事物皆具有自己的本质属性。《吕氏春秋》说："性者，万物之本也。"《楞严经》说，世界中的一切，以至于小草细叶，推究它们的根本，都是有其本体本性的。"天下之动，贞夫一者也"。《道德经》进一步明确指出，主宰宇宙万物的这个"一"是道。道是"天地之始"、"万物之母"、"万物之宗"，"天得一以清，地得一以宁，神得一以灵，谷得一以盈，万物得一以生，侯王得一为天下贞，其致之。天无以清将恐裂，地无以宁将恐发，神无以灵将恐歇，谷无以盈将恐竭，万物无以生将恐灭，侯王无以贵高将恐蹶"，强调指出："圣人抱一为天下式"，"不道早已"。

对于人在宇宙中的地位及如何求生存发展问题的认识。《易经》说，天地变易各守其道，人必须懂得"因天之序"，根据宇宙自然运行法则来规范自己的行为，能知变、适变，"时止则止，时行则行，动静不失其时"，"思不出其位"，则"在命无咎"；如位不当，则难免遭耻悔。欲"不自失"则需"知幽明之故"、"死生之说"，"顺而丽乎大明"，"重明以丽乎正"，"大明终始"。《道德经》教人知常规，依道而行，"不知常，妄作凶。知常容，容乃公，公乃王，王乃王，天乃道，道乃久，没身不殆"。《孔子家语》说："人者，天地之心，而五行之端"。《真宗妙义经》说，人在天地间求生存发展，必须从正确认识自己开始。人"真身中有"求得自由自在生存发展的"真经"，"人人本有"，即人的真如本性中蕴藏着驾驭天地、成就圣道的真经，"明心见性即是佛"，"佛在法堂，贯古通今"，"无明若息"，"诸漏已尽，超凡入圣"。《天地八阳神咒经》说："天地之间为人最胜最上者，贵于一切万物。"人之可贵，在于人能认识和驾驭天地运行之道，"常行真正"，取万物之长，使自己成就圣道，赞天地之化育。

　　发挥人的自觉能动性的观点。中国古圣哲在强调事物本性的客观性及其运行之道的不可违抗性同时指出，人有认识事物本性和驾驭事物运行之道的资质。《易经·乾》卦教人"与天地合其德，与日月合其明，与四时和其序，与鬼神合其吉凶，先天而弗违，后天而奉天时。天且弗违，而况于人乎，况于鬼神乎"。坤卦说："万物资生，乃顺承天。坤厚载物，德合无疆。"坤象出现时，君子应发心学大地厚德载物，"发于事业，美之至也"。《易经》培育了中华民族重天时、地利、人和的品质。《道德经》教人学习宇宙大道与天地人自然万物"和其光，同其尘"的品质。《天地八阳神咒经》告诉人们："返天时，逆地理，背日月之光明，常没暗室，违正道之广路，恒寻邪经"，"劫福招殃，自受苦"。"天地广长清，日月广长明"，尊天地正道，"常行真正"，"皆成圣道"。《中庸》强调指出："凡事预则立，不预则废。""天地之道，博也，厚也，高也，明也，悠也，久也"，人能"博厚配地，高明配天"，"则可以赞天地之化育"、"与天地参矣"。《庄子》说，人"与天和得天乐，与地和得地乐，与人和得人乐"。《尚书·尧典》赞颂尧："明照四方，善治天地"，"百姓昭明，协和万邦。"《论语》说："和为贵。"纵观古圣哲经典，皆明确告诉人们，懂和谐之道的人，才能成其大，得其贵，死而不亡。

　　守持宇宙运行大道，善取天地万物之长说。中华优秀传统人文化从人的本质属性出发研究人的生存发展问题，要求人们把人生目标定位在成其大。《易经》在阐明天地自然运行之道的同时，不厌其烦地告诉人们，贤人、大人、圣者是如何遵天地自然之道行事的。《易经》说："天行健，君子自强不息"；"飞龙在天"，"大人造业"。又说，君子效法日月，广施"阳光雨露"，常能雪中送炭，使乃民安乐，天下和平。为官当遏恶扬善，造福一方，事业有成。大道行，何愁大业不成。"文明以建，中正而应，君子正也。唯君子为能通天下之志"，"与日月合其明"。圣人"究天人之际"，"文明以止，……以化成天下"。"日月得道而能久照，四州变化而能久成，圣人久于其道而天下化成。观其所恒，而天地万物之情可见矣"。中正有为，必将无往而不胜。《道德经》的宗旨是教人知如何成其大。"域中有四大，而人居其一"，"故道大，天大，地大，人亦大"。就人本性来说，能成其大。然而人不能自然而然成其大，需要遵循成其大之道。"天得一以清，地得一以宁，神得一以灵，谷得一以盈，万物得一以生，侯王得一为天下贞，以致之"。"孔德之容，唯道是从"，"圣人抱一为天下式"，人的本性与德、道和谐统一之时，即可达大乘至圣之境。《孟子》说，惟成圣然后可以展现人应有的美好形象。《中庸》说："大哉圣人之道"，"唯天下至圣为能聪明睿知"，"唯天下至成，为能尽其性；能尽其性，则能尽人之性；能尽人之性，则能尽物之性；能尽物之性，则可以赞天地之化育；可以赞天地之化育，则可以与天地参矣"。"诚者不勉而中，不思而得，从容中道，圣人也"。

（四）中华优秀传统人文化方法论的真理性

中华优秀传统人文化的世界观和方法论是统一的。其统一性在于把解决人们求生存发展的问题作为唯一宗旨。纵观古圣哲留给后人的著作，我们会清楚地看到这一点。正因为如此，中华民族习惯于把古圣哲们的著作称为经法。中国古圣哲留给我们的第一部经典是《易经》。《易经》是教人认识易变规律的著作，同时又是教人运用易变规律，求位当，掌握趋利避害方法的著作。纵观中华文明发展史，五千年来，中华民族多把《易经》作为解决生存发展问题方法宝典使用。《易经》明确指出，解决生存发展问题的根本方法，是实现人的文明化。人的文明化需要从两个方面着手。汉代经学家郑玄说，"明"要求人们能"明照四方"，"文"要求人们能"经纬天地"。这里讲的"经纬天地"，即驾驭天地运行之道。概括地说，人要解决生存发展问题，就要把主观与客观、理论与实践、知与行统一起来，能经天纬地人生。《易经》教给人的是实现其统一的方法。《黄帝内经》是教人掌握解决健康问题方法的著作。《道德经》是教人掌握成长成功方略的著作。四书五经等皆是教人掌握将人性、人道与宇宙大道统一起来的方法。

中华民族在长期求生存发展实践中，逐步懂得了世界观方法论化之后，才能变成求得主观与客观、理论与实践、知与行统一的法宝。如《道德经》指出的道是宇宙万物的主宰，德是万物得以存在发展之根本，"是以万物莫不尊道而贵德"。就其实质来说，这是从认识论意义上说。"圣人抱一为天下式"，"歙歙为天下浑其心"，则是从方法论意义上说的。《太上感应篇》说的"是道则进，非道则退，不履邪经，不欺暗室"，是从方法论意义上说的。《道德经》说的"上德不德，是以有德；下德不失德，是以无德。上德无为，而无以为。下德为之，而有以为"，说的是积功累德的方法。有了正确观点，如不能将其转化为指导行为的方法，其观点仍不会起作用。《孔子家语》中，颜回问子路："勇力胜过品德的人，死得真正有价值的人很少。这是为什么呢？"孔子对颜回说："人不是不知道谨慎为人的好处，而是控制不住自己，没有认真去这样做。"这就是说，有了正确的观点，而不能用正确方法落到实处，正确的认识仍不会产生好的结果。

世界是复杂的，且瞬息万变，认识永远没有到顶的时候，解决问题的方法亦无穷尽。然而人的本质属性是相对稳定的，道主宰万物的品质是不变的，德尽道的性能亦不变。人应懂得抓根本。《论语》说："君子务本，本立而道生。"人最根本的是人性。人性的根是善性。善德本性使人知道爱。《孝经》说：爱的起点是孝敬父母。有父母才有人身，才有人生之始。孔子说"先王有至德要道，以顺天下，民用和睦，上下无怨"的东西，是孝。"夫孝德之本也，教之所由生也"。人性决定人行人道。行人道是人成长发展必由之路。人道与宇宙大道统一之时，人的发展就达到了大乘之点。宇宙的根本是道。《道德经》说：道"先天地生"，是"天地之始"，"万物之母"，"万物之宗"，宇宙的主宰。《道行般若经》说："正第一大道，无有两正"，即只有一条。《阿维越致遮经》教人"志存大道"，"立正圣道"，"成无上正真之道"。《道德经》及大乘佛法皆不厌其烦地告诉人们，佛圣是行人道，得成其大的典范，圣道是将人道与宇宙大道统一起来的方法论。《金刚经论》说，佛经是人们"自己佛法"，教人"悟明自己本来真性，即自佛也，于世间法，及出世间法，通达无碍，即自己法也"。"如来所说经法，皆是方便引导法门"，乃"超凡入圣，进道门路"。"佛即是法，法即是佛"。《金刚经》说："无有定法"，"一切贤圣皆以无为法而有差别"，"我说法如筏喻者"，"不应取法，不应取非法"。佛圣之道是将人性、人道与宇宙大道统一起来的经验总结和理论升华。

用无所不用其极的方法，求大成的理念。中华民族从伏羲画八卦演易变之道开始，到老子作《道德经》孔子作六经约三千年时间里，念念不忘教导人们的，就是求大成。《易经》教人"究天人之际"，"与日月合其明"，"重明以丽乎正，乃化成天下"，"唯君子能通天下之志"，"应乎天而时行"，"进退存亡而不失其正"，成为造化天地的"大人""圣人"。《尚书》从总结人们求生存发展经验教训高度，具体探索了人应当如何求成长发展问题。《道德经》不但指出人能成长为宇宙大道、天、地并列乘大者，而且明确告诉人们，人只要能缘圣人那以德尽道，就可以"成其大"、"得其贵"、"死而不亡"。孔子六经宗旨就是教人求大成。《大学》明确指出，欲成其大，必须懂得"无所不用其极"。所谓"无所不用其极"，就是用"至知"，求"道盛德至善"，彰显自己本性中的美好德性。《中庸》进一步指出："苟不至德，至道不凝"。"故君子尊德性而道学问，至广大而尽精微，极高明而道中庸"，"人一能之，己百之；人十能之，己千之"，求至能，"能尽人之性"，"能尽物之性"，"赞天地之化育"，"与天地参矣"。

制约人成长发展的诸方法中，最关键的是思想方法。《荀子》说："凡人之患，蔽于一曲而暗于大理。""欲为蔽，恶为蔽，始为蔽，终为蔽，远为蔽，近为蔽，博为蔽，浅为蔽，古为蔽，今为蔽。凡万物异，则莫不相为蔽，此心术之公患也。"这就要求人们要懂得"整治思想"。"天下无二道，圣人无两心"。"圣人知心术之患"，懂"治心之道"。有了正确的思想方法，才能产生正确的道理，用正确的思想处理问题，才能求得成功。《论语》说："绎之为贵"，"诗三百，一言以蔽之，曰：'思无邪'"。《孟子》说，手指不如别人，知道厌恶，心性不如别人，却不知道厌恶；一两把粗细的桐树梓树，如要它长大，知道怎样养护；对于自己成长发展，却不知怎么办，难道爱自己还不如爱桐树梓树吗？真是太不会思考了。《真宗妙义经》说：对于人的成长发展问题的

思考,必须懂得人自身真如自性的决定性作用,"内明性理",唤起真如自性,即得成佛。"明心见性即是佛"。

实事求是中国传统方法论系统中最基本的方法。中华民族运用这一方法创造了中华文明。《易·系辞》说:"古之伏羲氏之王天下也,仰则观象于天,俯则观法于地,观鸟兽之文,与地之宜,于是始作八卦,以通神明之德,以类万物之情。"也就是说,五千年前,伏羲画八卦,演易变之道,就是用的实事求是的方法。据考古学家认定,易经符号从出现到逐步完善,迄今已万年之久。《易经》明确指出,演易变的宗旨是求文明之道,即"关乎天文,以察时变。观乎人文,以化成天下","重明以丽乎正","文明以建,中正而应,'君子正也'。唯君子才能通天下之志","德刚健而文明,应乎天而时行","与日月合其明","中正有为,必将无往而不胜"。实事求是的方法,就是根据客观实际研究问题,找出规律,即正确的答案。这个实际就是天地人自然万物的现状。这一方法要求人们时刻瞄准客观现实,时刻不忘察自己所处位当否,时刻不忘根据变化调整自己。"凡事预则立,不预则废",是中国古圣哲在两千年前对人们的忠告。中华文明的发展与中华民族的预测素质紧密相连。中华民族是一个重智慧开发的民族。经书是智慧的寄身之处,文明则是智慧的结晶。中国古圣哲留给后人的第一部经书是《易经》。《易经》的宗旨是教人从天地人联系发展中找到规律,找到自己应处的最佳位置,从而能"思不出其位","行不违天地之道","其德刚健文明,应乎天而时行","知进退存亡而不失其正","发展事业,美之至也"。《道德经》进一步明确了宇宙大道对天地万物的主宰作用,教人懂得"不道早已",教人知道如何以德尽道,"孔德之容,唯道是从","圣人抱一为天下式"。能求得德与道统一者即得成圣。《论语》教人懂得道比人生命还重要,"朝闻道,夕死足矣","死守善道"。《中庸》教人懂得"道也者须臾不可离也","苟不至德,至道不凝焉",德与道统一度越高,其德越大,"大德必得其位,必得其禄,必得其名,必得其寿"。《地藏经》教人"依止善道,永取解脱"。《十善业道经》进一步指出:"譬如一切城邑聚落,皆依大地而得安住,一切草药、卉木、丛林,亦皆依地而得生长。此十善道亦复如是。一切人天依依而立,一切声闻、独觉菩提、诸菩提行,一切佛法,咸共依此十善大地,而得成就。若离十善业,欲修行正果,譬如空中建楼阁,或种稻子,欲成就生长,无有是处"。而行十恶道者必堕三途,求出无期。中华优秀传统人文化把明宇宙人生真相,驾驭天地运行之道,能把人性、人道与宇宙运行大道统一起来的品质,称之为文明素质。而正确的预测方法,则是求得主观与客观、理论与实践、知与行统一的桥梁。中国古圣哲常用的具体预测方法有如下一些:一是整体性方法,即把宇宙看成一个大局,主宰这个大局的是大道,每个具体的事物则为局部或小局主宰具体事物的道则为小道。小局不能危害大局,小道理不能与大道理相违。否则便会招殃遭害。《墨子》说:"知小而不知大"、"明小而不明天大",只知按小道理行事、只知求个人或小团体利益的人,是造成"天下混乱的原因",亦是必遭殃者。整体性研究问题的方法,还包括联系的还是孤立看问题。事物的联系性构成了宇宙的整体性。世界上的事物本来是相互联系相互制约的,而现实生活中的人们却常常喜欢孤立地看问题,结果招致无穷祸患。二是用发展观点看问题的方法。宇宙一切事物都处于永恒发展之中,任何现象只是事物前进中的一时表现,然而有些人却只知看一时,不知研究事物发展全过程,不知小恶会成大祸,不知小善会发展大善,常常因为善小而不为,恶小而为之,或有恶而不改。《道德经》说:"其安易持,其未兆易谋。其脆易泮,其微易散。为之于未有,治之于未乱。合抱之木,生于毫末;九层之台,起于累土;千里之行,始于足下","知不知,上;不知知,病。夫唯病病,是以不病。圣人不病,以其病病,是以不病"。《地藏经》教人"莫以善小而不为,莫以恶小而为之"。《庄子》说:"美成在久,恶成不改,可不慎与!"三是因果报应的方法。《太上感应篇》说:"祸福无门,惟人自招,善恶之报,如影随形。"《佛说三世因果经》说,法起有因。因果之理为长夜明灯。果必有因,因必结果。《金刚经论》说:"无始劫前,无终劫后,一切因果,如对目睹,毫发不失是也。"四是用群众观点看问题的方法。中华文明事业之所以能不断进步,是因为中华民族较早确立了人民的主体地位。三皇五帝三王皆是为人民谋利益的典范,他们把是否为人民谋利确定为判断国之兴衰,人之好坏的根本标准。商汤推翻夏桀、周文王武王推翻商纣皆根据此原则。老子、孔子、孔武、墨子等超凡成圣,皆因为他们为社会文明进步和人民生存发展做出了杰出贡献。中华五千年文明丰碑上颂扬的皆是为人民群众做出贡献的精英,而祸国殃民者则载入了国之垃圾和人民之罪人之列。

二、中华优秀传统人文化与马克思主义人文化的同一性

马克思主义的产生敲响了资本主义灭亡的丧钟,推动了近代人类社会的变革,唤醒了世界东方沉睡的巨龙。马克思主义问世一百多年来的历史证明,近现代社会的变革并没有把中华优秀传统人文化送进历史博物馆,反而凸显了中华优秀传统人文化的光辉,增强了中华民族对中华优秀传统文化的自豪,唤起了世界研究中华传统文化的热潮。

中华优秀传统人文化,是中华民族在中国这片土地上长期求生存发展实践中形成发展起来的,为中国人的文明化服务的知识体系。马克思主义人文化,是以马克思为代表的共产党人,站在世界高度,研究人类生存发展,为全人类文明进步服务的知识体系。从哲学的角度来说,他们是个别和一般的关系。列宁的《哲学笔记》和毛泽东的《矛盾论》,都明确地指出,一般存在于个别之中,绝对存在于相对之中,永恒存在于暂时之中,抽象存在于

具体之中；如果没有个别、相对、暂时、具体的事物存在，也就没有一般、绝对、永恒、抽象的东西存在。

毛泽东在《人的正确思想是从哪里来的》一文中指出：人的正确思想，"只能从社会实践中来"。列宁在《青年团的任务》一文中，谈到马克思主义的来源时说："马克思主义是从人类思想中产生出来的典范。凡是人类所创造的一切，他都用评判的态度重新加以探讨，任何一点也没有忽略过去。凡是人类思想所建树的一切，他都在工人运动中检验过，重新加以探讨，加以批判，从而得出了那些被资产阶级狭隘性所限制或被资产阶级偏见束缚的人所不能得出的结论。"

纵观马克思主义人文化，我们会清楚地看到，中华优秀传统人文化，在对人和人生的重大基本问题认识上，与马克思主义人文化是一致的。这也就是说，中华优秀传统人文化具有真理的普遍性。

（一）研究人问题着眼点的同一性

马克思主义人文化把现实的人作为研究问题的出发点，一切为现实社会中的人服务。《德意志意识形态》强调"始终站在现实历史的基础上，不是从观念出发来解释实践，而是以物质实践出发来解释观念的东西。"《卡尔·马克思》说："考察群众生活的社会条件以及这些条件的变革。"《反杜林论》说："人类的历史……是人类本身的发展过程，而思维的任务观就在于……揭示这一过程的规律性。"马克思在研究人和历史时，是从现实的和他必须于其中的经济环境和社会环境开始的，而不是从他的观念开始的。《马克思恩格斯全集》第3卷说："德国哲学从天上降到地上；和它完全相反，我们是从地上升到天上，就是说，我们不是从人们所说的、所想象的、所设想的东西出发，也不是从只存在口头上所说的、思考出来的、想象出来的、设想出来的人出发，去理解真正的人。我们的出发点是从事实际活动的人，而且从他们的现实生活过程中我们还可以揭示出这一生活过程在意识形态上反射和回声的发展。"马克思的全部学说，完全从现实生活中人们实际需要出发研究问题。

中华优秀传统人文化，自古就把现实的人确定为研究问题的着眼点。《易经》的宗旨是从人的生存发展与天地自然千变万化的联系中，为现实人的活动提供正确指导。尧帝选择接班人的宗旨，是寻找能为百姓谋利益的人，他明确指出不能让那些只知为个人考虑的人执政。舜选择禹做接班人，也是坚持这一原则。神农炎帝尝百草及教民种庄稼，宗旨是解决百姓吃饭和治病问题。《尚书》说，中国古人早在四千年前就提出"政在养民"，"施实德于民"。

（二）对人类社会存在发展根据认识的同一性

马克思主义把人的本质属性视为人类社会存在的根据。纵观马克思、恩格斯全部著作，我们会清楚地看到，马克思主义的灵魂是人的本性，资本主义丧钟响起的原因在于丧失人的本性，共产主义必然到来的根据在于解放和发展人的本性。《共产党宣言》指出资产阶级的狭隘性"使整个资产阶级社会陷入混乱，就使资产阶级所有制的存在受到威胁"，"资产阶级不仅锻造了置自身于死地的武器；它还产生了将要运用这种武器的人——现代的工人，即无产者"，"资产阶级用来推翻封建制度的武器，现在却对准资产阶级自己了"。人在本质上是一切社会关系的总和，然而资产阶级"使人和人之间除了赤裸裸的利害关系，除了冷酷无情的'现金交易'，就再也没有任何别的关系了"。《1844年经济学哲学手稿》和《资本论》进一步指出，资产阶级"把人变成机器"或"机器的附属物"，"使人成为具有自我意识和能自我活动的商品"，人不但失去灵性，而且人性丧失，"全面堕落和普遍谋求私欲"，"人变得更贪婪"，甚至"人不如动物"。这就使资本主义制度成为生产力发展的桎梏。

从马克思、恩格斯的论述中，我们会看到资本主义衰亡的必然性，在于资本主义制度偏离了人固有的本质属性，使人非人化。人类的前途在于发展人性。人类社会全部文明发展史表明一切背离人性和束缚人性发展的制度都必然灭亡。

从伏羲画八卦，演易变之道，到老子作《道德经》孔子作六经，约三千年时间里形成发展起来的中华人文化，其活的灵魂就是人的本质属性，概括地说，就是求人性、人道与宇宙运行大道的统一，即《中庸》概括指出的："为能尽其性；能尽其性，则能尽人之性；能尽人之性，则能尽物之性；能尽物之性，则可以赞天地之化育；可以赞天地之化育，则可以与天地参矣。"

（三）对人类社会进步发展方略认识的同一性

马克思主义认为，人民群众是社会存在发展的主体，人民群众有共同的类本质属性。当社会发展出现与多数人的本性要求背离之时，社会的变革就要发生。然而居于社会主导地位的利益即得集团多数会反对变革。《共产党宣言》说："压迫者和被压迫者，始终处于相互对立的地位，进行不断的、有时隐蔽有时公开的斗争。"《1848年至1850年的法兰西阶级斗争》说："革命是历史的火车头。"统治阶级和压迫者从来不愿放弃"自己统治的权力、压迫的权力以及从被奴役的人民身上榨取收入的权力。"（《列宁全集》第12卷第261页）这时暴力革命就会发生。

中华民族在长期求生存发展的实践中，对推动社会变革发展的方略进

行了诸多探索。《尚书》说,四千多年前尧舜禹明哲执政时期,领导集团共同制定了考核制度,定期或不定期考察执政集团中的每一个人,奖励有功者,惩处危害社会和人民利益者。"流共工于幽州,放驩兜于崇山,窜三苗于三危,殛鲧于羽山,四罪而天下咸服。""夏桀行为昏乱,人民陷入泥涂火炭一样的困境","犯下许多罪行"而不知悔过,从而导致"殷革夏命",即用暴力推翻了夏桀王的统治,建立了商朝。商汤的子孙商纣王背离商汤治国之道,不顾人民死活,"百姓没有不希望纣灭亡者",周武王则用暴力推翻了商纣的统治。《尚书》明确提出了"殷革夏命"、"周革商命"之说。《尚书》还阐述了伊尹教化太甲,用三年时间令其悔过,使其重新登上治国大位,使商朝得以延续六百年的史实;阐述了周公苦心教化成王,令其悔过,使周王朝得以延续八百年的史实。

(四)思想路线和思维方式的同一性

马克思主义产生,是人类思想史上的一场伟大革命。这场思想革命源于思想路线和思维方式的变革。《列宁选集》第二卷说:"从物到感觉和思想呢,还是从思想感觉到物",这是两条根本对立的思想路线。马克思主义不厌其烦地告诉人们,只能从物质的客观存在出发。列宁强调:"事实是顽强的东西,不管你愿意不愿意,你都得重视事实。"《列宁全集》第25卷说:"事实是我们政策的基础。我们马克思主义者是应当竭尽全力对种种事实进行科学研究的。"马克思强调把全部事实材料铭刻在记忆里,无可置辩的事实,是不会被任何人驳倒的。拉法格在《卡尔·马克思》(回忆录)中说:"马克思的头脑是以多得令人难以置信的历史的和自然科学的事实以及哲学理论武装起来的。"恩格斯在《法兰西内战》序言中强调"正确把握历史事变的性质、意义及必然结果。"马克思主义告诉人们,现实时刻在变,必须关注现实变化。《列宁选集》第4卷说:事物在一定条件下发展变化,"由于客观条件的改变",事物"必然发生急剧变化",人们必须跟上事物变化。《反杜林论》进一步指出,研究客观事实的"任务就在于发现这个过程的运动规律",即唯物主义思想路线遵循的是论理思维方式。《自然辩证法》对论理思维方式及理论的价值做了极其深刻的论述:"一个民族要想站在科学的高峰,就一刻也不能没有理论思维。"他强调:"在这里唯一的问题,是思维的正确或不正确"。他指出:"轻视理论,显然是自然主义的,因而是不正确的思维","必须从形而上学的思维复归到辩证的思维"。马克思在《黑格尔法哲学批判导言》中说:"理论一经掌握群众,也会变成物质力量。"《论马克思恩格斯及马克思主义》中说:"不做这种理论工作,便不能做思想的领导者;不按事业需要进行这种工作,不在工人中间宣传这个理论结论并帮助他们组织起来,也不能做思想领导者。"《列宁全集》第5卷说:"没有革命的理论，就不会有革命的运动。""只有受先进理论指导的党，才能实现先进战士的作用。"又说："没有革命理论，就不会有坚强的社会主义政党，因为革命理论能使一切社会主义者团结起来，他们从革命理论中能获取一切信念，他们能用革命理论来确定斗争方法和活动方式。"

中华优秀传统人文化，展现了中华民族朴素的独特唯物主义思想路线和论理思维方式。《爱因斯坦文集》卷一说："西方科学发展是以两个伟大成就，即希腊哲学的形式逻辑以及通过实验发现有可能找到的因果联系关系。在我看来，中国的圣哲没走这两步，是用不着惊奇的，令人惊奇的倒是，这些发现在中国全部做出来了。"爱因斯坦发现了中国人令世界惊奇的思想路线和思维方式及其伟大作用。《易经·系辞》说："古之伏羲氏之王天下也，仰则观象于天，俯则观法于地，观鸟兽之文，与地之宜，于是始作八卦，以通神明之道，以类万物之情。"《道德经》说："致虚极，守静笃。万物并作，吾以观复。夫物芸芸，各复归其根。归根曰静，静曰复命。复命曰常，知常曰明。不知常，妄作凶。知常容，容乃公，公乃全，全乃天，天乃道，道乃久，没身不殆。"

太极图是中国古圣哲对宇宙间事物发展变化作理性思维的基本符号。收藏在瑞典远东博物馆的彩陶壶，是中国六千五百年前的文物，该壶画有双龙太极图。这说明中国早在六千五百年前，就开始重视理性思考。《易经》八卦图是从人的生存发展与天地自然变化联系的高度研究问题的，遵循的是朴素唯物的思想路线。《黄帝内经》是我国中医治疗疾病的源头性著作。该书表明，我国早在大约四千多年前，就广泛地运用辩证思维方式研究问题。中医的辩证施治理论，来源于四千年前的《黄帝内经》。《尚书·大禹谟》说："人心惟危，道心惟微，惟精惟一，允执厥中"，"罔违道以干百姓之誉"。《尚书·汤诰》说："天道福善祸淫。"《尚书·说命上》说，通晓事理叫明哲。周文王、周武王总结了商朝灭亡的教训，更加重视理性思考。《尚书·泰誓》说："天有显道，厥类惟彰"；《洪范》说："明作哲，聪作谋，睿作圣"；"政事要有中道"；《旅獒》说："志以道宁，言以道接。不作无益害有益，功乃成。"

纵观中国人的思想发展史，我们会清楚地看到，在中国社会大变革的春秋战国时期，当时中国社会的精英们已普遍把寻求正确的理论思维摆在了第一重要的位置。这一点在当时社会伟大思想家们的代表著作中皆有明确记载。《道德经》深刻论述了道的伟大主宰能力，明确指出宇宙间万物莫不"尊道"。《论语》把"志于道"排在了人生第一位。《庄子》指出孔子终生不忘追求与道同行。《孔子家语》说，"无道德不明"。《中庸》说："道也者，不可须臾离也，可离非道也"，又引孔子的话说："君子尊道而行，半途而废，吾弗能已矣。"《大学》说："道盛德至善，民之不能忘也。"此时的圣贤们还以自

己亲身经验和感受教育他人要善于遵循正确的道理行事。《论语》说孔子主张"守死善道"。老子在《道德经》中说:"吾言甚易知,甚易行;天下莫能知,莫能行","夫唯无知,是以不我知。知我者希,则我者贵;是以圣人被褐怀玉"。又说:"众人熙熙,如享太牢,如春登台。我独泊兮其未兆,如婴儿之未孩,累累兮若无所归。众人皆有余,而我独若遗。我愚人之心也哉,沌沌兮。俗人昭昭,我独昏昏;俗人察察,我独闷闷。澹兮其若海,飂兮若无止。众人皆有以,而我独顽似鄙。我独异于人,而贵食母。"《庄子》反复赞颂孔子擅长理论思维,能遵循客观规律办事,说"孔子可以称作不用言辞的说辩,所以循道所得归结到一点,就是道的原始浑一的状态……不因外物而改变自己的本性。返归自己的本性就会没有穷尽。遵循亘古不变的规律就会没有矫饰"。《荀子·解蔽》说:"凡人之患,蔽于一曲而暗于大理",导致人蒙蔽的因素十分复杂,如爱好会造成蒙蔽,憎恶会造成蒙蔽;只看到开始会造成蒙蔽,只看到终结也会造成蒙蔽;只看到远处会造成蒙蔽,只看到近处也会造成蒙蔽;知识广博会造成蒙蔽,知识浅陋也会造成蒙蔽;只了解古代会造成蒙蔽,只知道现在也会造成蒙蔽。大凡有对立的事物,无不交互造成蒙蔽。这是思想方法上一个普遍的祸害啊。圣人知道思想方法不正确的危害,知道蒙蔽的危害,所以既不凭爱好,又不凭憎恶;既不只看到开始,又不只看到终了;既不只看到近处,又不只看到远处;既不只务广博,又不安于浅陋;既不只知古代,又不只知现在,而是同时摆出诸多方面,根据一定的标准进行全面权衡。所以能排除蔽障明了事理。……想要求得道的人,达到虚心地步就能求得到;想要奉行道的人,达到专心地步就能穷圣道的全部;想要探索道的人,达到静心地步就能明察道。了解道十分明察且能践行,就是实践道的人。达到虚心、专心、静心的境界,就能得大清明。他对万事万物的变化,没有露出了形迹而看不见的……坐在屋里能看见整个天下的变化,通观万物而能看清它们的真相,研究社会治理能通晓其法度,治理天地而能控制利用万物,掌握了全局性的大道理就能对天下了如指掌了,"恢恢广广,孰知其极? 睪睪广广,孰知其德? 涫涫纷纷,孰知其形? 明参日月,大满八极,夫是之谓大人。夫恶有蔽矣哉?"

理论的价值在于它能指导实践。春秋战国时期的理论家们倡导的重理论思维的思想,逐步变为政治家们指导自己行为的理论根据,迅速转变为推动社会变革的伟大动力。秦统一中国,是政治家们运用正确理论思维的第一成果。中国从汉朝至清朝期间出现过三次盛世,文化和经济处于世界领先地位长达十几个世纪。究其原因,可以清楚地看到,以儒家、道家、佛家为主流的重理性的人生智慧指导中国人创造了历史的辉煌。

(五)对待真理态度的同一性

中华优秀传统人文化与马克思主义人文化,在对待真理的态度上有着共同点,即承认真理的客观实在性,追求无上真理,为真理而斗争。《列宁选集》第二卷说:马克思主义"承认客观真理,坚持唯物主义认识论的观点"。《马克思恩格斯选集》第3卷说:真理具有绝对性,"对自然界的一切真实的认识,都是对永恒的东西、对无限的东西的认识,因而本质上是绝对的"。真理具有不依赖于主体不依赖于人类意识的客观内容。《马克思恩格斯选集》第一卷说:"人的思维是否具有客观的真理性,这并不是一个理论的问题,而是一个实践的问题。人应该在实践中证明自己思维的真理性,即自己思维的现实性和力量,亦即自己思维的彼岸性。"列宁在《唯物主义和经验批判主义》中强调指出:"承认客观的即不依赖于人和人类的真理,也就是这样或那样地承认绝对真理。"列宁在《马克思主义的三个来源和三个组成部分》一文中指出:"马克思的学说所以万能,就是因为它正确。它十分完备而严整,它给予人们一个决不同任何迷信、任何反动势力、任何资产阶级压迫所作的辩护相妥协的完整世界观。"恩格斯在《社会主义从空想到科学的发展》一文中说:马克思主义追求"永恒的真理和正义",为群众斗争提供理论指导和智力支持。恩格斯在《〈爱尔兰史〉的片段》一文中说:"资产阶级把一切变成商品,对历史学也是如此。资产阶级的本性,它生存的条件,就是要伪造一切商品,因而也要伪造历史。伪造得最符合于资产阶级利益的历史著作,所获得的报酬也最多。"这就是说,资产阶级也会把真理和原则当作商品做交易。恩格斯在《致康施米物》中指出:"在理论方面还有许多工作需要作",他强调指出,有了正确的理论和对待真理的正确态度,才能进行"清晰的理论分析,才能在错综复杂的事实中指明正确的道路"。马克思主义全部学说建筑真理基础之上,强调为真理而斗争。

中国古圣哲追求真理及为真理而斗争,已经历了大约一万年的历程。阴阳符号是中国古人用来研究宇宙变化的东西。其产生至今已万年之久。伏羲运用阴阳符演易变之道,始画八卦,对天地运行与人的生存发展关系,求得了真理性的认识。继伏羲之后,炎帝、黄帝及诸多有识之士,不但继续深入研究易变之道,而且坚持用真理指导自己的思想和行为。孔子读《易经》韦编三绝,并用以考察中华文明演进历史,编六经得出结论说,唯有正确的思想和对待真理的正确态度,才能指导人们行正道,大成至圣。《论语》说:"诗三百篇,一言以蔽之,曰思无邪。"他不厌其烦地教人追求真理,明确指出,"朝闻道,夕死足矣",强调必须懂得"守死善道"。《道德经》从理论思维高度,阐述了宇宙运行的无上真理性,明确告诉人们,唯懂得"尊道而贵德"者,才能"成其大"、"德其贵"、"死而不亡";又说"道者,万物之奥,善人之所宝,不善人之所保,古之所以贵道者何?不曰以求得,有罪以免邪?故为天下贵";"妄行,凶","不道早已。"《孔子家语》说:"道不可不贵也。中行文子倍道失义,以亡其国,而能礼贤,以活其身,圣人转祸为福,此谓是

与。"《中庸》说："道也者,不可须臾离也,可离非道也。"

(六)对待群众态度的同一性

中华优秀传统人文化在对群众地位作用、个人与群众关系、如何为群众服务等问题上,与马克思主义人文化具有同一性。马克思恩格斯在《神圣家族》中说:"历史活动是群众的事业。"列宁在《当前的主要任务》中说:"历史是由千百万人独立创造的。"《1844 年经济学—哲学手稿》说:"那些鄙视大众之神的人并不是不信神的,但是那些把大众的意见归属于神的人,却是不信神的。"《青年在选择职业时的考虑》说:"我们在选择职业时所应遵循的主要指针,是人类的幸福和我们的自我完善。……人类的天性生成这样:人们只有为了同时代的人的完善、为了他们的幸福而工作,他自己才能达到完善。如果人只是为了自己而劳动,他也许能成为有名的学者、绝顶聪明的人、出色的诗人,但他绝不可能成为真正的完人和伟人。那些为共同目标劳动因而使自己变得更加高尚的人,历史承认他们是伟人;那些为最大多数人们带来幸福的人,经验赞成他们为最幸福的人;……如果我们选择了最能为人类幸福而劳动的职业,我们就不能被压倒,因为这是为全人类所作的牺牲;……我们的幸福将属于千万人,我们的事业并不显赫一时,但将永远存在;而面对我们的骨灰,高尚的人们将洒下热泪。"列宁在《全俄中央执行委员会会议》上说:"只有相信人民的人,只有投入人民生气勃勃的创造力泉源中去的人,才能获得胜利并保持政权。"列宁在《给谢·伊·古谢夫》中说:"不要忘记,革命组织的力量就在于它所联系的人的数目。"斯大林在《论辩证唯物主义和历史唯物主义》中说:"历史科学要想成为真正的科学,就不能再把社会发展史归结为帝王将相史,归结为国家'侵略者'和'征服者'的行动,而首先应为研究物质资料生产者的历史,劳动阶级的历史,各国人民的历史。"他在《和德国作家艾米尔·路德维希的谈话》中指出:"马克思主义从来没有否认过英雄的作用。恰恰相反,马克思主义认为这种作用是相当大的,但是要有我刚才所讲的那些附带条件。"马克思恩格斯在《德意志意识形态》中说:"只有在集体中,个人才能获得全面发展其才能的手段。"列宁在《悼念雅·米·斯维尔德洛夫》中说:英雄和领袖只有在"真正的群众"斗争中,"才能够大显身手。"列宁在《论无产阶级文化》中说:"现代历史的全部经验,特别是《共产党宣言》发表后半个多世纪以来世界各国无产阶级的革命斗争,都无可争辩地证明,只有马克思主义的世界观才正确地反映了革命无产阶级的利益、观点和文化",成为人民群众的财富,为动员组织人民群众争取解放服务。列宁《对谁有利?》一文中说,一切行为和思想"应该提出'对谁有利?'的问题";他在《社会主义与战争》中说:"有利于人类的发展,有助于破坏特别有害的和反动的制度,有利于破坏欧洲最野蛮的主制政体"，才是正确的。

中华民族在长期求生存发展实践中逐步认识了人民的社会主体地位和主导作用。中国人之所以把炎帝和黄帝视为自己的先祖，是因为他们开凿了全心全意为人民谋利益之先河。炎帝把人民利益看得比自己生命还重要，为解除百姓饥饿和疾病之苦，寻找可吃食物和医病草药，不惜自己日中毒数十次。黄帝为百姓服务，日夜操劳，不惜自己身心疲惫。尧挑选接班人时，明确指出不能让只知谋私利的人执政。舜选对人民贡献最大的禹为接班人。中华民族五千年来把能否为人民谋利益作为评价个人成败的根据。中华文明丰碑上的优秀人物皆是善于为人民谋利益者。《道德经》说：圣人"以百姓心为心"，"圣人在天下，歙歙为天下浑其心。"《孔子家语》说："君者，舟也；庶人者，水也；水所以载舟，亦所以覆舟。"又说："民者卑贱而神。爱之则存，恶之则亡。长民者必明此之要。"中华民族在尊重人民群众地位和作用的同时，非常重视贤能之人的作用，选贤任能，是中国历代圣明君王最重要的国策之一。尧选舜、舜选禹、商汤选伊尹、周文王选姜子牙等是中国家喻户晓之事。中国古圣哲的典籍无不赞颂贤圣之人。《孟子》说："充实而有光辉之谓大，大而化之之为圣，圣而不可知之之谓神"，又说："圣人百世之师也"。"奋乎百世之上，百世之下闻者莫不兴起也。非圣人而能若是乎？"。《吕氏春秋》说，圣人的价值是无限的，"得到千里之地，不如得到一个圣人。舜得到皋陶就用他治理好了天下，汤得到伊尹就拥有了夏的民众，周文王得到吕望就征服了殷商。得到了圣人，所得土地哪里有里数的限制呢!"《华严经》提出"恒顺众生"，"于诸病者，为作良医。于失道者，示其正路。于暗夜中，为作光明。于贫穷者，令得伏藏"，"平等饶益一切众生"，"若于众生尊重承事，则为尊重承事如来。若令众生欢喜者，则令一切如来欢喜。何以故？诸佛如来以大悲心而为体故。因于众生，而起大悲心；因于大悲生菩提心；因菩提心，成等正觉"，"一切众生而为树根，诸佛菩提而为华果，以大悲心饶益众生，则能成就诸佛菩萨智慧华果"，"菩提属于众生。若无众生，一切菩萨终不能成无上正觉"。

（七）认识人问题上的同一性

中华优秀传统人文化在对人的重大基本问题的认识上，与马克思主义具有同一性。《1844年经济学—哲学手稿》说："如果我什么都不知道，我又怎么会有纯洁的良心呢？"马克思明确指出，在认识人需要解决的诸多问题中，第一需要弄清楚的关键性问题是人的本质属性，即认识"人的类的特性"，认识人作为"类的存在物"，即认识人这类客观存在实体所具有的本质属性。作为总体的人，具有多种本质。《1844年经济学—哲学手稿》说人有自觉能动性，人类活动是一种越来越自觉的活动。《自然辩证法》说人的类

本质特性中,最重要的是具有"自我意识"和"自觉能动性"。马克思主义告诉人们,人是自己本性的具有者,人类的命运掌握在人们自己手中。人类的活动是人们的自我活动,是人的本性自我实现。《1844 年经济学—哲学手稿》说:"人不仅在思维中,而是以全部感觉在对象世界中肯定自己","证实和展现他的个性。"马克思主义确认了人在社会生活中的地位和作用。马克思恩格斯认为,人是社会的主体,"自从有了人,才开始了人类社会的历史","人类历史是人自我实现的历史"。从这一点出发,马克思主义创立了历史唯物主义学说。《马克思恩格斯全集》第 3 卷说:"任何人类历史的第一前提,无疑是有生命的个人的存在。因此第一个需要确定的具体事实,就是这些个人的肉体组织,以及受肉体组织制约的他们与自然界的关系……人们生产他们所必需的生活本身。"马克思《关于费尔巴哈的提纲》进一步提出:"人的本质并不是单个人所固有的抽象物,它是一切社会关系的总和"。马克思在《青年在选择职业的考虑》中指出:"如果我们选择了最能人类福利而劳动的职业,那么重担就不能把我们压倒,因为这是为大家而献身,那时,我们感到的就不是可怜的、有限的、自私的乐趣,我们的幸福将属于千百万人,我们的事业将默默地,但是永恒发挥作用地存在下去,而面对我们的骨灰,高尚的人们将洒下热泪。"马克思恩格斯在《德意志意识形态》一文中说:"只有在集体中,个人才能获得全面发展才能的手段。"只有在群众斗争中,才能实现自己的价值。

中国古圣哲在认识人和人生方面,取得了诸多真理性的认识。中华传统人文化,第一个伟大成果,是深刻地揭示了人的本质属性。居于中华传统文化主流地位的儒家、道家、佛家文化,皆建立在对人的本质属性的真理性认识上。中国古圣哲明确指出,人具有德善性,它是人类生存之根,发展之本;人具有觉知性,它能使人求得正遍知,成无上正等正觉;人有行真正性,它能使人把思想、言论和行为,统一到宇宙大道运行轨道,使人做到与时俱进;人具有自觉能动性,它能使人形成自我意识,按照自己的意愿想问题、说话、行事,使自己成为与众不同的人;人具有社会性,它能使人懂得"和则多力"人与人之间必须讲团结,求和谐。

翻开中华文化发展史,我们会清楚地看到,距今两千五百年前的老子、孔子的经典中及中国化了的大乘佛法中,皆充分论述了人的本性。老子在《道德经》中指出,慈善性是人之第一宝贵的东西,同时指出人能自知、知天、知地、知万物、知道,知尊道贵德,成其大,得其贵,死而不亡。《论语》《孔子家语》都是围绕人的本质属性展开的。孔子明确论述了人本性善,提出"守死善道",把"据于德,依于仁"作为儒家教育纲领的重要内容之一;主张"遇事则思",告诉人们"思之可贵","不思何远之有",提出"君子有九思",教导弟子求"至知",他在总结自己成长过程时说:"吾十有五而志于学,三十而立,四十而不惑,五十而知天命,六十而耳顺,七十而从心所欲不逾矩。"从而告诉人们,要想做到随心所欲,首先必须求"至知",他痛斥人们"顽固无知",倡导"不怨天,不尤人,下学而上达","学而知之";他教导人们发展自知的能力,他说:"不考虑自己怎么办的人,我也不知他该怎么办。"他强调发挥主观能动性,主张"知其不可为而为之",向勇往直前者学习,"水深就穿着衣服涉过去,水浅就提起衣襟过去"。《荀子》明确提出:"凡以知,人之性;可以知,物之理;以可以知人之性,求可以知物之理。"《孟子》对人的本性论述,尤其深刻,深入论述了人的善性、知性和自觉能动性,指出"人皆可以为尧舜"。中国化了的大乘佛法,对人的本质属性的认识更具特色。《佛说十善业道经》说:"一切人天",依十善道而立,"一切声闻,独觉菩提,诸菩萨行,一切佛法,咸共依此十善大地,而得成就"。《佛说天地八阳神咒经》说,"常行真正,故名为人","依道依人,皆成圣道"。《大般涅槃经》深入论述了人性与佛性的一致性,明确指出正确认识和开发人的本质属性,人皆可成佛做圣。

　　中国古圣哲指出,认识人的成长之道,是认识人的基本内容之一。接受社会教育,是人成长的起点。中国是世界上开展教化最早的国家。《孟子》说,中国对人的文明化教育,起始于炎黄时期。后稷教百姓种庄稼,栽种各种农作物,解决了百姓吃饭问题。人所以为人,吃饱了,穿暖了,住得安稳了,如果没有教化,也和禽兽差不多。圣人又为此担忧,便让契担任司徒,用人伦道德教化百姓。尧说,使他们勤奋努力,正直,帮助他们,使他们培养美好的品德。《尚书》说,尧慎重地选择了舜,让舜去开展五种常法教育。舜辅佐尧帝二十八年。尧去世后,舜选人仍坚持"五常教育","大施文教"。禹执政后,又请皋陶深入开展教化,选用具有九德的人担任官职,各位官员才德出众,相互效法;依靠有德的人治理天下,惩罚教育谗毁谄媚的人。《孟子》说,商汤执国政后,派人带着礼物聘请伊尹协助治国,伊尹起初不想参政,打算安于农耕,行尧舜之道。汤三次派人聘请他,他终于改变了态度,说:我与其从事农耕以行尧舜之道为乐,还不如使这个君王成为像尧舜那样的君王呢,还不如使这里的百姓像尧舜那个时代的百姓呢,还不如让我再看到尧舜盛世的再现呢!上天创造了人类,就是让先认识事物的人启迪后认识事物的人。我就是上天创造的人中先认清事理的人,我应当用尧舜之道启迪现在的百姓。我不唤醒他们,还有谁呢?我国早在四千年前的夏朝,国家就开始办学校,地方有了分校。商朝的祖先,是尧舜时期抓教育的契,商朝的教化比夏朝更有发展。成汤逝世后,伊尹担起了教育其子孙的责任,在对成汤之孙太甲的教育上,花费了极大心血,为商朝沿革六百年做出了巨大贡献。周文王和周武王总结了夏桀和商纣灭亡的教训,更加重视人的文明化教育,尤其重视对王家子女的教育。周文王的母亲开创了胎教。周朝初

年"三太"教子及其强有力的社会教育,为周王朝奠定了坚实的基础。周公教导成王,与伊尹教太甲一样,是中国文明发展史上,具有典范意义的案例。正是这一成功的教化,使周王朝得以延续八百载。

也正是教育的功德,唤起了人们接受教化和主动寻求教化的觉悟。中华文明发展史上记载了许多主动寻求教化的事例。《尚书·君奭》说,周公是一个善于向贤能者求教化的典范。周公对召公说:"君奭!过去上帝为什么一再鼓励文王的品德,降下大命给他呢?因为文王常能够治理、和谐我们中国",周公进一步指出,如果没有诸贤臣奔走效劳,努力施行常法,文王也就没有恩德降给国人了。武王的时候,文王的贤臣只有四人还活着……也因为这四个人辅助武王很努力,于是天下普遍赞美武王的恩德,现在我小子姬旦好像游于大河,我和你奭一起前往谋求渡过。我恫昧无知却居大位,你不督责、纠正我,就没有人勉励指出我的不足了。你这年高有德的人不指示治国的法则,就连凤凰的鸣声都会听不到,请求您,急于教育我,不要使后人迷惑呀!

周公对成王多年至诚教化,唤起了成王对教化的觉悟。《尚书.金滕》说,成王拿着册书,哭泣说:"过去,周公勤劳王室,我这年轻人未能及时知晓。现在上天动怒来表彰周公的功德,我小子要亲自去迎接,我们国家的礼制也应该这样。"《尚书·周书·洛诰》说,成王这样说:"公努力保佑我这年轻人。公发扬伟大光显的功德,使我继承文王武王的事业……公的功德照天地,勤劳施于四方,普遍推行美好的政事,公遭横逆的事而不迷乱。文武百官努力实行您的教化。"又说:"公善于教导扶持,要继续监督我们各级官员,安定文王、武王所接受的殷氏,做我的辅佐大臣。"

在中国社会大变革的春秋战国时期,各诸侯国争先恐后选任贤能,进一步推动了中华民族对教化的觉悟。孔子开民间办教育之先河,推动中国的教育事业蓬勃发展起来。

中国古圣贤告诉人们,认识人自己在成长过程中的作用,是认识人的重要内容。人的本性决定人们有能力解决自身生存和发展问题。人的认知性决定人们能认识自己、认识他人、认识社会、自然万物的性质及其发展变化之道,能认知自己生存和发展的有利条件和不利条件,能认知自己应从哪里切入社会发展自己,能认知自己应从什么高度起步,向什么高度迈进,到什么高度为止等。《道德经》说,"知人者智,自知者明,胜人者力,自胜者强";又说人能知宇宙、天、地、自然万物发展变化之道,人能"不自见"、"不自是"、"不自伐"。人的践行真正性能使人们行正道,做正事,不妄为,效法道、天、地,取自然万物之长,"执古之道,以御今之有","独泊兮其未兆","尊道而贵德","终日行,不离辎重","无为而无不为","抱一为天下式","得一为天真","无遗身殃","为而不持,功成不处"等。《论语》说,人能

"践迹入室","守死善道","志于道,据于德,依于仁,游于艺","行为恭谨","直道而行","行仁德事","死而后已"。《孟子》说:"人能顺从本性","端正心身","穷不失义,达不离道","得志,泽加于民;不得志,修身见于室","反省自己","独行其道","过则改之","居仁地,走义路","顺天理而行","善积仁德","创业垂统"。《荀子》说:"人能遵行道义","严守礼法""修身自强","向历史学习",用以往人生经验指导自己,选择圣明通达人生之道,"以千岁之法自持",做"千岁之信士","积极进取",学天地万物之德,明白事理,取前车之鉴,整治思想,得大清明。《大学》说:人能"知所先后",能"知止","于止,知其所止","为人君,止于仁;为人臣,止于敬;为人子,止于孝;为人父,止于慈;与国人交,止于信。"《中庸》说:"君子遵道而行","依乎中庸"。

　　人有自我意识和自觉能动性,因而从人类社会产生之日起,人们皆追求自由自在地生活和成长。然而由于自然社会和人们自身诸多因素制约,现实生活中的人,长期以来多难如愿以偿地自由自在地生存和发展。中国古代圣者在长期人生实践中,坚持不懈地探讨了这一问题。老子、孔子等之所以能做出理性回答,一是因为他们懂得总结前人的经验教训。《道德经》说:"执古之道,以御今之有,能知古始,是谓道纪。"《论语》说:"不践迹,亦不入室。"二是因为他们自身求生存和发展的实践,迫使他们不得不进行深入思考。

　　老子为什么能把他自己写下的五千字变成中国一大经典和人类一大智慧?从客观上看,他多年担任"周守藏室之史",因为这个藏室是周王朝的国家图书、国家档案、国家文物、资料的汇集处,他近水楼台,能看到一般人看不到的典籍和史料,具有一般人没有的知识。有资格进入这个藏室查阅资料的人都是周王朝高层次的官员、学者、文化人,老子有机会与这些人接触,了解社会变化,进行思想交流,思考一般人想不到的问题。从主观原因看,老子性格直爽,喜欢无拘无束,追求自由自在,善于思考。然而他在守藏室的工作并不是一帆风顺的,在二十年时间里,他三次失去周守藏室之史的位置。亲身遭受的三次波折,使他深感做人的艰难。56岁那年,老子辞官不做,告老还家,骑着青牛要远走高飞,过函谷关时被关令尹喜留住几天,尹喜缠着他,要他写一点著作,才放他过关。开始老子不答应,经关令尹喜再三恳求,老子才写下《道德经》。老子的《道德经》是迄今为止,人们能见到的世界上最早阐述人如何求生存和发展的学说,展现了伟大的人生智慧。老子告诉人们,要想自由自在地生存和发展,首先要解决认识问题。他在《道德经》中说:"明白四达,能无为乎?"他接着回答了什么叫明,即"知常曰明,益生曰祥,心使气曰强"。他还进一步阐述了什么叫常,"归根曰静,是复归其根。"由此可见,常即规律性。老子把规律性称之为道。他认为宇宙

万物由道创生，事物存在发展各守其道，道无形，视之不见，听之不闻，搏之不得，"是谓无状之状，无物之象，是谓恍惚。迎之不见其首，随之不见其后"。道创生的事物由德付之以形。事物有与道相符的德行才有其形，即"道生之，德畜之，长之育之，亭之毒之，养之覆之"。"是以万物莫不尊道而贵德"。人是宇宙大道创生的万物中的一种，要想存在和发展必须尊道而贵德。

孔子是中华优秀传统人文化的杰出代表人物之一。他的先祖是宋国贵族，历代官居要职，因受诬害遭诛杀而逃到鲁国，落入社会下层贫困百姓之中。其父母从孔子出生就寄希望他能重新复归士大夫阶层，积极对他进行入仕教育。家庭的积极开导教育，使孔子从小养成了懂礼好学的品质。《论语》说，孔子"十有五而志于学，三十而立"，"十室之邑，必有忠信如丘者焉，不如丘之好学也"。孔子终生好学，"发愤忘食，乐以忘忧，不知老之将至云尔"。"信而好古"，"敏以求之"。尤其可贵的是，他精心考察了古圣贤成长之道，懂得了继承的重要性，"不践迹，亦不入室"，即不踏着善人之道前进，是无法入圣道的。孔子自己追求成长发展的实践，使他懂得了人应该怎么求生存和发展。《孔子家语》说："天生万物，唯人为贵。"孔子在其编著的《尚书》中说："天齐于民，俾我一日，非终惟终，在人。"即成败完全在人。《论语》说："知者不惑。"人要解决生存和发展问题，首要之点是克服"顽固无知"，"不怨天，不尤人，下学而上达"，即学习知识，通达圣道。他把"志于道，据于德，依于人，游于艺"视为人求生存和发展的基本条件。《孔子家语》说："道不可不贵"，人背道会亡身。"夫道者，所以明德也。德者，所以尊道也。是以非德道不善，非道德不明。虽有国之良马，不以其道服乘之，不可以道里。虽有博地众民，不以其道治之，不可以致霸王。"

中国化了的大乘佛法告诉人们，生活在污浊恶世中的众生，要想解决好生存和发展问题，关键之点是破迷开悟，求得正觉。有了正知正觉，才能从明入明。《圆觉经》说，众生没有智慧的眼力，他们的身心等自性皆受无明主宰，只有"以清净的觉悟心作思维，破除心身无明，才能入成圣成佛的圣道"。《维摩诘经》说"不明事理，对事物做颠倒想"，是做不成正事的，错事做得越多，罪恶越重，必堕恶道，受苦报。《无量寿经》说："愚痴蒙昧"会造恶业。"善人行善，从明入明，从乐入乐；恶人行恶，从冥入冥，从苦入苦。谁能知者，独佛知耳"。释迦佛反复指出，佛与众生的差别在觉。佛是觉者，众生未能成佛在于迷。众生一旦觉悟，就有了成佛的条件。全部佛法是以唤起众生得正觉为宗旨的。文殊菩萨是三世佛师，亦称三世佛母。文殊菩萨十种甚大愿的核心和灵魂，是"发菩提心，求无上道"。菩提心是正觉之心。菩提心一发，就会明心见性，即能见到自己与佛一样的如来本性。《佛说真宗妙义经》说："先得成佛者，静心修行，内明性理，直门而入，得成无上道果。所以先得成佛。""未得成佛者,不知门户,不见自性,内不明心,一心向外求,所以不得成佛。"又说"佛者金刚不坏,自性如如是也","迷人不晓自性,逐日则向外求,所以不知佛来处,迷失真种子,不得成佛"。此经明确告诉人们:"明心见性即佛。"人一旦明自性,就有了与佛一样的智慧德能,就能求得与佛一样的自在神通。

(八)管理人问题上的同一性

马克思主义重视人的管理,提出了诸多管理人的原则。马克思从人的本质属性出发研究问题,明确指出,人性管理是人生最重要的管理。在《1844年经济学—哲学手稿》中指出:"人跟世界的关系是一种合乎人的本性的关系","根据这种关系的性质,就可以看出,人在何种程度上对己说来成为类的存在物,对自己说来成为人并且把自己理解为人。"他认为,"人不仅在思维中,而且以全部感觉在对象世界中肯定自己","确证和实现他的个性。"社会主义就是消除人的异化,使人复归为真正的人,"它是人和自然之间,人和人之间的矛盾的真正解决",求的人与自然、人与社会的统一。"共产主义是私有财产即人的自我异化的积极的扬弃,因而也是通过人并且为了人而对人的本质的真正占有。"《马克思恩格斯通信集》指出,获取知识管理是人们不可忽视的管理,必须懂得"获取正确的知识是具有何等重大意义的。"马克思认为人是社会实践的产物,人求生存发展应注重实践管理。《1844年经济学哲学手稿》说:历史是人的自我实现的历史,历史无非就是通过人的劳动和生产过程的人的自我创造,"全部所谓世界史不外是人通过人的劳动的诞生,关于自己的生产过程的显而易见的、无可辩驳的证明。"生产实践是人类生存发展最基本的实践。实践是求得主观与客观统一的桥梁。唯有实践能使人求得主观与客观、理论与实践、知与行的统一。个人与社会的统一是人类求生存发展不可忽视的管理。《马克思—恩格斯纪实》说:掌握了自己命运的人,才能使"个人与全体之间争论的真正终结",个人不应当与集体分离,亦不应混同集体。个人的发展不是摧毁集体,集体使每个人都有发挥才干的机会。人类的发展靠个人与集体统一。马克思主义从个人与社会不可分割的高度研究问题,指出做人必须有责任觉悟。马克思说,只要是一个确定的人,即现实生活中存在着的人,"就有责任,就有使命",不管你个人意识到与否,其责任或使命都是确实存在的。列宁说,"任何时候,任何情况下……都要最明确地规定每个人对一定事情所负的责任……无人负责是最危险的祸害"。马克思主义不但强调个人对社会的责任,同时强调社会管理者必须对人民负责。毛泽东说:"我们的责任,是向人民负责。每句话,每个行动,每项政策,都要适合人民的利益,如果有了错误,定要改正,这就叫向人民负责。"马克思主义从科学技术是生产力的高度

出发,告诉人们必须不断地用先进科学技术武装自己。列宁说:"资产阶级可以被彻底战胜,而且一定会被彻底战胜,因为社会主义能创造比资本主义新的高得多的劳动生产率。"又说:"共产主义就是利用先进技术的自愿自觉地联合起来的工人所创造出来的比资本主义更高的劳动生产率。"因而,全世界马克思主义者皆重视学习科学技术知识。马克思说,在科学面前,犹如在地狱面前,任何犹豫和徘徊都无济于事。列宁强调:"学习,学习,再学习。"毛泽东说:"重要的问题在善于学习。"

中国古人在长期人生实践中,积累了管理人的丰富经验,创立了诸多具有真理性的管理人的理论。中国古圣哲反复告诫人们,人身难得,人生有限,人必须充分用好生命时间,把生命用在最应当做的事情上。《孟子》说,人与人之间有相差一倍、五倍甚至无数倍的,原因在于能不能充分发挥人天生的资质,"有物就有则",能遵守其法则者则成,反之则败。中国化了的大乘佛法宗旨是管理。释迦佛把全部佛法归结为戒、定、慧三学,明确指出,欲成圣道,必须持戒。《佛遗教经》说:"戒是正顺解脱之本","戒得生诸禅定及般若智慧","人能持戒,是则能有善法。若无净戒,诸善功德皆不得生。是以当知,戒为第一安稳功德处"。

中华优秀传统人文化的伟大贡献之一,就是倡导唤起人们的自觉,培养人们做自己命运的主人。《尚书》强调事在人为,明确指出,安身立世"依靠我们自己",不要只"安于上帝的福命,不要去永远顾念上天的威严和我们的人民",要靠我们自己"没有过错和违失"。《孔子家语》说:鲁哀公对孔子说:"国家之存亡祸福,信有天命,非唯人也。"孔子回答说:"存亡祸福,皆由而已,天灾地妖,不能加也。"《孟子》说:"福祸无不自己求之者。《诗》云:'永言配命,自求多福'。《太甲》曰:'天作孽,犹可违;自作孽,不可活'。此之谓也。"又说:"人之所贵者,非良贵也。赵孟之所贵,赵孟能贱之。""人皆可以为尧舜",关键在于自己去不去做,"子服尧之服,诵尧之言,行尧之行,是尧而已矣;子服桀之服,诵桀之言,行桀之行,是桀而已矣。"孔子从三十岁办教育,直到逝世为止,没停止过。儒家教育的宗旨,就是启迪人们的自觉,引导人们做自己命运的主人。《大学》说:"大学之道,在明明德",即彰显人们自己本有的美德。《论语》强调:"为仁由己,而由人哉?"自己"不考虑'怎么办,怎么办'的人,我也不知道该怎么办了。"《荀子》说:具备了一定的条件就可以存在,具备了一定的条件就可以称王,具备了一定的条件就可以称霸;反之具备了一定的条件就会灭亡。是存在、发展,还是灭亡,"决定性的关键都在自己而不在别人。"又说:"君子慎重地对待那些取决于自己的事情,而不去羡慕那些取决于上天的东西;小人丢下那些取决于自己的事情,而去指望那些取决于上天的东西,一天天退步。"明确指出:"圣人清醒自己那天生的主宰,管好自己那天生的感官,完备那天然的供养,顺应那天然的政治原则,保养那天生的情感,从而成就了天生的功绩。"荀子强调:圣人是本性和人为加工结合的产物,"为之而后成,积之而后高,尽之而后圣。故圣人者,人之所积也","非天性也,积靡使然也"。又说,君子与小人的资质才能并没有什么不同,只不过君子将其措置得恰当而小人将其措置不当。"君子慎乎其所立乎","尧、禹者,非生而具者也,夫起于变故,成乎修,修之为,待尽而后备者也"。从而告诉人们,人有了求成长发展的觉悟,自觉地整治自己的身心,到恶劣的品质去除尽后,才能达到成长发展的目标。《佛说大乘金刚经论》说:"一切众生皆有佛性","只因迷误而致升沉","自己若不发心,佛也难救"。《佛遗教经》强调"自勉","常当一心舍诸放逸","常当自勉精进修之,无为空死,后致有悔。我如良医如病说药。服与不服,非医咎也。又如善导导人善道。闻之不行,非导过也"。

古圣贤告诉人们,觉不但有正觉和错觉之分,而且正觉亦有程度之分。人们要想求得较好的生存条件,登上发展高峰,不但要求正觉,而且必须求无上正觉,即大乘佛法反复强调的得阿耨多罗三藐三菩提。《佛说大乘金刚经论》说,佛之圣觉不是随意就能求得的,需要多方面努力,"一用斋戒,为佛基址。二投明师,指示功程。三识心性,了了分明。四用作福,助发根苗。五用结缘,增自善本。六明因果,不妄主为。七破邪魔,远离外道。八用通理,不著有为。九用精进,习佛行德。十用通达,法法精明。若人具此十种功德,速成阿耨多罗三藐三菩萨"。

古圣贤指出,自主更是不容易的事。所谓自主,不是说想干什么就干什么,而是说能把自己六根八识全部纳入宇宙大道所要求的轨道,人的思想、言论、行为无不与圣道相符。孔子一生"志于道",求自主,到"七十而从心所欲不逾矩"。《孝经》说:"非法不言,非道不行;口无择言,身无择行;言满天下无口过,行满天下无怨恶。"就是说,人只有修养到全身心地与圣道统一之时,才能真正做得了主。那些以自主为托词肆意妄为,造恶业,堕三途的人不是自己命运的主人,而是践踏自己人生的恶人。古圣贤不厌其烦地告诉人们,一步失足而千古恨;一念恶而"丧失人身,万劫不复"。

中华优秀传统人文化告诉人们,人生方向有光明与黑暗、美好与灾难、自由自在与被压迫奴役之区别。人类文明史是人们追求光明、美好、自由的历史。古圣贤不厌其烦地指出,天上比人间美好,极乐世界比天上美好,西方极乐世界比一般净土更美好。《阿弥陀经》《无量寿经》深入介绍了西方极乐世界的美好,指出西方极乐世界是具有"无量光明"的世界,其国人民具有"无量寿命",希望人们"应起西向",发心往生西方极乐世界。

中华优秀传统人文化不但明确指出追求真、善、美是人生唯一正确方向,而且告诉人们要知道止于何处。被尊为儒家教学大纲的《大学》说:"知止而后有定,定而后能静,静而后能安,安而后能虑,虑而后能得。物有本

末,事有终始。知所先后,则近道矣。……"大学之道,在明明德,在亲民,在止于至善。"又说:"道盛德至善,民之不能忘也。"《中庸》说:"大哉圣人之道!洋洋乎发育万物,峻极于天。优优大哉,礼仪三百,威仪三千,待其人然后行。故曰:苟不至德,至道不凝焉",明确指出:"能尽人之性,则能尽物之性;能尽物之性,则可以赞天地之化育;可以赞天地之化育,则可以与天地参矣。"即是说,人只有成圣,才能尽人性,才能尽物性,才能赞天地之化育。道家代表人物老子在其《道德经》中说:"域中有四大,而人居其一焉",他明确指出,人能"成其大","得其贵","死而不亡",即能成长为圣人,"复众人之所过,以辅万物之自然"。大乘佛法宗旨尤为明确,直言不讳地告诉人们,唯有成佛才能得正遍知,成无上正等正觉,觉行圆满,得大自在神通,至善圆满。《佛说大乘金刚经论》说:"一切众生皆有佛性。"《无量寿经》说:"取愿作佛","常运慈心拔有情,度尽无边苦众生"。《华严经》明确提出一生成佛。

中国古圣贤明确指出,如何选择和守持人生之道,直接关系到人生的成败。《道德经》说,万事万物生存发展各有其道。《孟子》说"物各有则"。《中庸》说:"道也者,不可须臾离也,可离非道也。是故君子戒慎乎其所不睹,恐惧乎其所不闻。莫见莫显乎微,故君子慎其独也。"《佛说轮转五道罪福报应经》说天地万物各有宿缘,人的成长和发展受因果之道制约。万物运行之道,受宇宙大道制约。万事万物发展变化与宇宙大道运行相统一之道,是万事万物无上真正之道。这一大道是真正至善之道,即是人得以生存和发展的光明大道。中国古圣贤强调指出,只懂得选择正确的人生之道还不行,必须尽全力将其落到实处,即将思想、言论、行为全部纳入人生之道运行要求的轨道。《佛说轮转五道罪福报应经》说:"转经行道,不得倩人。咒愿若虚,如倩人食,岂得自饱能不饥耶。"《阿难问事佛吉凶经》说:"当持经戒,相率以道","没身不邪","不违道禁"。《道德经》说:"使我介然有知,行于大道,唯施是畏。大道甚夷,而民好经"。老子强调,这是"长生久视之道",守住这一道,"是为根深固柢"。《论语》中孔子说的"守死善道",就是指这一决定人生命运的根本之道。《无量寿经》说:"六度之行,教化安立众生,住于无上真正之道";《佛说大乘金刚经论》说:"非理不说,非事不为,非道不行,非物不取,念念中正,步步真实,积德成名,流传后世,是名智人",守此正道,需要"定力如山,魔扰不乱";《佛说四十二章经》说:"夫为道者,犹木在水,寻流而行,不触两岸,不为人取,不为鬼神所遮,不为洄流所住,亦不腐败。吾保此木决定入海。学道之人,不为情欲所惑,不为众邪所娆,精进无为。吾保此人必得道矣。"

《无量寿经》说,"愿所有众生","住于定聚,永离热恼,心得清凉,所受快乐,犹如漏尽比丘",是阿弥陀佛发救度众生大誓愿的一部分。也就是说,众生要想证得无上菩提,具有无量不可思议功德庄严,必须从持正定入手。《佛说自爱经》说:"自爱之法,先三自归,以法养亲,慈爱人物,悲悯愚惑,见正喜进,平守普护,安济众生,施斯四恩,布施穷乏,众生无怨,诸天祐育,众横不加,……生无灾患,死得上天,常与明会","清贞守真,秽利邪乐不以染心。口四不言,三凶远身,危命全行诸佛所珍,亲安族兴"。

所谓正定聚,概括起来说,就是把思想、言论、行为全部纳入正道。《论语》说:"诗三百,一言以蔽之,曰:思无邪。"《孝经》说:"非法不言,非道不行……言满天下无口过,行满天下无怨恶。"《佛说大乘金刚经论》说:"眼不贪好色相奇物","耳不贪好上妙香","舌不贪好上美味","身不贪好妙衣服","意不贪名利恩爱","性不贪世间欲乐"。又说人身如王舍城:"心喻舍,性喻王,清净斋戒喻城墙。六根喻六部宰辅,六尘喻六贼强梁。六识喻六门出入。五欲喻五道井坑。见闻觉知喻住国四相。同佐性王一体家邦。性王一出。坐于心舍,常共六臣四相同理国政。若性王有道。不顺私情,有功则赏,有过则罚,替天行道,死者无怨。如此刑政,能令在外戒墙坚固,六门警慎,六贼不起,在内六臣清政,四相体公不敢作弊,内外如一,性王大平。

若性王无道,听谗纳佞,背公向私,赏罚不平,上下相乖,在内六臣相背,四相作弊;在外六门不关,六贼乱起,攻破戒墙,入自家邦,劫自功德,福尽法无,身心落泊,便受沉沦。

《佛说天地八阳神咒经》告诉众生必须管好八识,"两眼是光明天,光明天中即现日月光明如来。两耳是声闻天,声闻天中即现无量声如来。两鼻是佛香天,佛香天中即现香积如来。舌是法味天,法味天中即现法喜如来。身是卢舍那天,卢舍那天即现成就卢舍那佛,卢舍那镜像佛,卢舍那光明佛。意是无分别天,无分别天中即现不动如来,大光明佛。心是法界天,法界天中即现空王如来。含藏识天,演出阿那含经,大般涅槃经。阿赖耶识天,演出大智度论经,瑜伽论经"。《佛说十善业道经》说,众生诸种行相"靡不由心造善不善,身业,语业,意业所致"。身业有杀生、偷盗、邪行;口业有妄语、两舌、恶口、绮语;意业有贪欲、嗔恚、邪见。合起来为十恶业。该经强调,断十恶,行十善。明确指出,"譬如一切城邑聚落,皆依大地而得安住,一切药草、卉木、丛林,亦皆依地而得生长。此十善道,亦复如是。一切人天依之而立,一切声闻,独觉菩提,诸菩萨行,一切佛法,咸共依此十善大地而得成就。若离十善业,欲修行证果,譬如空中建楼阁或种稻子,欲成就生长,无有是处"。该经指出:"菩萨有一法,能断一切诸恶道苦,谓于昼夜常念思惟,观察善法,令诸善法念念增长,不容毫分不善间杂,即能令诸恶永断,善法圆满,常得遇诸佛菩萨及余圣众。人天身,声闻菩提,独觉菩提,无上菩提,皆以此法为根本而得成就。"

古圣贤不但要求人们修圆觉,求无漏,而且告诉人们必须定得住,不动

摇。《佛说大乘金刚经论》说："定力如山,魔扰不乱。"《孔子家语》说,人们不是不知道谨慎为人的好处,而是控制不住自己,没有认真去做。人为什么往往都只是听而不去做呢?为什么每天不多思考点呢?老子在《道德经》中反复告诉人们,他自己是如何守定得成的。"人之所畏,不可不畏,荒兮其未央哉。众人熙熙,如享太牢,如春登台。我独泊兮其未兆,如婴儿之未孩,累累兮若无所归。众人皆有余,而我独若遗。我愚人之心也哉,沌沌兮。俗人昭昭,我独昏昏;俗人察察,我独闷闷。澹兮其若海,飂兮若无止。众人皆有以,而我独顽似鄙。我独异于人,而贵食母。"又说"吾言甚易知,甚易行;天下莫能知,莫能行。言有宗,事有君。夫唯无知,是以不我知。知我者希,则我者贵"。《论语》说:"不降其志,不辱其身","降志辱身矣"。又说:"见利思义,见危授命,久要不忘平生之言,亦可以为成人矣。"

古圣贤告诉人们,要想无漏洞,不但要有圆觉,全面而无疏漏,而且还必须知道自己持守的是否正确。《论语》强调:"守死善道",恒心守德,"不恒其德,或承之羞"。《佛说大乘金刚经论》说:自己持守的对与不对,不能以个人感觉判断,要看其上有没有名师传授,下有没有德师认证。如果"上无师传,下无师证",自己"认妄为真,日久必成邪魔外道,成妖作怪,霍乱众生,生遭王难,死坠恶道。一失人身,万劫难回"。又说:"佛由心生,道由心学,德由心积,功由心修,福由心作,祸由心为。心能作天堂,心能作地狱,心能作佛,心能作众生。是故心正成佛,心邪成魔,心慈是天人,心恶是罗刹,心是一切罪福种子,若有人悟自心,把得定,作得主,不造诸恶,常修诸善,依佛行持,立佛行愿,佛说是人,不久成佛。"

中国古圣贤明确指出,宇宙万物在一定条件下产生存在和发展。人也是在一定条件下,才能存在和发展。《论语》说:"诗三百,一言以蔽之,曰:‘思无邪’。即是说,《诗经》三百篇,之所以能受人喜爱,用一句话概括,就是思想纯正。"《孝经》说:君子"言思可道,行思可乐,德义可尊,作事可法,容止可观,进退可度,以临其民"。强调:"非法不言,非道不行","言满天下无口过,行满天下无怨恶"。《佛说轮转五道罪福报应经》说:"天地万物各有宿缘。"《佛说大乘金刚经论》说:"地有坚性,水有湿性,火有暖性,风有动性。在人身上,四大和合,方成一体。"又说:"四大调和,一身安乐;四大不调,便生病苦"。《地藏菩萨本愿经》说:"一切众生未解脱者,性识不定,恶习结业,善习结果","不行善者,行恶者,乃至不信因果者,邪淫妄语者,两舌恶口者,毁谤大乘者,如是诸业众生,必堕恶趣"。造业有差别,所受报应不同。"不孝父母","出佛身血","伪作沙门,心非沙门,破用常住,欺诳白衣,如是等辈当堕无间地狱,千万亿劫,求出无期"。该经宗旨是"调伏刚强众生,知苦乐法"。《佛说十善业道经》说:众生形色种类,如是一切"靡不由心造善不善,身业、语业、意业所致"。诸佛菩萨"妙色严净,一切皆由修集善业福德而生"。释迦佛说:"菩萨有一法,能断一切诸恶道苦,何等为一?谓于昼夜常念思惟,观察善法,令诸善法念念增长,不容毫分不善间杂,是即能令诸恶永断,善法圆满,常得亲近诸佛菩萨及余圣众。……'人天身,声闻菩提,独觉菩提,无上菩提,皆以此法,以为根本而得成就","此法即是十善业道",能使众生"永离杀生、偷盗、邪行、妄语、两舌、恶口、贪欲、嗔恚、邪见"。《阿弥陀经》说:欲生极乐世界,"不可以少善根福德因缘"。《无量寿经》说:"善护口业,不讥他过;善护身业,不失律仪;善护意业,清净无染"。"恒以布施,持戒、忍辱、精进、禅定、智慧,六度之行,教化安立众生,住于无上真正之道,由成如是诸善根故",便能"积功累德",逐渐修成无上道。《观无量寿经》说:要想"得生西方极乐国土","当修三福,一者孝养父母,奉事师长,慈心不杀,修十善业。二者受持三归,具足众戒,不犯威仪。三者发菩提心,深信因果,读诵大乘,劝进行者。如此三事,名为净业","此三种业,乃是过去、未来、现在三世诸佛净业正因"。《华严经·普贤菩萨行愿品》说,欲成就圣道,必须"关闭一切诸恶趣门"。《药师经》说,植成佛因,然后才能成佛。《佛说大乘金刚经论》中,文殊菩萨问释迦佛:"以何功夫修证,能超凡夫入圣道果?"释佛答:"精修十善,清净三业,远离六尘,力投名师学问正法,依师开示,不随世心流转,只依佛法修行……摄心不散,身口意业,皆悉调伏","于世财色恩爱名利,一断永断,一了永了,从始至终守道如一","心性坚固清净解脱,与佛无异","故得超凡入圣位也"。《阿难问事佛吉凶经》说:"从名师受戒"。《金光明经》说:"不放逸其心","不以非法行","心无垢累","没身不邪",该经强调:"不投名师修,终不成佛",不得正法不得成佛,"修行得正法,即成佛道","二十修行得正法,亦成佛道。三十修行得正法,亦成佛道。四十修行得正法,亦成佛道。五十修行得正法,亦成佛道。六十修行得正法,亦成佛道。七十修行得正法,亦成佛道。八十修行得正法,亦成佛道。男子修行得正法,亦成佛道。女人修行得正法,亦成佛道。富贵人修行得正法,亦成佛道。贫贱人修行得正法,亦成佛道。帝王修行得正法,亦成佛道,宰官修行得正法,亦成佛道。乃至人与非人修行得正法,亦成佛道","得见真名师,修行得正法,无一不成佛"。又说:"求清净斋戒,宁舍身命,终不毁犯,佛许此人立地成佛。"佛告文殊师利:"佛从发心斋戒清净得;佛从久久不退真实得;佛从广发大愿,愿出世间得;佛从平等不择冤亲得;佛从下心参求明师得;佛从慈悲忍辱得;佛从精进解脱得;佛从难行能行、难舍能舍、难学能学得;乃至佛从一切种一切智慧得。"

《尚书》说:"树德务滋,除恶务本。"即是说:培养美德务求不断发展,驱除邪恶务求除根。《道德经》说:"吾所以有大患者,为吾有身,及吾无身,吾有何患。"该经指出:"天下有始,以为天下母,既得其母,以知其子;既知其子,复守其母,没身不殆。塞其兑,闭其门,终身不勤。开其兑,济其事,终身

不救。见小曰明,守柔曰强。用其光,复归其明,无遗身殃,是为习常。"又说:"天地所以能长且久,其不自生,故能长生。是以圣人后其身而身先,外其身而身存。非以其无私邪,故能成其私。"老子强调:"治人事天莫若啬。夫唯啬,是以早服,早服谓之重积德;重积德,则无不克;无不克,则莫知其极;莫知其极,可以有国,有国之母,可以长久。是谓深根固柢,长生久视之道。"《佛说大乘金刚经论》说:愚痴邪见、贪心不足、嗔恚嫉妒,是"三恶道之种子。若人具足,决堕三途。一失人身,万劫不复","欲免堕地狱,当除恶心;欲免饿鬼业,先断悭贪;欲免畜生业,莫吃他肉;欲得人身,先学孝慈;欲生天上,当持五戒;欲成佛道,先用明心;心明则因果不昧,性见则成佛无疑"。又说:"愚人心暗,不识高低,不知有天堂地狱,不信有罪福轮回,一向贪花恋酒,杀生害命而供口腹……贪酒恋色,纵六根,贪六尘,取性快乐,邪伪多端,颠倒无数,但念目前受用,不顾身后招殃,迷真逐妄,倍觉合尘,纵古圣贤,不能救度,长沉苦海,永失真性,一入轮回,万劫不复。"《无量寿经》说:"永拔生死之本,无复苦恼之患,寿千万劫,自在随意。"《地藏菩萨本愿经》说,众生欲想"永取解脱","必须拔出根本业缘","依止善道"。《大学》引用孔子的话说,小小的黄雀知道该停落在什么地方,而人却不知止于何处,还不如鸟呢。《中庸》说,人们都说自己聪明,然而却受利益驱使,而像野兽一样落入捕网、陷阱、木笼之中。"自己聪明",选择了中庸之道却连一个月也坚持不了。

中国古圣贤告诉人们,欲求大乘至圣,必须采取整体优化的方略。《大学》说:"大学之道,在明明德,在亲民,在止于至善","是故君子无所不用其极"。其中主要是求:"知之至也";"道盛德至善","惟命不于常。道善则得之,不善则失之矣","是故君子有大道,必忠信以得之,骄泰以失之"。《中庸》进一步论述了如何求至道修至德的问题,进一步指出:"君子遵道而行,中途而废,我弗能已矣","道不远人,人之为道而远人,不可以为道","大哉圣人之道! 洋洋乎发育万物,峻极于天"。《中庸》强调修大德,指出:"大德必得其位,必得其禄,必得其名,必得其寿……大德者必受命。"又说:"苟不至德,至道不凝焉。故君子尊德性而道问学,致广大而尽精微,极高明而道中庸;温故而知新;敦厚一重礼。是故居上不骄,为下不倍;国有道,其言足以兴;国无道,其默足以容。《诗》曰:'既明且哲,以保其身'。"《荀子》说"德行完备而不向人夸耀,一切都是为了改善自己的德行,这样的人叫作圣人。不向人夸耀,所以天下人就不会与他争能,有了德才而不自以为有德才,所以就被天下人尊重了","积善而不息,则通于神明,参与天地矣。故圣人者,人之所积而致也"。《荀子》还指出,"今人之性恶,必将待师法然后正,得礼义然后治"。《佛说大乘金刚经论》说,欲成圣道,需选明师,择正法。"得见真明师,修行得正法,无一不成佛","参投明师,得正见者,不拘老少，皆成佛道"。大乘佛法反复指出，佛是天人师，"不投佛修，终不成佛"。佛法是无上正法，只有修学佛法，才能智慧如海，得大自在神通，乘如来法船，入极乐国。

因果联系是事物之间客观存在着的一种必然联系。认识和守持因果联系，可以增强人们驾驭必然的自觉能动性，把人们求生存和发展的事变成一种自由自在的活动。中国古圣贤普遍重视因果联系的管理和应用。《尚书》说："作善，降之百祥；作不善，降之百殃。"《太上感应篇》说："祸福无门，惟人自招；善恶之报，如影随形。"《道德经》说："贵以身为天下，若可寄天下；爱以身为天下，若可托天下。"《孔子家语》说："少而不学，长无能也；老而不教，死莫之思也；有而不施，穷莫之救也。故君子少思其长则务学，老思其死则务教，有思其穷则务施。"从而告诉人们，人生的吉凶、祸福、成败等是可以预知的。《佛说大乘金刚经论》说，善因结善果，恶因结业果。人不知因果报应，就会做错事，堕三途，流转五道。从而告诉人们，持守"正因正果正见正修，降伏魔外，同成佛道，虽住世间，世法不染，坐尘劳内，转大法轮，化娑婆界，为极乐邦，变地狱为天堂……说法利生，妙用神通，与佛无二"。又说："五戒不持，人天路绝；五戒坚持，三恶道绝。善恶由人，自造自受"，又说："公修公得，婆修婆得，多修多得，少修少得，同修同得，不修不得。尔若修得功，别人分不得；尔若造得罪，别人替不得"；"是故，欲免地狱，当除恶心；欲免饿鬼，先断悭贪；欲免畜生，莫吃他肉；欲得人身，先学孝慈；欲生天上，当持五戒；欲成佛道，先用明心。心明则因果不昧，见性成佛无疑"。《佛说分别善恶所起经》说："人作善得善"，"作恶得恶"；"求寿得寿，不求寿不得寿；求病得病，不求病不得病；求端正好色，得端正好色；求丑恶色，得丑恶色；求媚得媚，不求媚不得媚；求下贱得下贱，求富得富，求贫得贫，求明经晓道得明经晓道，求愚痴得愚痴"。

中国古圣贤不但对道的性质、道的品质、道的地位和作用等进行了长期探讨，取得了极其深刻的真理性认识，而且对如何驾驭道的问题做出了真理性的回答，明确指出，人生成败及人生价值实现度，皆取决于人们的御道术修养高低。

《道德经》说："圣人终日行，不离辎重。"告诉人们，圣人的成功在于他们能够时刻与道同行。孔子在《论语》中提出："守死善道。"《孟子》说："君子深造以道，欲其自得也。自得之，则居之安；居之安，则资之深；资之深，则取之左右逢其原。故君子欲其自得之也。"具有御道术的"君子所过者，所存者神，上下与天地同流"。又说："盆成括仕于齐。孟子曰：'死矣盆成括！'盆成括见杀。"门人问曰："夫子何以知其将见？"孟子曰："其为人也有小才，未闻君子之大道也，则足以杀其躯而已矣。"《荀子》说："从古至今，道都是正确的衡量标准。如果离开了道而由内心擅自抉择，那就会不知道祸

福所存在的依据。""清楚地明白道的人,心灵深处才能发出光芒","得到道的人的思想才能达到精妙的境界。""精于具体事物的人只能支配这种具体事物。精于道的人则能全面地支配各种事物。所以君子专心于道而用它来帮助自己考察万物。专心于道就能正确无误,用它来帮助自己考察万物,就能看得非常清楚;用正确的思想去处理非常清楚的调查结论,那么万物就能被利用了。""掌握了全局性的大道理,整个宇宙就都能了如指掌。宽阔广大,谁能知道他智慧的尽头? 浩瀚广大,谁能知道他德行的深厚? 千变万化,纷繁复杂,谁能知道他思想的轮廓? 光辉与太阳月亮相当,博大充塞了八方极远的地方,这样的人就叫作伟大的人。"《佛说四十二章经》说:"夫为道者,犹木在水,寻流而行,不触两岸,不为人取,不为鬼神所遮,不为洄流所住,亦不腐败,吾保此木决定入海。学道之人,不为情欲所惑,不为众邪所娆,精进无为,吾保此人必得道矣。"

　　道是事物存在和发展的根据。宇宙大道川流不息。事物要想存在,就必须跟上道的变化,适应道的变化。人的存在和发展也必须如此。中国古圣皆是懂得这一道理的人。《庄子》说:"苟得于道,无自而不可;失焉者,无自而可。""所谓圣,就是通达事理而顺应自然","依顺自然的状态行事,顺应规律去进取","顺应变化而不执滞常理","而顺应事物无穷无尽的变化","跟随大道往返进退"。《庄子》赞颂"孔子行年六十而六十化,始时所是,卒而非之,谓之今之所谓是之非五十九非也"。《金刚波若波罗蜜经》说"凡所有相皆是虚妄",这是因为事物行相是跟随宇宙大道不断变化的。我相、人相、众生相、寿者相都是不断变化的,因而根据一定事物形相产生出来的法也是不断变化的,"若菩萨通达元我法者,如来说名真菩萨","若菩萨有我相、人相、众生相、寿者相,即非菩萨","菩萨于法应生无所住","无法相,亦无非法相","不应取法,不应取非法。以是义故,如来常说,汝等比丘,知我说法如筏喻者,法尚应舍,何以非法"。"如来所说义,无有定法","一切圣贤皆以无为法而有差别"。即是说,真正的圣贤都是善于与道同进的,他们善于在自己的实践中找到与道相结合的根本点,即符合中庸之道的点。

(九)开发人问题上的同一性

　　马克思认为,人的本性中潜藏着无限的能量,人的本能的解放,是整个世界获得解放的起点。然而,在人刚刚脱离动物界,即在人类的初始时期,人还只是自然界微不足道一分子。随着社会实践活动的深入,人认识和改造世界的能力日益增强。其中最突出点,是人的"自我能动作用"日益充分显现出来,即逐渐成为一种改造和主宰自然的力量。这就是《资本论》第3卷指出的:"随着人的能力的发展,真正的自由王国就开始了"。马克思主义指出，人的能力发展是有条件的，其中首要一点，就是人必须尊重必然，即是说，人类的"自由王国只有建筑在必然王国的基础上，才能繁荣起来"。《1844年经济学—哲学手稿》说，每个个体都表现出族类，即表现出作为整体的人性，人的普遍性，人的发展导致他的全部人性的显露。《资本论》指出："资本主义体系……把劳动者残废为一个部分的人，把他贬为机器的附属物，……从他那里夺去了劳动过程的灵性力。"人变成了"具有自我意识和能自我活动的商品"，为了砸碎束缚人的本性发展的枷锁，使人得以全面发展，马克思领导了全世界无产者的革命，创造了社会主义学说。马克思明确指出，建设社会主义社会，并不是目的，社会主义的目的是解放人，使"全部人性得以显露"，"人的本质全面实现和发展"，充分发掘人的巨大潜能，"使人能从自身产生出自己内在的财富"。人类社会进步的过程，是人性日益深入发展的过程，需要经过长期努力，需要做许许多多艰苦的工作。人需要有自由地发展自己的文化，需要把人文科学变成一种科学，需要将自然科学和人文科学统一起来。科学化将推动人的文明化，有了高度文明的人，才能建设高度文明进步的社会。高度文明的社会需要伴随高度文明的人成长发展起来。列宁的《伟大的创举》指出："共产主义就是利用先进技术的、自愿自觉的、联合起来的工人所创造出来的较资本主义更高的劳动生产率。"

中华优秀传统人文化中，开发人的思想极其丰富。中国古圣哲从各个方面、各个层次上，深入研究了人性开发和人的发展。中华优秀传统人文化中的人生开发理论，至今具有极其重要的价值。古圣哲们明确指出，每个人都可以成圣做佛，然而现实生活中的人，其人生价值实现程度却是千差万别的。造成这些差别的原因，是由对人的资质才能开发程度不同造成的。

中国古圣贤非常重视心的作用，认为心是人的主宰。《孟子》说："尽其心者，知其性也。知其性，则知天矣。存其心，养其性，所以事天也。夭寿不贰，修身以俟之，所以立命也。"即是说，尽心能知人的本性；知人的本性之后，就可以知天运行之道；持守人的本心，培养人的真如本性，就可以适应天道安排自己一生了。《荀子》说："心生而有知，知而有异；异业者，同时兼知之，同时兼知之，两也；然而有所谓一，不以夫一害此一谓之壹。"即是说，心生来就有知的能力，知能区别不同的事物，就能彼此兼顾，从而就能防止一种事物伤害另一事物。"未得道而求道者"，必须善用其心。

大乘佛法认为，开发心地是众生成佛的切入点。《佛说真宗妙义经》开章即说：昔日文殊菩萨"在清凉境界大光明藏，请问世尊，世间修行者有先得成佛者，有未得成佛者，其事云何？"佛答曰："先得成佛者，静心修行，内明性理，直门而入，得成无上道果。所以先得成佛。未得成佛者，不知门户，不见自性，内不明心，一心向外求，所以不得成佛。""佛者金刚不坏，自性如如是也。""一切诸法因人所置，一切诸佛，因人所得，无人者也无佛也。迷人

不晓自性,逐日向外求,所以不知佛来处,迷失正真种子,不得成佛。"释佛强调指出:"明心见性即是佛。"众生要想成佛圣道,就要"深解经义,通达教宗,明心见性,破色为空,身虽在凡,心不在凡,达诸佛性"。"世上凡夫俗眼,贪着酒色财气,心猿不定,唱思散乱,狐疑不信,根源在错","前世不修,今世不知,酒色财气怎你迷,只管目前贪乐,限到头来悔也迟"。

《佛说大乘金刚经论》说:"一切众生皆有佛性,本来不生,本来不灭。只因迷悟而至沉升。众生长迷不觉,所以永劫堕落。诸佛常觉不迷,所以永成佛道。……'若人明自心,见自性,是人身中有经,六根门头,常放光明,照天照地,具足恒沙功德,出生四果、四向、十圣、三贤,乃至如来三十二相、八十种好。一切功德皆从自己心地修成,不从外得。……'若是明心见性之人,常闻自己心佛,时时说法,时时度众生,时时现神通,时时作佛事,得此理者名持金刚经,名得金刚不坏身也。"释佛指出:"心寓舍,性喻王。清净斋戒喻城墙。六根喻六部宰辅。六尘喻六贼强梁。六识喻六门出入。五欲喻五道阱坑。见闻觉知喻住国四相,同佐性王,一体家邦。性王一出,坐于心舍,常共六臣四相同理国政。若性王有道,不徇私情,有功则赏,有过则罚,替天行道,死者无怨,如此行政,能另外戒墙坚固,六门警慎,六贼不起,在内六臣清政,四相体公不敢作弊,内外如一,性土太平。若性王无道,听谗纳妄,背公向私,赏罚不平,上下相乖,在内六臣相背,四相作弊,在外六门不关,六贼乱起,攻破戒墙,入自家邦,劫自功德,福尽法无,身心落泊,便受沉沦。""佛由心成,道由心学,德由心积,功由心修,福由心作,祸由心为,心能作天堂,心能作地狱,心能作佛,心能作众生,是故心正成佛,心邪成魔,心慈是天人,心恶是罗刹,心是一切罪福种子。若有悟自心,把得定,作得主,不造诸恶,常修诸善,依佛行持,立佛行愿,佛说是人,不久成佛。"《净土十凝论》说:"故《往生论》云,发菩提心者,正是愿作佛心。愿作佛心者,是度众生心。度众生心者,则是摄取众生生佛国心。"

中国古圣贤论述心地开发的思想极其丰富,其中主要有:明心见性是开发人的关结点。《楞严经》中佛对阿难说:"如果不知道心和眼在什么地方,就不能够制服俗尘生活中的烦劳。就像一个国王,遭到敌人侵犯,他要发兵讨伐,必须知道敌人在哪里。人在生死轮回中不得解脱,原是受制于心和眼的缘故。我问你,心和眼在什么地方?"阿难多次回答,释佛都说不对,最后阿难说:"心既不在内,也不在外,亦不在中间,不在一切地方,心不执着在一切事物之上,这是不是心的本性呢?"如来又问阿难:"你说心的觉知认识本性不在一切地方,世间、天上、地下、水中所有一切事物,都不去执着在其中,那么你的心是在还是不在呢?你的心不在就如龟角上长毛,兔头上长角完全空无所有,那还说什么执着不执着呢?说不执着,就不能说它不在,不是空无的就会有形态外相。有外相就是在,这时还说什么不执着一切事物?

所以应当知道,说不执着一切事物就是觉知心的本性,也是不对的。"佛告阿难,一切众生久远以来以枉念为根据而修行,"就像煮食河沙作美味一样,即是经历了万千劫,也终归不能成功"。"一切事物都有其本体本性,即使是虚空也还是存其名相外貌。怎么能说无垢无染妙明圆觉心以及一切心性,即具有一切万物本性的心没有自身本体?如果执着那分别认知的觉知上以为它就是心,那么,这个心应当离弃所有与觉知相关的事物,如色、声、香、味、触等尘世器物,这才有心的整体本性。就如你现在听我说话,是因为有声音分别识知,即使除去所有引起见闻觉知的东西,向内守望那一片寂静空无,这也是一些示现出来的尘世器物的种种分别的幻影。我没有责怪你依持一个假心,只要你仔细揣摩这个心,如果离弃了六尘境相,仍然有能分别的体性存在,那就是你的真心。如果这个能分别的体性,离开了六尘境界,就不存在,那么它就不过是六尘境界的分别影像显现,这个心也就是尘世器物世界的种种分别的幻影而已。六尘境相不会常存不变,如果它变易生天,那么这个心也就随之而空无所有,你的常驻不灭的真身也会与六尘境界事物一样变异灭绝了,这时谁来修证那不生不灭安忍不动的心呢?"中华优秀传统人文化明确告诉人们,欲成大业,必须自己发心。《佛说大乘金刚经论》说:"若不发心,佛也难救。"《楞严经》指出:"用佛妙觉,启发自己的心。"明确指出,菩萨的成长是靠修心逐步完成的,菩萨修菩提心,置身于"大菩提之中,完善地获得通达之心,觉悟通达如来,穷尽了佛的境界","周遍一切真如境地,这叫运行地,惟一无上真如心,这叫作不动地。真如之心发用无碍,这叫作善慧地","从善慧地到等觉菩萨,这一觉慧能获金刚心"。《华严经》强调"发求阿耨多罗三藐三菩提心",又说:发起"广大深重的悲悯心,意欲救护一切众生,普贤菩萨的功德就会显示在你面前。深重的大悲心愿,是圆满纯洁的菩萨心,是圆满成熟的菩提心,依持这个心念,就能获得佛的广大能力"。《文殊菩萨无尽十种甚深大愿》说:菩提心就是觉佛圣道之心,发菩提心者,"则是世尊诸佛之子,亦是我父母"。"我有先誓大愿,依我十种大愿者,先为父母、兄弟、姊妹、妻子、眷属、得令富贵,果报圆满……令发胜愿,回向大乘,学习菩提,渐成佛道。于是,我作他作,大臣官长,理务世俗,一一清正,于国忠孝,恶共有缘,归向菩提,得值三宝,令发菩提之心。"此大愿的核心和灵魂就是"发菩提心,求无上道","登正觉路","得入佛道"。

诸佛菩萨皆靠发心成就。阿弥陀佛靠发四十八大愿救度众生得成就。药师佛靠发十二大愿成就。文殊菩萨靠发无尽十种甚深大愿成就。普贤菩萨靠发修十种广大行愿成就。《华严经·十地品》详细阐述了十地菩萨每前进一步都靠提高发心品位而成就。发大悲心是诸佛菩萨修行的起点,只有救度世间一切苦难的大悲心,"其广大如同万事万物的法界一样,其究竟如同虚空一样清净无杂","便获得了利益心,柔软心,随顺心,寂静心,调伏

心,寂灭心,谦下心,润泽心,不动心,不浊心",在此基础上,"求佛的大智慧,修行大舍心","以慈悲大舍心救护一切众生",得住欢喜地。菩萨要想进入离垢地,"当起十种深心……"菩萨"要想进入第三地,应当起十种深心……"直到入佛境界,具足佛的十神力,跻身于佛的行列,全凭逐步发深心大愿。《梵网经》指出,大乘菩萨修发趣十心,即心心趣向大乘;长养育十心,趣向圣位;成金刚十心,不被外道侵损;才能由初地菩萨逐步至十地成佛。

《成唯识论述记》卷一说:"梵云菩提此翻为觉,觉法性故。"《大智度论》卷四云:"菩提名诸佛道。"佛是真正的觉者,佛道为正觉之道。如实觉知世间,是佛法在世间的真实价值所在。《坛经》说:"诸佛出现在世间,只是为了一件大事,就是帮助众生脱离所有邪见,内外都不迷惑。"这就是说,发菩提心,就是发成就佛的无上正等正觉之心。有了这样的心愿,就会懂得,发菩提心者,必须自觉正其心。《大学》说:"欲修其身,先正其心","所谓修身在正其心者,身有所忿,则不得其正;有所恐惧,则不得其正;有所好乐,则不得其正;有所忧患,则不得其正;心不在焉,视而不见,听而不闻,食而不知其味"。《楞严经》强调"用心要正","要保护众生,清楚他们的邪见,叫他们身心开觉海常住之真义,在修无上觉道中不发生枝歧","不要让他们的心魔作怪","心魔作怪",就会身心颠倒,"自己造下深重孽障","迷惑菩提真性",如果"心正不邪,魔就不能在其身上得到便宜"。

《楞严经》说:"心的本性是明净光洁的,如用之于种种妄念,则成颠倒不真实,致使众生在生死烦恼中不停地流转"。为保持"净明心",《佛说真宗妙义经》说,必须燃起"万里心香,二六时中存养省察,扫除心田尘垢,冰清玉洁,恶念不起,但存平等,慈悲和合"。《佛说清净心经》说:"修习正行欲得清净心者,当断五法,修习七法而令圆满。"断五法又叫除五盖除,即清除贪欲、嗔恚、昏沉睡眠、吊悔、疑惑五种障碍。修习七法即修习用来调心的七种觉悟。这七种觉悟和起来就是圆满的大觉。该经指出,心不清净者心不得解脱,"离贪染污,得心解脱","断除无明,得慧解脱","永离贪爱,了知真实正知",即入佛知见,"尽苦边际",即超三界,永离轮回流转。《庄子》说:心解脱以后,"心境便能如朝阳一般清新明澈;心境如朝阳般明澈后,就能够感受到那独立存在的'道'了;感受到'道'之后,就能进入无所谓生无所谓存在生……不受外界事物干扰"。《道德经》说:"圣人在天下,歙歙为天下浑其心。……'贵以身为天下,若可寄天下;爱以身为天下,若可托天下'。"中国古圣贤皆明确指出,善心是人成圣道的种子,做人需要懂得润泽心田的道理。《法华经》指出"用法雨润泽心田"。《庄子》提出用心斋养心。庄子借用孔子的话说:心斋就是"摒除杂念,专一心思,不用耳去听而是用心去领悟,不用心去领悟而用凝寂虚无的意境去感应!耳朵的功用仅在于聆听，心的功用只在于与外界事物交合，有了凝寂虚无的心境才能正确对待宇宙万物，只有凝寂虚无的心境才能与宇宙大道汇合。求虚无空明的心境就叫'心斋'。"《佛说大乘金刚经论》说："心要理养，佛要法扶，则食养身命，道理养慧命，悟道兼通，即成佛道。"

中国古圣哲指出，人身难得，生命有限，要想有成，必须懂得善用其心。《论语》说，孔子把"志于道"，"守死善道"，视为终身为之奋斗的大事。他毕生坚持把自己从事的事业与道统一起来。孔子对子贡说："赐也！女以予为多学而识之者与？"对曰："然，非？"曰："非也。予一以贯之。"《荀子》说："有精于道的人，有精于具体事物的人。精于具体事物的人只能支配这种具体事物。精于道的人则能够全面地支配各种事物。所以君子专心于道而用它来帮助自己考察万物。专心于道就能正确无误，用它来帮助自己考察万物就能看得非常清楚；用正的思想去处理非常清楚的调查结论，那么万物就能被利用了。"又说："固守专心于道的原则而达到了戒惧的境界，光荣就会充满于身边；培养专心于道的品质达到了精妙的境界，就会在不知不觉中得到光荣。所以《道德经》说：'一般的人思想品质只能达到戒惧的境界，得道之人的思想才能达到精妙的境界。'这戒惧与精妙的苗头，只有明智的君子才能了解它。人的思想就像盘中的水，端正地放着而不去搅动，那么沉淀的污浊的渣滓就在下面，而清洁透明的水就在上面，就能用来照见胡须眉毛、看清皮肤的纹理。如果微风在它上面吹过，沉淀的污浊渣滓就会在下面泛起，在上面的清澈透明的水就会被搅乱，靠他就看不清人体的正确映象了。人心也是这样啊。如果用正确的道理来引导它，用高洁的品德来培养它，外物就不能使它倾斜不正，就能用来判断是非，决断嫌疑。如果有点小事牵制了它，那么它那端正的神智就在外表上发生变化，思想就会在胸中发生倾斜，就不能用来决断各种事理了。古代喜欢写字的人很多，但只有仓颉一个人的名声流传了下来，这是因为他用心专一啊；喜欢种庄稼的人很多，但只有后稷一个人的名声流传了下来，这是因为他用心专一啊；爱好音乐的人很多，但只有夔一个人的名声流传了下来，这是因为他用心专一啊；爱好道义的人很多，但只有舜一个人的名声流传了下来，这是因为他用心专一啊。倕制造了弓，浮游创造了箭，而羿善于射箭；奚仲制造了车，乘杜发明了用四马拉车，而造父精通驾车。从古到今，还从来没有过一心两用而能专精的人"。"想要求得道的人，达到了虚心的地步就能够得到道；想要奉行道的人，达到了专心的地步就能够穷尽道的全部；想要探索道的人，达到了静心的地步就能够明察道。了解道十分明察，知道了道能实行，就是践行道的人。达到了虚心、专心与静心的境界，叫最大的清澈澄明。万物露出了行迹没有看不见的，看见了没有什么不能评判的，评判了没有什么不到位的。坐在屋里能看见整个天下，处在现代能评判远古，通观万物而能看清它们的真相，检验考

核社会治乱而能通晓它的法度,治理天下而能控制利用万物,掌握了全局性的道理对整个宇宙就都了如指掌了","恢恢广广,孰知其极? 睪睪广广,孰知其德! 涫涫纷纷,孰知其形! 明参日月,大满八极,夫是之谓大人"。

《华严经·入法界品》说:"文殊师利菩萨劝诸比丘发阿耨多罗三藐三菩提心已",又对善财童子说:"汝已发阿耨多罗三藐三菩提心,复欲亲近诸善知识,问菩萨行,修菩萨道。"善财童子按照文殊菩萨的教导,南行向诸善知识求教,参拜了五十三位善知识。这些善知识分别向善财童子介绍了自己如何专心于一法求证无上正等正觉的。《楞严经》说:释迦牟尼佛问"诸大菩萨及诸漏尽大阿罗汉,汝等菩萨及阿罗汉,生我法中,得成无学。吾今问汝最初发心,悟十八界,谁为圆通? 从何方便入三摩地?"接着二十五位无学大菩萨以及阿罗汉,各自说了自己最初成道的方便法门。包括观世音菩萨、大势至菩萨、普贤菩萨、虚空藏菩萨、舍利弗、大目犍连、摩柯迦叶等都是靠专心于一法入圣道而得成无学的。

中国古圣贤指出,智慧是人的中枢神经系统和活的灵魂。人生价值实现度的差别,皆源于智慧。孔子编著的记载中华文明发展史的《尚书》说:"明作哲,聪作谋,睿作圣","爽邦由哲",羲和昏迷无知遭惩罚。《孔子家语》说,子路问孔子"持满有道乎?"孔子说:"聪明睿智,守之以愚;功被天下,守之以让;勇力振世,守之以怯;富有四海,守之以谦;此所谓损之又损之道也。"《道德经》反复阐述了如何运用智慧求生存和发展的问题。老子明确指出,人要成其大,得其贵,死而不亡,必须懂得"无为无不为"的道理。而驾驭"无为无不为"之道,需要至高无上的智慧,其中包括"知其荣,守其辱","知其白,守其黑","知其雄,守其雌","方而不割","光而不耀","自爱不自贵","报怨以德","强大处下,柔弱处上","图难于其易","大成若缺,其用不弊。大盈若冲,用其无穷。大直若屈,大巧若拙,大辩若讷","自知不自见,自爱不自贵","是以圣人为而不持,功成不处",学"圣人被褐怀玉","圣人终不为大,故能成其大","善行无辙迹,善言无遐谪,善数不用筹策,善闭无关键而不开,善结无绳约而不可结","不自见,故明;不自是,故彰;不自伐,故有功;不自矜,故长","圣人常善救人,故无弃人;常善救物,故无弃物。是谓袭明。故善人者,不善人之师;不善人者,善人之资。不贵其师,不爱其资,虽智大迷,是谓妙要。"《荀子》说:"不仁不智,辱莫大焉","志意修,德行厚,智虑明,是荣之由中出者也","陋也者,天下之公患也,人之大殃大害也"。《论语》说,孔子"痛恨人们的顽固无知",明确告诉人们"知者不惑",只有明智的人才可能成为完美的人。《孟子》说:明智的人不会被蒙蔽,"贤者以其昭昭使人昭昭","人之有德慧术知者,恒存乎疢疾。"

中国化了的大乘佛法,把智慧摆在了至高无上的地位。《坛经》说:"一灯能除千年暗,一智能灭万年愚","般若波罗蜜最上最尊最第一","般若波罗蜜法生智慧",使众生得"大智慧到彼岸"。《道行般若经》说:"佛从般若波罗蜜中生","佛在般若波罗蜜中存在","菩萨只有学般若波罗蜜,才能学得成佛之道","修持般若波罗蜜者,诸魔永远找不到害他的机会","般若波罗蜜能降伏一切恶","般若波罗蜜是最大般若蜜",能生布施、持戒、忍辱、精进、禅定五波罗蜜,"五波罗蜜是从般若波罗蜜中生出来的,而般若波罗蜜又能生出萨芸若智慧"。《般若波罗蜜多心经》说:"三世诸佛依波若波罗蜜多故,得阿耨多罗三藐三菩提",又说:"般若波罗蜜多是大神咒,是大明咒,是无上咒,是无等等咒,能除一切苦,真实不虚。"《般若波罗蜜多心经》是600卷《大品般若经》的核心,般若波罗蜜多是破除无明障的光明导师,是诸佛之母。《华严经》说:"菩萨摩诃萨以般若波罗蜜为母。"《金刚经》说,修持般若波罗蜜多"皆得成就不可量、不可称、无有边、不可思议功德",获金刚不坏身,得大坚固力,究竟到彼岸,"一切诸佛及诸佛阿耨多罗三藐三菩提法,皆从此经出"。

智慧是人成圣道的前提条件。大乘佛法之所以称文殊菩萨为"三世佛师","法王子",就是因为文殊菩萨是修持智慧的代表人物。《华严经》说,善财童子以文殊菩萨为师,在文殊菩萨指导下,遍求无上真理智慧,经五十三参,在普贤菩萨处得无上正等正觉。《法华经》不但讲述了文殊菩萨是三世佛师,而且介绍了龙女依文殊菩萨教化,八岁成圣道的事。佛家用大量事实告诉人们,智慧是人求生存和发展的关键性条件。

智慧是人成长和求得成功的灵魂和方略。《尚书》说:"睿作圣","爽邦由哲",求"智慧深远"。《庄子》赞颂圣智。提倡作"圣哲之人",使"智慧达到至高境界","注焉而不满,酌焉而不竭,而不知其所由来,此之谓葆光",像圣人那样"把自己寄托在无穷无尽的境域之中。"《中庸》说:"唯天下至圣为能聪明睿知。"《荀子》说:"无所不明而思虑又永不枯竭者为圣人"。智慧开发的宗旨是"使人成圣智,知通乎大道,应变而不穷,辩护万物之情性","修百王之法,若变黑白,应当时之变,若数一二;行礼要节而安之,若生四枝;要时立功之巧,若诏四时;平正和民之善,亿万之众而博若一人;如是,则可谓圣人矣。"《中庸》说:"唯天下至圣为能聪明睿知。"从而告诉人们,开发智慧与成就圣道是一致的,人有了至高无上的智慧才能成圣道,人成圣之时才能有至高无上的智慧。《法华经》说:"诸佛世尊,唯一大事因缘故出现于世","欲令众生开佛知见","以佛智佛见指示众生,以佛智佛见觉悟众生,使众生得佛的智慧。"《大乘大集地藏十轮经》说,佛菩萨为诸众生说法,"为除灭一切众生大无明暗,大怖畏事,一切摔损,得大光明,及大名称,如实觉悟一切智智","利慧胜福常得增长。"《华严经》说,智慧能使人们在一念之间即普照过去、现在、未来所有诸法事物;修智慧波罗蜜才能"顺入佛智慧的真理之境";"发心求菩提智慧"才能"往生彼岸",又说菩萨有了往生彼岸的

智慧,才"能够随顺众生应化而救度众生";"证得一切真理之无上智慧",才能"破一切众生痴暗","以智慧明照世间事物,为处在生死长夜中的人们照亮道路","照亮众生心地中的黑夜,让众生迅速发心去求证一切真理之无上菩提智慧","在一切世界用清净之光驱逐无明黑暗障碍的境界,以一念智慧之光明,普照一切广大无边的三界方便海的境界","用如是顺缘的方便智巧,促使众生最终成就佛位的一切智之智","一念而遍入一切秘密法门,一念而便知三世一切法。"《华严经》又说:"十波罗蜜中,智慧波罗蜜最为增上,其余的波罗蜜不是不修,而是随分修学,各有差别。"即是说,般若波罗蜜是一切渴求圣道者都必须修学的,是进入圣道必不可少的条件。

古圣贤指出,智慧是人本性中具有的,因迷惑颠倒不得见。《华严经》说,所谓开发智慧,就是"为众生打开智慧宝藏",就是把"觉者的智慧布施给众生,把自证自悟的智慧及自性本有的智慧布施给众生。"《大般涅槃经》中,痴迷无知的人非常可怜而可悲哀,"譬如有人要到远处去,由于无知迷失了正路,已走上了邪路还认为自己在正道上走呢。"《贤愚因缘经》说:开发智慧就是"用智慧之火去烧众生的烦恼","就是让众生掌握无上真理智慧",破除"迷惑颠倒,邪知邪见","解除众生的一切烦恼,使众生转凡为圣。"《道行般若经》说,救度众生最重要之点,"是把慧眼交给一切众生,让众生认识般若波罗蜜法,依照般若波罗蜜法进行修行。"《庄子》说,人不但"知有所困",而且有"知有所残"的问题,"岂唯形骸有聋盲哉?夫知亦有之!"告诉人们,"去小知而大知明",除知之残才能获得知一切的大智慧。《荀子》说:"陋也者,天下之公患也,人之大殃大害也","老不知恶谓上愚",人有大智慧,才能得"大清明"。清除迷惑颠倒的邪见,至心求正法慧,是人们成圣道的前提条件。《道德经》告诉人们必须清除伪智。老子说:"智慧出,有大伪。"伪智是虚假的东西,不但不能引导人们成圣道,而且会使人们入邪径,堕三途。《佛说大乘金刚经论》说,欲求成长发展,必须"有圣智之宝,善能决断是非","修行得正法,无一不成佛"。

智慧开发无常法可依。每个人的因缘不同,开发智慧的入手处也各不相同。《孟子》《荀子》都说:"该在左就在左,君子在左无不可;该在右就在右,君子在右亦常有。"《金刚经》说:"无有定法名阿耨多罗三藐之菩提","一切圣贤皆以无为法而有差别。"又说:"不应取法,不应取非法。"以往圣者成长经验表明,智慧从学习中得。《孔子家语》说:"好学近乎智",又说:"好学则智。"《孟子》说:"圣人,百世之师也","奋乎百世之上,百世之下闻者莫不奋起也。"又说:"孔子登东山而小鲁,登泰山而小天下。故观于海者难为水,游于圣人门下难为言。"《华严经》中文殊菩萨告诉善财童子说:"亲近供养诸善知识,是具一切智最初因缘","你如果要想成就佛的智慧,你就应当下决心去访求一切真正具备了菩提智慧的人们。"《佛说大乘金刚经论》说："佛从下心参求名师得"，"得见真明师，修行得正法；无一不成佛。"大乘佛法告诉人们，经藏是圣者智慧的寓身之处，至心深入经藏，可智慧如海。

古圣贤明确指出，德是人求生存发展的大根大本。《道德经》说，道赋予万物命，德赋予万物形。"道生之，德畜之，物形之，势成之。是以万物莫不尊道而贵德。道之尊，德之贵，夫莫之命而常自然。故道生之，德畜之，长之育之，亭之毒之，养之覆之。。"《孔子家语》说："非德道不尊。"《尚书》说："惟德动天"，"舜帝先前到历山去耕田的时候，天天向上天号泣，向父母号泣，自己负罪引咎。恭敬行事去见瞽瞍，诚惶诚恐庄敬瞽瞍。瞽瞍也信任顺从了他。至诚感通了神明，何况这些苗民呢？"又说："天道福善祸淫"，"作善，降之百祥；作不善，降之百殃"，"德惟一，动罔不吉；德二三，动罔不凶。惟吉凶不僭，在人；惟天降灾祥，在德！"《尚书》再三强调"不可不敬德"，不厌其烦地指出，夏朝"惟不敬德，乃早坠厥命"，"殷革夏命"在于夏桀失德而商汤敬德；"周革商命"在于商纣失德而周文王周武王崇德。《孟子》说："仁，人之安宅也。"

德善之性是人本性中固有的宝贵资源。德性开发就是要把人身上这种宝贵的资源发掘出来。以孔子为代表的儒家在其具有教化纲领性质的经书《大学》中说："大学之道，在明明德，在亲民，在止于至善。"即是说，教化要解决的基本问题是彰显人本身具有的光明德性，在于使人自新，在于使人的成长发展达到德行完美的境界。《尚书》说："嗣前人，恭明德，在今。"其意是说，能像以往的圣贤那样，恭行明德。又说："惟新厥德，终始惟一，时乃日新。"即是说，惟有始终如一，不断更新自己美好的德行，才能不断成长进步。还说：至心于善行，就能"功加于时，德垂后裔。"

古圣贤指出，德性的成熟和德行的完美需要一个过程，德行开发的目标必须定在求德性至善和德行完美上。《孟子》说："五谷者，种之美者也；苟为不熟，不如荑稗。夫仁，亦在乎熟之而已矣。"

（十）理智做人问题上的同一性

马克思认为，人类历史发展的过程，就是人发展自己特有的人性的过程。人的本质属性觉醒的过程，是理智做人觉悟的过程。一旦人性完全实现，人就会成为有理智的人。《共产党宣言》说："在资产阶级社会里，资本具有独立性和个性，而活着的人却没有独立性和个性。"《资本论》进一步指出，资本主义把人"贬为机器的附属物"；《1844年经济学—哲学手稿》指出，资本主义把人变为"具有自我意识和自我活动的商品"，人变成了"人类商品"，"把人当作精神上和肉体上非人化了的存在物来生产"，人一旦丧失了人的本性，人就会失去理智，成为没有灵魂的人。马克思在《资本论》中指

出,人类实现从必然王国向自由王国的过渡,是靠理智完成的,即人以合理的方式进行生产,不让生产作为一种盲目的力量来统治自己。他说:"最蹩脚的建筑师一开始就比最灵巧的蜜蜂高明的地方,是他在用蜂蜡建筑蜂房以前,已经在自己的头脑中,把它建成了。"马克思把人的这种机能称之为"自我能动性"或"自觉能动性"。因而说,人类历史是人自我实现的历史。人正是凭借理智,踏上了通往真理的征程。

中国古圣哲理智做人的理论大厦建筑在人的本质属性基础之上。翻开中国人文化发展史,我们会清楚地看到,代表中华传统文化主流的儒家、道家、佛家学说,全都是以教导人们理智做人为宗旨而发展起来的,明确指出,认识人的本质属性,驾驭人生发展规律,实现人道与宇宙大道统一,是人成长发展关键问题。儒家指出,守持人的本质属性,人皆可为尧舜。道家指出,守持人的本性,行人之道,人可以成为与道、天、地并列称大者。中国化了的大乘佛法指出,守持和开发人的本质属性,人皆可成佛做圣。《道德经》说:"知常曰明。不知常,妄作凶。知常容,容乃公,公乃全,全乃天,天乃道,道乃久,没身不殆。"《荀子》说:"天有常道矣,地有常数矣,君子有常体矣。君子道其常,而小人计其功。""君子慎重地对待那些取决于自己的事,而不去羡慕那些取决于上天的东西。""天行有常,不为尧存,不为桀亡。应之以治则吉,应之以乱则凶。强本节用,则天不能贫;养备而动时,则天不能病;寻道而不忒,则天不能祸。……背道而妄行,则天不能使之吉。""不可以怨天","故明于天人之分,则可为至人矣。"《论语》中的孔子是理智做人的典范。孔子在《论语》中说:"病无能,不病人之不己知也"。又说:"富与贵,是人之所欲也,不以其道得之,不处也;贫与贱,是人之所恶也,不以其道去之,不去也。君子去仁,恶乎成名?君子无终食之间违仁,造次必于是,颠沛必于是"。"吃粗饭喝清水,弯起胳膊当枕头,快乐就在其中了。干不义的事,得到的财富和地位,对于我来说,如同浮云一样。"《庄子》中,理智做人的思想极其丰富。庄子明确指出,天地有自己运行的规律,告诉人们必须"通晓大道","信守至理要道","遵循客观规律去进取";"失道寸步难行"。他强调"与时俱进",称赞"孔子行年六十而六十化,始时所是,卒而非之,未知今之所谓是之非五十九非也","懂得在人所无法懂的地方停下来"。他告诉人们,要"主宰自己","不因外界变化失掉自我","保持自身阴阳二气均衡","保持自己和谐的心态","善于修养自己的身心,保持自己的真性","不以自己为判断是非的标准"。他说:"人懂得的东西,远远不如不懂得的多","不能见贤思齐,是人生的最大祸害","知道自己愚昧的人,并不是最愚昧的人"。他主张:"遵守生死规律","凭借天道而生死";他认为:"精神随形体衰亡是最大的悲哀",要求人们防止"智慧的残缺",告诉人们:"智残比体残更可怕"。他说:"自己看重的并不是值得看重的","一辈子困顿疲劳却不知自己的归宿"，"不能摆脱外物的拘累，身体和精神过于奔波驰骛，沉溺于外物包围之中，一辈子也不醒悟"，"自恃偏见而沉溺于世俗"等，皆是"世人的悲哀"。他进一步指出："最大的悲哀莫过于心死。"他批评世人之蠢，他认为"抛弃生命去追求外物"者是蠢人，"窃取不属于自己的东西"是蠢人，"君子不干盗贼的事，贤人不做偷窃的事"，"鸟中没有比燕子更聪明的，看到不宜居住的地方就不再多看一眼，即使口中的食物落在那里，也放弃而飞走"。《庄子·山木》讲述了蝉儿、螳螂、异鹊和庄子争相诸利而受害的故事，告诉人们，逐利忘形必招后患。《庄子·田子方》一文赞颂虞舜不把生死放在心里；百里奚不把富贵和地位放在心里；"宋之君将画图"一节，赞颂画师"神闲气定，意在笔先"，进而指出，"人应当善于保全天然真性，不受外物干扰"。庄子批评文种善为人谋而自己不知理性做人。他说："勾践带领三千士兵退守在会稽山，只有文种才能想出使濒临灭亡的越国得以保全的办法，也只有文种不清楚导之他自己悲哀的原因。"庄子赞颂列子懂得理智做人。他说："列子生活贫困，面有饥色。有人对郑相子阳说：'列御寇是有道之人，住在你执政的国家中却生活贫困，你恐怕不是重视贤能之士吧？'子阳马上让管粮官吏送粮给列子。列子见了使者一再拜谢而拒绝接受粮食。使者走后，妻子怨恨列子不接受粮食。列子笑着对妻子说明了他不受粮的原因。后来，郑国百姓果然发难而杀了子阳"，列子免受灾殃。庄子本人是善于理智做人者。他生活贫困，有时甚至断粮。他在濮水边垂钓，楚威王派遣两位大夫先来致意，聘请庄子为楚国宰相。而庄子笑着对楚国使者说："千金，重利；卿相，尊位也。子独不见郊祭之牺牛乎？养食之数岁，衣以文绣，以入太庙。当是之时，虽欲为孤豚，岂可得乎？子亟去，无污我。我宁游戏污渎之中自快，无为有国者所羁，终身不仕，以快吾志焉。"

《庄子》告诉人们，理智做人是艰难的事，身外之事是不可能有定准的，忠臣如龙逢被诛、比干被杀、箕子被逼装疯；佞臣如恶来也不免一死，暴君桀纣也终归灭亡。为人君者无不希望臣子效忠自己，但忠臣未必受到信任，所以伍员尸漂江中，苌弘死在蜀地，……为人父母者无不希望子女孝顺自己，但孝子未必得到爱抚，所以孝己愁苦而死，曾参终日悲泣。"庄子说："知大一，知大阴，知大目，知大均，知大方，知大信，知大定，至矣。"他告诉人们："天贯通万物，地解脱万物，大目观照万物，大均顺应万物，大方区别万物，大信稽考万物，大定抉持万物"，"纷繁杂乱的万物背后都有一个理，这实理自古至今不曾被取代，也没能损害，这就是道的大略"，他说："以不惑之理，来解除天下人之惑，又复归于本性的不惑，是大不惑。"

中国古圣贤告诉人们，人生最重要的是守持人的本质属性，坚持理智做人。《孟子》说："无恻隐之心，非人也；无羞恶之心，非人也；无辞让之心，非人也；无是非之心，非人也。恻隐之心，仁之端也；羞恶之心，义之端也；辞让

之心,礼之端也;是非之心,智之端也。人之有四端也,尤其有四体也。"《论语》教人"守死善道。"《太上感应篇》:强调"是道则进,非道则退,不履邪径,不欺暗室。"

(十一)文明化建设的同一性

马克思主义的活灵魂和核心是人的文明化。马克思一生致力于人的解放事业。他把人的文明化,视为人类的唯一出路。《资本论》说:"人类历史是我们人自己创造的",人在创造历史的过程中,也改造着自己。随着人自身文明化程度的提高,人创造世界的能力也日益提高。马克思认为,人最初是自然界中微不足道的一分子。然而人类的本质属性中,潜藏着巨大的能量。《资本论》第3卷指出,人的发展,"经历了一个从野蛮向文明转变的过程",这个过程也是一个从必然走向自由的过程。"在这个必然王国的彼岸,作为目的本身的人类能量的发展,真正的自由王国就开始了。但是,这个自由王国只有建立在必然王国的基础上,才能发展繁荣起来"。斯大林《在苏联列宁共产主义青年团第八次代表大会上的演说》中说:"我认为不消除这种野蛮和不文明的现象,不消除这种对待科学和有文化的人的野蛮态度,我们就一步也不能前进。"马克思认为,社会主义不是目的,社会主义的目的是解放人。《资本论》说:资本主义把人变成了"机器的附属品",变成了"具有自我意识和能自我活动的商品"。《哲学贫困》说:资本主义使人"全面堕落和普遍谋求私利","变得贪婪",甚至"不如动物"。《共产党宣言》说:"在资产阶级社会里,资本具有独立性和个性,而活着的人却没有独立性和个性。"社会主义不仅使人从经济贫困中解放出来,而且从精神贫困中解放出来,使人能够自由地发展自己。《黑格尔法哲学批判》说:"人的根本就是人本身。"人类社会的根本问题,就是不断提高人文明素质,全部显露和不断发展人的本性,使人成为全面发展的人。

中华文明事业,是伴随着人的文明化建设,日益发展起来的。中国人的文明化建设从五千年前的伏羲开始,中国最古老的经书《易经》明确指出:"文明以止人文也",又说研究人与周围事物的联系,在于求"天下文明"。早在四千多年前尧舜执政期间,就已经把人的文明素质作为衡量人的重要标准。《尚书·尧典》说:"考查往事,帝尧放勋,敬书节俭,明照四方,善治天地,道德纯备,温和宽容。他能发扬大德,使家族亲密和睦,又能明辨其他各族的事,能协调万帮诸侯,使天下众民友好和睦起来。"又说舜"浚哲文明,温慕允塞。玄德升闻,万命以位。"《孟子》说:"尧那个时代,天下还不太平,洪水到处泛滥,凶禽猛兽威胁人类安全。尧为此担忧,选拔舜出来主持治理。舜任用伯益管理火政,……禹又疏通了九河,……中原一带才可以耕种,从而得到食物";解决了吃饭问题之后,圣人又发现,人"吃饱了穿暖了,住的安逸了，如果没有教化，也和禽兽差不多"，"便让契担任司徒，用人伦道德教化百姓"，"使他们勤奋努力，正直，帮助他们，使他们培养美好的品德。"尧舜开创的人的文明化建设经过夏、商、周三个朝代，历时两千年的发展，到周朝末年，已广泛深入人心。孔子集先贤教化思想之大成，开创了儒家教育。儒家教育的实质，就是对人进行知识化、文明化的教育。孔子总结了中国文明发展史，在他主编的《尚书》中，深刻表明了，社会管理者，之所以要重视人的文明化建设，是由人的地位和作用决定的。《尚书》中记载皋陶和禹讨论国家大计时说："天聪明，自我民聪明。天明畏，自我民明威。达于上下，敬哉有土。"《夏书·五子之歌》说："民惟邦本，本固邦宁。"《商书·太甲》中说："君主没有人民，无法治理四方。"《太甲》下说："不要轻人民的事务。"《尚书·周书》说："惟人万物之灵"，"民之所欲，天必从之。"

中国古圣贤还指出，之所以必须重视人的文明化建设，还在于人的文明素质和能力决定人的价值。《孔子家语》说：子夏问孔子曰："颜回之为人奚若?"子曰："回之信贤于丘。"曰："子贡之为人奚若?"子曰："赐之敏贤于丘。"曰："子路之为人奚若?"子曰："由之勇贤于丘。"曰："子张之为人奚若?"子曰："师之庄贤于丘。"子夏避席而问曰："然则四子何为事先生?"子曰："居，吾语汝，夫回能信而不能反，赐能敏而不能诎，由能勇而不能怯，师能庄而不能同，兼四子者之有以易吾，弗与也。此其所以事吾而弗贰也。"《孟子》说："人与人之间，有相差一倍、五倍甚至无数倍的，原因在于能不能充分发挥天生的资质。"大乘佛法告诉人们，佛与众生都具有佛性。佛是出矿金，即佛性得以开发者;众生是在矿金，即是有佛性，但尚未开发出来。人的佛性开发出来之后，人就有了正遍知能力，有了无上正等正觉，有了行真正的觉悟，有了无上自在神通能力，有了无限的生命力和无量价值;而佛性未开发出来者，为诸烦恼所缚，在六道轮回，常常造恶堕三途，永无解脱之日。

（十二）人的解放思想的同一性

马克思主义把人的本能的解放，作为人类解放的起点。《反杜林论》说：把统治人们的生活条件变为"人们的支配和控制"，使人"成为自然界的自觉的和真正的主人";驾驭社会运行规律，实现人们自己的行为与社会运行规律的统一，使统治社会历史的异己力量"处于人们自己的控制之下"，"人们完全自觉地自己创造自己的历史"。马克思主义指出，人类的解放包括思想解放、行为解放诸多方面。思想解放是行为解放的前提。《马克思恩格斯选集》第1卷说："德国人的解放就是人的解放。这个解放的头脑是哲学，它的心脏是无产阶级。哲学不消灭无产阶级，就不能成为现实;无产阶级不把哲学变成现实，就不可能消灭自己。""哲学把无产阶级当作自己物

质武器,同样地,无产阶级也把哲学当作自己的精神武器;思想的闪电一旦真正射入这块没有动过的人民园地,德国人就会解放成为人。"马克思主义人的解放思想包括三个基本方面的内容:一是把人从自然力量的统治中解放出来,使人能认识和驾驭自然。二是把人从社会统治中解放出来,使人从驾驭社会运行必然性中求得自由。三是把人从人性迷失中解放出来,使人成为实现个人与社会、自然统一的主导力量。《1844 年经济学—哲学手稿》说,人类初始时期,人还是世界上一种微不足道的力量,处于自然界奴隶的地位。"为了维持和再生产自己的生命,必须与自然进行斗争"。人的本能在斗争实践日益解放,人驾驭自然的能力逐步提高。随着人类进入资本主义社会,人日益成为"非人化的存在物",变为"具有自我意识能自我活动的商品"。《资本论》第 1 卷说:人被"贬为机器的附属物","从他哪里,夺去了劳动过程的灵性力。"马克思主义者的使命,就是教育工人阶级"变人类商品"为人自身,"使人回复到人。"马克思认为,只有人自己才能把自己从任何状况下解放出来,"工人阶级的解放是工人自己的事"。

中华文明史是中国古圣哲引领中华民族争取解放的历史。中华民族在长期求生存发展实践中,深刻认识了人的解放是解决人的生存发展问题的根本和关键。人的类本质的同一性和社会性,决定任何个人离不开社会。人是社会的产物,人的生存发展是在社会中实现的。没有社会就没有个人。中华民族自古把追求天下人解放视为自己的责任和使命。从伏羲、神农、黄帝,到老子、孔子,诸圣哲们皆是为人类解放奋斗的典范。中华民族重视人的思想解放已有五千多年的历史。太极图和八卦图是中华民族重视思想解放的标志。中华民族致力于人性、人道与天地运行行之道的统一,比西方早数千年。人们不会忘记,直到近代,欧洲人尚处在宗教神权绝对统治之中,英国自然科学家勃莱斯特倡导科学被迫流亡,英国唯物主义哲学家培根在修道院的监狱中被监禁了二十四年,意大利唯物主义哲学家布鲁诺被宗教裁判所活活烧死在罗马,意大利物理学家伽利略因支持哥白尼的太阳中心说,遭到罗马教廷判罪管制,等等。而中国早在五千年前就从神权的统治中解放了出来,伏羲画八卦,揭示了人的生存发展与天地自然运行之道。炎帝尝百草,教民种五谷采草药,揭开了农业发展的篇章,把人们从饥饿和病苦中解放了出来。黄帝日夜为百姓解放操劳,倡导热食、建宫室、发明舟车等促进了人的解放。大禹治水,解除了中华大地的水患,把人民从水害中解放了出来。中国古圣哲还引领人们从社会力压迫下解放出来,炎帝黄帝为中国南北两个大部落的领导者,面对蚩尤穷兵黩武,不顾民众生死,他们联合起来,打败蚩尤,求得了中华大地的和平,把人民从战乱苦难中解放了出来。尧舜认识了人的非人性危害,揭开了教化人的篇章,推动了人性的解放发展。尧晚年选择接班人明确提出,不能让只知为个人谋利益的人执政,拒绝让自己的儿子丹朱接班,从平民中精心选择了舜为接班人。中国早在四千多年前就确立了为百姓谋利益的观念。商汤推翻夏桀,周文王武王推翻商纣,皆遵循这一原则。为百姓谋利益的思想确立,推进了中国人的政治解放。春秋战国时期的百家精英皆是从不同角度为人的解放献计献策者。

(十三)人的民主观的同一性

中华优秀传统人文化与马克思主义人文化对民主含义及实施原则的认识具有同一性。两者都认为,民主的实质是人民当家做主,实施原则是民主集中制。《神圣家族》说:"历史活动是群众的事业",没有民主,发挥群众积极性的目的就无法达到。列宁在《社会民主党和杜马选举》一文中说:"人人都能独立地发展自己的意见。"恩格斯在《致卡·特尔察吉》一文中说:"为了进行斗争,必须把我们的一切力量拧成一股绳,使这些力量集中到同一个攻击点上。如果说,权威和集中在任何情况下都是应当加以诅咒的东西,说这种话的人,要么不知道什么叫革命,要么只不过是口头革命派。"《共产党宣言》说:"在资产阶级社会里,资本具有独立性和个性,而活着的个人却没有独立性和个性。"《马克思恩格斯全集》第1卷说,资产阶级的本质是"自私自利","如果认为在立法者偏私的情况下可以有公正的法官"、"大公无私的判决","那简直是愚蠢而不切实际的幻想","法官只能够丝毫不苟地表达法律的自私自利。《斯大林全集》第十卷说:"寥寥无几的脱离革命实际的知识分子的漫无止境的夸夸其谈,⋯⋯我们是不需要的,因为这是破坏绝大多数人意志的少数人的民主。"《列宁主义问题》说:相信"资产阶级民主制""是精神错乱神经失常"。

中华文明建立在人民当家做主的原则基础上。中华民族倡导民主已经有四千多年的历史。《尚书·虞书》说:"天聪明,自我民聪明。天明畏,自我民明威。达于上下,敬哉有土。"又说:我国夏朝初期,就明确提出:"民惟邦本,本固邦宁。"《孟子》说:舜是一个民主意识很强的人,他善于听取群众意见,即使他自己清楚的问题,也要征求群众的意见,然后再实行。孔子是一个懂民主的人。他创办教育四十多年,从不搞一言堂,《论语》和《孔子家语》都充分表明,他始终把自己的学生视为学习的主人,与学生共同讨论,而且针对每个学生特点施教。正因为中国是一个封建专制统治久远的大国,中国人民追求民主的意识尤其坚强。纵观中华文明发展史,可以清楚看到,中国人民争取民主的斗争从没停止过。在中国发展史上,没有一个专制主义者得以长期存在的,三千年前的夏桀搞极端专制主义,被商汤率领人民推翻;商纣搞极端专制主义,被周文王周武王推翻。中国人民心目中的清官好皇帝皆是懂民主之道者。中华文明丰碑上歌颂的皆是为人民谋利益的杰出人物。伏羲、神农、黄帝开为人民谋利益之先河。尧舜禹坚持了为人民谋利

益的原则,尧选执政接班人时候明确指出不能让谋个人利益的人执政;舜选接班人坚持选为人民谋利益最大而不夸功的禹。中华民族自古坚持不允许任何个人凌驾于人民之上,中华民族价值观的核心是集体利益高于个人利益,不允许任何个人损害整体利益,违背此原则者皆在被打倒之列。

(十四)人的自由观的同一性

《马克思主义与自由》一书引用马克思的话说:"自由是人的本质,……没有一个人向自由开战,他至多只是反对其他人的自由。因此每一种自由始终只是一个时候作为一种特权,而在另一个时候作为一种普遍的权力而存在的。"马克思指出,人类在创造历史的过程中,创造着自由发展自己的文化。

马克思主义认为,自由不是随心所欲,而是对必然的驾驭。《资本论》第 3 卷说:"自由王国只是在由必须和外在目的规定要做的劳动(即为维持个人生存而必须做的谋生劳动)终止的地方才开始;因而按事物的本性来说,它存在于真正物质生产领域的彼岸","在这个物质生产领域的必然王国的彼岸,作为目的本身的人类刚从动物界走出来的时候,是很不自由的,自然界起初是作为一种完全异己的,有无限威力的和不可抗拒的力量与人们对立,人同自然的关系完全象动物同它的关系一样"。人处于自然必然性王国控制之中。人作为社会关系的总和,同时受着社会必然性王国的控制之中,不能自由支配自己的命运。"一个人如果没有一分钟自由时间,他的一生如果除睡眠饮食等生理上的需要所引起的间断以外,都是替资本家服务,那么,他就连一个载重的牲口都不如。他身体疲惫,精神麻木,不过是一架为别人生产财富的机器。"人只有全面发展自己,有了驾驭必然的能力,能做自己命运主人之时,才有了真正意义上的自由。"在这个必然王国的彼岸,作为目的本身的人类能力的发展,真正的自由王国,就开始了。但是,这个自由王国只有建立在必然王国的基础上,才能繁荣起来。"《1844 年经济学—哲学手稿》说,独立自由是自我创造行动的基础,"如果我的生活不是我自己本身的创造","靠别人的恩典为生的人,……是一个从属的存在物",自己的生存发展是不自由的。《列宁全集》第 9 卷说,沙皇"自由主义的诏书"是假让步,是丑恶的滑稽剧。《列宁选集》第 2 卷说,资产阶级的自由主义政策"是一种更加狡猾的政策","往往把工人运动内部的分歧弄成了公开的分裂"。

中华优秀传统人文化就是伴随着为人们追求自由服务而不断发展起来的。太极图和《易经》八卦图揭示了宇宙真相和人与天地自然联系规律性。《尚书》进一步揭示了社会运行之道及人应当如何驾驭社会发展必然性的问题。《道德经》从理论思维的高度阐述了人应当如何驾驭必然,求人生自由的问题,明确指出,宇宙运行有道,天地自然万物发展变化各有其道,人必须认识和驾驭其道,才能求得生存发展自由;不厌其烦地告诉人们,圣人是靠认识和驾驭道,成其大,得其贵,死而不亡的,向圣人学习,就能知道自己应当如何求人生自由,作自己命运的主人。《易经》教人"思不出其位",行不背道,"与天地合其德,与日月合其明,与四时合其序,与鬼神合其吉凶,先天而弗违,后天而奉时",才能成其大,求得生存发展自由。反之,为所欲为,背道而行,必遭祸殃。四书五经,乃至百家精英典籍,皆明确告诉人们,自由不是想干啥就干啥,而是对必然的驾驭和命运的主宰。《道德经》指出,天地运行有常道,守此常道则"无遗身殃","夫唯道,善贷且成","不道早已"。圣人成圣道的自由,在于"终日行,不离辎重"。《论语》指出,"志于道,据以德,依于仁,游于艺"者才有求生存发展的自由。《荀子》说:"圣人清其天君,正其天官,备其天养,顺其天政,养其天情,以令天功。如是,则知其所为,知其所不为矣,则天地官万物役矣,其行曲治,其养曲适,其生不伤,夫是之谓知天。"

(十五)继往开来思想的同一性

中华优秀传统人文化在学习继承前人求生存发展的经验、思想、理论,开创美好未来问题上,与马克思主义具有共同性。马克思主义教人懂得不要割断历史。马克思在《路易波拿巴的雾月十八日》中说:"人们自己创造自己的历史,但是他们并不是随心所欲地创造,并不是在他们自己选定的条件下创造,而是在直接碰到的、既定的、从过去承继下来的条件下创造。"《德意志意识形态》说:"每一代都利用以前各代遗留下来的材料、资金和生产力;由于这个缘故,每一代一方面在完全改变了条件下继续从事先辈的活动,另一方面又通过完全改变了活动来改变旧的条件。"列宁在《青年团的任务》中说:"无产阶级文化并不是从天上掉下来的,也不是那些自命为无产阶级文化专家的人杜撰出来的,如果认为是这样,那完全是胡说。无产阶级文化应当是人类在资本主义社会、地主社会和官僚社会压迫下创造出来的全部知识合乎规律的发展";马克思主义是"从全部人类知识中产生出来的典范","凡是人类社会创造的一切,他都用批判的态度加以审查,任何一点也没有忽略过去。凡是人类思想所建树的一切,但都重新探讨过,批判过,在工人运动中检验过,于是就得出了,那些被资产阶级狭隘性所限制或被资产阶级偏见束缚住的人所不能得出的结论";"只有用人类创造的一切知识财富来丰富自己的头脑,才能成为共产主义者。"列宁《论无产阶级文化》说:"马克思主义并没有抛弃资产阶级时代最宝贵的成就,相反地却吸收和改造了两千多年来人类思想和文化发展中一切有价值的东西。"《马克思恩格斯选集》第3卷说,真理的发展是一个由相对走向绝对的永无止境的

过程。这是因为,"可认识的物质的无限性,是由纯粹有限的东西所组成一样,绝对地进行认识的思维的无限性,是由无限多的有限的人脑所组成的,而人脑是一个挨一个地和一个跟一个地从事这种无限的认识。"就人的本性和能力来说,能求得至高无上的认识,把握绝对真理,然而每个具体的人由于受到客观条件及客观事物本质暴露程度的限制,其认识只具有相对真理性。"这个矛盾只有在无限的前进过程中,在至少对我们来说实际上是无止境的人类世代更迭中才能得到解决。"

中华民族懂得继往开来之道大约已有五千年的历史。五千年前的伏羲运用前人研究天地运行规律的阴阳符号和经验,画八卦,演天地人易变之道,揭示了人的生存发展与天地运行间的联系及其规律性。四千五百多年前的黄帝,运用伏羲易变之道研究人生保健与天地运行的联系,留下了《黄帝内经》。《尚书》说,商汤继承了先祖契教化人的经验,把善于教化者伊尹确定为教育自己子孙的师保,创造了伊尹教化太甲的典范。周文王周武王善于继承夏朝和商朝圣王治国经验,创造了周朝执政八百家的业绩。《列子》说孔子是赞颂印度佛家文化的第一人。两千年前的中国人把印度释迦牟尼佛创造的大乘佛法引入中国,说明中华民族自古是一个善于学习继承的民族。《尚书》说:"学于古训乃有获,事不师古,以克永世,匪说攸闻";又说:"不能前进","不作长远打算","将会有今天而没有明天,你们怎么能生存在这个地面上呢?"中华民族靠实行继往开来之道,才得以从文景之治、贞观之治,到康乾盛世约两千多年中保持世界第一大经济体的地位,在经济、政治、文化和社会文明建设方面,长期处于世界领先地位。著名经济史家安格斯·麦迪逊认为,1870 年以前,中国一直是世界最大经济体,从长期的历史角度看,当今中国的崛起只是恢复原状,欧美近代长约150 年的主宰只是个例外。

三、当今人类文明进步呼唤中华优秀传统人文化

人类发展史是一部由动物向人进化、由愚昧向文明演进的历史。中华民族具有完成由动物向人进化得较早、文明发展史较长的特点,在近五千年的世界舞台上表现得出类拔萃。随着世界性开放程度的深化,了解中国的国家和民族日益增多。追求自由生存发展的人们对中国文明发展为什么没有中断的原因越来越感兴趣。世界级的思想家、科学家们发现了中华人文化的优秀。人类是人类社会的主人,对人类社会的发展起主导作用。人的本质属性决定人有求至知行真正的资质。至知是行真正的前提条件。《鬼谷子·符言》说:"目贵明,耳贵聪,心贵智。以天下之目视者,则无不见;以天下之耳听者,则无不闻;以天下之心虑者,则无不知。"精通国家治理和人类治理之道的人皆懂得这一点。

近年来,关心国家命运和人类前途的人们,对中华优秀传统人文化兴趣越来越浓。究其原因,在于人类文明事业发展出现了越来越令人不安的倾向。资本主义经济体制和政治体制在反封建专制斗争中起了积极作用,创造过辉煌。但是随着文明事业发展,其狭隘性日益明显。特别是社会主义苏联解体后,美国独霸世界,人类社会并没有随着美国推行的自由、民主、人权、资本主义价值观等而和谐发展,相反,越来越多的国家和人民日益感到美国倡导的资产阶级民主,加剧了世界的无序和混乱,实施的霸权主义和强权政治成为套在人们头上的紧箍咒,只有美国人可以为所欲为,世界一切规则只能由美国制定。世界丧失了公正、平等、自由。2015 年 4 月 17 日奥巴马在致国会的信中表示:"世界经济规则应由美国书写,而不是中国。"普京多次指出,美国人只允许"美国自己是强国","其他都是附属国","世界不能在只允许美国自己是强国的国际制度中存在","世界秩序应更加民主","世界经济亦应更加民主"。李光耀在留给世界的遗产中指出:"奥巴马说不能让中国人过上如同美国人一样的生活,太自私。"美国自己随意制订国际政治规则,捏造敌人发动战争,推翻不服从美国霸权的主权国家,干涉别国内政,随意实行制裁、扼杀,充分暴露了美国极端的利己主义。美国政治学者弗朗西斯·福山指出,"世界对美国的失望情绪增长"。法国经济学者托马斯·皮凯蒂在其著作《21 世纪资本论》中说:"必须建立起敢于与现实存在的经济和社会差距正面交锋的公正的政治体系。"中国坚持的民主平等、互利互惠、"合作共赢"的方针,展现了无限生机,受到了越来越多国家的赞同。

当今世界需要中华优秀传统文化中治国的智慧。中华民族迄今已有了五千年连续治国的实践经验。中华大地上自古生活着诸多民族部落。《吕氏春秋》说,禹时有上万国家,汤时有三千国家,周朝建立时亦封八百诸侯国。五千年来,中华民族在治国方面积累了诸多经验和智慧,其中最根本的是必须以道智、德智、不断智治国,"不道早已",无德不立,有漏有断治国遗患无穷。而道智、德智、圆智的本质是"知和曰常,知常曰明"、"和也者天下之达道"。自古反对战争,主张以公理解决问题。

随着中国改革开放的深入发展和经济全球化进程加快,世界上了解中国的人越来越多。中华民族兴天下利,除天下害的品德和协和万邦的国际交往原则,特别是中华复兴大业的威势吸引了越来越多的国家和人民。世界人民从当今中国的突飞猛进的现实入手研究中国,发现了中华优秀传统文化的宝贵性和生命力。

实践出真知,是世界性的公理。中华民族追求文明迄今已经历万年之久的实践。从整体意义上说,中华民族文明智慧觉悟形成亦有五千多年,《易经》阴阳符号、太极图、八卦图是其基本标志。宇宙运行之道的恒长不

变性以及人的类本质的同一性及相对稳定性决定人类在求生存发展实践中得到的一切认识皆具有相对真理性。英国声誉卓著,影响深远的哲学家、思想家罗素在其1922年写作的《中国问题》一书中说:"中国文明是唯一从古代存留至今的文明。从孔子的时代以来,古埃及、巴比伦、马其顿、罗马帝国都先后灭亡,只有中国通过不断进化,依然生存。虽然它受到诸如昔日佛教、现在的科学,这种外来影响,但佛教并没有使中国人变成印度人,科学也没能使中国人变成欧洲人。""他们曾经被征服过,最初是蒙古人,后来是满族人,但两次都同化了征服者。中国文明未经变化地保存了下来,几代人之后,征服者比中国人还中国人。"罗素又说:"中国要胜于我们英国。我们的繁荣以及我们努力为自己攫取的大部分东西都是靠侵略弱国而得来的,而中国的力量不至于加害他国,他们完全依靠自己的能力来生存。"他强调指出:"中国在丝毫未受欧洲影响的情况下,完全独立地发展了自己的传统文化……我们不能自命为高等文化的使者,更不应该视中国人为劣等民族。"他指出:"文化问题最为重要",中国传统文化中的许多东西,值得欧洲人学习。他说:"中华民族是全世界最富忍耐力的,当其他民族只顾及数十年的近况时,中国则已想到几个世纪之后的远虑。它坚不可摧,经得起等待。现在那些自称'文明'的国度,滥用封锁、毒气、炸药、潜水艇和黑人军队,很可能在未来几百年里相互残杀,从世界舞台上消失,而只剩下那些爱好和平的国家。""中国人能自由地追求符合人道的目标","中国人摸索出的生活方式已延续数千年。若能被全世界采纳,地球上肯定会比现在有更多的欢乐和祥和。""西方文明的希望日显苍白","欧洲人""若不借鉴一向被我们轻视的东方智慧,我们的文明就没有指望了。""中国至高无上的伦理品质中的一些东西,现代世界极为需要。这些品质中,我认为和气是第一位的。以公理为基础,而不是以武力去解决争端。"1988年,全球75位诺贝尔奖获得者,在法国巴黎发表联合宣言指出:21世纪的人类要想生存,必须汲取两千年前孔子的智慧。英国著名历史学家汤恩比博士说:挽救21世纪的社会问题,唯有中国孔孟学说和大乘佛法。美国学者蒲克明说:《老子》将是未来大同世界家喻户晓的一部书。

美国第37任总统尼克松在《20世纪最杰出的政治家》一文中说:"拿破仑在一百六十年前说过:'那边躺着一个沉睡的巨人。让他睡吧!因为当他醒来时,他将震撼世界。'这个巨人醒了。他的时代到来了,他在准备震撼世界。"又说:"我们时代的奇迹之一是,经历了20世纪最惨重灾难的中国,却注定要在21世纪成为世界领导力量之一。"他强调指出:"多少世纪以来,无论是外来侵略者还是外来思想,都没能永久地征服中国,而是被他所吸收、同化……"他赞美"千百年来中国文化的发展"锤炼出了中国人的"坚定不移的自信心",特有的性格和责任感。美国前国务卿基辛格,与中国人打交道四十多年,他批评美国总统候选人攻击中国的做法。他指出:"我们还不了解中国。""熟悉中国历史进程的美国人可谓凤毛麟角",中国"在没有美国的协助下,已经蹒跚走过了五千年"。中国人善于高瞻远瞩,中国的领导人讲使命,有一种不达目的誓不罢休的品质。了解中国的美国人都反对总统候选人煽动反华情绪,美国在华企业75%认为在华业务比其他市场平稳或更好,90%受访者认为前景乐观。

《戴高乐言论集》说:"中国是一个伟大的民族,地球上人口最多的民族。几千年来,他们这个民族……建立了非常独特、非常深奥的文明。"又说:"这个民族具有充沛的勇气和才智,在任何情况下它都能广泛地把它们发挥出来。"

人类历史长河的风浪时刻荡涤着每一个国家和民族,急流巨浪卷着泥沙滚滚向前,风平浪静之时,水底真金会发出闪闪光辉。关心国家命运和人类前途的人们,无不想求得人生海洋中的真金。随着资本主义制度丧钟敲响,资产阶级文明发展前途出现渺茫,近几十年来,世界出现了研究中国的热潮。几乎所有关心国家命运和人类前途的国家都设立了研究中国的组织。美国教育部于2007年实行计划对美国高中生开办中文选修课考试(AP)。美国参议院外交关系委员拨款13亿美元在美国公立学校增设中国语和文化课程。2010年12月29日《赫劳顿邮报》发表专栏文章,号召美国学汉语。文章说:"在这个新的时代,中国就是未来。"这个国家是世界第二大经济体,经济增长比美国快,有巨大的市场和商机,你可能凭会汉语进入一家好公司。《美国新闻与世界报道》2006年第一期列出改善生活的50个方法中,排列在第12位的是"学中文"。美国国防部在俄勒冈州设立了全美第一项从幼稚园到大学各层次的中文学习计划。位于纽约市中英双语公立学校,上课率超过98%,为全市之冠。泰国教育将中文列为第一外国语,并于2008年前,将汉语课程全部纳入2 000所中小学,使中文与英文平起平坐。据我国教育部统计,2005年全球学习中文的人数超过3 000万,上百个国家2 000所大学教授中文。

改革开放推动中国走向世界,使越来越多国家的人民逐步了解了中国,中国在世界人民中的威信越来越高。西班牙《国家报》2012年11月12日文章说:"对中国而言,19世纪是耻辱的世纪,20世纪是共产党执政复兴的世纪,21世纪则注定是主导的世纪","中国不会像两次大战中的日本那样企图成为穷兵黩武的征服者帝国"。西班牙前首相萨帕特罗认为:"不靠近中国,不足以在新的世界秩序中扮演重要角色。"丹麦《哥本哈根邮报》2012年11月13日文章说:"中国是我们的未来。"阿联酋《海湾新闻报》网站文章说:中国有五千年文明史,"将受教育的个体公民作为国家软实力的核心","中国模式值得阿拉伯国家学习"。奥地利《小报》2012年11月12日

文章认为:"中国崛起势不可挡","一条充满活力的巨龙","作为政治的关键角色、经济的磁场和文化的榜样",正在"回归全球大国地位"。英国《星期日电讯报》指出,高盛资产管理部主席吉姆·奥尼尔说:"与美国相比,我对中国更有信心"。马来西亚《新海峡时报》说:"对于中国的稳定感到舒服"。印度亚洲通讯社文章说,"自从1840年鸦片战争遭受西方蹂躏以来,中国从未拥有像现在这样的实力","中国共产党对世界人口最多国家有效管理,使中国重返世界事务的中心舞台",中国已成为"世界第二大经济体,世界最大的制造业国,外汇储备最多"。美国福克斯新闻网说:"十年前,中国经济规模只比意大利大一点,现在已成为世界第二大经济体……中国拥有世界最大数量的互联网用户和移动电话使用者……在全球决策的贵宾席上有一席之地。"美国人莱文说:"美国痛击中国是不对的","中国成功地创造了一种新标准","正在创造一种其他国家可以效仿的新模式","是典范而非威胁","西方体系现已过时、老旧,不能跟上全球化步伐"。俄罗斯之声电台网站2012年11月11日报道说:"中国必将成为头号经济体。"俄新社莫斯科2012年11月15日电:"对人类而言,中国及其身上发生的一切,某种程度上已经变得前所未有的重要。它很可能成为明天世界的领袖。"英国《独立报》2012年11月15日文章说:"西方无法改变中国","中国将成为几百年来第一个不属于西方、不以英语为第一语言的全球超级大国"。西班牙《公众报》2012年11月17日说:"中国式的民主带有自己的特点","西方的民主选举取决于经济实力,而不是民众意愿","给中国上民主课要小心"。英国学者马丁·雅克2012年11月19日在菲律宾说:菲律宾亲美抗中是"短视的",没明白"风是朝哪个方向刮的"。

中国古圣哲智慧中最具闪光点的是明智说。纵观中国古圣哲留给后人的经典,排在第一位的就是明宇宙人生真相。阴阳符号约万年前在中国问世;收藏在瑞典远东博物馆中画有双龙太极图的彩陶壶,是中国六千五百年的制品;《易经》八卦图五千年前问世。这三样东西揭示了宇宙万物由具有阴阳两种属性的物质构成,事物具有阴阳两种属性;宇宙具有整体性,运行具有规律性;人的生存发展与宇宙天地自然运行处于普遍联系之中;人具有认识和驾驭天地人运行之道的资质。《易经》明确指出:"大明终始,六位时成,时乘六龙以御天","大人者与天地合其德,与日月合其明,与四时合其序,与鬼神合其吉凶,先天而弗违,后天而奉天时。天且弗违,而况人乎,况乎鬼神乎。"《尚书》教人认识人在天地间的地位和作用,指出:"天聪明,自我民聪明,天明畏,自我民明威。达于上下,敬哉有土!"又说:"民惟邦本,本固邦宁。"《道德经》教人明宇宙运行常道,指出:"知常曰明。不知常,妄作凶。知常容,容乃公,公乃王,王乃天,天乃道,道乃久,没身不殆。"《孔子家语》指出:"所谓圣者,德合于天地,变通无方,穷万物之终始,协庶品之自然,敷其大道而遂成情性;明并日月,化行若神,下民不知其德,睹者不识其邻。"《荀子》指出:"知明行无过。"

当今世界人们最明显缺少的是明智。一是不明宇宙真相,不知宇宙运行有道,不知宇宙运行之道不可抗拒,不知人间正道是沧桑,不知人的生存发展受宇宙运行之道和天地万物发展变化制约,相信霸权而藐视真理,追求强权而不顾正义,倒行逆施,横行霸道、自以为是等。中国古圣哲两千年前就强调指出:"天得一以清,地得一以宁,神得一以灵,谷得一以盈,万物得一以生,侯王得一为天下贞,其致之。天无以清将恐裂,地无以宁将恐发,神无以灵将恐歇,谷无以盈将恐竭,万物无以生将恐灭,侯王无异高贵恐蹶。""夫唯道,善贷且成","不道早已。"二是不明人的本质特性,不知人性是人类特有本质属性,不知人的本性是人区别于其他事物的根据,不知人的本性是人做人资格的底线;不知人的本性决定人必须行人道,不知人的本性能使人行真正,成其大,得其贵,死而不亡;不知人的本质属性是人类共有的,不知人的相同类本质决定人与人之间的平等地位,不知人的真正自由源于人能认识和驾驭必然的本性等。当今人类最大的问题是人性丧失。中国古圣哲的人的本性说,具有至高无上的真理性。两千年前的圣者们明确指出,人有德善性、觉知性、行真正性、自觉能动性和社会性,明确指出人性是人做人资格底线,"无恻隐之心,非人也;无羞恶之心,非人也;无辞让之心,非人也;无是非之心,非人也"即人丧失人性,则成为非人、禽兽或禽兽不如者;明确指出人的开发就是开发人的真如本性,使人"明心见性",佛圣是出矿金,庶人者是矿中金,经开发冶炼,人皆可成佛做圣。当今人类迷己逐物、一切向钱看、只知追求个人私利、为所欲为、不知行真正、不知谁是自己命运主人者等皆是不明人的真如本性。中国古圣哲们早在两千年前就明确指出:最重要的问题是,"使天下人都不迷失自己的本性"。而资产阶级"使人和人之间除了赤裸裸的利害关系,除了冷酷无情的'现金交易',就再也没有任何别的关系了",在资本主义社会,人不但失去灵性,而且人性丧失,"全面堕落和普遍谋求私欲","人变得更贪婪,甚至不如动物"。(详见马克思《1844年经济学哲学手稿》《资本论》)资本主义社会占统治地位的则是那些"贪婪地追求自身短期利益的既得利益集团"。

当今人类最需要的是理智。智慧是人们具有的求得主观与客观、理性与实践、知与行统一的资质。从伏羲到老子、孔子约三千年间,中国古圣哲紧紧抓住提高理论思维能力不放,为提高中华民族论理思维能力做出了巨大贡献。论理思维智慧产生的前提,是必须相信宇宙间事物有常理存在,《道德经》指出:"信不足,有不信",则理论思维就难得切实施行。《金刚经》强调对理的存在必须生实信。对真理的存在生长出了实信心,才能至心求道。《论语》指出,求道明理比自己的生命还重要,"朝闻道,夕死足矣。"孔

子还强调指出，"守死善道"。《地藏经》指出："依止善道，永取解脱"，否则就难免流转恶道。《孟子》指出，人要想得以尽人性践人形，必须尽道而行。中国古圣哲长期坚持不懈地倡导明理重道，培养了中华民族求真理行正义的优良品质。英国思想家罗素在《中国问题》一书中赞颂"中国人能自由地追求符合人道的目标"，他强调说："中国至高无上的伦理品质中的一些东西，现代世界极为需要。这些品质中，我认为和气是第一位的。以公理为基础而不是以武力去解决争端"，"正直是中国的最大优点。"他斥责西方文明的虚伪和欺骗性。他说："如果中国人与英国人、美国人一起参加互相欺骗的比赛，英国人或美国人十次会有九次取胜。"西方文明的最大弊病在于缺少人性不明真理。资本主义者相信金钱万能，认为金钱能买到一切，他们只要金钱而不要人性，他们口喊"人性""人权"，而实际上是当今世界上最惨无人道、最没有人性、最不讲人权者。他们只相信霸权而不相信真理，只追求强权政治而不讲正义。今日世界的霸权主义者比中国两千五百年前争霸者还愚蠢得多。孔子在谈到春秋时期第一霸主时说："管仲辅佐齐桓公"，"多次与各诸侯国盟会，不用兵"，讲仁义、不杀人。而帝国主义发动的第一次世界大战，历时四年零三个月，伤亡达三千多万人。第二次世界大战，历时六年多，因战争而死亡者超过八千多万人，其中苏联二千八百万人，中国三千八百万人，德国二千八百万人，日本六百九十万人，意大利七十万人，法国八十万人，美国四十二万人。二战期间死于纳粹种族灭绝政策的欧洲裔犹六百多万。1937 年 12 月 13 日，日军攻入南京，屠杀民众和放下武器的中国军人长达 6 个星期，日军制造集体屠杀 28 起，杀害十九万人，零散屠杀858 起，杀害十五万人。强奸轮奸妇女事件两万多起。自称文明自由民主度最高的美国，在日本广岛和长崎投放了原子弹，不但造成两地数万无辜民众伤亡，而且造成了永久性的二次伤害，绝大多数市民患上了辐射性疾病，在病痛折磨中等待死神的降临。当今的美国，为了消灭一个不听美国指挥的萨达姆，牺牲了上万美国人生命和无数万伊拉克人生命。为推翻不听话的塔利班、卡扎菲，都是用成千上万人生命为代价达到自己目的的。事实证明，不尊重真理、不讲正义的人，是人类文明进步的最大祸害。《道德经》早在两千多年前，针对中国诸侯争霸战争迭起，明确指出："不以兵强天下，其事好还"，"乐杀人者，则不可以得志于天下矣"，"杀人之众，以哀悲泣之；战胜以丧理处之"，"不得已而用之，恬淡为上。胜而不美，而美之者，是乐杀人者"。"不道早已。"事实证明，没有人性，幻想以兵强天下者，没有一个有好下场。《墨子》说，妄图以"攻伐"争强天下者，当知"繁为攻伐，此实天下之巨害也"，亦是不可能达到目的的。"若能以仁义全名天下，以仁德臣服诸侯，天下的服从，可立而得也。"人民是国家的主人。从人的本质属性高度研究问题，小国与大国之间的地位是平等的。《孔子家语》明确指出，"凡圣人能以天下为一家，以中国为一人，非意之，必知其情，从于其义，明于其利，达于其患，然而为之。"

当今世界需要发展行智。近年来，世界贤达纷纷指出，资本主义在世界占主导地位150年后，开始从顶峰跌落，其表现主要是美国、日本等发达资本主义国家开始走下坡路，曾经给众多人美好希望的思想体系和道德规范被资本主义者的错误行为摧垮。以美国为首的资本主义国家倡导的自由、平等、博爱、和平、人性、人道、人权等被"法西斯主义"摧毁，连续不断的侵略战争凸显了帝国主义更加血腥和野蛮行为，暴露了资本主义的欺骗本质。美国的衰败，日本国际形象的丑恶化，皆源于他们自身行为的恶劣。日本的形象的日益丑恶由日本统治者自己造成。第二次世界大战使"大东亚共荣"幌子的欺骗性暴露无遗；不追究日本战犯的责任、不向侵略战争受害者道歉、不承认自己的罪恶，反而不断发展"厌朝憎华"情绪，暴露了日本帝国主义对侵略的追求；不追究福岛核泄漏责任、对其受害者不闻不问，暴露了资本主义人性、人道、人权口号的欺骗性。

马克思主义早在一百多年前就指出，资产阶级思想行为的错误，使资本主义制度"陷入了它解决不了的矛盾中"，"资本主义私有制的丧钟就要敲响了"。（《资本论》第一卷）"资产阶级把一切都变成商品"，"资产阶级的本性，它生存的条件，就是要伪造一切商品，因而也要伪造历史。"（《马克思恩格斯全集》第16卷）列宁批评沙皇的"自由主义"是假的、丑恶的。列宁强调指出："吹嘘一般民主"吹嘘"自由主义"是资产阶级"更加狡猾"的政策。（详见《列宁选集》第2卷）斯大林说：相信资产阶级民主、自由"是神经错乱精神失常"（《列宁主义问题》）。

2015年7月30日德国《世界报》网站文章说，南欧、法国、英国和西班牙等国对民主和经济秩序的信任迅速消失。中国古圣哲早在两千多年前反复强调，人性是做人的根据，人间正道是沧桑，"常行真正"是根本。（《天地八阳神咒经》）"言满天下无口过，行满天下无怨恶"，"才能以顺天下，民用和睦，上下无怨"。（《孝经》）"行于大道"，"惟道是从"，"慎终如始"，"无遗身殃"，才能"成其大"，"得其贵"，"死而不亡"。（《道德经》）

四、中华民族伟大复兴需要中华优秀传统人文化

和平与发展已成为当今时代的主题，中华民族复兴发展恰逢其时。经过百年的努力，中华民族腾飞之势业已形成。然而中国求发展的道路尚面临诸多新的矛盾和挑战。经济全球化使中国的竞争力受到了挑战，文化多元化使中华文化受到了冲击，政治多元化使中国的发展方向受到了挑战。以美国为首的资本主义霸权集团想把中国纳入他们发展的体系之中，否则就千方百计扼制中国发展。中国近年来的快速发展引起了美国的极度不

安。为了捍卫自己绝对霸权,美国锁定中国为"霸权头号挑战者",不但自己千方百计限制中国发展,而且煽动挑拨一切可能为自己利用的势力给中国发展制造麻烦。当今中国经济规模只有美国的35%,再加上美国可以利用的盟友的势力,中国每前进一步都要付出艰苦努力。中国周边国家趁中国近百年落后国弱之机,占据了中国的一些领域,如日本占领了中国的钓鱼岛,菲律宾、越南等国占领了中国南海诸岛。面对中国发展复兴,他们想保卫既得利益,妄图把占领中国的一些岛屿变成他们永久性的国土。在美国霸权主义者的煽动下,与美日勾结,千方百计给中国制造麻烦。中国求发展面临的矛盾不但空前增多,而且诸多矛盾相互交织,解决的难度大。客观现实要求中华民族迅速发展求主观与客观、理论与实践、知与行统一的觉悟、智慧和能力。中华民族在创建中华文明五千年实践中,求得了诸多至高无上的觉悟、智慧和能力。发扬自己的优秀传统,是实现中华复兴不可缺少的动力源泉。

人力资源成为第一资源,科学技术成为第一生产力,是当今人类社会的鲜明特点。实现中华伟大复兴梦,必须在人的文明化上花大力气,迅速提高中华民族明宇宙人生真相,经纬天地人生的能力。提高人的文明素质的最根本途径是学习。欲圆中华复兴梦,必须善于向自己的历史学习,向发达国家学习,向一切国家和民族学习。

(一)中华优秀传统人文化是中国文明事业之根

毛泽东说:"如果要看前途,一定要看历史","历史经验值得注意"。黑格尔说:"要存在,需合理","凡是存在的,皆是合理的"(《黑格尔逻辑学》)。《荀子》说:"知明行无过。"《道德经》说:"自知者明。"孙中山在演讲三民主义时也明确指出,欲复兴中华,需要正确认识中国。他说:"欧洲的科学发达,物质文明的进步,不过是近二百多年的事。讲到政治哲学的真谛,欧洲人还要求之于中国。诸君都知道,世界上学问最好的是德国,但是现在德国研究学问的人,还要研究中华的哲学。"德国古典哲学大师黑格尔在其自传中说:"《易经》代表了中国人智慧,是有绝对权威的。"他公开承认他的正反合的辩证逻辑定理,是受中国《易经》启发而完成的。罗素说:"与其把中国视为政治实体,还不如把它视为文明实体——唯一从古代存留至今的文明。从孔子的时代以来,古埃及、巴比伦、马其顿、罗马帝国,都先后灭亡,只有中国通过不断进化依然生存。"(《中国问题》)

中华文明事业是在中华优秀传统文化指导下产生发展起来的。作为观念形态的文化是一定时代经济和政治的反映,又反作用于一定时代的经济和政治。中华文明事业从中华民族明宇宙人生真相开始的。《易经》阴阳符号、太极图、八卦图是中华民族早期认识宇宙人生的标志,问世于五千年

203

前。伏羲画八卦演易变之道,揭示人的生存发展与天地运行间的关系,教人明宇宙真相,驾驭天地人生,做自己命运的主人。从伏羲画八卦演易变之道作《易经》,到老子《道德经》明确提出"知常曰明。不知常,妄作凶。知常容,容乃公,公乃全,全乃天,天乃道,道乃久,没身不殆",其间约三千年时间,中国古圣哲始终紧紧抓住不放的就是教人提高文明智慧。古圣哲不但阐明了什么叫文明,而且把文明具体化为衡量人的根本标准。孔子编著的《尚书》开篇即指出,尧舜禹皆因文明素质突出而相继登上国家执政高位。汉朝经学家郑玄早在一千八百年前给《尚书》注释时指出:"照临四方谓之明","经纬天地谓之文"。综观古圣哲经典,"文明"一词基本含义为,明宇宙人生真相,经纬天地人生,求主观与客观、理论与实践、知与行的统一,有经天纬地之才能,能赞天地之化育。五千年来,中华民族就是靠这样的理念不断推进了中华文明大业的发展进步。唤起人性觉醒,是中华文明始祖留给我们的最伟大法宝。有了这样的法宝,就会无往而不胜。人是社会主体,人在社会发展中起主导作用。人求生存发展过程中的一切问题,都只能靠人去解决。人是在宇宙间求生存发展的,人只是宇宙诸多事物中的一种,只有切实明了宇宙人生真相,能行真正的人,才能解决前进中的问题,推动文明事业不断前进发展。

中华优秀传统人文化是中华民族五千年来践行文明之道经验总结和理论升华。文明是一个动态概念。宇宙万物处于永恒的变化之中,人靠人的本质属性能认识和驾驭其变化之道,"行真正","不失其所"。文明智慧是中华民族最可宝贵的财富。不断增强文明智慧修养,才能做到与道同行与时俱进,站在时代高峰,掌握发展主动权,"行真正","成其大","得其贵"。

实现中华民族伟大复兴,是中国人民近代以来最伟大的梦想。习近平参观《复兴之路》展览时指出,实现中华民族复兴的梦想,凝聚了几代中国人的夙愿,是每一个中华儿女的共同期盼。近代以来,中华民族遭受的苦难之重、付出的牺牲之大,在世界历史上是罕见的。由于中国人民坚信人间正道是沧桑,相信正义的事业一定会胜利,从不向任何敌人和困难屈服,前赴后继,不断奋起抗争,终于掌握了自己的命运,开始了建设有中国特色社会主义国家的伟大工程。孙中山是为中华民族伟大复兴而奋斗的先驱人物。他领导的辛亥革命虽然失败,但是他为中华民族复兴的贡献是不可抹灭的。他在辛亥革命失败后的绝望中,遇到了十月革命,遇到了中国共产党,振奋了革命精神,改组了国民党,制定了民主革命的纲领,推动了国民党的革命化,开始了国共合作,为后来国民党能在抗日战争中做出贡献而奠定了基础。毛泽东是中国老一辈无产阶级革命家中具有大智慧的代表人物。他的最大功绩是高高举起了大智慧的旗帜,他把从五千年前伏羲开始的画八卦、演易变之道的传统理论思维方式和思想路线概括为中国共产党人应坚持的

实事求是的思想路线,他提出"古为今用","洋为中用"的原则,倡导马克思主义中国化;他根据佛家文化传入中国两千年及其在中国发挥的作用,指出佛文化亦是中国传统文化;他提出总结从孔夫子到孙中山,发扬光荣传统,争取更大光荣。他用大智慧唤起了中华民族的觉醒,用科学理论统一了全中国,他倡导主观与客观、理论与实践、知与行的统一,把大智慧交给了每一个求生存发展的人。他是中华文明发展史上又一个承上启下的伟大人物,历史绕不过他,当下绕不过他,未来也绕不过他。邓小平用大智慧指导中华复兴大业,解放了中国人民杰出的创造力和非凡的能量。江泽民将中国重新带回了国际社会。胡锦涛用大智慧指导中华复兴大业,倡导创建和谐社会,发展了中国社会的稳定。习近平发出实现中华民族伟大复兴的最强音,明确指出,"一个国家的文化软实力,从根本上说,取决于其核心价值观的生命力、凝聚力、感召力"。"培养和弘扬社会主义核心价值观,必须立足于中华优秀传统文化。牢固的核心价值观,都有其固有的根本。抛弃传统、丢掉根本,就等于隔断了自己的精神命脉。博大精深的中华优秀传统文化是我们在世界文化激荡中站稳脚跟的根基。中华文化源远流长,积淀着中华民族最深层的精神追求,代表着中华民族独特的精神标识,为中华民族生生不息、发展壮大提供了丰厚滋养","不忘本才能开拓未来,善于继承才能更好创新。"美国前国务卿基辛格说,社会主义新中国的五代领导人持守着一个共同的使命,率领全中国人民"孜孜以求民族复兴"。

培养高度的文化自觉和文明自信是实现中华民族伟大复兴的基本条件。《中共中央关于深化文化体制改革,推动社会主义文化大发展大繁荣若干重大问题的决定》强调:"培养高度的文化自觉和文化自信,提高全民族文明素质,增强国家文化软实力,弘扬中华文化,努力建设社会主义文化强国。"文化自觉和文化自信的实质,就是人们发自内心地追求文明化的觉悟和信心。中华文化大厦筑基工作已经历了万年之久。《道德经》说:"根深柢固,长生久视之道"。中华文化根植于人的本质属性与宇宙运行之道的统一。中华文明事业是人性、人道与宇宙运行之道统一硕果。富有生命力的文化使中国文明事业不断发展前进。

文化自觉和文明自信是人文明素质的灵魂。《道德经》说:"上士闻道,勤而行之;中士闻道,若存若亡;下士闻道,大笑之;不笑不足以为道。……夫唯道,善贷且成。"即是说,有了道的觉悟,才能自觉行道,求得成功。中国古圣哲不厌其烦地告诉人们,唯有"明白四达","行真正"者,才能成圣道,"圣人抱一为天下式","侯王得一以为天下贞",即只有清楚什么是真理且坚定不移行真理之道者,才能成为出类拔萃者。正是文化自觉和文化自信造就了中华民族坚定不移的品质,中华民族能在以往十几个世纪里领先世界,靠的就是文化自觉和文化自信。罗素在他1922年著的《中国问题》一书中说："中国人，从上层社会到底层百姓，都有一种冷静安详的尊严，即使是接受了欧洲的教育也不会毁掉"，"我觉得这是因为他们都在心底里自信中国是世界上最伟大的国家，拥有最完美的文明"，"他们的思考不是以十年为单位，而是万年。"苏联克格勃特工康斯坦丁曾负责搜集中国情报，他晚年透露："对华工作是最为困难的行动之一，因为让中国公民当间谍基本无望"，中国人有坚定的自信"强烈的民族情感和爱国热情。"

中华民族自古倡导"行为世范"。当今的中国人应学习和发扬先贤们"明宇宙人生真相"，"常行真正"，为天下人求生存发展做榜样的品质和精神，把自己的事情做好，"为天下式""为天下贞"。

（二）中华优秀传统人文化是中华民族的精神家园

民族精神是一个民族赖以生存发展的精神支撑。一个民族没有强有力的精神和高尚的品格，不可能立于世界伟大民族之林。中华民族在五千多年求文明进步实践中，创造了独特的富有生命力的文化，建造起了美好的精神家园。中华民族建造精神家园的伟大工程，起始于伏羲。五千年前的伏羲画八卦，演易变之道，引领中华民族置身心于宇宙运行之道，教人懂得心神止于道，才有真正的安宁。《道德经》进一步明确指出："知常曰明"，守道则"没身不殆"，"妄作凶"。《论语》教人"守死善道"。《大学》开篇即指出："知止而后有定，定而后能静，静而后能安，安而后能虑，虑而后能得"。长期求生存发展实践，使中华民族懂得人间正道是沧桑，住理守道永安康。中华文明事业就是伴随着中国人民追求"思无邪"、"行真正"、"尽人性践人形"、"成其大"、"得其贵"、"死而不亡"的心路发展起来的。《周易》说，三千年前的周文王发展周邦政绩卓越，引起商纣王嫉恨，将82岁的周文王打入大狱。然而周文王坚信人间正道，在狱中研究易变之道不止，创《周易》，七年后得以出狱，广纳贤人，发展文明事业。武王继承文王事业，推翻商纣，使中华大地得以安定八百年。汉朝苏武在公元前100年代表汉朝出使匈奴被扣留，匈奴诱降，苏武坚信正义事业永存，坚持不辱使命不丧失人格，19年后得以回国。他们都是靠精神安定求得成功的。

文化的力量在于其真理性。文化的真理含量越高，其威力越大。中华优秀传统文化是在塑造中华文明事业的伟大实践中逐步发展起来的，深深熔铸在中华民族的生命力、创造力和凝聚力之中。中华文明是迄今为止世界上唯一从古代存留至今的文明，中国人深谙事物的规律，中国人追求文明进步的实践为人类发展进步做出了卓越贡献。黑格尔认为中国人最早实现了理性的自由，人类文明起始于中国。

纵观人类社会发展史，我们会清楚地看到，中华民族最先创造了人类文明发展史上最安定的生存发展环境。中国古圣哲早在两千多年前就指出，

人最重要的是精神。人心神安定后,社会才会安定。伏羲画八卦演易变之道,教人求主观与客观、理论与实践、知与行的统一,首先解决的是人的精神文明。炎帝尝百草,教人种五谷,解决的是物质文明。尧舜禹时,物质文明和精神文明一齐抓,中华文明进入大发展时期。从中华优秀传统文化发展的历程来看,道家文化是最先进入主流渠道,道的观念最先在中华传统文化中确立。《孔子家语》《庄子》等典籍都谈到孔子向老子求道的事。《论语》中的孔子把"志于道"作为人求生存发展第一根本点。孟子、庄子则进一步阐述了人的精神安定源于人的本性与正道的统一。《孟子》说:"我四十不动心",原因在于心志与正义统一了起来,人有了心志与正义统一的觉悟,才能"养浩然之气","居天下之广居,立天下之正位,行天下之大道。得志与民由之;不得志,独行其道。富贵不能淫、贫贱不能移、威武不能屈",求尽人性践人形,成圣道。《庄子》说:"哀莫大于心死,而人死亦次之。"人一旦精神死亡,即犹如行尸走肉,就不成为其人了。"本性已灭而徒具形骸的人,其实与鬼一样。使有形的人去效法无形的道,心灵就安宁了"。"必须消除意志的悖乱,解脱心灵上的束缚,去掉德性的牵累,打通与大道之间的障碍"。"道是由德来体现的,化生万物是天地大德的光辉,天性是化生万物的根本。依天性而动叫真为,为而矫情叫失道"。

中华优秀传统文化最伟大之点是求人的本质属性与宇宙运行大道统一。中国古圣哲留给人们的第一部经典是《易经》。《易经》的宗旨,就是教人明宇宙人生真相,能经纬天地人生。"时乘六龙以御天"。"知进退存亡而不失其正者,其为圣人乎。"记载中国从尧舜禹至夏商周两千多年文明演进历史的《尚书》说,中国早在四千多年前,已经把明宇宙人生真相,经纬天地人生的能力,作为评价人的最基本标准,尧舜禹皆因此而登上治国大位。《道德经》说,人的本性与宇宙大道统一,人就能"成其大","得其贵","死而不亡","圣人抱一为天下式"。《孔子家语》说:"所谓圣者,德合于天地,变通无方,穷万事之终始,协庶品之自然,敷其大道而遂成情性;明并日月,化行若神"。《荀子》说,人的本性与道统一之后,人就能得"大清明","坐于室而见四海,处于今而论久远,疏观万物而知其情,参稽治乱而通其度,经纬天地而材官万物,制割大理而宇宙里矣。恢恢广广,孰知其极?睾睾广广,孰知其德!涫涫纷纷,孰知其形!明参日月,大满八极,夫是之谓大人。"全部中华优秀传统文化皆围绕提高人的文明素质,实现人性与宇宙运行之道统一这一核心而展开。中国古圣哲全部经典不厌其烦地强调,天地自然运行有常道,人有常性,人的本质属性中有觉知性、行真正性、自觉能动性,人凭借自身本质属性,可以经纬天地人生,赞天地之化育,成其大,得其贵,死而不亡。古圣哲明确告诉人们,人是自己命运的主人,人的类本质属性是相同的,在圣不增,在凡不减,人们自己如果能求得人的本性与宇宙大道统一,皆可成圣道。中国化了的大乘佛法明确告诉人们，佛圣是出矿金，凡夫是矿中金，只要认真锤炼人性与正道统一的品质，人皆可成佛圣道。中华民族求人的本性与宇宙大道统一的智慧比欧洲人早数千年，正是这一智慧展现了人类无限光明的前途。

经济全球化和文化多元化加剧了价值观念的冲突。就世界来看，世界性的价值观冲突日益激烈，恐怖主义与霸权主义的斗争、民族主义与霸权主义的斗争，实质是价值观冲突造成的。以美国为首的发达国家把它们拥有的文明、价值体系和政治体制视为全球标杆，强求全世界各国皆实行之。资产阶级的价值观是建立在利己主义基础上的。霸权主义、强权政治是这一价值观念的产物。利己主义与人的社会本质属性的矛盾，使资本主义价值观念处处碰壁。而碰壁后的资产阶级则妄图用霸权和强权推行它们的价值观念，致使价值观念的冲突变成了国家民族求生存发展的冲突。就我国国内来看，近年来一些人价值取向错误导致了违法犯罪者日增，不少人陷入价值迷茫。构建反映中国特色、民族特性、时代特点的价值体系，被提到了紧迫议事日程。中华民族在创建中华文明大厦五千多年的实践中，逐步形成了"兴天下利，除天下害"，为天下人造福的价值观。发扬古圣哲倡导的创建普世价值的智慧，让世界人民"领略中华文化"的魅力，是当今中国走向世界，实现复兴之梦不可缺少的工作。中国古圣哲教人成就伟大形象。中国作为文明古国，在做人问题上应该为世界人民做出榜样。然而可惜的是，当今中国人的整体形象在世界人民心目中却排在了倒数的位置。这一问题不解决，中国是难以得到世界人民尊重的，一个不文明者充斥的国家，要想成为世界文明大国是不可能的。塑造中国人的美好形象，是中华复兴的任务之一。而文明形象的塑造离不开中华优秀传统人文化。

中华民族在长期人文化建设实践中，清楚地懂得了价值问题是人生重大基本问题，不可以有丝毫随意性。人的本质属性决定人的生存发展必须行人道。人道的本质是人的本性与宇宙运行大道的统一。人行人道是一个由近至远的过程，人的成长发展随着人行人道由近至远而从小成其大。评价人成长发展成功度的根据，则是人的本性与人间正道统一的程度。五千年前的伏羲画八卦，演易变之道，就是教人遵道而行，成其大。《易经》说："大人者，与天地和其德，与日月合其明，与四时和其序，与鬼神和其吉凶，先天而弗违，后天而奉天时"，"思不出其位"，"无往而不胜"。《道德经》说："孔德之容，惟道是从"，得与道和谐统一之时，人可以成圣，成为与天地道并列称大者，"死而不亡"。《中庸》说："所谓圣者，德合于天地，变通四方，穷万物之终始，协庶品之自然，敷其大道而遂成情性；明并日月，化行若神"，"能尽人之性"，"能尽物之性"，"可以赞天地之化育，则可以与天地参矣。"《孟子》说："惟圣人然后可以践人形"，无限度地实现人的价值。中国古圣

哲明确告诉人们，人的价值有两个基本方面的表现：其一是人们自己在宇宙间生存发展的自由度，只有在人的本性与道和谐统一之时，人才能得大自在。其二是为天下人造福的能力，"兴天下利，除天下害"的能力越强，人生价值则越大。综观中华文明丰碑，人们会清楚地看到这一点。

习近平指出："一个国家的软实力，从根本上说，取决于其核心价值观的生命力、凝聚力、感召力。"社会主义核心价值观是中华优秀传统价值观的继承和发展，既保留了中华优秀传统价值观的合理内核，又赋予新的时代精神，代表了中国先进文化的前进方向，"意味着中国人民和中华民族的价值体认和价值追求，意味着全面建成小康社会实现中华民族伟大复兴，意味着每一个人都能在为中国梦的奋斗中实现自己的梦想，意味着中华民族团结奋斗的最大公约数，意味着中华民族为人类和平与发展作出更大贡献的真诚意愿"。社会主义核心价值是大智慧的产物，践行社会主义核心价值观亦离不开大智慧。用大智慧看待社会主义核心价值，人的心神就有了安身之处。以社会主义核心价值观作指导，就能把全中国人民的人生价值追求与中华民族伟大复兴统一起来，就能把个人成长、国家发展与人类文明进步统一起来，走人生必由之路，实现主观与客观、理论与实践、知与行的统一，"赞天地之化育，与天地参矣。"

（三）中华优秀传统人文化奠定了中国长治久安之道

经济全球化，世界统一市场形成，将一切国家、民族和个人的生存发展推向了同一个竞争舞台。天下大变，适者生存。优胜劣汰机制摆在面前，谁也无法绕过去。占据世界主导地位的发达国家，妄图用霸权主义、强权政治维护自己的地位和优势。中华民族复兴大业经过几代人的共同努力，日前进入了快速发展时期。西方人走了几百年的路，中国在短时间内就走完了。中国共产党率领中华民族进行的新探索成功，引起了世界人民的瞩目，中国倡导的和平发展、合作共赢的外交原则，得到了越来越多国家的赞叹和青睐。中国特色社会主义事业的发展，引起了美国等霸权主义者的恐慌，认为中国是在向美国政治体制挑战。他们从维护自己既得利益的观点出发，容不下中国的发展。他们使用软硬兼施的手法，一边推行"和平演变"政策，一边实行"遏制"、扼杀方针，千方百计妄图把中国纳入他们掌控的轨道，处处为中国发展设置障碍。当今中国发展面临的矛盾和难题空前增多，中国向何处去的问题，摆在了全中国人民面前。

中国道路根植于独有的文化和历史。中华民族是迄今为止世界上最成熟的民族。在中国追求复兴的过程中，美国妄图把中国发展纳入他们领导的国际秩序的幻想破灭了。苏联想把中国纳入他们领导的社会帝国主义之列的计划亦破产了。中华民族选择了具有中国特色的社会主义道路，并成为美国的战略竞争对手。诸多外国人感到中国难以理解。"软实力"概念的提出者约瑟夫·奈参观孔子故居后对陪同者讲了一段意味深长的话:"为什么中国好? 可能就是因为中国文化。中国文化决定了中国发展的道路。"具有新加坡国父称号的李光耀告诉世界人民,"中国有 5000 多年的文明发展史,他在中华文化中找到了治国法宝。西方民主是有缺陷的,美国在自欺欺人方面是第一名。美国才有 200 多年历史,在国家治理方面,无论经验还是理论,都是无法与中国相比的。"德国前总理施密特在其著作《邻居中国》一书中说:"请西方不要用自己的尺度来要求中国,更不要以西方现有的眼光来衡量世界。中国有五千年的文明,当中国人开始使用文字时,西方人还只是游牧人,连农业还没有。"中华优秀传统文化是中华民族求生存发展经验的总结和理论升华,中华文明是这一理论与中华民族求生存发展实践结合之硕果,中华文明的发展不断丰富中华文化的真理性。

继往开来是中华优秀传统文化的一个基本点,中华文明是在继往开来思想指导下不断发展起来的。《尚书》是中国治理国家的第一部纪实经典。从《尚书》对尧、舜、禹、夏、商、周两千多年的记载中,我们会清楚地看到这一点。中国共产党继承了继往开来的光辉思想。毛泽东提出发扬光荣传统,争取更大光荣。邓小平强调,我们的好东西一点也不能丢掉。指导中华复兴大业的社会主义核心价值观,是中华优秀治国文化的继承和发展。炎帝、黄帝联手战胜蚩尤、商汤推翻夏桀、周武王推翻商纣王等经验表明,无强大不能战胜邪恶、不能保护人民。《管子》《论语》等经典明确指出,无富不足以养民。《尚书》《孔子家语》等皆明确指出"民为邦本",没有民主则国无以存。《尚书》说尧倡导"协和万邦",舜善于治国,尧舜禹皆因懂文明之道而登上治国大位。《易经》告诉人们,自由源于对必然的驾驭。《涅槃经》告诉人们,平等源于人的本质属性。《礼记·礼运》告诉人们,"大道之行,天下为公"。《道德经》告诉人们,人间正道是沧桑,"不道早已","居善地,心善渊,与善仁,言善信,正善治,事善能,动善时","故无尤"。《孝经》倡导"博爱"、"天下和顺"。《韩非子》告诉人们,无法国不治。古圣哲全部经典无不教人爱国、敬业、诚信、友善。中国共产党把古圣哲们上诉散见思想创造性地汇集起来,成为一个整体,融入国民教育全过程,落实到经济发展实践和社会治理之中,成为人们日常工作生活的基本遵循,把全国人民的思想言论和行为全部纳入实现中华民族伟大复兴的轨道。

中华民族在长期实践中形成的治国执政理论博大精深。经藏是大智慧藏身之处。人的智慧不会从天上掉下来。深入经藏者可得大智慧。每个关心国家和人类命运的人皆可以从中得到治国和治世的大智慧。中国古圣哲揭示了国家长治久安和人类和平幸福之道。其中许多理论对实现中华民族伟大复兴仍具有重大作用,如:实事求是,唯道是从的理念。长期求生存发

展实践,造就了中华民族追求真理,依止善道,维护正义的觉悟。《易经》告诉人们事物发展变化有规律,只有坚持实事求是的思想路线,才能认识事物发展变化的规律,只有坚定不移地照规律办事,才能求得成功。《中庸》说:"道也者,不可须臾离也,可离非道也。"《道德经》说:"孔德之容,唯道是从。"《太上感应篇》说:"是道则进,非道则退。"《地藏经》说:"依止善道,永取解脱。"

遵从人民群众意志,为最广大人民群众造福的思想。中华文明是在确立人民群众的主体地位和主导作用的基础上逐步发展起来的。《尚书》说"皇祖有训,民可运,不可下。民惟邦本,本固邦宁。"《孔子家语》说:"民者卑贱而神。爱之则存,恶之则亡。长民者必明此要。"《淮南子》说,炎帝视百姓利益比自己生命还重要,为了寻找可食用和可治疾病的东西,不惜日中毒七十次。中国历史上受人敬爱的三皇五帝三王等都是遵从人民意愿,为民造福的典范。《尚书》说,夏桀"虐待人民","灭德作威,以敷虐于尔万方百姓","尔万方百姓罹其凶害,弗忍荼毒",商汤顺从民愿,率民推翻夏桀统治。又说,商纣"施行暴虐",残害人民,"焚炙忠良,刳剔孕妇",不知悔改,百姓怨声载道,"民之所欲,天必从之",武王顺从人民意愿,推翻商纣统治。中华五千年文明史,就是按照广大人民意愿发展起来的。广大人民群众创造了中华文明史。中国共产党继承了中华文明始祖遵从人民意志的传统一次次从错误中走出来,不断集中广大人民群众的智慧,得以从胜利走向胜利。

发扬天下为公的理念,落实协和万邦的国际交往原则。中华民族从宇宙整体性观念出发,认为求国家生存发展必须处理好与世界各国的关系。《礼记·礼运》说:"大道之行,天下为公,选贤与能,讲信修睦。"即是说在大道正常运行的情况下,天下是天下人的天下,而不是哪一家哪一个人的天下。中华民族自古把国家治理与天下治理视为一体。《孔子家语》说:"凡圣人能以天下为一家,以中国为一人。"《大学》教人把修身、齐家、治国、平天下统一起来。《道德经》说:"贵以身为天下,若可寄天下;爱以身为天下,若可托天下。"《墨子》主张"兴天下利,除天下害。"《尚书》开篇即赞美尧"克明峻德","协和万邦"。中华五千年文明史是一部与世界各国和谐相处史。中国与周边国家发生过战争,而起因多由周边国家肇事引起。全世界人民都清楚,中国从汉朝至清朝曾经在十几个世纪中为世界第一大经济体,经济、科技、文化、教育等长期居于世界领先地位,而中国未建立过一个殖民地。纵观中华文明发展史,会清楚地看到,中华优秀传统文化中没有称霸基因。黑格尔说,世界文明史是从东方到西方,从中国人到日耳曼人。中国人最先实现了理性的自由。莱布尼茨说,中国人的特点之一是爱好和平,"是尽量减少人与人之间的不和"。罗素说:"中国人能自由地追求符合人道的目标,而不是追求白种人都迷恋的战争、掠夺和毁灭","中国要胜于我们英国。我们的繁盛以及我们努力为自己攫取的大部分东西都是依靠侵略弱国而得来的,而中国的力量不至于加害他国,他们完全是依靠自己的能力来生存的"。美国前总统罗斯福在世界反法西斯战争胜利后筹建联合国时,坚持让中国任联合国常任理事国。其理由是通过考察中国历史,知道中国人民是热爱和平的。中国人应当为维护世界和平发展做贡献。目前中国共产党领导建设的具有中国特色社会主义是中华民族传统治国理念的继承和发展。六十年前中国在亚洲会议上倡导的和平共处原则,乃至近日中国提出的建设"从中国—东盟命运共同体,到亚洲命运共同体,再到人类命运共同体"等一系列理念,都是为了造福世界人民。这是中国朋友遍天下,与越来越多国家关系越来越好的根本原因。合作共赢,是建设新型国际关系的基点。中国日前倡导的建设新丝绸之路、亚投行、中巴经济走廊等都是超出狭隘的国家利益,打破了地区界限,推动人类文明进步,惠及天下人的壮举。

建立健全治理机制,充分发挥其作用的思想。中国古圣哲不厌其烦地指出,国家治理有道,不以其道治国,国必乱。中国传统文化中的国家治理机制主要有两个方面:一个是教化机制,一个是法制机制。《礼记·学记》说:"古之王者建国君民,教学为先。"《尚书》说:"惟万物之灵","若生子,罔不在厥初生,自殆哲命。"《易经》说:"蒙以养正圣功也。"古圣哲强调,制定了教化机制,就要发挥教化机制的作用。《尚书》说,太甲登上商朝执政大位后,不遵守成汤的法典不行治国之道,伊尹把他放置到桐宫,使他思过。太甲在桐宫三年,悔过自新后,伊尹又把他接回到亳都。又说武王死后,成王年幼,周公代理政事,管叔、蔡叔挑拨成王,成王与周公间发生了隔阂,而周公千方百计教育成王,成王成熟后,周公辅佐成王理政。商王朝执政六百年,周王朝执政八百年,都与其较好地利用了教化机制分不开。中国社会的长期稳定局面和文明事业不断发展与强有力的法治分不开。《易经》不但指出宇宙运行有规律,而且教人"弥论天地之道","与天地准"。《尚书》把遵行天地之道法制化,指出天地运行之道是国人必须执行的大法。强调指出,商纣违背天道,是"自绝于天,结怨于民"。"不走正道,违法不慕欺诈奸邪,胡作非为",是自取灭亡。"先王肇修人纪","以至于有万邦"。教人"不要施行非法","要各自遵守常法"。"有扈氏威悔五行,怠弃三正,天用剿绝其命"。尧舜禹时期,我国就确立了以法治国机制,教人"不要违背治道"。共工、驩兜、三苗皆因不遵守国之治道而被流放驱逐。中国早在四千年前就明确使用教化、惩处、改革、革命等多种方法治理国家。国家治理开始于教化,不接受教化者即惩处;国家发展有梗阻即用改革的办法排除,改革不起作用即用革命的办法,如"殷革夏命"、"周革商命"。

当今世界国家治理机制十分混乱。包括美国在内的发达国家,目前的

国家治理机制多有诸多不是之处。美国学者弗朗西斯·福山说:"如果说比较,中国和美国在我所绘制的政治制度光谱的相反两端","在中国的国家发展中,权力的平衡向国家倾斜",中国早在两三千年前"就出现了现代国家",中国古代就产生了"尊重律法的文化","中国远比西方更早实现了某种程度的现代国家制度","中国是世界上第一个发展出现代制度的国家","说中国是集权国家的人,缺乏对中国历史的了解",当今"许多发展中国家仍在努力建设的国家身份认同,中国早在古代就已建立起来"。

独立自主,自强不息,开拓进取的信念。从懂得制造工具算起,中华民族在中国这片土地上求生存发展,已经历了 170 万年的连续不间断的实践。长期的实践使中国人懂得了人的解放是人自性的解放。只有在人们懂得求自性与宇宙运行之道统一之时,人才算真正走上了自觉追求解放的道路。人的解放程度仅仅体现在人性与宇宙运行大道统一的程度上。《孟子》明确指出,别人给的解放是不可靠的,外人给你的外人还可能拿走。《庄子》也说,猪身上的虱子认为自己藏到猪毛稠密的地方就安全了,岂不知当猪被扔进开水里的时候自己也随着亡失了。在以往长期求生存发展实践中,中国人无经验可借鉴,只能靠自己开拓进取。《道德经》说,"有生于无",教人"善于用无"。中华民族只知根据生存发展需要行事,有需要就想法去创造。长期独立自主求生存发展的历史实践,造就了中华民族追求独立自主的性格。中华民族从来没任人摆布过,只相信人间正道是沧桑。罗素说"正直是中国人的最大优点",中国"完全独立地发展了自己的传统文化","中国人能自由地追求符合人道的目标,而不是追求白种民族都迷恋的战争、掠夺和毁灭。"英国科技史家李约瑟的学生坦普尔把中国称为"发明的国度",他把中国古代主要科技发明罗列为"中国一百个世界第一"。李约瑟在自己著作《中国科学技术史》总论中指出:"欧洲从中国汲取去的技术是何等的丰富多彩!"法国学者来德工兹评论说:"在 1800 年以前,中国给予欧洲的比它从欧洲所获得的要多得多"。

(四)中华优秀传统人文化是中华民族智慧宝库

实践出真知,这是世界性的公理。中国是迄今为止世界上求生存发展历史最悠久、唯一具有连续文明史的国家。从能打制石器,知道用火等算起,中国人在中国这片土地上求生存发展,已经历了约 170 万年的实践。170 万年以来,中华民族走过了原始社会、奴隶社会、封建社会、半封建半殖民地社会,直至当今社会。马克思曾说:"凡是共产社会(原始社会)的产物,都是最可宝贵的。"又说:中国是一块活的化石。中华优秀传统人文化博大精深。从根本的意义上说,优秀传统文化是人类创造物质财富、精神财富、推动社会文明进步成功经验的总结。从人类文明发展的长河中来看,中国不但是世界上唯一具有连续无间断文明发展史的国家,而且长期处于世界最大经济体的地位,在经济、科技、文化、教育和社会进步诸多方面居于世界领先地位长达十几个世纪。中国有世界最伟大的人文化宝库。中华优秀传统文化宝库中最具闪光点处是智慧。智慧是求主观与客观、理论与实践、知与行统一的觉悟和能力。中华文明是在大智慧指导下发展起来的。伏羲画八卦作易经,教给人们的是智慧。《尚书》赞美尧、舜、禹、汤、文王武王的根本点是智慧。全部中华优秀传统人文化教人如何运用大智慧求人的本性与宇宙运行大道的统一。《大般涅槃经》说:佛圣为众生故,无有密藏,"诸佛有密语,无有密藏",不了知佛圣密语者则"不识如来微密宝藏";"若人不闻如来甚深密藏者,云何当知有佛性耶?"纵观圣哲经典,可以清楚地看到,求人的真如本性与宇宙运行"正第一大道"的统一,是佛圣最微密宝藏。而欲达到这一目的,需要具备无上智慧。

中华优秀传统文化中最伟大的智慧是觉智。《密严经》说:"一切唯有觉",而其中最关键点是"能觉所觉性"。即明了人的觉知性。《荀子》说:"凡以知,人之性;可以知,物之理。"人的觉知觉悟中第一关键点,是从求正知正觉起,到求得正遍知,求得无上正等正觉止。第二关键点,是明了宇宙人生真相,是人们求生存发展之关键。唤起人的真如本性,则是关键之关键。人是社会发展的主导力量。哪个国家培养起了具有人性觉悟的人,哪个国家才有光明未来。中华民族从伏羲画八卦演易变之道揭示了人的生存发展与天地运行之间的联系,到毛泽东唱出"人间正道是沧桑",五千年的人生实践表明,居于人类求文明进步核心地位的智慧,是人的本性与天地运行正道的统一。中华优秀传统人文化中最具特色之处,是对人的本质属性的揭示及对宇宙运行之道的认知。古圣哲不厌其烦地指出,人的本性的根本点是慈善性。《道德经》说:"我有三宝,一曰慈。"《十善业道经》说:"譬如一切城邑聚落,皆依大地而得安住,一切药草、卉木、丛林,亦皆依地而得生长。此十善道亦复如是。一切人、天依之而立。一切声闻、独觉菩提、诸菩萨行,一切佛法,咸共依此十善大地而得成就。若离十善业,欲修行正果,譬如空中建楼阁,或种稻子,欲成就生长,无有是处。"觉知性是人的本质属性的灵魂。行真正性是人的本性的根本点。《天地八阳神咒经》说:"天地之间,为人最胜最上者,贵于一切万物。人者真也,正也,心无虚妄,身行真正","常行真正,故名为人"。人的本质属性的活的灵魂是自觉能动性。《荀子》说:"天行有常,不为尧存,不为桀亡。应之以治则吉,应之以乱则凶。强本而节用,则天不能贫;养备而动时,则天不能病;循道而不贰,则天不能祸"。"倍道而行,则天不能使之吉"。"天有其时,地有其资,人有其治,夫是之谓能参。舍其所以参,而愿其所参,则惑矣!"中华优秀传统人文化告诉人们,道是宇宙间最具权威者,万物皆由道赋予生命力。然而人凭借

自身本性能认识和驾驭道,学习道的品质,成为与道天地并列称大者。(详见《道德经》)古圣哲还明确告诉人们,人的本性是人区别于其他事物的根据,持守人的本性,才能保持人的形象;丧失人的本性,人就会非人化。《孟子》说:"无恻隐之心,非人也;无羞恶之心,非人也;无辞让之心,非人也;无是非之心,非人也。恻隐之心,仁之端也;羞恶之心,义之端也;辞让之心,礼之端也;是非之心,智之端也。人之有四端也,尤其有四体也。有是四端而自谓不能者,自贼者也;谓其君不能者,贼其君者也。凡有四端于我者,知皆扩而充之矣,若火之始然,聚之始达。苟能充之,足以得四海,苟不充之,不足以事父母。"人一旦丧失人性,多变为禽兽或禽兽不如者。古圣哲还明确告诉人们,人的发展是靠发展人性来实现的。《道德经》说,人靠发展人性"成其大"。四书五经说,人靠发展人性大成至圣。大乘佛法说,人靠发展人性成圣做祖。人只有唤出真如本性,才能成为自己命运的主人。《佛遗教经》说:"当自摄心","当自端心","常当自勉","常自省察,不令有失","当以闻思修慧而自增益","我如良医,知病说药,服与不服,非医咎也。又如善导导人善道,闻之不行,非导过也。"人的本性觉醒的根本标志,是自觉践行人性与善道的统一。人的核心竞争力在于人的本性与善道的统一度。谁能求得人的本性与善道的和谐统一,谁就能成为时代的强者。然而当今中国人中,人性倒退的现象令人触目惊心:是非不分者,到处可见;荣辱颠倒,无羞恶之心,干坏事不知耻、遭惩处不知羞者越来越多;虐待老人、残害儿童者到处可见;为求一己微小私利而不惜损人者更是比比皆是,如中国最大现代化城市上海,为抢一点代金券而践踏死了 36 人,诸多人受伤等。2014 年中国大陆追求个人私利犯罪被查处的县处级以上的干部多达4 040人。

中华优秀传统文化中最可宝贵的智慧之一的是理智。恩格斯在《自然辩证法》中指出:"一个民族想要登上科学的各个高峰,就一刻也不能没有理论思维。"纵观人类文明史,我们会清楚地看到,中华民族是人类历史上最早懂得运用理论思维的民族。阴阳符号早在一万年前由中国人创造,太极图在中国出现已有七千年的历史,伏羲画八卦,演易变是五千年前的事。五千年前的中国人靠理论思维明确了宇宙人生真相,对天地自然运行与人生存发展关系求得了规律性的认识,从而最先登上了人类思维科学的高峰。理论思维智慧造就了中华民族求主观与客观、理论与实践、知与行统一的品质;懂得站在人类思想科学高峰上研究人的生存发展,才能时刻保持思想解放。两千年前吸收了印度佛文化智慧,近百年又吸收了马克思列宁主义。毛泽东说,"论理的认识","到达了事物的全体的、本质的、内部联系的东西,到达了暴露周围世界的内在的矛盾,因而能在周围世界的总体上,在周围世界一切方面的内部联系上去把握周围世界的发展。"当今人类社会经济全球化,文化多元化,政治多极化推动世界进入新的大调整、大变革、大发展时期,摆在人们面前的有求生存发展的机遇,也有挑战。稍不注意就会丧失机遇而跌入深渊。近年来,我国许多很有才能的人,因丧失理智被资产阶级文化腐蚀而走向犯罪道路。

中华优秀传统文化中最伟大的智慧是文明智慧。追求真理,驾驭规律,与道同行,唯道是从,是中华优秀传统文化又一宝贵智慧。《易经》揭示了天地人易变之道及其规律性。《道德经》指出天地运行受道的支配,且有规律性。道为"天地之始"、"万物之母",天地人自然万物皆由"道生之","天得一以清,地得一以宁,神得一以灵,谷得一以盈,万物得一以生,侯王得一为天下贞,以致之。天无以清将恐裂,地无以宁将恐发,神无以灵将恐歇,谷无以盈将恐竭,万物无以生将恐灭,侯王无异高贵将恐蹶。""夫唯道,善贷且成","不道早已",教人"惟道是从"。《论语》强调"守死善道"。《地藏经》指出:"依止善道,永取解脱。"《太上感应篇》指出:"是道则进,非道则退。"《孔子家语》说:"王者动必以道动,静必以道静,必须顺理以奉天地之性,而不害其所主。"宇宙大道的特点是"独立而不改,周行而不殆"(《道德经》),"时不可止,道不可壅。苟得于道,无自而不可;失焉者,无自而可";"牢牢掌握变化中枢","跟随大道往返进退。"(《庄子》)"道也者,不可须臾离也,可离非道也。"(《中庸》)"行道守真者善,志与道合者大。"(《佛经四十二章经》)当今中国追求个人利益、为所欲为者增多。这些人遇事不考虑合不合理,只考虑对我有没有利;不考虑符不符合事物发展规律,不分析是否会遗身殃;不知惟道是从,只知有利必得;不知除蔽障防祸患,更有甚者是以恶为能,大祸临头不知惭耻,遭受惩罚仍不知悔改,坏事干尽而心满意足。

与时俱进,与日俱新,把握时代发展制高点,是中华传统文化大智慧的基本点。《易经》是中国古圣哲研究天地人自然万物发展变化规律的圣典。从伏羲演易变之道到孔子读易"韦编三绝",其间约三千年之久,古圣哲念念不忘强调的是跟上时代变化,做时代发展需要的新人。《尚书》是孔子编著记载从尧舜禹至周文王周武王两千年治国智慧的典籍。反复强调:"德日新,万邦惟怀;志自满,九族乃离";"惟新厥德,终始惟一,时乃日新";"人惟求旧,器非求旧,惟新"。《大学》说:"汤之《盘铭》曰:'苟日新,日日新,又日新。'《康诰》曰:'作新民'《诗》曰:'周虽旧邦,其命惟新'。"《庄子》说:"孔子行年六十而六十化,始时所是,卒而非之,未知今之所谓是之非五十九非也。"中国古圣哲指出,研究人的生存发展问题,不能站在各自的角度,必须从时代的高度,从世界全局的高度看问题。《庄子》说孔子是一个善于引领天下人向圣者学习的典范。《列子》亦说孔子是一个能站世界全局高度研究问题的人。《孙子兵法》说,战争必须随着时代的变化而变化规则,时代变了而仍然守持原有的理念,必然打败仗。中国古圣哲还明确告诉人们,每一个时代需要解决的问题都是千头万绪的,谋求生存发展的人们,必须懂得

抓根本。《论语》说:"君子务本,本立而道生。"《尚书》说:"树德务滋,除恶务本。""民惟邦本,本固邦宁。"中华民族一直把解决人民吃饭问题视为根本,最先创造了农业文明,1870年以前,一直是世界最大经济体,长期以来,一直是世界上凝聚人口最多的国家。长期安定的社会环境导致了不少中国人盲目自信、不求进取的保守心理。鸦片战争以来一百多年的耻辱,并没有唤起这些人的真正觉悟,尚有不少中国人以中国是文明古国而自居,不知人类历史上有多少文明古国消失的道理。

智慧的本质特征是求主观与客观、理论与实践、知与行的统一。智慧强弱、大小决定人们创造财富的数量质量、人生成败及其成功度。所谓大智慧是指经过成功经验证明了的能指导人们成圣道、创造大价值的智慧。中华民族五千多年连绵不断的文明史是靠大智慧创造的。中华民族生生不息不断发展壮大是靠大智慧指导取得的。中华优秀传统文化是涵养社会主义核心价值观的重要源泉。中华民族自古追求富强,在大智慧的指导下,中国在1870年以前一直是世界最大经济体,经济、政治、文化教育长期居于世界领先地位。中国的民主建设也是在大智慧指导下进行的,中华民族不但倡导民主比欧美早数千年,而且在实质上比欧美深刻得多,《尚书》指出,民主是人民当家做主,即"民为邦本","不能违背百姓来顺从自己的私心。"欧美至今追求的四一五年间一人一票的选举权,并不表明人是否已当家做主,而轻化了人的地位和作用,把人的实质表面化形式化。中华文明是大智慧结出的硕果。中华民族靠大智慧指导,最先觉知文明是人的本性的体现,是人类社会的根本出路,并最先走上了文明之路。法国资产阶级启蒙思想家伏尔泰说,世界文明史始于中国,当中华文明已然昌盛发达之时,欧洲人"还只是一群在阿登森林中流浪的野人呢"。中国人倡导和谐已有四千多年可查历史。《尚书·尧典》说,帝尧"克明俊德,以亲九族","百姓昭明,协和万邦,黎民于变时雍"。《易经》的宗旨就是求和谐,"与天地合其德,与日月合其明,与四时合其序,与鬼神合其吉凶,先天而弗违,后天而奉天时。天且弗违,而况于人乎,况于鬼神乎。"《道德经》提倡学道与万物"和其光,同其尘"。《论语》提出"和为贵",同时明确指出,强调和谐并不是不讲原则,君子讲和谐并要坚持不同违背原则的同流合污,即"和而不同"。中华民族的自由理念也是在大智慧指导下不断发展起来的。伏羲是举世公认具有大智慧的最伟大古圣。他画八卦演易变之道,其宗旨就是告诉人们如何求自由。人生宇宙间,天地自然万物皆有自己运行之道,不以任何个人意志为转移,真正的自由是对必然的驾驭,人不能驾驭必然就没有自由而言。从伏羲至老子孔子约三千年间,中国圣哲皆强调这一点。当今资产阶级追求的个人为所欲为,早已为事实证明是行不通的。中华民族的公正理念是以大智慧为指导形成和发展起来的。古圣哲指出,真理只有一个,第一真正大道只有一条,所谓公正,就是要守持真理和正道。无论个人还是社会,行事都必须以真理和正道为标准,称赞和支持守持真理和正道一方,批判和反对偏离真理和正道者。几千年来,中国社会就是这样走过来的。持守公正原则,国家才有凝聚力。中华民族的法治理念是以大智慧为指导发展起来的。中国古圣哲的经典的灵魂是理法。人们熟悉的《易经》《尚书》《道德经》等皆明确告诉人们,天地自然社会运行皆由自己的法则。所谓法治,就是引导人们把自己的思想、言论和行动纳入天地自然社会运行所要求的法则之轨道。中华民族的爱国观念是在大智慧指导下形成发展起来的。中国人的家与国自古是不可分的统一体,中国人的国与天下自古是不可分的统一体。在国家存在的时代里,爱国主义是将家、国、人类统一起来的核心部分。用大智慧治国,才有家、国、天下利益的和谐统一。中国自古不允许以一己之家的利益损害国的利益,也不允许以一国之利益而损害天下人的利益。古圣哲皆批评"明于小而不明于大",明确指出,"天下之所以乱者",是因为有些治家或治国者"明于小而不明于大",不知把局部利益与天下全局利益统一起来的人,是缺少大智慧的人。当今社会因只知小道理而不懂大道理犯罪者比比皆是,好话说尽而坏事做绝的人亦不少。

中华民族是人类文明发展史上最早懂得用大智慧指导求生存发展实践的民族。中国人正是靠大智慧的威力创造了迄今为止世界上唯一文明发展史没有中断过的奇迹;在 1870 年以前一直是世界最大经济体;是世界文明的巨大中心之一;在从汉朝至清朝的十几个世纪里,科技、文化、教育、政治和社会文明安定等诸多方面皆居世界领先地位,为人类文明进步做出了不可磨灭的贡献。经过几千年的沧桑岁月,"把我国 56 个民族,13 亿多人紧紧凝聚在一起";"博大精深的中华优秀传统文化是我们在世界文化激荡中站稳脚跟的根基。中华文化源远流长,积淀着中华民族最深层的精神追求,代表着中华民族独特的精神标识,为中华民族生生不息、发展壮大提供了丰厚滋养";"不忘本才能开辟未来,善于继承才能更好创新";"要加强对中华优秀传统文化的发掘和阐发,努力实现中华传统美德的创造性转化、创造性发展,把跨越时空、超越国度、富有永恒魅力、具有当代价值的文化精神、立足本国又面向世界的当代中国文化创新成果传播出去。只要中华民族一代接着一代追求美好崇高的道德境界。我们的民族就永远充满希望。"

中华传统智慧的基本点是为人民造福。中国古圣哲的全部智慧是围绕为民造福展开的。在长期为民造福实践中,形成了人们必须坚持的基本原则:一是整体利益为根本的原则。即为绝大多数人的利益服务。伏羲画八卦图演易变之道,是为了提高人们认识和驾驭天地人生的能力服务的。炎帝神农尝百草是为解决人民吃饭和医疗疾病。黄帝为民造福竭尽心神。尧舜禹皆是为民造福的典范。尧选接班人的标准是能为人民造福,但明确

提出不能让只知个人得利益的人执政，开创了从普通百姓中选治国能人的先河。孔子编著的《尚书·虞书》介绍尧舜禹为民谋利益时指出："罔违道以干百姓之誉，罔弗百姓以从己之欲"，强调"德惟善政，政在养民。"舜赞颂"能勤劳于国"，完成治水大业"不夸功"，"不自满自大"，"不自以为贤"。夏桀、商纣被推翻皆因祸国殃民。古圣哲强调指出，之所以要为人民造福，是因为人民是社会的主体是社会发展的主导力量。"民惟邦本，本固邦宁。"（《尚书》）明确指出，尧之所以不同意丹朱接班执国政，是因为他不知全心全意为人民谋利益 洪水都退了他还要乘船游水。二是穷困者优先的原则。《论语》说，孔子针对他的弟子中有人帮助富人谋利益，使富人更富的现象指出，应把注意力放在解决穷困人困难之上。三是眼前利益和长远利益兼顾，不以眼前利益损害长远利益的原则。古圣哲全部经典都指出，不考虑长远利益将会没有美好的明天。不忘长远利益者，才会有光明未来。

中华民族从兴天下利，除天下害的宗旨出发，从尧舜治国时代起，至今四千多年来，一直坚持"协和万邦"（《尚书·尧典》），反对侵略友好睦邻的国策。在当今新的历史条件下，如何做到既寸土不失，又能友好睦邻，确实需要发展大智慧。有了国际交往的大智慧，才能冲破霸权主义束缚。

个人成长与社会发展和谐统一的智慧，是中华优秀传统人文化中大智慧的核心。社会由个人组成，人类社会全部创造力潜藏在每个具体的个人身上；个人生存、发展又离不开社会。这就决定个人成长与社会发展统一，是人类必须遵守的规律。中华民族在寻求个人与社会统一问题上，创造了具有永恒真理性的智慧。社会是人的社会，人人都是社会的主人，个人在处理与社会关系中成长，社会在处理与个人关系中发展。中国古圣哲倡导从我做起，中华民族把求得个人与社会和谐统一的人，尊称为圣者。伏羲、炎帝、黄帝、尧、舜、禹等都是求得个人成长与社会发展统一的典范，因而皆为中华民族尊敬的典范。《道德经》概括指出："圣人无常心，以百姓心为心"，"圣人在天下，歙歙为天下浑其心"。"圣人常善救人，故无弃人；常善救物，故无弃物"。"圣人不积，既以为人，己愈有，既以与人，己愈多。天之道，利而不害；圣人之道，为而不争。"《大学》把求个人与社会统一作为做人的根本点，指出："大学之道，在明明德，在亲民，在止于至善。"强调指出："自天子以至于庶人，一是皆以修身为本"，皆应遵守修身、齐家、治国、平天下的原则。然而当今中国追求极端个人主义者急剧增加。这些人把个人利益凌驾于他人和社会利益之上，为了个人得实惠，不惜损人利己和损公肥私。放眼中国，人们会发现，凡是涉及社会发展的项目，皆有个人从中渔利，项目越大，个人从中捞好处越多。

学习创新是中华优秀传统人文化永葆生命力的源泉。中国古圣哲是靠学习创新智慧引领中华文明航船不断前进的。伏羲从蜘蛛结网捕虫中悟得了织网捕鱼之道。《易·系辞》说:"古之伏羲氏之王天下也,仰则观象于天,俯则观法于地,观鸟兽之文,与地之宣,于是始作八卦,以通神明之德,以类万物之情。"炎帝神农从植物繁衍中悟得了五谷耕种之道,开创了中华农业文明。老子观万物运行,悟得了万物发展变化的规律性。他说:"致虚极,守静笃,万物并作,吾以观复。夫物芸芸,各复归其根。归根曰静,是谓复命;复命曰常。不知常,妄作凶。知常容,容乃公,公乃王,王乃天,天乃道,道乃久,没身不殆。"(《道德经》)老子观道运行,悟得了道与万物和其光,同其尘的道理。他从水的品质中悟得了"上善若水";从"飘风不终朝,骤雨不终日"中,悟得了事物存在的短暂性;从道天地的品质中悟得了天地无私得以成其大,大道无我而与万物"和其光,同其尘","衣养万物而不为其主","万物归焉而不为主","以其终不自为大,故能成其大",悟得了"贵以身为天下,若可寄天下;爱以身为天下,若可托天下"。《庄子》说孔子是一个善于引领天下人向圣者学习的典范。《列子》亦说孔子是一个能站在世界全局高度研究问题的人。宋国太宰问孔子说:"你是圣人吗?"孔子答:"圣人我怎么敢当? 我不过是一个博学多识的。"太宰问:"三王是圣人吗?"孔子答:"三王是善于运用智勇的人,是不是圣人我不知道。"太宰问:"五帝是圣人吗?"孔子回答:"五帝是善于推行仁义的人,是不是圣人不知道。"太宰又问:"三皇是圣人吗?"孔子回答:"三皇是善于顺应时势的人,是不是圣人我不知道。"太宰惊疑地问:"那么谁是圣人呢?"孔子过了一阵才回答说:"西方有圣者焉,不治而不乱,不言而自信,不化而自行,百姓无法用言语称颂他。"《孔子家语》说:"好学近乎智","夫子见人之一善而忘其百非。"《荀子》说:"孔子观于东流之水",悟到了浩大流水的高尚品德;从"君子珍视宝石"中悟得了宝石的宝贵品质。《道德经》说,人成其大靠学习。"域中有四大,而人居其一焉。人法地,地法天,天法道,道法自然","善人者,不善人之师;不善人者,善人之资。不贵其师,不爱其资,虽智大迷,是谓要妙。"《道行般若经》教人"学十方天下人道",持守"第一正真大道"。中国古圣哲自古教人不自以为是、不自以为大、善于学习、勇于创新。然而可惜的是,当今中国人不爱学习的人太多,善于学习的人更少,中国传统文化宝库变成了故纸堆,世界发达国家的人们是如何学习的亦不过问。当今人类社会已进入知识为第一资源、科学技术为第一生产力、向科学要效的时代,学习创新,已成为人们求生存发展的基本途径,不善于学习的人将会丧失人生主动权。

　　除蔽障防祸患的智慧。中华优秀传统人文化总结了中华民族长期求生存发展的经验,创造了除蔽障防祸患、确保文明大业不断发展进步的智慧。中国古圣哲这方面思想非常丰富,其中主要有:一是依靠群众,纳谏防过。"人者,天地之心,而王行之端"(《孔子家语》);"民惟邦本,本固邦宁"(《尚书》);"菩提属于众生"(《无量寿经》)。《吕氏春秋》说:古之圣王皆善于听

取群众意见。"欲知平直,则必准绳;欲知方圆,则必规矩;人主欲自知,则必直士。故天子立辅弼,设师保,所以举过也。夫人故不能自知,人主尤其","尧有欲谏之鼓,舜有诽谤之木,汤有司过之士,武王有戒慎之鞀,犹恐不能自知。"二是"惟道是从"(《道德经》);"守死善道"(《论语》);"依止善道,永取解脱"(《地藏经》);"于昼夜常念思维观察善法,令诸善法念念增长,不容毫分不善间杂,是即令诸恶永断"(《十善业道经》);三是不违人性,不失其德。"天下不泣其性,不迁其德,有治天下者哉?"(《庄子》)"不失其所者久","无遗身殃。"(《道德经》)"言满天下无口过,行满天下无怨恶。"(《孝经》)四是与道同行,与时俱进。"性不可易,命不可变,时不可止,道不可壅。苟得于道,无自而不可;失焉者,无自而可。"(《庄子》)五是"以天下之目视者,则无不见;以天下之耳听者,则无不闻;以天下之心虑者,则无不知。"(《鬼谷子》)六是及时悔过。"过失,人情莫不有焉。过而改之,是为不过。"(《孔子家语》)"改之为贵","更也,人皆仰之。"(《论语》)"蒙以养正,圣功也。"(《易经》)"楚成王、齐庄公因为不了解自己的过失而被杀,吴王、智伯因为不了解自己的过失而灭亡,宋、中山因为不了解自己的过失而绝国,晋惠公、赵括因为不了解自己的过失而被掳,庞涓、太子申因为不了解自己的过失而兵败身死,所以没有比不知过更可怕的坏事了。"(《吕氏春秋》)七是善于预测。"凡事预则立,不预则废。言前定则不跲,事前定则不困,行前定则不疚,道前定则不穷。"(《孔子家语》)

中华民族的敬业理念也是以大智慧为指导形成和发展起来的。中华文明始祖伏羲、炎帝、黄帝培育了中华民族的敬业精神。他们的敬业精神培育了一代又一代的中国人,激励人们建功立业,力争为国家和人类做出伟大贡献。诚信是中华民族传统美德。中国人的诚信理念是以大智慧为指导不断形成发展起来的。中华民族提倡的诚信是建立在坚信宇宙天地运行有常道,事物发展变化有常理的基础之上。《中庸》说:以诚心为出发点的人,才能弄明白天地常道和事物常理,从而做到能尽人性和物性,"赞天地之化育","与天地参矣"。《道德经》进一步指出,没有诚信心,则会对天地之常道,事物之常理信之不足,"信不足焉,有不信焉",就会无法守持常道和常理,即会导致背离天地之常道和事物之常理,遇挫折遭失败。《论语》说,"与人忠","言必信","民无信不立"。中华民族的友善理念亦是以大智慧为指导形成和发展起来的。古圣哲指出,慈善性是人的本质属性的基础部分。用友善态度对待天得天乐,用友善态度对待地得地乐,用友善态度对待人得人乐,即懂得友善的人才处处亨通,事事无忧。《道德经》说:"其事好还",你对别人不友善,别人对你亦不友善,人生路上必然充满荆棘和艰难险阻。

信智是人求生存发展不可缺少的觉悟。中华优秀传统文化是在中国人信智觉醒的基础上不断发展起来。阴阳符号出现,表明中国人相信宇宙万物皆由具有阴阳两种属性的物质产生。太极图出现标志中国人相信阴阳的同一性,宇宙的整体性,事物矛盾的相辅相成性。八卦图的问世,说明中国人相信事物存在发展具有相互联系性和规律性。中华文明事业正是在中华民族信智确立的基础上发展起来的。中国古圣哲不厌其烦地告诉人们,欲求生存发展,必须相信宇宙万物各有其本性,运行各守其道,不以任何个人意志为转移,人不可以为所欲为;必须相信人有其自身固有的本质属性,人的本性决定人必须行人道,人们求生存发展是在求人性与物性统一,人道与宇宙万物运行之道统一的基础上实现的。《道德经》强调对此必须有足够的信心,如果"信不足,有不信",就可能妄行,"妄作,凶","不道早已"。《华严经》说:"信是道元功德母,长养一切诸善根"。《密严经》说,圣道是联系人道与宇宙大道的桥梁。佛圣是圣道的创建者,是实现人的真如本性与宇宙大道统一的人。人的真如本性是人类共同具有的,在圣不增,在凡不减。人与人之间,只有对真如本性的迷悟之区别或开发度不同。"碎末于金矿,矿中不见金;智者巧熔炼,真金方乃显。"佛圣是出矿金,凡夫是尚蕴藏在金矿中的金。"佛体不可见,亦非无有佛;定者观如来,三十二相具","如来藏具有,定者能观见"。中华民族自古相信有成圣道的圣者。《孟子》说:"圣人之于民,亦类也。出于其类,拔乎其萃,自生民以来,未有盛于孔子也。"又说:"惟圣人可以尽人性践人形。"孔子是传承中华文明的杰出代表人物,他的成功源于坚信宇宙大道和人的真如本性,相信有道存在,至心求道,"立志行道","守死善道",自强不息,终于大成至圣。

法不孤起,佛身无作,大道无形。中华优秀传统文化中蕴藏着大智慧,中国古圣哲有至高无上真理具足的思想,中华文明大厦建筑在宇宙正道之上,这些宝贵的东西如何让世界人民知道,是一个伟大的工程。完成这一工程,是中国融入世界大家庭的需要,也是人类文明进步的需要。中国人需要用今日世界人民能听懂的语言、能看到的形相、能切身感受到的实惠展现这些东西。每个关心中华民族伟大复兴、关心人类命运的人们,都应当对此有所担当、有所作为。

法国启蒙思想家伏尔泰,被中国古老而优秀的文明所倾倒,感赞中国是"举世最优美、最古老、最广大、人口最多和治理最好的国家"。(见《中外文化交流史》)实现中华伟大复兴,就是要重现文明古国的光辉形象。近百年复兴奔梦奋斗,已经使中国重返世界大国舞台,世界人民欢呼中华文明复兴。中华文明复兴大业为每个有志向的中国人建造了展现聪明才智的舞台。谁能成为这个舞台上出类拔萃者,他的人生就会像中华文明复兴大业一样辉煌。

第二编　儒家圣贤的人生智慧举要

儒家人文化是以孔子为代表的儒家学派创建的以教化人为宗旨的知识体系。儒家教化人的纲领，是"志于道，据于德，依于仁，游于艺"（《论语·述而》第六章）。它形成于春秋晚期，在战国时期的百年争鸣中脱颖而出，自汉武帝时起进入中国主流文化的渠道。儒家人文化提倡教化，明确指出，人不教化就会与禽兽差不多；只有经过教化，人才能做君子成圣贤。儒家揭示了人的教化机制，不但指出家庭、学校、国家社会管理者及一切志士贤达都应当自觉担负起教化人的责任，而且阐明了人们自己应当如何认识自己、管理自己、开发自己。

儒家人文化是中国人自尧舜至春秋战国数千年教化人生经验的概括和总结。儒家人文化的一个鲜明的特点，就是把个人成长做人与家庭治理、国家和社会的兴旺昌盛不可分割地联成一体，体现了个人成长与国家兴旺、社会发展进步的统一。儒家人文化的活的灵魂是集体主义。儒家讲的集体不是小团体，而是家与国的一体、国与天下的一体，儒家追求的大目标是构建大同社会，实现全人类的和谐和美好。正是这伟大的胸怀使儒家文化滋生出了无穷无尽的生命力。由于儒家人文化揭示了人的本质属性及人生存发展变化的一般规律，具有普遍的真理性，对认识人生、驾驭人生、开发人生提供了理论指导和智力支持，因而逐步为越来越多的人所接受，是中华民族两千年来做人的基本指导思想，对塑造中华民族精神，推动中华民族事业的发展起了巨大作用，被世界有识之士称为中国的软实力和世界人民共同的精神财富。

孔子是中国古圣哲中善于继往开来的典范。与日俱新的品质使他成为大成至圣先师。他在中华文化发展史上起到了承上启下的作用。他追求真理、捍卫正义、全面发展的品质融入了中华民族血液之中，成为中华民族宝贵精神财富。孔子是中国人形象的标杆。

第四章　儒家圣贤论认识人生

儒家圣贤们对如何认识人和人生问题，提出了许多有益的观点，概括起来，主要有以下一些：

一、儒家圣贤论认识人的本性与习性

儒家对人的本性和习性问题进行了长期认真的探讨,求得了深刻的认识。儒家认为,人的本性是人生来俱有的,而人的习性则是后天形成的。孔子指出,人"性相近也,习相远也"(《论语·阳货》第二章)。他告诉人们,人先天具有的本性是相似的,没有太大差距;而后天生活环境养成的习惯则相差远了,明确告诉人们环境对人的影响。孟子继孔子之后,对人的本性和习性问题作了进一步的研究,他指出:"如果从人的天生性情来说,是善良的,这就是我们所说的人性善。至于有不善的人,那不是天生资质的原因。同情怜悯之心,人人都有;羞耻之心,人人都有;恭敬之心,人人都有;是非之心,人人都有。同情怜悯之心,属于仁;羞耻之心,属于义;恭敬之心,属于礼;是非之心,属于智。仁义礼智不是从外部授予我们的,而是我们自己本来就有的。"(《孟子·告子章句上》第六章)孟子从人的天生资质研究问题,指出:"人人都可以成为像尧舜那样的伟大人物。"(《孟子·告子章句下》第二章)荀子对人的本性和习性进行了新的意义上的研究,他承认人有天生的本性,他说:"人生来具有的不经人为努力而自然形成的东西叫作本性……经过人的能动作用后而形成的叫作人为。"(《荀子·正名》22.1)又说:"人生来就有的本性,是无须靠学习就会的,这一点是禹和桀所相同的。"(《荀子·非相》5.9)荀子强调人的后天努力,提出:"人的本性是邪恶的,人的善良品质是人为努力的结果。"(《荀子·性恶》28.1)他说:"放纵人的本性,依顺人的情欲,就一定会出现争抢掠夺……那些善良的行为则是人为的。"(《荀子·性恶》23.2)他指出:"人的本性邪恶,一定要依靠师长和法度的教化才能端正,要得到礼义的引导才能治理好。人们没有师长和法度,就会偏邪险恶而不端正;没有礼义,就会叛逆作乱而不守秩序。"(《荀子·性恶》23.3)又说:"人不可能学到,不可能人为造成的叫本性,人可以学会,可以通过努力得到的叫人为。""礼义是圣人创建的,是人们学了才会的,努力从事才能做到的。"(《荀子·性恶》23.4)荀子强调:"人的本性本来是没有什么礼义观念的,所以才努力学习而力求掌握它;本性是不懂礼义的,所以才开动脑筋而力求了解它……善良的行为则是人为的。"(《荀子·性恶》23.8)他指出:"认为人的本性善良,就会摒除圣明的帝王,取消礼义;认为人的本性邪恶,就会拥护圣明的帝王,推崇礼义。"(《荀子·性恶》23.10)"人的本性邪恶,一定要依靠圣明帝王的治理,礼义的教化,然后才能从遵守秩序出发,合乎善良的标准。"(《荀子·性恶》23.11)荀子指出:"人们所以要鄙视桀、跖、小人,是因为他们放纵自己的本性,顺从自己的情欲,习惯于恣肆放荡,以致做出贪图财利争抢掠夺的暴行来。"(《荀子·性恶》23.12)

儒家还明确指出："人生而有知,知而有志;志也者,藏也。"人天生的认知能力是无限的,只要充分发掘,"万物莫形而不见,莫见而不论,莫论而失位。坐于室而见四海,处于今而论久远,疏观万物而知其情,参稽治乱而通其度,经纬天地而材官万物,制割大理而宇宙里矣。恢恢广广,孰知其极?睾睾广广,孰知其德?涫涫纷纷,孰知其形?明参日月,大满八极,夫是之谓大人。夫恶有蔽矣哉?"(《荀子·解蔽》21.8)《荀子》一书还深刻地论述了"人有天生的主宰官能和主观能动性",能措置自己的才能智慧,能整治身心,修身自强,把自己纳入圣明的做人之道,以千岁之法自持,与千岁之信士为友,取天地万物之长,积善成圣。

二、儒家圣贤论认识人的价值和地位

儒家对人的价值和作用有清楚而深刻的认识。孔子编著的《尚书》对中国历史上各个时期对这一问题的认识做了介绍。《尚书·虞书》说:"天意和民意是相通的","上天的视听依从臣民的视听";《尚书·夏书》说:"民为邦本,本固邦宁";《尚书·周书》说:"惟人万物之灵","民之所欲,天必从之","天视自我民视,天听自我民听"。儒家的"四书"、《荀子》等,对这一问题做了系统论述。《论语》说,民是国之基,"百姓对国家没有信心,国家难以立足"。《孟子》说:"民为贵,社稷次之,君为轻";又说,得人心者得天下,"君王和老师的任务,就是辅助上天爱抚百姓","纣失去天下,是因为失去了天下百姓的拥戴";君王行事应以百姓满意为标准。孔子指出:"人能弘道。"(《论语·卫灵公》第二十九章)他告诉人们,人能使道弘扬光大。孟子说:"人皆可以为尧舜。"(《孟子·告子章句下》第二章)孟子引用《尚书》说:"文王的谋略多么英明! 武王的功绩多么伟大! 启迪帮助我们,直到后世都完美无缺地守正道。"(《孟子·滕文公章句下》第九章)孟子还指出,"推行仁道"的人无敌于天下。"老吾老,以及人之老;幼吾幼,以及人之幼;天下可运于掌。"(《孟子·梁惠王章句上》第七章)孟子还说:先认识事物的人能够启迪后认识事物的人,他借用伊尹的话说:"上天创造了人类,就是让先认识事物的人启迪后认识事物的人,让先认识事理的人启迪后认识事理的人。我就是上天创造的人中先认识事理的人,我应当用尧舜之道启迪现在的百姓。"(《孟子·万章章句上》第七章)《中庸》进一步论述了人与政权的关系,指出:"人存则其政举,人亡则政息。人道敏政,地道敏树。夫政也者,蒲卢也,故为政在人。"《大学》也说:"有德此有人,有人此有土,有土此有财,有财此有用。"《大学》还引用《国语·楚语》说:"楚国没有什么可炫耀的宝贝,惟有善人才是楚国真正的宝贝啊。"荀子进一步论述了人的价值和社会地位,他明确地提出了人是天下最可宝贵的,人能驾驭天下万物。他说:"水火有气而无生,草木有生而无知,禽兽有知而无义,人有气、有生、有

知,抑且有义,故最为天下贵也。力不若牛,走不若马,而牛马为用。"(《荀子·王制》9.19)《荀子》中还反复论述了"水能载舟亦能覆舟"的观点,强调国家成败的关键在百姓。

三、儒家圣贤论认识个人与社会的关系

儒家早在两千多年前就认识了个人与社会的关系,指出个人是社会的基础,个人只能生活在社会之中,个人成长与社会发展是辩证统一的。

儒家告诉人们,社会是由个人构成的。孟子说:"人有恒言,皆曰'天下国家。'天下之本在国。国之本在家,家之本在身。"(《孟子·离娄章句上》第五章)这里明确指出了个人、家庭、国家、社会间的联系和关系,清楚地告诉人们无论家庭、国家、社会都是由个人组成的。比《孟子》问世还早的《大学》系统地阐述了天下、国家、家庭和个人的关系。《大学》告诉人们:"物有本末,事有终始,知所先后,则近道矣。"《大学》接着指出:天下、国家、家庭和个人是相互联系的,要想求得他们之间的和谐统一,需要从根本做起,这个根本点就是个人,"自天子以至庶人,壹是以修身为本"。"身修而后家齐,家齐而后国治,国治而后天下平。"

儒家告诉人们,个人离不开社会。其具体表现是,人的生存、成长和发展都离不开社会。孔子说:"人是不能同鸟兽共处的,我不同这些人相处,还同谁相处呢?"(《论语·微子》第六章)孟子说:"只要是一个人,就需要具备各种工匠所做的东西。"穿衣用的布是别人织的,做饭用的锅是别人制的,耕地用的农具是别人造的,个人生存除了需要依靠这些体力劳动者外,还需要有劳费心神的人。孟子说,尧那个时代,天下还不太平,洪水到处泛滥,凶禽猛兽威胁人类,尧需要物色像舜那样能为百姓办事的人,需要选拔像禹那样会治水的人,需要找后稷那样能教百姓种庄稼的人,需要有教化百姓的人等(《孟子·滕文公章句上》第四章)。《礼记·学记》指出:"玉不琢,不成器。人不学,不知道。"孟子举例说:子路、禹、舜都是靠虚心学习成长起来的。子路闻过则喜;禹闻善言则拜;伟大的舜有更令人钦佩的地方,他善于与别人沟通,舍去自己的不正确意见,采用别人的正确意见,乐于吸取别人的长处来发展自己的善行。舜从亲自耕作,制陶器,捕鱼一直到做天子,没有哪个优点不是从别人那里学来的(《孟子·公孙丑章句上》第八章)。孟子又说,舜住在深山里,和树木、石头相伴,和鹿、猪打交道,他和深山野林中的一般人不同的地方很少。等到他听到一句好的话,看到一种好的行为,学习推行的势头,就好像长江黄河决了口,浩浩荡荡势不可挡(《孟子·尽心章句下》第十六章)。荀子深入浅出地论证了个人的成长进步离不开社会。他批评一些人,只知道食能治饥,而不知道学能治愚。《荀子》一书不厌其烦地阐述了学习的重要性,他告诉人们,人的德性、智慧和才能都是从学习中得到

的。他说:"博学而日参省乎己,则知明而行无过矣。"(《荀子·劝学》1.1)他接着告诉人们,要懂得学什么。他说:"不登高山,不知天之高也;不临深溪,不知地之厚也;不闻先王之遗言,不知学问之大也。"人的精神修养提高没有比融化圣贤之道更高的了。(《荀子·劝学》1.2)他还告诉人们必须知道到哪里去学,他指出,学习没有比接近贤师更便利的了……效仿贤师而学习君子的学说,就能养成崇高的品德并获得广博的知识和通晓世事。(《荀子·劝学》1.11)荀子反复强调,学习途径没有比心悦诚服地受教于贤师更迅速有效的了。(《荀子·劝学》1.12)人即使有了资质的美好,而且脑子善于辨别理解,也一定要寻找贤能的老师去侍奉他,选择德才优良的朋友和他们交往。得到了贤能的老师去侍奉他,那么所听到的就是尧、舜、禹、汤的正道;得到了德才优良的朋友而和他们交往,那么所看到的就是忠诚守信恭敬谦让的行为;使自己一天天地进入仁义的境界之中。(《荀子·性恶》23.19)也就是说,个人成长需要的知识、贤师良友、优秀杰出人物成功之道等都要靠社会提供。

儒家告诉人们,社会发展靠人来推动。孔子说,君子能够用自己的德行移风易俗,改造社会。《论语》中说,孔子要到九夷这个地方去居住。有人说,这个地方风俗鄙陋,怎么住呢?孔子说,君子住在那里还有什么鄙陋的呢?(《论语·子罕》第十四章)孔子又说,君子的德行就像风,小人的德行就像是草。风吹草上,草一定会随风倒。(《论语·颜渊》第十九章)《论语》中记载,佛肸召孔子,孔子想去。子路说:"以前我听老师说亲自做坏事的人那里,君子是不能去的。佛肸依凭中牟地方起兵叛乱,你却要到那里去,怎么可以呢?"孔子说:"对,我是说过这话。不是说坚硬的东西磨也磨不薄吗?不是说白色的东西染也染不黑吗?我怎么能像匏瓜一样,只能挂在那里不能吃呢?"(《论语·阳货》第七章)儒家学说常以舜修身、齐家感动周围百姓,以尧王和天下的故事说明个人行为对社会的影响。舜的母亲去世后,父亲又为舜娶了一个继母,继母生儿后,怕舜分家中财产,便千方百计置舜于死地。舜一次又一次躲过陷害,仍若无其事地善待父亲、继母和弟弟,经过三年耐心的工作等待,继母、弟弟和父亲被感化了,周围的百姓被感化了,尧作为一国之君,得知此事后,让自己的两个女儿去给舜做妻子,侍奉舜,并派自己的九个儿子去听舜使唤,后来又把国家重任交给舜。(《孟子·万章章句上》第一章、《孟子·万章章句下》第六章)

儒家深刻地阐述了个人言行的社会效应。《论语》说,季康子问孔子怎样治理国家。孔子回答说,政者正也。子帅之以正,孰敢不正?(《论语·颜渊》第四章)孔子强调:"其身正,不令而行;其身不正,虽令不行。"(《论语·颜渊》第六章)鲁定公问孔子,一言而可以兴邦,一言而丧邦,有这事吗?孔子说,言谈不可以期望这样高……人常说,我做国君没有什么快乐,只有我的话没有人敢违抗。假如那话是正确的而没有人违抗,不是很好吗?如果不正确而没有人敢违抗,不几乎是一句话而丧失了国家吗?(《论语·子路》第十五章)子贡说,君子一句话可以使人认为他聪明,一句话也可以使人认为他不聪明,说话不能不慎重啊!(《论语·子张》第二十五章)《论语》又说,有人对孔子说,你为什么不参与政事?孔子回答道,《尚书》说,孝敬父母,友爱兄弟,把这种风气影响到政治上去,这也是参与政治呀,为什么一定要做官才能参与政治呢?(《论语·为政》第二十一章)孔子强调,修养自己以使别人安乐,修养自己以使百姓安乐。(《论语·宪问》第四十二章)

儒家认为,人心里有病或言行错误,都会对社会产生负面效应。孟子说,邪说在心里产生,就会危害工作;危害工作,就要危害国政。(《孟子·滕文公章句下》第九章)人们如果同危害社会的错误言行斗争,就会对社会文明进步产生积极的正面效应。孟子说,杨朱、墨翟的学说不消除,孔子的学说不能发扬光大,那就是邪说欺骗百姓,阻塞仁义的道路。仁义的道路被堵塞,那就等于率领野兽去吃人,人与人也会互相残杀。我很为这种状况担忧,所以才捍卫前代圣王的正确主张,反对杨朱、墨翟的学说,批判各种浮夸失实的言论,使宣传邪说的人不能得逞。孟子又说,从前大禹制服了洪水,天下才得以太平;周公兼并了夷狄,驱走了猛兽,百姓才得以安宁;孔子写了《春秋》,乱臣贼子才有所惧怕……我也是想使人心端正,消除各种邪说,反对偏激行为,批判浮夸失实的学说,以继承大禹、周公、孔子三位圣人的事业。我哪里是喜欢辩论?我是迫不得已呀!能够用言论抵制杨朱、墨翟学说的人,才是圣人的门徒呢。(《孟子·滕文公章句下》第九章)

儒家早在两千多年前就认识了社会存在发展要求人们鼓励进步,主张中正的人影响不中正的人,有才能的人影响没有才能的人……如果中正的人不影响不中正的人,有才能的人不去影响没有才能的人,那么,贤明与不贤明的人距离相近得连用寸量都不行了。(《孟子·离娄章句下》第七章)用善来影响别人,才能使天下人信服。(《孟子·离娄章句下》第十六章)

儒家强调人的社会责任,指出人类社会的共同利益决定现实生活中的每一个人都肩负着社会责任。孟子说,守门打更的人都有一定的职责,并凭这职责接受上面的俸禄。(《孟子·万章章句下》第六章)人类历史上为社会文明进步做出杰出贡献的个人,多是具有较高社会责任觉悟的人。《孟子》书中赞颂了许多自觉担负社会责任的个人。孟子说,伊尹为天下百姓着想,天下的人民只要有一个没有承受过尧舜所施的恩泽,就好比是自己把他推进深沟之中一样。(《孟子·万章章句上》第七章)儒家认为,人的社会责任和义务是比个人生命还宝贵的东西。孟子说:"鱼,我所欲也;熊掌,亦我所欲也。二者不可得兼,舍鱼而取熊掌者也。生,亦我所欲也;义,亦我所欲

也。二者不可得兼，舍生而取义者也。生亦我所欲，所欲有甚于生者，故不为苟得者也；死亦我所恶，所恶有甚于死者，故患有所不辟也。"他告诉人们，有比生命更值得热爱的东西，有比死亡更令人憎恶的东西。比生命更值得热爱的是社会责任和道义，比死亡更令人憎恶的东西是丧失道义，对社会不负责任（《孟子·告子章句上》第十章）。孟子赞美古代贤德的人做人，他说，古代的人，得志时，就把恩泽施给百姓；不得志时，就修养心性并在社会上表现出来。处境艰难就独自修养保全自身；得意时就使天下人都得到好处（《孟子·尽心章句上》第九章）。

四、儒家圣贤论认识杰出个人的作用

儒家早在两千多年前就深刻地认识了杰出个人的作用，明确地指出杰出人物是人才，其作用是一般人无法代替的。

孔子说，人才难得呀，不是这样吗？唐尧和虞舜时期，比武王时人才兴盛。武王说的十个人才中有一个妇女。孔子还说，舜有五个贤能的人就把天下治理好了（《论语·泰伯》第二十章）。孔子赞美尧说，尧做君主，伟大啊！崇高啊！天最高大，只有尧能够比得上。他的恩德广博，百姓不知道怎样称赞他。他的功绩太崇高了，他的礼乐制度也焕发着光彩（《论语·泰伯》第十九章）。尧全心全意为人民着想，举用贤能的人为百姓创造了一个良好的生存发展环境和文明向上的政治环境。尤其可贵的是，孔子懂得用辩证法的观点看人才，对人才不求全责备。管仲是一个人才，有缺点，孔子承认管仲的缺点，但对管仲这个人才的作用给予了充分肯定。有人问孔子对管仲的看法，孔子说，他是人才呀。夺取了齐国大夫伯氏在骈邑三百户的土地，使伯氏吃粗饭，却终生没有怨言（《论语·宪问》第九章）。子路说，齐桓公杀死了公子纠，公子纠的师傅召忽也死了。另一个师傅管仲活着。接着又说，管仲不能称为有仁德了吧？孔子说，齐桓公多次与各国诸侯盟会，不用兵，这都是管仲的力量啊。像他这样的就是仁啊！（《论语·宪问》第十六章）子贡说，管仲不是仁德的人吧？齐桓公杀了公子纠，他没有死，还去辅佐齐桓公。孔子说，管仲辅佐齐桓公，称霸诸侯，匡正天下，人民到今天还受到了他们的好处。假如没有管仲，我们这些人早就披散着头发，向左敞开衣襟，成为野蛮人了。怎么能够像匹夫匹妇那样谨守诚信，自杀于沟壑之中而没人知道呢？（《论语·泰伯》第十七章）孔子谈到卫灵公的无道时，康子问，既然如此，他为什么没有亡国呢？孔子说，有仲叔圉为他管理接待宾客，有祝鲍为他管理宗庙祭祀，有王孙贾为他管理军队。像这样怎么会亡国呢？（《论语·宪问》第十九章）

孟子继孔子之后，充分肯定杰出人物的作用并高度赞颂做出杰出贡献的人。他指出历史向前发展需要杰出人物的推动，他提出，历史每前进五百

年必然会有圣明的君王兴盛起来,其间必有杰出的人才出现(《孟子·公孙丑章句下》第十三章)。《孟子》书中赞颂了许多杰出的个人。孟子指出,认识不认识和用不用杰出人才,是一个关系国家命运和前途的重大关键性问题。孟子说:百里奚是虞国人,虞国不任用百里奚,因而亡了国;秦穆公任用了百里奚,因而称霸诸侯。不任用贤人国家要灭亡,想保持衰弱怎么可能呢?(《孟子·告子章句下》第六章)孟子指出杰出人物的作用是多方面的,他认为杰出个人除了其杰出的才能可利国利民之外,杰出人物的光辉形象可以成为人们的学习榜样。《孟子》提出,使我国的官吏和平民百姓都有学习的榜样(《孟子·公孙丑章句下》第四章)。孟子说,圆规和直角尺,是画圆形和方形的标准。圣人是为人的标准。要做君王,就要全力实施君王之道;要做臣下,就要尽显遵守为臣之道。君道和臣道都以尧舜为标准就可以(《孟子·离娄章句上》第二章)。孟子还认为,杰出个人都是在某一方面获得超过普通人的认识和才能的人,这些先知先识者可以启迪帮助那些尚不智不识的人,帮助他们提高认识和才能。他说,上天创造了人类,就是让先认识事物的人启迪后认识事物的人(《孟子·万章章句上》第七章)。《孟子》书中赞颂了尧、舜、禹、文王、武王、周公、姜太公、伯夷、伊尹、柳下惠、孔子、齐桓公、百里奚、孙叔敖等一大批杰出人物。

荀子是中国历史上较早的受人尊重的唯物主义哲学家和思想家之一。他对杰出个人的作用和地位给予了充分的肯定。他认为一个国家的君王应当是最杰出的人,他说君主是人民的师表(《荀子·王制》9.16)。君主就像人民的源头;源头清澈,那么下边的流水也清澈;源头混浊,那么下边的流水也混浊。掌握了国家政权的人,如果不能爱护人民,不能使用权力使人民得利益,而要求人民爱戴自己,那是不可能办到的(《荀子·君道》12.5)。荀子谈到君主的作用时说:"凡事取决于君王",君主贤能的,他的国家就安定;君主无能,他的国家就混乱;君主崇尚礼法,鄙重道义,他的国家就安定;君主怠慢礼法,鄙视道义,他的国家就混乱……君主喜欢贤士的就强盛,不喜欢贤士的就衰弱;君主爱护人民的国家就强盛,不爱护人民的国家就衰弱(《荀子·致士》15.3)。所以天子一定要由理想的人选来担任。治理天下的任务是极其繁重的,不是最强有力的人是担负不了的。工作范围极其广大,不是最明辨的人是不能分辨的;要治理的民众极其众多,不是最英明的人是不能协调他们的。这个最,不是圣人没有谁能具备,不是圣人就没有谁能称王天下。圣人是德能完备,十全十美的人,他就像挂在天下的一杆秤(《荀子·正论》18.2)。荀子又说,古书上说"一人有庆,兆民赖之"(《荀子·君子》24.3)。荀子举例说,夏禹执政时,碰上了十年水灾;商汤执政时遇上了七年旱灾,但天下并没有面有菜色的人。灾害过后,谷物又丰收了,以往的储备粮还有剩余。这并没有其他的缘故,而是因为禹汤懂得本和末、

源和流(《荀子·富国》10.19)。荀子说,商汤、周武懂得治国之道,是治国的人才,他们才能统一天下,使社会安定。商汤凭借亳,周武王凭借镐,那各自不过方圆百里的领土,统一天下,诸侯做了他们的臣属,他们所到达的地方,没有不服从的(《荀子·王霸》11.17)。荀子不厌其烦地告诉人们,要清醒地认识圣王、圣贤等人才的作用。他说:"《诗》云:'人才济济多精英,文王因此得安宁。'"(《荀子·君道》12.13)"不登高山,不知天之高也;不临深谷,不知地之厚也;不闻先王之遗言,不知学问之大也。"他明确地告诉人们,人的精神修养没有比融化圣贤之道更崇高的了,幸福没有比无灾无祸更美好的了(《荀子·劝学》1.2)。荀子告诉人们,圣王、圣贤这些人才是普通百姓学习的榜样,他们每个人身上都有值得人们学习的地方。《荀子》中列举了尧、舜、禹、商汤、周武王、孔子等大批杰出人物的业绩,指出这些精英人才成功之道,在于"专一"。他说:"此其道出乎一。曷谓一?曰:执神而固。曷谓神?曰:尽善挟治之谓神,万物莫足以倾之谓固,神固之谓是圣人。"(《荀子·儒效》8.13)又说:"圣人者,道之管也。天下之道管是矣,百王之道一是矣。"(《荀子·儒效》8.14)

五、儒家圣贤论认识人民群众的作用和地位

儒家对百姓的作用有比较明确深刻的认识,从孔子开始,儒家学说代表人物多次用水和舟的关系,说明百姓和国家君王的关系。《荀子·哀公》一节记述了孔子与鲁哀公的对话,孔子对哀公说:"我听说过这样的话:'君主好比船,百姓好比水。水能载船,亦能翻船。'"(《荀子·哀公》31.4)孟子进一步明确指出:"百姓是国家的基础,民为贵,社稷次之,君为轻。得到百姓拥护就能做天子。"(《孟子·尽心章句下》第十四章)孟子举例说:"尧去世后,三年丧期已满,舜为避开尧的儿子就躲到南河南边去了。天下的诸侯进见天子,不到尧的儿子那里而去舜那里;打官司的人,不到尧的儿子那里而去舜那里;歌功颂德的人,不歌颂尧的儿子而歌颂舜。这样,舜才回到京城,登上天子职位……"(《孟子·万章章句上》第五章)孟子又以禹为例说:"舜死了,守丧三年后,禹为了让舜的儿子继位,便躲到阳城去。而天下百姓却跟随禹,正像当年尧死之后百姓不跟随尧的儿子而跟随舜一样。"(《孟子·万章章句下》第五章)荀子进一步分析了历史上君主成败的经验教训,指出,国家存亡的关键在百姓,人民大众是国家的基础。他说:"夏桀、商纣为什么失败而商汤、周武王为什么成功呢?这并没有其他的缘故,而是因为夏桀、商纣这种人,好做人们所厌恶的事情,而商汤、周武王这种人,好做人们所喜欢的事情。""所以,凡是获得胜利的,一定是因为依顺了人民,凡是得到人民拥护的,一定因为遵从了正确的政治原则。"(《荀子·强国》16.4)荀子强调说:"夏桀、商纣并不是丢了天下……而是天下人抛弃了他们。天

下人归顺他就称王,天下人抛弃他们就灭亡。"(《荀子·正论》18.2)荀子引用《诗经》中的话说:"贤士就是那屏障,大众就是那围墙。"(《荀子·君道》12.5)

六、儒家圣贤论认识人生责任和使命

儒家学说非常强调人生责任问题,要求人们要认识人的使命和责任,要努力担负起自己的责任,完成好自己的使命,一生要无愧无悔。有一次孔子到一个叫仪的地方(今河南兰考县境内),地方官吏请求见孔子,说:"到这个地方来的有道德修养的人,我没有不同他见面的。"孔子的学生请求孔子见地方官。孔子出来后说:"你们这些人何必担心没有职位呢?天下无道已经很久了,上天将要用夫子来唤醒百姓。"(《论语·八佾》第二十四章)孔子在周游列国的时候,被匡地的人囚禁了,弟子们很担心。孔子说:"周文王死了以后,文化典籍不都在我这吗?天如果要灭周的文化,那么我也就不会掌握这些文化了;既然天不想丧失这些文化,那匡地的人又能把我怎么样?"(《论语·子罕》第五章)孔子的学生曾子说:"知识分子不能没有宽阔的胸怀和刚强的毅力,因为他担负着重大的历史使命,道路遥远。以实现仁德作为自己的历史使命,不是很重大吗?为这一理想奋斗到死不是路途遥远吗?"(《论语·泰伯》第七章)《论语》赞美商汤的负责精神,引用商汤的话说:"天下万方有罪,罪责都在我一人身上","百姓有过错,责任在我一人身上"。(《论语·尧曰》第一章)孟子说:"如欲平治天下,当今之世,舍我其谁也?吾为何预哉。"(《孟子·公孙丑章句下》第十三章)孟子还强调:"有官位职守的人,如果不能尽职尽责就应当辞职;有进谏责任的人,如果建议不能被采纳就应当辞职。"(《孟子·公孙丑章句下》第五章)孟子说:"禹想着天下人被大水淹没,就好像是自己淹没了他们;稷想着天下人受饥饿之苦就好像是自己使他们受饥饿。"(《孟子·离娄章句下》第二十九章)孟子赞美伊尹把拯救天下的重担担在自己肩上。(《孟子·万章章句上》第七章)《论语》《孟子》等儒家的经典著作都十分强调人生责任,儒家赞颂的人都是具有鲜明人生责任觉悟和负责精神的人。

七、儒家圣贤论认识人生实践与人生理论

(一)重视人生理论对人生实践的指导作用

儒家学说认为人的成长发展是一个过程,人生过程有其特有的运行机制和法则,任何个人都不可随心所欲,必须懂得理智地做人。儒家认为,人们应当用以往人生经验结晶的常理为指导,认真选择和驾驭人生。儒家学说把尧、舜、禹、汤、文王、武王、周公等圣贤的成功经验及桀纣等人的失败教

训升华为指导人生实践的理论,给人教化和学问。儒家学说创始人孔子及其主要继承人孟子、荀子等都非常重视总结和弘扬圣王和贤哲们的人生思想,孔子提出:"述而不作,信而好古",并说自己可以和殷朝时代的贤大夫老彭相比(《论语·述而》第一章)。孔子及其学说的继承人都把弘扬优良传统摆在重要位置,视为自己的使命。中华民族重视发扬优良传统,与儒家思想的教化是分不开。

(二)寻求真理性的认识

儒家学说不但指出客观事物存在和发展变化各有其道,人立身社会需要德、仁、礼、义、智、信等诸多知识,需要懂得温、良、恭、俭、让,而且指出道有正道和邪道,德有大德与小德,儒有君子儒和小人儒,智有大智和小智,仁有真仁和假仁,义有真义和假义,从这一认识出发,儒家学说要求人们不断提高自己的认识能力,真正做到知己、知人、知万事万物。孔子把求真辨惑看得与崇德同样重要。《论语·颜渊》还明确地指出,人们要想真正解决"辨惑"问题,必须排除情感干扰,坚持理智做人,单凭个人情感办事,"爱之欲其生,恶之欲其死,既欲其生,又欲其死,是惑也"(《论语·颜渊》第十章)。孔子告诉人们,事物的发展变化是可以预知的。他的学生子张问孔子说:"十世以后的礼仪制度你可预先知道吗?"孔子说:"殷代继承了夏朝的礼仪制度,所增加和减少的是可知道的;周朝继承殷朝的礼仪制度,所增加和减少的也是可以知道的。今后有谁来继承周代的礼仪制度,就是百代以后,也是可以预先知道的。"(《论语·为政》第二十三章)孔子认为认识是同思考分不开的,他指出,人们要想求得正确认识,必须做到"九思",即看时要想着是否看明白了,听时要想着是否听清楚了,待人要想着脸色是否温和,待人要想着容貌是否谦恭,对待人的语言要想着是否忠诚,做事要考虑是否谨慎,疑问要考虑向何人请教,心里不平时要考虑是否有后患,遇到利益时要考虑不违义的原则。(《论语·季氏》第十章)孟子把人有没有是非之心,能不能认清是非,视为区别人是不是人的标准之一,他说:"没有恻隐之心的人,简直不是人;没有廉耻之心的人,简直不是人;没有谦让之心的人,简直不是人;没有是非之心的人,简直不是人。"(《孟子·公孙丑章句上》第六章)他强调:"是非之心,是智慧的开端"(《孟子·公孙丑章句上》第六章),没有是非之心的人,智慧之门难以打开,因而也就难以求得智慧。荀子说:"人们真心实意地奉行道,遵循事物客观规律,就会变得理智。理智了,就能明察事理。明察事理了,就能改造别人了。改造感化轮流起作用,叫天德。上天不说话而人们却推崇它高远,大地不说话而人们却推崇它深厚,四季不说话而百姓却知道春、夏、秋、冬变换的时期,这些都是有了常规因而能达到真诚的。"(《荀子·不苟》3.9)荀子强调人有是非之心,才能按事理办事。他说："古代所说的出仕的官员，是朴实厚道的人，是和群众打成一片的人，是乐于富贵的人，是乐意施舍的人，是远离罪过的人，是努力按事理办事的人，是以独自富裕为羞耻的人。现在所说的出仕的官员，是污秽卑鄙的人，是破坏捣乱的人，是恣意放荡的人，是贪图私利的人，是违法犯罪的人，是不顾礼义而只贪求权势的人。"（《荀子·非十二子》6.13）荀子指出，明智者能正确决断，"齐桓公掌握了治理天下的关键，谁还能灭掉他呢？他坚定不移地预见到管仲的才能完全可以把国家托付给他，这是天下最大的明智。"（《荀子·仲尼》7.2）荀子强调做事论理，他说："凡事行，有益于理者立之，无益于理者废之"，"凡知说，有益于理者为之，无益于理者舍之。"（《荀子·儒效》8.6）荀子要人们做人必须离邪守正，他说："思想上没有除掉邪念，行动上没有离开邪道，却想要享有君子、圣人的名声，拿这样的人打个比方，这样人的做法就好像趴在地上去舔天，挽救上吊的人却往下拉他们的脚，这是行不通的，越是用力则离目标越远。"（《荀子·仲尼》7.8）荀子主张承认客观事实，"在时势需要自己施展抱负时就施展抱负"。（《荀子·仲尼》7.8）荀子说，雅正的儒者"懂就说懂，不懂就说不懂，对内不自欺，对外不欺人，根据这种观念而尊重贤人，畏惧法令，对其不敢懈怠傲慢"（《荀子·儒效》8.18）。

（三）关于人的认识需要不断提高发展的思想

儒家学说创始人孔子，非常重视认识的发展变化，他重视优秀传统，但从不固执已有的认识。《庄子·寓言》篇中，有一段庄子和惠子的对话。庄子对惠子说："孔子活了六十岁，而六十年来随年变化，与日俱新，当初所肯定的，最终又作了否定，不知道现今所认为是对的就是五十九岁时所认为是不对的。"

八、儒家圣贤论认识人生方向和道路

儒家十分重视人生方向和道路问题，《论语》《孟子》《大学》《中庸》《荀子》中都有明确而深刻的论述。

（一）认识正确的人生方向和道路

儒家要求人们下决心解决人生方向和道路问题。孔子告诉人们，要把人生方向和道路确定在善道和中正之道上。他告诉人们这个方向一生都不能改变，要求人们："要立志求道"（《论语·述而》第六章），必须"守死善道"。（《论语·泰伯》第十三章）孔子引用尧对舜的谈话说："你要真诚地遵守执行中正之道。"（《论语·尧曰》第一章）孔子这里讲的道，其主要含义是道理的意思。人只有弄懂什么是善道、什么是中正之道，以及守持善道、守

持中正之道的重要性，才能找到正确的人生方向，才能自觉地把握正确的人生道路。

孟子说："道就像大路一样，哪里会认不清呢？只怕人们不去寻找罢了。"（《孟子·告子章句下》第二章）他要求人们应当"完美无缺地守正道"（《孟子·滕文公章句下》第九章），"依据德性做事而不走邪路。"（《孟子·尽心章句下》第三十三章），"住在天下最宽广的房子里，站在天下最正确的位置上，走在天下最宽广的大道上；得志时，与天下百姓一起沿着大路前进；不得志的时候，自己一个人仍独自走人间大路；富贵不能淫，贫贱不能移，威武不能屈"（《孟子·滕文公章句上》第二章）。孟子强调，做人必须懂得君子应该走什么样的道路。《孟子》书中记载了孟子评价盆成括被杀原因的一段话："盆成括在齐国做官。孟子说：'盆成括就要死了！'盆成括被杀，弟子问道：'老师您怎么知道他会被杀呢？'"孟子说："他这个人有点小才，但不知道君子的大道，就足以招致自己被杀了。"（《孟子·尽心章句下》第二十九章）这就是说，人生方向和道路问题是关系人生成败存亡的重大问题。孟子举例说，人类历史上的杰出人物多是明确人生方向和善守人生正确道路的人。《孟子》书中多次谈到舜、禹、伊尹、柳下惠、周公、百里奚、孔子等人都是懂得并善于守持正确人生方向和道路的人。舜不忌恨继母和父亲对自己的谋害，耐心做感化工作，营造了家庭和谐，成了中国历史上齐家的典范，赢得了社会的尊重；他不与尧的儿子抢权，在民心归向的情况下，又能不负众望，担负起管理国家的重担。禹竭心尽力为百姓治水解难，功高不自居，腿脚变跛不埋怨，帮助舜治国尽心竭力而又不与舜的独生子抢权，在民心所向时，又能不负众望。伊尹一心为天下百姓着想，五次接受商汤的任用，又五次接受桀的任用而不违仁道；柳下惠不讨厌污浊的君主，也不拒绝卑微的官职，竭尽自己能力行仁道。孔子终生为国家社会操劳奔波，为教化百姓呕心沥血，创造了辉煌的圣人形象。

《中庸》引用孔子的话说："真正有德君子，事事都依据不偏不倚的中庸之道去做，宁愿避开世人，隐藏起自己的身与行而终身不使人知道，也不后悔。"《中庸》阐述了中庸之道是最强大最具光明前途的道路，守持中庸之道的人"处处时时立身中正的位置，而不偏向哪一个极端，这样的强真可算是佼佼不群的强了，在国家政治清明的时候，他们可以入仕以行其大道，而身居显位又能与入仕前一个样子，不自高自大；在国家政治昏乱的时候，他们没有机会来行大道而自己却能安贫乐道，一直到死都不肯改变平生守持的高尚节操。这样的强，真可以称得上是矫然不群的强了"。《中庸》又说："中庸之道用处广大，而并不隐蔽难以掌握。浅近地说，即使没有受过教育的普通男人女人，也可以知道这道理；但讲到它的极深之处，哪怕是伟大的圣人也有难以领悟的地方。""拿中庸之道的开端来说，不过是寻常人生活中的浅近道理罢了,即便是最愚笨的人对其也不是一无所知,也可以力所能及地实践它。但是拿它的全体与精微处来说,它上至天下至地无所不在,即使是圣贤也难以全部领悟,全部实行。"《中庸》开篇就明确指出:"中庸之道是人们不可须臾离开的","是故君子戒慎乎其所不睹,恐惧乎其所不闻,莫见乎隐,莫显乎微,故君子慎其独也"。《中庸》说:"喜怒哀乐没有发作表现出来的时候,有道君子则会控制它们,使自己内心保持平静,没有一点偏斜,这叫作合乎正道的中。当这些情绪发作出来时,又都合时宜没有过分,这便叫作合乎正道的和。中这个标准是天下最根本的;和这个标准要求的是天下人共通的大路。如果能够完全地符合中与和的标准,心的位置就会像天地那样,端端正正,人便能够与天地同功,由这样的心所发出的行为,都会合乎天地好生之德。"《中庸》借用孔子的话说:"舜这个人是个有大智慧的人。他遇事无论自己知道的还是不知道,都不厌其烦地向别人咨询,也不忽略别人看似浅显的言语。别人有不好的事给他知道了,他便把它隐瞒起来,不让其余的人知道;如果别人有一点好事,他就到处宣扬,使人人知道。舜抓住过和不及这两个极端,仔细审度,选择那适合中庸的道理给百姓做表率。像舜这样地为人处世,才会成为像舜这样的杰出人物。"

《中庸》进一步指出,天有天道,地有地道,人有人道。做人必须懂人道,"取人以身,修身以道,修道以人",天下之达道有五,天下之达德有三,但用以行使这些道理的道只有一个,即诚恳笃实。"有的人天生资质好,生下来便知晓大道;有的人差一些,但可以通过学习来知晓大道;有的人资质很差,学了还不明白,就要下苦功研究后才会了解;有的人得到好处才肯去做;有的人本领一般,一时做不好,就加倍努力去做,等到他做成功,却与别人的成功是一样的。"《中庸》引用孔子的话:"好学近乎知,力行近乎仁,知耻近乎勇。知斯三者则知所以修身,知所以修身则知所以治人,知所以治人则知所以治天下国矣。凡为天下国家有九经,曰修身也,尊贤也,亲亲也,敬大臣也,体群臣也,子庶民也,来百工也,柔远人也,怀诸侯也。修身则道立,尊贤则不惑,亲亲则诸父、昆弟不怨,敬大臣则不眩,体群臣则士之报礼重,子庶民则百姓劝,来百工则财用足,柔远人则四方归之,怀诸侯则天下畏之。"《中庸》强调:"诚者,天之道也;诚之者,人之道也。诚者不勉而中,不思而得,从容中道,圣人也。诚之者,择善而固执之者也。博学之,审问之,慎思之,明辨之,笃行之。有弗学,学之弗能,弗措也;有弗问,问之弗知,弗措也;有弗思,思之弗得,弗措也;有弗辨,辨之弗明,弗措也;有弗行,行之弗笃,弗措也。人一能之,己百之;人十能之,己千之。果能此道矣,虽愚必明,虽柔必强。"《中庸》说:"天地之道可一言而尽也:其为物不二,则其生物不测。天地之道博也,厚也,高也,明也,悠也,久也。""大哉,圣人之道!洋洋乎,发育万物,峻极于天。优优大哉,礼仪三百,威仪三千,待其人然后行。

故曰'苟不至德,至道不凝焉'。"

儒家指出,正确的人生方向和人生道路是客观存在的,不以任何个人的主观意志为转移,其客观性犹如天之运行规律那样不可以抗拒,"顺之者存,逆之者亡"(《孟子·离娄章句上》第七章)。荀子进一步指出:"天有其时,地有其财,人有其治","应之以治则吉,应之以乱则凶","循道而不忒,则天不能祸","倍道而妄行,则天不能使之吉"。(《荀子·天论》17.2、17.1)他强调做人必须遵守"人类所要遵循的准则,即君子所遵循的原则"(《荀子·儒效》8.4)。荀子强调:正确的人生道路是客观存在的,人们必须用老实的态度对待人生道路,他说:"思想上没有除掉邪念,行动上没有离开邪道,却想要享有君子、圣人的名声,拿它打个比方,这就好像趴在地上去舔天,拯救上吊的人却拉他的脚,这是一定行不通的,越是用力去做则离目标越远。"(《荀子·仲尼》7.8)

(二)认识不正确的人生方向和道路

儒家不但重视总结人生经验,而且重视吸取人生教训,不厌其烦地告诉人们,不正确的人生方向和错误的人生道路不但会影响人的成长和成功,而且会导致人生的失败,甚至使人遗臭万年。

儒家指出不正确的人生方向和道路主要表现在以下几个方面:

第一,与天地人发展的必然方向背道而驰。儒家虽然没有明确使用天、地、人类社会各有其固有的运行规律这样的词句,但是指出:"天行有常,不为尧存,不为桀亡。"又说:"循道而不忒,则天不祸","倍道而妄行,则天不能使之吉"。(《荀子·天论》17.1)还说:"天有其时,地有其财,人有其治。"(《荀子·天论》17.2)孔子、孟子讲的"天命不可违"、"畏天命",也都包含着大自然的运行是不以人的主观意志为转移的,人违逆天命是没有好结果的。《论语》中说:"卫灵公的大臣王孙贾问孔子说:'俗语说:与其讨好于房屋西南角的神,宁可讨好灶神',这句话是什么意思?"孔子说:"不能这样;如果得罪于天,什么样的祈祷都没用了。"(《论语·八佾》第十三章)孟子说:"无敌于天下的人,是奉行上天旨意治理百姓的人。"(《孟子·公孙丑章句上》第五章)孟子说:"如果沈同问'谁可以讨伐燕国?'我就会回答:'只有奉天命治理天下的人才可以讨伐燕国'。"(《孟子·公孙丑章句下》第八章)孟子主张:"任何行动如果没有收到预想效果,那就应当反过来从自身找原因,自己行为端正,天下人自然会顺从。《诗经·大雅·文王》说:'永远与上天的意志吻合,自己努力求取福禄'。"(《孟子·离娄章句上》第四章)孟子举例说,商汤讨伐夏桀,武王伐商纣,都是照上天的意志办事的。儒家还论证了天与百姓的关系。孟子说:"尧去世后,三年丧期已满,舜为避开尧的儿子就躲到南河南边去了。天下诸侯进见天子,不到尧的儿子那里而去舜那里;打官司的人,不到尧的儿子那里而去舜那里;歌功颂德的人,不歌颂尧的儿子而歌颂舜。所以说,这是天意。这样舜登上了天子职位。如果舜先占据尧的宫殿,逼走尧的儿子,那就是篡权了,而不是天授予的。《太誓》中说:'上天看见的来自于百姓看见的,上天听见的来自于百姓听见的'。"(《孟子·万章章句上》第五章)这就是说,百姓是天的代表,推行仁道,为百姓谋利的人能代表天。"乐天者得天下,畏天者保其国。《诗经·周颂·武将》说:'敬畏天的威严,遵守天道,所以才能把天下保住。'"(《孟子·梁惠章句下》第三章)儒家学说中的夏桀、商纣放纵自己,选择了荒淫暴虐的人生道路,背离了天地人道,导致了亡国亡身的下场。

儒家认为,人生来就有的资质是天赋予的,懂得用好这些天生的资质是知天命的人,把这些天生资质用到正确的地方叫人生道路正确的人;反之,如果不懂得用好天生资质,或者说不能把天赋予人的资质用在正确的地方,就叫作人生方向和人生道路不正确的人,或者叫不明智的蠢人。

儒家代表人物告诉人们利用好天生资质。孟子说:恻隐之心,羞恶之心,辞让之心,是非之心,是人生来就有的。"无恻隐之心,非人也;无羞恶之心,非人也,无辞让之心,非人也;无是非之心,非人也。恻隐之心,仁之端也;羞恶之心,义之端也;辞让之心,礼之端也;是非之心,智之端也。人之有四端,犹其有四体也。"孟子强调:"有这四种开端,还认为自己不行,是自己伤害自己的人;他的君王有这四种开端,还认为君王不行,是伤害他的君王的人。凡是自己具备这四方面开端的人,只要认识到把它们扩充发展起来,就会像火刚刚燃烧起来,泉水刚刚喷涌出来。如果能做到培养壮大这四种开端,就足以安定天下;反之,连服侍自己的父母都做不到。"(《孟子·公孙丑章句上》第六章)孔子、孟子、荀子等人列举了大量不知运用和不能把天生资质用好的人,如:怨天尤人的人,饱食终日无所用心的人,败坏仁义的人,伤害道德的人,无羞耻心的人,不明事理的人,不辨是非的人,放纵自己的人,心术不正的人,助纣为虐的人,不要人格的人,不能容人的人,不负责任的人等。孟子强调:"祸福无不自己求之者……天作孽,犹可违;自作孽,不可活。"孟子引用《诗经·大雅·文王》说:"要永远服从上天的安排,自己寻找更多的福分。"(《孟子·公孙丑章句上》第四章)

第二,违背人民群众根本利益。儒家揭示了个人与百姓的关系,指出百姓是水,个人是舟;民贵君轻;个人无论地位多么高,权力多么大,都不能违背百姓意愿,为所欲为。如果个人选择的人生方向和道路与人民群众的利益相背离,就是不正确的,其结果必然失败。孟子说:"对百姓过分暴虐,就会落个自身被杀,国家灭亡;即使不过分,也会危及自身,国势衰弱。君王死后有'幽'、'厉'的恶谥,即使他们有孝顺父母的子孙,经过一百代这个恶谥还是改不了。"(《孟子·离娄章句上》第二章)孟子举例说:"桀纣失去天下,

是因为失去了天下百姓的拥戴；失去了百姓的拥戴，是因为失去了百姓的心。得到天下有办法：得到百姓的心，就是得到了百姓。得到百姓的心，有办法：百姓想得到的，就替他们积聚，百姓憎恶的就不要加在他们头上，如此而已。百姓归附仁德，就像水往低处流，野兽往旷野走一样……如果不决心施行仁政，那么一辈子都会忧愁蒙受耻辱，以至于陷于身死国亡的地步。"（《孟子·离娄章句上》第九章）

荀子说："那夏桀、商纣是圣明帝王的后裔子孙，是拥有天下统治权的天子的继承人，是权势地位的占有者，是天下人所尊崇的帝王之家；领土那么广大，境内方圆上千里；人口那么众多，要用亿万来计数；但没有多久，天下人便远远地都离开了夏桀、商纣而投奔商汤、周武王了，很快都憎恶夏桀、商纣而尊崇商汤、周武王了。这是为什么呢？那夏桀、商纣为什么失败而商汤、周武王为什么成功呢？我说：这并没有其他的缘故，而是因为夏桀、商纣这种人好做人们所厌恶的事情；而商汤、周武王这种人好做人们所喜欢的事情。"（《荀子·强国》16.4）荀子强调："夏桀、商纣并不是丢了天下，而是……干出了禽兽般的行为，不断行凶，无恶不作，因而天下人抛弃了他们。"（《荀子·正论》18.2）

儒家还指出，不只是君王违背百姓利益必然失败，而是任何人都不可违背百姓利益。荀子说，社会上许多人，"用尽力气而不合于民众的需求"招致自身的失败。他们"为非作歹而很坚决，文过饰非而似乎很完美，玩弄奸计而似有恩泽，能言善辩而违反常理……聪明而不守法度，勇敢而肆无忌惮，明察善辩而所持论点不经，荒淫骄奢而刚愎自用，喜欢搞阴谋诡计而同党众多，这就像善于奔走而入迷途，背着石头而失足掉下，这些都是天下人抛弃的啊。"（《荀子·非十二子》6.11）荀子说："如果……谋取私利而不受惩罚，随心所欲而不会碰壁，那么人们将竞相求取私欲而不可说服了。这样一来，有智慧的人就没办法进行治理；有智慧的人不能治理，那么他们的功业和名望就不能成就……那么天下的祸害就会因为各人的为所欲为而不断发生。"（《荀子·富国》10.1）《大学》告诉人们："那些邪恶的小人，他们一向做坏事，却想隐藏起自己的邪恶，力图掩盖住自己干的恶事而去显示他们假装要去干的好事。他们却不知道别人一眼便能看透他们的邪恶本质，虚伪的假象又有什么用呢？"《大学》又说："看到别人有出众的才能，就嫉妒厌憎；看见别人品行超过常人，便千方百计地阻挠他，抑制他，使他不能发达。这样的人实在是不能容忍别人强于自己，这样的人会危害我们的国家与黎民百姓。只要是有仁爱百姓的人在上位，就一定要把他流放到边远的地区，把他驱逐到四面蛮夷们居住的荒凉之处，不与他一同在华夏居住，以免他为害一方。"《大学》指出："只有对百姓有仁爱之心的人，才能够喜欢好人而憎恶坏人。如果明知某人贤良，却不能举荐他；虽然能够举荐他，却不能够很好地用他,这就是轻慢贤人。如果明知某人邪恶而不能贬抑他,贬抑了他而却不能把他流放到远方,这便是犯了过失。如果好坏颠倒,喜欢那为众人所憎恶的事物或憎恨众人所喜欢的事物,这叫作违背常理,这个人就一定会有灾祸降临身上。"

九、儒家圣贤论认识人生形象

儒家非常重视人的形象。儒家学说给社会上各种人都画了像,指出了他们的特点、表现、价值、社会地位及人生前途。了解儒家论人生形象,有利于人们认识自己和他人,有利于人生管理、人生开发和人力资源的利用。

(一)儒家的人生形象观

儒家认为人体器官有重要和次要之分,要求人们懂得利用好重要器官。孟子说:"有个人的无名指无法伸直,虽然不妨碍他平常做事,但他认为自己的手指不如别人,他不怕路途遥远,到秦国、楚国去求医。手指不如别人,能知道厌恶;心性不如别人,却不知道厌恶;这就叫作不知轻重。"(《孟子·告子章句上》第十二章)公都子问孟子说:"同样是人,为什么有人成了君子,有人成了小人?"孟子说:"注重依从身体重要器官需要的人成了君子,只注重满足身体次要器官欲望的人成为小人。"孟子说,心是上天赋予人类的重要器官,人们"要先确立重要器官的作用,那么次要器官就无法把人的本性夺去了",人的重要器官——心如果发挥了作用,就能成为君子了。(《孟子·告子章句上》第十五章)

荀子也指出:"相貌不如思想重要","形体相貌即使丑陋而思想和立身处世方法是好的,照样会成为君子;形体相貌即使好看而思想和立身处世方法丑恶,仍难免成为小人。"(《荀子·非相》5.3)荀子举例说:"据说尧个子高,舜个子矮;周文王个子高,周公旦个子小;孔子个子高,冉雍个子矮。从前,卫灵公有个臣子叫公孙吕,身高七尺,脸长3尺,额宽3寸,但鼻子、眼睛、耳朵都具备,名声却轰动天下。楚国的孙叔敖是期思这个地方的乡下人,发短而秃顶,左手长,站在轩车上个子还在车厢的横木之下,但他却使楚国称霸诸侯。叶公子高,弱小矮瘦,走路好像还撑不住自己的衣服似的,但是白公胜作乱的时候,令尹子西、司马子期都死在白公手中,叶公子高却领兵入楚,杀掉白公胜,安定楚国,就像把手掌翻过来一样容易。所以,对士人不是去测量个子的高矮,身材的大小,不是去称身体轻重,而是看其志向"。(《荀子·非相》5.4)荀子接着说:"再说徐偃王的形状,眼睛可以向上看到前额;孔子的形状,脸上好像蒙上了个丑恶难看的驱邪鬼面具;周公旦的形状,身体好像一棵折断的枯树;皋陶的形状,脸色就像削去了皮的瓜那样呈青绿色;闳夭的形状,脸上鬓须多得看不见皮肤;傅说的形状,身体好像竖着

的柱子;伊尹的形状,脸上没有胡须眉毛;禹瘸了腿,走路一跳一跳的;汤半身偏枯;舜的眼睛里有两个并列的瞳仁。信从相面的人是考虑他们的志向思想、比较他们的学问呢,还是只区别他们的高矮、分辨他们的美丑来互相欺骗、互相傲视呢?"(《荀子·非相》5.5)荀子又举例说:"古时候,夏桀、商纣魁梧英俊,身材天下出众;他们的体魄敏捷强壮,足可以对抗上百人。但是他们人死了,国亡了,成为天下最可耻的人,后世说到坏人,就一定拿他们例证。这并不是容貌造成的祸患啊。"(《荀子·非相》5.6)

儒家要求人们要重视培养人的社会形象。孟子说:"一两把粗细的桐树梓树,人们如果要使它长大,都知道怎样去护养。可是对于自己,却不知道怎样去修养,爱护自己还不如爱桐树梓树,真是太不爱思考了。"(《孟子·告子章句上》第十三章)孟子提出"修养心性并在社会上表现出来。处境艰难就独自修养保全自身;得意时就使天下人都得到好处"(《孟子·尽心章句上》第九章)。

(二)儒家对人生形象的分类

社会上每个人的人生形象都是不一样的,但是在某一方面或某一点上又具有共性的东西。儒家根据人生形象的社会价值、地位及人生前途和归宿,把千差万别的人生形象归结为三大类:即君子、小人和普通人,每个人都处于自己所属人生形象类型的不同层次。儒家的这种人生形象分类只是象征意义上的松散的舆论意义上的,并没有行政的或法律的约束。儒家还认为每个人的人生形象都是不断变化的。荀子说:国家和社会管理者应"对于有德才的人,不依级别次序而破格提拔;对于无德无能者,不等片刻而立即罢免;对于元凶首恶,不用教育而马上杀掉;对于普通民众,不靠行政手段而进行教育感化。在名分还没有确定的时候,就应该像宗庙有昭穆的分别一样,来排列臣民的等级次序。即使是帝王公侯士大夫的子孙,如果不能顺从礼义,就把他们归入平民;即使是平民的子孙,如果积累了古代文献经典方面的知识,端正了身心行为,能顺从礼义,就把他们归入卿相士大夫。"(《荀子·王制》9.1)儒家赞颂君子,抨击小人,提倡做君子不做小人。

1. 君子类人生形象包括哪些人

儒家认为,君子是一个广大的人群,他们分布在社会的各个层次的各个方面和角落,上自国家君王,下至平民百姓之中,都可能有君子存在。伟大的君子做了国家的君王,国家就会得到较好的治理,社会就会发达兴旺,这个领导国家的君王就会成为圣王。伟大的君子做了官,就会为官一任,造福一方,成为贤臣清官。伟大的君子即使不做官,也能自觉参与政治,用自己的思想、言论和行动影响社会,移风易俗。孔子说:"《尚书》说:'孝呀,只有孝敬父母,友爱兄弟,把这种风气影响到政治上去。'这也是参与政治呀,为什么一定要做官才算参与政治呢？"（《论语·为政》第二十一章）《论语》说："孔子要到九夷这个地方居住。有人说：'这个地方风俗鄙陋，怎么住呢？'孔子说：'君子住在那里，还有什么鄙陋的呢？'"（《论语·子罕》第十四章）《孟子》书中也说："伊尹在莘国郊野上耕作，并喜好尧舜之道……汤曾派人带着礼物去聘请他，他却轻松无所谓地说道：'我要汤的聘礼做什么？我为什么不安于农耕，以行尧舜之道而自得其乐呢？'"（《孟子·万章章句上》第七章）儒家又把君子分为：普通君子、士君子、贤明君子等。《荀子》一书记述了孔子与弟子们的对话。孔子问子贡："明智的人是怎样的？仁德的人是怎么样的人？"子贡回答说："明智的人能了解别人，仁德的人能爱护别人。"孔子说："你可以称为士君子了。"孔子问颜渊："明智的人是怎样的人？仁德的人是怎样的人？"颜渊回答说："明智的人有自知之明，仁德的人能自尊自爱。"孔子说："你可以称为贤明君子。"（《荀子·子道》29.7）处于君子类最高层次的人是圣人，圣人中做君王的叫圣王，圣人中做官的叫圣臣。君子中还包括仁德的人、明智的人、聪慧的人、德高望重之人、有德才的人、有才能的人、有作为的人、贤能之人、拥有道义的人、有德性的人、负责的人等。

（1）圣人

圣人是君子人群中处于最高层次的人。荀子在《劝学篇》中指出："从学习的意义上来说，是从做一个读书人开始，到成为圣人为止。"（《荀子·劝学》1.8）荀子又说："能遵行学到的东西，就可以称为士人；能勤奋努力的人，就是君子；能精通学到的东西，就是圣人。坚持学习，最高可以成为圣人，至少可以成为士人、君子。"（《荀子·儒效》8.7）儒家学说中的圣人，是集仁德和智慧于一身的最伟大的人，荀子说："圣人这种人，以仁义为根本，能恰当地判断是非，能使言行保持一致，不差分毫，这并没有其他的窍门，就在于他能把学到的东西付诸行动罢了。"（《荀子·儒效》8.19）荀子又说："无所不明而其思虑又永不枯竭的人，就是圣人。"（《荀子·修身》2.10）"圣人是思想原则的枢纽。天下思想原则都集中在他这里了，历代圣王的思想原则也统一在他这里了。"（《荀子·儒效》8.14）"学习历代众多帝王法度，就像分辨黑白一样清楚，应付当时的变化，就像数一二一样容易，奉行礼法遵循礼节而习以为常，就像平常伸展四肢一样自如；抓住时机来建立功勋的技巧，就像预告四季的到来一样准确，治理政事，协调百姓，使亿万群众团结得像一个人一样就可以称为圣人了。"（《荀子·儒效》8.11）"处境困难时，就一定享有名望；显达时就一定能建立功勋；他的仁爱宽厚之德普照天下而不昏暗，他的明智通达而能够整治天地万物，处理各种事变而不疑惑；他心平气和，思想开阔，德行道义充满在天地之间，仁德智慧达到了极点。这种人就叫作圣人。"（《荀子·君道》12.3）《孟子》书中记述了宰我、子贡、有若三个人的谈话。宰我说："我对老师进行观察，觉得他比古代圣人尧、舜

要强得多。"子贡说："即使百代以后来评价这期间君王的高下,也离不开孔子的学说标准。自从有人类以来,还没有孔子这么杰出的人。"有若说:"难道只有世人才有高下之分吗?麒麟对于走兽,凤凰对于飞鸟,泰山对于土丘,河海对于水沟,都是同一类的事物。圣人对于一般百姓,也是同一类的。可是圣人高出他的同类。孔子又高出圣人。自从有人类以来,没有谁比孔子更伟大的了。"(《孟子·公孙丑章句上》第二章)孟子说:"圣人是百代后人的老师……圣人们在百代前发奋而为,百代之后,听说过他们事迹的人没有不感动奋发的。如果不是圣人,能有这么大的影响吗?"(《孟子·尽心章句下》第十五章)

(2)仁德的人

孔子说:"仁德的人安于仁。"(《论语·里仁》第二章)"君子哪怕是一顿饭的工夫,也不能离开仁德,在最匆忙的时候要与仁德同在,在最颠沛的时候也要与仁德同在。"(《论语·里仁》第五章)又说:"只有仁德的人才能够知道喜欢什么人,厌恶什么人。"(《论语·里仁》第三章)"有德行的人不会孤单,一定会有人来亲近他。"(《论语·里仁》第二十五章)"仁德的人没有忧虑。"(《论语·子罕》第二十九章)"有德行的人一定有好的言论,有好的言论的人不一定有德行。"(《论语·宪问》第四章)孟子说:"古代有德行的人与百姓同乐,所以能够获得真正的快乐。"(《孟子·梁惠王章句上》第二章)"有德行的人对待飞禽走兽,看见它们活着,就不忍心看到它们被杀死;听到它们的哀鸣,就不忍心吃它们的肉。"(《孟子·梁惠王章句上》第七章)"有德行的人建功立业传给后代,为的是将功业代代传下去。"(《孟子·梁惠王章句下》第十四章)"有德行的人绝不会因为爱惜天下物力而在父母身上节省。"(《孟子·公孙丑章句下》第七章)荀子说:"仁德的人必定尊敬别人。"(《荀子·臣道》13.8)又说:"仁德的人当政,国家日益昌盛,诸侯先去归顺的会安宁,迟去归顺的就会危险,想和他作对的就会削弱,背叛他的就会灭亡。《诗》云:'商汤头上旗飘舞,威严恭敬握大斧;就像熊熊的大火,没有人敢于阻挡我。'说的就是这种情况。"(《荀子·议兵》15.2)仁德的人中具体包括有德性的人、贤德的人、德高望重的人、忠诚的人等。

(3)明智的人

明智的人当中包括聪慧的人、贤明的人、有智慧的人。孔子说:"聪慧的人利用仁。"(《论语·里仁》第二章)"明智的人不会迷惑。"(《论语·子罕》第二十九章)又说:"明智的人既不失掉人,也不失掉语言。"(《论语·卫灵公》第八章)孟子说:"如果聪明人像禹疏导洪水那样,就没有谁讨厌聪明了,禹疏导洪水,就是顺应自然规律去做。如果聪明人也采取顺应自然规律的办法,那就更聪明了。天很高,星辰很远,如果探求其根本原因,那么千年以后的冬至日,也可以坐着推算出来。"(《孟子·离娄章句下》第二十六章)

又说:"聪明的人没有什么不知道的,但是把当前最重要的事看得最紧急。"(《孟子·尽心章句上》第四十六章)荀子说:"天下、一国都有才智出众的人,每个时代都有贤能的人。迷路的人在于不问道,溺水的人在于不问涉水的路,亡国的君主在于独断专行……前人说:'要向樵夫去请教。'就是说要广泛地咨询各方面的人。"(《荀子·大略》27.60)又说:"明智的人办事的时候,圆满时考虑不足,顺利时考虑艰难,安全时考虑危险,周到地从多方面加以防范,仍然怕遭到祸灾,所以办了上百件事也不会失误。"(《荀子·仲尼》7.6)荀子引用子贡的话说:"明智的人能了解别人",又引用颜渊的话说:"明智的人有自知之明。"(《荀子·子道》28.7)

（4）贤能的人

贤能的人是儒家赞颂的君子人群中的典范。儒家主张做人既要有美好的德性,又要有卓越的才能。孔子说:"假如没有卫国大夫祝鮀的口才,而只有宋国公子宋朝的美貌,在当今社会中恐怕难于免除灾祸吧。"(《论语·雍也》第十六章)又说:"质朴多于文彩就会显得粗野,文彩多于质朴就会流于浮华。文彩与质朴搭配适中,才能成为君子。"(《论语·雍也》第十八章)《论语》说:"仲弓做了季氏的官臣,问孔子怎样治理政事。孔子说:'先让主管的人做事,赦免人的小过错,举荐贤才。'"(《论语·子路》第二章)孟子说:"微子、微仲、王子比干、箕子、胶鬲等都是贤能的人,他们共同辅佐商纣,商纣才维持了好长一段时间才失却天下。"(《孟子·公孙丑章句上》第一章)孟子举例说:"尧对于舜,派自己的九个儿子去服侍,又把自己的两个女儿嫁给舜,所有官吏、牛羊、府库都给舜准备得好好的,用来供养在田野耕种的舜,然后又任用他,让他做大官。所以说,尧是王公尊敬贤能人的典范。"(《孟子·万章章句下》第六章)孟子又说:"虞国不任用百里奚,因而亡了国,秦穆公用了百里奚,因而称霸诸侯,不任用贤人国家就要灭亡。"(《孟子·告子章句下》第六章)"不信任仁德贤能的人,那么国家就会没有人才。"(《孟子·尽心章句下》第十二章)荀子说:"天下、一国都有才智出众的人,每个时代都有贤能的人。"(《荀子·大略》27.60)"纯粹地考虑道义,任用贤人,就能称王天下。"(《荀子·王霸》10.9)

儒家提倡人应把报效国家社会,建功立业,有所作为,看成人生最重要的事。所以儒家学说从创建之日起,就高度重视人的才能提高,要求人们把才能用到正确的地方。孔子不厌其烦地要求人们必须重视自身能力的提高。他说:"不要担心没有职位,应当担心没有立足的能力。不要怕没有人知道自己,只要去追求值得别人了解自己的东西就可以了。"(《论语·里仁》第十四章)他强调:"不患人之不己知,患其不能也。"(《论语·宪问》第三十章)"君子忧虑自己没有能力,不忧虑别人不了解自己。"(《论语·卫灵公》第十九章)孔子告诉人们:"君子不器。"(《论语·为政》第十二章)指出

人不能像器皿只有一种用途,应当博学多能。《论语》中还说:"没有实在的本事,那怎么行呢?"(《论语·子张》第十二章)"力不足者,中道而废。"(《论语·雍也》第十二章)"小技艺也有一定可取的东西;但是要达到大目标恐怕行不通,所以君子不干这些。"(《论语·子张》第四章)主张君子要有实现大目标的能力和技巧。

孟子主张:"尊敬有德的人,任用有才能的人,使杰出的人都有适当的职位……这样,就会无敌于天下。"(《孟子·公孙丑章句上》第五章)应当使中正的人影响不中正的人,"有才能的人影响没有才能的人……如果中正的人不去影响不中正的人,有才能的人不去影响没有才能的人,那么贤明与不贤明人的距离,就会近得用寸量都不行了"。(《孟子·离娄章句下》第七章)

荀子说:"短绠不可以汲深井之泉,知不几者不可与及圣人之言。"(《荀子·荣辱》4.13)"能力小而做的事大,打个比方,这就好像是力气小而担子重,除了压碎骨头折了腰,就没有别的下场了。"(《荀子·儒效》8.10)他告诉人们,能力小的人发展前途是有限的。又说:"有德才的人不能得到提拔任用,无德才的人不罢免贬斥,那么有能力的人和没有能力的人就不可能得到与其才能相称的职事。如果这样,那么万物就得不到适当的利用,突发的事件就得不到相应的处理,上会丧失天时,下会丧失地利,中会丧失人和,天下就像被熬干了似的,就像烧枯了似的……又怎么能使天下富足呢?"(《荀子·富国》10.11)荀子主张君子要有驾驭万物的才能。他说:"虎豹要算是凶猛的了,但是君子能够剥下它们的皮来使用。所以,苍天所覆盖的,大地所承载的,没有什么东西不充分发挥它们的优点、竭尽它们的效用,上用来装饰贤良的人,下用来养活百姓,使天下人都安乐。"(《荀子·王制》9.17)

儒家告诉人们应懂得人无完人,对有才能的人应当一分为二,只要他们能把自己的才能应用于为国家和百姓造福,就不要过分指责其不足。孔子在这方面为后人做出了很好的榜样。管仲是一个优点和缺点都很明显的人才。孔子指出管仲器量狭小,不懂得礼规等方面的不足,但是再三肯定他的贡献,他说:"管仲是个人才呀,夺取了齐国大夫伯氏在骈邑的三百户土地,使伯氏吃粗饭,却终生没有怨言。"(《论语·宪问》第九章)子路说:"齐桓公,杀死了公子纠,公子纠的师傅召忽也死了。另一个师傅管仲活着。"接着说:"管仲不能算有仁德了吧?"孔子说:"齐桓公多次与各诸侯国会盟,不用兵力,这都是管仲的力量啊。像他这样就是仁啊!"(《论语·宪问》第十六章)子贡说:"管仲不是仁德的人吧?齐桓公杀了公子纠,他没有死,还去辅佐齐桓公。"孔子说:"管仲辅佐齐桓公,称霸诸侯,匡正天下,人民到今天还受到他们的好处。假如没有管仲,我们这些人早就披散着头发,向左敞开衣襟,成为野蛮人了。怎么能像匹夫匹妇那样谨守诚信,自杀于沟壑之中而没有人知道呢?"(《论语·宪问》第十七章)

（5）负责任的人

君子具有自觉的责任觉悟，从普通君子到圣人君子、圣贤君子、圣王君子都是对自己对百姓对国家天下负责任的人。尧、舜、禹、稷、商汤、周武等是君王中有责任觉悟的代表人物，伊尹、周公等是臣子中有责任觉悟的代表人物，孔子、孟子等是百姓中具有责任觉悟的代表。他们都是人们公认的负责任的人。

《论语》说："微生亩对孔子说：'你为什么这样忙忙碌碌呢？不是为了显示自己的口才吧？'孔子说：'哪里敢显示自己口才，而是痛恨人们的顽固无知啊！'"（《论语·宪问》第三十二章）《孟子》说周朝后期"世道衰微，各种邪说和残暴行为又兴起了，有臣下杀死君王的，有儿子杀死父亲的。孔子对此很担忧，编写了《春秋》。编写《春秋》这种事，本来是天子该做的事，所以孔子说：'理解我的人，大概是根据《春秋》这部书吧！责骂我的，大概也是根据《春秋》这部书吧！'"（《孟子·滕文公章句下》第九章）孔子去世后，社会更加混乱，国家没有圣明的君王，诸侯恣行无忌，邪说怪论充斥天下，孔子的学说不能发扬光大。孟子说："我很为这种状况担忧，所以才捍卫前代圣王的正确主张，反对杨朱、墨翟的学说，批驳各种浮夸失实的言论，使宣传邪说的人不能得逞。邪说在心里产生，就会危害工作；危害了工作，就要危害国政。"（《孟子·滕文公章句下》第九章）尧那个时代，天下不太平，洪水到处泛滥，凶禽猛兽威胁人类安全，百姓时常挨饿，尧独自为这种情况担忧，挖空心思想办法解决百姓的困难，替天下的百姓物色贤才，选拔了舜来主持治理工作。（《孟子·滕文公章句上》第四章）舜继尧死之后，积极"替天下的百姓物色贤才"，选拔禹和皋陶出来治理社会。禹疏通了九河，治理好了济水、瀑水，使它们流向大海，又挖掘汝水、汉水，疏通淮水、泗水，将它们导入长江，中原变成了可耕种的地。禹在外治水八年，三次经过自己的家门都没进屋。（《孟子·滕文公章句下》第四章）"稷想着天下人受饥饿之苦，就好像是自己使他们受饥饿。"（《孟子·离娄章句下》第二十九章）"伊尹为天下百姓着想，天下的人民只要有一个人没有承受过尧、舜所施的恩泽，就好比是自己把他推进深沟一样。伊尹就是这样把拯救天下的重担担在自己肩上。"（《孟子·万章章句上》第七章）孔子主张"对人民尽心专一"（《论语·雍也》第二十二章），为"唤醒百姓"（《论语·八佾》第二十四章），推进社会文明进步，奔走呼号，发愤忘食，一生乐以忘忧，不辱使命。孟子以天下为己任，一生以"欲平治天下，当今之世，舍我其谁"（《孟子·公孙丑章句下》第十三章）为信条，捍卫和发展了儒家思想。

2. 小人类人生形象包括哪些人

儒家学说中的小人，是处于君子反面的人。一般说来，君子所具有的人格、品质、形象，小人皆不具有。儒家批评最多的小人是：不仁德的人、无知

的人、文过饰非的人、贪图私利的人、不按正道办事的人、嫉贤妒能的人、无是非之心的人、怨天尤人的人、自己作孽的人、不是人的人、禽兽不如的人。社会人群中比较普遍存在的是以下几种小人：

（1）不仁德的人

孔子说："花言巧语，假装和善，这样的人仁德是不多的。"（《论语·学而》第三章）又说："巧言令色，鲜矣仁。"（《论语·阳货》第十七章）他告诉人们，不仁德的人是危险的，"人而不仁，如礼何？人而不仁，如乐何？"（《论语·为政》第三章）又说"做人不仁德，是可恨的，因为他会作乱。"（《论语·泰伯》第十章）孟子说："败坏仁德的人，人们叫他'贼'，败坏义的人，人们叫他'残'，人们称这两种人为'独夫'。"（《孟子·梁惠王章句下》第八章）又说："能和不仁德的人谈论什么呢？这些人处在危险之中却心安理得，灾难临头却以为是吉利，把导致亡国灭家的事当成是乐事。如果可以和不仁德的人谈论，那么又怎能发生亡国灭家的事情呢？"（《孟子·离娄章句上》第八章）孟子引用《诗经·大雅·桑柔》中的话说："这些人怎么能把事情办好，只能是沉沦自溺罢了。"（《孟子·离娄章句上》第九章）孟子还说："好好先生是伤害仁德的坏人"，"他们四处逢迎，讨好世俗之人"，"这种人，要指责他举不出什么过错来，要责骂他又没有什么值得责骂的；他们只是同世俗同流合污，平时似乎忠诚老实，行为举止似乎廉洁；大家都很喜欢他们，他们自身也自以为是，可是与尧舜之道格格不入，所以说他们是伤害仁德的坏人。孔子说：'厌恶那些表面相似而实际上完全不同的东西；厌恶狗尾草，因为它冒充禾苗；厌恶歪才，因为怕他冒充义理；厌恶夸夸其谈，因为怕他扰乱诚信……厌恶好好先生，因为怕他扰乱了美德'"。（《孟子·公孙丑章句下》第三十七章）

（2）狂妄无知的人

儒家认为无知是人的通病，对于普通人来说，可以通过学习来改变无知，而小人则无知而狂妄，他们自以为是，顽固而不知学习，甚至拒绝学习。

儒家痛恨自以为是而又不知学习的人，荀子说："浅陋无知实在是天下人的通病，是人们的大灾难啊。"他举例说，人们竭力搞桀跖那一套，是因为不懂圣王之道的好处。（《荀子·荣辱》4.12）孔子说："狂妄而不直率，幼稚而不老实，没有才能而不讲信用，这种人我不知道该怎么办呀！"（《论语·泰伯》第十六章）《论语》说："微生亩对孔子说：'你为什么这样忙忙碌碌呢？不是为了显示自己的口才吧？'孔子说：'哪里敢显示自己的口才，而是痛恨人们的顽固无知啊！'"（《论语·宪问》第三十二章）孔子说："可以同庸俗浅陋的人一起侍奉君主吗？功名利禄没有得到时，怕得不到；得到了以后，又害怕失去。如果害怕失去，那就没有什么事不能干的了。"（《论语·阳货》第十五章）荀子说，鄙陋无知的人"拉帮结派而党羽越来越少；卑鄙地去争夺而名声越来越臭；尽心竭力地去追求安逸与私利，而自身越来越危险。《诗》云：'小人总是不善良，互相怪怨另一方。争夺爵位不谦让，直到自己被灭亡'说的就是这种人。"（《荀子·儒效》8.9）又说："狂妄无知的人，不要等多久就会衰败死亡的。"《荀子·君道》12.5）荀子强调说："浅陋的人不值得和他测度深刻的事，愚蠢的人不值得与他商量智巧的事，废井中的青蛙不能同它谈论东海中的乐趣。"（《荀子·正论》18.4）

（3）贪图私利的人

"君子喻于义，小人喻于利。"（《论语·里仁》第十六章）这是儒家学说中尽人皆知的一句话。儒家学说把追求私利的人视为小人。孔子说："依据私利而行动，会招致许多怨恨。"（《论语·里仁》第十二章）他说："吃粗饭喝清水，弯起胳膊当枕头，快乐就在其中了。干不义的事得到了财富和地位，对我来说，就同浮云一样。"（《论语·述而》第十六章）又说："政治清明时，自己贫穷且卑贱是耻辱；国家混乱时，自己富贵是耻辱。"（《论语·泰伯》第十三章）他主张君子应把国家和人民利益放在第一位。

孟子反对追求个人私利，他说："如果上上下下都追逐争夺私利，国家就危险了。在一个拥有万辆兵车的国家里，企图谋杀国君的，一定是拥有千辆兵车的大夫；在一个拥有千辆兵车的国家，企图谋杀国君的，一定是一个拥有百辆兵车的大夫。在一万兵车中就占有一千辆，在一千兵车中就占有一百辆，这些大夫所获得的不能说不多。可是如果他们都把个人私利放在首位，而把公义放在其次，那么这些人不把国君的所有全部夺走是不会满足的。"（《孟子·梁惠王章句上》第一章）孟子又说："鸡一叫就起来，辛辛苦苦努力行善的人，是舜类的人；鸡一叫就起来，辛辛苦苦拼命谋利的人，是跖一类的人。舜与跖的区别，没有别的，只在于求善与求利的差别罢了。"（《孟子·尽心章句上》第二十五章）

荀子说："公正会产生聪明，偏私会生产愚昧；端正谨慎会产生通达，欺诈虚伪会产生闭塞；真诚老实会产生神明，大言自夸会产生糊涂。这六种相生，君子要谨慎对待，也是禹与桀不同的地方。"（《荀子·不苟》3.12）荀子又说，小人贪图个人私利，"用尽力气不合于民众的需要"。（《荀子·非十二子》6.11）《荀子》书中说："危害国家的因素是什么？回答说：使小人骑在人民头上作威作福，用非法的手段向人民搜刮勒索却十分巧妙，这是危害国家的重大灾难"，又说：如果国君追求私利，"朝廷上群臣的习俗也这样，那么群众百姓也就跟着养成一种不尊崇礼义而喜欢贪图财利的习俗了。君臣上下的习俗无不如此，那么领土即使辽阔，权势也必然轻微；人口即使众多，兵力也必然衰弱……"（《荀子·王霸》11.24）荀子又说："天子诸侯在上面忧虑自己的财物不足，老百姓则在下面受冻挨饿疲弱消瘦；桀纣似的暴君成群地占据在各国的君位上，而盗贼也就打家劫舍以致危害到他们的君主了。

于是像禽兽一样横行,像虎狼一样贪婪……古书上说:'使别人危险以便使自己安全,使别人受害以便使自己得利,这叫最大的奸邪。'"(《荀子·正论》18.7)荀子告诉人们:"之所以要鄙视桀纣跖一类的小人,是因他们放纵自己的本性,顺从自己的情欲,习惯于恣肆放荡,以致做出贪图财利争抢掠夺的暴行来。"(《荀子·性恶》23.12)"说话经常不老实,行为经常不忠贞,只要是有利可图的地方,就没有不使他倾倒的,像这样就可以称为小人了。"(《荀子·不苟》3.11)

(4)可悲的人

儒家从多方面揭示了人的可悲:其一是文过饰非而不知改正过错。孔子说:"小人之过也必文。"(《论语·子张》第八章)"有了过错不改正,那是真正的过错了。"(《论语·卫灵公》第三十章)"一时愤恨,忘了自己的身体,也忘了亲人,不是迷惑吗?"(《论语·颜渊》第二十一章)他说:"德之不修,学之不讲,闻义不能徙,不善不能改,是吾忧也。"(《论语·述而》第三章)其二是蛮干至死不知后悔。孔子说:"赤手空拳和老虎搏斗,不用船而自己赤足过河,这样死也不后悔的人,我不和他共事。一定要同遇事慎重,好用谋略而成功的人在一起。"(《论语·述而》第十一章)其三是自我夸耀而总说别人不好的人。《论语》说,原宪问孔子:"争强好胜,自我夸耀,怨恨别人,贪图私利,这四种行为不做,可以成为仁德的人吗?"孔子说:"可以说做到这些是很难的,至于仁,我就不清楚了。"(《论语·宪问》第一章)子贡说:"君子也有憎恶的事吗?"孔子说:"有憎恶的事:憎恨总说别人不好的人,憎恶在下位却总诽谤上位的人,憎恶只有勇敢而不懂得礼的人,憎恶做事倔强而不会变通的人。"孔子说:"赐你也有憎恶的事吗?"子贡说:"我憎恶窃取别人的成绩作为自己智慧的人,憎恶不谦虚却自以为自己勇敢的人,憎恶攻击别人的短处自以为自己是正直的人。"(《论语·阳货》第二十四章)其四是怨天尤人,不考虑自己怎么办。荀子说:"思想没有脱离偏邪自私,却希望别人认为自己大公无私;行为没有脱离污秽肮脏,却希望别人认为自己善良美好;非常愚昧浅陋,却希望别人认为自己聪慧明智。"《荀子·儒效》8.24)荀子又说:"自己极其昏乱,却还憎恨别人对自己的责备;自己极其无能,却要别人说自己贤能;自己的心地像虎狼,行为像禽兽,却又恨别人指出其罪恶;对阿谀奉承自己的就亲近,对规劝自己改正错误的就疏远,把善良正直的话当作对自己的讥笑,把极端忠诚的行为看成是对自己的残害,这样的人即使想不灭亡,可能吗?《诗》云:'乱加吸取乱诋毁,实在令人很可悲。'……说的就是这种小人。"(《荀子·修身》2.1)"思想上没有除掉邪念,行动上没有离开邪道,却想要享受君子、圣人的名声,拿此打个比方,这就好像是趴在地上去舔天,挽救上吊的人却拉他的脚,这是一定行不通的,越是用力就离目标越远。"(《荀子·仲尼》7.8)孔子说:"不考虑自己怎么办的人,我不知道该怎么办了。"(《论语·卫灵公》第十六章)孟子说:"仁德是上天最高贵的爵位,是人间最踏实的精神家园。没有人阻挡选择仁德,而自己却不选择仁德,这是不明智。不仁德又不明智,没有礼又没有义的人,只配做人家的仆役。只配做人家仆役的人,都自以为耻辱……如果认为耻辱,不如先求仁德。求仁德的人好比射箭,射箭的人先端正自己的姿势而后射箭,射不中靶,不能责怪赢了自己的人,而应从自己身上找原因。"(《孟子·公孙丑章句上》第七章)其五是自己没有才能而嫉贤妒能。孔子说:"狂妄而不直率,幼稚而不老实,没有才能而不讲信用,这种人我不知道该怎么办呀!"(《论语·泰伯》第十六章)孔子批评嫉贤妒能的人说:"臧文仲是个窃取官位的人吧!知道柳下惠贤良却不荐举他给他官位。"(《论语·季氏》第十四章)荀子说:"知识浅陋,德行不厚,辨别是非曲直的能力又与别人相差悬殊,但对仁爱之人不能推崇,对明智之人不能尊重",这是小人可悲表现之一。(《荀子·非相》17.8)其六是争取美好幸福的方法可悲。儒家指出,小人之所以追求常常变成泡影,是与他们追求美好幸福的方法错误相关联的。荀子说:"尊贵的名声,不可能靠拉帮结派争得,不可能靠夸耀吹牛取得,不可能靠权势地位来劫持,只能靠真正在学习上下功夫来成就。争夺名誉就会丧失名誉,让掉名誉就会得到名誉;遵循正确的原则就能积累名誉,夸耀吹牛就会落个一切皆空。所以君子致力于自己内在的思想修养而外在谦虚辞让,致力于自身积累德行而遵循正确原则方法处理一切。像这样,那么尊贵的名声就会像太阳月亮,天下人就会像雷霆那样热烈响应他。"(《荀子·儒效》8.8)又说:"鄙陋的人与此相反。他们拉帮结派而党羽越来越少,卑鄙地去争夺而名声越来越臭;尽心竭力去追求安逸与私利,而自身越来越危险。《诗》云:小人总是不善良,互相怪怨另一方。争夺爵位不谦让,直到自己被灭亡。"(《荀子·儒效》8.9)

(5)不是人的人

儒家所说的不是人的人,是指那些丧失人的本性的人。儒家认为,人有恻隐之心,廉耻之心,谦让之心,是非之心。如果人没有开发出这"四种心"或丧失了这"四种心",就将变成不是人的人。孟子说:"没有恻隐之心的人,简直不是人;没有廉耻之心的人,简直不是人;没有谦让之心的人,简直不是人;没有是非之心的人,简直不是人。恻隐之心,是仁爱的开端;廉耻之心,是道义的开端;谦让之心,是礼仪的开端;是非之心,是智慧的开端……凡是自己具备这四种开端的人,只要认识到把它们扩展起来,就会像火刚刚燃烧起来,像泉水刚刚喷涌出来。如果能做到培养壮大这四种开端,就足以安定天下;反之,连服侍父母都做不到。"(《孟子·公孙丑章句上》第六章)

孔子说:"没有是非的先生,是败坏仁德的小人。"(《论语·阳货》第三

章）又说："不懂得分辨言语是非，不能了解别人。"（《论语·尧曰》第三章）孔子再三强调人应当有恻隐之心，他提出："己所不欲，勿施于人。"（《论语·颜渊》第二章）"己欲立而立人，己欲达而达人。"（《论语·雍也》第三十章）孔子告诉人们"自己行为处事要有羞耻之心"（《论语·子路》第二十章）。他主张教育人有廉耻之心。他说："用政治来诱导，使用刑法来整顿，民众虽然会免受刑罚，但是没有廉耻之心。用仁德来引导，用礼仪来整顿，百姓不但会有廉耻之心，而且人心服正。"（《论语·为政》第三章）孔子主张人应当懂得什么是真正的羞耻，他说："读书人有志于真理，但是耻于穿破衣、吃粗食的人，不值得理他。"（《论语·里仁》第九章）他强调："君子耻于自己没有能力，不耻于别人不了解自己。"（《论语·卫灵公》第十九章）"耻于自己直到死也不能成名。"（《论语·卫灵公》第二十章）《论语》说："子贡说：贫穷而不谄媚，富有却不骄傲自大，怎么样？"孔子说："可以了；但是还不如贫穷而乐道，有钱却谦虚好礼的好。"（《论语·学而》第十五章）

儒家认为，人如果没有这"四种心"，就会同禽兽差不多。人生来具有的这"四种心"，但需要经过教化发展起来。人不经过教化，没有做人的知识，不守礼法，就会野性十足，与禽兽差不多。孟子说："人之所以为人，吃饱了，穿暖了，住得安逸了，如果没有教化，也和禽兽差不多。"（《孟子·滕文公章句上》第四章）孟子说："杨朱的学说只为自己，就是眼中无君；墨翟的学说对谁都讲博爱，这就是心中无父。无父无君，这就是禽兽。"（《孟子·滕文公章句下》第九章）孟子强调："人和禽兽不同的地方很少，普通人忽略了这一点，君子却把这点保留住。舜既明察万物，又知晓人伦，因此是按照仁义的道路走，而不是把仁义作为政策来推行。"（《孟子·离娄章句下》第十九章）孟子指出："君子与一般人不同，就在于他们所怀的心思。君子心里始终怀有仁，把礼放在心上。内心仁爱的人爱别人，牢记礼的人尊敬别人。爱别人的人别人会永远爱他；尊敬别人的人别人永远尊敬他。假如这里有个人，他对我蛮横无理，那么君子一定会反省自己：'我一定是对他不仁了，一定是对他失礼了，否则他怎么会这么对待我呢？'反省之后，认为自己是仁爱的、有礼的，而那人仍对我蛮横无理，君子一定会再反省自己：'我一定是不忠诚。'要是反省自己是忠诚的，那人仍然蛮横无理，君子就一定会说：'这个人只不过是个狂人罢了。像他这样待人，和禽兽又有什么区别呢？和禽兽又有什么好计较的呢？'"（《孟子·离娄章句下》第二十八章）孟子告诉人们："向善之心不能保存，他就会和禽兽差不多了。"（《孟子·告子章句上》第八章）荀子说，斗殴的人，发泄他一时的愤怒，造成自己身体的终生伤残、家庭的不幸、亲友的受刑，对自己来说，是忘记了自身；对家庭来说，是忘记了亲人；对上来说，是忘记了君主；这种人是刑法所不能放过的……哺乳的母猪不去触犯老虎，喂奶的母狗不到远处游逛，这是因为他们没有忘记自己的亲骨肉啊。作为一个人,遇事忘了自身、忘了亲人、忘了君主,这种人啊,连猪狗都不如了。(《荀子·荣辱》4.3)又说:"别人贤能却不去尊敬他,那就是禽兽了。别人没有德才而不去尊敬他,那就是在戏弄老虎。人如禽兽就会胡乱妄为,戏弄老虎就会十分危险,灾难就会落到他身上。"(《荀子·臣道》13.8)荀子告诉人们:"夏桀、商纣并不是丢了天下,而是……干出了禽兽般的行为,不断行凶,无恶不作,因而天下人抛弃了他们。"(《荀子·正论》18.2)"凡是生长在天地之间的有血气的种属,都一定有智能,而有智能的种属没有不爱自己同类的。那些大的禽兽如果失去了它的群体或配偶,过了一个月或超过一定的时间,就一定会返回合群;经过原来住过的地方,就一定会在那里徘徊周旋,在那里啼鸣吼叫,在那里驻足踏步,在那里来回走动,然后才能离开那里。小的嘛,如燕子麻雀之类还要在那里叽叽喳喳一会儿,然后才能离开那里。有血气的种属没有比人更聪明的了,所以人对于自己父母的感情,至死也没有穷尽。那些愚蠢浅陋放荡邪恶的人,他们的父母亲早晨死了,到晚上就忘了,他们连鸟兽也不如了。"(《荀子·礼论》19.18),《荀子》书中记述了鲁哀公问孔子"怎样选用人才?"孔子说:"不要选用争强好胜的人,不要选取钳制别人的人,不要选取能说会道的人。争强好胜的人往往贪得无厌,钳制别人的人往往会犯上作乱;能说会道的人往往会弄虚作假……人才首先要忠诚老实,然后才求其聪明能干。一个人如果不忠诚老实却又非常聪明能干,打个比方,他就是豺狼啊,不可靠近他呀。"(《荀子·哀公》31.6)

3. 为什么有人成为君子而有人成为小人

公都子问孟子:"同样是人,为什么有人成为君子而有人成为小人?"孟子回答说:"注重依从身体重要器官的人成为君子,只注重身体次要器官欲望的人成了小人。"他说:"心这个器官是上天赋予人的重要器官,心的功能是思考,思则得,不思则不得。先考虑明白人生的大问题,确立好大问题的地位,小问题才不会干扰大问题。"(《孟子·告子章句上》第十五章)荀子说:"治理拥有万辆兵车的大国的君主,他那威武强大的地位之所以能确立,他的名声之所以美好,他的敌人之所以屈服,他的国家之所以又安全又好,决定性的关键都在自己而不在别人。是称王、称霸、安全生存,还是危险、灭亡,决定性的关键都在自己而不在别人。"(《荀子·王制》9.25)荀子还说:"君子和小人的资质、本性、智慧、才能是一样的。喜欢光荣而厌恶耻辱,爱好利益而憎恶祸害,这也是君子和小人所相同的,而他们用来求取光荣、利益的途径是不同的。小人嘛,肆意妄言却还要别人相信自己,竭力欺诈却还要别人亲近自己,禽兽一般的行为却还要别人赞美自己。他们考虑问题难以明智,做起事来难以稳妥,坚持的一套难以成立,结果就不一定能得到他们所喜欢的光荣和利益,而必然会遭受他们厌恶的耻辱和祸害。而君子对

别人说真话,对别人忠诚,善良正直而处理事务合宜,他们考虑问题明智,做起事来稳妥,坚持的主张成立,结果就一定能得到他们所喜欢的光荣和利益,就不会遭受他们所厌恶的耻辱和祸害,他们穷困时名声也不会被埋没,他们通达时名声就会十分显赫,死了以后名声会更加辉煌。小人无不伸长脖子踮起了脚跟而羡慕地说:'这些人智慧、思想、资质、本性肯定有超过别人的地方啊。'他们不知道君子的资质才能与自己并没有什么不同。只是君子将它措置得恰当,而小人将它措置错了。仔细地考察一下小人的智慧才能,就能知道他们绰绰有余地可以做君子所能做的一切。"小人之所以成为小人,是因为他们用自己的智慧才能干了小人所干的事情,如果他们用智慧才能干君子干的事情,他们也会成为君子。荀子最后概括地指出:之所以有人成为君子而有人成为小人,"是由于对其资质才能的措置以及习俗的节制不同造成的"。(《荀子·荣辱》4.9)

儒家还指出,除了有些人不懂得怎样才能成为君子这一原因之外,还在于有些小人不肯做君子。荀子说:"小人可以成为君子而不肯做君子,君子可以成为小人而不肯做小人……路上的普通人可以成为禹,但不一定每个人都能成为禹。脚可以走遍天下,但是还没有能走遍天下的人……可以做到,不一定就能做到。"(《荀子·性恶》23.15)

4. 儒家学说中的君子形象特点

儒家学说中的君子形象群体是一个松散的分布广泛的社会势力,主要由四部分人构成:一是走了仕途、当了官、掌了权的人,其中官位最高、权力最大、功德最殊胜者被人们称为圣王,如尧、舜、禹等,帮助圣王成就伟大事业的德高望重者被人们称为圣贤、贤臣,如伊尹、周公之类的人;二是没入仕途、没当官、没掌权或一生主要不是走仕途而是长期从事教育、卫生、医疗或其他公益事业的人们,道德高尚、功绩卓越,影响深远者,被人称为圣贤、圣人如孔子,亚圣如孟子一类的人;三是正在准备走或刚刚走上仕途或各项社会事业,按照君子素质修养自己、开发自己,按照君子成长的道路前进的人;四是走仕途或在各行各业工作不顺利业绩不突出,而德高望重,至死不离君子善道的人。

君子形象群体的共同特征是:

第一,具有高度自觉的责任觉悟和负责精神。具有君子形象的人,都有高度自觉地对国家、社会和人民负责的觉悟和精神。这些人把百姓疾苦视为自己的疾苦,把拯救水深火热中的百姓视为自己的责任,如神农为解决百姓吃饭问题,不顾自己中毒,自觉尝百草;尧独自为解决百姓受洪水淹没、猛兽侵袭忧愁想办法;禹为拯救百姓脱离水害而治水,不顾自己腿脚残疾,日夜操劳,三过家门而不入;孟子说:"伊尹为天下百姓着想,天下的人民只要有一个人没有受到尧舜所施的恩泽,就好比是自己把他推进深沟一样。伊尹就是这样把拯救天下的重担担在自己肩上。"(《孟子·万章章句上》第七章)处在春秋末期的孔子,面对天下无道,社会动乱,自觉担负起用优秀的文化典籍唤醒百姓的责任,他面对匡地人对他和弟子们的囚禁说:"周文王去世以后,文化典籍都在我这,天如果要消灭周的文化,那么我也不会掌握这些文化了,既然天不想丧失这些文化,那么匡地的人又能把我怎么样呢?"(《论语·子罕》第五章)孟子把平治天下视为己任,他说:"如欲平治天下,当今之世,舍我其谁也?"(《孟子·公孙丑章句下》第十五章)儒家学说代表作《大学》贯穿全篇的红线,就是提倡人们普遍自觉地学习君子的"修身,齐家,治国,平天下"的觉悟和精神。

第二,自觉地将"仁义礼智信"植根于自己心中,自觉地守德崇德,自觉地奉行礼法。仁义礼智信是儒家学说的基本纲领,君子把仁义礼智信视为自己立身处世的根本准则,把不仁、不义、非礼、无知、不讲信用视为耻辱。君子不是盲目简单地讲仁义礼智信,而是把仁义礼智信建筑在道、德、礼和法之上。儒家的君子说告诉人们,不守正道,无理无以立身,因而主张"死守善道"(《论语·泰伯》第十三章);告诉人们德是人诸多素质之帅,人无德无以立身,因而主张"崇德"(《论语·颜渊》第十章);告诉人们立身之道在于礼,"不学礼,无以立"(《论语·季氏》第十三章);告诉人们法是为维护社会和谐安定服务的,违法是社会存在和发展所不能允许的,主张"君子行法以俟命而已矣"(《孟子·尽心章句下》第三十三章);告诉人们"知者不惑"(《论语·子罕》第二十九章),有智慧才能明道守道、行道义事,有智慧才能明德、弘德,有智慧才能明礼法、守礼法。

第三,善于学习。儒家学说中的君子是社会人群中最善于自觉学习、自觉发展完善自己的人。舜是善于学习的人,"他住在深山里,和树木,石头相伴,和鹿、猪打交道,他和深山野林中的一般人不同的地方,是他听到一句好话,看到一种好的行为,就学习推行,其势如长江黄河决了口一样,浩浩荡荡,没有什么能抵挡。"(《孟子·尽心章句下》第十六章)孔子好学发愤读书忘了吃饭,晚年读易"韦编三绝","十室之邑,必有忠信如丘者,不如丘之好学也"(《论语·雍也》第二十八章)。孔子善于学习,他终生坚持向历史上的优秀文化典籍学习,坚持"三人行必有吾师,择善而从之",坚持向自然社会上的万事万物学习。

第四,做事坚持原则亦懂得变通、谨慎亦知进取、敢干而不鲁莽、尽职尽责、尽心尽力、坚持不懈、讲求效率、懂得善抓时机,知道什么事该做什么事不该做。儒家学说论述了君子做事的许多特点,其中主要的是主张做事坚持原则,即把守持道理、道义、正道、仁道、礼义、法规,分清是非、真假、美丑、善恶等作为做事的根本原则,没理的事不做,不符合道义的事不做,违背正道的事不做,不符合仁道的事不做,违背礼义法规的事不做,违背真善美原

则的事不做,混淆是非原则的事不做。儒家学说要求君子做事坚持原则的同时,也要求君子做事懂得变通,不死守教条,会具体问题具体分析,孔子"憎恶做事倔强而不会变通的人"(《论语·阳货》第二十四章)。

第五,孟子说:君子做人"仰头不愧于天,低头无愧于地"(《孟子·尽心章句上》第二十章);孔子说:"无论面对的人多少、官位大小,都不敢怠慢他们"(《论语·尧曰》第二章);孔子强调要"普遍地团结人而不勾结"(《论语·为政》第十四章);"君子和而不同"(《论语·子路》第二十三章);"君子不忧不惧……内省不疚"(《论语·颜渊》第四章);"己所不欲,勿施于人"(《论语·颜渊》第二章);《大学》提出:"民之所好好之,民之所恶恶之。"孔子说:"君子有坚定性格但不固执"(《论语·卫灵公》第三十七章);孟子说:"君子有了过错就立刻改正"(《孟子·公孙丑章句上》第九章)。荀子说:君子"广泛地听取意见,使隐居的贤士显扬,使显扬的贤士进一步显扬,使奸邪退却,使忠良进用的方法是:宗派集团互相勾结的吹捧,君子不听从;残害贤良,横加罪名的诬陷,君子不采用;猜忌、埋没人才的人,君子不接近;用钱财礼物进行贿赂的请求,君子不答应。凡是没有根据的流言,没有根据的学说、没有根据的事情、没有根据的计谋、没有根据的赞美、没有根据的诉说等等,不是通过正当途径而是从四处传来的东西,君子对它们持慎重态度,听到了就把它们公开地列举出来,确定他们是恰当的还是不恰当的,然后,对它们作出惩罚或是奖励的决定,并立即付诸实施。像这样,那奸诈的言论、奸诈的学说、奸诈的事情、奸诈的计谋、奸诈的赞誉、奸诈的诉说就没有敢来试探的了,忠诚的言论、忠诚的学说、忠诚的事情、忠诚的计谋、忠诚的赞誉、忠诚的诉说就都公开表达、通行无阻,并起而进献于君主"。(《荀子·议兵》14.1)《荀子·哀公》篇记述了哀公与孔子的对话,哀公说:"怎样才可以成为君子?"荀子回答说:"所谓君子,就是说话忠诚守信而心里并不自认为有美德,仁义之道充满在身而脸上并不露出炫耀的神色,思考问题明白通达而说话却不与人争辩,洒脱舒缓好像快要被人赶上似的,就是君子了。"(《荀子·哀公》31.2)荀子说:"用仁慈心去解说道理,用求学的心去听取意见,用公正的心去辩论是非,不因为众人的非议和赞誉而动摇,不修饰辩辞去遮掩旁人的耳目,不赠送财物去买通高贵者的权势,不喜欢传邪说者的言辞,能坚持正道而不三心二意,大胆发言而不会被人强行改变观点,言语流利而不放荡胡说,崇尚公正而鄙视庸俗粗野的争论。"(《荀子·正名》22.9)

第六,君子真诚地孝敬父母,奉事师长,敬老爱幼,对朋友忠,善待一切人。儒家学说认为,孝是做人的第一件大事,只有孝敬父母的人,才能友爱兄弟,尊敬别人的老人,忠诚于自己的朋友,善与人和。孟子说:"职位低而又得不到上级信任,是不能把百姓治理好的。取得上级信任有它的办法,得不到朋友的信任,也就得不到上级的信任;取得朋友的信任,有它的办法,服侍父母得不到父母的信任，也就得不到朋友的信任；取得父母满意有它的办法，反省自己不真诚，也就不能使父母满意；使自己真诚有它的办法，不明白什么是善，也就不能使自己真诚。所以，真诚是自然的规律，追求真诚是做人的规律。真诚到了极点却还不能感动别人，从来没有过；不真诚是不可能感动别人的。"（《孟子·离娄章句上》第十二章）儒家学说中具有君子形象的具体人多是孝子。儒家认为舜是大孝，虽然继母唆使父亲多次欲置舜于死地，可是舜对父母毫不记恨，像无事一样，仍然尊敬孝顺自己的父母，最后父母终于受感动，改变了对舜的态度。儒家认为舜是大孝感动天地的人。孔子的弟子曾参至孝，母子连心；闵子芦衣，感化后娘；子路事亲，百里负米等故事家喻户晓。儒家认为人的成长离不开老师的教育和指导，只有尊敬老师，老师才会尽心竭力地教育自己。荀子说："人的本性邪恶，一定要依靠师长和法度的教化才能端正，要得到礼义的引导才能治理好。人没有师长和法度就会偏邪险恶而不端正……能够被师长和法度所感化，积累文献经典方面的知识、遵行礼义的，就是君子。"（《荀子·性恶》23.3）。"君子尊崇老师，亲近朋友，而极端憎恨那些贼人。"（《荀子·修身》2.1）儒家认为："老吾老以及人之老；幼吾幼以及人之幼，天下可运于掌。"（《孟子·梁惠王章句上》第七章）"上老老而民兴孝，上长长而民兴弟，上恤孤而民不倍，是以君子有絜矩之道也。"（《大学》）

第七，君子说话谨慎，言论精深，言辞和悦，贴近人情，合理合法。儒家学说对君子说话提出了许多精辟的见解。孔子说："君子说话要谨慎，行动要敏捷。"（《论语·里仁》第二十四章）孔子的学生南容反复诵读《诗经·大雅·抑》篇中的"白圭的污点可以磨掉；我们言语中的污点无法去掉"这几句话，孔子便把自己哥哥的女儿嫁给他做妻子。（《论语·先进》第六章）曾子说："说话言辞和悦，就会避免鄙俗和错误。"（《论语·泰伯》第四章）

孟子强调："说话一定要讲信用"（《孟子·尽心章句下》第三十三章），说话要"负责任"（《孟子·离娄章句上》第二十一章），说话要去掉虚假的言词、偏颇的言词和邪僻的言词。（《孟子·公孙丑章句上》第二章）他主张"进良言，驳异论"。（《孟子·离娄章句上》第一章）

《中庸》引用《诗经·大雅·烝民》中的话说："我归向那德行显著的人，他从来不大发脾气吓唬人。"孔子评价这两句话说："用疾言厉色去教化民众，是最最下策。"《中庸》还告诉人们"要远离那些专说别人坏话的人"。

荀子说："君子的言论，深入而又精微，贴近人情世故而有法度，具体说法参差错落而大旨始终一致。"（《荀子·正名》22.10）荀子又说："话说得多而合乎法度，便是圣人；说话少而合乎法度，就是君子。"（《荀子·大略》27.12）

第八，君子慎独，自觉严格地管理自己。儒家学说中的君子具有自觉严

格管理自己的优良品质。《大学》强调君子修身做人没有一处不用最好的办法，"君子无所不用其极"，"自我修养用心仔细"。《大学》强调，修养自身"不要自己欺骗自己"，"有德的君子在自己一个人独处别人看不见的时候，要更加自觉谨慎地管理自己"，《大学》引用曾子的话说："当一个人独处而别人看不见的时候，更要时刻警惕，就好像有十只眼睛紧紧盯着自己的一言一行，就好像有十只手在对自己的言行指指点点，这样的监督不是很严密吗？"《中庸》强调："君子戒慎乎其所不睹，恐惧乎其所不闻，莫见乎隐，莫显乎微，故君子慎其独也。"《中庸》还说："君子无人而不自得……正己而不求于人……上不怨天，下不尤人。"《中庸》还引用孔子的话说，君子管理自己，好像射箭人射箭一样，射不中靶上所画的红心点，想到的是自己射术不精，而不是怨恨他人。

孔子告诉他的弟子们："为人由己，而由人乎哉？"他要求弟子们管好自己，使自己的言行符合礼的规范，"非礼勿视，非礼勿听，非礼勿言，非礼勿动。"（《论语·颜渊》第一章）荀子告诉人们："祸患所赖以产生的根源，都发生于那些细微的地方。"君子必须见微知著，"及早地消灭祸患的苗头"。（《荀子·大略》27.10）

（9）君子追求超群的才智，喜欢辅佐贤人。"天行健，君子以自强不息"，这是儒家君子思想的重要内容之一，也是儒家学说中君子形象的基本特点之一。儒家学说对君子的这一特点提出了许多精辟的论述。荀子说：世间"有圣人的智慧，有士君子的智慧，有小人的智慧，有奴仆的智慧"（《荀子·性恶》23.17）。"要认真修养大智慧、大德行、大才能……坐在屋里能看见整个天下，处在现代而能评判远古，通观万物而能看清它们的真相，考察社会之乱而能知晓它的法度，治理天下而能控制利用万物，对整个宇宙能了如指掌，智慧没有穷尽，德行深厚广大，光辉与太阳月亮相当……这样的人哪里还会被蒙蔽呢？"（《荀子·解蔽》21.8）

儒家学说告诉人们："能识别贤人的人叫作明智，能辅助贤人的人叫贤能。"（《荀子·解蔽》21.4）渴望成为有益于社会和人民的人，应当善于识别贤人，辅佐贤人，并指出："因为贪婪鄙陋而违背正道争权夺利不遭屈辱灭亡的，从古至今还不曾有过"，"努力识别贤人，尽力辅助贤人，他的幸福一定长久"。（《荀子·解蔽》21.4）

5. 儒家学说中的小人形象特点

儒家学说中的小人是与君子相对应的人生形象称谓，他们与君子一样，是一个松散的无组织的分布广泛的社会势力，其人生形象特点也多与君子相对立，是儒家学说抨击的对象。小人这一社会势力构成比较复杂，具体特点也多种多样，儒家学说的小人形象及其特点的分类大致如下：

第一，不晓事理，败坏仁义道德。儒家学说的小人是一些不懂道理不仁不义、缺少仁德和败坏德行的人。孔子说:"巧言乱德",花言巧语的人会败坏德行。(《论语·卫灵公》第二十七章)又说:"花言巧语,伪装和善,这样的人仁德是不多的。"(《论语·学而》第三章)荀子说,小人不懂按照事物道理办事,他们"有才能形象丑恶,没有才能形象也是丑恶的……小人有才能,就骄傲自大邪僻背理来傲视欺凌别人……没有才能,就嫉妒怨恨诽谤倾轧搞垮别人……小人有才能,那么别人就会把向他学习看作卑鄙;没有才能,那么别人也就不愿意告诉他们什么"。(《荀子·不苟》73.3)《中庸》说:"小人奉行的小道,外表看起来很明亮,但因内里没有蕴涵,所以只能一天一天地消减。"

第二,不讲道义,不守礼法。儒家学说中的小人,多是一些不守礼法的人。孟子说:君子走义路,行礼门,人生的"大路像磨刀石一样平坦,像箭杆一样笔直,君子在这条路上走,小人只能看着"。(《孟子·万章章句下》第七章)荀子说,小人说话做事不守礼法,"不合法度却还是放纵沉醉在其中",(《荀子·大略》27.112)荀子指出,小人是君子的反面。"君子心往大的方面用,就会敬奉自然规律;如果心往小的方面用,就会敬畏礼义而有所节制……小人就不是这样,如果心往大的方面用,就会傲慢而粗暴;如果心往小的方面用,就会邪恶而倾轧别人;如果聪明,就会巧取豪夺而用尽心机;如果愚钝,就会狠毒残忍而作乱;如果被起用,就会高兴而傲满;如果不见用,就会怨恨而险恶;如果高兴了,就会轻浮而急躁;如果忧愁了,就会垂头丧气而心惊胆战;如果显贵,就会骄横而不公正;如果困窘,就会自暴自弃而志趣卑下。"(《荀子·不苟》3.6)荀子指出,小人不讲道义不守礼法,最后自己得到的只能是耻辱。"纵情任性,习惯于恣肆放荡,行为像禽兽一样,谈不上和礼义合拍,不能和正确的政治原则相贯通。"(《荀子·非十二子》6.2)

第三,说话不忠诚老实,造谣生事,专说别人坏话。儒家学说憎恶那些造谣生事专说别人坏话的人。《诗经·小雅·巷伯》说:"那个造谣的坏家伙,诬枉好人太过分!""阴谋要把好人诬","抓住那个造谣主,丢给豺狼和老虎。豺狼老虎不希吃,丢到北极寒地去。北极寒地不接受,丢给老天去惩处。"《诗经·小雅·青蝇》说:"谗人造谣没准则,里挑外撅乱四国。"孔子"憎恶总说别人不好的人",子贡"憎恶攻击别人的短处而自以为自己正直的人。"(《论语·阳货》第二十四章)《中庸》要求人们"要远离那些专说别人坏话的人。"孔子强调:"本来没有的说成是有的,虚空的说成是盈实的,简约的说成是豪华的,这样的人是很难有操行的。"(《论语·述而》第二十六章)"说话不忠诚老实,行为不忠厚恭谨,即使在自己的小州里,能行得通吗?"(《论语·卫灵公》第六章)孔子对子路说:"记住,我告诉你。在说话方面趾高气扬的人夸夸其谈,在行动方面趾高气扬的人自我炫耀。从脸色上就能知道有才能的人,是小人啊。"(《荀子·子道》29.6)

第四，无恻隐心，无廉耻心，无谦让心，无是非心。儒家学说把这样的人视为不是人的人。孟子说："没有恻隐之心的人，简直不是人；没有廉耻之心的人，简直不是人；没有谦让之心的人，简直不是人；没有是非之心的人，简直不是人。"（《孟子·公孙丑章句上》第六章）

儒家一贯批判是非不分或混淆是非。《孟子》说："孔子说过'厌恶那些表面相似而实际上完全不同的东西；厌恶狗尾草，因为它冒充禾苗；厌恶歪才，因为它冒充义理……厌恶紫色，因为怕它混淆了红色；厌恶好好先生，因为怕它扰乱了美德。'君子使事物回归正道就行了。正道不被歪曲，百姓就会奋发振作；百姓奋发振作，就没有邪恶了。"荀子指出：小人是一些混淆是非的人，他们"自己极其昏乱，却憎恨别人对自己的责备；自己极其无能，却让别人说自己贤能；自己的心地像虎狼，行为像禽兽，却又憎恨别人指出其罪恶；对阿谀奉承自己的人就亲近，对规劝自己改正错误的人就疏远，把善良正直的话当作对自己的讥笑，把极端忠诚的行为看成是对自己的戕害，这样的人即使想不灭亡，可能吗？"（《荀子·修身》2.1）荀子明确指出："别人贤能却不去尊敬他，那就是禽兽了"，"人如禽兽就会胡乱妄为"，"灾难就会落到他身上"。（《荀子·臣道》13.8）

第五，自以为是，骄傲自满，不知羞耻，愚蠢可悲。儒家学说中的小人多是无耻之人。孟子说："人不可以没有羞耻心。把没有羞耻心看成是羞耻，就没有可羞耻的事了。"（《孟子·尽心章句上》第六章）他强调："羞耻心对于一个人来说太重要了。巧诈多变的人，是没有什么地方用得着羞耻心的。不以比不上别人为耻，怎么能赶上别人呢？"（《孟子·尽心章句上》第七章）孔子告诉弟子说："弟子们听着！……对人来说，一定先有自招毁灭的原因，然后别人才会毁灭它；对国家来说，一定先有自讨攻伐的暴政，然后别国才会攻伐它。《太甲》说：'天作孽，犹可违；自作孽，不可活。'说的就是这个道理。"（《孟子·离娄章句上》第八章）荀子说，小人就是一些无耻之人，"他们自己极其混乱，却还憎恨别人对自己的责备；自己极其无能，却要别人说自己贤能；自己的心地像虎狼，行为像禽兽，却又憎恨别人指出罪恶；对阿谀奉承自己的人就亲近，对规劝自己改正错误的人就疏远，把善良正直的话当作对自己的讥笑，把极端忠诚的行为看成是对自己的残害，这样的人即使想不灭亡，可能吗？……实在令人很可悲。"（《荀子·修身》2.1）荀子强调："鄙陋的人……拉帮结派而党羽越来越少；卑鄙地去争夺而名声越来越臭；尽心竭力地去追求安逸和私利，而自身越来越危险。"《诗》云："小人总是不善良，互相怪怨另一方。争名夺利不谦让，直到自己被灭亡。"（《荀子·儒教》8.9）

第六，浅陋无知，不善于学习，缺少理智，只知怨天尤人。儒家学说中的小人，多是浅陋无知、不善于学习的人。荀子指出小人浅陋无知，只知怨天尤人,"干怪诞的事,招摇撞骗,强取豪夺,放荡凶悍,骄横残暴,靠这些在混乱的社会中苟且偷生,不安其位,这是自取危险、耻辱、灭亡、刑罚的缘由"。(《荀子·荣辱》4.8)孟子强调:"因为小人做事缺少理智,他们自己作孽干坏事,处在危险之中却心安理得,灾难临头却以为是吉利,把导致亡国亡家的事当成乐事⋯⋯《太甲》曰:'天作孽,犹可违;自作孽,不可活。'"(《孟子·离娄章句上》第八章)

第七,文过饰非,自我炫耀。这是儒家学说中常见的一种小人形象。这种人错就错在不知改过完善发展自己,而想用掩饰自己错误的办法,让别人说自己好,结果过失越来越大,形象越来越不好。因此儒家指出,文过饰非,自我炫耀的人不可能成为君子。《论语》不止一次批评"争强好胜,自我夸耀,怨恨别人"的人,告诉人们君子知过则改,而"小人对自己的过错必定要加以掩饰。"(《论语·子张》第八章)小人闻过则怒。他们自己行为邪枉,心地险恶,昏乱迷惑,不走正道,还宣扬唯我独美。责怪别人说自己不好的人,只能永远做小人。"不听规劝","不肯悔改","一错到底不悔悟",下场只能像周幽王和周厉王那样(参见《荀子·成相》25.38、25.39、25.42)。《荀子》指出:"说话趾高气扬夸夸其谈,行为趾高气扬自我炫耀,脸色上表现出自己了不起的人是小人啊。"(《荀子·子道》29.6)

第八,纵情任性,恣意妄为。这种人不懂得社会发展有自己固有的规律,不懂得任何人的存在和发展都受诸多社会因素的制约,不懂得社会不允许任何个人为所欲为,他们以个人为核心,想干什么就干什么,结果常常碰壁。荀子指出:"纵情任性,习惯于恣肆放荡而违反礼义的人,就是小人。"(《荀子·性恶》23.3)荀子强调:"放纵人的本性,依顺人的情欲,就一定会出现争抢掠夺,一定会和违犯等级名分、扰乱礼义法度的行为合流,而最终趋向于暴乱。"(《荀子·性恶》23.2)《中庸》说:"君子中庸,小人反中庸。君子之中庸也,君子而时中。小人之中庸也,小人而无忌惮也。"

第九,禽兽不如,不值得指责。儒家认为,小人中形象最不好的是那些行为不如禽兽、不值得指责的人。儒家学说中批评了许多不如禽兽的人,告诉人们,这些人的行为连鸟兽都不如,又有什么可与他们计较的呢?孟子指出:"一个不值得指责的人,那么他怎样做事,都不值得批评。"(《孟子·离娄章句上》第二十章)

6. 君子与小人的人生价值及社会作用不同

儒家学说中的君子是国家的珍宝、社会的脊梁,而小人则是国家的妖孽、社会的蛀虫,因而儒家热烈赞美君子而无情地抨击小人。

《大学》引用《楚书》的话说:"楚国没有什么宝贝,惟善人君子是我们的国宝。"荀子说:"天地是生命的本源;礼义是天下大治的本源;君子是礼义的本源⋯⋯天地生养君子,君子治理天地。君子是天地的参赞、万物的总

管、人民的父母。如果没有君子,那么天地就不能治理,礼义就没有头绪,上没有君主、师长的尊严,下没有父子之间的伦理道德。"(《荀子·王制》9.18)荀子又说:"君子是正确原则与法制的总管,不可以片刻缺少。得到了他,国家就能治理好;失去了他,国家就会混乱;得到了他,国家就会安定;失去了他,国家就会危险;得到了他,国家就能保存;失去了他,国家就会灭亡。所以有了良好的法制而发生混乱的国家,历史上有这种情况发生;有了君子而政治混乱的,从古到今,还不曾听说过。古书说:'国家的安定产生于君子,国家的混乱来源于小人。'"(《荀子·致士》14.3)荀子还说:"羿、逢蒙,使善于射箭的人佩服;王良、造父,使善于驾车的人佩服;聪明的君子,善于使所有的人佩服。人们都敬佩服从他,那么权势也就从属于他;人们不敬佩服从他,那么权势也就和他分离了;称王天下的君主达到了使人敬佩服从的地步也就成了君子。君主要想得到射箭的人,既射得远又能命中微小的目标,那么就没有比羿、逢蒙更好的了;想要得到善于驾车的人,既能追上快速奔驰的车子,又能到达远方的目的地,那就没有比王良、造父更好的了;想要得到治理天下,统一天下的人……就没有比聪明的君子更好的了。"(《荀子·王霸》11.15)

《大学》同时引用《楚书》的话说:小人如果在上位,"看到别人有出众的技能,就产生嫉妒心,开始厌憎他;看到别人品行超过常人,便千方百计地阻挠他、抑制他,使他不能够发达。这样的人不容别人强于自己,就势必会危及国家。只要是仁爱百姓的圣人在上位,就一定要把这样的人流放到边远地区,把他们驱逐到四面蛮夷们居住的荒凉之处,不与他们一同在华夏居住,以免他们为害一方"。荀子告诉人们不要与小人相处,"如果和德行不好的人相处,所听到的就是欺骗造谣、诡诈说谎,所看到的就是污秽卑鄙、淫乱邪恶、贪图财利的行为,自己将受到刑罚杀戮还没有自我意识到"(《荀子·性恶》23.19)。荀子强调:"狡猾诡诈的小人,嫉妒欺昧的臣子,是国家的垃圾和妖孽。"(《荀子·大略》27.56)"治理国家的人,应敬重国家的珍宝,爱护国家的器具,使用国家的工具,铲除国家的妖孽。"(《荀子·大略》27.57)

十、儒家圣贤论人的自我认识

儒家学说对人的自我认识问题,提出了许多有益的观点,其中主要有:

(一)懂得人有自知之明

儒家告诉人们,人有天生的认知能力,有自知之明。做人做事要知道自己该怎么办,善于从自身找原因。孔子说:"不考虑'怎么办,怎么办'的人,我不知道该怎么办了。"(《论语·卫灵公》第十六章)孔子的意思是说,人们自己如果不去思考认识自己该怎么办,那么别人是没有办法替他考虑该怎么办的。孟子说:"求仁德的人好比射箭,射箭的人先端正自己的姿势而后射箭,射不中靶,不是责怪赢了自己的人,而是反过来从自己身上找原因。"(《孟子·公孙丑章句上》第七章)孟子强调:"任何行动如果没有收到预想效果,那就应当反过来从自己身上找原因,自己行为端正,天下人自然会顺从。《诗经·大雅·文王》说:'永远与上天的意志吻合,自己努力求取福禄。'"(《孟子·离娄章句上》第四章)荀子进一步指出:"是称王、称霸、安全生存,还是危险、灭亡,决定性的关键都在自己而不在别人。"(《荀子·王制》9.25)孔子问颜回:"什么样的人叫明智的人?"颜回说:"明智的人有自知之明。"孔子说:"你可以称为贤明的君子了。"(《荀子·子道》29.7)荀子强调:"有自知之明的人不怪怨别人,懂得命运的人不埋怨老天;怪怨别人的人就会走投无路,埋怨老天的人没有见识。错误在自己身上,却反而去责求别人,岂不是绕远了吗?"(《荀子·荣辱》4.6)

儒家告诉人们要懂得人有天生的主宰功能,知道自己是自身的主人,知道怎样主宰自己。儒家学说还阐述了为什么必须从自己身上找原因的问题。荀子指出:人有"天生的主宰",凭借天生的主宰功能,人人都可以成为自己的主人,他举例说:"圣人清醒自己那天生的主宰……明了自己该做的事和不该做的事,天地就能被利用而万物就能被操纵了,他的行动就能处处有条理,他的保养就能处处恰当,他的生命就能不受伤害,这就叫作了解了天。"(《荀子·天论》17.4)

(二)懂得知明而行无过

《论语》开篇就提出"吾日三省吾身"。《荀子》开篇伊始也指出"君子广泛地学习而能每天省察自己,就会见识高明而行为没有过错"(《荀子·劝学》1.1)。孟子不止一次地批评一些人不能正确地认识自己,他说:"一两把粗细的桐树梓树,人们如果要使它长大,都知道怎样去养护。可是对于自己,却不知道怎样修养,难道爱自己还不如爱桐树梓树吗?真是太不爱思考了。"(《孟子·告子章句上》第十三章)《大学》指出,"先致其知",才能修身、齐家、治国、平天下。"知至而后意诚,意诚而后心正,心正而后身修,身修而后家齐,家齐而后国治,国治而后天下平。"《中庸》强调:"内省不疚,无恶于志。"

(三)懂得做人做事必须明理守道

孔子指出,要想做君子的人,必须懂得重道明理,"立志求道"(《论语·述而》第六章),"死守善道"(《论语·泰伯》第十三章),"以正直之道行事,讲求在道的基础上的和谐"(《论语·子路》第二十三章)。孟子指出:

"万事万物只有一个根本"(《孟子·滕文公章句上》第五章),"天下真理只有一条"(《孟子·滕文公章句上》第一章),"乐于顺从客观规律的君王可以安天下"(《孟子·梁惠王章句上》第三章)。孟子引用《尚书》中的话说:"武王的功绩多么伟大啊! 启迪帮助我们,直到后世都完美无缺地守正道。"(《孟子·滕文公章句下》第九章)。荀子进一步指出:"天有其时,地有其财,人有其治,夫是之谓参。舍其所以参,而愿其所参,则惑矣。"(《荀子·天论》17.2)荀子的意思是说,天地皆有自己发展变化之道,人如果舍弃了自身用来与天地并列的治理方法,而只期望于与自己并列的天地,那就是糊涂了。荀子强调:"循道不忒,则天不能祸……背道而妄行,则天不能使之吉。"(《荀子·天论》17.1)荀子说:"精于具体事物的人只能支配这种具体事物,精于道的人则能全面地支配各种事物。所以君子专心于道而用它来帮助自己考察万物。专心于道就能正确无误,用它来帮助自己考察万物,就能看得非常清楚;用正确的思想去处理非常清楚的调查结论,那么万物就能被利用了。"(《荀子·解蔽》21.10)荀子告诉人们:人天生具有认知的智能,人凭借认知的智能,就能认识道;人求道如果能达到虚心、专心、静心的地步,"就能够明察道……对万事万物没有什么露了形迹而看不见的,没有什么看见了而不能评判的,没有什么评判了而不能到位的。他坐在屋里而能看见整个天下,处在现代而能评判远古,通观万物而能看清它们的真相,检验考核社会的治乱而能通晓它的法度,治理天地而能控制利用万物,掌握了全局性的大道理而整个宇宙就都了如指掌了……这种人哪里还会有被蒙蔽的呢?"(《荀子·解蔽》21.8)

(四)懂得有自觉的责任觉悟

儒家要求人们能够认识自己的使命和责任。儒家学说的代表人物都有明确的自觉的责任觉悟,对自己的使命和责任都有清楚的认识,能把自己的思想、言论和行动统一到社会发展需要的轨道。儒家学说的代表著作《论语》《孟子》《大学》《中庸》等都有这方面的论述。孔子说:"天下无道已经很久了,上天将要用夫子来唤醒百姓。"(《论语·八佾》第二十四章)孔子相信自己对自身责任的认识是正确的,所以孔子说:"礼乐之道如果不能推行,我就乘竹筏漂浮到海外去。"(《论语·公冶长》第七章)孔子强调的自我责任觉悟,就是"对人民尽心专一,合乎道义"(《论语·雍也》第二十二章)。《论语》说:"仁以为己任,不亦重乎? 死而后已,不亦远乎?"(《论语·泰伯》第七章)孔子被匡地的人囚禁了,他仍不忘自己的使命和责任,他说:"周文王死了以后,文化典籍不都在我这吗? 天如果要消灭周的文化,那么我也就不会掌握这些文化了;既然天不想丧失这些文化,那匡地的人又能把我怎么样呢?"(《论语·子罕》第五章)《论语》还论述了尧、舜、禹和商汤的责任觉悟,商汤说:"我可以明白地告诉尊贵的上帝:有罪的人我不敢赦免。上帝的臣子有罪我也不能庇护,这些都记在你上帝的心里。我如果有罪,不要牵连天下万方;天下万方有罪,罪责都在我一人身上……百姓有过错,责任在我一人身上。"(《论语·尧曰》第一章)《孟子》书中非常强调自觉的责任觉悟,孟子说:"五百年必有王者兴,其间必有名世者。由周而来,七百余岁矣。以其数,则过矣;以其时考之,则可矣。夫天未欲平治天下矣;如欲平治天下,当今之世,舍我其谁也? 吾何为不豫哉?"(《孟子·公孙丑章句下》第十三章)孟子又说:"孔子的学说不能发扬光大,那就是邪说欺骗百姓,阻塞仁义的道路。仁义道路被堵塞,那就等于率领野兽去吃人,人与人也会互相残害。我很为这种状况担忧,所以才捍卫前代圣王的正确主张……批判各种浮夸失实的言论,使宣传邪说的人不能得逞。"孟子接着说:"从前大禹制服了洪水,天下才得以太平;周公兼并了夷狄,驱走了猛兽,百姓才得以安宁;孔子写下了《春秋》,乱臣贼子才有所惧怕……我也是想使人心端正,消除各种邪说,反对偏激行为,批驳浮夸失实的学说,以继承大禹、周公、孔子三位圣人的事业。"(《孟子·滕文公章句上》第九章)孟子以伊尹为例,进一步论述了自觉责任觉悟的重要性。孟子说:伊尹开始是想以"安于农耕,以行尧舜之道而自得其乐"的,"商汤三次派人聘请他,他终于完全地改变态度,伊尹说:'我与其从事农耕,以行尧舜之道为乐,还不如使这个君王成为像尧舜那样的君王呢,还不如使这里的百姓像尧舜时代的百姓呢! 上天创造了人类,就是让先认识事物的人启迪后认识事物的人,让先认清事理的人启迪后认清事理的人。我就是上天创造的人中先认清事理的人,我应当用尧舜之道启迪现在的百姓。我不唤醒他们,还有谁呢? 伊尹为天下百姓着想,天下的人民只要有一人没有承受过尧舜所施的恩泽,就好像是自己把他推进深沟一样。伊尹就是这样把拯救天下的重担担在自己肩上"(《孟子·万章章句上》第七章)。孟子强调:"有官员职守的人,如果不能尽职尽责,就应当辞职;有进谏责任的人,如果建议不能被采纳,就应该离职。"(《孟子·公孙丑章句下》第五章)"在朝廷上做大官,自己的正确主张都不能实现,这是耻辱。"(《孟子·万章章句下》第五章)

儒家指出,人的责任是多方面的,下要对自己负责,上要对君主负责。荀子说:"斗殴的人,是忘记了自己身体的人,是忘记了自己亲人的人,是忘记了自己君主的人。发泄一时的愤怒,终生丧失躯体,然而还是去斗殴,这便是忘记了自己的身体;家庭会立刻遭到摧残,亲戚也不免受刑被杀,然而还是斗殴,这便是忘记了自己的亲人;斗殴是君主所厌恶的,是刑法所严格禁止的,然而还是去斗殴,这便是忘记了自己的君主。就可忧虑的事来说,是忘记了自身;从家庭内部来说,是忘记了亲人;对上来说,是忘记了君主……哺乳的母猪不去触犯老虎,喂奶的母狗不到远处游逛,这是因为它们

没忘记自己的亲骨肉啊。作为一个人,就可忧虑的事来说,忘记了自身;从家庭内部来说,忘记了亲人;对上来说,忘记了君主;这种人啊,连猪狗也不如了。"(《荀子·荣辱》4.3)荀子又说:"以君子的身份去和小人互相残害,就可忧虑的事来说,是忘记了自身;从家庭内部来说,是忘记了亲人;对上来说,是忘记了君主……没有比这更愚蠢的人……没有比这更耻辱的人。"(《荀子·荣辱》4.4)

(五)懂得德是构建人生大厦的根基,礼法是人生大厦得以挺立的顶梁和柱石

儒家学说明确告诉人们,做人必须懂得德的作用。《大学》是阐述儒家教学宗旨的代表作,开宗明义第一句话就指出:"大学之道,在明明德,在亲民,在止于至善。"强调:"德者本也","君子先慎乎其德。"《中庸》指出:"苟不至德,至道不凝焉",没有最高德性的人,圣人之道是不能实行的,要求人们要懂得"贱货而贵德"。《诗经·大雅·抑》说:"抑抑威仪,维德之隅……温温恭人,维德之基。其维维德,告之话言,顺德之行。"荀子把"温温恭人,维德之基"进一步发展为德是做人的基础。孔子强调做人必须"立足于德"(《论语·述而》第六章),提倡"崇德"(《论语·颜渊》第十章),告诫人们应立志"恒心守德"(《论语·子路》第二十二章),强调:"大德不逾闲"(《论语·子张》第十一章)。孔子还明确指出:"立身之道在于礼"(《论语·泰伯》第八章)。他强调:"不学礼,无以立"。(《论语·季氏》第十三章)孔子告诉人们:"恭敬而没有礼的节制就会劳苦,谨慎而没有礼的节制就会胆怯,勇敢而没有礼的节制就会闯祸,直率而没有礼的节制就会变得尖刻。"(《论语·泰伯》第二章)孔子还指出:"君子心中应有法度"(《论语·里仁》第十一章)。孟子明确指出:"君子依据法度做事"(《孟子·尽心章句下》第三十三章)。孟子强调,法律是任何人都不能违犯的。《孟子》书中记载了桃应与孟子的一段对话。桃应问孟子:"舜做天子,皋陶做法官,如果瞽瞍杀了人,那么该怎么办。"孟子说:"把他抓起来罢了。"桃应又问:"那么舜不阻止吗?"孟子说:"舜怎么阻止呢?抓他是有法律依据的。"(《孟子·尽心章句上》第三十五章)荀子进一步指出:"礼法是用来端正身心的,老师是用来正确阐明礼法的,没有礼法用什么端正身心呢?没有老师,我们哪能知道礼法是这样的呢?礼法是这样规定的就这样做,则是使性情安于礼法……违背礼法,就是无视礼法;违背老师,就是无视老师。不赞同老师和礼法而喜欢刚愎自用,打个比方,就好像让瞎子来辨别颜色让聋子来分辨声音,除了胡说妄为之外是不会干出什么好事来的。"(《荀子·修身》2.11)荀子强调:"人没有礼法,就会迷惘而无所适从,有了礼法而不知道它的旨意,就会手忙脚乱;遵循礼法而又能精深地把握它的具体准则,然后才能不慌不忙而泰然自若。"(《荀子·修身》2.10)荀子告诉人们:"礼是人立身之处。失去立身之处,就一定会跌倒沉沦。稍微失去一点而造成的祸乱很大的东西,就是礼。"(《荀子·大略》27.42)荀子强调:"礼对于整个国家,就像秤对于轻重一样,就像墨线对于曲线一样。所以,人没有礼就不能生活,事情没有礼就不能办成,国家没有礼就不得安宁。"(《荀子·大略》27.43)

(六)懂得人生成败关键在自己

儒家学说指出,人生成败关键在自己。荀子说:"天行有常,不为尧存,不为桀亡。应之以治则吉,应之以乱则凶。强本而节用,则天不能贫;养备而动时,则天不能病;循道而不贰,则天不能祸……背道而妄行,则天不能使之吉。"(《荀子·天论》17.1)荀子进一步指出:"治理拥有万辆兵车的大国君子,他那威武强大的地位之所以能确立,他的名声之所以美好,他的敌人之所以屈服,他的国家之所以又安全又好,决定性的关键都在自己而不在别人。"(《荀子·王制》9.25)

儒家学说认为,人的可宝贵性在于"人皆可以为尧舜。"(《孟子·告子章句下》第二章)孟子说:"每个人身上都有值得自己尊贵的地方。"人要想做到自重自尊,就要认识自己值得尊贵的地方。他说:"希望尊贵,这是人们共同的心态。可是……别人给予的尊贵,不是真的尊贵。赵孟所给予尊贵的人,赵孟也同样能使他低贱。"孟子引用《诗经·大雅·既醉》说:"酒已经喝得醺畅了,德行也已经饱受了。"说的是仁义之心已经具备了,因而也就不羡慕别人珍馐佳肴的美味了;广为赞誉的美好名声归于自身,也就不希望别人的绣花服了。(《孟子·告子章句上》第十七章)发扬自己尊贵的地方,"依从自己的特长","不要用自己的短处去对付别人的长处"(《荀子·大略》27.111)人才有可能得以较好地成长和成功。孔子指出:"君子如果不自重,就不会有威严;所学的东西也不牢固。"(《论语·学而》第八章)荀子引用曾子的话说:"不要自己不好而埋怨别人,不要刑罚降临才呼喊上天……自己不好而埋怨别人,不是舍近求远了吗?刑罚已经临头才呼喊上天,不是悔之已晚了吗?《诗》云:'涓涓细流源头水,不加堵截就不绝。车毂已经全破碎,这才加大那车辐,事情已经失败了,这才深深长叹息。'这样做有益吗?"(《荀子·法行》30.2)

儒家告诉人们要懂得自强。孔子说:"腐朽了的木头不能雕刻,粪土之墙无法粉刷。"(《论语·公冶长》第十章)他强调:"君子求诸己。"(《论语·卫灵公》第二十一章)《孟子》记述了王子垫与孟子的谈话,王子垫问道:"士人应该从事什么呢?"孟子说:"使自己的心志高尚。"王子垫说:"怎样才算心志高尚呢?"孟子说:"追求仁义罢了。杀死一个无罪的人是不仁,不是自己的东西却去拿来是不义。自己住在哪里呢?住在仁的地方。自己

走的路在哪里呢? 义在的地方。居住在仁当中,沿着义的道路行走,德行高尚的人该做的事就齐备了。"(《孟子·尽心章句上》第三十三章)孟子又说:"天将降大任于斯人也,必先苦其心志,劳其筋骨,饿其体肤,空乏其身,行拂乱其所为,所以动心忍性,曾益其所不能。"(《孟子·告子章句下》第十五章)孟子指出,人要自强,就必须懂得听取别人的正确意见,克服自己的缺点、错误和不足,善于吸取别人的优点。他举例说:"子路这个人别人指出他的缺点,就非常高兴;夏禹这个人听到别人的正确意见,他就向人家施礼;舜有更令人钦佩的地方,他善于与别人沟通,舍去自己不正确的意见,采用别人正确的意见,乐于吸取别人的长处来发展自己的善行。舜从亲自耕作、制陶器、捕鱼,一直到做天子,没有哪一个优点不是从别人那里学习来的。"(《孟子·公孙丑章句上》第八章)荀子指出:"圣人和众人不同而又超过众人的地方,是懂得后天人为的努力。"(《荀子·性恶》23.7)荀子又说:"修身自强,就能使自己的名声和尧、禹相媲美。"(《荀子·修身》2.2)"君子把自己的品德不好视为耻辱,而不把被别人污蔑看作耻辱;把自己不诚实看作耻辱,而不把不被信任看作耻辱;把自己无能看作耻辱,而不把不被人任用看作耻辱。"(《荀子·非十二子》6.15)荀子强调,如果人们自己不知道自强,即使最善于教化人的人,也无法使之变强。他举例说:"尧舜是普天下最善于进行教化的人,他们坐北朝南治理天下,广大民众无不归服听从,然而唯独丹朱、象不能被感化。这不是尧、舜的过错,而是丹朱、象的过错。"(《荀子·正论》16.6)"错误在自己身上却去责求别人",这是没有自知之明的人,这种人"就会走投无路"(《荀子·荣辱》4.6)。荀子进一步指出:"人们所以鄙视桀、跖、小人,是因为他们放纵自己的本性,顺从自己的情欲,习惯于恣肆放荡,以至于做出贪图财利争抢掠夺的暴行","人们所以要推崇尧、舜、君子,是因为他们能做出人为的努力,改变自己的本性"(《荀子·性恶》23.12)。

(七)懂得敬人之道

儒家学说告诉人们要懂得尊敬人的极端重要性。荀子说:"仁德之人必定尊敬别人。一般来说,一个人不贤能,那就是没有德才的人。别人贤能却不去尊敬他,那就是禽兽了;别人没有德才而不去尊敬他,那就是在戏弄老虎。人如禽兽就会胡乱妄为,戏弄老虎就会十分危险,灾难就会落到他身上了。"(《荀子·臣道》13.18)荀子明确提出"敬人有道",他说:"对贤能的人就景仰地尊敬他,对没有德才的人就畏惧地尊敬他;对贤能的人就亲切地尊敬他,对没有德才的人就疏远地尊敬他。尊敬是一样的,实际内容是两样的。"(《荀子·臣道》13.9)

荀子说:"人之所以成为人……是因他们对各种事物的界限都有所区

别。"(《荀子·非相》5.9)现实生活中的每个人周围,都有值得真正尊重的人,也有需要自己敬而远之的人,人们要想求得成长和成功,不可不注意认识哪些人是真正值得敬重的人,哪些人是应当敬而远之的人。荀子引用古书上的话说:"能识别贤人的叫作明智,能辅佐贤人的叫作贤能。努力识别贤人,尽力辅助贤人,他的幸福一定长久。"(《荀子·解蔽》21.4)要想做到这一点,就要掌握区分人的标准。荀子说:"对待所有的人都……忠诚守信正直老实而不伤害人……以忠诚守信为本体,以正直老实为纲纪,以礼义为规范,以伦理法律为原则,稍微说一句话,稍微动一动,都可以成为别人效法的榜样。"(《荀子·臣道》13.9)荀子举例说:"周成王对于周公,没有什么方面不听从,这是懂得了所要尊重的人。齐桓公对于管仲,凡是国家大事没有什么方面不听从,这是懂得了有利的办法。吴国有了伍子胥而不能听从他,国家落到灭亡的地步,是因为违背了正道失掉了贤人啊。所以使圣人尊贵的君主能称王天下,使贤人尊贵的君主能称霸诸侯,尊敬贤人的君主可以存在下去,怠慢贤人的君主就会灭亡,从古到今都是一样的。"(《荀子·君子》24.5)荀子进一步指出:"讲究仁德的人,就是喜欢正道的人;讲究道义的人,就是把正道当作职分的人;讲究节操的人,就是为这正道而献身的人;讲究忠诚的人,就是忠厚真诚地奉行这正道的人;囊括了这仁德、道义、节操、忠诚而全能做到,德行就完备了;德行完备而不向人夸耀,一切都是为了改善自己的德才,就叫作圣人。不向人夸耀了,所以天下的人就不会和他争能,因而他就能极好地利用人们的力量。有了德才而不自以为有德才,所以就被天下人尊重了。"(《荀子·君子》24.5)

(八)懂得修养自身的重要性,知道怎样去修身

儒家学说重视人的自我修养,不但指出人应当高度重视自我修养问题,而且要求人们必须懂得怎样修养自己。《大学》指出:修身是求得家齐、国治、天下平的基础,"身修而后家齐,家齐而后国治,国治而后天下平。自天子以至于庶人,壹是皆以修身为本"。修养自身的过程是:"先致其知",即先提高认识,懂得事理,"知至而后意诚",即认识提高之后,修养自身的意念才能真诚;修身的意念真诚之后,才能真心修养自己;有了修养自己的真心,真正修养自己,才能修养好自己的品德;修养好自己的品德,家庭才能治理好;家庭治理好后,才能把国家治理好;国家治理好后,才能天下太平。如果从天子到每个百姓都能以修身为本,社会就不会有混乱发生。《大学》强调:"所谓诚其意者",就是要懂得不自欺,不要掩其不善;要懂得慎其独,懂得修身"无所不用其极",懂得"苟日新,日日新,又日新","作新民",懂得"知其所止","为人君,止于仁;为人臣,止于敬;为人子,止于孝;为人父,止于慈;与国人交,止于信"。"所谓修身在正其心",就是要认识心在什么情

况下不能得其正,要懂得怎样使自己的心得其正。要懂得怎样使自己的身得其正。"所谓齐家在修其身",就是要认识身在什么情况下容易出现不正,要懂得怎样使自己的身得其正。"所谓治国必先治其家",就是要认识治家的重要性,懂得不能治好一个家庭的人,就不能成为人们的榜样,就无法治好一个国家;懂得"一家仁,一国兴仁;一家让,一国兴让;一人贪戾,一国作乱",懂得"一方偾事,一人定国。尧、舜率天下以仁,而民从之。桀、纣率天下以暴,而民从之"。"所谓平天下在治其国",就是要认识治理好一个国家的重要性,要懂得怎样才能治好国,明白"道得众则得国,失众则失国。"《大学》通篇讲的是认识做人之道,懂得遵循做人之道,明白做人之道不可违,清楚做人之道的核心是守道明德,"道盛德至善,民之不能忘也"。

《中庸》的主旨也是讲做人之道。《中庸》开章就指出做人有做人之道,要做君子的人应当从认识做人之道入手,指出:"人有天生的本性,依顺天生本性而行叫作道。""道也者,不可须臾离也,可离非道也。"《中庸》用大量的篇幅,讲了做人之道是什么,告诉人们:"道不远人。人之为道而远人,不可以为道。"《中庸》深入阐述了人、政、道的关系,清楚地指出:"其人存,则其政举;其人亡,则其政息。人道敏政,地道敏树……为政在人,取人以身,修身以道。"《中庸》还深入阐述了德与道的关系,明确指出:"苟不至德,至道不凝焉。"要求人们懂得做人需要有至高无上的德性,如果没有至高的德性,则不能求得至高无上的道。"故君子尊德性而道问学,致广大而尽精微,极高明而道中庸。"《中庸》告诉人们要认识君子之道,指出:"君子之道,本诸身,征诸庶民,考诸三王而不缪,建诸天地而不悖,质诸鬼神而无疑,百世以俟圣人而不惑。质诸鬼神而无疑,知天也,百世以俟圣人而不惑,知人也。是故君子动而世为天下道,行而世为天下法,言而世为天下则。远之则有望,近之则不厌。""故君子之道,闇然而日彰;小人之道,的然而日亡。君子之道:淡而不厌,简而文,温而理,知远之近,知风之自,知微之显,可与入德矣……君子内省不内疚,无恶于志。君子所不可及者,其唯人之所不见乎……故君子不动而敬,不言而信。"

(九)知道自己该做的事和不该做的事

儒家学说告诉人们要认识自己该做的事和能做的事。荀子说:"最大的技巧在于有些事情不去做,最大智慧在于有些事不去考虑。"(《荀子·天论》17.5)孟子告诉人们,做事还要懂得真做不到还是不去做的问题。《孟子》中有一段宣王与孟子的对话,宣王问孟子:"不去做和做不到,这两者之间的表现有什么区别呢?"孟子说:"用两臂夹着泰山跳过北海,对别人说'我做不到',这是真做不到;替老年人折取树枝,对别人说'我做不到',这是不做,而不是做不到。"孟子又说:"老吾老以及人之老,幼吾幼以及人之幼,天下可运于掌……古之人所以大过人者,无他焉,善推其所为而已矣。"
(《孟子·梁惠王章句上》第七章)

儒家告诉人们要知止。《大学》说:"大学之道,在明明德,在亲民,在止于至善。知止而后有定,定而后能静,静而后能安,安而后能虑,虑而后能得。"意思是说,要认识自己最美好的德性,不断地革旧从新,把自己的人生追求定位在至善的境界上,只有这样,自己的心才能静下来,心静之后才能精神安定,心安之后才能冷静地思考问题,只有经过冷静深入地思考才能有所得。《大学》借用孔子评价《诗经·商颂·玄鸟》的话说:"小鸟在丘隅栖息的时候,都知道挑选适合栖息的地方,作为堂堂正正的人又怎么连小鸟这样的见识也没有呢?"《大学》接下来告诉人们:"为人君止于仁,为人臣止于敬,为人子止于孝,为人父止于慈,与国人交止于信。"

《大学》告诉人们,要知其该止和不该止。《大学》引用孔子的话说:办好天下国家九宗大事的根本点在于一个诚字。凡是做一件事,事先诚心地准备,就会成功……"诚者天之道也,诚之者人之道也……诚之者,择善而固执之者也。博学之,审问之,慎思之,明辨之,学行之。有弗学,笃之弗能,弗措也;有弗问,问之弗之,弗措也;有弗思,思之弗得,弗措也;有弗辨,辨之弗得,弗措也;有弗行,行之弗笃,弗措也。人一能之,己百之;人十能之,己千之。果能此道也,虽愚必明,虽柔必强。"他告诉人们:"要想选择好的道理,应当多多地学习道理,详详细细地审察这些道理,小心翼翼地思考这些道理,明白无误地分辨这些道理,切切实实地按这些道理去做。学习的时候,没有达到目的时,不要轻易停止,要锲而不舍;询问的时候,如果没有问明白,不要轻易停止,而要打破砂锅问到底;思考问题的时候,没有考虑明白,不要轻易停止,而要钻研到底;分辨问题的时候,没有分辨清楚的时候,不要轻易停止而要究根溯源;做事的时候,没有达到目的,不要轻易停止,而要坚持到底。别人用一分的力气可以做到的事,我就用一百分的气力去做;别人用十分气力去做的事,我就用一千分的气力去做。如果有这样的恒心,即使愚人也能变聪明,即使弱者也能变强。只要有诚心,没有办不到的事。"

(十)知道明智的重要性

儒家强调知明。孔子说:"知者不惑。"(《论语·子罕》第二十九章)儒家告诉人们,要想做到知明无惑,就要善于学习。孔子以自己为例,他说:"吾十五而志于学,三十而立,四十而不惑。"(《论语·为政》第四章)《大学》说:"故欲明明德天下者,先治其国;欲治其国者,先齐其家;欲齐其家者,先修其身;欲修其身者,先正其心;欲正其心者,先诚其意;欲成其意者,先致其知。"《大学》告诉我们,知明是修身、齐家、治国、平天下的基础。人们只有先广泛地获取各种有益的知识,达到知明,才能坚定自己的意志,端

正自己的心态,坚定不移地修养自己的德性,不被周围邪恶的东西所动摇。孔子说自己"四十而不惑",孟子说:"我四十岁时已经做到遇事不动心。"(《孟子·公孙丑章句上》第二章)荀子指出:"知明而行无过。"(《荀子·劝学》1.1)人有了通达的智慧,才能明白自己该做的事和不该做的事。荀子说:"最大的技巧在于有些事情不去做,最大的智慧在于有些事情不去考虑。"(《荀子·天论》17.5)

(十一)知道自己应当怎样对待无可奈何的事

儒家早在两千多年前就认识到人的存在和发展受自然、社会和人们自身诸多因素的制约,人们常常会遇到自己无可奈何的情况或事件,告诉人们必须懂得如何正确对待自己的无可奈何。荀子说:"虞舜、孝己,孝顺父母而父母不爱他们;比干、子胥忠于君主而君主不信用他们;孔子、颜渊,明智通达,在社会上却穷困窘迫,被迫生活在暴君统治的国家中而没有办法避开这种处境。"(《荀子·大略》27.116)《荀子》记载:孔子向南要到楚国去,被困在陈国和蔡国之间,七天没有吃熟食,野菜羹中没有一点米,学生们都有挨饿的脸色。子路前来问孔子说:"我听说:'行善的人,上天用幸福来报答他;作恶的人,上天用灾祸来报复他。'现在先生积累功德、不断奉行道义、怀有美好的理想、行善的时间很久了,为什么处境这样窘迫呢?"孔子说:"仲由,你不懂,我告诉你吧,你认为有才智的人是一定会被任用的吗? 王子比干不是被剖腹挖心了吗! 你认为忠诚的人是一定会被任用的吗? 关逢龙不是被杀了吗! 你认为劝谏的人是一定会被任用的吗? 伍子胥不是在姑苏城的东门之外被碎尸了吗! 是得到君主的赏识还是得不到君主的赏识,这要靠时机;有德才还是没有德才,这是个人的资质方面的事;君子博学多识而能深谋远虑却碰不到时机的多着呢! 不被社会赏识的人是很多的,何止我孔丘呢? 再说白芷兰草长在深山老林之中,并非因为没有人赏识就不香了。君子学习并不是为了显贵,而是为了在不得志的时候不至于困窘、在碰到忧患的时候意志不至于衰退,懂得祸福生死的道理而心里不迷惑。有德才还是没有德才,在于个人资质;是做还是不做,在于人自己;是得到赏识还是得不到赏识,在于时机;是死还是生,在于命运。有了理想的人才,却碰不到理想的时机,那么即使贤能,自己又怎么能有所作为呢? 如果碰到了理想的时机,那还会有什么困难呢? 所以,君子广博地学习、深入地谋划、修养身心、端正品行来等待时机。"孔子又说:"仲由,坐下! 我告诉您。从前晋公子重耳的称霸之心产生于流亡途中的曹国,越王勾践的称霸之心产生于被困的会稽山,齐桓公小白的称霸之心产生于逃亡之处莒国。所以处境不窘迫的人想得就不远,自己没奔逃过的人志向就不广大,你怎么知道我在叶子枯落的桑树底下就不能得意呢?"(《荀子·宥坐》28.8)

儒家告诉人们，人们面临无能为力的事有多方面的原因，有来自客观世界的，也有来自自身的。一切渴望有所作为的人，必须懂得正确地对待这些无能为力。在诸多的无能为力中，有些对人们的要求是一视同仁的，无论什么人都必须服从，如"公输班不能超越墨线，圣人不能超越礼制"（《荀子·法行》30.1）。有些来自某些社会因素的制约，如自身的德能没有机会为社会所赏识；有些是因为在上位的人凭个人的好恶感受偏见造成的不公；有些是由社会某些势力的嫉妒造成的。在这诸多的无能为力面前，人们自己应采取的正确态度就是："要时常想到伟大上天所赋予你的德性"，端正自己的心志，排除一切干扰发展自己，"要显明你自己本有的美好德性"，"苟日新，日日新，又日新"，用一切有效的办法发展自己（《大学》）。《孟子》引用《诗经·邶风·柏舟》说："禁得住忧心如焚，一群小人把我恨。孔子就是这样。别人的怨恨不消，也无损于自己的名声。这就是文王啊。"（《孟子·尽心章句下》第十九章）

儒家认为，来自人自身的无能为力也分客观原因和主观原因两种。从个人的客观原因来看，周围世界的发展变化是纷繁复杂的，而一个人的适应能力是有限的。荀子说："一个人的能力不可能同时精通所有的技艺，一个人不可能同时从事所有的职业。"他还说："君子的贤能，并不是能够全部做到别人所能做到的一切，君子的智慧并不能全部知道别人所知道的一切；君子的善辩，并不能全部辩明别人所辩论的一切；君子的明察，并不能够全部观察到别人所观察的一切；君子的能力也有一定的限度啊。"（《荀子·儒效》8.5）从个人的主观原因来看，人们常常因为知识不足观察不清、判断错误、决策失误或方法不当而导致犯错误。荀子说：鄙陋的人缺少求得尊贵名声的知识，不懂得"尊贵的名声不可能靠拉帮结派来争得，不可能靠吹牛夸耀来拥有，不可能靠权势地位来劫持"，"他们拉帮结派而党羽越来越少；卑鄙地争夺而名声越来越臭；尽心竭力去追求安逸和私利，而自身越来越危险"（《荀子·儒效》8.8、8.9）。

十一、儒家圣贤论认识求大成应守持的方法

德国古典哲学家黑格尔在评价儒家学说时指出，孔子讲的多是求生存和发展的准则。其意思是说，儒家学说更具有方法论意义。在中国古代百家中，以孔子为代表的儒家学说，对指导人们成长发展，提出了许多行之有效的方法，明确地告诉人们，欲求大成，必须用超常的方法想问题做事情。孔子在评价弟子时说，颜回讲诚信而不知变通，子贡聪敏而不能委屈自己，子路勇敢而不能表现为怯弱，子张庄重却不能与众人相合。孔子拿自己与上述四个弟子相比较的结论是："他们四个人的长处加在一起与我相换，我也不会同意。"（详见《孔子家语·六本》）孔子对管仲、晏子的优点和贡献有

许多好的评价,但同时指出他们在做人做事的方法上仍有着不足,"管仲虽然是贤明大夫",但自己过于骄侈,"做他的国君太难了";"晏子虽然是贤明大夫",但过于节俭,"做他的下级却太难了"(《孔子家语·曲礼子贡问》)。孔子认为,周公做人做事的方法比较合理,"周公身处冢宰这样的高位,控制着国家的政权,仍然能自处于贫穷的读书人之下,每天接见一百七十个人,这样做是符合道的要求的。哪里有道却不身处天下君子之下的呢?"(《孔子家语·贤君》)。

孔子一生不厌其烦地告诉人们,必须知道如何成就自己。儒家圣贤对求大成的方法做了深入的研究,概括地说,欲求大成至圣,必须尽人性,行人道,无所不用其极,创造整体优势。

儒家圣贤认为,人是具有自己本质属性的客观存在实体,守持人性合格者才称其为人,发展人性达至高无上者即成为圣人。孟子说:"无恻隐之心,非人也;无羞恶之心,非人也;无辞让之心,非人也;无是非之心,非人也"(《孟子·公孙丑章句上》第六章)。人的本性中,最基本的内容有两个方面:一是善性,二是认知性。其中善是根本,认知是善得以发挥作用的条件。渴望大成者,必须首先认识和发展认知性能。"凡以知,人之性;可以知,物之理"(《荀子·解蔽》21.15)。"大圣无不该"(《孔子家语·正论解》),"惟天下至圣为能聪明睿知","惟天下至圣能尽人性",能尽人之性,则能尽物之性;能尽物之性,则可以赞天地之化育;可以赞天地之化育,则可以与天地参矣(《中庸》)。"充实而有光辉之谓大,大而化之之谓圣,圣而不可知之谓神"(《孟子·尽心章句下》第二十四章),"惟圣人然后可以践形"(《孟子·尽心章句下》第三十八章)。人生需要认识的问题许许多多,其中最基本的是:人不可以不知己,不可以不知人,不可以不知天。"有自知之明的人不责怪别人,懂得命运的人不埋怨天;怪怨别人的人会走投无路,埋怨天的人是无志气的人。"(《荀子·荣辱》4.6)"圣人清醒自己那天生的主宰……明白自己该做的事和不该做的事","能利用天地而役使万物"(《荀子·天论》)。"最大的技巧在于有些事情不去做","人不可以无耻,无耻之耻,无耻也","羞耻心对于一个人来说太重要了","不以比不上别人为耻,怎么能赶上别人呢?"(《孟子·尽心章句上》第七章)

儒家圣贤明确地告诉人们,欲求大成,"作新民",必须有超常的方法,即"无所不用其极"(《大学》),创造整体优势。孔子强调"志于道,据于德,依于仁,游于艺"(《论语·述而》第六章),孟子说:"君子所性,仁义礼智根于心,其生色也睟然,见于面,盎于背,施于四体,四体不言而喻。"(《孟子·尽心章句上》第二十一章)他告诉人们:"人之有德慧术知者,恒存乎疢疾"(《孟子·尽心章句上》第十八章)。他强调:仁义礼智是人成其大的四个基本点,"凡有四端于我者,知皆扩而充矣,若火之始然,泉之始达。苟能充之,足以保四海;苟不充之,不足以事父母"(《孟子·公孙丑章句上》第六章)。所谓"无所不用其极",就是说为了达到"作新民","苟日新,日日新,又日新"(《大学》)的目的,必须在制约人的成长和发展的诸多方面和问题上无不力求最好。

儒家指出,万事万物存在和发展皆有其道。人的成长发展亦有其道。人"持满有道"(《孔子家语·三恕》)。无道德不立,"非道德不明","非德道不尊"(《孔子家语·王言解》),"故君子尊德性而道问学,致广大而尽精微,极高明而道中庸","居上不骄,为下不倍,以保其身"。人成其大的第一位重要的事是"修好自身","修身则道立","修身以道,修道以仁",修身尽道,就可以引导天下民众向善(《中庸》)。孔子强调指出:人如果不明道,"则道不入",人欲大成,必"以道导之","以道而行","道化流而不积",人必须"求伸及时"。孔子本人就是一位善于与道同行的圣者,他一生坚持与日俱新,随年俱化,"行年六十而六十化"(《庄子·寓言》)。孟子说:"五谷如不成熟不如稗子有价值。仁德的价值亦在于它成熟。"(《孟子·告子章句上》第十九章)"苟不至德,至道不凝焉"(《中庸》),"道盛德至善,民之不能忘也"(《大学》)。

儒家圣者指出,欲求大成者,不但要有至道、至德、至善修养,而且还必须具有至高无上的智慧、技艺和才能修养。孔子讲的"游于艺"的艺,包括礼、乐、射、御、书、数诸多技艺及知识和能力方面的修养。人们在人生海洋中游泳,如果想达到自由自在的程度,必须有至高无上的智慧修养。有了至高智慧的人,"他对万事万物,没有什么露出了形迹而看不见的,没有什么看见了而不能判断的,没有什么判断了而不到位的。他坐在屋里而能看见整个天下,处在现代而能评判远古,通观万物而能看清他们的真相,考察社会的治乱而能通晓它应有的法度;治理天地而能控制利用万物,明了全局性的大道理,对整个宇宙都了如指掌。没有谁能知道他智慧的尽头,也没有谁能知道他德行的深厚;他思想善于千变万化,没有谁能知道他的思想轮廓。其光辉参日月,博大满八极,这就是所谓的大成之人"(《荀子·解蔽》21.8)。除此之外,还必须有至高的技艺知识修养和至强的能力修养,否则无法尽其性,无法展现至道至德。为此必须花大气力学习知识,发展智慧能力,技艺精益求精。"人一能之,己百之;人十能之,己千之。果能此道矣,虽愚必明,虽柔必强。"(《中庸》)"百发失一,不足谓善射;千里跬步不至,不足谓善御;伦类不通,仁义不一,不足谓善学。"(《荀子·劝学》1.14)儒家圣者告诉人们,"君子不可不学"(《孔子家语·子路初见》),人们求得大成的基本条件是学习,要求人们必须懂得强学、善学、终生坚持不懈地学习。孔子说:"吾闻可以与人终日不倦者,其唯学焉。其容体不足观也,其勇力不足惮也,其先祖不足称也,其族性不足道也。终而有大名以显闻四方,流声后裔者,岂

非学之效也？故君子不可以不学"（《孔子家语·致思》）；"幼而不能强学，老而无以教，吾耻之"（《孔子家语·三恕》）；把不学看成自己"终身之忧"，"以不能则学"（《孔子家语·弟子行》）；"儒有博学而不穷，笃行而不倦"（《孔子家语·儒行解》），"爱学重问，孰不顺哉"（《孔子家语·子路初见》）。

儒家圣贤告诉人们，一个人能否成其大，关键在自己。人要想成其大，必须从尊敬自己开始。孔子说："君子无不敬，人也者，敬身为大"（《孔子家语·大婚解》），"珍惜生命等待成就大事，保养身体以待有所作为"（《孔子家语·儒行解》）；"志气塞于天地，行之克于四海"（《孔子家语·论礼》）；"德贯乎心，藏乎志，形乎色，发乎声"（《孔子家语·入官》）；"终日言，不遗己之忧；终日行，不遗己之患"（《孔子家语·六本》）；管住自己，认真行事。孔子强调："人莫不知此道之美，而莫之御也，莫之为也。"（《孔子家语·颜回》）他告诉人们，许多人犯错误的原因不是因为不知道谨慎为人好，而是控制不住自己，没有认真照做人之道去做。他告诫人们，人的忘性中危害最大的是忘掉自己的安危和志向，要求人们"心不淫志"（《孔子家语·问礼》），告诉人们"失志为昏"（《孔子家语·终记解》），人失去意志就会浑浑噩噩。他以楚灵王为例告诉人们，控制不住自己就会遭祸殃，楚灵王如果能控制住自己，"怎么会在乾谿受辱呢？"（《孔子家语·正论解》）必须"自拯于隐括之中"，"贵之不善，贱之不怒"，"美功不伐，贵位不善，不侮不佚，不傲无告"，"博无不学"（《孔子家语·弟子行》），"安乐必戒，无所行悔"，"人皆趋彼，我独守此。人皆或之，我独不徒。内藏我智，不示人，我虽尊高，人弗我害……战战兢兢，如临深渊，如履薄冰"，"天道无亲，而能下人，戒之哉"（《孔子家语·观周》）。"自强不息"（《孔子家语·五仪解》），"攻其所不能，补其所不备"（《孔子家语·子路初见》），"立于无过之地"（《孔子家语·礼运》）"过而能改，其进矣"（《孔子家语·辩微解》），"不能则学"，终生不懈（《孔子家语·弟子行》），"善惊以远害"，"慎其所从"，"有全身之阶"（《孔子家语·六本》）。

儒学圣贤告诉人们，人的生命有限，欲求大成必须善于急当务之急，解决主要问题。子贡问孔子："死者有知乎？将无知乎？"子曰："吾欲言死之有知，将恐孝子顺孙妨生以送死；吾欲言死之无知，将恐不孝之子弃其亲而不葬。赐不欲知死者有知与无知，非今之急，后自知之。"（《孔子家语·致思》）孟子说："知者无不知也，当务之急……尧舜之知而不遍物，急先务也。"（《孟子·尽心章句上》第四十六章）孟子强调："无以小害大，无以贱害贵。养其小者为小人，养其大者为大人。"他举例说："手指不如别人，知道厌恶；心性不如别人，却不知厌恶。这就叫作不知轻重。""一两把粗细的桐树梓树，人们如果要用他，都知道怎样去养护；对于自己却不知怎样修养，爱自己还不如爱桐树梓树。这样的人真是太不思考轻重啦。"(《孟子·告子章句上》)孔子说:"制无度量,则事不成……养世之君子矣,从轻勿为先,从重勿为后。"(《孔子家语·三恕》)

珍惜生命,不死于默默无闻,不死于无益。人只能凭借身心做事,人的生命力,存在于人的身心之中。身心一死,人的生命力即告终结,就再也不能做什么了。因而,儒家圣者告诉人们必须爱惜生命,不要白白死掉。当子贡对孔子说到管仲不仁,"桓公杀公子纠,不能死,又相公"(《论语·宪问》)时,孔子说:"管仲辅佐桓公,称霸诸侯,匡正天下,人民到今天还受到他们的好处……怎么能像匹夫匹妇那样谨守诚信,自杀于沟壑之中而没人知道呢?"(《论语·宪问》)孔子强调要死得有价值。他对子路说:"力猛于德而死得其所的人很少啊,这些人为什么不谨慎啊?"不要"死而无益"白白丢掉性命(《孔子家语·子路初见》)。

第五章 儒家圣贤论管理人生

儒家学说的宗旨是教化,教化的目标是求个人生存发展与社会文明进步的和谐统一。儒家圣贤指出,教化目标的实现,不但需要解决认识问题,而且还需要解决如何规范人的思想、言论和行为的问题,即解决人的管理问题。儒家在探讨人的管理问题的长期实践中,提出了一套行之有效的理论、原则和方法。儒家指出,社会是由个人组成的,社会是每个人的社会,把个人生存发展与社会文明进步有机统一起来,是人的管理应解决的基本问题。儒家解决人的管理问题的根本方略,就是修身、齐家、治国、平天下。

人在社会中求生存和发展,表现一个过程,这个过程就是人生。儒家圣贤指出,人的管理,实质上是对人生过程的管理。贯穿人生过程的一个基本问题是做人和做事问题。

一、儒家圣贤论做人管理

社会是由一个个具体的个人构成的,个人与社会的关系是多种多样的,做人问题是个人与社会诸多关系中的一个极其重要的问题,从人类社会产生之日起,人们就开始了对这一问题的探索。儒家学说从多方面、多角度探索和回答了相关问题,明确提出了做人管理的一系列的原则和要求,其中主要涉及以下一些方面:

(一)守住做人资格的底线

儒家早在两千多年前,就认识了世界上的具体事物各自具有其质的规定性,人之所以称为人,在于他有自己的特殊质的规定性。具备了这种质的规定性,就叫作人,不具有这种特殊质的规定性,就不叫人。

孟子把做人资格底线规定为四个基本方面:一是恻隐之心,二是廉耻之心,三是谦让之心,四是是非之心。孟子指出:"恻隐之心是仁爱的开端;廉耻之心是道义的开端;谦让之心是礼义的开端;是非之心是智慧的开端。"他明确指出:"没有恻隐之心的人,简直不是人;没有廉耻之心的人,简直不是人;没有谦让之心的人,简直不是人;没有是非之心的人,简直不是人。"孟子认为,人的这四种心,是做人的四种开端,"一个人有这四种开端,就好比有四肢一样……凡是自己已具备这四方面开端的人,只要认识到把它们扩充发展起来,就会像火刚刚燃烧起来,像泉水刚刚喷涌出来。如果能做到培养壮大这四种开端,就足以安定天下;反之,连服侍父母都做不到"(以上引文见《孟子·公孙丑章句上》第六章)。

仁是儒家学说理论大厦的基础,儒家主张做人必须把孝敬父母、友爱兄弟、慈爱自己子女推广到"老吾老以及人之老,幼吾幼以及人之幼"(《孟子·梁惠王章句上》第七章)。德是在仁的基础上产生的。明明德需要智慧,实行仁德需要勇气和能力。也就是说仁、义、礼、智、信,温、良、恭、俭、让,都是在仁德基础上发展起来的。

儒家创始人孔子及其继承人都从不同角度论述过如何守持好做人资格的底线问题。《中庸》指出"仁"是做人的根本。孔子指出,做人之所以要强调仁德,是因为"人民对仁德的需要超过对水火的需要"(《论语·卫灵公》第三十五章)。孟子强调:"推广慈善之心足以使天下安定"。又说:"古代的圣人远远高出一般人,没有别的原因,只不过善于推广他们的善行罢了。"(《孟子·梁惠王章句上》第七章)孔子说:"立身之道在于礼","不学礼无以立"。(《论语·季氏》第十三章)荀子在谈到礼义的重要性时指出:"人没有礼义就不能生存,事情没有礼义就不能办成,国家没有礼义就不能安定。"孔子说:"为仁由己而由人哉?"他主张"非礼勿视,非礼勿听,非礼勿言,非礼勿动"(《论语·颜渊》第一章)。儒家认为是非不分是小人成为小人的重要原因,"肆意妄言却还要别人相信自己,禽兽一般的行为却还要别人赞美自己。他们考虑问题不明智……必然会遭受到他们所厌恶的祸害和耻辱"(《荀子·荣辱》4.50)。孟子强调:"人不可以没有羞耻心。把没有羞耻看成是羞耻,那就没有可羞耻的事了。"(《孟子·尽心章句上》第六章)

(二)求圣明通达的做人之道

儒家所谓圣明的做人之道,是指把个人做人与社会存在和谐统一起来的原则和方法。荀子说:"在天下处处能行得通有其基本的办法,用它来侍奉君主就一定会通达,用它来做人就必定会圣明。确立崇高的礼义而不三心二意,然后用恭敬的态度来引导它,用忠信来统率它,小心谨慎地实行它,端正真诚地保护它;君主即使不了解自己、不重用自己也没有怨恨的心情;功劳即使很大,也没有夸耀自己功德的脸色;少提要求而多立功劳,敬爱君主永不厌倦。像这样,那就永远没有不顺利的时候了。用它来侍奉君主就一定会通达,用它来做人就一定会圣明。"(《荀子·仲尼》7.7)

荀子还进一步指出,要想求得圣明的做人之道,应当懂得用千年积累起来的人生经验指导自己。他说:"人生短暂得就像一天,然而却安然地存在着历经上千年的国家,这是为什么? 这是因为采用了那些积累了上千年的

确实可靠的办法来维持国家,又和那上千年的真诚之士一起搞政治的缘故。人没有上百年的寿命,却会有上千年的真诚之士,为什么呢? 用那些积累了上千年的礼法来把握自己的人,这就是上千年的真诚之士了。"(《荀子·王霸》11.8)

荀子指出,用切实可行的方法指导做人,才能成为吉祥之人。他说:"保持尊宠、守住官位、终生不被人厌弃的方法是:君主尊敬重视你,你就恭敬而谦退;君主信任喜欢你,你就谨慎而谦虚;君主一心一意任用你,你就谨慎守职而详明法度;君主喜欢亲近你,你就依顺而不邪恶;君主疏远你,你就全心全意专一于君主而不背叛;君主贬损罢免你,你就恐惧而不埋怨;地位高贵时,不奢侈过度;得到君主信任时,不忘记避嫌疑;担负重任时,不敢独断接受它,就一定要尽到推让的礼节后再接受;幸福之事来临时就安和地去对待它;灾祸之事来临时,就冷静地去处理它;富裕了就广泛施舍,贫穷了就节约费用;能上能下、可富可贫,可以杀身成仁,却不可以被驱使去做奸邪事;这些就是保持尊宠、守住官位、终身不被人厌弃的方法。即使处在贫穷孤立的境况下,也能按照这种方法来立身处世,那就可以称为吉祥的人。"(《荀子·仲尼》7.5)

荀子还主张处世要采用一定不会有后患的方法。他说:"寻求妥善地身居要位,顺利地担任要职,在拥有万辆兵车的大国独自拥有君主的恩宠,一定不会有后患的方法是:最好和君主同心同德,引进贤人,广泛地施舍,打消对别人的怨恨,不去妨害别人。自己的能力能够担负起来重大的职务,那就谨慎地奉行上述方法;自己的能力如果不能胜任这一职务,而且怕因此而失去君主对自己的宠爱,那就不如及早和君主同心同德,推荐贤人,把职务让给能人,而自己则心甘情愿地追随在后。像这样,拥有了君主的恩宠就一定会荣耀,失去了君主的宠爱也一定不会遭罪。这是侍奉君主的法宝,也是一定没有后患的方法。所以,明智的人办事的时候,圆满时考虑不足,顺利时考虑艰难,安全时考虑危险,周到地从多方面加以防范,仍然怕遭到祸害,所以办了上百件事也不会失误。"荀子还指出:"愚蠢的人与此相反:他们身居要职独揽大权时,就喜欢独自处理政事而嫉妒贤能的人,压制有功的人而排挤打击有罪过的人,内心骄傲自满而轻视与自己有旧怨的人,因为吝啬而不在上实行施舍之道,为了抬高自己而在下面招揽权力以致妨害了别人。这种人虽然指望平安无事,能办得到吗? ……因为毁害他的人多而扶持他的人少啊。"(《荀子·仲尼》7.6)

荀子批评奸邪的人说:"思想上没有除掉邪念,行动上没有离开邪道,却想要享有君子、圣人的名声,拿它打个比方,这就好像趴在地上去舔天,救上吊的人却拉他的脚,这是一定行不通的,越是用力从事就离目标越远。"(《荀子·仲尼》7.8)荀子告诉人们,用可悲的办法追求个人的美好,是行不通的（参见（《荀子·王霸》11.11）。"放下事业而沽名钓誉"，"为要成就功业而不顾民众"，"这些都是奸邪不正确的办法"。"这种人将趋于毁坏衰败，必定一事无成。"（以上文见《荀子·富国》10.14）

（三）人的思想管理

1. 明理守道

儒家学说认为明理守道，是做人知识中最基本最重要的方面。孔子认为"道"是天地万物运行之规则，人生之准则，认为君子必须重道，立志求道，不离善道。孟子说，万事万物只有一个根本，天下真理只有一条，人必须顺从客观规律，坚持正道。作为儒家学说经典精华的《大学》明确指出："古之欲明明德于天下者，先治其国；欲治其国者，先齐其家；欲齐其家者，先修其身；欲修其身者，先正其心；欲正其心者，先诚其意；欲诚其意者，先致其知……知至而后意诚，意诚而后心正，心正而后身修，身修而后家齐，家齐而后国治，国治而后天下平。"

2. 做人不可以没有智慧

儒家学说重视智慧，把智慧视为做人不可缺少的素质。孔子说："有智慧的人才能遇事不惑"（《论语·宪问》第二十八章），"有智慧的人，才能既不失掉人，也不失掉语言"（《论语·卫灵公》第八章）。有智慧才能认识人生发展目标和方向，智慧是做人的第一重要条件，没有智慧的人不能成为完美的人（《论语·宪问》第十二章）。孟子说：有智慧的人"学习不知足"，"智者无所不知"，"智的本质是明白仁和义并不舍去"（《孟子·离娄章上》第二十七章），识人需要智慧，把不仁德的人当朋友就是缺少智慧的表现（《孟子·公孙丑章句上》第七章），有智慧的人才能照客观规律办事，如禹治水就是靠智慧照自然规律办事（《孟子·离娄章句下》第二十六章），孟子又说：做人"不选择仁德，是不明智。"（《孟子·公孙丑章句上》第七章）又说：人有智慧才能认识灾祸和逃避灾祸（《孟子·尽心章句上》第二章），人的贤能靠智慧或者说智慧是贤能人的最基本素质（《孟子·尽心章句下》第二十四章）。儒家学说认为，智慧从学习中来，大智与精通大道不可分。

3. 善于思索

儒家学说重视思。儒家讲的"思"有"思考"、"思想"多种含义。从思考的意义说，儒家认为思是人求理明德的根本方法和途径，也是人们识人处事的根本法宝。孔子说："分析思考是可贵的，人如果不懂思考，我不知道该怎么办了。"（《论语·子罕》第二十四章）孔子讲的"三思而后行"，"见贤思齐"，"人无远虑必有近忧"，"未之思也，夫何远之有"，都是从思考的意义上讲的。孔子说的"思无邪"则是从思想的意义上说的，他说，"《诗经》三百篇用一句来概括，就是思想纯正。"（《论语·为政》第二章）

孟子对思做了进一步阐述。他说:"思深才能达到明事理"《孟子·尽心章句上》,人只有对客观事物思考分析得深刻,才能通达其理。又说:"心之官则思,思则得之,不思则不得。"(《孟子·告子章句上》第十五章)孟子把心视为思考问题的器官,他说谁会用心思考,谁就能得到对事物真理的认识,而不去思考则不能得到正确认识。他说,人之所以会有君子和小人之分,就是因为君子会利用人心这个重要器官,进行深刻地思考,小人则只是用身上的次要器官,满足自己身上的次要器官的需要。孟子赞扬孔子是善于思考、能审时度势的人。他批评不爱思考的人,他说,人们多知道怎样去护养树木,使其长大,可是对自己的成长却不知道怎样护养,爱自己不如爱树木,真是太不爱思考了。孟子认为教育者的教育行为也必须遵循正确的思想路线。他说:"教育者一定要用正确的思想教育人。""如果正确的思想教育没效就发脾气",对方则会说:"你的行为都不遵循正确的思想,怎么能教育别人呢!"(《孟子·离娄章句上》第十八章)

(四)人的心志德性管理

儒家认为,心是人的主宰器官,志对于人来说,比三军的统帅还重要,所以,一贯重视人的心志管理。被称为反映儒家教育宗旨的《大学》一书反复指出:"欲修其身者,先正其心","心正而后身修","所谓修身在正其心者:身有所忿懥,则不得其正;有所恐惧,则不得其正;有所好乐,则不得其正;有所忧患,则不得其正;心不在焉,视而不见,听而不闻,食而不知其味"。

孔子反复强调人要有仁德之心,他指出:"有仁德之心的人才知道爱什么和厌恶什么。"(《论语·里仁》第三章)又说:"如果立志于实行仁德,就不会有恶行。"(《论语·里仁》第四章)他强调:"君子离开了仁德的原则,就无法成就他们的名声",他说:"君子不能离仁德,哪怕是一顿饭的工夫,在最匆忙的时候要与仁德同在,在最颠沛的时候也要与仁德同在。"(《论语·里仁》第五章)又说:"不让不仁德的东西影响自己。"(《论语·里仁》第六章)他反复强调:"己所不欲,勿施于人。"(《论语·颜渊》第二章)"己欲立而立人,己欲达而达人。"(《论语·雍也》第三十章)他主张恒心守德,他指出:"不恒其德,或承之羞。"(《论语·子路》第二十二章)

孟子指出:善心是人的本性,他说:"尽可能地修养善心,就是懂得了人的本性。"(《孟子·尽心章句上》第一章)他强调人应当保护好自己的心,不使自己的心受损害,他说:"难道只有嘴巴肚子受饥渴的损害吗?人心也有类似的损害,人如果能做到不受饥渴损害口腹那样的内心损害,那么就是赶不上别人也不会忧虑了。"(《孟子·尽心章句上》第二十七章)孟子主张守持美好的心志,遇事不动心,他说:"我从四十岁以后就不再遇事而内心波动了。"(《孟子·公孙丑章句上》第二章)

荀子和孟子一样强调心是人的主宰器官。他说："心灵是道的主宰。道是政治的永恒法则。心意符合于道，解说符合于心意"，用正道来统一民众，"民众融化于正道，大治就会到来"（以上参见《荀子·正名》22.8）。他再三强调养心，强调整治身心。他说："君子整治自己的身心，因而和他志同道合的人就聚拢来了；完善自己的学说，因而和他观点相同的人就来响应了。"（《荀子·不苟》3.8）他强调："君子保养身心没有比真诚更好的了，做到了真诚，那就没有其他的事情了，只要守住仁德，只要奉行道义就行了。真心实意地坚持仁德，仁德就会在行动上表现出来，仁德在行为上表现出来，就显得神明，显得神明，就能感化别人了；真心实意地奉行道义，就会变得理智，理智了，就能明察事理，明察事理，就能改造别人了。改造感化轮流起作用，这叫作天德……天地要算大的了，不真诚就不能化育万物；圣人要算明智的了，不真诚就不能感化万民；父子之间要算亲密的了，不真诚就会疏远；君主要算尊贵的了，不真诚就会受到鄙视……人们的真诚心养成了，他们的才能就会完全发挥出来，永远地使人们趋向于真诚而不回返到邪恶的本性上，那么他们就完全被感化了。"（《荀子·不苟》3.9）

孔子主张人要懂得立志，他主张"立志求真理"（《论语·里仁》第九章）。他说自己"十有五而志于学"。（《论语·为政》第四章）他提倡"久居贫困而不忘平生之志"。（《论语·宪问》第十二章）"隐居以求其志，行义以达其道。"（《论语·季氏》第十一章）他主张要正确对待自己的志向，他说历史上有"不降低自己的志向，不侮辱自己人格的人，如伯夷、叔齐"，有"降低了自己的意志，人格受到侮辱的人，如柳下惠、少连。"（《论语·微子》第八章）他有一句名言，就是："三军可夺帅，匹夫不可夺志。"（《论语·子罕》第二十六章）

孟子指出："夫志，气之帅也；气，体之充也，夫志至焉，气次焉。故曰：'持其志，无暴其气。'"（《孟子·公孙丑章句上》第二章）他说："人的思想意志是意气的主帅……思想意志到了哪里，意气感情就在哪里表现出来。"他强调"要坚定自己的思想意志，不要随意扰乱意气感情"（《孟子·公孙丑章句上》第二章）。孟子提倡大丈夫精神，主张培育大丈夫意志，他说："居天下之广居，立天下之正位，行天下之大道。得志，与民由之；不得志，独行其道。富贵不能淫，贫贱不能移，威武不能屈，此之谓大丈夫。"（《孟子·滕文公章句下》第二章）

荀子说："君子贫穷困窘而志向远大，是因为他要弘扬仁德"，"君子即使贫穷困窘，但志向还是远大的；即使富裕高贵，但体貌还是恭敬的；即使安逸，但精神并不懈怠懒散；即使疲倦，但容貌并不无精打采；即使发怒，也不过分地处罚别人；即使高兴，也不过分地奖赏别人"。"这是说君子能用符合公众利益的道义来战胜个人的欲望。"（《荀子·修身》2.15）他赞美"意志

坚定而身体力行的君子"(《荀子·修身》2.10)。

(五)人的礼义规范管理

1. 立身之道在于礼

儒家学说把礼看得十分重要。孔子说:"立身之道在于礼"(《论语·泰伯》第八章),"不学礼,无以立"(《论语·季氏》第十三章)。他说:"只懂得恭敬而没有礼的节制就会劳苦,谨慎而没有礼节制就会胆怯,有胆量而没有礼的节制就会闯祸,直率而没有礼的节制就会变得尖刻。"(《论语·泰伯》第二章)"礼之用,和为贵。先王之道,斯为美。小大由之,有所不行。知和而和,不以礼节制,亦不可行了。"(《论语·学而》第十二章)孔子要求学生:"非礼勿视,非礼勿听,非礼勿言,非礼勿动。"(《论语·颜渊》第一章)孔子的学生颜渊说:"老师善于一步步引导我们,用文化典籍开阔我们,用礼仪制度来约束我们,想停止学都不可能。"(《论语·子罕》第十一章)孔子要求人们做人要"合乎礼",无论做什么都不能违背礼,君王治国不可以无礼,臣子对上对下都不可以无礼。他指出,无论多么有智慧、有才能的人,不懂礼都不会成为完人(《论语·宪问》第十二章)。孔子主张国家用人必须用懂礼之人(《论语·先进》第一章)。孔子主张待人恭敬而有礼貌,否则会遭受耻辱(《论语·学而》第十三章),告诉人们"君子行事应以义为根本,以礼义来实行。"(《论语·卫灵公》第十八章)。孔子从小研究礼仪,终生坚持照礼仪、礼制行事。《论语》中有多处关于孔子以礼说话、走路、办事的记载,他在家乡以礼行事,非常恭顺谨慎(《论语·乡党》),上朝的时候,走路说话都实行礼(《论语·乡党》),以礼接待外国宾客。孔子认为治国必须推行礼制,并立志推行礼制(《论语·里仁》《论语·公冶长》)。

2. 人不可无义

"义"是儒家"五常"说内容之一,是做人不可以缺少的重要素质。"五常"指:仁、义、礼、智、信。义有仁义、礼义、情义、公义多种提法。孔子认为义是人中君子所具有的优良品质,他指出:"君子喻于义,小人喻于利。"(《论语·里仁》第十六章)他指出:"君子应当把义看作最尊贵的东西,君子只有勇敢而不懂得义就会扰乱国家,小人只有勇敢而没有义就会成为盗贼。"(《论语·阳货》第二十三章)。他提倡做人要"质直而好义"(《论语·颜渊》第二十章),强调"君子行事要以义为根本。"(《论语·卫灵公》第十八章),提倡见义勇为,反对见义不为(《论语·为政》第二十四章),提倡见利思义,反对见利忘义(《论语·子张》第一章)。他主张为人处事不要忘情义。孟子丰富和发展了孔子关于义的思想,他把义与仁联系起来,提出:"仁义"的思想,主张"舍生取义,大人之事备矣"(《孟子·告子章句上》第十章)。孟子认为只有积义才能产生浩然之气(《孟子·公孙丑章句上》第二章），他说："居仁由义"（《孟子·尽心章句上》第三十三章），"大人者言不必信，行不必果，唯义所在"（《孟子·离娄章句下》第十一章），"非礼之礼，非义之义，大人勿为"（《孟子·离娄章句下》第六章）。荀子提出"积礼义而为君子"（《荀子·儒效》），"故人一之于礼义，则两得之矣，一之于情性，则两丧之矣"（《荀子·礼论》19.3）。强调"能以公义胜私欲"（《荀子·修身》2.15）。

（六）人的才能管理

儒家学说重视人的能力提高，不但明确指出人没有能力不行，而且提出人应当从各个方面提高自身能力。

孔子说："人不要担心别人不了解自己，而要担心自己没有能力"（《论语·宪问》第三十章），"不要担心没有职位，而要担心没有立足的能力"（《论语·里仁》第十四章）。他反复强调"君子病无能，不病人之不己知也"（《论语·卫灵公》第十九章）。《论语》中子贡与棘子成的对话告诉人们，只有质朴不行。棘子成说："君子只要质朴就行了，要文采有什么用呢？"子贡说："可惜啊，你怎么这样谈论君子呢！文采如同质朴，质朴如同文采。如果离开了文采，虎豹的皮革就与犬羊的皮革一样了。"（《论语·颜渊》第八章）。《论语》中记载了子夏关于人的能力的观点，子夏说："小的技艺虽然也有可用的地方，但是要达到大目标恐怕就不行了，要做君子的人应懂得这一道理。"（《论语·子张》第四章）孔子还说："人不能像器皿那样只有一种用途，而应该有多种能力。"（《论语·为政》第十二章）孔子本身就是一个多才多艺的人。太宰向子贡问道："孔夫子是圣人吗？他为什么这样多才多艺呢？"子贡说："这固然是天使他成为圣人，而且多才多艺。"孔子听到后说："太宰了解我吗？我小时候很贫贱，所以学会了很多低级的技能。君子出身的人会有这么多的技能吗？不会的。"孔子还说："我没有被国家重用，所以多学一点技艺。"（《论语·子罕》第七章）

《孟子》一书引用《尚书》里的一句话说："如果药吃下去不能使患者觉得晕眩，那是药力不足，患者的病就不会痊愈。"（《孟子·滕文公章句上》第一章）同样道理，人的能力不足是办不成事的。《论语》中也有能力不足做事会半途而废的说法。孟子进一步论述了人的能力应当是多种多样的，他说："仁德的力量天下无敌"，"施行仁政的人天下无敌"（《孟子·梁惠王章句上》第五章），又说："有慈善之心的人可以统一天下。"（《孟子·梁惠王章句上》）孟子还指出会用人也是一种能力，"尊敬有德行的人，任用有才能的人，使杰出的人都有适当的职位……这样就会无敌于天下"（《孟子·公孙丑章句上》第五章）。孟子说："虞国不任用百里奚而亡了国，秦穆公任用了百里奚而称霸诸侯。"（《孟子·告子章句下》第六章）孟子还指出，齐桓公称

霸的能力来自他推行仁政,尊重贤能的人,表彰有德的人,主张与人友好(《孟子·告子章句下》第七章)。

荀子又说:"短绳不能取深井水",能力不足成就不了大业(《荀子·荣辱》4.13)。他强调:君子把自己无能看作耻辱。(《荀子·非十二子》6.15)荀子还指出人的能力能不能发挥出来,受各种因素制约,有自身主观因素,也有来自社会的客观因素。他说,从主观因素来说,人们对自身能力的管理和使用关系其能力的实现度。荀子说:"仔细考察一下小人的智慧才能,就会知道他们可以绰绰有余地做君子所做的一切",他们的"资质才能"与君子"并没有什么不同,只是君子将它措置得恰当,而小人将它措置错了"(《荀子·荣辱》4.9)。荀子还指出,能力施展受客观条件制约,有才智的人能力并不一定被利用。他说:造父是天下善于驾驭车马的人,但没有车马就没办法表现他的才能。后羿是天下善于射箭的人,但没有弓箭就没法表现他的技巧。伟大的儒者是善于整治天下的人,但是没有百里见方的国土就没有办法显示他的功用。如果车子坚固、马匹精干,却不能用它来日行千里,达到远方,那就不是造父了;弓调好了,箭笔直了,却不能用它来射到远处的东西,命中微小的目标,那就不是后羿了;统辖百里见方的领土,却不能靠它来整治统一天下,制服强暴的国家,那就不是伟大的儒者了。(《荀子·儒效》8.16)荀子引用孔子与子路的一段对话说:孔子带弟子们周游列国时被困在陈国和蔡国之间,七天没吃熟食,野菜羹中没有一点米,大家脸色都饥容。子路前来见孔子说:"我听说'行善的人,上天用幸福报答他;作恶的人,上天用灾祸报复他。'先生不断积累功德,奉行道义,怀有美好的理想,时间很久了,为什么处境这样窘迫?"孔子说:"仲由你不懂,我告诉你吧。你认为有才能的人一定被任用吗?王子比干不是被剖腹挖心了吗?你认为忠诚的人一定会被任用吗?关逢龙不是被杀了吗?你认为劝谏的人一定会被任用吗?伍子胥不是在姑苏城的东门之外被碎尸了吗?能得到君主的赏识还是得不到君主的赏识,这要靠时机。有德才还是没有德才,这是各人的资质了;君子博学多识而能深谋远虑却碰不到时机的人多着呢!""君子广博地学习,深入地谋划,修养身心,端正品行,来等待进机。"(《荀子·宥坐》28.8)

(七)人的言论管理

儒家学说早在两千多年前就非常重视说话问题,提出了说话必须遵守一系列原则。孔子提出说话要谨慎的原则,他主张"敏于事而慎于言"(《论语·学而》第十四章)他认为言语中的污点是无法去掉的。他的弟子南容反复读《诗经·大雅·抑》篇中"白圭的污点可以磨掉;我们言语中的污点无法去掉"几句话,孔子便把自己哥哥的女儿嫁给他做妻子。(《论语·先进》第六章)孔子之所以主张慎于言,还因为一言可以兴邦,一言可以丧邦。(《论语·子路》)孔子说:"言论顺理成章才可以实行。"对自己所不了解的事"不要随便发表意见","言语不顺,则办事不成"(《论语·子路》第三章)。孔子还说:"一个人如果大言不惭,那么,做起来就会很困难。"(《论语·宪问》第二十章)孔子认为,言论是认识一个人的重要条件,他说:"不了解一个人的言论,就无法了解这个人。"(《论语·尧曰》第三章)孔子还说:"说话不能有疏漏才行。"(《论语·子路》第三章)孔子还提出:"该说则说,不该说则不说"的原则,他说:"服侍君子容易犯三种错误,不应该说的却先说了叫急躁,该说话时而不说叫隐瞒,不看君子的表情而随便说话叫作瞎眼睛。"(《论语·季氏》第六章)孔子主张重视人际交往中的交谈,他说:"可以与他交谈的人却不与他交谈,这是失掉了人;不可以与他交谈的却与他交谈了,这是失掉了语言。明智的人既不失掉人,也不失掉语言。"(《论语·卫灵公》第八章)孔子主张:"说话要忠诚老实",他强调说话不忠诚老实是行不通的。孔子指出:"以义为根本,以礼义来实行,以谦虚的语言说出,以诚信的态度完成,这才是真正的君子。"(《论语·卫灵公》第十八章)孔子反对花言巧语,他说:"花言巧语,假装和善,这样的人仁德是不多的。"(《论语·学而》第三章)又说:"花言巧语会败坏德行。"(《论语·卫灵公》第二十七章)孔子反对说假话,他说:"本来没有的说成有的,虚空的说成盈实的,简约的说成豪华的,这样的人是很难有操行的。"(《论语·述而》第二十六章)孔子"憎恶总说别人不好的人",子贡"憎恶攻击别人的短处自以为是正直的人"(《论语·阳货》第二十四章)。曾子说:"说话言辞和悦,就会避免鄙俗和错误。"(《论语·泰伯》第四章)儒家对劝谏和规劝做了比较深刻的论述,孔子说:对朋友"忠诚地劝告他,恰当地引导他,他不听就算了,不要自找侮辱"(《论语·颜渊》第二十三章)。子游说:"对君主劝谏过多,就会遭到侮辱;对朋友规劝过分,就会被疏远。"(《论语·里仁》第二十六章)孔子强调口才的重要,他说:"如果没有卫国大夫祝鮀的口才,只有宋朝的美貌,在今天的社会是难免倒霉的。"(《论语·雍也》第十六章)

孟子强调"为人喜欢听有益的话"的原则。鲁国准备让乐正子主持国政,孟子说:"我听到这件事,高兴得睡不着觉。"公孙丑问:"乐正子很刚强吗?"孟子回答:"不。"公孙丑又问:"有政治智慧吗?"孟子说:"不。"公孙丑又问:"见多识广吗?"孟子回答说:"不。"公孙丑说:"那你怎么高兴得睡不着觉呢?"孟子说:"他为人喜欢听有益的话。"孟子进一步指出:"如果喜欢听取有益的话,那么治理天下就有余,何况一个鲁国呢?如果喜欢听取有益的话,那么天下的人都会不远千里赶来告诉他有益的话;如果不喜欢听有益的话……就会把准备前来建议的人远远地拒绝。士人在千里之外就不来了,那么挑拨离间,阿谀逢迎的小人就会来了。"(《孟子·告子章句下》第十

三章)孟子强调说话"讲信用"的原则。他说:"说话一定讲信用。"(《孟子·尽心章句下》第三十三章)孟子强调说话一定把握时机,"不可以与人说话却非要说……可以与人说话时却不说……这些都是属于穿洞跳墙一类的事"(《孟子·尽心章句下》第三十一章)。孟子强调"进良言,驳怪论"(《孟子·离娄章句上》第一章)。孟子说:"言辞是说话人内心思想的反映",一定要善于通过言辞来辨别人。公孙丑问孟子:"怎样才算善于辨析别人的言辞呢?"孟子说:"偏颇的言辞,我能知道它被什么蒙蔽;虚夸的言辞,我能知道它被什么沉迷;邪僻的言辞,我知道它与合理言辞的差别;推托支吾的言辞,我知道它理屈之处。这些言辞是说话人内心思想的反映,在政治上危害国家,在行政事务上,就会破坏具体工作。即使是圣人重现,也一定会赞同我这番话的。"(《孟子·公孙丑章句上》第二章)孟子强调说话要负责,他批评一些人随便说话而不负责任,他说:"人说话很容易出口,就在于没有责任罢了。"(《孟子·离娄章句上》第二十二章)孟子强调:"说话没有实际内容是不好的。这种不好的结果应当由埋没贤明的人来承担。"(《孟子·离娄章句下》第十七章)

荀子强调说话要合乎法度,他说:"话说得多而合乎法度,便是圣人;话说得少而合乎法度,就是君子;话说多少都不合法度,却还是放纵沉醉在其中,即使能言善辩,也是小人。"(《荀子·大略》27.112)荀子强调"言有节",他告诉人们,"要想说话有分寸,就得考核实情",当君王的只有注意掌握实际情况,"臣民才不敢欺君,说话都会吐真情,就像太阳一样明"(《荀子·成相》25.53)。荀子要求说话要有界限,他说:"君子说话有界限,行动有标准,主张有专重。说到政治的要求,不低于使国家安定和生存;说到思想的要求,不低于做一个有德才的学士;说到道德的要求,是不背离当代的帝王……诸侯询问政事,如果不涉及如何使国家安定而存在下去,就不告诉他;一般人来求学,如果不涉及如何做一个有德才的学士,就不教他;各家的学说,如果不涉及当代的帝王,就不听他。这就叫作君子说话有界限,行动有标准。"(《荀子·儒效》8.25)荀子论述了一系列的说话界限,他告诉人们:"能言善辩,但不去争吵","推崇别人的德行,赞扬别人的优点,并不是出于谄媚阿谀;公正地议论,直接地指出别人的过错,并不是出于诋毁挑剔;说自己十分美好,可以和舜、禹相媲美,和天地相并列,并不是出于浮夸欺骗。"(《荀子·不苟》3.4、3.5)荀子主张说话合乎仁爱之道,他强调懂仁爱之道的人,应当能说会道,他说:"君子一定是能说会道的。凡是人没有不喜欢谈论自己认为是好的东西的,而君子更胜过一般的人。小人能说会道,是宣扬险恶之术;而君子能说会道,是宣扬仁爱之道。说起话来如果不符合仁爱之道,那么他开口说话还不如他沉默不语,他能说会道还不如他笨嘴拙舌;说起话来如果符合仁爱之道,那么喜欢谈说的人就是上等的,而不喜欢谈说的人就是下等的。所以合乎仁爱之道的言论是十分重要的。"(《荀子·非相》5.17)荀子严厉地抨击了粉饰邪恶的学说，美化奸诈言论的人，他说："以粉饰邪恶的说法，美化奸诈的言论来搞乱天下，用那些诡诈、夸大、怪异、委琐的言论，使天下人混混沌沌地不知道是非标准、治乱原因的人"是应当加以批判的。他指出了这些人的各种表现形式，他说："纵情任性，习惯于恣肆放荡，行为像禽兽一样，谈不上和礼义合拍、和正确的政治原则相贯通，但是他们立论时却有根有据，他们解说论点时又有条有理，足以欺骗蒙蔽愚昧的民众。它嚣、魏牟就是这种人。""抑制本性人情，偏离大道，离世独行，不循礼法，以与众不同为高尚，不能和广大民众打成一片，不能彰明忠孝大义，但是他们立论时却有根有据，他们解说论点时又有条有理，足以欺骗蒙蔽愚昧的民众。陈仲、史鰌就是这样的人。"(《荀子·非十二子》6.1、6.2、6.3)"不效法古代圣明的帝王，不赞成礼义，而喜欢钻研奇谈怪论，玩弄奇异的词语，非常明察但毫无用处，雄辩动听但不切实际，做了很多事但功效却很少，不可以作为治国的纲领；但是他们立论时却有根有据，他们解说论点时又有条有理，足以欺骗蒙蔽愚昧的民众。惠施、邓析就是这种人。"(《荀子·非十二子》6.6)荀子强调重视诤谏，《荀子·子道》叙述了孔子与鲁哀公及孔子与子贡的谈话。鲁哀公问孔子："儿子服从父亲的命令，就是孝顺吗？臣子服从君主的命令，就是忠贞吗？"问了三次，孔子不答。孔子小步快速而出，把这事告诉给子贡说："刚才，国君问我说：'儿子服从父亲的命令，就是孝顺吗？臣子服从君主的命令，就是忠贞吗？'问了三次我没回答，你认为怎样？"子贡说："儿子服从父亲的命令，就是孝顺了；臣子服从君主的命令，就是忠贞了。先生又能怎样回答他呢？"孔子说："真是个小人，你不懂啊！"从前拥有万辆兵车的大国有四个诤谏之臣，那么他的疆界就不会被削割；拥有千辆兵车的小国，有三个诤谏之臣，那么国家政权就不会危险；拥有百辆兵车的大夫之家，有两个谏臣，那么宗庙就不会被毁灭。父亲有了诤谏的儿子，就不会做不合乎礼制的事；士人有了诤谏的朋友，就不会做不合道义的事。所以，儿子一味听从父亲，怎么能说这儿子是孝顺？臣子一味听从君主，怎么能说这臣子是忠贞？弄清楚了听从的是什么，才可以叫作孝顺、忠贞。(《荀子·子道》29.3)

《左传》子产毁晋馆垣墙的故事，叙述了子产辅佐郑简公到晋国参加会盟，晋平公由于鲁襄公丧事之故，没有会见他们。子产让人把晋国待客的馆舍墙毁坏，而把郑国的车马赶进里面。晋国士文伯指责郑国毁墙事。子产义正词严，据理力争，指责晋不及时收贡物，且为诸侯用的馆舍跟奴隶的处所一样，馆门太小，车马无法进去，盗贼公然作案，会见来宾没有固定时间，会见的命令也无法知道。如不毁坏垣墙，财物无法进来，丢失了就又加重了我郑国的罪过。请问你们让我们将财物放在哪儿？士文伯回复了子产责问

之事。赵文子说:"真是如此。我们对来客真的不太好。用奴隶的住处接待诸侯,这是我们的过失。接着让士文伯向子产致谦,表示自己有疏忽的过失。晋平公迅即会见郑简公,并使礼仪隆重,热情招待后送郑简公等回国,接着建筑了接待诸侯的馆舍。"叔向说:"辞令这样重要,不能不讲究啊! 子产的言辞使诸侯也得到了好处,怎能不注意辞令啊!《诗经》上说:'辞令平和,民众和谐;辞令拙劣,民众受祸! 子产很明白这一点。'"(《左传·襄公三十一年》)

(八)人际交往管理

儒家认为,人生过程中最难处理和对待的是人际关系,因而对如何处理人际交往中的诸多关系问题,进行了深入的探讨,提出了许多可贵的思想和原则。

1. 守持敬人之道

孔子认为,凡是人皆须爱。从这一原则出发,他主张对一切人都要恭敬。温、良、恭、俭、让是孔子对人的基本原则。子禽向子贡问道:"他老人家每到一个国家,必然听得到那个国家的政事。老师是怎么了解到的呢?"子贡说:"他老人家靠温和、善良、恭敬、节俭、谦让求得的。"(《论语·学而》第十章)孔子说:"君子敬而无失,与人恭而有礼,四海之内皆兄弟也。"(《论语·颜渊》第五章)他指出:"君子普遍地团结人而不相互勾结,小人相互勾结而不能普遍地团结人。"(《论语·为政》第十四章)

《孟子》中指出:"人对人的爱不应该有亲疏厚薄的差别,只是实行起来要从父母开始。"(《孟子·滕文公章句上》第五章)孟子说:"义,就是路;礼,就是门。"(《孟子·万章章句下》第七章)他强调:"爱别人可是别人不来亲近,那就应当反问自己是否做到仁爱了;管理别人却没有管好,那就应当反问自己是否聪明能干;礼貌待人可是别人不以礼相待,那就应当反问自己是否恭敬得不够。任何行为如果没有收到预想的效果,那就应当反过来从自己身上找原因,自己行为端正,天下人自然会顺从。"(《孟子·离娄章句上》第四章)

荀子指出:"尊重年轻的尊敬年长的而不遗漏一个人"(《荀子·乐论》20.12),他明确提出:"敬人有道;尊敬别人有一定的原则:对贤能的人就景仰地尊敬他,对没有德才的人就畏惧地尊敬他;对贤能的人就亲切地尊敬他,对没有德才的人就疏远地尊敬他。尊敬是一样的,实际内容是两样的。至于那忠诚守信正直老实而不伤害人,那是对待所有的人都这样,这是仁德人的本质。"他强调人际交往"以忠诚守信为本体,以正直老实为纲纪,以礼义为规范,以伦理法律为原则"(《荀子·臣道》13.19)。荀子又说:"君子律己像木工用墨线来取直一样,待人像梢公用舟船来接客人一样。用墨线似的准则律己,所以能够使自己成为天下人效法的榜样;用舟船似的胸怀待人,所以能够对他人宽容,也就能依靠他人来成就治理天下的大业了。君子贤能而能容纳无能的人,聪明而能容纳愚昧的人,博闻多识而能容纳孤陋寡闻的人,道德纯洁而能容纳品行复杂的人,这叫作兼容并蓄之法。"(《荀子·非相》5.15)

2. 把握交往基本原则

儒家学说非常重视人际间的交往,提出了许多非常重要的交往原则,不少交往原则至今仍有非常重要的指导作用。

孔子明确指出"行事靠人"(《论语·述而》第六章)。在此原则下,孔子告诉人们必须重视交往,热情对待朋友。《论语》开卷即提出:"有朋自远方来,不亦乐乎?"(《论语·学而》第一章)孔子指出与人交往要持恭敬心,做到"恭敬之心合乎礼仪,就可以避免遭受耻辱"(《论语·学而》第十三章)。孔子强调人际交往中要注意识人,他说:"不要怕别人不了解自己,而要怕自己不了解别人。"(《论语·学而》第十六章)孔子还进一步探讨了识人的方法,他说:了解一个人要"听其言而观其行"(《论语·公冶长》第十章),"要看他所做的事,观察他做事情的动机,还要考察做事时的心态"(《论语·为政》第十章)。他还强调,看人一定要慎重,不要人云亦云,"大家都讨厌的人,一定要考察他;大家都喜欢的人,也一定要考察他"(《论语·卫灵公》第二十八章)。孔子还指出:"与人相处要忠诚"(《论语·子路》第十九章),"己所不欲,勿施于人"(《论语·卫灵公》第二十四章)。人际交往要讲情义。他指出:"说话要守信用"(《论语·子路》第十九章),他强调:"一个人如果说话不讲信用,不知道他怎么可以做人。就像大车没有輗,小车没有车軏一样,怎么走路呢?"(《论语·为政》第二十二章)他告诉人们"远离粗暴和怠慢","说话言辞和悦","避免鄙俗和错误"(《论语·泰伯》第四章)。孔子还指出,人们在交往中应懂得回避,他说:"贤良的人逃避乱世隐居,其次逃避别地而居,再其次回避不好的脸色,再其次回避不好的言论。"(《论语·宪问》第三十七章)

孟子指出,舜比一般人更伟大的地方,在于他"善于与别人沟通"(《孟子·公孙丑章句上》第八章)。孟子提倡人与人之间"友好相处,互相帮助"(《孟子·滕文公章句上》第三章)。孟子说:"追求真诚是做人之道。真诚到极点却还不能感动别人的事,从来没有过;不真诚不可能感动别人。"(《孟子·离娄章句上》第十二章)孟子还指出,人际交往应注意识别人,逢蒙向羿学习射箭,学完羿的全部本领后,心想天下只有羿超过自己,于是就杀了羿。孟子说:"这件事羿自己也有过错。"羿的过错在于不识人。孟子接着说:"从前郑国派子濯孺子去侵犯卫国,卫国派庚公之斯追击他,子濯孺子说:'我今天旧病复发,不能拿弓,我要死了!'又问驾车人说:'追赶我的

人是哪一个?'驾车人说:'是庾公之斯。'子濯孺子说:'我能活命了。'驾车人说:'庾公之斯是卫国善于射箭的人,你却说能活命了,这是什么意思呢?'子濯孺子说:'庾公之斯跟尹公之他学习射箭,尹公之他跟我学射箭。尹公之他是个正派的人,他选择的朋友也一定正派。'庾公之斯追上以后说:'你为什么不拿起弓呢?'子濯孺子说:'我今天旧病复发了,不能拿弓。'庾公之斯说:'我跟尹公之他学习射箭,尹公之他跟你学射箭。我不忍心用您射箭的技巧反过来伤害您。尽管如此,但今天的事是国家的公事,我不敢废弃使命。'于是抽出箭,在车轮上敲打几下,折去金属箭头,射了箭回去了。"(《孟子·离娄章句下》第二十四章)孟子告诉人们,要善于用眼睛观察人。他说:"长在人身上的器官,没有哪个比眼睛更好了。眼睛不会掩盖一个人的邪恶。心术正,眼睛就明亮;心术不正,眼睛就浑浊。一边听一个人说话,一边看他的眼睛,这个人的内心能往哪里躲藏呢?"(《孟子·离娄章句上》第十五章)孟子强调,与人交往时应把心态调整好。万章问孟子:"请问与人交际时,应有什么样的心态呢?"孟子说:"恭敬。"(《孟子·万章章句下》第四章)孟子主张人们交往应学君子坚持照礼和义的原则办事,他说:"义就是路,礼就是门。只有君子才能沿着这条路行走,从这道门进出。"(《孟子·万章章句下》第七章)

荀子提倡重视尊重贤能之人,鄙视不贤的人。(《荀子·非相》)荀子又说:"高高在上,职位尊贵,但不因此而傲视别人;聪明睿智、通达事理,但不因此而使人难堪;才思敏捷、迅速领悟,但不在别人面前抢先逞能;坚强刚毅,勇敢大胆,但不因此而伤害别人……无所不爱,无所不敬,从不与人争执,心胸宽广得像天地包容万物那样。"(《荀子·非十二子》6.12)。荀子还说:"君子把自己的品德不好看作耻辱,而不把被别人污蔑看作耻辱;把自己不诚实看作耻辱,而不把不被信任看作耻辱;把自己无能看作耻辱,而不把自己不被任用看作耻辱。"(《荀子·非十二》6.15)君子"对内不自欺,对外不欺人"(《荀子·儒效》8.18),"以己贤能救助不贤能者,以己强而宽大弱者"(《荀子·仲尼》7.4)。荀子强调普遍地尊敬别人,他告诉人们,既要尊敬贤师,亲近良友,恭敬有道德有学识之人,接近贤者,又要懂得普遍地尊敬一切人,懂得把握人际交往的度,尊敬不漏掉一个人,但不要与德行不好的人交往,远离粗暴恶劣的人,忠诚守信,正直老实,遵守礼仪规范,不违犯礼义法律。

3. 孝敬父母

儒家学说认为孝是做人的起点,万事孝为先。孔子认为,孝的关键在于敬,如果认为孝就是赡养父母,"对父母不恭敬的话,和饲养犬马有什么区别呢?"(《论语·为政》第七章)孔子主张尽孝道"不要违背礼的准则",当樊迟问"这是什么意思"的时候,孔子说:"父母活着的时候,按照礼的规定侍奉他们;父母死后,按照礼的规定埋葬他们,祭祀他们。"(《论语·为政》第五章)孔子强调:"父母的年纪不可不知道。一方面为他们年高而欣喜,一方面为他们衰老而担忧。"(《论语·里仁》第二十一章)孔子又说:"父母在世,不要远离家门;远离的话就一定要让父母知道去向。"(《论语·里仁》第十九章)孔子还指出:"侍奉父母,对他们的过失要婉转轻微地劝阻;如果自己的心意不被父母赞同,仍然要恭敬父母,不要违背他们,虽然为父母操劳但不能有怨气。"(《论语·里仁》第十八章)子路问孔子:"什么事听到就做吗?"孔子说:"有父亲和哥哥在,怎么能听到就干呢?"(《论语·先进》第二十二章)子夏说:"事奉父母能尽心竭力"(《论语·学而》第七章),曾子说:"谨慎地对待父母的死亡,按时祭祀远代的祖先,百姓的德行自然会归于仁厚了。"(《论语·学而》第九章)

孟子说:父子关系"是人与人之间最重要的关系。父子之间的关系以慈爱为根本。"(《孟子·公孙丑章句下》第二章)孟子引用《诗经·大雅·下武》的话说:"孝道是天下的法则。"孟子又引用《尚书》上的话说:"舜恭谨地看望瞽瞍,态度敬畏,瞽瞍也就相信舜而态度和顺。"孟子强调说:"孝子最大的事情没有超过尊敬父母的;尊敬父母最大的事情,没有超过用整个天下奉养父母的。瞽瞍做了天子的父亲,是尊敬的极点;用整个天下奉养他,是奉养的最好的方式。"(《孟子·万章章句上》第四章)孟子说:"世俗社会认为不孝的表现有五种:四体不勤,不管父母的生活,是一不孝;赌博下棋好喝酒,不管父母的生活,是二不孝;贪图钱财,袒护妻子儿女,不管父母生活,是三不孝;放纵自己的声色欲望,因此使父母蒙受耻辱,是四不孝;喜好蛮勇打斗,因此连累父母,是五不孝。"孟子指出:"父子之间以善相求,那是最伤感情的。"孟子以章子处理父子关系的事件为例说:"章子只因为得罪了父亲,无法与父亲接近,于是休了妻子,把孩子也赶走了,一辈子不要他们奉养。他想的是:如果不这样做,自己的罪过就更大了。这就是章子的品行啊!"(《孟子·离娄章句》第三十章)孟子明确指出:因父母有过错"更加疏远父母,是不孝;经受不住一点刺激,也是不孝。孔子说:'舜大概是天下最孝顺的人了。五十岁还对父母怀有感情'"(《孟子·告子章句下》第四章)。孟子说:"服侍父母而得不到父母的信任,也就得不到朋友的信任;取得父母满意有它的办法,即反省自己不真诚,也就不能使父母满意;使自己真诚有它的办法,不明白什么是善,也就不能使自己真诚……追求真诚是做人的规律。真诚到了极点却还不能感动别人的事,从来没有过;不真诚是不能感动别人的。"(《孟子·离娄章句上》第十二章)

4. 尊敬老师

儒家学说非常重视教师的作用,提出了一系列正确对待教师的原则。儒家学说创始人孔子创办私塾,开教育先河,他一生忠诚教育事业,树立了

教师的光辉典范，赢得了弟子和社会各界的尊敬和热爱，被誉为"万代师表"、"至圣先师"、"大成至圣先师"。孔子在学生心目中树立了光辉的形象，他的学生不许任何人毁谤孔子。叔孙武孙在朝廷上告诉大夫说："子贡比仲尼要好。"子服景伯把这话告诉了子贡。子贡说："譬如房屋的围墙，我家的围墙只有肩膀那么高，在墙外可以看到室内的好东西。老师家的围墙有几丈高，找不到大门进去，就看不见他那宗庙的美好、房舍的富丽堂皇，能够找到门的人大概是不多的。叔孙武孙的话，不是很自然的吗！"（《论语·子张》第二十三章）叔孙武孙诋毁仲尼，子贡说："不要这样做！仲尼是不可毁谤的。他人的贤良，好比丘陵，还可以越过；仲尼就是太阳和月亮，是无法超越的。人们即使要自绝于日月，那么对日月有什么伤害呢？只能更多地表现出他们的不自量力啊！"（《论语·子张》第二十四章）陈子禽对子贡说："你对仲尼太谦恭了吧，难道仲尼就比你好吗？"子贡说："君子一句话可以使人认为他聪明，一句话也可以使人认为他不聪明，说话不能不慎重啊！仲尼他老人家是不能比的呀，就好比天是不可以用阶梯攀登的，他老人家如果得到邦国来治理，就会如同我们所说的，能立足的则立足，引导百姓向前走，百姓就会跟随着，安抚百姓，百姓就会来归附，动员百姓，大家就会同心协力。他老人家活着光荣，死了令人哀痛，我怎么比得上呢？"（《论语·子张》第二十五章）《孟子》一书比较了陈良的学生与孔子的学生对老师的态度。孟子说："陈良本是楚国人，喜爱周公和孔子的学说，从南方北上中原学习。北方的读书人没有谁比陈良学得更好。陈良就是人们所说的豪杰之士啊！孔子去世，三年过后，弟子们各自打点行李准备回去，到子贡的住处作揖告别，面对面痛哭起来，然后才分开。子贡送走他们回来，在孔子墓地旁边重新盖了一间房子，一住就是三年才回去。后来，子贡、子张、子游三人认为有若像孔子，想用对待孔子的礼节对待他，硬要曾子同意。曾子说：'不行。孔子的道德学问就像用江汉之水洗濯过，用秋天的骄阳曝晒过，光亮洁白，没有谁能比得上他。'"孟子批评陈良的学生说："现在许行这个南方蛮子，说起话来像鸟叫一样怪气，竟然诽谤先王之道，而您（陈相）却背叛自己的老师而向他学，这跟曾子比实在相差太远了。"（《孟子·滕文公章句上》第四章）

荀子说："《礼》《乐》记载法度而未加详细解说，《诗》《书》记载旧事而不切近现实，《春秋》文简辞约而不易迅速理解。仿效贤师而学习君子的学说，那就能养成崇高的品德并获得广博的知识，也能通晓世事了。所以说，学习没有比接近那理想的良师益友更便利的了。"（《荀子·劝学》1.11）荀子不厌其烦地说："学习的途径没有比心悦诚服地受教于贤师更迅速有效的了，尊崇礼义就比它差一等。如果上不能对贤师心悦诚服，下不能尊崇礼义，而只学些杂乱的知识、读通《诗》《书》，那么直到老死，也不过是个学识浅陋的书生罢了。"(《荀子·劝学》1.12)。不知道向圣贤学习的人,就难以达到知识的制高点,知识不到家的人难以聪明睿智,成就大业。

儒家学说提倡尊师,但同时指出尊敬老师不能违背仁德的原则,孔子明确指出:"当仁,不让于师",在仁德面前,就是自己的老师也不能让步。(《论语·卫灵公》第三十六章)

儒家学说强调人需要老师教导。荀子说:"人的本性邪恶,一定要依靠师长和法度的教化才能端正,要得到礼义的引导才能治理好。人们没有师长和法度,就会偏邪险恶而不端正……能够被师长和法度所感化,积累文献经典方面的知识,遵行礼义的,就是君子;纵情任性,习惯于恣肆放荡而违反礼义的,就是小人。"(《荀子·性恶》23.3)荀子还说:"人生下来的时候,本来是小人,如果没有老师教导,没有法度约束,就只会看到财利罢了……本来就是小人,又因为碰上了混乱的社会,接触了混乱的习俗,这样,就在渺小卑鄙的本性上加上了渺小卑鄙,使混乱的资质又染上了混乱的习俗……人没有老师教导,没有法度约束,那么他们的心灵也就完全和他们嘴巴胃肠一样只知吃喝了。"(《荀子·荣辱》4.12)

孟子指出,老师的素质和水平直接关系着学生的学习效果,他说:"孔子登上东山就觉得鲁国太小了;登上泰山就觉得天下也小了。所以见过大海的人就觉得其他的水很难算作水了。在圣人门下学习过的人就觉得其他的言论很难算作言论了。"(《孟子·尽心章句上》第二十四章)荀子强调必须接近贤师,他说:"学习没有比接近那理想的良师益友更便利的了。"(《荀子·劝学》1.11)

儒家学说还对什么人是老师的问题做了比较明确的回答。儒家讲的老师不专指那些在学校从事教育工作的人,而是泛指一切能给予自己启迪的人。孔子说:"三人行必有吾师,择其善而从之"(《论语·述而》7.22),子贡说孔子无长师(《论语·子张》第二十二章)。荀子说:"指责我而指责得恰当的人,就是我的老师。"(《荀子·修身》2.1)。他们都是从广泛意义上选择老师的。

5. 结交良友

儒家认为朋友关系是人际交往中的一种非常重要的关系,儒家学说提出了许多结交朋友及处理朋友之间关系的原则。孔子指出要分清有益的朋友和有害的朋友,他说:"有益的朋友有三种,有害的朋友也有三种。结交正直的朋友,诚信的朋友,知识广博的朋友,是有益的。结交谄媚逢迎的人,结交表面奉承而背后诽谤的人,结交善于花言巧语的人,是有害的。"(《论语·季氏》第四章)孔子认为最好是与遵守中庸之道的人交朋友,"得不到遵守中庸之道的人和他交朋友,也一定要和激进的人及保守的人相交!激进的人锐意进取,保守的人不做超越规范的事"(《论语·子路》第二十一

章）。孔子主张对朋友要热情，他说："有朋自远方来，不亦乐乎？"（《论语·学而》第一章）孔子主张朋友之间交往，说话要诚实可信，"与朋友交，言而有信"（《论语·学而》第七章）；"朋友之间要互相勉励"（《论语·子路》第二十八章），对"朋友忠诚地劝告，用正确的道理引导他，他不听就立刻停止，不要自找侮辱"（《论语·子路》第二十三章）。孔子指出："对朋友规劝过分，就会被疏远。"（《论语·里仁》第二十六章）

万章问孟子："请问交朋友的原则是什么？"孟子说："交朋友不能依仗自己年龄大，不能依仗自己地位尊贵，也不能依仗自己兄弟的势力。交朋友就是因为对方品行好而与他相交，不能有任何依仗。孟献子是一个拥有一百辆兵车的大夫，他有五位朋友，他与这五个人相交，心里从来没有想到自己的家产。这五个人如果心中也想着孟献子的家产，也就不与他交朋友了。"孟子又说，不仅拥有百辆兵车的大夫这样交友，小国的国君和大国的君王也有这样交友的，"晋平公对亥唐就是这样，亥唐说进去就进去，说坐下就坐下，说吃就吃，即使是粗汤淡饭，也吃得很饱。可是晋平公也只是做到这一点罢了。晋平公不和亥唐共有官位，不和他共理朝政，不和他共享俸禄，这是士人尊重贤明的人的态度，而不是王公尊重贤明人应有的态度。舜曾有一次去谒见尧，尧请他这位女婿住在副宫里，还请舜吃饭，两人互为主客，这是居天子高位而与一般百姓交朋友。"（《孟子·万章章句》第三章）孟子指出："以善相责求，是朋友相处的原则。"（《孟子·离娄章句下》第三十章）孟子主张朋友要可靠，朋友间相互委托的事不能当儿戏。孟子在与齐宣王的一次谈话中对齐宣王说："如果你有一个臣子把妻子儿女托付给他的朋友照顾，而自己去楚国游历去了，等他回来时发现，他的妻子儿女在挨饿受冻。对这样的朋友应该怎样办呢？"齐宣王说："与他绝交。"（《孟子·梁惠王章句下》第六章）

（九）人生过程的目标管理

儒家学说非常重视立志。儒家讲的"志"，多指"心之所之（止）"，立志就是确立人生目标和理想。孔子非常重视"志"的作用，他明确指出："三军可夺帅也，匹夫不可夺志也。"（《论语·子罕》第二十六章）一个人的"志"比三军的统帅还重要。子夏主张"博学而笃志"。（《论语·子张》第六章）孔子是一个较早就懂得并立定人生志向的人，他对弟子说："吾十有五而志于学。"（《论语·为政》第四章）他不但立志成为一个有学问的人，而且立志弘扬优秀传统文化，他说："周文王死了以后，文化典籍不都在我这吗？天如果要消灭周的文化，那么我也就不会掌握这些文化了；既然天不想丧失这些文化，那匡地的人又能把我怎么样呢？"（《论语·子罕》第五章）孔子认为，人应当分清善恶，主张把立志与知耻结合起来，知道有所为和有所不为；应当

"死守善道",应当"忧道不忧贫",他认为一个人应当像松柏那样经得起严寒的考验,他说:"岁寒然后知松柏之后凋也"(《论语·子罕》第二十八章);应把自己的意志锻炼得坚贞不移,"磨砺而不变薄,染以黑色而不变黑"(《论语·阳货》第七章);他主张无论在什么条件下都要不降其志,他告诉人们:"降志会招致自身的耻辱"(《论语·微子》第八章)。孟子认为人最重要的是要"尚志",使自己心志高尚(《孟子·尽心章句上》第三十三章),要立志担当大任,多做贡献。他赞颂舜、傅说、管仲、百里奚等人的坚定人格。他赞美百里奚宁当奴隶不丧其志。百里奚年近七十岁时被秦穆公用五张羊皮从市场买回来。当秦穆公见到百里奚说"可惜老矣"时,百里奚却笑着不以为然地说:"我还不到七十岁,与姜子牙出山时比,我还小得多!"正是百里奚帮助秦穆公成就了霸业。孟子强调:"夫志,气之帅也";人有志才能"养浩然之气"(《孟子·公孙丑章句上》第二章)。

二、儒家圣贤论做事管理

做事是人生存和发展的根据,也是社会评价人的基本依据。儒家学说是关于人生的学问,因而非常重视做事问题,儒家学说的代表人物提出了一系列做事原则,其中许多原则至今仍闪烁着真理的光辉。这里需要说明的是,做事与做人在许多情况下是不可分的,人生过程中的做事管理,实质上仍是做人管理的继续。

(一)做事论理的原则

儒家学说认为,万事万物皆有其存在的道理和发展变化所遵循的根据或原则,人们只有明白事理,通达事物演进的逻辑,才有可能求得行动的成功。孟子提出"思深达理"(《孟子·尽心章句上》第十八章)。荀子指出:"凡人之患,蔽于曲而暗于大理","大凡人的毛病,是被事物的某一局部所蒙蔽而不明白全局性的大道理"。做事人如果不明事理,"那么白的黑的就是摆在面前眼睛也会看不见"(《荀子·解蔽》21.1)。他指出,只有精于事物发展变化之道的人,才能支配万物,"精于道的人则能够全面地支配各种事物。所以君子专心于道,而用它来帮助自己考察万物。专心于道就能正确无误,用它来帮助自己考察万物就能看得非常清楚"(《荀子·解蔽》21.10)。荀子强调:"人们无论什么行动,都不能不用正确的原则来衡量。秤如果不准,那么重的东西挂上去反而会翘起来,而人们就会把它当作轻的;轻的东西挂上去反而会低下去,而人们就会把它当作是重的……衡量行为的准则如果不正确,那么灾祸就会寄寓在人们所追求的事物中……道,从古到今都是衡量正确与否的标准;离开了道而由内心擅自抉择,那就不知道祸福所依存的地方。"(《荀子·正名》22.14)《荀子·尧问》引用周公的话

说:"君子喜欢按照道理去行事,所以他的民众也归顺正道。"周公还指出,"喜欢依靠自己的才智做事",是浅陋无知的人。荀子告诉人们,"心事行,有益于理者立之,无益于理者废之,夫是之谓中说。凡知说,有益于理者为之,无益于理者舍之,夫是之谓说"(《荀子·儒效》8.6)。荀子赞颂通达事理的人,他说:"上能尊敬君主,下能爱抚民众,事情来了能应付,事件发生了能处理,像这样就可以称为通达事理的人了。"(《荀子·不苟》3.11)

(二)行道义事的原则

道义是儒家学说中经常使用的概念,其含义丰富,一般说来,道义是道理、道德与正义的统一。孟子说:"品德高尚的人,说话不一定句句守信,行为不一定处处兑现,根据道义来做就可以了。"(《孟子·离娄章句下》第十一章)他举例说:"现在有个人,每天偷邻居的鸡,有人告诉他说:'这不是君子的作为。'他回答说:'请让我先少偷一点吧,每个月只偷一只,等到明年就一只不偷了。'"孟子批评这种对待错误的态度说:"如果已经知道这种行为不合道义,就应该尽快停止。"(《孟子·滕文公章句下》第八章)。荀子说:"所有治理天下的要领中,道义是最根本的","内能调节人而外能调节万物,上能使君主安定而下能使民众协调","内外上下都能调节,这是道义的实质啊。"(《荀子·强国》16.8)荀子又说:"光荣耻辱各有两个方面,有道义方面的光荣,有势位方面的光荣,有道义方面的耻辱,有势位方面的耻辱。志向美好,德行淳厚,智虑精明,这是内心产生出来的光荣,这叫作道义方面的光荣。爵位尊贵,贡品俸禄优厚,权势地位优越……这是从外部得到的光荣,这叫作势位方面的光荣。行为放荡丑恶,违犯道义,扰乱伦理,骄横凶暴,唯利是图,这是从内心产生出来的耻辱,这叫作道义方面的耻辱。受人责骂侮辱,被揪住头发揍打,受杖刑被鞭打,受膑刑被剔去膝盖骨,被砍头断手,五马分尸并弃于市,被五花大绑,被反吊起,这是从外部得到的耻辱,这叫势位方面的耻辱……君子可能有势位方面的耻辱而不可能有道义方面的耻辱,小人可能有势位方面的光荣却不可能有道义方面的光荣。有势位方面的耻辱不妨碍他成为尧,有势位方面的光荣不妨碍他成为桀。道义方面的光荣、势位方面的光荣,只有君子才能同时拥有它们;道义方面的耻辱、势位方面的耻辱,只有小人才会同时占有它们。"(《荀子·正论》18.9)荀子主张普及道义,他说:"从天子一直到普通老百姓,没有谁不想施展自己的才能,实现自己的志向,安逸愉快地从事自己的工作……天子诸侯没有浪费的用度,士大夫没有放荡的行为,群臣百官没有怠慢的政事,百姓没有奸诈怪僻的习俗,没有偷盗抢劫的罪行,这就能够称为道义普及。"(《荀子·君道》12.7)。荀子又说:"圣明的帝王在上,名分、道义推行到下面,那么士大夫就不会有放肆淫荡的行为,群臣百官就不会有懈怠傲慢的事情,百姓就不会有邪恶怪僻的习俗,不会有盗窃劫杀的罪行,没有人敢触犯君主的禁令。天下的人明明白白地知道盗窃是不可能发财致富的,都知道抢劫杀人是不可能获得长寿的,都知道触犯了君主的禁令是不可能得到安宁的;都知道遵循圣明帝王的正道,每个人就能得到他所喜欢的奖赏;如果不遵循圣明帝王的正道,那就一定会遭到他所厌恶的刑罚。"(《荀子·君子》24.2)荀子说:"顺从正道而不顺从君主,顺从道义而不顺从父亲,这是人的大德。"(《荀子·子道》29.1)他说:"君子如能不因为财利而伤害道义,那么耻辱也就无从到来了。"(《荀子·法行》30.3)

(三)行正道的原则

事物存在和发展有小道理与大道理,局部道理与全局道理,正道理和邪道理之分。因此儒家要求人们做事要守住正道、大道,不坠邪道。孔子提出"君子贵道"(《论语·泰伯》第四章),"立志求道"(《论语·述而》第六章),"死守善道"(《论语·泰伯》第十三章),"以正直之道而行世"(《论语·卫灵公》第二十五章)。

《孟子·尽心章句上》第三十一章引用伊尹的话说:"我不愿意亲近不按正道做事的人。"孟子指出:"如果自身不遵道而行,那么道在自己的妻子儿女身上也行不通;使唤别人不遵道而行,那么使唤自己的妻子儿女也办不到。"(《孟子·尽心章句下》第九章)

孟子明确指出:"万事万物只有一个根本"(《孟子·滕文公章句上》第五章),"天下真理只有一条"(《孟子·滕文公章句上》第一章),要成事必须坚持正道。孟子举例说:"从前齐景公打猎,用旌旗召唤园林主管,那人不理睬,景公就要杀他。有志气的人为自己的节操随时准备掉脑袋。孔子称赞那个园林主管,肯定他哪一点呢? 就是肯定他拒不接受不合礼法的召唤这一点。"孟子接着又说:"从前赵简子叫王良给他宠幸的小臣奚驾车打猎,结果出去一天没有打一只鸟兽。奚回去向赵简子报告说:'王良是天下最不好的驾车手。'有人把这句话告诉了王良,王良说:'那就再来一次。'奚勉强同意了。结果一天早晨就猎获了十只野兽。奚向赵简子汇报说:'王良真是天下最好的驾车手。'赵简子说:'那就让他专门给你驾车吧!'便把自己的决定对王良说了。王良不肯,说:'我按照规则驾车,整天连一只鸟兽都打不着;违反规则驾车,只一早晨就打到十只鸟兽。'《诗经·小雅·车攻》说:'按照规矩往来奔跑,一放箭就会中目标。'我不习惯为小人驾车,请求辞去这个差使。'一个驾车人尚且羞于与不体面的猎人为伍,即使勉强应付一起去打猎,猎获堆积如山的禽兽,他也不愿意干。如果我背离了自己的正道却服从诸侯,那是为什么呢? ……使自己不正直的人,是不可能使别人正直的。(《孟子·滕文公章句下》第一章)

荀子说:"讲究仁德的人,就是喜欢正道的人"(《荀子·君子》24.5),为正道献身的人,"是上等勇敢的人"(《荀子·性恶》23.18)。荀子抨击那些"厚着脸皮而忍受着辱骂,不守正道而恣肆放荡,胡乱诡辩而唯利是图,不喜欢谦让,不尊重礼节,而喜欢互相排挤的人。"(《荀子·解蔽》21.15)

(四)行仁德事的原则

"仁"是儒家学说的一个重要概念,它是儒家全部学说的基石。孔子说:"君子不能离开仁德,哪怕是一顿饭的工夫,在最匆忙的时候,要与仁德同在,在最颠沛的时候也要与仁德同在。"(《论语·里仁》第五章)他说:"如果立志于实行仁德,就不会做坏事。"(《论语·里仁》第四章)。孔子又说:"爱好仁德的人,那是再好不过了;厌恶不仁德的人,那他是在实行仁德,不让不仁的东西影响自己。"(《论语·里仁》第六章)。他强调:"人而不仁,疾之已甚,乱也。"(《论语·泰伯》第十章)他说:"仁者不忧。"(《论语·子罕》第二十九章)孔子说:"仁者,爱人。"他说:有仁德的人"出门到外面工作就好像去接见高贵的宾客一样恭敬,役使老百姓就像承办重大的祭祀一样严肃认真"(《论语·颜渊》第二章)。孔子说:仁德之所以重要,是因为人民非常需要它,"民之于仁也,甚于水火"(《论语·卫灵公》第三十五章)。孔子主张,人应当死守善道,一生不离善道。(《论语·泰伯》第十三章)"如果不能实行仁道,宁可辞职不干。"(《论语·先进》第二十四章)孔子说,殷商时有三个仁人,一个叫微子是殷纣王的同母兄长,见纣王无道,劝他不听,遂离开纣王;一个叫箕子,是殷纣王的叔父,他去劝纣王,纣王不听,便披发装疯,被降为奴隶;一个叫比干,殷纣王的叔父,屡次强谏,激怒纣王而被杀。

孟子发展了孔子的仁德思想,他主张推广仁德之心,多做善事(《孟子·尽心章句下》第三十一章)。他劝宣王说:"把自己对待亲人的慈善之心推广到别人身上","推广慈善之心足以使天下安定",不推广慈善之心"连自己的妻子儿女也保护不了"。又说:"古代的圣人远远高出一般人,没有别的原因,只不过是善于推广他们的善行罢了。"(《孟子·梁惠王章句上》第七章)滕文公问孟子说:"齐国人准备加强薛地的军事力量,我很害怕,你看要怎么对待才好呢?"孟子对滕文公说:"如果君王能够积善,后代子孙就一定会有统一天下称王的。"(《孟子·梁惠王章句下》第十四章)孟子强调:"以善服人者,未有能服人者也;以善养人,然后能服人天下。天下不心服而王者,未之有也。"(《孟子·离娄章句下》第十六章)孟子又说:"非仁无为也,非礼无行也。如有一朝之患,则君子不患也。"(《孟子·离娄章句下》第二十八章)他强调,用仁义处事,"不能称王于天下,是从没有过的事"(《孟子·告子章句下》第四章)。孟子说:"夏、商、周三代能得到天下是因为施行了仁政,他们失去天下是因为不施行仁德。"(《孟子·离娄章句上》第三章）孟子说："人和禽兽不同的地方很少,普通人忽略了这一点,君子却把这点保留住。舜既明察万物,又知晓人伦,因此是按照仁义的道路走,而不是把仁义作为政策来推行。"(《孟子·离娄章句下》第十九章)孟子认为,仁德只有成熟才有价值,他说："五谷是农作物中的好品种;但是如果没有成熟,那就反而不如稗子有价值了。仁也只有成熟后才有其价值。"(《孟子·告子章句上》第十九章)孟子强调："国君好仁,天下无敌。"(《孟子·离娄章句上》第七章)

荀子把仁义作为根本,多次明确指出："仁就是爱人,所以能和人相互亲近。"(《荀子·大略》27.22)他说："忠诚守信正直老实而不伤害人,对待所有的人都这样,这是仁德人的本质。"(《荀子·臣道》13.9)荀子强调："仁德之人必定尊敬别人……别人贤能却不去尊敬他,那就是禽兽了……人如禽兽就会胡乱妄为……灾难就会落在他身上了。"(《荀子·臣道》13.8),他指出,讲仁德的人在国内当权,国家就会安定团结,外敌就不敢入侵(《荀子·富国》10.20)。他主张："无不爱也,无不敬也,无与人争也。恢然如天地之苞万物。"(《荀子·非十二子》6.12)荀子主张广泛地宣传善的思想,他说："君子把善言赠送给别人,觉得比赠送金石珠玉还要贵重;把善言拿给别人看,觉得比让人观看礼服上的彩色花纹还要华美;把善言讲给别人听,觉得比让人听钟鼓琴瑟还要快乐。所以君子对善言的宣传永不厌倦。鄙陋的小人与此相反,他们只注重实惠,而不顾及文采,因此一辈子也免不了卑陋庸俗。"(《荀子·非相》5.13)荀子说："真心实意地坚持仁德,仁德就会在行为上表现出来,仁德在行为上表现出来,就显得神明,显得神明,就能感化别人。"(《荀子·不苟》3.9)

(五)守持礼法的原则

儒家学说中关于礼的知识比较多。儒家说的礼,其含义也是多方面的,较多的有礼制、礼规、礼仪、礼貌、礼法等。儒家认为,守礼是做人做事的关键。孔子多次强调,做事立身靠礼(《论语·泰伯》第八章)他告诫弟子："不学礼,无以立。"《论语·季氏》第十三章记载了孔子的儿子伯鱼与孔子学生的一段对话。孔子的学生问伯鱼："你在老师那里听到有与别人不同的教诲吗?"伯鱼说："没有啊。"伯鱼说："有一天我爸爸独自站在那里,我从前庭经过,爸爸问我:'学礼了吗?'我回答说:'没有,我马上去学礼。'"孔子指出做人做事不可以离开礼,他说："恭而无礼则劳,慎而无礼则葸,勇而无礼则乱,直而无礼则绞。"(《论语·泰伯》第二章)孔子认为做人做事合乎礼义,可以避免遭受耻辱,"恭近于礼,远耻辱也"(《论语·学而》第十三章)。孔子要求人们坚持"克己复礼"的原则,他说："人们能做到每天都使自己的言行符合礼的规范,天下的人就会称其为仁人。"他强调："不符合礼的东西不要

看,不符合礼的话不要听,不符合礼的话不要说,不符合礼的事不要做。"(《论语·颜渊》第一章)。孔子平时坚持以礼义规范要求学生,强调"约之以礼"(《论语·颜渊》第十一章)。孔子主张,国家用人做官应"选用学习过礼乐的人"(《论语·先进》第一章),他说:"以礼治国"就不会有什么困难。(《论语·里仁》第十三章)《论语·学而》第十二章说:"礼的作用,以求和谐为贵,治国之道最可贵的地方就在这里。"《孟子·告子章句》第一章有一段关于怎样坚持礼的对话。有一个任国人问屋庐子说:"礼和吃的东西哪个重要?"屋庐子说:"礼重要。"任国人说:"女色和礼哪个重要?"屋庐子说:"礼重要。"任国人说:"如果按照礼去找吃的,就会饿死;不按照礼去找吃的,就会得到吃的;这样的话也一定要按照礼行事吗? 如果按礼去迎亲,就不会娶到妻子;不按礼去迎亲,就能娶到妻子,这样的话,也一定按礼行事吗?"屋庐子无法回答,第二天就去邹国把这个难题告诉了孟子。孟子说:"回答这个问题有什么困难的呢? 如果不衡量一下屋子地基的高低,而只比较顶端,那么寸把厚的木块也可以使它比高楼还高。黄金比羽毛重,难道是说一个几钱重的小金钩也比一大车羽毛还重吗? 拿吃的重要方面与礼的细微方面相比,哪里只得出吃的东西重要的结论呢? 拿女色的重要方面与礼的细微方面相比,哪里只得出了娶妻子重要的结论呢? 你可以这样去回答他:'扭断哥哥的手臂,夺下他的食物,就得到了吃的;不扭,就得不到吃的,那么你会去扭吗? 翻过东邻家的墙去搂抱人家的姑娘,就娶到了妻子,不越墙去搂抱东邻家的姑娘,就娶不到妻子,那么你会去搂抱吗?'"孟子不止一次地强调按礼规办事,他说:"品德高尚的人是不会服从""不合礼规之礼"的(《孟子·离娄章句下》第六章)。《孟子·离娄章句下》第二十七章说:公行子为儿子办丧事,右师王驩前去吊丧。他一进门,有人就走近跟他说话。他坐下后,又有人走近他的座位跟他说话。孟子没有跟王驩说话,王驩不高兴地说:"各位大夫都和我说话,孟子却单单不跟我说话,这是怠慢我呀。"孟子听到这件事后说:根据礼规,在朝廷中不能跨过座位进行交谈,也不能越过台阶拱手作揖。我按礼节规定行事,子敖却认为我怠慢他,不是太奇怪了吗?"孟子说:"《尚书》说:'享献礼最重要的是仪节,如果仪节不够,礼物再多,也只能叫作没有献礼。因为献礼的人心意并没有在献礼上。"(《孟子·告子章句下》第五章)孟子强调照礼节办事,不能用召唤不贤之人的礼节召唤贤人,他说:"想同贤能的人会见却不按礼规,就好比要他进来却关上大门一样。义,就是路;礼,就是门。只有君子才能沿着这条路行走,从这道门进出。"(《孟子·万章章句下》第七章)孟子坚决反对"行为举止不合礼规",他提倡在上位的人要带头讲礼貌,守礼规。他说:"如果在上位的人没有礼貌,在下位的人不接受教育,刁民起来作乱,那么国家灭亡就没有几天了。"(《孟子·离娄章句上》第一章)孟子总结以往人生经验说:"尧舜是按自己本性做事的人;商汤周武王是通过自身修养后回归本性而做事的人。动作容貌没有不合乎礼的……君子依据法度做事而顺从命运安排。"(《孟子·尽心章句下》第三十三章)《孟子·尽心章句上》第三十五章记载了桃应与孟子的一段对话。桃应问孟子说:"舜做天子,皋陶做法官,如果瞽瞍杀了人,那么该怎么办?"孟子说:"把他抓起来罢了。"桃应又问:"那么舜不阻止吗?"孟子又说:"舜怎么能阻止呢? 抓他是有法律依据的。"

荀子强调必须弄明白礼仪,他说:"古代圣王弄明白了礼仪而普遍地施行于天下,行动没有不恰当的,所以君子谦虚但不胆怯,肃敬但不恐惧,贫穷却不卑屈,富贵却不骄纵,同时遇到各种事变也能应付自如而不会束手无策,这都是因为弄明白了礼义的缘故。所以君子对于礼义,敬重并遵守它;他对于事务,做起来直截了当但不出差错;他对于别人很少埋怨,宽宏大量但不阿谀逢迎;他做人的原则,是谨慎地加强修养而不险诈;他应付事变,迅速敏捷而不糊涂;他对于天地万物,不致力于解说它们形成的原因而能做到很好地利用其材;他对于各种官府中的官吏和有技术的人才,不和他们竞争技能的高下而能做到很好地利用他们的工作成果;他侍奉君主,忠诚顺从而不懈怠;使唤下边的人,公平而不偏私;他与人交往遵循道义而有法度;他住在家乡,待人宽容而不胡作非为。所以君子处境穷困时就一定享有名望,显达时就一定能建立功勋;他的仁爱宽厚之德普照天下而不昏暗,他的明智通达能够整治天地万物,处理各种事变而不疑惑;他心平气和,思想开阔,德行道义充满在天地之间,仁德智慧达到了极点。这种人就叫作圣人,这是他弄明白了礼义的缘故啊。"(《荀子·君道》12.3)荀子强调:"凝聚士人要依靠礼义。"(《荀子·议兵》15.13)他说:"人的命运取决于上天,国家的命运取决于礼义。作为君主,推崇礼义,尊重贤人,就能称王天下;注重法治,爱护人民,就能称霸诸侯;喜欢财利,多搞欺诈,就会危险;玩弄权术,坑人害人,阴暗险恶,就会灭亡。"(《荀子·强国》16.1)。荀子又说:"对于人来说,没有什么比生命更宝贵,没有什么比安定更快乐;但用来保养生命,取得安乐的途径,没有比遵行礼义更重要的了。人们如果只知道珍惜生命,喜欢安定而抛弃了礼义,拿它打个比方,这就好像是想长寿而割断脖子一样,愚蠢没有比这更厉害的了。"(《荀子·强国》16.4)荀子指出:"在天上的东西,没有比太阳、月亮更明亮的了;在地上的东西,没有比水、火更明亮的了;在物品之中,没有比珍珠、宝石更明亮的了;在人类社会中没有什么比礼义更灿烂的了。太阳、月亮如果不高挂在空中,那么它们的光辉就不显著;水火如果不积聚,那么火的光辉,水的光泽就不大;珍珠、宝玉的光彩不显露于外,那么天子、诸侯就不会把它们当宝贝;礼义不在国内施行,那么功业和名声就不会显著。所以人的命运在天,国家的命运在礼义。"(《荀子·天论》17.12)。荀子指出,治理国家"强力的方法行不通,礼义的方法行得通"

(《荀子·强国》16.5)。他说："楚国人用鲨鱼皮，犀兕皮做成铠甲，坚硬得就像金属、石头一样；宛地出产的钢铁长矛，狠毒得就像蜂、蝎的毒刺一样；士兵行动轻快敏捷，迅速得就像旋风一样；但是兵败垂沙，唐蔑阵亡，庄蹻起兵造反，楚国被分裂成了三四块。这难道是因为没有坚固的铠甲、锋利的兵器吗？这是因为他们用来统治国家的办法并不是礼义之道的缘故啊。"(《荀子·议兵》15.9)荀子分析了礼义产生的根源，明确指出："礼这种东西，是调养人们欲望的"(《荀子·礼论》19.2)，他说："人生来就有欲望……如果一味追求而没有标准限度，就不能不发生争夺；一旦发生争夺就会有祸乱……古代的圣王厌恶那祸乱，所以制定了礼义来确定人们的名分，以此来调养人们的欲望，满足人们的要求……使物资和欲望两者在互相制约中增长。这是礼的起源。"(《荀子·礼论》19.1)荀子形象地指出："墨线这种东西是直的极点，秤这种东西是平的极点，圆规角尺这种东西是方与圆的极点；礼这种东西是社会道德规范的极点……不遵循礼，不充分地掌握礼，就叫作没有原则的人。"(《荀子·礼论》19.8)荀子强调："人如果把活动限定在这个范围之中，就是士君子；如果越出了这个规矩，就是普通人；如果在这个规矩中间，来回周旋，处处符合它的秩序，这就是圣人了。所以圣人的厚道，是靠了礼的积蓄；圣人的大度，是靠了礼的深广；圣人的崇高，是靠了礼的高大；圣人的明察，是靠了礼的透彻。《诗》云：'礼仪全都合法度，说笑就都合时务。'说的就是这种情况啊。"(《荀子·礼论》19.9)荀子又说："礼是为严谨地处理生与死服务的。生是人生的开始；死是人生的终结。这终结和开始都处理得好，那么为人之道也就完备了。"(《荀子·礼论》19.10)荀子说："忧愁愉快这两种心情，在人的本性中本来就存在着根源，至于使这两种心情断绝或持续，使它们较多地被人了解或较少地被人了解，使它们增强或减损，使它们既合乎法度又能充分地表达出来，使它们既旺盛又美好，使根本原则和具体细节、人生终结的仪式和人生开始的仪式没有不合顺的、完全可以用来作为千秋万代的法则，这就是礼了。如果不是顺从礼、精通礼、学习礼、实行礼的君子，是不能够懂得这些道理的。"(《荀子·礼论》19.14)荀子强调："人没有礼义就会混乱无序，不懂礼义就会悖逆不道。"(《荀子·性恶》23.8)"礼义是圣人创建的，是人们学了才会，努力从事才能做到的。"(《荀子·性恶》23.4)"礼，是人立身之处。失去了立身之处，就一定会跌倒沉沦。"(《荀子·大略》27.42)"礼对于整国家，就像秤对于轻重一样，就像墨线对于曲直一样。所以人没有礼就不能生活，事情没有礼就不能办成，国家没有礼就不得安宁。"(《荀子·大略》27.43)"奉行礼义的人是国家的珍宝。"(《荀子·大略》27.57)

　　荀子说："使人无往而不善的是以礼义为法度，用以调气养生，就能使自己的寿命仅次于彭祖；用以修身自强，就能使自己的名声和尧、舜、禹相媲美。礼义才真正是既适宜于显达时立身处世，又有利于穷困中立身处世……所以人没有礼义就不能生存，事情没有礼义就不能办成，国家没有礼义就不得安宁。"(《荀子·修身》2.2)荀子要求人要有"奉行礼法的观念"(《荀子·修身》2.15)。他说治理国家最重要的原则，就是推崇礼义，使法制高于一切(《荀子·君道》12.8)。

(六)明智决断的原则

儒家学说强调做事必须明智决断。孔子说："知道就是知道，不知道就是不知道，这是最明智的。"(《论语·为政》第十七章)孔子说："知者不惑。"(《论语·子罕》第二十九章)他认为，明智的人不会被迷惑。《论语·阳货》第一章中说：喜欢做事但多次失去机会，是不能称为明智的。时光流逝，岁月不再来，应当懂得当机立断，抓住机会。孔子说："明智的人喜欢水，仁德的人喜欢山。明智的人喜欢动，仁德的人喜好静。明智的人乐观，仁德的人长寿。"(《论语·雍也》第二十三章)孔子指出：人的智慧来源于学习，"好知不好学，其蔽也荡。"(《论语·阳货》第八章)孔子还指出："仁德的人安于仁，聪慧的人利用仁。"(《论语·里仁》第二章)

孟子说："智的本质是明白仁和义而不舍弃"，也就是说，只有明智的人才能认识仁和义的重要并且抓住不放。(《孟子·离娄章句上》第二十七章)孟子指出："明智的人没有什么不知道的，但把当前最重要的事看得最紧急……尧舜的智慧并没有遍知万物，是因为他们急于了解先要做的事。"(《孟子·尽心章句上》第四十六章)孟子指出明智能够认识并坚持照事物客观规律办事，他说："如果聪明人像禹疏导洪水，就是顺应自然规律去做。如果聪明人也采取顺应自然规律的办法，那就更聪明了。天很高，很远，如果推求其根本原因，那么千年后的冬至日，也可以坐着推算出来。"(《孟子·离娄章句上》第二十六章)孟子说，知命运的人不会站在有倒塌危险的墙壁下面(《孟子·尽心章句上》第二章)。孟子指出，明智的人懂得远离灾难，伺机而动。他说："伯夷躲避商纣，隐居在北海边，听到文王起来反商纣，就高兴地说：'为什么不归附西伯呢，我听说西伯是很重视赡养老人的人。'姜太公躲避商纣，隐居在东海边，听到文王起来反商纣，就高兴地说：'为什么不归附西伯呢，我听说西伯是很注重赡养老人的人……所说的西伯注重赡养老人，是指他制定了土地制度，教育百姓种植桑田畜养牲畜，劝导百姓的妻子儿女赡养老人。五十岁的人没有棉衣服就不暖和，七十岁的人没肉吃就不饱。穿不暖吃不饱，叫作受冻挨饿。文王的百姓中没有受冻挨饿的老人，指的就是这个。"(《孟子·尽心章句上》第二十二章)孟子还说，人们求智慧在于消除灾难，求得生存和发展。只有那些孤立失势的臣子和失宠的庶子他们始终保持不安的心思，对祸患考虑得很深。所以才通达事理。

（《孟子·尽心章句上》第十八章）。孟子要求人们能"选择仁德"，他说："仁德是上天最高的爵位，是人间最踏实的精神家园，没有人阻挡他选仁德，自己却不选仁德，这是不明智。不仁德又不明智，没有礼义没有道义的人，只配做人家的仆役。"（《孟子·公孙丑章句上》第七章）孟子指出，君子做人做事必须坚持仁义礼智，他说："君子的本性，是仁义礼智都植根于他的心中，它表现出清和润泽的光彩，表现在脸上，显现在肩背上，波及四肢上，四肢不会言语，别人也完全能感受到。"（《孟子·尽心章句上》第二十一章）

荀子对明智决断问题做了更加深入的阐述，他说明了什么叫明智，他指出："以是为是，以非为非的叫作明智；以是为非，以非为是的叫作愚蠢。"（《荀子·修身》2.3）《荀子·子道》29.7记叙了孔子与其弟子谈明智的一段对话。孔子问子路："仲由，明智的人是怎样的？"子路回答说："明智的人能使别人了解自己。"子贡进来。孔子问子贡说："端木赐！明智的人是怎样的？"子贡回答说："明智的人能了解别人。"孔子在与哀公的对话中，进一步指出，明智的人有了"智慧能通晓大道，面对各种事变而不会穷于应付，能明辨万物性质"，他说："大道是变化形成万物的根源；是万物的性质，是处理是非，取舍的根据。"（《荀子·哀公》31.5）荀子指出："凡人之患，蔽于一曲而暗于大理。"（《荀子·解蔽》21.1）他认为解除人之蔽的办法就是增长智慧，"明智达理"（《荀子·不苟》3.6）。"知明而行无过矣。"（《荀子·劝学》1.1）荀子明确指出："天行有常，不为尧存，不为桀亡。应之以治则吉，应之以乱则凶。强本节用，则天不能贫；养备而动时，则天不能病；循道而不忒，则天不能祸……背道而妄行，则天不能使之吉。"（《荀子·天论》17.1）荀子赞扬"鲍叔、宁戚、隰朋仁德明智而且不被蒙蔽，所以能够扶助管仲，而他们享有的名声财利幸福俸禄和管仲相等。召公、吕望仁德明智而且不被蒙蔽，所以能扶助周公，而他们享有的名声财利幸福俸禄也同周公相等。"（《荀子·解蔽》21.4）荀子赞扬齐桓公的明智决断，他说齐桓公"坚定不移地预见到管仲的才能完全可以把国家托付给他，这是天下最大的明智。安定后忘掉了自己危急时的愤怒，逃出险境后就忘掉了自己对管仲的仇恨，最终把管仲尊称为仲父，这是天下最大的决断。"（《荀子·仲尼》7.2）他强调："明智的人对事情十分清楚，对事理十分精通，我们不可以不忠诚地去侍奉明智的人啊。"（《荀子·大略》27.108）

（七）做事尽心竭力，坚持不懈，力求效率的原则

1. 做事尽心竭力

儒家学说明确地告诉人们，做事必须尽心竭力。《论语》开章篇两次谈到做事须尽心竭力的问题。孔子的学生子夏说："把爱好美色的心换成尊贵优秀的品德；事奉父母能尽心竭力；事奉君主，能舍弃自己的身躯；与朋友交

往,说话诚实可信。这样的人,虽然说没有学习过,我一定说他学习过了。"(《论语·学而》第四章)曾子的"吾日三省吾身"其中摆在第一位的就是"为人谋而不忠乎?"就是说要切实重视"为别人做事尽心竭力"的问题。孔子不但强调做事须尽心,而且要求人们要自觉地做事。例如有人对孔子说:"你为什么不参与政事?"孔子答道:"《尚书》说:'孝呀,只有孝敬父母,友爱兄弟,把这种风气影响到政治上去。'这也是参与政治呀,为什么一定要做官才能参与政治呢?"(《论语·为政》第二十一章)孔子说君子遇事不争,不是不要竞争,而是强调君子之争不同于小人之争,他说,"如果遇到争,一定要像射箭一样,先揖然行礼,然后登台较量;射箭完毕,走下台来饮酒。这才是君子之争啊!"(《论语·八佾》第七章)他说:"君子欲讷于言而敏于行。"(《论语·阳货》第二十四章)孔子主张说话谨慎而行动敏捷勤快。《论语·述而》第三十四章记述了孔子和公西华的一段对话,孔子说:"如果谈圣和仁,那我怎么敢呢?但是如果说做起事来不知厌烦,教导别人不知疲倦,那可以说是这样了。"公西华说:"这正是我们大家不能学到的。"这段对话说明孔子做事就是坚持尽心竭力的原则。《论语·子路》第一章子路问孔子怎么治理政事,孔子说:"自己率先去做并且不辞劳苦。"孔子赞颂做事尽心竭力的人,孔子听到子路评价管仲不能算有仁德的话时说:"桓公多次与各诸侯国盟会,不用兵力,这都是管仲的力量啊。像他这样的就是仁啊!"(《论语·宪问》第十六章)子贡说:"管仲不是仁德的人吧?齐桓公杀了公子纠,他没有死,还去辅佐齐桓公。"孔子说:"管仲辅佐桓公,称霸诸侯,匡正天下,人民到今天还受到他们的好处。假如没有管仲,我们这些早就披散着头发,向左敞开衣襟成为野蛮人了。"(《论语·宪问》第十七章)

孟子认为,在做仁德事的问题上,一个十分重要的原则,是要分清"不去做和做不到"。他在同宣王的谈话中说:"假如有一个人向您报告说:'我的力气足以举起三千斤,可我却拿不动一根羽毛;我的眼睛可以看清楚秋天鸟儿细细的毛尖,可我却看不到一大车柴草。'那么大王您相信他的话吗?"宣王说:"不相信。"孟子接着说:"现在您的恩泽连禽兽都能得到,可是功德却没有能施加到百姓身上,这是什么原因呢?如此说来,一根羽毛都拿不动,是因为自己不肯用力气;一大车柴草都看不见,是因为自己不肯用眼看;百姓的生活没能得到改善,是因为没有施行慈善之心。所以,您现在没有用仁德去统一天下,是不去做,而不是做不到啊!"宣王说:"不去做和做不到,这两者之间的表现有什么区别呢?"孟子:"用两臂夹着泰山跳过北海,对别人说'我做不到',这是真做不到;替老年人折取树枝,对别人说'我做不到'这是不做,而不是做不到。所以大王您现在不实行以王道统一天下,不是属于夹着泰山跳过北海这一类,而是属于替老年人折取树枝那一类事啊!尊敬自己的长辈,进而推广到尊敬别人的长辈;关心爱护自己的晚辈,进而推

广到关心爱护别人的晚辈。如果有这样的心思,治理天下就会像在手掌中转动东西那么容易。《诗经·大雅·思齐》说:'先给自己的妻子做榜样,然后影响兄弟,再进一步推广到封邑领地和国家。'说的就是把自己对待亲人的慈善之心,推广到别人身上就行了。所以推广慈善之心以使天下安定,相反则连自己的妻子、儿女也保护不了。古代的圣人远远高出一般人,没有别的原因,只不过是善于推广他的善行罢了。"(《孟子·梁惠王章句上》第七章)

孟子强调做事必须认真,他说:"存在于事物内部,一定会在外部表现出来。认真做了事情却没有功绩的,我从没见过这样的事。"(《孟子·告子章句下》第六章)

2. 做事坚持不懈

儒家学说主张人们做事必须有坚持不懈的精神。孔子举例说:"譬如堆土成山,还差一筐完成,就停止了,这是我自己停止的。譬如用土平地,虽然只倒一筐土,我要坚持进行下去。"(《论语·子罕》第十九章)他指出,做事如果没有坚持不懈的精神,什么事情都难以做成。他说:"南方人有一句话说:'人如果没有恒心,连巫医都做不了。'说得好啊!""没有恒心守德,有时就要承受羞辱。"孔子说:"《易经》上的这句话是说没有恒心的人就不要去占卜了。"(《论语·子路》第二十二章)荀子说:"积土成山,风雨兴焉;积水成渊,蛟龙生焉;积善成德,而神明自得,圣心备焉。故不积跬步,无以至千里;不积小流,无以成江海。骐骥一跃,不能十步;驽马十驾,功在不舍。锲而舍之,朽木不折;锲而不舍,金石可镂……是故无冥冥之志者,无昭昭之明;无惛惛之事者,无赫赫之功。行衢道者不至,事两君者不容。目不能两视而明,耳不能两听而聪……故君子结于一也。"(《荀子·劝学》1.6)荀子又说:"天不为人之恶寒也辍冬,地不为人之恶远也辍广,君子不为小人之匈匈也辍行。"(《荀子·天论》17.7)他告诉人们,只要自己遵循规则做事,就不要因为有人说长道短而停止下来,而应当坚持不懈地做下去。他告诉人们要"慎重地对待那些取决于自己的事情,而不去羡慕那些取决于上天的东西",要争取"天天进步"。荀子又说:"射出一百支箭,只要有一支没有射中,就不能称之为善于射箭;赶一千里路程,即使还有一两步没能走完,就不能称之为善于驾车;伦理规范不能贯通,仁义之道不能一心一意地奉行,就不能称之为善于学习。"(《荀子·劝学》1.14)荀子阐明了成绩的取得是从坚持努力中得到的。荀子举例说:"堆积泥土就成山,积聚小流就成海,一朝一夕积累起来叫作年,最高的叫作天,最低的叫作地,空间之中朝六个方向延伸出去叫作极,路上的普通老百姓积累善行而达到了尽善尽美就叫作圣人,这些都是努力追求以后才得到的,努力做了以后才成功的,不断积累以后才高超的,尽善尽美以后才圣明的。所以圣人这种人,实际是普通人德行的积累。"(《荀子·儒效》8.22)荀子指出，做事只有做到了尽心尽力，才能不后悔，他说："行动没有比不犯错误更好的了，事情没有比毫无悔恨更美的了。做事到了没有后悔的地步就到顶了，不能要求它一定成功。"(《荀子·议兵》15.4)《五经·礼记·中庸》说："广博地学习，详尽地探究，慎重地思考，明确地辨别，忠实地贯彻。不学倒也罢了，学了还不能掌握，不要放弃；不探究倒也罢了，探究了还不明白，不要放弃；不思考倒也罢了，思考了却不得其解，不要放弃；不辨别倒也罢了，辨别了却不明白，不要放弃；不贯彻倒也罢了，贯彻了却不彻底，不要放弃。别人用一分努力能做到的，我用百分努力去做；别人用十分努力做到的，我用千分努力去做。如果能按此道理做事，即使愚蠢的人也会变聪明，即使柔弱的人也会变坚强。"

3. 做事讲究效率

儒家学说要求做事必须讲究效率。儒家思想代表人物，不但强调做事，而且主张做就要做好。

孟子说："爱别人可是别人不来亲近，那就应当反问自己是否做到仁爱了；管理别人却没有管好，那就应当反问自己是否聪明能干；礼貌待人可是别人不以礼相待，那就应当反问自己是否恭敬得不够。任何行动，如果没有收到预想效果，那就应当反过来从自身找原因，自己行为端正，天下人自然会顺从。《诗经·大雅·文王》说：'永远与上天的意志吻合，自己努力求取福禄。'"(《孟子·离娄章句上》第四章)

荀子说："年轻的侍奉年长的，卑贱的侍奉高贵的，不贤的侍奉贤能的，这是天下普遍原则。有的人，地位不在别人之上，却羞于处在人下，这是奸邪的想法。思想上没有除掉邪念，行动上没有离开邪道，却想要享有君子、圣人的名声，拿它打个比方，这就好像是趴在地上去舔天、挽救上吊的人却拉他的脚，这是一定行不通的，越是用力从事就离目标越远。所以君子在时势需要自己忍耐时就屈从忍耐，在时势容许自己施展抱负时就施展抱负。"(《荀子·仲尼》7.8)这里面讲的年轻的侍奉年长的包含着年龄大的人生经验一般都比年轻人多，卑贱的侍奉高贵的是提倡人们向高贵者学习，不贤的侍奉贤能的是说贤能人所能创造的价值比不贤的人大，其实质是提倡人们做人做事要想求得成功，就要向有经验者学习，向有能力的人学习，向做出贡献的人们学习；你没有经验，不够贤能，没有人家有经验、没有人家贡献大，就要居人之后，这是根据社会发展客观要求确定的法则，否则人类社会就无法存在发展和日益文明进步。荀子还指出，竞争是客观存在的，能否争得靠效率。他说："要称王天下的和别国争夺民众，要称霸诸侯的和别国争夺同盟国，只图逞强的和别国争夺土地。和别国争夺民众的可以使诸侯成为自己的臣子，和别人争夺盟国的可以使诸侯成为自己的朋友，和别国争夺土地的就会使诸侯成为自己的敌人。使诸侯臣服的能称王天下，同诸侯友

好的能称霸诸侯,和诸侯为敌的就危险了。"(《荀子·王制》9.6)荀子指出,君子和小人的区别之一,就是"君子慎重地对待那些取决于自己的事情,而不去羡慕那些取决于上天的东西,因此天天进步;小人丢下那些取决于自己的事情,而指望那些取决于上天的东西。因此天天退步"(《荀子·天论》17.8)。这里面讲的君子进步是靠自己努力做事的效率求得的,小人退步则是因为自己不去做或做的效率低造成的。

《左传·成公三年》楚归晋知罃篇载:楚王送知罃回国时说:"你怨恨我吗?"知罃回答说:"两国交战,我没有才能,不能担当自己的使命,成了战俘。您没有杀我,让我回国接受惩罚,这是您的恩德。我自己实在没有才干,又怎么敢怨恨谁呢?"这也是说的做事必须讲求效率,做事和作战一样,胜者王侯败者贼。

(八)做事谨慎且懂得积极进取的原则

1. 做事谨慎

以孔子为代表的儒家学说提倡做事谨慎。一次子张问孔子学习求官得禄的方法。孔子说:"多听,有怀疑的地方加以保留;其余知道的部分谨慎地说出,这样就能减少错误;多看,有怀疑的地方保留,其余了解的部分慎重地去做,就能减少懊悔。说话过错少,行为懊悔少,官职俸禄就在里面了。"(《论语·为政》第十八章)孔子评价郑国贤相子产时说:"子产有四种行为符合君子之道:自己的行为谨慎;侍奉君主恭敬;对人民施以恩惠;使用人民合乎情义。"(《论语·公冶长》第十六章)子张问应当怎样行事。孔子说:"说话要忠诚老实,行为要忠厚恭谨,即使到了南蛮、北貊的部落里,也行得通。说话不老实,行为不忠厚恭谨,即使在自己的小州里,能行得通吗?站着时就好像忠信笃敬立在眼前,坐在车上就好像看见它刻在车前的横木上,只有这样才能处处行得通。"(《论语·卫灵公》第六章)孔子说:君子与小人的区别在于"君子事事严格要求自己,小人事事严格要求别人"。(《论语·卫灵公》第二十一章)曾子得病了,把他的弟子们叫来说,"你们看看我的脚!看看我的手!《诗经》说:'战战兢兢,如临深渊,如履薄冰。'从今以后,我知道我可以免除灾祸了!"(《论语·泰伯》第三章)

孟子引用《太甲》中的话说:"天作孽,犹可违;自作孽不可活。"他说:"施行仁政,就会获得荣耀,不施行仁政,就会受屈辱。现在有些执政者不愿意遭受屈辱,却做出不仁不义的事,这就好比讨厌潮湿却又住在低洼地一样。如果真的不愿受辱,最好是注重道德,尊重有识之士,让有德行的人担任合适的职务;趁着国家太平无事的时机,修明政治和法纪。这样,即使是强大的国家,也一定会敬畏此国了。"他强调:"祸患和福祉没有不是自己造成的。"(《孟子·公孙丑章句下》第四章)

荀子说:"各种事物的发生,一定有它的起因;荣誉或耻辱的来临,必定与他的德性相应。肉腐烂就生蛆,鱼枯死了就生虫。懈怠疏忽而忘记了自身,灾祸就会发生。刚强的东西自己招致折断,柔弱的东西自己招致约束。邪恶污秽的东西存在于自身,是怨恨集结的原因。铺开的柴草好像一样,但火总是向干燥的柴草烧去;平整的土地好像一样,但水总是向低湿的地方流去。草木按类生长,禽兽以群活动,万物都各自依附它们的同类。所以箭靶一张设,弓箭就朝这里射来了;森林的树木茂盛,斧头就来这里砍伐了;树木一成阴,群鸟就来这里栖息了;醋一变酸,蚊子就汇集这里了。所以说话有时会招来灾祸,做事有时招致耻辱,君子要小心自己的立身行事啊!"(《荀子·劝学》1.5)荀子提倡人们做君子,他指出:"君子宽宏大量,但不懈怠马虎;方正守节,但不尖刻伤人;能言善辩,但不去争吵;洞察一切,但不过于激切;卓尔不群,但不盛气凌人;坚定刚强,但不粗鲁凶暴;宽柔和顺,但不随波逐流;恭敬谨慎,但待人宽容。"(《荀子·不苟》3.4)荀子指出:"做人则轻佻恶劣,做事则肆无忌惮"这样的人就危险了。(《荀子·王制》9.29)荀子强调:"大凡各种事情成功一定在于慎重,失败一定在于怠慢,所以慎重胜过怠慢就吉利,怠慢胜过慎重就灭亡,冷静的谋利胜过冲动的欲望就顺利,冲动的欲望胜过冷静的谋利就凶险。攻战要像防守一样不轻率追击,行军要像作战一样毫不松懈,有了战功要像侥幸取胜一样不骄傲自满。慎重对待谋划不要大意,慎重对待战事不要大意,慎重对待军吏不要大意,慎重对待士兵不要大意,慎重对待敌人不要大意,这叫作五种不大意。谨慎地根据这六种策略、五种权衡、三条最高原则办事,并且用恭敬而不大意的态度来处理一切,这叫作举事无双的将领,他就能与神明相通了。"(《荀子·议兵》15.4)荀子指出:"人有了放肆之心,那么法度就会破坏。"(《荀子·大略》27.97)

2. 积极进取

儒家的积极进取精神是举世闻名的。儒家学说的创始人孔子在卫国时,有一天正敲着磬,有一个挑着草筐的人从孔子门前经过,听到磬声说:"有深意啊这击磬声!"过一会又说:"鄙陋啊,这硁硁声! 没人知道自己,自己就算了吧! 水深就穿着衣服涉水,水浅就提起衣襟过去。"孔子说:"果决啊! 这样就没有什么难的了。"(《论语·宪问》第三十九章)孔子的积极进取精神是尽人皆知的,有一次,子路去鲁城,到时城门已关。子路在鲁城门外过了一夜。第二天,清晨开门的人说:"你从哪里来的?"子路说:"从孔大人那里来。"开门说:"是知其不可为而为之者与?"(《论语·宪问》第三十八章)

荀子是中国思想史上著名的主张积极进取的思想家。他说:"万事万物只体现了自然规律的一部分,某一种事物只是万事万物的一部分。愚昧的

人只认识了某一种事物的一个方面,就自以为知道了自然规律,实在是无知。慎子对在后服从的一面有所认识,但对在前面引导的一面却毫无认识;老子对委曲忍让的一面有所认识,但对积极进取的一面却毫无认识;墨子对齐同平等的一面有所认识,但对等级差别的一面却毫无认识;宋子对寡欲的一面有所认识,但对多欲的一面却毫无认识。只在后面服从而不在前面引导,那么群众就没有继续前进的门径;只委曲忍让而不积极进取,那么高贵和卑贱就不会有分别。"(《荀子·天论》17.15)

(九)勇敢而不鲁莽的原则

儒家学说提倡大丈夫精神,主张做人做事要有勇气,敢为天下先。孔子说:"明智的人不会被迷惑,仁德的人没有忧虑,勇敢的人无所畏惧。"(《论语·子罕》第二十九章)又说:"见义不为,无勇也。"(《论语·为政》第二十四章)

《孟子》中记述了孟子与宣王的一段对话。宣王说:"我有个毛病,总是喜欢勇武。"孟子说:"我希望你不要喜欢小勇。如果手按着剑瞪着眼说:'他哪里敢阻挡我呢!'这只是匹夫之勇,是只能对付一个人的勇武。希望您有更大的勇武。《诗经·大雅·皇矣》说:'文王勃然动怒,整顿军队,痛击敌人猖狂侵扰,增加了周国的威势,报答了天下对周的厚望。'这是周文王的勇武。文王发怒便保证了天下的安宁。《尚书》上说:'上天造就了一般的人,也造就了他们的君王,他们的老师。君王和老师的任务,就是辅助上天爱抚百姓。普天之下所有有罪无罪的人,都由我来处置,谁敢违反上天的意志?'当时只有商纣王一个人违反天意在人间横行霸道,周武王便认为这是奇耻大辱,推翻了商朝。这是周武王的勇武。武王一发怒,便使天下的百姓得到了安宁。大王如果一发怒就使天下的百姓得到安宁,那么百姓还怕您不喜欢勇武吗!"(《孟子·梁惠王章句下》第三章)

以孔子为代表的儒家学派反对做事鲁莽。子路问孔子:"您若统率三军,找谁共事呢?"孔子说:"赤手空拳和老虎搏斗,不用船而自己赤足过河,这样死也不后悔的人,我不和他共事。一定要用遇事慎重,好用谋略而成功的人。"(《论语·述而》第十一章)

孟子主张遇事不动心。公孙丑问孟子:"如果老师您做了齐国的卿相,就可以实行自己的主张,即使从此成就霸业、王业,也不足为怪。如果真有这种机会,您会不会小心谨慎,心存警惕呢?"孟子答道:"不会。我从四十岁以后就不再遇事而内心波动了。"孟子强调:"要坚定自己的思想意志,不要随意扰乱意气感情。"(《孟子·公孙丑章句上》第二章)

孟子强调勇敢必须建立在真理和道义的基础上。他说:"从前曾子对子襄说:'你喜欢刚勇吗?我曾在孔夫子那里听到过关于大勇的高见:扪心自问,如果自己理亏,那么即使对方是卑贱的人,我也不会去吓唬人家;扪心自问,如果自己有道理,那么即使对方是千军万马,我也将勇往直前。"(《孟子·公孙丑章句上》第二章)

荀子不但要求人们要具有勇敢精神,而且进一步告诉人们,勇敢具有多种类型,必须懂得什么是真正的勇敢。他说:"有狗和猪的勇敢,有商人和盗贼的勇敢,有小人的勇敢,有士君子的勇敢。争喝抢吃,没有廉耻,不懂是非,不顾死伤,不怕众人的强大,眼红得只看到吃喝,这是狗猪的勇敢。做事图利,争夺财物,没有推让,行动果断大胆而勤奋,心肠凶猛贪婪而暴戾,眼红得只看见财利,这是商人和盗贼的勇敢。不在乎死亡而行为暴虐,是小人的勇敢。合乎道义的地方,就不屈服于权势,不顾自己的利益,把整个国家都给他他也不改变观点,虽然看重生命,但坚持正义而不屈不挠,这是君子的勇敢。"(《荀子·荣辱》4.5)荀子又说:"有上等的勇敢,有中等的勇敢,有下等的勇敢。天下有了中正之道,敢于捍卫;古代的圣王有正道传下来,敢于贯彻执行他们的原则精神;上不依顺动乱时代的君主,下不混同于动乱时代的人民;在仁德存在的地方不顾贫苦穷厄,在仁德丧失的地方不愿富裕高贵;天下人都知道他,就要与天下人同甘苦;天下人不知道他,就岿然屹立于天地之间而无所畏惧;这是上等的勇敢。礼貌恭敬而心意谦让,重视中正诚信而看轻钱财,对于贤能人敢于推荐而使他处于高位,对于不贤的人敢于把他拉下来罢免掉,这是中等的勇敢。看轻自己的生命而看重钱财,不在乎闯祸而又多方解脱苟且逃避罪责;不顾是非、正误的实际情况,把希望胜过别人作为自己的心愿,这是下等的勇敢。"(《荀子·性恶》23.18)

《左传·襄公三十一年》子产坏晋馆垣篇讲述了子产辅佐郑简公到晋国参加会盟,晋平公由于鲁襄公丧事之故,没有会见他们。子产让人把晋国待客的馆舍的墙毁坏,而把郑国的车马赶进里面。晋国士文伯指责子产。子产据理力争说:"由于我郑国幅员狭小,夹在大国中间,大国向郑国索取财物并没有固定的时间,因此不敢安心居住,尽心搜罗我国的财物,以作为朝会纳贡之物。恰巧碰上你们国君不得空闲,没有见面;又没有得到接见的命令,不知什么时候才会接见。不敢唐突纳奉钱币贡物,也不敢把它暴露在外。如果奉纳了,就成了你们国库中之物了,如果没有经过荐陈的仪式,我们也不敢进奉;如果让它暴露在外,又怕或冷或热而腐烂或者被虫蛀,这样就更加重了我国的罪过。我听说晋文公为盟主的时候,他的宫室又低又小,没有观台楼阁,可是却建筑高大的馆舍以接待诸侯。馆舍好像文公的宫室,仓库和马棚修得很完备,司空定时修整道路,泥瓦匠定时粉刷馆舍的宫室。诸侯宾客来到后,甸上安排火炬照明庭院,仆人在馆舍巡逻,车马有各自的位置,宾客随从有人替代,有人给车轴上油,隶人、牧人、圉人都自司其事;百官献出自己的物品接待来客。文公不强留来客,也不会误了他们办事;与宾

客同忧共乐,遇到大事就亲自巡视;对来宾不知道的进行教导,有困难的进行救济。宾客到了晋国,就跟回到了自己家里一样,难道还用得着担心发生什么灾患吗? 不怕盗贼,也不担心冷热无常。现在铜鞮宫方圆数里,但诸侯的馆舍跟奴隶的处所一样。馆门太小以致车马无法进去,周围又有垣墙而无法越过。盗贼公然作案,而对疫病不加以提防。会见来客没有固定的时间,会见的命令也无法知道。如果再不毁坏垣墙,财物无法进来,没有收藏的地方,这又加重了我郑国的罪过。请恕我直问一句,您准备让我们将财物放在哪儿? 虽然你们有鲁国的丧事,但这也是我郑国的悲伤。如果能获准早献财物,我们就修缮垣墙回国,这也是你们的恩惠,我们还怕这点辛劳吗?"士文伯回复了子产毁垣墙之事。赵文子承认子产说得对,承认了自己的过失,让士文伯向子产致歉。晋平公迅即会见简公,并使礼仪隆重,热情招待后送回国。接着就建筑了接待诸侯的馆舍。这件事中子产的勇敢显然是建筑在理和礼之上的。

(十)做事讲原则懂变通

1. 做事讲原则

儒家学说主张做事必须讲原则,强调不能拿原则做交易,不能丧失原则,同时告诉人们还应当懂得变通,在面临多种选择时,不固执一理,善于妥善处理,能最大限度地化解矛盾,能求得最大成效。

儒家说的做事讲原则的"原则",具有多种含义,其中主要有道理、道德、仁德、道义、礼义、规律、规则、法律、法规、是非、对错、真假、善恶、美丑、度等。孔子说:"当仁,不让于师。"(《论语·卫灵公》第三十六章)他主张在仁德面前,就是自己的老师也不能谦让。孟子说:"即使有离娄那样的好眼力,公输子那样高超的技巧,如果没有圆规和直角尺,也不能画出方形和圆形;即使有师旷那样的听力,如果不用六律,也不能校正五音;即使有尧舜之道,如果不施行仁政,也不能将天下治理好。""居于上位的人不按真理标准衡量事物,居于下层的人就不受法规制约;朝廷不讲道义,工匠不依尺度,官吏触犯义理,百姓触犯刑律,这样的国家还能存在,那真是侥幸。"(《孟子·离娄章句上》第一章)孟子说:"孔子不做过分的事",是说孔子善于把握做事的度,知道"根据道义来做"(《孟子·离娄章句下》第十章、第十一章)。孟子强调:"不仁爱的事不做,不合礼节的事不做。"(《孟子·离娄章句下》第二十八章)孟子又说:"依据道德准则做事而不走邪路,不是为了求得俸禄……君子依据法度做事,只有等待命运安排罢了。"(《孟子·尽心章句上》第三十三章)

荀子在谈到君子做事时说:"如果君子心往大的方面用,就会敬奉自然而遵循规律;如果心往小的方面用,就会敬畏礼义而有所节制;如果聪明,就会明智通达而触类旁通；如果愚钝，就会端正诚笃而遵守法度；如要被起用，就会恭敬而不放纵；如果不见用，就会戒慎而整治自己；如果高兴了，就会平和地去治理；如果忧愁了，就会冷静地去处理；如果显贵，就会文雅而明智；如果困窘，就会自我约束而明察事理。"（《荀子·不苟》3.6）荀子又说："根据道义来处理事情，就知道什么办法是有利的了……做事时知道有利的办法，那么行动时就会懂得从什么地方开始了。"（《荀子·君子》24.5）

2. 做事懂变通

儒家在强调做事讲原则的基础上，还告诉人们要懂得变通。子贡在与孔子谈话时说："君子也有憎恶的事吗？"孔子说："有憎恶的事：憎恶总说别人不好的人，憎恶在下位却总毁谤上位的人，憎恶只有勇敢而不懂得礼的人，憎恶做事刚愎自用而不会变通的人。"（《论语·阳货》第二十四章）

《孟子》中有一段淳于髡与孟子的对话。淳于髡说："男女之间接递东西时手不相接触，这是礼的要求吗？"孟子说："正是礼的要求。"淳于髡说："如果嫂嫂掉进水里，那么是否可以伸手拉她？"孟子说："嫂嫂落水而不伸手拉她，这简直是豺狼。男女之间交接东西时手不相触碰，这是礼的要求；嫂嫂落水伸手去拽，这是变通。"淳于髡说："现在天下都掉进水里，您不伸手去救，这是为什么呢？"孟子说："天下都掉在水里，应当用道义去救；嫂嫂掉进水里，应当用手去拉。您要我用手去挽救天下吗？"（《孟子·离娄章句上》第十七章）

荀子说："君子推崇别人的德行，赞扬别人的优点，并不是出于谄媚阿谀；公正地议论，直接地指出别人的过错，并不是出于诋毁挑剔；说自己十分美好，可以和舜、禹相比拟，和天地相并列，并不是出于浮夸欺骗；随着时势或退缩或进取，柔顺得就像香蒲和芦苇一样，并不是出于懦弱胆怯；刚强坚毅，没有什么地方不挺直，并不是出于骄傲横暴。这些都是根据道义来随机应变，知道该屈曲就屈曲该伸直就伸直的缘故啊。《诗》云：'该在左就在左，君子在左无不可；该在右就在右，君子在右也常有。'这说的是君子能根据道义来屈伸进退随机应变的事。"（《荀子·不苟》3.5）

（十一）诚实守信

做事诚实守信，是儒家学说强调的一个基本原则。通观《论语》，我们可以看到，孔子强调最多的是做人做事必须诚实守信。孔子说："治理拥有一千辆兵车的国家，发布政令要谨慎而守信用。"（《论语·学而》第五章）孔子又说："学生在家里要孝顺父母，在外要敬爱兄长，做事要谨慎，诚实讲信用，博爱众人，亲近有学问的人。"（《论语·学而》第六章）又说："与朋友交，言而有信。"（《论语·学而》第七章）他强调君子"要以忠信为主"（《论语·学而》第八章）。他要求国家领导者要诚实讲信用，他说："百姓对国家

没有信心,国家则难以立足。"(《论语·颜渊》第七章)又说:做人"狂妄而不直率,幼稚而不老实,没有才能而又不讲信用,这种人我不知道该怎么办呀!"孔子说:"居处恭,执事敬,与人忠。虽之夷狄,不可弃也。"(《论语·子路》第十九章)子张问孔子应该怎样行事。孔子说:"说话忠诚老实,行为要忠厚恭谨,即使到了南蛮、北貊的部落里,也都能行得通。说话不忠诚老实,行为不忠厚恭谨,即使在自己的小州里,能行得通吗?"(《论语·卫灵公》第六章)孔子强调:"君子行事应以义为根本,以礼义来实行,以谦逊的语言说出,以诚信的态度完成。"(《论语·卫灵公》第十八章)

孟子把真诚上升到规律的高度来认识,他说:"真诚是自然的规律,追求真诚是做人的规律。真诚到了极点却不能感动别人的事,从来没有过;不真诚是不可能感动别人的。"(《孟子·离娄章句上》第十二章)

荀子进一步阐述了诚实守信的重要性,他说:"君子保养身心没有比真诚更好的了,做到了真诚,那就没有其他的事情了。"荀子接着说:"君子改造感化人之道是这样的:如果不真诚,就不能慎独;不能慎独,道义就不可能在日常行动中表现出来;道义不能在日常行动中表现出来,那么即使发自内心,表现在脸色上,发表在言论中,人们仍然不会顺从他;即使顺从他,也一定迟疑不决。天地要算大的了,不真诚就不能化育万物;圣人要算明智的了,不真诚就不能感化万民;父子之间要算亲密的了,不真诚就会疏远;君主要算尊贵的了,不真诚就会受到鄙视。真诚是君子的操守,政治的根本。只要立足于真诚,同类就会聚拢来了;保持真诚,会获得同类;丢掉真诚会失去同类……人们的真诚养成了,他们的才能就会完全发挥出来,永远地使人们向往真诚不回返到他们邪恶的本性上,那么他们就完全被感化了。"(《荀子·不苟》3.9)荀子指出:"真诚老实会产生神明。"(《荀子·不苟》3.12)他说:"治理国家的人……把信用确立了就能称霸诸侯,把权术谋略搞起来就会灭亡。"(《荀子·王霸》11.2)荀子又说:"孔子没有立锥之地,但他真诚地把道义贯彻到思想中,落实在立身行事上,表白在言语中,到成功的时候,他就显扬于天下,名声流传到后代。"(《荀子·王霸》11.3)荀子说:"人生短暂得就像一天,然而却安然地存在着历经上千年的国家,这是为什么? 回答说:这是因为采用了那些积累了上千年的确实可靠的办法来维持国家,又和那些上千的真诚之士一起搞政治的缘故。人没有上百年的寿命,却会有上千年的真诚之士,为什么呢? 回答说:用那些积累了上千年的礼法来把握自己的人,这就是上千年的真诚之士了。"(《荀子·王霸》11.8)

荀子指出,诚实守信能最大限度地激发人们的力量,他说:"大凡人们的行动,如果是为了赏赐和表扬去做的,那么看见对自己有损害就罢手不干了。所以赏赐表扬、行刑处罚,权谋诡诈不足以竭尽人们的力量,使人们献出生命……不足以团结广大民众,使国家的风俗淳美,所以古代的圣王认为可耻而不遵行它。古代的圣王提高道德声誉来引导人民,彰明礼制道义来指导他们,尽力做到忠诚守信来爱护他们……就像保护初生的婴儿一样……明明白白地把高贵的官爵和优厚的奖赏摆在他们的前面,把彰明罪行的刑罚与最大的耻辱放在他们的后面……残暴、凶狠、胆大、强壮的一类人都会被他感化而变得忠厚老实,偏颇、邪僻、搞邪门歪道、偏私的一类人都会被感化而变得大公无私,骄傲、自大、尖刻伤人、争抢不让、纠缠不休的一类人都会被感化而且变得和气温顺,这叫作深广的教化、极大的一致。"(《荀子·议兵》15.11)《荀子》书叙述了尧与舜的一段对话,尧问舜:"我想招引天下的人,该怎么办?"舜回答说:"主持政务专心一意而没有过失,做细小的事也不懈怠,忠诚守信而不厌倦,那么天下自会归顺……忠诚充满在内心,发散于外表,体现在四海之内,那么天下岂不就像在室内的角落里一样啦?又哪里要去招引呢?"(《荀子·尧问》32.1)

《中庸》说:"至诚之道,可以前知……故至诚如神。"又说:诚是使自己成功的好方法,"诚者自成也",指出:"君子诚之为贵","惟天下至诚,为能经纶天下之大经,立天下之大本,知天地之化育","只要有诚心,没有办不成的事"。

儒家学说还指出,不能机械地教条地看待诚实守信。子贡说:"齐桓公杀了公子纠,管仲没有死,还去辅佐齐桓公,这个人对公子纠忠诚吗?"孔子说:"管仲辅佐桓公,称霸诸侯,匡正天下,人民到今天还受到他们的好处。假如没有管仲,我们这些早就披散着头发,向左敞开衣襟,成为野蛮人了。怎么能够像匹夫匹妇那样谨守诚信,自杀于沟壑之中而没人知道呢?"(《论语·宪问》第十七章)《左传》记述了晏子与齐庄公的一段故事。齐庄公在崔武子家,见棠姜长得漂亮,就娶她做夫人,与棠姜私通,崔武子杀了齐庄公。晏子把庄公的尸体放在自己腿上哭了一会,接着站起来,哀痛得不断跺脚,然后走出去。他的随从问晏子:"你要为国君殉身吗?"晏子说:"我为什么要为他死呢?"从人问:"你要逃走吗?"晏婴说:"我有什么罪吗?我为什么要逃走呢?"从人又问:"那么你要回去吗?"晏子说:"国君死了,我们怎么能回去呢?国君难道凌驾于百姓之上吗?一切都应该为主持国家。臣子难道为的是个人的俸禄吗?一切都应该为了国家。因此,如果国君为国家而死,臣子也应一同去死;国君为国家而逃亡,臣子也应当一同逃亡;如果国君是为个人而死,那么,除非是他的亲随,谁还会这样做?人家受国君宠信,尚且杀了国君,我怎么能为他死呢?怎么能为了他逃亡?又怎么能为他回去呢?"(《左传·襄公二十五》)

(十二)尽职尽责

儒家学说要求人们做事要忠于职守,各司其职,讲求政绩,该奖则奖,该

罚就罚，决不姑息迁就。

孟子明确提出社会需要有分工，分担不同工作的人们必须各司其职，做好自己本职工作。有一个叫陈相的人，去见孟子，转述许行的话说："古代的贤君和百姓一起耕作才有饭吃；既要自己做饭，又要治理国家。现在呢，滕国有粮仓府库，这就是损害百姓而奉养自己，哪里算得上贤明呢？"孟子说："许先生一定要自己耕种才吃饭吗？"陈相说："是的。"孟子说："许先生一定要自己织布才穿衣服吗？"陈相说："不是，他穿粗布衣服。"孟子说："许先生戴帽子吗？"陈相说："戴。"孟子说："戴什么帽子？"陈相说："白绸子做的帽子。"孟子说："他自己织的吗？"陈相说："不是，是用粮食换来的。"孟子说："许先生为什么不自己织布做帽子呢？"陈相说："那会妨碍耕种。"孟子说："许先生用锅做饭，用铁制农具耕田吗？"陈相说："是的。"孟子说："都是自己造的吗？"陈相说："不是，是用粮食换来的。"孟子说："农民用粮食去换锅和农具，不算是损害瓦匠铁匠；瓦匠铁匠用他们制造的工具去换取粮食，难道就算损害农民们？况且许先生为什么不自己制陶冶铁，所有的东西都自己做好放在家里随时取用呢？为什么要忙忙碌碌地一件一件地和各种工匠做买卖？许先生为什么如此不怕麻烦？"陈相说："各种工匠的事，实在不能一边耕种一边做得了。"孟子说："那么管理国家的人单单就可以一边耕种一边做得了吗？官吏有官吏的工作，百姓有百姓的工作。而且只要是一个人，就需要具备各种工匠所做的东西。如果一定要求自己制造出来的东西才能使用，那这是让天下的人都疲于奔忙啊。所以我认为，有的人费心，有的人费力；费心的人治理费力的，费力的人需要费心的治理；被人治理的供养治理人的，治理人的为被治理的人供养，这是天下都行得通的道理。"孟子又说：社会分工是社会存在和发展的需要，"尧那个时代，天下还不太平，洪水到处泛滥；草木茂盛，鸟兽大量繁殖，粮食没有收成。凶禽猛兽威胁人类安全，它们的踪迹在人烟稠密的地方也随处可见。尧独自为这种情况担忧，选拔舜出来主持治理工作。舜用伯益管理人政，伯益将山野沼泽的草木用火焚烧，使鸟兽或跑或躲。禹又疏通了九河，治理好济水、漯水，使它们流向大海；又挖掘汝水、汉水，疏通淮水、泗水，将它们导入长江，这样中原一带才可以耕种，从而得到食物。这个时候，禹在外治水八年，三次经过自己的家门都没有进去，他即使想亲自耕种，可能吗？"孟子又说："后稷教百姓种庄稼，栽种各种农作物，农作物成熟了就可以养育百姓。人之所以为人，吃饱了穿暖了，住得安逸了，如果没有教化，也和禽兽差不多。圣人又为此而忧虑，便让契担任司徒，用人伦道德教化百姓……尧说：'使他们勤奋努力、正直，帮助他们培养美好的品德，然后对他们施加恩惠。'圣人替百姓操劳到这个地步，还有空闲时间耕种吗？"孟子接着指出，从事不同工作的人，需要考虑各自应当做的工作，他说："尧把得不到舜作为自己的忧虑，舜把得不到

禹、皋陶作为自己的忧虑。考虑如何种好一百亩田地,是农民的事。"(《孟子·滕文公章句上》第四章)

荀子提出要明确职事,追究责任,该奖则奖,该罚则罚。他明确指出天子的职事、宰相的职事、司寇的职事、市镇官司的职事、乡师的职事、工师的职事、虞师的职事、农官的职事、司空的职事各是什么,主张各自必须担负起自己的职事,他说:"君主要像个君主,臣子要像个臣子,父亲要像父亲,儿子要像儿子,兄长要像个兄长,弟弟要像个弟弟……农民要像个农民,读书人要像个读书人,工人要像个工人,商人要像个商人。"(《荀子·王制》9.18)"对于有德才的人,不依级别次序而破格提拔;对于无德无能的人,不等片刻而立即罢免;对于元凶首恶,不需教育而马上杀掉;对于普通民众,不靠行政手段而进行教育感化……即使是帝王公侯士大夫的子孙,如果不能顺从礼义,就把他们归入平民。即使是平民的子孙,如果积累了古代文献经典方面的知识,端正了身心行为,能顺从礼义,就把他们归入卿相士大夫……对患有五种残疾的人,君主收留并养活他们,根据才能使用他们,根据职事安排供给他们吃穿,全部加以照顾而不遗漏。对那些用才能和行为来反对现行制度的人,坚决处死,决不赦免。"(《荀子·王制》9.1)他要求人们要"明白自己该做的事,明白自己不应该做的事,行动处处有条理,保养就能处处恰当,生命就能不受伤害。"(《荀子·天论》17.4)他说:"最大的技巧在于有些事情不去做,最大的智慧在于有些事情不去考虑。"(《荀子·天论》17.5)荀子主张"臣民恪守其本职","必须都尽职,不准游荡吃白食"(《荀子·成相》25.47、25.46)。荀子主张君子追求政绩,"得到了职位之后","为自己的政绩而感到高兴"(《荀子·子道》29.8)。

《中庸》提出"君子素其位,不愿乎其外。"又说:"人道敏政,地道敏树。"《中庸》主张,对于高级官员,要多为他们配置供他们驱使的吏员,使他们不至于分心去顾别的事,而专心于如何把大事办好。对于士人,要真心实意地相信他们,增加他们的俸禄,使他们能怀着感激之心,努力去把他们的职事做好。对于工匠,要每天察看他们的成果,每月考察他的本业,每日给他的口粮要与他们的业绩好坏挂钩。对于一般平民百姓,要引导他们衷心拥护君王,努力干好自己的本职工作。

(十三)守持中庸之道

子贡问:"子张和子夏比较谁更贤良呢?"孔子说:"子张太过,子夏还不够。"子贡说:"这么说子张更好一些了?"孔子说:"过和不及是一样的。"(《论语·先进》第十六章)"中庸作为道德标准是最高的。"(《论语·雍也》第二十九章)孔子强调做事必须坚持中正的原则,"己所不欲,勿施于人"(《论语·颜渊》第二章)。《中庸》引用孔子的话说:"中庸对于人是极其重

要的,中庸之道对于人来说,好像必须吃饭饮水才能活命一样的重要。"他主张有道德的君子做事,必须依据中庸之道。孔子说,君子之所以做事必须坚持中庸的原则,是因为依照中庸之道做事,才能时刻谨慎小心,把心放在中正的位置上。《中庸》指出,正道是不可以一时一刻离开的……使自己的内心保持平静,没有一点偏邪,叫作合乎中正之道的中,喜、怒、哀、乐情绪发作时,合时宜而没有过分,叫作合乎中正之道的和。中正作为标准,是天下最根本的;和作为要求,是天下人人共通的大路。中正的行为合乎天地好生之德,"致中和,天下位焉,万物育焉"。孔子说:"舜是个绝顶聪明的人,舜做事善于把握过和不及两端,仔细审度,选择中庸,给百姓做表率。""现在的人,人人都认为自己聪明,叫他们去选择那不偏不倚的中庸正道,却连一个月也坚持不了,像这样不知去恶向善,能算得上聪明吗?"孔子说:只有真正有德的君子,才能事事都依据不偏不倚的中庸之道去做,宁愿避开世人,隐藏起自己的身与名而终身不使人知道,也不后悔。

孟子对如何坚持照中庸之道原则做事的问题做了深入的研究,他提倡执中,赞颂孔子不做过分的事。他主张:"中正的人影响不中正的人,有才能的人影响没有才能的人,所以人们都愿意有贤明的父兄。如果中正的人不去影响不中正的人,有才能的人不去影响没有才能的人,那么,贤明与不贤明的距离,相近得用寸量都无法量了。"(《孟子·离娄章句下》第七章)孟子认为,做事取中正的办法最好,但取中正的办法也需要懂得灵活性,如果固执中正而没有灵活性,就和固执一端一样了。他说:"杨子主张为自己,拔一根汗毛而利天下的事,他都不干。墨子主张兼爱,哪怕从头到脚都损伤,只要对天下有利,他就干。子莫采取折中的办法。采取折中的办法是近于正确的。但是如果采取执中的办法却没有灵活性,就和固执一端一样了。人为什么厌恶一端呢?因为它损害了执中,抓住一点就不管其他了。"(《孟子·尽心章句上》第二十六章)

(十四)做百姓喜欢的事

儒家学说阐明了百姓在国家中的地位和作用。子贡问如何处理政事。孔子说:"使粮食充足,军队强大,百姓对国家有信心。"子贡说:"如果迫不得已一定要去掉一项,这三者当中先去掉哪一项呢?"孔子说:"去掉军队。"子贡又说:"如果迫不得已,在这剩下的二者当中再去掉一项,应先去掉哪一项呢?"孔子说:"去掉粮食。自古以来谁也免不了一死,百姓对国家没有信心,国家难以立足。"(《论语·颜渊》第七章)孟子说:"百姓最重要,国家是第二位的,君王不如百姓和国家重要。所以能得到广大百姓拥护就能做天子,得到天子赏识的人就做诸侯,得到诸侯赏识的人就做大夫。如果诸侯危害国家,那就另立一个。"(《孟子·尽心章句下》第十四章)儒家学说虽然相信天命,主张"君权神授",认为君主是"天子",代表"天"治理人民,然而认为"上天"是通过百姓的反映考察君王的,孟子引用《太誓》中的话说:"上天看见的来自百姓看见的,上天听见的来自百姓听见的。"(《孟子·万章章句上》第五章)荀子进一步指出:"上天生育民众,并不是为了君主;上天设立君主,却是为了民众。"(《荀子·大略》27.72)"治国者,得百姓之力者富;得百姓之死者强;得百姓之誉者荣。三得者具而天下归之,三得者亡而天下去之。天下归之谓王,天下去之谓亡。"(《荀子·王霸》11.22)

孔子主张做事"对人民尽心专一。"(《论语·雍也》第二十二章)"使国内的人高兴,使国外的人来投奔。"(《论语·子路》第十六章)孟子主张爱护百姓,与百姓同甘苦。孟子引用《尚书》上的话说:"上天造就了一般人,也造就他们的君王和老师。君王和老师的任务,就是辅助上天爱抚百姓。"(《孟子·梁惠王章句下》第三章)孟子举例说:"禹想着天下人被大水淹没,就好像是自己淹没了他们;稷想着天下人受饥饿之苦,就好像是自己使他们受饥饿。"(《孟子·梁惠王章句下》第二十九章)孟子讲述了伊尹的故事。伊尹在莘国郊野耕作,并喜欢尧舜之道。汤派人带着礼物去聘请他,伊尹无所谓地说道:"我要汤的聘礼做什么?我为什么不安于农耕,以行尧、舜之道而自得其乐呢?"汤三次派人聘请他,伊尹终于改变了态度,说:"我与其从事农耕,以行尧舜之道为乐,还不如使这个君王成为像尧、舜那样的君王,使这里的百姓像尧、舜时代的百姓呢,还不如让我亲眼看到尧、舜盛世的再现呢……伊尹为天下百姓着想,天下的人民只要还有一个没有承受过尧舜所施的恩泽,就好比是自己把他推进深沟里一样。"(《孟子·万章章句上》第七章)

荀子进一步阐述了为百姓做好事的重要性。他说:"夏桀、商纣是圣明帝王的后裔子孙,是拥有天下统治权的天子的继承人,是权势地位的占有者,是天下所尊崇的帝王之家;领土那么广大,境内方圆上千里;人口那么众多,要用亿万来计数;但没有多久天下人便都远远地离开了夏桀、商纣而投奔商汤、周武王了,很快地憎恶夏桀、商纣而尊崇商汤、周武王了。这是为什么呢?夏桀、商纣为什么失败而商汤、周武王为什么成功呢?回答说:'这并没有其他的缘故,只是因为夏桀、商纣好做人们厌恶的事情,商汤、周武王好做人们喜欢的事情。'"(《荀子·强国》16.4)

(十五)懂得预测,善抓时机

儒家学说主张做事必须懂得预测,善抓时机。孔子说:"人无远虑,必有近忧。"(《论语·卫灵公》第十二章)《中庸》指出:"凡为天下国家有九经,所以行之者一也。凡事预则立,不预则废,言前定则不跲,事前定则不困,行前定则不疚,道前定则不穷。"孟子说:"孔子是圣人中审时度势的人。"(《孟

子·万章章句下》第二章）荀子指出，人不能预知自己思想和行为结果是危险的，他说夏桀、商纣就是因为不懂预知被蒙蔽而招致亡国亡身的。夏桀被末喜、斯观所蒙蔽而不赏识关龙逄，因而使自己思想惑乱而行为荒唐；商纣被妲己、飞廉所蒙蔽而不赏识微子启，因而使自己思想惑乱而行为荒唐。所以，群臣都抛弃了对他们的忠心而去谋求私利，百姓都怨恨他们而不为他们效劳，贤能优秀的人才都辞官在家而隐居避世，这就是他们丧失九州的土地而使建有宗庙的国都成为废墟的原因，夏桀死在鬲山，商纣的头被悬挂在红色的旗帜飘带上，他们自己不能预先知道自己的过错，这就是蒙蔽的祸害啊（《荀子·解蔽》）。

儒家学说阐述了怎样预测。孔子说："分析思考是可贵的。高兴而不思考，服从而不改正，我就不知道该怎么办。"（《论语·子罕》第二十四章）孔子强调："不去思索怎么会有长远的思想呢？"（《论语·子罕》第三十一章）他主张遇事必须善于思考，"见得思义，祭思敬，丧思哀。"（《论语·子张》第一章）《中庸》说：思考至诚时可预知未来，"至诚之道，可以前知。国家将兴，必有祯祥；国家将亡，必有妖孽……祸福将至，善必先知，不善必先知之。故至诚如神。"孟子说："心之官则思，思则得之，不思则不得也。"（《孟子·告子章句上》第十五章）孟子又说："人有品德、智慧、本领和知识，常常因为他有灾祸。只有那些孤立失势的臣子和失宠的庶子，他们始终保持不安的心思，对祸患考虑得很深，所以才通达事理。"（《孟子·尽心章句上》第十八章）公都子问孟子："同样是人，为什么有人成为君子，有人成为小人呢？"孟子说："注重依从身体重要器官需要的人成为君子，只注重满足身体次要器官欲望的人成为小人。"孟子接着说：耳朵眼睛没有思考功能，它们与外物一接触，就被外物引向迷途；心有思考功能，人如果懂得运用心的思考功能，就会得到比眼看耳听得到的东西更深更多。（《孟子·告子章句上》第十五章）《荀子·子道篇》中孔子与子路的一段对话，也强调困境能迫使人做出比一般人更深入的思考。孔子说："仲由，坐下，我告诉你。从前晋公子重耳称霸之心产生于流亡途中的曹国，越王勾践的称霸之心产生于被困的会稽山，齐桓公小白的称霸之心产生于逃亡处莒国。所以处境不窘迫的人想得就不远，自己没奔逃过的人，志向就不广大，你怎么知道我在这叶子枯落的桑树底下就不能得意呢？"

儒家学说主张做事需要懂得抓时机。《荀子·子道篇》说：孔子向南到楚国去，被困在陈国和蔡国之间，七天没有吃熟食，野菜羹中不搀一点米，学生们都有挨饿的脸色。子路来到孔子面前说："我听说'行善的人，上天用幸福报答他；作恶的人，上天用灾祸报复他。'先生积功累德，不断奉行道义，怀有美好的理想，行善的日子很久了，为什么处境这样窘迫呢？"孔子说："仲由你不懂，我告诉你吧，你认为有才智的人一定会被任用吗？王子比干不是被剖腹挖心了吗？你认为忠诚的人一定会被任用的吗？关龙逄不是被杀了吗？你认为劝谏的人一定会被任用的吗？伍子胥不是在姑苏城的东门之外被碎尸了吗？得到君王的赏识还是得不到君王的赏识，这要靠时机；有德才还是没有德才，这是个人的资质；君子博学多识而能深谋远虑却碰不到时机的多着呢！……有德才还是没有德才，在于资质；做还是不做，在于人；得到赏识还是得不到赏识，在于时机……君子广博地学习，深入地谋划，修养身心，端正品行来等待时机。"孟子说："齐国有一句俗语说：'即使有智慧，不如借时势；即使有锄头，不如待农时。'现在时机已到，统一天下就容易了。"（《孟子·公孙丑章句上》第一章）

（十六）尊重贤人，善用能人

孔子明确提出"行事靠人"（《论语·述而》第六章），他还强调："人才难得"（《论语·泰伯》第二十章）。孔子说：社会需要有才能的人，"假如没有卫国大夫祝鲍的口才，而只有宋国公子宋朝的美貌，在当今社会中恐怕难以免除灾祸吧。"（《论语·雍也》第十六章）仲弓做了季氏的家臣，向孔子请教怎样治理政事。孔子说："举荐贤良的人才。"仲弓说："怎样能知道谁是贤才而举荐呢？"孔子说："荐举你所知道的人才；你所不知道的，别人还会舍弃他们吗？"（《论语·子路》第二章）孔子批评不举荐贤良的人，他说："臧文仲是个窃取官位的人吧！知道柳下惠贤良却不荐举给他官位。"（《论语·卫灵公》第十四章）

孟子说尧是尊敬任用贤能人的典范，他说："尧派自己的九个儿子去服侍舜，又把自己的两个女儿嫁给舜，所有官吏、牛羊、府库都给他准备得好好的，用来供养在田野耕种的舜，然后又任用他，让他做大官。所以说，这样做才叫作王公尊敬贤能人的典范。"（《孟子·万章章句下》第六章）他强调："不信任仁德贤能的人，那么国家就会没有人才。"（《孟子·尽心章句下》第十二章）

荀子主张"尊重贤德的人，任用有才能的人"，"安排有技术的人做事，任用有才能的人当官。"（《荀子·君道》12.8）荀子说：国家要想强盛而避免衰弱，最重要的是选相才，"对于相的人选，有智慧而没有仁德不行，有仁德没有智慧也不行；既有智慧又有仁德，这便是君主的宝贵财富，是成就王业霸业的助手……没有德才兼备的相而希望取得那王霸之功，实在没有比这更愚蠢的了。"（《荀子·君道》12.9）荀子总结历史经验说："古代有上万个国家，今天只有十几个了，这没有其他的缘故，都是因为用人不公而丢失了政权啊，所以英明的君主有把金银宝石珍珠玉器私下给人的，但从来没有把官职私下给人的。这是为什么呢？因为私下给人官职，根本不利于那些被偏爱的人，那些人没有才能而君主任用他，那么这就是君主昏庸；臣子无能

而冒充有才能,那么就是臣子欺诈。君主昏庸于上,臣子欺诈于下,灭亡就要不了几天了。所以这是对君主以及所宠爱的臣子都有害处的做法啊。"(《荀子·君道》12.12)荀子接下来说:"那周文王并不是没有皇亲国戚,并不是没有儿子兄弟,并不是没有宠臣亲信,但他却离世脱俗地在别国人之中提拔了姜太公并重用了他,他们不是亲族,不是老关系,从来不相识,姜太公已七十二岁,牙已掉了。但是文王还要用他,因为文王要用能人来造福天下。"(《荀子·君道》12.12)荀子强调:"君主以能够用人为有本事。"(《荀子·王霸》11.13)"能恰当地任用一个人,那么天下就能取得;不能恰当地任用一个人,那么国家就会危险……商汤任用了伊尹,周文王任用了吕尚,周武王任用了召公,周成王任用了周公旦……齐桓公在宫门之内悬挂乐器,奢侈放纵,游荡玩耍,他能多次会合诸侯,使天下归于一致而恢复了正道,成为王霸中的第一个,这也没有其他的缘故,而是因为他懂得把政事全部交给管仲。"(《荀子·王霸》11.19)荀子指出:"英明的君主急于得到治国的人才,而愚昧的君主急于取得权势。急于得到治国的人才,就会自身安逸而国家安定,功绩伟大而名声美好,上可以称王天下,下可以称霸诸侯;不急于得到治国的人才,而急于取得权势,就会自身劳苦而国家混乱,功业败坏而声名狼藉,国家政权必然危险。"(《荀子·君道》12.1)荀子说:"坚持正义的臣子得到重用,那么朝廷就不会偏邪不正;劝谏、苦诤、辅助、匡正的人受到信任,那么君主的过错就不会延续很久;勇猛有力的武士被任用,那么仇敌就不敢兴风作浪;边境上的大臣安置好了,那么边境就不会丧失。所以英明的君主喜欢团结别人共事而愚昧的君主喜欢孤家寡人;英明的君主推崇贤德的人,使用有才能的人而享有他们的成果,愚昧的君主忌妒贤德的人,害怕有才能的人而埋没他们的功绩。惩罚自己的忠臣,奖赏自己的奸贼,这叫作极其昏庸,这是夏桀、商纣灭亡的原因。"(《荀子·臣道》13.3)

儒家学说不但阐述了成就事业需要尊重贤能之人,而且深入探讨了用人的方法。孟子指出,对于贤德的人,只养不用不行。孟子说:"鲁穆公对子思经常问候,经常送给他肉食,以表示尊重,子思不高兴。最后,子思挥手把来人赶到大门外,并朝北面又磕头又作揖地拒绝接受馈赠,并说道:'现在我才知道国君把我孔伋当成狗和马一样来喂养了。"(《孟子·万章章句下》第六章)荀子指出:"赏赐表扬、行刑处罚、权谋诡诈,不足以竭尽人们的力量,使人们献出生命","大凡人们的行动,如果是为了赏赐和表扬才去做的,那么看见对自己有损害就罢手不干了","赏赐表扬、行刑处罚,权谋诡诈作为一种方法,实是一种受雇佣的人出卖气力的办法,它不足以团结广大民众,使国家的风俗淳美,所以古代的圣王认为可耻而不遵行它。古代的圣王用提高道德声誉来引导人民,用彰明礼制道义来指导他们,用尽力做到忠诚守信来爱护他们,根据尊崇贤人、任用能人的原则来安排他们的职位,用爵位、服饰、表扬、赏赐去一再激励他们，根据时节安排他们的劳动、减轻他们的负担来调剂他们，抚养他们，就像保护初生的婴儿一样。政策法令已经确定，风气习俗已经一致，如果还有人违背习俗而不顺从自己的君主，那么百姓就没有谁不怨恨厌恶他，就没有谁不把他当作祸害妖孽，就像要驱除不祥一样地除掉他，这种人便成了刑罚的重点对象……这样做了以后，百姓就会明明白白地知道要遵从君主的法令、依顺君主的意志而爱戴君主。在这种情况下，如果有人能被善道所感化、修养身心、端正品行、不断奉行礼义、崇尚道德，百姓就没有谁不器重尊敬他，就没有谁不亲近赞誉他，这种情况发生后，奖赏就从此产生了……明明白白地把高贵的官爵和优厚的奖赏摆在他们前面，把彰明罪行的刑罚与最大的耻辱放大他们后面，即使要他们不变好，可能吗？"（《荀子·议兵》15.11）荀子强调："推崇贤人，使用贤人，奖赏有功的，惩罚有罪的……那是古代圣王的政治原则，是使人民行动一致的根本措施，是赞美善行憎恨邪恶的反映，治国一定得遵循这一原则。"（《荀子·强国》16.3）

三、儒家圣贤论生命和身心保健管理

儒家圣贤们在保护人的生命和身心健康方面，提出了许多有价值的观念，其中主要有以下一些方面：

（一）保护自身，珍爱生命

儒家告诉人们，要保护自身，珍惜生命。孔子说："仁德的人长寿。"（《论语·雍也》第二十三章）他反对不珍重自己的生命而蛮干胡为的人。他说："赤手空拳和老虎搏斗，不乘船而自己赤足过河，这样死也不后悔的人，我不和他共事。"孟子明确指出："守护自身最重要。"（《孟子·离娄章句上》第十九章）他要求人们要热爱生命、保存生命，他说，在生命和正义不发生矛盾的情况下，"凡是可以保存生命的办法，有什么不可采用呢？如果人们所憎恶的东西没有超过死亡的，那么凡是可以避祸的办法，有什么不可以采用呢？"（《孟子·告子章句上》第十章）荀子要求君子"看重生命"（《荀子·荣辱》4.5）。他批评那些"发泄一时的愤怒，将丧失终生的躯体，然而还是去斗殴"的人（《荀子·荣辱》4.3）。他抨击那些"争喝抢吃，没有廉耻，不懂是非，不顾死伤的人"（《荀子·荣辱》4.5），批评"痛快一时却导致死亡的人"（《荀子·荣辱》4.2）。

（二）清心寡欲，调养身心

孔子说："修身养性起于《诗经》，立身之道在于礼，性情所成在于音乐。"（《论语·泰伯》第八章）孟子说："养心莫善于寡欲。其为也寡欲，虽有

不存焉也,寡也;其为人也多欲,虽有存焉者,寡矣。"(《孟子·尽心章句下》第三十五章)孟子告诉人们,要懂得不使内心受损害,他说:"难道只有嘴巴肚子受饥渴的损害吗? 人心也有类似的伤害。如果能做到不使内心受口腹饥渴那样的伤害,那么即使赶不上别人也不会忧虑了。"(《孟子·尽心章句上》第二十七章)

儒家告诉人们要懂得整治心的极端重要性,人心在许多情况下都难得其正,如果不知道调正人心,就会出问题。《大学》指出:"身有所忿则不得其正;有所恐惧则不得其正;有所好乐则不得其正;有所忧患则不得其正;心不在焉,视而不见,听而不闻,食而不知其味。"《左传·子革对灵王》篇记述了楚灵王因贪心太重,不听规劝而遭杀身的故事。该篇结尾引用仲尼的话说:"古书上记载:'克制自己的欲望,让言行合乎礼,这是仁。'说得真好啊!假如楚灵王能做到这点,怎么会在乾溪遭受耻辱呢?"

荀子说:"理气养心的方法是:对血气刚强的,就用心平气和来柔化他;对思虑过于深沉的,就用坦率善良来同化他;对勇敢大胆凶猛暴戾的,就用不可越轨的道理来帮助他;对行动轻易急速的,就用举止安静来节制他;对胸怀狭隘气量很小的,就用宽宏大量来扩展他,对卑下迟钝贪图利益的,就用高尚的志向来提高他,对庸俗平凡低能散漫的,就用良师益友来管教他;对怠慢轻浮自暴自弃的,就用将会招致的灾祸来提醒他;对愚钝朴实端庄拘谨的,就用礼制音乐来协调他,用思考探索来开通他。"(《荀子·修身》2.4)他指出:"使人无往而不善的是以礼为法度,调气养生,就能使自己的寿命仅次于彭祖。"(《荀子·修身》2.2)荀子还提出用音乐调养情感和身心,他说:"音乐就是欢乐的意思,它是人的情感绝对不能缺少的东西。"(《荀子·乐论》20.1)又说:"音乐是齐一天下的工具,是中正和平的要领,是人的情感绝对不能脱离的东西。"(《荀子·乐论》20.4)又说:"音乐是圣人所喜欢的而且可以用来改善民众的思想,它感人至深,它改变风俗也容易,所以古代的圣王用礼制音乐来引导人民而人民就和睦了。"(《荀子·乐论》20.6)

(三)发展定力,稳定情绪

儒家圣贤们指出,定力对人的成长和健康有极其重要的作用。《庄子·德充符》篇记述了孔子对王骀这个人定力的评价,孔子说:"王骀先生是一位圣人……死或生都是人生中变化的大事了,可是死或生都不能使他随之变化;即使天翻过来地坠下去,他也不会因此丧失、毁灭。他通晓天所依凭的道理而不随物变迁,听任事物变化信守自己的要旨。"又说:"他让自己的心思自由自在地邀游在忘形、忘情的浑同的境域之中,外物看到他同一的方面而看不到他因失去的东西而引起差异的一面,把他丧失一只脚看成像失落了土块一样。"孔子是一个定力极强的人,他从三十岁确定办教育的目标后，终生不动摇，就是在任司寇行宰相职事的紧张时刻，仍坚持施教。在他游历各国的十几年间，仍带着学生不辍教学，在他和弟子被困在陈蔡之间绝粮挨饿时，仍镇定自若，饿着肚子坚持给学生们讲课。孟子强调，守志养气，他主张坚定自己思想意志，不要随意扰乱意气感情。他说："我从四十岁之后不再遇事而内心波动了。"（《孟子·公孙丑章句上》第二章）荀子也是一位定力很强的人，"他被迫处在乱世，身受严刑钳制，上没有贤德君主，下碰上暴虐之秦，礼制道义不能推行，教育感化不能办成，仁人遭到罢免束缚，天下黑暗昏沉；德行完美反受讥讽……在这个时代，有智慧的人不能谋划政事，有能力的人不能参与治理，有德才的人不能得到任用。在这样的社会条件下，荀子抱着伟大圣人的志向，却又给自己脸上加了一层装疯的神色，向天下人显示自己的愚昧。《诗云》：'不但聪明又智慧，用来保全他自身'"（《荀子·尧问》32.7）。

（四）保持乐观心态，善养浩然之气

儒家强调做人要懂得保持乐观精神。《论语》中说："叶公问子路，孔子是怎么样一个人，子路不回答。孔子对子路说：'你为什么不这样说：他为人呢，发愤读书时就忘了吃饭，高兴起来就忘了忧愁，而且不知道衰老即将到来。'"（《论语·述而》第十九章）孔子把快乐分为有益的快乐和有害的快乐，他说："有益的快乐有三种，有害的快乐也有三种。以节制礼乐为快乐，以宣扬别人的优点为快乐，以广交贤良的朋友为快乐，是有益的。以骄恣淫乐为快乐，以放荡无度为快乐，以宴玩荒淫为快乐，都是有害的。"（《论语·季氏》第五章）

孟子提出善养浩然之气。他说："夫志，气之帅也；气，体之充也，夫志至焉，气次焉。故曰：'持其志，无暴其气。'"又说："我善养吾浩然之气。"公孙丑问孟子："什么叫浩然之气呢？"孟子说："很难用言语说清楚。这种气，最宏大，最刚健，最正直，如用正确的方法培养它，不要伤害它，那它就会充塞于天地之间。这种气要与正义和道德融合，不然就不会有气势。这种气是积累正义感而生成的，而不是偶然一两次的正义行为能形成的。"（《孟子·公孙丑章句上》第二章）

（五）从吃穿住行做起

孔子重视把住病从口入关，他非常讲究吃的学问。他"食不厌精，脍不厌细。饭放久了变味了，鱼肉腐烂了，不吃，颜色不正，不吃。气味难闻不吃。烹调不当不吃。不到该吃的时候，不吃。不按一定的方法割肉，不吃。没有调味的酱醋不吃。肉虽多，但不吃过量。饮酒不限量，但不喝醉。买来的酒和肉干不吃。做食物里面要有姜，但不多吃。"（《论语·乡党》第八章）

他主张"食不言,寝不语"(《论语·乡党》第十章)。《论语》中说:"孔子睡觉时不像僵尸那样仰卧,平时在家闲居也不像客人那样端坐。"(《论语·乡党》第二十四章)

四、儒家圣贤论死亡管理

(一)死亡管理的宗旨

儒家圣贤指出,"出生是人生的开始,死亡是人生的终结"(《荀子·礼论》19.11),生死是同一个过程,人一生功过如何,要盖棺论定,即到人死的时候,才能做出最终评价。人们评价一个人的一生,是根据人活着时候的思想、言论和行为表现,因而要求人们从懂事之日起,就要为死做准备。儒家圣者管理死亡的基本宗旨和目标是,希望人们一生能尽人性、行人道,成为一个真正的人,死而无憾。

人是宇宙间具有自己特殊属性的客观存在实体,儒家圣者把人生来具有的本性称为人性,要求人们做人要"尽人之性"(《孟子·尽心章句下》第二十四章);人天生的本质属性决定人生运行有其固有的发展变化规律,儒家圣者把人生运行之道称为人道,要求人们"尽其道而死"(《孟子·尽心章句上》第二章),"丧死无憾"(《孟子·梁惠王章句上》第三章),"成为一个真正的人"(《论语·宪问》第十二章),"其生也荣,其死也哀"(《论语·子张》第二十五章)。

(二)管理死亡的方略

儒家圣贤深入浅出地论述了管理死亡的方略。其中主要有以下几个方面:

第一,扬其性,尽其道而终,死而无憾。儒家圣者告诉人们,宇宙万物运行各有其道。"人之有道也。"(《孟子·滕文公章句上》第四章)人固有的本性决定人生发展变化有自己的机制和轨道。孟子说:"有物必有则","仁义礼智,非由外铄我也,我固有之也"(《孟子·告子章句上》第六章)。他强调,君子要清楚本性,顺从本性,努力实现本性(《孟子·尽心章句下》第二十四章)。孔子把"志于道"视为人生第一位的大事,他认为道比人的生命更重要,他主张:"朝闻道,夕死可矣"(《论语·里仁》第八章),他强调"守死善道"(《论语·泰伯》第十三章),才能得"善终"(《论语·先进》第十三章),"任重道远","死而后已"(《论语·泰伯》第六章)。孟子主张"丧死无憾"(《孟子·梁惠王章句》第三章),他说:"尽其道而死者,正命也;桎梏死者,非正命也。"(《孟子·尽心章句上》第二章)"天下有道,以道殉身;天下无道,以身殉道"(《孟子·尽心章句上》第四十二章)。

第二，据以德，依于仁，行于义。孔子指出做人要"据以德，依于仁"（《论语·述而》第六章）他告诉人们："仁者寿"（《论语·雍也》第二十三章），"志士仁人，无以求生以害仁，有杀身以成仁"（《论语·卫灵公》第九章），又说"君子义以为质"（《论语·卫灵公》第十八章），"质真而好义"（《论语·颜渊》第二十章），"德之不修，学之不讲，闻义不能徙，不善不能改，是吾忧也"（《论语·述而》第三章）。孟子告诉人们，正义比生命还重要。他说："生，亦我所欲也；义，亦吾所欲也。二者不可兼得，舍生而取义者也。"（《孟子·告子章句上》第十章）他主张："穷不失义，达不离道"（《孟子·尽心章句上》第九章），"行法以俟命"（《孟子·尽心章句下》第三十三章），他赞美孔子遵道义行事"进以礼，退以义"（《孟子·万章章句上》第八章）。

第三，游于艺，展其能，成其大而终。孔子为儒家制定的教育纲领是"志于道，据以德，依于仁，游于艺"（《论语·述而》第六章）。他明确指出，人生应当立志追求的是与道同一、用德规范人生、依据仁的原则行事、靠知识才能在人生海洋中游泳。他把当时社会需要的文化知识统称为艺，他告诉人们，在社会这个大海中求生存和发展，如同游泳一样，要想求得自由，必须有足够的知识才能，否则就难得善终。他指出："君子恶居下流"（《论语·子张》第二十章），追求施展才能（《论语·季氏》第一章），"有成功"（《论语·泰伯》第十九章），"亦可以为成人矣"（《论语·宪问》第十二章）。为达此目的，他主张"不舍昼夜"（《论语·子罕》第十七章），"乐以忘忧，不知老之将至"（《论语·述而》第十九章）。他抨击空耗生命，一生无可称道、老而不死的人。《论语》中说，孔子的老朋友原壤来见孔子，孔子批评他说："你小时不懂礼貌不讲孝悌，长大了也没有什么可令人称赞的，老了还不死，真是个害人精。"（《论语·宪问》第四十三章）

儒家告诉人们，有至知和至能，才能尽其道展其德，"知至而后意诚，意诚而后心正，心正而后身修，身修而后家齐，家齐而后国治，国治而后天下平"（《大学》）。"苟不固聪明圣知达天德者，其孰能知之？"（《中庸》）儒家主张至心求知识和才能，"人一能之，己百之；人十能之，己千之。果能此道矣，虽愚必明，虽柔必强"（《中庸》）。

儒家强调："惟圣人然后可以践形"（《孟子·尽心章句上》第三十八章），"圣人之于天道也，命也，有性焉，君子不谓命也"（《孟子·尽心章句下》第二十四章），"惟天下至圣，为能聪明睿知足以有临也，宽裕温柔足以有容也，发掘刚毅足以有执也"（《中庸》）。正因为只有圣人才能最大限度地展现人性、尽人之道、表现出人应有的形貌，成为"百世之师"，"奋乎百世之上，百世之下闻者莫不兴起也"（《孟子·尽心章句下》第十五章）。所以儒家把大成至圣作为人生奋斗的终点，鼓励人们求大成，"出乎其类，拔乎其

萃"(《孟子·公孙丑章句上》第二章)。

五、儒家圣贤论人生管理机制

儒家管理人生的思想丰富而深刻。就大的方面看,有论述社会应当怎样管理人生的,也有论述人的自我管理的。

(一)儒家圣贤论社会应当怎样管理人生

1. 明确社会组织机构的管理责任

儒家学说阐明了家庭对子女的管理责任,提出了严父慈母说,树立了孔母、孟母、欧母、岳母等一大批管子教子典范。告诉人们,孔子、孟子、欧阳修、岳飞等杰出人物的成长和成功是与家庭的管理教化分不开的。孔子三岁丧父,母亲颜征为了使儿子长大能进入士门,恢复孔家历史上的荣光,便紧紧抓住教育,使礼的知识在孔子心中牢牢扎了根。颜征还紧紧抓住了孔子的学习,从小引导孔子热爱学习,亲自教孔子,自己教不了时就送私塾学习,私塾教育满足不了孔子的求知欲后,又送外祖颜襄处学习,时刻不放松孔子的学习管理。孟子四岁丧父,孟母为了给孟子选择一个有利的成长环境,曾经三次搬迁,最后选择了与学校为邻,让孟子从小闻到读书声,直到孟子入校学习,长大娶妻,孟母都不放松对孟子的管理。欧阳夫人划荻、岳母刺字,皆家喻户晓。

儒家明确了学校老师的管理责任,《礼记·学记》阐明了学校教育的一系列重大原则,指出学校应选择合格老师,规定合理的教学内容,制定正确的教育原则,整肃校风,抓住教育时机及时施教,按步骤施教;要求教师懂得施教方法,了解学生心理,发扬学生长处,补救学生过失,激励学生树立学习志向,引导学生善于学习,强调"教不严,师之惰"。儒家学说代表人物孔子、孟子、荀子、韩愈、朱熹等,不但对学校老师的管理责任作过深刻阐述,而且都是尽人皆知的办教育典范,为师表率。孔子办学弟子三千,贤人七十二,誉满四方。荀子办学培养出了李斯、韩非等精英。

儒家明确了君王和国家管理者的责任,阐明了国家领导者,应当如何管理自己的臣民。荀子指出:"天之生民,非为君也;天之立君,以为民也。"(《荀子·大略》27.72)明确了君主的天职是组织管理民众。《礼记·学记》指出:"做君王的人,建立国家,治理民众,应把兴办教育放在第一位。"孔子指出:"用德引导百姓,用礼来规范百姓,百姓就会有廉耻心,使人心服正。"(《论语·为政》第三章)又说:"君子之德风,小人之德草,草上之风,必偃。"(《论语·颜渊》第十九章)他强调"人民对仁德的需要超过对水火的需要"(《论语·卫灵公》第三十五章)。孔子还指出:治理国家,管理民众,靠智慧,靠仁德,靠庄严态度还不够,"假如不以礼义治理国家,也是不完善的"

（《论语·卫灵公》第三十三章）。孔子提倡君子治国，举用贤才，领导者要以身作则，"其身正，不令而行；其身不正，虽令不从"（《论语·子路》第六章）。

2. 强调教化民众

孔子到卫国去，冉有为他赶车。孔子说："人口真多呀！"冉有说："人口繁多了，该给他们增加什么？"孔子说："使他们富起来。"冉有说："富了之后又该给他们增加什么呢？"孔子说："使他们受教育。"（《论语·子路》第九章）孔子终生从事社会教育，在教化民众方面提出了许多有益的思想，他主张，"举善而教不能，大家就会互相勉励而上进了"（《论语·为政》第二十章）。"鼓励人们进步，不鼓励人们退步……人家整洁自己来见我，我鼓励人们的整洁"（《论语·述而》第二十九章）。他说："用没受过教育的人去打仗，是让他们去送死"（《论语·子路》第三十章），又说："善人教民七年，人民也可以从军打仗了"（《论语·子路》第二十九章）。孔子明确指出，管理百姓，治理民众，不能单凭某一种方法，应当做好多方面的工作，他说："用正确的政治原则诱导，用刑法来约束，百姓虽然会免受刑罚，但没有廉耻之心。用仁德来引导，用礼教来教化，百姓不但有廉耻之心，而且能使人心服正。"（《论语·为政》第三章）孔子指出："尊崇五种美德，摒弃四种恶行，就可以从事管理政事的工作了。"孔子解释"五种美德"是："给别人恩惠而不耗费财物；让百姓劳作却没有怨言；有所追求而不贪婪；安然处事而不骄恣；威严而不凶猛。"子张问："如何解释这五种美德？"孔子说："从人民的利益出发，使他们得到利益，这不是给人民以恩惠而又无所耗费吗？选择可以劳作的事叫他们去做，又有谁能有怨言呢？需要仁德就得到仁德，又求什么呢？君子处事不论人多少、权力大小，不怠慢他们，这不是安然处事而不骄恣吗？君子使自己衣帽整齐，目不斜视，庄重威严，使人有所畏惧，这不是威而不猛吗？"子张又问："什么叫四种恶行？"孔子说："对犯罪的人不进行教育就杀头叫作虐；事前不进行训诫而责令其成绩叫作暴；懈怠延迟政令下达，下达后限定时间让人完成，就叫残害人；同样是赏赐人，出手吝啬叫小气。"（《论语·尧曰》第二章）

孟子在教化民众方面提出了许多有益的思想，他主张在百姓解决温饱之后应兴办各级各类学校，"设立庠、序、学校教育百姓。'庠'是陈列实物进行教育的意思。夏代把地方学校叫'校'，殷代叫'序'，周代叫'庠'；国立的叫'学'，三代都一样"（《孟子·滕文公章句上》第三章）。孟子强调："人如果没有教化，也和禽兽差不多。"（《孟子·滕文公章句上》第四章）他说："如果在上位的人没有礼貌，在下位的人不受教育，刁民起来作乱，那么国家灭亡就没有几天了。"（《孟子·离娄章句上》第一章）孟子指出，社会教化的内容应当是多方面的，他提出："德教益于四海"（《孟子·离娄章句上》第六

章），"教育百姓种植桑田畜养牲畜，劝导百姓的妻子儿女赡养老人"（《孟子·尽心章句上》第二十二章），"教育者一定要用正确的思想来教育人"（《孟子·离娄章句上》第十八章）。孟子提倡教育者要"放出光辉且能化育万物"（《孟子·尽心章句下》第二十五章），要讲究教育方法，提高教化成效。孟子说："君子教育人应注意五个方面：有像及时雨滋润禾苗那样的，有促成其德行的，有促其才能通达的，有解答疑问的，有以自身善行让别人效法的。"（《孟子·尽心章句上》第四十章）孟子说："教育也有很多方法，我不屑于教诲他，这也是对他的一种教诲呢。"（《孟子·告子章句下》第十六章）

荀子指出，对于人的管理，必须"把根本的原则告诉他们，拿最正确的道理教导他们"（《荀子·非十二子》6.8）。把教育人与刑罚结合起来，"不加教育就进行惩罚，那么刑罚用得多，而邪恶仍然不能克服；教育而不进行惩罚，那么邪恶的人就不会吸取教训而警戒不干；只进行惩罚而不实行奖赏，那么勤奋的人就不能受到鼓励；惩罚奖赏如不符合法律，那么民众就会疑虑，社会风气就会险恶而百姓就不会行动一致。所以，古代的圣王彰明礼制道义来统一民众的言行；努力做到忠信来爱护民众；尊崇贤人、任用能人来安排各级职位；用爵位、服饰、表扬、赏赐去反复激励他们；根据时节安排他们的劳动，减轻他们的负担来调剂他们；广泛普遍地庇护他们，抚养他们，就像保护初生婴儿一样，像这样，奸诈邪恶之人就不会产生，盗贼就不会出现，而归依善道的人就受到鼓励了"（《荀子·富国》10.16）。荀子又说："面临政事，接触民众时，根据道义变通地来对付，宽大而广泛容纳民众，用恭敬的态度去引导他们，这是政治的第一步；然后中正和谐地观察决断去辅助他们，这是政治的中间阶段；然后用进用、黜退、惩罚奖赏他们，这是政治的最后一步。第一年给他们实施第一步，第三年才给他们实施最后一步。如果把最后一步用作第一步，那么政策法令就不能实行，而官民上下也会怨恨了，动乱会从这里产生。"他强调"应该先进行教育"（《荀子·致士》14.6）。荀子还指出："并不是所有的人都能接受教化，尧、舜是普天下最善于进行教育感化的人，他们坐北朝南治理天下，所有民众无不惊恐颤动听从归服以至于被感化而依顺他们。然而唯独丹朱和象不能被教化，这不是尧、舜的过错，是丹朱和象的罪过。"（《荀子·正论》18.6）荀子还指出，教化是多方面的，必须"把政治教化作为立国之本"，他举例说，齐缗王、孟尝君执政时，"不是用手中的权力去修明礼义，不把政治教化作为立国之本，不凭借它来统一天下，而是接连不断地把勾结拉拢别国作为自己的要务。所以他们强大的时候，南能攻破楚国，西能使秦国屈服，北能打败燕国，中能攻占宋国；但等到燕国、赵国起来进攻他们时，就像摧枯拉朽一样，缗王身死国亡，成为天下奇耻大辱"（《荀子·王霸》11.5）。荀子强调："讲求礼制道义教育感化，才能使士兵齐心合力"，"人能大规模地齐心协力就能制服天下"。他举例说:"齐国的'技击'不可以用来对付魏国的'武卒',魏国的'武卒'不可以用来对付秦国的'锐士',秦国的'锐士'不可以用来对付齐桓公、晋文公那有纪律约束的军队,齐桓公、晋文公那有纪律约束的军队不可以用来抵抗商汤、周武王的仁义之师……诸侯如果有谁能用仁义节操精细巧妙地来训导士兵,那么一举兵就能吞并危及他们了。"(《荀子·议兵》15.3)荀子强调指出:"赏赐表扬、行刑处罚、权谋诡诈不足以竭尽人们的力量,使人们献出生命","如果有人能被善道所感化,修养身心,端正品行,不断奉行礼义、崇尚道德,百姓就没有谁不器重尊敬他,就没有谁不亲近赞誉他,这种情况发生以后,奖赏就从此产生了。这种人便是高官厚禄的授予对象……明明白白地把高贵的官爵和优厚的奖赏摆在他们面前,把彰明罪行的刑罚与最大的耻辱放在他们后边……残暴、凶狠、胆大、强壮的人会被感化而变得忠厚老实,偏颇、邪僻、搞歪门邪道、偏私一类的人会被他们感化而变得和气温顺,这叫深广的教化。"(《荀子·议兵》15.11)

3. 重视人的思想管理

儒家非常重视人的思想管理,提出了许多有益的观点。孔子强调做人要管好思想,做到"思无邪"(《论语·为政》第二章)。他告诉人们"分析思考是可贵的",遇事不知思考的人"我就不知道该怎样办了"(《论语·子罕》第二十四章)。他强调:"未之思也,夫何远之有?"(《论语·子罕》第三十一章)孟子指出:"思虑深,才能达事理。"(《孟子·尽心章句上》第十八章)孟子批评不爱思考的人,他说:"一两把粗细的桐树梓树,人们如果要使它长大,都知道怎样去养护。可是对于自己,却不知道怎样修养,难道爱自己还不如爱桐树梓树吗?真是太不爱思考了。"(《孟子·告子章句上》第十三章)《孟子》中记述了一段公都子与孟子的对话,公都子问孟子:"同样是人,为什么有的人成了君子,有的人成了小人?"孟子回答说:"注重依从身体重要器官需要的人成了君子,只注重满足身体次要器官欲望的人成了小人……心这个器官的功能是思考……是上天赋予人的重要器官。先确立重要器官的作用,那么次要器官就无法把人的本性夺去了,这样就成为君子了。"(《孟子·告子章句上》第十五章)荀子强调必须"善于思索",他说:"思考如果能精心,思想开花定丰盛,爱好思索又专一,神而明之便养成。"(《荀子·成相》25.20)荀子提出"整治思想",他指出:"如果心思不用在正道上,那么白的黑的就是摆在面前而眼睛也会看不见,雷鼓就在身边响而耳朵也会听不进。"(《荀子·解蔽》21.1)荀子告诉人们:"自己的思想混乱不清,那就不能判断是非。"(《荀子·解蔽》21.13)荀子又说:"有人得了风湿病却想用敲鼓来驱除疾病,并烹猪求神,那就一定会有打破鼓、丧失猪蹄的破费了,而不会有治愈疾病的幸福。"(《荀子·解蔽》21.15)荀子指出,不懂得正确地思考问题,不能预知自己的过错,危害是严重的。他说:"夏桀死在

鬲山,商纣的头被悬挂在红色旗帜的飘带上,他们自己不能预先知道自己的过错……这就是蒙蔽的祸害啊。"(《荀子·解蔽》21.4)

儒家探索了人们解除受蒙蔽的途径和办法,孔子强调:要"立志求道"(《论语·述而》第六章),孟子引用《诗经·周颂·我将》的话说:"敬畏老天的威严,遵守天道,所以才能把天下守住。""乐于顺从客观规律的君王可以安定天下,畏惧而遵循客观规律的君王则足以保护好自己的国家。"(《孟子·梁惠王章句下》第三章)荀子说:"天行有常,不为尧存,不为桀亡。应之以治则吉,应之以乱则凶……循道而不忒,则天不能祸……背道而妄行,则天不能使之吉。"(《荀子·天论》17.1)荀子指出:"民众容易用正道来统一","所以英明的君主""用正道来引导他们","用理论来晓谕他们"(《荀子·正名》22.8)。荀子说:宇宙万物各有其道,"天有其时,地有其财,人有其治"(《荀子·天论》17.2)。荀子强调:"精于道的人则能够全面地支配各种事物。所以,君子专心于道,用道来帮助自己考察万物。专于道就能正确无误,用它来帮助自己考察万物,就能看得非常清楚;用正确的思想去处理非常清楚的调查结论,那么万物就能被利用。"(《荀子·解蔽》21.10)

尤其应当指出的是,儒家学说早在两千多年前就明确提出了人应当如何正确把握自己前进方向和人生道理的问题。子张问孔子:善人成长之道是什么? 孔子说:"不踏着别人的脚印走,学问修养很难深入。"他告诉人们要重视别人的人生实践经验。荀子指出:"人生短暂得就像一天,然而却安然地存在着历经上千年的国家,这是为什么呢? 这是因为采用了那些积累了上千年的确实可靠的办法来维持国家,又和那上千年的真诚之士一起搞政治的缘故。人没有上百年的寿命,却会有上千年的真诚之士,这是为什么呢? 这里说的上千年的真诚之士,是指那些用积累了上千年的礼法来把握自己的人。"(《荀子·王霸》11.8)

4. 重视用仁德管理人

儒家十分重视道德管理,提出了许多有益的思想,奠定了以德治国的理论基础。孔子认为"用德引导人民,可以使人有廉耻心,从而使人心服正。"(《论语·为政》第三章)季康子向孔子请教怎样治理政事时说:"把无道的坏人杀了,使人们接近道,可以吗?"孔子说:"治国怎么用杀人呢? 你想使人民善良人民就会善良。君子的德行像风,小人物的德行像草,德风吹在草上,草一定顺风倒。"(《论语·颜渊》第十九章)孔子强调:"民之于仁也,甚于水火。"(《论语·颜渊篇》第三十五章)孔子主张推举仁德之人治国。樊迟问孔子什么是仁。孔子说:"仁就是爱人。"孔子又说:"选拔正直的人安置在邪曲的人之上,就能使邪曲的人正直起来。"樊迟把此话告诉了子夏,问子夏这是什么意思。子夏说:"舜拥有天下后,在众多人中选择推举出皋陶,不仁德的人就躲远了。商汤拥有天下后,在众多人中推举出伊尹,不仁德的

人也躲远了。"(《论语·颜渊》第二十二章)

孟子在用仁德治国和管理民众方面提出了许多好的观点,他说:"借武力而使别人屈服,别人不是真正心服,而是力量不足不得已;以德服人者,能使人心悦诚服,就像孔子的七十二弟子拜服孔子一样。"(《孟子·公孙丑章句上》第三章)孟子指出:"仁者无敌。"(《孟子·梁惠王章句第五章》第五章)他借用孔子的话说:"仁德的力量是不能按人数多少计算的。如果君王重视仁德,就能天下无敌。"(《孟子·离娄章句上》第七章)孟子又说:"夏、商、周三代得到天下是因为施行仁政,他们失去天下,是因为不施行仁政。国家衰败与兴盛,存在与灭亡的原因,同样在于此,天子不行仁政,就不能保住天下……士人百姓不讲仁爱,就不能保全身家性命。"(《孟子·离娄章句上》第三章)孟子强调:"老吾老以及人之老;幼吾幼以及人之幼;天下可运于掌。""从爱护百姓的标准出发统一天下,就没有人抵挡得了","推广慈善之心足以使天下安定","古代的圣人远远高出一般人,没有别的原因,只不过是善于推广他们的善行罢了"。孟子接着指出,人"如果没有坚定的道德信念,就会为非作歹,违法乱纪,无所不为了"(《孟子·梁惠王章句上》第七章)。孟子引用孔子的话说:"治国的办法有两个:施行仁政和不施行仁政罢了。对百姓过分暴虐,就会落个自身被杀,国家灭亡;即使不过分,也会危及自身,国势衰弱。君王死后有'幽'、'厉'的恶谥,即使他们有孝顺父母的子孙,经过一百代这个恶谥还是改变不了。《诗经·大雅·荡》说:'殷商有一面不远的历史镜子,就是夏朝。'说的就是这个道理。"(《孟子·离娄章句上》第二章)孟子认为,君王个人品德修养,对治国有极其重要的影响,有文王的德行,"施文王那样的仁政,七年之内,一定能够执政于天下了"(《孟子·离娄章句上》第十三章),像舜那样"竭尽服侍父母的准则……天下的风气就大变"(《孟子·离娄章句上》第二十八章)。

荀子指出:"威严有三种:有道德威严,有严酷督察的威严,有放肆妄为的威严。这三种威严是不可不仔细考察的。""礼制音乐完善,名分道义明确,采取措施切合时宜,爱护人民,造福人民具体体现出来。如果这样,百姓就会像对待上帝那样尊重他,像对待上帝那样景仰他,像对待父母那样亲近他,像对待神灵那样敬畏他。所以不用赏罚而民众就能卖力,刑罚不用而威力就能扩展。这就叫作道德的威严。""礼制音乐不完善,名分道义不明确,采取措施不合时宜,爱护人民、造福人民不能落实,但是禁止暴乱很明察,惩处不服的人很审慎,施行刑罚从重而守信,处决犯人严厉而坚决,就像雷电闪击他们一样,就像墙壁倒塌压死他们一样。这样一来,百姓一受到胁迫就产生畏惧,一放松就会傲视君主,强行集中时就聚在一起,一得到机会就四处逃散,敌人一进攻就会投降,君主不用权势去胁迫,不用惩罚杀戮震慑,就无法控制臣民。这叫严酷督察的威严。""没有爱护人民的心肠,不做有益

于人民的事情,而天天搞那些扰乱人民的歪门邪道,百姓如果怨声沸腾,就跟着逮捕他们,用酷刑惩治而不去调解民心。像这样,臣民就会逃散而离开君主,国家垮台就会立刻到来。这叫放肆妄为的威严。"(《荀子·强国》16.2)荀子提倡学习天地万物之德性,培养自己至高无上的德行,坚持以德为本。荀子说:"天不言而人推高焉,地不言而人推厚焉,四时不言而百姓期焉……君子有了极高的德行,虽沉默不言,但是人们都明白……真诚是君子的操守,政治的根本。立足真诚,同类就会聚拢来;保持真诚,会获得同类;丢掉真诚,会失去同类……人们的真诚养成了,他们的才能就会完全发挥出来。"(《荀子·不苟》3.9)荀子指出:"懂得强大之道的君主,不致力于逞强黩武,而是考虑用天子的命令来保全自己的实力,积聚自己的德望。"(《荀子·王制》9.8)荀子强调:"有智慧没有仁德不行;有仁德没有智慧也不行;既有智慧又有仁德,这样的人是君主的宝贵财富,是成就王业霸业的助手"(《荀子·君道》12.9),"称王天下的人首先讲仁德"(《荀子·大略》27.11),"仁德之人当政,国家日益昌盛"(《荀子·议兵》15.2)。

5. 重视用礼法管理人

儒家主张用礼法管理人。孔子告诉人们:"立身之道在于礼"(《论语·泰伯》第八章),"不学礼,无以立"(《论语·季氏》第十三章)。"非礼勿视,非礼勿听,非礼勿言,非礼勿动"(《论语·颜渊》第一章),"恭敬人符合礼仪,就可以避免耻辱"(《论语·学而》第十三章),"礼之用,和为贵","知和而和,不以礼节之,亦不可行也"(《论语·学而》第十二章)。孔子指出,管理民众,治理国家,需要各种办法,"智慧所能达到的,却不能靠仁德守住;虽然得到也一定会失去。智慧能达到,靠仁德能守住,如果不以庄严的态度,百姓也不会敬重你。智慧能达到,仁德能守住,君主又能以庄严态度对待百姓,假如不以礼治国,也不行"(《论语·卫灵公》第三十三章)。孟子说:"义,就是路;礼,就是门。只有君子才能沿着这条路行走,从这道门进出。"(《孟子·万章章句下》第七章)"非礼之礼,非义之义,大人弗为。"(《孟子·离娄章句下》第六章)儒家说的礼包括诸多内容,即包括礼仪、礼规、礼节、礼物等,儒家学说告诉人们,在礼的诸多内容中,礼规、礼仪、礼节比礼物更重要,《孟子》讲述了季子和储子对孟子礼敬程度不同,孟子反过来对待季子和储子的态度也不相同的故事。孟子在邹国居住时,季子代理国政,用礼物与孟子交友,孟子接受了礼物却不回报。孟子在平陆时,储子正担任齐国的相,用礼物与孟子交友,孟子接受了礼物却不回报。过了些日子,孟子从邹国到任国去,拜访了季子。从平陆到齐国都城,却不去拜访储子。孟子的学生屋庐子高兴地对孟子说:"我抓住老师的差错了!"就问孟子:"老师你为什么到任国去拜访了季子,而到齐国却不拜访储子,是因为储子只是担任卿相吗?"孟子说:"不是。"孟子引用《尚书》说:"享献礼最重要的是仪节,如果仪节不够,礼物再多,也只能叫作没有献礼。因为献礼的人心意没有用在献礼上。"孟子说:"我不去拜访储子,是因他没能完成献礼。"(《孟子·告子章句下》第五章)荀子指出:"礼是治理社会的最高准则,是使国家强大的根本措施,是威力得以扩大的有效办法,是功业名声得以成就的要领。天子诸侯遵行了它,能取得天下;不遵行它,会丢失国家政权。坚固的铠甲、锋利的兵器不足以用来取胜,高耸的城墙、深深的护城河不足以用来固守,严格的命令,繁多的刑罚不足以用来造成威势,遵行礼义之道才能成功,不遵行礼义之道就会失败。"(《荀子·议兵》15.8)荀子强调:"使人无往而不善的是以礼为法度,用以调气养生,就能使自己的寿命仅次于彭祖;用以修身自强,就能使自己的名声和尧、禹相媲美。礼义才真正是既适宜于显达时立身处世,又有利于穷困中立身处世。大凡在动用感情、意志、思虑的时候,遵循礼义就和顺通达,不遵循礼义就颠倒错乱、懈怠散漫;在吃喝、穿衣、居住、活动或休息的时候遵循礼义就谐调适当,不遵循礼义就会触犯禁忌而危害生命;在容貌、态度、进退行走方面,遵循礼义就显得文雅,不遵循礼义就显得鄙陋邪僻、庸俗粗野。所以,人没有礼义就不能生存,事情没有礼义就不能办成,国家没有礼义就不得安宁。"(《荀子·修身》2.2)荀子又说:"在天上的东西,没有比太阳、月亮更明亮的了;在地上的东西,没有比水火更明亮的了;在物品中没有比珍珠、宝玉更明亮的了;在人类社会中,没有比礼义更灿烂的了。"(《荀子·天论》17.12)

儒家学说认为,法和礼在治理社会中同样重要,孔子指出:"君子关心法度。"(《论语·里仁》第十一章)孟子强调:"君子依据法度做事。"(《孟子·尽心章句下》第三十三章)孟子还指出,法度是一切人都必须遵守的。《孟子》中有桃应与孟子的一段对话。桃应问孟子:"舜做天子,皋陶做法官,如果瞽瞍杀了人,那么该怎么办?"孟子说:"把他抓起来罢了。"桃应又问:"那么舜不阻止吗?"孟子说:"舜怎么能阻止呢?抓他是有法律依据的。"(《孟子·尽心章句上》第三十五章)荀子说:"人没有礼法,就会迷惘而无所适从;有了礼法而不知道它的旨意,就会手忙脚乱;遵循礼法而又能精深地把握它的具体准则,然后才能不慌不忙而泰然自若。"(《荀子·修身》2.10)荀子又说:"礼法是用来端正身心的……没有礼法,用什么来端正身心呢?……不赞同老师和礼法而喜欢刚愎自用,拿他打个比方,那就好像让瞎子来辨别颜色,让聋子来分辨声音,除了胡说妄为之外是不会干出什么好事来的。"(《荀子·修身》2.11)《左传》说:"国君所要做的事情,就是使人民的行为符合法度与礼制的规定。"(《左传·隐公五年·臧僖伯谏观鱼》)

6. 重视人生方向道路的导向

儒家十分重视人生方向和道路的管理,儒家代表人物的学说中关于管理人生方向、道路的论述很多。

儒家把一般人称为百姓;把百姓中追求做君子、成圣人的部分,视为社会的先进分子,国家的中坚力量;把百姓中不择手段追求低级庸俗,行为可鄙的人称为小人,把小人中低劣的部分称为猪狗、禽兽般的人,把小人中极端恶劣的部分称为不如猪狗禽兽的人。这样一来,每个具体的普通人的人生方向就有了三个:一个是无所追求,无所用心,浑浑噩噩了结一生;一个是追求做君子成圣贤;一个是追求做小人,成为猪狗禽兽般的人或连猪狗禽兽都不如的人。儒家明确地赞美君子,千方百计地劝导人们做君子成圣贤;坚决地批评小人,猛烈地抨击那些不是人的人。

儒家不但阐明了人生方向,而且指明了人生道路,清清楚楚地告诉人们,君子应该怎样做人做事,小人是怎样做人做事的,从理论与实际的结合上,阐述了人应该如何认识和把握人生道路。儒家学说明确指出,要做君子成圣贤,就要为百姓做事,做百姓喜欢的事,成就人民需要的事业。荀子指出:"夏桀、商纣为什么失败而商汤、周武王为什么成功呢? 回答说,这并没有其他的缘故,而是因为夏桀、商纣这种人,好做人们所厌恶的事情;而商汤、周武王这种人,好做人们喜欢的事情。"荀子强调:"凡是获得胜利的,一定是因为依顺了人民","爱护人民就能安宁,喜欢士人就会荣耀,这两者一样都没有就会灭亡。"(《荀子·强国》16.4)"夏桀、商纣……干出了禽兽般的行为,不断行凶,无恶不作,因而天下人抛弃了他们。天下人归顺他们就能称王,天下人抛弃他们就灭亡……商汤、周武王是人民的父母;夏桀、商纣王是人民的仇敌。"(《荀子·正论》18.2)荀子告诉人们:"放下事业而沽名钓誉不行;要成就功业而不顾民众也不行。"(《荀子·富国》10.14)

(二)儒家论人的自我管理

1. 自我管理是人生最根本的管理

儒家圣贤指出,人的诸多天生资质中有思考的器官,有认识是非的能力,能认识自己该做什么和不该做什么。别人对于自己的指令,只有得到自己认可并通过自己的行动才能见实效。

(1)祸福荣辱无不自求之

孟子说:"祸福无不自求之者。"(《孟子·公孙丑章句上》第四章)《诗经》中说:"永言配命,自求多福。"孔子评价此诗时说:"为此诗者,其知道乎! 能治其国,谁敢侮之?"孟子接着孔子的评价说:"今国家闲暇,及是时,般乐怠敖,是自求祸也。"(《孟子·公孙丑章句上》第四章)《中庸》说:"道不远人,人之为道而远人,不可以为道。"《论语》中记述了子贡批评叔孙武叔诋毁孔子的话:"仲尼不可毁也。他人之贤者,丘陵也,犹可逾也;仲尼,日月也,无得而逾焉。人虽欲自绝,其何伤于日月乎?"(《论语·子张》第二十四章)孔子明确指出:"毋自辱焉"(《论语·颜渊》第二十三章)。孟子引用

《诗经》说:"忧心悄悄,愠于群小",他举例说,周文王、孔子都是这样的人,他们自己行得正,"别人的怨恨不消,也无损于自己的名声"(《孟子·尽心章句下》第十九章)。荀子指出:要想做君子的人,必须善于驾驭荣辱,不去做招致耻辱的事,他说:"以君子的身份去和小人互相残害……其实没有比这更愚蠢的了……要是看作光荣吧,其实没有比这更耻辱的了。"(《荀子·荣辱》4.4)他指出招致光荣和耻辱的一般情况是:"先考虑道义后考虑利益的就会得到光荣,先考虑利益后考虑道义的就会遭受耻辱。光荣的人常常通达,耻辱的人常常穷困。"(《荀子·荣辱》4.7)荀子强调:"确定自己的取舍时粗心",这是导致耻辱危亡的原因,"干怪诞的事,招摇撞骗,强取豪夺,放荡凶悍,骄横残暴,不安其位,这是奸邪的人自取耻辱残废的缘由"(《荀子·荣辱》4.8)。"喜欢光荣而厌恶耻辱,爱好利益而憎恶祸害,这是君子和小人相同的,而二者求荣利的途径则不同。小人自己肆意妄言却还要别人相信自己,欺骗行诈却还要别人亲近自己,禽兽一样的行为却还要别人赞美自己。他们考虑问题不明智,做起事来不稳妥,自己坚持的一套错误,必然得不到荣利而只能遭受耻辱和祸害。君子则与小人相反,他们善良正直,对别人忠诚说真话,考虑问题明智,做起事来稳妥,自己的主张正确,结果必然得到荣利而远离祸患"(《荀子·荣辱》4.9)。又说:"做尧禹那样的人,常常安全而光荣;做桀、跖一样的人,则常常危险而耻辱"(《荀子·荣辱》4.11)。

(2)自作孽不可活

《孟子》引用《太甲》说:"天作孽,犹可违;自作孽,不可活。"(《孟子·公孙丑章句上》第四章)《左传》说:"多行不义必自毙。"(《左传·隐公六年·郑伯克段于鄢》)书中说:郑庄公做国君后,其弟共叔段一次又一次提出无理要求,庄公迫于母亲偏爱共叔段,一一答应了弟弟的要求。大臣们纷纷建议庄公处理共叔段。庄公说:"坏事做多了,自己必然灭亡。""他自己如果不悔悟,就会走上绝路的。"后来共叔段越发嚣张,直至发动兵变,京城人不听其指挥赶跑了共叔段。《左传·子革对灵王》(昭公十二年)记述了楚灵王因"不能克制自己而导致祸发身亡"的事。文章结尾引用孔子的话说:"古书上记载:'克制自己的欲望,让言行合乎古礼,这就是仁。'说得真好啊!假如楚灵王能做到这点,哪会在乾溪受耻辱呢?"

(3)修身为本

《大学》明确指出:"自天子以至于庶人,壹是皆以修身为本。其本乱而末治者,否矣。其所厚者薄,而其所薄者厚,未之有也。"《中庸》说:"修身则道立","君子笃恭而天下平","君子之道,本诸身","君子未有不如此而蚤有誉于天下者也"。《大学》强调:"求自新","毋自欺","慎其独",要像曾子说的那样做,"当一个人独处而别人看不见的时候,自己更要警惕,要像自

己暴露在别人面前那样,正有十只眼睛紧盯着自己的一言一行,正有十只手在指点自己的一言一行"。"内省不疚,无恶于志"(《中庸》)。孟子说:"守护自身重要"(《孟子·离娄章句上》第十九章),他告诉人们:"有了过失就立即改正"(《孟子·公孙丑章句下》第九章)。"诚者自成也,而道自道也","既明且哲,以保其身","一般人成长发展之所以不如君子,就在于君子具有一般人看不见的自我存养功夫"(《中庸》)。如果不知修正自身,"愚而好自用,贱而好自专,生乎今之世反古之道,如此者,灾及其身者也"(《中庸》)。

2. 自己必须下大决心管好的问题

儒家圣贤对于一个人应当用什么样的决心管理自己以及必须在哪些方面管住自己,都做了明确地论述。

(1)死守善道

人们都知道,生死是人生过程中最重大的问题。儒家圣者告诉人们,做人需要清楚什么是宁可丧失生命,也不可丧失的东西,这就是善。孔子说:"要死守善道"(《论语·泰伯》第十三章),孟子说:"生,亦我所欲也;义,亦我所欲也。二者不可得兼,舍生而取义者也。"(《孟子·告子章句上》第十章)他告诉人们,人生过程中,有比生命更值得热爱的东西,这就是在善根基础上生长起来的正义。正义是捍卫人类善根的卫士。自己丧失善根就无法做人,人类丧失善性社会就无法存在。孟子又说:"夫义,路也"(《孟子·万章句上》第七章),即正义是人成圣之路。他强调:累积正义可养成浩然之气(《孟子·公孙丑章句上》第二章),"一个人的向善之心如果不能保存,他就和禽兽差不多了"(《孟子·告子章句上》第八章),尧舜之道就是至善之道,"圣人远远高出一般人,没有别的原因,只不过是善于推广善罢了"(《孟子·梁惠王章句上》第七章)。荀子明确指出积善成圣,"路上的普通百姓积累善行而达到尽善尽美就能成为圣人"(《荀子·儒效》8.22)。

(2)恒守其德

儒家对于人应该如何对待德的问题,做了明确而肯定的回答,告诉人们要立志恒守其德。孔子说:"苟志于仁矣,无恶也。"(《论语·里仁》第四章)他告诉人们,如果立志实行仁德,人的一生就不会有恶行。他告诉人们,必须恒心守德,如果"没有恒心守德,有时就要招致耻侮"(《论语·子罕》第二十二章)。为了终生不受耻侮,"就不能离开仁德,哪怕是一顿饭的工夫,即使在匆忙的时候,也要与仁德同在,在最颠沛的时候也要与仁德同在。"(《论语·里仁》第五章)孟子说:"人如果没有德性就会为非作歹,违法乱纪,无所不为。"(《孟子·梁惠王章句上》第七章)

儒家主张"崇德"(《论语·颜渊》第十章),要求人们必须显明自己原本就有的德性,不使其受诸蔽障。《大学》开篇即指出:"大学之道,在明明德。"《大学》引用《尚书·康诰》中的话说:"要显明你自己本有的美好德性",引用《尚书·太甲》中的话说:"要时时想到伟大上天赋予你的德性",《尚书·尧典》中也说"要显明那伟大的德性"。

儒家告诉人们,人的德性的成熟需要一个过程,想做君子的人,必须自觉地修养自己的德性,力争成就大德。《中庸》指出:"大德必得其位,必得其禄,必得其名,必得其寿……故大德者必受其命。""知、仁、勇三者,天下之达德也",是全天下人都应当具有的常行不变的德行。儒家明确指出,"苟不至德,至道不凝焉"(《中庸》)。"道盛德至善,民之不能忘也。"(《大学》)

(3)心志不可夺

儒家圣贤指出,心是人诸器官的主宰,志是人心的灵魂和主宰,人失去心志就等于没有了灵魂和主宰。因此孔子强调:"三军可夺帅,匹夫不可夺志也"(《论语·子罕》第二十六章),他告诉人们,无论在什么情况下都不要丧志,"久居贫困不忘平生之志",(《论语·宪问》第十二章),"如果降低自己的志向,就会使自己人遭受到侮辱"(《论语·微子》第八章)。

儒家圣贤告诉人们,要想发挥好心志的作用,首先要正其心。《大学》说:"欲修其身者,先正其心",即修身的关键在于端正自己的心志。《大学》又说:"所谓修身在正其心者,身有所愤恨,则不得其正;有所恐惧,则不得其正;有所好乐,则不得其正;有所忧患,则不得其正。心不在焉,视而不见,听而不闻,食而不知其味。"正其心的根本问题,是把心志置于至高至善的境界。也只有把自己的心确定在至高至善的境界,心才能静,"静而后能安,安而后能虑,虑而后能得"(《大学》)。

儒家圣贤指出,"君子诚之为贵""至诚之道可以前知",又说:人们有了坚定不移的至善至诚心,"才能充分地发展自己天赋的本性,才能明了和发展众人的本性,才能知晓和发展万物的本性,可以参天地之化育,与天地并列为三了","惟天下至诚,为能经论天下之大经,立天下之大本,知天地之化育。"(详见《中庸》)也就是说,至善至诚心是人的本心,能修养和守持至善至诚心志的人,才能成为伟大的人。

(4)大节不可失

儒家圣贤要求人们做人要守住大节,不要犯重大原则错误。《论语》中说:"可以托六尺之孤,可以寄百里之命,临大节而不可夺也。君子人与?君子人也。"(《论语·泰伯》第六章)此处讲的大节,是说在生死存亡的紧要关头不动摇屈服。

儒家说的大节,主要是指那些反映人的本质的东西。孔子评价管仲就是根据大节原则。他承认管仲有缺点和不足,但是当子路、子贡认为管仲不是仁人君子时,孔子则明确指出:"桓公九合诸侯,不以兵车,管仲之力也。

如其仁! 如其仁!"(《论语·宪问》第十六章)孔子说的"志士仁人,无求生以害仁,有杀身以成仁"(《论语·卫灵公》第九章)、"大德不逾闲"(《论语·子张》第十一章),都是根据仁德在人生过程中的地位和作用说的。因为仁德是做人的基本条件。仁者爱人,有仁德心的人,才能关爱别人。仁德心越广阔,才越能广泛地关爱人。孔子说:老好人是"德之贼也"(《论语·阳货》第十三章),其根据是因为他们丧失了是非原则。孟子进一步指出:"无恻隐之心,非人也;无羞恶之心非人也;无辞让之心,非人也;无是非之心,非人也。恻隐之心,仁之端也;羞恶之心,义之端也;辞让之心,礼之端也;是非之心,智之端也。人之有是四端,犹其有四体也。有是四端而自谓不能者,自贼者也;谓其君不能者,贼其君者也。凡有四端于我者,知皆扩而充之矣,若火之始然,泉之始达。敬能充之,足以保四海,苟不充之,不足以事父母。"(《孟子·公孙丑章句上》第六章)他指出,一个人如果丧失了人的本性,就难以成为一个真正的人了。荀子引用孔子的话说:"大节对,小节也对,这是上等的君王。大节对,小节有些出入,这是中等的君主。大节错了,小节即使对,我也不要看其余的了。"(《荀子·王制》9.4)

（5）礼法不可违

孔子说:"礼之用,和为贵……知和而和,不以礼节之,亦不可行也。"(《论语·学而》第十二章)他告诉人们,礼的最大作用是造就和谐,要想求和谐,必须用好礼。荀子说:"人没有礼就难以在社会上生存和发展,事情没有礼就办不成,国家没有礼就不得安宁。"(《荀子·大略》29.43)

儒家圣贤告诉人们,法的作用就是使天下知道什么不可为。荀子说:"天下人如果都真正知道盗窃是不可能发财致富的,都知道抢劫杀人是不可能获得长寿的,都知道触犯了君主的禁令是不可能得到安宁的;都知道遵循圣明帝王的正道,就会得到奖赏;不遵守圣明帝王的正道,就一定会遭受刑罚,为非作歹的人即使逃亡躲藏,还是不能够免受惩罚,犯罪者无不主动服法认罪请求惩处,这样一来,刑罚极少用而法的威力却会像流水一样扩展开来。"(《荀子·君子》24.2)荀子又说:"推崇贤人,使用能人,奖赏有功的,惩罚有罪的,这是古代圣王治国的政治原则,是使人民行动一致的根本措施,治国一定要遵循这一原则。"(《荀子·强国》16.3)

孔子指出:"立身之道在于礼"(《论语·泰伯》第八章),他告诉自己的儿子和弟子们:"不学礼,无以立"(《论语·季氏》第十三章),"克己复礼为仁。一日克己复礼,天下归仁焉。为仁由己,而由人乎哉?"(《论语·颜渊》第一章)他强调:"恭而无礼则劳,慎而无礼则葸,勇而无礼则乱,直而无礼则绞。"(《论语·泰伯》第二章)他主张:"非礼勿视,非礼勿听,非礼勿言,非礼勿动。"(《论语·颜渊》第一章)荀子说:"使人无往而不善的是礼法。"(《荀子·修身》2.2)他指出:"礼这种东西,是社会道德规范的极点。既然这样,那么不遵循礼,不充分地掌握礼,就叫作没有原则的人;遵循礼,充分地掌握礼,就叫作有原则的贤士。在遵循礼的过程中能够思考探索,叫作善于谋虑;在遵循礼掌握礼的过程中不变,叫作坚定。"《荀子·礼论》19.8)荀子告诉人们:"人没有礼就不能生活,事情没有礼就办不成,国家没有礼就不得安宁。"《荀子·大略》27.43)他说:"稍微失去一点而造成的祸乱很大的东西,就是礼。"《荀子·大略》27.42)他要求人们"遵行礼义之道"(《荀子·议兵》15.8),"顺从礼,精通礼,学习礼,实行礼"《荀子·礼论》19.14)。荀子说:"君子宽宏大量,但不懈怠马虎;方正守节,但不尖刻伤人;能言善辩,但不去争吵;洞察一切,但不过于激切;卓尔不群,但不盛气凌人;坚定刚强,但不粗鲁凶暴;宽柔和顺,但不随波逐流;恭敬谨慎,但待人宽容。这可以称为最文雅最合乎礼义的了。"《荀子·不苟》3.4)

儒家圣贤强调做事"有法律根据"(《孟子·尽心章句上》第三十五章),"君子依据法度做事"(《孟子·尽心章句下》第三十三章)。荀子说:"礼法是用来端正身心的"(《荀子·修身》2.11),他强调:"人没有礼法就会迷惘而无所适从"(《荀子·修身》2.10)。"遵行礼法是四通八达的途径","不遵行礼法……是不可能达到目的的"(《荀子·劝学》1.12)。"谨守礼法而明察事理的人,走遍天下,不论到什么地方都飞黄腾达。"(《荀子·修身》2.6)"违背礼法"就会寸步难行。"没有法度观念,人们的心灵就会和他们的肠胃一样只知吃喝了。"(《荀子·荣辱》4.12)

(6)知识不可少

儒家文化的宗旨是教化,教化的目的是使人文明化,用以教化的法宝则是知识。人的文明化程度与其自身知识化程度成正比。儒家清楚地认识了知识的重要性,明确地指出,"浅陋无知是天下人的通病,是人们大灾大难的根源。"(《荀子·荣辱》4.12)孔子说,小人与君子的差别,很大程度上在于知与不知,"君子有三畏:畏天命,畏大人,畏圣人之言。小人不知天命而不畏也,狎大人,侮圣人之言"(《论语·季氏》第八章)。

儒家圣贤告诉人们,克服无知的唯一途径和办法,就是学习。孔子指出人生过程中最重要的事就是学习。学习者要确立学习的志向,用最严肃的态度和最积极的精神对待学习。孔子不厌其烦地讲述了自己是如何学习知识的,他说:"吾十有五而志于学,三十而立,四十而不惑,五十知天命,六十而耳顺,七十而从心所欲不逾矩。"(《论语·为政》第四章)又说:"十室之邑,必有忠信如丘者焉,不如丘之好学也。"(《论语·公冶长》第二十八章)《论语》说:"叶公向子路打听孔子这个人怎么样,子路没有回答。孔子对子路说:'你为什么不这样说呢:他发愤读书时忘了吃饭,高兴起来就忘了忧愁,不知衰老即将到来了。'"(《论语·述而》第十九章)

儒家圣贤指出,做人需要学习多方面的知识。其中首要之点,是学习关

于道的知识。《论语》告诉人们："君子学以致道。"(《论语·子张》第七章)要求人们学道,指出："君子学道则爱人,小人学道则易使也。"(《论语·阳货》第四章)《大学》说："道盛德至善,民之不能忘也。"孔子反复强调学习礼的知识,他说"不知礼,无以立"(《论语·尧曰》第三章),"不学礼,无以立"(《论语·季氏》第十三章)。孔子还强调学习有关命运的知识,他说:"不知命,无以为君子也。"(《论语·尧曰》第三章)孔子还强调学习说话和识别他人说话用意的知识,他说:"不学诗,无以言。"(《论语·季氏》第十三章)"不知言,无以知人。"(《论语·尧曰》第三章)《论语》中说:"他老人家到说话的时候说话,别人不讨厌他的话。"(《论语·宪问》第十三章)孟子强调做事"有法律根据"(《孟子·尽心章句》第三十五章),而要想做到这一点,必须具有法律知识。孔子亲身感受到了世事的千变万化和做人的困难,明确地告诉人们,需要有应付变易的知识,孔子学习《易经》留下了"韦编三绝"的佳话。孔子曾经对如何做人做过精辟的概括,即"志于道,据于德,依于仁,游于艺"(《论语·述而》第六章)。他讲的艺是一个广泛概念,其中包括书、乐、射、御、数等日常所用的各种知识。

把握学习途径。第一,向一切经验学习。孔子强调向他人的经验学习,他说:"不践迹,亦不入室"(《论语·先进》第二十章),"好古,敏以求之"(《论语·述而》第二十章);第二,向一切人学习。孔子说:"三人行,必有我师,择其善而从之,其不善而改之"(《论语·述而》第二十二章);第三向贤师、礼法和君子学习。荀子说:"人的本性邪恶,一定要依靠师长和法度的教化才能端正,要得到礼义的引导才能治理好。人们没有师长和法度就会偏邪恶而不端正;没有礼义,就会叛逆作乱而不守秩序……能够被师长和法度所感化,积累文献经典方面的知识,遵守礼义,就能成为君子;纵情任性,习惯于恣肆放荡,违反礼义,就会成为小人"。(《荀子·性恶》23.3)荀子又说:"效仿贤师而学习君子的学说,就能养成崇高的品德,并能获得广博的知识,也就能通晓世事了。所以说,学习没有比接近那理想的良师益友更便利的了"(《荀子·劝学》1.11);第四,向历史学习。荀子说:"商汤以夏桀为前车之鉴……周文王吸取了商纣王的教训",才得以成就各自的功业(《荀子·解蔽》21.3);第五,向圣人学习。孟子说:"孔子登上东山就觉得鲁国小了,登上泰山就觉得天下小了。见过大海的人就觉得其他的水很难算水了。在圣人门下学习过的人就觉得其他的言论很难算言论了"(《孟子·尽心章句上》第二十四章),荀子说:"人们学习贯通整理的方法即使有上万成亿条,但如果最终不能用它来通晓万事万物的变化,那就和蠢人相同了……圣人是完全精通事理的人……是通晓圣王之道的人,只有向圣人学习,才能通晓万事万物的变化"(《荀子·解蔽》21.15);第六,向天地自然万物学习。儒家诸经典无不赞颂天地之德,不厌其烦地引导人们向万事万物学习。《中庸》说："天地之道博也，厚也，高也，明也，悠也，久也。今夫天，斯昭昭之多，及其无穷也，日月星辰系焉，万物覆焉。今夫地，一撮土之多，及其广厚，载华岳而不重振，河海而不泄，万物载焉。今夫山，一卷石之多，及其广大，草木生之，禽兽居之，宝藏兴焉。今夫水，一勺之多，及其不测，鼋、鼍、鲛、龙、鱼、鳖生焉，货财殖焉。"《荀子》一书深入论述了如何学天地之德质的问题，大量列举了孔子关于向天地自然万事万物学习的事例，如孔子参观鲁桓公之庙，就宥坐之器"虚则欹，中则正，满则覆"之现象，告诉弟子们要懂得"恶有满而不覆者哉？"（《荀子·宥坐》28.1）孔子观东流水告诉弟子们："流水浩大，普遍地施舍给各种生物而无所求，好像德；流动起来总是向着低下的地方，宁可弯弯曲曲地向前流，也一定遵循向下的原则，好像义；它浩浩荡荡没有穷尽，好像道；如果有人掘开堵塞物而使它通行，它随即奔腾向前，好像回声应和原来的声音一样，它奔向百丈深的山谷也不怕，好像勇敢；它注入量器时一定很平，好像法度；它注入量器后不需要刮板刮平，好像公正；它柔软地流入一切细微的地方，好像明察；各种东西经过水淘洗，渐趋洁净鲜美，好像善于教化；它千折万曲而一定向东流去，好像意志。"（《荀子·宥坐》28.5）子贡问孔子："君子为什么珍视宝玉而轻视珉石？"孔子说："宝玉温柔滋润而有光泽，好比仁；它坚硬而有纹理，好比智；它刚强不屈，好比义；它有棱角而不割伤人，好比行；它即使折断也不弯曲，好比勇；它的瑕疵和美好都暴露在外，好比诚实；敲它，声音清悦远扬，戛然而止，好比言词之美。"（《荀子·法行》30.4）

掌握最佳学习方法。儒家圣贤都是教化人的最好老师，他们在长期的教学实践中逐步揭示了学习规律和准则。孟子说："手艺高超的木匠教别人做木工活，一定要依照圆规和直角尺；学习知识的人也要依照一定的准则"（《孟子·告子章句》第二十章）。儒家圣者提出了许多学习规则，其中主要有：第一，有主攻方向。人类创造的知识有许许多多，每个人的生命时间有限，想全学到手是不可能的，也是没有必要的，必须以自己面临的社会需要出发，确定好自己的主攻方向，荀子说："学习得很广而没有个主攻方向，喜欢学得很多而没有确定目标的人，君子不和他结交。"（《荀子·大略》27.90）第二，用心专一。荀子说："蚯蚓没有锋利的爪子和牙齿，也没有强壮的筋骨，但它能吃到地上的东西，喝到地下的水，这是因为它用心专一；螃蟹有八只脚，但如果没有蛇和鳝的洞穴，就无处栖身，这是因为它用心浮躁。所以……君子学习时必须把精神集中到一点上。"（《荀子·劝学》1.6）第三，专心致志。孟子说："今夫弈之为数，小数也；不专心致志，则不得也，弈秋，通国之善弈者也。使弈秋诲二人弈，其一人专心致志，惟弈秋之为听；一人虽听之，一心以为有鸿鹄将至，思援弓缴而射之。虽与之俱学，弗若之矣。为是其智弗若与？曰：非然也。"（《孟子·告子章句上》第九章）第四，坚持

不懈的原则。孟子说:"即使天下最容易生长的植物,晒它一天而冻它十天,它也不可能再生长了。"(《孟子·告子章句上》第九章)荀子说:"学习本来需要一心一意地坚持下去,一会儿不学,一会儿学,那是市井中的普通人。"(《荀子·解蔽》21.3)第五,精益求精的原则。荀子强调学习要追求精益求精,他说:"射了一百支箭,只要有一支没有射中,就不能称之为善于射箭;赶一千里路程,即使还剩有一两步没走完,就不能称之为善于驾车。"(《荀子·劝学》1.14)《中庸》引用孔子的话说:"射箭如果射不中靶上的红心,或射不上靶上的皮,射者 会想到自己射术不精。"第六,不断积累的原则。荀子说:"积聚泥土成高山,风雨就会在那里兴起;积蓄水流成了深潭,蛟龙就会在那里生长;积累成了善行有道德的人,自会心智澄明,而圣人的境界也就具备了。所以不积累一步两步,就无法到达千里之外;不汇积细小的溪流,就不能成为江海。骏马一跃,不会满六丈;劣马跑十天也能跑完千里的路程,它的成功在于不停脚。雕刻东西,如果刻一下就把它放在一边,那么就是烂木头也刻不断;如果不停地刻下去,那么金属和石头都能雕空。"(《荀子·劝学》1.6)第七,系统管理的原则。儒家告诉人们,学习是一个系统的过程,学习者需要懂得全方位系统管理的原则。《中庸》指出:学习的过程包括"博学之,审问之,慎思之,明辨之,笃行之",要求人们要多多地学习道理,详细地审察这些道理,谨慎地思考这些道理,明确地识别这些道理,切实地按道理精神去做。"学习要锲而不舍,不达目的,不轻言放弃;问要打破砂锅问到底,不问明白,不轻言放弃;思考要钻研到明彻通达,想不通不要轻言放弃;辨别要追根溯源,辨别不清不要轻言放弃;做要做到底,不达目的,不要轻言放弃。"荀子进一步指出:"没有听到不如听到,听到不如见到,见到不如理解,理解不如实行。学习到实行也就到头了。实行,才明白事理,明白了事理就是圣人。""圣人这种人,以仁义为根本,能恰当地判断是非,能使言行保持一致,不差秋毫,这并没有其他的窍门,就在于他能把学到的东西付诸行动罢了。如果听到没见到,即使听到了许多,也难免有谬误;见到了而不理解,即使记住了,也必然虚妄;理解了不实行,即使知识丰富,也必然陷入困境。不去聆听教诲,不去观摩考察,即使偶尔做对了,也不算是仁德,这种办法采取一百次会失误一百次。"(《荀子·儒效》8.19)

3.管好自己的思想、言论和行为,正确地措置自己的资质、智慧和才能

儒家圣贤指出,人生的成败都是在一定条件下出现的,一般说来,准备了成功的条件,则多有所成;准备了失败的条件,则多失败。具体地说,人生的成败在于人们对自己思想、言论、行为管理是否得当以及对自己的资质、智慧、才能运用是否正确有效,直接相关。

儒家圣贤告诉人们,人天生的资质中,具有辨别是非的能力,驾驭这种能力,不但能分清对错,而且能圣明通达。人们必须学会运用这种能力,自

己能分清对错，将思想、行动、言论置于正确点上；如果自己不去这样做，别人是没有办法代替的。孔子说："不曰'如之何，如之何'者吾未如之何也已矣。"（《论语·卫灵公》第十六章）"狂而不直，侗而不愿，悾悾而不信，吾不知之矣。"（《论语·泰伯》第十六章）他批评"暴虎冯河，死而无悔者"，赞颂"临事而惧，好谋而成者"（《论语·述而》第十一章）希望人们克服愚昧、笨拙、偏激、鲁莽，要求人们杜绝"主观臆断，绝对肯定，固执己见，自以为是"（《论语·子罕》第四章）。孔子强调："做人必须懂得志于道，据于德，依于仁，游于艺"（《论语·述而》第六章）。志于道则圣明，不败坏仁德则通达无碍，有才艺做事能成。孟子说："人与人之间有相差一倍、五倍甚至无数的，原因在于不能充分发挥人天生的资质。"（《孟子·告子章句下》第六章）他强调"行仁德事而不走邪路"（《孟子·尽心章句下》第三十三章），他告诉人们，有人成为君子而有人则成为小人，其根本原因在于对自己天生资质管理和运用不同。他说："心之官则思，思则得之，不思则不得也，此天之所与我者"，"用好了人的思考器官，行仁德事，就能成为君子"（《孟子·告子章句上》第十五章）。"放出光辉且能化育万物的就叫作圣"（《孟子·尽心章句下》第二十五章）。又说："对祸患思考得深，才能通达事理，才能去发展自己的品德、智慧、本领和知识。"（《孟子·尽心章句下》第十八章）荀子说："圣人清醒自己那天生的主宰，管理好那天生的感官，完备那天然的供养，顺应那天然的政治原则，保养那天生的情感，从而成全了天生的功绩。像这样，就是明白了自己应该做的事和不该做的事，天地就能被利用，万物就能被操纵，行动就能处处有条理。"（《荀子·天论》17.6）"循道而不贰，则天不能祸……倍道而妄行，则天不能使之吉。"（《荀子·天论》17.1）

荀子告诉人们，人"都有取得各自生存条件的缘由。思想极其美好，德行极其宽厚，谋虑极其英明，这是天子取得天下的缘由。政令合乎法度，措施合乎时宜，料理决断政事公正，上能顺从天子的命令，下能安抚百姓，这是诸侯取得国家的缘由。思想行为美好，当官善于管理，上能顺从国君，下能恪守自己的职责，这是士大夫取得田地封邑的缘由……孝顺父母，敬爱兄弟，老实谨慎，勤劳卖力，对自己从事的事业不敢懈怠轻慢，这是平民白姓取得丰衣足食，健康长寿而免受刑罚杀戮的缘由。粉饰邪恶学说，美化奸诈言论，干怪诞事，招摇撞骗，强取豪夺，放荡凶悍，骄横残暴，靠这些在社会上苟且偷生，不安其位，这是奸邪人自取危险、耻辱、刑罚、死亡的缘由。他们考虑问题不深入，选择人生道路不谨慎，确定自己取舍时粗疏而漫不经心，这就是他们危亡的原因"（《荀子·荣辱》4.8）。荀子又说："君子和小人的资质、本性、智慧和才能是一样的。喜欢光荣而厌恶耻辱，爱好利益而憎恶祸害，也是君子和小人所相同的。他们用来求取光荣、利益的途径不同。小人嘛，肆意妄言却还要别人相信自己，禽兽一般的行为却还要别人赞美自己。

他们考虑问题不明智,做起事来不妥当,坚持的一套行不通,结果就无法得到自己追求的光荣和利益,必然会遭受到他们所厌恶的祸害和耻辱。至于君子嘛,对别人说真话,也希望别人相信自己;对别人忠诚,也希望别人亲近自己。善良正直而处理事务合宜,也希望别人赞美自己。他们考虑问题明智,做起事来稳妥,坚持的主张容易实现,结果就能得到自己喜欢的光荣和利益,避免遭受自己厌恶的耻辱和祸害;所以他们穷困时名声也不会被埋没,通达时名声会更显赫,死了以后名声会更加辉煌,小人无不伸长脖子踮起脚跟而羡慕地说:'这些人的智慧、思虑、资质、本性,肯定有超过别人的地方啊。'他们并不知道君子的资质才能与自己并没有什么不同,仔细地考察一下小人的智慧才能,就会知道它们绰绰有余地可以做君子做的一切。"荀子强调说:君子和小人求得的结果不同,"并不是智慧、才能、资质、本性造成的,而是由对其智慧、才能、资质措置以及对习俗节制不同所造成的"(《荀子·荣辱》4.10)。

儒家圣贤:"行笃敬"(《论语·卫灵公》第六章),"三思而后行"(《论语·公冶长》第二十章)"行寡悔"(《论语·为政》第十八章),告诉人们:"依据私利而行,会招致怨恨"(《论语·里仁》第十二章),"以直道而行"(《论语·卫灵公》第二十五章);"行为合乎法度"(《荀子·儒效》8.11),"比中而行之"(《荀子·儒效》8.4),"行有防表"(《荀子·儒效》8.25),"积累善行而达到了尽善尽美就能成为圣人","故圣人也者,人之所积也"(《荀子·儒效》8.22);强调"立身行道","非道不行","行满天下无怨恶"(《孝经》)。

儒家圣贤告诉人们:"言语中的污点无法去掉"(《论语·先进》第六章),要求人们"敏于事而慎于言","讷于言而敏于行"(《论语·里仁》第二十四章),"非礼勿言"(《论语·颜渊》第一章)"言必有中"(《论语·先进》第十四章),"言必信"(《论语·子路》第二十章),"言忠信"(《论语·卫灵公》第六章),"不失言"(《论语·卫灵公》第八章),"言之必可行","无所苟","对自己不了解的事,不要随便发表意见"(《论语·子路》第三章);"非法不言","言满天下无口过"(《孝经》)。荀子说:"伤人以言,深于矛戟"(《荀子·荣辱》4.1),"说话不慎会招祸殃"(《荀子·劝学》1.5)。他强调说话要"明智","要有要经"(《荀子·子道》29.6);"嘴不说不正确的话"(《荀子·劝学》1.15)。

儒家圣贤告诉人们,必须修养好自身。《大学》明确指出:"自天子以至于庶人,壹是皆以修身为本。其本乱而末治者,否矣。其所厚者薄,而其所薄者厚,未之有也。"《中庸》说:"修身则道立","君子笃恭而天下平","君子之道,本诸身","君子未有不如此而蚤有誉于天下者也"。《大学》强调:"毋自欺","慎其独","要像曾子说的那样做,当一个人独处而别人看不见的时候，自己更要警惕，要像自己暴露在别人面前，正有十只眼睛紧盯着自己的一言一行，正有十只手在指点自己的一言一行"。"内省不疚，无恶于志。"（《中庸》）孟子说："守护自身最重要。"（《孟子·离娄章句上》第十九章）他告诉人们："有了过失就立即改正。"（《孟子·公孙丑章句下》第九章）"诚者自成也，而道自道也"，"既明且哲，以保其身"，"一般人成长发展之所以不如君子，就在于君子具有一般人所看不见的自我存养功夫"（《中庸》）。如果不知修正自身，"愚而好自用，贱而好自专，合乎今世反古之道，如此者，灾及其身者也"（《中庸》）。

第六章　儒家圣贤论开发人生

一、儒家圣贤论人生需要后天人为加工

（一）世界上最宝贵的财富是人

儒家明确提出了天下万物人为贵的思想。荀子说："水火有气而无生，草木有生而无知，禽兽有知而无义；人有气、有生、有知，亦且有义，故最为天下贵也。力不若牛，走不如马，而牛马为用，何也？曰：人能群，彼不能群也。人何以能群？曰：分。分何以能行？曰：义。故义以分则和，和则一，一则多力，多力则强，强则胜物，故宫室可得而居也。"（《荀子·王制》9.19）荀子告诉人们，世界上最宝贵的财富是人。

儒家指出人的最可宝贵性的表现是多方面的：

第一，裁万物，兼利天下

荀子认为，人能够依据名分和道义，按客观规律办事，管好万事和万物，使天下都得到利益。他说：人能"序四时，裁万物，兼利天下"（《荀子·王制》9.19）。

第二，治国安民，使社会和谐

《中庸》借孔子的话指出："文、武之政，布在方策。其人存则其政举；其人亡则其政息。人道敏政，地道敏树。夫政也者，蒲卢也，故为政在人。"说的是：国家政令由人而定。人存在的时候，他的法令才能实行；这个人不在了，他的政策法令就会随他而消亡。"国家如果得到贤人，就可以很快治理好。"《中庸》还指出：人"知所以修身"，"知所以治人"，"知所以治天下国家"，劝天下人向善，"使天下太平"。

第三，参天地之变化，助万物之生长

《中庸》说："惟天下至诚，为能尽其性；能尽其性，则能尽人性，能尽人之性，则能尽物之性；能尽物之性，则可以赞天地之化育；可以赞天地之化育，则可以与天地参矣。"这就是说：人能够完全充分地发展自己天赋的本性，能完全明了地发展众人的本性，能完全知晓和发展万物的本性，参与帮助天地间万物生育发展，可以与天地并列为三。

（二）人的宝贵性是人的天赋与后天人为加工相结合的产物

儒家在指出天下最可宝贵的东西是人之后，进一步指出，并不是所有的人都是宝，虽然形体同样为人，但社会价值和地位却有天壤之别。即有人是国家和社会之宝，而有人则是妖孽。《大学》指出："惟善人君子才可以称其为宝。"荀子则进一步指出：嘴里能够谈论礼义，自身能够奉行礼义，这种人是国家的珍宝。嘴里不能谈论礼义，自身能够奉行礼义。这种人是国家的器具。嘴里能够谈论礼义，自身不能够奉行礼义，这种人是国家的工具。"嘴里说得好听，自身干坏事，这种人是国家的妖孽。治理国家的人敬重国家的珍宝，爱护国家的器具，使用国家的工具，铲除国家的妖孽。"（《荀子·大略》27.57）荀子还指出："埋没公正的人叫作欺昧，埋没贤良的人叫作妒忌，奉承妒忌欺昧的人叫作狡猾诡诈。狡猾诡诈的小人，妒忌欺昧的臣子，是国家的垃圾和妖孽。"（《荀子·大略》27.56）儒家还明确地指出，人的宝贵性不能完全自然而然地生长出来为社会所用。

圣人君子并不是天生的，而是人的本性与后天人为加工而成的。孔子指出，人的本性相差不大，而后天养成的习性则相差甚远。孟子和荀子进一步研究了人的本性和习性问题。孟子认为，人天生的本性都是善良的，人与人之间的差别是后天形成的，他认为，人天生的善良的本性，如果后天不能保护，则会丢失，成为不是人的人；如果保护得当，就会成为君子圣贤。荀子则认为，人的本性，生来就是恶的，无论什么人，顺其自然成长，不加教化，都会成为恶人。荀子指出："天生的本性，就像是原始的未加工过的木材……没有本性，那么人为加工就没有地方施加；没有人为加工，那么本性也不能自行完美。本性和人为的加工相结合，然后才能成就圣人的名声，统一天下的功业也因此而能完成了。"（《荀子·礼论》19.15）孟子和荀子虽然对人性是善还是恶的看法不一致，但是在人的成长需要后天人为加工上的观点却是相同的。

二、儒家圣贤论人生开发的着眼点和着重点

儒家认为，开发人必须瞄准人生过程。荀子说："生是人生的开始，死是人生的终结，这终结和开始都处理得好，那么为人之道也就完备了。所以君子严肃地对待人生的开始而慎重地对待人生的终结……使生死如一。"（《荀子·礼论》19.10）人的宝贵性存在于人生过程之中，人生开发的着眼点在于瞄准人生过程。

人生是巨大的宝库，人类社会的全部创造力存在于一个又一个具体的人生过程之中，人们可以从人生过程中求得各种各样的财富，可以进行多目的性的开发。然而任何一个具体的人生过程存在的时间都是有限的，不允

许人们无目的地开发,对于渴望求得人生成功的人们来说,必须抓住决定人生成败的关键性方面,进行卓有成效地开发。人生开发的着重点应该放在哪里,这是人类长期研究的重大问题。儒家学说的创始人孔子及其主要代表人物孟子、荀子等,都对这一问题进行了明确的回答。孔子说:"志于道,据于德,依于仁,游于艺。"(《论语·述而》第六章)孔子一生讲得最多的是仁、德、道、礼、智、义、信、乐等,他还深入分析了这些方面的内在联系,他说德支配礼、乐,"做人没有仁德心,怎样来对待礼仪制度呢,做人没有仁德心,又怎样来对待乐呢?"(《论语·八佾》第三章)又说:"仁德的人安于仁,聪慧的人利用仁。"(《论语·里仁》第二章)孟子继孔子之后,进一步指出"人需要仁德、智慧、才能和知识。"(《孟子·尽心章句上》第十八章)孟子还进一步阐述了"四端"说,他说:"恻隐之心,是仁德的开端;廉耻之心,是道义的开端;谦让之心,是礼仪的开端;是非之心,是智慧的开端……凡是具有这四种开端的人,只要认识到把它们扩充发展起业,就会像火刚刚燃烧起来,像泉水刚刚喷涌出来。如果能做到培养壮大这四种开端,就足以安定天下。"(《孟子·公孙丑章句》第六章)《中庸》进一步明确指出:"智慧、仁德、勇敢这三方面,是全天下人都应该具有的常行不变的德性……知道了这三个道理,就会明晓怎样去谨慎地修养自身。"将上述观点综合起来,我们就会清楚儒家开发人生的着重点是:德性、智慧、才能、气魄四个方面,要造就的是具有大德性、大智慧、大才能、大气魄的君子人才。

(一)人的德性开发

之所以要把德性开发放在第一位,这是因为德是做人的根本。人们公认的阐述儒家教育宗旨的《大学》明确指出:"德者本也。"作为《大学》的姊妹篇《中庸》也指出:"苟不至德,至道不凝焉。"孔子说他忧虑的第一件事,就是"德之不修"(《论语·述而》第三章)。他再三强调的是"立足于德"(《论语·述而》第六章)。《大学》开篇就明确指出:"大学之道,在明明德,在亲民,在止于至善。"《大学》还引用《尚书·康诰》篇说:"要显明你自己本有的德性。"《大学》引用《尚书·太甲》篇说:"要时常想到伟大上天所赋予你的德性。"《大学》还引用《尚书·尧典》篇说:"要显明那伟大的德性。"

孔子指出:"德不孤,必有邻"(《论语·里仁》第二十五章),"有德者必有好的言论","有仁德的人必定有勇气"(《论语·宪问篇》第四章)。《中庸》说:"大德者必受命","有大德的人,必然会获得崇高的社会地位,必然会获得丰厚的俸禄,必然会得到美好的名声,必然会得到长久的寿命"。

《大学》说:"富润屋,德润身。"说的是一个人有了足够的财富,就可以用钱来润饰自己的房屋。一个人的德性修养到一定的程度时,其德性便可以自然而然地在一个人的身上显现出来。《中庸》说:"深藏德性的君子,外表好像看不清楚,但是因为其内心蕴藏着美好的德性,所以会一天一天地显现出来……有德君子无论在什么时候、什么情况下省察自身,都不会因做错事而有愧疚之心,也不会有什么事会损害自己的完美心志。一般人之所以不及有德的君子,就是因为寻常人没有君子那种用美好德性造就的自我存养功夫。"

孟子说,德可以给人无穷的力量。"国君好仁,天下无敌。"(《孟子·离娄章句上》第七章)"夏、商、周三代得到天下是因为施行了仁德之政,他们失去天下是因为丢掉了仁德。国家衰败与兴盛,存在与灭亡,原因皆在于此。天子不行仁政,就不能保住天下;诸侯不行仁政,就不能保有国家;卿大夫不讲仁义,就不能保全宗庙;士人百姓不讲仁爱,就不能保全身家性命。"(《孟子·离娄章句上》第三章)孟子又说:"以力服人者,不能使之心服;以德服人者,使人心悦诚服,如孔子的七十二个弟子拜服孔子一样。"(《孟子·公孙丑章句上》第三章)又说:"即使掌握了尧舜之道,如果不施仁德之政,也无法治理好天下。"(《孟子·离娄章句上》第一章)孟子说:"仁德只有成熟才有价值。"(《孟子·告子章句上》第十九章)这就是告诉人们,不是任何类型的仁德都能给人力量,只有那积聚深厚的成熟的德性,才有力量。

儒家指出了德的修养与道的修养的辩证关系。《中庸》说:"知、仁、勇三者,天下之达德也",又说:"苟不至德,至道不凝焉"。《大学》说:"道盛德至善,民之不能忘也。"孔子说:"君子学道,就会有爱人的仁德之心。"(《论语·阳货》第四章)

(二)人的思想开发

儒家早在两千多年前就认识了思想的极端重要性,不厌其烦地告诉人们要重视提高思想修养。

1. 优化思想方法

儒家认为,提高思想修养的根本之点,在于优化思想方法。优化思想方法的基本途径,是把人的思想纳入客观规律的轨道。孔子说:"获罪于天,无所祷也。"(《论语·八佾》第十三章)这里讲的天,就是客观存在的自然。孔子告诉人们,如果违背了自然运行的规律,就是再祈祷也没有用了。他说:"君子学道而爱人,小人学道则易使。"(《论语·阳货》第四章)他要求弟子们:"志于道,据于德,依于仁,游于艺"(《论语·述而》第六章),"死守善道"(《论语·泰伯》第十三章)。他强调:"朝闻道,夕死可矣。"(《论语·里仁》第八章)孟子说:"如果人们自身不遵道而行,那么道在自己的妻子儿女身上也行不通;使唤别人不遵道而行,那么使唤自己的妻子儿女也办不到。"(《孟子·尽心章句下》第九章)

荀子说:"圣人知道思想方法上的毛病,看到被蒙蔽的祸害,所以既不任

凭爱好，又不任凭憎恶；既不只看到开始，又不只看到终结；既不只看到近处，又不只看到远处；既不只务广博，又不只安于浅陋；既不只了解古代，又不只知道现在，而是同时摆出各种可能，根据一定的标准原则对其权衡，所以能不被众多的差异和对立面相互掩盖而搞乱了条理。"（《荀子·解蔽》21.6）

2. 求得通达智慧

儒家认为，思想开发的任务，就是清除思想中的邪恶东西，懂得思之可贵，用智慧造就智者，通达大理，能控制利用万物。孔子评价《诗经》时说："诗，一言以蔽之，曰：'思无邪。'"（《论语·为政》第二章）孔子告诉人们："分析思考是可贵的。"（《论语·子罕》第二十四章）又说："未之思也，夫何远之有？"（《论语·子罕》第三十一章）荀子指出："人类群居在一起，同样有追求而思想原则却不同，同样有欲望而智慧却不一样。"（《荀子·富国》10.1）他告诉人们，不同的思想原则和智慧，造就不同品质的人，正确的思想原则和圣明的智慧造就圣贤君子，一切渴望人生成功的人们，必须努力用正确的思想原则和圣明的智慧指导自己。

儒家告诉人们，整治思想的关键在于明道解蔽，"对于还没有掌握道而追求道的人，要告诉他们虚心、专心和静心求道的道理……达到虚心的地步，就能够得到道；达到了专心的地步就能穷尽道的全部；想要探索道的人，达到了静心的地步就能够明察道。了解道十分清楚，知道了道能够实行，这就是实践道的人。达到了虚心、专心、静心的境界，叫作最大的清澈澄明。他对万物露出的形迹没有什么看不见的，对看见了的东西没有什么不能评判的，评判了没有什么评判不到位的。他坐在屋里能看见整个天下，处在现代而能评判远古，通观万物而能看清它们的真相，检验考察社会的治乱而能通晓它的法度，治理天地而能控制利用万物，掌握了全局性的大道理而整个宇宙就都了如指掌了。宽阔广大啊，谁能知道他智慧的尽头？浩瀚广大啊，谁能知道他德行的深厚？千变万化，纷繁复杂，谁能知道他思想的轮廓？光辉与太阳月亮相当，博大充塞了八方极远的地方，这样的人就叫作伟大的人。这种人哪里还会被蒙蔽呢？"（《荀子·解蔽》21.8）

孔子指出："知者不惑。"（《论语·宪问》第二十八章）《论语》记载了微生亩与孔子的对话，微生亩对孔子说："您为什么这样忙忙碌碌呢？不是为了显示自己的口才吧？"孔子说："我哪里敢显示自己的口才，而是痛恨人们的顽固无知啊！"（《论语·宪问》第三十二章）孔子告诉人们，智慧是人成长成功的第一重要条件。子路问孔子人怎样才能成为完美的人。孔子说："如果有鲁国大夫臧武仲那样的智慧，有孟公绰那样的清心寡欲，有卞庄子那样的勇敢，有冉求那样的才艺，再以礼乐来制约，就可以成为完美的人。"（《论语·宪问》第十二章）又说："知者不失人，亦不失言。"（《论语·卫灵公》第

八章)

儒家告诉人们,一般说来,人犯错误多是因为自己不明智。荀子说:"大多数人犯错误,是因为对事物的某一方面没有认识清楚而背离了真理……与正确的原则背道而驰了却还自以为是,不知勒马,这难道不是被事物的某一点所蒙蔽而失去了正确的原则吗? 如果心思不用在正确的道理上,那擂鼓声即使就在耳边响而耳朵也会听不进去。"(《荀子·解蔽》21.1)荀子举例说:"夏桀被末喜、斯观所蒙蔽而不赏识关龙逄,因而使自己思想惑乱而行为荒唐;商纣被妲己、飞廉所蒙蔽而不赏识微子启,因而使自己思想惑乱而行为荒唐……夏桀死在鬲山,商纣的头被悬挂在红色旗帜的飘带上,他们自己不能预先知道自己的过错……这就是蒙蔽的祸害啊。"(《荀子·解蔽》21.3)

孟子指出,明智者通达事理,因而不会被蒙蔽。他说:"人需要有品德、智慧、本领和知识,常常因为有灾祸危险存在……对祸患考虑很深,才能通达事理。"(《孟子·尽心章句上》第十八章)荀子举例说:"鲍叔、宁戚、隰朋仁德明智而不被蒙蔽,所以能够扶助管仲,使自己享有与管仲一样的名声财利幸福俸禄。召公、吕望仁德明智而不被蒙蔽,所以能扶助周公,使自己享有和周公相等的名声财利幸福俸禄。"(《荀子·解蔽》21.4)"孔子仁德明智而不被成见旧习所蒙蔽,所以能多方面学习,集其大成而用来辅助古代圣王,他的德行与周公等同,名声和三代开国之王并列,这就是不被蒙蔽的幸福啊。"(《荀子·解蔽》21.5)

(三)人的才能开发

儒家重视人的才能开发,主要表现是:

1. 以无能为耻辱

孔子再三告诉人们:"不要担心没有职位,要担心没有立足的能力。不要怕没有人知道自己,要去追求能使别人知道自己的作为就可以了。"(《论语·里仁》第十四章)又说:"不患人之不己知,患其不能也。"(《论语·宪问》第三十章)"君子忧虑自己没有能力,不忧虑别人不了解自己。"(《论语·卫灵公》第十九章)孟子说:"不以比不上别人为耻,怎么能赶上别人呢?"(《孟子·尽心章句上》第七章)

2. 不但要有实在的本事,要有多种能力,而且要有大能力

孔子的学生子游说:"没有实在的本事不行。"(《论语·子张》第十二章)。孔子说:"君子不器。"(《论语·为政》第十二章)他告诉人们,君子不能像器皿那样只有一种用途,而应当有多种能力。能做多种事情。子贡说:"上天要让夫子成为圣人,所以让他多才多艺。"孔子说:"我小时候贫穷,没被国家所用,所以多学了一些技艺。"(《论语·子罕》第七章)。子夏说:"小

技艺也有一定可取的东西,但要达到大目标恐怕行不通,所以君子不应满足于小能力。"(《论语·子张》第四章)孔子说:"力不足者,中道而废"(《论语·雍也》第十二章),"质朴多于文采就会显得粗野,文采多于质朴就会流于浮华。文采与质朴搭配适中,才能成为君子"(《论语·雍也》第十八章)。儒家强调君子一定要有文采,《论语》记载了棘子成与子贡的对话,棘子成说:"君子只要质朴就行了,要文采有什么用呢?"子贡说:"你这样谈论君子太可惜了!……文采如同质朴,质朴如同文采。如果离开了文采,虎豹的皮革就与犬羊皮革一样了。"(《论语·颜渊》第八章)荀子说:"短绳取不了深井的水,知识不到家的人难懂大道理。"(《荀子·荣辱》4.13)他强调,有德能的人,才能运筹帷幄天下于掌中,成就大事业,他说:"北海有善于奔走的马和善于吠叫的狗,而中原各国可以得到并畜养役使它们。南海有羽毛、象牙、犀牛皮、曾青、朱砂,而中原各国可以得到并使用它们。东海有紫色的粗麻布、鱼、盐,而中原各国可以得到并穿着、食用它们。西海有皮革和色彩斑斓的牦牛尾,而中原各国可以得到并使用它们……虎豹要算是凶猛的了,但是君子能够剥下它们的皮来使用。所以苍天所覆盖的,大地所承载的,没有什么东西不充分发挥它们的优点、竭尽它们的效用,上用来装饰贤良的人,下用来养活百姓而使之安乐。这叫作大治。《诗》云:'天生高大的岐山,太王使它大发展;太王已经造此都,文王使它长平安。'说的就是这个道理。"(《荀子·王制》9.17)

(四)人的身心开发

人的可宝贵性存在于人生过程中。人的身心是载知识之车,寓德能之舍。没有人的身心存在,人生开发即告终结。人有活生生的身心存在,人生才有开发的价值;有强健的身心存在,人生才有可开发的价值。从这一意义出发,儒家非常重视人的身心保健。儒家在人的身心开发方面提出了许多有益的思想。

1. 善于保存生命

儒家主张保存生命,躲避祸害。孔子说:"贤者辟世,其次辟地,其次辟邑,其次辟言。"他告诉人们,贤良的人要想保持自己,应懂得回避的道理,如避开乱世而居,避开乱地而居,避开不好的脸色,避开不好的言论。(《论语·宪问》第三十七章)孟子说:"如果人们喜爱的东西没有超过生命的,那么凡是可以保存生命的办法,有什么不可以采用呢?如果人们所憎恶的东西没有超过死亡的,那么凡是可以避祸的办法,有什么不可以采用呢?采用这个办法就可以生存,可是有些人却不采用;采用这个办法就可以躲避祸患,可是有些人却不采用。"(《孟子·告子章句上》第十章)

孔子很重视身体保健。他从平日吃喝睡坐等小事做起,时刻不忘养生。

"食不厌精,脍不厌细。饭放久变味了,鱼肉腐烂了,不吃。颜色不正,不吃。气味难闻不吃。烹调不当不吃,不到该吃的时候不吃。不按一定的方法割肉不吃。没有调味的酱醋不吃。肉虽多,但不吃过量。饮酒不限量,但不喝醉。从市场上买来的酒和肉干不吃。做食物里要有姜,但不多吃。"(《论语·乡党》第八章)他主张:"食不言,寝不语",(《论语·乡党》第十章)"睡觉时不像尸体那样仰卧,平时在家闲居时不像客人那样端坐"(《论语·乡党》第二十四章)。

2. 善于调养心神

儒家认为,养生的关键在于养心。养心之道在于德性深厚,明智乐观。孔子说:"明智的人乐观,仁德的人长寿。"(《论语·雍也》第二十三章)孔子本身就是一个善养心神的人。据《论语》记载,叶公问子路:"孔子是怎样一个人",子路不回答。孔子对子路说:"你为什么不这样说呢:他为人呢,发愤读书时就忘记吃饭,高兴起来就忘了忧愁,不知道衰老即将到来。"(《论语·述而》第十九章)孔子主张追求有益的快乐,避免有害的快乐。他说:"有益的快乐有三种,有害的快乐也有三种。以节制礼乐为快乐,以宣扬他人的优点为快乐,以广交贤良的朋友为快乐,是有益的。以骄恣淫乐为快乐,以放荡无度为快乐,以宴玩荒淫为快乐,是有害的。"(《论语·季氏》第五章)荀子主张保养自己的生命、保护自己的心灵,批评"想要保养自己的性命却危害自己的身体,想要培养自己的乐趣却侵害自己的心灵"的人。(《荀子·正名》22.16)他说:"心境平静愉快,那么颜色就是不如一般的,也可以用来调养眼睛;声音即使不如一般的,也可以用来调养耳朵;粗饭、菜羹,也可以用来调养胃口;粗布衣服,粗麻编制的鞋子,也可以用来保养身躯;狭窄的房间、芦苇做的帘子、芦苇稻草做的草垫子、破旧的几桌竹席,也可以用来保养体态容貌。虽然没有享受到万物中美好的东西,但是仍然可以用来培养乐趣。"(《荀子·正名》22.17)荀子指出:"精神修养没有比融化圣贤的道德更高的了,幸福没有比无灾无难更好的了。"(《荀子·劝学》1.2)

荀子告诉人们要掌握调养心神的方法。他说:"对心气刚强的,就用心平气和来柔化他;对思虑过于深沉的,就用坦率善良来同化他;对勇敢大胆凶猛暴戾的,就用不可越轨的道理帮助他;对行动轻易急速的,就用举止安静来节制他;对胸怀狭隘气量很小的,就用宽宏大量来扩展他;对卑下迟钝贪图利益的,就用高尚的志向来提高他;对于庸俗平凡低能散漫的,就用良师益友来管教他;对怠慢轻浮自暴自弃的,就用将会招致灾祸来提醒他;对愚钝朴实端庄拘谨的,就用礼制音乐来协调他,用思考探索来开通他。大凡理气养心的方法,没有比遵循礼义更直接的,没有比得到良师更重要的了,没有比一心一意地爱好善行更神妙的了。"(《荀子·修身》2.4)荀子不止一

次强调音乐对调养人心神的作用,他说:"音乐渗入人心是很深的,它感化人的心灵是很快的……音乐中正平和,那么民众就和睦协调而不淫荡;音乐严肃庄重,那么民众就同心同德而不混乱。"他强调,只有正雅的音乐才能调养人的心神,而淫荡的靡靡之音则会搞乱人的心神,将人引导到邪路上去。(《荀子·乐论》20.5、20.7、20.8)

3. 善养浩然之气

孟子主张培养大丈夫精神,善养浩然之气。人活一口气。这是尽人皆知的道理。但是应当用什么样的气来统帅人的身心,这是许多人不清楚的。孟子清楚地回答了这一问题。《孟子》中记载了公孙丑与孟子的谈话。公孙丑问孟子:"老师,您的长处是什么?"孟子说:"我能够辨析语言,善于培养自己的浩然之气。"公孙丑问孟子说:"请问老师,什么叫浩然之气?"孟子说:"很难用语言说清楚。这种气,最宏大、最刚健、最正直,如果用正确的方法培养它,它就会充塞天地之间。这种气要与仁义和道相融合,不然就不会有气势。这种气是积累正义感而生成的。不是一两次正义行为就能形成的……培养这种浩然之气,一定要做具体的事,但不要带强烈的功利目的,内心时刻铭记不忘,又不能违背规律加速其成长。"(《孟子·公孙丑章句上》第二章)

(五)提高人的综合素质

儒家圣哲明确指出,必须提高人的综合素质。孔子主张:"志于道,据于德,依于仁,游于艺。"(《论语·述而》第六章)孟子说:"君子所性,仁义礼智根于心,其生色也睟然,见于面,盎于背,施于四体,四体不言而喻。"(《孟子·尽心章句上》第二十一章)他告诉人们,做君子不但必须把仁义礼智植根于自己的心中,而且要在身形外貌上表现出来,表现出清和润泽的光彩,四肢不会说话,别人也能完全感受到。荀子明确指出,综合素质非常重要,用人一定要看综合素质好与坏。《荀子·哀公》有孔子与鲁哀公的一段对话,鲁哀公问孔子:"怎样选取人才?"孔子回答:"无取健,无取诂,无取口啍。健,贪也;诂,乱也;口啍,诞也。故弓调而后求劲焉,马调服而后求良焉,士信悫而后求知能焉。士不信悫而有多知能,譬之,其豺狼也,不可以身也。语曰:'桓公用其贼,文公用其盗。'"他指出,一个人如果德性不好,不忠诚老实,不讲信誉,能说会道,又能干,是豺狼一类的人,不可靠近他们呀!像齐桓公、晋文公那样的霸主,用了这样的人都遭受了严厉的惩罚。

三、儒家圣贤论人生的社会开发

(一)教化是打开人生宝库大门的钥匙

荀子说:"吴国、越国、夷族、貉族的孩子,生下来啼哭声音都相同,长大了习俗却不同,这是教化使他们这样的啊。"(《荀子·劝学》1.2)儒家学说的创始人、被誉为大成至圣先师的孔子,自己承认十五岁才开始立志学习。尽人皆知的孟母三迁的故事,说明亚圣孟子的成长之路也是从不能自主开始的。

人是宇宙间事物中最可宝贵的,人的宝贵性以及人类的无穷创造力皆存在于现实生活中每个具体的人身上,每个具体的人生又都是从不自知和不能自主的状态下开始的。人类社会要想存在和发展,就要抓住人生开发。儒家的教化思想正是从此开始。在人们尚不自知和不能自觉主宰自己的情况下,社会必须抓教化,积极唤起人们对自身宝贵性的认识和驾驭。儒家圣者明确指出"人皆可以为尧舜"(《孟子·告子章句下》第二章),强调指出人只有接受教化,立志学习修养自己,才能不断成长进步。儒家圣者不厌其烦地告诉人们,人如果不接受教化,不但不能做君子成圣贤,甚至会成为"国家的垃圾和妖孽"(《荀子·大略》27.56),成为与禽兽差不多或连禽兽都不如的人。孟子说:"如果没有教化,人也和禽兽差不多"(《孟子·滕文公章句上》第四章),"人如禽兽就会胡乱妄为"(《荀子·臣道》13.8)。

儒家圣贤主张在人生一开始就要进行明哲教育。《尚书·周书·召诰》说:"若生子,罔不在厥初生,自贻哲命。"强调"及时施教",明确指出"超龄了再学,不但勤苦多而且难以成功"(《礼记·学记》)。必须尽早唤起人们对自身宝贵性的觉悟。

儒家圣贤的教化思想丰富而深刻。他们指出,教化的目标是使人文明化,实施教化的主体是全社会各级管理者及一切先觉者。教化的过程是教与学相统一的教程。教化过程的起点是教,即具有一定知识的人施教于缺乏一定知识的人;教化过程的终点是受教育者知识化。整个教化过程由施教者和学习者两部分人构成,因而儒家又把教化叫教学。儒家在长期教化实践中,深入揭示了人的教化机制。

(二)家庭教育在开发人生中的作用

儒家圣贤的成长,多受益于良好的家庭教育,因而儒家人文化特别重视家庭教育,明确指出,家庭教育是人成长进步最基础的一环。

儒家赞颂的圣明君王周文王,从小受到了良好的家庭教育。据《古代圣贤教子经》说,周文王的母亲太任怀姬昌时,就朝思暮想如何把孩子培养成利国益民之人。于是,就经常请人给她讲先人教子的事。她逐步懂得了"教子当在幼","养正应于蒙"的道理,并学到了一些"胎教"的知识。她首先从自己做起,在怀孕期间,更加严格注意修养自己的德行,"目不视恶色、耳不听淫声、口不吐傲言"。她经常到依山傍水、风景秀丽的清静地方修养心性。处事心怀慈善,举止端庄,身不歪坐,怪味不食。她认为只有母亲心地善良,

品行高尚,胎儿才有可能发育正常,出生后才能天赋好。周文王能够成为一代圣明的君王,是与他从小就受到了母亲的良好教育分不开的。太姜、太任、太姒三圣女,各能相夫教子,导儿立志,为开周王朝八百年之王业,奠定了坚实基础。

儒家圣者孔子和亚圣孟子都是中国历史上尽人皆知的从小就受到良好的家庭教育者。孔子的母亲重视对孩子进行早期教育。她认为,人如一棵树,幼小的时候容易调直扶正,养护合理就能成材。因而孔子出生后,母亲颜征便精心教育他。当时社会,平民人士的首要条件是知礼。颜征便紧紧抓住对孔子进行礼的教育,想方设法提高孔子礼的修养,买了好多乐器和礼器给孔子玩,引导孔子知礼守礼,使孔子得以从小重视礼,为孔子奠定了终生重视礼的基础,使孔子在青少年时期就成为远近闻名的知礼之人。孔子的文化知识也是最先从母亲那里学得的。其母颜征从小抓紧对孔子进行文化知识教育,当自己的知识满足不了孔子的求知欲望时,便将孔子送到外祖父颜襄处(颜襄是当时有名的学问家,善于教化),进一步接受良好的教育。孔子成圣,得益于良好的家庭教育。因而孔子告诉世人,孩子不懂事的时候,家长必须重视对其进行正确的教育引导,他说:"匪我求童蒙,童蒙求",不进行正确教育,则是亵渎了启蒙,违背了孩子的求教初衷,他强调:"蒙以养正,圣功也。"(详见《周易·传文·名象辞上传·蒙卦》)孔子编写的《春秋》一书中多次指出,如果真正关心自己的孩子,就必须对其进行正确的教导。《左传·隐公三年》一文说:"宠爱儿子,应当以道义教育他,以免走上邪路。骄横、无礼、违法、放荡是走上邪路的开始。这四种恶习的养成,是由于过分宠爱和享受导致的。"被称为亚圣的孟子也是从小接受了良好的家庭教育起步的,家喻户晓的"孟母三迁"、"断机杼"的故事,都是讲述孟母如何促进孟子成长进步的事迹。《礼记·学记》篇强调"在可以教育的时机及时施教"以及"超龄了再学习,就会勤苦而难以成功"的思想,都是讲家长要及时抓住对孩子的教育,幼儿教育的落实则主要靠家庭,孩子自己不懂事,家长如不去抓,其结果必然影响孩子的成长。

(三)学校教育在开发人生中的作用

孔子是世界著名的教育家。以孔子为代表的儒家学说较早地论述了学校对于开发人生的作用。儒家代表作《礼记·学记》篇概述了中国古代教育组织形式及教学活动情况,指出:"古时的教育,百姓家有塾,党中有庠,遂中有序,国都有学。人们每年入校学习,每隔一年考试一次。入学一年的考察为经书断句的能力及辨别他学习的志趣,入学三年考察他是否严肃认真对待学业并热爱群体,入学五年考察他是否广泛钻研并尊敬教师,入学七年考察他谈论学问和结交朋友的情况,学了七年的叫作学业小成。入学九年的人能够触类旁通,能坚持自己的见解而不违背经义师训,这叫作学业大成。在这之后足可以教化民众,移风易俗,让近处的人心悦诚服,而远方的人能前来归附,这是大学教育的宗旨。'蚂蚁之子时时练习衔土觅食。'说的就是这个道理吧!"《礼记·学记》篇还阐述了教学管理和教师素质及其教学方法对学生学习成长的影响,指出"学官要首先安排好校务管理工作","整肃校风树立威仪",使学生"以恭顺的态度对待学业","首先树立学习的志向";老师施教有诚心,教诲学生能倾尽才干,施教的内容要正确无误,教育要规范,如果"施教不出于诚心,教诲学生不能倾尽才干,施教的内容有错误,要求学生作答则答非其解。这样一来,学生学不明白就怨恨老师,苦于学习困难而不知道学习有什么好处,即使毕了业,忘得一定很快。教育的不规范由此出现了"。《礼记·学记》还指出,教学必须"不逾越阶段而按步骤施教","杂乱无章地施教而不循序渐进,就会把教学搞坏",导致教育失败,影响学生的学习成长。教师要"了解学生的心理","挽救学生们的过失","要发扬学生的长处而补救学生的过失",引导学生"立志学习"。《大学》开宗明义:"大学之道,在明明德,在亲民,在止于至善。"提出了教育的宗旨和方针,引导学生懂得修身、齐家、治国、平天下的道理,成长为对国家和社会有用的人才。

(四)国家管理者及治国之道对开发人生的影响

儒家圣者指出,教化是立国之本,国家管理者必须管教化。被誉为儒家五经之一的《礼记》在《学记》篇中明确指出:"古代做君王的人,建立国家,治理民众,把兴教办学放在第一位。"鲁哀公时的正卿季康子向孔子请教:"要使人民恭敬、忠诚而又令其上进,应当怎么办?"孔子说:"庄重地对待百姓,百姓就会恭敬;你孝顺父母、爱护幼小,百姓就会忠诚于你;领导者能举荐德能之人教育弱者,百姓就会互相勉励而上进了。"(《论语·为政》第二十章)鲁哀公问孔子:"怎样做才能使百姓信服?"孔子回答说:"挑选正直的人,将他们放在邪曲人之上,百姓就信服了;如果将邪曲的人放在正直人之上,百姓就不会信服。"(《论语·为政》第十九章),梁惠王向孟子请教治国之道,孟子说:"认真办好学校教育,孝顺父母、尊敬兄长教育人民,那么头发花白的老人就不至于用头顶或背负重物在路上行走了。老人有吃有穿,一般百姓不挨饿受冻,如果能做到这样,天下就会归服。"(《孟子·梁惠王章句上》第三章)孟子又说,历史上夏、商、周三代都重视兴办学校,实施教化,"如果有圣王兴起,大家就一定会来学习效仿。这样圣王就成了老师了"(《孟子·滕文公章句上》第三章),"后稷教百姓种庄稼……尧让契担任司徒,用人伦道理教化百姓"(《孟子·滕文公章句上》第四章)。孟子强调,"必须把仁德的人放在高位,如果把品质不好的人放在高位,就等于把劣品

质宣传给百姓"(《孟子·离娄章句上》第一章)。荀子进一步明确指出,国家领导者如果"不领导全国人民修明礼义,不把政治教化作为立国之本",而是"提倡功利,唯利是图,对内肆无忌惮地欺诈国民追求小利,对外毫无顾忌地欺骗盟国以追求大利","君主欺诈臣民、臣民欺诈君主,上下离心离德","盟国不信任,敌国就会轻视他","国家就会削弱,危险到了极点,国家就会灭亡"。(以上参见《荀子·王霸》11.5),荀子举例说:"尧舜是普天下最善于进行教化的人,他们朝南坐着治理天下,所有的民众无不惊恐颤动听从归服以至于被感化而依顺他们。"(《荀子·正论》18.6)

儒家圣者强调:"教者必以正。"(《孟子·离娄章句上》第十八章)正确的教化包括教人以善道以及用正确的政令保证善道教化的实施。荀子说:"被善道所感化,修养身心,端正品行,奉行仁义,崇尚道德的人"受奖赏,"明明白白地把高贵的官位和优厚的奖赏摆在人们面前,把彰明罪行的刑罚和最大的耻辱放在他们的后面……民众归顺君主就会像流水奔向大海一样,君主所在的国家就得到全面治理,君主领导下的人民就会被感化,残暴、凶恶一类的人将会变老实,偏颇、邪僻之类的人将会变得大公无私,骄傲、尖刻一类人将会变得和气温顺,这才是深广的教化,即大化至一。"(《荀子·议兵》15.11)

儒家学说揭示了国家及其治国之道对开发人生的影响。荀子说:"所谓君,就是善于把人组织成社会群体的意思。组织社会群体的原则恰当,那么万物都能得到应有的合宜安排,六畜都能得到应有的生长,一切生物都能得到应有的寿命……政策法令适时,老百姓就能被统一起来,有德才的人就能被使用。"(《荀子·王制》9.22)荀子指出:"圣明帝王的作用:上能明察天时的变化,下能安排好土地的开发;他的作用充满天地之间,施加于万物之上。"(《荀子·王制》9.23)又说:"君主,好比是民众的领唱;帝王,好比是臣下的标杆。那臣民们将听着领唱来应和,看着标杆来行动。领唱沉默,那么民众就无从应和;标杆隐蔽,那么臣下就无从行动……君主端正诚实,那么臣民就老实忠厚了;君主公正无私,那么臣民就坦荡正直了。"(《荀子·正论》18.1)

儒家早在两千多年前就指出,国家君王及其治国之道对民众的影响是多方面的,孟子说:"在上位的人喜好什么,在下位的人就一定喜欢得更厉害。"(《孟子·滕文公章句上》第二章)孔子说:"国君讲究礼仪,老百姓没有敢不恭敬的。"(《论语·子路》第四章)儒家指出,国君做人直接影响国民。孔子说:"其身正,不令而行;其身不正,虽令不从。"(《论语·子路》第六章)孔子又说:"如果端正了自己,那么治理政事还有什么难的?不端正自己,又怎么能使别人端正呢?"(《论语·子路》第十三章)孟子说:"我从来没有听说过自己不正直却能端正别人的事。"(《孟子·万章章句上》第七章)又说:

"舜竭尽服侍父母而他的父亲瞽瞍很高兴;瞽瞍一高兴,天下的风气就大变。"(《孟子·离娄章句上》第二十八章)他对齐宣王说:"如果大王现在发布政令,推行仁道,就会使天下的士大夫都想到齐国来求职;种地的都想在齐国的土地上耕种;经商的都想在齐国的市场里做生意;旅行的都愿意取道齐国;各国中怨恨本国君王的人都想到齐国来申诉。"(《孟子·梁惠王章句上》第七章)

国家君王用人对国民成长的影响。孔子说:"选择正直的人置于邪曲的人之上,就能使邪曲的人正直起来。"(《论语·颜渊》第二十二章)子夏评价孔子这句话时说:"这话含意深刻呀!舜拥有天下后,在众多的人中,推举出皋陶,不仁德的人就躲远了。商汤拥有天下后,在众多的人中,推举出伊尹,不仁德的人也躲远了。"(《论语·颜渊》)孟子说:"尊敬有德行的人,任用有才能的人,使杰出的人都有适当的职位,那么天下的士人都会很高兴,都希望到那个国家为君王服务了。"(《孟子·公孙丑章句上》第五章)"不信任仁德贤能的人,那么国家就会没有人才。"(《孟子·尽心章句上》第十二章)荀子说:"推崇贤人,使用能人,奖赏有功的人,惩罚有罪的人……是使人民行动一致的根本措施,是赞美善行、憎恶邪恶的反应……做好事的受到鼓励,做坏事的受到制止,上下团结一致,三军共同努力,因此各种事情能办成而功业名声伟大卓著。"(《荀子·强国》16.3)

圣王之道对后人成长的影响。荀子说:"人生短暂得就像一天,然而却安然地存在着历经上千年的确实可靠的办法来维持国家,这是为什么呢?这是因为采用了那些积累了上千年的确实可靠的办法来维持国家,又和那些上千年的真诚之士一起搞政治的缘故。人没有上百年的寿命,却会有上千年的真诚之士,为什么呢? 这是因为那些人是用积累了上千年的礼法来把握自己的人。"(《荀子·王霸》11.8)荀子这里讲的上千年的治国办法,上千年的真诚之士,就是讲圣王治国之道和做人之道对后人成长具有指导作用。《孟子》中讲的"人皆可以为尧舜","穿上尧的衣服,说尧说的话,做尧所做的事,你便是尧了。你穿上桀的衣服,说桀说的话,做桀所做的事,那你就是桀了"(《孟子·告子章句下》第二章),就是说的圣王之道及前人的经验教训,对后人的成长有重要的影响作用。尧、舜、禹、商汤、周文王、周武王等人的治国之道和做人之道直接影响了亿万中国人的成长。

(五)提倡先觉者自觉担负起教化责任

儒家圣者指出,人认识觉悟有先后快慢之区别,社会上有先认识事物、先觉知事理的人,也有后认识事物、觉知事理较慢的人。"上天生育了这些人,就是让先认识事物的人启迪后认识事物的人,让先认清事理的人启迪后认识事理的人"(《孟子·万章章句下》第一章)。孟子举例说,伊尹就是一

个懂得先觉觉后觉道理的人。他说:"伊尹在莘国郊野耕作,并喜好尧舜之道。如果不合道义,即使把整个天下给他做俸禄,他也不回头看一下;即使送他四千匹马拴在那儿,他也不会回头瞅一眼。如果不符合道义,即使一丁点儿东西也不送给别人,也不从别人那儿索取一丁点儿。汤曾派人带着礼物去聘请他,他却轻松无所谓地说:'我要汤的聘礼做什么?我为什么不安于农耕,以行尧舜之道而自得其乐呢?'汤三次派人聘请他,他终于完全改变了态度,说:'我与其从事农耕,以行尧舜之道为乐,还不如使这个君王成为像尧舜一样的君王呢,还不如使这里的百姓像在尧舜时代呢,还不如亲眼看到尧舜盛世呢!……我就是上天创造的人中先认清事理的人,我应当用尧舜之道启迪现在的百姓。我不去唤醒他们,还有谁呢?'"(《孟子·万章章句上》第七章)

儒家学说创始人孔子及其代表人物孟子、荀子等都是中国历史上自觉担负起教化责任的典型代表。孔子三十岁办学,直到死没有停止过教育工作,被誉为"大成至圣先师"。孟子、荀子都是中国历史上的贤师。孔子终生办教育并没有任何人指令他,而是孔子自己认为"天下无道已经很久了,上天将要用夫子唤醒百姓"(《论语·八佾》第二十四章)。儒家圣者希望有知识的人都能自觉担负起教化社会的使命,指出:"知识分子不能没有宽阔的胸怀和坚强的毅力,因为他们担负着重大的历史使命,任重而道远。以实现仁德作为自己的历史使命,不是很重大吗?追求这样的理想到死为止,不是道路遥远吗?"(《论语·泰伯》第七章)孔子实施教化忙忙碌碌,有个叫微生亩的人对孔子说:"你这样忙碌,是不是为了显示自己的口才呢?"孔子回答说:"我哪里敢显示自己的口才,而是痛恨人们的顽固无知啊!"(《论语·宪问》第三十二章)有个叫公都子的人问孟子:"别人都说你喜欢辩论,请问这是为什么?"孟子回答说:"我哪里是喜欢辩论呢,我是迫不得已呀!人类产生以来,总是有时太平,有时混乱。"孟子指出,混乱和苦难出现的时候,就有人自觉地站出来为人民谋利益,尧舜是这样的人,"大禹治服了洪水,天下人才得以太平;周公兼并了夷狄,赶走了猛兽,百姓才得以安宁;孔子写了《春秋》,乱臣贼子才有所惧怕"。孟子说当今社会没有圣明的君王,诸侯恣行无忌,没做官的人乱发议论,杨朱、墨翟的学说充斥天下。"杨朱的学说只主张为自己,这就是眼中无君;墨翟的学说对谁都讲爱,这就是心中无父。无父无君就是禽兽","杨朱、墨翟的学说不清除,孔子的学说不能发扬光大,那就是邪说欺骗百姓,阻塞仁义的道路。仁义的道路被堵塞,就等于率领野兽去吃人,人与人也会互相残杀。我很为这种状况担忧,所以才捍卫前代圣王的正确主张,反对杨朱、墨翟的学说,批驳各种浮夸失实的言论,使宣传邪说的人不能得逞"。孟子强调:"邪说在心里产生,就会危害工作;危害了工作就要危害国政。""我也是想使人心端正……以继承大禹、周公、孔子三位圣人的事业。我哪里是喜欢辩论？我是迫不得已呀！能用言论抵制杨朱、墨翟学说的人，才是圣人的门徒呀！"（《孟子·滕文公章句下》第九章）

（六）君子和君子之道在开发人生中的作用

君子是儒家赞美的理想人格和光辉的形象。长期以来，儒家对君子及君子之道的社会价值和作用做了比较全面而深刻的阐述。儒家认为，君子不但是国家之珍宝，社会之栋梁，而且是百姓的老师，人们学习的榜样，对社会教化、人生开发具有重要的指导作用；君子之道是君子做人的规范和一般指导原则，不但对君子自身成长有不可缺少的指导作用，而且对百姓的成长进步具有极其重要的指导作用，是社会文明进步不可缺少的动力因素。

1. 君子是教化百姓，推动社会文明进步的重要动力因素

孔子说："君子的德行像风，小人物的德行就是草。风吹草上，草就一定会随风倒。"（《论语·颜渊》第十九章）孔子要到九夷这个地方居住。有人说："这个地方风俗鄙陋，怎么住呢？"孔子说："君子住在那里，还有什么鄙陋的呢？"（《论语·子罕》第十四章）孟子说：君子"在正确的道路上站立，有能力的人就会跟他去。"（《孟子·尽心章句上》第四十一章）孟子认为君子的影响是久远的，他说："君子的影响五代以后就消失，小人的影响过了五代也消失了。"（《孟子·离娄章句下》第二十二章）

荀子说："忠诚厚道的君子"，"行为合乎法度，意志坚定，喜欢修正自己……上能发扬光大尊崇的礼义，下能开导不如自己的人。"（《荀子·儒效》8.11）又说："君子真心实意地坚持仁德，仁德就会在行为上表现出来，仁德在行为上表现出来，就显得神明，就能感化别人了；真心实意地奉行道义，就会变得理智，理智了就能明察事理，明察事理就能改造别人了。感化改造轮流起作用，这叫作天德。"（《荀子·不苟》3.9）荀子强调："天地是生命的本源；礼义是天下大治的本源；君子是礼义的本源……天地生君子，君子治理天地。君子是天地的参赞，万物的总管，人民的父母。没有君子，那么大地就不能治埋，礼义就没有头绪，上没有君主、师长的尊严，下没有父子之间的伦理道德，就会极其混乱。"（《荀子·王制》9.18）荀子指出："仁人君子的智慧足够用来治理民众，他的仁爱厚道足够用来安抚民众，他的道德声望足够用来感化民众。得到了这样的人，天下就安定；失去了这样的人，天下就混乱。"（《荀子·富国》10.6）

《大学》引用《论语·颜渊》里孔子的话说："要是我能够做到使我治理下的人们都依礼义自持，不再互相攻击打官司，那才能表明我治理的真正成效呀！"《大学》接着说："如果能够做到使那些本来理屈而没有实情的坏人，不敢陈说他那虚妄的言辞。这是平日感化，可以畏服民众的心志。能够达

到这样的效果,是因为在上位的君子能够先使自己的德性修明,然后能化育百姓。"《大学》还指出:"君子不出家而教于国",意思是说,有道德的君子,不须走出自己的家门一步,就能使其教化通行全国而使国人向善。君子修好自身,治理好自己的家庭,就会对周围的人乃至全国的人起到好的影响,即《大学》说:"身不修不可以齐其家","其家不可教,而能教人者无之","身修而后家齐,家齐而后国治,国治而后天下平"。有道德的君子,先要在自己身上体现出善良,然后才能引导百姓行良善;先去掉自己身上的邪恶,才能引导百姓去掉邪恶。"尧和舜率领天下百姓行仁政,是先从自己变良善开始的,天下百姓效法他们,于是天下大治;而夏桀和商纣这两个亡国的君主,带头做恶事,天下百姓效法他们,于是天下大乱。"

《中庸》指出:"有道德的君子,看重自己的德行和品性,再去研究那大学问。他用力去达到那最广大的地步,养护自己的诚心,用心去研究那精细的道理,使内心明白。他究尽那最高远最光明的大道,研求那不偏不倚的中庸大道。温习了学过的知识再去学习新知识,就可以真正学到新知识。加厚自己的德行,来尊崇礼仪。能够做到这些,那么他即便身居上位,也不会目中无人;即使身居卑下的地位,也不会背叛。"《中庸》还指出:"有道德的君子","一举一动,都成为后人世世代代学习的榜样;做事为后人所效法;说话则成为后人的法则。人们与他距离远时,便会仰望他;人们与他接近时,也不会因为亲近熟识而讨厌他……就有很好的名声流传天下。"

2. 君子之道对后人具有久远的影响作用

"君子之道"是孔子提出来的,孔子在评论郑国贤相子产时说:"子产有四种行为符合君子之道:自己的行为慎重;侍奉君主恭敬;对人民施以恩惠;使用人民合乎情义。"(《论语·公冶长》第十六章)继其后,《大学》《中庸》《孟子》《荀子》等书都使用了"君子之道"的提法。《中庸》说:"君子之道费而隐。""浅近地说,即使没有受过教育的普通男人和女人,也可以知道它。但讲它的至极,哪怕是伟大的圣人,也有其不能领悟的地方。""君子之道从百姓平常生活中浅近道理起始,即便是最愚笨的人,对它也不是一无所知;但是就它的广博和精深处来说,它上至天,下至地,无所不在,即便是圣贤也无法全部领悟全部实行。"《中庸》强调:"君子诚之为贵",人们对君子之道的认识和实行,必须有至诚心。只有极端诚心的人,才能时时刻刻都用诚心对待君子之道,"没有停息,就能持久。能持久,就自然会产生效果。能产生效果,便会越发地长远了。能够长远,便阔大厚实起来。阔大而厚实,可用以载住地上万物。高大光明,其作用是覆盖住地上万物。长远作用可以成就地上万物。阔大厚实可以配得上大地,高大光明可以配得上天,这长远的功能是没有边际的。如果能这样,它的作用,不等到自己表现,就已经彰显了;不等到自己行动,就已经会变化了;不等到自己有所作为,就已经成功了"。《中庸》认为,存在于天地之间的君子之道,也是很博大、很厚实、很高大、很长远、很悠久,也与天地一样,其作用一时一刻也不会停止的。"有德君子通晓了君子之道,在国家政治清明时,把自己所学的大道发布出来,就可以使国人改过而振兴。"

(七)圣贤及圣贤之道在人生开发中的作用

圣贤是君子的高度发展。儒家在赞美君子的同时,鼓励君子不断进步,争取超凡入圣。儒家学说中的圣贤有其特定标准。

第一,形象伟大,圣德无边。《孟子》书中记载了孔子的学生宰我、子贡、有若三人的对话:"宰我说:'我对老师进行观察,觉得他比古代圣人尧、舜要强得多。'子贡说:'观察一个国家的礼制就可以知道它的政治,聆听一个国家的音乐就可以知道它的教化。即使百代之后来评价这期间君王的高下,也离不开孔子的学说标准。自从有人类以来,还没有孔子这么杰出的人。'有若说:'难道只有世人才有高下之分吗?麒麟对于走兽,凤凰对于飞鸟,泰山对于土丘,河海对于水沟,都是同一类的事物。圣人对于一般百姓,也是同一类的。可是圣人高出他的同类,孔子又高出圣人。自从有人类以来,没有谁比孔子更伟大的了。'"(《孟子·公孙丑章句上》第二章)《孟子》引用孔子评价尧舜的一段话:"尧作为君王知道天最伟大,只有尧能够效法天。尧的圣德广阔无边啊,百姓竟找不到恰当的词来赞美他。舜也是位真正的君王啊,他是那样崇高,拥有天下却不谋取私利!"(《孟子·滕文公章句上》第四章)荀子说:"尧舜道德美好完备,智慧非常发达,朝南坐着治理天下,所有的民众都惊恐颤动听从归服以至于被感化而依顺他们,天下没有被埋没的人才,没有被遗忘的好人好事。"(《荀子·正论》18.5)

第二,智慧通达,善于教化民众。荀子在给圣人定义时说:"无所不明而其思虑又永不枯竭的人是圣人。"(《荀子·修身》2.10)又说:"所谓伟大的圣人,就是智慧通晓大道,面对各种事变而不会穷于应付,能明辨万物性质的人……圣人做的事情像天地一样广大普遍,像日月一样明白清楚,像风雨一样统辖万物,温温和和诚恳不倦。"(《荀子·哀公》31.2)

孟子明确了圣人的地位和作用,指出:"圣人是百代后人的老师,伯夷和柳下惠就是这样的圣人。所以听说过伯夷风节的人,贪婪的人也会变得清廉,懦弱的人也会有自立的志向;听说过柳下惠风节的人,刻薄的人也会变得敦厚,心胸狭窄的人也会变得宽广。圣人们在百代前发奋而为,百代之后,听说过他们的事迹的人没有不感动奋发的。如果不是圣人,能有这么大的影响吗?"(《孟子·尽心章句下》第十五章)荀子说:"天地养育了人,圣人成就了人。"(《荀子·大略》27.33)孟子在论述什么叫圣时说:"放出光辉且能化育万物的就叫作圣。"(《孟子·尽心章句下》第二十五章)荀子又说:圣

人"仁爱宽厚之德普照天下而不昏暗,他的明智通达能够整治天地万物,处理各种事变而不疑惑;他心平气和,思想开阔,德行道义充满在天地之间,仁德智慧达到了极点。"(《荀子·君道》12.3)

第三,奉行道义,有自觉的责任意识。孟子说,伊尹是一个有自觉责任意识的人。伊尹说:"上天造了人类,就是让先认识事物的人启迪后认识事物的人,让先认清事理的人启迪后认清事理的人。我就是上天创造的人中先认清事理的人,我应当用尧舜之道启迪现在的百姓。我不唤醒他们,还有谁呢?'伊尹为天下百姓着想,天下的人民只要有一个人没有承受过尧舜所施的恩泽,就好比是自己把他推进深沟里一样。伊尹就是这样把拯救天下的重担担在自己的肩上。"(《孟子·万章章句上》第七章)

儒家指出,中国历史上被称为圣人的人都是具有自觉责任觉悟的人。"禹想着天下人被大水淹没,就好像是自己淹没了他们;稷想着天下人受饥饿之苦,就好像是自己使他们受饥饿。"(《孟子·离娄章句下》第二十九章)孔子说:"天下无道已经很久了,上天将用夫子来唤醒百姓。"(《论语·八佾》第二十四章)孔子周游列国被困匡地。学生们为老师担心,孔子说:"周文王死了以后,文化典籍不都在我这吗?天如果要消灭周的文化,那么我也就不会掌握这些文化;既然天不想丧失这些文化,那匡地的人又能把我怎么样呢?"(《论语·子罕》第五章)被称为亚圣的孟子说:"五百年必有王者兴,其间必有名世者。由周而来,七百有余岁矣。以其数,则过矣;以其时考之,则可矣。夫天未欲平治天下;如欲平治天下,当今之世,舍我其谁也?"(《孟子·公孙丑章句下》第十三章)

圣贤之道是圣贤们做人处事的一般规则,是圣贤们人生经验的概括和总结,对于指导人们开发自身、健康成长,具有重要的指导作用。

四、儒家圣贤论人生的自我开发

儒家圣贤早在两千多年前就揭示了人的自觉能动性,告诉人们要善于自己发展提高自己。儒家学说关于自己发展自己的论述很多,概括起来,主要有以下一些方面:

(一)接受教化是开发自身宝藏的起点

每个具体的人生都是起始于不自知和不自主。在人们对自身的宝贵性尚不自觉和尚不能自主开发的时候,社会有责任唤起人们开发自身宝藏的自觉能动性。人们在自己尚不懂自我开发时,必须接受教育。

儒家圣者在引导人们接受教化方面花费了许多心血,提出了许多好的思想。第一,强调人人需要接受教化。《礼记·学记》明确指出:"玉不琢,不成器。人不学,不知道。"又说:"虽有嘉肴,弗食,不知其旨也。虽有至道,弗学,不知其美也。"他们明确地告诉人们,无论自己的资质好坏,也无论自己所处客观条件如何,一切想有所作为者,都必须接受教化。孔子面对自恃身体素质好的子路,指出南山的竹子虽好,只经过加工才有用,把浅陋粗野的子路教化成了"遵从礼义,天下屈指可数的名人"(《荀子·大略》27.87)。荀子说:"卞和的玉璧,原是乡里固定门闩的楔形石块,加工玉器的工匠雕琢了它,就成了天下的珍宝。"(《荀子·大略》)曾参生来笨拙,经过教化,成为继孔子之后儒家思想的直接继承者,为儒家文化的传播做出了巨大的贡献。儒家圣者不厌其烦地指出,无论自身先天资质多么好、自己遇到的教化者多么善于教化,只要自己不接受教化,也没有办法成为杰出人才。荀子说:"尧舜是普天下最善于进行教化的人",他们的孩子丹朱和象不接受教化,结果也只能成为"天下的怪物和一代庸人。"(《荀子·正论》18.6)夏桀、商纣、周幽王、周厉王身为名正言顺的国君传人,个人既有很好的天生资质,又有威望极高的先王遗留的权威,但是由于自己拒绝正确的劝教,皆成为历史的罪人。

第二,强调尊师重教。儒家圣者指出,人人需要教化,老师是专门从事教化工作的人,一切渴望自己一生有所作为的人,都必须尊敬老师,重视接受教育。儒家把师的地位与天地君亲并列,要求人们像尊敬天、地、君、亲一样尊敬老师。儒家文化的创始人孔子在自己的学生中具有崇高的威望,孟子不止一次地指出,孔子的弟子之所以成才者比较多,是因为他们至诚地尊敬老师,心悦诚服地接受孔子的教化。孟子说:"宰我、子贡、有若这三个人的智慧足以理解圣人的行事",《孟子》中记述了他们三人对孔子的恭敬心。"宰我曰:'以我观于夫子,贤于尧舜远矣。'子贡说:见其礼而知其政,闻其乐而知其德。由百世之后,等百世之王,莫之能违也。自生民以来,未有夫子也。有若曰:'岂惟民哉:麒麟之于走兽,凤凰之于飞鸟,太山之于丘垤,河海之于行潦,类也。圣人之于民,亦类也。出乎其类,拔乎其萃,自生民以来,未有盛于孔子也。'"(《孟子·公孙丑章句上》第二章)孟子赞颂孔子的七十二弟子能"心悦诚服"地接受孔子的教化(《孟子·公孙丑章句上》第三章)。他毫不留情地指出,陈相、陈辛不知尊敬自己的老师陈良,不知心悦诚服地接受陈良这样贤德的老师的教育,结果"越变越坏"(《孟子·滕文公章句上》第四章)。

第三,强调选择贤师良友。儒家圣者指出,贤能的老师和德才优良的朋友是渴望成功者的助动力。一切渴望有所作为的人们,必须选择贤师良友。孔子一生坚持以历史上的和现实生活中的贤德之人为师,他孜孜不倦地向历史上的圣贤学习,尧、舜、禹、汤、文武二王,周公等皆是他学习的榜样。现实生活中哪里出现德能之人,他就带领弟子们前去学习。孟子、荀子都是善于选择老师的人,孟子在孔子逝世百年后选择以孔子的学说为师,他说:"我

没能成为孔子的门徒,我是私下向孔子之道学习的。"(《孟子·离娄章句下》第二十二章)荀子在孔子逝世二百多年后,为发展自己,于少年时代离开赵国前往孔子的故乡学习,他终生提倡选择贤师良友。荀子说:"学习没有比接近贤师更便利的了……仿效贤师而学习君子的学说,那就能养成崇高的品德并获得广博的知识,也能通晓世事了"(《荀子·劝学》1.11),"没有比得到良师更重要的了"(《荀子·修身》2.4)。他举例说:"繁弱、钜黍是古代的良弓,但是得不到矫正器的矫正,就不会自行平正。齐桓公的葱,齐太公的阙,周文王的录,楚庄王的曶,吴王阖闾的干将、莫邪、巨阙、辟闾,这些都是古代的好剑,但是不加以磨砺就不会锋利,不凭借人力就不能斩断东西。骅骝、骐骥、纤骊、骒騄,这些都是古代的良马,但是必须有马嚼子、马缰绳的控制,后有鞭子的威胁,再给它们加上造父的驾驭,然后才能一天跑上千里。人即使有了资质的美好,而且脑子善于辨别理解,也一定要寻找贤能的老师去侍奉他,那么所听到的就是尧、舜、禹、汤的正道;得到了德才优良的朋友而和他们交往,那么所看到的就是忠诚守信恭敬谦让的行为;自己一天天地进入到仁义的境界之中而自己也没有察觉到,这是外界接触使他这样的啊。如果和德行不好的人相处,那么所听到的就是欺骗造谣、诡诈说谎,所看到的就是污秽卑鄙、淫乱邪恶、贪图财利的行为,自己将受到刑罚杀戮还没有自我意识到,这也是外界接触使他这样的啊。"(《荀子·性恶》23.19)

　　儒家的四书五经、《荀子》,道家的《庄子》等书,详细记述了周公、孔子等圣贤广求教化的事。《尚书·周书·君奭》一文中的周公请求召公教化自己时说:"我愚昧少知却居大位,你不督责纠正我,就没有人勉力把事做得更完美了。你这年高有德的人不指示治国的法则,就连凤凰的鸣声都会听不到","请求您,要教导我,不要使后人迷惑呀!"《庄子》一书在多篇文章中记述了孔子善于向一切圣贤求教化的事。《尚书》还记述了太甲、武丁等人经圣贤教化后,才成长为合格国君的事例。太甲立为君主,不遵守成汤法典,伊尹把他放置到桐宫,让他思过三年,伊尹多次开导他,太甲悔过后,伊尹又把他接回到亳都行君事。太甲说:"我小子不明于德,自招不善,给自己招来了罪过。上天作孽犹可违,自作孽不可逃脱。以前我违背师保教导,我还望依靠师保匡教的恩德,谋求好的结局。"武丁对傅说说:"请你早晚进谏,以帮助我修德","匡正你的君主";武丁治国受到赞美后,对傅说说:"天下人都敬仰我的德行这是你的教化所致。"

(二)善于学习才能找到自身宝库

1. 善于学习才能明智成圣

儒家圣贤指出,人们天生的资质本来差不多,孔子说:"性相近,习相远。"孟子说:"人的本性,天生都是善良的","同情怜悯之心,人人都有;羞耻之心,人人都有;恭敬之心,人人都有;是非之心,人人都有","仁义礼智不是从外部得到的,而是我们自己本性之中本来具有的","人们之间有相差一倍、五倍,甚至无数倍的,原因在于能不能充分发挥人天生的资质"(《孟子·告子章句上》第六章)。就人们天生的资质来说,"人皆可以成为像尧舜一样的人"(《孟子·告子章句下》第二章),"尧舜性之也"(《孟子·尽心章句上》第三十章),即是说尧舜是能将身心与本性统一起来的人,没有成为像尧舜一样伟大的人,是没有把身心与自己本性统一起来的人。尧舜做的事,人们都可做,"只是有些人不肯去做罢了……你穿上尧穿的衣服,说尧说的话,做尧做的事,你便是尧了。你穿桀穿的衣服,说桀说的话,做桀做的事,那你就是桀了。"(《孟子·告子章句下》第二章)如何将自己的身心与人的本性统一起来,并不是人们人生伊始就清楚的,而是在学习过程中逐步悟得的。

孔子对伯鱼说:"鲤啊,我听说可以跟人谈论一整天而不知疲倦的,大概只有学问吧。一个人的容貌体形是不足以观赏的,一个人的勇猛是不足以让人害怕的,祖先不值得称赞,百姓是不值得谈论的。最终可以使自己成名,扬名四方,名垂后世的,难道不是学问的功效吗? 因此,君子不能不学习","夫远而有光者,饰也;近而愈明者,学也"。(《孔子家语·致思》)孟子说舜的伟大就是善于学习造就的,他说:"伟大的舜有更令人钦佩的地方,他善于与别人沟通,舍去自己不正确的意见,采用别人正确的意见,乐于吸取别人的长处来发展自己的善行。舜从亲自耕作、制陶器、捕鱼一直做到天子,没有哪个优点不是从别人那里学习来的。"(《孟子·公孙丑章句上》第八章)孟子说:"舜住在深山里,和树木、石头相伴,与鹿、猪打交道,他和深山野林中的一般人不同的地方很少。他听到一句好的话,见到一种好的行为,学习推行的热情就好像黄河决了口,其势浩浩荡荡,没有什么能抵挡得了。"(《孟子·尽心章句上》第十六章)

儒家学说创始人孔子,就是靠自己善于学习而成为圣人的。孔子向老聘学过道。《庄子》说,孔子在五十一岁时往南到沛地拜见老聘,说自己还没悟得道。老子问孔子是怎样求道的,孔子说:"我从制度方面求道,求了五年没能找到","从阴阳关系方面又寻找了十二年还是没找到"。老子向孔子讲了自己对道的看法(详见《庄子·天运》)。孔子还曾就自己研究六种经书的事,向老子问过道。孔子说自己研究六种经书时间很久了,拜见了众多国君,阐述先王的治理原则,可是没有一个国君采纳的。孔子问老子:"是人难以说服呢? 还是道难以阐明呢?"老子说:"那六种经书是先王陈旧的脚印呀,哪里是他们用来产生脚印的东西呢?""天性不可改变,性命不可变更,时间不可停止,天道不可壅塞。如果获得道,就没有行不通的;如果丧失

道,就没有能行得通的。"(《庄子·天运》)此行后,孔子三个月闭门不出,后来又去拜见老子,说自己得道了。《论语》中多处提到孔子关于善于学习的论述,他提出:"三人行,必有我师焉。择其善者而从之,其不善而改之。"(《论语·述而》第二十二章)他主张"见贤思齐焉,见不贤而自省也"(《论语·里仁》第十七章)。又说:"见善如不及,见不善如探汤。"(《论语·季氏》第十一章)他说自己"非生而知之者,好古,敏以求之者也"(《论语·述而》第二十章)。他强调:"不能见贤思齐,对于人们来说,没有比这更大的祸害了。"(《庄子·渔父》)孔子主张向一切仁德之人学习,向天地万物的德性学习,中国古典文献中对此都有记述。正是善于学习使孔子成为中国历史上的圣人。

荀子明确指出致力学习能成为圣人,他说学习"始乎为士,终乎为圣人"(《荀子·劝学》1.8)。他告诉人们,"没有潜心钻研精神,就不会有洞察一切的聪明","心智澄明"才能进入"圣人的思想境界"(《荀子·劝学》1.6)。他说:"努力追求才能得到,努力做了才能成功,不断积累以后才能高超,尽善尽美以后才圣明。""人积累了锄草耕地的本领就成为农夫,积累了砍削的技巧就成为工匠,积累了贩卖货物的经验就成为商人,积累了合乎礼义的德行就成为君子。""圣人是普通人德行的积累"(《荀子·儒效》8.22)。荀子说:"没有听到不如听到,听到不如见到,见到不如理解,理解不如实行。学习已经实行也就到头了。实行才明白事理,明白了事理就是圣人。"(《荀子·儒效》8.19)他指出:"孔子仁德明智……多方学习,集其大成……所以他的德行与周公相等,名声和三代开国之圣相并列。"(《荀子·解蔽》21.5)《荀子·哀公》篇记载了哀公与孔子的对话。哀公问孔子:"怎样才可以称之为伟大的圣人?"孔子回答说:"所谓伟大的圣人,就是智慧能通晓大道、面对各种事变而不会穷于应付、能明辨万物性质的人。"荀子又说:"学习历代帝王的法度,能像分别黑白一样清楚;应付现实变化,能像数一二三那样容易……能妥善治理政事、协调百姓,使亿万群众团结得像一个人一样,这样的人就是圣人。"(《荀子·儒效》8.11)他指出:"不闻先王之遗言,不知学问之大也……神莫大于化道。"(《荀子·劝学》1.2)

2. 人生最重要的是学会圣明的做人之道

儒家圣贤指出,人生宝库蕴藏着各种各样的宝藏,渴望挖掘人生宝藏的人们,必须清楚自己应当从人生宝库求取什么宝藏。《论语》说:"文王武王之道未坠于地,而是在人间传述。贤者识其大,不贤者识其小者,莫不有文武之道焉。"其意在于告诉渴望成大事的人,应该注意取其大。

人生宝库有各种各样的宝藏,不同宝藏具有不同的用途,人们应有的放矢地选择自己需要的宝藏。如果能从前人的人生宝库中卓有成效地选择自己必需的宝藏,并能切实应用,就能打开自身的人生宝库,使自己的人生放出灿烂的光辉。

长期的人生实践表明,人生宝库中最重要的宝藏是做人的知识。人们如果能精通前人创造的做人的知识和智慧,就能明了什么是圣明通达的人生道路。儒家圣贤指出:"天有其时,地有其财,人有其治"(《荀子·天论》17.2)。人们如果能精通前人创造的做人知识,驾驭人生治理机制,遵循"人类必须遵行的准则"(《荀子·儒效》8.4),就能成为一个圣明通达的人。荀子说:"以夫千岁之法自持者,是乃千岁之信士矣。"(《荀子·王霸》11.8)他说:"人生短暂得就像一天,然而却安然地存在着经历上千年的国家,这是为什么呢?这是因为采用积累了上千年的确实可靠的办法,又和那些上千年的真诚之士一起来治理国家的缘故。人没有上百年的寿命,为什么会有上千年的真诚之士呢?回答说:那些用积累了上千年的礼法来把握自己的人,就是千年的真诚之士。"(《荀子·王霸》)他告诉人们:守持"在天下处处能行得通的立身处世准则","做人就必定会圣明……就一定会通达"(《荀子·仲尼》7.7)。

3. 向前人学习,践迹入室

人生宝库蕴藏的宝藏不同于宇宙间其他宝藏,因而开发的方法也不同于其他宝藏的开发。人生宝藏具体表现为人认识、驾驭、创造、运用事物的知识、智慧和能力。人生宝藏就存在于一个个具体的人生过程中。每个现实的具体的人生过程都是一个宝库,每个现实的具体的正常的人都是自己人生宝库的主人。每个具体的人生都具有过程性,中国古人说"人活七十古来稀",当今世界人均寿命最长的国家平均人生过程仍不过八十岁。人生开发实质上就是开发一个个具体的人生过程中潜藏的认识、驾驭、创造、运用事物的知识、智慧和能力。就每个具体的人生过程来说,能够开发出来的认识、驾驭、创造、运用事物的能力是有限的,然而就整个人类社会来说,人生又表现为代代相继,即老子死了有儿子,儿子死了又有儿子的儿子相接续,以此相续不断,如管仲逝世已两千六百多年,至今尚有一百一十多代孙健在;孔子已逝世两千四百多年,至今仍有七十几代孙健在。人的身心的代代相继,又使人认识、驾驭、创造、运用事物的知识、智慧、能力出现了传承性,如管仲、孔子等先辈认识、驾驭、创造、运用事物的经验教训,他们创造的思想理论至今仍存在。今天人类社会的实践,是以往时代人生实践的继续,前人的实践经验及其在以往实践中创造的思想理论知识,对于我们仍有一定的参考价值,善于向前人经验、教训、思想理论知识学习的人,可以找到圣明通达的人生之路,从而得以站在历史巨人的肩上。

儒家圣贤是善于向前人学习的典范。儒家文化创始人孔子,把向前人学习摆在开发人生的重要地位,他明确指出学习前人的经验教训,才能步入人生宝库,指出:"不践迹,亦不入室。"(《论语·先进》第二十章)他把总结

前人经验教训作为人生乐事,"述而不作,信而好古,窃比于我老彭。"(《论语·述而》第一章)孔子还把前人的文化典籍作为教材,引导弟子们向前人学习,《论语》中说:"老师善于一步步引导我们,用文化典籍开阔我们。"(《论语·子罕》第十一章)。

4. 学贵专精

儒家圣贤告诉人们,人的生命有限而知识无限,渴望在有生之年有所成就的人们,必须懂得学贵以专。翻开《论语》,我们会看到,孔子多次强调这一思想。孔子说:"我有知识吗?我在有些方面是无知的。有一个农民向我提问题,我什么也不知道。"(《论语·子罕》第八章)樊迟向孔子请教种庄稼的事。孔子说:"我不如老农。"请教学圃,孔子说:"我不如老圃。"(《论语·子路》第四章)卫灵公问孔子关于军队阵列的事。孔子回答:"军队的事,我没学过。"(《论语·卫灵公》第一章)荀子强调"走在人生道路上的人,要穷尽那无穷的东西,追求那无限的目标"是不行的,必须懂得"有所节制",学习要确定目标,要知道应学习的知识范围。他指出,如果确定了前进目标,"那骏马一天能达到的目标,劣马走十天也是能达到的。但是如果不遵循确定的目标前进,那劣马就是跑断腿,一辈子也不可能赶上骏马。如果有个目标终点,千里的路程虽然很远,骏马和劣马的区别只不过在跑得快一点和慢一点、先到一点和晚到一点"。遵循目标走,"瘸腿的甲鱼能达到目的地;如果不按目标走,即使六匹骏马也不能到达"(《荀子·修身》2.8)。荀子又说,君主如果学会了用人的知识,能用好人,"即使穿着长袍无所事事,天下也会太平。商汤任用了伊尹,周文王任用了吕望,周武王任用了召公,周成王任用了周公旦……齐桓公任用了管仲,自己在宫门内悬挂乐器、奢侈放纵、游荡玩耍,也能成就霸业"(《荀子·王霸》11.19)。

儒家圣贤阐明了确定专攻方向的原则及如何才能专精的问题。孟子说:"知者无不知也,当务之为急;仁者无不爱也,急亲贤之为务。尧舜之知而不遍物,急先务也;尧舜之仁不遍爱人,急亲贤也。"(《孟子·尽心章句上》第四十六章)荀子告诉人们,要想达到专深至精,就要"固守专心于道的原则""用心专一",他举例说:"古代喜欢研究字的人很多,但只有仓颉一个人的名声流传了下来。这是因为他用心专一啊;喜欢研究种庄稼的人很多,但只有后稷一个人的名声流传了下来,这是因为他用心专一啊;爱好音乐的人很多,但只有夔一个人的名声流传了下来,这是因为他用心专一啊;爱好道义的人很多,但只有舜一个人的名声流传了下来,这是因为他用心专一啊。倕制造了弓,浮游创造了箭,而羿善于射箭;奚仲制造了车,乘杜发明了用马匹拉车,而造父精通于驾车。从古到今,还从来没有一个一心两用而能专精的人。"(《荀子·解蔽》21.11)

(三)自强不息是开发人生的根本动力

1. 努力将自己锻造成可雕之材,做善于自雕之人

儒家圣贤指出,自强是一个人成长发展的根据,人如果不自强,就不可造就了。孔子说:"朽木不可雕也,粪土之墙不可杇也。"(《论语·公冶长》第十章)《论语》中引用《诗经》说:"既像雕刻用的骨器,又像雕刻用的象牙;既像雕琢玉,又像雕刻石一样下工夫。"(《论语·学而》第十五章)孔子强调,人们要想有所成就,必须自重,他说:"如果不自重,就不会有威严,所学的东西也不牢固。"(《论语·学而》第八章)孟子说:人要自强,就要"持其志,无暴其气",自己志向坚定明确,内心安然,坚持不懈地追求,才能有所成就,他明确指出,孔子就是靠自强不息成长为伟大圣人的。(以上参见《孟子·公孙丑章句上》第二章)而提高自身素质的根本办法就是自己要下大决心学习修养自己。《大学》《中庸》告诉人们,只有自己全方位地求出类拔萃,即求至明、至道、至德、至善、至强,"苟不至德,至道不凝",不至道则善德不能明,不至能则无法成其强,人的成长就像射箭,"如果射不中,射箭之人必须反省自己是不是射术不精,不要去怨恨他人",只要自己能做到"人一能之,己百之;人十能之,己千之","果能此道矣,虽愚必明,虽柔必强"。(《中庸》)荀子指出:"百发失一,不足谓善射;千里跬步不至,不足谓善御;伦类不通,仁义不一,不足谓善学。"(《荀子·劝学》11.4)"爱好善良的品行永不满足,受到劝告就能警惕,那么即使不想进步,可能吗?"如果"自己极其昏乱,却还憎恨别人对自己的责备;自己极其无能,却要别人说自己贤能;自己心地像虎狼,行为像禽兽,却又恨别人指出自己的罪恶;对阿谀自己的人就亲近,对规劝自己改正错误的人就疏远,把善良正直的话当作对自己的讥笑,把极端忠诚的行为看成是对自己的戕害,这样的人想不灭亡,可能吗?"(《荀子·修身》2.1)

2. 深知耻辱之可恶,善将耻辱化为开发自身的动力

(1)为什么要知耻辱

儒家圣者指出,知羞耻是人的本质属性之一,"无羞耻之心,非人也"(《孟子·公孙丑章句上》第六章)。孔子告诉人们要"行己有耻"(《论语·子路》第二十章)。孟子说:"人不可以没有羞耻心,把没有羞耻心看成是羞耻,那就再也没有可羞耻的事。"(《孟子·尽心章句上》第六章)又说:"羞耻心对于一个人来说太重要了……不以比不上别人为耻,怎么能赶上别人呢?"(《孟子·尽心章句上》第七章)。荀子指出,人要成长进步,不但要有羞耻心,而且必须清楚什么是真正的耻辱。他说:"君子把自己的品德不好看作耻辱,而不把被别人污蔑看作耻辱;把自己不诚实看作耻辱,而不把不被信任看作耻辱;把自己无能看作耻辱,而不把不被任用看作耻辱。"

（《荀子·非十二子》6. 15）

（2）知道如何防止遭受耻辱，必须下大决心雪耻

孔子告诉人们要"远耻辱"（《论语·学而》第十三章），"有耻且格"（《论语·为政》第三章）。孟子说："如果真的不愿受辱，最好是贵德"（《孟子·公孙丑章句上》第四章），全方位地修养自己。他说："人之所以要有品德、智慧、本领和知识，常常是因为有灾难。只有那些孤立失势的臣子和失宠的庶子，他们始终保持不安的心思，对祸患考虑得深，所以才能通达事理。"（《孟子·尽心章句上》第十八章）《荀子》中记述了孔子及其弟子在陈蔡两国之间被围困七天的事。七天没吃熟食，野菜汤中没有一粒米，弟子都有挨饿的脸色。子路到孔子跟前说："我听说，行善的人，上天用幸福赏赐他；作恶的人，上天用灾祸惩罚他。老师你积累功德，不断行仁道，怀有美好理想，行善的日子已很久了，为什么至今处境还如此窘迫呢？"孔子说："仲由，坐下！坐下！我告诉你。从前晋公子重耳的称霸之心产生于流亡途中的曹国，越王勾践的称霸之心产生于被围困的会稽山，齐桓公小白的称霸之心产生于逃亡之处莒国。所以处境不窘迫的人想得就不远，自己没奔逃过的人志向就不广大，你怎么知道我在这桑树的枯叶上就不能得意呢？"（《荀子·宥坐》28. 8）。他告诉人们，要懂得雪耻。

（四）充分发挥自觉能动性，用好自己天生的资质

孔子告诉人们，人生在世，要懂得"不埋怨天，不责怪别人"（《论语·宪问》第三十五章）。善于"求诸自己。"（《论语·卫灵公》第二十一章）《中庸》也告诉人们："有德君子，一般人之所以及不上，就在于他具有寻常人所看不见的自我存养功夫。"

孟子说："现在有个人的无名指无法伸直，虽然不妨碍他平常做事，但是如果有人能使它伸直，他就是走到秦国、楚国那么遥远的路去治，也不觉得远，因为他的手指不如别人。手指不如别人，知道厌恶；心性不如别人，却不知道厌恶，这就叫作不知道轻重。"（《孟子·告子章句上》第十二章）他又说："一两把粗细的桐树梓树，人们如果要使它长大，都知道怎样去养护。可是对于自己，却不知道怎样修养，难道爱自己还不如爱桐树梓树吗？真是太不爱思考了。"（《孟子·告子章句上》第十三章）据《孟子》中载，公都子问孟子："同样是人，为什么有的人成了君子，有的人成了小人？"孟子回答说："注重依从身体重要器官需要的人成了君子，只注重满足身体次要器官欲望的人成了小人。"孟子告诉人们："心这个器官……是上天赋予人类的重要器官"，"心之官则思，思则得之，不思则不得也。"（《孟子·告子章句上》第十五章）《孟子》中又说："人与人之间相差一倍、五倍甚至无数倍的原因在于不能充分发挥人天生的资质。《诗经·大雅·烝民》说：'上天生育了人

类，万物都有其本来法则。百姓掌握了这些法则，就喜爱美好的德行。'孔子说：'创造这首诗的人，真是很懂得万物的法则呀！有万物就有规则，百姓掌握了规则，所以就喜爱美好的德行了。'"（《孟子·告子章句上》第六章）

荀子进一步明确指出心是人天生的主宰，他说："圣人清醒自己那天生的主宰，管理好自己的天生感官，完备那天然的供养，顺应那天然的政治原则，保养那天生的情感，从而成全了天生的功绩。像这样，就是明白了自己应该做的事和不应该做的事，天地就能被利用而万物就能被操纵了，他的行动就能处处有条理，他的保养就能处处恰当，他的生命就能不受伤害，这就叫作了解了天。"（《荀子·天论》17.4）荀子强调："关键都在自己而不在别人。是称王、称霸、安全生存，还是危险、灭亡，关键都在自己而不在别人。"他告诉人们："具备了一定的条件就能够称王，具备了一定的条件就可以称霸，具备了一定的条件就能存在，具备了一定的条件就会灭亡。"（《荀子·王制》9.25）他不止一次指出，"天有常道矣，地有常数矣，君子有常体矣"。人们如果要生存和发展，就要学君子"慎重地对待那些取决于自己的事情，而不去羡慕那些取决于上天的东西"，他说："思想美好，德行敦厚，谋虑精明，生在今天而能知道古代，这些就是那取决于我们自己的事情。"（《荀子·天论》17.8）他强调发挥人的自觉能动作用，去创造自身得以生存和发展的条件，他说："认为大自然伟大而思慕它，哪里及得上把它作为物质积蓄起来而控制它？顺从自然而颂扬它哪里能及得上掌握自然规律而利用它？盼望时令而等待它，哪里及得上因时制宜而使它为我所用？依靠万物的自然增殖，哪里及得上施展人的才能而使它们根据人的需要来变化？思慕万物而把它们当作与己无关的外物，哪里及得上管理好万物而不失去它们？希望了解万物产生的原因，哪里及得上占有那已经生成的万物？所以放弃了人的努力而寄希望于天，那就违背了万物运行的实际法则。"（《荀子·天论》17.13）荀子告诉人们，人的素质和能力中有一些是自然形成的，如眼睛爱看美色，耳朵爱听音乐，嘴巴爱吃美味，内心爱好财利，身体喜欢舒适安逸等，有一些则"一定要依靠努力从事然后才能形成的东西……圣人作出了人为的努力改变了邪恶的本性……圣人和众人不同的而又超过众人的地方，是后天人为努力。"（《荀子·性恶》23.7）又说，尧、禹、君子都是靠人为的努力，改变了自己的本性而成长起来的。（参见《荀子·性恶》23.12）

儒家圣贤指出，人皆有天生的成尧做舜的资质。一切渴望有所作为的人，必须懂得用好自己天生的资质。荀子说："君子和小人天生的资质、本性、智慧、才能等是一样的；喜欢光荣而厌恶耻辱、爱好利益而憎恶祸害等，也是一样的"，君子之所以能实现自己的追求而小人则适得其反，是因为他们对自己资质的措置不同。小人把自己天生美好的资质用在"干怪诞的事，招摇撞骗、强取豪夺"上，他们放荡凶悍、残暴骄横、不安其位，"肆意妄言却

还要别人相信自己,竭力欺骗却还要别人亲近自己,禽兽一般的行为却还要别人赞美自己。他们考虑问题不明智,做起事来不稳妥,自己坚持的一套难以成立,其结果不但得不到他们喜欢的光荣和利益,而且必然会遭受他们所厌恶的耻辱和祸害。君子对别人说真话,也希望别人相信自己;对别人忠诚,也希望别人亲近自己;善良正直,考虑问题明智,自己的主张合理,做起事来稳妥,处理事务合宜,也希望别人赞美自己,结果必然能得到自己喜欢的光荣和利益;一定不会遭受他们所厌恶的耻辱和祸害;穷困时他们的名声也不会被埋没,通达时名声则更显赫,死了以后名声会更加辉煌。小人无不伸长脖子踮起脚跟而羡慕地说:‘这些人的智慧、思想、资质、本性肯定有超过一般人的地方!’他们不知道君子的资质才能与自己并没有什么不同,只是君子将其措置得恰当,而小人将其措置错了。”(详见《荀子·荣辱》4.8、4.9)

(五)守持自我发展之道,选用发展自己的最佳方略

儒家圣贤告诉人们:“君子所不可及者,其惟人之所不见乎。”(《中庸》)其意是说,善于发展自己的人皆坚定不移地守持着自我发展之道,这是寻常人所看不见的。所谓持守自我发展之道,就是把自身发展与宇宙间万事万物发展的大道有机地统一起来。

1. 明道除蔽

儒家圣贤对人的一生福祸根源做了深入分析,明确指出:“凡人之患,蔽于一曲而暗于大理”,“在偏见与正确道理之间不能做出正确选择”,“背离了正道还自以为是”,一旦这种情况出现,“黑的白的摆在面前而眼睛也无法分清,雷鼓就在眼前敲而耳朵也会听不进”(以上引文皆见《荀子·解蔽》21.1);“身处危险境地还心安理得,灾难临头还自以为吉利”(《孟子·离娄章句上》第八章)。

儒家圣贤指出,有蔽障就会招致灾难。“夏桀被末喜、斯观所蒙蔽而不喜欢关龙逢,因而使自己思想惑乱而行为荒唐;商纣被妲己、飞廉所蒙蔽而不赏识微子启,因而使自己思想惑乱而行为荒唐”,结果导致亡国亡身。“夏桀死在鬲山,商纣的头被悬挂在红色旗帜的飘带上”(《荀子·解蔽》21.4)。“从前臣子中有被蒙蔽的,唐鞅、奚齐就是。唐鞅蒙蔽于追求权势而驱逐了戴驩,奚齐蒙蔽于追求权势而加罪于申生。结果唐鞅在宋国被杀,奚齐在晋国被杀……因为贪婪鄙陋违背道争权夺利不遭屈辱灭亡的,从古至今还不曾有过。”(《荀子·解蔽》21.4)

儒家圣贤告诉人们,人无蔽障才能正思正行。商汤以道治国,因而能取代夏桀,周文王以道治国而取代了商纣王。“鲍叔、宁戚、隰朋仁德明智不被蒙蔽,所以能够扶助管仲,享有的名声财利幸福也和管仲相等。召公、吕望

仁德明智不被蒙蔽,所以能够扶助周公,而他们享有的名声财利福禄也和周公相等。"(《荀子·解蔽》21.4)孔子仁德明智,多方面学习,集其大成……周备全面地掌握了道,推崇并运用它,而不被旧习成见所蒙蔽。所以他的德行与周公相等,名声和三代开国之王相并列。这就是不被蒙蔽的好处啊!(《荀子·解蔽》21.5)

儒家圣贤从多方面分析了蔽障产生的根源,荀子指出,遇事心不平静,对外界事物就难以看清,如贪婪卑鄙心一起就会不顾道义;"自己的思想混乱不清","用疑惑不清的心去判断疑惑不清的事物,判断一定不得当。判断如果不当,又怎么能没错误呢?"(《荀子·解蔽》21.13)"爱好会造成蔽障,憎恶会造成蔽障;只看到开始而看不到终结会生蔽障;只看到近处而看不到远处会生蔽障;知识浅陋会生蔽障;知识渊博也会生蔽障;只了解古代会生蔽障,只了解现代也会生蔽障……这是思想方法上的一个普遍祸害啊。"(《荀子·解蔽》21.2)有的学说只知从某一点上研究事物发展变化的道理,"只见道的一个方面,把某一方面当作完整的道,而没有真正地认识道,对内来说搞乱了学派,对外来说迷惑了别人"(《荀子·解蔽》21.5)。荀子看到了许多蔽障都是由于思想混乱产生的,因而指出消除蔽障必须"整治思想"(《荀子·解蔽》21.1)。他说:"圣人看到了人被蒙蔽的祸害,知道思想方法上有毛病会产生蒙蔽,所以既不凭爱好,也不凭憎恶;既不只看到开始,又不只看到终结;既不只看近处,又不只看到远处;既不只务广博,又不安于浅陋;既不只了解古代,又不只知道现在,而是同时摆出各种事物,根据一定的标准权衡","而权衡事物的标准就是道"(《荀子·解蔽》21.6、21.7)。整治思想的办法,就是在思想中加强道的修养。如果思想达到"专心于道"的至高境界,"外物就不能使它倾斜不正,就能够用来判定是非、决断嫌疑了"(《荀子·解蔽》21.11)。

2. 以道改过

儒家圣贤明确指出,一切渴望成长进步的人们,必须懂得并善于修正和养护自身,"修身则道立"(《中庸》),如果不能改正错误,修正其身,自身无道就无法沿着宇宙大道前进。而修正自身的依据就是道,"夫道一而已矣"(《孟子·滕文公章句上》第一章)。这是因为道是宇宙万物存在的根据,是人们评价事物的唯一标准,只有"修身以道"(《中庸》),才能把自己的思想、言论和行为纳入道的轨道。

孔子说:"过而不改,是谓过矣。"(《论语·卫灵公》第三十章)"过能改,归于无","不善不能改,是吾忧也。"(《论语·述而》第三章)他强调:"过则勿惮改"(《论语·子罕》第二十五章)。儒家批评文过之人是愚蠢的,《中庸》说:"潜虽伏矣,亦孔之昭","知耻近乎勇","天下做人治国的第一位的大事是修好自身","道不远人,人之为道而远人",自身有过而不改者,就会

为道而远,走向灭亡。荀子指出,有过不改,背道而行,是很可悲的人,必然招耻辱,遭灭亡。他说:"自己极其昏乱,却还憎恨别人对自己的责备;自己极其无能,却要别人说自己贤能;自己的心地像虎狼,行为像禽兽,却恨别人指出其罪恶;对阿谀奉承自己的就亲近,对规劝自己改正错误的就疏远,把善良正直的话当作对自己的讥笑,把极端忠诚的行为看成是对自己的戕害,这样的人即使想不灭亡,可能吗?"(《荀子·修身》2.1)

儒家圣贤告诉人们,必须用正确态度对待错误。用"五十步笑百步"的态度对待错误者,自己仍然回不到正道上来,像偷鸡贼那样,由每天偷两只鸡改为每天偷一只,仍然是偷鸡贼;只知庆幸自己犯罪没被绳之以法而不知悔罪自新者,是愚蠢者,"一直到自己衰老了、儿子长大了,也不知道厌恶自己的错误,这叫作极端的愚蠢者"(《荀子·儒效》8.6)。孟子说:社会上有好好先生一类的人,"要指责他举不出什么过错来,要责骂他也没有什么值得责骂的;他们只是同世俗同流合污,平时似乎忠诚老实,行为举止似乎廉洁;大家都很喜欢他们,他们自身也自以为是,可是与尧舜之道格格不入,所以说他们是伤害道德的贼人"(《孟子·尽心章句下》第三十七章)。孟子接着说:"孔子说过:'厌恶那些表面相似而实际上完全不同的东西,厌恶狗尾草,因为怕它冒充禾苗;厌恶歪才,因为它冒充义理;厌恶夸夸其谈,因为怕它扰乱诚信;厌恶郑国的淫靡音乐,因为怕它破坏雅乐;厌恶紫色,因为怕它扰乱了红色;厌恶好好先生,因为怕它扰乱了美德。'正道不被歪曲,百姓就会奋发振作,百姓奋发振作,就没有邪恶了。"(《孟子·尽心章句下》)孟子还说:"古代的君子,有了过错则立刻改正;现在的所谓'君子',有了过错却将错就错,不改悔。"(《孟子·公孙丑章句下》第九章)从而进一步告诉人们,判断正确与过错,只能依据道;文过饰非,变幻手法骗人者,最终必然灭亡。

3. 守道防患

儒家圣贤不厌其烦地指出:"祸福无不自己求之者",(《孟子·公孙丑章句上》第四章)。要求一切渴望发展自己的人,切实做到避祸求福。

荀子说:"道是权衡事物的标准",人们要想避祸求福,就要心中有道。"心知道","然后能守道以禁非道","如果心中不了解道,就会否定道而认可违背道的东西","心里有了道,就会赞成道,就能守道而制止违背道的东西"。(《荀子·王制》21.7)《中庸》说:"道能引导人们走向自我完善","道也者,不可须臾离也"。道有善道和恶道之分,"必须善于守善道而牢固地把握它"。荀子说:奸邪人灭亡,常常是因为"他们考虑问题不深入,选择人生道路不谨慎,自己确定取舍时不经心"。(《荀子·荣辱》4.8)"不仁不知,辱莫大焉。"(《荀子·正论》18.8)"博学而日参省乎己,则知明而行无过矣。"(《荀子·劝学》1.1)明察事理,自我约束,整洁自己的身心,人生道路就会通达,反之,则会穷困。"有自知之明的人不怪怨别人,懂得命运的人不埋怨天地;怪怨别人的人就会走投无路,埋怨天地的人是自己不懂道。错误在自己身上,反去责怪别人,岂不是绕远了。"(《荀子·荣辱》4.6)桀纣之类的人自己不持道而行,不能用道来端正自己,为外物弄得神魂颠倒,"干荒诞的事,招摇撞骗,强取豪夺,放荡凶悍,骄横残暴,苟且偷生,不安其位",遭受危险、刑罚、耻辱、死亡则是必然的(《荀子·荣辱》4.8)。

荀子指出:"守道达到戒惧境界的人,光荣就会充满他身旁;守道的品质达到精妙境界的人,就会不知不觉得到光荣。所以《道德经》说:'一般人的思想只能达到戒惧境界,得道之人才能达到精妙的境界。'这戒惧与精妙的境界,只有得道的君子才能觉知。人的思想就像盘中的水,端正地放着不去搅动,那么沉淀的浊渣就在下面,清澈透明的水就在上面,就能用来照见人的胡须眉毛和皮肤的纹理。如果有风从上面吹过,就会看不见人的形象了。人的思想也是这样,如果用道来引导它,用高洁的品德来培养它,外物就不能倾斜不正,就能用来判定是非、决断嫌疑。"(《荀子·解蔽》21.11)他强调指出,守道的觉悟达到精妙境界的人,才能"专心用道来帮助自己考察万物,看清一切事物",从而"能全面地支配各种事物"。(《荀子·解蔽》21.10)只有这样的人,才能用道来指导自己的思想、言论和行动,"根据道的要求","随着时势进退","随机应变,该屈就屈,该伸就伸","像《诗经》说的那样,该在左,就在左,君子在左无不可;该在右,就在右,君子在右也常有"(《荀子·不苟》3.5)。"上天不能使他们死亡,大地不能把他们埋葬,桀、跖的时代不能污染他们……仲尼、子弓就是这样的人。"(《荀子·儒效》8.17)荀子说:"心不知道,则不可道而可非道。人孰欲得恣而守其所不可、以禁其所可?以其不可道之心取人,则必合于不道人,而不知合于道人。以其不可道之心与不道人论道人,乱之本也。夫何以知?心知道,然后可道。可道,然后能守道以禁非道。以其可道之心取人,则合于道人而不合于不道之人矣。以其可道之心与道人论非道,治之要也。何患不知?故治之要在于知道。"(《荀子·解蔽》21.7)荀子指出,从前舜治理天下,不用事事告诫而各种事情都能办成,就在于教导人们以道行事。他强调:"心中固守道的原则而达到了戒惧的境界,他的光荣就会充满身旁;心中守道的品质达到精妙的境界,就能在不知不觉中得到光荣。"(《荀子·解蔽》21.11)

孟子主张不背离自己坚持的正道,他举例说:"从前齐景公打猎,用旌旗召唤园林主管,园林主管不予理睬,景公要杀他。有志气的人随时准备为自己的节操掉脑袋。孔子称赞那个园林主管……"又说:"从前赵简子叫王良给他宠幸的小臣驾车打猎",王良说:"我不习惯替小人驾车","一个驾车人尚且羞于与不体面的猎人为伍,即使勉强应付一起去打猎,获堆积如山的猎物,他都不干。我怎么能背离自己的正道去服从诸侯呢?……使自己不正

直的人,是不可能使别人正直的。"(《孟子·滕文公章句下》第一章)"柳下惠不把在做坏事的国君当政的朝中做官当耻辱,也不因为职务低微就辞官不做。被推举做官也不隐瞒自己的才干,但一定按自己的原则办事;不被推举做官也不怨恨,自己处境困苦不忧愁,与庸俗的乡人打交道也心情舒畅以至不忍心离开。他说:'你是你,我是我,即使你赤身裸体在我身旁,又怎么能玷污我呢?'听到柳下惠与人处自守节操的人,狭小的心地会变得宽宏起来,浅薄的人也变得温和敦厚起来。"(《孟子·万章句下》第一章)

孟子主张做人必须坚持全方位守持道,稍有不慎就会招致灾难,他举例说,羿被自己的弟子杀死自己也有责任。"逢蒙向羿学射箭,学完羿的全部本领后,心想只有羿还超过自己,于是就杀了羿。"孟子说:"这件事羿自己也有过错。"孟子接着说:"从前郑国派子濯孺子去侵犯卫国,卫国派庾公之斯追击他。子濯孺子说:'我今天旧病复发,不能拿弓,我必死无疑。'又问驾车人:'追击我的是谁?'驾车人说:'是庾公之斯。'子濯孺子说:'我能活命了。'驾车人说:'庾公之斯是卫国善射箭人,你怎么能活命呢?'子濯孺子说:'庾公之斯跟尹公之他学习射箭,尹公之他跟我学的射箭。尹公之他是个正派人,他选择的朋友也一定正派。'庾公之斯追上后说:'你为什么不拿起弓呢?'子濯孺子说:'我今天旧病复发不能拿弓。'庾公之斯说:'我跟尹公之他学习射箭,尹公之他跟您学习射箭,我不忍心用您射箭的技巧反过来伤害您。尽管如此,今天是国家的公事,我不敢废弃使命。'于是抽出箭,在车轮上敲打几下,折去金属箭头,射了四箭回去了。"(《孟子·离娄章句下》第二十四章)他告诉人们,做人必须守住做君子的大道,否则就会招致灾祸。有一次孟子对弟子说:"盆成括就要死了!"弟子问:"盆成括在齐国做官,你怎么知道他会被杀呢?"孟子说:"他这个人有点小才,但不知道君子的大道,就足以招致自己被杀了。"(《孟子·尽心章句下》第二十九章)他说:"依据道德准则做事而不走邪路","动作容貌没有不合礼的","遵守法度做事","以俟命而已矣"(《孟子·尽心章句下》第二十九章)。荀子说:"在家孝敬父母,出外敬爱兄长,这是做人的小德。对上顺从,对下厚道,这是做人的中德。顺从正道而不顺从君主,顺从道义而不顺从父亲,这是做人的大德。"(《荀子·子道》29.1)

4. 尽道至圣

儒家圣贤揭示了人生自我开发机制,明确指出,与道同一是一切渴望成功者都必须持守的原则,人的成功度,取决于人们与道和谐统一的程度。孔子告诉人们,能否求道、守道、实行道是关系人的生死存亡的大事。他说:"朝闻道,夕死可矣。"(《论语·里仁》第八章)要求人们"守死善道"(《论语·泰伯》第十三章),"坚定不移地实践道"(《论语·述而》第六章)。孟子指:"喜欢以道办事的君王可以安定天下,遵循道办事的君王可以保其国","严守道的人可以保住天下"(《孟子·梁惠王章句下》第三章)。他说:"居天下之广居,立天下之正位,行天下之大道,得志与民由之;不得志,独行其道,富贵不能淫,贫贱不能移,威武不能屈,此之谓大丈夫。"(《孟子·滕文公章句下》第二章)荀子指出,与道同一的人,"就会无不清澈澄明。他对万事万物没有露出了形迹而看不清的,没有看见而不能评判的,没有评判而不到位的。他坐在屋里而能看见整个天下,处在现代而能评判远古,通观万物而能看清它们的真相,考察社会的治乱而能通晓它的法度,治理天地而能控制利用万物,掌握了全局性的大道,对于整个宇宙就都了如指掌了。宽阔广大啊,谁能知道他智慧的尽头?浩瀚广大啊,谁能知道他德行的深厚?千变万化,纷繁复杂,谁能知道他思想的轮廓?光辉与太阳月亮相当,博大充塞了八方极远之处,这样的人就叫伟大的人"(《荀子·子道》21.8)。

荀子指出,谁能够专心用道,思想言论和行动与道统一度高,他就会成为出类拔萃的人。他说:"古代喜欢字的人很多,但只有仓颉一个人的名声流传了下来,这是因为他用心专一啊;喜欢种庄稼的人很多,但只有后稷一个人的名声流传了下来,这是因为他用心专一啊;爱好音乐的人很多,但只有夔一个人的名声流传了下来,这是因为他用心专一啊;爱好道义的人很多,但只有舜一个人的名声流传了下来,这是因为他用心专一啊……从古到今,还从来没有一心两用而能专精的人。"曾子说:"唱歌的时候看着那指挥打节拍的棍棒而心想可以用它来打老鼠,又怎么能和大家一起唱歌呢?"(《荀子·子道》21.11)

儒家圣贤研究了人如何实现与宇宙大道同一的问题。孔子将其概括为:"志于道,据于德,依于仁,游于艺。"(《论语·述而》第六章)其中道是灵魂,德是形象,仁是依据,艺是才能技艺。志于道是说将灵魂锁定在宇宙大道上,"默而识之"。德是道的体现,据于德是说将道贯彻到自己心中,觉明而不昏,起心动念不离德。仁者爱人,依于仁是说一切行为要坚持关爱他人。艺指学识才能,游于艺,即学识渊博,无所不知,无所不能,能自由自在地在人生海洋中游泳。《大学》《中庸》进一步丰富了孔子的上述思想,具体论述了什么样的道、德、仁、艺修养,才能使人与宇宙大道统一起来。儒家圣者指出,宇宙大道的存在及其变化是无限的,人尽道的能力也是无限的,人们要想求得与道同一,就要集至道、至德、至善、至能、至诚于一身,懂得"苟日新,日日新,又日新"(《大学》),坚持与日俱新和与时俱进。《大学》说:"道盛德至善,民之不能忘",《中庸》强调:"苟不至德,至道不凝焉",并告诉人们,要下大决心,用大气力,求至高无上的能力,"人一能之,己百之;人十能之,己千之。果能此道实,虽愚必明,虽柔必强"(《中庸》),"要知天道","知人道","能尽人之性","能尽物之性",只有这样才"可以参天地之化育;可以参天地之化,则可以与天地参矣",即成为与天地并列为主的伟大至极

的人。(《中庸》)也就是说,只有具有至道、至德、至善、至能、至诚修养的人,才能成至圣者。

孟子说:"尽其道而死者,正命也;桎梏死者,非正命也。"(《孟子·尽心章句上》第二章)儒家学说创始人孔子就是一个能尽其道,坚持与日俱新,求得大成至圣的人。他生活在中国古代社会大变革的动荡时期,为了社会的文明进步,他一生积极拼搏,奔走呼号。他心中固守宇宙大道,不管遇到多大困难,从不动摇。他在鲁国担任大司寇兼掌相国事务时,国政呈现一片兴旺。齐国惧怕鲁国强大,便用计送鲁王彩车三十辆,每辆车用四匹马拉着,载着由八十位美女组成的大歌舞团。鲁定公接受齐国美女后,通宵达旦狂欢作乐,一连三天不上朝,孔子一再劝谏,鲁王不听,时年五十六岁的孔子只好离开鲁国,开始了十四年之久的流浪生涯,受到了常人难以忍受的艰难困苦的折磨和愚妄势力的嘲弄。然而他始终不渝地坚持与道同一,处处尽其道,"总是预先用正道去对待"(《荀子·儒效》8.2),"孔子没有立锥之地,但他真诚地把道贯彻到思想中,落实在立身行事上,表白在言语中,到成功的时候,他就显扬于天下,名声流传到后代"(《荀子·王霸》11.3)。

《庄子》中说,孔子在鲁两次被驱逐,在宋国憩息讲学的大树被砍伐,在卫国曾被禁止入境,在陈蔡遭围困七日,他的主张没有国君采纳,亲戚老友疏远,弟子亲朋离散,然而孔子仍坚守尽道,并教育弟子,做人要终生守道,他说:"主宰人的是天道;主宰天的也是天道。人不能主宰天,是人的本性决定的。圣人安然地体味天道运行变化而终结自己一生。"(《庄子·山木》)

(六)善于思考是深入开发自己的先决条件

儒家圣贤指出,善于思考的人才能深入地开发自己。孔子说:"分析思考是可贵的。高兴而不思考,服从而不改正,我就不知道该怎么办了。"(《论语·子罕》第二十四章)他强调:"不思何远之有?"(《论语·子罕》第三十一章)又说:"人无远虑,必有近忧。"(《论语·卫灵公》第十二章)他强调:"君子有九思:视思明,听思聪,色思温,貌思恭,言思忠,事思敬,疑思问,念思难,见得思义。"(《论语·季氏》第十章)孟子说:"心之官则思,思则得之,不思则不得也。"(《孟子·告子章句上》第十五章)他指出,人们成长进步的程度及人生的成败,主要取决于是否善用思想器官,他说:"劳心者治人,劳力者治于人,治于人者食人,治人者食于人,天下之通义也。"(《孟子·滕文公章句上》第四章)善思者成为大人物,不善思者成为小人物。(《孟子·告子章句上》第十五章)孟子强调:只有思考深入,"才能通达事理"(《孟子·尽心章句上》第十八章)。他指出:"一两把粗细的桐树梓树,人们如果想使它长大,都知道怎样去护养。可是对于自己却不知道怎样修养才能成长发展,难道爱自己还不如爱桐树梓树吗? 真是太不爱思考了。"(《孟子·告子章句上》第十三章)《孟子》中不厌其烦地告诉人们,善用思想器官会思考的人,才能成为大人,"从其大体为大人,从其小体为小人。"(《孟子·告子章句上》第十五章)他反复赞颂的禹、稷、伊尹、柳下惠、孔子、百里奚等人都是善于思考的人。

　　荀子告诉人们要重视思想解蔽。他说:"夏桀死在鬲山,商纣的头被悬挂在红色旗帜的飘带上,因为他们自己不能预知自己的过错,是蒙蔽造成的祸害啊。"(《荀子·解蔽》21.3)"鲍叔、宁戚、隰朋仁德明智不被蒙蔽,所以能够扶助管仲,而他们享有的名声财利幸福俸禄也和管仲相等。召公、吕望仁德明智不被蒙蔽,所以能够扶助周公,而他们享有的名声财利幸福俸禄也和周公相等。"(《荀子·解蔽》21.4)荀子指出:"圣人知道思想方法上的毛病,懂得被蒙蔽的祸害,所以既不任凭爱好,又不任凭憎恶;既不只看到开始,又不只看到终结;既不只看到近处,又不只看到远处;既不只务广博,又不安宁于浅陋;既不只了解古代,又不只知道现在,而是同时摆出各种事物并在其中根据一定的标准进行权衡。"(《荀子·解蔽》21.6)他指出:"用正确的思想去处理问题,那么万物就能被利用了。"(《荀子·解蔽》21.10)他说:人靠心了解道。要想了解道的人,必须注意整治思想。"人的外表或思想肮脏了","就"要除去肮脏而换上美好的外表或思想"(《荀子·不苟》3.7)。他说:"君子能使自己的思想活跃奔放而又保持在一定的界限和范围内。"(《荀子·儒效》8.25)他告诉人们:"人类群居在一起,同样有追求而思想原则却不同,同样有欲望而智慧却不同。"(《荀子·富国》10.1)荀子认为,整治思想,就是要把认识纳入客观规律的轨道,他说:"如果心思不用在正道上,那么白的黑的就是摆在面前眼睛也会看不见,雷鼓就在身旁敲击耳朵也会听不进。"(《荀子·解蔽》21.2)他强调:"认识事物的准则不可能有对立的两种,所以明智的人选择一种而专心于它","思想分散就不会有知识,思想偏斜就不会精当,思想不专一就会疑惑"(《荀子·解蔽》21.9)。荀子引用《道德经》的话说:"'得道之人的思想才能达到精妙的境界。'人的思想就像盘中的水,端正地放着而不去搅动,那么沉淀的污浊的渣滓就在下面,而清澈透明的水就在上面,就能够用来照见胡须眉毛看清皮肤。但如果微风在它上面吹过,沉淀的污浊的渣滓就会从下面泛起,清澈透明的水就会被搅浑。人的思想也是这样,如果用正确的道理来引导它,用高洁的品德来培养它,外物就不能使它倾斜不正,那就能够用来判定是非,决断嫌疑了。"(《荀子·解蔽》21.11)荀子告诉人们:"不要让梦幻和繁杂的胡思乱想,扰乱了智慧……对于还没有掌握道而追求道的人,要告诉他们用虚心、专心、静心求道的道理,以作为行动的准则。"(《荀子·解蔽》21.18)

(七)心系天下,创业垂统

心系天下,博施济众,生命不息,奋斗不止,积功累德,享誉天下,是儒家学说的灵魂。也正是从这一意义上说,儒家是积极入世的倡导者。

1. 为天下百姓谋利益

儒家认为,百姓是天下的主人,是上天的耳目。荀子说:"上天生育民众,并不是为了君主;上天设立君主,却是为了民众。"(《荀子·大略》27.73)荀子强调说:"上天看到的来自百姓看到的,上天听到的来自百姓听到的。"(《孟子·万章章句上》第五章)《荀子·哀公》篇孔子与哀公的对话指出:"君主,好比船;百姓,好比水。水能载船,也能翻船。"(《荀子·哀公》31.4)孟子指出,百姓是国家的基础,"民为贵,社稷次之,君为轻。是故得乎丘民而为天子。"(《孟子·尽心章句下》第十四章)民众的主人地位,决定一切个人必须为百姓办事,将"恩惠落实到下层百姓"(《孟子·离娄章句下》第三章),"能以公义胜私欲"(《荀子·修身》2.15)。

儒家赞美的伟大人物,全是心系天下百姓的人。孟子说:"尧那个时代,洪水到处泛滥,毒蛇猛兽威胁百姓安全,百姓无处安身。地势低的地方,人们就在树上建巢;地势高的地方,人们就在地下打洞居住。尧为这种情况担忧,选拔舜出来主持治理工作。"(《孟子·滕文公章句下》第九章)孟子又说:禹治水八年,疏通了九河,治理好了济水、漯水,使它们流向大海;又挖掘汝水、汉水,疏通淮水、泗水,将它们导入长江,这样中原一带才可耕种。禹治水八年,三次经过自己的家门都没有进屋,心里只想着被大水淹没的人,就好像是自己淹没了他们。稷心里想着天下受饥饿之苦的人,就好像是自己使他们挨饿。为解决天下人吃饭问题,亲自尝百草,常常一天几次中毒。找到可吃的东西后,又研究如何栽培,教会百姓种庄稼,使人民再也不用为吃饭发愁。舜住在深山,和树木、石头相伴,与鹿、猪打交道,他与深山野林中的普通人不同的地方是,听到一句对人民有好处的话,看到一个好的行为,就学习推行,其势如长江、黄河决口,浩浩荡荡,势不可当。"伊尹为百姓着想,天下的人民只要有一个没有承受过尧舜所施的恩泽,就好像是自己把他推进深渊一样,他把拯救天下的重担担在自己肩上。"(《孟子·万章章句上》第七章)孟子又说:"尧、舜去世以后,圣人之道逐渐衰落,残暴的君王不断出现,他们毁掉住宅修筑水池,使百姓无处安身;把良田改成园林,使百姓得不到衣食。各种邪说和残暴行为重新兴起……到商纣王这一代,天下又大乱起来。周公辅佐武王,诛杀商纣,又征讨奄国,三年之后杀死其国君,又把飞廉赶到海边杀掉,先后灭掉五十个国家,把虎、豹、犀牛、大象赶到很远的地方,天下的百姓都兴高采烈。"(《孟子·滕文公章句下》第九章)

2. 成天下之伟业

孔子指出："在社会上立足靠仁德"（《论语·述而》第六章），他说："做到仁德靠自己"（《论语·颜渊》第一章）。他告诉人们，圣者都是靠广泛地施爱于人民成长起来的。子贡问孔子："如有博施于民而能济众，可谓仁乎？"孔子回答说：这样的人"何事于仁？必也圣乎！"（《论语·雍也》第三十章）孟子说："善于积累仁德的人，乱世也不会迷惑。"（《孟子·尽心章句下》第十章）

儒家告诉人们，人的德行不是天生的，而是善行的积累。为百姓做好事做多了，德行就积累起来。人有了仁德，就会心智澄明，思想境界美好。荀子说："积土成山，风雨兴焉；积水成渊，蛟龙生焉；积善成德，而神明自得，圣心备焉。"（《荀子·劝学》1.6）又说："普通百姓积累善行而达到了尽善尽美的程度，就成了圣人……努力做善事才能成长成功，不断积累德行以后才能卓尔不群，仁德尽善尽美以后才圣明。"（《荀子·儒效》8.22）荀子说："温温恭人，惟德之基。"（《荀子·不苟》3.4）"君子的可贵则在于他德行的完美无缺。"（《荀子·劝学》1.15）他告诉人们，必须重视积累小的成果，每年积累不如每季每天积累，"能积累微小成果才能迅速成功"（《荀子·强国》16.7）。

儒家主张成就伟大事业，显扬天下。孔子赞颂尧"巍巍乎其有成功也"，"大哉尧之为君也！巍巍乎，唯天为大，唯尧则之"。（《论语·泰伯》第十九章）他明确指出，不关心社会利益是耻辱。他说："邦无道，富且贵焉，耻也。"（《论语·泰伯》第十三章）孟子主张"创业垂统"（《孟子·梁惠王章句下》第十四章），他告诉人们："认真干事业的人，必有功绩。"（《孟子·告子章句下》第六章）

儒家圣贤指出，要想成就大业，就要心存干事业的伟大志愿，发展干事业的能力。一般说来，誓愿越伟大，成就功业的能力越强，忍耐力越强，则越有可能成大功业。孟子举例说："舜从田野里被起用，傅说从筑墙工位置上被推举出来，胶鬲从贩卖鱼盐的地位被选拔出来，管仲从狱官手中拉回而重用，孙叔敖从偏僻的海边隐居而被选用，百里奚从市场上买回来被任用。"历史上成就大事业的人都是靠自己艰苦奋斗成长起来的，"天将降大任于斯人也，必先苦其心志，劳其筋骨，饿其体肤，空乏其身，行拂乱其所为，所以动心忍性，曾益其所不能"（《孟子·告子章句下》第十五章）。

儒家圣贤告诉人们，利益天下人的事业是伟大的事业。只有符合民众需要的事业才能成功。荀子说："搞些小恩小惠"，"骗取一时的名誉"，"其结果，事业必定不能成就，功绩必定不能建立"，"不顾民众是非议还是赞誉，不在乎丧失民心"，"必定会一事无成"。（《荀子·富国》10.14）他强调："努力追求以后才能得到，努力做了以后才会成功，不断积累以后才能高超，

尽善尽美以后才圣明。"(《荀子·儒效》8.22）只有把自己的志向、才能纳入为民众谋利益的轨道上来，尽心尽力为广大民众办事，才能成功。尧、舜、禹、商汤、周文武等圣王是这样成功的，伊尹、周公等贤臣是这样成功的，孔子、孟子等圣者也是这样成功的。

第
三
编

道家圣哲的
人生智慧概说

　　道家人文化是以中国哲学始祖老聃为代表的道家学派关于人和人生的知识体系。其宗旨是引导人们认识道，追求道，明理守常，遵道贵德，成其大，得其贵，死而不亡。它形成于春秋末期，在战国时期百家争鸣中脱颖而出，从秦汉时期进入中国主流文化渠道，是中国优秀传统文化不可缺少的一个组成部分。

　　道家从哲学高度观察和总结了宇宙和人生发展变化，指出万事万物发展变化皆有其道，做人要守人道，做事要守常理，治国要持守治国之道，"是道则进，非道则退，不履邪径，不欺暗室"。道家从天地道的高尚品质中悟到了深刻的人生哲理，明确地告诉人们，天地无私则长久，大道无我则永存，人因有我、有私则有大患，人如果能效法天地大道，无我无私就可以成其大、得其贵。道家根据"大器晚成"的道理告诉人们，要成其大，就要遵循养生之道，善于养护身心，发展生命力，淡化名利权位，不要因外物而损伤其身心。道家提倡学习道的"无为而无不为"的品质，告诉人们"圣人抱一为天下式"，明确指出圣人是尊道而贵德的典范，"圣人处无为事，行不言之教"；"圣人无为，故无败；无执，故无失"；"圣人终不为大，故能成其大"；"圣人为而不恃，功成而不处"；"圣人之道，为而不争"。道家赞颂真正的圣人的同时，猛烈抨击世俗圣人追求伪智，玩弄伎俩欺骗人民，主张废弃世俗圣人，抛弃欺骗人的巧慧。

　　老子是用深邃哲理研究人生的第一人。他把人置于广阔宇宙时空之中，探索人的生存发展与宇宙运行的关系，不但看到了宇宙运行大道对人生存发展的制约，而且发现了人有"知常"、"不妄行"的资质。他明确指出，只要人能"唯道是从"，以德尽道，求得德与道的统一，就可以"成其大"、"得其贵"、"死而不亡"。他不厌其烦地讲述了圣人是如何尊道贵德成圣做祖的。纵观人类人文化发展史，人们会发现《道德经》是世界最早问世的人生专著。古今中外诸多成大业者皆明确表示自己的成长进步得益于老子。"道德"二字微妙玄通，体现了世界观与方法论的统一。既具有深邃的哲理性，给人启迪；又通俗易懂，简单实用，为人们认识人生、管理人生和开发人生提供了理论指导和智力支持，在长达两千多年的时间里，对中国人的成长发展和中华民族的文明进步起了不可磨灭的作用。

　　道家文化是进入中国主流文化最早的学派。伏羲画八卦，揭示了道的存在。《黄帝内经》是具体运用道的典范。老子的《道德经》奠定了道家文化进入中国主流文化的基础。长达百年以上的百家争鸣，推动道家文化脱颖而出，秦统一中国，汉王朝建立和中兴皆借力于道家文化。数千年来道家文化一直是中华民族不可缺少的精神武装。道家人文化不但对中国的文明进步起了巨大推动作用，而且对世界发展进步也起了不可磨灭的作用。据联合国教科文组织统计,在人类迄今为止出版的诸多图书中,发行量最大的是《圣经》,排列第二的就是《道德经》,德国古典哲学大师黑格尔、俄罗斯伟大文学家托尔斯泰等,都公开承认受过中国道家学说的启迪和影响。美国学者浦克明指出,随着人类的文明进步,《道德经》将日益成为家喻户晓的一部书。

第七章　道家圣哲论认识人生

道家学说从宇宙万物产生、发展、变化本源的高层次上研究问题,在对人和人生的认识上,提出了许多闪烁真理光辉的思想,至今对人生实践仍具有重要的指导作用。

一、道家圣哲论人生最重大的认识问题

道家学说的创始人老子及其代表人物庄子都是中国古代的伟大哲学家,他们研究问题不是眉毛胡子一把抓,而是重点突出,提纲挈领。他们认为人和人生有重要的根本的认识问题,也有一般性质的认识问题,做人必须用大气力解决最重大的认识问题,兼顾一般性的认识问题。

(一)认识道

老子是中国思想史上第一个透过事物的表面现象,深入事物内部,对事物进行真理性研究的人。他认为人们能看到的有形的事物中最大的东西是天和地,而天和地并不是宇宙万物中最大的东西,他说:"大象无形",人们看不到的没有形状而又客观存在的最大的东西是"道"。他指出,做人应当解决的第一个最重大的认识问题,就是认识"道"。

1.道的本质和特点

道是道家学说的最高概念,也是道家全部学说的灵魂和核心。"道"在老聃的《道德经》中出现七十四次,在庄子的《南华经》中出现三百二十多次。道是什么样的东西呢? 老子说:"道可道,非常道。"(《道德经》一章)"有物混成,先天地生。寂兮寥兮,独立而不改,周行而不殆,可以为天下母。吾不知其名,字之曰道,强为之名曰大。大曰逝,逝曰远,远曰反。"(《道德经》二十五章)他指出,道不是可以用语言说明的东西,它没有固定的形状,在天地万物形成之前就存在着,它特立独行,永远不停地发挥着作用,我不

知道它的名称,用文字给它起个名字叫"道",勉强称其为"大"。

老子对"道"的含义和特点做了详细的表述。他肯定道是构成万物的基本元素。指出宇宙万物皆源于道,"道生一,一生二,二生三,三生万物"(《道德经》四十二章)。宇宙万物因有道做灵魂才能存在发展。道是无和有的统一体,它无形、无始、无终,用语言说不清楚,又普遍地存在于宇宙万物之中。道是由阴阳二气构成的矛盾统一体,"万物负阴而抱阳,冲气以为和"(《道德经》四十二章)。道是一种客观存在,又是一种看不见摸不着的东西,"道之为物,惟恍惟惚"(《道德经》二十一章),"看它看不见,听它听不到,摸它摸不着,上不显光明,下不显黑暗,渺茫无法形容,迎着它看不见它的头,跟着它见不到它的尾"。(《道德经》十四章)道是一种独立存在、无边无际、永不停息运动着的东西,"独立而不改,周行而不殆。"(《道德经》二十五章)如果说道大,它大到无边无际;如果说道小,它小到无限小,无微而不至。老子明确指出,道是事物之常理,是宇宙万物生长、发展、变化的规律。他认为天有天道,地有地道,人有人道,万物皆依道而运行。他明确指出,道可以为人们所认识和掌握,"不窥牖,见天道"(《道德经》四十七章),不用望窗外,就能知道日月星辰运行的规律。老子举例说,"重为轻根,静为躁君","轻则失本,躁则失君"。(《道德经》二十六章)树木根重在下,树叶轻在上,枝叶可随风摇动,而根必须始终安静,根动则树木就会死亡;心神是人的主宰,心神安静则人能守神,心神浮躁则人难得安宁。老子还认为道是国家、社会、家庭、人生的治理机制,他说,大道废,社会才提倡仁义;国家混乱,才出现忠臣;家庭出现纠纷,才显出人的孝慈;人遇到困难,才想到智慧和才能。

2. 道的作用和地位

(1)道的作用

道对于宇宙、天地人、万事万物的作用是多方面的。

第一,道是天地万物之母,万物持之以生。老子在《道德经》中说:"无名,天地之始;有名,万物之母。"而无和有都是从道中生出来的。他反复强调,宇宙天地人万事万物都由"道生之"(《道德经》五十一章),"万物恃之以生"(《道德经》三十四章)。

第二,道给天地人万事万物生命力,使之得以存在成长。"天得道以清,地得道以宁,神得道以灵,谷得道以盈,侯王得道以为天下正。"宇宙万物离道就不能存在。(《道德经》三十九章)"万物莫不尊道"(《道德经》五十一章)。

第三,道主宰天地人万事万物的能力神奇莫测。道的作用力无穷无尽,"绵绵若存,用之不勤"(《道德经》六章),"道冲而用之或不盈。渊兮似万物之宗"(《道德经》四章)。老子还明确指出,道是人立身社会最可宝贵的东西,"道者,万物之奥,善人之宝,不善人之所保",他告诉人们,古人之所以重视道,就是因为有了道,"追求就能获得,有罪就能除掉",所以"道是天下最珍贵的东西"(《道德经》六十二章)。善人凭借道能求得成长和成功;不善者可以从道中获得新生。道不弃舍犯罪的人,它给犯罪人改正错误的机会,只要犯罪的人领悟了道的真谛,回归道的轨道,就可以开始正确的人生。

第四,道可以提高人们认识和驾驭事物的能力,使人谦虚谨慎永不自满。人类的全部经验表明,人们认识事物是从认识道开始的。得道之人可以知道事物的过去、现在和未来,"执古之道,以御今之有","能知古始,是谓道纪"(《道德经》十四章)。"自古及今,其名不去,以阅众甫","吾何以知众甫之状哉?以此"。(《道德经》二十一章)老子在《道德经》中指出:道能使人小心谨慎,不骄傲不自满,做人做事就像冬天赤脚过河那样;像防止敌人进攻那样,警觉戒惕;像做宾客一样,恭敬严肃;像冰栓消融,行动洒脱;像未经雕琢的素材,淳厚朴实;像深山幽谷,旷远豁达;像浊水,深厚淳朴;得道之人不会崇尚盈满,"故能蔽不新成"(《道德经》十五章),"知常曰明,不知常,妄作凶。知常容,容乃公,公乃王,王乃天,天乃道,道乃久,没身不殆"(《道德经》十六章)。他告诉人们,悟道之后,人就会变聪明,不妄为,循道行事,不犯错误,终身不遭遇危害。

第五,道给人智慧,使人高深莫测,具有远见卓识,成就伟大事业。长期的人生经验表明,人与人之间最大的差别就在于道的修养,人们道的修养程度不一样,导致了人生实践中的成败及其程度不同。老子:"古之善为道者,微妙玄通,深不可识。"(《道德经》十五章)他明确地告诉人们,道使人精微高明,"善行无辙迹,善言无瑕谪,善数不用筹策。善闭无关楗而不可开,善结无绳约而不可解"(《道德经》二十七章)。天地万事万物一旦背离道就会遭受挫折,失去道就会灭亡,与道相合的人,道就会使之成长成功,"夫唯道,善货且成"。(《道德经》四十一章)

第六,道使人永垂不朽。老子指出:"不失其所者久,死而不亡者寿。"(《道德经》三十三章)意思是说,善于守持道者才能创造永久价值,永远活在人们心中。不守道者则必遭祸害,难以长久。老子举例说,过分地追求色彩享受,就会损伤人的视觉;过分地追求声音享受,就会损伤听觉;过分地追求味道,就会损伤味觉;过分地追求打猎,就会心神不宁、神不守舍;过分地追求财物,就会损伤德性,使人身败名裂。(以上参见《道德经》十二章)老子又说:"天失道就要崩裂,地失道就要覆灭,神失道就要丧失灵性,谷失道就会枯竭,万物失道则不能生长,侯王失道就会灭亡。"(《道德经》三十九章)

第七,道使人类社会平安康泰,和谐太平。老子指出:"执大象,天下往。往而不害,安平太。"(《道德经》三十五章)他告诉人们,天下人守持道,人类

社会就会太平康乐,通泰兴旺。

（2）道的地位

道是宇宙、天、地、人、万事万物产生、存在、成长、发展、变化的总根源。宇宙、天、地、人、万事万物由道生成,依靠道存在、发展壮大、成长成功,背离道就遭受挫折,失去道就灭亡。

3. 道的品质和魅力

道家认为,道的品质高尚,魅力无穷,是宇宙间最可宝贵的东西。道的高贵品质和无穷魅力的表现是多方面的:

第一,道充满宇宙之间,无处不在,无时不有。老子说:"大道泛兮,其可左右。"它广博无边,无远不到,无所不至,既无限大,又无限小(《道德经》三十四章)。

第二,道善利万物而不争(《道德经》八章),生养万物而不据为己有,为万物存在发展提供根本保障而不自恃己能,创造了宇宙、天、地、人、万事万物而不居功。《道德经》不厌其烦地赞颂道的品质,说它"生而不有,为而不恃,功成而不居","万物作焉而不辞",任万物自然生长而默不作声。(《道德经》二章)又说:道生育万物却不据为己有,养育万物却不夸耀其能,长养万物却不主宰它们(《道德经》十章)"道生之……长之育之,亭之毒之,养之覆之。生而不有,为而不恃,长而不宰,是谓玄德"(《道德经》五十一章)。他赞美道创造万物,养育万物,而不自恃其能;使万物长成而不做万物的主宰;万物都归依它,可见它很伟大,然而它却不认为自己伟大。(《道德经》三十四章)他说:这就是道的微妙深远的德性。

第三,道对万物无偏私,凡是循道行事的人都能得到道的恩惠;凡是背道而行的人,不论是谁,都会被道所抛弃。老子说:"天地不仁,以万物为刍狗。"(《道德经》五章)"从事于道者,同于道","同于道者,道亦乐得之","同于失者,失亦乐得之"(《道德经》二十三章)。

第四,道常无为而不为。老子指出,道顺应自然,任凭万物自由生长,好像无所作为;然而万物无不由道而生,恃道而长,守道而成,背道则亡,从其产生、成长到死亡,无不受道的支配,因此老子把道的这一品质概括为一句话,即"道常无为而无不为"(《道德经》三十七章)。

第五,道幽隐为而不争(《道德经》四十一章);平淡无奇,用口说出来,平淡无味;用眼看,又看不见它;用耳听,又听不到它,而作用却无穷无尽。(《道德经》三十五章)"天之道,不争而善胜;不言而善应;不召而自来,然而善谋。天网恢恢,疏而不失。"(《道德经》七十三章)

第六,道不可分割(《道德经》二十八章),利而不害(《道德经》八十一章),作用无穷,主宰万物的能力取之不尽,用之不竭(《道德经》三十五章)。

第七,道不以任何人的意愿为转移,宇宙间没有任何力量能使它屈服

(《道德经》三十二章),它对背道而行者毫不客气,不允许任何人物固执己见,胡作妄为(《道德经》二十九章)。

4. 懂得怎样求道

道家不但深刻地阐述了道的本质特点、作用、品质和魅力,而且告诉人们要懂得怎样求得道。道家经典《道德经》和《南华经》等著作中,都对如何求道做了明确的论述。

老子在其《道德经》中讲述了自己求道的经验,他说:"致虚极,守静笃,万物并作,吾以观复。夫物芸芸,各归其根。归根曰静,是谓复命;复命曰常,知常曰明。"(《道德经》十六章)又说:"以身观身,以家观家,以乡观乡,以邦观邦,以天下观天下。吾何以知天下然哉? 以此。"(《道德经》五十四章)他从研究自身出发,把认识自己与认识他人、认识自己的家与认识其他人之家、认识自己所在的乡与认识其他各乡、认识自己的国家与认识其他各国、认识自己生活的天下与过去和未来的天下联系起来,从中找出其客观规律性。他告诉人们,我老聃就是这样求道的。

老子告诉人们,道要靠自己悟得。他说道并不存在远不可及的地方,而是存在于宇宙一切事物之中。只要我们能静下心来,除私去欲,从思考自己周围事物发展变化规律入手,就能认识道的秘密。用老子的话说:"不出户,知天下;不窥牖,见天道。其出弥远,其知弥少。是以圣人不行而知,不见而名,不为而成。"(《道德经》四十七章)

庄子在其《南华经》天运篇和知北游篇,详细介绍了孔子向老聃求道的经过。孔子五十一岁时还没弄明白如何求道,于是到南边的沛地去拜见老聃。他问老聃应当如何求道,老聃问孔子是怎样求道的,孔子回答说:"我从制度条款方面求道,找了五年没求到。"老子又问:"你后来是怎么求道的呢?"孔子说:"我从阴阳方面寻找大道,找了十二年还没有找到。"老聃接着开导孔子说:"内心没有主宰,而大道不会驻留;外界无人响应,大道无法推行。从内心发出的思想,如果不能被外界所接受,那么圣人就不会发出;从外部进入内心的理论,如果不能在内心形成自我的主见,那么圣人的思想就不可能深藏心中。"他告诉孔子,只有逍遥无为,情感真实,顺从自然,才能找到道。孔子还对老聃说,我研究《诗经》《尚书》《礼》《乐》《易》《春秋》六种经书,时间很久了,已经熟知其中的故事了,我去拜见众多的国君,谈论先王的治理原则,可是没有一个国君采纳的。到底是人难以说服呢,还是道难以阐明呢? 老子说:"你没碰上采用你说的先王治理原则治理国家的君主,真是幸运啊! 那六种经书是先王陈旧的脚印啊,哪里是他们用来产生脚印的东西呢!"老子告诉孔子,你还没找到道,"天性不可改变,性命不可变更,时间不可停止,天道不可以壅塞。如果获得'道',那就没有行不通的;如果丧失了'道',就没有行得通的。"(《庄子·天运》)老聃告诉孔子:"你应该斋

戒,疏通你的心灵,洗涤你的精神,毁坏你的智慧",顺应万物去寻找,"万物都前往索取而不会穷尽的,就是'道'呀!""和谐并且适应万物,就是'道'。"(《庄子·知北游》)孔子回去以后,整整三个月闭门不出,然后又去拜见老聃说:"我得到'道'了。乌鸦和鹊鸟孵卵生子,鱼儿以唾沫相交而哺育,细腰的螺蠃养育桑虫而变化为自己的孩子,有了弟弟而哥哥就会哭泣。太久了啊,我做人不能顺应自然而变化! 不能依顺自然变化而做人,怎么能感化别人呢。"老聃听后说:"可以,孔丘得'道'了!"(《庄子·天运》)

(二)认识德

道家认为,德与道一样,是做人必须正确认识和解决的重大基本问题之一。道家学说创始人老子,把德与道并列,把自己的著作称为《道德经》。

在中国传统文化中,道家对德的作用和品质论述最为深刻。道家指出,德具有多种作用和品质:

第一,道创生的万物靠德养育和保护。老子说:"道生之,德畜之,长之育之,亭之毒之,养之覆之。"(《道德经》五十一章)他告诉人们,道创生的万物,靠德畜养才能有形体,才能存在成长。德畜养万物、使万物生长,培育万物,使之长大、成熟,保护万物、驯养万物,使万物得以生存和完善提高。

第二,德"惟道是从"(《道德经》二十章),坚定不移地贯彻道的宗旨,一切听从道的指挥。守道者,德赋予其形;守道程度不同则具有不同形象;背离道者,德就使其丧失其形。守道者德不离其身,长久守道者,德就使其形象日益辉煌,永垂不朽,死而不亡(《道德经》三十三章)。

第三,含德淳厚的人,不犯于物,故无物能损之,他就像那初生的婴儿,蜂、蝎、毒蛇不螫他,猛禽凶兽不抓捕他,他整天呼号而嗓音不哑。(《道德经》五十五章)如果能守持德,德不出差错,就会获得无穷无尽的生命力,即达到老子说的"常德不忒,复归无极"(《道德经》二十八章)的状态。

第四,德能引导人们依道行事。老子说:"孔德之容,惟道是从。"(《道德经》二十一章)他告诉人们,人有了大德性,就能做到不随顺世俗行事,而是一切依道而行,做到"是道则进,非道则退,不履邪径"(《太上感应篇》积善章)。

第五,德能使人保持人的本性。老子说:"常德不离,复归于婴儿",又说:"常德乃足,复归于朴"(《道德经》二十八章)。他告诉人们,只有像婴儿那样淳朴无邪,厚含其德性,才能守住人的本性,进入道的素朴状态。

第六,德能赋予人"道"一样的高尚品质。老子说:"上德不德,是以有德","上德无为而无以为"(《道德经》三十八章)。他告诉人们,具有上等德性的人不自以为有德,所以其德恒有;他们做人做事顺应自然,没有私心,不求个人功利,能够像道那样为而无为。老子又说:"生而不有,为而不恃,长而不宰,是谓玄德。"(《道德经》十章)他告诉人们,有德而不自以为有德的人,就像"道"一样,创造了万物而不据为己有,哺养了万物而不求回报,使万物长大成熟而不宰割。老子又说:"上德若谷","广德若不足","建德若偷"(《道德经》四十一章)。他告诉人们,具有上等德性的人,谦虚卑下,好像深谷似的;具有广大德性的人,总觉得自己有不足;具有刚健德性的人,遇事退藏,小心谨慎。

第七,德对人平等,不偏不倚。老子说:"德者,同于德;失者,同于失","同于德者,德亦乐得之;同于失者,失亦乐得之"(《道德经》二十三章)。他告诉人们,凡是遵循德、守持德的人,德也都喜欢他们;凡是背离德的人,德也喜欢离开他们。与德相合的人,德喜欢普遍地施于恩惠;背离德的人,德也喜欢普遍抛弃他们。

第八,德不强迫人们选择德,然而威力无比,作用力不可抗拒不可穷尽。

(三)认识道与德的关系

道与德是辩证统一的关系,二者不可分割,有道与德的统一,才有宇宙万物。天、地、人、万事万物,一切有形的东西皆是道与德的统一体。道是构成万物的灵魂,然而它是抽象的无形的东西,凭道自己形成不了有形的事物;德赋予事物形象;道只有与德结合,才能形成有形的天、地、人、万事万物,展现其高贵品质和无穷的生命力。

道与德的地位是不平等划一的,其中道处于主导的起决定作用的地位,道决定德,德服从道。老子明确指出:"孔德之容,惟道是从。"(《道德经》二十一章)他告诉人们,事物的形象是依据道而确立的,德是依据道给事物确定形象的,德必须依据道给予事物形象,这是绝对的。事物形象什么样,生命长短,生命力强弱等,全由其贯彻道的情况决定。

中国人所说的德,是以人的需要而确立起来的,它依人而立,是道与人在人事问题上的统一。老子说:"上德不德,是以有德;下德不失德,以是无德。上德无为,而无以为。下德为之,而有以为。"(《道德经》三十八章)他告诉人们,具有上等德性的人,一切依道而行,无心施德,反而有德;具有下等德性的人,有心施德,个人有所求,与道的自然无为的本质特点远了,反而没有德了。具有上等德性的人,像道那样顺应自然,无心于所为,而又无不为;具有下等德性的人,做事有动机,求其有所为。这里讲得很清楚,人的德性区分是以贯彻道的情况为标准的。

道家还告诉人们,德不只是消极地服从道的意志,它对于道的贯彻实行具有一定的补充作用。老子说:"失道而后德,失德而后仁,失仁而后义,失义而后礼。"(《道德经》三十八章)他告诉人们,当人们忘掉道、背离道,社会出现混乱的时候,如果能发挥德的作用,德对于维持社会稳定、推动社会发

展有不可忽视的作用,也就是说,德能辅助道,即德对于道的贯彻落实有促进作用。

二、道家圣哲论人生过程中不可不正确认识的问题

(一)认识人

1. 认识人的本性

道家认为,人的本性就是人的自然天性,是人生来就有的,不是后天人为增加的。人的自然天性形成人的纯正德性。

道家指出,世界万物的自然本性并不是齐一的,天生的东西中也有畸形的。庄子说,鹤鸟的腿生来就长,野鸭的腿生来就短,一般人生来一只手具有五个手指,也有人生来一只手长有六个手指的;一般人生来一只脚的五趾是分开的,而也有人"骈拇枝指",道家认为,世间众人的自然天性也不一致,有人视力好,有人听力好,有人聪明伶俐,有人愚昧笨拙,有人口才好,有人说话困难甚至哑巴。

道家认为,对人和万事万物强求一致会损伤人的自然天性,一旦人的自然天性受到损害,就会造成痛苦,如"鹤胫虽长,断之则悲","凫胫虽短,续之则忧"(《庄子·骈拇》)。伯乐治马而使马的天性丧失。人的本性处于无善无恶的自然状态最好,也就是说最纯正的人性就是保持人的天然的品德,追逐名、利、邪淫等都是违背人的自然天性的。庄子说:"我在道德方面自感惭愧,因此就上等而言,我不敢遵行仁义的操守;就下等而言,我也不敢做出淫邪歪道的行为。"(《道德经》)庄子指出:"盗跖和曾参、史鳅,品行道德有区别,然而他们都丧失了本性,这方面是一样的。"(《庄子·天地》)道家指出,五色扰乱视力,使眼睛不明亮;五声扰乱听力,使耳朵不灵敏,五味能伤嗅觉,使鼻子壅塞不通、伤及脑门;五种选择的取舍决定扰乱人的心神,使人心性浮躁荡漾。

道家认为,人的自然天性就是纯真无邪的德性。老子指出,具有深邃灵妙德性的人,像道那样"生而不有,为而不恃,长而不宰"(《道德经》十章)。具有大德之人,"孔德之容,惟道是从"(《道德经》二十一章),具有常德的人,"为天下溪,常德不离","为天下式,常德不忒","为天下谷,常德乃足"(《道德经》二十八章)。也就是说,人的自然天性是与道同一的,具有自然天性的人,与万物和谐相处,像道那样不追求个人私利,对万物一视同仁,没有偏私,没有好恶,只知顺应万物,唯道是从。

2. 认识人的常态和残疾

道家认为:"天下万物皆有常态。所谓常态是指弯的不是利用钩加工的,直的不是用墨绳来取直的,圆的用不着规,方的用不着矩,黏合不用胶、

漆,捆扎不用绳索。天下万物都是自然而然地生出,各自获得形貌禀赋。"(《庄子·骈拇》)万物的常态是指其古今都一样的形貌和禀赋。

人作为万物之一,也有自己的常态。人的常态是指人所具有的古今都一样的形貌和禀赋。人的躯体古今都差不多,人的心性古今也差不多,人的心灵、精神和德性也差不多。道家认为,在人的形貌禀赋的诸多方面,最重要的是心灵和精神。庄子认为,研究肝、胆的差异,研究哪些声音和颜色适宜耳朵和眼睛,不如让自己的心灵遨游在和谐的德性之中重要。对待万物,只看到它们相同的一面,就看不到具有什么丧失,重视让自己的心灵遨游在和谐的德性之中的人,并不过多考虑自己躯体的什么地方不如他人。鲁国那个受刑被砍去一只脚的叫王骀的人,他的学生人数之所以和孔子的学生差不多,是因为王骀是一个看重心灵和精神的人,死亡和生存是人生的大事,然而都不能使他的心境发生变化,即使天塌地陷,他也不会因此而感到失落,他处于无所依赖的境界而不随外物变迁,主宰事物的变化而固守自己的根本,他把自己失去一只脚看得好像失去一块土块一样。他只把躯体作为暂时的寓所,把耳目所闻所见当作运用智慧洞察万物的途径,自己心中从来没有生死的念头,他将选择某一天远离尘世而去,人们将追随于他,他哪里还会把聚集弟子当作一回事呢!(以上参见《庄子·德充符》)

道家认为,人和万物一样,有古今不变的常态,然而人的常态并不是说人的各个方面都是整齐划一的,人与人之间的差别也是客观存在的。道家指出人们对人的残疾的认识,具有片面性和不足,人们多知道有人耳聋无法参与倾听钟鼓乐声,有人眼睛无法参与观赏绚丽的花纹色彩,而不知道人的思想智慧上的残疾比躯体某部分的残疾更应当引起人们的重视。思想智慧方面的不足造成的损失比躯体的残疾给人们造成的危害大得多。世人劳费心神而做的许许多多错事,都源于思想和智慧的残缺或不足。他们要求人们要懂得审视自己的思想和智慧。(《庄子·逍遥游》)

3. 认识做人之道

道家论道的宗旨,是解决做人问题。老子在《道德经》中反复阐述了道与做人的关系,他说:"道者,万物之奥,善人之宝,不善人之所保。"(《道德经》六十二章)他告诉人们,无论是善人还是不善人,做人都不可以离开道。道是善人成长成功的法宝,也是不善人保护自身的法宝。他又说:"以道莅天下,其鬼不神。非其鬼不神,其神不伤人;非其神不伤人,圣人亦不伤人。夫两不相伤,故德交归焉。"(《道德经》六十章)他告诉人们,人人以道行事,天神人鬼都能各安其位,所以鬼不会作祟来伤害人,神也不会伤害人,圣人也不会伤害人,在上位的国君和在下位的人民,都相互不伤害。

庄子在其《南华经》中也反复论述了做人与道的关系,他说:"明白了天地之道,这就掌握了宇宙的本原,就能与自然和谐。用天地之道来谐调天

下,就会求得与众人和谐。与众人和谐,称作'人乐';与自然和谐,称为'天乐'。"又说:"人懂得了天乐,就不会怨恨上天,不指责任何人,不受外物的牵累,不向鬼神求索。"(《庄子·天道》)庄子告诉人们:"天道运行而无所停滞,所以万物得以生成;帝道运行而无所停滞,所以天下人民归附;圣道运行而无所停滞,所以四海之内顺服。"(《道德经》)人道运行而无所停滞,人就能超凡成圣,成就其大。老子说:"域中有四大,而人居其一焉","故道大,天大,地大,人亦大"(《道德经》二十五章)。道家明确地告诉人们,并不是什么人都可以称其为与道、天、地一样伟大的人,而是只有守持人道的人,才能成就人之大。这就是说,人要想成其大,首先必须懂人道。

人道是由宇宙间大道派生出来的,它是人的产生发展规律与宇宙间大道的统一,具体表现为人的德性与道的完美统一。老子指出,人的深邃灵妙的德性,即玄德、孔德、常德等是与道的品质相符合的德性,具有此类德性的人,都可以做到与道齐一,都会得到道的恩惠,成长为与道一样伟大的人。

4. 认识做事之道

做事之道,是做人之道的展开和实行。道家告诉人们,事有常理,做事一定要懂得守持常理。老子说:"知常曰明。不知常,妄作凶。知常容,容乃公,公乃王,王乃天,天乃道,道乃久,没身不殆。"(《道德经》十六章)他告诉人们,知道事之常理,做事才能做到明智。如果不知事之常理,轻举妄动,就要遭挫折生祸害。知道事之常理,按事之常理去做,就能无事不通;按照事的常理做事,就与大道统一了,功德就会与天地相匹配;做事的功德与天地相匹配,就与大道合一,体合大道,就会永垂不朽。庄子指出:"纷繁复杂的事物背后都藏有一个常理",认识了这个常理,就会认识事物的本性,做起事来就不会有迷惑了(《庄子·徐无鬼》)。

懂得做事之道必须体现"无为而无所不为"的原则。老子指出:"道常无为而无不为,侯王若能守之,万物将自化。化而欲作,吾将镇之以无名之朴。镇之以无名之朴,夫亦将无欲。不欲以静,天下将自正。"(《道德经》三十七章)他告诉人们,道以顺应自然而化生万物,任万物遂其本性自生自长,不去指手画脚硬性干涉,然而又不允许万物为所欲为,当万物出现背离道的情况时,就用朴素无名的道来制止它,万物自然回归正常。道家告诉人们,做事应去掉自私自利的欲望,尽职尽责地做事,"功成事遂,百姓皆谓我自然"。(《道德经》十七章)事情办好了,大家都认为很自然。

道家告诉人们,要想实行做事之道,还必须懂得事物之间的联系和发展变化规律。老子在《道德经》中指出:"大道废,有仁义。慧智出,有大伪。六亲不知,有孝慈。国家昏乱,有忠臣。"(《道德经》十八章)他告诉人们,社会治理方针是根据社会发展变化的客观情况确定的,他举例说,在道的"无为而无不为"的原则不能在社会生活中正常贯彻的时候,有修养的人便开始主张用"仁义"的原则接人待物。他还指出,在有人玩弄智巧、弄虚作假的时候,尔虞我诈的事情就会发生。在家庭出现不和睦、陷入纠纷的时候,就会看出谁是孝子和慈爱者。在国家出现混乱,甚至危亡出现的时候,才会显出谁是忠臣。

道家告诉人们,做事须懂得事有开始和终了的道理。老子说:"飘风不终朝,骤雨不终日。孰者为此,天地。天地尚不能久,而况于人乎。"(《道德经》二十三章)他告诉人们,狂风不会刮一夜到清晨还不停,骤雨不能下一整天,天地也不能无始无终,何况人事呢。因此,道家告诉人们,做事必须知开始和结束,在应当开始的时候开始,在应当结束的时候结束,从开始到结束都循道而行事,只有这样才能成就其事而不受其咎。范蠡是道家公认的懂做事之道的人,他帮助越王勾践复国后,飘然而去经商,在经商过程中,也懂得何时应聚集财富和何时应散去财富。

5. 认识治国之道

道家学说产生在周王朝末年诸侯国穷兵黩武、呈强争霸,妄图用强兵得天下的情况下。应当如何救世,是当时社会重要的现实问题。道家学说出自对社会和人民负责,严肃而深刻地阐述了治国之道,在如何治国救世问题上表现出了圣哲的伟大智慧,提出了具有特色的治国救世之道。

道家的治国之道简明扼要,重点突出,其基本原则有以下几个方面:

第一,以道治国。老聃指出,治国之道赋予国家生命力,只有守持治国之道,国家才能存在发展。他说:"侯王得一而为天下贞"(《道德经》三十九章),又说:"道常无为而无不为。侯王若能守之,万物将自化"(《道德经》三十七章),他明确指出:"治大国若烹小鲜。以道莅天下,其鬼不神。"(《道德经》六十章)老聃认为,侯王治国应效法宇宙大道对待万物那样,守持"无为而无不为"的原则,给万物生命力,任万物自由成长发展;然而又不许万物背道而行。侯王施无为而治,社会不可避免出现背道现象,当背道现象出现时,"吾将镇之以无名之朴。无名之朴,亦将无欲,不欲以静,天下将自定"(《道德经》三十七章),即及时以道引导,背道者就会回到道的轨道,天下便会自然安定。老聃明确指出:"不道早已"(《道德经》三十章),不守道者早灭亡。

第二,以德治国。老子说:"知其雄,守其雌,为天下溪。为天下溪,常德不离,复归于婴儿。知其白,守其黑,为天下式;为天下式,常德不忒,复归于无极。知其荣,守其辱,为天下谷;为天下谷,常德乃足,复归于朴。朴散为器,圣人用之,则为官长;故大制不割"(同上二十八章)。他告诉治国者,有了恒常之德,即自觉贯彻始终的德行,就能成为天下君王的榜样,治国就不会有障碍。老聃又说,君王"爱民治国"如果能"为而不恃,长而不宰",就会滋养起玄妙德行(《道德经》十章)。老子又说:"治人事天,莫若啬,夫唯啬,

是谓早服，早服谓之重积德；重积德，则无不克；无不克，则莫知其极；莫知其极，可以有国；有国之母，可以长久。是为深根固柢，长生久视之道。"（同上五十九章）他告诉人们，重积德，国家才能根深柢固，长治久安。

庄子进一步指出，"君原于德而成于天……故通于天地者，德也"，他引用前贤的话说："通达于天道而万事却能完成，保持无心之德而鬼神都将顺服"（《庄子·天地》）。他告诉人们，"君王执政以德为本，而成就于天然"（《道德经》）。庄子提倡建设"圣德之世"（《庄子·马蹄》）和"圣德之国"（《庄子·山木》）。

第三，用正确办法治国。老子说："以正治国，以奇用兵，以无事取天下；吾何以知其然哉？为此。天下多忌讳，而民弥贫；民多利器，国家滋昏；人多伎巧，奇物滋起；法令滋彰，盗贼多有。故圣人云：我无为而民自化，我好静而民自正，我无事而民自富，我无欲而民自朴。"（《道德经》五十七章）他又说："治大国，若烹小鲜"（《道德经》六十章），他指出，治理大国如烹调小鱼一样，不能经常翻动，常常翻动，小鱼就会破碎，治国政策不能经常变动，政令如常变动，人民就会无所适从，国家就会混乱；禁令也不要过多，禁令太多，人民动不动就要受惩罚，也就难以调动人民群众的积极性，国家就会越来越穷；人民群众中武器太多，国家就会常常出事；提倡慧巧，玩弄智巧者就会增多，奇巧事物就会随之增多；法令过于苛繁逼的人们无法生存，盗贼就会增多，社会就会不安定。

第四，不以兵强天下。老子说："以道佐人主者，不以兵强天下，其事好还。师之所处，荆棘生焉。大军之后，必有凶年。善有果而已，不敢以取强，果而勿矜，果而勿伐，果而勿骄，果而不得已，果而勿强。物壮则老，谓之不道，不道早已。"（《道德经》三十章）他指出，用兵逞强天下者想用武力征服他国或敌对势力，是无法达到目的的，不但大兵到处农田会废弛，会造成荒年灾年，而且会埋下祸根，招致对方报复，冤冤相报没完没了。他明确指出，"物壮则老"，"不道早已"，是由宇宙大道决定的，谁也逃不脱这一法则制约。他告诉治国之人，国家强大时，要想延缓衰败就要善于处下，"大国者下流，天下之交，天下之牝……大者宜为下"（《道德经》六十一章），大国谦下就能取得小国尊敬依附，就不会导致与小国的敌对。老子强调，"兵者，不祥之器，物或恶之，故有道者不处"，如果"不得已而用之，恬淡为上。胜而不美，而美之者，是乐杀人。夫乐杀人者，则不可以得志于天下矣"，"杀人之众，以哀悲泣之；战胜，以丧礼处之"（《道德经》三十一章）。他告诉治国之人，兵器武装不是吉祥的东西，强兵取胜也不是什么美事，如果把逞武杀人取胜视为可赞美的人，就是喜欢杀人的人，喜欢杀人的人是不可能达到称霸世界的目的的。杀人多了，心中会埋下悲哀的孽种；即使胜利了，也要以丧事来处理。

第五，只有圣明君王才能守持奉行治国之道。道家告诉人们，治国之道是客观存在的，然而并不是什么样的君王都可以认识和奉行的。只有真正懂得"尊道而贵德"的人，才能守持和奉行治国之道。老子在《道德经》中指出："侯王得一以为天下贞"，又说："道常无为而无不为，侯王若能守之，万物将自化……天下将自定"（《道德经》三十七章）。也就是说，只有得道和能守持道的人，才能守持和奉行治国之道。一个没有得道即不知道为何物者，是不可能守持治国之道的。道家认为圣人是尊道贵德的榜样，因而道家主张君王必须由最圣明的人担任。"贵以身为天下，若可寄天下；爱以身为天下，若可托天下"（《道德经》十三章）。庄子说：伏羲氏的"智慧真实可信，德必毫无虚伪，未曾陷入外物的牵累"，因而可称为圣王。又说：圣人治理天下从端正自身入手，"端正自身而后加以推行"，"功德普及天下却又好像不是出于自己的努力，化育之恩施及万物而老百姓却又不觉得有所依赖。虽有功德却不愿显露名声，使万物各得其所而欣然自喜。他立足于神妙莫测的变化，而遨游于虚空的境界"（《庄子·应帝王》）。也就是说，只有圣明君王在治理国家时，才能像宇宙大道那样，功德普施，泽及万物也不张扬自己，能够把自己完全融化在百姓和万民的事业之中，使百姓在毫不知觉中得到恩惠。庄子把老子论述的道的高尚品质具体化为君王应具有的品质。

6. 认识处世交往之道

处世交往之道是做人之道的一部分。现实生活中的每一个人，都是社会这个大舞台上的一分子。人的一生都是在社会这个大舞台上度过的，人们评价一个人，就是根据他在这个舞台上的表现。处世之道是关于人应当怎样在社会上求生存和发展理论的一部分。人的处世是通过交往实现的。人一生的交往关系是多方面的，就大的方面来说，有与自然界的交往和与社会的交往两个基本的方面。自然界有自己固有的发展变化规律，社会也有自己演进的逻辑，一个人应当如何与自然和社会打交道，是人类自古以来就提出来的一个重大的现实问题。道家对处世交往问题提出了自己的看法。

道家的处世交往之道具有自己的鲜明特点。

道家告诉人们，解决处世交往问题，要从认识"道"入手。老子说："有物混成，先天地生。寂兮寥兮，独立而不改，周行而不殆，可以为天地母。吾不知其名，强字之曰'道'。"（《道德经》二十五章）庄子在老子思想基础上进一步指出，道是天地万物之宗，是万众之师，它生天生地，化育万物，人一旦得到道，便可以和造化交朋友，遨游于天地万物之间，与万物融为一体。他告诉人们，只有以"道"为大宗师，才能获得知天知人的能力，懂得以人顺天，天人合一，正确处理与天和他人的关系。他说："知天之所为，知地之所为者，至矣！"（《庄子·大宗师》）他告诉人们，知道了天的作用和人的作用，明白了万物自然生成的道理，这样的人就会成为真人，他"巍峨高大而不会

崩毁,似乎不足却又从不接受;性格倔强独立而不顽固;胸怀虚空宽广而不浮华;神采焕发似乎十分喜悦,一举一动又好像迫不得已;和颜悦色使人喜欢接近,德性宽厚令人倾心归依;辽阔啊,犹如宽广的世界;高远啊,没有什么可以限制;流连啊,似乎喜欢闲逸;心不在焉啊,好像要说什么却又忘记","像这样的人,登上高处不会颤栗,没入水里不会浸湿,进入火中不觉炎热","他喜欢什么是出于自然,他憎恶什么也是出于自然。他与别人相同是出于自然,他与别人不同也是出于自然"。庄子又说:"能将喜爱与憎恶同等看待的就是与'天'同类,不能将喜爱与憎恶同等看待的就是与'人'同类。认为'人'和'天'不相互对立抵触的人,就叫作'真人'。"(《道德经》)庄子告诉人们:"道对于万物,无不送行,无不迎接,无不破坏,无不形成。"(《道德经》)"与大道同一,就没有偏爱;随大道变化,就不会执着。"(《道德经》)他告诉人们,处世交往都应当循道进行,以求谐和为宗旨。

　　7. 认识积福消灾之道

　　《庄子》中借用老聃的话说:"人心排下而进上。"(《庄子·在宥》)追求幸福美好而厌恶灾祸贫穷,是人的基本特点之一,自古以来,世人无不渴望得福而躲避灾祸。

　　道家学说对如何积福消灾问题有比较深入的论述。老子认为,积福消灾的根本途径和办法是"尊道而贵德"(《道德经》五十一章)。他告诉人们,如果能坚持"惟道是从"(《道德经》五十一章),"执古之道,以御今之有"(《道德经》十四章),"功成而弗居"(《道德经》二章),"功遂身退"(《道德经》九章),无我无私,"以身为天下"(《道德经》十三章),就可以积累功德,得"我者贵"(《道德经》七十章),"能成其大"(《道德经》六十三章),即可成为像天、地、道那样伟大的事物,得无量寿命,即"死而不亡"(《道德经》三十三章)。老子明确指出:"贵大患若身"(《道德经》十三章),"祸莫大于不知足,咎莫大于欲得"(《道德经》四十六章)。他告诉人们,灾祸多由自私、贪得无厌、不知足引起,只要人们能像圣人那样"歙歙为天下浑其心"(《道德经》四十九章),就能积福消灾。《庄子》中进一步指出积福消灾的办法,明确告诉人们,不贪利、名、权、位,不贪美食、美色等,一心为天下,就可积福消灾。《庄子》中介绍了许多善于积福消灾的榜样人物,书中说:"列子生活贫困,面有饥色。郑相子阳听说列子是有道之人却生活贫困,马上给列子送去粮食。列子一再拜谢而拒绝。使者离去后,列子之妻怨恨列子大吵大闹,列子笑着解释为什么不能收。后来,郑国百姓果然发难而杀了郑相子阳,列子得免牵连。"书中又说:"曾参住在卫国,穿着用乱麻做里絮的袍子,没有罩衣。面色浮肿,手掌脚底长满老茧。他已经三天没有点火做饭,十年做不上一件衣服了,想把帽子戴正,帽带却拉断了;想把衣襟拉平,肘子却露了出来,想穿鞋子,鞋后跟又裂开了。但是,他依然拖着坏了后跟的鞋高唱《商颂》,那歌声充溢于天地之间,犹如钟磬所发。这样的人,天子不能使他做臣子,诸侯不能使他做朋友。所以养心的人能忘却身体,养身的人能忘却利禄,求道的人不能忘却心智。"(《庄子·让王》)庄子宁可过着断炊、脸色蜡黄的贫穷而能自保的生活,也不去楚国为相。庄子告诉人们,要想积福消灾,就要懂得"为善勿近名,为恶莫近刑"(《庄子·养生主》)。道家的《太上感应篇》是专门阐述积福消灾之道的著作,为世人争相传颂。

8. 认识养生之道

道家告诉人们,人的生命力的存在和发展,也具有自己的规律,懂养生之道的人,都可以求得像彭祖那样长的寿命。

道家学说的创始人老子指出,人的寿命的长短,有自然因素,也有人为因素,一般地说:"出生入死。生之徒十有三,死之徒十有三,人之生,动之死地亦十有三。夫何故?以其生生之厚。盖闻善摄生者,陆行不遇兕虎,入军不被甲兵。兕无所投其角,虎无所措其爪,兵无所容其刃。夫何故?以其无死地。"(《道德经》五十章)他告诉人们,大体来说,人出生后,能长寿者占十分之三;短命夭折者占十分之三;本来可以长寿,因不会养生而死者也有十分之三。他引用前人的话说,善于养生的人,在深山中行走,不会遇到犀牛老虎的攻击;在军队里打仗,不会遭受兵刃的杀伤。为什么会这样呢?因为善于养生的人,根本就不进入死亡的领域。老子又说:善于养生修行的人,"常善救人,故无弃人;常善救物,故无弃物"(《道德经》二十七章),"善者吾善之,不善者吾亦善之"(《道德经》四十九章),广施德泽于万物,其溢出之气,含有纯真博爱的信息,万物皆感其德,皆不加害于他。

道家认为,道无所不在,存在于一切事物之中。有事物存在,就有道存在。人的生命存在也有其存在之道。养生的实质是调养人的生命力。要调养人的生命力,就要清楚人的生命存在和发展变化之道。

《黄帝内经·上古天真论篇》也指出:"上古时期那些懂得养生之道的人,能够按照天地阴阳自然变化的规律而加以保养,调和养生,饮食有所节制,作息有常规,既不妄事操劳,又避免过度的房事,因而能够使形体和精神协调统一,活到应该活到的岁数,超越百岁才离开人世。""他们之所以能够年龄超过百岁而动作不显得衰老,正是由于领会和掌握了修身养性的方法","符合养生之道"。

《黄帝内经》还谈到调养神气之道,指出:"调养神气之道,贵在持之以恒,补养神气,巩固根本,使精气不能离散,神气内守而不得分离,只有神守不去,才能保全真气,若人神不守,就不能达到至真之道。至真的要领,在于天玄之气,神能守住天息,复入本元之气,叫作归宗。"(《黄帝内经·刺法论篇》)又说:"养生之道,贵在持之以恒,其基本原则是补养神气,巩固根本,使精气不散失,形与神协调而不分离。只有神气守于内,才能保全真气。若

神与形不能紧密联系而离散,就达不到养生目的。保养真气的道理,就像天空那样的广阔和玄妙。人的神气是与大自然包融相通的,因此,必须适应自然界一切变化。能做到这些,人体便与大自然融为一体,这就叫作'回归本源'"(《道德经》)。《黄帝内经》强调养生必须遵道而行,"遵循道养生,就繁荣昌盛;违背道,就会损折夭亡。"(《黄帝内经·天元纪大论篇》)

《庄子》中许多篇都谈到养生之道的问题。《庄子·达生》说:"列子问关令尹说:'得道的人潜水而行不会窒息,踏火而走不觉炎热,行走在无与伦比的高空不会颤栗。请问凭什么能达到这样的境界?'关令尹说:'这是因为能保持纯正之气啊……万物产生于没有形体的道,又终止于无所变化的道。获得道而又能透彻理解的人,外物哪能驻留于他的心上呢! 他将置身于不过分的法度,居心于无始无终、循环往复的法则,游神于万物的开始和终结的境界。他的心性专一,涵养他的神气,他的德性与天道融合,以此通达于造物者。像这样的人,他的纯气完备,他的精神凝聚而没有缺损,外物能从哪里侵入呢?"

道家提出了一整套养生方法,概括起来是:

①精神宁静,心胸豁达。老子在《道德经》十五章说:古之得道人,"微妙玄通,深不可识",他们善于循道行事,他们能洞察事物微妙之处,通达事物之理,谨慎处事如履薄冰,与人处事恭敬严肃像做客一样,待人洋溢着和气就像冰将要消融似的,心胸空旷豁达如同山谷一样,身处浊世而自持以静,这样的人则安然长生。《黄帝内经·素问·上古天真论》中说,古代善养生的人"和于阴阳,调于四时,去世离俗,积精会神","游行天地之间,视听八达之外","形体不敝,精神不散"。老子《道德经》十章说,清静无为,精神内守,专心致柔,使气柔和运行,像婴儿一样无欲望无杂念,修养心神,才能达到养生长寿的目的。正是在这一理论和方法的指导下,气功才得以产生。两千多年来,人们养生的实践经验表明,气功是养生保健的重要方法之一。老子《道德经》二十章进一步指出,人们要想求得心神清静安宁,必须把世俗之事看淡看透,"唯之与阿,相去几何? 善之与恶,相去几何? 人之所畏,不可不畏,荒兮其未央哉。众人熙之,如享大牢,如春登台。我独泊兮其未兆,如婴儿之未孩。儡儡兮,若无所归。众人皆有余,我独若遗。我愚人之心也哉,沌沌兮。俗人昭昭,我独昏昏;俗人察察,我独闷闷。澹兮,其若海,飂兮,若无止。众人皆有以,而我独顽似鄙。我独异于人,而贵食母。"如果能做到恬淡空虚,无欲无为,心胸宽阔如大海,守道养生,自然能健康长寿。

②善养精神,保养形体。道家养生学说提出了人的精神保健问题。《庄子·达生》指出,养生的关键并非保养形体,而在于抛弃世事,忘怀自我,保全精神,做到形神统一。"世人认为只保养形体就足以保存生命,然而保养形体的结果是不足以保存生命",庄子指出"使形体随着心性一起滋养更

新,滋养更新就接近道了"。他接着指出:"世事为什么要抛弃,生命为什么要忘怀呢? 因为抛弃世事,形体就不劳累;遗忘生命,精神就不会消耗,形体健全而精神恢复,就与天地为一体……形体与精神都不亏损,这就叫作随天地变化。精神纯又精纯,就能反过来帮助天地自然发展。"庄子认为,人最重要的是精神,人的精神一旦死亡就会变成行尸走肉,他指出世人中形体尚存而精神已经死亡者并非少有。所以,他不止一次地强调养生绝不能忽视精神保健。

道家养生说认为,养神比养形更重要。《庄子》中记述了道家学说创始人老子就是一个重视养神的人。他说,有一次孔子去拜见老聃,老聃刚洗完头,正披散着头发让它吹干,一动不动好像木头人似的。孔子躲在一旁等候,过了一会才去见老子。孔子见老子后说:"是我眼花了呢,还是真的呢? 刚才先生的形体直挺挺的,好像枯槁的树干,好似舍弃了万物、脱离于人世而进入了一个人的独自站立的境界啊。"老聃回答说:"我让心遨游于万物初始的境界。"孔子说:"能不能把那里的境况讲给我听听呢?"老聃说:"对此我内心疲困而仍然无法知晓,对此我嘴巴张开却不能论说,我试着为你谈谈它的大概吧。最为纯粹的阴气肃肃寒冷,最为纯粹的阳气赫赫炎热,肃肃寒气出自上天,赫赫的热气出于大地,阴阳二气相互交流混合,而万物就产生了,有什么在支配这一切,然而见不到它的形象。"老聃说:"获得这种境界是最美妙最为快乐的啊",进入这种境界后,"喜怒哀乐的情绪都不会进入心中"(《庄子·田子方》)。《庄子》一书中多次强调人的精神比形体更重要。他在《德充符》篇中描写了王骀、申屠嘉、叔山无趾、哀骀它、闉跂、大瘿六个肢体残缺、外貌奇丑而道德浑厚、精神极其充实的人,这样的人能使君王乐于亲近、圣人叹服、学子依附。

道家告诉人们,重视养护精神,并不是说可以轻视身体保健。必须懂得身心是人精神的寓所,形存则神在,形亡则神去。形神统一,才有具体的现实的人存在。所以道家非常重视身心保健。老聃在(《道德经》十二章)中指出的"五色令人目盲,五音令人耳聋,五味令人口爽",就是说的身体保健。道家的饮食养生、中草药调治、针灸治疗、七情调摄、吐纳养生、四季养生、睡眠养生、房中养生等,讲的都是如何保健人的形体。

9. 认识人为什么会产生迷惑

道家哲圣早在两千多年前,就明确指出了世人认识上的许多迷惑,对提高人的认识水平具有重要指导作用。

(1)认识的片面性导致的迷惑

老子在《道德经》中深刻论述了无为与有为的辩证关系,指出世人只知争有为而不懂"无为而无不为"(《道德经》三十七章)的道理,告诉人们"有生于无"(《道德经》四十章),提倡学习道的"无为而无不为"的品质,像圣人

那样"处无为之事"(《道德经》二章)。道家还指出,福与祸、善与恶、美与丑、正与奇、黑与白、吉与凶、生与死、刚与柔、得与失、贵与贱、昭与昏、宠与辱、难与易、大与小、长与短等之间的区别都是相对的。然而世人常常喜欢偏执一端,"人之迷,其日固久"(《道德经》五十八章)。老子说:"祸兮福之所倚,福兮祸之所伏","正复为奇,善复为妖"(《道德经》五十八章),"信言不美,美言不信。善者不辩,辩者不善。知者不博,博者不知"(《道德经》八十一章)。庄子则进一步论证了人们认识的相对真理性,他指出人们多只知有用的东西为有用,而不知无用之物的有用性,他举例说,有一种大葫芦,成熟后,一个葫芦里面的种子就有五六百斤;剖开盛水又不坚固;做水瓢实在太大,人说此葫芦没用。庄子认为不是这大葫芦没用,而是人们没有认识到它有用的一面。庄子又说,有一棵樗树,它的树干凹凸疙瘩,无法画线取直;小枝权弯弯曲曲,无法用圆规角尺测量,它立在路边,木匠看都不看。庄子认为,这是因为木匠只是从用料制造的角度看这棵树的作用,而不是全方位地看这棵树的作用。如果把这种树种在广阔无边的原野。人们在它身边无所用心地徘徊,在它下面躺着睡觉,则会逍遥自在。(以上参见《庄子·逍遥游》)

(2)不懂认识标准的相对性而导致的迷惑

道家指出,不同的事物存在和发展所需要的条件标准不同。"人如果睡在潮湿的地方就会腰痛或半身不遂,而泥鳅却安然无恙。人居住在树上,就会颤栗恐惧,而猿猴却不害怕。人、泥鳅、猿猴这三种生物中,谁的居住标准是正确的呢? 人吃牛、羊、犬、猪,麋鹿吃草,蜈蚣喜欢吃蛇,猫头鹰和乌鸦好吃老鼠,人和这些动物谁真正知道美味是什么呢? 猿猴把猕猴当作配偶,麋鹿和鹿交配,鱼和鱼交尾,毛嫱和丽姬是人们公认的美女,但鱼儿见了她们就潜入深水,鸟儿见了她们就飞向高空,麋鹿见了她们就狂奔急驰,人、鱼、鸟、鹿谁懂得天下真正的美色呢?"(《庄子·齐物论》)

(3)不认识物极必反的道理导致的迷惑

道家告诉人们,事物发展超过一定限度就会走向反面。老子指出:"五色令人目盲,五音令人耳聋,五味令人口爽,驰骋畋猎令人心发狂,难得之货令人行妨。"(《道德经》十二章)他告诉人们,人的眼睛喜欢看绚丽的颜色,然而超过限度就会损伤眼睛;耳朵喜欢听美的声音,然而超过一定的限度,就会损伤耳朵;口喜欢吃美味,而过分了就会伤害人的味觉神经;喜欢驰骋打猎的人,超过限度就会使人发狂;过分地追求奇珍异宝,人的行为会受到损伤。老子又说,智慧是好东西,然而过分地看重智慧,就会有人搞奸诈虚伪,"智慧出,有大伪"(《道德经》十八章),"人多伎巧,奇物滋起;法令滋彰,盗贼多有"(《道德经》五十七章)。庄子讲得更具体,他告诫人们不要过分地追逐名声利禄,《庄子》中说:"名声是从属于实际事物的虚幻的东西,我将成为虚幻东西的从属吗? 鹪鹩在茂密的树林里筑巢,只不过占据一根树枝;鼹鼠在河里喝水,不过装满肚子而已。"(《庄子·逍遥游》)他告诉人们,小鸟不要追求占据大片森林,鼹鼠不要追求占据一条河流,因为这样的追求不但是毫无用处的,而且过分地追求会导致其行为的错误。

（4）缺少实践经验导致的迷惑

道家早在两千年前就认识了实践经验对认识的影响。《庄子》一书抨击了蝉和小鸟对大鹏的讥笑。蝉和小鸟为自己能迅速起飞、猛然蹿上树枝而自豪,说自己到近郊去也可以一天就能返回,而大鹏到南海去则要积蓄来回三个月的粮食,还要升上九万里高空后才能向南飞,他们不理解大鹏的做法和追求。庄子评价说:"小大不同,这蝉和小鸟又哪里懂得这些!"(《庄子·逍遥游》)庄子接着说:"朝菌不知道有早晚之分,寒蝉不懂得有春天秋季之别,这都是短命的生物。楚国之南有一种称作'冥灵'的大龟,以五百年为一春,五百年为一秋;上古有一种椿树,以八千年为一春,八千年为一秋。彭祖如今以长寿而特别著名,众人与他相比,不也是可悲的吗!"他得出的结论是:"小聪明不及大智慧,短命不如长寿。"(《庄子·逍遥游》)他告诉人们,小聪明不如大智慧认识深远,短命者不如长寿者知道得多,其根本原因在于大智慧是长期人生实践经验的概括和总结,长寿者人生实践经验比短命者丰富,因而知道的自然也比短命者知道得多。而导致这些差别的则是实践经验不同。

（5）知而用之不足导致的迷惑

道家告诉人们,获得了关于某些事物或某一事物某些方面的知识,如果不应用或应用得不够有效,也要产生迷惑。《庄子》书中说,宋国曾有人善于配制防止手部皮肤开裂的药,世世代代以漂洗丝絮为生。有个外地客人听说此事后,请求用百金购买此配方。这家人聚集族人商议此事说:"我们世世代代漂洗丝絮,才不过挣几个金,如今如果卖掉配制此药方的技术,一下子就能得到一百金。"外地客人得到此方后,去见吴王。吴国与越国之间正在打仗。吴王令此人做吴国将领。这个人用防止皮肤开裂的药保护了吴国军人的皮肤,得以大败越军。吴王划地封赏这个持方人,并封他为邑君。庄子评论此事说:"此药能防止手被冻裂的效果是一样的,只是有人用它来从事漂洗丝絮这样世世代代劳累的事,而有人用它谋取封官职,药方没有变,用在不同的地方,价值就不一样。"(《庄子·逍遥游》)这个故事告诉人们,有了某种知识,必须寻求其最佳用途,如果不能使其效用最佳化,仍属于有迷惑之列。

（二）认识人生

1. 认识人生的特点

道家对人生的特点有非常深刻的认识,其具体阐述有以下几个方面:

第一，过程性。老子说："人出世叫生，入地叫死。"（《道德经》五十章）也就是说，人生是人从出生开始到死亡为止的过程。

第二，能动性。道家学说创始人老子之所以把人与道、天、地并列称为宇宙间的四种大的东西，就是因为人有能动性。人们都知道，道大到无形；天、地有形而广大无边际；一个具体的人，一般说来，高不过两米，重也不过一二百斤，宇宙间比人大的东西无计其数，然而道家却说人是宇宙间四大之一。小小的人能称其大，就在于人生潜藏着像道、天、地那样大得无量无边的东西。这个东西就是能动性。老子说："知常曰明……知常容，容乃公，公乃王，王乃天，天乃道，道乃久，没身不殆。"（《道德经》十六章）他告诉人们，知道道的常理的人，能无事不通、无所不包；无事不通、无所不包，才能廓然大公；廓然大公，才能做到无不周遍；无不周遍，才能德配天地；德配天地，才能体合大道；体合大道，才能永垂不朽。这样的人终生不会有任何危险。人的能动性，首要一点，就是说他能识道，即能知天、地、万事万物之理。

其次是人能学万事万物之长。道家指出，人能知道道、天、地及宇宙间万物万事的优点和伟大之处并且能把它们的伟大转变为自己的德性，人有了道和天地万事万物的德性，当然就会像道、天、地等一样伟大。老子说："域中有四大，而人居其一焉。人法地，地法天，天法道，道法自然。"（《道德经》二十五章）他告诉人们，人之大是从向地、天、道、自然学习而得来的。

再次是人能做到"惟道是从"。老子说："孔德之容，惟道是从。"（《道德经》二十一章）他告诉人们，具有大德性的人，有巨大的选择和调控能力，不但能从纷繁复杂的事物中，选择出最伟大的道，而且能做到一切以道为准则。正是这种无限的选择和调控能力，成就了人的如同道、天、地、自然那样伟大的德行。

第三，自知、自控、自胜。老子在《道德经》中反复讲了人的自知、自控、自化、自胜的特点。他告诉人们，人不但能认识周围的万事万物，而且能自知。老子指出："自知者明。"（《道德经》三十三章）宇宙万事万物多不自知，而人能自知，能把自己置于道、天、地、万事万物之中，在与万事万物的比较中，认识自己的优点和缺点，能做到发扬自己的优点，克服自己的缺点，采取万事万物之长补己之短，达到自胜。人的自控能力，还表现在人能排除一切干扰，持道独行。老子说："众人熙熙，如享太牢，如春登台。我独泊兮其未兆，如婴儿之未孩，累累兮若无所归。众人皆有余，而我独若遗。我愚人之心也哉，沌沌兮。俗人昭昭，我独昏昏；俗人察察，我独闷闷。澹兮其若海，飂兮若无止。众人皆有以，而我独顽似鄙，我独异于人，而贵食母。"（《道德经》二十章）他告诉人们要敢于和善于保持自我的独立性，不要只知随大流，人生最根本的不是看他人干什么自己就干什么，而是要守住人生的根本，不背离生养万物的大道。老子以自己为例说："吾言甚易知，甚易行；天下莫能知,莫能行。言有宗,事有君。夫唯无知,是以不我知。知我者希,则我者贵,是以圣人被褐怀玉。"(《道德经》七十章)他告诉人们,我的言论很容易理解,也很容易实行。但是世人因暗于大理而没人了解、没人实行。我说的话,我做的事有根有据,人们不懂我的言论和我做的事,所以也就不了解我了。了解我的人越少,则我的地位越崇高。这就像圣人穿着低贱的衣服,怀里装着美玉而不被人认识一样。

第四,易逝性。道家告诉人们,人的生命存在的时间是有限的,人生是短暂的。老子说:"飘风不终朝,骤雨不终日……天地尚不能长久,而况人乎!"(《道德经》二十三章)庄子说:"人生天地之间,若白驹之过隙,忽然而已。"(《庄子·知北游》)

2. 认识谁是人生的主人

道家认为,人生的主人和万物的主宰是两个不同层次的概念。人生的主人指主宰人一生的东西,万物的主宰是指主宰万物命运的力量。人是宇宙间万物之一,主宰万物的力量是人也无法摆脱的,人也必须服从万物主宰者的意志。而人则无法主宰万物。道家认为,道是万物之宗,宇宙、天地、神、鬼、人、万物皆由道创生,皆无法脱离道的制约,顺道者生而逆道者亡。庄子说:"道在没有天地之前就存在了,它产生了鬼、产生了帝,诞生了天、诞生了地……狶韦氏得到它,用来开天辟地;伏羲氏得到它,用来调和元气;北斗星得到它,永远不会偏离运行轨道;太阳和月亮得到它,永远运行不息;堪坏得到它,用来入主昆仑山;冯夷得到它,用来畅游大江大河;肩吾得到它,用来占据泰山;黄帝得到它,用来攀云登天;颛顼得到它,用来居住于玄宫;禺强得到它,用来住足于北极;西王母得到它,安居于少广山,没有人知道她的出生,也没有人知道她的死亡;彭祖得到它,存活的时间上达虞舜时代,下至春秋五霸;傅说得到它,用来辅佐武丁,统辖整个天下,死后乘着东维,骑着箕宿和尾宿,与众星并列争辉。"(《庄子·大宗师》)

道家认为,人是宇宙间"四大"存在物之一,人的特点是能识道、知天地人万物,能自知、自胜、自我选择、自我控制、自我发展,人靠自身的这些能动性,就可以做自己命运的主人。道家正是从这一意义上,指出人可以成为宇宙间四种最大的客观存在物之一(见老子《道德经》二十五章)。强调"祸福无门,惟人自招"(《太上感应篇》)。道家告诉人们,人能认识道、选择道、守持道,成就其自身之大,而人们去不去认识道、去不去选择道,能不能守持道,则要靠人们自己。道是无为的,它不强迫任何人认识、选择、实行,道只守持"同于道者,道亦乐得之","同于失者,失亦乐得之。"(《道德经》二十三章)人们选择道、实行道,道就使其受恩惠;背道而行,道就使其遭受挫折和灭亡。祸福摆在那里,选择什么,靠人们自己,没有谁强迫人选择祸,也没有谁强迫人选择福,选不选择、选择什么,全靠自己。道家从这一意义上告诉

人们,道主宰万物,但是它给万物两种可能,至于选择哪种可能,主动权则在万物自己。人作为万物之一也不例外,选择道、选择福,则兴旺发达,成就其大;反之则失败灭亡。

3. 认识人生最大的祸患

(1)人生的祸根是自私

道家对人生祸福的由来有十分清楚的认识。道家学说创始人老子早在《道德经》中就有明确论述,他说:"宠辱若惊,贵大患若身……吾所以有大患者,为吾有身,及吾无身,吾有何患?"(《道德经》十三章)他告诉人们,人之所以得宠也惊,得辱也惊,就是因为人们心中有自我之身存在,如果人们能忘了自己,没有求得怕失之心,把宠辱都看成是自己身外的事,尊敬到来时不觉得自己高,屈辱到来时不觉得自己低,不计较个人得失,那么还会有什么惊恐呢!简而言之,宠辱皆惊的根本原因在于自己患得患失。也就是说,导致人们惊恐不安的原因是自己的自私自利之心。

(2)人生最大的祸患是不知足

老子说:"祸莫大于不知足,咎莫大于欲得。故知足之足,常足矣。"(《道德经》四十六章)他告诉人们,致使人们犯罪的最根本原因是贪欲;人生最大的祸患是不知足;导致祸患到来的直接原因是想得到。又说:"祸莫大于轻敌,轻敌几丧吾宝"(《道德经》六十九章),欲得之人,只想着满足私欲,轻视祸患,因而常常背道而行,招致祸灾。他告诉人们:"知足不辱,知止不殆"(《道德经》四十四章)。人们都知道,知足有多种多样类型,如有少得即心满意足型,有大量获得后而心安型,有与道同一型的满足,老子讲的知足之足是常足,即建筑在道的基础上的满足,没有违反自然法则的妄为,完全顺应自然,像万物得到阳光、空气、水分那样的满足。

老子还进一步指出:"天之道,损有余而补不足。人之道则不然,损不足以奉有余。孰能有余以奉天下?唯有天道。"(《道德经》七十七章)他告诉人们,自然的法则,就像人们使用的弓一样,弦紧了就将其调松,弦太松了就将其调紧,弦长了就将其修短,弦短了就将修长,求其调和。他抨击社会上的一些人,违反天之道,不实行"损有余而补不足"的自然法则,而是反天道而行之,"损不足以奉有余"。道家告诉人们,不知足者必招祸患,损不足以奉有余者也是背道而驰的人,其结果必然也是可悲的。

4. 认识人生形象模式及其发展前途

道家对人生形象做了认真的分类,并对各种类型的人生模式特点和发展趋势做了深入的阐述,为人们做人提供了理论指导和智力支持。

(1)道家的人生形象观

道家的人生形象观,是道家人生思想的一部分,具体地说,它是道家人生理论的具体化和形象化。

415

道家人生形象观的核心内容,是赞美和追求精神自由,认为精神是人的主宰,它比人的形体更重要。从这一主旨出发,道家主张人应当培养崇高精神和美好的道德情操。

老子在《道德经》中高度赞美了圣人的美好人生形象,指出圣人具有道一样的品质,他说:"圣人处无为之事,行不言之教,万物作焉而不辞,生而不有,为而不恃,功成而弗居。"(《道德经》二章)又说:"圣人后其身而身先,外其身而身存。"(《道德经》七章)"圣人不仁,以百姓为刍狗。"(《道德经》五章)"圣人抱一为天下式。不自见,故明;不自是,故彰;不自伐,故有功;不自矜,故长。夫唯不争,故天下莫能与之争。"(《道德经》二十二章)"圣人常善救人,故无弃人;常善救物,故无弃物。是谓袭明。"(《道德经》二十七章)"圣人去甚,去奢,去泰。"(《道德经》二十九章)"圣人在天下,歙歙为天下浑其心,圣人皆孩之。"(《道德经》四十九章)"圣人终不为大,故能成其大。"(《道德经》六十三章)"圣人无为,故无败。"(《道德经》六十四章)"圣人被褐怀玉"(《道德经》六十九章),"圣人自知不自见,自爱不自贵"。(《道德经》七十二章)"圣人为而不恃,功成而不处,其不欲见贤"(《道德经》七十七章)。"圣人执左契,而不责于人。"(《道德经》七十九章)他再三强调:"天之道,利而不害;圣人之道,为而不争。"(《道德经》八十一章)

庄子继老子之后,对不同类型的人生形象特点进行了深入的分析,他对人的精神作用进行了深入浅出的论述。《庄子·德充符》篇列举了六个身体残疾的人,指出这些身体丑陋残疾的人,并不比身体完美的人差,他告诉人们,人的外貌无关紧要,精神德性才是最重要的,做人必须重视精神和德性修养。他说,当年鲁国有一个叫王骀的人,受刑被砍去了一只脚,然而跟从他学习的人,却和孔子学生的人数差不多。孔子的学生常季问孔子说:"王骀受刑被砍掉了一只脚,他站着不教学生,坐着不发议论。然而却能使前来学习的人,空虚而来,充实而归。跟从他学习的人数却和跟您学习的人数差不多。他是个什么样的人呢?"孔子说:"他是圣人啊,我不如他,我准备拜他为老师,我还要引领天下的人都跟他学习。"孔子进一步说:"死亡和生存是人生的大事,但或生或死都不能使他的心境发生变化,即使天塌地陷,他也不会感觉失落,他处于无所依赖的境界而不跟随外物变迁,固守自己的根本而主宰事物的变化。"

《庄子·德充符》篇还讲述了一个叫哀骀它的人。这个男人长相十分丑陋。然而男人和他相处,倾心思慕而不肯离去;女人和他相处,就向父母请求"宁愿做哀骀它的小妾也不想做别人的妻子"。未曾听说这个人倡导什么,只是常常附和他人而已。他没有统治众人的地位而可以拯救人们于死地,他没有聚敛大量的财富却可以使人吃饱肚子,而且面貌丑陋得惊骇天下之人。他并不倡导什么,他的知识只局限于人世间,然而不论男女都簇拥

在他的身边。鲁哀公对孔子说:"我把他召来,看他的长相,果真奇丑,足以惊骇天下之人。但是与他相处不到一个月,我对他的为人就有了倾慕之意;不到一年,我就信任他了。当时鲁国没有宰相,我就把国事托付给他。他神情淡漠地回答,心不在焉地似乎在推辞。我甚感惭愧,最后还是把国事交给了他。可是没过多久,他离我走了。我闷闷不乐地好像失去了什么,好像这个国家里再也没有人可以和我一起共享欢乐似的。他究竟是怎样一个人呢?"孔子说:"哀骀它未曾开口说话就能取信于人,没有功绩也能赢得他人的亲近,能使别人把自己的国家交付给他,还唯恐他不肯接受,这样的人一定是才智完备而德不外露的人啊。"

（2）道家赞颂的人生形象特点及发展前途

道家赞颂的人生形象主要有两类,一是得道之人,二是有德之人。道家认为,现实生活中值得赞颂的人分别处于某一类型的某一层次。

①道家赞颂得道之人

道家赞颂最多的是得道之人。认为人得道才能成长发展,成为宇宙四大之一,获得无限光明的人生前途。道家认为得道之人中包括:真人、至人、神人、圣人。其中真人处于最高层次,其主要特点有如下几个方面:第一,真人与道同行。他们虽然生活于尘世之中,但却能超脱尘世的是非之外,他们认识了生命的大道,摆脱了生死问题的烦扰,能够和造化交朋友,能够与万物融为一体,遨游于天地万物之间,"登上高处不会颤栗,没入水里不会浸湿,进入火中不觉火热"(《庄子·大宗师》)。第二,他们是真知者。庄子说:"有了'真人'然后才有真知。"(《庄子·大宗师》)得道之人"他们通晓道的根本,又兼通作为道的末节的各种法度,他们是上下四方、一年四季无所不通;万事万物,无论大小粗细,其运行之道无所不晓……道术散布在天下而施行在中国,各家的学说还时常称引并讲述到它们"(《庄子·杂篇天下》)。第三,德性高尚而才智过人。"他带来的利益和恩泽可以造福万代,却并非为了热爱人民"(《庄子·天下》);他们"处于卑微的地位而不会困顿,充满于天地之间,尽量给予他人而自己更加充足"(《庄子·田子方》);"他的精神穿行于泰山而无所阻挡,浸入深渊山泉而不会沾湿"(《庄子·田子方》);他的智力临近大道,无所不知无所不能。第四,形象完美,与万物和谐相处。"像这样的人,他的心神凝聚专一,他的容貌淡漠安静,他的额头高凸而有风采。他严肃的样子像秋天,温和的样子像春天,喜悦或者愤怒的表现犹如四季的来临一样自然,他和外物相处合宜而无人知道他的定则","巍峨高大而不会崩毁,似乎不足却又从不接受;性格倔强独立而不顽固,胸怀虚空宽广而不浮华;神采焕发似乎十分喜悦,一举一动又好像是迫不得已;和颜悦色使人喜欢接近,德性宽厚令人倾心归依;辽阔啊,犹如宽广的世界;高远啊,没有什么可以限制;流连啊,似乎喜欢闲逸;心不在焉啊,好像要说什么却又忘记。以刑罚作为根本,以礼仪作为辅助,以智慧适应时变,以德行作为依据……认为'天'和'人'并不相互对立抵触"(《庄子·大宗师》)。第五,自控力强。"智者无法将他说服,美女无法迫使他接近。生死也算是大事了,然而对他并不能产生影响,权位俸禄不能动摇他。"(《庄子·田子方》)第六,不用智巧损伤道。"真人不知道贪生,也不知道怕死。出生不欣喜,入土不抗拒。自由自在地出生,无拘无束地死亡。不忘记自己从哪里来,不企求自己归向何方。得到生命就欣然接受,失去生命则复归原处……不用心智去损害大道,也不以人为的努力去辅佐自然。"(《庄子·大宗师》)第七,抱朴守真,顺从自然。像孙叔敖那样,"三次登楚国宰相的宝座而不认为是荣华,三次免去宰相职位而脸上没有愁容"(《庄子·田子方》)。第八,看问题不持成见。"得道的人……不用成见去看问题,而是寄托于各种事物的自然功用……用能无所不通。"(《庄子·齐物论》)第九,做人谦虚忍悔。"得道之人明知自己刚强,却安守柔弱,甘当天下的沟壑;明知什么是白,却安守于黑,甘当天下人的深谷。别人纷纷争先,唯独他甘于在后,愿意一人承受天下所有的耻辱;别人都争相取实惠,唯独他谋求虚空,没有积蓄,反而常常有余,他是巍然独立,充实而有余。立身行事,从容而不费精神,保持无为而嘲笑卖弄机巧的人;别人都谋福气。唯独他委曲求全……他以深藏为根本,以俭约为准则……他对物常常宽容,对人不苛刻。"(《庄子·天下》)

至人比真人低一个层次,他们的主要特点是:第一,能遨游于道,不离道的真谛。他们神奇难测,巨大的林泽燃烧起来也不能使他们感觉到热,黄河汉水封冻了也不能使他们感到冷,迅雷劈破山岩,暴风掀起滔天海浪不能使他们震惊,他们乘着云气,骑着日月,遨游于四海之内。(《庄子·齐物论》)第二,视名声为枷锁,置生死于度外。庄子说:"至人正是把名声看作是束缚自己的枷锁"(《庄子·德充符》),又说至人不计较利害,置生死于度外,对生死无动于衷(《庄子·齐物论》)。他们忘却外物,超脱世俗,遵循无为的天道。第三,自控力强,"喜怒哀乐的情绪,都不会进入心中……得天道而又能通天道,视四肢百骸为尘垢,视死亡与生存、终结和开始如昼夜之变化,没有什么能扰乱他们"(《庄子·田子方》)。"虚名与实利皆不入心"(《庄子·应帝王》)。第四,心境空明,用心如镜。道家指出,至人的心能像镜子那样,如实地反映外在的客观事物,能正确地反映民心意向(《庄子·应帝王》),"其用心不劳,其应物无方"(《庄子·知比游》)。第五,有所依赖,尚未树立最高的道德。道家认为,至人不如真人的地方在于他仍要驾风而行,虽然不用步行了,然而离风还不能行走,他们的德性还不圆满。庄子说:"宋研这个人,即使受到全世界的人称誉也不会更加勤勉,即使遭到全世界的人毁谤也不会增加沮丧,他能认定自我与外物的区分,能够辨明荣誉与耻辱的

界限,但是这样也就到头了——他这类人在当今世上是不多见的,虽然如此,他还是未能树立最高道德。"(《庄子·逍遥游》)

神人比至人又低一层次,他们的特点是:第一,安守天道,实行无为之道,从不逆天而动(《庄子·天地》)。第二,能驾日月之光,"臻于天命,尽其情性,以天地之道自乐,对万事万物无所挂心"(《庄子·天地》),"游乎尘垢之外"(《庄子·齐物论》)。第三,"无心邀功"(《庄子·逍遥游》)。第四,"不食五谷,吸风饮露"(《庄子·逍遥游》)。第五,讨厌民众聚集到他们身边,怕群众聚集到他们身后彼此不和睦(《庄子·徐无鬼》)。

老子把与道同一的人统统称为圣人,庄子则把老子说的圣人进一步分为真人、至人、神人、圣人四个层次。圣人上与大道同步,下与百姓连心,是将天道与人道统一起来的中枢人物。道家认为圣人之中有伟大的圣人和世俗的圣人之分,他们赞颂同于道的圣人,而猛烈地抨击世俗圣人给社会造成的危害。圣人的基本特点有如下一些方面:

第一,圣人融身于道,唯道是从。老子在《道德经》中指出圣人是人中能体解大道的人,他清楚地知道道的高尚品质和伟大作用,能够把自己的思想、言论和行动与道统一起来,懂得求道、悟道、守持道,能唯道是从。庄子在《南华经》中以孔子学习和悟道为例,告诉人们,应当如何求道和如何奉持道。老子指出:"圣人抱一为天下式"(《道德经》二十二章),"行于大道,唯施是畏"(《道德经》五十三章)。他告诉人们,以道行事的人,最怕的就是背离大道而走邪路。他告诉人们,像圣人那样具有大德性的人,才能"惟道是从"(《道德经》二十一章)。

第二,圣人具有道一样的高尚品质,"处无为之事,行不言之教……为而不恃,功成而弗居"(《道德经》二章),"圣人之道为而不争"(《道德经》八十一章),"圣人被褐怀玉"(《道德经》七十章),"圣人在穷愁潦倒的时候,能使人家忘掉贫困;在显达荣耀的时候,能使王公忘掉爵禄而转尊为卑。他同外物相处得和谐快乐;他乐于和别人沟通却又不丧失自己的本性;他有时不说话却能用和顺之气使人感到温暖欢畅,与人共处而使人受到感化"。(《庄子·则阳》)"圣人不仁,以百姓为刍狗。"(《道德经》五章)"天地以外的事物,圣人总是存而不论;天地之内的事物,圣人只是叙说而不评议。史书是有关先王治世的记载,圣人只是议而不辩证……圣人的心胸包容万物。"(《庄子·齐物论》)善于守持道的人,以道行事,就能成为百官的首领。(《道德经》二十八章)

第三,"圣人无常心,以百姓心为心。善者吾善之,不善者吾善之……圣人在天下,歙歙为天下浑其心,圣人皆孩之。"(《道德经》四十九章)"圣人终不为大,故能成其大。"(《道德经》六十三章)"圣人执左契,而不责于人。"(《道德经》七十九章)"圣人无私,谦让不争。"(《道德经》七章)圣人不和任何人相争，对人谦虚，事事退后，处处谦和，所以圣人虽居于上位，而人民并不感到有什么负担；虽站在前头，而人民并不感到有什么损害。所以天下的人民都乐于拥戴他而不厌弃。(《道德经》六十六章)

第四，圣人为人处世求和，行无为，"去甚，去奢，去泰"(《道德经》二十九章)，主张根据不同的社会环境而变换处世之道。"圣人居住犹如鹌鹑，随处而安；饮食如同鷇鸟，不挑不拣；行动好似鸟雀飞翔而不留痕迹。天下如果正常，就与万物共同昌盛；天下如果混乱，就修养道德、避世闲居。千岁已满，一生用尽，就离开人世而升仙，乘上白鹤而飞，飞到天帝居住的地方。多惧、多事、多辱这三种忧患都不会来临，身体永远不会遭殃，也没有什么耻辱。"(《庄子·天地》)庄子还说："当时命而大行乎天下，则反一无迹；不当时命而大穷乎天下，则深根宁极而待；此存身之道也。"(《庄子·缮性》)圣人活着的时候，随顺自然一起行动；死了以后和万物一样转化；静处时与阴气一致，运动时和阳气合流……遵循自然之道……他们活着就像顺水漂浮，死去犹如休息……他们的心神单纯洁净，他们的灵魂不会疲累(《庄子·刻意》)。

第五，圣人自控力强，善于"保持心平气和，安静淡泊，忧患情绪无法侵入内心，邪气不能侵袭肌体，精神纯粹，气魄充足，德性完备"(《庄子·刻意》)。"圣人推崇精神"(《庄子·刻意》)，"唯神是守，守而勿失，与神为一"(《庄子·刻意》)。

第六，圣人善于教化和治理。"政令措施的颁布不失时宜，提拔荐举人才而不丢失贤能，洞察事物的情状而顺着自然的趋势去做，行动说话都是自然行为而天下人民都受到感化。举手一挥，眼神一动，四方百姓无不尽数到来，这就叫作圣人教治。"(《庄子·天地》)

第七，圣人中有世俗圣人，其特点是：提倡假仁假义、玩弄巧智、愚弄百姓。道家所说的"慧智出，有大伪"及其"绝圣弃智"的主张，出发点就是反对一些人打着圣人的招牌，玩弄巧智，用虚假的仁义礼智欺骗世人，"绝圣"要灭绝的就是这些世俗的圣人；"弃智"要弃的就是这些人玩弄的慧智、巧智。事实上与大道同一的圣人是道在人世间的体现者，他们"惟道是从"，德配天地，与日月同辉，是任何人想灭绝也灭绝不了的。世俗圣人玩弄的那一套，是真正的圣者所不取的。《庄子·天道》中，叙述了老子的观点。士成绮听说老子是个圣人，连续走了三千多里，脚底磨出了重重老茧也不敢休息。然而见到老子之后却感到很失望，发现这个老子不像自己想象的圣人，就毫不客气地对老子说，你"并不像个圣人啊"，其理由是："鼠洞周围有老鼠丢弃的菜，你遗弃自己的妹妹，这是不讲仁爱啊！生的熟的食物在你面前，根本吃不完，还要囤积敛取而不知停止。"老子神情淡然，不作回答。第二天士成绮又来拜见老子说："昨天我对你有所讽刺，今天我怨恨的心思却

正在平息,这是什么缘故呢?"老子回答说:"那所谓巧智神圣的人,我自认为超脱而不会去追求。昨天您称我为牛,我就答应是牛;您叫我为马,我就答应是马。如果有'弃妹'的事实,别人这样说我又不肯接受,这样就是犯了双重的过失。我的顺服是一贯的顺服,我不是因为某些必须服从的原因才表现出顺服的。"

②道家赞颂有德之人

道家高度赞美有德之人,认为人有德才成其为人。道家认为人的德性完美程度是由人的自然天性与道统一程度决定的,人性与道结合的程度越高,人的德性则越完美。道家学说创始人老子,把德与道不可分割地联系在一起,引导人们把德与道完善地统一起来。道家认为,有德之人的优秀品质和价值有诸多方面的表现:第一,具有道的品质。"生而不有,为而不恃,长而不宰,是谓玄德。"(《道德经》十章)"为天下溪,常德不离,复归于婴儿。知其白,守其黑,为天下式;为天下式,常德不忒,复归无极。知其荣,守其辱,为天下谷;为天下谷,常德乃足,复归于朴。"(《道德经》二十八章)"上德无为,而无以为。"(《道德经》三十八章)第二,惟道是从。有德之人懂得道生万物并主宰万物,因而能自觉地求道、悟道、守持道,"孔德之容,惟道是从"(《道德经》二十一章),具有大德性的人绝对地服从道,绝不背离道,无论在什么情况下都能守持道。第三,倡导人道与宇宙大道统一。道家告诉人们,唯有具有大德的人,才能自觉倡导人道与宇宙大道的统一,他们是引领天下人与道同行的旗手,没有大德之人社会就会混乱。第四,守护自然本性。庄子说:"具有最纯正德性的人,不违背人的自然天性","原本就是长的不认为有所多余,原来就是短的也不认为有所不足。因此野鸭的腿虽短,但接上一段就会难受;鹤鸟的腿虽长,如果截去一段它就会悲伤。所以天性是长的就不应截短,天性短的就不该接长"(《庄子·骈拇》)。第五,不受外物干扰。"像这种人,不合于自己志愿的,他不会去干;不合乎自己心思的,他不会干。即使天下人都称赞他,都附和他的主张,他也傲然不予理睬;即使天下都批评他,都与他的主张相反,他也漠然不听从。天下人的称赞或批评对于他来说,既无增益,亦无损失,这种人就是德性完全的人。"(《庄子·天地》)第六,维护四海百姓共同利益。"见四海之内百姓共享利益才认为是喜悦,让百姓共同充足才认为是安乐。愁苦时就像婴儿失去母亲一样尽情悲哀,处事茫然时就像出行迷失了道路,财物有所富余却不知是怎么来的,食物充足却不知来自何方,这就是德人的情状。"(《庄子·天地》)第七,内德充实,与人和谐。"善者吾善之,不善者吾亦善之,德善"(《道德经》四十九章),"内德充实的人,权势大到当上天子,却不因高贵而傲视别人;财富多到拥有天下,却不因富有而侮辱别人。他们估计到富贵会带来的祸患,预测到物极必反的后果,所以拒绝名利而不接受,并不以此来沽名钓誉"

（《道德经》十章）。第八，不背道弃德而任意妄为，不用慧智伤害道德。德性越高的人，做人处世越谨慎，做事守道而不失德。"不自见，故明；不自是，故彰；不自伐，故有功，不自矜，故长。"（《道德经》二十二章）"常德不离"（《道德经》二十八章）"不失其所者久"（《道德经》三十三章）。

（3）道家抨击的人生形象特点及其归宿

道家指出："大凡具备人的形体，但糊里糊涂的人很多；既具备有形的人体而又拥有无形无状的'道'的人，几乎没有。"（《庄子·天地》）

①道家抨击玩弄慧智伎巧的人

老子说："慧智出，有大伪。"（《道德经》十八章）他指出，玩弄慧智的人，轻道而贱德，用虚伪的仁义道德欺骗人，追求机巧，玩弄伎俩，致使世风日下，人与人之间钩心斗角，相与欺诈。庄子说："倚仗才智而无视天道的人，将要以自身能力为本钱，处处追求与别人不同；尊崇才智，使得智慧的作用像火一样迅速蔓延；将要被细微的事物驱使，将要被外物拘束，将要四下张望以应接万物，将要处理万物之事宜，将要随着万物的变化而变化，不能保持恒久。"（《庄子·天地》）庄子又说："机巧的人多劳苦"（《庄子·列御寇》），"他们的身心驰骛于尘世之内，沉溺于万物之中，一辈子也不回头，可悲啊！"（《庄子·徐无鬼》）《庄子》书中又说："有机巧的事物必有机巧的心思。机巧的心思存在于心中，就会破坏纯洁的品质。失去纯洁的品质，精神就会无法稳定，精神不稳定的人，就会被道所抛弃。"（《庄子·天地》）庄子又说："小人则以身殉利，士则以身殉名，大夫则以身殉家，圣人则以身殉天下，故此数子者，事业不同，名声异号，其于伤性以身为殉，一也。"（《庄子·骈拇》）他指出，打着仁义道德的招牌，追求名利，与盗跖盗窃财物一样，都是损伤人的本性的表现。

②道家抨击可悲的人

道家指出，可悲的人具有多种多样的表现，其中主要有以下几种：第一，阿谀奉承的人。"一生都在奉承他人，一生都在讨好别人"，"别人说自己是阿谀小人，就勃然发怒；说自己是谄媚的人，就愤然变色"，"讲究衣服装饰，装模作样变化表情姿态，以此来讨好世上所有的人，可是不承认自己是谄媚阿谀；与世俗人同属一类，是非标准与世俗人相同，不承认自己是世俗人。"（《庄子·天地》）

第二，非常糊涂的人。这些人"非常糊涂，一辈子也不能解除迷惑；十分愚蠢，到死也不会觉过来。假如三个人一起行路，如果其中一个糊涂，仍然可以达到目的地，这是因为糊涂的人少；如果其中有两个糊涂，就会徒然劳累而到不了目的地，因为糊涂人超过清醒的人，而今全天下人都糊涂了，我虽然有所祈求和向往，也不能实现了，不也是可悲伤吗？""知道不可能实现却勉强要去做，这又是一种糊涂啊！"（《庄子·天地》）

第三，人为物役，真性受损的人。《庄子·徐无鬼》一文列举了十几种人为物役，人的真性受损伤的表现，指出："身心驰骛于尘世之内，沉溺于万物之中，一辈子也不回头，可悲啊！"这些对外物追求过于投入，人的真性为物欲蒙蔽，不知回头的人是可悲的。

第四，追名逐利不择手段、不计后果的人。《庄子·盗跖》列举了天下最大的六种祸害，指出："耳边萦绕着笙箫之声，口中满足于佳肴美酒的滋味，因此动摇意志，忘掉事业，可说是糊涂啊；深深沉溺于为追名逐利而鼓起的充盛之气，就好像背着重物爬坡，可以说是辛苦啊；因贪求钱财而招致疾病，因贪求权势而导致精疲力竭；闲居无事则沉溺于享乐，身体肥胖则气血不通，可以说是疾病啊；为了求富逐利，钱财堆得墙一般高还不知足，物欲如此膨胀却不肯抛弃，可以说是耻辱啊；钱财积得如此之多却舍不得用，心中念念不忘钱财而不肯割舍，为了钱财还不够多而心存烦恼，努力增加财富而无休止……"只知道无止境地追求，不知审察自己防止祸患"等到祸患降临，为了谋求保命不惜耗尽钱财，甚至想换回一天平安日子都已不可能了……弃绝生命去争夺名利，岂不是太糊涂了吗！"

5. 认识人生思想发展的逻辑

道家从道是万物产生、存在、发展变化的本源高度研究问题，认为宇宙、天地人万物皆受道的支配，万物顺道则生，背道则亡。任何具体事物，要想存在和发展，就要将自己与大道统一起来。换句话说就是，一切具体事物的生存发展之道，必须与宇宙发展的大道相统一，其统一度越高，具体事物的生命则越强。道家认为，人是宇宙间诸多具体客观存在物中特性鲜明者之一，他能悟道、求道、守道、惟道是从，能不断把自己纳入道的发展变化所需要的轨道。正是从这一认识出发，道家认为人是宇宙间可以与道、天、地相并列的四种伟大客观存在物之一。人类产生以来，人们一直在探求人的生存发展与天地自然的存在发展之道之间的联系，渴望寻求人道与天地自然之道的和谐统一。道家在寻求人生之道与天地自然发展之道统一方面，做出了积极的贡献，提出了许多有益的思想。

道家在人生之道与天地自然发展之道关系研究上的最大贡献，就是主张寻求人生之道与天地自然发展之道的和谐统一。道家学说创始人老子及其主要代表人物庄子，早在两千年前，就从人类产生之时是怎样处理人生与天地自然发展的关系研究起步，追溯了人生思想演进的逻辑。他们指出，人生之道与天地自然发展之道和谐统一，是人类社会存在和发展的根据。他们认为，人生之道如果背离天地自然发展之道，人类就会遭受天地自然之道的惩罚。从这一认识出发，道家认为，人的自然天性就是保持人生之道与天地自然发展之道的和谐。道家指出，处于混沌时期的人，宁静、淡泊，虽然拥有智慧，但不用其干扰人生之道与天地自然发展之道的和谐。燧人氏和伏羲氏时期的人，德性出现衰落，人心表面上维系人生之道与天地自然发展之道的和谐，但是人心出现不纯。神农、黄帝时期，人心表面上稳定，而实际上出现了不顺服。尧舜开教化先河，企图将人心归正，以求人生之道与天地自然发展之道的和谐，不但没有达到预期的目的，反而导致一些人玩弄慧智机巧，一些人抛弃人的自然天性而遵从私心，追逐个人私利而丢弃人道、违背天地自然发展之道，人与人之间相互窥探，人与人之间相互欺诈蒙骗，国与国之间争夺私利的战争连绵不断，社会上盗贼四起，人民陷入苦难之中。道家指出，改变这种局面的办法，就是尊道贵德。用老子的话说，就是"孔德之容，惟道是从"（《道德经》二十一章），即发展人的纯净伟大的德性，恢复人的自然天性，一切依道而行，不用智巧损伤道，不用虚伪的仁义道德欺骗人（以上参见《道德经》十八章、十九章、五十三章；《庄子·缮性》）。

（三）认识自己

在中国人文化发展史上，道家较早地提出了认识自己的问题。道家不但阐明了为什么要认识自己，而且指出了认识自己应解决的主要问题。

1. 为什么要认识自己

老子说："域中有四大，而人居其一焉。人法地，地法天，天法道，道法自然。"（《道德经》二十五章）他明确指出："自知者明。"（《道德经》三十三章）他告诉人们，人是宇宙间的客观存在物之一，人只有认识自己，才能明明白白地做人。

老子说的宇宙间四种大的事物中，就其形体来说，道大得无边无际，天、地之大也是无边无际，而每一个具体的人，形体则是小而有限的。然而人身上却蕴藏着无限的能动性，人依靠自己的认识能力，能认识道、认识天、认识地、认识他人、认识自己。道、天、地按照自己的法则自由自在地运行，人应该怎么办呢？道家告诉人们，人只有认识自己，懂得取法天地他人和万事万物之长，才能像道、天、地、自然一样，自由自在地生存和发展。

2. 认识自己必须正确认识的问题

道家告诉人们，要想明明白白地做人，需要首先认识自己应当认识的问题。哪些问题是人们做人应当认识的问题呢？道家认为主要有以下几方面：

第一，认识万物无不自化。道家告诉人们，道生万物之后，任万物自己自由存在发展。人的存在和发展变化，同周围万事万物一样，道和天地也不干涉人的存在和发展变化，"祸福无门，唯人自招"（《太上感应篇》），是生是死，也由人们自己来决定。

第二，认识道和天地的作用机制。道家把道和天地对于万物的作用机制概括为："无为而无不为。"（《道德经》四十八章）其无为是指："生而不有，

为而不恃,长而不宰"(《道德经》五十一章),任万物自生自长自化(《道德经》三十七章);其无不为是指道和天地对万物不是放手不管,而是不允许它们为所欲为,原则是"不道早已"(《道德经》三十章),即顺道和天地自然者生,背道和天地自然者亡。

第三,认识人成其大的基本条件。道家指出人是宇宙间四种大的事物之一,同时告诉人们,并不是所有具有人的形体的人都能自然而然地成为与道和天地并列伟大的人,而是只有那些"惟道是从"、具有大德性的人,才能成其大(《道德经》二十一章)。道家还深入论述了德与道统一的程度,决定人们成长和成功的程度(《道德经》三十八章、四十一章)。

第四,知自己认识的对错,知做人什么最重要。道家告诉人们,许多人不知道思考自己认识的对错,有些人有人的形体而不知做人需要守做人之道。《庄子·天地》中,讲述了孔子与老子的一段对话,孔子问老聃说:"有人修道而似乎与道相违,不可行的认为可行,不正确的当作正确。公孙龙等人就有这样的言论……"老聃说:"孔丘,我告诉你……大凡具备人的形体,但却糊里糊涂的人很多;既具备人的形体而又拥有无形无状的'道'的人,几乎没有。"老子告诉人们,有人的形体而不知认识做人之道的人,就是糊涂人。

第五,认识自己的思想、言论和行动必须与道统一。道家批评"天下学者多因得一孔之见而自以为是","天下之人多各自做自己想做的,把自己的一套看作常道。各家学说沿着各自的道路走下去而不知返回大道,这就必然与大道不相合了。道被天下人割裂了,可悲啊!"(《庄子·天下》)

(四)认识他人

道家指出,人们要想求生存和发展,不但要正确认识自己,而且要正确认识他人。

1. 为什么要知人

老子指出:"知人者智。"(《道德经》三十三章)他告诉人们,能知人的人才能明智地做人。也就是说,清楚地认识自己周围的人,是人们做人的需要。

第一,知人才能清楚自己应当向谁学习。老子说:"善人者,不善人之师;不善人者,善人之资。不贵其师,不爱其资,虽智大迷,是谓要妙。"(《道德经》二十七章)他告诉人们,自己清楚谁是善人,才能知道向谁学习;清楚谁是不善之人,才能知道自己应当吸取他人的哪些教训。他强调指出,不懂得这一道理,不知道向谁学习经验,不知道吸取他人的哪些教训,明智的人也会变成迷茫的人。

第二,不识人者易招致灾祸。《庄子·人间世》中讲述了孔子教颜回识

425

人处世之道,讲述了知人的重要性,告诉人们,知人不深,处世不当,难免灾祸上身。孔子指出,不识恶人或识之不深,稍不注意就会触犯恶人,受其伤害。该文中说,饲养老虎的人之所以能不受虎的伤害,是因为养虎人深知虎性,在与虎交往中能做到随顺虎性。恶人伤人如虎,如果不识恶人,在与恶人交往中,稍不注意就会被恶人伤害。

第三,知人才能用好人。道家讲了许多知人善任的故事,管仲是道家公认的知人用人典范。《庄子·徐无鬼》中讲述了齐桓公向管仲请教用人的事。管仲生病了,齐桓公前去看望,对管仲说:"仲父病得很厉害了,如果你去世,那么我把国事托付给谁合适呢?"管仲问桓公:"你想把国事交给谁呢?"桓公说:"鲍叔牙。"管仲说:"不行。鲍叔牙是一个有德之人,但是他对不如自己的人不肯去亲近;他听到别人的过失,就一辈子不忘。让他去治理国家,对上,他可能违背君心;对下将会违背民意。所以他的执政将不会长久。"齐桓公问管仲说:"那么谁合适呢?"管仲回答说:"不得已的话,隰朋还是比较合适。他的为人,对上不自矜,容易让别人忘掉他;对下也不严格区分贵贱的界限。他惭愧自己比不上黄帝而又怜悯不如自己的人。"

2. 怎样才能做到知人

道家告诉人们,正确的认识叫知;不正确的认识叫迷。要想做到真正知人,第一,必须把握区分正确知人和不正确知人的标准。道家的识人标准简单而明确。老子在《道德经》中指出,区分善人和不善人的基本标准就是看其守不守道、有没有德及德与道在其身上统一的程度。有大德能"惟道是从"(《道德经》二十一章),都可以叫作善人,根据德与道统一的程度,这些善人中又有真人、至人、神人、圣人的区别。《庄子·人间世》中指出:人处天地之间,"有两条不可违背的基本原则,一是天命,一是义理",其中"天命"一条是说"道"不可违背,"义理"一条是讲"德"不可忘,这两个原则的实质是说道和德两者都不可缺少。

第二,要力求全面而深刻地认识人。道家不厌其烦地告诫人们,看人不要看表面现象,也不要抓住一点不及其他。老子说:"圣人被褐怀玉"(《道德经》七十章),他告诉人们,如果只看表面现象,就可能不识圣人;不善之人常常金玉其外而败絮其中,如果喜欢看表面现象,则有可能把不善之人当成善人。老子又说:"信言不美,美言不信。善者不辩,辩者不善。知者不博,博者不知。"他告诉人们,如果只喜欢说话好听的人,只喜欢能言善辩的人,只喜欢知识渊博的人,就会失掉那些说真话的人、真善之人、有真知灼见之人。《庄子·则阳》中说:"如今有人专注于马体的各个部分,却看不到一匹完整的马。他们不知道拴在面前的马,正是由各个部分合起来才能称作马。"又说:"狗不因其会叫就算良种,人不因会说就是贤才。"(《庄子·徐无鬼》)

第三,多侧面多角度地看人。道家把人置于广阔无限的宇宙之中去研

究,认为只有具有像道、天地那样伟大作用和品质的人,才能算作具备了做圣人的基本条件之一,才有可能成为像道、天、地一样伟大的人。道家把人置于人类社会之中来研究,他们认为,人们对社会发展进步的作用和贡献不同,决定其社会地位和应受到的尊重程度不同,圣人是处于社会最高层次最受人尊重的人,应当是德性最高、创造力最强、对社会贡献最大的人。老子认为,至高无上的德性是人成圣的基本条件之一。道家认为,圣人的地位和名声不是靠空喊得来的,而是干出来的,圣人是人群中能成就大事业的人。"天之道,不争而善胜"(《道德经》七十三章),"圣人之道,为而不争","夫唯不争,故天下莫能与之争"(《道德经》二十二章),"不为而成","功成而弗居"。

道家主张对一切人都应多侧面、多角度地看,否则,就不能正确认识人。《庄子》一书在这方面做出了突出的贡献,他告诉人们,人的残疾主要不表现在形体上,形体上的残疾不影响人们成为圣人,他在《德充符》一文中列举了六个肢体残缺、外貌奇丑而道德高尚、精神极其充实的人,这些形体残疾的人中,有儒家圣人自叹不如者,有君主羡慕不已者。他指出,知识、心理精神残疾比肢体残疾更可怕(《庄子·逍遥游》)。

第四,辩证发展地看人。《庄子·秋水》中指出:"大道没有终结和开始,万物都有或生或死的变化,不可依赖一时的成就。一会儿亏虚,一会儿满盈,不可专守一时的形态……万物的生长,犹如快马奔驰一般,没有哪个动作不在变化,没有一个时辰不在推移。"《庄子·寓言》中说:"孔子行年六十而六十化",开始时所肯定的,最终又否定了,五十九岁时认为是错的,六十岁时可能又认为是对的了。如果仅依孔子哪一年说的话为根据来评价孔子,则难以正确认识孔子其人。《庄子·天运》中讲述了孔子向老子求道的故事,孔子总结自己以往的教训时说:"我做人不能随顺自然而变化,因而不能感化别人。"

第五,掌握多种识人方法。道家告诉人们,要想知人,需要掌握诸多识人方法。《庄子·列御寇》中指出,"那人心比山川更险恶,了解人心比了解天还难",因而需要懂得运用多种方法去观察。该文介绍了几种观察人的方法,其用意在于告诉人们,要想知人不可以不研究知人的方法。

(五)认识社会

自从人类产生后,天地之间就出现了一个人类社会。社会是由一个个具体的人构成的群体。任何一个现实的人都无法离开社会。正确地认识社会,是人们生存和发展的需要。为了指导人们更好地做人,道家要求人们必须正确认识个人与社会的联系和关系。老子和庄子早在两千多年前,就对其中许多问题提出了真知灼见。

1. 认识社会运行之道不可违逆

道家从道的高度研究问题，不但提出道生万物，而且指出万物各有其固有的生存发展之道。人类社会也有其固有的运行之道，社会运行之道是任何个人都不可违背的。道家告诉人们，人在社会中求生存发展不可为所欲为。老子说："将欲取天下而为之，吾见其不得已。天下神器，不可为也，为者败之，执者失之。夫物，或行或随，或嘘或吹，或强或羸，或载或隳。是以圣人去甚、去奢、去泰。"（《道德经》二十九章）他告诉人们，道所创生的社会，是一个神妙之物，生活在社会之中的人们不可以为所欲为，妄为者必败，执拗行事则必有失。只有像圣人那样遵道而行，才能求得成功。老子又说："道常无名，朴，虽小，天下莫能臣之。"（《道德经》三十二章）他告诉人们，社会运行之道并不引人注目，虽然其状似质朴卑下，但是没有谁能使它屈服，背道而行者没有不失败的。他举例说："乐杀人者，则不可以得志于天下矣。"（《道德经》三十一章）那些想用杀人等暴力手段横行天下的人，是不可能达到目的的。"天网恢恢，疏而不失。"（《道德经》七十三章），社会之道犹如天网一样，看似稀疏，然而它从来不放过任何一个为所欲为的横行霸道之人。

2. 认识人民的社会主人地位

道家对谁是社会的主人的问题做出了明确的回答。《庄子·在宥》中指出："贱而又不能不使用的，是物品；卑而不能不依顺的是人民。"自古以来，不少统治者都把自己视为社会的主人，而道家明确地指出，社会上的任何统治者都不能不依顺的是人民。老子在《道德经》中反复阐述了谁是社会主人的问题，他说："圣人云：受国之垢，是谓社稷主；受国不祥，是谓天下王。正言若反。"（《道德经》七十八章）他告诉人们，圣人说了，能够为国为民服务而甘受屈辱的人，才可称为国家之主；能够为国为民承担各种灾祸的人，才是真正的君王。习惯于追求名利权位的人，觉得这种说法好像是反话。老子又说："死而不亡者寿"（《道德经》三十三章），他指出只有那些为社会人民服务，做出不朽功绩而永远活在人民心中的人，才是死而不亡者，即真正长寿的人。也就是说，一个人在社会上处于什么地位及有什么价值，不是自己说的，而是要由人民认定。人民是道在社会中的代表。表面上看，人民在社会上地位卑下，然而主导社会发展方向的却是人民，有利于社会和人民的人，就会受到肯定，背离社会前进方向和人民利益的人就会被否定。任何个人都必须接受人民的评判。人民是一切个人的主宰。表面上看，指导社会运行的是领导者，而领导者是否合格则要由人民评判，从根本上说，人民选择社会领导者，社会领导者的命运掌握在人民手中。

3. 认识社会管理机制

认识社会管理机制，有利于增强人们做人的主动性，把思想、言论和行

动自觉地纳入社会运行的正常轨道,做到"是道则进,非道则退,不履邪经"(《太上感应篇》)。

道家的社会管理机制具有丰富的内容,其基本原理是"无为而无不为",基本要素有道、德、天命、得道之人、政策法规、仁、义、礼、智、信等诸多内容。

道家认为,"无为而无不为"是宇宙大道的高贵品质,也是社会上得道之人的崇高德性。社会管理如果能实行"无为而无不为"的原则,就能形成人心舒畅,社会和谐,人人自爱、自正、自胜的局面。

道家告诉人们,君王、圣人是治理国家和管理社会不可缺少的要素,道家同时强调君王和圣人们必须清楚地知道自己该做什么和不该做什么。君主的责任则是"以正治国,以奇用兵,以无事取天下","天下多忌讳而民弥贫;民多利器,国家滋昏;人多伎巧,奇物滋起;法令滋彰,盗贼多有。故圣人云:我无为而民自化,我好静而民自正,我无事而民自富,我无欲而民自朴"(《道德经》五十七章),也就是说,国家君王就是要抓住以正道治国,用奇兵作战,以安定团结治理社会。道家告诉统治者,政令禁忌越多,人民越贫穷;民众手中的兵器越多,则国家越易发生乱事;玩弄伎巧的人越多,邪恶事就会越多;苛政法令越多,盗贼反而越多。老子强调:"以道莅天下,其鬼不神。"(《道德经》六十章)又说:"故立天子,置三公,虽有拱璧以先驷马,不如坐进此道。"老子说:"古之所以贵此道者何?不曰以求得,有罪以免邪,故为天下贵。"(《道德经》六十二章)

老子在《道德经》中充分肯定了圣人在治理国家、管理社会中的作用,指出圣人是道在人类社会的体现者,道的高贵品质通过圣人在社会上表现出来,他说:"圣人处无为之事,行不言之教"(《道德经》二章);"圣人不仁,以百姓为刍狗"(《道德经》五章);"圣人后其身而身先,外其身而身存"(《道德经》七章);"圣人抱一为天下式"(《道德经》二十二章);"圣人常善救人,故无弃人;常善救物,故无弃物"(《道德经》二十七章);"圣人去甚,去奢,去泰"(《道德经》二十九章);"圣人无常心,以百姓之心为心……圣人在天下,歙歙为天下浑其心,圣人皆孩之"(《道德经》四十九章);"圣人终不为大,故能成其大。夫轻诺必寡信,多易必多难;是以圣人犹难之,故终无难矣"(《道德经》六十三章);"圣人被褐怀玉"(《道德经》七十章);"圣人自知不自见,自爱不自贵;故去彼取此"(《道德经》七十二章);"圣人为而不恃,功成而处,其不欲见贤"(《道德经》七十七章);"圣人执左契,而不责于人"(《道德经》七十九章);"圣人不积,既以为人,己愈有,既以与人,己愈多。天之道,利而不害,圣人之道,为而不争"(《道德经》八十一章)。

道家充分肯定圣人的品质、作用和功绩,同时猛烈地抨击那些世俗的圣人,指出世俗圣人搞的愚弄百姓的一套是必须抛弃的。

　　道家承认仁、义、礼、智、信在国家治理和社会发展中的作用,指出:"失道而后德,失德而后仁,失仁而后义,失义而后礼。"(《道德经》三十八章)道家认为,德对道的实行有辅助作用,仁对德的实行、义对仁的实行、礼对义的实行都具有一定的辅助作用,但同时指出,有些人用虚假的道德、假仁、假义和虚伪的礼义欺骗人民,玩弄伎俩巧智追名逐利,惑乱了人心,败坏了社会风气,是应当坚决弃之的。老子说,以巧智治国,将导致"智慧出,有大伪"(《道德经》十八章)、"信不足焉,有不信焉"(《道德经》十七章)。

第八章 道家圣哲论管理人生

道家追求人生自由,提倡逍遥人生,然而并不主张放纵人的思想、言论和行为。道家学说创始人老子及其主要代表人物庄子等人,从人生实际需要出发,构建了一套严格管理人生的理论和机制。

一、道家圣哲论做人管理

(一)做人要抓住根本

1. 植根于道

道家认为,人们如果能把道作为做人的灵魂,就会生长出如同道一样的高尚品质,求得像道那样神圣的能力,便可以和造化交朋友,遨游于天地万物之间,与万物融为一体。《庄子·大宗师》中说:"那道是实实在在的和有信用的……它自身就是自己的根、自己的本,尚未有天地之前,它就已经存在。它产生了鬼、产生了帝;创生了天、创生了地;它处于太极之上而不显高,处在六合之下而不显深,比天地产生的还早而不以为久远,从上古时代就开始生长而至今不老化。狶韦氏得到它,用来开天辟地;伏羲氏得到它,用来调和元气;北斗星得到它,永远不会偏离运行轨道;太阳和月亮得到它,永远运行不息;堪坏得到它,用来入主昆仑山;冯夷得到它,用来畅游大江大河;肩吾得到它,用来占据泰山;黄帝得到它,用来攀云登天;颛顼得到它,用来居住于玄宫;禺强得到它,用来立足于北极;西王母得到它,安居少广山,没有人知道她的出生,也没有人知道她的死亡;彭祖得到它,存活的时间上达虞舜时代,下至春秋五霸;傅说得到它,用来辅佐武丁,统辖整个天下,死后乘着东维、骑着箕宿和尾宿,与众星并列争辉。"他告诉人们,自古以来,一切伟大人物皆依靠道成就伟大。

《庄子·大宗师》中讲述了子桑对自己陷入绝境原因的思考,他说:"苍天无私地覆盖一切,大地无私地托载着一切,天地难道会偏心而使人贫困吗?我寻求使我贫困的原因却总也找不到!"文中明确指出,子桑面临的贫困绝境不是天所为,也不是地所为,然而没有直接回答到底是谁所为。但是如果统观全文,则会看到,子桑的贫困绝境,是由于他自己没有得到道。

《庄子·天道》进一步论述了得道之人的品质和能力,文章指出:"道,说它大,无穷无尽;说它小,无所遗漏,为万物所具备,广大啊,它无所不容;深远啊,它不可测量。形貌仁义是精神的枝节,若不是得道之人,谁能分辨它们呢!那得道之人拥有天下,所拥有的不是很大吗?却不足以成为他的牵累;天下的人都争夺权柄,而得道之人和他们不一样;明察万物而无所依赖,不因为追求利益而转移心性,能洞察万物的本性,能坚守无为之道。所以忘却天地,忘却万物,而精神未曾有所束缚。"

《庄子·天运》中讲述了孔子向老聃求道的事。孔子首先向老子讲述了自己花费了好多时间和精力研究六经,然而没有一个国君采用。孔子问老子这是什么原因造成的。老子明确地回答:"如果获得道,就没有行不通的;如果丧失道,就没有行得通的。"

《庄子·田子方》中借孔子的话评价得道的真人时说:"智者无法将他说服,美女无法使他淫乱,盗贼无法劫持他,伏羲、黄帝无法迫使他亲近。富贵生死对他不能产生影响。像这样的人,他的精神穿行于泰山而无所阻挡,浸入深渊山泉而不会沾湿,处于卑微的地位而不会困顿,充满于天地之间,尽量给予他人而自己更加充足。"文中又说:"得天道而又能通天道,那么四肢百骸将视为尘垢,而死亡与生存、终结与开始将看作昼夜的变化,没有什么能扰乱他们,何况只是得失、祸福的分界呢!他们抛弃附属的东西就好像抛弃泥土,因为知道自身比附属物尊贵。知道可贵在于自身,而不因外界的变化失掉自我。况且万物的变化未曾有尽头,又有什么可以忧心的啊!修道的人都明白这一点。"

《庄子·徐无鬼》中说:"得道的真人之所以天天与世俗人事相接而不失自己的本性,全凭心中有道。人之依道,犹如水之依土,影之依人,物依赖造物者。人如果心中无道或不知守道,为所欲为地追逐外物,就会像树木无根本一样,顷刻就会倒覆枯死,想长久是不可能的。"

《庄子·让王》讲述了孔子守道做人的事。孔子在陈蔡两国之间被困,七天没有生火做饭,野菜汤里不见一粒米,脸色疲倦仍吟唱弹琴。颜回采着野菜,子路和子贡凑在一起说道:"先生两次被鲁国赶出来,在卫国被削去车轮印,在宋国树下讲学后树被砍掉,在商周处境窘迫,如今又被困在陈蔡之间,想杀先生的人却不被治罪,凌辱先生的人却不受制止。而他依然吟唱弹琴,没有中断过歌咏之声。难道君子竟是如此的不以受辱为意吗?"颜回无法回答,只好进屋把此事报告给孔子。孔子推开琴而长叹道:"子路和子贡真是见识短浅的人啊!把他们叫过来,我有话对他们说。"孔子对子路子贡说:"君子通达大道叫通,不通大道才叫穷。如今我固守仁义之道而身逢乱世之祸,这算什么困厄!我心中自省并非不通达大道,面对困厄而没有丧失我的节操,严寒已经来到,霜雪已经降临,我由此才感到松柏的苍翠不凋。

在陈蔡的困厄,对我来说恐怕倒是件幸事吧!"孔子说完后,又弹唱起来,子路也提起盾牌跳起了舞来。子路说:"我真不知道天高地厚啊!"文章评论说:"古代得道的人,困厄时也快活,显达时也快活,他们所快活的并不是个人的困厄或显达,而是心中有道,困厄或显达对于他们来说,好像寒暑风雨循序交替那样的自然。"

2. 修身以德

道家认为,大道无形,它置身于人们看不见的地方,虽然极其重要,但是一般人是难于认识的。因而,老子进一步指出:"故道生之,德畜之,长之畜之,亭之毒之,养之覆之。"他告诉人们,道创生的万物,要靠德来蓄养、培育、驯养、保护,是德使万物成长成熟。德给人美好感受,是通过人的思想、言论、行动表现出来的利于他人和社会的高尚品质。

道家认为,人的德行有不同的层次区分,只有处于高层次的上等的德行才具有与道同一的崇高品质。老子说:"上德不德,是以有德;下德不失德,是以无德。上德无为,而无以为。下德为之,而有以为。"(《道德经》三十八章)他告诉人们,上德之人依道而行,没有个人欲望,反而有德;下德以有心施德,反而没有德。上德之人,顺应自然,为而无为;下德之人,一切求有所作为。老子又说:"生之畜之,生而不有,为而不恃,长而不宰,是谓玄德。"(《道德经》十章)他告诉人们,上等的德行是同道一样玄妙的德行,它创生万物而不据为己有,化育万物而不夸耀其能,长养万物而不主宰它们。

《庄子·德充符》中指出,人必须以德性为重,不忘本来就不该忘怀的德,才能成为一个德行充实的完美的人。文中记述的王骀、哀骀它等六个肢体残缺、外貌极丑的人,都是德性极其充实的人。文中借用鲁哀公与孔子的对话,阐述了德的本质及其重要性。孔子对鲁哀公说:德就是"和顺的修养。德不外露的人,别人自然就不肯离去。"孔子在文中回答常季的问题时指出"让自己的心灵邀游在和谐的德行之中"。

《庄子·应帝王》中还指出,人的德行必须实实在在,"伏羲氏睡时则安安稳稳,醒来后自得其乐。听任别人把自己称作马,听任他人把自己称为牛。他的智慧真实可信,他的德性毫无虚伪"。

《庄子·德充符》和《天下》等文中强调人必须重视内德修养,只有内德至盛,才会有强大的生命力,才能做到不失和顺,团结大众,成就大业。文章批评惠施等人"轻视德行修养,擅长剖析物理,他所走的道路是狭隘而曲折的。从自然之道的高度来看惠施之所能,他就好像一只蚊虻,终日辛劳,而对于万物又有什么作用呢! ⋯⋯可惜啊! 惠施才气横溢却不能行正道,追逐外物而不回头⋯⋯多么可悲啊!"

道家主张,做人既要善于契合道,又要善于应和人事。人生的成功度,就其实质来说,取决人的德行与道的和谐程度,人的德行与道的同一度越高,则与天地自然万物人的和谐度越高,人生的成功度也就越大。然而人的德行与道的统一不会自然而然实现,要靠人为的努力来完成。

(二)保持精神逍遥自由

道家把保持精神逍遥自由看得比什么都重要。道家赞颂的道,是宇宙间最神奇、最逍遥自由的存在物,它创生天、地、人、万物而不为其主,"万物莫不尊道"而道不自以为了不起,无论在什么情况下,道都持守"无为而无不为"(《道德经》三十七章)。道家创始人老聃,身处周朝末年的乱世,然而精神逍遥自由,喜欢游心于万物之初,喜欢骑着老牛优哉游哉地闲游,过着神仙般的自由生活。作为道家主要代表人物之一的庄子,一生以大道为归依,不追求功名利禄,视权位如粪土,宁愿过着食不饱腹、物质生活贫穷而精神自由的生活,也不去楚国任宰相。《庄子·逍遥游》正是庄子追求精神逍遥自由的写照。

道家追求养神之道,告诉人们要注意养护精神,防止耗损精神,一切导致天性损伤和精神流失的行为,都是不可取的。《庄子》书中说:"形劳而不休则弊,精用而不已则劳,劳则竭"(《庄子·刻意》),耗神不已者必败亡。"形体与精神都不亏损,这就叫作能随天地变化、精神纯而又纯,就能反过来帮助天地自然发展"(《庄子·达生》)。又说:"壹其性,养其气,合其德,以通乎物之所造。夫若是者,其天守全,其神无郤,物奚自入焉?"(《庄子·达生》)"神全者,圣人之道也"(《庄子·天地》)。

(三)管好人心

道家告诉人们,人心不但重要而且难以管理。《庄子·田子方》中记载的孔子与颜回的对话中,讲述了孔子对心的作用的评价。孔子说:"夫哀莫大于心死,而人死亦次之。"庄子在这里告诉人们,人是靠心做人,人心死,人也就无法做一个正常的人了。道家告诉人们,人做善事还是做恶事都是从心开始的,天地间的善神和恶神都是跟随人心而动的,"心起于善,善虽未为,而吉神已随之;或心起于恶,恶虽未淡,而凶神已随之"(《太上感应篇》)。《庄子·在宥》中记载崔瞿问老聃:"不治天下,安藏人心?"老聃说:"女慎,无撄人心。人心排下而进上,上下囚杀,淖约柔乎刚彊,廉刿雕琢,其热焦火,其寒凝冰,其疾俯仰之间而再抚四海之外。其居也,渊而静;其动也,县而天。偾骄而不可系者,其唯人心乎!"其意是说,人心变化之快,在一俯身一抬头之间,就到四海之外巡游两个来回,它不动的时候,沉静如同深渊般隐秘;它动的时候,玄远如同天空般莫测。放纵疾驰而无法约束的,大概只有人心吧!

道家告诉人们,管理人心的目标就是使人心"通乎道合乎德"(《庄

子·天道》）。使人心通乎道，就是将人心纳入宇宙大道运行的轨道，让道做人心的主宰，能"惟道是从"（《道德经》二十一章），用庄子的话说，就是心中有道。他告诉人们，得道的真人与世俗之人事相接触而不丧失其本性，全赖心中有道，"苟得于道，无自而不可；失焉者，无自而可"（《庄子·徐无鬼》）。使人心合乎德，是说人心的活动不能背离德的要求。德的本质是人心的和顺统一。人没有利己之心，才能与众人和谐。德是道的品质给予人的感受，德心的修养就是求"德与道的浑然统一"（《庄子·徐无鬼》）。

道家指出，人心管理就是求心灵安宁。《庄子·庚桑楚》中说："心境安宁的人，他所表现的，都源于自然的光辉。能表现出自然光辉的人，才能显现出人的自然本性……能长久保持人的自然本性的人，人们就会来归附他，天也会来帮助他。"道家告诉人们，要想做到心灵安宁，就不要让心妄动（《庄子·徐无鬼》），就要像道那样无情无欲，"喜怒哀乐的情绪不入心中"（《庄子·田子方》），荣华富贵置之度外。《庄子·田子方》中，肩吾问孙叔敖："您三次登上楚国宰相的宝座。而不认为是荣华，三次被免去宰相职位而脸上没有愁容……你有关此事的心思究竟是怎么样的呢？"孙叔敖说："我哪有什么过人的地方！我只是认为荣华的到来无法推辞，荣华的离去无法阻止。我认为荣华的得失并非取决于我，因此脸上没有表情。"《庄子·天地》中说，心灵安宁的人，只知守道贵德，不合乎道与德的，"即使天下人都称赞他，都附和于他的主张，他傲然不予理睬；即使天下人都批评他，都与他的主张相反，他漠然不予接受。天下人的称誉或批评对于他来说，既无增益，亦无损失"。道家告诉人们，要想心灵安宁，就要像道那样守持无为，一切放下，没有执着心。"没有比有所执着的心更锋利的兵器了，即使莫邪宝剑也在它之下，没有比阴阳之气对人的伤害更大的了，它使人处在天地之间而无法逃避。然而并不是阴阳之气直接伤害人，而是人心躁锐才导致了阴阳之气对人的伤害。"（《庄子·庚桑楚》）。

培养内心真诚，是人心管理的重要任务之一。"保养内心的纯真"（《庄子·田子方》），"潜心培养内心的真诚"（《庄子·徐无鬼》），"不真诚就不能打动人"，"把这种'真'运用到为人之道上，侍奉父母自然就孝顺，侍奉君主自然就忠贞"（《庄子·渔父》），不要背离真诚而去学虚伪（《庄子·列御寇》）。

保持永远乐观的心态，是心管理不可忽视的内容。老子主张学宇宙大道求至乐，他说："同于道者，道亦乐得之"（《道德经》二十三章）；学习圣人之德乐，"圣人常善救人，故无弃人"（《道德经》二十七章），"同于德者，德亦乐得之"，"同于失者，失亦乐得之"（《道德经》二十三章）。

（四）管好人生的责任和使命

中华民族自古以来就是一个讲究对天下负责的民族。道家人文化作为中华人文化组成的一个部分，从产生之日起，就非常重视人的责任和使命。

老聃的《道德经》是道家学说的代表作。老聃把道德作为自己著作的名称和阐述的核心问题，就足以表明他对人生责任和使命的高度重视。他总结了人类以往的经验，发现了道和德是做人最根本和最重要的东西。他看到周朝末年社会正气衰落，国家领导者为了个人私利而穷兵黩武，一些社会名流玩弄慧巧，用虚伪的德行和假仁假义欺骗百姓，便奋起抨击。他明确指出，宇宙大道是不可抗拒的，"以道佐人者，不以兵强天下，其事好还。师之所处，荆棘生焉。大军之后，必有凶年。善有果而已，不敢以取强，果而勿矜，果而勿伐，果而勿骄，果而不得已，果而勿强。物壮则老，是谓不道，不道早已。"（《道德经》三十章）他进一步指出："夫佳兵者，不祥之器，物或恶之，故有道者不处……胜而不美，而美之者，是乐杀人。夫乐杀者，则不可以得志于天下矣……杀人之众，以哀悲泣之，战胜，以丧礼处之"（《道德经》三十一章）。他明确指出，不以道行事者早灭亡，杀人者人亦杀之，妄图靠强兵杀人夺取天下是行不通的，是不会有好下场的。他立志把这一思想作为自己教化社会大众的基本出发点。他还指出："慧智出，有大伪"（《道德经》十八章），他倡导抛弃智巧，杜绝世俗圣人的欺骗行为，"惟道是从"（《道德经》二十一章），"尊道而贵德"（《道德经》五十一章）。

庄子的人生态度，从表面上看，好像是追求个人精神的逍遥自由，对社会和人民缺少负责精神和使命感；然而只要深入《庄子》一书中，人们就会发现，他有着极强烈的人生责任觉悟和使命感。他以哲人的睿智，深刻地揭露了当时社会上的一些人背道弃德、玩弄智巧、用虚假的仁义道德愚弄人民的丑恶行为，坚持老子倡导的"尊道而贵德"的思想，对社会和人民表现出了高度的责任感和负责精神。凭庄子个人的才华，在当时社会如果只求个人生活得好，那是不会有人怀疑的。然而他没有为个人去追求什么，而是坚持站在社会腐朽势力的对立面，甘愿过贫穷生活，而不丢弃道德大旗，成为捍卫道家人文化的伟大旗手。

庄子在引导人们管理好人生责任和使命方面，提出了许多有益的思想。第一，他主张为政养民，为政由民，而反对不顾人民死活和愚弄人民。《庄子·应帝王》中提出，将天下事还给天下，使天下人各尽其职，各尽其能，指出帝王不要把什么都揽在自己手里，更不能用智巧去玩弄人民，帝王应守持"无为而无不为"的原则，让人民发挥自主能动性，有所作为，只有天下人做天下事，天下才能兴旺发达。《庄子·阳则》中说："古代统治百姓的人，把好处归于百姓，把害处归于自己；把正确归于百姓，把错误归于自己。所以，只要有一个人丧命，他就回过头来责备自己。"文中批评当时的统治者，只知加重百姓负担，把百姓弄得疲惫不堪，处罚不能承受的百姓。第二，强调执政为民，不谋私利。《庄子·让王》中说："从前神农治理天下，四季祭祀竭

尽诚意,却并不想为自己求福。百姓希望他执政,他就努力执政;希望他治国,他就努力治国。他不借着别人的失败来造就自己的成功,不利用别人的卑微来显示自己的高尚,不趁着遇到有利时机来谋取私利。"《庄子·天下》赞扬"墨子是真的爱天下之人才",文中指出:墨子赞美禹治洪水为四方万国谋利益而不顾个人安危,禹"终年劳苦,以至于腿肚上没有了肌肉,小腿上没有了汗毛,冒大雨顶狂风,使天下河流归向大海,安顿好了万国四方"。庄子肯定墨家以禹为榜样,以劳苦自己利益百姓为准则和"以绳墨自矫,而备世之急"的自律精神和救世的使命感。该文还赞颂宋钘、尹文及其弟子们"即使饿着肚子也不忘天下之事,日日夜夜不停地为天下奔波","他们真是伟大的救世之人啊!"第三,他希望统治者戒除自私自利之心,培养内心的真诚,还天下于人民。《庄子·说剑》借说剑,表达了庄子等道家代表人物的人生责任觉悟和使命感,文章明确指出,统治者应当把国家安危、人民苦乐放在心上,只顾自己私利的统治者是人民百姓鄙薄的人。《庄子·徐无鬼》中明确指出:"自私是一种病。"徐无鬼批评魏武侯凭着万乘之主的身份,不惜劳一国之民来满足自己的耳目鼻口之欲,结果染上了自私的恶疾而不得自安。文章说,要治好自私不安病,就要戒自私,等贵贱,行无为而治,使人民有所作为。

(五)低调做人

道家从理论与实际的结合上,对低调做人问题做了深入的研究,提出了一系列切实可行的办法。

道家提倡做人要学习道的品质。道家认为,道是宇宙间最伟大的客观存在,它具有人们做人不可缺少的高尚品质,它创生万物、主宰万物,具有万物不可抗拒的能力,然而却把自己的能力隐藏在人们看不见的地方,"生而不有,为而不恃,长而不宰,是谓玄德"(《道德经》五十一章)。道创生万物而不据为己有,养育万物而不恃其能,使万物成长成熟而不作万物的主宰,它起了如此大的作用而万物好像根本不知道是道在起作用,真可谓具有微妙深远的德性了。

道家用这样的观点考察人,发现人类社会的圣人,是宇宙大道高尚品质的体现者,是低调做人的典范。其具体表现是:第一,"圣人皆孩之"(《道德经》四十九章)。圣人是人类社会公认的有大智慧的人,然而圣人则像小孩子一样简单,好像很迂腐似的。第二,"圣人无常心,以百姓心为心"(《道德经》)。圣人是为人类社会立心的人,是人们公认的最有主见的人,然而自己却常没有个人意见和要求。第三,"大成若缺……大直若屈,大巧若拙,大辩若讷"(《道德经》四十五章)。圣人是人类优秀品质和德性的集大成者,然而看起来又好像有欠缺似的;圣人是人类社会最正直的人,然而却常常不直截了当,好像拐弯抹角似的;圣人是最善于教化的人,然而又好像很笨拙似的;圣人是善辩之人,然而看起来说话又好像很笨拙。第四,"自知不自见,自爱不自贵"(《道德经》七十二章)。圣人是具有自知之明的人,然而他却不追求自我表现;圣人非常珍爱自己,然而却不自认为了不起。《庄子·天道》中讲述了士成绮拜见老子的事。士成绮对老子说:"我听说先生是圣人,所以我不顾路途遥远,连续走了三千多里路,脚底磨出了厚厚的老茧也不敢休息。如今我看到你的所作所为,并不像个圣人啊……"老子神情淡然,不做回答。士成绮第二天又来拜见老子说:"我昨天对你有所讽刺……"老子回答说:"那所谓巧智神圣的人,我自认为超脱而不会去追求。昨天你称我为牛,我就答应是牛;你叫我为马,我就答应是马……我的顺服是一贯的顺服,而不是因为某些必须服从的原因才表现顺服的。"第五,"终不为大"(《道德经》六十三章)。在世人眼中,圣人是伟大人物,而圣人从不自认为伟大。第六,"圣人被褐怀玉"(《道德经》七十章)。圣人外面披着低贱的褐衣,里面却藏着美玉。也就是说,圣人能内守其真,外同世俗。第七,"圣人后其身而身先,外其身而身存"(《道德经》七章)。圣人把自己置于众人之后,反而能赢得人们的爱戴;把自身置于度外,反而能永存。第八,"报怨以德"(《道德经》六十三章)。圣人遇到仇怨的时候,能用恩德回报对方,以此消除仇怨。第九,"圣人为而不恃,功成而不处,其不欲见贤"(《道德经》七十七章)。圣人施德行而不图报,做事成功而不居功,也就是说,圣人不愿显示自己贤能,功成名就更能保持平常心。

道家要求人们做人要善于学习水的品质。老子说:"上善若水。水善利万物而不争,处众人之所恶,故几于道。居善地,心善渊,与善仁,言善信,正善治,事善能,动善时。夫唯不争,故无尤。"(《道德经》八章)他告诉人们,学习水的品质,就能成长为上善之人。水利益万物不争利,永远处于众人所厌恶的卑下垢浊之地,水的品质几乎接近道了。它善居低处,存善心于深渊,善于自然相处,言语善于守信,为政善于治理,善于圆通处事,行为善于顺时。正因为它善于处下,所以才永远没有过失。

二、道家圣哲论做事管理

道家的做事原则具有自己的特点和要求,概括起来,主要有以下几个方面:

(一)是道则进,非道则退

道家做事的总的原则和要求,就是"使我介然有知,行于大道,唯施是畏"(《道德经》五十三章),"惟道是从"(《道德经》二十一章),"是道则进,非道则退"(《太上感应篇》)。

这个总原则和总要求中,首要的一点就是必须能正确地认识事情演进的必然逻辑或规律,即认识事情发展的必然性。道家告诉人们,做事最可怕的就是走邪路。为了不走邪路,首先就要清醒地认识事情发展的正确方向和道路及完成此事必须守持的正确道理,清清楚楚地知道什么是光明的大道。老子进一步指出:"知常曰明,不知常,妄作凶。知常容,容乃公,公乃王,王乃天,天乃道,道乃久,没身不殆。"(《道德经》十六章)他告诉人们,如果能知道事物运行之常理,做事就会心明眼亮;如果不知道事物运行之常理,就可能为所欲为,做事就会遇到凶险。知道事物发展的永恒常理,就会无往而不成,做事公而无私就能称王天下,通达大道就会永恒长久,终生不会遭遇风险。

第二,必须做出明确的选择,坚定不移地依道行事,"惟道是从","是道则进,非道则退"。老子进一步指出:"大道甚夷,而民好径。朝甚除,田甚芜,仓甚虚;服文彩,带利剑,厌饮食,财货有余,是谓盗夸,非道也哉。"(《道德经》五十三章)他说,事物运行的大道是那样宽阔平坦,而人们却喜欢穿行斜路小径。朝廷宫室那么华美,而田园却荒芜,仓库却空虚竭尽,统治者们穿着华丽的服装,佩带锋利的宝剑,吃饱喝足精美饮食,财物仍有富余,这样的统治者是强盗头子;这样治国做事不是行正道! 老子强调指出:"不道早已"(《道德经》三十章),不依道行事者必将早败亡。

(二)能成事,不居功

道家要求人们做事必须力求成功。因为一个人的人生价值靠做事表现出来,社会评价人也是根据其做事成败及成功度大小。能做成事的人才有功,老子提出:"功成事遂。"(《道德经》十七章)道家常讲的"无为",并不是让人们无所作为,不做事,而是告诉人们不要妄为,要随顺自然之道。只有有为,能成事,才能有功可说。功的大小,由其成就的事的价值决定。道家认为,做事随顺自然,能求得称心如意的功效,是做事的归宿。

道家要求人们懂得功成而不居。老聃的《道德经》之所以不厌其烦地讲功成后应守持的正确态度,是因为事成之后如果不能正确对待,带来的危害常常比做不成事还可怕。放眼人类社会,人们会看到,不少做事能力很强且做成了大事的人,其人生归宿常常比做不成事的人还可悲,两千年前帮助越王勾践复仇称霸的文种是在功成后被杀的;帮助刘邦打天下的韩信,也是在功成后招杀身之祸的。老子在《道德经》中反复讲:"功遂身退,天之道"(《道德经》九章);"圣人处无为之事,行不言之教,万物作焉而不辞,生而不有,为而不恃,功成而弗居"(《道德经》二章);又说:"生之畜之,生而不有,为而不恃,长而不宰,是谓玄德"(《道德经》十章),"圣人为而不恃,功成而不处"(《道德经》七十七章),他一而再,再而三地要求人们学习天地成事之道,学习圣人成事之道,告诉人们,"功成而弗居"是玄妙德行的表现。

(三)高调做事

低调做人而高调做事,是道家人文化的一个显著特点,道家不但强调做人要能成事,而且要求人们能做难事、能做大事、能做他人所不能做的事。老子在《道德经》中明确告诉人们怎样去做难事、大事,他说:"图难于其易,为大于其细。天下难事,必作于易。天下大事,必作于细。是以圣人终不为大,故能成其大。"(《道德经》六十三章)。又说:"其安易持,其未兆易谋。其脆易判,其微易散。为之于未有,治之于未乱。合抱之木,生于毫末。九层之台,起于累土。千里之行,始于足下。"(《道德经》六十四章)

庄子强调,做别人所不能做的事。他说:"行者,行其所不能也。"(《庄子·庚桑楚》)《庄子·逍遥游》中的大鹏能做小鸟不能做的事;《外物》中的任公子能钓别人钓不到的大鱼,都是赞美能做他人不能做之事。

(四)做事知止

道家主张做事知止。老子说:"知止不殆,可以长久。"(《道德经》四十四章)他告诉人们,做事知适可而止,就不会有危险,就可以长久不败。庄子说:"知其不可奈何而安之若命"(《庄子·人世间》)。他们的共同观点是告诉人们,做事要懂得该停止的时候必须停下来,否则不但会白白劳神费力,而且有可能走向反面,招致失败。

(五)做事要把握尺度,坚持原则

庄子说:"吾生也有涯,而知也无涯。以有涯随无涯,殆已!已而为知者,殆而已矣!为善无近名,为恶无近刑,缘督以为经,可以保身,可以全生,可以养亲,可以尽年。"(《庄子·养生主》)他告诉人们,做事是不容易的,而且充满危险,必须认识和把握保全自己的方略,这就是做好事的时候自己不要贪图好名声,遇到不好的事的时候,不要去触犯刑律,一定要遵循自然中正的人道前进,要把这些作为自己做事的永恒准则。

(六)不做蠢事、恶事

道家揭示了蠢事、恶事对于人的危害,猛烈地抨击了做蠢事和恶事的人,他们指出了世人做事的愚蠢表现,不尊道贵德而玩弄慧巧,用虚假的仁义道德欺骗人,是愚蠢的;妄图用强兵杀人,抢夺别国土地之举也是愚蠢的;把财物名声看得比生命还重要是愚蠢的等等。至于哪些事属于坏事、恶事,道家讲得十分清楚具体,《太上感应篇》列举了上百种坏事、恶事,明确指出:"善恶之报,如影随形。"

（七）做了错事要改正

道家告诉人们,做错事是难免的,关键在于不执着错误。老子说:"知不知,上;不知知,病。夫唯病病,是以不病。圣人不病,以其病病,是以不病。"(《道德经》七十一章)也就是说,知道自己有病,能把病当病看待的人,就不会有病了。《太上感应篇》指出:"其有曾行恶事,后自改悔,诸恶莫作,众善奉行,久久必获吉庆,所谓转祸为福也。"又说:"凶人语恶、视恶、行恶、一日有三恶、三年天必降之祸。"也就是说,有了错误不知改悔,仍然天天做坏事,三年就会有祸临头。

三、道家圣哲论处世交往管理

（一）把握处世之道

把握处世之道,是要求人们必须正确认识和处理自己与世界诸事物的关系,解决好立身问题。道家总结了人们以往处理与周围事物关系的经验教训,指出把握处世之道的重要,告诉人们什么是正确的处世之道。

1. 懂得处世立身的艰难和危险

道家学说产生在周朝末年的乱世。周文王、周武王创建的周王朝,到了春秋后期开始衰落,君王一代比一代昏庸,官宦一个比一个腐败,诸侯国之间战争频起,越来越多的人陷入朝不保夕的状态。老子处于周王朝的政治中心,担任周王朝守藏吏三十多年,信息灵通,作为哲圣,他自己具有高于一般人的智慧,然而仍无法避免一次又一次被免职罢官,深感处世立身的艰难,渴望找到指导人们处世立身的理论。他对人们在这样的世界上如何求生存和发展,做了深入的思考。他认为,生逢乱世的人们,第一件大事,就要懂得自我保护。他从自我做起,为了避开那些为个人利益纷争的人事牵连而受害,他放弃了周王朝国家图书馆史的官位,开始从事教化事业。他把自己对做人处世的认识,用高度抽象的语言,概括为"尊道而贵德",并围绕道德二字做了八十一章的阐述。

社会发展到战国中期,人们生存和发展的处境更加险恶。这一时期的大哲学家庄子,深感老子学说对人们做人处世具有伟大的指导作用,便自觉地举起了老子的旗帜。他和老子一样,把处世自保作为人生的第一件大事。他告诉人们,只有保住自己,生存和发展才有希望。他指出,在乱世中,想找到一个安身之处是比较困难的,他告诉身处乱世的人们,必须善于寻找保护自己的方略。

《庄子·山木》中讲述了庄子对身处危世如何自保的看法。庄子穿着缝着补丁的粗布衣服,正了正腰带,系好鞋子去见梁惠王。梁惠王说:"先生为什么如此困顿啊?"庄子回答:"是贫穷,并非困顿啊,士人怀有道德却不能实行,这是困顿啊;衣服破旧,鞋子洞穿,这是贫穷,不是困顿啊,这是没能遇上好时光啊,大王难道没见过那善于跳跃的猿猴吗? 它身处楠树、梓树、樟树等大树的时候,抓住树枝向上攀摇,在这中间称王称长,即使精于射箭的羿和逢蒙也无法瞄准。然而等到它置身于柘、棘、枳、香橼等长满刺的小树中时,小心行走而不敢向两边瞧,稍有振动就恐惧发抖,这并非因为它的筋骨比以前更紧而不再松软啊,而是因为身处的形势不利,不能展现它的才能啊。如今的士人身处昏君乱相之间而要想不困顿,怎么可能呢? 比干被剖身挖心的教训,不是很明显的吗?"

处世是指处理自身与外部世界人或事物的关系,道家指出:"身外之事是不可能有定准的,所以忠臣如龙逢被诛、比干被杀、箕子被逼装疯,佞臣如恶来也不免一死,暴君如桀纣也终归灭亡。为人君者无不希望臣子效忠自己,但忠臣未必受到信任,所以伍员的尸体漂流在江中,苌弘死在蜀地,蜀人把他的雪藏了三年而变成碧玉。为人父母者无不希望子女孝顺自己,但孝子未必能得到父母的喜欢,孝己愁苦而死,曾参终日悲泣。"(《庄子·外物》)

《庄子·山木》中讲述了孔子对自己处世屡屡遭受挫折而迷惑不解的事。他对子桑雽说:"我在鲁国两次被驱逐,我在宋国憩息讲学乘凉的大树被砍伐,卫国禁止我入境,我在商周没有出路,在陈蔡之间遭受围困。我因遭遇如此多的患难,亲戚老友更加疏远我,弟子亲朋更是离散。为什么会这样呢?"

道家指出,处世的艰难带给人们的危害是惨重的,"人们因为陷入利害之中而无法逃脱忧虑,惊恐不安的心态使他们不能取得成功,他们的心好像悬在天地之间,抑郁沉闷,利害互相碰撞,使他们心中产生的火气极旺,世俗之人的内火烧尽了中和之气,清明的本性原本经受不起利害之火的烧灼,于是乎精神萎靡而天性丧尽"(《庄子·外物》)。

道家告诉人们,处世是一切人都必须高度重视的问题,无论善人还是恶人,稍不注意,就会身败名裂,丧身深渊。

2. 寻求和守持正确的处世之道

道家告诉人们,任何事物都有自己固有的运行之道,人处世也有其道。庄子指出,人的处世之道是由人的本质决定的,"看透人生本质的人是伟大的,通晓世俗知识的人是渺小的;洞察自然命数的人就能顺应自然,只通晓人的命数的人只能随遇而安"(《庄子·列御寇》)。

《庄子》书中从多方面阐述了如何寻求和守持处世之道的问题。《人间世》一文中的栎树,以及南伯子綦于商丘看见的大树,都是世人认为没用的树,即"不材之木",然而"不材"的栎树获得了高寿,并被尊为"社树";商丘

"不材"之树长成了参天大树,可供一千辆车乘凉避风雨。这些"不材之木"不仅靠"无用"成就了有用,而且有了大用。《庄子·山木》中进一步阐述了无用之用,"庄子行于山中,见大木,枝叶繁茂。伐楮止其旁而不取也。问其故,曰:'无所可用。'庄子曰:'此木以不材得终其天年。'"文章笔锋一转,又指出,并不是一切"无用"之物都能成为比"有用"之物更有价值的东西。文中说,庄子等人从山中出来,来到一个老朋友家,老朋友非常高兴,"命竖子杀雁而烹之。竖子请曰:'其一能鸣,其一不能鸣,请奚杀?'主人曰:'杀不能鸣者。'"第二天,庄子的弟子问庄子:先生看见山中那棵树,说它因为"无用"而得享尽自然寿命;这家主人却因为那只鹅"无用"而杀掉,先生你处世将站在哪一边呢?庄子笑着说:"我将置身于'有用'与'无用'之间。"庄子又说:"'有用'和'无用'之间,好像合乎天道而并非与天道相合,因此仍不免于拖累。至于那顺应自然而自在畅游的就不是这样了,没有赞誉也没有诋毁,时而像龙飞黄腾达,时而如蛇蛰伏避世,随着时机的变化而一起变化,却不愿偏执于某一方面。时而进取,时而退却,以顺应自然为法则,自在畅游于虚无的境界,役使外物而不被外物所役使,这样就不会受到拖累了。这就是神农氏和黄帝的处世法则啊。"庄子进一步指出,"有聚合就有分离,有成功就有毁坏,顺利就会遭受挫折,尊贵就会招来非议,有为就会受到亏损,贤能就会遭到谋算,没有出息就会受到欺侮,怎么能偏执于某一方面呢!弟子们记住这些,大概只有畅游于自然的境界吧!"

《庄子·天下》中指出,世人处世可悲之处在于不知循道而行,而是按自己意愿处世。他说:"天下之人都各自做自己想做的,把自己的一套看作常道。"他强调指出:"沿着自己的道路走下去,而不知返回宇宙大道,这就必然与宇宙大道不相合了,真是可悲啊!"

庄子还指出,世人处世之可悲,还在于一些人只知满足于一时的安乐,没有危机意识。他用猪身上的虱子形容偷安一时的人。他说:"猪身上的虱子挑选了猪头颈上稀疏的长毛处寄居下来,自以为住进了深宫大院;躲进了猪的胯下脚边,大腿的内侧、乳间腿隙,自以为找到了安静住处。殊不知屠夫一旦捋袖举臂,放好柴草,点起烟火,它就将和猪一起被烧焦。"庄子接着进一步指出:"进退囿于自己所处的环境,这就是偷安一时的人",而只懂偷安一时的人,是不可能有处世主动权的。(以上引文参见《庄子·徐无鬼》)

《庄子·秋水》批评了不知天高地厚而自以为是者的处世之道,这些人自以为"天下美尽在己",以自以为是的态度处世,结果与大道相去甚远。

道家赞颂尊道贵德者的处世之道。《庄子·天下》中赞美关尹和老子的处世之道。关尹说:"只要心中不存己见,有形的万物自然会清楚显现。得道之人,他行动时像流水般自然畅通,安静时像镜子般清澈空灵,感应外物时像回声般随起随息。他恍恍惚惚好像已经消失,沉寂宁静好像清空虚无,他认为混同于物就能跟他们和谐相处,贪得无厌必有厚失。他从不抢在人先,却常常甘随人后。"老子说:"得道之人,明知自己刚强,却安守柔弱,甘当天下的沟壑;明知什么是白,却安守于黑,甘当天下深谷。别人纷纷争先,他甘居在后,说自己愿意一人承受天下所有的耻辱;别人争相求实惠,他谋求虚空,没有积蓄,反而常常有余,他巍然独立,充实而有余。他立身行事,从容而不费精神,保持无为而嘲笑卖弄机巧之人;别人都谋求福气,唯独他委曲求全,说这样做才能避免祸害。他以深藏为根本,以俭约为准则,说过于坚硬就会受损害,过于尖锐就会受挫折。他对物常常宽容,对人不苛求,与万物和谐相处,可以说达到了最高的境界。"庄子评论说,"关尹、老聃真是博大的真人啊!"

(二)驾驭交往之道

人的一生是在与人和事物交往过程中度过的。人的思想、言论和行动实际上是人们自己与自身以外的人和事物交往的记录,一部人生史,从本质上说,是人与自身以外的人和事物交往的历史,人生价值是在人与自身以外的人和事物交往过程中实现的。交往是人们实现人生价值的基本途径之一。正因为如此,道家十分重视交往。

1. 交往的目的在于求和谐

交往指人与自身以外的人和事物相处活动。人应当怎样与自己周围的人和事物相处,这是从人类社会产生之日起,人们就十分重视研究的问题。道家学说创始人和主要代表人物总结了从人类产生到春秋战国的经验和教训,明确指出交往有道,任何人不能为所欲为。

交往之道的核心内容是什么?道家指出,交往的根本目的在于求和谐。道家认为,宇宙间一切事物中道的品质最高尚,它与万物不分彼此,道寓于万物之中,不与任何事物争。从客观存在的事物的角度来看,道最大,是宇宙间第一大的事物,"天下都说道大,似乎没有一样东西可与之相比,正因为没有什么东西可与之相比,所以唯有道最大。如果有一样东西可与之相似,就减低了道的伟大"(《道德经》六十七章)。老子说:"大象无形,道隐无名。夫唯道,善贷且成"(《道德经》四十一章)。他指出:只有道最善于创生万物,使万物成长成熟。老子又进一步指出,道创生万物,然而它自身无形,因而也不赋予万物形状。道创生万物之后,由德赋予万物形状,由德来蓄养,"故道生之,德畜之,长之育之,亭之毒之,养之覆之。"(《道德经》五十一章)老子又进一步指出:"生而不有,为而不恃,长而不宰,是谓玄德。"(《道德经》五十一章)其意思是说,德的最高尚品质与道是相同的,它使万物生长而不据为己有,养育万物而不自恃其能,使万物成长成熟而不做万物的主宰。

中国字是象形字,中国的"德"字起始于"双人",最后落实在"一心"。道家费尽心机选用了这个德字,目的在于告诉人们,两个以上的人相处,最重要的是求一心。老子又说:"和大怨,必有余怨,安可以为善。"(《道德经》七十九章)他告诉人们,人与人相处,不要让大的矛盾产生,假如产生了大怨仇,即使再和解,也会有余怨埋藏在心底。老子又说:圣人是人群中具有大德的人,"圣人执左契,而不责于人。有德司契,无德司彻"(《道德经》)。他告诉人们,要学习圣人的品质,在交往中只给予而不索取,不责备他人,而要严于律己。老子又说:"圣人无常心,以百姓心为心。善者吾善之,不善者吾亦善之,德善。"(《道德经》四十九章)他告诉人们,圣人在与人交往中,没有自己的私心,只有利益百姓的心。善良的人,圣人能善待;不善良的人,圣人也善待。人们如果都学圣人待人,人人都归于善良了。这样的交往,就能求得真正的和谐了。

人类以往的历史经验告诉人们,宇宙阴阳和而万物生,家和而万事兴,国家和而百业兴。新事物创生靠和,事物成长靠和,事业发展靠和,国家兴旺发达靠和,天下太平靠和,人类社会发展靠和,没有和谐就没有万事万物存在。

2. 掌握求得和谐的法宝

道家探讨了求得交往和谐的途径和方略,提出了许多有益的思想和办法。老子指出:"天之道,利而不害;圣人之道,为而不争。"(《道德经》八十一章)他指出,宇宙间的大道与万物交往守持的原则是"利而不害",人世间圣人与他人交往守持的原则是"为而不争",也就是说,道只考虑利益万物,而不考虑自己,圣人只知为众人做善事,而不为自己谋求什么。又说道具有"生而不有,为而不恃,长而不宰"的玄妙德性(《道德经》十章);"圣人为而不恃,功成不处,其不欲见贤"(《道德经》七十七章)。他告诉人们,宇宙大道及世间圣人与周围事物交往只讲利他而不自私自利。因而能求得完美与和谐。

庄子说:"明白了天地之道,这就掌握了根本和本质,就能与自然和谐。用它来平均万物、调谐天下,就能与众人和谐。与众人和谐,叫'人乐';与自然和谐叫'天乐'。"(《庄子·天道》)

道家指出,道与万物交往、圣人与世人交往讲一视同仁,心存诚敬。道是万物中最尊贵的,然而它并不自认为比其他事物尊贵,而是与一切事物"和其光,同其尘,湛兮似或存"(《道德经》四章),隐藏在一切事物之中,好像自己不存在似的。圣人是人中最尊贵者,然而"圣人无常心,以百姓心为心。善者吾善之,不善者吾亦善之。"(《道德经》四十九章)庄子说:"万物一齐,孰短孰长?"(《庄子·秋水》)

3. 把握交往原则,做好交友选择

正确的交友原则来源于正确的交往之道,是为贯彻交往之道服务的。

一般说来,交友原则错误,势必背离正确的交往之道。因而道家告诉人们,交友不可不慎。

老子说:"天下之交,天下之牝。"(《道德经》六十一章)他形象地告诉人们,雌性动物的柔静胜过雄性动物的躁动,交往宜守持柔静谦下的原则。他强调"大者宜为下"(《道德经》六十一章),越是强大则越应当谦下。老子告诉人们:"江海所以能为百谷王者,以其善下之,故能为百谷王。是以欲上民,必以言下之;欲先民,必以身后之。是以圣人处上,而民不重;处前而民不害。是以天下乐推而不厌。以其不争,故天下莫能与之争。"(《道德经》六十六章)

道家认为,君子之间的交往是出于天性的结合,是人的自然天性的流露,靠情感率真而用不着外在的掩饰,交往时显得平平淡淡;小人之间的交往常常表面上亲密,而这种亲密现象的背后常常隐蔽着个人的私利或企图,一旦个人的欲望达不到则会反目为仇。正是从这一意义上说:"君子之交淡若水,小人之交甘若醴。君子淡以亲,小人甘以绝,彼无故以合者,则无故以离。"(《庄子·山木》)又说:"那选择玉璧的行为是出于利益的结合,而我选择赤子是出于天性的联系。为利益而结合的,穷困、灾祸、患难、伤害逼近的时候就会相互抛弃;出自天性的联系,穷困、灾祸、患难、伤害到来的时候,就会相互收留。"(《庄子·山木》)

《庄子·渔父》中的孔子批评仲由不懂交往之道,赞颂渔父懂得遵道行事。文中说:"道是万物产生的根源,万物失去它就会死亡,得到它就会生存;做任何事,违背它就要失败,顺应它就会成功。如今那渔翁可算是掌握道了,我岂敢不敬他呢!"孔子伏在车前横木上叹息说:"仲由真难教育啊!你受礼义教育也有不少时间了,但粗野鄙拙之心至今没有去掉。上前来,我告诉你,大凡见了年长之人不恭敬,就是失礼;见了贤能之人不尊重,是不仁……处在别人之下却不心悦诚服,就是丧失自然本性,常会自己受害。"文中明确告诉人们要与有道之人同行,"能同他一起从糊涂走向觉悟的,就同他一起走……不能同他一起走向觉悟的……千万不要和他同行,这样自己才不会有灾祸"。《庄子·庚桑楚》中说:"尊贤授能,敬奉有道之人,给予其利禄,从古代尧舜起就已经这样做了。"《庄子·徐无鬼》中指出:"保持着一视同仁的德行,用温和不偏的态度来顺应天下,这就叫真人","古代的真人用自然之道来对待人事,不用人事来干扰自然之道"。

四、道家圣哲论学习管理

(一)学习目的管理

道家主张管好学习。道家学说创始人老子指出,对于不会学习和不会

运用知识的人来说，学还不如不学，有知识不如没知识。他的"绝学无忧"、"绝圣弃智"思想就是针对这些人提出来的。因为社会上许多人不会学习，不知学什么，错误地认为，学习就是学"慧智"，有了"慧智"就可以做"人上人"，即做"世俗圣人"。道家认为，"慧智"不是真正的智慧，而是属于伎巧之类的东西，心存伎巧的人，就会用虚假的仁义道德欺骗人，"慧智出，有大伪"（《道德经》十八章），"绝圣弃智，民利百倍"（《道德经》十九章）。

《庄子·让王》中说，原宪住在鲁国，居处狭窄，屋顶是用青草盖的；蓬草编的门千疮百孔，转轴又是用桑树条做的；夫妻各住一间，都是破缸破坛做的窗，还用破粗布堵塞缝隙；屋里上漏下湿，但原宪依然正襟危坐，弦歌不息。子贡骑着高头大马，穿着天青色的内衣，罩着素白色的外袍，车身高大得走不进小巷，他得意扬扬地去看望原宪。原宪戴着桦皮冠，趿着坏了后跟的鞋，拄着拐杖在门口迎候。子贡说："哎呀，先生莫非得了什么病？"原宪回答说："我听说，无财叫作贫，学了道却不能身体力行叫病。我现在是贫，而不是病。"子贡面带愧色地退了出去。原宪笑着说："那迎合世俗，朋比结党，为了炫耀于人而学，为了谋取一己私利而教，假托仁义而行奸恶，装饰车马而夸富一类的事，我是不肯去做的。"

（二）学习内容管理

道家告诉人们，人的生命有限而知识无限，如果用有限的生命漫无边际地去学习，即使累得要死也无法学明白。必须用有限的生命力，学习有用的知识。人的职事不同，所学的知识也应当各有专长。

在学习内容的把握上，道家提出了许多有用的观点：第一，学习有用的知识。《庄子·列御寇》中说："朱泙漫向支离学宰龙，耗尽了千金的家产，三年后学成了屠龙技艺，但这种技艺却无处施展。"该文还批评一些人把精神都耗费在一些鄙陋浅薄的小事上，却又想兼通无形的道和有形的物。像这样的人，对于宇宙世界的认识一片迷惑，他们的身体被外物所束缚牵累，当然不能真正了解道的本原。庄子批评这些人"在如同毫毛般微不足道的事情上花费心智，却不懂得将心安顿在那极其虚静的境界之中"。第二，学习宇宙大道的精神和高贵品质。道家认为，宇宙大道的崇高精神和高尚的品质是人们做人不可缺少的知识，它比其他任何知识都更有用，是一切渴望成就事业的人都不可不学的。第三，学人之不能学。《庄子·庚桑楚》中指出："所谓学，就是要学人所不能学；所谓做，就是要做人所不能做；所谓辨别，就是要能辨别人所不能辨；懂得在别人无法懂的地方停下来，这是最高的智慧。如果不能这样，就不符合自然造化的要求。"

（三）学习方略管理

道家认为，学习有学习之道，掌握学习之道，运用行之有效的学习方法，才能提高学习效率。《庄子·田子方》中指出了一些人虽然热衷学习但因为不得要领而无法达到学习目的。颜渊是孔子的得意弟子，孔子赞颂他刻苦学习的精神，同时批评他不会学习。颜渊对孔子说："先生慢步，我也慢步；先生快步，我也快步；先生驾马车奔驰，我也驾马车奔驰；先生的马车如飞，而我只能在后面干瞪眼了！"孔子说："颜回，你说的是什么意思呢？"颜渊解释说："所谓'先生慢步，我也慢步'，是指先生论说，我也跟着论说；所谓'先生快步，我也快步'，是说先生辩论，我也跟着辩论；所谓'先生驾马车奔驰，我也跟着驾车奔驰'，是说先生谈论大道，我也跟着谈论大道；至于'先生的马车奔驰如飞，而我只能在后面干瞪眼'，是指先生不必说话而能取信于人，不偏不向而爱心自然普遍，没有权势地位而人民簇拥于身前，但是我却不知道为什么能这样的原因。"孔子对颜渊这样学习给予了严肃的批评，他指出：万物凭借天道而生存，凭借天道而死。我也是每天偕同天道一起向前。我终身与你如此接近，而你却当面错失了学习的机会，能不让人悲哀吗？你大概只看见了我得以显著的地方，那些都已经消逝了，然而你仍将它们当作存在来追求，这就好像到空旷的马市去寻求马匹一样。我的行为，你尽可忘却；你的行为，我也尽可能忘却。虽然如此，你何必担忧呢！即使忘掉了过去的我，我还有不可遗忘的东西存在。

道家告诉人们，不要做学习的蠢人。《庄子》书中揭示了学习上的蠢人的种种表现。他在《徐无鬼》一文中指出："学得了一位老师的学说，就洋洋得意、沾沾自喜起来，自以为已经够用了，不知道自己并没有学到什么"，这种自以为够用了的人，不知道自己并没有学到什么，这种自满自足的人，实质上是学习上的蠢人之一。《天下》一文中说："天下研究一家之学的人很多，各人都认为自己掌握的学问已经登峰造极"，又说："天下之人都各自做自己想做的，把自己的一套看作常道"，"各家学者沿着各自的道路走下去而不知返回宇宙大道，这就必然与道相距越来越远，后代学者再也难以看到天地之德的纯美和古代得道之人的全貌，有关道的学问被这些愚蠢的学者割裂，实在可悲啊。"《则阳》一文中指出："人人都珍视自己所知道的，而不懂得自己正是从不断克服不知中获得知的"，"不重视从不知中求知，这不就是太愚痴了吗？"《列御寇》一文中指出那些不知为用而学，学而无用的人，是学习上的蠢人。

五、道家圣哲论养生管理

道家认为，人生第一位的事情，是保全自身。而生命和身心保护则是保全自身的基础。人的生命和身心能否得以保全，关键在于养生管理是否到位。

（一）管好生命

道家学说创始人老子告诉人们，要认识生命的重要性，要知道如何保护生命，知道如何保持生命的活力。他说："名与身孰亲？身与货孰多？得与亡孰病？是故甚爱必大费，多藏必厚亡。知足不辱，知止不殆，可以长久。"（《道德经》四十四章）他指出，做人一定要知道名与生命两者中谁更值得亲近，身体与财物两者中谁更重要，得到名利与丧失生命两者中哪个更有害。要懂得追求名利过分就会耗费心神损伤生命；贪欲太强，生命和身心损失也就会太大，甚至死亡。他强调，知足而没有过分追求的人，就不会遭受耻辱；懂得适可而止的人就不会遇到危险，只有知足、知止才能获得安康长寿。

庄子继承和发展了老子的上述思想。《庄子·让王》中说："舜要把天下让给许由，许由不肯接受。舜又要让给子州支父，子州支父说：'让我做天子，是可以的。话虽如此，可是我刚生了过度忧劳之病，正打算治疗，没有空去治理天下了。'那天下是重要的大事，然而子州支父却不肯因治天下而丧失自己的生命，把治疗自己的病摆在治理天下之前。这就是有道之人跟世俗之人的不同之处。"文中又说："舜要把天下让给善卷，善卷说：'我处在宇宙之中，冬天穿皮做的衣服，夏天穿葛布做的衣服；春天耕种，我的身体能得到充分的活动；秋天收获，我的身体能得到充分的休养；太阳升起就劳作，太阳下山就休息，逍遥在天地之间而心神悠然自得。'……他最终也没接受天下，并因此离开舜而进入了深山，没有人知道他的去处。"

《庄子·让王》还说：大王亶父住在邠地，狄人进攻那里。大王亶父把毛皮绸缎献给狄人，狄人却不要；把犬马献给狄人，狄人也不要，把珠玉献给他们，他们也不要。狄人要土地。大王亶父对自己的臣民说："你们好好地住下去吧！当我的臣民和狄人的臣民有什么不同呢？况且我听说，不要为了争夺用来养生的土地而伤害了所要养的人的性命。"大王亶父"拄着拐杖离开了邠地。百姓成群结队地跟着他，于是在岐山脚下确定了新国都。这个大王亶父可称得上珍惜生命了。珍视生命的人，即使富贵，也不肯为了争利而伤害身体；即使贫贱，也不肯为了争利而劳累身体。如今占据着高官贵爵的人，把爵禄看得太重，见到名利而不惜轻易丧失生命，岂不是太糊涂了吗？"

《庄子·让王》中评论说："道的精华部分是用来修身的，它的剩余部分则用来治国，它的糟粕部分才用来治天……现在世俗的君子，大多危害自身、抛弃生命而去追逐外物，岂不是很可悲吗？圣人一般在有所行动之前，一定要审察他之所以想做的原因。如果有这样一个人，他用隋侯宝珠去弹射栖息在千仞之上的鸟雀，世人一定会嘲笑他。这是为什么呢？因为隋侯宝珠太贵重而要获取的鸟雀太轻贱。人的生命的分量难道只像隋侯宝珠吗?"

庄子不厌其烦地告诉人们,生命管理的重要内容之一,就是不要让名利等身外之物损害生命,珍重生命而轻贱名利。

《庄子·达生》指出,人的生命力是一个十分复杂的问题,生命力正常的人,是人的形体与人的生命的活力和谐统一的人。然而世界上却有形体尚存而生命的活力已经消亡的人。庄子告诉人们,人的生命管理,不但要注意保护好人的形体,而且尤其要保护好人的生命的活力。

(二)管好身体

老子说:"吾所以有患者,为吾有身,及吾无身,吾有何患?"(《道德经》十三章)他告诉人们,人最大的忧患在于有自己的身体,如果自己没有身体,也就没有什么忧患了。

人有身体才有有形的人存在。人人都有身体,这是客观事实。正是人的形体存在,才产生了各种需要和要求。人类的全部历史表明,人生的祸患皆由人的身体产生。身体各系统新陈代谢不能正常进行,人体就要生病;缺少营养会生病,营养过剩也会产生病;不运动不锻炼会生病,运动锻炼不当也会生病。因此老子说:"其生生之厚","动之死地亦十有三"(《道德经》五十章);人的眼睛喜欢看美丽的颜色,耳朵喜欢听好听的声音,口喜欢美味,然而"五色令人目盲,五音令人耳聋,五味令人口爽"(《道德经》十二章)人们喜欢名利,而名利又使人丧心病狂、丢失人的自然本性,正因为如此,老子把身体带来的忧患视为人生之最大的祸患。

人生的成败,从实质上说,皆源于人身管理的成败。管不好人口会造口业,管不好身体行为会造身业,管不好意识活动会造意业。

人的身体构造精密而复杂,其发展变化受自然社会和人自身诸多因素制约,因而人身管理是一项十分复杂的系统工程。

道家认为,宇宙间一切客观存在的事物皆有其运行之道。人的身体虽然复杂,但是仍然有自己发展变化之道。因而道家主张依道修身。

《黄帝内经》研究了人的身体变化与天地变化的联系,告诉人们,身体管理应顺应天地自然变化之道。"人能知道天地变化的道理,就能具有无穷的智慧"(《黄帝内经·素问》卷二);"掌握天地自然之气的变化,及其与人体脏腑经脉之气的相互关系"(《黄帝内经·素问》卷四),"遵从这些规律,就能繁荣昌盛,违背这些规律,就要折损灭亡;不遵守这些规律,只按个人意志去行事,必然要遇到天然的灾殃"(《黄帝内经·素问》十九卷)。

《庄子》书中反复强调依道修身。在《宥》一文中说,广成子头朝南躺着,黄帝谦恭地跪着行走而来到他面前,拜了两拜,磕头到地,问广成子说:"请问怎样修身可以保持长久?"广成子说:"达到最高的道的境界就可以获

得长生。眼睛什么也不去看，耳朵什么也不去听，心中什么也不想，你的精神就将守护住你的形体，形体就能长久存在。"文中强调："坚守天道，与万物和谐相处"，"达于至道"，形体就会长存。《庄子·让王》中说："道的精华部分是用来修身的。"《庄子·人间世》中说："古时候道德高尚的'圣人'，首先在自己身上确立'道'的修养"；《达生》一文指出，人一旦通晓生命的真正内涵，就能自然理解如何存身养生，自觉守持养生之道。

（三）管好人心

道家关于管理人心的思想很丰富，概括起来主要有以下几个方面：第一，心是人的主宰。道家认为，心是人思想、言论、行为的发源地，人的一切思想、言论和行为皆起于心。道家指出，天地神灵管理人是从管理人心开始的，"心起于善，善虽未为，而吉神已随之；或心起于恶，恶虽未为，而凶神已随之"（《太上感应篇·指微章》）《孚佑帝君心经》说："天生万物，惟人最灵。非人能灵，实心是灵。心为主宰，一身之君。役使百骸，区处群情，物无其物，形无其形。禀受于天，良知良能。气拘欲蔽，日失其真，此心既失，此身亦倾，欲善其身，先治其心。"又说："嗟乎人心，不治不纯，如彼乱丝，不理不清；如彼古镜，不磨不明；如彼劣马，不勒不驯。"

第二，人心最难管理。道家指出，人心每时每刻都在变化，而且变化快、难约束。《庄子·在宥》中说："人心排下而进上，上下囚杀，淖约柔乎刚强，廉刿雕琢，其热焦火，其寒凝冰；其动也，县而天，偾骄而不可系者，其唯人心乎。"

第三，做人必须先使心纯正。《庄子·德充符》赞颂了王骀，指出王骀受酷刑而失去一只脚后，追随他的学生人数仍与孔子的门徒相当；尽管他"立不教，坐不议"，从未认真讲学授课，然而追随他的人全部能切切实实地获得教益。孔子的学生常季问孔子这是什么原因。孔子指出，王骀是与尧舜一样的圣人，他们禀受了自然真性，"能使自我心性纯正，才能使众人的心性随之纯正。"《孚佑帝君心经》说："人心得治，天地清宁。"

第四，人心管理的目标是求心与身和谐、求心灵与外界的和谐。道家讲的求心身和谐，是要求人们把自己心里想的与实际做的统一起来。自古以来，人群中就有心想与身行不一致的人。有的人有好心，而办不好事，即想把事办好而没办好，结果引起心痛；有心不好而想用虚伪的好事达到自己罪恶目的的人，这些人中多数人因达不到目的而心焚如火，个别人一时达到目的，却又担心失去自己得到的东西。道家告诉人们，只有心与身和谐，人才会心安。而真正的心安来自心灵与外界的和谐。人的心灵与天道万物和谐，人才会真正进入神圣的和顺境界。道家讲的人心管理，从实质上说，就是把人的心灵活动纳入宇宙大道运行的轨道，生死存亡、名利地位皆随顺自然,不让这些身外之物扰乱心灵的安宁。《庄子·德充符》中的哀骀它就是一个善于使自己的心灵与道和万物和谐的人,是成就了"和顺修养"的人。

第五,管理人心的关键是养护内心。道家认为,人心最重要,养护要用心。《庄子·在宥》中明确提出养心的问题。文中说,云将到东方游历,碰上鸿蒙。鸿蒙拍着大腿,鸟雀式地跳跃着。云将问:"老先生是干什么的,为什么这样呢?"鸿蒙说:"游你的去吧!"云将又说:"我有问题想问你啊。"鸿蒙拍打大腿、跳跃着摇头说:"我不知道!我不知道!"又过了三年,云将经过宋国的疆土时又碰上了鸿蒙,高兴地小步疾跑,来到鸿蒙面前问:"你忘记了我吗?"拜了两拜,磕头到地说:"希望听到你的指教。"鸿蒙说:"我任随自然而游,不知道该追求什么;放纵不受束缚,不知道该到哪里,我又懂什么呢?"云将讲了自己的处事感受,希望听到鸿蒙的指教。鸿蒙说:"你中毒太深了,还是飘回去吧!"云将说:"我碰到你不容易,希望能听到你说上一句。"鸿蒙说:"噫!养你的心!杜绝你的聪明,忘却自身与万物的差异,完全混同于自然混沌之气,不耗心思,放弃用神,茫茫然丢弃灵魂,混混沌沌,终生不失自己本性。"文中还说:黄帝登上天子位十九年了,听说广成子居住在崆峒山,就去拜见广成子说:"听说您已经达到道的最高境界,请问道的精微道理是什么?"广成子批评黄帝"玩弄心计"、"心地短浅,哪里值得我告诉你最高的道呢?"黄帝只好告退,修养自己三个月后,又去拜见广成子。广成子头朝南躺着,黄帝谦恭地跪着行走,来到广成子面前,拜了两拜,磕头到地问:"怎样修治身心才可以保持长久?"广成子说:"道的精华是深藏不露,昏暗沉默。不看不听,凝神安静,心地清净,形体不劳累,精神不动摇。小心养护你的内心。"

(四)调养精神

道家认为,养生的关键在于养神。《庄子·达生》中,关尹对列子说:"万物产生于没有形体的道,又终止于无所变化的道。懂得而且能深刻理解这一道理的人,是不会让外物驻留在他的心上的!他将置身于不过分的度,而居心于无始无终、循环往复的法则,游神于万物的开始和终结的境界。他心性专一,涵养神气,使德性与天道融合,以此通达于造物者。这样的人,纯气完备,精神凝聚而没有缺损,外物能从哪里侵入呢?"关尹还指出,聪明、灵巧、果敢等都是有为的表现,有这些东西存在,人的精神就不会纯净。

《庄子·田子方》中介绍了老聃是如何调养精神、游心于万物之初始境界的。文中说:孔子去拜见老聃,老聃刚洗完头,正披散着头发让它吹干,一动不动的样子像木头人似的。孔子隐蔽在一旁等候着。过了一会,孔子去拜见老子,说:"是我眼花了呢,还是真的,刚才先生的形体好像枯槁的树干,好似舍弃了万物、离开了人世而一个人独自站立的境界啊。"老聃回答说:

"我是让心遨游于万物初始的境界。对这样境界,我内心疲困而仍然无法知晓,张开嘴巴不知怎么论说,我觉得那纯粹的阴气寒冷出自上天,赫赫的热气出自大地,阴阳二气交和,而万物就产生了。有的生长,有的消亡,有的盈满,有的空虚,时而阴晦,时而明亮,天天更改,月月变化,每天都有所作为,然而见不到它的功绩。出生有开始的地方,死亡有归返的地方,开始与终结相互返回于没有头尾的循环,而没有人知道它穷尽的时候。有什么东西在支配这一切,然而见不到它的形象。正是这看不到的东西主宰着万物的变化。"老子进一步解释说:"得天道而又能通天道的人,将视四肢百骸为尘垢,视死亡与生存、终结与开始如昼夜变化,没有什么东西能扰乱他们的精神。"

老子在《道德经》中指出:"塞其兑,闭其门,终身不勤。开其兑,济其事,终身不救。见小曰明,守柔曰强。用其光,复归其明,无遗身殃,是为习常。"(《道德经》五十二章)他告诉人们,堵塞住耳目感官嗜欲的孔穴,关闭心行喜怒的大门,终身就不会疲于奔命。如果打开感官嗜欲的孔穴,忙于那烦扰的杂事,就会终生危险不可救药。只有运用蕴含着大道的灵光,回归于宇宙大道之明,才不会给自身留下祸殃。也就是说,养生的根本点在于使人的精神活动与宇宙大道运行统一起来,精神"达于至道"(《庄子·在宥》),人的生命就能长生不老。道家追求精神逍遥自由,告诉人们精神活动也不可以为所欲为,只有与宇宙大道统一的精神活动,才能获得宇宙大道那样的自由。

六、道家圣哲论死亡管理

(一)道家圣哲对待死亡的态度

老子说:"出生入死"(《道德经》五十章)。庄子说:"人者生气之聚也。聚者为生,散者为死"(《庄子·知北游》),"气分阴阳"(《庄子·则阳》),"阴阳之气相互作用而产生万物"(《庄子·田子方》)。因为阴阳之气是自然变化的,在一定条件下聚合,又在一定条件下散开,所以人的生死也是自然的。老子明确指出,"飘风不终朝,骤雨不终日,孰为此者? 天地尚不能长久,而况人乎?"(《道德经》二十三章)庄子说:"吾生也有涯。"(《庄子·养生主》)"生之来不能却,其去不能止"(《庄子·达生》)。他告诉人们,生死具有必然性,要求人们生不欢喜,死不恐惧,要恬静自然地对待生死问题。

道家代表人物皆潇洒自如地对待生死。老子一生喜欢骑青牛,追求悠闲自由,既不谋生,也不谋死,没有人准确知道他活了多大岁数。庄子在生死问题上主张顺应自然。《庄子·养生主》说:老聃死了,他的朋友秦失去吊丧,大哭三声就走了出来。有人问秦失,这样吊唁行吗? 秦失说:我哭三声是把他当作一般人看待的；我不哀伤，是因为"适来，夫子时也；适去，夫子顺也。安时而处顺，哀乐不能入也。"《庄子·大宗师》中说，子桑户、孟子反、子琴张三人皆寻求忘却生死者为友，他们三人心心相印，结成好友。不久子桑户死了，孟子反和子琴张对着死尸唱歌。子贡把这种情况告诉了孔子，并问孔子："他们是些什么人？"孔子说："他们是逍遥于尘世外的人"，"他们把生存看成是身体上多余的肉瘤，把死亡看作是毒疮的溃破"，"他们和造物主结为朋友，遨游于天地浑一之气之中"，"逍遥自在地畅游于无所谓的境地"。《庄子·至乐》说，庄子面对妻死"鼓盆而歌"，视生死如四季变化，从而告诉人们，死和生一样，是值得庆幸的事。《庄子·列御寇》说，庄子将死，弟子要厚葬他，他不同意。庄子说："我把天地当作棺椁，把日月当作双璧、星星作珠宝、万物作随葬……还有什么比这完备的呢？"

（二）道家圣哲论管理死亡的宗旨

在中国人文化史上，道家首开理智对待人生的先河，明确告诉人们，不但要善待生，而且要善待死。道家圣哲指出，人有认识和守持宇宙大道的本能，人只有把自身的生死问题纳入宇宙大道运行的轨道，才能"成其大"，"得其贵"，"死而不亡"。

道家圣哲老子明确指出，圣人之所以能成其圣，在于"圣人不病，以其病病，是以不病"（《道德经》七十一章）。他告诉人们，圣人成圣的重要前提条件之一，是能理智地认识和对待一切。在死亡的问题上，圣人知道其必然性，而且知道应当如何驾驭必然、求其自由。

道家圣哲告诉人们，生死是一个自然过程，生与死存亡一体，生是人生过程的开始，死是人生过程的终结。《庄子·大宗师》中说："如果谁能把'无'当作头颅，把'生'当作脊柱，把'死'当作尾骨；知道生死存亡一体的道理，我们就和他交朋友。"《庄子·天地》说："万物一府，死生同状。"《庄子·刻意》说："圣人活着的时候随顺自然行动，死了以后与万物一样转化。静处时与阴气一致，运动时同阳气合流。既不给幸福开道，也不为祸害奠基……沿着顺水漂浮，死去犹如休息"，"内心既无忧愁也无喜悦。"

道家死亡管理学说的宗旨是引导人们争取享尽天年，自然老死，死得其所，有所成而终，力求死而不亡。老子告诉人们，要认识人可以与道、天、地并列称大的可宝贵性，把人生的终点定在"成其大"（《道德经》三十三章）、"为天下贵"（《道德经》六十三章、七十章）、"死而不亡"（《道德经》三十三章）。

（三）道家圣哲论管理死亡的方略

第一，驾驭"卫生之经"，"乘道德而游"。道家认为人的生命力运行有

自己固有的规律,死是生的继续,所以管死必须从管生入手。老子指出,宇宙万物的生命力源于道与德的统一,合于道,才有生命力;有与道相符合的德,生命的活力,才能够展现出来。"是以万物莫不尊道而贵德。道之尊,德之贵,夫莫之命而常自然。"(《道德经》五十一章)他告诉人们,与道德合一,"为深根固柢,长生久视之道"(《道德经》五十九章)。"不道早已"(《道德经》三十章、五十章),背离道德"将灭"(《道德经》三十九章)。庄子进一步告诉人们要选择"道德之乡"而居,"乘道德而浮游","浮游乎万物之祖,物物而不物于物"(《庄子·山木》),"通乎道,合乎德"(《庄子·天道》),"以德为本,以道为门,兆于变化"(《庄子·天下》),不离道德,"纯素之道,唯神是守。守而勿失,与神为一。一之精通,合于天伦","循天之理,故无天灾、无物累,无鬼责",只有精通"卫生之经",才能保护好生命,求得自然死亡。

第二,回避有害,守持不死之道。道家明确指出,人们要想享尽天年,自然老死,必须懂得且能防止有害生命的事发生。老子说:"盖闻善摄尘者,陆行不遇兕虎,入军不被甲兵;兕无所投其角,虎无所措其爪,兵无所容其刃。夫何故? 以其无死地。"(《道德经》五十章)他告诉人们,要经常注意"无遗身殃"、"没身不殆"(《道德经》五十二章)。《庄子》引用老子的话说:"养生的根本是能固守纯一之道吗? 能不经占卜而预知吉凶吗? 能将自己的追求控制在本分之内吗? 能不追求已消失的事物吗? 能不求别人而在自己身上得到满足吗?"(《庄子·庚桑楚》)庄子主张藏身深眇,不露行迹,全身避患。他说:"鸟兽藏身不嫌高远;鱼鳖藏身不嫌深密。"人要想保存生命和天性,也必须懂得隐藏自己。(《庄子·庚桑楚》)他进一步指出,保护自己的最好办法是"打通与宇宙大道之间的障碍",守持无为之道,不以己为判断是非的标准,随顺自然变化,与万物保持和谐。(《庄子·庚桑楚》)"与物相处不伤物,物也不伤他。只有无所伤害的人,才能与他人和谐相处。"(《庄子·知北游》)庄子说:"自私是一种病"(《庄子·徐无鬼》),人为物役名累,真性就会受损害;"知其不可奈何而安之若命"(《庄子·人间世》),就会得到宁静;"君子不干盗贼的事",切忌贪眼前之利而不顾后害殃身(《庄子·山木》)。

道家还告诉人们必须防止热衷学道修德而误入歧途。道家学说代表人物老子、庄子都不厌其烦地告诉学道修德者,不但要真正弄明白什么是道什么是德,懂得道和德的实质,而且必须"惟道是从"(《道德经》二十一章),"勤而行之","明道若昧,进道若退,夷道若额,上德若谷","广德若不足"(《道德经》四十一章),"上德不德"(《道德经》三十八章),"常德不离"(《道德经》二十八章)不以明道而傲视不明道者,不修伪德,不做虚伪圣人,"缘而葆真,清而容物。物无道,正容以悟之,使人自动消除不良之意"(《庄子·田子方》),"不自为大"(《道德经》三十四章)"去甚,去奢,去泰"(《道德经》二十九章），"贵其师"、"爱其资"（《道德经》二十七章），"不自见"、"不自是"、"不自伐"、"不自矜"（《道德经》二十二章）、"不妄作"（《道德经》十六章）。道家圣哲告诉人们，要"珍视本性，不被世俗所束缚"（《庄子·渔父》），要知自己所不知，摆正自己的位置，鞭策自己不落后，改正自己的毛病，克服自己不足。"贼莫大乎德有心而心有睫，及其有睫也而内视，内视而败矣。凶德有五，中德为首。"（《庄子·列御寇》）"祸莫大于不知足，咎莫大于欲得"（《道德经》四十六章），"清静为天下正"（《道德经》四十五章）。老子赞颂"圣人在天下，歙歙为天下浑其心"（《道德经》四十九章）。庄子赞美神农"不为自己求福。百姓希望他执政，他就努力执政；希望他治国，他就努力治国。他不借着别人的失败来造就自己的成功，不利用别人的卑微来显示自己的高尚，不趁着有利时机来谋取私利"。又说：曾子贫不移志。"曾参住在卫国，穿着用乱麻作里絮的袍子，没有罩衣。面色浮肿，手掌脚底长满老茧。他已经三天没有点火做饭；十年做不上一件衣了；想正一下帽子，帽带却断了；想把衣襟拉平，肘子却露了出来；想穿鞋子，鞋后跟又裂开了。但是他依然拖着坏了后跟的鞋子高唱《商颂》，那歌声却充溢于天地之间，犹如钟磬所发。"（《庄子·让王》）庄子还讲述了列子身处贫困不忘自保的故事。列子生活贫困，面有饥色……子阳知道后，便派有关官吏给列子送粮，列子拒绝了。使者走后，妻怨恨列子拒粮事。列子讲了不接受郑相子阳的粮食，是为了防止灾祸。后来，郑国百姓杀了子阳，列子没受牵连。《史记》讲述了庄子拒相之事。楚威王派大夫请住在濮水边以垂钓为生的庄子去任宰相。庄子笑着对使者说："千金，重利；卿相，尊位也。子独不见郊祭之牺乎？养食之数岁，衣以文绣，以入大庙。当是之时，虽欲为孤豚，其可得乎？子亟去，无污我。我宁游戏污浊之中自快，无为有国者所羁，终身不仕，以快吾志焉。"

第三，贵生、摄生、养生，成其大，得其贵，享尽天年而终。道家告诉人们，凡有形事物皆必然灭亡，每一个具体的人都要死亡。然而同时告诉人们，必须贵生、摄生、养生，不要使人的生命轻易毁灭，必须尽人之天性，用其有限的身心形体，成就自我之人，创造出永垂不朽。

道家全部学说是围绕贵生、养生，成其大，得其贵，死而不亡展开的。老子对人的伟大性做了充分的评价，他明确指出："域中有四大，而人居其一焉。"（《道德经》二十五章）道家人文化就是围绕如何成其大展开的，老子告诉人们："大器晚成"（《道德经》四十一章），只有持守"长生久视之道"，"以其无死地"（《道德经》五十章），不做自己不该做的事，"不伤其手"（《道德经》七十四章），学"圣人不病"（《道德经》七十一章），时时刻刻注意"用其光，复归其明，无遗身殃，是为习常"（《道德经》五十二章），"故能成其大"，"终无难矣"（《道德经》六十三章）。又说："不失其所者久，死而不亡者寿"

（《道德经》三十三章），"故为天下贵"（《道德经》六十二章）。为达此目的，必须"尊道而贵德"（《道德经》五十一章），"惟道是从"（《道德经》二十一章）；"重积德"（《道德经》五十一章），善修德，"修之于身，其德乃真；修之于家，其德乃余；修之于乡，其德乃长；修之于国，其德乃丰；修之于天下，其德乃普"。（《道德经》五十四章）

庄子在老子思想基础上，进一步指出，人应当求一生有所成就，"成为他应该成为的物类"（《庄子·大宗师》）。他告诉人们，要想大成必须通晓圣道，"善人不通晓圣人之道便不能立业"（《庄子·胠箧》），"圣明的人内心宁寂"，"各种事物都不能动摇和扰乱他的内心"，通晓"大本大宗"，才能"与天合"，得"天之乐"；"与人和"，得"人之乐"（《庄子·天道》）"真人才能有真知"，有真知才能与道同行，"心境能够如朝阳般清新明澈"，才"不会用心智去损害大道"，"与万物共存亡"而不失人的本性，"以少为善，以老为善，以始为善，以终为善"。"故善吾生者，乃所以善死也"，"超越古今时限，进入无所谓生死的境界"（《庄子·天道》）。人要想成为自己应成为的人，就要守持人道，即寻求把自己与道统一起来，造就自己之长，"人而无以先人，无人道也；人而无人道，是之谓陈人"，守持人道，"遵循无尽的变化与发展"，"因以曼衍，所以穷年"（以上引文见《庄子·寓言》）。庄子又说："昔吾闻之大成之人曰：'自伐者无功，功成者堕，名成者亏。孰能去功与功而还与众人！'道流而不明居，德行而不名处；纯纯常常，乃比于狂；削迹捐势，不为功名。是故无责于人，人亦无责焉。"（《庄子·山木》）他不厌其烦地指出，不要贪眼前之利而不顾后患，不要为世俗偏见所束缚，"遨游于世俗之外，而不流于邪僻，顺应人情而不失天性"（《庄子·外物》）。他告诉人们，身心必须与道和德相统一，"形非道不生，生非德不明"，"明道立德"，才能成其大，"执道者德全，德全者形全，形全者神全。神全者，圣人之道也"（《庄子·天地》）。有道之人，才能具有超凡的能力，能在黑暗中发现光明，能在寂静中听到和谐的声音；有道之人，心身与神圣相通，"三患莫至，身常无殃"（《庄子·天地》），"终其天年而不中道夭亡"（《庄子·大宗师》）。庄子主张"让自己的心灵遨游在道德的和谐境界"，"使自我心性纯正"，"把躯体作为暂时寄身的寓所"，他同时指出，不要"轻率地使用自己的身体"，充分利用形体修内在生命的充实完美，"不因好恶伤害自己身心"，"不拘泥于一时一事的得失"，只关心"择日而登假"，即"选择某一天远离尘世而去"（《庄子·德充符》）。庄子告诉人们，要想达到成其大而自然消亡的目标，必须重视清除"知之残缺"（《庄子·逍遥游》），贵己养生，不把生命力耗费在不必要的事物之上，抛弃世俗的人生价值取向，妥善自处，"拯民应先养自心，救世须先救自己"。即持"心斋"，养善心，"以自全而全人"（《庄子·德充符》）。

七、道家圣哲论人生管理机制

道家不但明确指出人生需要管理,而且阐明了人生管理机制。道家构建的人生管理机制,有作用原理、起作用的主体和明确的责任要求。

(一)管理人生的原理和原则

道家管理人生的基本原理和原则是无为而无不为。这一原理是老子在《道德经》中提出来的。老子在研究宇宙万物产生及发展变化本原的过程中,发现了道这个客观存在的东西,他看到了"道常无为而无不为"(《道德经》三十七章),"生而不有,为而不恃,功成而弗居"(《道德经》二章)"同于道者,道亦乐得之","同于失者,失亦乐得之"(《道德经》二十三章)道创生万物,而万物并不感恩于道;万物遵循还是不遵循道,道都不表现高兴还是不高兴,而是任随万物自己,"不失其所者久,死而不亡者寿"(《道德经》三十三章),与道同行,不失道者长久生存;"不道早已"(《道德经》五十五章),不与道同行而背离道者则早灭亡。

老子又用道的品质和作用原理观察人类社会,发现处于人群最高层次的圣人也具有与道相同的品质。他指出:"圣人之道为而不争"(《道德经》八十一章)"圣人处无为之事,行不言之教;万物作焉而不辞,生而不有,为而不恃,功成而弗居"(《道德经》二章),"圣人抱一为天下式"(《道德经》二十二章),"圣人后其身而身先"(《道德经》七章),"圣人被褐而怀玉"(《道德经》七十章),"圣人终不为大,故能成其大"(《道德经》六十三章),"圣人自知不自见,自爱不自贵"(《道德经》七十二章)。

老子又用道的品质和作用来审视天地万物,他发现:"天得一以清,地得一以宁,神得一以灵,谷得一以盈,万物得一以生,侯王得一以为天下贞,其致之。"(《道德经》三十九章)他最后概括指出,"无为而无不为"也是做人应守持的基本原则,他告诉人们,人们要想成就其大,即要成为像道、天、地那样伟大的事物也要遵循"无为而无不为"的原则行事。

(二)道、天、地、社会对人生的管理

道家构建了一个严密的管理人生的体系,认为道、天、地、社会都参与人生的管理。

1. 道在管理人生中的作用

道家认为,道是宇宙、天、地、人、万物的总管。它处于人们看不见的地方,然而人和其他事物一样都受制于它,它从不说话,好像根本不存在一样,任人和万物自由自在地生存和发展,然而任何人任何事物谁也逃不脱它的控制,人与道同一,可与道、天、地并列成为"域中四大"(《道德经》二十五

章）；人如果背离道，"是谓不道，不道早已"（《道德经》三十章），即早衰亡。

2. 天地在管理人生中的作用

道家认为："天地有司过之神，依人所犯轻重，以夺人算，算减则贫耗，多逢忧患，人皆恶之，刑祸随之，吉庆避之，恶星灾之，算尽则死。""又有三台北斗神君，在人头上，录人罪恶，夺其纪算。又有三尸神，在人身中，每到庚申日，辄上旨天曹，言人罪过，月晦之日，灶神亦然，凡人有过，大则夺纪，小则夺算，其过大小，有数百事，欲求长生者，先须避之。"道家不但告诉人们，人算不如天算，而且明确指出，天地之神评价人有罪与否，也是根据人们的思想、言论和行为是否符合道，让人们循道而行，"是道则进，非道则退，不履邪经，不欺暗室。"（以上引文见《太上感应篇》）

道家指出，天地每时每刻都有神圣的力量在记录和计算人的善行和恶行，根据人的善行和恶行多少，把人划分为两大类，一类是善人，一类是恶人。被认为是善人的人，"人皆敬之，天道佑之，福禄随之，众邪远之，神灵卫之，所作必成"，那些"非义而动，背理而行，以恶为能"的恶人，司命神则根据罪恶的轻重，"夺其纪算，算尽则死，死有余辜，乃殃及子孙，乃计其妻子家口以当之，渐至死丧，若不死丧，则有水火盗贼，遗亡器物，疾病口舌诸事，以当妄取之直"（《太上感应篇》）。

道家还告诉人们，天地神圣的力量不只是根据人的行为断定善恶，而是从监察人心开始，"夫心起于善，善虽未为，而吉神已随之；或心起于恶，恶虽未为，而凶神已随之。"（《太上感应篇》）

道家告诉人们，要懂得悔过，"其有曾行恶事，后自改悔，诸恶莫作，众善奉行，久久必获吉庆，所谓转祸为福也"（《太上感应篇》）。

道家指出，为善还是为恶，受报应很快，"吉人语善、视善、行善，一日有三善，三年天必降之福。凶人语恶、视恶、行恶，一日有三恶，三年天必降之祸。"（《太上感应篇》）

3. 社会在管理人生中的作用

道家论述社会管理人生的思想很丰富，概括起来，主要是：第一，社会对个人成长发展具有导向作用。道家十分重视人生导向问题，《老子》《庄子》等书中反复讲述了圣人大德们对人们成长发展的导向作用。《庄子》中不止一次地讲述了孔子是怎样接受他人指导的，从而告诉人们，像儒家创始人孔子这样的伟大人物，成长都需要大德们给以导向，一般人就更应当重视接受他人的指导了。《庄子·外物》中说：老莱子的弟子们外出打柴，遇见孔子，回去把此事告诉了老师，说："有个人在那里，这个人上身长而下身短，脊背弯曲而耳朵贴近脑后，周视四方，似乎有经营天下之志，不知他是什么人。"老莱子说："这人是孔丘。去把他叫来。"孔丘来了，老莱子对他说："孔丘，只有去掉你身上的骄矜之气和你脸上的聪明相，才能成为圣人。"孔丘作了揖,惶恐得变了脸色,并问道:"我的德业能否再进展呢?"老莱子说:"那不忍心受害一世却不顾及遭难万世的人,究竟是本来就浅薄无知呢,还是他的智谋不足呢? 施惠于人而获取别人欢心并以此为骄傲,这是应当终身引以为羞的行为,庸人的行为只不过进到这个层次而已,他们以名声相招引,以私利相结交……为什么要坚持推行你的这一套并始终引以为骄傲呢?"《庄子》书中多次讲述了老聃等多位世外高人教导人的故事。阳子居也是一个自命不凡的人物,他听说老子西游,打算在沛地郊外迎候老子,却在梁地碰上了。老子与阳子居走在路上,途中老子仰天叹息说:"我原来以为你可以教诲,现在觉得不行了。"阳子居没有回答。来到旅馆,伺候老子洗漱后,他跪在地上移动双膝向前说:"弟子先前想向夫子请教,夫子行色匆匆不得空闲。现在有空了,请问我的过失在什么地方?"老子说:"你这副傲慢跋扈的样子,谁还肯与你相处呢? 就是最纯洁的人也会觉得好像还有不足,何况你呢?"杨朱惊惭得改变了脸色,说:"敬顺教诲了!"在杨朱去沛地途中住旅馆的时候,伙计们将他迎接到旅馆,男主人帮他安排座席,女主人伺候他洗漱,旅客们纷纷让出座位,正在烤火取暖的人给他让出了灶火。等到他见老子回来又住旅馆时,旅客们都和他争位了。(以上引文见《庄子·寓言》)。

道家认为,社会对人生发展的导向作用,具有多方面的表现,一般说来,社会管理者推崇什么,什么就发展,老子说:"慧智出,有大伪"(《道德经》十八章),社会过分地提倡机巧,奸诈虚伪的人就多;社会"绝圣弃智"(《道德经》十九章),即杜绝人们玩弄智巧,实实在在做事的人就多。《庄子》书中指出:"举贤则民相轧,任智则民相盗"(《庄子·庚桑楚》);推行仁德,就会有人利用仁义道德谋取私利(《庄子·徐无鬼》),搞虚伪的德行,玩弄欺世盗名(《庄子·应帝王》);君王"顺应自然而无容私焉,而天下治矣"(《庄子·应帝王》)。

道家重视榜样的导向作用,强调榜样必须真实。老子《道德经》中赞颂的圣人,就是道家倡导的人生榜样。这些圣人具有道一样的崇高品质和伟大的作用。《庄子》书中也三番五次地赞颂圣贤们的作用。《列御寇》一文中说:"正考父一命而伛,再命而偻,三命而俯,循墙而走,孰敢不轨。"庄子说,正考父被任命为士的时候,他在人面前弓着背,以表示恭敬;被任命为大夫的时候,他在人面前弯着腰,对人更恭敬了;被任命为卿的时候,几乎伏身在地,沿着墙根小步快走,对人恭敬到极点了。这样的圣贤尚且如此谦恭,谁还敢不守法度呢!《列御寇》一文又说:"热衷于华而不实的文辞,把细枝末节当作根本,矫饰自己的本性来给百姓做榜样,却不知这种榜样是不真实的……这种人又怎么能够管百姓呢!"

第二,道是社会管理人生的根据和动力源泉。道家指出,社会上具有大

德的人们都是"惟道是从"(《道德经》二十一章)的人,提倡以道修身,能够提高人们循道而行的自觉性。因此老子提出"以道佐人"(《道德经》三十章),他说:"道常无名。朴虽小,天下莫能臣也。侯王若能守之,万物将自宾。天地相合,以降甘露,民莫之令而自均。"(《道德经》三十二章)"侯王得一以为天下贞"(《道德经》三十九章),侯王以道治国,就能成为天下君王的榜样。又说:"以道莅天下,其鬼不神。非其鬼不神,其神不伤人。"(《道德经》六十章)他强调:"道者,万物之奥,善人之宝,不善人之所保。"(《道德经》六十二章)道家认为,用道修身,人的德行就能纯真;用道治家,其家德必然厚实;用道治理本乡,其德必久长;以道治国,其国德必广博;以道治理天下,天下的德行必然普遍伟大(《道德经》五十四章)。

道家指出,得道的圣人具有巨大的化人的力量。《庄子·则阳》中谈到这一认识时说:公阅休是道家心目中的圣人,他"在穷困潦倒的时候,能使家人忘掉贫困;在显达荣耀的时候,能使王公忘掉爵禄而转尊为卑。他同外物相处得和谐快乐;他乐于和别人沟通却又不丧失自己的本性;所以他有时不说话却能用和顺之气使人感到温暖欢畅,与人共处而使人受到感化。他使父子间自然的关系得以恢复,从而使他们各归其所,他做了这么多,却好像闲着什么都没做。他的心思与世俗人的心思相比,距离是那么远"。

道家把依道治理国家的君王叫圣明的君王,认为圣明的君王对于人民来说,像道对于万物一样重要。《庄子·应帝王》叙述了阳子居与老聃评价圣明君王的对话。阳子居问老子说:"假如现在有这样一个人,反应敏捷,体格强健,洞察事理,学道勤奋从不厌倦。像这样的人,可以与圣明的君王相比吗?"老子说:"这样的人在圣人眼里,只不过像供人轮番役使的小吏和因有技术而遭受束缚的工匠,是身体劳苦、心神不安的人而已。"老子明确指出:"圣明的君王治理天下,功德普及天下却又好像不是出于自己的努力,化育之恩施及万物而老百姓却不觉得有所依赖。虽有功德却又不愿显露名声,使万物各得其所而欣然自喜。他立足于神妙莫测的变化,而遨游于虚空的境界。"

第三,德是社会管理人生的法宝。道家认为,德是万物得以存在和发展的根据,是道的高尚品质在宇宙万物中的具体体现,是人对道的高贵品质的感受。道强调的是理,而德突出的是道的美好品质人格化,道无形而德有形。道与德不可分,"道生之,德畜之"(《道德经》五十一章)。道家要求人们要认识"道之尊,德之贵"(《道德经》五十一章);道家告诉人们,人生的价值靠德行体现出来;社会根据人的德行评价人。道家指出,人的德行的具体表现是多种多样的,不同的德行表现不同的人生价值,"上德不德,是以有德;下德不失德,是以无德。上德无为,而无以为。下德为之,而有以为"(《道德经》三十八章);"常德不离,复归于婴儿","常德不忒,复归于无极"，"常德乃足，复归于朴。朴散则为器，圣人用之，则为官长；故大制不割"（《道德经》二十八章）。道家把最美好的德行称为玄德，认为玄德的品质与道同一，"生之畜之，生而不有，为而不恃，长而不宰，是谓玄德"（《道德经》十章）。道家提倡学习道的品质，拓展人的德行，实行"报怨以德"（《道德经》六十三章）。

第四，教化、德行、智慧、刑罚、情感等都是社会管理人生不可缺少的因素。道家赞美圣人的教治，认为圣人的教治对人的生存和发展具有重要的作用，他们能使"政令措施的颁布不失时宜，提拔荐举人才而不丢失贤能，洞察事物的情状而顺着自然的趋势去做，行动说话都是自然行为而天下人民都受到感化。举手一挥，眼神一动，四方百姓无不尽数到来。"（《庄子·天地》）

道家在赞扬圣人教化作用的同时，指出教治的作用也是有限的，社会上存在着一些不接受教化的人。《庄子·盗跖》中讲述了盗跖拒绝孔子教育的事。孔子是当时社会上善于教治的人，他责备自己的朋友柳下季不教育弟弟盗跖，他说："你是当世的贤才，而你弟弟却是盗跖一类的人，他成了天下的祸害，你不能对他进行教导，我私下替你感到羞耻，请允许我替你劝说他。"柳下季说："如果子女不听父亲的教导，弟弟不接受兄长的教导，即使有你这样的口才，又能拿他怎么样呢？况且盗跖的为人，情感如涌泉般的冲动，意气如暴风一样的奔放，强悍足以抵御敌人，辩才足以掩饰过错，顺从他的心意就高兴，违背他的心意就发怒，动不动就用话来侮辱人，请先生你务必不要去。"孔子不听柳下季的劝说而去劝说盗跖。盗跖大骂孔子是奸诈虚伪的小人，罪大恶极，赶孔子回去，"否则就用孔子的肝来做午餐的一道菜肴！"孔子对盗跖讲了许多道理，而盗跖一一给予驳斥，反而痛斥孔子。孔子急急忙忙地跑了，出门上车时，手中握着缰绳竟然好几次掉地上。面色如同死灰，靠着车轼低着头，连大气也不敢出。

道家主张用多种手段和办法管理人生。《庄子·大宗师》指出："以刑为体，以礼为翼，以知为时，以德为循。"即以刑罚作为根本，以礼义作为辅助，以智慧适应时变，依德行作为依据。《庄子·天运》中指出："怨恨、恩德、获取、赠与、谏诤、教诲、免死、杀戮八种做法，都是纠正人们行为的工具，只有遵循自然变化而无所阻滞的人才能使用它们。所以说：所谓正，就是端正人心。假如他的内心认为不是这样，天道之门是不会向他打开的。"《庄子·在宥》指出："不能不依顺的是人民"，"不能不施行的是法律"，"不可不遵守的是义"，"不可不推广的是仁"，"不可不繁多的是礼"，"讲究中庸而又不可不高明的是德；永恒固定而又不可不变的是道；神妙莫测而不能不发生作用的是天"。

（三）道家论人的自我管理

1. 自我管理是人生管理机制中起决定作用的部分

道家在研究道的作用和品质的过程中，发现"道常无为而不为"（《道德经》三十七章），"万物恃之而生，而不辞……衣养万物而不为主……万物归焉而不为主"（《道德经》三十四章），"生而不有，为而不恃，长而不宰"（《道德经》十章），"同于道者，道亦乐得之"；"同于失者，失亦乐得之"（《道德经》二十三章），"万物将自宾"（《道德经》三十二章），"万物将自化"（《道德经》三十七章），万物生命长短、价值大小，皆由自己决定。

道家在研究社会和国家治理之道中，发现圣人和圣明君王具有与道同一的品质，这些圣人和圣王对于人民的态度，也是"为而不争"（《道德经》八十一章）；"为而不恃，功成而不处"（《道德经》七十七章），"我无为而民自化，我好静而民自正，我无事而民自富，我无欲而民自朴"（《道德经》五十七章），"生而不有，为而不恃，长而不宰"（《道德经》五十一章），"圣人处无为之事，行不言之教，万物作焉而不辞，生而不有，为而不恃，功成而弗居"（《道德经》二章）。人的生命力长短，人生价值大小，也是全靠人们自己努力；"祸福无门，惟人自招"（《太上感应篇》）。《庄子》书中列举了大量事例，具体说明了人生成败、祸福皆由人们自己选择、自己设计、自己求得。

2. 用科学态度对待自我管理

道家指出，自我管理是一件非常不容易的事，要想管理得当，必须用科学态度辨明是非，必须守持一定的度。道家从哲学的意义上指出，任何事物的是非界限都有一定度的要求，达不到一定度或超过一定的度就会走向反面，老子告诉人们"自知不自见，自爱不自贵"（《道德经》七十二章），"为而不争"（《道德经》八十一章），"不争而善胜，不言而善应，不召而自来"（《道德经》七十三章），"为而不恃，功成而不处"（《道德经》七十七章）。他明确指出，如果违背此道，就会走向反面。庄子指出："圣人安其所安，不安其所不安；众人安其所不安，不安其安。"（《庄子·列御寇》）

3. 抓住自我管理的根本点

道家告诉人们，人生过程中需要人们自己做的事情多种多样，人们自己必须善于抓住其中根本的对人生发展方向和人生价值实现起决定作用的部分。

第一，管好认识，理智地做人。道家哲圣人生智慧的一个鲜明特点，就是非常重视理性思考，要求人们从理性高度研究问题，努力求道、悟道、坚持"惟道是从"（《道德经》二十一章）。道家不但明确地告诉人们，要认识道、认识天、认识地、认识他人、认识自己，认识"域中四大"等，而且明确地指出，认识道的伟大作用和高贵的品质，根本目的在于懂得道的作用力是人和万物不可抗拒的,道的品质是人和万物应当学习的;认识天、认识地的目的,就是要懂得天地是有形的事物中最大的,天地的运行之道是人和万物不可抗拒的;认识他人的目的,即不但要懂得他人中有圣人、圣王一类伟大的人,也有徒具人形而不具人的自然本性的人,而且还要懂得为什么有人成了圣人和圣王,而有人则失去人的本性;认识自己的根本目的,就是要求人们要明白自己有认识道、认识天地人万物的能力,有成为"域中四大"之一的能力。管理自己认识的宗旨,就是要达到明明白白地做人的目的。

第二,管理自己的思想、言论和行动。人靠思想、言论和行动表现自己,社会评价一个人的人生价值,也是根据思想、言论和行为。因而道家明确地告诉人们,思想不可胡思乱想,言论不能胡言乱语,行为不可为所欲为,必须"惟道是从"(《道德经》二十一章)。道家把圣人和圣明的君王规定为人们学习的榜样,清清楚楚地介绍了圣人和圣明的君王是怎样以道行事的,从而告诉人们,只有像圣人和圣明的君王那样想问题、说话、做人、做事,才能成为与道同一的人,才会成为死而不亡者(《道德经》三十三章)。

第三,守持自处之道。道家要求人们要有自律精神和使命感,"不侈于后世,不靡于万物","以绳墨自矫,而备世之急"(《庄子·天下》);"体悟无穷大道,遨游于虚无的境域,保全天赋的本性……能超越万物而不被物损伤"(《庄子·应帝王》);修己悟道,"洗涤自己的心灵"(《庄子·庚桑楚》),"自我心性纯正"(《庄子·德充符》);"用善德来清洗自己"(《庄子·德充符》);"长久地与贤人相处"(《庄子·德充符》);要懂得自责(《庄子·庚桑楚》);"为人纯真","清廉自洁而能容纳万物,有人或事不合天道,他只端正自己的品行而使那人醒悟,使那人的不良意念自觉清除"(《庄子·田子方》)。道家要求人们要懂得自我管理,要有自控能力,坚持"惟道是从",不符合道的事,即使天下人都坚持,自己也傲然不予理睬,老子说:"众人熙熙,如享太牢,如春登台。我独泊兮其未兆,如婴儿之未孩,累累兮若无所归。众人皆有余,而我独若遗。我愚人之心也哉,沌沌兮。俗人昭昭,我独昏昏;俗人察察,我独闷闷。澹兮其若海,飂兮若无止。众人皆有以,而我独顽似鄙。我独异于人,而贵食母。"(《道德经》二十章)

第九章 道家圣哲论开发人生

道家圣哲开发人生的学说,宗旨明确,目标清楚,重点突出,途径和方法一目了然,对其开发主体的要求明确,既有理论高度,又具有实用价值。

一、道家圣哲论人生开发的宗旨和目标

道家圣哲明确指出,人生开发的宗旨就是塑造"尊道而贵德"的人。老聃明确指出,尊道而贵德者才能存在、成长、成熟、"成其大","得其贵"。

老聃在《道德经》中详细讲述了他这一思想的产生过程及其来源。他说他是在反复观察世界和人生发展变化的实际情况后,得出的具有真理性的认识。他说:"致虚极,守静笃,万物并作,吾以观复。夫物芸芸,各复归其根。归根曰静,是谓复命;复命曰常,知常曰明。不知常,妄作凶。知常容,容乃公,公乃王,王乃天,天乃道,道乃久,没身不殆。"(《道德经》十六章)老聃经过反复观察思考,得出了以下认识:"有物混成,先天地生。寂兮寥兮,独立而不改,周行而不殆,可以为天下母。吾不知其名,字之曰道,强为之名曰大。大曰逝,逝曰远,远曰反。故道大,天大,地大,人亦大。域中有四大,而人居其一焉。人法地,地法天,天法道,道法自然。"(《道德经》二十五章)老子揭示了宇宙万物与道和德的关系,他指出:"道生之,德畜之,物形之,势成之。是以万物莫不尊道而贵德。道之尊,德之贵,夫莫之命而常自然。故道生之,德畜之,长之育之,亭之毒之,养之覆之。"(《道德经》五十一章)他告诉人们,万物皆由道创生,由道赋予万物生命力,然而道不赋予万物形态,不养育万物,万物由德赋予形态,是德使万物生长、成熟,也就是说,一切有形事物都是道与德的统一物,二者缺一不可;道与德统一程度越高,事物越美好。人是道创生的万物中自觉能动性最强,能自知、知他人、知天地万物、知宇宙大道,并能学习效法天地道高尚品质,取万物之长,故能与地、天、道并列成为"域中四大"。简言之,人懂得"尊道而贵德",并且能把自己的思想、言论和行动纳入道和德要求的轨道,即实行尊道而贵德,才能成就其大。

正因为尊道而贵德是宇宙间一切事物生存、发展、成功的根据,是人成就其大的根据和保证,因而道家圣哲把尊道而贵德视为人生开发的切入点。

道家圣哲告诉人们,道的高尚品质的成熟和德性的完善需要经历一个

过程,其过程分以下几个阶段:

第一,善人君子阶段。这是人成长的初始阶段,这一阶段的具体要求是:把自己的思想、言论和行动纳入道和德所要求的轨道,懂得"是道则进,非道则退,不履邪径,不欺暗室"(《太上感应篇》),懂得"积德累功,慈心于物,忠孝友悌,正己化人,矜孤恤寡,敬老怀幼,昆虫草木犹不可伤,悯人之凶,乐人之善,济人之急,救人之危,见人之得如己之得,见人之失如己之失,不彰人短,不炫己长,遇恶扬善,推多取少,受辱不怨,受宠若惊,施恩不求报,与人不追悔。"(同上)道家告诉人们,如果能做到这些,就可以称为善人,"人皆敬之,天道佑之,福禄随之,众邪远之,神灵卫之,所作必成。"(同上)

第二,圣人阶段。道家把圣人分为真正的圣人和世俗圣人,赞颂真正圣人和抨击世俗圣人。老子认为,真正的圣人是尊道而贵德的典范。他说:"圣人处无为之世,行不言之教……功成而弗居。"(《道德经》二章),"天地不仁,以万物为刍狗;圣人不仁,以百姓为刍狗"(《道德经》五章),"圣人无常心,以百姓心为心……圣人在天下,歙歙为天下浑其心,圣人皆孩之。"(《道德经》四十九章)又说:"圣人去甚,去奢,去泰"(《道德经》二十九章),"圣人被褐怀玉"(《道德经》七十章),"圣人终不为大,故能成其大"(《道德经》六十三章),"圣人后其身而身先,外其身而身存。非以其无私邪?故能成其私"(《道德经》七章)。他强调:"圣人自知不自见,自爱不自贵;故去彼取此"(《道德经》七十二章),"圣人为而不恃,功成而不处"(《道德经》七十七章),"圣人之道,为而不争"(《道德经》八十一章),老子说:"圣人说过:受国之垢,是谓社稷主;受国不祥,是为天下王。正言若反。"(《道德经》七十八章)庄子猛烈地抨击世俗圣人,但仍然肯定真正的圣人,他说:"圣人的心胸包容万物"(《庄子·齐物论》),"圣人不从事世俗的事务,不追逐利益,不回避灾害,不喜好妄求,不拘泥于'道';没说什么又好像说些什么,说了什么又好像什么也没说,因而邀游于世俗之外……众人忙忙碌碌,圣人愚昧而迟钝,糅合于无限久远的大道而整个地成为无是非的混沌世界。万物都是这样,而且因为这个缘故而相互包容"(《庄子·齐物论》)。又说:"圣人居住犹如鹌鹑,随处而安;饮食如同鷇鸟,不挑不拣;行动好似鸟雀飞翔而不留痕迹。天下如果正常,就和万物共同昌盛;天下如果混乱,就修养道德、避世而居。千岁已满、一生用尽,就离开人世而升仙,乘上那白云,飞到那天帝居住的地方。多惧、多事、多辱这三种忧患都不会来临,身体永远不会遭殃,那么还有什么耻辱呢?"(《庄子·天地》)"法天贵真,不拘于俗"(《庄子·渔父》)。庄子说,圣人之所以能成为圣人,关键在于他能保持恬淡虚空的心境,将生死变化、阴阳交替、祸福出现,看得十分透彻,为人处世合于天德,随自然而运动。所以圣人能够抵挡忧患邪气的侵袭,精神丝毫不会亏

损,德性能保持完整,无灾害的担忧,也无外物的牵累。至于世俗之人的各种悲哀欢乐,喜悦愤怒和爱好厌恶之类的情感,都会伤害虚空恬淡的心性,即有违于天德的东西,圣人一概予以抛弃(《庄子·刻意》)。庄子又说:"圣人的心藏于天道,所以没有人能伤害他。"(《庄子·达生》)庄子强调:"以自然为主宰,以德行为根本,以大道为门径,能预见征兆于事物变化之前,这样的人叫作圣人"(《庄子·天下》),"圣人在穷愁潦倒的时候,能使家人忘掉贫困;在显达荣耀的时候,能使王公忘掉爵禄而转尊为卑。他同外物相处得和谐快乐;他乐于和别人沟通却不丧失自己的本性;所以他有时不说话却能使用和顺之气使人感到温暖欢畅,与人共处而使人受到感化"(《庄子·则阳》)。庄子告诉人们:"圣人爱众人……但如果别人不告诉他,他就不知道自己爱众人。他对于自己爱众人和别人尊他为圣人好像知道,又好像不知道;好像听见,又好像没听见。他爱众人永远不终止,人们对他的爱也会永久不衰。这是一种体现自然本性的爱。"(《庄子·则阳》)

第三,神人阶段。处于此阶段的人,道与德结合已超越世间人层次。庄子说:"神人无心邀功","不食五谷,吸风饮露"(《庄子·逍遥游》),"旁日月,挟宇宙","游乎尘垢之外"(《庄子·齐物论》),"神人驾驭日月之光,不见形迹","臻于天命,尽其情性,以天地之道自乐而万事万物无所挂心"(《庄子·天地》)。

第四,至人阶段。道家认为,至人在道与德相统一的修养上,比神人又高一个层次。"至人无已","随顺自在"(《庄子·逍遥游》)。《庄子·齐物论》中说:"至人神奇难测,巨大的森林燃烧起来也不能使他感觉到热,黄河、汉水封冰了也不能使他感到冷,迅雷劈破山岩、暴风掀起滔天海浪也不震惊,乘着云气,骑着日月,遨游于四海之外,对生死无动于衷,根本不问利害",至人"把名声看作是束缚自己的枷锁"(《庄子·德充符》),至人超脱世俗,忘却外物,胸怀广阔,无所不容,世人所有的东西,包括天地万物、权位利益、仁义礼乐等,一概不放在心上,遵循无为的天道行事(《庄子·大道》),他遨游于大道,无情无欲,"喜怒哀乐不入于胸次"(《庄子·田子方》)。"至人用心若镜,不将不迎,应而不藏,故能自生物而不伤"(《庄子·应帝王》),即坚持无为之道,随顺万物而变化,与自然万物和谐相处,"不离道之真谛"(《庄子·天下》)。

第五,真人阶段。道家认为,真人是道与德结合最完美的人,处于人的最高层次,是得道之人。庄子说:"什么叫真人呢?古时候的真人,不人为地促进有所不足的事物,不自我夸耀事情的成功,也不谋划任何事情。像这样的人,有了过失不会后悔,处事得当也不自我得意。像这样的人,登上高处不会战栗,没入水里不会浸湿,进入火中不觉炎热,是登上大道境界的人。"(《庄子·大宗师》)庄子借孔子的口说:"古代的真人,智者无法将他说服,美女无法使他淫乱，盗贼无法劫持他，伏羲、黄帝无法迫使他亲近。富贵生死对他们不能产生影响。他的精神穿行于泰山而无所阻挡，浸入深渊山泉而不会沾湿，处于卑微的地位而不会困顿，充满于天地之间，尽量给予他人而自己更加充足。"（《庄子·田子方》）真人"对于众人没有特别亲近的，也没有特别疏远的，用一视同仁的德行和温和不偏的态度顺应天下。同蚂蚁相比，他弃绝了蚂蚁的智慧；同鱼相比，则鱼之悠游于水正符合他的心意；同羊相比，则弃绝了羊的念头。用眼睛看所能看到的，用耳朵听所能听到的，用心灵来召唤事物，公平正直像墨线一样。他们用自然之道来对待人事，不用人事干扰自然之道，对于生死得失一任自然。"（《庄子·徐无鬼》）"他们与自然合为一体，取法天地，化育万物，调和天下，恩泽普施于百姓，他们通晓道的根本，又兼通作为道的末节的各种法度，他们是上下四方、一年四季无所不通，无论大小粗精，他们所通晓的道术无所不在。"（《庄子·天下》）"他们明知自己刚强，却安守懦弱，甘当天下的沟壑；明知什么是白，却安守于黑，甘当天下的深谷。别人纷纷争先，他却甘愿在后，愿意一人承受天下所有的耻辱；别人都争相取实惠，唯独他谋求空虚，没有积蓄，反而常常有余。他立身行事，从容而不费精神，保持无为而嘲笑卖弄机巧；别人谋求福气，他唯独委曲求全，说这样才能避免祸患。他以深藏为根本，以俭约为准则，说过于坚硬就会受损害，过于尖锐就会受挫折。他对物宽容，对人不苛刻，达到了最高境界。"（《庄子·天下》）

二、道家圣哲论人生开发的基本方面和内容要求

道家圣哲对人生开发应把握的基本方面和应解决的主要问题有明确论述，其中许多认识具有永恒的真理性和普遍的指导意义。

（一）强化道的意识，发展道的品质

道家认为，宇宙间最伟大、最神圣的东西是大道。老聃告诉人们，道创生万物、道主宰万物，万物离道就要死亡；万物如果能遵从道，不背离道，就能成为像道一样伟大的事物。老子还明确指出，宇宙间能与道并列称大的是天、地、人。天地之大已经形成，人皆公认。人能不能成其大，关键在于能不能"尊道"（《道德经》五十一章）。道家的全部学说就是围绕"尊道"展开的，根本宗旨就是使人们懂得，由大道创生的人，要想生存发展，就要"尊道"；要想像道那样伟大永恒，就要永远不背离道，一旦背离道，死亡就会到来。

道家明确地告诉人们，宇宙间有形的事物中最大的是天地，无形的事物中最大的是道。天地也由道创生，天地学习道的品质，守持大道而时刻不背离，才成就了大，并得以长久存在，即"天得道以清"，"地得道以宁"，"天无以

清将恐裂,地无以宁将恐发"(《道德经》三十九章)。人如果能像地、像天那样守持宇宙大道,就能像天地一样,与道并列,成为"域中四大"。老聃疾呼:"吾言甚易知,甚易行;天下莫能知,莫能行。言有宗,事有君。夫唯无知,是以不我知。知我者希,则我者贵;是以圣人被褐怀玉。"(《道德经》七十章)他强调指出,我的有关道的言论很好懂,也很容易做到,然而世人不知道也不去做。这正是因为世人不懂我说的道理,才处于无知的状态之中。也正因为懂得这一道理的人少。所以,懂得我说的这一道理的人,才显得尊贵。庄子继老子之后,把弘扬道视为自己的使命,他念念不忘宣传老子的"尊道"说,进一步阐明了什么是道、道的品质、道的作用。他强调:"大道是万物产生的根源,各种物类失去了道就会死亡,获得了道便会成功。"(《庄子·渔父》)他借用孔子教育子贡的口气说:"我孔丘乃是苍天所惩罚的罪人。即使这样,我仍将跟你们一道去竭力追求至高无上的'道'。鱼争相投水,人争相求道"(《庄子·大宗师》),鱼之所以争相投水,是因为鱼得到水才能活命生存,人之所以争相求道,是因为人得到道才能成长成功。庄子告诉人们,求得大道之后,就要遵从大道,就不要离开崇高的大道,"牢牢掌握循环变化的中枢……跟随大道往返进退。"(《庄子·盗跖》)他说:"道,看上去是那么幽暗深渺,听起来又是那么寂然无声。然而幽暗深渺之中却能听到万窍唱和的共鸣。幽深而又幽深,能够从中产生万物,玄妙而又玄妙,能够从中产生精神。所以道与万物相接,虚迹却能满足万物的需求,时时驰骋纵放却能成万物之归宿。"(《庄子·天地》)

道家告诉人们,要想成就其大,就必须有道的觉悟和品质。道家创始人老子和主要代表人物庄子不厌其烦地批评"世俗人把心思用在毫无价值的琐事上"(《庄子·列御寇》),缺少道的品质而又不知求道,所以一辈子也离不了渺小。道家心目中的大道,像大海那样深邃莫测,增多了却不显得增多,减少了不显其减少;像宇宙那样没有开始也没有终结,天不从它那儿取得什么便不会高远,地不从它那儿取得什么便不会广大,太阳月亮不从它那儿取得什么便不会运行,万物不从它那儿取得什么便不会昌盛;万物全部从它那儿获取生命的资助,它却永远不匮乏;大道无所不在,万物没有什么可以离开它,而它却又好像不存在,听也听不到它,看也看不见它,显明昭露地寻找它也不会真正有所体察,它玄妙无穷(以上参见《庄子·知北游》)。

1. 守持做人之道,提高人生品位

(1)守持人道,发展德行

道家用道的普遍性观点看问题,认为人有人道,要想做人必须守持人道。庄子说:"人而无以先人,无人道也;人而无人道,是之谓陈人。"(《庄子·寓言》)他告诉人们,作为一个人,如果不守持人道,就会成为一个不正常的陈腐无用之人。庄子又说:"天下有常然。常然者,曲者不以钩,直者不以绳,圆者不以规,方者不以矩,附离不以胶漆,约束不以强索。"(《庄子·骈拇》)他告诉人们,天下的事物都各有其常态,即自然形成的状态。"各种事物无不存在它自身对立的那一面……事物对立的两个方面相互并存、相互依赖……依托正确的一面同时也就遵循了谬误一面,依托谬误的一面同时也遵循正确的一面。因此圣人不走划分正误是非的道路而是观察比照事物的本然,即随顺事物自身的常态。事物的这一面也就是事物的那一面,事物的那一面也就是事物的这一面。事物的那一面同样存在着是与非,事物的这一面也同样的存在正与误。事物果真存在彼此两个方面吗?事物果真不存在彼此两个方面的区分吗?彼此两个方面都没有其对立的一面,这就是大道的枢纽。抓住了大道的枢纽,也就抓住了事物的要害,从而顺应事物无穷无尽的变化。'是'是无穷的,'非'也是无穷的,所以说观察和认识事物还是以其常态为好。"(《庄子·齐物论》)

道家告诉人们,大道无形,它不赋予事物形象,是德赋予事物形象,推动事物成长成熟成功。人的千差万别的形象及其成长成功程度都是由德决定的。庄子说:"行于万物者,道也;通于天下者,德也。"(《庄子·天地》)他告诉人们,贯彻事物之中的是道,而使事物通行于天下的是德。老子说:"是以万物莫不尊道而贵德。道之尊,德之贵,夫莫之命而常自然。"(《道德经》五十一章)

道家认为,做人之道的根本点就是懂得"尊道而贵德"。人是万物中灵性最强者,人之所以可以与天、地、道并列称"四大",就在于人懂得并能自觉地实行尊道而贵德。《庄子》书中指出,人群中的成功者都是善于尊道而贵德的人。《庄子·徐无鬼》中说,市南宜僚从容不迫地玩弄弹丸而使两家的危难得以解脱,孙叔敖运筹帷幄使敌方不敢对楚国用兵而楚国得以停止征战,孔子用不用言辞的说辩对待孙叔敖和市南宜僚的请求,都是"遵循道的原始浑一的状态",他说:"大道是混沌同一的,而体悟大道却各不相同;才智所不能通晓的知识,辩言也不能一一列举,名声像儒家、墨家那样的人也常常因为强以不知为知而招致凶祸。所以大海不辞向东的流水,成就了博大之最;圣人包容天地、恩泽天下百姓而百姓却不知道他们的姓名。因此,生前没有爵禄,死后没有谥号,财物不曾汇聚,名声不曾树立,这才可称作是伟大的人。狗不因为善于狂吠便是好狗,人不因为善于说话便是贤能,成就伟大却不足以伟大,伟大而又完备,莫过于天地,然而天地正是因为从不求取什么才成其伟大而又完备的呢。伟大而又完备的人,没有追求,没有丧失,没有舍弃,不因外物而改变自己的本性,返归自己的本性就会没穷尽,遵循亘古不变的规律,这就是伟大的人做人的真诚。"

（2）提高责任觉悟,树立立功济物的伟大心志

翻开《道德经》,我们会看到,老子赞颂最多的是心系天下百姓的圣人。

道家批判世俗圣人,而赞美世间真正的圣人。真正的圣人是尊道而贵德的典范。圣人尊道贵德的具体表现之一,就是心系天下百姓,对百姓负责,他说:"圣人在天下,歙歙为天下浑其心",又说:"圣人无常心,以百姓心为心。"(《道德经》四十九章)老子强调:"贵以身为天下,若可寄天下;爱以身为天下,若可托天下。"(《道德经》十三章)也就是说:"一个人愿意牺牲自己为天下服务,就可以把天下交给他;喜欢牺牲自己为天下人服务,就可以把天下托付给他。"《庄子·说剑》的要旨,在于劝说统治者应当放弃自我游乐小道而系心天下国家。文中说,从前赵惠文王爱好剑术,聚集三千多剑客在其门下做食客,这些人一天到晚在赵惠文王面前持剑相斗,一年死伤一百多人,一连三年而赵惠文王仍不知满足。赵国国势日衰,于是诸侯预图伐赵。太子对此很忧虑,与众人商量说:"谁能说服大王不迷恋剑士,我就赏他千金。"左右之人说:"庄子一定能办到。"于是太子派人带了千金去求庄子。庄子拒收千金,而决定去说服赵惠文王。庄子论说了天子之剑、诸侯之剑和百姓之剑。他说:天子之剑"一旦使用,就能匡正诸侯,使天下臣服";诸侯之剑"直刺也一往无前,高举也上无遮拦,低按也下无阻挡,抢转也旁若无物;上效法圆圆的青天来顺应日月星辰之运行,下效法方方的大地来顺应春夏秋冬之推移,中顺乎民意来安定四方。这种剑一旦使用,犹如雷霆之响,四境之内,没有不归顺而听从大王之命的了"。庄子论说百姓之剑时指出,这种斗剑之人"跟斗鸡没有两样,片刻之间就丧失了性命,却对国事一无所用。如今大王拥有天子般的地位,却喜好那百姓之剑,我私下替大王鄙薄这种做法"。

道家主张培养立功济物的伟大心志,并且明确指出怎样培养这样的心志。老子说,培养立功济物伟大心志的根本方法,就是"尊道而贵德"(《道德经》五十一章),像道那样"常无为而无不为"(《道德经》三十七章)。庄子进一步指出,人们要想做君子,培养立功济物的伟大心志,"不可以不敞开心胸排除一切有为的杂念。用无为的态度去做就叫自然,用无为的态度去说就叫作顺应,给人以爱或给物以利就叫作仁,让各种不同的事物回归同一的本性,就叫作伟大,行为不与众不同就叫作宽容,心里包容着万物差异就叫富有,持守自然赋予的禀性就叫纲纪,德行形成就叫作建功济物,遵循于道就叫作修养完备,不因外物挫伤节守就叫作完美无缺。君子明白了上述这十个方面,就知道如何容藏立功济物的伟大的心志,而且会像滔滔的流水汇聚一处似的成为万物的归往"(《庄子·天地》)。

(3)不失做人常态,追求理想的人生境界

道家认为,人作为宇宙间的客观存在物之一,有其固有的区别于其他事物的本性,人们做人就应当持守人的真正本性。人的真实本性在于人能效法天地,体恤大道,顺应自然,与万物和谐。道家念念不忘地告诉人们,只有清楚人的本性,持守人的本性,人才能成就像天、地、道那样的伟大。《庄子·应帝王》叙述了列子学道和修持人的本性的故事。列子见到郑国善于占卜识相的巫师季咸后,内心折服如醉如痴,回来后,把见到的事告诉老师壶子,并说:"起先我总以为先生的道最为高深,如今又有更高深的巫术了。"壶子说:"我教给你的还只是道的外在东西,还未教给你道的实质,你难道就已经得道了吗?你用所学的道的皮毛就想跟世人相匹敌,而且一心求取别人的信任,怎么能行呢?"壶子让列子领巫师季咸来给他看相。壶子把"如同地表那样寂然不动的心境显露给季咸看",巫师季咸告诉列子:"你的先生快要死了,活不了几天啦!"第二天,壶子用天与地相对应的心态显露形象给巫师季咸看,季咸又对列子说:"你的先生很幸运,遇上我后症兆减轻了,闭塞中生机微动,完全有救了!"第三天,壶子把"阴阳之气均衡和谐的心态显露给巫师季咸看",季咸对列子说:"你的先生心迹不定,神情恍惚,现在无法给他看,等他心迹稳定后再给他看吧。"第四天,巫师又来给列子的老师看相,一见到壶子就跑了。壶子告诉列子:"起初我显露给他看的始终未脱离我的本原。我跟他随意相应付,他弄不清我的究竟,于是我使自己变得那么颓废顺从,变得像水波逐流一样,所以他逃跑了。"从这件事之后,列子深深感到自己好像从来没向老师学过道似的,回到自己的家里,三年不出门,帮妻子烧火做饭,喂猪就像侍候人一样,对于各种世事不分亲疏没有偏私,把过去的雕琢和华饰恢复到原本的质朴和纯真,像大地一样木然忘情似的将形骸留在世人,虽然涉入世间的纷扰却能固守本真,并这样终生不渝。庄子告诉人们,丧失真性会给生命造成祸害(《庄子·天地》);要懂得认真修养自己的身心,谨慎地保持自己的真性(《庄子·渔父》)。他告诉人们,"由于外物而丧失自身,由于流于世俗而失却本性,是颠倒了本末的人。"(《庄子·缮性》)庄子借用老子教育士成绮的话说:"你容貌伟岸高傲,目光突视,额头矜傲,口张舌利,身形巍峨,好像奔马被拴住,身虽不动而心犹奔腾,行为暂时有所强制,一旦行动就剑拔弩张,你明察而又精审,自恃智巧而外露骄恣之态,凡此种种都不是人的真实本性的流露。"(《庄子·天道》)他说:"办事求名而失掉本性的人,不是有识之士。"(《庄子·大宗师》)

道家认为,事物的本性决定事物的形态。事物本性的相对稳定性,决定事物各有其常态。道家反对人为地随意改变事物的常态。庄子说:"天下的事物都各有它们固有的常态。所谓常态,就是指弯曲的不依靠曲尺,笔直的不依靠墨绳,端方的不依靠角尺,使离析的东西附在一起不依靠胶和漆,将单个的事物捆在一起不依靠绳索",他举例说:"野鸭的小腿虽然很短,续长一截就有忧患;鹤的小腿虽然很长,截去一段就会痛苦。事物原本就是很长是不可以随意截短的,事物原来就很短,也是不可以随意续长的。这样各种事物也就没有必要去排除忧患了。"(《庄子·骈拇》)他认为人也有其固有

的常态,人的常态也是不可以随意改变的,随意改变由人的自然本性产生出来的常态,不利于人的自然本性的发展,人要失去其自然本性,也就会丧失常态,而丧失常态的人,就会成为一个不正常的人。

（4）守持亘古不变的规律,不忘与日俱新

道家认为,人的本性决定人不同于其他客观存在事物,人要想不失去人性,即人要想像人样,就要懂得做人要守持的东西。人的本性决定人和人类社会具有亘古不变的发展变化规律,做人必须懂得并守持人的本性及其由人的本性决定的人生发展变化的规律性。道家认为,人的本性是人与大道的同一性,懂得这一点的人,可以成为与天地道并列伟大的人。人是在社会中生活的,人的伟大是在社会生活中成就的。圣人是世人中成就伟大的人。老子、庄子都不厌其烦地宣传圣人成长成功的经验,老子说圣人是"尊道而贵德"（《道德经》五十一章）的典范,庄子说:"圣人包容天地,恩泽施及天下百姓,而百姓却不知道他们的姓名。因此,生前没有爵位,死后没有谥号,财物不曾汇聚,名声不曾树立,这才可以称作是伟大的人。"庄子进一步指出:圣人成就伟大却不自认为是伟大,圣人只知效法天、地、大道。"伟大而又完备,莫过于天地;天地正因不求取什么,才能成就伟大和完备。伟大而完备的人,没有追求,没有丧失,没有舍弃,不因外物而改变自己的本性,返归自己的本性就会没有穷尽,遵循亘古不变的规律而不矫饰,伟大人物就是这样成就的。"（《庄子·徐无鬼》）

道家告诉人们既要懂得守持亘古不变的人生发展规律,又要懂得与日俱新。道家告诉人们,天地万物是不断发展变化的,人们的认识也要跟随天地万物的变化而变化。老子说:"飘风不终朝,骤雨不终日……天地尚不能久,而况于人乎!"（《道德经》二十三章）庄子反复强调人要懂得与日俱新。庄子说:"孔子活了六十岁而六十年随年变化,与日俱新,当初肯定的,最终又做了否定,不知道现今所认为是对的不就是五十九岁时所认为是不对的。"（《庄子·寓言》）

（5）顺应规律进取,安于自己所能达到的境界

道家告诉人们要认识规律,要遵循规律去进取。老子说:"知常曰明。不知常,妄作凶。知常容,容乃公,公乃王,王乃天,天乃道,道乃久,没身不殆。"（《道德经》十六章）庄子说:"天地原本就有自己的运行规律,日月原本就存在光明,星辰原本就有各自的序列,禽兽原来就有各自的群体,树木原本就直立于地面……顺着规律去进取,这就是极好的!"（《庄子·天道》）

道家告诉人们,人生活于宇宙万物之中,成长成功受诸多因素制约,既要懂得发挥自觉能动性,又要懂得安于自己所能达到的境界。老子指出:"祸莫大于不知足,咎莫大于欲得。故知足之足,常足矣。"（《道德经》四十六章）庄子说:"不能安于自得而向别人索求的人,这就是贪图达到别人所

能达到而不能安于自己所应得的人,也就是贪图达到别人所达到而不能安于自己所应达到的境界的人。贪图达到别人所达到的而不安于自己所应达到的境界,无论盗跖与伯夷,都同样属于淫乱邪恶行径。"(《庄子·骈拇》)

(6)控制欲望,淡化名、利、权力、地位

道家告诉人们,人的欲望是无穷尽的,最常见的是追求美色、美音、美味、利、名、权位等。老子说:"五色令人目盲,五音令人耳聋,五味令人口爽,驰骋畋猎令人心发狂,难得之货令人行妨;是以圣人为腹不为目,故去彼取此。"(《道德经》十二章)庄子说:"想要满足嗜好和欲望,增多喜好和憎恶,那么性命攸关的心灵就会弄得疲惫不堪。"(《庄子·徐无鬼》)庄子强调:"驰逐外物恣意妄为,必然要走向死亡,劝诫人们要事事求取平正。"(《庄子·寓言》)

道家认为,人的生命需要给养来维持,但是对给养的追求不能过多,"均平就是福,有余便是祸害,物类莫不是这样,而财物更为突出。如今富有的人,耳朵谋求钟鼓、箫笛的乐声,嘴巴追求肉食、佳酿的美味,因而触发了他的欲念,遗忘了他的事业,真可谓迷乱极了;深深地陷入愤懑的邪气之中,像背着重荷爬行在上山的坡路,贪求权势而耗尽心力,安静闲居就沉溺于嗜欲,体态丰腴光泽就盛气凌人,贪求无厌,财物堆得像齐耳的高墙也不知满足,而且越是贪婪就越发不知收敛;财物囤积却没有用处,念念不忘而又不愿割舍,满腹焦心与烦恼,企求增益永无休止,在家里担忧窃贼伤害,在外面害怕强盗残杀;在内遍设防盗机关,出外不敢独自行走,真可谓忧愁极了,畏惧极了"。这些人平时只知无止境地贪求,不知控制欲望,"等到祸患来临,想要倾家荡产保全性命,甚至只求贫穷生活或想求一日的安宁都不可得。"(《庄子·盗跖》)道家告诉人们,如果平时知道控制欲望,淡化名、利、地位、权力,怎么会有如此的悲哀呢!

道家创始人老子淡化官位,舍弃周朝国家图书馆吏官位;道家代表人物庄子是淡化名、利、权位的典范,他宁肯过穷苦的生活而拒绝担任楚国相位;他拒收赵国太子千金厚礼而前去说服赵惠文王舍弃个人游乐、心系百姓国家。道家赞颂范蠡帮助越王复仇后弃官埋名经商,赞颂范蠡经商也不把钱财看得过重,而是三盈三弃。道家赞颂孙叔敖三次任楚相不喜、三次被罢相不忧。

(7)通晓至圣之道,学习圣人做人

道家批判世俗圣人,而赞颂真正的圣人,告诉人们,只有圣人才能求得大的成功,号召人们学习圣人的做人。道家学说明确指出:"善人不通晓圣人之道便不能立业,盗跖不通晓圣人之道便不能行窃。"(《庄子·胠箧》)老聃的《道德经》阐明了万物"尊道而贵德"才能存在和发展,他指出人们头上的青天靠尊道贵德得以清、得以成其大;人们脚下的大地靠尊道贵德得以

宁、得以与天并列称大；人尊道贵德才能成为圣人、圣王。老子高度赞颂了圣人成王成圣之道。他告诉人们，圣人圣王之所以能成圣，就在于他们懂得尊道贵德。老子说，圣人是尊道贵德的典范，"处无为之事，行不言之教……功成而弗居"（《道德经》二章），"圣人抱一为天下式"（《道德经》二十二章），"圣人无常心，以百姓心为心……圣人在天下，歙歙为天下浑其心"（《道德经》四十九章），"圣人终不为大，故能成其大"（《道德经》六十三章），"圣人被褐怀玉"（《道德经》七十章），"圣人自知不自见，自爱不见贵"（《道德经》七十二章），"圣人为而不恃，功成而不处，其不欲见贤"（《道德经》七十七章），"天之道，利而不害，圣人之道，为而不争"（《道德经》八十一章），"圣人云：受国之垢，是谓社稷主；受国不祥，是为天下王"（《道德经》七十八章），"圣人后其身而身先"（《道德经》七章）"圣人去甚，去奢，去泰"（《道德经》二十九章），"圣人常善救人，故无弃人；常善救物，故无弃物。是谓袭明"（《道德经》二十七章）。

　　庄子批判世俗圣人的言论最多，然而也正是庄子明确指出："唯有圣人才能求得大的胜利。"（《庄子·秋水》）《庄子·秋水》中描写了独脚的夔羡慕多脚的蚿，多脚的蚿羡慕无脚的蛇，无脚的蛇羡慕无形的风，无形的风羡慕明察外物的眼睛，明察外物的眼睛羡慕内在的心灵。其中风在回答蛇的赞扬时说："我呼呼地从北海来到南海，我能折断大树，掀翻高大的房屋，可是人们用手来阻挡我而我并不能吹断人的手指，人们用腿脚来踏我而我也吹不断人的腿脚。我只求大的胜利而不求小的胜利。"庄子借用风的语言接着说："获取大的胜利，只有圣人才能做到。"（《庄子·秋水》）《庄子·齐物论》说："圣人不从事琐细的事务，不追逐私利，不回避灾害，不喜好贪求，不因循成规；没说什么又好像说了些什么，说了些什么又好像什么也没有说，因而遨游于世俗之外。"这里也是告诉人们，想成就大事业者，应当向圣人学习。庄子还明确指出向圣人学习什么，他在《大宗师》一文中指出学习"圣人明敏的才气"、"圣人虚淡的心境"；他在《应帝王》一文提出学习伏羲氏"才思实在真实无伪"，"德行确实纯真可信，而且从不曾涉入物我两分的困境"；庄子在《天地》一文指出，"圣人总是像鹌鹑一样随遇而安，居无常处；像待哺的雏鸟一样觅食无心，像鸟儿在空中飞行不留下一点踪迹；天下太平，就跟万物一同昌盛；天下纷乱，就修养善性趋就闲暇；寿命千年而厌恶活在世上，便离开人世而升天成仙；驾驭那朵朵白云，去到天地交接的地方"；庄子在《天道》一文中说：圣人懂得人乐，"是跟众人谐和的人"；又说：圣人是"通晓天乐的人，他活在人世顺应自然而运动，他离开人世混同万物而变化，平静时跟阴气同宁寂，运动时跟阳气同波动"。他强调："圣人用爱心养育天下人"。庄子在《知北游》一文中说："圣人所要持守的是，增多了却不像有所增加，减少了又不像有所减少。"又说："圣人对于人的怜爱没有终结"，"与外物相处却不损伤外物"。庄子在《徐无鬼》一文中说："圣人包容天地，恩泽施及天下百姓，而百姓却不知道他们的姓名。"庄子在《渔父》一文中说："圣哲的人总是效法自然，看重本质，不受世俗拘系。"

（8）坚信真理，修行造命

道家圣哲从世界观和人生观的高度研究问题，认为宇宙间万物皆是道所创生并且依道运行，宇宙万物运行之道具有常规性。老聃明确指出，人能知常，即能认识宇宙万物发展变化的常规性，符合事物发展变化规律的认识是真理性的认识；老聃还告诉人们，必须把思想、语言、行动纳入客观事物发展变化规律性的轨道，如果妄作，就会遭受挫折失败。老聃在《道德经》中讲述了上述认识是怎么得到的及其在人生过程中的作用，他说："致虚极，守静笃，万物并作，吾以观复。夫物芸芸，各复归其根。归根曰静，是谓复命；复命曰命，知常曰明。不知常，妄作凶。知常容，容乃公，公乃王，王乃天，天乃道，道乃久，没身不殆。"（《道德经》十六章）他告诉人们，在人的心灵虚静到极点的时候，就能看到万物的循环往复，纷繁复杂的万物最终各回归其本原。归其本原之后，事物就得以安静。事物各回归其本原的特点叫常规性。人们如果能认识事物发展变化的常规性，心里就会明亮起来，就会知道自己该怎么做事和不该怎么做事；如果不能认识事物发展变化的常规性；就有可能胡作妄为，而胡作妄为就会遇到凶险。他说：照事物发展变化的常规做事，就能无所不包容，包容万事万物之后就会生起大公心，有了大公心就会成就其大，就能像天地和道那样永垂不朽，直到身形没有之时也不会有什么危险。黄帝说："世言真数开人意"（《黄帝内经·气穴论》）；庄子进一步指出了"知"所包含的内容，他说："知大一，知大阴，知大目，知大均，知大方，知大信，知大定，至矣。大一通之，大阴解之，大目视之，大均缘之，大方体之，大信稽之，大定持之。"（《庄子·徐无鬼》）他们告诉人们，知道大，知道地，知道万物各守本性、各依其常规而运行，相信万物运行其道可能为人们认识，知道万物各有其运行轨道不相干扰，这些就是认识所包含的基本内容。从道家对知的论述中，可以看到认识的诸多方面中包括对信的认识，即懂得相信。老子强调："信不足，有不信焉。"（《道德经》二十三章）知而不信，不是真知，不信真理，等于不知真理；对真理信得不足，就无法将真理贯彻到底。也就是说，只知而不信是没有用的，只有把知、信、行统一起来才能收到实际成效，这也就是老子说的知常规、遵循常规去作而不妄作。

道家强调信，要求人们知道为什么信，同时告诉人们什么人说的话可信。庄子说："前辈圣哲的言论十句有七句可信，这是因为这些前辈传告了他们前辈的论述，这些前辈都是年事已高的长者，他们是一些具备治世的本领和通晓事理的人。"（《庄子·寓言》）庄子又指出，前辈圣哲的言论是"用真心表达出来的没有成见的言论，是随着万物的发展变化而不断更新的言

论,是与自然万物发展变化相吻合的言论,因此具有永恒的真理性。"(《庄子·寓言》)

道家不但要求人们要相信前辈圣哲言论的真理性而且强调要依照前辈圣哲的教导修正自己不正确的思想、言论和行动,要终生坚持照前辈圣哲的教导去做。道家告诉人们,只要能照前辈圣哲的教导去做,就会有所成就;坚持照做的时间越长,其成效则越大。道家把前辈圣哲的言论要点归结于《太上感应篇》一文中,告诉人们,照《太上感应篇》中说的去做,"行之二年,万罪消灭;行之四年,百福皆集;行之七年,子孙贤明,荣登科第;行之十年,寿命延长;行之十五年,万事如意;行之二十年,子孙为卿相;行之三十年,注名仙籍;行之五十年,天神恭敬,名列仙班;不依此加意修行,或作或辍,今日行,明日废,人事即乘,心田日暗,虽口诵经,而其心不悟,是为渎天,罪不容赦。"(《太上感应篇序·旧刻》)

道家告诉人们,人可修行造命。做过错事坏事的人,"后自改悔,诸恶莫作,众善奉行,久久必获吉庆;所谓转祸为福也","欲求天仙者,当立一千三百善;欲求地仙者,当立三百善",只要人们坚持"是道则进,非道则退。不履邪径,不欺暗室;积德累功,慈心于物;忠孝友悌,正己化人;矜孤恤寡,敬老怀幼;昆虫草木,犹不可伤。宜怜人凶,乐人之善;济人之急,救人之危。见人之得,如己之得;见人之失,如己之失。不彰人短,不炫己长;遇恶扬善,推多取少。受辱不怨,受宠若惊;施恩不求报,与人不追悔",就可以成为善人。人成为善人之后,"人皆敬之,天道佑之,福禄随之,众邪远之,神灵卫之;所作必成,神仙可冀"(以上引文皆见《太上感应篇》)。

（9）忘掉自己,抛弃私心

道家告诉人们,人只有忘掉自己,抛弃私心,像天地道那样无私无欲、无为而不为,才能成就其大。老子说:"贵大患若身","何谓贵大患若身? 吾所以有大患者,为吾有身,及吾无身,吾有何患?"(《道德经》十三章)。他指出,世人最畏惧的是身有大患。如果人们能忘掉自己,就不惧怕祸患了。因此,他告诉人们,效法天地,学习大道的高贵品质,才能成长为像天地道那样伟大的存在物。庄子说,人如果能"忘掉自我","摒弃个人的私心偏见……达到物我交融的境界","忘却生死,忘却是非,畅游于无穷无尽的世界,因此也就能寄寓于无穷的虚无境界之中"(《庄子·齐物论》),从而达到"我与天地并生,万物与之一"(《庄子·逍遥游》)的境界。

（10）不厚古薄今

道家圣哲认为,世间万物处于无休止的发展变化之中,人类社会无时无刻不发展变化,社会治理及其做人都要随之发展变化。老子说:"大道废,有仁义……六亲不和,有孝慈。国家昏乱,有忠臣。"(《道德经》十八章)庄子说:"道德修养极高的人从不愿在人生的旅途上有所滞留。崇尚古代而鄙薄当今,这是未能通达事理的人。从狶韦氏之流的角度来观察当今世事,谁又能心中没有波动? 道德修养极高的人方能混迹于世而不出现邪僻,顺随众人而不失自己的真性。尊古卑今的观点不应当学取。"(《庄子·外物》)

2. 遵循做事之道,提高办事成效

人生的价值靠做事来体现。因而道家告诉关心人生价值的人们,一定要遵循做事之道,提高办事成效。老子、庄子关于依道行事的论述很多。

道家认为,任何具体的事件不但都有始有终,而且都按一定的道理运行。人们要想做成事,就要顺应事理行事。道家把事件运行所遵循的常理称之为道。老子说:具有水的品质的人,做事接近于道,他们置自身于众人厌恶的卑下的地位,存心于渊静,相处于自然,说话守信,为政善于治理,"事善能,动善时"(《道德经》八章)。又说:"圣人终日行,不离辎重"(《道德经》二十六章),他告诉人们,懂得循道行事的人,能执本处常,舍末去变,持重以克轻,守静而去躁。老子又说:"圣人去甚,去奢,去泰。"(《道德经》二十九章)他告诉人们,懂得遵道行事的人,做事顺人情,依物势,守自然,不极端,不过分。老子说:"知止可以不殆。"(《道德经》三十二章)他告诉人们,做事必须懂得什么情况下该行动,什么情况下该停止。实际上是说,在符合道运行的情况行进,在不符合道的要求的情况下停止,只有这样做事才不会有危险。他强调的"知止",实质上就是告诉人们做事必须守道。他告诉人们"不道早已"(《道德经》三十章、五十五章),即不符合道的人早失败早灭亡。老子说:"圣人为而不恃,功成而不处,其不欲见贤。"他告诉人们,得道之人做事有益于百姓而不认为自己有能力、了不起,成就了功业而自己不居功、不显示自己有才能。五千言的《道德经》,反反复复告诉人们做事必须循道而行,在结尾之时仍强调:"天之道,利而不害;圣人之道,为而不争。"他再一次告诉人们,只有像天那样行事,只追求利于万物而不贻害于万物;像圣人那样只做利于百姓的事而自己不争求私利,自己才永远不会有危险,才能与道并列称大。

庄子说:"圣哲的人顺应事理稳妥行事,因而做事总是成功。"(《庄子·外物》)《庄子·盗跖》指出,有些人为了追求名利就巴结归附那些富有者或有名望的人,并且把自己与某富有者或有名望的人说成同时生、同乡处,视为自己高于其他人,"其实这样的人内心里全无重心",是"离开了最崇高的大道"的人,不是"与事理相去太远吗!"他指出:"只知道一心去做自己想要做的事却不知道为什么要这样去做,所以尊贵如天下,财富拥天下,仍不免于忧患。"他明确地告诉人们,只有循道行事,才能不做蠢事、不做令人瞧不起的事、不做恶事,才能做善事、做成事。《庄子·外物》中说:"违事理与物性,一定会受到伤害,心性被搅乱就会生起邪念",庄子又说,不管地位多高、权力多大,只要背道行事,就会令人瞧不起,"当年桀纣贵为天子,富

有到占有天下,如今对地位卑贱的奴仆说,你的品行如同桀纣的所作所为,连地位卑贱的人也瞧不起"(《庄子·盗跖》)。他强调:"不要因为人为去毁灭自然,不要用有意的作为去毁灭自然的禀性,不要为获取虚名而不遗余力。"(《庄子·秋水》)"懂得大道的人必定通达事理,通达事理的人必定明白应变,明白应变的人定然不会因为外物而损伤自己"(《庄子·秋水》),"跟随大道进退"(《庄子·盗跖》),顺应事理稳妥行事,总是成功(《庄子·外物》),"夫唯道,善贷且成"(《道德经》四十一章)。

3. 守持交往之道,发展待人接物的能力

道家告诉人们,人生是在人与外界交往中度过的,是否善于待人接物,直接关系人生成败和成功度。

(1)交往有道

老子说:"万物莫不尊道而贵德"(《道德经》五十一章),庄子说:"通于天下者,德也;行于万物者,道也。"古书上记载的前贤的话说"通于一而万事毕,无心得而鬼神服"(《庄子·天地》),也就是说,宇宙万物万事皆通达于大道,人们以道行事,可以与宇宙间万事万物沟通。

人们与周围世界交往的对象,主要是人和物两大类。人按人道发展成长变化,万物皆按各自固有的道运行。从本质上说,宇宙间所有的道都具有共同的品质,即不以人的意志为转移。人具有认识和驾驭道的能力,也就是说,人可以认识宇宙万事万物发展变化之道,可以把自己的思想、言论和行动纳入万物发展变化需要的轨道。人们如果能遵循人道与人交往,就会成为"与人和谐的人。与人和谐,可得人乐";人们如果能遵循万物之道与自然界万物交往,"就能成为与自然和谐的人","与自然万物和谐的人,可得天乐"(《庄子·天道》)。

(2)交往要坚持原则

道家认为,人与人交往的原则主要有以下几点:第一,以德相交。老子指出,德赋予万物形象,使万物得以存在、发展、成熟,无德则万物无法存在。德是道的意志的体现者,德与道同一时,人就能成其大。人有了玄妙的德性之后,就能做到"挫其锐,解其纷,和其光,同其尘,湛兮似或存"(《道德经》四章)。即收敛锋芒,消除纷扰,隐藏光芒,混同尘俗,与人和周围事物谐和。坚持以德相交,人与人之间就能和谐,人与万物也能和谐。庄子说:"德是事得以成功、物得以和顺的最高修养。德不外露,外物就不能离开它。"庄子借用鲁哀公的话:"我跟孔子不是君臣关系,而是以德相交的朋友啊。"(《庄子·德充符》)第二,心心相印。《庄子·大宗师》中说,子桑户、孟子反、子琴张三人在一起各自谈自己想找到与之交往的朋友,结果三人都希望找到"相互交往于无心交往之中,相互有所帮助却像没有帮助一样","三人会心地相视而笑,心心相印,于是相互结成好友"。第三,平等的原则。道家认为,人们之间以平等的心态交往,才有和谐,没有平等做基础,就没有和谐。庄子说:"不要用傲气对待他人"(《庄子·徐无鬼》)。人们之间如果相互看不起、相互不尊重,就不会有和谐。第四,不丧失真实本性的原则。人所以称其为人,是因为有其特殊的质的规定性。人如果丧失人的质的规定性,就不是人了。所以,道家非常强调守持人的自然本性,要求人们学习圣人的交往艺术,赞颂圣人"以百姓心为心。善者吾善之,不善吾亦善之"(《道德经》四十九章),同时赞颂圣人不论在什么情况下都不丧失人的真实本性。第五,一视同仁的原则。庄子说,"圣人看重万物同一的特点"(《庄子·知北游》),他强调:"与万物同一没有偏好"(《庄子·大宗师》),又说:"圣人与外物相处却不损伤外物。不损伤外物的人,外物也不损伤他。正因为无所伤害,因而能够与他人自然相送相迎。山林呀,旷野呀,都使之感到无限欢乐啊!(《庄子·知北游》)。道家特别强调人具有共同的自然本性,具有自知和知人的能力,要求人们在与人的交往中特别要注意无偏私,如果不一视同仁,被怠慢的人就会不高兴,甚至会报复你,用老聃的话说,"其事好还"(《道德经》三十),你怎么对待我,我也怎么对待你,世间的许多矛盾都源于交往中的不恭,一件小事或一句话不恭,则可能酿大祸。第六,有所选择的原则。道家强调交友一定要注意选择,明确地告诉人们不要与哪些人交往。《庄子·渔父》指出:"人有八种毛病,事有四种祸患,不可不清醒明察。不是自己职务内的事也兜着去做,叫作揽;没有理也说个没完,叫作佞;迎合对方顺引话意,叫作谄;不辨是非巴结奉承,叫作谀;喜欢背地说人坏话,叫作谗;离间故交挑拨亲友,叫作害;称誉伪诈败坏他人,叫作慝;不分美丑善恶,好坏兼容而脸色随应相适,暗暗攫取合于己意的东西,叫作险。有这八种毛病的人,外能迷乱他人,内则伤害自己,因而有道德修养的人不和他们交往,圣明的君主不用他们为臣。"庄子借渔父的口说:"能够迷途知返的人就与他交往,直至领悟玄妙的大道;不能迷途知返的人,不会真正懂得大道,谨慎小心地不要与他们结交,自身也就不会招来祸殃。"(同上)庄子说:"施于别人恩惠却总忘不了让人回报,远不是自然对普天之下广泛而无私的赐予。施恩图报的行为连商人都瞧不起,即使有什么事情必须与他交往,内心也是瞧不起的。"(《庄子·列御寇》)

4. 守持学习之道,努力成就其大

道家之所以认为人可以与天、地、道并列称大,是因为人能够知天、地、道,能够学习效仿天、地、道的高尚品质。老子说:"域中有四大,而人居其一焉。人法地,地法天,天法道,道法自然。"(《道德经》二十五章)

(1)驾驭学习之道

道家告诉人们,学习有道,人能不能学有所成,关键在于懂不懂和能不能守持学习之道。

学习之道的根本之点,在于懂得为什么要学习、应当学习什么、必须怎样学习和到哪里去学习。道家明确地告诉人们,人通过学习才能成长为与地、天、道一样伟大的客观存在物。道家明确指出,就人的形体来看,是很小很小的,"与万物相比,就像马身上的一根毫毛的末梢",然而"五帝传承的天下,三王争夺的政权,仁人所忧虑的社会,以天下为己任的贤士所操劳的事物,全部囊括在'毫毛的末梢'里面了!"(《庄子·秋水》)然而形体与万物相比小如马身上毫毛末梢的人,经过学习,却可以成为像地、天、道那样伟大的事物。道家告诉人们,人并不是随意学习什么都可以成就其大的,而是只有那些能学得地、天、道、自然的高尚的品质和能力的人,才能成就其大。道家告诉人们,要想学习地、天、道、自然的品质和能力,就要效法地、天、道、自然,像地、天、道、自然那样去做。

(2)选择学习榜样

道家非常重视榜样的作用,要求人们重视向榜样学习。老聃指出圣人、圣王是效法天地道自然的榜样,要求人们以圣人、圣王为榜样,像圣人圣王那样守持学习之道。庄子则进一步指出孔丘是人们学习方面的典范。《庄子》一书中多次介绍孔子是怎样学习的,孔子坚持向道家圣哲老聃学习,向残疾人王骀学习,向渔夫学习,向一切有能力有特长的人学习。最后庄子概括地说:"孔子活了六十岁而六十年来随年变化与日俱新,当初所肯定的,最终又作了否定,不知道现今所认为是对的就是五十九岁时所认为是不对的",庄子的朋友惠子说:"孔子勤于励志用心学习",庄子引用孔子的话说:"禀受才智于自然,回复灵性以全生",庄子说自己"比不上孔子"(以上引文均见《庄子·寓言》)。

(3)汲取他人经验教训

老聃指出,不但要懂得向成功者的经验学习,而且还要懂得向失败者的教训学习。他说:"善人者,不善人之师;不善人者,善人之资。不贵其师,不爱其资,虽智大迷,是谓要妙。"(《道德经》二十七章)《庄子》书中列举了许多不懂学习之道、不善于学习的事例。庄子在《秋水》一文中列举了燕国的一个小伙子到赵国邯郸学习走路的故事,这个小伙子没学会赵国人走路的本事,又丢掉了他原来走路的本事,弄得自己不会走路了,最后只得爬着回到燕国。庄子在《列御寇》一文中指出曹商一类人用给他人舐痔疮式的做法求得财富名利尤其令人恶心。他在该文中还批评那些让人民背离人的真实本性而去学虚伪的做法也是不可取的。《庄子·应帝王》批评列子学了"道"的一点皮毛就想求取别人信任的学习态度也是不可取的。《庄子·天运》批评了那些只知拣前人遗留下来的陈迹,不知与日俱进的学习者。《庄子·天道》中批评了热衷学习古人糟粕的人。《庄子·田子方》中,庄子借孔子批评颜回不善于学习的事,抨击了那些只知跟在他人后边亦步亦趋,而不知向他人学什么的可悲哀的学习者。有一次颜回向孔子说："先生慢步，我也慢步；先生快步，我也快步；先生的马车奔驰，我也驾马车奔驰；先生的马车如飞，而我只能在后面干瞪眼了！"孔子说："颜回，你说的是什么意思呢？"颜回说："所谓'先生慢步，我也慢步'，是指先生论说，我也跟着论说；所谓'先生快步，我也快步'，是说先生辩论，我也跟着辩论；所谓'先生的马车奔驰，我也跟着驾车奔驰'，是说先生谈论大道，我也跟着谈论大道；至于'先生的马车奔驰如飞，而我只能在后面干瞪眼'，是指先生不必说话而能取信于人，不偏不向而爱心自然普遍，没有权势地位而人民簇拥于身前，可是我却不知道为什么能这样。"孔子说："万物没有不跟随太阳方向转的。太阳出来了，人们就开始活动；太阳落下去，人们的活动就停止。万物凭借天道而生，凭借天道而亡。人们一旦禀受天道而生，也就只能依赖天道而变迁直至终结。随着万物一起运行，日日夜夜永不间断，不知天道运行的终结点。我也是每天跟随天道而一起向前。我与你如此接近，而你却当面错失学习机会，真是令人悲哀呀！你大概只能看见我显著的地方，那些已经消逝了的东西你仍然当作存在的东西来追求，这就好像到没有马的市场去买马一样。我的行为，你尽可以忘却，即使你忘掉了过去的我，我还有不可遗忘的东西存在。"（详见《庄子·田子方》）庄子在这里批评的是颜回一类只知亦步亦趋地效仿已经过时的光辉典范，而不知追随与日俱新的大道的人，从而告诉人们，不知追随宇宙大道前进的人是比死亡还要令人感到可悲的人。

5. 守持养生之道，提高生命活力

（1）养生之道赋予人生无限价值

守持养生之道，发展生命力，是道家全部学说的基础。道家认为，就人的形体来看，其大小与宇宙万物相比，只不过像马身上的一根毫毛的末梢（《庄子·秋水》）；然而正是这小小的人可以与地、天、道并列成为"域中四大"（《道德经》二十五章）。那么，人依凭什么由小变大的呢？道家告诉人们，人是凭借其能悟道、能效法天地的能力成就其大的。那么，人悟道、驾驭道、效法天地的能力在哪里呢？道家告诉人们，人的全部智慧和能力存在于人生过程之中。这个过程从人出生开始，到人入地死亡为止（《道德经》五十章）。每个人的一生都是从出生开始到死亡为止。同样一个人生过程，其长短、价值实现度、生命的质量等各不相同。老聃说："生之徒十有三，死之徒十有三；人之生，动之死地亦十有三"，即是说，生来长寿者有十分之三，生来短命的有十分之三，不会养生而死的也有十分之三。他又进一步指出："盖闻善摄生者，陆行不遇兕虎，入军不被甲兵；兕无所投其角，虎无所措其爪，兵无所容其刃。夫何故？以其无死地。"（以上引文皆见《道德经》五十章）就人的寿命来看，道家赞颂的彭祖活了八百岁，广成子一千二百岁时还自由自在地与自然万物一起游乐，老聃说，他们还不算长寿，"死而不亡者

寿"(《道德经》三十三章)。就人生过程所创造的价值来看,其善者一类中,有君子、圣人、神人、至人、真人乃至与天地道并列称大的人;其恶者一类中,有各种各样的可悲之人和可鄙之人。道家论道德的宗旨,其基本出发点就是告诉人们,守持生命存在和发展之道,有效地使用生命力。正是在这一意义上,老子指出,善摄生者"无死地",庄子指出:"道的精华部分是用来修身的,它的剩余部分则用来治国,它的糟粕部分才用来治天下。由此看来,帝王的功业是圣人的副业,而不是用来保全自己,颐养生命的。现今世俗的君子,大多危害自身,抛弃生命去追逐外物,岂不是很可悲吗?"(《庄子·让王》)

(2)达于至道者寿命能长久

道家学派最早提出遵循生命之道养生的是黄帝。《黄帝内经·上古天真论》中说:"恬惔虚无,真气从之,精神内守,病安从来……是以嗜欲不能劳其身,淫邪不能惑其心,愚智贤不肖不惧于物,故合于道,所以年皆能度百岁,而动作不衰者,以其德全不危也",又说:"以酒为浆,以妄为常,醉以入房,以欲绝其精,以耗散其真,不知持满,不知御神,务快其心,逆于生乐,起居无节,故半百而衰也。"

道家学派中把以道养生视为人生之根本点的是老聃。老聃不但指出以道养生者生命能长久,而且指出以道养生者才能成就其大,即以道养生者才能与地、天、道并列称大,与天地道并列称大者,不但寿命可以与天地道相比,而且功德亦可与天地媲美。这一观点在《道德经》中有充分体现。他不但指出以道养生者"无死地"(《道德经》五十章),而且指出,以道养生者必定是大德之人,无德者道不通,道不通者命不存。以道养生之人,"常善救人,故无弃人;常善救物,故无弃物"(《道德经》二十七章),"善者吾善之,不善者吾亦善之"(《道德经》四十九章)。

庄子论证了道的精华是用来养生的(《庄子·让王》)。他明确指出,"达于至道"(《庄子·在宥》)就能长生不老。庄子说:"黄帝登天子之位十九年,教令施行于天下,听说广成子在崆峒山居住,就去拜见他。黄帝问广成子:"听说您已达到道的高尚境界,请问道的精微道理是什么:"我想取得天地的精华,用来帮助五谷生长,用来养育人民。我想掌管阴阳的变化来满足各种生物的需求,怎样才能做到这一切呢?"广成子批评黄帝"心地短浅,玩弄心计,哪里值得我告诉你最高之道呢!"黄帝回去后自我调整三个月后,又去崆峒山向广成子求道,黄帝问广成子:"听说您已经达到大道的境界,请问怎样修治心身可保持长久?"广成子猛然起身说:"问得好啊!我来告诉你,大道的精华是深藏不露。不看不听,凝神安静,形体自然正常。必须保持安静,必须做到心清,形体不要劳累,精神不要动摇,小心养护你的内心,……我坚持天道并与万物和谐相处,修养身心一千二百年了,我的形体未曾衰老。"广成子又说："万物没有穷尽，而人们却以为有终止；万物不可测量，而人们却以为有极限。……我和日月一样光明，我与天地一样长久，万物来接近我，我浑浑噩噩；万物离开我，我昏昏沉沉！人们或许完全死亡，而我独自存在于世间。"（《庄子·在宥》）

（3）遵循生命运行之道养生，人就不会生病

老聃说：人群中因不懂养生之道而自己随意养生死亡者达十分之三（《道德经》五十章）。道家对人体生病原因及其治疗方法有较深入的研究。《黄帝内经》说，人精神受损，气血紊乱，运行不畅，就会生病（《黄帝内经·血气形志》），《庄子·达生》中说："身体内部郁结着气，精魄就会离散而不返归于身，对于来自外界的骚扰也就缺乏足够的精神力量。郁结着的气上通而不能下达，就容易怒；下达而不能上通就会使人健忘；不上通又不下达，郁结于内心而不离散，人就会生病。"《庄子·庚桑楚》中借老子的话说："说到养生的原则，你能固守纯一之道？能不离开它吗？能不经卜筮而预知吉凶吗？能将自己的追求控制在本分之内吗？能不追求已经消逝的事物吗？能不追求别人而在自己身上得到满足吗？能做到无拘无束吗？能做到淳朴无知吗？能像婴儿一样吗？那婴儿成天啼哭却喉咙不哑，因为这声音平和之极；成天握拳却手不弯曲，因为这动作是婴儿共同的本性；成天看着却眼睛不动，因为它眼睛并不专注于外物。走着，并不有意要到哪里去；呆着，并不有意要做什么。随顺万物与其同波。这就是养生的原则啊。"老子又说："身体像枯树之枝而心境如死灰一般的平静。像这样的人，祸不会降临，福也不会降临，没有了祸福，哪还会有常人的灾难呢？"《庄子·达生》中，庄子借关尹的话说，人的精神是依附于气而运行的，所以只要守护纯正之气，精神就足以凝聚而不会缺损；精神一旦保全，外物自然无法侵入；外物不干扰心性，那么人就可以游于万物之中而不受侵害，就像醉汉从车上坠下来而不会受伤一样。

（二）开发本性，发展德行

道家认为，大道微妙虚无，幽远玄冥，它隐藏在于宇宙万物之中，从来不显现形迹，任凭万物自现其形。老子在《道德经》一开始就明确指出："道可道，非常道。名可名，非常名。无名，天地之始；有名，万物之母。故常无，欲以观其妙。常有，欲以观其徼。此两者同出而异名，同谓之玄，玄之又玄，众妙之门。"（《道德经》一章）他告诉人们："视之不见名曰夷，听之不闻名曰希，搏之不得名曰微。此三者，不可致诘，故混而为一；其上不皦，其下不昧，绳绳不可名，复归于无物，是谓无状之状，无物之象，是谓惚恍。迎之不见其首，随之不见其后。"（《道德经》十四章）

道家认为，大道无形，它不给万物形状，道创生万物之后，就把养育万物

的责任交给了德。"故道生之，德畜之，长之育之，亭之毒之，养之覆之。"（《道德经》五十一章）

那么德是怎样赋予万物形状扶养万物成长的呢？道家指出，德并没有另外搞一套养育万物的办法，而是让万物自己循道行事，万物自己与道符合的程度，表现为不同程度的德性。老子说："上德不德，是以有德；下德不失德，是以无德。上德无为，而无以为。下德有为，而有以为。"（《道德经》三十八章）他指出，有上等德性的人，不以自己有德而自得，所以其德恒有；有下等德性之人，总想着不失德，所以其德实无。上德之人做事不为什么而又无所不为，下德之人做什么事都有其动机。又说："生之畜之，生而不有，为而不恃，长而不宰，是谓玄德。"（《道德经》十章）即创生万物，养育万物，而不据之为自己私有，有所作为而不自以为有功，使万物成长成熟而自己不去宰割，这样的德性叫玄妙的德性。老子强调："孔德之容，惟道是从。"（《道德经》二十一章）他告诉人们，最大的德性就是依道行事，求德与道统一。

道家论述了德的含意，明确指出"德就是谐和"（《庄子·缮性》），又说："知彻为德。凡是道皆不壅塞，壅塞就会出现梗阻，梗阻不能排除就会出现相互践踏，相互践踏就会引发各种祸害。"（《庄子·外物》）他强调："故通于天下者，德也；行于万物者，道也。"（《庄子·天地》）

道家深刻地阐述了德的作用。老子指出，大道无形，"视之不见"，"听之不闻"，"搏之不得"，"其上不皦，其下不昧，绳绳不可名，复归于无物，是谓无状之状，无物之象，是谓惚恍。迎之不见其首，随之不见其后"（《道德经》十四章）。他告诉人们，万物的寿命及其价值，皆由其自身德性成熟程度来决定。万物德性的成熟程度，由万物自身德性与道的统一程度来决定。所以老子明确指出："是以万物莫不尊道而贵德。道之尊，德之贵，夫莫之命而常自然。"（《道德经》五十一章）庄子进一步指出："生命产生了，没有德性，就不会明达。"（《庄子·天地》）他强调，只有与大道浑为一体的德性才是伟大的德性（《庄子·德充符》）。

道家不但要求人们加强德行修养，而且告诉人们怎样提高自己的德性。第一，道家强调以圣人为榜样。道家批判世俗圣人而承认真人一类的圣人的榜样作用。老子在《道德经》中反复指出真正的圣人在尊道贵德方面为世人做出了榜样，他说："圣人处无为之事，行不言之教。万物作焉而不辞，生而不有，为而不恃，功成而弗居。"（《道德经》二章）"圣人抱一而为天下式"（《道德经》二十二章），即是说，圣人因为坚守道，才能成为天下的表率。又说："圣人为而不恃，功成而不处，其不欲见贤"（《道德经》七十七章），"天之道，利而不害；圣人之道，为而不争"（《道德经》八十一章），"圣人被褐怀玉"（《道德经》七十章），"圣人终不为大，故能成其大"（《道德经》六十三章）。第二，"德性淳厚而完备"（《庄子·天地》）。庄子说，这样的人只知依道行事，"不同于自己的心志不会去追求，不符合自己的思想不会去做。即使天下人都赞誉他，称誉的言词合乎他的德行，他也孤傲而不顾；即使天下人都非议他，非议使他名声丧失，他也无动于衷，不予理睬"（《庄子·天地》）。他们"混迹于世而不出现邪僻，顺随于众人之中却不会失却自己的真性"（《庄子·外物》）。庄子进一步指出，德行淳厚而完备的人"要使心灵平和安适，通畅而不失怡悦，要使心境日夜不间断地跟随万物融会在春天般的生气里，这样便会接触外物而萌生顺应四时的感情"。第三，德不外露。道家说："内心里充满蕴含而外表毫无所动……德不外露，外物自然就不能离开他了"（《庄子·德充符》）。第四，不执着于自己的德行。庄子说："不要去做小人，要追求自己的天性；不要去做君子，而是顺从自然的规律，或曲或直，顺其自然；观察四方，跟随四时变化而消长。或是或非，牢牢掌握循环变化的中枢；独自完成自己的心意，跟随大道往返进退。不要执着于自己的德行，不要成就于所谓的规范；不要为了富有而劳苦奔波，不要为了成功而不惜献身，那样会舍去自然的真性。"（《庄子·盗跖》）

　　道家阐明了德的本质是讲和谐，即人与人和谐、人与天地万物和谐，并认为这就是人的自然本性。道家认为，作为人的本质属性，不是人为形成的，而是人本性中固有的。之所以说和谐是人的本性，是因为人是阴阳和合而生，是德与道和合才形成了形象，人与天地万物和合，人才能生存和发展，所以道家主张人要随顺自然，老子所说的"人法地，地法天，天法道，道法自然"，说到底，就是告诉人们，要以自然为榜样，要懂得随顺自然。《庄子·天道》一文中，老子与士成绮的对话，表明了这种观点。士成绮对老子说："昨日我用语言刺伤了你，今天我已有所省悟而改变了先前的看法"，老子回答说："那所谓巧智神圣的人，我自认为超脱而不会去追求。昨天你叫我牛我就称作牛，叫我马我就称作马。假如存在那样的外形，人们给他相应的称呼却不愿意接受，将会第二次受到祸殃。我顺应外物总是自然而然，我并不是因为要顺应而有所顺应。"老子批评士成绮说："你容颜伟岸高傲，你目光突视，你头额矜傲，你口张舌利，你身形巍峨，好像奔马被拴住，身虽休止而心犹奔腾。你行为智时有所强制，一旦行动就像箭发弩机，你明察而精审，自恃智巧而外露骄恣之态，凡此种种都不能看作是人的真实本性。"老子又说：明白人的真实本性的人，"天下争相夺取权威但他却不会随之趋附，审慎地不凭借外物而又不为私利所动，深究事物的本原，守持事物的根本，忘忽天地，弃置万物，精神世界不曾有过困扰。通晓于道，合乎常规，不为仁义礼乐束缚，内心恬淡而不乖违。"

　　老子指出，尊道贵德的圣人是深知人的本性的人，他强调："圣人无常心，以百姓心为心。善者吾善之，不善者吾亦善之，德善。信者吾信之，不信者吾亦信之，德信。圣人在天下，歙歙为天下浑其心，圣人皆孩之。"（《道德

经》四十九章）

（三）扬人所长，最大限度地实现人生价值

道家对人的优点和长处有了深刻地认识，积极主张扬人之长，发展人的生命力。

道家对人的许多特点，提出了深刻而明确的认识，在以下几个方面，较早而且深刻地做了理论概括：第一，人在观察认知方面的特长。道家指出，人懂得通过反复观察，认识事物发展变化的常规，从而求得人生实践的主动权，立于不败之地。老聃说："致虚极，守静笃，万物并作，吾以观复。夫物芸芸，名复归其根。归根曰静，是谓复命；复命曰常，知常曰明。不知常，妄作凶。知常容，容乃公，公乃王，王乃天，天乃道，道乃久，没身不殆。"（《道德经》十六章）道家特别强调知人和知己，老子说："知人者智，自知者明"（《道德经》三十三章），他告诉人们，世界上最难认识的是人，能认识人的人才能成为明智的人，能认识自己的人才能明明白白地做人；不能正确认识他人，也不能正确认识自己，就无法明智地做人，想问题、说话、做事就要出问题，遭挫折。

第二，人在自我管理、自我发展方面的特长。老子指出："圣人自知不自见，自爱不自贵"（《道德经》七十二章），"圣人终不为大，故能成其大"（《道德经》六十三章），"圣人方而不割，廉而不刿，直而不肆，光而不耀"（《道德经》五十八章），他强调："我无为而民自化，我好静而民自正，我无事而民自富，我无欲而民自朴"（《道德经》五十七章），他告诉社会管理者，国君坚持"以正治国"（《道德经》五十七章），百姓就会自正、自化、自富、自朴，即百姓能自我管理自己、发展自己。老子说："自胜者强"（《道德经》三十三章），他告诉人们，能自己战胜自己缺点、错误和不足的人，才是真正的强者。他告诉人们："自见者不明，自是者不彰，自伐者无功，自矜者不长"（《道德经》二十四章），自我表现的人不聪明，自以为是的人不昭彰，自我夸耀的人不能成功，自我矜傲的人难以成长，"故有道者不处"。老子强调："不自见，故明；不自是，故彰；不自伐，故有功；不自矜，故长。"（《道德经》二十二章）

第三，人在学习方面的特长。道家指出，人懂得向伟大学习，这是人能成其大的关键所在。老子说："域中有四大，而人居其一焉。人法地，地法天，天法道，道法自然。"（《道德经》二十五章）他告诉人们，人之所以能成为与道、天、地并列的"四大"之一，根本之点在于人懂得学地、天、道、自然万物的伟大品质。

道家主张发扬人的认识特长，通晓生命实情，发展人的生命力。道家告诉人们，道赋予万物命，德赋予万物形。人的生命也是道赋予的，人的形态也是德赋予的。人守道才有生命，修德才有美好形象，求得德与道的和谐统一,人才能有旺盛的生命力。道家学说创始人老子,通过自己的修养实践,认识到,懂得并能守持养生之道的人可以长寿。老子本人就是一个靠养生求得长寿的人,因此他指出:"出生入死,生之徒十有三,死之徒十有三;人之生,动之死地亦十有三","善摄生者,陆行不遇兕虎,入军不被甲兵;兕无所投其角,虎无所措其爪,兵无所容其刃。夫何故?以其无死地。"(《道德经》五十章)老子到底活了多长时间,没有准确记载,有人说 170 岁,有人说 270 岁,说法不一,但长寿这一点是公认的;传说中的彭祖活了 800 岁,广成子 1 200 岁还活着;道家告诉人们,上述这些人还不算长寿,"死而不亡者寿"(《道德经》三十三章),即形体虽然死亡而人仍然活在人们心中的人,才是真正的长寿者。庄子说:"从道的观点来看,人的诞生,乃是气的聚合",死亡乃是气的散开,生死皆出自自然。(《庄子·知北游》)善守道的人随顺自然,善修德的人形象美好,善于把德与道统一起来的人,自然生命力长久。

(四)人的智慧和才能开发

1. 人的智慧开发

老子说过:"绝圣弃智,民利百倍"(《道德经》十九章),《庄子》书中更是无数次地批驳"圣人"的一些言论,宣扬"弃智"的思想。不少人以此为根据,批评道家搞愚民政策。如果稍微认真一点读道家的代表著作,人们便会清楚地看到,道家批驳的只是世俗圣人及其玩弄的智巧。凡是认真读过《道德经》的人都会有这样的感悟,老子高度赞颂的是道之尊和德之贵,他赞颂的尊道贵德的榜样就是圣人。《道德经》的根本宗旨就是引导人们像真正的圣人那样看待道和德。《庄子》书中猛烈地批驳了世俗圣人玩弄虚伪的仁义礼智,然而他赞颂真人、圣人一类的圣者,宣传真正圣者的伟大智慧,明确地告诉人们,没有大智慧大能力是无法成就人之大的。

道家告诉人们,人有无穷无尽的高尚品质、智慧和能力。道家创始人老子明明白白地指出人是域中四种伟大客观存在物之一,他可以同有形中最大的客观存在物——天地比大,也可以与无形的客观存在物中最伟大的道并列称大。人的这种伟大是人的本性中具有的,然而又不是可以自然而然形成的,而是需要人为的加工。老子还告诉人们应当怎样使自己成就其大,这就是效法地、天、道、自然,即学习宇宙万物之长。正是因为人的自性中蕴藏着"知常"(《道德经》十六章)的能力、蕴藏着"效法"(《道德经》二十五章)天地道自然万物之长的能力,人的学习效法能力能使人做到把天地道自然万物的高尚品质和宝贵的智慧能力变成自己的品质、智慧和能力,因而说人具有无限可开发的品质、智慧和能力。

道家提出了许多开发人的智慧和能力的方法,其中最重要的有如下一些:第一,向圣人学习。圣人是人的同类,圣人生活在人群之中,圣人说的话

可以听见,圣人做的事可以看见。《道德经》第一章谈道的玄妙,第二章紧接着推举出圣人是循道做人的榜样,接着在其后的二十多章中不厌其烦地赞颂圣人的品质、智慧和能力。《庄子》全书三十三章中也是处处可见对真人、圣人一类杰出人物的品质、智慧和能力的赞颂,念念不忘引导人们向真正的圣人学习,像圣人那样尊道而贵德。

第二,明确智慧开发的标准。道家明确指出,世人中有智慧残缺不全的人,并且指出智慧残疾比身体残疾更可怕。庄子说:"岂唯形骸有聋盲哉?夫知亦有之!"(《庄子·逍遥游》)庄子指出,智慧残疾的人会蒙昧无知,蒙昧无知"是最大的悲哀"(《庄子·齐物论》)。他说:"他们终身承受役使却看不到自己的成功,一辈子困顿疲劳却不知道自己的归宿,这能不悲哀吗!人们说这种人不会死,这样活着又有什么益处!"道家指出,智慧开发的目标,就是达到"通达大道的境界"(《庄子·大宗师》)。庄子说:"知道自然的作为,并且了解人的作为,这就是达到了认识的极点。知道自然的作为,就懂得了事物皆出于自然;了解人的作为,是用他智慧所通晓的知识哺育、熏陶他的智慧尚未能通晓的知识,直至自然死亡而不中途夭折……人们的知识一定要有所依凭方才能认定是否恰当",而能作为依凭的就是"能通达大道境界","不用心智去损害大道。"(《庄子·大宗师》)庄子强调:如果统治者"一心追求圣智而不遵从大道,那么天下必定会大乱啊!"(《庄子·胠箧》)只知追求圣智而不知遵从大道的人就是智慧有残疾的人,其人生归宿必然是悲哀的。"抓住了大道的枢纽也就抓住了事物的要害,从而顺应事物无穷无尽的变化。"(《庄子·齐物论》)

第三,善于吸取他人及万物的智慧。道家指出,任何个人或个别事物的智慧都是有限的,《庄子·徐无鬼》一文中说:"神龟能显梦给宋元君,却不能避开余且的渔网;才智能占卜数十次也没有一点失误,却不能逃脱剖腹挖肠的祸害。如此说来,神龟的智慧也有困窘的时候,神灵也有考虑不到的地方。即使有最高超智慧的人,也匹敌不了万人的谋算。"(《庄子·外物》)道家告诉人们,善于汇集天、地、人、道、自然万物智慧的人,就会求得无穷智慧,就能像大海那样,"无论注入多少东西,它也不会满盈;无论取出多少东西,它也不会枯竭,而且也不知这些东西出自哪里。"(《庄子·齐物论》)

2. 人的能力开发

道家在人的能力开发问题上,提出了许多有益的思想,其中主要有以下一些方面:

第一,有人类共有能力,但不要在这些不用费大气力就可获得的能力上花大气力。

第二,发展先于他人的长处。庄子说:"一个人如果没有什么先于他人的长处,也就缺乏做人之道;一个人如果缺乏做人之道,就会成为陈腐无用的人。"（《庄子·寓言》）《庄子》一书中介绍了一批能力有专攻的人，例如：吕梁处有一瀑布高悬二三十丈，冲刷而起的激流和水花远达四十里，鱼、鳖都不敢在这一带游水，而一壮年男子却在水中潜游，孔子还以为是寻死的人，就派弟子顺流跟着去救他，忽见那壮年男子游出数百米远而后露出水面，披散着头发在堤岸下边游边唱。孔子才知道此人有游水的专门功夫，便问此人游水有什么特别的门道。那人回答："我没有什么特别的方法。我只是顺乎自然，跟漩涡一块儿下到水底，又跟着向上的涌流游出水面，顺着水势而不作任何违拗。"（《庄子·达生》）有一个叫梓庆的人善于削刻木头做镶，做成后，看见的人无不惊叹其功夫神妙。鲁侯问梓庆是怎么做成的，梓庆回答："我准备做镶时，从不敢随便耗费精神，斋戒七天，集中精神，仿佛忘掉了自己的四肢和形体，心不为外物所动，我的眼里已经不存在宫室和朝廷，除思考造镶之外，外部扰乱全消失。然后我进入山中观察选择外形与体态最与镶相合的木料。我把木工的纯真本性与木料的自然天性融合起来，便削刻成了木镶。"文中又说有个叫工倕的人，随手画来就胜过用圆规和矩尺画出来的，他的手指能跟随事物一道变化而不须用心留意。他的经验是，心灵专一凝聚，忘掉脚、鞋、腰、是非等一切，内心持守一处，不顺从外物的影响。庄子还讲述了庖丁解牛、东野驾车、大司马制带钩等故事，用事实告诉人们，人的专门能力和技巧都是经过专门训练后形成的，是人的心智与该事物之道的完美统一。

第三，让能力和才干充分发挥出来。庄子说："通于天下者，德也；行于万物者，道也；上治人者，事也；能有所艺者，技也。技兼于事，事兼于义，义兼于德，德兼于道，道兼于天。故曰：古之畜天下者，无欲而天下足，无为而万物化，渊静而百姓定。《记》曰：'通于一而万事毕，无心得而鬼神服。'"（《庄子·天地》）他指出，使人的能力和才干能充分发挥出来，除具备道和德的修养之外，还需要有与道和德相适应的技巧。

第四，懂得发展创新能力，知道从无中求有、从无用中求有用。道家认为，有生于无，世界上的一切有都是从无中创生的，因而告诉人们，不要小视无用之人或无用之物，不要只见有而不见无，而要从无用之中看到有用，要懂得变无用为有用、变无能为有能、变无才为有才。老子、庄子不厌其烦地讲述了这些观点，老子在理论上做了阐述，庄子举了许多事例做了证明。惠子说魏王送给他的大葫芦种子，结出了可纳五石容积的葫芦，剖开做瓢太大了，盛水浆又承受不了水的压力，我看没有什么用处而砸烂了它。庄子批评惠子"不善于使用大东西"（《庄子·逍遥游》）。惠子说："我有棵大树，人们称它'樗'，它的树干疙里疙瘩，绳墨无法取直，树枝弯弯曲曲，用圆规直尺无法取材，长在路旁，木匠看都不看一眼。"庄子说："怎么不把它栽种在什么也没有生长的地方，大树可以不受伤害自由生长，游人可以悠然自得地徘

徊树下,悠游自在地躺卧于树下。"(同上)庄子又说:齐国曲辕这个地方有一棵栎树,其树冠大到可以遮蔽数千头牛,树干有十丈粗,树梢高临山巅,离地八十尺处方才分枝,用来造船可造十余艘。而匠人连看也不看一眼,说是一棵没用的树。用来做船会沉没,做棺木会很快烂掉,做屋柱会被虫蛀蚀。然而这棵树在木匠眼中没用,而在游人心中却有其不可缺少的用途,木匠认为它没用而免受匠人伤害,它既得到了长寿,又得到了世人的尊重(此故事见《庄子·人间世》)。

(五)开发心地,造福天下

道家重视人的心地开发。道家认为,人受精神支配,而人心是精神的住地,即人的精神寓于人心之中。

道家对人心的特点有清醒的认识。《庄子》书中记述了崔瞿与老聃的对话。崔瞿问老聃:"不治理天下,怎么能使人心向善?"老聃说:"女慎,无撄人心。人心排下而进上,上下囚杀,淖约柔乎刚彊,廉刿雕琢,其热焦火,其寒凝冰,其疾俯仰之间而再抚四海之外。其居也,渊而静;其动也,县而知。偾骄而不可系者,其唯人心乎!"(《庄子·在宥》)庄子借用老聃的话,说明了人心追求向上而排斥向下,经常处于上下波动之中,受到压抑就往下波动,受到激励就向上发展,忽上忽下就像被囚禁役杀似的难受,人心遇到强大外力的压迫时可能变得尖刻狡诈,它受寒冷压迫时又会如同凝结的冰块,它变化速度之快,在一俯身一抬头之间就能到四海之外巡游两个来回。它不动的时候,沉静得如同深渊般隐蔽;它运动时,玄远如同天空那样不可测。放纵疾驰而又无法约束的,大概只有人心吧。

道家已经认识到,人的心地如同世上大地一样,开发好了可以变成良田,养育人类;经营不好,不但必然荒芜,而且可能长出毒草,毒害人类。因而道家再三再四强调开发人的心地。道家开发人心的思想十分丰富,概括起来可分为以下一些方面:

第一,开阔心胸。道家认为,人的心地不只是个人心胸之内那么一小块,而是比世界上的大地还广阔,人心可以达到的地方都是人的心地。老子论证了人是"域中四大"之一,可与天、地、道并列称大。庄子提出"天地与我并生,而万物与我为一"(《庄子·逍遥游》),也就是说,人的心地包括万物生存的空间,万物所在之处都是人存心之处。人与地、天、道并列同一,天、地、道所在之处,也是人存心之处。也就是说,道家要求人把天地道万物皆装入自己心中。

第二,赡养心灵。道家认为,主宰人的心地的是人的心灵,因而要求人们要赡养心灵。道家认为,黄帝、尧、舜等圣明天子劳苦奔波,鞠躬尽瘁,但只知赡养百姓形体,而不知赡养他们无形的心灵,这是没有抓住根本,因而应当批评其不足。道家认为,那些只知赞颂黄帝、尧、舜赡养百姓之身而不知赡养百姓之心更为重要的人是世俗圣人。道家认为,不赡养好人心而只知赡养人身,其结果是人心仍如野马,天下人相互践踏,人们仍不会安宁,世界难免混乱。道家认为,赡养心灵的方法,是采用"心斋"。庄子运用孔子的话,进一步阐述了什么是"心斋"。孔子说:心斋就是"摒除杂念,专一心思,不用耳去听而是用心去领悟,不用心去领悟而用凝寂虚无的意境去感应! 耳朵的功用仅只在于聆听,心的功用仅只在于与外界事物交合。有了凝寂虚无的心境才能正确待宇宙万物,只有凝寂虚无的心境才能与宇宙大道汇合。求虚无空明的心境就叫'心斋'"(《庄子·人间世》)。道家进一步指出:内心虚无空明之后,心灵才能"没有拘系,顺应自然而游乐"(《庄子·外物》),心灵如果能自由自在地顺应自然而游乐,人的心境必然是愉快的;人的心灵自由而心境愉快的人,才可能有旺盛的生命力和长久的寿命。道家告诉人们:不要"折磨心性劳累身形而危害了自己的自然本性"(《庄子·渔父》)。

第三,心如朝阳。道家开发人心地的目标是求得明敏的才气与虚淡的心境的统一。《庄子》书中南伯子葵问女偊:"你的岁数已经很大了,可是你的容颜像孩童,这是什么缘故呢?"女偊回答说:"我得道了。"南伯子葵又问:"道可以学习吗?"女偊说:"不,怎么可以呢! 你不是可以学道的人。卜梁倚有圣人明敏的才气,却没有圣人虚淡的心境,我有圣人虚淡的心境却没有圣人明敏的才气,我想用虚淡的心境来教导他,恐怕他能成为真正圣人哩! 把圣人虚淡的心境告诉具有圣人才气的人,应当是很容易的事。我还是持守着告诉他,三天后便能遗忘天下,既已遗忘天下,我又凝寂持守,七天之后能遗忘万物;既已遗忘万物,我又凝寂持守,九天之后便能遗忘自身的存在;既已遗忘存在的生命,而后心境便能如朝阳一般清新明澈;能够心境如朝阳般清新明澈,而后就能够感受那独立存在的'道'了;既已感受了'道',而后就能超越古今的时间限制;既已能超越古今时间的限制,而后便能进入无所谓生、无所谓死的境界。摒除了生也没有死,留恋生也就不存在生……不受外界事物的纷扰,而后保持心境的宁静。"(《庄子·大宗师》)

第四,在心地播种养育天下的种子。道家认为,人的心地开发,就是把人心的运行纳入道的规范,"明白天地之道,这就是掌握了根本和本原,就能与自然谐和。用此来均平万物、顺应民情,便是与众人谐和的人。与人谐和的人,得人乐;与自然谐和的人,得天乐。"(《庄子·天道》)庄子进一步指出:"通晓天乐的人,他活在人世能顺应自然地运动,他离开人世混同万物而变化。平静时与阴气同宁寂,运动时与阳气同波动。因此体察天乐的人不会受到天的抱怨,不会受到人的非难,不会受到外物的牵累,不会受到鬼神的责备。他运动时合乎自然的运行,静止时犹如大地一样宁寂,内心专一安

定,万物无不折服归附。把虚空宁静推及天地,通达于万物,这就叫作天乐。圣人用爱心养育天下,是得天乐的人。"(《庄子·天道》)这就是说,圣人心中播下了用爱心养育天下的种子,做到了与自然万物谐和,因而既能得到人乐,又能得到天乐。

第五,发展心神的定力。道家认为,人的心地开发的重要任务,就是发展心神的定力。道家不厌其烦地指出,世人之所以逃不脱外物的干扰,犯错误,受挫折,很重要一点,就是因为自己定力不强,随顺外物而动。老子和庄子有许多发展心神定力的论述。庄子说:"那些智慧能力胜任一官之职的人,或其品行能团结一乡之人的人,或其德性能投合一国之君的人,或其才能可以取信于一国之人的人,他们看待自己也像池泽中的小雀那样的自鸣得意吧!而宋钘先生不加掩饰地耻笑他们。宋钘这个人,即使受到全世界人的称誉也不会更加奋勉,即使遭到全世界人的毁谤也不会增添沮丧,他能认定自我与物的区分,能够辨明荣誉与耻辱的界限。"(《庄子·逍遥游》)《庄子》书中借用种菜老人教训子贡,进一步阐述了发展心神定力的重要性,德行完备而心神定力强的人,对于"不同于自己的心志不会去追求,不符合自己的思想不会去做,即使天下人都称誉他,称誉的言词合乎他的德行,他也孤高而不顾;即使让天下人都非议他,非议使他名声丧失,他也无动于衷不予理睬。天下人的非议和赞誉,对于他们既无增益又无损害"。子贡说自己被种菜老人批评后"怅然若失而不能自持",是沾染世俗尘垢而心神定力不强的人(《庄子·天地》)。

第六,防止因自身迷昧和行动过失给自己内心世界带来的惩罚。道家告诉人们,受到外界的侮辱或给自己内心世界带来惩罚最严重的常常是人们自己的迷昧或自己行动的过失带来的惩罚(《庄子·列御寇》)。所以,道家告诉人们,要想防止自己迷昧而犯错误,就要用道充实自己的心田(《庄子·天地》),要想行为不犯错误,就要做到"德行淳厚而又完备"(《庄子·天地》),"是道则进,非道则退,不履邪径,不欺暗室"(《太上感应篇》)。

(六)养护精神,发展人的活力

道家认为人的精神比身体更重要,其一是因为人体受精神支配,其二是因为身体易亡而善养精神者可永垂不朽。老子说:"吾所以有大患者,为吾有身,及吾无身,吾有何患?"(《道德经》十三章)老子之所以强调人身为大患,不但是因为人生的许多祸患都是由自己的身体引发的,而且人身难以长久,他说:"天地尚不能久,而况于人乎!"(《道德经》二十三章)他说:"死而不亡者寿"(《道德经》三十三章),老子明确地告诉人们,人中有死而不亡的人。老子说的死,是指人的身体的死亡,有形的人体肯定都会死亡的,而不死的则是精神。庄子继老子之后,明确指出人的身体难长久,而人的精神则可不死。《庄子·大宗师》借孔子回答颜回的问话,表明了庄子的精神不死的观点。颜回向孔子请教说:"孟孙才这个人,他的母亲死了,哭泣时没有一滴眼泪,心中不觉悲伤,居丧时也不哀痛。这三方面没有任何悲伤的表现,却因为善于处理丧事而名扬鲁国。难道真会有无其实而有其名的情况吗?我颜回实在感到奇怪。"孔子回答说:"孟孙才处理丧事的做法确实是尽善尽美了,大大超过了懂得丧葬礼仪的人。人们总希望从简治丧却不能办到,而孟孙才已做到了从简办理丧事了。孟孙才不过问人因为什么而生,也不去探寻人因为什么而死;不知道趋赴生,也不知道靠拢死;他顺应自然的变化而成为他应该变成的物类,以期待那些自己所不知晓的变化! 况且即将出现变化,怎么知道不变呢? 即将不再发生变化,又怎么知道已没有了变化呢! 只有我和你呀,才是做梦似的没有一点觉醒的人呢! 那些死去了的人惊扰了自身形骸却无损于他们的精神,犹如精神的寓所朝夕改变却并不是精神的真正死亡。"

道家渴望精神自由,追求逍遥的精神境界。老子弃周朝国家图书馆吏的官职,骑着青牛依道而游悠闲自得,自由自在;庄子一生以大道为归依,不求功名利禄,唯求精神逍遥。道家认为,处于人类最高层次的真人,是超脱世俗,守真保和,以虚静的内心与自然相交融,真正获得精神自由的人。

道家主张养护精神,庄子说:"形劳而不休则弊,精用而不已则劳,劳则竭。"(《庄子·刻意》)他告诉人们,精神过劳则会枯竭。庄子还指出,人世间有身体健在而精神已经死亡的人,没有了精神而活着的人,如同行尸走肉,是很可悲的人。庄子还明确地指出:"精神健全是圣人的做人之道。"(《庄子·天地》)道家提出了一套养护精神的办法:第一,道德形神统一。庄子说:"执道者德全。德全者形全,形全者神全。"(《庄子·天地》)第二,对于必然的事物不与人执拗争执。庄子说:"圣哲的人坚持站在必然的事物一边,不与人争执,所以总没有争论,不浪费精神;普通人把非必然的东西看做然,因而总是争论不休,他们屈从于纷争,一举一动都有所追求,处处耗费精神,到头来只会自取灭亡。"(《庄了·列御寇》)第三,"为善无近名,为恶无近刑,缘督以为经,可以保身,可以合生,可以养亲,可以尽年"(《庄子·养生》)。第四,养神重于养形。庄子说:"草泽中的野鸡走十步才能啄到一口食物,走一百步才能喝到一口水,但是它们还是不会祈求被关在笼子里喂养。"(同上)庄子如果去楚国任相,自然会解除经济穷苦,身体保养也会更好,然而他为了保护自己的精神自由,还是选择了像乌龟那样在污泥中自由爬行的生活方式,而拒绝了楚王的聘请。

《庄子·德充符》中叙述了王骀、申屠嘉、叔山无趾、哀骀它、闉跂、大瘿六个肢体残疾、外貌奇丑而道德极其充实的人,明确指出,人的形体、外貌不

如精神重要，形体残缺、外貌极丑的人，如果能尊道而贵德，仍然可以成为受人尊敬的杰出人物。

庄子重视人的内在精神的保养，主张保持内在精神自由和宁静的心理，提倡"内保之而外不荡"，要求人们把发展自己的重点放在"治其内"上（《庄子·天地》），他强调，只要保持内心宁静，不失自己心中的天和，成为盛德之人，别人也就会倾心于你，"德不形者，物不能离也"（《庄子·德充符》）。他主张杜绝一切导致天性损伤和精神流失的思想和行为。老子说："塞其兑，闭其门，终身不勤。开其兑，济其事，终身不救。"（《道德经》五十二章）所谓塞兑闭门，就是指不听不视，抱神以静。庄子主张用心与外物接触，即"接而生时于心"（《道德经》五十二章）。道家认为，养护精神的最好办法是求道，认为人一旦得道，就会精神神明，与造化做朋友，与万物融为一体，遨游于天地万物之间。道家同时认为，养护精神还需要有圣人之才。这是因为，没有圣人之才则道的修养无法至盛。《庄子·大宗师》文中说，卜梁倚有"圣人之才"而无"圣人之道"，未能得"道"；女偶有"圣人之道"，而无"圣人之才"，也未能得"道"，具有圣人才质的人与圣人的道术统一起来，才能成为得道之人。庄子借用广成子之口说，宇宙大道的精华是深藏不露，"无视无听，抱神以静，乃可以长生"，"我守其一以处其和，故修身千二百岁矣，吾形未常衰"（《庄子·在宥》）。《庄子·刻意》中强调："悲乐者，德之邪；喜怒者，道之过；好恶者，德之失。故心不忧乐，德之至也；一而不变，静之至也；无所于忤，虚之至也；不与物交，惔之至也；无所于逆，粹之至也。"他告诉人们，只有德性完整，道至纯一，与任何事物都不矛盾，才能进入精神纯粹自由的最高境界。他强调："唯神是守，守而勿失，与神为一。"（《庄子·刻意》）也就是说，只有守住精神，使天地万物神明与自身精神融化为一体，才有真正的精神自由。庄子又说："圣人贵精神"，"不亏其神"，无忧无喜，纯真朴素，无人事纷扰，无天灾之忧，无外物牵累，故是人中精神自由之人（以上引文见《庄子·刻意》）。

庄子还指出，世人认为保有形体，就保有了生命，这种认识有不足之处。世人"形不离而生亡者有之矣……世之人以为养形足以存生，而养形果不足以存生，则世奚足为哉！"（《庄子·达生》）他告诉人们，有的人活着，变成了行尸走肉，是不能算作有生命的，"形精不亏，是谓能移。精而又精，反以相天"。他认为，只有形体与精神都完整的人，才能随天地变化，达到精纯又精纯，就能反过来帮助天地自然发展。

《庄子·刻意》中强调"唯神是守"。《庄子·达生》中进一步指出，精神是生命的主宰，精神受损会导致疾病发生；精神障碍排除而由精神受损引发的疾病也就会痊愈。文中说，齐桓公到泽地打猎时看见了鬼，于是神不守舍，自忧成疾。经皇子告敖一番妙谈，齐桓公的病好了。皇子告敖说，鬼怪怎么能伤害你呢！那郁结的气，如果只是散去而不能回还，那么精神就会不足；如果只是上通而不能下达，人就容易发怒；如果只是下行而不上升，人就会健忘；如果不上不下，积聚于胸中和心口，就会生病。桓公问："是否有鬼呢？"皇子告敖说："有鬼。积水的烂泥处有履鬼。灶下有灶神。室内尘土积聚的地方，雷霆神盘踞在那里。土堆东北方的下面，鲑神在那里跳跃；土堆西北方的下面，有洪阳神在那里居住。水中有水神罔象，丘陵有鬼怪峷，山中有鬼怪夔，原野里有鬼怪彷徨，泽地有鬼怪委蛇。"桓公问："那么委蛇的状貌什么样呢？"皇子告敖说："委蛇的大小像车毂，它的长度如车辕，穿紫衣而戴红帽。这种鬼怪长得丑陋，听到雷鸣般的车声就会捧着头站起来。见到它的人大概就要成为霸主了。"齐桓公高兴地笑着说："我见到的就是这种啊。"于是桓公整束一下自己的衣帽，和皇子告敖坐在一起谈话，不到一天的工夫，不知不觉地病就消失了。

庄子告诉人们调养精神不能简单草率。《庄子·则阳》中，长梧封人告诫子牢说："你处理政事不要粗疏，管理百姓不要草率。从前我种庄稼，耕地粗枝大叶，锄草马马虎虎，于是收获时就得到了相应的报复。第二年我改变了方法，地耕得深深的，草锄得净净的，庄稼就长得繁茂而壮实，所以一年到头粮食都充足。"庄子听到这话后说："如今人们调理自己的身体，调养自己的精神，大多有点像长梧封人说的那样，逃避自然，背离天性，泯灭真情，丧失精神，这是因为有诸多鲁莽灭裂行为的缘故。所以，那些以草率态度对待天性的人，其好恶之情对天性的残害就像崔苇蒹葭，刚生长时紧靠着我们的身体，不久就摧毁了我们的天性；犹如内中疮毒一齐溃烂，泄漏发作，不择部位，随处穿出，所谓脓疮，内热遗精，就是这样。"（《庄子·则阳》）

道家告诉人们，养护精神的目的在于求得精神健康，使人们的精神世界获得彻底解放。道家明确指出，精神是人的主宰，精神一旦出问题，人就无法成为一个正常的人，如精神死亡就会变成植物人，古代虽然尚没有植物人这个名词，但《庄子》书中却提出了类似的思想。他强调："神全者，圣人之道也。"（《庄子·天地》）老子指出，求得精神健康的根本方法，就是"尊道而贵德"（《道德经》五十一章）。那么怎么把"尊道贵德"落到实处呢？那就是发扬道和德的品质，开放心胸，美化心灵，与天地万物和谐为一。庄子提出："天地与我并生，而万物与我为一"（《庄子·逍遥游》），使精神世界获得彻底解放。《庄子·山木》运用太公任与孔子对话的方式，进一步表达了庄子的上述观点。孔子被围困在陈国和蔡国之间，七天没有吃上饭。太公任前往慰问他说："你快要被困死了吧？"孔子回答："是的。"太公任又问："你讨厌死吗？"孔子回答："是的。"太公任说："我试着给你说说不死的方法。东海有一种鸟，它的名字叫意怠。这种鸟啊，飞行舒缓，好像软弱无力；跟从着其他鸟飞行，相互依偎着栖息；前进的时候不敢在前，退却的时候不敢落后；

吃食时不敢先尝,一定要吃剩余的。因此,它在鸟群中不受排斥,而外人也不能伤害它,所以能终究免祸。挺直的树木必然先遭砍伐,甘甜的泉水必定首先枯竭。你为了唤醒愚顽的人们,夸耀自己的智力;修养自己的身心好像是为了对照他人的污浊,明明亮亮的好像高擎着日月走路似的,所以不能避免祸害啊。我听道德修养高的人说过:'自我夸耀的人反而没有功绩,事功有成的人就会败坏,出了名的人就会受到损伤。谁能抛弃功名而将它们还给众人,则可免受伤害!'大道运行而并不居于显露的地方,大德流行而不处在被称颂的位置;纯粹而又普通,胜过癫狂;不留痕迹,抛弃权势,从不求取功名……道德至高的人不求闻名,你为什么喜好名声呢!"《庄子·至乐》中说:"天因为无为而自然清静,地因为无为而自然安宁。所以天和地相配合,万物就得以化生,恍恍惚惚的,没有具体形象。然而万物却从这'无为'中生长出来。所以说:'天地是无为的,又是无所不为的啊。'谁能获得无为之道,谁就可以得到真正的精神自由啊!"

(七)努力成其大,得其贵

道家圣哲深入研究了人的本质特征及其在宇宙中的地位和作用,指出人既有伟大的一面,又有渺小的一面,如果人们能够扬其长,避其短,就可以成其大,得其贵;反之,如果弃其长而任其短为所欲为,就会成为渺小而可悲的人。

道家圣哲指出,世人渺小的表现是多方面的,其中最突出的表现,是说每个具体的人不但形体渺小,而且在宇宙间存在的时间和活动的空间是极其有限的。《庄子·秋水》中说:"人类与万物相比,不过像马身上一根毫毛的末梢;中国在四海之内,不过像小米粒在大粮仓里一样,个人全部囊括在这'毫毛的末梢'里面。"井里的蛙受居住地域的限制而不知大海,夏天的虫受生存时间限制而不知冰冻。一个人也是这样,由于生存时间和活动空间的限制,要想求得对宇宙、天、地、自然、万物和社会的正确认识是困难的,如果只凭想当然,是难以求得正确认识的。正因为如此,道家圣哲告诉人们,要想明明白白地做人,首先要认识和清除蒙蔽,做一个圣明的人。

1. 用圣明防治蒙蔽

道家圣哲告诉人们,发展世人的伟大素质,人就可以成就其圣明,防治其渺小形成。人的伟大具体表现在人能认识自己,能认识天、地、人、自然万物及其存在发展变化之道,能取道、天、地、人、自然万物之长,成为与道、天、地并列称大的客体。

道家圣哲告诉人们,世人要想发展自己,"成其大",首先就要懂得如何治理蒙蔽。"知之残"是世人犯蒙蔽错误的根本原因。老子指出,世人知之残的表现是多方面的,如不能正确认知自己和他人,不能正确认知天、地、人、自然万物,不知天、地、人、自然万物存在和发展的恒常道理等等。他告诉人们,不知就会生蒙蔽,蒙蔽一旦形成,人就会生迷,"不知常,妄作凶"(《道德经》十六章)。人有了蒙蔽迷惑,思想、言论和行动就会出现错误,遭受挫折和失败。老子强调指出:"人之迷,其日固久"(《道德经》五十八章),许多人"不知自己之弊病"(《道德经》七十一章),糊里糊涂地做人和做事,还自以为高明,因而常常做错事、坏事,不能成其大、得其贵。他告诉人们,要想"成其大"、"得其贵",首先必须求其圣明,他反复强调"知常曰明"(《道德经》十六章、五十五章),告诉人们求"明白四达"(《道德经》十章),"居善地,心善渊,与善仁,言善信,正善治,事善能,动善时"(《道德经》八章),"无遗身殃"(《道德经》五十六章),"能成其大"(《道德经》三十四章),"故为天下贵"(《道德经》五十六章)。

道家圣哲告诉人们,知道万事万物发展变化的恒常之理,才能叫明,按照事物发展变化的恒常之理去做,才不会有危险和失败。老子把事物发展变化必须遵守的常理和原则称之为道,他不厌其烦地告诉人们,要懂得道的重要性,要不惜花大气力去求道,要坚定不移地守持道。他告诉人们:"道者,万物之奥,善人之宝,不善人之所保……为天下贵。"(《道德经》六十二章)他强调,天得道以清,地得道以宁,神得道以灵,谷得道以盈,万物得道以生,侯王得道为天下贞,圣人得道才能成为天下人的楷模(《道德经》三十九章)。《庄子》一书一开始就指出,必须防止认知上的错误,他深入浅出地阐述了"小知不及大知",小鸟不知大鹏之志,朝菌不知道有早晚之分,寒蝉不懂得有春秋之别。他告诉人们,如果用小知评论大知、用小鸟之见评论大鹏之志、用朝菌之见评价一天、用寒蝉之识评价一年等都是错误的(详见《庄子·逍遥游》)。

道家圣哲指出,不知德的重要性,不知如何发展德行,不知如何守持德性,是世人常犯错误的重要原因之一。老子说道创生万物,赋予万物生命,"不道早已"(《道德经》五十五章)。然而道并不赋予万物形态,不养育万物,万物的形态、成长发展靠德,"道生之,德畜之,长之育之,亭之毒之,养之覆之"(《道德经》五十一章)。也就是说,人们欲求发展,除了明道、求道、守道之外,还必须明德、持守德、发展德。老子指出,德有上德和下德之区别,德的发展成熟需要经历一个过程,德行只有与道完全统一之时,才有力量。"上德不德,是以有德;下德不失德,是以无德","大丈夫处其厚,不居其薄;处其实,不居其华。"(《道德经》三十八章)"孔德之容,惟道是从"(《道德经》二十一章)。"生而不有,为而不恃,长而不宰,是谓玄德。"(《道德经》十章)道家指出,世人中有人不知德的重要,只知追名逐利;有人不知德有上下品位的区分,只知守持下德而不知求上德、孔德、玄德,在德的发展上做表面文章,张扬自己的德行,嘴里唱着德行高调,行动离道越来越远,人生形象越

来越差。

道家告诉人们，人的存在受天、地、自然、社会和人们自身诸多因素制约，无论任何人，思想、言论和行动都不可为所欲为。老子告诉人们，做人最根本之点，就是必须懂得"尊道而贵德"（《道德经》五十一章）。他指出世人不尊道贵德的根本原因，在于不相信道和德的作用。人们对于道和德的作用的相信程度，决定人们对于道和德的态度。他说："上士闻道，勤而行之；中士闻道，若存若亡；下士闻道，大笑之。不笑，不足以为道。"（《道德经》四十一章）他告诉人们，世人对待道的态度有三种，一是信而恭行，二是半信半疑，三是根本不信。老子在《道德经》中反复强调："信不足，有不信。"（《道德经》十七章、二十三章）不信道者不能求道、守道，必然妄自行动，"不知常，妄作凶"，知常守道则"没身不殆"（《道德经》十六章）。也就是说，不守道者将失去生存的根据，无德则不会有好的人生形象，赖脸求生，遭人唾弃。

在中国人生思想发展史上，是老子最先指出："自知者明。"（《道德经》三十三章）他告诉人们，一个人要想明明白白地做人做事，最根本之点在于解决自知的问题。道家讲的自知，包括诸多内容，如知道自己的认知能力，努力求正知、正见、正行；如知常，即认识和守持恒常不变之理，能"尊道而贵德"，能把自己的生存和发展纳入正确的轨道，从而做到"没身不殆"；能不自见、不自是、不自生、不自伐、不自矜、不自为大，"不自见，故明；不自是，故彰；不自伐，故有功；不自矜，故长"（《道德经》二十二章）。"自见者不明，自是者不彰，自我者无功，自矜者不长。"（《道德经》二十四章）能自化、自正、自胜、自富、自朴、自得（参见《道德经》三十三章、五十七章），"不自生，故能长生"（《道德经》七章）。

道家指出，由于人们受天、地、自然、社会和自身诸多因素制约，因而处于不同条件下的人们，认知能力和水平各不相同，世人中只有真人才有真知，只有真正的圣人才有圣明的认知能力。真人是道家人文化中处于最高层次的人，他们能够超越诸种不利因素，无所不知无所不能，求得了人生最大的自由。圣人是世人中尊道贵德的典范，他们能自知、自爱、自正、自化、自胜、自得，而又不自见、不自是、不自伐、不自矜、不自贵、"不自为大"（《道德经》六十三章），"为而不恃"（《道德经》七十七章），"为而不争"（《道德经》八十一章），"功成不处"（《道德经》七十七章），"被褐怀玉"（《道德经》七十章），"圣人终不为大，故能成其大"（《道德经》六十三章），"圣人方而不割，廉而不刿，直而不肆，光而不辉"（《道德经》五十八章），"圣人无常心，以百姓心为心。善者吾善之，不善者吾亦善之，德善。信者吾信之，不信者吾亦信之，德信。圣人在天下，歙歙为天下浑其心，圣人皆孩之"（《道德经》四十九章），"圣人终日行，不离辎重"（《道德经》二十六章），"圣人抱一为天下式。不自见，故明；不自是，故彰；不自伐，故有功；不自矜，故长。夫唯不争,故天下莫能与之争"(《道德经》二十二章),"圣人后其身而身先,外其身而身存"(《道德经》七章),"圣人不仁,以百姓为刍狗"(《道德经》五章),"圣人不伤人,夫两不伤,故德交归焉"(《道德经》六十章),"圣人无为,故无败;无执,故无失"(《道德经》六十四章),圣人同世人"和其光,同其尘",然而又不同世间邪恶势力同流合污,"众人熙熙,如享太牢,如春登台。我独泊兮其未兆,如婴儿之未孩,累累兮若无所归。众人皆有余,而我独若遗。我愚人之心也哉,沌沌兮。俗人昭昭,我独昏昏;俗人察察,我独闷闷。澹兮其若海,飂兮若无止。众人皆有以,而我独顽似鄙,我独异于人,而贵食母"(《道德经》二十章)。

2. 把握通达之道,慎防闭塞不通

道家圣哲告诉人们,只有通达者才有逍遥自由,闭塞不通之人不可能有逍遥自由的人生。因而明确指出:追求通达,防止闭塞,是世人做人必须解决的根本问题。

老子的《道德经》和庄子的《南华经》都把求通达而防治闭塞不通,作为中心议题。他们明确地告诉人们,"尊道而贵德"(《道德经》五十一章)是求得通达的根本途径。道和德是天地人自然万物存在和发展的根本,人们如果能尊道贵德,就会"深根固柢"(《道德经》五十九章),就不会为风雨所动摇,就能做到无往而不通。

道家圣哲从各个方面深入浅出地阐述了如何求通达及防治闭塞不通的问题。

(1)守持宇宙大道,成其大,不失其所久

老子指出:"不道早已"(《道德经》五十五章),"大道甚夷"(《道德经》五十三章),要求人们"惟道是从"(《道德经》二十一章),告诉人们"终日行不离辎重"(《道德经》二十六章),守持"长生久视之道"(《道德经》五十九章)。

庄子指出,得道者无处不通。《庄子·天运》记叙了孔子与老子的一段对话。孔子说:我研究《诗经》《尚书》《礼》《乐》《易》《春秋》六种经书很久了,我见了许多国君,向他们介绍先王治国原则,但没有一个国君采纳。孔子问老子:这是为什么? 老子说:"你说的那六种经书,是先王的陈旧脚印,而不是他们产生脚印的东西。""时间不可停止,天道不可壅塞。如果获得道,就没有行不通的;如果丧失道,就没有能行得通的。"

道家圣哲指出"域中有四大",即"道大,天大,地大,人亦大"。(《道德经》二十五章)道家圣哲深入浅出地论述了在宇宙间不如马身上一根毫毛末梢的人,为什么能够成为与道、天、地并列称大的客观存在,指出人能成其大的根本原因,在于能认知自己,认知他人,认知道、天、地、自然万物,效法地、天、道、自然。天、地、人、自然万物皆由道创生,人如果能像天地自然那

样效法宇宙大道,就可以成其大。大道无形,与天地人自然万物"和其光,同其尘"(《道德经》四章),所以"道乃久,没身不殆"(《道德经》十六章)。人如果能像大道那样,"万物恃之而生而不辞","衣养万物而不为主",就能"成其大"(《道德经》三十四章),能像大道那样"不失其所久",就可以做到"死而不亡"(《道德经》三十三章)。

(2)效法地、天、道,处处无碍,必得其贵

道家圣哲指出,人之大患者:"为吾有身,及吾无身,吾有何患"(《道德经》十三章)。这是因为,人一旦有了我,就会产生人与我的分别,追求自见、自足、自彰、自贵,出现个人欲得而不知足,导致自大、自矜、自伐。"祸莫大于不知足,咎莫大于欲得"(《道德经》四十六章),"自见者不明,自是者不彰,自伐者无功,自矜者不长"(《道德经》二十四章)。天地无私成其大,大道无我则永存。人成其大,得其贵,不失其所久的途径和办法,就是"人法地,地法天,天法道,道法自然"(《道德经》二十五章)。

道家圣哲深刻地阐述了"道常无为而无不为"的高尚品质,指出"万物恃之而生而不辞,功成不名有,衣养万物而不为主……终不自为大,故能成其大"(《道德经》三十四章),"执大象,天下往。往而不害,安平太","道之出口,淡乎其无味。视之不足见,听之不足闻,用之不足既"(《道德经》三十五章),道通常表现为无名素朴微小,然而却"天下莫能臣之"(《道德经》三十二章)。道家圣哲指出,天地是宇宙大道创生的有形事物之中最大的,天地之所以能成其大,是因为它们"衣养万物而不为主","不争而善胜,不言而善应,不召而自来,坦然而善谋。天网恢恢,疏而不失"(《道德经》七十三章),"利而不害"(《道德经》八十一章),"天道无亲,常与善人"(《道德经》七十九章)。

道家圣哲深入分析了世人常常闭塞不通的原因,指出世人不知尊道、悟道、求道、守道,不能"唯道是从"、"是道则进,非道则退","大道甚夷而民好径",欲望无限,追求太多,只知有我,只知谋私,把智慧、能力、德行变为谋取个人私利的本钱,为而自恃,居功自傲,不能容人忍辱,放任自己,"人为物役","沉溺于万物之中一辈子也不知回头","卖弄智巧,炫耀才能","处高位而骄,处低位而贱","执着人我是非",执着荣辱生死,"不知有所畏惧",把礼法变成谋取私利的砖头,追求世俗知识而不懂内圣外王之道,"不知居安而思危,像猪身上的虱子那样,得一栖身之地便以为平安无事"(《庄子·徐无鬼》),"有才气而不能行正道"(《庄子·天下》)无羞耻心,喜欢无耻而自得,眼界狭窄,像井中蛙河中鳖,"身心为利禄所麻痹"(《庄子·盗跖》)。

道家圣哲指出,世人只有"守住其贵"(《道德经》六十二章),才能"成其大"(《道德经》六十三章),"然后乃至大顺"(《道德经》六十五章)。然而世

人中多不知什么是做人最可宝贵的,错误地认为美名和利禄是最宝贵的,"热衷于建立美名,热衷于追逐利禄,借助别人的德行炫耀自己,窃取别人的智慧装扮自己"(《庄子·盗跖》)。老子指出:"道者,万物之奥,善人之宝,不善人之所保……立天子,置三公。虽有拱璧,以先驷马,不如坐进此道。古之所以贵此道者何? 不曰以求得,有罪以免耶? 故为天下贵。"(《道德经》六十二章)他告诉人们,道是天下最宝贵的,是万物的主宰,善人得道如获珍宝,不善人得道就可以得到道的保护,追求就能获得,有罪就能免除,即使用合抱宝璧再加上驷马贵重礼品送礼求人,也不如守持道。

道家圣哲指出,世人要想求得通达无障碍,必须守住做人的恒常准则,走人间正道。宇宙大道无形,也不赋予万物以形。万物的形象靠德赋予。人生要想通达无碍,必须修内德。修好德行,使德性至盛,求得德与道统一,"这是古今做人的恒常规则"(《道德经》六十八章)庄子指出,世人多只知人有形体残疾者而不知有德性残疾者,只知重形而不重德。他告诉人们,德性残缺的人到处可见,德性残缺比形骸残疾危害更大。《庄子·德充符》描写了王骀、申屠嘉、叔山无趾、哀骀它、闉跂、大瘿六个肢体残缺、外貌奇丑而道德极其充实的人,他们办教育能使学子自动依附,能使孔子自叹不如;与君王交往能使君王叹羡不止,鲁哀公对孔子说:"卫国有一个长相十分丑陋的人,名叫哀骀它。男人和他相处,倾心思慕不肯离去,女人和他交往后,就与父母说与其做别人的妻子,还不如做哀骀它的小妾","我与他相处还不到一个月,对他就有了倾慕之心,不到一年,我就相信他了,当时国内没有宰相,我就把国事托付给他"(《庄子·德充符》)。道家圣哲强调必须修内德,即修与人的本性相统一的德性。这种德性的本质是和,它内与宇宙大道和,外与天地人万物和。修内德不是给别人看的,"德不形者,物不能离"(同上)。而世俗之人往往支离德性,不注重修内德,而是追求金玉其外,显示德性,妄图把德行变成谋私利的工具,做好事而谋求世人推崇,自己从中求地位名利。"在别人面前炫耀自己的德行,是危险的。"(《庄子·人间世》)人不能忘怀的是德,德行修养必须脱离世俗。

(3)理智地做人,信守人间正道

老子说:纵观天地万物的存在和发展,可以看到,"天得道以清,地得道以宁,神得道以灵,谷得道以盈,万物得道以生,侯王得道以为天下真,其他事物也是这样"(《道德经》三十九章)。《道德经》是中国最早阐述世界观和方法论的著作。老子论宇宙大道,论天地自然万物之道,其根本目的是为人们认识和守持人道服务的。道家指出,宇宙天地自然万物存在和发展皆有其道,人的存在和发展也有其道。

在中国人生思想发展史上,道家圣哲最先对人道做了深入浅出的阐述。老子在《道德经》中最先提出了人能认知自己、认知他人、认知宇宙天地自

然万物存在和发展变化规律,懂得向宇宙大道、天、地、自然万物学习,吸取宇宙大道和天地自然万物之长,能自化、自正、自胜、自强,创造新事物,成其大,得其贵。人的本质属性决定了人与其他事物的区别,决定了人有自己必须遵守的思想、言论和行为准则。道家圣哲说的人道,就是指的人的自觉能动性与宇宙大道以及天地自然社会万事万物相互联系的普遍规律性。人的本质属性决定人的最显著特点是具有自觉能动性和理性,能把自己的思想,言论和行动与客观世界运行的规律性统一起来。道家圣哲告诉人们,人能否成其大而得其贵,最关键之点,就在于能否把人的本质属性与宇宙大道及天地自然社会的运行规律有机地统一起来,谁能找到并求得其最佳统一度,谁就能成其大,得其贵。老子的《道德经》就是中国人生思想史上最早研究世人如何成其大、得其贵的著作。

道家圣哲告诉人们,宇宙万物由道创生,道是万物形成、存在、发展壮大之常理,人们要创造任何事物,都必须首先弄明白该事物生成、存在和发展之理,即知常,"知常曰明。不知常,妄作凶。知常容,容乃公,公乃王,王乃天,天乃道,道乃久,没身不殆"(《道德经》十六章)。老子举例说,人们都想求健康长寿,然而由于不懂养生之道,想健康长寿而违背养生之道,"动之死地亦十有三"(《道德经》五十章),老子又说,有些人追求"以兵强天下"是行不通的,唯有道"天下莫能臣"(《道德经》三十二章),"不道早已"(《道德经》三十章)。道家圣哲不厌其烦地强调理性,再三再四地告诉人们要理智地做人。理智做人的根本问题,就是信常规守人道。人道就是世人应当认知和守持的亘古不变的常规,能认知和守持人道者必然通达无碍,背离人道者则必然处处受阻。老子进一步指出:"吾言甚易知,甚易行,天下莫能知,莫能行。"(《道德经》七十章)。他说:"信不足焉,有不信焉。"(《道德经》二十三章)由于世人自己不识人道,又不相信圣者认识的真理性,不尊道不贵德,因而不能守持做人之常,"误把各自想做的视为常道,沿着各自的道路走下去而不知返回人之常道,这就必然与人之常道不相合了"(《庄子·天下》)。而与真正的人道不相合者,必然不会通达。

(4)是道则进,非道则退

道家圣哲告诉人们,世人做人要想通达无障碍,就必须坚持"是道则进,非道则退,不履邪径,不欺暗室"(《太上感应篇》)。老子说:"尊道而贵德"(《道德经》五十一章)是人间通达无碍的正路,"吾言甚易知,甚易行;天下莫能知,莫能行"(《道德经》七十章)。他感叹地说:"人间正道是那么平坦宽阔,而世人却喜欢走邪径小路。"(《道德经》五十三章)走邪径小路的人是不可能畅通无阻的,只有"把握古今永存的正道,驾驭当今现实事物"才是最根本之点。(参见《道德经》十四章)庄子进一步指出,知道了道的作用而不依道行事的人,是真正的病人(参见《庄子·让王》),他强调:"顺着中正的大道前进并把它作为永恒的行为准则，就可以保护自身，保全生命，奉养双亲，终享天年"，逍遥自在。(《庄子·养生主》)道家列举了许许多多不依道行事，妄图侥幸，为自己谋求财利美名、美味、美色而招致可悲下场的人。其中有人把精神才能耗费在卑鄙的小事上，有人有才气而不能行正道干正事，有人有了一点能力就自以为了不起。庄子的朋友惠施是一个自以为口才天下第一的人，庄子批评他说："从自然之道的高度来看惠施之所能，他就好像一只蚊虻，终日辛劳而对于万物又有什么作用呢！可惜啊，惠施才气横溢却不能行正道，追逐外物而不回头，多么可悲啊！"(《庄子·天下》)

3. 做善事，善成事，成大器

道家圣哲告诉人们，世人要成其大，得其贵，就要坚持"诸恶莫作，众善奉行"，"遏恶扬善"(《太上感应篇》)。庄子指出："做成一件好事要花费很长时间，而坏事一旦做了就来不及悔改了，怎么可以不谨慎呢！"(《庄子·人间世》)他提倡向盛德之人学习做事，"无论事情成功还是不成功都不留祸患"(《庄子·人间世》)。庄子告诉人们，一定不要做坏事，"光天化日之下干坏事要受人惩处，黑暗之中做坏事会受鬼神惩处，在人和鬼神面前都光明正大的人无所畏惧。"(《庄子·庚桑楚》)

道家圣哲告诉人们，人的成就大小是与其做善事多少和善事贡献大小直接相联系的，"欲求天仙者，当立一千三百善；欲求地仙者，当立三百善"，做成一项大的善事，其功德可以胜过诸多小的善事。世人的功德不是一次完成的，而是不断积累起来的，人们不但要懂得"尊道而贵德"(《道德经》五十一章)，而且还要懂得不断做善事"积德累功"(《太上感应篇》)。

道家圣哲告诉人们做事要懂得创新。老子指出："有生于无"(《道德经》四十章)，做事要懂得"为之于未有"(《道德经》六十四章)。其意是说，善于创造新事物的人，才能有较大的社会价值，能成其贵。

道家圣哲从人能成其大的基本观点出发，告诉人们要做大事，成大器。老子要求人们，把自己的成长目标确定在与道、天、地并列称大的基本点上，他告诉人们："域中有四大，而人居其一焉"(《道德经》二十五章)，希望人们成为"死而不亡者"(《道德经》三十三章)。老子又说："大器晚成"(《道德经》四十一章)，告诉渴望成就大事的人们，做事不要急功近利。老子还告诉人们应当如何做难事和大事，他说："图难于其易，为大于其细。天下难事必作于易；天下大事必作于细。是以圣人终不为大，故能成其大。"(《道德经》六十三章)又说："其安易持，其未兆易谋，其脆易泮，其微易散。为之于未有，治之于未乱。合抱之木，生于毫末，九层之台，起于累土，千里之行，始于足下。"(《道德经》六十四章)他指出："民之从事常于几成而败之。慎终如始则无败事。"(《道德经》六十四章)《庄子》一书深入浅出地论述了如何成大器的问题。他在《逍遥游》一文中阐述了鲲鹏是如何成就其大的，批评

了蝉和小鸟对大鹏的讥笑。他在《齐物论》一文中指出："大知闲闲,小知间间",告诉人们有了大智慧,人才能自由自在地成就其大;只有一点小聪明的,斤斤计较小利,成不了大气候。庄子在《外物》一文中讲述了在东海边钓鱼的任公子,是怎样钓大鱼的。这个任公子准备了大钓钩和又长又粗的黑绳,用五十头阉牛做鱼饵,蹲在会稽山上,把钓鱼竿放到东海里,天天等鱼上钩,整整一年没钓到鱼。一年后,一条大鱼来吞食鱼钩,掀起的白波如山立,海水声震荡如鬼神吼叫,震惊千里之外。把这条鱼制成鱼干,从浙江以东至苍梧山以北的人,没有不饱食此鱼的。庄子评议此事说："只知提着细绳的钓竿,跑到小河边守候小鱼的人,想要钓大鱼是难以达到目的的。"(《庄子·外物》)他告诉人们,不要在微不足道的小事上花费心智,不要把精力都耗费在鄙陋浅薄的小事上,要学宇宙大道无为而无不为。

道家圣哲告诉人们,做事之道在于尊道贵德,守持常理。老子说："不道早已"(《道德经》三十章),他要求人们"惟道是从"(《道德经》二十一章)。他强调:"不知常,妄作凶","知常曰明","知常容,容乃公,公乃王,王乃天,天乃道,道乃久,没身不殆"(《道德经》十六章)。又说:"执古之道,以御今之有,能知古始,是谓道纪。"(《道德经》十四章)庄子说:"知道者,必达于理,达于理者必明于权,明于权者不以物害己。至德者,火弗能热,水弗能溺,寒暑弗能害,禽兽弗能贼,非谓其薄也,言察乎安危,宁于祸福,谨于去就,莫之能害也。"(《庄子·秋水》)他强调:"为善勿近名,为恶勿近刑,缘督以为经,可以保身,可以全生,可以养亲,可以尽年。"(《庄子·养生主》)他告诉人们:"美成在久,恶成在不改。"(《庄子·人间世》)

三、道家圣哲论人生开发主体及其责任

道家圣哲指出,人生开发主体包括自我和社会两个基本方面,两者缺一不可。其中占主导地位、起决定作用的是人们自己。

(一)人的自我开发

老聃是中国人生思想发展史上较早且较系统论述人的自觉能动性的人,他明确指出:"知人者智,自智者明。胜人者有力,自胜者强。"(《道德经》三十三章)他告诉人们,认识自己才能明明白白地做人,认识他人才是有智慧的人,有能力才能胜过他人,能战胜自己缺点、错误和不足的人,才是真正的强者。他的"自知者明"、"自胜者强"的思想为人的自我开发奠定了坚实的理论基础。

老聃还指出,宇宙大道的品质和对待万物的态度决定人们自己必须懂得和实行自我开发。他说:"道常无为而无不为","万物将自化","天下将自定"(《道德经》三十七章)。老聃还进一步指出,圣明的帝王"以正治国"

（《道德经》五十七章），"以道莅天下"（《道德经》六十章），"而民自化"、
"而民自正"、"而民自富"、"而民自朴"（《道德经》五十七章）的论述，也告
诉人们必须懂得和实行自我管理和自我开发。

老聃还具体论述了道、天、地、圣人都是靠自己努力成就其大的。他说：
"大道泛兮，其可左右。万物恃之而生，而不辞，功成不名有。衣养万物而不
为主。常无欲，可名于小；万物归焉而不为主，可名为大。以其终不自为大，
故能成其大。"（《道德经》三十四章）他告诉人们，道是靠自己成就其大的。
他说，天地是有形的事物中最伟大的，然而"天地不仁，以万物为刍狗"（《道
德经》五章），即是说，天地大公无私，对万物一视同仁，把万物当成草扎的
狗一样，没有偏爱。又说"天地所以能长且久，以其不自生，故能长生"（《道
德经》七章）。老聃对圣人靠自我努力而成就其大的论述犹多。他说："圣
人处无为之事，行不言之教……功成而弗居。夫唯弗居，是以不去。"（《道
德经》二章）"圣人不仁，以百姓为刍狗"（《道德经》五章），即是说圣人对人
一视同仁，把人都视为草扎的狗一样，不偏爱。"圣人抱一为天下式。不自
见，故明；不自是，故彰；不自伐，故有功；不自矜，故长。夫唯不争，故天下莫
能与之争。"（《道德经》二十二章）"圣人无常心，以百姓心为心……圣人在
天下，歙歙为天下浑其心，圣人皆孩之。"（《道德经》四十九章）"圣人无为，
故无败；无执，故无失。民之从事，常于几成而败之。慎终如始，则无败事。
是以圣人欲不欲，不贵难得之货；学不学，复众人之所过。以辅万物之自然，
而不敢为。"（《道德经》六十四章）"圣人不积，既以为人，己愈有；既以与人，
己愈多。天之道利而不害，圣人之道，为而不争。"（《道德经》八十一章）"圣
人为而不恃，功成不处，其不欲见贤。"（《道德经》七十七章）"圣人终不为
大，故能成其大。"（《道德经》六十三章）

道家圣哲告诉人们，要想求得自我开发的成功，第一，必须确定自我开
发的目标，即将自己追求的目标定位在"能成其大"（《道德经》六十三章），
"能成器长"（《道德经》六十七章），能成"我者贵"（《道德经》七十章），"天
下莫能与之争"（《道德经》六十六章）。第二，守持"尊道而贵德"的原则，即
清楚地懂得"尊道而贵德"才能存在、成长、成功，坚持"惟道是从"（《道德
经》二十一章），相信"重积德则无不克"（《道德经》五十九章）。第三，懂得
"自胜者强"（《道德经》三十三章），时刻不忘善取道、天、地、圣人及他人和
万事万物之长，时刻不忘克服自身缺点、错误和不足。第四，懂得"终不为
大，故能成其大"（《道德经》六十三章），懂得"终不自为大，故能成其大"
（《道德经》三十四章）。第五，"信守自己的要旨"，"听任事物变化而不随物
变迁"（《庄子·德充符》）。第六，懂得"自我端正"（《庄子·缮性》），善于
"自我解脱"（《庄子·大宗师》），"使自己日臻成熟"（《庄子·人间世》）。
第七，懂得自我保护之道，善于保全自己。道家提出了许多保护自己的原则

和招数,如无为而无不为的原则、不争而善胜的原则、功成而不居的原则、强而处下的原则,以及从无用中求有用的招数、立于有用和无用之间的招数,随顺自然之道等。

(二)人的社会开发

社会是由人构成的,现实社会中的每一个人都是社会的一个成员。人的素质和能力直接关系到社会文明的程度。道家圣哲从世界观的高度研究问题,清楚地认识了个人和社会的关系,因而十分重视人生的社会开发,提出了许多有价值的思想,其中主要是:

1. 引导天下人不迷失本性

道家认为,人的本性是人区别于其他事物的质的规定性,人不丧失人的本性,方能称其为人。所以道家圣哲把教化天下人不迷失本性,作为社会指导人成长的根本任务之一。老聃在《道德经》中要求人们守持其自然本性,发挥其主观能动性,创造"我者贵"(《道德经》七十章),"成器长"(《道德经》六十七章),"成其大"(《道德经》六十三章),即效法地、效法天、效法道,取万物之长,与地、天、道并列成为"域中四大"(参见《道德经》二十五章)。庄子主张破除一切束缚人的自然本性发展的枷锁,不使人丧失自然本性。他说,"所谓安定天下,是生怕天下之人迷失自己的本性;所谓宽容天下,是担心天下之人改变自己的自然品德。天下之人都不迷失自己的本性,都不改变自己的品德,还需要治理天下的人吗?"他批评桀治理天下的时候,"使得普天下疲劳憔悴、人人身心受苦,失去了舒畅,就失去了人的自然品德"。他强调指出:"使人民都失自然品德而能保持长久统治的君王,天下是没有的。"(以上引文皆见《庄子·在宥》)

2. 教会天下人尊道而贵德

"尊道而贵德"的思想是道家学说创始人老聃从哲学高度研究世界和人生的发展变化而得出的具有普遍真理性的认识。他在"致虚极,守静笃"的状态下观察世界,反复观察宇宙间事物的发展变化,看到了纷繁事物发展变化之常规,发现万物皆受一种"视之不见","听之不闻"、"抟之不得","无状之状,无物之象","迎不见其首,随之不见其后",恍恍惚惚存在的东西支配。(以上引文皆见《道德经》十四章)他说:"吾不知其名,字之曰道,强为之名曰大"(《道德经》二十五章)。他把宇宙万物发展变化的常规概括为:"道生之,德畜之,物形之,势成之。是以万物莫不尊道而贵德。"(《道德经》五十一章)老聃揭示了宇宙万物皆由道创生,由德蓄养、成长、成熟,事物的成效由其自身尊道而贵德的程度来决定。道家学说把这一观点应用到社会管理上,指出社会管理者和一切关爱社会命运的人们应当把教会天下人尊道而贵德作为自己的重要任务。

　　道家要求国家君王和一切管理者广泛宣传和普及尊道而贵德思想，"使百姓接受教化改变旧俗，完全灭绝他们的有害心思而一概增进他们得道的心志……使天下人都具有共同的德性而心神安定"（《庄子·天地》）。庄子进一步指出：如果"统治者一心追求圣智而不遵从大道，那么天下必定会大乱啊！"（《庄子·胠箧》）

　　道家指出，百姓掌握了"尊道而贵德"的至真道理，就能自化、自正、自定。老子说："侯王若能守之，万物将自化。化而欲作，吾将镇之以无名之朴，夫亦将无欲，不欲以静，天下将自定。"（《道德经》三十七章）

　　3. 用尊道贵德的方略治理国家和社会

　　道家指出，国家君王和各级官长治理社会的职责和方略应明确而且正确。有了正确而明确的职责和方略，不但有利于各司其职各自担负起自己的责任，而且可以完成任务。庄子说："用天道来表示名称，那么天下君王的名号就正确了；用天道来表示职责分工，那么君王与臣子的含义就明白了；用天道来表示能力，那么天下的官员就能安心称职；用天道来显示一切，那么万物的供应就能完备。所以，作用于万物的是道，通达于天地的是德……通达于天道而万事都能完成，保持无心之德而鬼神都将顺服。"（《庄子·天地》）

　　道家指出，宇宙大道治理万物常持守的原则是"无为而无不为。侯王若能守之，万物将自化。化而欲作，吾将镇之以无名之朴。无名之朴，夫亦将无欲，不欲之静，天下将自定"（《道德经》三十七章）。他告诉人们，侯王如果能守持"无为而无不为"的治理方略，就会取得治理成功，天下万事万物和人民就能充分发挥自觉能动性，得以自化、自定，"能成其大"（《道德经》三十四章）。

　　4. 用尊道贵德的榜样引导人

　　道家尊道而贵德的思想是抽象思维的产物，老聃认为这一思想很重要，很容易理解，也很容易施行，可是天下人却认识不到它的作用，不能将其落实到行动上，感到"知我者希"（《道德经》七十章），从而认识到，理性的东西虽然深刻，然而因为其抽象，所以难以为众人认识和掌握。所以，他认为榜样是不可缺少的，有了尊道而贵德的榜样，人们则会从这些实行尊道而贵德原则者求得的成功中，认识尊道而贵德思想的重要性。所以他在《道德经》中反复指出，圣人是靠尊道而贵德成其伟大的，他告诉治国君王，谁能以尊道贵德思想治国，谁就会成为治国者的榜样，即"圣人抱一为天下式"（《道德经》二十二章），"侯王得一以为天下真"（《道德经》三十九章）。

　　伏羲氏是道家赞颂的圣王，"他睡卧时安安稳稳，醒来后自得其乐。听任别人把自己称作马，听任别人把自己称作牛。不受外物牵累。"（《庄子·应帝王》）庄子借舜评价伟大圣王的话说："天王之德施行而万物萌生，

天下安宁,像日月的照耀、四季的转换,像昼夜的交替具有规律,像云气的飘行、雨水的降落。"(《庄子·天道》)庄子又说"从前神农治理天下,四季祭祀竭尽敬意,却并不想为自己求福。百姓希望他执政,他就努力执政;希望他治国,他就努力治国,他不借着别人的失败来造就自己的成功,不利用别人的卑微来显示自己的高尚,不趁着遇到有利时机来谋取私利"(《庄子·让王》)。庄子借用老聃的话说:"圣明的君王治理天下,功德普及万物而老百姓却又不觉得有所依赖。虽有功德却不愿意显露名声,使万物各得其所而欣然自喜。他立足于神妙莫测的变化,而遨游于虚空的境界。"(《庄子·应帝王》)

道家明确指出,圣明的帝王就是靠尊道而贵德方略治国的,所以他们能使国家大治,帝业兴盛。"道与德是帝业兴盛的凭藉,王侯兴起的规律。"(《庄子·知北游》)

道家抨击世俗圣人和玩弄智巧的人,同时肯定真正的圣人和智慧者。道家心目中的圣人和大智慧者,都是尊道而贵德的典范,他们具有道的高尚品质和完美的德性,能够直言不讳。道家要求人们相信圣人和具有大智慧的人,提倡向圣人和大智慧者请教。道家圣哲的学说中介绍了包括黄帝、孔子在内的一大批杰出个人在其成长过程中都曾经老老实实向圣人和大智慧者请教过。

《庄子·在宥》中说:黄帝登上天子之位已十九年了,教令施行天下,听说广成子居住在崆峒山,就到那里拜见他。黄帝问广成子:"我听说你已经达到最高尚的道的境界,请问最高的道精微道理是什么? 我想取得天下之精华,用来帮助五谷生长,用来养育人民,我又想掌管阴阳的变化来满足各种生物的需要,怎样才能做到这一切呢?"广成子说:"你想问的,只是事物的形质;而想掌管的,更是事物的残余……你这个玩弄心计的人,心地短浅,又哪里值得我告诉你最高之道呢!"黄帝只好告退,回去后不问政事,修建了一座供自己独居的房子,用茅草当席,悠闲地住了三个月后,再次前去向广成子求教。广成子头朝南躺着,黄帝谦恭地跪着行走而来到他面前,拜了两拜,磕头到地,问道:"怎样修治身心才可以保持长久?"广成子猛然起身说:"我告诉你什么是最高的道。道的精华是深藏不露,道的精髓是昏暗沉默。不要看不要听,凝聚精神,保持安静,形体就会自然正常。必须保持安静,必须保持心清静,不要使形体劳累,不要动摇精神……万物来接近我,我浑浑噩噩的;万物离我远去,我昏昏沉沉的!"

孔子是一位善于向一切人一切事物学习的人,尤其重视珍惜一切向圣人学习的机会。有一次前去向老莱子请教,老莱子直言相告:"孔丘,你只有去掉身上的骄矜之气和你脸上的聪明之相,才能成为圣人。"(《庄子·外物》)孔子向老聃多次请教,不止一次遭受过老聃的批评。一次孔子拜见老聃谈论自己对仁义的赞颂，而老聃却说："假如簸谷时扬起的糠屑侵入眼睛，就会难受；有蚊蠓叮咬皮肤会通宵睡不好觉。那仁义惨毒啊，甚至于能搅得我们内心不舒畅，祸乱没有比它更大的了。你要想让天下都不丧失天然德性，可以像风一样自然而然地行动，何必吃力地宣传仁义，好像背着鼓、敲打着寻觅逃跑的人似的呢！"孔子拜见老聃回来后，接连三天不说话。学生们问孔子原因，孔子说："我现在才算见到了龙。龙蜷合时成为整体，发散时成为灿烂的文采，驾驭着云气而靠天地阴阳之气滋养。"（《庄子·天运》）又有一次，孔子去向老聃求教说："我研究《诗经》《尚书》《礼》《乐》《易经》《春秋》六种经书很久了，其中故事已经熟知，我带着它们去拜见众多国君，谈论先王的治理原则，并阐明周公、召公的事，但是没有一个国君采纳的。是人难说以服呢，还是'道'难以阐明呢？"老聃说："你没碰上采用你的意见的君主，真幸运啊！那六种经书是前人的陈旧脚印呀，哪里是他们用来产生脚印的东西呢！脚印是鞋子踩出来的，与鞋子不是一回事……时间不能停止，天道不会壅塞，如果获得'道'，就没有行不通的；如果丧失道，就没有能行得通的。"（《庄子·天运》）孔子回来后，整整三个月闭门不出。三个月后去拜见老聃说："我做人不能随自然而变化，自己不能依顺自然变化做人，怎么能感化别人呢。"老聃鼓励孔子说："孔丘得'道'！"（《庄子·天运》）

道家告诉人们，社会各行各业、各个角落都可能有圣人。有一次孔子在树林里散步，在杏坛上闲坐，弟子们读书，孔子弹琴吟唱。曲子演奏没到一半，有一个老渔翁走了过来。他须发皆白，披头散发，到杏坛边上止住了脚步，左手按膝，右手托腮听孔子弹唱。一曲弹毕，渔翁问子贡、子路："弹唱人是干什么的？"子贡说："他亲身实行仁义，修饰礼乐，用礼整顿人伦，上用以效忠国君，下用以教育百姓，并打算造福于天下。"渔翁又问："他是拥有国土的君主吗？"子贡说："不是。""他是诸侯的臣僚吗？"子贡说："不是。"渔翁笑着往回走，边走边说："仁义倒是仁义，怕的是他自己不能免除祸害。他这样做会使身心劳苦而危害那自然天性。唉，他离道太远了！"子贡把此话报告给了孔子，孔子推开琴说："这人大概是位圣人。"于是走出杏坛去寻找渔父，一直找到河边，渔翁正推他的船，见孔子来了便转过身面对孔子站着。孔子倒退几步，拜了又拜，然后走上前说："我不成器，希望听听您的高见能有所补益。"渔翁赞颂孔子好学，孔子又拜了两拜，求渔翁指教。渔翁讲了做人之道和做人常具有的八种毛病及做事常有的四种弊端。孔子再拜后说："我两次被鲁国赶出来，在卫国被削去车辙印，在宋国被砍去讲学于其下的大树，在陈蔡之间又被围困过。我不知道自己的过失在哪里，为什么会四次遭到伤害呢？"渔翁悲伤地说："你真是难觉悟得很啊！"批评孔子"沉溺于世俗人为之中太早而了解大道太晚了"。孔子又一次拜谢渔翁的教诲，并说："如果先生不以教导我为羞，我想请您收下我这个学生，经常教导我，能最终

学得大道。"渔翁说:"我听说这样的话:要同那些能从糊涂走向觉悟的人一起走,不能同他一起走向觉悟的人,千万不要与他同行,这样自己才不会有灾祸。"(《庄子·渔父》)

《庄子·说剑》一文,充分肯定了圣人和具有大智慧的人的社会作用和价值。庄子凭自己的智慧说服了迷恋剑术而忘却治国的赵惠文王,既挽救了赵王,又挽救了赵国。

老子的《道德经》中十几次赞颂圣人的作用,《庄子》书中几十次赞颂圣人智者的作用。道家学说充分肯定了圣人智者对开发人生、指导人成长的作用。

四、道家圣哲论人生开发方略

以老子为代表的道家人文化,用理性思维方式研究人的成长发展问题,提出了具有道家特色的人生开发方略。

(一)道家开发人生的目标

以老子为代表的道家,从开发人的本质属性入手,把人的成长发展目标,确定为"成其大"、"得其贵"、"死而不亡"。《道德经》指出,人能知人、知己、识道、知天地万物,告诉人们:"知人者智";"自知者明";"明白四达能无为乎?"人既能知一切,又能效法天地,取万物之长,故能有所作为。老子指出,在人应当明了的诸多问题中,最重要的是必须明了事物本性及其存在发展之常规。他强调:"知常曰明。不知常,妄作凶。知常容,容乃公,公乃王,王乃天,天乃道,道乃久,没身不殆。"人能知常,能按常规行事,故人能成其大。老子对人成其大的目标作了明确表述:"域中有四大",即"道大、天大、地大、人亦大"。就是说,人可以成为与道、天、地并列称大的客观存在。道家人文化就是围绕人如何成其大这一核心问题展开的。《庄子》说:"达生之情者,不务生之所无以为;达命之情者,不务知之所无奈何。"他指出:"民有常性","人之天性古今一样",人应"壹其性","不失其性命","自由发展本性"。他强调指出:"看透人的本性的人是伟大的人","圣人依据本性认识事物"。人应当按照人的本性自由发展,"不淫其性,不迁其德"。他指出,求天下安定,应教导人皆按人的本性自由发展。"天下人都不迷失自己的本性,都不丧失自己的自然品德,还需要专设治理天下的人吗?"庄子指出:人若能尽人之性,"就能与大道同一,随大道变化",圣人之所以能成圣,"在于与道共存"。他明确指出,具有人的形象而能尽人性的人少,具备人的形体而拥有无形道的人几乎没有。人一旦丧失人性,就"不知道可贵在自身",从而也就难以保全自己。他以文种为例说:"勾践带领三千士兵退守在会稽山。只有文种能想出使濒临灭亡的越国得以保全的办法,也只有文种不清楚造成自己悲哀的原因。"他告诉人性迷失者:"回复灵性以全生",

"开启人自然真性"成其大,"能长久保持本性的人,人们就会来归附他,天也会来帮助他"。明了人的本性的人,懂得"依据本性认识事物","在人和鬼面前都光明正大,行动就会无所畏惧",能"学其所不能学,行其所不能行,辨其所不能辨,止其所不能止",成其所不能成,从而得以尽人性,成其大,得其贵。

(二)道家开发人生的方法

道家开发人生的总体方针,是"尊道而贵德"。《道德经》说:"道生之、德畜之、物行之、势成之。是以万物莫不尊道而贵德。"道家圣哲指出,万事万物由道赋予生命力,守道则命存,背道则命亡。人要想成其大,得其贵,死而不亡,必须"惟道是从","不失其所者久"。万事万物从道中得命,从德中获形,"道生之,德畜之,长之育之,亭之毒之,养之覆之","重积德,则无不克;无不克,则莫知其极;莫知其极,可以有国;有国之母,可以长久。是为深根固柢,长生久视之道"。《庄子》说:"不可不通晓的是道"。道是万物之主,"人离道就会丧失生命","达于至道",人才能永葆生命力。"不通于道者,无自而可;不明于道者,悲夫","无论干什么都会碰壁"。"不可以不高而明的是德","道由德体现,万物由天地的大德化而生之","执道者德全,德全者形全,形全者神全,神全者圣人之道"。"道是天地万物产生发展之根本","生天生地,在太极之先而不为高,在六极之下而不为深,先天地生而不为久,长于上古而不为志","豨韦氏得到它,用来开辟天地;伏羲氏得到它,以袭气田;北斗星得到它,永不偏离运行轨道;太阳月亮得到它,运行永不停息……""心中有道,才能不失本性","立足于道,智慧能与神明相通","得道之人,不逆天而行","随大道变化而不执着"。

道家圣贤指出,"尊道而贵德"是人求生存和发展唯一光明大道,是一切渴望成其大者必须切实持守实行的。《道德经》说:"使我介然有知,行于大道,唯施是畏。大道甚夷,而民好经。"老子告诉人们,这条大道非常光明美好,唯一可怕的是不走这条大道而走小路邪径。

《道德经》深入阐述了如何走"尊道而贵德"的光明大道。老子指出,懂得必须尊道而行的人,就要认识道、寻求道、学习道的品质,顺从道的要求,把人的成长发展与道全方位地统一起来。他告诉人们,必须知常规,与道同行。"不知常,妄作凶。"《庄子》说:懂得守道者,必须清楚道的内涵,"知道如何求道行道"。"道的宗旨是理",守道行道就是"置身于道","与道同行","跟随大道往返进退"。"道未始有封","道不可壅,时不可止,失道无自而可","道无处不在","道永恒不变","天地有自己运行的规律,天下事物各有其常","人有人道",人应争相求道行道。庄子指出:"具有人的形体而拥有无形道的人几乎没有","糊里糊涂的人多",这是做人难的根本原

因。"得道之人","遨游于道",就可得"至美至乐",他举例说:"百里奚不把富贵地位放在心里,所以他喂养牛,牛就很肥,使得秦穆公忘却了他身份的卑贱,将正事交给了他。舜不把生死放在心里,所以就能令人感动。""孙叔敖三次登上楚国宰相之位而不认为是荣华,三次被免去宰相之职而脸上没有愁容。"

道家圣哲告诉人们,尊道者必贵德。《道德经》指出:"道生之,德畜之,长之育之,亭之毒之,养之覆之。"即是说,道赋予事物生命力,而事物的形象形成与否、存在时间长短、美丑、价值大小,皆取决于自身的德性。又说:"孔德之容,惟道是从","治人事天,莫若啬。夫唯啬,是谓早服,早服谓之重积德;重积德,则无不克;无不克,则莫知其极;莫知其极,可以有国;有国之母,可以长久。是谓深根固柢,长生久视之道。"老子强调"居善地,心善渊,与善仁,言善信,正善治,事善能,动善时",即时时处处、事事不离德善。《庄子》进一步指出:"执道者德全,德全者形全,形全者神全,神全者圣人之道。"即是说,懂得执道的人必然追求德全,求得德全的人才能得神全,有了神全才能成其大,得其贵,死而不亡。又说:"不可不高明的是德性","道由德体现","德性纯正之人不违背人之天性",德性圆满者才能把人性与道统一起来,即求得人与道的统一,成为可与道、天、地并列称大者。《道德经》说:有至德才能求得德与道的统一。"上德不德,是以有德;下德不失德,是以无德。上德无为,而无以为。下德为之,而有以为。"即是说,至上的德性与道的品质是完全一致地,"道常无为而无不为",人有了至高无上的德性,处世行事就不用担心会不会失德了。

道家圣哲认为,人道是宇宙大道在人这类客观存在中的具体化,人道的品质与宇宙大道的品质是同一的。宇宙大道的品质是"无为而无不为",人的成长发展达到"无为而无不为"时,人就成为尽人道者,"惟能尽人道者,才能成为与道、天、地并列称大的人"。道无处不在。欲尽人道,必须无处不尽道。也就是说,人的德性修养、思想修养、言行修养、才能修养等,必须全方位与道统一。

道家圣哲明确告诉人们,尽道是很难的,同时指出,人有能力尽道,圣人就是尽道的典范。《道德经》反复深入阐述了圣人是如何行道的。"天地不仁,以万物为刍狗;圣人不仁,以百姓为刍狗";"圣人处无为之事,行不言之教";"圣人抱一为天下式","圣人终日行,不离辎重";"圣人无常心,以百姓心为心。善者吾善之,不善者吾亦善之,德善。信者吾信之,不信者吾亦信之,德信。圣人在天下,歙歙为天下浑其心";"圣人方而不割,廉而不刿,直而不肆,光而不耀","圣人终不为大,故能成其大","圣人欲不欲,不贵难得之货";学不学,复众人之所过,以辅万物之自然,而不敢为";"圣人自知不自见,自爱不自贵";"圣人不病,以其病病,是以不病";"圣人为而不持,功成不处"，"圣人不积，既以为人，己愈有；既以与人，己愈多。天之道，利而不害，圣人之道，为而不争"，"圣人被褐怀玉"。《庄子》说："为大胜者，唯圣人能之。""圣人能够心境如朝阳般清新明澈"，"因而能感受道，能超越古今时限"，"不用心志损害大道"，"圣人用心养育天下"，"圣人藏身于自然"，"圣人施不言之教"，"德不可能用语言实现"，"圣人探究天地之大美而通晓万物生长之道"，"圣人之爱人无终结"，"圣人以德感化人"，"圣人包容天地，恩泽施及天下百姓，而百姓却不知道他们的姓名"，圣人"遵循亘古不变的规律"，"顺应事理稳妥行事，因而总是事成功就。"

（三）道家开发人生的心路原则

懂得辩证思维的道家圣哲，在开发人生问题上，展现了不同于一般的思路与谋略，其主要表现是：

1. 以柔克刚

在中国人生开发史上，道家的柔弱胜刚强的思想很有特色。人们通常多赞颂阳刚之气，而道家圣哲却反其道而行之，提出以柔克刚。《道德经》提出"专气致柔"，"柔弱胜刚强"，"天下之至柔，驰骋天下之至坚"；提出学江海善处下，指出："江海所以能为百谷王者，以其善下之，故能为百谷王"，"知其雄，守其雌，为天下溪。为天下溪，常德不离，复归于婴儿。知其白，守其黑，为天下式；为天下式，常德不忒，复归于无极。知其荣，守其辱，为天下谷；为天下谷，常德乃足，复归于朴。朴散则为器，圣人用之，则为官长；故大制不割"。提出"用无"，"处无为之事"，求"无为而无不为"。告诉人们："有无相生，难易相成，长短相较，高下相倾，音声相和，前后相随"，"圣人处无为之事，行不言之教……为而不恃，功成而弗居，是以不去"，"无有入无间，吾是以知无为之有益。不言之教，无为之益，天下希及之"。

2. 守小成大

道家圣哲不但指出，人能成其大，而且明确地告诉人们，人不能自然而然成其大，唯知小、处小，善成大事者，才能真正成其大。《庄子》告诉人们不要自夸。他说："中国在四海之内，就像小米粒儿在大粮仓里一样"，"人类与万物相比，就像马身体上一根毫毛的末梢，五帝所继承的天下，三王所争取的政权，仁人所忧虑的社会，以天下为己任的贤士所操劳的事物，全部囊括在这'毫毛末梢'里面"，没有什么值得自夸的。《道德经》说："圣人不病，以其病病，是以不病"，"圣人终不为大，故能成其大。""大道氾兮，其左右。万物持而生而不辞，功成不明有，衣养万物而不为主……以其终不自为大，故能成其大。"

3. 专精求长

《庄子》从理论与实际的结合上，不厌其烦地告诉人们，必须尽人道，专

精求长。"人而无以先人,无人道也;人之无人道,是之谓陈人。"其意是说,就人的本质属性来说,人皆能求得自身出类拔萃之处。如果一个人没有超过别人的地方,就是一个没有很好地开发人性而尽人道的人,这样的人就是一个废朽之人。《庄子》中列举了大量专攻一技艺而求得出类拔萃者。庖丁解牛、东野驾车、梓庆削木、摆渡人撑船、吕梁人游水等皆属此类。

4. 大器晚成

道家圣哲导人成其大。《道德经》深入浅出阐述了人成其大的问题,并告诉渴望成其大者懂得大器晚成的道理,能耐得住寂寞,坚忍不拔。《庄子》进一步论证了大成之道。《庄子》以赞颂大鹏逍遥自在,斥责蝉和小鸟对大鹏的讥笑开篇,指出:"小知不及大知,小年不知大年","小聪明不及大智慧",进而赞颂至人、神人、圣人的崇高境界说:"至人能随顺自然而摒弃小我,神人无心邀功,圣人无意求名",导人至心成其大。庄子赞颂任公子钓大鱼,告诉人们,具备大气魄者才能得大道,成大功业,大利益于社会和人民。

5. 善于创新

道家圣哲提倡创新,指出创新的入手处,是变革思维方式。《道德经》说:"天下万物生于有,有生于无。"世人多重有,而我应重无。重无是从根本入手。老子举例说:"三十辐共一毂,当其无,有车之用也。埏埴以为器,当其无,有器之用也。凿户牖以为室,当其无,有室之用也。故有之以为利,无之以为用。"这里讲的是用无的一个方面。从大的方向讲,有是在社会发展实践中不断创造出来的。社会实践不断发展,已有的东西总满足不了社会发展地需要。社会发展需要而现实社会没有的东西,就是应当创造出来的。《庄子》进一步指出,世间已有的东西,有人不知用,有人不会用,这也是创新的入手处,譬如大葫芦,里面的种子就有五六百斤,有人说它太大没用,把它砸碎了。又如宋国人配制了防止皮肤开裂的药方,世世代代只用在漂洗丝絮上,而一有心人买此方献给吴王,吴王将此方用在武装水兵上,以此打败越国。献方之人则被封为邑君。

6. 与道同行,与时俱进

道家圣哲不厌其烦地告诉人们,要懂得与道同进,切实跟上道的发展变化。宇宙大道主宰人与万物的生死。《道德经》说:道"独立而不改,周行而不殆"。人如果想达到与道媲美的境界,就必须与道同行。圣人能成圣,就在于"圣人终日行,不离辎重","抱一为天下式"。《庄子》说:"道未始有封","道不可壅,时不可止,失道无自而可","不通于道者,无自而可;不明于道者,悲夫!"强调:"跟随大道往返进退",言论行动跟随道天天变化更新。庄子赞颂孔子能与时俱化。他说:"孔子行年六十而六十化,始时所是,卒而非之,未知今之所谓是非五十九非也。""我比上他呀!"

7. 绝伪圣弃巧智

道家圣哲不厌其烦强调必须弃绝的是"伪圣"、"巧智"。因为"伪圣"和"伎巧之智"会障碍人性，干扰人与道同行，使人无法真正成其大。因而，《道德经》指出："绝圣弃智，民利百倍。"不学伪圣淫巧之伎智，切实开启本性，与道同行，就会无忧无虑，逍遥自在。《庄子》进一步明确指出，伪圣巧智"使人性迷失"，"背道而行"，成为可鄙可悲之人。强调"打倒世俗圣人"，杜绝"淫僻伎巧"，"保全真性"，在"通晓宇宙大道"和"高明德性"上多下功夫。"通晓大道的人必然通达事理，通达事理的人必然明于权衡，明于权衡者不以物害己。拥有最高德性的人，火不能烧，水不能溺，寒冬酷暑不能害，禽兽不能伤。因为它能明察安危境地，冷静地对待祸福来临，趋利避害，持守本性，遵循规律，不为所欲为。"

第四编　佛家佛陀的人生智慧举要

佛文化是古印度释迦牟尼创立的,先由民间传入中国,后来由国家认定。佛文化由民间传入中国的时间没有明确记载,因而至今说法不一。《列子·仲尼》认为孔子是中国赞扬佛法的第一人。《魏书·释老志》说汉武帝派霍去病讨伐匈奴时获得金质佛像,安放在甘泉宫,祭祀时不用牛羊,唯烧香礼拜。《历代三宝记》中提到秦始皇曾查禁佛经,说西域有人带佛经来咸阳,被秦始皇查禁,将其人投之于狱。《三国志·魏书》说,汉哀帝元寿元年(公元前 2 年)信奉佛教的大月氏王派使者伊存把佛经口授给博士弟子景卢。史料还说西汉博士弟子秦景宪跟伊存学过佛陀经。比较公认的是公元67 年汉明帝刘庄派使者去印度取经,为中国政府承认佛文化在中国合法地位的标志。

佛文化能够传入中国,第一位的因素是因为佛法具有真理性。纵观释迦牟尼佛所说经法,可清楚看到佛文化的宗旨,是以普度众生为己任。佛菩萨"无我相",他们"以大悲为体","常运慈心拔有情,度尽无边苦众生","兴大悲,悯有情,受法眼,杜恶趣,拔尽穷苦生死根本","于诸病苦作良医,于失道者示其正路,于黑夜者作明灯","救一切世间生老病死众苦恼","一切众生为树根,诸佛菩萨为花果,若无众生,一切菩萨终不能成无上菩提","菩萨建立佛国是为了有利于众生","佛国大小取决于度化众生多寡"。佛菩萨救度众生的基本方法是"授法眼",指导众生明宇宙人生真相,开发自性成佛。佛文化明确指出,众生与佛本性相同,区别在于迷或觉。众生的真如本性为诸烦恼覆障而自不得见,而佛是觉者。众生是矿中金,佛是出矿金,即是说佛的真如本性已经锤炼出来,众生的真如本性尚蕴藏在金矿石中。佛法是释迦牟尼成佛后告诉人们如何开启真如本性的方略。佛文化告诉人们,觉是人们入佛殿堂的敲门砖。修得无上正等正觉,能正遍知,达到至善圆满之时,就是成佛圣道之日。佛文化活的灵魂是教化众生发菩提心,即用至高无上的觉悟之心认识人生、管理人生、开发人生,成为像佛一样的人,成就佛一样的伟大事业。佛文化告诉人们,人只有成佛圣道之后,才能得无量光明、无量寿命、无量自在能力和无量自在,做自己命运的主人,为人类做出最大贡献。

佛文化能迅速为中国人民接受,迅速进入中国主流文化渠道,迅速在中华大地上生根、开花、结果,其根本原因在于中华民族需要佛文化且有接受佛文化的条件。中华民族自古是一个追求真理、关爱人类文明进步的伟大民族。用印度佛弟子的话说,中国人如此热爱佛法,是因为中华文化有大乘气派。以老子为代表的道家文化、以孔子为代表的儒家文化皆主张"尊道而贵德",成就道一样的德性,成为与道、天、地并列称大者,能赞天地之化育,其活的灵魂是修身、齐家、治国、平天下。中国文化与印度佛文化的同一性,是中国人能自觉接受佛文化的根据。印度佛文化的人性说、觉悟说、因果说、意念管理说以及在无限时空中认识人生、管理人生、开发人生的学说对中国文化皆具有丰富补充作用。佛家文化与道家文化、儒家文化的和谐统一，极大地提高了中华民族求人性、人道与宇宙大道统一的自觉性。中华民族没有照搬佛文化，而是把大乘佛法中国化。释迦牟尼佛为了方便说法，针对众生觉悟程度不同，将佛法分为声闻乘、缘觉乘和大乘三类，最后把声闻乘、缘觉乘统一归入大乘。中国佛弟子主要选择了大乘佛法，一步到位，直取成佛圣道，用中国语言、中国风格、中国气派，将大乘佛法变为中国人喜闻乐见的学说，使佛法成为中华文化的一部分，展现了中华民族善于学习的智慧。佛家人文化作用和价值，在中华文明近两千年来发展的历史上有比较充分的显现，从汉朝至现代，中国诸多精英都从佛家文化中吸取过营养，中华文明之光中闪烁着佛文化的光辉。毛泽东正是从这一意义上指出，佛家文化是中国传统文化的一部分。他强调："佛学不可不学"，"没有佛学学问是不行的"，应"发扬佛教优良传统"。研究中国文化发展史的专家指出，不研究佛家文化，写不出完整的中国文化史。

第十章　佛陀论认识人生

佛家人文化明确指出，正确地认识人生，是解决人类一切问题的前提条件和根据。

一、佛陀论知明重要性

佛家深刻揭示了正确认识人生的重要性。

（一）认识不清必生无明

释迦牟尼佛在《无量寿经》中指出，阿弥陀佛成佛的誓愿之一，就是"令彼诸众生，长夜无忧恼"。众生的烦恼是多种多样的，而造成众生烦恼的根本原因之一，就是认识不清。《佛说大乘密严经》说："一切诸世间，皆因痴暗生，愚冥以为体"，"与无明俱，为世间因"，"末世修行，多诸障难，一亏正见，即陷群邪"。《圆觉经》说："一切众生，由本贪欲，发挥无明，显出五性，差别不等。依二种障，而现深浅。一者理障，碍正知见；二者事障，续诸生死。若此二障，未得断灭，名未成佛。""若事理障已永断灭，即入如来微妙

圆觉,满足菩提,及大涅槃。"又说:"养无明故,相续求道,皆不成就。"《楞严经》说:"心不明,会认贼为子","眼见明,十方朗然洞开","善识魔境","消除众生的邪见","防止迷失菩提知见"。《不退转法轮经》中文殊师利语阿难:"无明为母","倒想为父","愚痴起恶心,无智染诸欲"。《佛说天地八阳神咒经》说:"信邪倒见","背真向伪,造种种恶业,命将欲终,必沉苦海,受种种罪","永沉苦海"。《法句譬喻经》说:"十二因缘就是以痴为根本,痴是种罪的根源,修行应以智慧为本,在断除妄想疑惑之后,心意自能入定。"

《无量寿经》中说:愚痴无明是"浊世恶苦"表现之一。释迦牟尼佛指出,"愚痴蒙昧"会造众多恶业:"父母教诲,违戾反逆;譬如怨家,不如无子;负恩违义,无有报偿。放恣游散,耽酒嗜美;鲁扈抵突,不识人情,无义无礼,不可谏晓。六亲眷属,资用有无,不能忧念;不惟父母之恩,不存师友之义。意念身上,曾无一善;不信诸佛经法,不信生死善恶;欲害真人,斗乱僧众。愚痴蒙昧,自以为智慧。不知生所从,死所去向;不仁不顺,希望长生;慈心教诲而不肯信,苦口与语无益其人;心中闭塞,意不开解。大命将终,悔惧交至。不豫修善,临时乃悔;悔之于后,将何及乎!"(《无量寿经·浊世恶苦第三十五》)

(二)正知正见使人从明入明

释迦牟尼佛在《无量寿经》中说:"天地之间,五道分明。善恶报应,祸福相承,身自当之,无谁代者。善者行善,从乐入乐,从明入明;恶人行恶,从苦入苦,从冥入冥。谁能知者,独佛知耳!"这就告诉人们,对宇宙人生真相认识清楚的人,自觉自愿做善事,以行善事为乐,善事做得越多越快乐,明明白白地行善事,越做善事越心明眼亮;相反,那些对宇宙人生真相认识不清的人,做恶事给别人和给自己带来的却是苦恼,恶事做得越多,苦恼越多,自己越不能自拔。谁能把这因果报应的道理讲明白呢? 释迦牟尼指出,唯独佛能说清楚。

佛家文化强调"从明入明",告诉人们知明行无过。认识明白,如理如法行事,明明白白地做事,心安理得,必得善果善报;糊里糊涂地做坏事,只会越来越糊涂,坏事做得越多,罪业越大,越做恶事越愚痴,带来的苦难越多,结果是"恶道不断","生死不休",在苦难中轮回不止。《维摩诘经》告诉人们,要想从明入明,就"应当持心住理,凭念力而生正观","不明正理,对事物作颠倒想",必然堕入无明。《圆觉经》说:"众生没有智慧的眼力,他们的身心等自性皆受无明主宰",必然迷惆、闷而不清,只有"以清净的觉悟心作思维,破除心神无明,才能入成圣成佛之道"。

佛家告诉人们,三恶道不是神佛或上帝阎罗王造出来的,而是造恶业者自己的恶业业力变现出来的。堕三恶道也不是神鬼外力推你下去的,而是你自己掉下去的。要想不堕三途，不在六道轮回，只有求自己从明入明，明明白白地做事。

《金刚心总持论》说："欲成佛道，先用明心。心明则因果不昧，见性则成佛无疑。""得正知见，不遭邪惑。""文殊菩萨问佛，如何是智，如何是愚，如何是迷，如何是悟。佛言。智者知也。智人知有佛道可修，知有圣教可学，知有名师可求，知有福可作，知有罪可忏，乃至知有世出世间轮回因果，如天有日，如夜有灯，能知能见，善恶报应，一见之后便能舍恶从善，改邪归正，步步真实，积德成名，流传后世，是名智人。愚者暗也。愚人心暗，不识高低，不知有天堂地狱，不信有罪福轮回，一心贪花恋酒，杀生害命。""悟者觉也，悟人觉知自己是佛，慕道修行，三业无亏，六根清净，无我无人，自度度他，同成佛道，虽住世间，世法不染，坐尘劳内，转大法轮，化娑婆界为极乐邦，变地狱为天堂，指迷徒见佛性，作诸佛事，度脱有情，不舍慈悲。"《佛说真宗妙义经》说："三明者即三宝也，一者心明，二者性明，三者智明。""无明若息，金刚不坏，永劫结成真性，渐渐明了"，"内明性理，直门而入，得成无上道果。"《佛说四十二章经》说："心垢灭尽，净无瑕秽，是为最明。未有天地，逮于今日，十方所有，无有不见，无有不知，无有不闻，得一切智，可谓明也。"又说："智明破魔。"《佛遗教经》说："明来暗澥。夫见道者，譬如持炬入冥空中，其冥即灭，而明独存。学道见谛，无明即灭而明存矣。"强调"以智慧明，灭诸痴暗"。《佛说大乘密严经》说："明了心不疑"，"见理无怯人"，"密严是大明"，"天中天境界，增悦诸明智"。《佛说天地八阳神咒经》强调："心明意净"，"入佛知见，悟佛知见"，"承佛威神，得大总持"，"永断疑惑"。《佛说轮转五道罪福报应经》说："佛告阿难，世人无知，生死白眼，不知罪福。吾以道眼，睹无数劫乃至今身，罪福报应，犹观掌中琉璃珠，内外明新，无狐疑想。"《圆觉经》说："一切如来，本起因地，皆以圆照清净觉相，永断无明，亦成佛道"，"应当求正见。诸障若消灭，佛境便现前"，"觉圆明，故显心清静，心清静则见清净，见清净则眼根清净，眼根清净眼识清净"。《无量寿经》强调："获诸佛无量功德，智慧圣明"，"常以法音觉诸世间，破烦恼城，坏诸欲堑，洗濯垢污，显明清白，调众生，宣妙理，贮功德，示福田，以诸法药救疗三苦"，"光明无量，普照十方"，"破疾暗"，"为世明灯……开示人天涅槃正路，于暗夜中，为作光明"。《法华经》强调"知见正确，不颠倒"，"能开示一切众生"，"晓事明理，通达一切"，"明佛度众生到彼岸法门"。《金光明经》强调知"如来正遍知说"，使"金光普照"，"于诸法正解正观，得正分别，正解于缘，正能觉了"，"成就不可思议智慧，入正意念"，"正念不乱，明如日中，愿能遍照"，"心无垢累"。《般若波罗蜜多心经》强调："无无明，亦无无明尽"，"能度一切苦，真实不虚"。《佛说天地八阳神咒经》强调："信如来正见之法"，"心不信邪"，"入佛知见，悟佛知见"，"得无漏身，成菩提道"，"永

断疑惑"，"明解大乘无为之理，了解分别八识因缘"，"即现大通智胜如来"。《佛遗教经》说："智慧者则是度老病死海坚牢船也，亦是无明黑暗大明灯也"，"若人有智慧之照，虽无天眼，而是明见人也"。强调"以智慧明，灭诸痴暗"。《维摩诘经》说："不明正理，对事物作颠倒想便是根本"，文殊师利问维摩诘说："如何才能进入佛的正道呢？"维摩诘指出："以智慧修养本心"，"智度为菩萨之母，方便为菩萨之父。一切众生，无不由智慧、方便而生"。《道行般若经》说：诸佛如来"因般若波罗蜜，其心广大，无所不知"。《坛经》说："不悟即佛是众生，一念悟时众生是佛"，"需念念开佛知见，勿开众生知见。开佛知见，既是出世；开众生知见，既是世间"。

二、佛陀论正确认识人是解决人类一切问题的根据

（一）明了人的主体地位

世尊指出，人是社会的主体，是社会存在和发展的根据。只有正确地认识人，人才能做真正的人，人类社会才能存在和发展。《金刚心总持论》说："六道四生为人最贵、最灵。佛从人中修成，业从人中造就。人能修福，决定生天上。人若造恶，必堕地狱。有德有神，有道成圣人。""人道不修，余道不及，一失人身，万劫不复。"又说：人中有善知识，"为人天眼目，作佛法栋梁，掌佛法权衡，作佛门领袖，开正道门，塞邪魔路，绍隆佛种"；人中有邪师外道，"惑乱世人，灭佛法正眼"，"狂惑无知，同入黑暗，断善根苗，灭智慧种，执着痴顽"，"毁佛正法，灭佛教相"。《天地八阳神咒经》说："天地之间，为人最胜最上者，贵于一切万物。"《佛说真宗妙义经》说："一切诸法因人所置，一切诸佛因人所得，无人者也无佛也。"《坛经》说："一切修多罗及诸文字、大小二乘，十二部经，皆因人置。因智慧性，方能建立。若无世人，一切万物，本自不有。故知万法本自人兴。一切经书，因人说有，缘其人中，有愚有智。愚为小人，智为大人"，"愚人忽然悟解心开，即与智人无别"。一切万法中，包括为社会服务的诸世间法。也就是说，社会一切法律、法规、道德规范等，皆是为人的生存发展服务的。

（二）明了人的主导作用

佛家大乘经典，明确指出了人的社会主导作用。华严第四会，夜摩天宫，无量菩萨来集，说偈赞佛。觉林菩萨颂言中说：人"心如工画师，能画诸世间，五蕴恶从生，无法而不造，如心佛亦尔，如佛众生然，应知佛与心，体性皆无尽；若人知心行，普造诸世间，是人则见佛，了佛真实性……一切唯心造"。《佛说法灯明心正觉经》说："佛魔皆汝作，别在一念中。莲花出淤泥，浊世现修行。时间真道场，佛由众生成。人身难求得，成佛依人身。"《佛说

天地八阳神咒经》说，"人能弘道以润身，依道依人，皆成圣道"，"如法修行"，"得无漏身，成菩提道"。《华严经·普贤菩萨行愿品》说："诸佛如来以大悲心而为体；因与众生而起大悲，生菩提心；因菩提心，成等正觉。譬如旷野沙碛之中，有大树王，若根得水，枝叶华果悉皆繁茂。生死旷野菩提树王，亦复如是。一切众生为树根，诸佛菩萨而为华果，以大悲水饶益众生，则能成就诸佛菩萨智慧华果。何以故？若诸菩萨以大悲水饶益众生，则能成就阿耨多罗三藐三菩提故。是故菩提属于众生。若无众生，一切菩萨终不能成无上正觉。"《无量寿经》说："人能自度，转相拯济。"人的自度及人与人之间的相互济度，是人的主导作用的最基本标志。人靠自度和相拯济能力，得以成圣道；继而赋予万物活力，不断创造新世界。

三、佛陀论必须正确认识的人和人生问题

（一）认识人的本性

认识人要解决的最重大基本问题，就是认识人所固有的本质属性，即人区别于其他事物的地方。释迦牟尼佛在《楞严经》中对阿难说："世界一切，以至于小草细叶，推究他们的根本，都有其本体本性"，"遍布在水里、陆上、空中所有的事物，虽然有昏暗、明亮的种种形状，不过也是面前器物世界的种种形质障碍，你应当在这里区别出自性和它物"。宇宙间各种事物各具自己的本性。人的本性是人的质的规定性，它是人生来具有的，不是外力加给的，也不是外力所能使其丧失的。人有了这种质的规定性，才能区别于其他事物。人的本性是人的"本体"所具有的根本质，大乘佛法称其为"真如本性"。佛法中说的"明心见性"，要见的就是人的本性。迷惑颠倒的人是无法见到人的本性的，不懂得什么是人的本性，思想、言论、行动就难免背离人的本性，想非人所想，说非人所说，做非人所做，其结果必然是人不像人。

善性是人的本性的基本方面。佛家多部经典都反复指出，众生只要善根不失，就可得度成佛。《地藏菩萨本愿经》说：众生"于佛法中所为善事一毛一渧，一沙一尘，或毫发许，我渐度脱，使获大利"。释迦牟尼佛在涅槃前，面对佛天大众嘱告地藏菩萨："地藏，吾今殷勤，以天人众，嘱咐于汝，未来之世，若有天人，及善男子善女人，于佛法中，种少善根，一毛一尘，一沙一渧，汝以道力，拥护是人，渐修无上，勿令退失。"《佛说十善业道经》中指出："譬如一切城邑聚落，皆依大地而得安住，一切药草、卉木、丛林，亦皆依地而得生长。此十善道，亦复如是。一切人天，依之而立。一切声闻、独觉菩提、诸菩萨行，一切佛法，咸共依此十善大地，而得成就。若离十善业，欲修行正果，譬如空中建楼阁，或种稻子，欲成就生长，无有是处。"

觉知性是人的本性的核心部分。觉是佛家全部学说的根据。佛家认为

众生皆有善根,能不能发展成佛,最根本之点,就在于觉还是迷。佛家全部学说的着眼点、着重点和归宿点都是开启众生的觉悟。觉建立在知的基础之上。《佛说天地八阳神咒经》指出:"人之身心,是佛法器……如来经藏,唯识心见性者之所能知。"佛家多部经藏都深入论证了人能"识自心源,达佛深理","识心达本","识体性,知宿命","无有不见,无有不知,无有不闻"(以上引文详见《佛说四十二章经》)。被佛家尊称为三世佛师的文殊菩萨,自己具备成佛条件而不去做佛,久住人世间,所发无尽十种甚深大愿的根本点,就是劝导众生"归向菩提","令发菩提之心"。《佛说清净心经》指出,"若诸声闻,修习正行,欲得清净心者","当断五法,修习七法而令圆满"。其中"断五法"说的是断除五种迷障,"修习七法而令圆满"则说的是"法觉之择、念觉之、精进觉之、喜觉之、轻安觉之、定则觉之、舍觉之",概括地说,就是开发觉悟并令其圆满。《八大人觉经》要求佛弟子"常于昼夜至心诵念","无常无物觉、少欲觉、知足守道觉、常行精进觉、多闻智慧觉、布施平等觉、出家梵行觉、大心普济觉"。《佛说十善业道经》告诉人们,行十善者,只有时刻不忘"回向阿耨多罗三藐三菩提者",才能得大利乐,即用无上正等正觉对待行十善业者,才能出三途,超六道,"速得成就为无为乐","乃至能令十力、无畏、十八不共、一切佛法皆得圆满"。

能行真正是人的本性活的灵魂。《佛说天地八阳神咒经》明确指出,人的最可宝贵性,就在于能行真正。"天地之间,为人最胜最上者,贵于一切万物,人者真也正也,心无虚妄,身行真正……故名为人。人能弘道以润身,依道依人,皆成圣道。"佛家学说的宗旨是唤起众生的真如本性,使众生破迷开悟,离苦得乐,超凡成圣。因而明确告诉人们,人的本性中最重要之点,是能依真知正见行事。人们只有依道行真正事,才能达彼岸。释佛不厌其烦地指出:"行人方能达前境",坚持不懈地"修清净行"、"勤而行之"(《佛遗教经》)、"行普贤慧行"(《华严经》),才能达到目的。唯能行真正,才能把慈善性、觉知性落到实处。这是人的自觉能动性的集中表现。

(二)认识人身

释迦牟尼佛在诸多大经中,不厌其烦地告诉人们,必须正确地看待人身。《金刚心总持论》说:人身是四种物质的和合,"地有坚性,水有通性,火有焰性,风有动性,在人身上,四大和合,方成一体。所有皮肉筋骨,胶成一身,名地大。津涎尿血滋润一身,名水大。暖气均融,温和一身,名火大。转动施为,运用一身,名风大。四大调和,一身安乐。四大不和,便生病苦"。

《弥勒菩萨所问经》说:"人身甚难得。随分行白法,读诵及禅定。"《佛说真宗妙义经》进一步揭示了人身的可宝贵性。"人身内有五种真香,解脱知见香,共五种。一、戒香者,诸恶莫作,众善奉行;二、定香者,真心不乱,一性常存;三、慧香者,真常不变,智慧圆明;四、解脱香者,一尘不染,诸缘照破;五、知见香者,明心见性一切境界,本是空寂,万缘顿息,达诸佛性。"又说,人身有三宝,"内三宝,精、气、神;外三宝,佛、法、僧是也。神是佛宝,气是法宝,精是僧宝,此三宝是无漏三宝,需要牢守三宝,莫教失了人身"。"人之三宝精气神是也。世人不知,破坏三宝,带累九祖先亡,求坠地狱。若人敬重三宝,九玄七祖高超三界,皈依三宝,免堕轮回也。"人身有四无量心,"若有人无所不容,无所不纳,大慈大悲,大喜大舍,救苦、救难,能安稳众生,无边快乐,是名四无量心"。《天地八阳神咒经》说:"人之身心,是佛法器,亦是十二部大经卷也。无始以来,转读不尽,不损毫毛","读诵此经,深解真理,即知身心是佛法器,若醉迷不醒,不了自心是佛法根本,流转诸趣,堕于恶道,永沉苦海"。《金刚心总持论》说:"若人明自心,见自性,是人自己身中有经,六根门头常放光明,照天照地,具足恒沙功德,出生四果、四相、十圣、三宝,乃至如来三十二相,八十种好。一切功德皆从自己心地修成,不从外得。若是明心见性人,常用自己心佛,时时说法,时时度众生,时时显神通……名得金刚不坏身也。"

《道行般若经》说:"人应当深刻认识自己身体,应当知道自己身体是无数种空","身总是要灭亡的"。《维摩诘经》说:"我们的身体处于无常幻灭之中,我们的身体无强、无力、无坚、是很快就要朽坏的东西,是靠不住的东西,是痛苦、烦恼和疾病的渊薮","像这样的身体,明智的人不会依赖它。这身体如水中泡沫,不可以捉摸;如空中的气泡,不能够久驻;如沙漠中的蜃影,如魔师的幻人,如梦境所观,如天际浮云……这身体并无自我之相,如水无定形,它只是地水风火四大元素的寄寓之处,既非自我,也非自我所属","身体依靠四大等众法和合而成,自我是假借五蕴会合而成,身想我想的产生,依赖诸法观念的产生。身想我想的消灭,同样因诸法观念的消灭而消灭"。该经提出"离我、离我所","不念系于内法之我,亦不念系于我之外的事物,平等看待物我,不分别物我"。《佛说长寿灭罪护诸童子陀罗尼经》:"是身如四毒蛇,常为无量数虫所唼食,是身臭秽,贪欲狱缚,是身可恶,犹如死狗,是身不净,九孔常流,是身如城,罗刹处内,是身不久,当为乌鹊恶狗之所食啖,须舍秽身。"《僧伽吒经》说:"我身亦如是,如幻如化而示生灭。""身名火聚,身名燃烧,身名愚痴,身名崩坏,身名刺聚,身名丘冢,身名水泡,身名重担,身名生恼,身名老病苦恼,身名为死爱别离怨憎会。"《金刚经》说:"如来所说身相,即非身相。凡所有相,皆是虚妄。若见诸相非相,则见如来。"

《佛遗教经》说:"法身常在。如来法身常在而不灭也。是故当知,世皆无常,会必有离,勿怀忧恼,世相如是","世实危脆,无坚牢者。我今得灭,如除恶病。此是应舍罪恶之物,假名为身,没在老病生死大海,何有智者得

除灭之,如杀怨贼而不欢迎"。《大般涅槃经》说:"如来身者是常住身,不可坏身,金刚之身,非杂食身,即是法身","如来之身,无量亿劫坚牢难坏,非人天身,非恐怖身,非杂食身","如来身者即是金刚不坏身"。《维摩诘经》说:"如来有金刚不坏身,不会生病。"《无量寿经》中,阿弥陀佛发救度众生的四十八大愿之一,就是"我作佛时,生我国者,善根无量,皆得金刚那罗延身",既得金刚不坏身。

《佛说法灯明心正觉经》说:"世间真道场,佛由众生成。人身难求得,成佛依人身。"人之肉身是三世佛住所。人不但应珍惜人身,借假修真,还必须懂得如何得人身。《金刚心总持论》说:"欲得人身,先学孝慈",既得人身,就要力求不退转,发心"入佛知见","借此幻身,学佛修行","超凡入圣",成佛法身。

《坛经》告诉人们,要"认识自身的三身佛","自己的肉身是三身佛居住的房舍",不要"向外去找三身佛,而看不到自己肉身中的三身佛","向身中寻找自己的佛性,这就是成佛的最好菩提因"。

佛家指出人有三种身,即:法身、报身、应身。法身是在修德修到一定程度之后产生的,"破一品无明,证一分法身",人有无明,就无法身;无明破除后,法身才能完整的现前。报身是智慧德能的载体,人到了明心见性的时候,报身才能显现出来。应身是人的血肉之躯,应身对于人来说,是"水月道场,梦中佛事","如月印川",虚妄不实,转瞬即逝。应身如同人的衣服,只能暂时借用一下,对于修道人来说,如同过河之舟。佛菩萨无我相,只是借用自己的身躯修养心性,积功累德,而世人则利用自己身躯造作罪业。佛菩萨不迷自身,善于利用自身,结果能出三途六道,超凡入圣,圆成佛道。世人迷自身,不知该用自己的身干什么,只知随顺自身欲望,结果只能在三途六道中轮回。

《大般涅槃经》明确指出,身是复杂的,有食身、毒身、虫身、臭身、烦恼身、后边身、常身、法身、金刚身等,人的食身的无常、不净、臭秽等是难以完全描述清楚的,"只要是智者,谁会贪乐此身呢?""人身是苦所集,一切都不净,诸欲皆无常,根本无义利,上至所有天身,也都是这样","唯有如来之身是常住身,是不可坏身,是金刚身,非杂食身,是法身","坚不可坏,不生不灭"。

释迦牟尼佛在《楞严经》中指出:"一切众生,从久远劫来,就将自己迷失为物,将本真心性也迷失了,从此被外物推动着轮转流荡,如果反过来去转动外物,那就会与如来一样,身心圆明无差别无滞碍,离开一切事物的大小内外等,能够在一微细毛尖上面放置十方广大国土。"释迦佛要求人们要离弃种种有为相,他告诉人们,"虚空并无形相,本来就无结可解。如果虚空被肢解,这就无异于人的眼、耳、鼻、舌、身、意的攀缘知见等,都是窃贼的行为，都在盗窃自身的宝藏"。《金刚经》说："真身无相"，有相则不是真身。《维摩诘经》明确指出，人道处处是修行佛道的道场，人应当善于运用人身来成就佛道，发心修行是道场，布施是道场，持戒是道场，忍辱是道场，精进是道场，禅定是道场，菩提心是道场，直心是道场，深厚心是道场，智慧是道场，神通是道场，方便是道场，一切诸法都是道场，"度一切众生，则其一切所作所为，举手投足无不是道场"。

（三）认识人心

佛家非常重视人心。《大乘起信论》说："一切法皆从心起。"《佛说观无量寿佛经》说："是心作佛，是心是佛。诸佛正遍知海。从心想生。"《坛经》说："不能认识自己本心的佛性，学了佛法也没有什么用处。认识本心，彻见佛性，也就觉悟了佛法大意。"《维摩诘所说经》强调："正直的真心，就是成佛的场所，正直的真心就是佛所住的地方。"一切事物都是心构成的。他强调，人一定要认识自心。阿难是释迦牟尼佛弟子中记忆力最强最聪明者之一。《楞严经》讲述了释迦牟尼佛让阿难找心的故事。世尊问阿难："心在哪里"，阿难找了七处，释迦牟尼佛都摇头说不是。最后他明确地告诉阿难和诸弟子，人的真心不是肉团心，这个肉团心是血污之心，是不清净的。人的真心，是清净心，是清澈透明之心，是人的智慧德能神识寄身的地方，"既不在内，亦不在外，不在中间，俱无所在，一切无着，名之为心"，人的本真心性，"必我妙性"。《圆觉经》说："人心既不是有，也不是无。人找不到自己的心。"《金刚经》说："过去心不可得，现在心不可得，未来心不可得。"释迦牟尼佛在《金刚心总持论》中告文殊师利菩萨："有陀罗尼名金刚心，能令众生一见一闻便得道果。此心人人本有，个个不无，是诸众生自知自觉本等之心。一切善恶皆从心出。自心修善令身安乐。自心造恶令身受苦。心是身主，身是心用。所以者何？佛由心成，道由心学，德由心积，功由心修，福由心作，心能作天堂，心能作地狱，心能作佛，心能作众生，是故心正成佛，心邪成魔，心慈是天人，心恶是罗刹，心是一切罪福种子，若有人悟自心，把得定，作得主，不造诸恶，常修诸善，依佛行持，立佛行愿，佛说是人不久成佛"，"一切诸佛及诸佛阿耨多罗三藐三菩提法，皆从自心流出，无穷无尽，不坏不杂，故名金刚心。悟此心者，各悟佛心。是故佛与众生，心性一般，只因修与不修，信与不信，所以有成佛道，有众生也"。"一切功德皆从自己心地修成，不从外得。何以故？若是明心见性人，常闻自己心佛时时说法，时时度众生，时时显神通，时时作佛事。"《大宝积经》说："心如浮泡，生灭不住；心如风行，而不可收；心如灯光，因缘和合；心如虚空，得虚妄烦恼；心如掣电，刹那不住；心如猿猴，攀缘境界；心如画师，作种种像；心念不住，生一切烦恼；心行体一，无二心用故；心如其王，自在缘一切法故；心如大海，漂溺一切

善根故；心如钓鱼之人，于苦生乐想故；心如梦幻，妄计我故；心如青蝇，于其不净生净想故；心如药叉，贪着境界，饮人精气故；心如冤家，但求过失故；心有静往，或高或下，进退不定故；心如狂贼，坏一切功德善财故；心如蛾眼，恒贪灯焰色故；心如猪犬，于其不净贪香美故；心如贱婢，贪食残味故；心能贪触，如蝇着膻器故"，"心不可求，求不能得。过去非有，未来亦无，现在不得"，"心识嚣驰，难到制伏"。惟求得本性金刚心，心才能得清净正定。

（四）认识自我

《圆觉经》指出："一切众生从无始以来，就一直坚持认为有'我'、'人'、'众生'、'寿命'等颠倒的妄想，执着有实在的'自我'。由于有了把'我'视为'实体'的认识，便产生了憎恶和爱恋的两种境界，结果使得在原本虚妄的身心基础上，再次增加虚妄的妄想分别，进一步增强了众生的冥行妄作活动，有了妄作，自然会产生妄诞的认识，从而在妄诞中流转。""他们的身心等自性都受无明主宰"，"产生我相、人相、众生相、寿命相四种颠倒认识"，认为自身就是自我。释迦牟尼佛指出："末世众生之所以不能成佛，是因为不能放弃对自我的执着"，"末世众生要想求得圆满觉悟……要除去我相，除去一切相"。若不了四相，"虽经多劫勤苦修道，但名为有，终不能成一切圣果"。

《金刚般若波罗蜜经》说："若菩萨有我相、人相、众生相、寿者相，即非菩萨……若心取相，即为著我、人、众生、寿者，若取法相，即著我人众生寿者……若取非法相，即著我、人、众生、寿者，是故不应取法，不应取非法"，"我相既是非相，人相、众生相、寿者相，即是非相"，"离一切相，即名诸佛"，释迦牟尼佛说："如我昔为歌利王割截身体，我于尔时，无我相，人相，众生相，寿者相……若有我相、人相、众生相、寿者相，应生瞋恨"。"菩萨应离一切相发阿耨多罗三藐三菩提心"，"应无所住心"，"若心有住，如人入暗，则无所见"，"若菩萨通达无我法者，如来说名真是菩萨"，"发菩提心者"，应"知一切法无我。"

《百喻经》说："一切凡夫处于烦恼之中，不了解佛家善法，便于五阴之中横计于我。以我见故，流驰于生死，不得自在，堕落三途恶趣沟壑。至天明者，喻生死尽，智慧明晓，方知五阴无有真我。"世尊明确指出，心不是我。《金刚波若波罗蜜经》说："如来说诸心皆为非心，是名为心，所以者何？过去心不可得，现在心不可得"。《佛说施灯功德经》说："离戒、定、慧、解脱、知见者，失正念者，无明暗冥、厚翳目者，于自己身内外诸法而不能知：我竟是谁？我是谁许？我住何处？我之功德为大为小？我当云何为与戒相应，为与戒不相应？……我所作业为作智人业，为作愚人业？为从何来、为何处去？""凡夫倒见，于自己身如是等事尚自不知，有何能得知一切众生种种业报……"世尊不但指出心不是我,而且反复告诉众生,身亦不是我。身是四大物质在一定条件下的和合,而四大物质中无有我能做主者,我心不是我,我身不是我,我之身心存在和灭亡自己皆不能做主。

《释迦如来应化事迹》调伏二仙品说,太子至阿罗逻所,问生死根本云何断之。仙人答后,太子复问:"为有我耶,为无我耶,若言无我,不应言非想非非想;若言有我,我为有知。我若无知,则同草木。我若有知,则有攀缘,既有攀缘,则有染著,故非解脱。""若能除我以及我想,一切尽是舍,是则名为真解脱也。"《阿维越致遮经》说:"自念身有残,心驰众诸事,分别随颠倒,必则处魔教。"《佛说法灯明心正觉经》说:"欲蛇喜我相,我相万欲生。""若中世八风,我慢心生瞋,求利贪乐养,法事作经营,轮回不得出,地狱报恶名,畜道还供养,直到孽债清。"

大乘佛法明确告诉人们,必须正确认识我,不能简单地说无我。《佛说法灯明心正觉经》说:"以我知我空,无我由我证","佛道乃觉道,为我道不成,无我为众生,乃佛道正宗","声相皆是幻,化佛魔亦能","若为成佛修,我相暗中生。永世不得道,易入魔途中"。《大般涅槃经》说:"无我计我,我计无我,是颠倒法","诸法无我实非无我,何者是我? 若法是定、是真、是常、是主、是依性不变异者,是名为我","如来为众生故,说诸法中真实有我","我者既是佛义,常者是法身义,乐者是涅槃义,净者是法义","世间亦有常乐我净,出世亦有常乐我净","你们应当善学方便,在在处处常修我想常乐净想","如来所说的真我,名曰佛性","佛说我者即指我之真性","我身中有佛性种子,真我叫佛性","如果无我,谁修净行"。

(五)认识什么样的人是真正的人和什么叫好心

佛家告诉人们,世间有十法界存在,具有人的形相者,不一定都是真正的人。人群中有佛菩萨,亦有魔化身者;有好心者,亦有坏心者;有真正的人,亦有披着人的衣服,具有人的形相,而身、语、意行如禽兽或禽兽不如的人。佛家诸多大乘经典都明确告诉人们,要清楚什么是好心,什么是真正的人。

《佛说天地八阳神咒经》明确提出并论述了什么是真正的人和怎样才能成为真正的,指出:"人者,真也,正也;心无虚妄,身行真正","能弘道以润身,依道依人皆成圣道","故名为人"。经中进一步指出,"心无虚妄"是指能坚持以"正见之法"为指导,有正见正识,"心不信邪,崇敬佛法",守如来之性,有正等正觉。"依道依人","常行真正"是说行为不离"天之常道,自然常理",不离佛圣教导,守持"智慧之理,大道之法","发无上菩提心","善法常转",积德修福,至善圆满。经中指出,人们要想成为真正的人,必须持守人的本性。

《佛说十善道经》指出："一切众生,心想异故,造业亦异,由是故有诸趣轮转。"佛家认为,宇宙间有十法界,即十道或十趣。众生身处哪一界,不是由别的什么力量安排的,而是由众生自己的真如本性开启情况决定的。释佛告诉人们,行十善不及格者以及不行十善而行十恶者必堕三途,根据行恶程度不同,分别处地狱、饿鬼、畜生界。行十善及格者来生还可继续生人道,行十善好者可生天上。佛是至善圆满者。世尊在龙宫海会上与龙王对话说:"汝见此会及大海中,行色种类各别不耶? 如是一切,靡不由心造善不善。"《佛说天地八阳神咒经》说:"愚人无智,信其邪师,而不修善,造种种恶业,命终之后,复得人身者如指甲上土;堕入地狱、做饿鬼、畜生者如大地土","正信修善","常处人间"。《维摩诘别记》说:"以妙智作为前导,修一切自利利他之行,无不吉祥。"《佛说法灯明心正觉经》说:"世间真道场,佛由众生成。"佛是修行成功的众生。所有佛和大菩萨,都是经过多生多世的清净修行之后,出离秽浊身色,住无相貌、无行踪、无姓名的法身。为了导引众生入圣道,才现形、立名,以方便众生接触和认识他们,跟随他们学习。《佛说天地八阳神咒经》指出:"违正道之广路,恒寻邪径,颠倒行事,如是人辈,反天时,逆地理,背日月之光明",必然"却福招殃,自受其苦"。"常行真正,故名为人,是知,人能弘道以润身,依道依人,皆成圣道";"背真向伪,沉沦苦海"。《文殊菩萨无尽十种甚深大愿》告诉人们,"开启成佛智慧","发菩提心","归向菩提","学习菩提,渐成佛道"。佛家全部经典反复告诉人们,佛是正遍知者,是无上正等正觉者,是自觉觉他、觉行圆满者,是至善圆满者。从而告诉人们只有人的善性、觉知性、能行真正性等充分开启后,才能进入十法界最高殿堂成佛做圣。

佛家把人的真如本性称为佛性,因为人皆有佛性,所以人皆可以成佛。正因为如此,佛菩萨把度化众生的重点放在度人上,不厌其烦地告诉人们:"人身难得,佛法难闻。"要求人们珍惜人身,发展人性,圆证佛道,超凡入圣。佛家告诉人们,圆成佛道的根本方法,就是人性与佛法相结合。人的真如本性一旦与佛法相结合,佛的智慧德能就会变成人自己的智慧德能,人一旦有了佛的觉悟、佛的智慧和德能,就可以入佛知见,圆成佛道,超凡入圣。《华严经》指出,佛菩萨是靠发展善性,积善累德而成就的,佛菩萨正是靠善力"放出光明,照耀众生的心,使他们的烦恼黑暗全部熄灭。"

人的真如本性在本质上与十法界众生的佛性是一致的,然而开启程度不如佛菩萨而优于三途众生的本性。

人的真如本性的开启依据一定的条件不断发展变化。如果遇到善知识,依据佛的教导修行,把自己的思想、言论和行动纳入佛法要求的轨道,不断积功累德,人的佛性就能得到逐步发展,逐步圆成佛道。如果遇到邪师或恶知识,做恶事造恶业,就会堕入三恶道,人的真如本性就会迷失倒退,人的形象和品质就会丧失,人就会变成畜生、饿鬼甚至堕入地狱。佛法告诉人们,人在没有成正等觉菩萨和佛道之前,身上都有善恶两种属性存在着,发展方向由其中占主导方面的属性决定,恶性占主导地位时,人就向三恶道堕落;人的真如本性占主导地位时,人就向三善道发展,直至圆成佛道。

释迦牟尼佛明确指出了什么叫好心。《金刚心总持论》说:"文殊问佛,云何是好心。佛言,好心两字愚人无人行得。若是好心,利益他人,不求他报;给事他人,不求果报;供养他人,不求福报;济利他人不求恩;及至下心,满人心愿,难舍能舍,难忍能忍,难行能行,难救能救,不择冤亲,平等修度,真实能行,非但口说。愚人口说好心,心无慈善。贤人常行好心,口不自言,但念利济他人,不求自己名望,是名好心。若是舍寸而求尺,种少而望多者,是不好心也。"

(六)认识人的责任和义务

佛家以教化众生为己任。释迦牟尼佛开创佛陀教育,根本宗旨,就是教化众生正确认识宇宙人生真相,破迷开悟,舍邪归正,离苦得乐,转凡成圣。

《道行般若经》说:"佛所以现身者,欲度脱世间人。"《药师琉璃光如来本愿功德经》说:佛菩萨出世目的在于"除灭一切众生苦恼","所求一切皆遂,求长寿得长寿,求富贵得富贵,求官位得官位,求男女得男女","破无明壳,竭烦恼河,解脱一切生老病死,忧愁苦恼"。《佛说真宗妙义经》说:"文殊问佛,何谓菩萨行。佛答曰:行者利益人,难忍能忍,难舍能舍,出世之心,谓菩萨行,行六度波罗蜜,悟本性空,证得佛果,救度众生,无有选择,是名菩萨行","安稳众生常快乐,普度大众出迷津"。《八大人觉经》说:诸佛菩萨大人之所觉悟:"精进行道,慈悲修慧,乘法身船,至涅槃岸,复还生死,度脱众生,开导一切,令诸众生觉生死苦,舍离五欲,修心圣道……进趣菩提,速登正觉,永断生死,常住快乐。"《阿维越致遮经》说:"诸佛出世于十方界,矜愍众生,化入大道,令得觉慧","以慈化世,成就大哀","于生死海烦恼泥中,济拔一切诸有情","未涅槃者令证涅槃,未得度者令其得度,未解脱者令得解脱,未安稳者令得安稳,未观等觉令观等觉"。《无量寿经》说:"如来以无尽大悲,矜哀三界,以出兴于世。光阐道教。欲拯群萌。惠以真实之利","救一切诸世间,生老病死众苦恼……未度有情令得度,已度诸众使成佛","常运慈心拔有情,度尽无边苦众生","令无量众生皆发阿耨多罗三藐三菩提心","教化众生,令舍五恶,去五痛,离五烧,降化其意,令持五善","令获五德,升无为之安"。《华严经·普贤菩萨行愿品》说:"诸佛如来以大悲心而为体故,因于众生而起大悲,因于大悲而生菩提心,因于菩提心成正觉","以大悲水饶益众生,关闭一切诸恶趣门,开示人天涅槃正路"。"菩萨如是平等饶益一切众生","于诸痛苦,为作良医;于失道者,示其正路;于暗

夜中,为作明灯;于贫穷者,令得伏藏。"

佛陀强调:"人身难得,佛法难闻。"不厌其烦地告诉人们,要珍惜人身,懂得人身后的责任和使命。佛法把人的责任和使命归结为两句话:"上求佛道,下化众生。"换句话说,"上求佛道",即求无量觉悟、无量智慧、无量德能,教化众生,为众生谋利益,是化己也是化人的前提条件。不懂佛道,没有佛的觉悟和智慧德能,自己将是个凡夫,只能在六道轮回,没有本领真正化人。懂得上求佛道,用佛的觉悟和智慧就能化己化人,就将自己定位在菩萨果位。中国菩萨果位的榜样是地藏菩萨、观世音菩萨、文殊菩萨、普贤菩萨。地藏菩萨将度化罪苦众生作为自己的唯一目标,他的宏愿是:"地狱不空,不成佛道"。观世音菩萨的誓愿是:"闻声救苦",哪里众生有苦有难,就到哪里去救拔。文殊菩萨是菩萨中智慧第一的人,是佛的老师,早已具备成佛的资格和条件,但他品德高尚,功高不自傲,安住菩萨果位,给佛当助手,老老实实与诸佛菩萨一道度化众生。普贤菩萨是菩萨众实干的代表,又称"十大行愿王",他不但立下度化众生的宏愿,而且发誓千方百计将度化众生的誓愿落到实处。

人懂得"上求佛道,下化众生"的道理之后,就能得法喜,就会向众生喜欢的四大菩萨学习,就会清楚自己的责任和使命了。用佛家的话说,人的真正使命就是自觉觉他,化己化人,求觉行圆满。

佛家反复强调,人要懂得自己这一世来人世间是干什么的,要活得明明白白,要走得高高兴兴。只有弄明白来人世间的责任和任务,尽到责任,完成好了任务,这一生结束的时候,才能走得高高兴兴。人世间真正懂得这一道理的人很少,真正能尽到做人责任的人当然也就更少,心中只有自己的人多,做事只顾自己的人多。只知有己不知有他,只顾自己不管他人,这就难免伤害他人,到头来要走的时候,冤亲债主就会找上门来,欠命还命,欠债还钱,就是因为这一生或过去生造了恶业。

佛家对人的责任和使命讲得很清楚,也很具体,做佛弟子的首要任务是续佛慧命,弘法利生。如果做了佛弟子而不去完成这一任务,这一生结束之后就会丧失人身,特别是披着袈裟不弘法利生的人,今生了结就将入地狱受铁衣地狱报。为人师者误人子弟也要到三恶道去受惩罚。为人父母的不尽父母责任,不能为子女做榜样,也要遭受报应。至于为官者,责任尤为重大,为官任上欠了人民百姓的,到头来不还是不行的。

佛法讲开启自性,因而非常强调对自己负责,这就是重视"化己"、"自强",重视自己人生方向前途的管理,重视自己身心的保健,包括自己的形象和容貌的塑造,如药师佛十二大愿中的第一大愿就是修自身,求"自身光明炽然、照耀无量、无数、无边世界,以三十二大丈夫相,八十随形,庄严其身",塑造令众生欢喜相。地藏菩萨在修行路上,第一次发愿也是求自身相好,希望自己能给众生一个美好形象，令众生生欢喜心。

（七）认识人命运的主宰

释迦牟尼佛明确指出，人是自己命运的主人。《观无量寿经》说："是心作佛，是心是佛，诸佛正遍知海，从心想生。"《佛说真宗妙义经》深入阐述了人是自己命运主人的道理。该经一开始就说：文殊菩萨"请问世尊，世间修行者有先得成佛者，有未得成佛者，其事云何？"佛答曰："先得成佛者，净心修行，内明性理，直门而入，得成无上道，所以先得成佛。未得成佛者，不知门户，不见自性，内不明心，一心向外求，所以不得成佛。"又说："佛者金刚不坏，自性如如是"，"佛在心头莫远求"，"内三宝，精、气、神……神是佛宝，气是法宝，精是僧宝"，"佛在人身坎宫，回光返照，明心见性即是佛"，"三世如来者，即是人三心不动也"，"每日省察身心"，"扫除心田尘垢"，"佛祖人人有份，菩萨个个圆成"，"只有明心见性，慈悲喜舍，二字能忍度尽众生，依他的样子去修法门……若人得遇此法者，便成佛道也。"《金刚心总持论》说："一切善恶皆出自心。自心修善令身安乐。自心造恶令身受苦。心是身主，身是心用……佛由心成，道由心学，德由心积，功由心受，福由心作，祸由心为，心能作天堂，心能作地狱，心能作佛，心能作众生，是故心正成佛，心邪成魔，心慈是天人，心恶是罗刹，心是一切罪福种子。若有人悟得自心，把得定，作得主，不造诸恶，常修诸善，依佛行持，立佛行愿，佛说是人，不久成佛。"释迦牟尼佛涅槃前在《佛遗教经》中说："我如良医，知病说药，服与不服，非医咎也。又如善导，导人善道，闻之不行，非导过也。"

佛家对人的命运主宰力量，说得很清楚。佛法告诉人们，主宰人的命运的力量，不是神不是鬼，也不是佛菩萨，而是人们自己。一个人三十岁前的福报，主要受前世行为影响。佛法常说："欲知前世因，今生受者是。"佛家认为包括"一饮一啄"这样的小事，都由自己以前行为造成，一切福报"赖其前世福德营护"（《无量寿经·浊世恶苦第三十五》）。六道凡夫受业力支配，对自己做不了主，而菩萨、声闻、缘觉、阿罗汉以上的人，依靠佛法力量，则可以延缓业力的报应时间，但最终还是无法逃脱因果的报应。《百业经》中记载了小驼背僧饿死母亲遭恶报的事例。释迦牟尼佛在舍卫城时，有一小驼背非常穷苦，靠乞讨度日，经常讨不到吃的，没有办法就到释迦佛处出家修行，出家后仍常常讨不到吃的。他勇猛精进，获证罗汉果位后，化缘还常常无所得。有一次阿难得知他已两天没吃到饭，就特意给他介绍一位施主，然而这个施主家突然出了事，匆匆去办，忘了嘱咐家人，小驼背僧第三天又没吃上饭。第四天早上，阿难尊者守持两个钵到城中化缘，化到两钵，一钵自己吃了，另一钵准备带给小驼背僧。到了祇陀林，来了很多恶狗抢吃钵中饭，阿难想办法对付狗，也无济于事，只剩空钵。被称为神通第一的目犍

连听说小驼背僧挨饿的事,心里很不是滋味,第五天便持两个钵去化缘,化了两满钵,自己吃了一钵,另一钵准备带给小驼背僧。到了祇陀林突然飞来一群乌鸦,把钵中的饭抢个精光。被称为智慧第一的舍利弗尊者安慰了小驼背僧,答应明天托两钵化缘。第二天舍利弗化了两钵,自己吃了一钵,带回一钵,在往祇陀林走的途中,突然来了一群非人,将钵抢走,小驼背僧又没有吃到饭。第七天,舍利弗又化了两钵,带回了一钵,到了驼背僧处时,见门窗都封死了,便变现神通进到屋里,叫驼背僧洗脸受供,他洗完脸伸手接钵,钵突然落到地上并一直落到金刚土地(离地面四百万由旬),舍利弗变现神通把钵拿回,小驼背僧把第一口饭送到嘴边时,便被非人抢走不见了,取第二口又被非人抢走,舍利弗亲自持钵喂他,而他却紧闭口,舍利弗怎么也打不开驼背僧的口。过一会,午过了,小驼背僧嘴又好好地张开了。小驼背僧想喝一口水。舍利弗取了一钵水,送给小驼背僧喝时,众多非人把灰撒在水里,钵水变成了灰水,小驼背僧知道自己前世业障现前,喝了一口灰水,显现种种神通变化入涅槃了。众比丘问世尊因缘,释迦牟尼佛说:"纵经百千劫,所作业不亡,因缘聚合时,果报还自受。"小驼背前世出生在大施主家,他反对母亲做广大布施,便把母亲关在一间房子里,关了七天一口饭也不给吃,一口水也不给喝。七天后亲戚朋友闻风赶来,救出母亲,母亲想喝一口水,儿子在母亲要喝的水里撒了灰,母亲喝了一口灰水就去世了。小驼背今世终生吃不饱,修行到阿罗汉果位仍免不了恶业之报。

佛法告诉人们,"欲知来世果,今生做者是。"今生的苦报是自己前世造的业,来世什么样,由自己今生的行为决定。佛家还告诉人们,果报不只是有前世业今世报或今世业来世报的感应,很多业力都是现世报,袁了凡造命说清楚地说明了这一点,现实生活中许多人都有亲身感受。《了凡四训》对造命的理论和方法都说得很详细。人们要想不受恶业的罪报,就要从存心、待人、处事、接物做起,如果人们能用佛知见主宰自己的思想、言论和行动,就会创造出好的命运。如果一个人知见不正、思想不正、待人处事方法不正,就会招来邪命。别人说什么和做什么对自己的命运都不起主宰作用,自己的命运完全由自己主宰。做善事得善报,造恶业受恶报。这是千真万确的事。

(八)正确认识世间和世人

佛家把众生居住的大地叫世间。过去、现在、将来的时间为世,东西南北上下等十方为间。广义的世间与宇宙含义相同,狭义的世间指众生赖以生存的时空,这里有生灭变迁的境相。《成唯识论述记》卷一说:"可毁坏,有生灭境相的生存层次为世间",即指众生赖以生存的环境。

1. 认识十法界及人所处界次

佛家认为,世间有十个类型的有情众生同时存在着,这些有情众生分别处于地狱、饿鬼、畜生、阿修罗、人、天、声闻、缘觉、菩萨、佛十个界次之中。前六界为六凡界,后四界为四圣界。佛处于十法界的最高层次,是唯一得大自在者,可以自由出入各界。登地菩萨具有十种自在力,但尚未觉行圆满,仍未得大自在。其余各界众生,所处界次越低,自身自由度越小。地狱界众生处于十法界的最低位置,只有苦报,毫无自由可言。

人处十法界的中间层次,自在度优于阿修罗、畜生、恶鬼、地狱界中的众生,低于天、声闻、缘觉、菩萨、佛界众生。十法界众生在因果关系原理作用下变化着自己所处界次。人处于十法界变化最快的境界中。人如果能觉悟自己的真如本性,知真行正,修十善业,断十恶业,求佛道,正己化人,积功累德,不但可延缓或化解罪业,而且可升天上,甚至入佛圣界。人又是十法界中烦恼最多造恶业最快者,稍不注意就可能立即堕入三恶道。《地藏菩萨本愿经》反复强调"阎浮众生结恶习重","举心动念,无非是罪","无不是业",稍不注意,便堕入三恶道,受极大苦,特别是那些"不孝父母,或至杀害";"出佛身血,毁谤三宝";"侵损常住,玷污僧尼,或伽蓝内恣意淫欲,或杀或害";"伪作沙门,心非沙门,破用常住,欺诳白衣,违背戒律";"偷窃常住财物谷米,饮食衣服,乃至一物不与取者",这些犯罪众生"当堕五无间地狱,千万亿劫,求出无期","求暂停苦一念不得"。释迦佛在诸多经中列举了许许多多一时邪念或不慎堕三途、受苦报的事例。《法句譬喻经·恶行品》说:"从前,有五百名少年婆罗门,入山求仙道。当时山上有一沙门,想在山上建造一精舍,他下山取水,身轻如飞。五百个小婆罗门看到这位沙门身手矫健,心生妒忌,便戏笑这位沙门像猕猴,便造下戏笑沙门罪,受猴身之报。"该经中还说,从前有一个人热心帮助须达长者办供佛斋会,一直到大家用完斋饭,到晚上回家时自己还没吃饭,太太埋怨地说:"你这样地帮别人,连饭都吃不上,真气人!"后来须达长者又带热心人到佛精舍持八关斋,太太知道了就生气地说:"他们这些人把社会习俗弄乱了,你还帮他们,你快要倒霉了!"这个热心人被太太唠叨得很不舒服,只好跟太太一起吃饭,就无法守戒持斋了。此人当夜即命终,因没守住斋戒,未能生天上。但因此人曾在供佛斋会上热心服务,即生为树神。

2. 认识世间无常,懂得人应当怎么办

释佛在多部大经中强调最多的是无常觉。他反复告诉人们,人应具有的第一重要的觉悟,就是必须"觉悟世间无常"。《金刚般若波罗蜜经》说:"凡有所相,皆是虚妄","我相即是非相。人相众生相寿者相即是非相。"《法句譬喻经》说:世间"幻化如梦,忽来忽去,不能常保","若有人觉悟世间无常,发心学道,修清净志,摄心断除妄想,自能得道,就如污泥上的莲花一

样，自己得道还能度化亲友得道，一切众生皆蒙解脱，亦如莲花香气，蔽盖了一切污泥的臭秽一样"。释佛反复强调人命无常。《佛说四十二章经》说："佛问沙门，人命在几间。对曰，数日间。佛言，子未知道。复问一沙门，人命在几间，对曰，饭食间。佛言子未知道。复问一沙门，人命在几间。对曰，呼吸间。佛言，善哉，子知道矣。"《法句譬喻经》说："人命无常，朝不保夕"，"命中注定都要死去"。世人谁也"不能避免死亡"，一切想不死的做法都是枉费心机。必须"觉世间无常之理"。释迦佛指出，世间万事万物皆是"地、火、水、风"四大基本元素在一定条件下的聚散，其聚时有形，散时形相皆空。宇宙间一切都时时刻刻变化着，事物形相变化无常，"一切有相皆虚妄"。《大日经疏》说："可见可理之法，即为有相，凡有相者，皆是虚妄。"

佛陀告诉人们，要想正确看待世间无常，首先要解决的第一关键的问题，是发菩提心。被释迦佛称为"三世佛母"和"三世佛师"，并享有"智慧第一"殊誉的文殊菩萨，教化众生的根本道理，就是"发菩提心"。他的《无尽十种甚深大愿》，愿愿都是引导众生"发菩提之心"。他观见娑婆世间浊秽无常，世人为贪、瞋、痴、邪见、骄慢等诸烦恼毒害不辨真假、是非、善恶，常常认假为真，为非作恶，视生死为必然，把无常当有常，流转六道，堕三途受极大罪苦，便舍龙种上佛之界位，乘愿再作菩萨，协助释迦佛教化娑婆世界众生。他告诉人们，菩提心是真实、究竟、圆满、无上正等正觉之心。有了菩提心，在五浊恶世中，才能真正做到觉而不迷，不受诸烦恼毒害。

佛陀在《般若波罗蜜多心经》中进一步指出，要想把菩提心贯彻到生命全过程之中，必须行深般若波罗蜜多。《大智度论》卷四三说：梵语般若者，"一切智慧中最为第一，无上无比无等，更无胜者"，即能通达真理的智慧。波罗为彼岸，即大涅槃。蜜多为到。行深般若波罗蜜多意为乘无上胜妙智慧船，渡过生死苦海，达不生不灭微妙境界，得到真正解脱。人有了"行深般若波罗蜜多"的修养，则能"照见五蕴皆空"，"远离颠倒梦想，究竟涅槃。"释佛明确指出："三世诸佛，依般若波罗蜜多故，得阿耨多罗三藐三菩提。"

《金刚般若波罗蜜经》详细论述了应当如何行深般若波罗蜜的问题。释迦佛在回答"发阿耨多罗三藐三菩提心，应云何住，云何降伏其心"时说："凡所有相皆是虚妄"，应"不住于相"，"不应住色生心，不应住声香味触法"生心，"应无所住，而生其心"。"若心取相，则著我人众生寿者。若取法相，即著我人众生寿者"，"若取非法相，即著我人众生寿者"。他明确指出："若菩萨有我相人相众生相寿者相，即非菩萨"，"离一切诸相，则名诸佛"。"菩萨不受福德。菩萨所作福德，不应贪者"。《佛说四十二章经》明确告诉人们：无著得道。佛言：夫为道者，犹木在水，寻流而行。不触两岸，不为人取，不为鬼神所遮，不为洄流所住，亦不腐败，吾保此木决定人海。学道之人，不为情欲所惑，不为众邪所娆，精进无为，吾得此人必得"道矣"。

（九）认识浊世苦，清楚离苦得乐之道

1. 知世人苦

佛陀告诉人们，世间恶苦无常。《无量寿经》说："唯此五恶世间，最为剧苦"，"恶人行恶，从苦入苦，从冥入冥"，"心中闭塞，意不开解，大命将终，悔惧交至，不豫修善，临时乃悔，悔之于后，将何及乎"，"生死不休，恶道不绝"，"世世累劫，无有出期，难得解脱，痛不堪言。如是五恶五痛五烧，譬如大火，梵烧人身"。人从生到死一生皆是苦。诸多佛经都反复指出，世人"不了解苦乐之义"，多认苦为乐。《无量寿经》说："若曹当知十方人民，永劫以来，辗转五道，忧苦不绝。生时苦痛，老亦苦痛，病极苦痛，死极苦痛，恶臭不净，无可乐者"，"惟此五恶世间，最为剧苦"，"惟此世间，善少恶多，饮苦食毒，未尝宁息"。《百喻经》说："世间之人……从本此来，常无有乐，然其痴倒，横生乐想……世人无知，以富贵为乐。夫富贵者，求时甚苦，即获得已，守护亦苦；后还失之，忧念复苦。于三时中，都无有乐。犹如衣食，遮故名乐，于辛苦中，横生乐想。诸佛说言：'三界无安，皆是大苦'。"《法句譬喻经》说："凡夫处世，动辄招惹怨祸，弄得倾家亡命，三途八难，无量痛苦。"该经举例说：从前有一个国王，名叫普安，与邻边的四位国王有亲友关系。有一次，宴请这四位国王一个月，饮酒作乐，议论世间什么最快乐。一王说游戏最快乐；一人说亲友聚会欢宴最快乐；一人说多聚财富，要什么，有什么，最快乐；一人说男欢女爱，恣情纵欲最快乐。普安说："你们说的都是苦恼的根本，一切痛苦都从此生出。""天下之苦，莫过于有身，饥渴、寒热、瞋恚、惊怖、色欲、灾祸，皆由身引起。身是众苦祸患的根源。人们整天身心忧劳，万物互相残杀，生死轮回不已，都由身起。"《法句譬喻经·安宁品》记述了山中鸽子、乌鸦、毒蛇、鹿议论"世间之苦，哪种最重"。乌鸦说："饥渴最苦，处饥渴之时，有气无力，神智不清，即使入猎网也想解除饥渴之苦，我们常因此丧生。"鸽子说："淫欲最苦，当情欲冲动时，什么都不顾了，身命受危害，皆由淫欲起。"毒蛇说："瞋恚最苦，当恶毒恚心起时，就会乱杀，乃至自杀。"鹿说："惊怖最苦，惊怖一起，狂奔乱逃，肝胆为之碎裂。"佛陀评论说："身是受苦的器具"，佛家全部经法告诉人们，世人之苦源于迷。由于世人"忘失自性弥陀"，"迷妄人心"，"认妄为真"，妄见生死苦乐，"迷己逐物"，"由是业纲牵缠，流转五道，恒随生死以升沉，亘古至今而靡间"。《佛说十善业道经》说："一切众生心想异故，造业亦异，由是故有诸趣轮转"，"如是一切，靡不由心造善不善，身业、语业、意业所致"。众生不懂因果报应之理，放纵七情六欲，身造杀业、偷盗、邪见业，口造妄语、两舌、恶口、绮语业，意造贪欲、瞋恚、邪见业。由于罪业大小不同，则堕入不同恶道受苦报。世人之迷具体表现很多，其中最主要的是：

第一，不知什么是真魔。许多人知魔鬼可怕，但不知真正的魔怪是什么、在哪里。《坛经》说："贪瞋痴三毒是真魔，邪见在心就是魔在屋。""往昔所造诸恶业，皆由无始贪瞋痴、皆以身语意所生。"《法句譬喻经》说："贪瞋痴是世人的通病，三界六道众生皆因此而堕深渊，生死轮回不止，受苦无边，而又不知悔改。""害人最深的莫过于愚昧无知"，"垢中之垢，莫甚于痴"，"痴是众罪的根源"。

第二，犯罪不知忏悔，有过不知及时改。《百喻经》说："有的出家修行者，违犯了某一戒规，不及时忏悔罪过，说什么等下一次再犯戒后一起忏悔，便又犯了错。"更为甚者，"若犯一戒"，不生惭愧，不清净忏悔，反认为：我已破一戒，戒即不具足，何用持为？"便一切都破，无一在者"，如彼愚人，凡夫中亦多。"昔有一人，有二百五十头牛，常驱逐水草。时有一虎，啖食一牛。尔时牛主人想：'已失一牛，俱不全足，用是牛为！'即驱牛群至深坑高岸，排著坑底，尽皆杀之。""譬如外道，僻取其理。以己不能具持佛戒，遂便不受，致使将来无得道分，流转生死。"

第三，不谛思维，想事愚妄。《百喻经》说，世人痴迷，常常因为不善于思考问题。佛陀举例说："从前有一个小儿，在陆地游戏，得一大龟，意杀之，不知方便，而问人言：'云何杀得？'有人告之：汝掷其水中，即可杀之。小儿信其语，即掷龟水中。龟得水而去。"释佛评论说："凡夫做事常常这样。欲守护六根，修诸功德，不知怎么办，便问别人：'作何因缘，而得解脱？'恶知识回答说：'汝但极意六尘，恣情五欲，如我说去作，必得解脱。'如是愚人不谛思维，便用其语，身坏命终，堕之恶道，犹如小儿杀龟掷水中。"释佛又举例说："昔有愚人，将会宾客，欲集牛乳，以执供役，而作是念：'若天天取牛乳，牛乳渐多，率无安处，可能酢败。不如就牛腹盛之，待临会宾客时，立即去取。'作是念已，便将母牛及子，各系异处。过一个月后，迎宾客日，方牵牛来取乳，而牛乳即干无有，时为众宾潆。"

第四，不知遵道而为，行事痴迷。《百喻经》列举了许多世人做事愚痴的典例。经中说："昔有愚人，生食胡麻子，以为不美，熬而食之为美。便把胡麻子熬熟而种之，结果生不出胡麻。"释佛评论说："世人修行也有这样的人。认为旷劫修菩萨行，太苦太难，便去作阿罗汉，以求速断生死。终不得佛果。"《百喻经》还说："从前有一个国王，有一棵好树，不但高大而且结果多而香甜。有一个人到国王这来，国王对他说：'这棵树马上要结许多好果，您想吃吗？'这人回答：'树这么高，我想吃又怎么能吃得到呢？国王就叫人砍倒树，以便这个人能吃到该树的果子，树枯死了，果子再也生不出来了'。"佛陀评论说："如来法王有持戒树，能生圣果，欲得果食，应当持戒，修诸功德。如若破戒，戒树倒枯，不得果食。"《百喻经》又说："从前有一妇人，已有一子，欲求多子，便问别人，如何求得？"有一老太太告诉她："欲求多子,当须祀天。"该妇人问老太太:"用何物祀天?"老太太说:"杀汝之子,取血祀天,必得多子。'此妇人欲杀其子,旁边有智者责骂其妇愚痴。"佛陀评论说:"世间愚人亦尔。为未生乐,想死后升天上,自投火坑,或用种种办法伤害自身,实在太愚痴。"经中反复强调:"不减烦恼炽然之火,想用一点苦行,如卧棘刺上,五热炙身等,求清凉寂静之道,终无是处。不但受苦现在,而且殃流来劫。"又说:有人"欲求善福,恃己豪贵,专形挟势,迫胁下民,凌夺财物,以用作福。本想自己得好的报应,结果却事与愿违,反获其殃"。还有人"要小名利,致毁大行。苟容己身,不顾礼义"。这些人"想求大解脱,不知修正行","破戒取财,以用修福,望得升天",其结果是:"现受恶名,后得苦报。"

2.悟离苦得乐之道

佛陀告诉人们,世间一切皆苦,无有常乐。同时指出,世人本性中皆有灵知属性,人的这种属性,能使人知真,"混千差而不乱,历三际以靡迁,炳然独照,卓尔不群,在圣不增,在凡不减"(《中峰三时系念法事全集》)。人的本性中还有行真正的属性,《佛说天地八阳神咒经》说:"人者,真也,正也","身行真正","故名为人"。

释佛指出,世人要想破迷,就要持守"如来正见之法"……心不颠倒,知真行正,身、语、意无漏。佛家诸多大经反复告诉人们,有漏就必然受苦报。因而释佛要求渴望离苦得乐的人们,必须求正遍知,"修圆满觉","行善贤慧行","修密严行","得无漏身,成菩提道"。而要想做到这些,最关键之点,就是要懂得守住六根,圣化八识,求得正遍知。"即知两眼是光明天,光明天中现日月光明如来;两耳是声闻天,声闻天中现无量声如来;两鼻是佛香天,佛香天中现香积如来;舌是法味天,法味天中现法喜如来;身是卢舍那天,卢舍那天中现卢舍那佛、卢舍那境相佛、卢舍那光明佛;意是无分别天,无分别无中现不动如来,大光明佛;心是法界天,法界天中现空王如来;含藏织天,演出阿那含经、大般涅槃经;阿赖耶识天,演出大智度论经、瑜伽论经……合为一相,即现大通智胜如来"(《佛说天地八阳神咒经》)。

世人受持正见之法之后,就会"迷云开而性天独朗,妄尘尽而心地廓通,诸根圆净,群业顿空","通达一切",懂得"莲花出淤泥,浊世现修行,世间真道场,佛由众生成,人身难求得,成佛依人身"(《佛说法灯明心经》)。世人虽然无真乐可言,然而可以通过开发自性中的如来潜质,"修道得福,离三途","出六道,证得涅槃之乐"(《见法句警喻经》)。

《般若波罗蜜多心经》说:行深般若波罗蜜多,"能除一切苦,度一切苦厄"。《法句譬喻经》说:离苦得乐之道,就是"守善道,择益友,正己化人,事事种福田","去恶为善不动摇,不贪酒色守戒律","博学多闻,淡泊明志,知是常乐,忍辱如大地,亲近善知识,结交思虑高远的人,事奉得道之人,用佛

正法对治贪瞋痴慢疑等诸邪"，妄心杂念一起，即刻用觉正净伏住。

（十）认识人和事物存在发展规律

释迦牟尼佛不厌其烦地告诉人们，一定要认识和驾驭人和事物生存发展规律。《佛说天地八阳神咒经》说：要知"天之常道，自然之理，世谛之法"。他明确指出，"如来正见之法"，就是对事物常性的认识。人们如果能"心不信邪，崇敬佛法"，"如法修行"，就能"得无漏身，成菩提道"；如果不懂"智慧之理，大道之法"，就会"背真向伪"，"反天时，逆地理，背日月之光明，常没暗室，违正道之广路，恒寻邪径，颠倒之甚也。"《大般涅槃经》说，"一切众生因为愚痴无知，不识三宝是常住法"，"随烦恼海而不得出"。释佛念念不忘教导人们照规律办事，讲了无数违背规律而遭挫折的事例。

（十一）认识真理对人成长的指导作用

释迦牟尼佛再三强调认识正见之法对实践的指导作用，要求人们寻求至高无上的真理性智慧。佛家大乘经典反复指出，"如来正见之法"，是佛对事物至高无上真理性的认识。《华严经·入法界品》指出，要善于向具有无上真理智慧的人学习，"亲近供养诸善知识，是具一切智最初因缘"，"求善知识勿生疲懈，见善知识勿生厌足，于善知识所有教诲皆应随顺"。

《金刚心总持论》说："佛言，智者知也。智者知有佛道可修，知有圣教可学，知有名师可求"，顺从善知识修学，就可以"得正法"、"悟佛知见"、"悟佛知见"、"成佛知见"、"得其正法，即成佛道。二十岁修行，得正法，亦成佛道。三十岁修行，得正法，亦成佛道。四十岁修行，得正法，亦成佛道。五十岁修行，得正法，亦成佛道。六十岁修行，得正法，亦成佛道。七十岁修行，得正法，亦成佛道。八十岁修行，得正法，亦成佛道……得见真明师，修行得正法，无一不成佛"。

佛法的真理性源于实践，佛法是众生求生存和发展经验的升华和理论的结晶。释迦牟尼佛在《金刚般若波罗蜜经》中说："我念过去无量阿僧祇劫，于燃灯佛前，得值八百四千万亿那由他诸佛，悉皆供养承事，无空过者。"《无量寿经》说：阿弥陀佛创建西方极乐世界前，"世间自在王佛""为其宣说过二百一十亿佛刹土，功德严净广大圆满之相，应其心愿，悉现与之"，"于彼二十一俱胝佛土，功德庄严之事，明了通达，如一佛刹"。《大般涅槃经》进一步指出，佛家判断某法是不是佛说，依据四个基本原则，即四依法："依法不依人，依义不依语，依智不依识，依了义经，不依不了义经。"

（十二）认识法无定法，懂得善巧方便

佛法的大智慧性，突出地表现在佛家的方法论上。释迦牟尼佛在《八大

人觉经》开篇即明确指出,"诸佛菩萨大人之所觉悟"之"第一觉悟,世间无常,国土危脆,四大苦空,五阴无我,生灭变异,虚为无主,心是恶缘,行为罪薮,如是观察,渐离生死"。他对人们嘱咐最多的一句话,就是"善思念之"。《圆觉经》说:"应当正念,远离诸幻。""一切如来,本起因地,皆依圆照清净觉相,永断无明,方成佛道。""当知菩萨不与法缚,不求法脱。"《金刚经》明确指出,一切法皆因缘生,"无有定法","不应取法,不应取非法","知我说法如筏喻","一切贤圣皆以无为法而有差别"。法起于客观世界的变化,世间无常决定法性无常,世间事物时刻在变化,因而为解决世间问题服务的法必须随之变化,世间无常决定法性无常,世间事物时刻在变化,因而为解决世间问题服务的法必须随之变化。《大正藏·杂宝藏经》讲述了摩诃罗学舍利弗说法的故事。舍卫城一个大富翁请僧人赴斋,舍利弗、摩诃罗等人去赴斋。饭后,富翁又端上水来,并在舍利弗前摆上了小床坐,请舍利弗说法。舍利弗念了一首咒语表示祝福,富翁听后非常欢喜,取出两块细软布,布施给舍利弗,没给摩诃罗等人。回到寺院后,摩诃罗想,舍利弗为什么能得到布施呢:因为他说了令富翁欢心的咒语。于是决定向舍利弗学咒语,等有机会领队赴斋时,也念此咒。恰好轮到摩诃罗领大家去赴斋。而这次供斋的富人,家里连遭好几件不如意的事:如入海贸易的商船倾覆,财产全部损失;富翁妻子与别人打架惹了官司;儿子生病,今天死去。富翁心中闷闷不乐。而摩诃罗不察言观色,吃完饭便念起了舍利弗说过的咒语,反惹富翁气恼,不但没给布施,反而竟把摩诃罗赶出了门。释迦牟尼得知此事后,告诉大家说:"从今以后,你们大家都要记住,无论念佛,还是说咒,都要分时间、地点、场合。"

诸多大乘佛经皆强调,必须懂得方便善巧。《维摩诘所说经》说:维摩诘问众香菩萨,香积如来如何说法。众香菩萨回答说,我们那国土的如来,只以众香熏习众生,无人依此持戒守律,所有菩萨只是各自坐在一棵香树下,只要闻香便获得一切功德藏中的三昧禅定,随之具一切功德。众香菩萨又问释迦牟尼佛如何说法。维摩诘说,婆婆世界众生刚强难化,释迦牟尼佛善用善巧方便,用不同方法控制其意,调伏培养。众生有八万四千种不同烦恼,如来因势教化,说法有八万四千法门。《大般涅槃经》说:"应当善学方便","远离四颠倒","远离诸非法",世尊举例说,譬如有一位国王黯钝少智,只相信一个愚顽不冥的御医,不另给其他医师俸禄。有一名医,善治疾病,熟悉诸种药方,反被庸医看不起,又没接近国王的机会,便决定拜庸医为师,以便伺机展示自己。名医靠跟随庸医,后来有机会见到了国王,展示了自己的医学才能,得到了国王的赏识,有了出头之日。

释迦牟尼佛提出了抓根本的方法。他在讲求生净土时,说了"拔一切业障根本得生净土陀罗尼"。在伐毒树喻中,讲了伐毒树,必断其根的道理。

故事说,一长者花园中生了一棵毒树,其外形美观,枝叶茂盛,然而却释放毒气,能令嗅者丧命。长者用利斧砍断后,几天后又恢复原样。长者的儿子、孙子相继被毒死,剩一孤独老人发愁哭泣,不知如何是好。一智者告诉他,欲除其毒树,必断除其根。

《大正藏·生经》佛说孔雀经指出:"对任何事物都要比较,有比较才有鉴别。"该经说,波遮梨国从没有鸟生活过,当地人不知鸟是一种什么样的东西。有一次,有人从智幻国回来,带来了一只乌鸦。人们看见乌鸦黑亮的羽毛大嘴长翅,能在天上飞,惊奇极了,把它当成稀世奇珍。乌鸦在这里过着神仙一样的日子。时间一长,四方的乌鸦都飞到这里来了,天上、地上、房上、树上,全是黑压压的乌鸦。由于波遮国认为乌鸦是神鸟,丝毫不敢怠慢。后来,有个商人从另外一个国家带回来三只孔雀。波遮梨国人见后,目瞪口呆,感到孔雀比乌鸦华贵多了。

(十三)认识佛家人文化是提高人的文明素质不可缺少的理论武装

释迦牟尼佛强调人需要教育。他开创了佛陀教育,明确指出,人在没有觉悟的时候,善知识对于人的进步成长,起决定作用。佛家人文化是佛长期教化人经验的升华和理论结晶,具有超时空的恒长真理性。

佛陀教育的宗旨是培养具有高度文明素质的人。佛陀教育把成佛作为教育的唯一目标,明确指出,众生具有与佛一样的本质属性,只是因为烦恼覆盖而不自知,只要清除烦恼障碍,明心见性,即可走上成佛之路。整个佛陀教育,就是围绕如何使众生成佛展开的。

大乘佛法明确指出,佛是处于十法界文明层次最高的人,他求得了无上正等正觉,能正遍知,至善圆满,具有至高无上的自在神通能力,具有圆满的普贤德性,是调御丈夫、天人师,具有无极之体、无量寿命、能放出无量光明,为世明灯。佛是出矿金,众生是在矿金,只要众生认真开发人的本性,皆可成为像佛一样的人。《大乘密严经》说,"碎末于金矿,矿中不见金,智者巧融炼,真金方乃显";又说,"佛体不可见,亦非无有佛,定者观如来,三十二相具";"盲暗无知者,习气覆于心,亦所不能见……一切诸世间,皆因痴暗生","一切唯有觉,能觉所觉性,自然如是转","明了心不疑","了知一切法","众缚意解除","永离诸杂染","逮成于正觉","心净当成佛"。佛无我相,无个人私利。《金刚经》说:"不可以三十二相得见如来","离一切诸相,则名诸佛。"世尊在《地藏经》中说,"吾于五浊恶世","分身千百亿,广设方便","教化如是刚强众生","如是等辈众生,各各差别",我亦现种种身,"分身度脱","非但现佛身,独现其前"。《圆觉经》说:"佛是天下最尊贵者","如来全身心救度人"。《法华经》说:"诸佛唯以一大事因缘故出现于世","救众生脱苦难","为众生作眼"。《佛说宝雨经》说:佛出世为众生,佛以觉为心，以普度众生为心，佛是法身，故能遍法界，能入一切众生心。佛以无缘大慈、同体大悲为根本，以度尽众生为宗旨，"利益一切有情"，"终不为己修行"。《僧伽吒经》说，"如来为诸众生得安乐，不惜身命"，"昼夜度众生死"，"常乐利益安乐一切人民"。《无量寿经》说，"如来以无尽大悲，矜哀三界，所以出兴于世，光阐道教，欲拯群萌，惠以真实利益"，"未度有情令得度，已度之者令成佛"，"常运慈心拔有情，度尽无边苦众生"，"教化群生，令舍五恶，去五痛，离五烧，令持五善"，"于诸众生示弱自己，拯济负荷，皆度彼岸"。《华严经·普贤菩萨行愿品》说，"诸佛如来以大悲心为体故，因于众生而起大悲，因于大悲而生菩提心，因于菩提心而成正觉"，"以大悲水饶益众生，关闭一切诸恶趣门，开示人天涅槃正路"。

释迦牟尼佛在涅槃前夕，深入浅出地阐述了众生具有与佛相同的本性，不但指出众生皆可成佛，而且告诉众生如何成佛。《大般涅槃经》说：如来"为众生成佛创造条件"，"随顺一切世间，度未度者，解未解者"，"护念一切众生，拔济一切众生苦，度未度者，脱未脱者，未涅槃者令得涅槃"，"使众生住正法中"，"安乐一切世人。"《摩诃般若波罗蜜道行经》说，"佛出世因缘是为一切人民"，"佛用全部寿命救度人"。

（十四）认识佛与众生

佛家人文化揭示了佛与众生的关系和联系。《维摩诘经》说，"若弥勒得受记者，一切众生亦应受记"，因为"无论凡夫还是圣贤，其本质属性是没有差别的"，"菩萨的佛国大小取决于他们所教化的众生多少"，"菩萨只有依众生为基础，以成就众生，使其离苦得乐而建立佛国，其佛国不是建立在虚空之中，而是依靠众生"，"菩萨以负荷众生苦难为己任"，"惟修善行，现在不求报，未来不求报，无所希望，无所愿求"，"淤泥中才能生长莲花，依靠众生，佛法才有落实处"。《华严经·普贤菩萨行愿品》说，"一切众生而为树根，诸佛菩萨而为华果，以大悲水饶益众生，则能成就诸佛菩萨智慧华果"，"故菩提属于众生，若无众生，一切菩萨终不能成无上正觉"。《大乘密严经》说：佛为出矿金，众生为矿中金，"一切众生性恒明洁，悟即成佛道"，"如来出世，不离世间"。《法华经·常不轻菩萨品》说：释迦牟尼佛在作常不轻菩萨时，"远见四众，亦复故往礼拜赞叹，而作是言，'我不敢轻于汝等，汝等皆当作佛'"，"这样经历了多年，尽管常被人咒骂中伤，依然坚持这样做"。《大般涅槃经》详细论证了"佛与众生本性相同"，"一切众生皆有佛性，只是因烦恼覆盖才不知不见"，"不亲近善知识，虽有佛性不能自见"，"如能除掉覆障，既得见佛性而成无上道"，"因众生都有佛性的缘故，所以视众生没有差别"，"一切众生同一佛性，没有差别"。《佛说法灯明心正觉经》说："世间真道场，佛由众生成"，"皆因众生执，方有佛说经，经是洗垢

水,无垢水无用","莲花出淤泥,浊世现修行"。

(十五)认识魔与众生

魔为梵文摩罗,泛指障碍和破坏人成长发展的各种因素。《大智度论》卷五说:"夺慧命,坏道法功德善本,是故名为魔。"一般说,魔有五种:一烦恼魔,指自心生起的烦恼;二阴魔,指五蕴所生的种种烦恼;三病魔,指疾病;四死魔,指死亡;五鬼神魔,指害人的恶天、神、鬼等。《小止观》把魔分为三类:一精魔,亦称媚鬼,为十二时兽所成精魅;二堆剔鬼;三天魔,指他化自在天的魔,波旬为天魔王。《释禅波罗蜜次第法门》卷四云:"此魔是佛法怨仇,常恐行人出家离其界,令诸鬼神眷属作种种恼乱,破坏行善者种种善根。"其常用的方法主要有令修行者生烦恼,化为其乐所求相或怖畏相,如美男美女、怪兽,或化为神佛菩萨诸天说法,令人得少分禅定,自然饮食、法相神通或令人喜、爱、瞋、恨、懈怠、精进增盛、心理失调。天魔波旬为极恶代表。

魔把众生视为其存在基础,用贪、瞋、痴、慢、疑、妄想、分别、执着等招法迷惑众生,妄图使众生永趣三途六道。因此,魔把众生视为自己与佛争夺的对象,千方百计破坏众生法身慧命,使众生背觉和尘,认妄为真,执迷不悟。《不退转法轮经》说:"释迦牟尼佛转不退转法轮,尔时波旬身毛皆竖,心生惊怖,作如是言,见此世界皆非世界,忧愁涕泣,身变朽老,如百岁人,发白面皱……魔王将四种兵魔及魔天皆诣佛所……闻释迦牟尼佛转不退转法轮,而四兵皆不能进,即住一面,心生惊疑,悉不能随魔王意。尔时魔王独至佛所,无有伴党,白佛言,我今朽老,愿赐手力。""佛告波旬,颠倒众生,诸不信者,皆属于汝,是汝手力,即是等侣。"

《法华经》说:"佛住世,唯一大事因缘,就是让众生回归自性。"即从魔的种种束缚中解脱出来。释迦牟尼佛从菩提树下成佛,至涅槃,讲经说法四十九年,根本宗旨就是教导众生"见性成佛"。魔用种种邪法束缚众生真如自性,佛则用大道正法教化众生破迷开悟,明心见性,成佛圣道。正因为如此,魔视佛为最大仇敌,时时事事与佛作对,千方百计破坏正法,玩弄伎俩欺骗众生,用种种恶毒手段威胁恫吓信持正法之众。

释迦牟尼佛明确告诉众生,欲成佛,必须从识魔降魔做起。世尊在诸大乘经法中皆明确指出,魔从不知中生成。《楞严经》说,"诸天魔及魔眷属皆不知两种根本","一者不知无始生死根本";"二者不知无始菩提涅槃元清净体"。告诉人们:"不明成魔人","丧失正等正觉正遍知,迷失菩提真性,"随邪魔外道;"不能识破魔事魔境,或修道心不正,就会堕邪见,便会认贼为子";"身心入佛知见,不走歧路","心体尘垢尽,清净觉明,识微细魔事"。佛陀告诉众生,欲成佛,先降魔,魔降尽,佛道成。远魔一分,即近佛一分;远魔一日,则近佛一日,凝心于佛道,则成佛圣道。降魔乃修学佛道之人唯一急务。五位十地之阶次,皆由降魔境界之高下而分也。

世尊指出,识魔降魔的关键点,在于修学菩提觉。佛是觉者。众生有了佛一样的觉悟,就获得了识魔降魔的法宝。具有"三世佛母"之称的文殊师利在其《无尽十种甚深大愿》中,反复教导众生的一句话,就是"发菩提心"。释迦牟尼佛教导众生"求阿耨多罗三藐三菩提",即求无上正等正觉。《楞严经》说,"身在人道,不依正等正觉修,别修妄念,成十种仙";"不除尽三惑,三业恶习不灭除,而得神通,就会入魔道";"丧失正等正觉正遍知,迷失菩提真性堕外道无疑";"心中不作成圣想法叫善境界,妄想作圣,稍有成就而勿误作成圣想,向上傲视佛,向下傲视人,就会邪魔入心"。《佛说法灯明心正觉经》说,"佛道乃觉道,为我道不成","是为成佛修,我相暗中生,永世不得道,易入魔途中";"佛法乃觉智,觉在知识空","知空莫执空,执空亦邪经,知空识妙有妙有正虚空,以我知我空,无我由我证"。《佛说大乘金刚经论》说:"依佛说者是佛弟子,随顺邪者即是波旬。"《金刚经》说:菩提无相,"佛得阿耨多罗三藐三菩提,为无所得"。《不退转法轮经》说,"无相即菩提","菩提不取相","菩提无分别","菩提无住处","不得菩提相,是名为如来"。《楞严经》说,"丧失菩提知觉","真性迷失","小魔作怪","就会成魔"。

有了菩提觉悟,就会觉知魔是诸烦恼迷障的集中体现。世尊说佛法有八万四千法门,是用来对治众生八万四千烦恼服务的。又说佛法无量无边法门是为对治众生无量无边烦恼服务的。《华严经》说,众生无尽,烦恼无尽,佛法无尽。佛陀反复强调,降魔是一项伟大艰巨的任务,不是轻而易举就能完成的,识魔是降魔的前提条件,而要想做到识魔,则需要无上正等正觉,需要正遍知能力。只有识魔能力并不能降伏魔。魔之所以能束缚众生,在于有神通能力。《宝星陀罗尼经》反复指出,魔王被降服后之所以"不肯依佛言发菩提心","宁可尽后边身得重头痛","宁忍耐此苦,令身口意受无量无数大苦恼事,至于最后边际劫,我终不发阿耨多罗三藐三菩提心",除了执迷不悟外,还因为魔王相信"我亦自有亲友","我有最上威德力"。世尊告诉人们,降魔者必须有高于魔的神通威力,要求众生修学至高无上自在神通能力,能常行真正。经中释迦牟尼佛供养十方诸佛,请说咒降魔,其意是说降魔的任务不是一菩萨一佛之威力能完成的,必须十方诸佛菩萨协同努力。本经又说,恶魔虽然被降伏,但始终不肯发菩提心,则是告诉人们"当知魔亦无尽",同魔斗争需要经历一个漫长的过程,众生必须善于守护自己,不让魔得其便。《楞严经》《圆觉经》《无量寿经》等皆反复告诉人们,贪嗔痴慢疑皆魔入手处,破五戒、行十恶、食五荤皆魔侵入时,必须时时事事处处持守菩提心。

释迦牟尼佛告诉众生,他为婆娑世界创立的佛法法(运)仅有一万二千年。越是接近末法时期,魔越猖狂,诸魔千方百计迷惑欺骗众生。《宝星陀罗尼经》说,"恶魔变作摩醯首罗像";或"变作美男美女","以美妙歌舞诱惑佛弟子";或"变化为可畏怖境界"恫吓佛弟子;"令著恶见,毁皆三宝,谤正为邪",使"众生皆堕恶见,不得解脱,不住正见","作种种魔事","失善道住恶道","舍法行乐作恶","常怀恶心"。佛告众生必须守持正法,不失戒定,防止上当受骗。《楞严经》说,魔亦能化为佛说法,"应当知道十种魔在末法时期,隐藏在我的法中,或出家修道人中,或附于人体,或自己现形,说自己成就了正遍知,觉无上涅槃",妄图用魔说代替佛说,使佛弟子"丧失正等正觉正遍知","迷失菩提真性","堕入魔邪见"。《大般涅槃经》说:天魔梵为破坏佛法,"变作佛身,具足三十二相、八十种好,圆光一旬,百部圆满,变幻种种神通"。佛告迦叶说:"我涅槃七百年后,有魔波旬逐渐破坏我法",用魔邪说冒充佛法,佛弟子必须精心辨别魔说和佛说的区别,"应当久久护持正法,然后乃成无上佛道。"《佛说法灭尽经》说:"佛告阿难,吾涅槃后,法欲灭时,五逆浊世,魔首兴盛,魔作沙门,坏乱吾道。"

释迦牟尼佛反复强调末法时期的目的,在于教导众生要懂得并善于自我保护。魔把罪苦众生作为自己存在发展的基础,妄图用种种手段诱导众生犯罪,从而牢牢把众生束缚在三途六道之中,使之永远不得解脱。世尊讲经说法四十九年,宗旨就是告诉众生如何排除魔的干扰,永取解脱。佛陀临涅槃前,在《大般涅槃经》中反复告诉众生,不受魔干扰的根本之点在于认识自己的真如本性。人的真如本性中有觉有知,人明心见性之后,就能识魔而不上魔当不受魔害;人的本性之根是善,发展人的善根,使之成长圆满,人就能成圣道;人的本性中有行真正的天赋,人能常行真正,就能求得至善圆满;人的本性中有神通能力,当人能把无上正等正觉、正遍知、常行真正统一起来时人就能求得无上神通能力,就能得大自由大自在。世尊同时指出,由于众生无始以来认妄为真,真如本性被诸烦恼迷障,不识自身真如本性。对于迷失真如本性的众生来说,要想排除魔的束缚,出三途六道就必须修学大乘佛法。《大般涅槃经》告诉人们:"大乘经有力量不畏一切诸魔毒蛇等,能降伏他们使之不能为害","声闻缘觉于诸烦恼而生怖畏,学大乘者则都无恐惧",因为大乘佛法是佛陀"为使声闻缘觉众能调伏诸魔而说的",佛告诸声闻说:"你们不应畏惧魔波旬。如果魔波旬化作佛身来到你们面前,你们应当精勤努力坚固自心,降伏他。"佛法是为众生发菩提心服务的,恶魔至死不肯发菩提心。学大乘佛法,发菩提心,魔波旬就无法从学大乘佛法人那里得到好处,便只好逃走。因而世尊再三强调皈依三宝,"得到依靠","以大乘水而自浴","以佛法的大庄严而庄严自己","以法为舟",破迷开悟,了脱生死,超凡成圣。

（十六）认识急当务之急

释迦牟尼佛向身处五浊恶世的人们，大声疾呼，必须知道急当务之急。《无量寿经·劝谕策进》说："世人共争不急之务。于此剧恶极苦之中……为心走使，无田忧田，无宅忧宅，眷属财物，有无同忧……忧苦万端"；"心无远虑，各欲快意，迷于嗔恚，贪于财色，终不休止"；"感道者众，悟道者少，各怀杀毒，恶气冥冥，违逆天地，恣意罪极，顿其寿尽，下入恶道，无有出期"；"永劫以来，辗转五道，忧苦不绝"。世尊告诉人们，浊世恶苦，处处是陷阱，稍有不慎，就会丧失身命，"万劫难复"。必须把解决"离苦得乐"，"永拔生死之根本"，"无苦恼之患"的问题，放在第一位。

净土诸经明确指出，除忧苦烦恼、生死之患的根本办法，就是"拔一切业障根本"，求生无忧国土，极乐世界。具体办法，就是"努力修善"，"远离众恶"，"择善而勤行之"，"积累善本"，"一心制意，独作诸善，不为诸恶"；"圆满普贤功德"，"当修三福"，"奉持五戒"，"力行十善"。《金刚心总持论》说："佛告文殊师利，六道四人为人最贵，为人最灵。佛从人中修成，业从人中造就。人能修福，决生天上。人能造恶，必堕地狱……人道不修，系道不及，一失人身，万劫不复。"从而告诉人们，既然已得人身，应做的头等大事，就是修人道。如果不修人道，丧失做人资格，就会堕三途，如堕地狱则不得闻佛法，求出无期；如堕畜生道，就会愚痴无知，即使遇到佛法，也根本难解其意，释迦牟尼佛曾指着精舍旁的一窝蚂蚁说，这窝蚂蚁已经过七佛出世长的时间，尚作蚂蚁，而人则可即身成佛道。如果保不住人身，修三圣道则无从谈起。《观无量寿经》说：修三福"乃是过去、未来、现在三世诸佛，净业正因"，欲生西方极乐世界，"当修三福。一者孝养父母，奉事师长，慈心不杀，修十善业。二者受持三归，具足众戒，不犯威仪。三者发菩提心，深信因果，读诵大乘，劝进行者。"世尊涅槃前留下的《佛遗教经》说："汝等比丘，若欲得寂灭乐者，惟当善灭戏论之患"，"当急舍离乱心戏论"，"当自端心，正念求度"，"能持净戒"，"当制五根，勿令放逸，入于五欲"，"常自省察，不令有失"，"有智慧之照"，"自利利他"，"当勤精进，早求解脱，以智慧明，灭诸痴暗"，"常当一心勤求出道"。《八大人觉经》说："觉悟世间无常"，"觉知生死炽然，苦恼无量，发大乘心，善济一切，愿代众生受无量苦，令诸众生毕竟大乐"，"精进行道，慈悲修慧，乘法身船，至涅槃岸，复还生死，度脱众生"，"进趣菩提，速登正觉，永断生死，常住快乐"。

（十七）认识人生价值

佛家重视人生价值，从诸多方面揭示了人生价值问题。《佛说天地八阳神咒经》说："天地之间，为人最胜最上者，贵于一切万物。"《金刚心总持论》

说:"六道四生惟人最贵,惟人最灵。佛从人中修成,业从人中造就。"《佛说真宗妙义经》说:人体内有"三宝精、气、神","有五种真香,戒、定、慧、解脱、知见香",依靠内三宝、五香,能见佛、法、僧,能正遍知,能修无上正等正觉,能修至善圆满,能圆成普贤慧行,能得无上自在神通,能创造极乐世界。

佛家明确指出,人的全部价值,潜藏在人生过程中。释迦牟尼佛讲经说法四十九年,念念不忘教导人们认识人生价值,在涅槃前夕留下的《遗教经》,仍再三强调"勿令一生空过","无为空死而后致有悔"。

佛家大乘经典,不但告诉人们要认识人的价值,勿一生空过,而且要求人们充分利用好人生,最大限度地实现人的价值。佛家文化创始人释迦牟尼佛出家前是一位王子,名、闻、利、养、权力、地位什么都不缺,然而这一切他统统不要,他离家求道,托钵乞讨,过上了日中一食,树下一宿的艰苦生活。他不辞劳苦,四处奔波,讲经说法四十九年。佛家学说中最受人崇敬的阿弥陀佛,当时是一位国王,他舍弃王位,专心求佛道。释迦牟尼佛、阿弥陀佛求什么呢?他们求的是度化众生之道,追求的是众生离苦得乐。他们清楚自己做国王只是暂时救护部分众生,但没有办法使尽虚空、遍法界的苦难众生都永远离苦得乐,他们追求的是十法界众生彻底离苦得乐。他们懂得现实人生的方方面面都是有限的,人的生命有限、智慧德能有限,人应该利用有限的人生做为众生谋利益的无限事业,个人的人生是有限的,而把这有限的人生融化到十法界无限众生的生命中去,自己也就获得了永生,个人的人生价值也就无限了。

佛陀认为,宇宙间的一切事物都是心造的,众生的心与佛心相同,佛能做到的,众生都能做到。关键问题在于怎样运用自己的心。佛经中记载了各种各样运用自己心的人,记载了各种各样的人对人生价值的追求。世尊举例说中印度有个大国叫舍卫国,有一个大臣叫须达多,因喜欢布施救济贫穷苦难之人,人又称他为给孤独长者,他听说释迦牟尼是一个非常有学问的人,于是想请释迦佛率弟子来自己的国家讲学。因常随释迦佛讲经说法的有一千二百多弟子,必须找一个可容纳一千二百多人居住的房舍。他到处寻找这样的地方,结果选中了太子的花园,想买这个地方。太子开玩笑地说:"听说你家黄金很多,你要能用黄金铺满这个花园的地,我就卖给你。"给孤独长者真的把自己家中的黄金拿来铺地。当太子知道他要请释迦佛和弟子来讲经说法时,就坚持要求与给孤独长者两个人同做这一功德,取消了用金子铺地的要求。给孤独长者认为支持弘扬佛法比保存金子更有价值,太子也认为支持弘法比保存他的花园更重要。释迦牟尼佛利用须达多和太子提供的讲经条件,在此讲了许多大经,须达多和波斯匿王皆成为虔诚的佛弟子,积极参与弘法利生活动。

《百缘经》还介绍了贫女发心布施得升天上的果报。有一贫女替人家做了三个月苦工,获得了一块布,当作衣服披在身上。她赶上须达多劝化众生布施,知道自己今生贫穷是因为前世不知善恶果报,不修布施,现在虽然很穷,但还有一块布,感到机会难得,为求来生安乐,宁愿现在裸体饥饿而死,不愿来生后世贫苦而活。便解下身上那块布,从小屋窗口掷向须达多长者。须达多大受感动,便脱下自己的服饰布施给贫女。贫女后来升忉利天。

《佛说法灯明心正觉经》明确指出:"世间真道场,佛由众生成。"佛是修行成功的众生。所有佛和大菩萨,都是经过多生多世的清净修行才得以成就圣道的。他们修行的道场是世间,而成就圣道的载体就是人生。

(十八)认识人成长之道

佛陀论人成长之道的理论,体现了佛家的大智慧,具有圆觉通达广泛的适用性。释迦牟尼佛从创建佛陀教育之日起,就把人的成长与佛、众生、万事万物、天之常道、自然之理、世谛之法等,普遍地联系了起来,明确指出,能最大限度求得其和谐统一者为成圣道者。《佛说天地八阳神咒经》是集中阐述这一道理的大乘经典之一。该经指出,众生"由信邪倒见","反天时,逆地理,背日月之光明,常没暗室,违正道之广路,恒寻邪径,颠倒之甚","流转诸趣,堕于恶道,永沉苦海"。人们要想"免于众苦","成圣道",就必须以佛"正见之法"为指导,"善恶之理不得不信","心不信邪,崇敬佛法","常行真正","得无漏身,成菩提道"。"善法常转,即成圣道;若说邪语,恶法常转,即堕地狱"。人要想成圣道,就要用佛法管好六根,圣化八识。人有了"佛身法心,所以能知,具足智慧",眼是妙色身如来,耳是妙音声如来,鼻是香积如来,舌是法喜如来,身是法明如来,"即知两眼是光明天,光明之中,即现日月光明如来。两耳是声闻天,声闻天中,即现无量声如来。两鼻是佛香天,佛香之中即现香积如来。舌是法味天,法味天中即现法喜如来。身是卢舍那天,卢舍那天中即现成就卢舍那佛、卢舍那镜相佛、卢舍那光明佛。意是无分别天,无分别天中即现不动如来、大光明佛。心是法界天,法界天中即现空王如来。含藏识天,演出阿那含经、大般涅槃经。阿赖耶识天,演出大智度论经、瑜伽论经。佛即是法,法即是佛,合为一相,即现大通智胜如来。"

《佛说四十二章经》深入阐述了如何成圣道的问题。"佛言,博闻爱道,道必难会。守志奉道,其道甚大。""沙门问佛,以何因缘,得知宿命,会其至道。佛言,净心守志,可会至道。""沙门问佛,何者为善,何者最大。佛言,行道守真者善,志与道合者大。""佛言,学道见谛,无明即灭","譬如持炬入冥室中,其冥即灭,而明独存矣"。"佛言,夫为道者……应当坚持其心,精进勇锐,不畏前境,破灭众魔,而得道果"。佛告诉人们,"直心念道","行道在心","念戒近道","佛子离我数千里,忆念吾戒,必得道果;在吾左右,虽

常见我,不顺吾戒,终不得道"。"佛言,夫为道者,犹木在水,寻流而行,不触两岸,不为人取,不为鬼神所遮,不为洄流所住,亦不腐败,吾保此木决定入海。学道之人,不为情欲所惑,不为众邪所娆,精进无为,吾保此人必得道矣。"

《金刚心总持论》进一步剖析了成佛圣道的构成机制,指出了佛、众生、自己心性对人成长的制约作用。经中指出:"佛与众生,心性一般,只因修与不修,信与不信,所以有成佛者,有众生也。""一切功德皆从自己心地修成,不从外得。何以故? 若是明心见性之人,常闻自己心佛,时时说法,时时度众生,时时现神通,时时作佛事。""一切众生皆有佛性,本来不生,本来不灭,只因迷悟而升沉。""诸佛常觉不迷,所以永成佛道","众生常迷不觉,所以永劫堕落"。众生因迷而不觉,虽有佛性,"不投佛修终不成佛"。本经还回答了"以何工夫修证,能超凡夫入圣道"的问题。

释迦牟尼佛深入而明确地指出,人能否成长和成就圣道,关键在自己。释佛在《佛遗教经》指出:"我如良医,知病说药,服与不服,非医咎也。又如善导,导人善道,闻之不行,非导过也。"《佛说真宗妙义经》深入阐述了能否成无上道果,关键在自己。明确指出:"佛在人身坎宫,回光返照,明心见性即是佛。""先得成佛者,净心修行,内明性理,直门而入,得成无上道果","未得成佛者,不知门户,不见自性,内不明心,一心向外求,所以不得成佛"。"内三宝精、气、神",是人成圣道的根据,"神是佛宝,气是法宝,精是僧宝",守此三宝,才能得人身,才能充分利用"天之三宝"和"地之三宝"。"性是王,心是舍,身是城,性若不染着,能知在家出家,常不退转,是名王舍城也";"佛在法堂,贯古通今";"文殊问佛,何为修菩萨行? 佛答曰:行者利益于人,难忍能忍,难舍能舍,出世之心,谓菩萨行。行六波罗蜜,悟本性空,证得佛果,救度众生,无有选择,是名菩萨行";内功德和外功德皆靠自己修;"忏其前愆,悔其后过",靠自己忏悔;"三世如来者既是人三心不动也";"每日省察身心,是名扫塔,供养如来,只用智慧,明心见性,正直好心,是个真供养也";"文殊问佛:何谓烧好妙香? 佛答曰:世人只知烧草香,说是妙好香,不知自己身中有好妙香,万里香,二六时中存养省察,扫除心田尘垢,冰清玉洁,恶念不起,但存平等,慈悲和合,不说人长短,只防己过,念老怜贫,惜身重命,是名妙真香也";"文殊问佛:何为灵鹫山? 佛答曰:灵之精气神。灵也,包含真宗妙义,传下百般利物,是名灵也。鹫也者,全身不散,八万四千神光具足,是名鹫也,山者,人之心也,心如泰山,不动不摇,纯一不杂,是名灵鹫山也";"只要明心见性,慈悲喜舍,二字能忍度尽众生,依他的样子去修……便成佛道"。

(十九)认识个人与社会

人的一生是在社会中度过的,身命来自社会,衣食住行所用的一切物品皆由社会大众创造，开发智慧德能所需要的知识也来自社会，人生一切成就的取得都离不开社会这个大舞台。因而佛家要求人们要懂得感恩，要正确认识对待和处理个人与社会的关系。

1. 认识孝亲

佛法是孝道，要求人们要孝敬父母。释迦牟尼多次讲孝道之法，其中主要有：《佛说父母恩难报经》《佛说盂兰盆经》《佛说报恩奉盆经》《地藏菩萨本愿经》等。

《佛说盂兰盆经》是在大目犍连始得六通欲度父母，报哺乳之恩时，见母亲堕在饿鬼道，自己无力救拔，悲号涕泣，求问释迦牟尼时，释迦佛讲了救度现在父母乃至七世父母之法，要求"佛弟子修孝顺者，应念念中常忆父母乃至七世父母"，强调"常以孝慈忆所生父母，为作盂兰盆施佛及僧，以报父母长养慈爱之恩"。

《佛说父母恩重难报经》是释迦牟尼佛在舍卫国祇树给孤独园讲经时说的一部孝亲经。有一次，释迦佛与大比丘二千五百，菩萨摩诃萨三万八千人南行，忽见路边聚骨一堆，释佛停在骨堆旁，五体投地，恭敬礼拜。阿难合掌问释佛："您是三界大师，四生慈父，众人归敬，为何礼拜枯骨？"释佛说："你们虽然是我上首弟子，出家日久，但知事未广。此一堆枯骨或许多是我前世祖先、多生父母。"释佛让阿难将此堆枯骨分成两份，将白骨放一堆，黑骨放一堆。释佛告诉阿难等，"白骨是男子枯骨，男子骨白是因为在世时听讲经律，礼敬三宝，念佛名号，所以其骨白且重，女人因智慧不足，易溺于情，把生男育女视为天职。孩子皆依赖母乳养命，每个孩子饮母乳八斛四斗之多。白乳由血变成。所以女人骨憔悴，显现黑色，其量亦轻。"接着释迦佛详细讲述了母亲十月怀胎之苦，胎儿在母腹时，"母血凝成胎儿食料"；释迦佛讲了母亲对子女有十种恩德：第一，怀胎守护恩；第二，临产受苦恩；第三，生子忘忧恩；第四，咽苦吐甘恩；第五，迴干就湿恩；第六，哺乳养育恩；第七，洗濯不净恩；第八，远行怀念恩；第九，深加体恤恩；第十，究竟怜悯恩。释迦牟尼佛接着指出，"母亲一百岁，常忧八十儿"，"做鬼抱魂，不曾割舍"。"教导礼义，婚嫁营谋，备求资业，携荷艰辛，勤苦百倍，不言恩惠，孩儿有病，父母惊忧，忧极生病，视同常事，子若病除，母病方愈"。"如斯养育，愿早成人"，然而"孩子反为不孝，尊亲与言不知顺从，应对无礼，恶眼相见"，"父母教令，多不依从"，"认非为是"，造诸罪业，"不孝之人，身坏命终，堕于阿鼻地狱"。释迦佛指出，父母恩重，怎么报答都报答不了，最好的办法是宣传孝道，广泛流布《佛说父母恩重难报经》，"为父母造此经典，是真报得父母恩也，能造一卷，得见一佛；能造十卷，得见十佛；能造百卷，得见百佛；能造千卷，得见千佛，能造万卷，得见万佛。是等善人，造经力故，是诸佛等，常来慈护，立使其人，生身父母，得生天上，受诸快乐，离地狱苦"。

《地藏菩萨本愿经》是释迦牟尼佛圆成佛道后为报答母恩在忉利天宫为母亲说法时讲的一部经。佛家规定，人们圆成佛道后都要不忘感谢母亲，必须在忉利天宫为母亲说法。释迦牟尼佛这样做了，他请诸佛菩萨、婆婆世界及他方国土无量亿天龙鬼神，无量地藏菩萨分身亦集到忉利天宫，听讲佛家孝经。释佛指出，地藏菩萨是报父母恩的典范，明确指出不孝父母，或至杀害，是人间第一重罪，必堕阿鼻地狱。强调信奉佛法，是大孝。成就佛道，是报答父母之恩的根本途径。

《贤愚经·须阇提品》记述了一个小孩孝敬父母的故事。一次，阿难与释佛到城里去乞讨食物，碰上一对老夫妇，这两位老人双眼都瞎了，生活贫困，痛苦不堪，没有房屋，只好住在城门下。他们只有一个儿子刚七岁，这个孩子自己讨饭来养活父母，讨来好的食物便给父母吃，酸的、苦的、臭的便自己吃。阿难很受感动，回到精舍还念念不忘这个小孩。在佛陀讲经时，阿难双腿跪在地上，叉手胸前，对佛说此故事。佛对阿难说："无论出家，还是在家，对父母慈心孝顺，赡养父母，这样的功德是极其高尚，不可估量的。"接着释迦牟尼讲述了自己过去世慈心孝顺父母的事。在很久很久以前，在此阎浮体，有一个大国，叫特叉尸利，国王叫提婆，有十个太子，每个太子领导一个小国。最小的太子叫修婆罗提致，他领导的国家，物资丰富，人民生活最好。当时，大国王身边有一个大臣，名叫罗睺，叛国杀死大国王，他做了大国王，然后调兵遣将去杀各位太子。这位最小的太子因心地慈善，受到鬼神们的尊敬，一个夜叉前来送信，小国王便决定离开王宫，到别的地方避难。这个小国王有个七岁的小儿子，非常可爱。小国王走出后又转回家，抱着这个儿子哭泣，夫人见状便问原因，小国王讲了夜叉送信的事。夫人跪在地上，求与小国王，抱儿子一起逃难。他们想去的地方，有两条路可走，一条路要走七天，另一条路要走十四天。他们离王宫时，因惊慌失措，只带了够一人吃七天的食物。过了几天没有食物可吃，小国王怜爱儿子，便准备杀夫人，作食物，救自己和儿子的命。七岁的小儿子见父亲拔刀要杀母亲，便叉手胸前，求父亲不要杀母亲，愿用自己的命救母亲，让父亲杀他，并说不要一下杀死，一次割下一点肉，可以多吃几天，如一下杀死，肉烂了，过几天又没吃的了。父母悲痛欲绝，每天都从儿子身上割肉吃，肉割没了，又将儿子肢解，一次一次地从骨头上割肉吃。父母要将骨头扔弃的时候，儿子又对父母说："我命还在，我身上还有一点肉，我希望父母去的地方有肉吃，请父母将剩下的骨头和肉施舍给他人。"父母按儿子的要求，将儿子剩的肉和骨分成三份，两份留给自己吃，其余一份残余的肉、眼、舌之类，施舍给众人。儿子发誓说："今世我用自己的身上肉供养了父母，功德无量。我要用这功德，去追求佛法，成就佛道，救济天下众生，使他们从苦难中解脱出来。"

释迦牟尼对阿难说："无论出家还是在家，对父母慈心孝顺赡养，功德是极其高的,不可估量。"

2. 认识尊师

佛法是师道。佛家告诉人们,人的成长和成功离不开老师的教育和指导。释迦牟尼佛在《法华经》《华严经》《地藏经》等许多大乘佛经中都指出了老师的作用。《法华经》是佛家公认的教导人们成佛的经,释迦牟尼在本经中公开承认文殊菩萨是自己和诸多佛的老师,还指出文殊菩萨也是未来佛弥勒佛的老师。《华严经》是佛家承认的经中王,该经说文殊菩萨是善财童子的老师,善财童子除了从师文殊菩萨之外,还遵从文殊菩萨教导,积极参修其他五十三位善知识的经典。佛念念不忘强调善知识的作用,指出地藏菩萨过去无始劫以来就自觉坚持以佛菩萨为老师。此外佛家还有《事师法五十颂》《阿难问事佛吉凶经》等都明确指出师的作用。

佛家认为老师的作用是其他人无法代替的。佛法从多方面展示了老师的作用,第一,没有老师,人不知孝道。佛家告诉人们,佛法的根建立在孝道上,这个道理是人天师揭示的,是释迦牟尼佛这位老师深刻地阐述了父母恩难报的道理,迄今为止,还没有什么人比释迦说得更深刻的,如果没有释迦牟尼佛这位老师说,又有谁知道父母恩如此深重难报呢?孝道的流布还需要善知识们的辛勤工作。佛家告诉人们,"佛法无人说,虽好无人知"。有善知识用佛的教导教化人,人们才能掌握佛法。

第二,没有老师,人们难有正知正见。佛家认为,唯有善知识才堪称老师,因为善知识才能给人正知正见,教会人们走正道,成正果。而邪师则说邪法,引导人们走邪路,造恶业,堕三途,遭恶报,实为恶魔。

第三,没有老师,人的智慧德能难以得到充分开发。佛家告诉人们,指出众生皆有如来智慧德能的是天人师。释迦牟尼佛这个老师如果不指出,世人有几个能知道此道理。佛家告诉人们,世人具有的小聪明小技能不是佛法讲的智慧德能,只有从菩提心中发出的智慧才是真正的智慧,这种智慧的圆满发展能给人正遍知,使人觉行圆满,而唯有圆成佛道的人才能使人成为智慧德能圆满的人。一个人无论智慧多么高,如果不能指导自己和他人德行圆满,就是觉行不圆满,就是没有大自在的人。大智慧、大德能、大自在统一的时候,才叫成正果。

佛法中老师的地位最高。佛家认为真正堪称天人师的人只有佛。佛是最大的善知识,是最高职位的老师,次于佛的善知识是菩萨,行佛菩萨道的人也是善知识。那些流布佛法,续佛慧命,帮助人们得佛知见的人也多被称为善知识。

佛家不但阐明了老师的作用及谁是老师,而且阐明了应该怎样对待老师。佛家认为,对待老师的根本原则是诚敬,即尊敬老师、奉事老师、按老师的教导去做。佛菩萨不度无缘之人,你与佛菩萨结缘,佛菩萨才能教化你。

你信佛,顺佛,佛度你;你不信佛,不听从佛的教导,与佛无联系,佛怎么度你呢?诚敬是与佛菩萨结缘的根本途径。备受释迦牟尼佛称赞信赖的地藏菩萨就是诚敬待师的典范。他无始劫以来,坚信佛菩萨说的话,听从佛菩萨的教导,佛菩萨教他怎么做他就怎么做,没有半点怀疑,全心全意去落实,因而能不断得到佛菩萨的加持,从而能够精进不退,成为人天及各法界众生学习的榜样。

3. 认识善待众生

佛家指出,"惟心佛亦尔,惟佛众生然。心佛及众生,是三无差别","佛即众生,众生即佛","心佛众生,三无差别"(《中峰三时系念法事全集》)。《坛经》进一步指出:"只要真正认识了众生,就能成佛。如果不认识众生,找佛找一万劫也还是见不了佛","如果要找佛,只要能认识具有佛性佛心的众生,就能见到佛。这是因为有众生才有佛性佛心,离开众生就没有佛心佛性","迷妄时佛是众生,开悟时众生是佛;愚痴时佛是众生,智慧时众生是佛"。"心险恶时佛是众生,平等待人时众生是佛"。《维摩诘经》说:"譬如高原陆地,不生莲花,卑湿淤泥,乃生此华。如是见无为法入正位者,终不能复能生于佛法,烦恼泥中,乃有众生起佛法耳……是故当知,一切烦恼为如来种。譬如不下巨海,不能得无价宝珠,如是不入烦恼大海,则不能得一切智宝","尘劳之俦,为如来种……乃至五无间罪,犹能发意生于佛法"。

释迦佛在诸多大经中不厌其烦地指出:"荷花出自污泥,佛菩萨成自众生。"没有污泥则难见荷花,没有众生佛道难成。从而明确告诉人们,渴望成就圣道者,必须善待众生。"诸恶莫作,众善奉行,自净其意,是诸佛教。""如果一生心险恶,佛就隐藏在众生中。"

佛陀告诉人们,要想出三途超六道,必须断十恶,修十善,不伤害任何众生,善于化解一切矛盾,其办法就是懂得转变观念,善于以德报怨,感激伤害你的人,因为他磨炼了你的心志;感激欺骗你的人,因为他增进了你的见识;感激鞭打你的人,因为他消除了你的业障;感激斥责你的人,因为他助长了你的定慧;感激绊倒你的人,因为他强化了你的能力;感激遗弃你的人,因为他教你懂得了自立;感激一切给你出难题的人,因为他们逼迫你开发无限的智慧德能。如果人们懂得用感恩心对待一切伤害,不但善待了众生,而且成就了自己。纵观释迦牟尼成佛之道,道理就在这里。他懂得以德报一切怨,所以得以圆成佛道。歌利王无缘无故一刀刀地割他的肉,看他能不能忍,释迦牟尼不但没有丝毫怨恨,反而感激歌利王,公然声明,我成佛后第一个度你。释迦牟尼佛对无故伤害自己生命的人都能用感激心对待。如果我们能这样善待众生,做人还会难吗!

人们之所以必须善待众生,最根本之点在于众生皆有佛性,都是未来佛。佛家告诉人们,众生皆可成佛。释迦牟尼是这样说的,也是这样做的。

他不但指出众生皆有如来智慧德能,而且做菩萨时起名为常不轻,在他眼里,众生都是佛,他因为这样对待众生,遭受了许多人的斥责,甚至打骂,也毫不退步。众生不但未来都将成佛,而且现实众生各有其长,各有生存之道,佛家圆成佛道,靠的就是集众生之长。被称为佛经王中王的《华严经》,对善财童子虚心向各界众生求教做法的介绍,就是告诉人们,要想成就自己,必须懂得取一切众生之长,把一切众生都当老师对待。

《大般涅槃经》说,"一切众生悉有佛性,只因为烦恼覆盖,所以才不知不见","我今天普遍指示一切众生,告诉他们都各有佛性,只是因为诸烦恼之所覆蔽,如像那贫穷之人有真金藏而自己不能得见,今日告诉众生,使之发觉自身的宝藏"。

佛家告诉人们,佛法是渡众生成佛的法船,佛菩萨的任务就是用佛法度化众生。佛不度无缘之人。那么众生成佛之缘在什么地呢?佛菩萨到哪里去寻找可度和应度的众生呢?这就是寻找发现有善根的人。众生一旦对自己的善根有所发现,就会有所表现。众生一旦有了善心,愿做善事,就有了可度之缘,佛菩萨就有了可度化的对象。释迦牟尼在《地藏菩萨本愿经》中告诉地藏菩萨及诸菩萨,积极发现众生善根的表现,一旦众生善根有所省悟,就及时抓住,促其发展,决不让其退转。"若有善男子善女人,于佛法中所种善根……乃至一毛一尘,一沙一渧,如是善事,但能回问法界,是人功德,百千生中受上妙乐。"又说:"地藏,吾今殷勤,以天人众,付嘱于汝。未来之世,若有天人,及善男子善女人,于佛法中,种少善根,一毛一尘,一沙一渧,汝以道力,拥护是人,渐修无上,勿令退失。"(《地藏菩萨本愿经·嘱累人天品第十三》)。《道行般若经》说,对于众生来说,最重要的是"能按照般若波罗蜜的教导进行修行","一心按照般若波罗蜜的教导进行修行,他在一切众生中就是最尊贵的"。本经强调:"解救这些众生,把慧眼交给一切众生,让众生认识般若波罗蜜,依照般若波罗蜜法进行修行。"《文殊菩萨无尽十种甚深大愿》的宗旨,就是引导众生发成佛的心愿,开启成佛的智慧,"学习菩提,渐成佛道"。

要想学佛做佛,首先必须正确认识什么是佛。佛家诸多大乘经法都明确指出,佛是人不是神。佛是人的自性开发达到无上高度的人。佛在觉知性开发上,达到了无上正等正觉,获得了正遍知能力;在善良根性开发上,达到了至善圆满的程度;在知行统一问题上,达到了知真行正,觉行圆满统一。佛是无上至高至善至真的老师。佛法是佛在成就佛道之后,讲的关于宇宙人生真相的知识,是关于宇宙人生的至高无上的大道理。

唐朝武则天在学佛后评价佛法说:"无量甚深微妙法,百千万劫难遭遇。"佛家告诉有机会见到佛法的人:"我今见闻得受持,愿解如来真实意。"佛家认为,人类社会已经进入五浊恶世时期,世人处于"劫浊、见浊、烦恼浊、

众生浊、命浊中"(《佛说阿弥陀经》),只有佛法僧三宝,才能指导人们正确
认识宇宙和人生真相,有效驾驭自己,做自己命运的主人。

学佛就是追求佛家的大智慧,就是不忘觉而不迷,正而不邪,知真行正,
有自在神通力。佛家明确指出,处于五浊恶世中的人们,靠小聪明小智慧不
行,唯有佛的大智慧,才能渡人们到达理想的彼岸。佛陀要求人们在五浊恶
世中,不要忘掉做清净无染的人。佛家文化传入中国两千年来,我国的祖师
大德们,再三再四告诉人们,皈依佛法僧三宝,就是皈依觉、正、净,就是要做
像佛那样具有至高无上的正等正觉、具有至高无上智慧德能、具有无限清净
自在的人。也就是说,三皈依是学佛的基础,不受持三皈,不是佛弟子,则无
法修学佛法。

佛家告诉人们,信佛敬佛是学佛的基础。只有相信佛讲的道理是真理,
才能真学。不真信,就无法真心去学。敬佛是敬老师,拜佛是拜老师,供佛
是供养老师。佛家敬佛、拜佛、供佛的方式是多种多样的,概括起来,主要有
两类:一是敬奉、礼拜、供养生活在现实社会中的有血有肉地活着的具有佛
一样觉悟、智慧,德能和品质的人;二是敬奉、礼拜、供养以往在世间成就佛
道的人的形相,如用金银铜铁塑造的,或画或印在纸上、布上等的佛像。如
中国两千年来敬奉、礼拜,供养最多是释迦牟尼佛、药师佛、阿弥陀佛等形
象。敬奉、礼拜、供养过去世诸佛,同样是发心以他们为老师,发心学习他们
的觉悟、智慧、德能,像他们那样做人做事。

佛家认为,人有过去、现在、未来三世,而佛是求得大解脱大自在的人,
具有无量寿,可以自由往来于十法界。处于九法界的众生,只要能契入佛知
见与佛心心相印,佛就能感知,就能给人们加持,推动人们沿着佛道成长。

佛家明确指出,敬奉、礼拜、供养佛像,根本目的在于加强自身修养,把
自己的思想、言论和行动纳入佛要求的轨道,求与佛念念相通,心心相印。
供佛像的直接目的,是见佛像如佛在,礼拜佛像要存心如真佛;供清净水是
为了修像佛一样的清净心、平等心;供鲜花是为了提醒自己修好因缘,供果
是为了提醒自己不忘求善果,供灯是修燃烧自己而照亮别人的心,供香是为
了修对佛的信心,修戒定慧心,佛像并不喝你供的水,也不吃你供的果,也用
不着你供的灯。

佛家告诉人们,学佛必须学习佛的经法,生智慧。只有明法才能信而不
迷,长德能。佛家把佛陀教化众生的著作称为佛经。听经一般指听法师领
读或宣讲佛经。诵经一般指修学佛法的人自己读诵佛经。佛经是佛法的载
体。佛法的基本道理蕴藏在佛经之中。人们要想了解佛是怎样看待宇宙社
会和人生的,必须读经、诵经,必须听有佛法修养的人讲经。必须清楚,听
经、诵经都是听佛陀对于宇宙人生真相的看法和说法。佛经是佛陀在得法
身,获正遍知能力后,站在十法界的高度讲述的关于宇宙人生真相的知识,

高于九法界众生的认识,对九法界众生具有破迷生信的作用。听经、诵经的基本目的在于明理。人们要了解佛法,需要听经、诵经。要认识宇宙人生真相,需要听经、诵经;要消除对十法界认知的迷惑,也要听经、诵经。总之一句话,人们要想求得佛对宇宙人生的正确认识,具有正等正觉,成为具有大智慧、大德能、大自在的人,就要听经、诵经。

中国人修学佛法两千年来的经验表明,如何听经、诵经,有大学问。修学佛法的人不能不听经,不能不诵经,也不能糊里糊涂地听经、诵经。

佛经是释佛两千多年前在印度讲的,即使已经用中国文字翻译过来的,也多是中国的文言文,现代人读起来很困难,加之佛经浩瀚,有人计算过,假如一个人,生下来就能读经,一辈子也读不完。释佛在四十九年的时间里,坚持针对众生根性,随机说法,有些佛经属于小乘,而有些佛经则属于大乘。读小乘佛经的人,即使修学到顶,也只能成为声闻、缘觉菩萨,或辟支佛,而无法成就佛道。释迦牟尼明确告诉人们,大乘佛经是直指佛道的经法,要成就佛道,必须修学大乘。

释佛告诉人们,佛家法门无量,即使有量,也有八万四千法门,各个法门各自有自己修学的重点。处于人道的人们,生命有限,不但无法读尽佛经,也无法修学一切法门。佛家要求人们,要懂得一门深入。佛家法门平等,修学任何法门都可以圆成佛道。又说,一经通而百经皆通,只有认认真真地从一个法门的某一部经深入,才能逐步步入佛道。

佛家告诉人们,八万四千法门,或无量法门,修行的总体目标都是一致的,即都修戒、定、慧,都求觉、正、净。诸法门都念佛,其中净土法门主张以念佛为主,因而又称念佛法门。

净土法门指定佛弟子必修的佛经有限,只有《佛说阿弥陀佛》《无量寿经》《观无量寿经》三部完整佛经和《楞严经·大势菩萨念佛圆通章》《华严经·普贤菩萨行愿品》。净土法门要求佛弟子以持名念佛为主,即专念阿弥陀佛名号,一句佛号,"都摄六根,净念相继"(《大势至菩萨念佛圆通章》),"功夫成片"。能念到与戒学相应,就有把握自在往生;念到与定学相应,就能"事一心不乱";念到与慧学相应,就能"理一心不乱"。释佛在《大集经》中说:"念佛是我上深妙禅。"

佛家告诉人们,念佛的功德不可思议,念佛方能消宿业,念佛是降伏烦恼得清净心的最有效的方法,降服魔的基本办法就是念佛。世人经常遭受各种魔的困扰,常常不知如何是好。念佛法门告诉人们,一句佛号可压伏诸魔。佛号犹如摩尼宝珠。"清珠投于浊水,浊水不得不清。佛号投于乱心,乱心不得不佛","阿弥陀佛名号就是降伏群魔的宝珠,当知清珠者,喻念佛之净念也,浊水者喻杂乱之心也。当妄心杂乱之顷,能举起一念,洪名阿弥陀佛,一一出口入耳,则杂乱之心自然随念寂静"。《阿弥陀经》说:"执持念

阿弥陀佛名号,若一日,若二日,乃至七日,一心不乱,其人临命终时,心不颠倒,即得往生阿弥陀佛极乐国土。"释佛在《华严经》中指出:"十地菩萨始终不离念佛。"文殊、普贤菩萨摩诃萨,往生西方极世界也是靠念佛。修学佛法的经验表明,无论什么人,只有降伏烦恼,清净心才能现前;有了清净心,才能修佛道。持名念佛的直接作用,就是用佛号伏烦恼,求得心清净。阿弥陀佛的第一个含义,就是无量光明的意思。用阿弥陀佛无量的光明照亮自己的心地,贪、瞋、痴、慢、疑、是非、人我他全都没有了,这时清净心才能现前。

佛家告诉人们,念佛的方法很多,归纳起来有四种;第一实相念佛,第二观想念佛,第三观相念佛,第四,持名念佛。这四种念佛方法中,持名念佛最简单。就持名念佛的方法看,到目前为止,有人喜欢念四个字,有人喜欢念五个字,也有人喜欢念六个字,比较普遍地是念"阿弥陀佛"四字,或"南无阿弥陀佛"六字;有人喜欢大声念,有人喜欢小声念,也有人喜欢默念;有人喜欢拉长声慢念,有人则喜欢短声快念;有人喜欢走着念,有人喜欢站着念,有人喜欢坐着念等。至于怎么念佛更好,应从自己的实际情况出发,用哪种念佛方法能伏住自己的烦恼,对自己得清净心有效,就应当视为最好的方法。一般来说,持名念佛成功者,皆有自己惯用的念佛方法。念佛念到心清净了,智慧就会现前,就能明事理,辨是非,就能得正知正见正行。

印光大师指出:"净念相继,是说一切时、一切处都要念佛,睡在床上还要念,只不过不要出声,躺着念出声,不但是对佛不恭敬,而且伤气;在洗手间,念佛也不能断,只是不要出声,出声是不恭敬。"

大势至菩萨讲的"都摄六根,净念相继",是告诉人们,念佛的时候,要一心称念,不怀疑,不夹杂,不间断,眼不攀缘外色相,耳不攀缘外声尘,心不受外面境界干扰,将心外事彻底放下,只求明心见性。一定要懂得,只有见性,才能出三途,超六道,圆成佛道。

《阿弥陀经》说的念佛要"一心不乱",包括三个层次,一是念佛功夫成片,即心里只有阿弥陀佛,没有其他任何杂念;二是事一心不乱;三是理一心不乱。事一心不乱,相当于阿罗汉果位,见思烦恼断了,尘沙无名尚没断,但能得往生自由,想什么时候往生,就什么时候往生。理一心不乱,烦恼断了,相当于法身菩萨果位,可往生实报庄严土。一心不乱的具体要求是无论恶念、善念都不要生想,不管什么念头,只要有念头起,就用阿弥陀佛名号压下去。"念佛三昧"是禅定,心不颠倒是般若智慧,老实念佛,戒定慧三学都在其中。

《观无量寿经》说,至诚念阿弥陀佛名号,具足十念,"能除八十亿劫生死之罪"。"一念相应一念佛,念念相应念念佛"。念佛念到念念与阿弥陀佛相应时,就能得阿弥陀佛清净心。《法华经》说:"一称南无佛,皆已成佛道",就是说,不论你有心、无心,只要念一句阿弥陀佛,就为将来往生西方净土播下了种子。《法华经》讲了一个樵夫的故事,这个樵夫有一天在山上砍柴,遇到一只老虎要咬他,就赶紧爬到树上,无意中念了一声阿弥陀佛,就种下了成佛果的种子。五百世后,因缘成熟,到释迦佛处出了家,证得阿罗汉果位。

藕益大师在《佛说阿弥陀佛经要解》中说:"释迦牟尼佛就是修念佛法门成佛的。"《阿弥陀经》中,释迦佛告诉舍利弗尊者,"当知我于五浊恶世,行此难事,得阿耨多罗三藐三菩提",就是说的释迦佛是靠持念阿弥陀佛名号圆成佛道的。"说此难信之法",就是说的持名念佛之法。念佛法门的果报就是往生西方极乐净土。念佛法门是一生成就的法门,是不死的法门,唯有念佛可以一生往生极乐净土,了生死,出三界。《无量寿经》《观无量寿经》都明确指出临终一念或十念,就能往生。舍利弗是释佛弟子中智慧第一的人,释佛告诉舍利弗当知持名念佛法门,是说没有第一流大智慧的人,是无法接受持名念佛之说的。《阿弥陀经》说:"名号功德不可思议",是因为释迦佛四十九年所说的一切法,都收在阿弥陀佛这一句名号中,佛家无量法门,一切经教,都归结在阿弥陀佛一句佛号之中。

四、佛陀论如何求正知正见

释迦牟尼佛明确地告诉人们,认识有正知正见与邪知邪见的区别。正知正见,使人"从明入明",成佛做圣;而邪知邪见,则使人"从冥入冥",成魔做畜生饿鬼。世尊讲经说法四十九年,就是围绕如何使众生求得正知正见、成佛圣道展开的。

(一)佛法为求得无上真理性知见提供了理论指导

释迦牟尼佛指出,佛法是累劫以来,诸正遍知者求正知正见经验的升华和理论的结晶。《无量寿经》说,阿弥陀佛学习继承了"二百一十亿佛刹土,功德严净广大圆满之相","起发无上殊胜之愿","思维究竟""彼二十一俱胝佛土,功德庄严之事,明了通达,如一佛刹","发大誓愿",创西方极乐佛国。《金刚经》说,释迦牟尼佛,"于然灯佛前,得值八万四千亿那由他诸佛,悉皆供养承事,无空过者"。释迦牟尼佛所说的佛法,继承了以往诸多佛认识世界和改造世界的经验,又经过婆娑世界众生实践的验证,是实践证明了的具有无上真理性的人生知识。

佛法能指导人们,求得正知正见,还在于它是以往诸佛探索如何求正知正见经验的总结。大乘经典指出,佛法的基本宗旨之一,就是为众生提供正法眼。《法华经》说:"今佛出世,为众生作眼","给众生遍知一切的智慧"。《无量寿经》说,诸佛"常以法音觉诸世间,破烦恼城,坏诸欲堑,洗濯垢污,显明清白","为诸庶类,作不请之友","授法眼,杜恶趣,开善门",使诸众生

"悉获诸佛功德,智慧圣明"。《道行般若经》说:"要为一切众生指明道路,要照亮一切束缚在地狱中的苦难众生,解救这些众生,把慧眼交给他们。"《僧伽吒经》说,"如来出世开甘露法","知世间法出世间法,知世间智出世间智","以是智总摄一切法","为诸世间作大灯明"。世尊在《不退转法轮经》中对阿难说,"当知菩萨摩诃萨随顺于佛智不可思议修无量因,亦不取因相及菩提智,能断一切惑而求佛智慧","引导众生到不退转","为利于一切众生求于佛眼","除恶道垢,摧伏众魔,远离愚痴,拔不明箭,竭无明种害无明怨"。《佛说法灯明心正觉经》说,"众生有佛性,常被欲尘蒙,虽发菩提心,退失不知中,欲是无影蛇,只缚无定人,心虽有灵山,身却陷淤坑,六道不好脱,皆因欲蛇猛,欲蛇喜我相,我相万欲生,我今化身说,法灯明心经,常省诸法子,明察自修行","剔除诸恶因,常查贪嗔痴,守洁护心镜,心净无垢染,智开内外明"。又说:"经是洗垢水,无垢水无用。"世尊在《楞严经》中对阿难说,"你已得了无学果位,但要发菩萨愿行,不入涅槃而留住末法世中,用大悲心去救度那些正心正意深信佛法的众生,使他们不被魔侵扰,而修得正觉知见。"

(二)归趣菩提,是求得无上正知正见的根本保证

归趣菩提,就是把身、语、意纳入菩提大道,用菩提心统帅生命全过程。《大智度论》卷四说:"菩提名之诸佛道。"《成唯识论述记》卷一说:"梵云菩提,此翻为觉,觉法性故。"特指如实觉知诸法真实,能使人达到涅槃的智慧。

大乘佛法把觉视为佛的代名词,认为佛与众生的差别在于觉还是迷。《坛经》说"佛者觉也,开觉知见,乐觉知见,悟觉知见,入觉知见","自性迷即是众生,自性觉即是佛"。《无量寿经》说:"常以法音觉诸世间,破烦恼城,坏诸欲堑,洗濯垢污,显明清白,调众生,宣妙理,贮功德,示福田,以诸法药救疗三苦。"释迦牟尼佛在《大般涅槃经》中,反复强调"一切众生皆有佛性,为烦恼障覆迷,而不能见","如来出离了无量烦恼,进入涅槃安乐之处,游戏于一切觉悟之花中,享受觉华之乐"。《金刚心总持论》说:"一切众生皆有佛性,本来不生,本来不灭,只因迷误而致升沉。何以故,众生长迷不觉,所以永劫堕落,诸佛常觉不迷,所以永成佛道。"《大乘密严经》说:"一切唯有觉。"

释迦牟尼佛指出,欲成佛圣道,必须从修圆觉,入正遍知海开始。《圆觉经》说:"无上法王有大陀罗尼门,名为圆觉,流出一切清净真如、菩提、涅槃及波罗蜜,教授菩萨。一切如来本起因地,皆以圆照清净觉相,永断无明,方成佛道。"

归趣菩提,就是把身语意全部纳入如来正遍知海。《文殊菩萨无尽十种甚深大愿》说"归向菩提,得值三宝","学习菩提,渐成佛道"。善根福德觉

是成缘觉的基础。《佛说十善业道经》说："一切人天,依十善业道而立。一切声闻,独觉菩提,诸菩萨行,一切佛法,咸共依此十善大地,而得成就。"《佛说阿弥陀佛经》说,"往生阿弥陀佛极乐国土","不可以少善根福德因缘"。《观无量寿经》主张"集一切善根","善住一切功德",指出:"修三福","乃是过去、未来、现在三世诸佛,净业正因"。《无量寿经》反复强调"植众德本"、"修诸功德"、"积功累德",行十善、六度,"功德庄严","福德无量",才能成佛圣道。《大乘密严经》说"住身修善行","常修福德,资粮为佛因,解脱及诸度,逮成于正觉"。

觉知智慧觉,是成缘觉的灵魂。《大乘密严经》说,"能觉所觉性"是人的本质特点。也就是说,人能知道自己"能正觉知,心无所畏,以智慧火,焚烧一切诸患因缘";"饮智慧液,得真实解,度生死岸";能知"无慧离真实","妙智生大明","以智定意","以慧解度","智灯照除迷冥";"真正明智者,必在密严中","佛居密严中",知"以究竟慧,入佛法身"。《文殊师利普超三昧经》说,"普安一切群生之类,则诸通慧也",众生依猗贪身,兴缘颠倒,群萌灾患,皆因"无智"。欲成贤圣道,当"学智慧业","入于一切殊绝智慧","具有一切真正之法","总持统御诸法"。《大方广佛华严经·十定品》说,"究竟入于一切智海","具一切智,降伏众魔","成就一切智慧光明,住于一切佛菩提法,入如来智","成就佛眼,为世明灯","得智慧明了第一","能开示一切佛法","修行一切智道","为一切世间正法明灯,普照天边"。

觉行真正觉,是成圆觉的基本点。众生只有修行觉,行真正,才能修成圆觉。《佛说文殊悔过经》说,"身所行事一切见佛","解于大道自在所行","教化众生,住六波罗蜜所度无余,一人不度终不舍去,普令入于诸总持门,皆见一切诸佛三昧因行之始"。《华严经·十定品》提出"修行普贤之行","净普贤行,住普贤道";《华严经·入法界品》提出"于念念中",修"普贤慧行";《华严经·普贤行愿品》提出"修十种广大行愿","成满普贤菩萨诸行愿海","圆满普贤所有功德","既得往生极乐世界"。《大乘密严经》提出"善行清净行","住身修善行","修密严行","入无漏位,名为圣人"。《佛说天地八阳神咒经》说:"常行真正,故名为人,是知,人能弘道以润身,依道依人,皆成圣道。"

道法觉是成佛圆觉的核心动力因素。《阿惟越致遮经》深入阐述了道觉和法觉在人们成长发展中的作用,反复强调"发大道意","志存大道","坚心立于道";明确指出:"道最断狐疑,是一切光明,是人诸佛明道,其曜照十方,睹见亿千佛,普见众庶原","以乃成道慧","指示人道路";告诉人们:"志求无上正真之道,可得道如文殊";强调指出:"凡夫不立圣道,不塞诸恶路","是辈之类,则为舍佛不信大道","至于无上正真之道","必当得成无上正真之道","如往古诸佛,所倚求圣道","正立于佛道","存道无放

逸"，"尔乃成佛道"。佛道是宇宙大道的具体现。"求佛大道"，可"速至道慧"，"彼道则雅谛，悉从智慧兴"，"成就慧明迹"，即"立于大道。"

信觉和定觉是成圆觉的入门证。《智论》说："佛法大海，信为能入。信者，言是事如是；不信者，言是事不如是。"《华严经》说"信为道元功德母"，《华严经》十地品说，从初发心，次得往生，究竟成佛，皆资信力，故云从始至终，信为根本。《大乘密严经》说，"信为佛体"，"佛之智慧，最上无比"，"应生净信"；"以智定意"，"常依于正定"，"恒游正境中"，"一心正定，乃至涅槃"。《大乘起信论》说："信有四种，信根本；信佛有无量功德；信法有大利益；信僧能正修行。"信根本包括"信己身有真如法"，"信有涅槃"，"信业果报"，要求人们要求正信，摄护信心，得成净信，"了义大乘，永断疑悔"。《阿难越致遮经》说，"当修信法"，"以信生信，是为信"，"心不信法，不能解了是"，"以广大信，能知如来广大威德"，"信如来一切法……不舍信心是名菩萨"，不信佛法者，离于信者，"悉是魔伴侣，皆属天魔波旬之助力"。《金刚心总持论》说，"佛与众生，心性一般，只因修与不修，信与不信，所以有成佛者，有众生也"，强调指出，"有坚固、真实信心"，"把得定，作得主，不造诸恶，常修诸善，依佛行持，佛说是人不久成佛"，不信佛法，不信因果，行十恶者，必堕三途。《佛说般舟三昧经》说："欲疾得是定者，常立大信，如法行之，则可得也。勿有疑想如毛发许，是定意法，名为菩萨超众行。立一念……立定信"，"持是行法，便得三昧"，"定意向十方佛，……向佛念意不乱"，"持佛三昧力，得见佛"。《佛说施灯功德经》说："有四种法应当信受：一者佛法无量，应当信受。二者修善根，获无量报，应当信受。三者于三宝深生敬信，善修行得福报无量，应当信受。四者一切众生业行果报不可思量，众生心信及心自性亦不可知，不可思量，如是之义，应当信受。"《无量寿经》说："住深禅定，悉睹无量诸佛，于一念顷，遍游一切佛土，得佛辩才，住普贤行，善能分别众生语言，开化显示真实之际，超过世间诸所有法，心常谛住度世之道，于一切万物，随意自在，为诸庶类，作不请之友。"

观和想是人们认识事物和确定行为方式的主要依据，因而佛家指出，观觉和想觉，是众生成圆觉的重要内容。《楞严经》说，"佛告文殊师利菩萨说，你今天见到这二十五位无学大菩萨及阿罗汉说了自己最初成道的方便法门，他们的修行，其实没有优劣之分，为了使阿难悟解这二十五种法门中，什么是修行的根本法门；并且在我灭度后，众生能知道追求无上正道，哪一种方便法门，更容易得到成就"，请你讲一下自己的看法。"文殊师利法王子奉佛慈旨，说了如下偈语：'觉海性澄圆，圆澄觉之妙'，'我今白世尊，佛出婆娑界，此方真教体，清净在音闻，欲取三摩提，实以闻中入，离苦得解脱，良哉观世音'"，"非惟观世音，诚如佛世尊，询我诸方便，以救诸末劫，求出世间人，成就涅槃心，观世音为最，自余诸方便"。《观无量寿经》是世尊专门阐述观想觉的大乘经典,明确指出:"诸佛如来是法界身,入一切众生心想中。是故汝等心想佛时,是心即是三十二相,八十随形好,是心作佛,是心是佛,诸佛正遍知海,从心想生。"世尊再三强调,观想有正邪之区别,要想成佛圣道,必须修正观正想。其中最重要的是必须修好正观佛法僧三宝,正观众生根性,"若人能以微妙心,常以极乐为观想,举目即见阿弥陀佛","佛有八万四千相","作是观者随现前,以观佛身见佛心,众生亿想见化佛,从相入得无生忍","有亿想者得成就,神通如意满虚空";"关于西方极乐世界","谛观彼国净业成者","获得诸佛现前三昧。"《阿惟越致遮经》说,"雄人念往古,听受最上法,觐见不分别经,一切法一切,讲音无所漏","谛观无说法","觉观法不可灭","其心不乱,离一切想自在其舍,见佛世尊","观察诸法如幻如梦","观察一切法皆依于心","常起般若明耀观察,趣向增上殊胜之法"。《大乘密严经》指出,"审谛观察","能正观察,知诸世间,皆是自心","久修观行者,而能善通达","佛是遍三界观行之大师",提出"修观行法","一切观行人,明了心中住"。《佛说四十二章经》说:"意以思想生","观灵觉,即菩提"。《佛说十善业道经》说:"菩萨有一法,能断一切诸恶道苦。何等为一? 谓于昼夜常念思惟,观察善法,令诸善法念念增长,不容毫分不善间杂。"《金刚心总持论》指出,"观自心","令悟真心,常觉不昧,不随妄想流转","复观自性寂然不动,感而遂通,变化无穷,威灵莫测,明明了了,自觉自知","复观如来所说经法,皆是方便,引导法门,如水洗尘,似病与药,令证心空法了,病退药除"。《梵纲经菩萨戒本》明确指出,戒"邪业觉观","人命无常",必须修正观,持净戒,"存念三宝","如法修行",成佛圣道。

第十一章　佛陀论管理人生

一、佛家人文化的灵魂是管理人生

佛家高度重视人生管理,把管理视为决定人生成败的关键。佛家学说分为戒、定、慧三个部分,要求佛弟子修学戒、定、慧三学。戒学的核心是管理人生,定学的核心也是管理人生,慧学的最终目标还是落实在管理人生。纵观释迦牟尼佛四十九年苦口婆心所讲经法,活的灵魂就是管好人生。

佛家全部经法的基础是《十善业道经》。《十善业道经》的核心是断十恶修十善。释佛明确告诉众生:"昼夜常念思维观察善法,令诸善法念念增长,不容毫分间杂,是即能令诸恶永断,善法圆满,常得亲近诸佛菩萨及余圣众。"该经指出:"一切城邑聚落,皆依大地而得安住,一切药草卉木丛林,亦皆依地而得生长。此十善道,亦复如是,一切人天,依之而立。一切声闻、独觉菩提、诸菩萨行、一切佛法,咸共依此十善大地而得成就。"而断十恶行十善,就是要求人们使自己的思想、言论和行动远离十恶业道而纳入十善业道。这里讲的就是人生最基本的管理。

《地藏菩萨本愿经》是人们公认的释迦牟尼佛托孤之经,即将释迦牟尼佛圆寂至弥勒佛出世期间五十六亿七千万年长的时间内,佛救度众生的任务,交给以地藏菩萨为首的诸菩萨众及龙天善神鬼王。本经明确地告诉人们,宇宙间确实有地狱和天堂,详细介绍了地狱的基本状况及什么样的罪业该入什么样的地狱,明确提出了人的自我管理和社会管理问题,告诉人们要管好自己,不造罪业,不随缘流转;广泛宣传了地藏菩萨一次又一次发愿救拔罪苦众生业绩,告诉佛菩萨及诸善知识要大力救拔罪苦众生,深入阐明了罪苦众生需要佛菩萨及诸善知识的教化和救拔。

净土五经是佛家净宗立宗的根据。净宗强调的是自我管理与社会管理的统一,明确地告诉人们,人成长成功,超凡入圣的根据在自己,相信自己有佛性、能成佛;相信宇宙间有西方极乐世界、有阿弥陀佛,相信阿弥陀佛有无量光、无量寿、有救拔罪苦众生的无量德能;相信只要自己的心愿言行与阿弥陀佛相通,"心摄起全部六根,心心念念相续不断,和合归于精明心,离于分别,如此清净念佛,必能入三摩地,得入无上正等正觉"(《楞严经》卷五)。

565

也就是说，只要自我管理到位，与阿弥陀佛誓愿相统一，阿弥陀佛、观音菩萨、大势至菩萨等，就会助你成功，超凡入圣，成为像阿弥陀佛一样的人。

被称为佛经之王的《法华经》《华严经》《楞严经》等皆把管理人生作为主题。《法华经》首先揭示了诸佛出现于世的原因，是帮助众生破迷开悟，入佛知见；接着阐述了释迦牟尼佛用善巧方便的方法，随顺众生根性说法，逐步引导众生转凡成圣；经中介绍了释迦牟尼是如何管理自己，成就佛道的；介绍了观音菩萨、药王菩萨、普贤菩萨、妙言菩萨等大菩萨是怎样成就自己的。全经阐述了佛菩萨成就自己靠的是严密的自我管理和诸佛的加持，告诉人们，既要重视自我管理，又要善于求得佛菩萨的加持指导。

《华严经》是经中之海，无所不涉，境界壮观。该经展现了三世诸佛同证、十方菩萨同修、大千圣众同尊、法界众生同具有一真法界。《华严经》特开十玄门显示诸法实相，法界万相既呈现出千奇百状的缘起详态，又各住本位，彰显了无穷无尽的圆通法门，可见圆融之境超越了一切对立、分别。纵观《华严经》，我们会清楚地看到，它明确地告诉人们，诸佛菩萨是靠严格的自我管理与社会管理相统一而成就自己的。本经介绍了华藏世界佛世尊毗卢遮那如来是怎样成就自己、创造华藏世界的。《华严经·入法界品》详细介绍了善财童子是怎样管理自己、追求无上真理智慧的。善财童子以文殊菩萨为老师，在文殊菩萨指导下，发心追求一切真理智慧，亲近具备菩提智慧的人们，供奉这些具足智慧的人们，下决心访求一切真正具备了菩提智慧的人们，虚心接受了一百一十二位修行者的教导，从未有过一点疲厌，从未有过一念懈怠，从而得以集众修学佛道者的智慧功德，成就无上正等正觉。《华严经·十地品》介绍了菩萨成长过程，指出菩萨成长成功是靠严密的自我管理求得的。

《楞严经》是大乘佛教的主要经典之一，也是中国佛教信众传诵大乘佛法的重要依据。《楞严经》含蕴丰富，意义玄远，堪称罕见，从某种意义上说，是佛学的百科全书。然而纵观全书，仍可清楚地看出，此经的主线不仅是讲人生管理，而且讲得深入浅出，系统全面。该经一开始就明确指出，阿难因自制力不强，被摩登伽女控制，释迦牟尼佛遣文殊菩萨以神咒保护阿难免受摩登伽女的诱惑而破戒。这一事实告诉人们，如果没有以释迦牟尼为首的佛菩萨的护持管理，阿难就难逃摩登伽女的危害。接着《楞严经》深入系统地讲述了佛弟子在修行道路上成长快慢、成功度大小等主要由自我管理的觉悟和有效度决定。

《楞严经》介绍了观世音菩萨修学佛道的过程及其在世间教化众生的情况。观音菩萨在无数恒河沙劫以前修学佛法时，有一位名叫观世音的佛出现在这个世界上，观音菩萨向观音佛发露要修正等正觉菩提的心愿。

观世音菩萨说，观音佛教我从听闻思维入手修持，然后进入正定正持，

然后逐渐增加定力，"一是向上应合十方世界众佛们具有的根本觉悟心和佛的慈力；二是向下应合了十方世界身处六道轮回中的众生和众生向佛的悲仰之心"（《楞严经》卷六）。在观世音佛、如来佛的指导下，我"获得金刚三昧以及佛的一般慈力，身体具有三十二种应现身份，能进入种种国土"（同上）。接着观世音菩萨讲述了自己是怎样适应修学佛法者的追求而方便施教的，她说，"那些在修持断除烦恼的无漏智慧并且已进入悟解圆通的境地时，我便在他们之中显现佛身而为他们说法，使他们得到究竟的解脱"，"那些还没有获得菩萨果位的修道者，已经进入了寂静妙明的境地，并且正在示现出妙明圆通时，我就在他们之中显现独觉身，而为其讲法，使他们进一步得到解脱……那些众生喜欢治理国家，我就在他们面前现宰官的身份，为其说法，使其有所成就……如果有男人，愿意持守不杀生、不偷盗、不奸淫、不欺诞、不饮酒这五条戒律，我就在他们面前现优婆塞身份为他们说法，使他们有所成就"（同上）。

释迦牟尼佛在《楞严经》中记述了菩萨修行自己的二十五种方法，然后他问众菩萨，这二十五种菩萨行中，"什么是这些修行法门的根本法门？我灭度后，世间众生要进入菩萨乘，追求无上正道，哪一种法门方便容易得到成就？"（《楞严经》卷六）阿难回答说：末法时期"邪师说法，如恒河沙。如何使世间众生，摄收妄乱的人心，远离各种魔事，令其进入正觉，使他们安立道场，发菩提心而不退转呢？"释迦牟尼佛回答说："收摄其心说的是戒，由戒而生发定，由定而开慧。戒、定、慧叫三无漏学。我把摄心称为戒。六道众生如果不淫，就不会随顺生死而轮回，淫心不除灭，就不能出尘世，纵然你有很多智慧，也必堕魔道"，"众生没有杀戮之心，就不会随顺生死而轮转，如果杀心不除，便不可能离尘世，纵使有很多智慧，也必然堕入神魔道。""众生无偷盗之心，就不会随顺生死而相续轮回，如偷盗之心不除，就不能脱离尘世，纵然有智慧，也必然堕入魔道"。释迦牟尼佛接着讲述了佛弟子及世间众生在修学佛道过程中应注意的诸多事项说："为救度随顺生死而流转的众生，使众生身心入正觉三摩地，菩萨和罗汉们有的应做沙门，有的应做白衣，有的应做居士，有的应做人间帝王、宰官，或童男童女，甚至有的做淫女、寡妇、奸偷屠贩，与众生做同样的事，伺机弘扬佛法展示佛道，引导众生身心入正觉三摩地。但这些真正的菩萨、阿罗汉，不泄露佛的奥妙密因，除了生命终结之时，暗中遗言告知自己是何人而绝不轻易将佛的密因说与未学之人。"（引文同上）他告诉修学者："发心不诚，成就果位就会曲折多磨，这样来求佛菩萨，就像人咬自己的肚脐，有谁能做到呢？"他强调："要证入正定正觉三摩地，修学佛法妙门，求菩萨无上觉，就要持守四种威仪，持身能皎洁如冰霜那样清白莹澈，无论是心的贪、嗔、痴，还是口绮语、恶口、两舌、妄语等恶业都无从而生"，"如果在末法之世想要安坐道场，就先要持守比丘清净禁戒,特别应当选择持戒精严清净的沙门做导师",他强调:"众生要想修道进入正等正觉三摩地,须先严格地持守清净戒律",他指出:"持守禁忌戒律的,全身都轻爽轻松。"(同上卷八)他说:"到生命终结时,一生积习的善和恶顿时全部显现……情少想多的人如果有善愿善心护持佛法者,或护持禁戒跟随持戒人,或跟随持咒的人护持神咒者,或护持禅定保持法忍者,这些人就能亲自住如来的座下……情和想一样多的人,不飞升也不堕落,仍生于人间……情多而想少的,流转入横生的畜生类。七分情三分想的,向下沉入水或生于火,或身为饿鬼。九分情一分想的,下沉到风洞中的火轮中,轻的生有间地狱,重的生无间地狱。纯情者沉入阿鼻地狱,其中毁谤大乘,破坏佛禁戒,妄说佛法,妄贪信士布施者,随来往生十方阿鼻地狱。"《楞严经》又讲了地狱的十因六果,指出:"如果六根各自造业,以及所造恶业所兼涉的根和境者,则堕入八无间地狱。如果身口意业造杀、盗、淫罪业者,则堕入十八层地狱,如果不是三业兼备,只有杀或盗者则堕入三十六地狱,如果只是六根中的一根造恶业在一罪业之上者,则入一百零八地狱","破坏律仪,违犯菩萨戒,毁坏佛涅槃者其罪业历劫燃烧不息,罪业满时成为鬼魅","当鬼魅恶业报尽时,就会在世间成为恶人,以怨对怨","以恶转恶,其后其身将转为畜生","身在人道之中,而不依据正等正觉修持三摩地,而是别修妄念,欲想在六道牢系自己的人形体者,将游隐山林或人迹不到的地方,成为十种仙类,如地行仙、飞行仙、游行仙、空行仙、通行仙、道行仙、照行仙、精行仙、绝行仙等"。"未能舍弃妻妾恩爱,但于行房事中,其心思不放逸流乱,命终后,将与日月为邻,入四天王天;虽有欲爱,但淫爱不多,又欲念不断,命终后,生忉利天;逢欲爱不回避,过后不再思忆淫欲,在人世间少动多静,命终后入焰摩天……"(引文见《楞严经》卷九)。

释迦牟尼佛强调,地狱、饿鬼、畜生、人、仙、天、阿修罗众皆因造身、口、意三业情况而生成,不知持戒守法,不知修持正定慧,随心所欲造恶业者,则必然堕三恶道;智慧不足,觉悟有漏,持戒不严,定力不强,恶业不断者,虽有善行,也只能在六道轮回。他告诉人们,那些成就无上正等正觉的菩萨都是靠修持戒、定、慧三无漏学而获得成功的。大势至菩萨谈自己的经验时说:"依我所证,我没有什么选择,而是收摄起六根,心心念念相续不断,和合由于精明心,离于分别,如此清净念佛,必能证入三摩地,得入无上正等正觉,我认为,这应是第一法门。"弥勒菩萨说:"依我所证,我以谛观十方世界只是识心所现,识心一旦圆明,就能证人圆明真实之性,从而远离依他起性和遍计执心,从而得无生法忍,能于不生不灭之法性中安忍不动心念,这应是第一法门。"舍利弗说:"依我的修证,心见生出无碍智光,智光达到极点,成为佛知见,我以为这是第一圆通法门。"普贤菩萨说:"我过去生中已经跟从无数量的如来佛弘扬佛法,为法王子,十方如来都教导有善根的弟子们修普

贤行,这普贤行就是随我的名字而安立的。我用心闻能分别所有众生的种种知见,如果远在无数世界以外,有一个众生发心修普贤行,我就能即时乘六牙白象到他身边护持他,如果有百千万亿众生同时发心修普贤愿行,我能化百千万亿身,乘百千万亿白象,顷刻就到他们身边。纵然他们因为业障深重不能看见我,我也会暗中为他们摩顶,护持他们。依我本因,以心闻发起智慧光明,能于一切法分别自在,为第一圆通方便法门。"须普提说:"意根清净,心身自在,无有挂碍……诸相是空,能所俱灭,旋转虚妄生灭,复归本无觉性,以空去意根为第一圆通法门。"周利槃特迦尊者说:"我的记忆力不好,不能博学多闻,当初听到佛宣示佛法时,诵持如来四句偈语时,一百天当中,诵前句就忘了后句,记住了后句又忘了前句。佛哀悯我愚笨,教我于静室中以数息来调摄身心。我详观细审出入气息,到了出入极为细微时,忽然觉得无心、无我、无众生、无寿者、刹那生灭俱无,心念成了一片,本心一时间豁然开启,了无障碍,从而烦恼漏尽,成就了阿罗汉果,住持如来座下,由佛印记我的无学果位。依我修证经验,我认为以调息入室为第一。"诸大菩萨、阿罗汉统统讲授了自己修无上正等正觉,入圣道的经验后,释迦牟尼佛指出:"佛法的八万四千法门,门门圆通,无有区别,这叫作离痴心妄想乱行。"他强调指出:"在末法之世中,魔隐藏在我的法中,或出家修道人中,或附于人体,或自己现形,都说自己成就了正遍知、觉无上涅槃",他们妄图"令那些真心修道的人,都成为其眷属弟子,命终后沦为魔的子民,失却正等正觉而入无间地狱",释佛告诉诸大菩萨,"发菩萨愿行,不入涅槃,而久居在末法世中,起大悲心,去度那些正心正意深信佛法的众生,使他们不受魔的侵扰,能修得正知正见"(以上见《楞严经》卷九)。从而告诉身处末法之世的佛弟子,一定要懂得,必须实行严格的自我管理,把自己的思想、言论和行动全部纳入佛道,时刻警惕不受魔诱骗,懂得求得真正善知识的指导,不要心存任何侥幸。《楞严经》列举了许多认识错误或持戒不严而受惩罚的修学者。如定莲香比丘尼,在持菩萨戒时,还妄说行淫不是杀生,不是偷盗,不会有业报。她刚说完这话,自己的阴部就生出大猛火,然后一节一节地将她烧毁,结果入了无间地狱。又如琉璃大王做了杀翟昙族姓的事,善星比丘妄说一切法空,结果他们都落入了阿鼻地狱。经中反复告诫佛弟子"保持谨慎,纯洁而不犯戒","心中存念佛国","保持正觉正定智慧","断除身、口、意三业的惑乱","诚心洗心修持正道","保持觉而不迷","遵循佛的教导修行"。

二、佛陀论管理人生的宗旨

佛陀告诉人们,人身难得且短暂,人们稍不注意,就有可能失掉人身,堕落三途。因而再三再四地强调把握人生,利用好人身。

（一）人生管理的根本问题，是把人的发展纳入道运行轨道

佛陀认为，凡是有形物体皆会消亡，而人身是有形物体中最容易消亡者之一。释迦牟尼佛曾经明确指出，人命存在于吸呼之间，一气不来，人的寿命即告终结，他要求人们善于把握一息尚存的时间。

人的追求很多，而寿命有限。《佛说大乘无量寿庄严清净平等觉经》告诉人们，必须"住正定聚"，求无上正等正觉，能正遍知，持守正道，修殊胜无比的正行，不堕恶趣；《楞严经》强调"定力坚凝，正心不邪"；《大般涅槃经》强调求正法，得正解脱。释佛再三强调，只有身心语意皆守正，才能充分利用有限的生命干最有价值的事情。佛家告诉人们，了生死是人生最大的事。人如果能把握住人生，利用好人身，就可以了生死，摆脱六道轮回之苦。释迦牟尼佛指出，小龙女是善于了生死、超轮回之苦的典范，她八岁就求得了超凡人圣的智慧德能。佛家认为，龙处于畜生道的最高层次，龙中的佼佼者可以在某种程度上显现人身。小龙女把握住了这种机会，下大决心修学佛法，在短短时间里求得了佛的大智慧、大德能，修得了大自在力，摆脱了六道轮回。

小龙女成就佛道的经验告诉人们，管理人生的根本宗旨，是把自己的追求、言论和行动纳入正知正见正行的轨道。什么叫正知正见正行？世尊指出，符合道的思想、言论、行动，就是正知正见正行。佛法是关于宇宙人生真相的知识体系，是告诉人们怎样把握人生、利用人身的知识体系，是指导人们正确做人的知识体系。用佛法指导自己，就是把自己纳入求大智慧、大德能、大自在的轨道。所谓管理人生，就其根本点来说，就是把自己纳入开发大智慧、大德能、大自在的轨道，把自己的思想、言论和行动有效地用在开发自身的智慧、德能上，用在求大自在上。佛家指出，世之辩聪技巧不是真正的智慧，不能使人了生死、超六道。人们应当利用人身，求了生死、超六道的智慧。这种了生死、超六道的智慧德能，不是自私自利者所能求得的，只有具有自觉觉他、自利利他、自度度他、觉行圆满的人才有可能得到它。追求自利、自度的人，无法求得菩提心，无法进入开发大智慧、大德能、大自在的境界，因而也就无法得到大智慧、大德能、大自在。这是因为大智慧、大德能、大自在是一不是三，大智慧、大德能是因，大自在是果，一个人有了大智慧、大德能，才能有大自在。

《佛说天地八阳神咒经》说，宇宙运行有大道。"天阳地阴，月阴日阳，水阴火阳，女阴男阳。天地气合，一切草木生焉；日月交运，四时八节明焉；水火相承，一切万物熟焉；男女允谐，子孙兴焉。皆是天之常道，自然之理，世谛之法。"人如果"反天时，逆地理，背日月之光明，常没暗室，违正道之广路，恒寻邪径，颠倒之甚"，就会"自受其苦"，"流转诸趣，堕于恶道，永沉苦

海"。为此，必须懂得管好自己的身心，用"正见之法"指导自己，"善法常转，即成圣道"。《佛说十善业道经》进一步明确指出，必须把身、语、意全部纳入道的规范。"菩萨有一法，能断一切诸恶道苦，何等为一？谓于昼夜常念思惟，观察善法，令诸善法，念念增长，不容毫分不善间杂。是即能令诸恶永断，善法圆满，常得亲近诸佛菩萨及余圣众。""一切人天……一切声闻，独觉菩提，诸菩萨行，一切佛法，咸共依此十善大地，而得成就。"

《金刚经》指出，对道的存在应"生实信"，"信心不逆"，"得成就无量无边功德"。《金刚心总持论》说，"道理养慧命"，道使人"得正知见，不遭邪惑"；提出"求正道"，"常行正道"，"直成圣道"；告诉人们："常行十善，受持五戒，心行公道"，"不顺邪，顺邪者，既是波旬"。《阿维越致遮经》说，"存道无放逸"，"舍佛不信大道"，必"愚惑于六道"；必须"发大道意"，"志求大道"，"志存大道"，"坚心立于道"，"弃除诸恶道"，"成就菩提之道"，"安住菩提"。《无量寿经》强调"至心求道"，"住于无上正真之道"。《佛说四十二章经》说，"行十恶者，不顺圣道"，必堕恶趣；"净心守志，可会至道"；"行道守真者善，志与道合者大"；"行道在心"，"直心念道"，"为道者，犹木在水，寻流而行，不触两岸，不为人取，不为鬼神所遮，不为洄流所住，亦不腐败，吾保此木决定入海。学道之人，不为情欲所惑，不为众邪所娆，精进无为，吾保此人必得道矣"。

（二）人生管理的基本点是求个人与众生的和谐统一

翻开佛家大乘经典，我们会清楚地看到，释迦牟尼佛时时处处，不忘教导人们，把个人与众生利益统一起来。《宝积经》说："莲花只能生活在低洼潮湿的地方，菩萨只有生活在六道之中，与邪恶苦恼的众生混然杂处，才能生佛法。"《贤愚经》说：菩萨"为求法而献身，是为了教育天下众生"，"用智的光明，照亮众生的心，使他们从黑暗和愚昧中解脱出来，永远获得光明"。《华严经·普贤菩萨行愿品》说："言常随佛学者，如此婆娑世界毗卢遮那如来，从初发心，精进不退，以不可说不可说身命而布施。剥皮为纸，折骨为笔，刺血为墨，书写经典，积如须弥。为重法故，不惜身命。"《贤愚经》列举了许多菩萨为众生利益而献身的事例，如"月光王菩萨为了拯救众生求佛道，舍弃自己的头行布施"的故事；释迦牟尼佛在往世作须提太子时，用自己身上的肉，供养父母，发誓"追求佛的道法，救济天下众生，使他们从苦难中解脱出来，享受超脱生死的快乐"。

佛家的个人与众生统一的思想是全方位的、彻底的、无代价的。《般若波罗蜜多心经》说：菩萨名称的含义，就是无所得，"以无所得故，菩提萨锤"，"三世诸佛，依般若波罗蜜多故，得阿耨多罗三藐三菩提"。《金刚经》等诸多经，都明确指出，佛菩萨无我相，"若菩萨有我相人相众生相寿者相，即非菩萨"；又说："菩萨应离一切相，发阿耨多罗三藐三菩提心"；"不可以身相见如来"，"离一切诸相，则名诸佛"。

佛菩萨无我相，在于无个人私利，视众生利益为自己利益。因而随众生需要而现身相。释迦牟尼佛在《地藏经》中赞颂地藏菩萨"分身百千万亿身"度脱众生时说，"吾亦分身千百亿"教化众生。《法华经·观世音菩萨普门品》说："观世音菩萨……以种种形游诸国土，度脱众生"，众生应以什么身得度，就现什么身，为他们说法。《维摩诘经》说，佛菩萨"以救护众生为己任"，"众生若病，菩萨也就生病；众生病愈，菩萨亦愈"；"菩萨建立佛国，为了有益于众生"，"佛国大小，取决于度化众生多寡"，"有众生，佛法有落实之处"。《无量寿经》说："如来以无尽大悲，矜哀三界，所以出兴于世，光阐道教，欲拯群萌，惠以真实之利。"《大般涅槃经》说：佛菩萨"护念一切众生同于子想，生大慈大悲大喜大舍"，"脱未脱者，度未度者，未涅槃者令得涅槃"，"如来进止屈伸举动，无不利益一切众生"，"令住正法"，"过生死大海"。《圆觉经》说，"即使诸佛如来寿如恒河沙劫那么长，亦全部用来救度人"，"昼夜不断护念世间人，使得安稳"，"菩萨所发本愿，就是要一直不断保护众生"，"为一切众生指明道路，照亮束缚在地狱中的一切苦难众生，解救这些众生，把慧眼交给一切众生，让众生认识般若波罗蜜法，依照般若波罗蜜修行"，"作十方天下人的桥梁，让他们都从我身上走过去"，"使一切人得到安稳"。

（三）人生管理的唯一目的是成佛圣道

觉知管理是成佛圣道的根据。释迦牟尼佛创立佛陀教育，是基于对人的真如本性的认知。当年在菩提树下悟道时，仰望星空，即时说道："奇哉，奇哉，一切众生个个具有如来智慧德相，只因妄想执着，不能证得。若离妄想，则无师智，自然智，一切显现。"释迦世尊开展佛陀教育的入手处，就是唤起众生对自己真如自性的觉知，即清楚自己具有如佛一样的本性。继之就是教众生清楚自己为什么没能成佛而在六道轮转受苦，清楚佛陀为什么能成佛而得解脱，清楚自己怎么做才能成为像佛一样的圣者。全部佛法就是围绕如何成佛圣道展开的。纵观全部佛法，无不是教众生如何成佛。释迦牟尼佛创立的佛法中，既有成佛圣道的理论、方略，又有如何成佛圣道的榜样，众生只要照佛说的去做，就能成佛圣道。《佛说大成金刚经论》说："佛与众生心性一般，只因信与不信，修与不修。"

信解管理是成佛圣道的入门处。世尊指出，欲成佛道，必须用"明信"代替迷信，用"实信"代替不信或半信半疑。《无量寿经》指出，必须"深心信解"，即"明信佛智，乃至胜智，断除疑惑；信己善根，作诸功德，至心回向"，"于自善根，不能生信"，"不能前至无量寿所"，"当知疑惑，于诸菩萨为大损

害,为失大利"。《华严经》指出,"信为道元功德母",要求众生"成净信"。强调指出:"十地菩萨,从初发心,次得往生,究竟成佛,皆资信力,故曰信为根本。"《药师经》说,"信根不具","不能如实信解","失大利乐,堕诸恶趣,流转无穷"。《金刚经》说,对佛说"生实信","生净信者","得如是无量福德"。《智论》说:"佛法大海,信为能入。"《净土十疑论》说:"信者万害之母,疑者众恶之源。"全部佛法告诉人们,欲成佛道,必须"修行信心","摄护信心",成就正信。《法句譬喻经》说:"有信则戒成。"《般舟三昧经》说:"欲疾得是定者,常立大信,如法行之,则可得也,勿有疑想如毛发许,是定意法。"《不退转法轮经》说:"当修信法,不取于空","不染五欲,不舍信心","以清净信,正念问佛心"。《大般涅槃经》说:"信佛法者可医治,不信者不可治。"

发心管理是成佛圣道的原动力。《金刚心总持论》说,"一切善恶皆出自心","佛由心成,道由心学,德由心积,功由心修,福由心作,祸由心为……是故心正成佛,心邪成魔","立佛行愿","依佛修行,决定成佛","欲成佛道,先用明心","若不发心,佛也难救"。《僧伽吒经》说:"发净心愿,即得见佛。"《楞严经》说:"发心不成,修行会曲折多磨,如人咬自己肚脐。"释迦牟尼佛在《阿弥陀经》中,首先介绍了西方极乐世界"无三恶道","其国众生无有众苦,但受诸乐","波佛光明无量","波佛寿命及其人民,无量无边阿僧祇劫","众生闻者,应当发愿,愿生彼国"。贤《佛说真宗妙义经》说,"佛在法堂,贯古通今","搬运阴阳,超凡入圣","心中起念圣贤知,心断无灭合祖机,通作十方诸语,千里人闻所有归"。释迦牟尼佛不厌其烦地告诉众生必须懂得"发心修行"。他在诸多大经中介绍了诸佛及大菩萨摩诃萨皆是靠发心修行成就圣道的。《无量寿经》详细介绍了阿弥陀佛是如何发四十八大愿创造西方极乐世界的。《药师经》介绍了药师佛是如何发十二大愿,创造东方净土的。《文殊菩萨无尽十种甚深大愿》介绍了文殊菩萨如何发先誓大愿,成就殊圣智慧的。《法华经·观世音菩萨普门品》《佛说大乘庄严宝王经》及《楞严经》等都介绍了观世音菩萨是如何发心成圣道的。《地藏经》反复介绍了地藏菩萨如何"发大誓愿"为众生广设方便的。释迦牟尼佛还在诸多大乘经中介绍了自己如何于五浊恶世,"能为甚难希有之事,能于婆婆国土、五浊恶世","得阿耨多罗三藐三菩提,为诸众生说是一切世间难信之法"。

释迦牟尼佛在《无量寿经》中反复强调"思惟究竟",告诉人们要"究竟菩萨道","究竟必至一生补处","思惟修何方便而能成就佛刹庄严"。他明确指出:"求生彼刹,发菩提心,持诸禁戒,坚守不犯,饶益有情,所作善根,悉施与之,令得安乐,忆念西方阿弥陀佛及彼国土,是人命终,如佛色相种种庄严,生宝刹中,速得闻法,永不退转。"又说:"要当作善。所谓一不杀生,二不偷盗,三不淫欲,四不妄言,五不绮语,六不恶口,七不两舌,八不贪,九不嗔,十不痴。如是昼夜思惟,极乐世界阿弥陀佛,种种功德,种种庄严,至心归依,顶礼供养,是人命终,不惊不怖,心不颠倒,即得往生彼佛国土。"

求无上菩提,成就一切智慧,将菩提心全方位贯彻于生命全过程,时时事事住于无上真正之道,是成佛圣道第一重要的管理。《大乘金刚经论》说:"一切众生皆有佛性,本来不生不灭,只因迷悟而致升沉。众生长迷不觉,所以永劫堕落;诸佛常觉不迷,所以永成佛道。"《无量寿经》说:"假令供养恒沙圣,不如坚勇求正觉。"《圆觉经》说:"觉遍十方界,即得成佛道。"《坛经》说:"自性迷即是众生,自性觉即是佛。""不悟即佛是众生;一念悟时,众生是佛。"《大乘密严经》说:"一切惟有觉。"《大般涅槃经》说:"诸佛如来游戏于觉悟之华之中","获觉慧入圣道"。

修行精进,永不退转,是成佛圣道最关键性的管理。佛陀告诉人们,佛圣道靠修行成就,诸佛大愿海靠六度万行圆满。世尊讲经说法四十九年,说得最多且最细的是修行,因而世人多把修行视为佛道的代名词。修行包含的内容极其丰富,释迦牟尼佛将其分为身、语、意三大类十个方面。佛陀讲的最多的是修清净行、修菩萨行、修佛行、修梵行、修普贤行、修胜菩提行、恒以六度万行。《道行般若经》反复强调:"佛身不是一两件能成就的,而是要以无数为条件","过去、当来、现在诸佛皆从无数千万事因缘而生成","世世行功德","并要坐菩提树下降伏恶魔"。《华严经·普贤菩萨行愿品》说:"娑婆世界毗卢遮那如来,以不可说不可说身命为布施",教导众生"关闭诸恶趣门,开示人天涅槃正路,以普贤行悟菩提","以智慧力,随众生心而为利益","于诸病苦,为作良医;于失道者,示其正路;于暗夜中,为作光明;于贫穷者,令得伏藏","平等饶益一切众生"。"以大悲心随众生故,则能成就供养如来","如是随顺众生,虚空界尽,众生界尽,众生业尽,众生烦恼尽,我此随顺无有穷尽,念念相续,无有间断,身语意业,无有疲厌"。《佛说四十二章经》说:"生即有灭","人命在呼吸间",人必须有效用好生命时间。《佛说四十二章经》说:"行道守真者善。志与道合者大。"佛法是关于宇宙人生的真理性认识,是指导人们把人道与宇宙大道统一起来的理论武装,是使人出三途超六道超凡成圣的法船。《道行般若经》说:佛道是"正第一大道"。得闻佛法者应坚定不移地用佛法指导自己。《大乘金刚经论》说:"修行得正法,无一不成佛。""佛法能开众生佛之知见;能指导众生,悟佛知见;能引导众生,入佛知见;能究竟众生,成佛之见。"世尊强调指出:"一生斋戒种诸善根,老来颠倒","漏失前功,六贼返转,劫自功德,心生颠倒,不成佛道","一失人生,万劫不复"。他念念不忘地教导人们,人身难得,佛法难闻,即得人身就应当力争一生成就,明确告诉了人们一生成就的方法,最好达"一生补处";或修梵行,成声闻菩萨;最低也要"十念"带业往生西方极乐

净土中,进入阿弥陀佛创办的培养圣者的学校,因为入西方极乐世界者皆得不退转菩提。

三、佛陀论必须切实管好的人生问题

释迦牟尼佛指出,人之身心是矛盾的集合体,人的一生是在解决矛盾的过程中度过的。这些矛盾,既有宿世业因造成的,亦有现世造成的。现实生活中的每一个人,都有诸多矛盾需要解决。由于人们宿世因缘不同,现实处境各异,需要解决的矛盾,亦各有差别。人的共同本质属性和社会性,又决定人们有许多共性问题,必须切实管好解决好。

(一)因果报应管理

因果理论是佛家全部学说的理论基础。释迦牟尼佛不厌其烦地告诉人们,过去、现在、未来诸事物都是在因果关系作用下存在和发展变化的,《佛说三世因果经》说:"果必有因,因必结果。"告诉人们,必须"明三世因果",强调指出:"因果之理,为长夜明灯。"佛家全部经法皆明确地告诉人们:法起有因,种好因得善果,种恶因结恶果;要求人们,慎防罪业因起,时时事事种好善因。《金刚心总持论》说:"无始劫前,无终劫后,一切因果,如对目睹,毫发不失。"《佛说善恶因果经》说:"作善得善,作恶得恶。"《佛说转轮五道罪福报应经》说:"天地万物各有宿缘。"《大乘大集地藏十轮经》说:不懂善恶果报者,"无有能得圣道果者";告诫人们:要"深见深畏后世苦果,远离所有一切恶法,常乐修行一切善法,慈悲常遍一切有情,恒普为作利益安乐,救济度脱一切有情所有厄难生死众苦,不顾自身所有安乐,惟求安乐一切有情,如此名为住大乘者"。《法句譬喻经》说,"罪业起皆有因","人造善恶,福祸随身,即使死后,仍不得免除果报","冥冥中自有因缘来安排一切,果熟自堕,福熟自度。行恶得恶,如种苦种,恶自受罪,善自受福,亦各需熟,彼不相代,习善得善,亦如种甜"。《宝积经》告诉人们,即使是佛菩萨,也要受因果制约。《贤愚因缘经·降六师品》说:世尊告诉人们,"六师于彼世时,与我争色,我伤害彼,夺取兵众,乃至今日,嫉名利故,求于我试,无术称心,投水而死,我收摄徒类九亿人众,为我弟子"。

《佛说三世因果经》说:"欲问前世因,今生受者是;欲问后世果,今生做者是。假使百千劫,所做业不亡,因缘会遇时,果报还自受。一切有情沉沦三界,漂流六道,皆因无始劫来,贪嗔痴造十恶、行五逆、逐四流、随八风,妄想颠倒,无明覆翳,障蔽真性,不见自过,全无正念,背觉合尘,迷本逐末,轮回后有。"

《华严经》说:"一切诸报皆从业起,一切诸果皆从因起。"佛家的因果报应论明确地告诉人们,有因必有果,善因结善果,恶因结恶果。果是对因的回应。众生在世界上无时无刻不受因果报应理论制约,稍不注意就要造恶业,结恶果,遭恶报。释迦牟尼佛在《地藏菩萨本愿经》中指出:"阎浮提众生,身口意业,恶习结果,百千报应……先是受如是等报,后堕地狱,动经劫数,无有出期。"又说:"我观是阎浮众生,举心动念,无非是罪,脱获善利,多退初心,若遇恶缘,念念增益。""若是五无间罪,堕大地狱,千劫万劫,永受众苦。""若业结重,永处地狱,无解脱时。"他要求菩萨以善巧方便帮助众生"拔出根本业缘","早令解脱"。

佛陀告诉人们,要认识恶因结恶果的必然性和危害性,自觉断恶缘。《涅槃经》说:"善恶之报,如影随形,三世因果,循环不失。"《大宝积经》说:"假使百千劫,所作业不亡,因缘会遇时,果报还自受。"《地藏经》集中阐述了地狱果报是什么因缘造就的及地狱众生之苦状。释迦佛在《地藏经》中指出,罪恶果报皆有罪因生出,明确指出什么样的恶因结什么样的恶果,他告诉人们,要想不遭受罪恶果报,唯一办法是不造恶业。这就是要把握住身口意,断恶因缘,恶果就无从生起。

佛家还告诉人们,应当懂得造了恶因缘后怎么办。众生习性不同,造恶业受果报程度也不同。有的众生造了恶因缘后能立即醒悟,知道自己造了罪恶因缘,将要受果报。这时就要尽快找到对待恶报的办法,争取减轻恶报或延缓恶报到来的时间。佛法中常用的办法:一是忏悔业障,永不再造恶业;二是转孽海为莲池,转冤亲为法侣,不冤冤相报。

佛家不但告诉人们要善于断恶缘化恶果,而且还要求人们懂得做善事自己不执迷善果。佛法告诉人们,执迷是凡夫造业的重要原因。凡夫做了善事多求回报,用做善事换取个人享受,生贪心起瞋恚。用这样的态度对待做善事,即使做了善事,也会成为造新恶业的因缘。唯一正确的做法,是行菩萨道,不执迷于我,而是懂得回向,让众生去享受,自己只求无上菩提,继续做更多更好的善事,求至善圆满。全部人类史告诉人们,只有行善"三体轮空",不要名闻利养,不生贪瞋痴慢,如如不动,"以无漏慧相应,勤行精进",才能逐步达到至善。

因果报应理论是佛家学说的理论根据。佛家全部经法处处贯穿着因果报应。《贤愚经》指出,即使你做过千百万件善事,也免不掉你做一件恶事的恶报。释迦牟尼佛举例说,从前有兄弟两人,都是大长者,哥哥叫檀若世质,弟弟叫尸罗世质。哥哥从小就很诚实,喜欢布施,常常救济穷人,得到全国人民的称颂,被国王任命为平事官,凡是有人因为借钱物发生了纠纷,都要由他来裁决,借钱物没有证据的,都要到平事官那里,求他作证。当时有一位商人,要渡海去经商,从檀若世质的弟弟那里借了很多钱,当作本钱。弟弟尸罗世质对哥哥说:"这个商人向我借了一笔钱,渡海做生意,他说回来后还我。哥哥给我做个证人,若我死了,就让他把钱还给我儿子。"平事官答

应了这件事。过了一段时间，弟弟尸罗世质死了，几经周转，商人发了财，尸罗世质的儿子找商人要钱。商人想，我借钱的时候，尸罗世质的儿子还很小，可能不知道这件事。这笔钱数目不小，连本带利一起还，恐怕一时还不起，就想贿赂平事官的妻子，便送去价值十万的一颗宝珠，让她说服平事官不要做借钱的证人。平事官司不肯作假证，商人又送去一颗价值二十万的宝珠，求她说服平事官。经妻子再三劝说，平事官终于作了假证。尸罗世质的儿子说："我是你弟弟的儿子，你都不敢公正作证，更何况你对外人呢？被你坑害的人还会少吗？这件事是真是假，后世自然会明白的。""这个平事官因作了这一次假证，死后就堕入地狱，受了许多苦，从地狱出来后，在五百世中又常转生为混沌的身躯，因他那时喜欢布施，所以常常转生在富豪人家。虽然生在人世，仅保混沌身。"释佛最后强调说："善恶的因果报应是永远不会落空的。"（《贤愚因缘经·长者无耳舌品》）

（二）密严无漏管理

佛家诸多大乘经典皆明确指出，漏生烦恼，漏遗祸患，要求人们修密严管理，尽力避免出漏洞，生祸殃，遭罪报，堕恶趣。释迦牟尼佛列举了各种各样漏生烦恼，告诉人们，要想不出漏洞，就要学佛修行，只有像佛那样，有了无上正等正觉，能正遍知，能常行真正，有自在神通，才能觉行圆满，不出漏洞。《圆觉经》深入阐述了如何修密严的问题，明确指出："若诸末世一切众生，欲泛如来大圆觉海，先当发愿，勤断二障"，"若事理障已永断灭，即入如来，微妙圆觉"；"欲求圆觉应当发心作如是言：尽于虚空，一切众生，我皆令入究竟圆觉中，无取觉者，除彼我人一切诸相。如是发心，不堕邪见"。《观无量寿经》明确指出如何入正遍知海，告诉人们："是心作佛，是心是佛。诸佛正遍知海，从心想生。"如果"能以微妙心，常以极乐为观想"，坚持正观正想，就可以入佛正遍知海。《佛说天地八阳神咒经》说，"常行真正"，"能成圣道"；"反天时，逆地理，背日月之光明，常没暗室，违正道之广路，恒寻邪径，颠倒之甚"，就无法入诸佛正遍知海。《佛说四十二章经》告诉人们。行真正就是持道而行，而奉持正真之道，需要切实有效的管理。"夫为道者，犹木在水，寻流而行，不触两岸，不为人取，不为鬼神所遮，不为洄流所住，亦不腐败，吾保此木决定入海。学道之人，不为情欲所惑，不为众邪所挠，精进无为，吾保此人必得道矣。"《佛说真宗妙义经》明确指出，"佛在心头莫远求"，"佛在人身坎宫，回光返照，明心见性即是佛"，"须要牢守三宝"，"脚踏莲台心内真"，"每日省察身心"，"二六时中存养省察，扫除心田尘垢，冰清玉洁，恶念不起"，"若人得遇此法者，便成佛道也。"《金刚心总持论》说："佛由心成"，"心正成佛"，"若有人悟自心，把得定，作得主，不造诸恶，常修诸善，依佛行持，立佛行愿，佛说是人，不久成佛"，"悟佛知见，成佛无疑"；"心生颠倒,不成佛道","一生斋戒,种诸善根,老来颠倒","漏失前功,六贼返转,劫自功德","随业轮回";"五戒不持,人无路绝","一失人身,万劫不复"。《楞严经》说:"真净明心"被颠倒之后,"就会充满虚妄幻想",生诸种烦恼,诸荫贼就会随之起来作乱。六根会招引起六种恶果,"如果身口意造杀、盗、淫,则堕十八层地狱"。"如果只是杀,或只是盗,则堕三十六地狱"。"如是六根中的一根,且只是犯恶在一业,则堕一百零八地狱"。《大乘密严经》说:无明熄灭,"入无漏位","持密严定法","入密严佛土";"一切国土中,密严为最上","密严佛土能净众生福,灭一切罪"。

密严无漏管理,是说时时、处处、事事,都要依道而行。佛家说的时时无漏,泛指从一念到无量劫都不离正道。《佛说长寿灭罪护诸童子陀罗尼经》说,佛陀在为颠倒女人说空十二因缘后,强调指出:"我现要为你演说一个真实的大法,你要好好思惟。这个法就是要'守护一念'。这一念便是菩提心,而这菩提心既是大乘一切法要。你要常常勤守这一念一菩提心,不要忘失,纵使遇到种种魔境侵扰,也不能改变。""守护一念菩提心,是真正远离无常,灭除罪业的究竟之法。若能不忘失菩提心念,诸烦恼贼则不能侵入,虽入五欲贼中亦不为所害。念念不忘菩提,才能制服自己的习气,舍轮回之身。"《坛经》说:"一切处所,一切时中,念念不愚,常行智慧,既是'般若行'一念愚即般若绝,一念智即般若生","一念悟时,众生是佛;不悟即佛是众生"。《法华经》说:"释迦牟尼如来成佛时,曾在无量劫时中,苦修苦行,一点一滴地累积功德,为了求得无上正等正觉,从未有一刻怠惰。"《道行般若经》说:"成就佛身也是如此,不可能用一事来成就,需世世做功德,世世行教化,世世问佛事,合会是事乃成佛身。"

(三)意念管理

《大乘密严经》说:"众生身中,种种诸法,意为先导,意最速疾,意为殊胜。随所有法,与意相应。彼发皆以意为其性,如摩尼珠,显现众彩。"《佛说自爱经》说:"有恶念,必获其殃","人处世,心怀毒念,口施毒言,身行毒业,斯二事出于心身口,唱成其恶,以加众生,众生被毒,即结怨恨,誓心欲报,或现世获,或身终后,魂灵升天即下报之,人中畜生鬼神太山,更相剋贼,皆由宿命,非空生也"。《法句譬喻经》说:"心存善念者,有四天王护佑",告诫人们,众苦皆由贪念起,"若要离苦,当求寂灭,摄心正念","断灭忘念","不恣意纵情",住"永久安乐之道"。

佛家认为,人受意念支配,人生成败的关键在于对意念活动的觉悟和驾驭。《佛说法灯明心正觉经》说:"佛魔皆汝作,别在一念中。"佛家不厌其烦地告诉人们,佛与凡夫的区别,亦在于觉和迷,佛菩萨可以把数劫变一念,凡夫可以把一念变数劫。一念觉则为菩提,能成佛做圣;一念迷则会愚痴,即

成凡夫,流转三途六道。《佛说四十二章经》指出:"意马莫纵。"《佛说法灯明心正觉经》告诉人们念邪必失足。《佛遗教经》指出,"当摄念在心","失念则施诸功德","念力强者。欲贼不能侵害"。因此,佛法把意念规定为衡量菩萨的基本标准。菩萨道是离佛道最近的一个法界。菩萨能否成就圆觉,关键是意念。这就是说,意念管理是最重要的,也是最难的一种管理。通观人生管理,我们会清楚地看到,人生管理的方方面面,完全由意念决定。人生的定位靠意念,人生形象的塑造靠意念,人生方向道路的选择靠意念,身、口、意业的控制靠意念,人与人、人与众生、人与万事万物如何交往等无不靠意念。人们要想离三途、出六道、超凡成圣,必须学菩萨,管理好意念。

意念管理的第一个根本问题,是给意念定位,即意念一起先问意向何趣。佛法告诉人们,佛菩萨与凡夫的区别在于一念间。佛菩萨无我相,所以意念一发就是利益众生,念念为众生;而凡夫多只看到我或首先想到的是我。如果凡夫能把意向定位在为众生谋利益上,丝毫没有为我个人打算的想法,就是在意念的起点上,做到了与佛菩萨相同。这是人成长成功超凡成圣的第一步。《佛说般舟三昧经》说,"有三昧,名定意","定意向十方佛,佛悉在前立三昧","若有定意,一切得菩萨行","定义得自在,常立佛前","随时欲见佛,即见佛。"

意念管理不是一次完成的,由于人每时每刻都处于自然社会和十法界诸多因素的制约中,即使意发之初定位是正确的,在贯彻落实的过程中,也难免受干扰。佛家告诉人们,必须时时刻刻不忘意念管理,注意审视自己的意向是否正确,如果正确就坚定不移地实行下去,如果发现错误则要立即纠正,马上回头。佛法常讲回头是岸,唯有回头才有光明前途,不回头就必然堕入三途。如果意向错误自己不回头,即使是佛菩萨在,也无法救你。这就是佛法告诉人们的,唯有自己才能救自己。要想救自己,首先就要将错误念头回归到正确念头。这叫转恶念为善念。

佛家指出,意念是迄今为止人们所认识的运动速度最快的一种波,它不但运动的速度快,而且能深入客观事物内部,即能从质与量的结合上认识事物运动发展变化。人的这种意念活动力具有自我涉受能力,人依靠这种能力,能够从全局上和长远上认识和把握自身。佛法告诉人们,唯有意念能帮助人们认识和驾驭人生全局。人们靠意念能迅速认识自己的对错,并能在刹那间拨正人生航向。

佛法告诉人们,意念活动是一种客观活动,十法界众生中许多感应力强者都能在刹那间感知人的意念活动。据《贤愚经》记载,释迦牟尼在过去生中堕过火车地狱。《楞严经》说:"思报结息,则为火车。"车是铁的,烧得火红,罪人要把自己的筋抽出来,当作绳索拉这个车,后面有诸多鬼卒在赶罪人拉车。释迦牟尼看到一个人抽筋的时候非常痛苦、非常可怜,顿时发了慈悲心,便向鬼卒说:"我可不可以多抽一条筋给他。"鬼卒用狼牙棒一下打死了释迦牟尼,释迦牟尼立即超生,脱离了地狱。他善念一动,鬼卒就发现了,打死了他,他就超越了地狱道。佛法把审查意念活动作为衡量菩萨的根本标准,一是说人凭借自性能自知自控,二是说十方诸佛能感知人的意念活动。阿弥陀佛创造了西方极乐世界,并发愿接引渴望往生西方极乐世界的众生,阿弥陀佛靠的就是意念活动的感知,谁有渴求往生西方极乐世界的意愿,他能感知,他才能来接引。世间许多修学佛法的人都有亲身体验,恶念一起顿时就会遭受惩罚,善念一生立即就会无形中受到龙天善神或佛菩萨的加持鼓励。

佛家诸多大乘经法都详细而明确地论述了意念的作用及管理问题。《华严经》中,解脱长者对善财童子说,"我能见到十方世界佛住所里的数不清的如来。这些如来佛不来到我这里,我也不会去那些佛住所拜谒各位如来。可是我一旦想要看见极乐世界里的阿弥陀佛,随着我的心意,立刻就能看见。因为我知道一切佛以及我的心见佛,都如梦中一样","知道我所看见的一切佛都由我的心念而生出"。善见比丘对善财童子说,"我在修学之余,常常能在一念之中现出十方广大世界","我常常能在一念发动时,能使数不清的诸佛法场得到庄严"。《华严经·十地品》说:大菩萨及那些在正等正觉不退转地菩萨们"都能做到随意自在,从而获得了随意自在的神通力,在一念之间无所动作就能随意前往一切佛正在说法的道场并在道场中成为大众的首领,请佛为大家讲法"。又说,得入离垢地的菩萨,"一念之间便可得千数三昧密法,得见千佛,知道千佛的神力"。得入不动地菩萨,"在一念之间用无功智即得证入一切智慧境界"。入善地的菩萨,"知道一切如来一念成正觉",一念之间可以领受佛说的无量法门,一念之间便可得百万阿僧祇国土中微尘数那样多的三昧禅定。

佛陀告诉人们,意念有正念与妄念的区别。人们以正念作指导,可以一念成佛,而以妄念作指导,则可一念做牲畜、堕地狱。《楞严经》卷第一说,"由于心念的作用,种种事物才生出来;一切事物的因果联系,一切世间事物,都是由于心念的作用而结成物体",正念生出佛菩萨、生出佛法、生出极乐世界,而妄念则生出恶鬼、夜叉、牲畜、地狱。《楞严经》说,"一念妄动,妄相就建立起来。所觉知的妄乱一经建立,认知的理序也就不逾越了"(《楞严经·卷第四》),随之而来的是真妄颠倒,认妄为真,认真为妄。

佛家要求人们认识善念的功德,发挥正念的作用;认识妄念的危害,善于调伏妄念。《大般涅槃经》说,有一个贫穷女人,她无家可归,加之患病疾苦,为饥渴驱逐,只得靠行乞为生,在一家客栈住时生下一子,客栈主人驱逐她,她只好抱着刚刚出生的儿子流亡。在渡恒河时,为大水冲走,她抱着儿子不肯放手,结果母子两人一道沉没在河中,这女人因死护儿子的慈念功

德,命终后得生于梵天。《贤愚经》反复讲述了释迦牟尼在成佛前许多世坚持修善念功德,例如释迦牟尼在过去世做尸毗王时,天帝释为了试验尸毗王的慈善心念,变成了一只老鹰,让毗首羯摩变成一只鸽子。鸽子飞向尸毗王,老鹰追赶鸽子要吃,尸毗王发善念救鸽子,割自己肉喂老鹰,换取鸽子生命。老鹰要求把鸽子放在天平秤一端,从尸毗王身上割下的肉放在另一端,割到与鸽子重量相等时为止。但是尸毗王身上的肉全割完了,还比鸽子轻,尸毗王至念救鸽子,准备自己登上秤盘,由于体力不支,跌倒昏死过去。过了很久,尸毗王苏醒过来,感到很内疚,心想:我很久以来,为自己的肉体所困,轮回于欲界、色界、天色界之中,尝尽了世间辛酸苦辣,从未建立过功德,现在正是修精进功德之时,他强打精神,上了秤盘,为自己修功德而感到高兴。尸毗王的行为,感动了天地,天上宫殿倾斜摇晃,色界诸天王在虚空中看见尸毗王菩萨为求佛法救众生而不惜身命,深受感动。此时天帝释由鹰变回原形,问尸毗王:汝今坏身,乃彻骨髓,宁有悔恨之意耶?尸毗王说:没有。天帝又问:虽言无悔,谁能知之?我观汝身,战抖不停,言气断绝,言无悔恨,以何为证?尸毗王立誓:如果我从发意念用自己的肉喂鹰救鸽开始到现在,没有丝毫悔恨;我追求佛法的愿望真心诚意,没有半点虚假,就让我的身体立即复原。尸毗王发愿后,身立即完好如初。

《坛经》要求人们正确认识无念,切实搞好无念管理。"心对于一切外境都不沾染,这就叫无念。即自己的心念脱离、不拘执于外境,不在外物上产生心念。但是如果对所有外物都不想,把所有心念全都去尽,一念断绝就死,别处再去'受生,这是大错。学道人应该用心,不要不思考佛法大意'","如果没有心念,'无念'也就没有了不成立了。无是什么无呢?念又是什么念呢?无是指脱离二相和各种尘世烦恼。念是念的真如本性。真如是心念的本体,心念是真如的作用。如果从自性上起念,虽然有见闻知觉,却不会沾染万境,而能保持佛性自由存在"。又说:"有一种人教人坐禅,要求坐禅人注意守住自己本心,注意保持本性清净,身体不动,长久不起,用这种方法建立成佛的功德。迷妄的人不能开悟,便执着这种方法,结果修得疯疯癫癫。像这样教育他人修学佛道的人有几十几百,他们的教法是大错特错的","迷失自己的人执着外物形相,着意去行一行三昧,宣称定坐不动,除去一切妄念不生心智,也即是一行三昧。如果这样做,这样修行的人就会像是没有知觉的木石一样,这种方法反而成了阻挡成佛道路的障碍。修学佛法的大道应该畅通无阻,为什么却要它阻塞不通呢?心能够不拘泥外物,大道就畅通无阻;心要被外物束缚,大道就阻塞"。《维摩诘经》曾批评过舍利弗在林中坐禅心念不动求佛道的错误做法。

(四)思维管理

释迦牟尼佛讲经说法四十九年,强调最多的一点,就是"善思惟之"。

为什么必须善于思维，及应当如何思维，是人们必须认真解决好的重大问题之一。

事物依理存在，而理存在于事物的内在本质之中。人们常见到的是事物的表象，而表象与理并不是完全一致的，表相可以凭色声香味触法得知，而理却要靠思维求之。《佛说宝雨经》告诉人们，要"正思惟"。《华严经》亦强调"修正思惟"。《解深密经》说："于如所闻所思法中，由胜定心，于善审定、于善思量、于善安立真如性中，内正思惟。"

《摩诃般若波罗蜜道行经》说：正思维就是"正确思惟"。《圆觉经》说，"要想求得如来清净圆满菩提"，必须"有正方便及正思惟"。《佛说宝雨经》说，"菩萨远离不如理思惟"，"谓不如理思惟，不能供养如来"；又说："如来念无失，故诸根不散，故心不驶流。如来住寂静故，甚寂静，极寂静故，能断一切诸烦恼"，"众生有诸烦恼，心则驰散，不能得彼诸三摩地。如来无彼烦恼尘垢起无漏智，证得一切诸法自在平等，理性通达一切诸三摩钵底所行境界"，"如来所有四种威仪意义皆住于三摩地"，"由是如来常住三摩呬多，如来不可测量，不可思惟，不可计度"。《维摩诘经》说，"不明正理，对事物作颠倒想"，是一切众生烦恼生成的根本。《宝积经》说："理不得违"，"若有此事，是为大灾。"

世尊告诉人们，人身难得，人生短暂，人们应当用有限生命，做最有意义的事。《无量寿经》指出，"世人共争不急之务"，"身愚神暗"，"蒙明抵突"，"心无远虑，各欲快意"，"为妄兴事，违逆天地，恣意罪极，顿夺其寿，下入恶道，无有出期"。《佛说大乘庄严宝王经》说："应思惟人无常幻化，命难久保"，"思惟沉沦生苦、老苦、病苦、死苦、贫穷困苦、爱别离苦、怨憎会苦、求不得苦"。《八大人觉经》说："第一觉悟世间无常，国土危脆，四大苦空，五阴无我，生灭变异，虚为无主，心是恶源，形为罪薮，如是观察，渐离生死"；结叹仍强调："令诸众生觉生死苦，舍离五欲，修心圣道"，"进趣菩提，速登正觉，永断生死，常住快乐。"《佛说宝雨经》说：必须"思惟离无明"，因为世人"为无明所覆"，"忧悲苦恼众苦积集"，"才流转生死"；"思惟诸佛世尊，是我之师"，"思惟了知诸法"。《佛说十善业道经》说："菩萨有一法，能断一切诸恶道苦。何等为一？谓于昼夜常念思惟，观察善法，令诸善法，念念增长，不容毫分不善间杂。"

《解深密经》说，"如是善思惟法，独处空闲作意思惟。如是正行多安住故，起身轻安及心轻安，是名奢摩他。如是菩萨能求奢摩他。彼由获得身心轻安为所依故，即于如所善思惟法内三摩地所行影所知义中，能正思择，最极思择，周遍寻思，周遍伺察，若忍、若乐、若见、若观，是名毗钵舍那"，"菩萨依奢摩他毗钵舍那修行故，证得阿耨多罗三藐三菩提"，"于所闻所思法中，由胜定心，于善审定，于善思量，于善安立真如性中，内正思惟"。

《维摩诘经》强调"诸有所作,能善思量",能"持心住理";"不明事理,对事物作颠倒想",贪嗔痴诸多烦恼就会产生,诸魔就会乘其便,倒行逆施。《道行般若经》赞诵昙无竭菩萨"上般美波罗蜜台坐思惟","思惟般若波罗蜜","思考十二因缘","知万法生灭都是诸因缘和合的结果","思惟诸佛悉得经法,我亦当得,如两指相弹顷"。《大般涅槃经》强调"离四颠倒","对佛法僧作常想","修常想者皆有归处","有常法故则归依,非是无常";"若对这三者修异常想者,当知这种人的清净三皈就没有依止处了";"不知筹量者为痴人";不厌其烦地指出:"思惟众生佛性不可思议","思惟烦恼覆障佛性","思惟成阿耨多罗三藐三菩提",破除诸烦恼障,得成圣道,能救拔诸有情,"利益安乐一切众生"。

(五)发心管理

释迦牟尼佛反复教导人们,懂不懂得发心,及善不善于发心,直接决定人生成败。《金刚心总持论》说:"一切善恶皆出自心。自心修善令身安乐,自心造恶令身受苦。心是身主,身是心用。佛由心成,道由心学,德由心积,功由心修,福由心作,祸由心为。心能作天堂,心能作地狱,心能作佛,心能作众生。是故心正成佛。心邪成魔。心慈是天人。心恶是罗刹。心是一切罪福种子。""欲得人身,先学孝慈;欲生天上,当持五戒;欲成佛道,先用明心,心明则因果不昧,见性则成佛无疑……若不发心,佛也难救。"《佛说法灯明心正觉经》说:"神魔皆汝作,别在一念中。"《观无量寿经》说:"是心作佛,是心是佛,诸佛正遍知海,从心想生。"《佛说真宗妙义经》深入阐述了自己如何发心的问题。

世尊明确告诉人们,已求得成功的诸佛及菩萨摩诃萨,全都是懂得发心和善于发心者。《无量寿经》介绍了阿弥陀佛,如何发四十八大愿,立誓救度众生,得成"光中极尊,佛中之王";同时指出,"人若至心求道,精进不止,会当克果,何愿不得"。《佛说阿弥陀经》概述了阿弥陀佛的功德和西方极乐世界的美好。指出:"众生闻者,应当发愿,愿生彼国";同时告诉人们,"释迦牟尼佛,能于娑婆国土,五浊恶世……得阿耨多罗三藐三菩提,为一切世间说此难信之法,是为甚难。"《法华经》《金刚经》《贤愚因缘经》等,反复介绍了释迦牟尼佛于无量劫以来,发心追求至高无上道法,立志"成佛道","以智慧光明,照悟众生结束黑暗","使他们从黑暗和愚昧中解脱出来,永获光明"。文殊菩萨有发心教导众生成佛的"无尽十种甚深大愿"。普贤菩萨曾发心"修十种广大行愿",志求"圆满普贤所有功德","随其乐欲,成熟众生","能令佛刹极微尘数世界众生,发菩提心","皆得成就","皆得往生阿弥陀佛极乐世界"。观世音菩萨广发大悲心,寻声救苦。药师佛发心十二大愿救度众生。《地藏菩萨本愿经》赞颂地藏菩萨"威神誓愿不可思议"。

《佛说十善业道经》说："一切众生心想异故,造业亦异,由是故有诸趣轮转",告诉众生,应发十种善心,做十善业道,"令诸恶永断,善法圆满"。《大乘起信论》不但指出,人的成长需要发心修行,而且深入阐述了应如何发心及发何等心的问题,告诉众生,要"发心修行","善护其心,远离痴慢,出离邪网";"诸佛如来,本在因地,发大慈悲,修诸波罗蜜,摄化众生";教导众生,学佛发心,"以心除心,心若驰散,即当摄来住于正念",直至成佛圣道。

(六)方向、道路、目标管理

大乘佛法告诉人们,人生在诸多方面,诸多层次和诸多问题上,都具有多向性特点。例如,在具有人的形象的众生中,有佛与魔、贤圣与凡夫、好人与坏人等区别,就看你把自己定向在哪一边;从人的想象追求方面看,有人追求为社会、为众生谋利益,有人追求一切为自己,你应当怎么办;从对待戒和法的态度上看,有人把戒法看得比自己的生命还重要,有人肆意妄为你怎么办;从对待身心和生命的态度上看,有人爱护身心和生命,有人恣意浪费消磨,你应该怎么办等。《佛说般舟三昧经》说,"有三昧名十方诸佛悉在前立。能行是法,汝之所问悉可得也","有三昧,名定意,菩萨常当守持,不得复随余法,功德中最第一"。"是定意法,名为菩萨超众行。"什么是"佛悉在前立三昧",即"定意向十方佛","自皈依佛,定意得自在","若有守是三昧者,疾逮得佛"。《阿难问事佛吉凶经》说,"有所施作,当启三尊,佛之玄通,无细不知","道之含覆,包弘天地,不达之人,自作罣碍","智士达命,没身不邪,善如佛教,可得度世之道"。

人生道路复杂纷繁,稍有不慎,便遭挫折祸殃。大乘佛法在这方面的教导尤其多。《佛说十善业道经》《大乘大集地藏十轮经》都明确指出,每个众生,每时每刻,都面临着行十善道,还是行十恶道的问题。"一切人天,依十善道而立。一切声闻,独觉菩提,诸菩萨行,一切佛法,咸共依此十善大地,而得成就。"释迦牟尼佛告诉人们,世间有十法界存在,人处在十法界的中间层次,时刻面临着上升或堕落的可能。《金刚心总持论》告诉人们,"若有众生,信佛因果,受三皈依,持五戒十善,事二亲,截断邪淫,常行正道,高僧供斋,修塔造庵,转诵大乘,庄严佛相,护善遮恶,作大福田,是人舍寿,必生上界三十三天,受诸天福,五欲妙乐";又说:"五戒不持,人天路绝;五戒坚持,三恶道绝";"欲免地狱,当除恶心;欲免饿鬼,先断悭贪;欲免畜生,莫吃他肉;欲得人身,先学孝慈;欲生天上,当持五戒;欲成佛道,先用明心;心明则因果不昧,见性则成佛无疑"。

人生道路的选择和把握是比人生方向的选择和把握更为困难的事情。十法界的存在则为人们展现了十个大的发展方向,而向这十个方向进发的

道路则是多种多样的,譬如向西方极乐世界方向去,有无数条道路可走,佛家讲的八万四千法门,就是通往西方极乐世界的八万四千条道路。人生短暂寿命有限,要求人们首先要在总体上选择好和把握住人生道路,即不要选择三恶道,最低也要选择三善道,最好选择四圣道。选择了善道或圣道之后,还要从通往善道或圣道的无数条具体道路中挑选出和把握住最便捷最容易到达的那条道路。长期的人生实践经验表明,如果已注意从总体上选择了并能坚持正确的人生道路,但在具体的人生道路上如果忽视了最优化的选择,也不容易达到目的地。

佛家长期以来一直重视探讨成就佛道的最佳道路,众多有识之士之所以推荐念佛法门,推广大势至菩萨、普贤菩萨念佛求生西方极乐世界的经验,是因为他们认为念佛法门是修净土、求往生西方极乐世界的最容易掌握且最便捷的道路。因为念佛法门不受文化层次限制、不受时间地点限制、不用读多少佛家经典、不论修行时间长短,只要净心至诚念佛就可以。念佛法门主张修净土,人们可以带业往生,一生了生死、超六道轮回。

人生道路是极其复杂的,并不是你选择了正确道路就能完事大吉的,即使是正确的人生道路,通常也都是由无数具体的道路组成的。人生活在世界上,受自然、社会和人们自身诸多因素制约,譬如:要生存就要解决吃、穿、住、行日常生活所需要的生活资料,这就涉及生活道路的选择和把握;要开智慧长德能就要学习,又出现了学习道路的选择和把握问题;人无法离开人群求生存和发展,又提出了人际交往道路的选择和把握问题;人无法离开自然界求生存和发展,如果对这诸多具体道路选择不当或驾驭不利,或对诸多具体问题处理不好,即使从总体上看你选择的人生道路是正确的,也很有可能走不通或没能前进几步就后退了。

自然、社会和人自身瞬息万变,即使人们在具体的人生道路的选择上是正确的,驾驭是得力的,也随时可能发生新的变化,出现新问题新情况,需要人们做出新的选择。如果不能及时做出妥善调整,仍将无法顺利前进。因此佛家要求人们一定要有紧迫感,要懂得抓紧时间抓住时机,反复强调人身难得且随时有可能丧失;揭示宇宙人生真相的"佛法难闻",没有佛法难以正确认识宇宙人生真相,难以正确认识、选择和驾驭人生道路;没有人身难成佛道,既然已得人身就要充分利用这有限生命时间干人生最重要的事情。释迦牟尼在这方面为人们做出了榜样,他原本是一位文武双全的王子,如果选择地位、权力、金钱、美色,则不费吹灰之力,可坐享其成,然而他没有选择这条人生道路。他觉知人身是虚假的,如影如幻,随时可逝;地位、权力、金钱、美色等更是过眼烟云。他认为人应当利用人身从事比当国王更重要的事情,众生生老病死之苦、六道轮回之苦,也是国王自己无法逃脱无法解决的问题,他选择了自己乃至帮助众生了生死超六道的人生道路,放弃了地位、权力、金钱、美色、荣华富贵,走上了托钵乞讨、日中一食、树下一宿的苦行僧的道路,寻师求道十年,讲经说法四十九年,创立了佛家文化。

佛家对人生道路管理提出了许多具体的要求,其中主要有:第一,学习修持做人之道,命终能生入人道或天道。佛家告诉人们,人身难得,得到人身的人,应懂得珍惜人身;他告诉菩萨,"众生当中,有的进入了见解密林,有的走上了邪见道路,因为不懂因果报应,造身口意业而不惧怕,这些人常常被恶道人而勾摄,难免堕入恶趣之中,菩萨应当用种种方便办法救护他们,使他们住持正知正见,能生入人道或天道当中"(《华严经·入法界品》)。而要生人道或天道,就要"造就趣向人道和天道的善因"(同上)。《圆觉经》《大般涅槃经》等皆指出,若想成佛做圣,需要从"学习十方天下一切人民做人之道"入手。

第二,认清正道,截断通往恶道的路,守持正道,安心修道。《圆觉经》指出,要想做到坚持正道,就要获得法眼,入佛知见"佛法能使人认清一切,从而获得正道"(《圆觉经》卷下)。《华严经》指出,使众生"能够住于正法,享受欢悦,涤荡一切心灵的烦恼,破除一切恶劣行为的障碍,断绝生死轮回,进入广大无边的真实世界,使众生截断趋向各种恶道的生存之路"(《华严经·入法界品》)。

第三,求菩提大道,置心于佛菩萨道。《宝积经》开篇就指出菩萨要修"无上正等正觉的菩提大道"。《圆觉经》强调"奉行清净的菩萨乘,不受别人影响,自己安心修道"。《仁王护国般若波罗蜜经》指出:"向往佛道的十种心,即信心、精进心、念心、慧心、定心、施心、戒心、护心、愿心、回向心,菩萨有了此十心,就有了教化众生的能力……这十心是一切诸佛菩萨要不断涵养培植的圣胎。"(《仁干护国波若波罗蜜经·菩萨教化品第三》)《华严经》说:佛法光明使"人们的菩提道能在一切众生界成熟,在一切地方都得开悟","脱离众生所居的迁流易变的国土,进入出离世间道,获得菩萨道法,住在菩萨的道场,进入过去、现在、未来三世平等无差别的境界,在如来家族中,得无上菩提觉悟之道"。

释迦牟尼佛为众生指出的方向,简单明了。《法华经》说,"令众生入佛知见道","自知当作佛"。释佛在涅槃前留下的《大般涅槃经》进一步阐述了人应成佛圣道,明确指出,人只有成佛,才能"得金刚不坏身",才能"正遍知",才能"得无上正等正觉",才能"成佛之能","得无量神通","住不退转地","得真脱","得无量自在","能降伏诸魔";反复强调,众生皆有与佛一样的本质属性,皆能成佛做圣。《华严经》指出成佛圣道是"平坦正道",并深入论述了,如何修十地,入佛圣道的问题。佛在《道行般若经》中,对阿难说:"菩萨依靠般若波罗蜜,可以破坏一切生死勤劳之牢狱,可以解救一切因为无知而被束缚的人民,可以降服一切恶魔及其眷属,可以除去一切欲望,

走向佛座,得到无上正等正觉,从而成就佛道","正第一大道,无有两正",以般若波罗蜜为指导,成就佛道,是众生应当选择和坚持的唯一奋斗目标。

(七)学习管理

释迦牟尼佛开创的佛陀教育,明确地告诉人们,众生要想达到成佛做圣的目标,不但必须懂得学习,而且还必须善于学习。《法句譬喻经》说:"学能生慧。"《金刚心总持论》说:"求慧莫过于广学多闻。"诸多大乘经典反复告诉人们,必须善于学习。《摩诃般若波罗蜜经》告诉人们:"不要像小孩那样学习。"《百喻经》指出:"不要像愚人那样学习。"《佛说般舟三昧经》说:"当学究竟。"《佛说四十二章经》说:"学道见谛,无明即灭而明存矣。"《道行般若波罗蜜经》说,"学习不能懈怠",当勤精进;《金刚心总持论》说,"难学能学";《大般涅槃经》强调,必须求学有所成。释迦牟尼佛举例说:"譬如国王大臣宰相,生育好几个儿子,颜貌端正,聪明黠慧,他将这几个儿子一一托付给严师教育。他这么说道:先生可为我教育诸子,威仪礼节、技艺书疏、校计算数,悉令成就。我今天付托四子给先生从学,假使三个都给打死了,余下一子也一定要让他有所成就,虽丧三子,我终不悔。"世尊问迦叶:"这个做父亲的和老师,是不是有杀人罪呢?"迦叶回答说:"不能这么说。"佛说:"为什么呢?""因为他是出于爱护之心啊!是为了使孩子成器而没有恶毒的伤害心啊。像这样的教诲,虽然严厉却能得福无量呢。""如来视学法者如自己之子,诸比丘、比丘尼、优婆塞、优婆夷等,一定要劝励他们,使之得增上戒定慧。"

大乘佛法讲师道,认为人在自己不觉悟的时候,老师的地位和作用,具有决定意义。《金刚心总持论》说:"若有男女等,得见真明师,修行得正法,无一不成佛。"《阿难问事佛吉凶经》说,"从明师受戒,专信不犯,精进奉行,不失所受","后必得道";"不值善师,不见经教","不敬佛经","现自衰耗,后复受殃"。《释迦如来应化事迹》说,文殊菩萨为七佛之师,诸佛之母。阿弥陀佛是观世音菩萨的金刚上师。大日如来、普贤王如来佛祖、吉义如来为阿弥陀佛之师。世尊在因地修行时,拜观音菩萨为师。善慧因地燃灯佛所,修行大慈大悲菩提道心,燃灯佛看后精进无量,升兜率天名圣善慧。佛旨:无数劫后作佛,号释迦牟尼。

佛陀告诉人们,末法时期,"邪师说法,如恒河沙"(《楞严经》卷第六)。一切渴望求得解脱的人们,必须懂得"追求正法"(《大涅槃经》卷第三),"修学大乘,以佛法的大庄严来庄严自己"(同上),强调指出:"信仰大乘经典,才能学习受持。"(同上卷第六)

佛家告诉人们,人如果想成佛做圣,"就要学习十方天下一切人民做人之道"(同上卷第八)。

佛家明确指出，痴迷无知的人是无法得到解脱的，"譬如许多人要到远处去，但迷失了正路，走上了邪路，由于无知和迷惑，还自认为在正道上呢，如果得不到真知正道的人指导，是无法达到目的的"（《大般涅槃经·如来性品第四之一》）。凡夫要想求解脱，就要学习如来大智慧，智慧达到无漏之时，就会看清一切，得正知正觉，守持正行，不入邪途。

《华严经》记述了善财童子修学佛法的故事。善财童子拜文殊菩萨为师，文殊菩萨告诉善财童子，修学佛道应当从求证一切真理智慧做起。善财童子为寻求正法，渐次南行，虚心求教。他到了弥勒菩萨那里时，弥勒菩萨说："这位善财童子真是难得，他趋向大乘佛法，依托在广大智慧上，发起大勇猛心，披上广大悲悯衣，以大慈爱心去救护众生，发起大精进智慧，作大富豪去护持众生，作为大航船载乘众生渡过生死大海，在广大正道上生存，聚集种种大法宝，为众生修持种种广大的助道之法。"弥勒菩萨说，善财童子"勤求一切佛法"，"为法雨润泽，得到了无上佛法的资助"，他说，众生如果像善财童子一样"发心求证一切真理之智慧，也会获得这样殊胜的功德"。"善财童子依弥勒菩萨教，渐次而行，经由一百一十余城已，到普门国苏摩那城，住其门所，思惟文殊师利，文殊师利遥伸右手，过一百一十由旬，按善财顶，令善财童子成就阿僧祇法门，具足无量大智光明，令得菩萨无边际陀罗尼，无边际愿，无边际三昧，无边际神通，无边际智，令入普贤行道场。"普贤菩萨告善财童子："我于无量劫海中，自忆未曾一念间不顺佛教"，"善财童子则次第得普贤菩萨诸行愿海，与普贤等，与诸佛等，一身充满一切世界，刹等，行等，正觉等，神通等，法轮等，辩才……不可思议解脱自在悉皆同等。"（以上引文见《华严经·入法界品》）

释迦佛反复告诉人们，"人身难得"。人生命有限，而知识无限，人们必须善于运用有限生命，学习最有用知识。他批评世人"共争不急之务，不求涅槃胜妙之法"（《百喻经·愿为王剃经喻》），"诵其文，不解其义"，"口诵乘船法而不解其用"，"倒错法相，终年累岁空无所获"。他告诉世人，自己不理解佛法妙理，又不去求名师指点的做法是错误的，"不了解佛法的根本要义，盲目修炼，白白失身命，是蠢人的做法"（同上倒灌喻）。他强调："应当向明师请教，接受教诫，让法芽生长起来。"（同上比种田喻）释迦佛在《百喻经》中还批评了各种不善学习的愚人，如有人不知学人之长，而是效仿人病；有人想学佛法，不去寻觅佛法妙理，而是去挑剔佛经中的措辞；有人听说修习不净观能除去人身心五欲之疮，便要去观女色和五欲，结果不但未观到不净，反而遭受女色和五欲的迷惑，流转生死恶道；有人偷取佛法著入自己法中而灭佛法；有人学了佛法而舍不得传教他人等。

释迦佛指出，宇宙间的知识，就其功能作用来说多种多样，世人必须知道哪些知识对解决人生重大基本问题来说最重要。他告诉人们，戒、定、慧

三学是专门指导人们出三途、超六道、离生死、成圣道服务的知识体系,是人们调整身心的法宝,是渴望成佛道者必须下大力气学好的知识体系。《金刚心总持论》强调学习如来十二部经;《圆觉经》强调学习佛法,明确指出,佛法是众生成圣道的智慧,尤其强调"学习萨芸若智慧";"学习佛菩萨功德";"学十方天下人道";《华严经》不但告诉人们,必须学习佛法,还指出:"菩萨为使众生得利益,对于世间的技艺,没有不学的。"

(八)行为管理

释迦牟尼佛反复教导人们说,佛法是帮助人度过生死海的船,佛菩萨的大愿海,靠行六度得圆满,要求人们懂得,"不住于法而修万行"。

诸大乘经典皆告诉人们,行有正行与逆行、善行与恶行、普贤行与邪行等诸多差别。《佛说天地八阳神咒经》说:"常行真正,故名为人。"《佛说十善业道经》说:一切人天皆依十善行而立,"一切声闻、独觉菩提,一切佛法,咸共依此十善大地而得成就"。《佛说真宗妙义经》《金刚心总持论》等经皆明确指出,依真如本性修行,方能成佛圣道。《道行般若经》说:"鲁莽行事生恶果";《百喻经》列举了诸多"做事颠倒"、"自行邪见"、"用邪行求名利"等,造恶业、堕苦海、受惩罚的事例,指出了邪行的危害,告诉人们,必须认真管好自己的行为。

释迦牟尼佛反复深入阐述了应如何行的问题。《金刚心总持论》说,"常行好心","心行公道","常行正道","常行十善","修正功行";要求人们守好自身王舍城;告诉人们,行好心,修行善道,是很难的,佛言,"若是好心,利益他人,不求他报;给事他人,不求果报;供养他人,不求福报;利益他人,不求恩报;乃至下心满人心愿,难舍能舍、难忍能忍、难行能行、难救能救;不择冤亲,平等济度,真实能行,非但口说","非理不说,非事不为,非道不行","念念中正,步步真实"。《法句譬喻经》说:"行不放任","非道不行"。《道行般若经》说:"菩萨真正深奥之法,就在努力地修行之中,而不在最后得到泥洹","虽作是行,亦不见行,是为行般若波罗蜜;虽近佛亦不见,是为行般若波罗蜜;行般若波罗蜜,无有离佛远离佛近的区别,何以故?般若波罗蜜无有形故,譬如制造一艘大船,送过往商人,船根本不会想它要送人,般若波罗蜜也是如此,它没有形体,没有思想;又如大地,万物百谷草木皆在其中,而地亦不作是当生不生之念,般若波罗蜜亦不念生与不生;亦如日照天下,其明亦不作念,我当悉照,般若波罗蜜亦无念。"世尊讲了许多故事,反复告诉人们,必须坚持以道法行事,不管对方做了怎么不合理的事,自己依然必须坚持以德报怨,千万不能以怨报怨,否则他人错了,我们也随之错了,最佳选择,是自己始终站在道法一边,用方便善巧使对方亦回到依道法行事的轨道上来。总观佛陀论行为管理,做事必须要懂得坚持的原则是:

第一，与事物真如本性相同，即如理。宇宙间一切事物各有其固有本性，任何一件事情都有其固有的道理。因而佛家要求佛弟子做事必须如理，依道而行。

第二，与佛法相同，即如法。佛法包罗万象，能指导人的一切意念、言语、行为，做事不为所欲为，懂得向佛请教。佛家常讲："佛氏门中，有求必应。"遇事只要你求得如法，就会得法喜，有了法喜，做事肯定心明眼亮，在正知正见指导下做事，肯定得正行正果。

第三，与广大众生的根本利益相同。佛陀告诉人们，佛菩萨"无我相，无人相，无众生相，无寿者相。"佛菩萨住世只为帮助苦难众生开发自性宝藏，圆成佛道一个因缘。因而佛菩萨能与宇宙间最广大众生结成善因缘，利益最广大众生。释迦牟尼佛在《妙法莲华经》中讲了观世音菩萨是怎样为众生谋利益的；在《地藏经》中详细介绍了地藏菩萨是怎样发愿为众生谋利的；在《华严经》中介绍了十大行愿王普贤菩萨是怎样为众生做事的。这些经法都明确告诉人们，佛菩萨的利益与众生的利益是一致的，佛菩萨是在为众生做善事的过程中圆成佛道的，正如《地藏经》中指出的地藏菩萨的誓愿，"地狱不空，誓不成佛"；《大方广佛华严经·普贤菩萨行愿品》中普贤菩萨十大行愿告诉人们，"虚空界尽，众生界尽，众生业尽，众生烦恼尽"，十大行愿才告终止；"所有功德皆回悉向尽法界、虚空界一切众生，愿令众生常得安乐，无诸病苦，欲行恶法，皆悉不成。所修善业皆速成就。关闭一切诸恶趣门，开示人天涅槃正路。若诸众生因积集诸恶业故，所感一切极重苦果，我皆代受，令彼众生悉得解脱，究竟成就无上菩提"。

第四，做善事不着相。佛家主张做事"做而无作"，人有了善行，做了善事不喜形于外，做了善事不居功，有了善果不享受，而是把福报回向给广大众生，令广大众生享受福报，自己再去做更大善事。从这一点出发，佛家能把德变成威力无比的德能，在众生中享有无量无边的威望。

第五，求至善圆满。佛家不但主张从行十善做起，力争诸恶莫作，众善奉行，而且求至善圆满，不许有丝毫不善夹杂。佛家做善事行善业无有止境。世间凡人做善事自己常常念念不忘，自己做了多少善事多喜欢一件一件地记在心上，或写在本上，而佛家却专做善事只求至善圆满，从来不说自己做了多少善事。佛家明确地告诉佛弟子，入了佛门而不做善事要堕无间地狱；做善事不求至善圆满则不能圆成佛道，求至善圆满是修学佛法的唯一宗旨。

第六，求大自在。佛家认为，众生自性中皆有如来智慧德能，众生如能充分开发自性中的如来智慧德能，就能求得人生大自在，就能做到理无碍，事无碍，理事无碍，事事无碍。

佛家主张，佛弟子学习佛法必须落实在修行上，因此，长期以来，修行者

又成了佛弟子的代名词。

佛家明确指出什么叫修行和应当如何修行，告诉人们，修行就是将不符合宇宙人生真相的看法、想法、做法纳入正知、正见、正行的轨道。佛陀指出，宇宙人生的发展变化是无止境的。因而人们修正行是没止境的。《摩诃般若波罗蜜经》说："四无所畏是不可计量的，萨芸若智慧也是不可计量的，色法是不可计量的，受、想、行、识也是不可计量的，诸法是不可计量的，人也是不可计量的，因此即使菩萨修行般若波罗蜜，那些也不是什么修行，这样才是修行般若波罗蜜。即使是这样修行，也不过是一种名字而已。"又说："菩萨刚修行的时候是朝向空的，等到得了空的时候，则朝向了无想，因而既不会堕入空的束缚之中，也不会堕入无想的束缚之中，从而具备了一切佛法，比如善于射箭的人把箭射向空中，箭在空中没有一刻停留，此时射箭的人再发一箭，后箭射中了前箭，这样一直射下去，后射的每一箭都射中了前箭，只有射箭人想要前箭落下来，它才能落下来。菩萨修行般若波罗蜜也是这样，他得到了般若波罗蜜方便胜智的保护，自己不会在半路上证悟堕入阿罗汉、辟支佛地，而是从此功德去追求无上正等正觉，等到他功德圆满的时候，他就会觉悟成佛了。"强调"按照般若波罗蜜的教导修行"，"一心按照般若波罗蜜的教导进行修行，他在一切众生中就是最尊贵的"。《大乘密严经》提出："修密严行"，得"如来微妙身"，"生妙喜密严之净国"。

菩萨懂得修行是无止境的，认识了修行之苦的必然性，因而"忍受各种苦行，安稳地存在于世间，可以成为世间的保护，成为世间人皈依的对象，成为世间人的房屋，成为世间的高台，成为世间的导师，成为救度世间的人"（《摩诃般若经波罗蜜道行经·分别品十三》）。

佛陀告诉人们，真正修行的人，不随心所欲，他们"一切都以佛经为依据"（同上第十五），"以佛法的大庄严而庄严自己"，"以大乘水而自俗"，"善于自我防护"，"不畏惧魔波旬"（以上引文见《大般涅槃经》）。

佛陀告诉修行者，要修德行，"一切菩萨如果作有什么功行，首先不应贪念执着，所以说菩萨并不享受福德"（《金刚般若波罗蜜经》）。赞扬舍卫国王波斯匿"内修十地德行，布施、忍悔、持戒、精进、禅定、智慧六度圆满，三十七种道品具足，有四种不坏的清净，坚持以大乘教化人民"（《佛说仁王护国般若波罗蜜经·序品第一》）。"深深地种植坚固善业，好好地修持种种善行，好好地创造修道条件，好好地供养诸佛，好好地积集一切善法，做一个见解善好的修道人，善于摄取好的知见，善于使自己身心清净无染，树立广大志愿，生出广大见解和信心，时时以慈悲为怀。"（《华严经·十地品》）佛家修德行的目标是德行圆满，主张福德和功德都要圆满。告诉人们，德不圆满不能成圣道。

佛家告诉修行者必须懂得持戒、守持戒律，远离诸非法。《大般涅槃经》卷第七指出："一切众生虽有佛性,但一定要借助持戒,然后才能显发。因佛性显发,才得以成就阿耨多罗三藐三菩提心。""若不能保持禁戒,又如何得见佛性呢?"《楞严经》卷第七说:"要证入正定正觉三摩地,修持学习佛法妙门,求证菩萨无上觉道,就要先持守上述四种威仪,持身能皎洁如冰霜那样清白莹澈,无论是心的贪嗔痴,还是口的绮语、两舌、恶口、妄语等恶业都无从而生。"

佛家要求修行者"以无漏智慧",游戏于所有的觉悟之华当中并享受着觉悟的欢乐愉快(详见《大般涅槃经·如来性品第四之一》)。释佛强调"行普贤慧行"(《华严经》),"修殊胜行"(《无量寿经》)。

(九)交往管理

佛家的人际交往思想,显现了人生大智慧。释迦牟尼佛在诸多大乘经典中,从各个方面教导人们,要高度重视人际间的交往,努力创造和谐的人际关系。世尊在《首楞严经》说,"当于一切众生,生世尊想,若生轻心,则为自伤","若不念众生为当来佛,必以六尘为寇贼","一切众生贪欲愚痴诸烦恼中,有如来智、如来眼、如来身,结跏趺坐,俨然不动,乃至德相具足,与我无异","一切众生有如来藏"。《坛经》说:"若修功德之人,心即不轻,常行普敬。"《道行般若经》说:"不可以怨恨和愤之心对人。"《梵网经》说:"一切男子是我父,一切女子是我母。"《八大人觉经》说:"多怨横结恶缘",应"等念怨亲,不念旧恶,不憎恶人"。《佛遗教经》说:"若有人来节节支解,当自摄心,勿令嗔恨,亦当护口,勿出恶言。若纵恚心,则自妨道,无功德利。忍之为德,持戒苦行所不能及。能行忍者,乃可名为有大力之人。若其不能欢喜忍受恶骂之毒,如饮甘露者,不名入智慧人也。"

佛陀认为宇宙间最难处理的是人际关系,因而非常重视待人处事问题,提出了一系列的基本准则:

1. 待人"依六和"

"六和敬"是释迦牟尼为佛家共修团体制定的六条待人原则,即见和同解、戒和同修、身和同住、口和无诤、意和同悦、利和同均。无论出家还是在家佛众,只要四个人以上的佛众在一起修学佛法,就要遵守执法"六和敬"的原则。

"见和同解"要求一个共修团体必须有共识,在对重大基本原则的认识上能思想一致。"戒和同修"是说有共同遵守的戒律和规则。"身和同住"是说大家住在一起共修,居住环境相同,起居同时,不搞特殊。"口和无诤"是说大家和睦相处,没有争论。"意和同悦",是说意气平和,心中充满法喜。"利和同均",是说大家得到的待遇相同。佛家要求佛弟子不但在佛法修学团体的内部相处要守持六和,而且在与社会大众相处过程中也要守持

六和的原则,带头维护全社会的和谐。

2. 处世"修六度"

"六度"是菩萨和实行菩萨道的人在社会上弘法利生必须遵守的六个原则。即布施、持戒、忍辱、精进、禅定、般若。布施是指用我们的体力、智慧、财力、物力等为社会大众服务。布施分财布施、法布施、无畏布施三种。财布施又分为内财和外财布施。内财布施指用自己的体力、智慧为社会服力;外财布施指用自己赚的钱供养社会大众。持戒就是守法守道,包括守持佛法戒律和社会法规准则、社会道德规范、人情事理等。忍辱就是忍受社会和他人给自己造成的耻辱、困难、麻烦等。精进指精纯的有条理的代表社会发展方向的进步。禅定指内心稳定,不受外界好恶的影响,有清净心、平等心。般若指从清净心中生出的智慧,对内外皆清清楚楚、明明白白。"六度"又称为六波罗蜜,即布施波罗蜜、持戒波罗蜜、忍辱波罗蜜、精进波罗蜜、禅定波罗蜜、般若波罗蜜。佛经指出,"六度"是菩萨渡众生达彼岸的六条法船。

3. 广结善缘

佛家从因果报应论的角度研究问题,提出因缘说,认为宇宙间万事万物的发生、发展、变化都是有因缘的,人与人之间的交往也具一定的因果联系,因缘的好坏决定果报的好坏,是否善于把握因缘,直接关系到人际关系的好坏。

第一,善于与佛菩萨结缘。佛不度无缘之人。佛是十法界中层次最高、智慧德能最杰出、最受众生尊敬敬仰的人。世人能否见到佛、能否得到佛的加持,关键在人们自己。人们能否见到佛,关键在于自己与佛的缘分。你自己心中没佛,与人交往不知礼敬诸佛,不知什么样的人是佛,不懂怎样与佛结缘,就是佛站在你面前,你也不认识佛。这就提出了如何与佛结缘的问题。释迦牟尼佛在讲经说法的四十九年中,不厌其烦地告诉人们,佛经在的地方就是佛所在的地方,能正确弘扬佛法的人就是佛的代表,要像尊敬佛一样对待弘扬佛法的人。什么样的人能见到弘扬佛法的人呢?就是渴求佛法的人。当年释迦牟尼佛在世时,讲经说法四十九年,什么人得到利益了呢?就是那些重道好学的人。重道好学是人能够在佛法殿堂受到教益的根据,受持奉行是真正能学得佛智慧德能的关键。不与佛结缘就不会得到佛的加持,就无法得到佛的智慧德能。与佛结缘需要从礼敬诸佛、赞叹如来、请佛住世、常随佛学开始,置心于佛道,把自己的思想、言论、行动纳入佛道,刹那不离佛道,不得佛智慧、佛德能、佛自在,绝不松懈。

第二,亲近明师。佛法是师道,修学佛法需要明师指导。随着时间的流逝,佛在娑婆世界圆寂的时间越来越久远,世间人对当年佛在世间讲的经法越来越生疏。不认识佛经上的字,不理解佛说的是什么意思,就无法从佛经中受到教益。要解决这些难题,就需要有精通佛法的老师。《阿难问事佛吉凶经》中明确告诉我们要"亲近明师"。《金刚心总持论》说:"佛性人人本有,不投佛修终不成佛。""得见真明师,修行得正法,无一不成佛。"渴望学习佛法的人,需要懂得亲近明师。只有得到明师的指导,才能进入佛法的殿堂。明师是修学佛法的增上缘。

第三,亲近善知识。佛家赞颂善知识,释迦牟尼佛在多部经中反复阐述了善知识的作用,他在《地藏菩萨本愿经·阎罗王赞叹品第八》中指出:"南阎浮提众生,其性刚强,难调难伏","结恶习重,旋出旋入","譬如有人迷失本家,误入险道。其险道中,多诸夜叉,及虎狼狮子,蛇蚖蝮蝎,如是迷人在险道中,须臾之间即遭诸毒。有一知识,多解大术,善禁是毒,乃及夜叉诸恶毒等,忽逢迷人欲进险道,而语之言,咄哉男子,为何事故而入此路……是迷路人忽闻是语,方知险道,即便退步,求出此路,是善知识,提携接手,引出险道,免诸恶毒,至于好道,令得安乐"。世尊在《十善业道经》中谈到离两舌得五种利益时指出,其中之一就是"得不坏善知识"。自古以来,善知识总是可遇而不可求。善知识非常谦虚,处处忍让,绝不争出风头,不是什么人随便都可以遇到的。只有懂得亲近善知识的人,才有可能找到善知识。其中很重要一点,就是虚心接受善言,知迷而返,不顽固到底。如果总觉得自己对、自己能,别人都不对、都不行,就是善知识在你身边,他也只能对你敬而远之,看着你走邪路不回头,善知识只能无可奈何地摇摇头。只有自己时时刻刻对人真诚、恭敬、谦虚、善学,有悔过之心,不执迷不悟,善知识才能在关键时刻站出来拉你一把。

第四,亲近善友。善友指善良的朋友。佛家提倡人们远离恶人,亲近善人,结交善良的朋友,远离恶友。自古以来,善友难遇。要想亲近善友,需要自己有智慧有能力认识和识别善与不善。如果自己不识善恶,以恶为善、以善为恶,你就找不到真正的善友,即使遇到善友,你也会把他当成恶人对待,使善友离你而去。人一旦一个善友也没有了,即使自己想做善事、想成就善业,也难了。这就是说,只有自己明善恶,至心向善,才能找到善友,善良的人也才肯找你做朋友。佛家的善恶标准很容易掌握,即为众生服务的思想意念、言论和行动都是善的,贪心为个人谋私利的则为恶。贪是五毒之首毒。贪心成饿鬼,贪心重而堕地狱。佛家指出:"财色名食睡,地狱五条根。"有贪心就出不了六道,因为有贪心就会有障碍。"一念贪心起,百万障门开。"

第五,善待众生。佛家从众生皆有佛性的观点出发,认为众生皆是佛,主张像尊敬佛一样尊敬众生。释迦牟尼佛在《十善业道经》中指出,"若离嗔恚,即得八种喜悦心法",即"一无损恼心,二无嗔恚心,三无诤讼心,四柔和质直心,五得圣者慈心,六常作利益安乐众生心,七身相端严,众共尊敬;

八以和忍故,速生梵世"。这就是说,人们在与众生交往中,从离嗔恚心做起,不贪、不痴,用柔和质直心、圣者慈心、利益安乐众生心及和忍的态度、端庄严肃的身相与众生相处,就能求得良好的人际关系。佛法告诉人们,善待众生就是善待自己。你善待众生,众生就会善待你。释迦牟尼佛指出,我们善待众生,不要求世间福报,而要回向无上菩提。不求世间福报,并不是说世间福报没有了,得不到了,而是说世间福报现前时,不要把它放在心上,决不要得意忘形,而是将功德回向给无上菩提,即向更高的目标迈进,争取超凡成圣,"后成佛时,得无碍心、观者无厌"。如果只求世间福,人际关系好了就享受起来,骄傲自满,无碍就会变成有碍,众生无厌则会变成有厌。只有圆成佛道后,才会有真正的无碍,才不会引起众生对你再生厌恶之心。

第六,化敌为友。佛家把自己的责任和使命确定为使一切众生皆成佛道,即使一切众生都成为像佛那样具有无量智慧、无量德能、无量自在的人。从这一目标出发,佛家要求人们必须懂得并实行化敌为友、化冤为亲、化恶为善。《坛经》指出:"若真修道人,不见世间过。"《法华经》《华严经》《楞严经》《圆觉经》等经中都指出,贪嗔痴就是戒定慧,戒定慧就是贪嗔痴。佛法认为,贪嗔痴与戒定慧是同一个法性,觉悟了就是戒定慧,迷了就是贪嗔痴;迷的是法性,悟的也是法性。法性是一不是二。"凡所有相,皆是虚妄",众生的迷或悟只是一时的现象,从法性看,最终是要归于无分别无执着,即没有迷时悟也就不存在了。佛家认为,别人毁谤我、侮辱我、陷害我,都是暂时的。只要我自己是佛,就不怕别人毁谤、侮辱、陷害。对于那些对我持有敌意的人应当格外敬重,用真心至诚心去感化他,使他早生法慧,早日转迷为悟。释迦牟尼佛在化敌为友方面,为众生做出了榜样。提婆达多是释迦佛的学生,背叛了师道,要害死释迦牟尼。在释迦牟尼佛每天托钵去舍卫城必经路边悬崖上准备好了大石头,待释佛从下面经过时,推下石头,欲置释迦牟尼于死地。而石头推下后摔碎,只是碎块碰破了释迦牟尼的脚。一计不成,提婆达多又挑唆阿阇王子害死父亲自己做新国王,置释迦牟尼于死地,由提婆达多做佛。而释迦牟尼佛依旧用慈悲怜悯心对待提婆达多,没有一点怨恨。《提婆达多经》告诉人们,佛家经常用演戏的方法告诉凡人,业障没有消尽时,恶缘总是要现前的,人们应当懂得如何在恶缘现前的逆境中成就道业。

佛家告诉人们,恶人和善人一样,都是我们的老师。我们应当把恶人和善人一样当成老师,见到善人,勉励自己;见到恶人警示自己。从这一意义上来说,恶人和善人都能激励我们成长进步。我们也应当用恭敬心和感恩心去对待恶人。"冤家宜解不宜结",会转冤家为善友的人,就不会有敌人。佛家要求菩萨把顺境和逆境、善人和恶人都当成自己修学的道场。多转化一个恶人就多一份功德。如果能不断发展善心、增长善力、增加善行,就会积小善为大善,逐步达到至善圆满。佛是至善圆满之人,是人人敬仰之人,因而佛是人际关系最好的人。真正会学佛的人,是会化敌为友的人。能够无恶不化的人,就是佛。

第七,救护一切罪苦。释迦牟尼佛告诉人们,与众生结善缘的途径是多种多样的,能否广结善缘,关键在于人们自己能否把握结善缘的机会。一般说来,陷入罪苦报应中的众生最需要帮助,发现众生之苦,救拔众生之苦,是与众生结善缘的最好时机和最佳途径。因此佛菩萨总是把注意力放在救拔苦难众生上。释迦牟尼佛创立佛教,讲经说法四十九年,就是为了使众生从生老病死轮回的苦难中解脱出来。观世音菩萨闻声救苦,地藏菩萨深入地狱之中去救苦,佛家提倡菩萨"做众生不请之友",就是主张自觉地主动地去救助那些苦难之中的众生。正因为如此,众生一遇苦难,就向佛菩萨求救。观音菩萨、地藏菩萨等,都是在救拔众生的苦难中与众生结下善缘的。释迦牟尼佛在《地藏菩萨本愿经》中指出,多得数不尽的众生能到忉利天宫听佛讲法,"皆是地藏菩萨久远劫来,已度、当度、未度、已成就、当成就、未成就"的功德,即地藏菩萨在救度众生的长期实践中与苦难众生结下了广阔无边的善缘。

第八,做众生不请之友。佛陀主张修菩萨道的人们应当主动救护众生,《佛说大乘无量寿庄严清净平等觉经》德遵普贤第二说:"咸共遵修普贤大士之德,具足无量行愿,安住一切功德中,游步十方,行权方便","常以法音觉诸世间","心常谛住度世之道,于一切万物,随意自在,为诸庶类,做不请友","兴大悲,愍有情","于诸众生,视若自己,拯济负荷,皆度彼岸"。

4. 维护国家安定和社会和谐

佛法的宗旨是利益社会和众生。所以佛家要求佛弟子必须维护国家安定和社会和谐。佛家不但要求佛众要遵守佛法戒律,而且告诉佛众必须遵守世间法及社会道德规范。《梵网经》是菩萨戒经,其中明确指出,佛众绝对不做损害国家和社会利益的事,不做国贼,不谤国主。《璎珞戒经》还教导佛弟子不漏国税,不犯国制。其中不犯国制就是指遵守国家制度和法律、风俗习惯和道德规范等。

佛法是正知正见。坚持正知正见,就要懂得利益众生。国家不安定,社会动乱,受害的则是人民大众,不利于人民大众的事,是佛法所不允许的。所以,佛家要求学佛的人一定要遵守国家法律,维护社会和谐和安定。

(十)欲望管理

《佛说清净心经》开篇即明确指出:"欲得清净心,当断五法。"应当断除的五法中,排在第一位的,是断"贪欲"。世尊指出,"断贪染即得心解脱","永断贪爱,了知真实正知"。贪欲主要有财、色、名、食、睡五个方面。佛家

称其为堕地狱的五条根源。《无量寿经》进一步指出："破烦恼城，坏诸欲堑，洗濯垢污"，才能"显明清白"。《圆觉经》强调指出，"欲望不可有"，一切众生"有种种恩爱贪欲，故有轮回"，欲出轮回，当"捐弃一切贪欲"。《佛说四十二章经》反复强调，"欲火烧身，使人愚蔽"；"爱欲生忧"，"爱欲垢尽，道可见"；"人随情欲求于声名，声名显著，身已故矣，贪世常名而不学道，枉功劳形，譬如烧香，虽人闻香，香之烬矣，危身之火而在其后"；"心寂欲除"。《佛遗教经》说，"多欲多患"，"少欲者则有涅槃"。《八大人觉经》强调，"常修少欲"，"觉知多欲为苦，生死疲劳从贪欲起，少欲无为，身心自在"。《贤愚经》强调，"要收敛种种欲望"，明确指出，人堕三途，皆由贪欲造成。世尊列举了一系列贪欲受恶报的事例，如：一平事官做了许多利益人的事，而因一事贪财，后世成为无耳目舌者；提婆达多"不持戒，放纵欲望，虽读很多经文，最终堕阿鼻地狱"。《佛说弥勒大成佛经》说："五欲不净，众苦之本。"

　　《法句譬喻经》说：释迦牟尼佛在世的时候，有一个信外道的国王忽然发起善心，要布施一大批金银财宝给世人。就在王宫前搭了一个布施场所，把金银财宝堆放在那里。谁来拿都可以，但只能用自己的手抓一把。释迦牟尼佛知道这件事后，认为度化这个国王的机会到了，便打扮成一个道人，去了布施场所。他正要取一把财宝的时候，国王和蔼地问他："请问道人，你能把取这一把财宝做什么用，告诉我吗？"道人说："我想建造一所住宅。"释佛拿了一把财宝走了，但不大一会儿又走了回来将拿走的一把财宝又放回了原处。国王见了奇怪地问："为什么取了一把财宝又送了回来？"世尊回答说："你施给我的一把财宝，建幢住宅还不够，想取个老婆吧也取不成，建了住宅，没有老婆，孤单单地太寂寞，我想还是还给你吧！"道士说完话就要走，国王连忙叫住他说："你要几把财宝，才能建幢住宅，取个老婆呢？"化装道士说："大概三把吧。"国王又说："我现在破例，让你取三把财宝。"于是世尊取了三把财宝走了。但不久又回来了，还是同上次一样，又将财宝放回了原处。国王又说："你怎么又回来了呢？"化装道士说："有了住宅，有了妻子，没有地，没有牛、马、长工，也无法舒舒服服地过日子，区区三把不够用，还是还给你吧！"国王想了想说："既然三把不够，那你就拿七把吧！"世尊抓了七把满怀而去，可没过多久又回来了。国王呆呆地问他："难道还不够用吗？"世尊回答说："并不是不够，而是想到了新问题，我想有了住宅、妻子、奴婢、田地、牛马，但还不能避免灾祸发生，如果发生了意外，事先不准备点钱，总感觉心里不安。既然这样，还不如什么都不要的好。"国王说："我把今天布施的全部财宝都送给你，可以满足你的欲望了吧！"化装道士转身要走，国王急忙叫住他，让他把所有财宝带回去。可是道士说："你布施给我的只能解决物质享受，可我的生老病死之苦仍没办法解脱，财宝再多而心仍不得安宁，我想如果不贪婪这些物质上的东西，而解决好心理上的衣食住行，倒可以求得心安。"国王问："什么叫心理上的衣食住行？"世尊说："心理上的衣食住行，就是求学问，以道为食，人的道心充满的时候，假如遇到逆境，心也不会感到痛苦了，道心就是衣食住行的归宿。"释迦牟尼由道士样子回复到佛陀的形象，国王忽然开悟，遂抛弃外道而皈依了佛法。

释迦佛深刻揭示了欲望的危害。《佛说法灯明心正觉经》开章就指出，"众生有佛性，常被欲尘蒙，虽发菩提心，退失不知中；欲是无影蛇，只缠无定人，心虽有灵山，身却陷淤坑，六道不好脱，皆因欲蛇猛，欲蛇喜我相，我相万欲生"，"染欲受八风"，"灭欲生道心"。该经结尾时，仍不忘告诉人们，"若为成佛修，我相暗中生，永世不得道，易入魔途中"。

欲望管理是非常复杂的问题。佛家主张无欲无求，但同时指出，身处五浊恶的人们，欲求正果，还必须懂得用正欲破邪欲。所谓正欲，即符合宇宙大道运行以及广大众生利益的欲望。《佛说阿弥陀经》《无量寿经》皆指出，"欲生西方极乐世界"，"不可少善根福德因缘"。《华严经》说："欲成就如来功德法门，应修十种广大行愿"；"为欲利乐一切众生"，应"随其乐欲，成熟众生"。

（十一）人生保健管理

《弥勒菩萨所问经》说："人身甚难得，随分行白法。"《法句譬喻经》说，"得生人道难，生寿亦难得"；得到人身后，应像佛陀那样，求得生安。释迦牟尼佛说："我生已安，不愠于怨；众人有怨，我行无怨。我生已安，不病于病；众人有病，我行无病。我生已安，不戚于忧，众人有忧，我行无忧；我生已安，清净无为；以乐为食，如光音天；我生已安，恬淡无事；弥薪国火，安能烧我。"《佛说天地八阳神咒经》说，"天地之间，为人最胜最上者，贵于一切万物"，"人之身心是佛法器，亦是十二部大经卷也，无始以来，转读不尽，不损毫毛"。《百喻经》反复指出："人身难得。"《佛说法灯明心正觉经》说："人身难求得，成佛依人身。"

《佛说四十二章经》说："生即有灭"，"人命在呼吸间"。正因为人身难得，人生宝贵，人命短暂，所以，佛家非常强调养生保健。《佛说真宗妙义经》强调，"每日省察身心"，"扫除心田尘垢"，"自身清净，心无尘垢"，"不教色声香味诸魔牵引，降服其心，得证涅槃之相"。《百喻经》说："从过去身修诸善法，得此人身，应当保护，进德修业……勿失人身，空无所获。"《圆觉经》说，"十方人道难得……欲为十方天下人作导首，是人难得"，"当护身口意"，"求一身清净"，圆成佛道。《大般涅槃经》说："是身常为无量诸虫之所噬食，是身臭秽贪欲狱缚，是身可恶犹如死狗，是身不净九孔常流，是身不坚……是身无常……是身易坏……是身不久……""如来之身是常住身，是金刚不坏身"，当修佛身，得佛法身后，就得到了如来不坏身，就不会生病。

《佛说清净心经》强调"修佛清净心","求清净佛身"。《大乘大集地藏十轮经》强调"用萨芸若智慧保护自己",求身心安乐,"善自摄心","防护身口意业","善守护身,令增寿命","修身语意三种善行","令解脱一切病","住三乘不退转位",自度度他,皆成佛圣道。

(十二)死亡管理

释迦牟尼佛明确指出,生死问题,是世人面临的最紧迫最重大的问题。《无量寿经》说,"世人共争不急之务。于此剧恶极苦之中","为心走使","随心所欲","死生之趣,善恶之道,都不之信","不知生所从来,死所趣向","大命将终,悔惧交至,不预修善,临时乃悔,悔之于后,将何及乎","生死不休,恶道不绝,如是世人,故自然有三途无量苦恼,辗转其中,世世累劫,无有出期,难得解脱,痛不可言","如是五恶五痛五烧,辗转相生。敢有犯此,当历恶趣,或其今世,先被病殃,死生不得,亦众见之。或于寿终,入三恶道,愁痛酷毒","当求度世,拔断生死众恶之本,当离三途忧怖苦痛之道……当自端身,耳目口鼻皆当自端。身心净洁,与善相应,勿随嗜欲,不犯诸恶,言色当和,身行当专,动作瞻视,安定得为。作事仓卒,败悔在后,为止不谛,亡其功夫"。

世尊反复强调生死一体之理,告诉人们,生既有死。《佛说四十二章经》说,"人命在呼吸间",一息不来,即为来世。《佛说轮转五道罪福报应经》说,"天地万物各有宿缘",人之生死亦各有其因。《佛说善恶因果经》列举了大量事例,告诉人们,"众苦皆由十恶之业","短命者从杀生中来为人","杀生之罪能令众生堕于地狱畜生饿鬼。若生人中得两种果报,一者短命,二者多病。盗劫之罪亦令众生堕于地狱畜生饿鬼。若生人中,得两种果报,一者贫穷,二者共财不得自在。邪淫之罪,亦得堕地狱畜生饿鬼,若生人中,得两种果报,一者妇女不贞良,二者二妻相诤,不随己心。妄语之罪亦令众生堕地狱畜生饿鬼,若生人中得两种果报,一者多被诽谤,二者恒为多人所诳。两舌之罪亦令众生堕地狱畜生饿鬼,若生人中得两种果报,一者得破坏眷属,二者得弊恶眷属。恶口之罪亦堕地狱畜生饿鬼,若生人中得两种果报,一者常闻恶声,二者所说恒有诤讼。绮语之罪亦令众生堕于地狱畜生饿鬼。若生人中得二种果报:一者说正人不言受,二者所有言说不能辩了。贪欲之罪亦令众生堕于地狱畜生饿鬼。若生人中得二种果报:一者贪财无有厌足,二者多求恒无从意。嗔恚之罪亦令众生堕于地狱畜生饿鬼。若生人中,得二种果报,一者常为他人求其长短,二者常为他人所恼害。邪见之罪亦令众生堕于地狱畜生饿鬼。若生人中,得二种果报,一者常生邪见家,二者心恒谄曲。如是十恶业道,皆是众苦大聚因缘"。

佛家诸多大乘经典都不厌其烦地告诉人们,必须解决好生死问题。《佛说天地八阳神咒经》说，"人之在世，生死为重"，"善恶之理，不得不信"，"生死之事"不能随心所欲，"反天时，逆地理，背日月之光明，常没暗室，违正道之广路，恒寻邪径"，必自受苦，"堕于恶道，永沉苦海"。《坛经》说："世人生死事大"，"不求出离生死苦海，自性若迷，福何可救？"《大般泥洹经》说，"人生皆有死，无常安可久"，"惟有生老病死之大患"。《八大人觉经》说，"令众生觉生死苦，舍离五欲，修心圣道"，"进趣菩提，速登正觉，永断生死，常住快乐"。释迦牟尼佛从各个方面论述了如何解决生死问题。《道行般若经》说："般若波罗蜜于生死作护"，"当自归般若波罗蜜"，"如果不能成就般若波罗蜜，不能得到萨芸若智慧，也就不能保护生死"，自己不修学般若波罗蜜，亦反对他人修学般若波罗蜜的人，"为以自亡失，复亡失他人"；"随顺般若波罗蜜的人，永远不会被人或非人伤害"；"其受学诵般若波罗蜜者，终不横死"。《大般涅槃经》说，"于生死中应舍无智，求于正智"，"若有倒想，则是生死"，"守心正忆念，远离诸非法"。《药师琉璃光如来本愿功德经》说，药师佛是专门为人消灾延寿服务的佛，能使活着的人，活得快乐；能使病者消灾延寿。《无量寿经》说，努力作善，积功累德，德至善圆满之时，就可成佛圣道，得无量寿命，永超生死。净土五经一论，《大悲心陀罗尼经》《地藏菩萨本愿经》等都是专门论述如何断除生死根本超生死求极乐的大乘经典。释迦牟尼佛临涅槃留下的《大般涅槃经》，专门论述了如何求佛随意寿命，得不生不死之乐的问题，在死亡问题上，为人们展现了光明前途。

1. 死亡管理的宗旨

佛家学说是围绕灭众生之苦而展开的。每个了解佛家学说的人都知道，身为王子的释迦牟尼，因见到生老病死皆苦，才弃王子之位、娇妻和美好生活，去寻求灭苦之道。十年的探索苦思，悟得了灭苦真谛，开佛陀教育之先河。佛陀教育的实质是求极乐灭诸苦。释佛告诉人们，人生老病死一切皆是苦，人哭着来到人世间，人一生为生存而苦苦奔波，想得得不到是苦，得而怕失也是苦；疾病缠身是苦；不想死而无可奈何更是苦，人从生到死皆生活在苦恼之中。《八大人觉经》告诉人们：第一位的觉悟是"无常无我觉"，"觉知生死炽然苦恼无量"，"于念念中灭无量罪，进趣菩提，速登正觉，永断生死，常住快乐"。《佛说四十二章经》进一步指出，人需要知道"人命在几间"。释佛说，我问过沙门修学佛法的人，有人说，人命在"数日间"，有人说，人命在"饭食间"，多数人不知道人的生命有多长时间。他告诉人们："生即有灭"，"人命在呼吸间"。《佛遗教经》说："故当知世皆无常，会必有离，勿怀忧恼。世相如是，当勤精尽，早求解脱，以智慧明，灭诸痴暗。世实危险，无坚牢者，我今得灭，如除恶病。此是应舍罪恶之物，假名为身，没在老病生死大海，何有智者得除灭亡，如杀怨贼而不欢喜。"《无量寿经》明确指出求无量寿命。

佛家学说建立在因果报应理论基础上。佛家死亡管理学说的宗旨，是使众生离生死苦，得涅槃乐。而要想求得涅槃乐之果，需要从修因做起，即为成就涅槃乐创造条件。释佛指出，"人身难求得，成佛依人身"（《佛说法灯明心经》），求涅槃乐要靠人身。人身灭亡的形式有各种各样，所得结果亦各种各样。归结起来，主要有两大类，一类是善终，一类是恶死。因果如影随形，"恶习结业，善习结果"（《地藏菩萨本愿经》）。即利用人身行善则得善终，利用人身作恶则得恶死。死亡管理的目的，就是防恶死而求善终。《佛说法灯明心经》说："身相是因果，现报依前身；未来前途事，要看今日行。"《佛说法灭尽经》说，"五逆浊世，魔首兴盛"，"众魔比丘咸共嫉妒诽谤慈心修道德之人，摈黜驱遣不令得住"，"视沙门如粪土"，"不顺道理皆思乐乱，恶人转多如海中沙，善者甚少若一若二……人命转促"，动辄造恶业，夭命增多，世苦日甚。释佛不厌其烦地告诉人们，"发菩提心，放下万缘，提起正念，求真实正知"（《佛说清净心经》），"不为一切怨贼所害，确保长寿无夭"，"得佛随心自在性命"（《佛说十善业道经》），"慎防危身之火"，"处世当如莲花不为泥污"，"慎勿为恶"（《佛说四十二章经》）。释佛不厌其烦地教导人们，管好生死，"无令自取其死"，"求生西方极乐世界"，"永离生死"，"至涅槃乐"，"得正解脱"。

释佛指出，有人简单地认为死即是解脱，是不对的。死有善终和恶死之区别，自杀是恶死，杀他是犯罪，其罪报皆在三途受苦，甚至求出无期。《大般涅槃经》说："没有适当的方法，不能正解脱"，追求正法"离恶漏"，得正解脱，"必然能得阿耨多罗三藐三菩提，清净而见佛性"，"得正解脱"。

2. 死亡管理机制和方略

佛家管理死亡的机制严谨，既有明确的原理、原则，又有切实可行的方略。其原理真理性深刻而易懂，因果二字统领死亡管理的全过程，明确告诉人们，修什么因，得什么果；其目标明确，明确指出成就圣道是求善终的唯一目标；其原则简单易行，明确告诉人们，是善终还是恶死，关键在自己。

《佛说四十二章经》开章就指出"识心达本"，"识自心源，达佛深理"是其关键。释佛在诸多大乘经法中，不厌其烦地告诉人们，身外无佛；是心作佛，一切唯心造，一切唯心灭；佛、法、僧三宝皆是为开启众生自身佛性服务的；自己要真发心，去俗心，"得佛无碍心"（《佛说十善业道经》）。人以"心为其主，是故当好制心"，"当自端心，正念求度，不得包藏瑕疵"，"当自摄心"，"勿令放逸"，"摄心者，心则在定，心在定故能知世间生灭法相"，"若得定者，心则不散"（《佛遗教经》），"心动受八风"（《佛说法灯明心经》），"直心念道"，"行道在心"，如果像拉磨牛，"身虽行道，而心道不行"，仍不得解脱，"去心垢染，行即清净矣"，就不会上贼船，"净心守志，可会至道"。（《佛说四十二章经》）释佛在《地藏菩萨本愿经》等多部大乘经典中深入浅出地论述了"犯殃自受",恶死之可恶,告诉人们"慎勿为恶","求正解脱","至涅槃乐","永离生死"。

凤修慧业是求得善终的前提条件。《佛说天地八阳神咒经》说,"愚人无智","信邪倒见","背真向伪,造种种恶业,将欲命终,沉沦苦海,受种种罪"。《佛遗教经》说:"若有智慧,则无贪著,常自省察,不令有失。是则于我法中,能得解脱……实智慧者,则是度老病死海坚牢船也,亦是无明黑暗大明灯也,一切病者之良药也,伐烦恼树之利斧也。是故当以闻思修慧而自增益。若人有智慧之照,虽无天眼,而是明见人也","以智慧明灭诸痴暗",唯有智慧者能度"老病生死大海"。《佛说四十二章经》说:"智明破魔。"《八大人觉经》说:"惟慧是业",有了"智慧觉",才能"觉悟愚痴生死","精进行道,慈悲修慧,乘法身船,至涅槃岸"。被尊称为"三世佛师"的文殊菩萨,把开启众生成佛的智慧作为自己"先誓大愿",普令众生"发菩提心,求无上道","登正觉路",劝众生莫贪求小智小才小成就,受生死轮回支配;当净其心,开眼界,修大智慧,断绝生死,成就圣道,得涅槃乐。(《文殊菩萨无尽十种甚深大愿》)

凤植善根是求善终的基础。《佛说十善业道经》说:"譬如一切城邑聚落,皆依大地而得安住,一切药草、卉木、丛林亦皆依地而得生长。一切人天依十善道而立,一切声闻、独觉菩提、诸菩萨行,一切佛法,咸共依此十善大地而得成就。若离十善业,欲修行正果,譬如空中建楼阁或种稻谷,欲成就生长,无有是处。"释佛讲经说法四十九年,念念不忘告诉人们,至善圆满之时,才能成就佛之圣道,得佛金刚不坏身,至涅槃岸,离六道轮回,不生不死永安康。

乘法身船,至涅槃岸。释佛告诉人们,久远劫来,人们不懂"正见之法","信邪倒见","背真向伪,造种种罪业","流转诸趣","受种种罪","不得解脱",要想改变这种状况,唯一办法,就是求"正见之法"。(《佛说天地八阳神咒经》)"乘法身船,至涅槃乐。"(《八大人觉经》)佛法是正觉知,有正觉知,才能识法身船、登上法身船、驾驭法身船,乘风破浪,直奔涅槃岸。释佛强调:"夫为道者,犹木在水,寻流而行,不触两岸,不为人取,不为鬼神所遮,不为洄流所住,亦不腐败,吾保此木决定入海。学道之人,不为情欲所惑,不为众邪所娆,精进无为,吾保此人必得道矣。"(《佛说四十二章经》)这就是说,成就圣道是极其不容易的事,没有至高无上的佛法修养是办不到的。每个人都是自己法身船的掌舵者,要想使自己的法身船至涅槃岸,须臾离不开佛法。

《无量寿经》是释佛专门论述死亡管理的大乘经法。世尊告诉人们,人生是苦,"忧苦不绝,生时苦痛,老亦苦痛,病极苦痛,死极苦痛,恶臭不净,无可乐者",如生命在时不知自我管理,"今世为恶,福德灭尽,寿命终尽,诸恶

绕归……殃咎牵引，无从舍离……身心摧碎，神形苦极，当斯之时，悔复何及"，死后堕三途，"辗转五道，忧苦不绝"。他告诉人们，灭诸苦的根本办法，就是"发菩提心"，"求道不休"，"以善攻恶，拔生死之苦"，"成就善根"，"植众德本"，"当自端心；当自端身，耳、目、口、鼻皆当自端，身心净洁与善相应，勿随嗜欲，不犯诸恶"，"远离众恶"，"舍五恶"，"去五痛"，"离五烧"，"作十善"，"坚固不退"，"至心迴向"，"欲生极乐，无不遂者"。既生西方极乐世界，便得如阿弥陀佛一样的自在无量寿命。

（十三）佛法修学管理

佛法修学管理，是佛家全部学说活的灵魂。它明确地指出了入佛圣殿堂之门，成佛圣道之路及如何把自己纳入成佛圣道，乃至如何达到成佛作圣之目的。

佛法修学管理的第一步，是理顺自己成长与佛法僧及众生的关系。《金刚心总持论》说："一切众生皆有佛性，本来不生，本来不灭，只因迷误而致升沉。""众生长迷不觉，所以永劫堕落；诸佛常觉不迷，所以永成佛道。"这就是说，众生与佛的佛性是一样的，差别只在于觉还是迷。《梵网经》说："汝是当成佛，我是已成佛。"即是说，佛是将佛性开发出来的人，众生是应当开发自己佛性的人。《大乘密严经》说：佛是出矿金，众生是矿中金，"碎末于金矿，矿中不见金；智者巧融炼，真金方乃显"。

释迦牟尼佛讲经说法四十九年，核心就是一个"觉"字。他告诉人们应当觉什么和应当如何达到觉。佛是觉者，佛法是觉者告诉众生如何求觉的知识。

佛法修学的第一步是信，即信众生皆有佛性，信有佛存在，信自己也能成佛，信成佛需要遵守成佛之道。释迦牟尼佛在诸多大乘经法中，反复告诉人们："信为成佛功德母。"即是说，信才能像佛一样修佛圣道，才能成佛圣道。《佛说真宗妙义经》明确告诉众生，"佛在心头莫远求"，"明心见性即是佛"，明确指出："迷人不悟，自向外求，终日奔奔波波，色相迷佛，渐渐远也。世人只会念经，不识经义，不信佛语，性理不明，向外求经，难以得道成佛。真身中有此真经，人人本有，说你不信，故难转也，是名向外求经也。"真正信佛说之后，才能直门而入，去见佛、学佛、成佛。

随佛法修学，是成佛圣道的根本点。《金刚心总持论》说，"佛性人人本有，不投佛修，终不成佛"，"未死之前，当死一般，借此幻身，学佛修行"。即是说，人命在呼吸间，死亡每时每刻都在威胁人，人在未死之前，必须抓紧时间，按照佛陀的教导去修行。释迦牟尼佛一生说了好多经法，传入中国的佛经只是世尊说法的一部分。仅就乾隆《大藏经》来说，并不是一般人都能读得了的，一是难懂，二是没那么多时间。那么究竟应当如何随佛法修学呢？

《金刚心总持论》说："得见真明师,修行得正法,无一不成佛。"世尊反复指出,末法时期,"邪师说法,量如恒河沙",如何去寻找真名师,如何鉴别说法人所说法是不是佛法呢？释迦牟尼佛在涅槃前留下的《大般涅槃经》明确指出:依"四依法"行事,即"依法不依人,依义不依语,依智不依识,依了义经,不依不了义经"。

定意法是修学佛法的根本方法。《佛说般舟三昧经》说,"有三昧,名十方诸佛悉在前立","有三昧,名定意。菩萨常当守持,不得复随余法,功德中最第一","若有菩萨所念现在,定意向十方佛,若有定意,一切得菩萨高行","常念诸佛功德,自归依佛,定意得自在","持佛威神力,于三昧中立,欲见何方佛,欲见即见","随时欲见佛即见佛","心一反念佛悉在前立"。《道行般若经》说,"修禅定,对般若波罗蜜是有益的","诸佛皆位于般若波罗蜜中,其敬佛者,当自归般若波罗蜜","离般若波罗蜜者,不知如何修学萨芸若智慧";"佛对阿难说,我把般若波罗蜜托付于汝,小心保护好每一个字,心念诵每一个字","此经可镇护一切经法,过去、未来、现在各种经法皆从般若波罗蜜中出","依靠修学般若波罗蜜的功德,可破一切生死勤苦牢狱,可解救一切愚痴无知者,可降服一切恶魔,除去一切欲望,得无上正等正觉,成就佛道"。

《华严经》说,心佛与众生,三者无差别,昼夜常念佛法众,必定成佛无疑。《大集经》说:"末法亿亿人修行,罕一得道,唯一念佛得度生死。"《华严经》明一世成佛;《阿弥陀经》倡导"持佛名号",念佛生西方极乐世界;《法华经》赞颂八岁龙女即身成佛;《法华三昧观经》说:"十方众生,一称南无佛者,皆当作佛";《无量寿经》主张:"一向专念阿弥陀佛,修诸功德,愿生彼国,临命终时,阿弥陀佛与诸圣众,现在其前,经须臾间,即随彼佛往生其国。"《楞严经》说,佛法是为众生成无上正等正觉服务的,"不失众生成佛机会","八万四千法门,门门圆通,无有区别",众生修哪一个法门,都可以成佛圣道。

《道行般若经》说:"佛身不是用一事,也不是用两事修成的,而是用数千万事来成就,其中包括发意求佛,修菩萨行,学佛做功德","坚持六度","坚持持戒,不犯十恶","过去、当来、今现诸佛,皆从数千万事各种因缘而生"。《金刚心总持论》说:"有求佛者,一用斋戒为佛基址;二投名师,指示功程;三识心性,了了分明;四用作福,助初发根苗;五用结缘,增自善本;六明因果,不妄主为;七破邪魔,远离外道;八用通理,不著有为;九用精进,习佛行德;十用通达,法法精明。"

佛家认为,学习佛法与修行是一个统一的不可分割的过程,主张学习佛法必须与修正自己对宇宙人生的错误看法、想法、做法结合起来,学修统一,才能达到至善圆满。

1．弄清楚佛法的真理性，坚定修学佛法信念

深达佛理，是修学佛法的关键。佛是觉者，佛法是使人觉悟的理论。佛法是释迦牟尼在求得无上正等正觉之后，关于宇宙人生真相的学说，是对宇宙人生真理性的认识。是"如来正见之法"（《佛说天地八阳神咒经》）。相信佛法是"智慧之理，大道之法"（同上），才能至心修学佛法。《华严经》指出："信为道元功德母。"只有坚定不移地相信佛法是真理，是使人破迷开悟的理论，才能"坚持其心，勇锐精进，不畏前境，破灭众魔，而得道果"（《佛说四十二章经·智明破魔》三十三章）。即排除各种干扰，持心修学佛法，才能学到佛理。"学道见谛，无明即灭。"（同上十七章）释佛告诉人们："善恶之理不可不信"，"善法常转即成圣道"，反之"恶法常转，即堕地狱"。（《佛说天地八阳神咒经》）如果不相信佛法是真理，就不能"随顺佛法"，仍将执迷不悟，"流转恶趣，堕入恶道，永沉苦海"（同上），求出无期。释佛指出：世人"欲得觉悟，速达心本，入佛知见，永断疑悔"（同上），就要懂得"佛即是法，法即是佛，合为一相，即现大通智胜如来"（同上），"心不信邪，崇敬佛法"（同上）。

2．把握修学纲领

佛家重视佛法的修学管理，要求修学者首先必须弄明白修学佛法的目的，也就是要懂得为什么要修学佛法。释迦牟尼佛在许多部大经中反复指出，最根本点归结为一句话，就是求"阿耨多罗三藐三菩提"，即求"无上正等正觉"。也就是彻底弄明白宇宙人生真相。

佛法是觉悟教育。世尊告诉人们，"无上正等正觉"不是他人给予的，而是人们自身具有的。《华严经》指出："一切众生皆有如来智慧德相。"那么现实社会中的众生为什么没有"无上正等正觉"了呢？佛陀告诉人们，是妄想、执着、迷惑把人的这种本能给障住了。佛法的任务就是帮助人们断妄想，破执着，恢复自性，圆成"无上正等正觉"。

佛家告诉人们，要想恢复"无上正等正觉"，需要以"三宝"作指导，就是皈依佛、法、僧。佛是具有无上正等正觉的人。皈依佛就是要回归到"无上正等正觉"，即把自性中的"无上正等正觉"重新开发出来。皈依法是指皈依佛法。佛法是关于宇宙人生真相的知识，是对宇宙人生的正知正见。佛法是法宝。皈依法就是回归到正知正见。佛法是般若智慧，是佛在回复"无上正等正觉"后关于宇宙人生的智慧。佛法告诉人们，对宇宙人生不能随心所欲，随心所欲难免犯错误，堕三途，受惩罚，必须求正知正见，修学佛法就是为了求得对宇宙人生的正知正见。僧指僧宝，不是指出家人，而是指六根清净，一尘不染。皈依僧指回归到清净心。

皈依佛，觉而不迷；皈依法，正而不邪；皈依僧，净而不染。简单地说，三皈依就是皈依觉、正、净。修学佛法就是修学觉、正、净。觉、正、净究竟圆满了，无上正等正觉就会现前了。追求觉、正、净是修学佛法的根本纲领，是修学佛法的人从初发心到成佛都不能背离的根本宗旨。

3．打好修学基础

修"三福"是释迦牟尼佛在《观无量寿经》中提出来的。即第一，孝养父母，奉事师长，慈心不杀，修十善业。第二，受持三皈，具足众戒，不犯威仪。第三，发菩提心，深信因果，读诵大乘，劝进行者。佛陀告诉我们，修三福是十方三世诸佛圆成佛道的因缘。也就是说，十方三世一切佛都是在修三福的基础上成长起来的。我们修学佛法，也不能离开这个基础。

（1）人天福

三福第一福叫人天福，是修三福的起点。修三福要从孝养父母开始。"孝养父母"告诉人们要懂孝道。佛家的孝养父母说具有深刻的含义，包括养父母之身、养父母之心、养父母之志。佛法告诉人们，在孝养父母这一点上，凡夫是无法做得圆满的，只有佛能做到圆满。事实表明，即使是凡夫中的孝子也多难以圆成孝道。佛家《戒经》说："一切男子是我父，一切女人是我母"，这是佛家要求人们把孝养父母的心扩大到整个社会。不能做到这一点，就是凡夫；能做到这一点，就成了佛。《地藏菩萨本愿经》《佛说父母恩重难报经》都是宣传孝道的经。

"奉事师长"是告诉人们要懂师道。佛法是至善圆满的教育，实施教育的主体是老师，佛处于师道最高层次，是师中职位最高、德能最高的人。人需要教化，老师就是实施教化的人。人没有老师教化，就会愚昧无知，就无法圆成佛道。

"慈心不杀"，是说人应当有慈悲心。一切罪业中，杀生业最重，果报也最强烈。佛家告诉人们，没有慈悲心就不能行善事，至善圆满也就无从谈起。

"修十善业"是人天界的标准，修成上品十善者可生天界，修十善及格者可保人身，不及格者，将根据行恶情况，分别堕入畜生、饿鬼或地狱道。

释迦牟尼佛指出，众生常常在身、口、意三个方面造十种恶业，正是这十种恶业使众生在六道中轮回。《无量寿经》说："善护口业，不讥他过；善护身业，不失律仪；善护意业，清净无染。"《十善业道经》说：众生"作身语意诸不善业，是故随业各自受报"。众生"身易造杀生、偷盗、邪行三种罪业；口易造妄想、两舌、恶口、绮语四种恶业；意易造贪、嗔、痴三种罪业"。佛陀告诉人们，断十恶修十善是人天道的基本要求，也是成就四圣道的基础。他说："譬如一切城邑聚落，皆以大地而得安住，一切药草卉木丛林，亦依地而得生长。此十善道亦复如是。一切人天依之而立，一切声闻、独觉菩提，诸菩萨行，一切佛法，咸共依此十善大地而得成就。"

①身业管理

佛家认为,人们的身体行为易造的恶业主要是杀生、偷盗、邪淫。这三项罪业皆属于重大恶业,一旦造作必遭重大恶报。

杀生是最严重的恶业,果报也最苦,一旦造作,后果不堪设想。杀生不只指伤害众生身命,而且包括令众生畏惧怨恨。你虽然没有杀害他,但是让他感觉到恐惧、害怕、不安,让他对我们所作所为不满意、不高兴、有怨恨心,这些都属于杀生的范围。释迦牟尼在《地藏菩萨本愿经》中指出:"杀生者受宿殃短命报。"他在《十善业道经》中指出:"若离杀生,即得成就十离恼法:一、于诸众生普施无畏;二、常于众生起大慈心;三、永断一切嗔恚习气;四、身常无病;五、寿命长远;六、恒为非人之所守护;七、常无噩梦,寝觉快乐;八、灭除怨结,众怨自解;九、无恶道怖;十、命终生天。若能回向阿耨多罗三藐三菩提者,后成佛时,得佛随心自在寿命。"

偷盗指不与取。凡是有主物品,不经主人同意,自己拿来据为己有,或暂时使用,或移动位置主人找不到,无论用什么方法,都属于偷盗。就是没有具体主人的野生的树木花草,也有山神土地、花神树神做主人。释迦牟尼说,只要有一人高的树,你要砍它用,三天之前就要去祭祀,为它诵经念咒,说明用这棵树干什么,请树神搬家。如果不这样做,也属于偷盗。佛家告诉人们,对人、对物、对事,一定要小心,否则就要造恶业受恶报。偷盗三宝和常住物品,是五逆罪之一,当堕无间地狱,诸佛菩萨也没有办法救你。偷盗的实质是占别人便宜,凡属于占别人便宜的行为,皆是偷盗。释迦牟尼在《地藏菩萨本愿经》中说:"若遇窃盗者,说贫穷苦楚报。"他在《十善业道经》中说:"离不与取而行施故,常富财宝,无能侵夺,最胜无比,悉能备集诸佛法藏。"佛家指出,偷盗的根源在于自私自利。人们要想不犯偷盗恶业,必须注意克服自私自利,顺境不起贪爱,逆境不起嗔恚,起心动念与十善业相应,持戒布施。财布施得财富,法布施得聪明智慧,无畏布施得健康长寿。

邪淫指夫妻之外的不正当男女情欲关系。如果人们把自己的人生方向定在人道,坚持正常的夫妻情欲关系,不邪淫就可以了。如果想进入四圣道,那么只守持不邪淫则不够了,还要懂得从念头上拔除男女情欲的根,不生情欲的念头,没有男女情欲的心。佛家告诉人们:"财色名食睡,地狱五条根。"贪财利、贪姿色、贪名望、贪食、贪睡,发展下去就会堕地狱。若贪恋五欲六尘的享受,无论念佛修行多么好也不能往生净土,注定出不了三界。

②口业管理

佛陀重视口业管理。佛陀在《法句譬喻经》中教导尚未得道的罗云时说:"人常犯九恶,当知先护口,如同大象护鼻一样。"佛陀在与瓶沙王的对话中说:"恶言骂詈,骄凌蔑人,兴起是行,疾怨兹生……斧在口中,所以斩身,由其恶言。"该经又说:琉璃王小时,曾受到释迦族人的责骂,那时发誓,将来为王时必报此仇。琉璃为王时，报此仇，欲灭释迦族，佛也无可奈何。释迦牟尼在《十善业道经》中指出的众生易造的十种恶业中，口业就占了四种，即妄语、两舌、恶口、绮语。

妄语指虚妄的不真实的骗人的假话。两舌指挑拨是非，制造斗乱。妄语、两舌是口业中严重的易犯的恶业，是佛法中的大戒。古今中外许多人由于妄语、两舌，惹了大祸，招致人生失败。佛家指出，自古以来许多修行人修积的功德不能成就，其重要原因之一，就是功德法财从妄语、两舌中漏掉了。妄语、两舌的直接果报是说话无人信，即使说的是真话，别人也会认为是说假话，而且会常常遭人议论和毁谤，在社会上威信低、名声不好、孤立少援，成就事业难度大。若能不妄语、不两舌，说话真诚而行布施，所得果报是"离众毁谤"，受人赞叹，易得人援。懂得了妄语、两舌的恶报和离妄语、两舌，守持真诚，相信终会"离众毁谤"。

恶口是说话粗鲁，对人没有礼貌。绮语指花言巧语，说得好听，讨人欢心，而达到利己的目的。恶口的结果是伤害别人，其果报是招人怨恨。绮语的结果是易失人，其果报不但是说话无人信，如伤害了他人和社会，则会受惩罚。释迦牟尼指出："离粗恶语而行施故，常富财宝，无能侵夺，一切众生欢喜皈依，言皆信受，无违拒者"；"离无义语而行施故，常富财宝，无能侵夺，言不虚设，人皆敬受，能善方便，断诸疑惑"。

③意业管理

佛家重视意业管理。释迦牟尼佛在《十善业道经》中指出，意业主要有三种，即贪心、嗔恚、愚痴，简称贪嗔痴。佛法说贪嗔痴是三种恶毒的烦恼，世间所有一切恶业都是从三毒地滋生出来的：贪心是饿鬼道的业因，嗔恚是地狱道的业因，愚痴是畜生道的业因。也就是说，贪欲造饿鬼业，嗔恚造地狱业，愚痴造畜生业。

贪欲包括诸多具体内容，如贪财利、贪名誉地位、贪淫美色、贪吃、贪睡、贪玩等。众生贪心一起，业障就会现前，立即就会失去理智，顿生烦恼，为满足贪欲就要造作各种罪业，所谓人为财死、鸟为食亡、英雄难过美人关等果报就会现前。

嗔恚的表现也是多种多样的，如脾气暴躁、火气大、易愤怒、动不动就暴跳如雷等。佛法说火烧功德林，嗔恚毒火是其中之一。嗔恚造下无数罪业，伤害无数众生，欠下无穷冤债，甚至堕入无间地狱，求出无期。

愚痴的表现也是多种多样的，其中集中表现在缺少智慧，头脑简单，不明事理，不辨是非、真假、美丑、善恶，其结果必然是混淆是非，颠倒黑白、善恶、美丑、真假，难免造诸多罪业。

长期人生经验表明，贪、嗔、痴三毒根不断，不但出不了六道，而且必堕三途。佛法中不厌其烦地阐述离贪嗔痴的好处。《十善业道经》中指出，

"离贪欲得成就五种自在"，"一是三业自在，诸根具足；二是财物自在，一切怨贼不能夺；三是福德自在，随心所欲物皆备；四是王位自在，珍奇妙物皆奉献；五是所获之物过本所求，百倍殊胜"。"离嗔恚得八种喜悦心法"，"一是无损恼心，二是无嗔恚心，三是无诤讼心，四是柔和质直心，五是得圣者慈心，六是常作利益安众生心，七是身相庄严，众共尊敬，八是以和忍故，速生梵世"。"离邪见得成就十德法……一得真善意乐，真善等侣；二深信因果，宁殒身命，终不作恶；三惟皈依佛，非余天等；四直心正见，永离一切吉凶疑网；五常生人天，不更恶道；六无量福慧，辗转增胜；七永离邪道，行于圣道；八不起身见，舍诸恶业；九住无碍见；十不堕诸难"。

（2）二乘福

三福的第二福是二乘福，是小乘佛法修学的基础。修学三福第一福，能够做到孝亲、尊师、慈心、修十善业，就具备了入佛门学佛的条件。修学三福第二福是讲怎么进入佛门。入佛门要先拜老师，拜师的仪式是受持三皈，正式拜释迦牟尼为老师，发心皈依佛、皈依法、皈依僧。《坛经》中进一步明确指出，佛者觉也，皈依佛是求觉悟的意思；法者正也，皈依法是求正知正见；僧者净也，皈依僧是求六根清净，一尘不染。

具足众戒，是说要遵守佛家戒律。佛家戒律很多，其中最重要的是五戒，即不杀生、不偷盗、不邪淫、不妄语、不饮酒。《佛说优婆塞五戒相经》说："此五戒法乃是三世诸佛之父依于五戒出生十方三世一切诸佛。"此外还有出家比丘要受的二百五十条戒等。佛家对戒律有"开、遮、持、犯"的规定，既告诉佛众戒律是修学佛法的保证，又指出在什么情况下应灵活变通，变通的原则是不能违背佛法。如佛家修行主张"持午"，而非佛众不知道，请你去吃晚饭，人家恭恭敬敬地请你，你如果不去人家会不高兴，去是随缘，在开戒中令众生生欢喜心，在随缘中度化众生，又如出家比丘的二百五十条戒律里有十几条是关于穿衣服的规定，这些戒条是印度人定的，中国人穿衣服的习惯与印度人不一样，我们就不能照搬，这里也有一个随缘问题。

不犯威仪是说要保持佛法和佛菩萨形象的威严，守持戒律精神，"诸恶莫作，众善奉行"。

（3）大乘福

修大乘福是在修小乘福基础上开始的。修大乘福有四条要求："发菩提心、深信因果、读诵大乘、劝进行者。"

发菩提心。菩提是梵语，其意为觉悟。菩提心是真正觉悟的心。发菩提心就是自觉地依照佛法修行，实践"四弘誓愿"。释迦牟尼说，修人天福的人及修二乘福的人没有菩提心，大乘菩萨才有菩提心。菩萨的心愿是度一切众生，即"众生无边誓愿度"。而要度众生首先要度自己，自己断烦恼，增长自己度众生的能力，这就是"法门无量誓愿学，佛道无上誓愿成，烦恼无尽誓愿断"。

深信因果。这里讲的深信因果是从念佛与成佛关系的意义上讲的。释迦牟尼佛在《华严经·十地品》中说:"十地菩萨始终不离念佛。"他告诉我们,念佛是因,成佛是果。文殊菩萨、普贤菩萨、善财童子发愿往生西方极乐世界,也是不忘念佛。没有念佛的因缘,什么人也成不了佛。

读诵大乘。释迦牟尼告诉我们,菩萨欲成佛道,也必须天天读佛经。我们读经不是给别人看的,而是接受佛的教导,用佛的教导检查对照自己、修正完善发展自己、指导自己的思想、言论和行动,用佛的理论和方法把自己塑造成像佛一样的人。如果只是走过场、流于形式,不与发展提高自己相联系,就是欺骗佛、欺骗众生,就是造作罪业,不但不能圆成佛道,而且还要堕地狱,受惩罚。

"劝进行者"是要求佛众和一切善男子善女人不但要自己修学佛法,而且还要劝别人修学佛法,帮助别人精进,把佛法广泛地介绍给大众。

4. 从修学戒、定、慧三学入手

佛家经法浩瀚,凡夫一生也难读尽,因此要求修学佛法的人们必须把握戒、定、慧三个方面的基本学说。

释迦牟尼佛讲经说法四十九年是从戒、定、慧三个方面逐步深入的。戒学是佛家用来对治众生造恶的学说;定学是佛家用来对治众生心思散乱、不清净的学说;慧学是佛家用来对治众生愚痴的学说。

佛经分经、律、论三藏,定学是经藏,戒学就是律藏,慧学就是论藏。佛家修学不能只知一藏而不问其他两藏,而要清楚地懂得戒、定、慧三学或经、律、论三藏各有着自己特有的作用和价值,是修学佛法的人一样也不可缺少的。戒、定、慧三学是佛法修学者得以成功的三个方面的基本保障。因戒得定,因定生慧,因慧而圆成佛道。三者都是为成就佛道这一根本目的服务的。

5. 尊普贤行,皈心净土

释迦牟尼佛在《华严经》中阐述了普贤菩萨的十大行愿,称这十愿为"普贤菩萨十大愿王"。这十愿是普贤菩萨成就菩萨道,得生净土的因缘,也是一切渴望往生净土的人们处理好人际关系、圆成佛道的指南。

第一,礼敬诸佛。《华严经》中指出:"情与无情,同圆种智。"这里讲的有情众生指动物,无情众生指植物、矿物。诸佛包括一切有情和无情。这一大愿要求人们用普贤心,即用对待佛的恭敬心来对待一切众生。因为一切众生皆有佛性,一切众生本来成佛,得罪一个众生就是得罪一尊佛。一个人是一尊佛,一个动物、植物、矿物、书、桌、凳等物皆是佛,我们皆要尊重,对人、对物、对事平等恭敬。对人礼敬,对物恭敬,对事负责,做事尽心竭力,物品清洁整齐。对善人恭敬,对恶人也要恭敬,不分善恶、邪正、美丑,一律恭

敬。恭敬是普遍的、没有分别的。

第二，称赞如来。善财童子五十三参表明，恭敬是普遍的，而称赞与否则是有分别的，他只称赞善的，不是善的则不称赞。他礼敬了五十三位，而称赞了五十位，他对三个外道人只有礼敬而没有称赞，他没有称赞胜热婆罗门，因为他是外道中愚痴者的代表。甘露火王代表嗔恚，他脾气很大，稍微得罪了他，就要被他治罪，善财童子对他只礼敬没有赞叹。筏苏密多是个淫女，代表贪，善财童子对她只有礼敬而没有赞叹。赞叹与否，以德为标准，对善法正法都赞叹，不是善法正法则只礼敬而不赞叹。

第三，广修供养。普贤菩萨的供养是一供一切供，供一尊佛就是供一切佛，不只是成佛的，没有成佛的一切有情和无情众生也都包括在内。这样的境界叫华严境界，即无分别无局限的究竟圆满境界。普贤菩萨指出："一切供养中，法供养为最。"因为只有法供养能使人破迷开悟，使人恢复证得圆满自性，而其他一切供养都无法达到。供养中，"依教修行供养"为第一。释迦牟尼四十九年讲的经法中，《无量寿经》为第一经。《无量寿经》的四十八品中，第六品第一重要。第六品是阿弥陀佛所说的四十八愿。四十八愿中第十八愿为第一。第十八愿讲十念往生，愿生我国，乃至十念，若不生者，不取正觉。唯除五逆，诽谤正法。唯有这一愿表明佛法真正圆满、殊胜、不可思议的境界。阿弥陀佛这个名号含有无量义。一部《无量寿经》就是这个名号的注解。《华严经》是《无量寿经》的注解。整部大藏经是《华严经》的注解。这就是说，一句阿弥陀佛名号，包含全部佛教。念一句阿弥陀佛，一切都念到了。不同宗派、法门是释迦牟尼随顺众生不同根性说的，最后统统归结到大家都见阿弥陀佛。

第四，忏悔业障。业障指罪业，人起心动念不正确，就要障碍真心本性的作用。人们的真心本性中，有无量无尽的智慧德能。障碍分为两大类：一类是烦恼障，另一类是知障。《华严经》上讲："一切众生皆有如来智慧德相，但以妄想、执着而不能得证。"人们要想开发如来智慧德能，就要破妄想执着。妄想是知障的因，执着是烦恼的根。人只要懂得忏悔业障，拔掉产生妄想、执着的根，才能入佛知见，行佛道。人有妄想、执着就会造业，例如：在人际交往中有妄想、执着，就有可能把好人当坏人对待，伤害好人；就可能把自己置于坏人的对立面，伤害不善的人。伤害善或不善的人都是造业。忏悔人际交往中的业障，就要消除人际交往中的妄想、执着，切实以真心本性对待一切人、一切众生，不与众生结怨，善与众生结善缘。

第五，随喜功德。凡夫的一个很重的烦恼就是嫉妒。普贤菩萨提出修随喜功德，就是用它来对治嫉妒。无论什么人，有嫉妒烦恼就会造罪业，就不能成就正道。即使是佛门中的人，有嫉妒烦恼，也照样造恶业。汉朝时期，马融讲学，郑玄拜马融为师。三年后，郑玄的学问超过老师。马融讲学还有一个嗜好,喜欢边讲学,边听歌舞。他在前面讲学,后边有女人在唱歌跳舞,中间用一个布幔隔着,他的学生多是常常从布幔缝中看跳舞,而郑玄三年目不斜视,从不看一眼,至心一处专想学习。马融对郑玄产生嫉妒心,想害死郑玄。郑玄毕业回家,马融表面对郑玄十分热情,送郑玄到十里长亭,带学生共劝郑玄饮酒三百杯。郑玄不但没醉,连小小礼节都不失。郑玄知道老师的用意,公开说明自己要走哪条路。老师在路上埋伏杀手,而郑玄从另外一条小路溜走了。六祖在黄梅得法时,遭到了同修们的嫉妒。五祖把衣钵偷偷地给他后,劝他快逃避一下,免得别人找麻烦。六祖逃到猎人队中躲了十五年。

随喜功德告诉人们,世界上的事情都是人做的,因为人们自性中的智慧德能开发情况不同,开发较早和较好的人多先行善事、早行正道,要求人们要懂得"成人之善,成人之正",称赞别人之善、之正,支持他人之善之正,与他人一道做善事正事,懂得成就他人就是成就自己。只有这样,世上的善事才能越做越大,正道越走越宽,人与人之间越来越和谐。

第六,请转法轮。佛的心愿是使一切众生都能闻到正法,都能依正法修行,都能圆成佛道。请转法轮就是发心弘扬佛法,使正法广为流布,使众生依正法修行,入佛知见,成就佛道。自身有佛法修养的人要自觉弘扬佛法,自己德能不足者要礼请法师大德来讲经说法,弘法利生。"请转法轮"包括礼请法师大德来讲经说法,让佛法广为流布。

第七,请佛住世。人们接受佛法不是靠听法师讲一次经就能完成的;由于种种原因,即使德高望重的大法师来某地弘法一次,也不可能保证此地百分之百的人都能听到。只有请好老师常住,才有可能较多地、较普遍地受到佛法洗礼,从而才能较好地接受佛法。佛不度无缘之人。你不去请,就无缘见到弘法老师,弘法老师就不能到此地来弘法。不用诚心礼请,也请不到好的老师。真正的弘法人,总是喜欢到法缘成熟的地方去弘法,哪个地方对佛法渴求程度高,法师才到哪里去。"请佛住世",告诉人们要懂得礼请法师,懂得与法师结缘,至心学修佛法。"请佛住世"还包括把佛法留住,其中包括把佛教经典、佛的画像、塑像等留住,使人们能经常见到佛经和佛的圣像,与佛结深广缘,充满法喜。

第八,常随佛学。佛是至善明师,只有随佛学习,才能成就至善圆满之道,求得大智慧、大德能、大自在,圆成佛道,超凡入圣。释迦牟尼佛圆寂了,但是他的经典还在世间流布。依照佛经典修行,就是常随佛学。常随佛学是人成长发展的最高标准和最佳途径,懂得并能坚持向佛学,就能将佛的智慧德能变成自己的智慧德能,成长为像佛一样的人。

第九,恒顺众生。这就是说一切众生皆是佛,有的是现世佛,有的是未来佛。随顺众生,就是永远不要与众生结怨,而是要与众生广结善缘,帮助

众生开发自性,成就佛道。

第十,普皆回向。是指把我们修学佛法的功德,全部回向给九法界一切众生,回向给菩提,回向给实际。尽虚空遍法界就是我们自己,普皆回向的结果,就是成就我们自己。

6. 远离邪教,亲近大乘佛法

佛家告诉人们,佛与魔的斗争自古以来就一直存在。佛经中记载的提婆达多、六比丘群就是佛教中的邪门外道。波旬魔王是天魔之首,常率眷属到人间破坏佛法,阻碍人们修学佛法。据传说,释迦牟尼成佛前,波旬魔王曾率眷属来破坏,被释迦牟尼降服。所以释迦牟尼佛不止一次指出,"邪师说法如恒河沙"。正因为有邪教存在,所以世尊提出了一系列识别邪教的方法,再三再四地告诫人们,要远离邪教,亲近善知识,亲近大乘佛法。释迦牟尼在入涅槃前提出的"四依法"是防止佛弟子上邪教贼船的四个法宝。他告诫佛弟子:第一,依法不依人。要坚定不移地相信佛法,依靠佛法,而不要相信人,不管什么人说的,要看它有没有佛法做依据,符合佛法的是正法,不符合佛法的是邪法。佛家告诉人们佛经也有伪造的,如果辨别不清佛经的真假时,可以去查《大藏经》。收入《大藏经》中的佛经是经过众多佛法专家鉴定把关的。中国最大最新一个版本的《大藏经》是乾隆时编的。简称《龙藏》。第二,依义不依语。因为佛经流布经过多人多次翻译,版本不一,语言表达方式不一,如《金刚经》梵文原本只有一种,而中国却有六种译本,从内容来看,六个译本都是对的,但语言表达却不一样。第三,依了义不依不了义。了义是指佛法能了生死、出三界,使人超凡入圣,符合这个原则的是正法,不符合这个原则的是邪法。第四,依智不依识。即依理智而不依情感。就是说,只有依靠智慧,守持理性,明辨是非,才能不迷失方向,不误入歧途。

《十善业道经》提出的断恶修善原则是帮助人们远离邪教的重要根据。佛法告诉人们,为众生服务,利益众生的则是正教;谋私利,为个人或小团体服务的则是邪教。释迦牟尼指出,恶业众多,其中最根本的有十个方面;善业无尽,而其中最基本的也是十个方面。能指导人们断十恶修十善的佛法是正法,反之则是邪法。

大乘法是指导人们远离邪教的根本法宝。佛家告诉人们,大乘佛法是为度化尽虚空遍法界众生服务的,它告诉佛弟子不与任何众生结怨,要求佛弟子"不见世间过"。从这一原则出发,我们可以清楚,有利于度化一切众生的佛法是正法,而只利于个人或部分人的则是邪法。

7. 求法不怕死,护法不惜命

佛家告诉人们,佛法是使众生离苦得乐、了生死、出三途、超六道的根本大法,鼓励人们求法、护法。多部大乘佛经都宣传了佛众求法不惜身、护法不惜命的事迹。《维摩诘经·不思议品》介绍了维摩诘与舍利弗的对话。

舍利弗见维摩诘室中并无他人的坐具，心里便想，这么多菩萨和佛的大弟子来了往哪里坐呢？维摩诘长者立即知道了舍利弗的想法，对舍利弗说："怎么了，仁者，你是为佛法而来呢，还是为座而来呢？"舍利弗说："为法而来，不是为座而来。"维摩诘接着说："舍利弗，凡求法的人，连身躯性命尚且不惜，何况是座呢！求法的人，并不求色受想行识等感觉，他们所追求的东西不在欲界，也不在色界或非色界……无需执求世间苦相……如果以心向外攀缘，那便是心所外行，而不是求佛法了。"《贤愚经》详细介绍了释迦牟尼佛许多世以来舍身求法的事迹。在很久很久以前，释迦牟尼未成佛道前，曾经是五百个仙人的师傅，为求真理性的佛法，四处寻求懂真理性佛法的人。有个婆罗门族人，说他懂佛法，但教授佛法的条件是："把自己身上的皮剥下来做纸，骨拆下来做笔，用自己的血做书写佛经的墨。"郁多罗为求佛法救众生，他毫不犹豫地接受了条件。在很久很久以前，释迦未成佛道前，曾经是阎浮提一个大国梵天王的太子，名叫昙摩钳，喜欢追求佛法，派人四面八方寻找懂佛法的人。有个婆罗门族人说自己懂佛法，他提出的讲授佛法的条件是，"谁能自己挖一个十丈深的大坑。然后在里面燃起大火，用自己跳进去作供养，我就将佛法讲给他听"。昙摩钳太子立即答应了条件，按要求做了一个大火坑，不顾国王、大臣、夫人和宫女的劝说，决心用跳火坑换佛法。他要求法师先讲佛法，发誓求佛法是为了使众生得闻佛法，从忧愁痴苦中解脱出，了生死轮回，能超六道。然后坦然地投进了火坑。很久很久以前，释迦牟尼未成佛前，在做阎浮提一个大国国王时，名字叫毗楞竭梨，管理着八万四千个村落，有两万夫人和宫女，一万个大臣，五百个太子。为求到佛法，答应法师在他身上钉进一千铁钉的条件。《贤愚经》又说：释迦牟尼未成佛前，在做阎浮提一个大国国王时，名叫虔阇尼婆梨，统辖八万四千个村落，有两万个娇妻和宫女，一万个大臣。国王以慈悲为怀，非常关心人民疾苦，国泰民安，人民丰衣足食。但他感到没有道法，难以长治久安，便决心求佛法，用道法教化人民。婆罗门族一个叫劳度差的人对虔阇尼婆梨国王说自己懂法，讲法的条件是在虔阇尼婆梨国王身上剜一千个坑，然后点燃一千盏灯。这个国王"发誓求佛法决心用佛法智慧的光明，照亮众生的心，使他们从黑暗和愚昧中解脱出来，永远获得光明"。虔阇尼婆梨国王求佛法决定感动全国臣民，连色界最高处的五重天的宫殿也动摇起来，五重天的天王大臣下到虚空，流下的泪水如倾盆大雨。

佛家主张护法不惜身命，要求佛众要勇于护持佛法。《贤愚经》记述了沙弥守戒自杀的故事。有一个优婆塞天天给比丘尊者准备斋饭，天天准时给比丘尊者送去。有一天，这个优婆塞全家赴约去做客，走得匆忙，忘了给比丘送饭的事，吃饭的时间已过了很久，比丘也不见送饭来，心想俗家人事多，可能是忘了送饭的事。就派了一个沙弥去取斋饭，嘱咐沙弥"必须守持

戒律"。沙弥到了那个优婆塞家,抬手敲门。守护家的是那个优婆塞的女儿,问谁敲门后,知是小沙弥来取斋饭,高兴地开了门。她走到沙弥面前,摆出妖媚的姿势,摇肩扭胯,显出要投怀送抱的情态。小沙弥心里暗暗叫苦:"心想可不要毁掉我皈佛修行的意愿和清白之身!"沙弥保持佛弟子的庄严身色。可那女孩春心涌动,跪在小沙弥面前,哀求沙弥娶她为妻。小沙弥保持佛法的心意坚定,心想:"我今天宁舍弃自己的身命,也不能破坏过去、现在、未来三世佛规定的佛法戒律,也不能破戒而败坏佛、法、僧、父母及师长的名声。"小沙弥心想该怎么办:"我如夺门而逃走,那女孩如拉我不放,对我诽谤,就会引人围观,难免受侮辱。"小沙弥便对女孩说:"你把门窗关好,我到里面准备一下,随后你再进来。"沙弥走进房间,把门插上,双手合十跪在地上,立下誓愿:"我今日为了不舍佛、法、僧三宝,不悔佛门戒律,不违背尊师教导,舍弃我的生命,愿来生能再出家修学佛法,摆脱欲界种种烦恼,修成无漏正果。"沙弥发愿后自尽。女孩见沙弥没出来,推门见门插着,把门弄开后,见沙弥自杀,哭昏迷过去。父亲做客回来,叫门无人应,翻墙入院后,见女儿已不成样子。在父亲追问下,女儿想:"实说太丢人,说假话诽谤好人,将来会堕入地狱,受无尽苦报。决定实说。"父亲听了,赞叹沙弥能舍命护持佛法;他对女儿说:"不要过于忧苦害怕。"于是把事情如实禀告了国王。国王敲响了金鼓,告知国人,亲自到优婆塞家看望沙弥,并作种种金银珠宝装殓了沙弥,还请沙弥师父为众人说佛门微妙法。

四、佛陀论人生管理主体及其责任

人生管理机制主要是指人生管理的基本要素、原则和原理。佛法是研究如何利用人身成就佛道的学说。人身存在于人生过程之中。人在一生中能否有所成就,关键在于对人身的管理和开发。

佛家是从社会和人自身两个方面来研究人生管理的。

(一)人生的社会管理

1. 管理人是治国者的基本职责

释迦牟尼佛明确指出,治国者管好人,才能治好国。《仁王护国般若波罗蜜经》深入阐述了治国者应如何教民治国,明确指出,佛法具有安邦治国的功德,国王、宰辅大臣应懂得用佛法,导民治国。"一切国主服用此药,无不获大利益、大效用。此经又有护家宅的功德,有护一切众生身不受害的功德。也就是说,这《般若波罗蜜经》是护国土的上善之法,其用有如城堑墙垣,有如刀锋矛盾。"释迦牟尼佛说:"将来我灭度后,八十年、八百年、八千年中间,便没有佛住世,以至无法无僧、无信男信女,此经三宝附嘱诸国王、四部弟子,受持、读诵、解义,为三界众生开空慧道,让他们修习七贤行、十善行,以最终教化一切众生。"《佛说自爱经》说:"一时佛在舍卫国祇树给孤独国,时国王诣佛所","请佛及僧,施设微食,普令愚民知佛至尊,睹其仪式传世为则,愿使众生远鬼妖蛊,悉奉五戒,以消国患","愿以大明,开斯国人之聋盲"。世尊曰:"夫为国者,宜有明导率民以道请求来福","王为民父母,润之以慈,导以大明,所愿必得"。《贤愚经》赞颂诸国王追求以道法教化生民。修楼婆国王不惜用娇妻爱子换求佛法;虔阇尼婆梨王等,为求道法给人民谋更大利益,不惜在自己身上剜一千个眼、点燃一千盏灯作供养等等。

经律异相云,昔有国王名阿质,威势勇猛,侵伐邻国,枉若善良,人民怒之。佛与大众欲化之。阿质王闻之,即生恶意,与诸王子,兴兵于大道,欲拒迎佛。为度阿质王。佛在前放大光明,鼓不复鸣,弓弩不施,刀兵不拔,象马颠倒,步兵转筋,天地阴冥,日月无光,王及众军皆迷惑失息,顿伏而走。佛到王城,城门自开,佛进王宫,入殿而坐,诸天神王,拥护围绕。王及诸子,闻佛入宫,还宫与佛相见。作礼白佛言,吾卑鄙暗陋,愚痴迷惑,违犯天人大圣,唯愿世尊,哀我无智,悔过自责。佛对王言,王当恩信仁义。众生可哀,人命可惜。国土珍宝不足恃怙,为民父母,应爱民如子。

法句经云,边境有王,名曰和墨,奉事外道,举国信邪,杀生祭祀。王母寝病,经久不瘥。召婆罗门告言吾太夫人病困经久,不知何故。婆罗门答言,星宿倒错,阴阳不调故。当备牛马猪羊百头,杀以祭天,为母请命,冀求得瘥。佛度王言,欲得谷食,当行种田。欲得大富,当行布施。欲得长寿,当行大慈。欲得智慧,当行学问。行此四事,随其所种。杀生求生,去生道远。用牛羊祭祀,不如行慈。佛放光明,遍照天地。王闻法者见光,即得佛踪,惭愧悔过,遂不杀生祭天。母闻情悦,所患消除。王于是后,信敬三宝,爱民如子,常行十善。

胜光经云,憍萨罗国,胜光王求佛教,为国王法。佛告王,如父怜爱诸子,常愿安稳,遮其恶行,劝修善业,黜罚恶人,赏进贤善;不忠良者,当远离,顺古圣王,勿行刑戮,生人道者,胜缘所感,若断其命,定招于报。常当一心恭敬三宝,莫生邪见。我涅槃后,法付国王,大臣辅相,当为拥护,勿致衰损,燃正法炬,转正法轮,尽未来际,常令不绝。若能如是,依教行者,龙王欢喜,风调雨顺,诸天庆悦,国中丰乐安稳,灾横皆除,率土太平,王身快乐,永保胜位,增益寿命。以法教化,拯恤黔黎,于诸国中最为第一。舍身之后,得生天上,受胜妙乐。

(1)社会管理者应懂得用佛法教化人

释迦牟尼指出,国家管理者要管人的成长发展。他在《地藏菩萨本愿经》中评价和弘扬地藏菩萨功德的时候指出:地藏菩萨在过去无量阿僧祇那由他不可说劫前未出家时,"曾经做一小国国王,与一邻国国王为友,同行十善,饶益众生,其邻国内所有人民多造众恶。二王议计,广设方便。一王发

愿,早成佛道,当度是辈,令使无余。一王发愿,若不先度罪苦,令是安乐,得至菩提,我终未愿成佛"。这两位国王都发愿度化最苦众生。

佛教自汉明帝永平年间进入中国主流文化渠道至清朝末年近两千年的时间里,皆由国家最高领导者皇帝亲自负责用佛法教化国民。宋文帝与侍中何尚之对话说:"六经本是济俗。若性灵真要,则以佛经为指南。如率土之民,皆纯此化,则吾坐致太平矣。"此处讲的"六经"系儒家的《诗》《书》《礼》《乐》《易》《春秋》六部典籍。何尚之对曰:"百家之乡,十人持五戒,则十人淳谨,千室之邑,百人持十善,则百人和睦。持此风教,以周寰区,则编户亿千,仁人百万。而能行一善,则去一恶,则息一刑。一刑息于家,万刑息于国。洵乎可以垂拱坐致太平矣。"

雍正皇帝说:"朕惟三教之觉民于海内也。"他强调,"盖以劝善者,治天下之要道也。"(以上引文见《雍正皇帝上谕》)清朝的康熙、雍正、乾隆三代,宫廷里天天读诵《无量寿经》,坚持以《无量寿经》修身治国。

《大乘大集地藏十轮经》强调:"如法教诲","依法治罚","令其惭愧所犯"。

(2)社会应鼓励和支持人们自觉用佛法教化人民

释迦牟尼在《华严经》中指出:"佛法无人说,虽智莫能解。"他告诉人们,即使是世间聪明有智慧的人,如果没有精通佛法的人给他讲说佛法,自己也难正确认识理解佛法中的道理。所以从佛教产生之日起,就提出弘法利生问题,社会上有专门的弘扬佛法的社团组织,鼓励有供养能力的部门和个人积极供养弘扬佛法的人,使他们得以安心弘法利生工作。

佛法传入中国之后,出家专门弘法者在中国的待遇比在印度还好,政府出钱建寺院,划拨土地供其耕种,中国从城市到农村,几乎到处都有佛寺,到处都有人讲经说法。

佛家提出菩萨是众生不请之友,号召佛众以教化众生、济众生之苦为荣,众多佛众以观世音菩萨、地藏菩萨、文殊菩萨、普贤菩萨为榜样,自觉深入人民大众之中救度众生,受到了社会大众的热烈欢迎。正因为中国有一大批佛众"常以法音觉诸世间",中国才能成为世界佛教中心。佛家文化在中国传播和发展的两千年中,中国人中涌现出了数不清的以佛法觉世人的精英人物。《坛经》的作者,六祖慧能就是一个了不起的弘法大师。《坛经》是唯一一个不是佛说而成为经的佛家典籍。按佛教规定,只有佛说的才能称经,后世弟子们的著作只能称为论,而六祖慧能弘扬的佛法,却被佛众公认为佛经,不但成为禅宗的思想指南,而且成为中国佛教的最主要的经典之一。《坛经》的影响已远远超出佛家文化之外。《坛经》明确指出了"大兴教化"、能者为师的观点。禅宗六祖慧能不识字,但对佛法真谛领悟极深,他能被禅宗的五祖选定为接班人并能为众多佛众接受,也说明中国鼓励人们弘法利生,不管什么人,只要你懂得佛法,愿以正法觉众生,社会和人民就应当支持。

2. 家庭教化是人成长发展不可缺少的环节

佛家许多经典都明确指出,家庭在人成长过程中具有不可缺少的作用。《佛说父母恩难报经》说,没有父母,就没有人的存在和成长。佛家详细介绍了释迦牟尼佛,是怎样在父母教育下成长发展起来的。因果经云,摩耶夫人自从菩萨处胎以来,每日精修六度波罗蜜功行,天献饮食,自然而至,不复乐于人间之味。本行经云,净饭王自太子诞生起,精心增长其智慧;挑选第一流老师,教太子读书学习,善顺诸世间法,通达书数经论;令增长诸功德。诸多经典都载有父母教子故事。

3. 佛菩萨及佛弟子的使命是教化人

释迦牟尼佛明确指出,佛及诸佛弟子是以教化众生为使命。佛家全部大乘经法皆明确指出,佛菩萨无自己私利,无个人形相,是以众生利益为自己利益、以众生喜欢的形象为自己形象者。如《金刚经》说,"菩萨为利益一切众生","菩萨离一切相,发阿耨多罗三藐三菩提心",世尊对须菩提说:"我昔为歌利王割截身体,我于尔时,无我相、无人相、无众生相,无寿者相。若有我相人相众生相寿者相,应生嗔恨。"《华严经》说,佛菩萨"恒顺众生","于诸病苦,为作良医。于失道者,示其正路。于暗夜中,为作光明。于贫穷者,令得伏藏"。"若于众生尊重承事则为尊重承事如来。若令众生欢喜者,则令一切如来欢喜。何以故?诸佛如来以大悲心而为体故,因于众生而起大悲;因于大悲生菩提心;因菩提心,成等正觉。""菩提属于众生,若无众生,一切菩萨终不能成无上正觉。""从初礼拜乃至随顺所有功德,皆愿回向尽法界,虚空界一切众生。愿令一切众生,常得安乐,无诸病苦,欲行恶法皆愿不成,所修善业皆速成就,关闭一切诸恶趣门,开示人天涅槃正路。"《佛说真宗妙义经》说,"安稳众生常快乐,普度大众出迷津","行者利益人,难忍能忍,难舍能舍,出世之心,谓菩萨行。行六波罗蜜,悟本性空,证得佛果,救度众生,无有选择,是名菩萨行"。《圆觉经》说:"菩萨唯以大悲方便入诸世间,开发未悟,乃至示现种种形象,逆顺境界,与其同事,化令成佛,皆依无始清净愿力。"

《净土十疑论》说:"诸佛菩萨以大悲为业。若欲救度众生,只应愿生三界,于五浊三途中救苦众生。"诸佛菩萨皆发有救拔苦难众生之大愿,这些愿力长存,"佛光普照",众生若能发愿生诸佛国,"机感相应,必得生"。阿弥陀佛发有救度众生的四十八愿,"众生能念阿弥陀佛者,机感相应",则能生西方极乐世界。《楞严经·大势至菩萨念佛圆通系》说:"十方如来,怜念众生,如母忆子……子若忆母,如母忆时,母子历生,不相违远。若众生心,忆佛念佛,现前当来,必定见佛,去佛不远,不假方便,自得心开。""我本因地,

以念佛心，入无生忍。今于此界，摄念佛人，归于净土。"

4. 社会管理人应守持的原理和原则

佛家揭示了社会管理人应坚持的原理和原则。《佛说天地八阳神咒经》说，世尊为阎浮提众"说其正见之法，令得悟解，免于众苦"。如来所说的正见之法，"是天之常道，自然之理，世谛之法"；世尊进一步指出："天地气合，一切草木生焉；日月交运，四时八节明焉；水火相承，一切万物熟焉；男女久谐，子孙兴焉。此皆是天之常道，自然之理，世谛之法。"亦是"智慧之理，大道之法"。他告诉人们，如果"反天时、逆地理、背日月之光明，常没暗室，违正道之广路，恒寻邪径，颠倒之甚"，"背真向伪，造种种恶，命将欲终，沉沦苦海，受种种罪"，乃至"流转诸趣，堕于恶道，永沉苦海"。

社会管理者应坚持的基本原理，就是引导人们，将自己的生存和发展与道统一起来。这一原理的实施，需要以下一些原则做保证：

一是了义原则。即使众生明了根本，一步到位。全部大乘经法完全依此原则教化众生，引导众生将自身佛性与道统一起来，成佛做圣。

二是适道原则。佛家明确告诉人们，道不可违，任何人在道面前都不可有侥幸心理，不可有丝毫不符合道之要求的东西存在，只有至心求道，没有背道之处，才能得道。《佛说四十二章经》说："夫为道者，犹木在水，寻流而行，不触两岸，不为人取，不为鬼神所遮，不为洄流所住，亦不腐败，吾保此木决定入海。学道之人，不为情欲所惑，不为众邪所挠，精进无为，吾保此人必得道矣。"

三是顺佛原则。佛是人中已成圣道者，惟有佛能正遍知，清楚如何将人类的本性与道统一起来，顺佛才能入成佛之圣道。释迦牟尼佛开创佛陀教育，就是教导众生信佛、学佛、作佛事，成佛圣道。

四是无所住原则。大乘佛法教导修佛圣道者，必须懂得和守持无所住原则。《金刚经》的根本点，就是告诉求圣道者，懂得和守持"应无所住"。《道行般若经》指出：三世诸佛皆由修无所住而成就。《阿惟越致遮经》说："道迹往来不远，无著之道亦复然矣。"即是说，无所住是道的本质，欲顺道者，必须无所住。

五是恒顺众生的原则。佛法的宗旨是教化众生成佛。佛由众生成，无众生则无佛。释迦牟尼佛讲经说法四十九年，就是围绕心、佛、众生是一而展开的，《华严经·普贤菩萨行愿品》明确指出，欲修无上菩提者，必须坚持"恒顺众生"的原则。

六是守法原则。佛家把法与道并列，常讲道法。即是说法与道符才成其法，持守法，才能成道。佛法是指导人们成圣道的根本大法。佛家所说的法，包括世法和出世之法，即包括世谛之法和成佛之法。《佛说四十二章经》说："不顺吾戒，终不得道。"《摩诃般若波罗蜜经》说："离是诸法更无佛，诸佛如,诸法如,一如无分别。"

(二)人生的自我管理

释迦牟尼佛明确地指出,人的本质属性,决定人们自己是自身命运的主人。《佛遗教经》说:"我如良医,知病说药,服与不服,非医咎也。又如善导,导人善道,闻之不行,非导过也。"

1. 自己有求成长发展的意识

佛陀一生念念不忘,直到涅槃前仍再三强调的,就是明自身佛性,懂得自己成佛的道理。翻开《佛遗教经》,我们会清楚地看到,本经不过一千多字,几乎字字句句都是告诉人们如何求成圣道。世尊在谈到戒睡眠时强调:"昼则勤心修习善法,无令失时,初夜后夜,亦勿有废,中夜诵经,以自消息,无以睡眠因缘,令一生空过无所得也。当念无常之火烧诸世间,早求自度,勿睡眠也","睡蛇既出乃可安眠,不出而眠,是无惭人。惭耻之服,于诸庄严最为第一","若无愧者,与诸禽兽无相异也"。世尊在谈到自勉时说:"于诸功德,常当一心舍诸放逸,如离怨贼。大悲世尊所说利益,皆已究竟,汝等但当勤而行之……念所受法,勿令忘失,常当自勉,精进修之,无为空死,后致有悔。"《大般涅槃经》说:"既不能自利,又不能利于众生,这样的人是无所能为者。"世尊强调,"以佛法的大庄严而庄严自己","不修苦无常无我等想,如是之人不名为圣,多诸放逸,流转生死";告诉人们,从小时起,就要懂得有所成就的道理。世尊举例说:"譬如国王等,将四子送严师教育,对老师说,假使三子被杖而死,余有一子,必当苦治,要令成就,虽丧三子,我终不恨",反复指出,"得人身难……不应空过"。《维摩诘经》说,"以智慧修养本心","持心住理","不住无为"。《仁王经》强调,"长养十心为圣胎","行十正道法","得正等觉"。《坛经》说,"一切般若智,皆从自性而生,不从外入,莫错用意,名为真性自用","自性众生无边誓愿度,自性烦恼无边誓愿断,自性法门无尽誓愿学,自性佛道无上誓愿成"。

2. 能正确地主宰自己

佛法从多角度多层次论述了人的自我管理问题,告诉人们做自己人生的真正主人。

第一,明确一切众生皆有佛性。释迦牟尼佛在《华严经》中指出:"一切众生皆有如来智慧德相。"他告诉人们,佛所具有的智慧德能,众生自性中都具有。那么为什么众生自己具有的无量智慧德能不见了呢?因为众生有妄想、分别、执着,智慧德能被迷惑起来。如果众生能把妄想、分别、执着去掉,心理安定清净,其如来智慧德能就会重新现前。而众生能否去掉妄想、分别、执着,能否达到心定、心清净,则完全靠自己。佛法只能告诉人们该怎么办,而去不去办,全靠自己。《金刚心总持论》《佛说真宗妙义经》《大般涅槃

经》等都反复强调"一切众生皆有佛性"。

第二，佛不度无缘之人。佛法告诉人们，佛法是指导人们开启自性的学说，谁对开发自性有了觉悟，佛菩萨就加持谁；谁对开发自身的如来智慧德能追求迫切，佛菩萨就加持谁。那些有妄想、分别、执着，执迷不悟的人，佛菩萨也没办法度化他。正像释迦牟尼佛指出的经舍旁那窝蚂蚁，因为它们执着蚂蚁身，虽然住在佛陀讲经舍的旁边，已经历了七佛出世那么长时间，仍然还是蚂蚁。它们自身的妄想、分别、执着不去掉，佛也没有办法度化它们。这就是说用妄想心、分别心、执着心主宰自己就会使自己的佛性迷失，像蚂蚁那样执迷不悟，就会成为自己人生的错误主宰者。这就是释迦牟尼佛说的，众生虽有佛性，"但以妄想执着不能证得"。只有在自己想证而渴望证得自身佛性的时候，才能得到佛菩萨加持。释迦佛在涅槃前留下的《佛遗教经》说："我如良医，知病说药。服与不服，非医咎也。又如善导，导人善道，闻之不行，非导过也。"《楞严经》说："十方如来怜悯众生，就像母亲怀念孩子一样，假若孩子逃逝不见了，这个忆念又有什么用处？假如孩子怀念母亲也像母亲怀念孩子那样，两个怀念深深切切，那么母亲与孩子就能生生死死都不会分离。如果众生对佛心生怀念，那么怀念相接必能见佛，如此则离佛不会遥远，则可以不假任何方便，自然得到心开。"《中峰三时系念法事》一书说：阿弥陀佛是接引众生离苦得乐的大导师，他"黄金臂昼夜常垂，白玉毫古今不昧"，"全凭愿者承当，自是不归归便得"。"道人要想寻归路，但向尘中了自心。"

佛家告诉人们，世间凡人与佛菩萨相连接的缘，就是慈念善心，人有了善根并能在社会活动中用善念或善行表现出来，就取得了与佛菩萨结缘的条件。如果人们自己没有善的觉悟，没有丝毫善念善行，佛菩萨也没有办法度脱你。凡是读过《地藏菩萨本愿经》的人们，都会知道，释迦牟尼反复嘱咐地藏菩萨等佛弟子的一句话就是"未来之世，若有天人，及善男子善女人，于佛法中种少善根，一毛一尘，一沙一滴，汝以道力，拥护是人，渐修无上，勿令丧失"。

《华严经》说："牛饮水成乳，蛇饮水成毒；智学证涅槃，愚学增生死。"佛家告诉人们，佛法修行的根本在自己。如果人们自己不修自己，不正己行，不求自了解脱，佛菩萨也无法帮助你。

《大般涅槃经》反复强调，"善于自己保护自身，如龟保藏自己的头尾四肢"，"凡夫不能善摄五根，则有三漏，为恶所牵以至于不善之处。比如恶劣的马，其性狠戾，能把骑马的人拖到险恶之处。如果有人不能善摄自己的五根，也会这样，被五根拖累，以至于远离涅槃善道，而到达诸恶聚处"，"凡夫之人不能善摄五根，抑制自己，那就不免常为地狱、饿鬼、畜生之所戕害，又像怨贼盗等害及善人"，"菩萨摩诃萨大涅槃行圣行时，常能善调守摄五根，怖畏贪欲嗔恚愚痴憍慢嫉妒，为得一切善法故……""若有人能善守此五根，则能抑制自己的心。若能抑制自己的心，则能善摄五根感官。比如有人拥护国王，则保持国土，保护国土则拥护国王。菩萨摩诃萨也是这样，若得闻这《大涅槃经》则得智慧，得智慧则能得专念……意念专注而能生慧啊"。"菩萨摩诃萨因为念慧，所以能守摄五根不使驰散。"又说："此身体虽然不净，菩萨仍然要瞻视其美，为什么呢？这并不是为了贪此身，而是为了善法，是为了涅槃而不是为了生死，是为了常乐我净而不是为了无常、无乐、无我、无净，为了得菩提道而不是为了肯定世间诸有，为了得一乘而不是为了三乘，为了得佛的三十二相、八十种好而不是为了得非有想乃至非无想那样的境界，为了成法轮王而不是为了成为转轮王"，"若不护持自身，命则不全，命若不全，则没有条件书写此经，受持读诵，为他人广说宣传并思维经中意义。善于保护自身，使得离一切恶漏"。

佛家告诉人们，自己发心皈依佛、法、僧三宝，是把自己与佛、法、僧联系起来的先决条件。如果自己不信佛法僧，则无法得佛家的戒、定、慧，即觉、正、净，也就是说，自己不顺佛，就无法得佛的智慧、德能、神通。

3. 能将自己的意念、言论和行动纳入正知正见正行轨道

佛家主张全方位地管理人生，要求人们想问题、待人处世、接物、做事都要守持正知正见正行。《无量寿经》告诉人们，只有"住正定聚"，才能"乐如漏尽"。佛陀明确指出，正知正见正行是从自性真心中得到的，人的自性真心没有恢复前，人们多用妄想、分别、执着待人接物行事，所以认知错误、见识短浅、行为不正，不知不觉地造罪业，遭受果报。那么在真心自性没有恢复前应该怎么办呢？佛家告诉人们，佛法是释迦牟尼佛在成就真心自性后创立的关于宇宙人生真相的学说，是正知正见，用佛法指导自己的知见行，就是入正知正见正行。释佛念念不忘地告诉人们，佛法是正道，他的每部大经都强调用道主宰自己。《佛说四十二章经》告诉人们，"学道见谛"，"直心念道"，"行道在心"，"守志奉道"，"念戒近道"，"行道守真"，"施道助喜"，"远离恶道"等。《佛说十善业道经》告诉人们"能断一切诸恶道苦"的方法，就是"昼夜常念思维观察善法，令诸善法念念增长，不容毫分不善间杂"，即断十恶道，行十善道。为此必须发心管住自己，坐断六根，不任情风而人我，"身纯是法，心纯是法，口常说法"。（《佛说弥勒大成佛经》）"自知是非"，"当自端心，能持净戒"，"制五根，勿令放逸"，"清净自活"，持戒守法，以礼待人，"摄念在心"，不令妄念生，贪、嗔、痴、慢、疑等"诸烦恼贼则不能入"，就可以不被"五欲贼所害"。（详见《佛遗教经》）

佛法是不是正知正见，能不能指导正行，佛家不强迫人们接受，而是让人们自己去理解、去实行、去证明。前提是必须相信，如果不相信佛法的真理性，不理解佛法对在什么地方，三心二意地去做，是不会感受到佛法的价

值的。为了真正地实行信解行证,佛家主张必须先破"见惑"。佛法指出"见惑"有五大类:一是身见,即自己亲身见,世间人常以亲身见为根据,而佛家告诉人们,自己的身是临时的靠不住的,人身存在不足百年,即使你生下来就能正知正见,又能见到多长时间的事物? 二是边见,即只能看到事物的一个侧面,而见不到事物的全部。这是因为宇宙无边,每个具体的人只能站在一点上看事物,如井底蛙观天,虽然看到的是天,然而只是天的一个局部,所以说属于身见一类并不可靠。三是成见,即经验之见,这方面的迷惑更是多种多样的。四是从"成见"中又生出戒取见和见取见。世人多固执如"自古以来都这样"、"外国人都这样"、"中国人都这样"、"多数人都这样"等,用这样的观点看问题,就会受成见的束缚。五是上述四种见解之外的错误见解,统称邪见。破见惑后,才能入佛知见。

意念障、言语障、身行障是世人普遍存在的。人生实践表明,有障碍就难得其正。佛家告诉人们,意念有障碍,就要造意业;言语有障碍就要造口业;身行有障碍就要造身业。迷障不破,罪业不消除,就要堕三途,受惩罚。

佛陀告诉人们,自己必须提高破迷除障的觉悟,增强识别迷障的能力,懂得怎样入正知正见正行之门。佛法是为人们破迷开悟服务的,它不但告诉人们什么是迷障,而且告诉人们怎样破迷除障、怎样步入正知正见正行。佛法需要自己去修学,迷障需要自己去破,正知正见正行之路需要自己去走。不懂得或不实行自我管理,这一切都将是空话。自我管理的根本任务,就是把自己的思想、言论和行动纳入正知正见正行的轨道,即做到正定。一个人有了正定之后,才能做到不随境流转,不为外界事物所动摇。文殊菩萨和普贤菩萨在世间度人时,曾一个化名叫寒山,一个化名叫拾得。有一次寒山问拾得:"世间有人谤我、欺我、辱我、笑我、轻我、贱我、骗我,我该如何处置? 拾得说:忍他、让他、避他、由他、耐他、不要理他,再过几年你再看他。"这段对话告诉人们,如果自己有正知正见正行,就要敢于坚持自己的思想、言论和行动,策略地对待那些谤我、欺我、辱我、笑我、轻我、贱我、骗我的人,能够忍他、让他、避他、由他、耐他、不理他、不怕他,相信人间正道是沧桑。

4. 打开心锁,保持自性清净心

多部大乘经法皆明确指出,心是人的主宰,是万法之王,一切法由心生,一切形象由心造,是心造净土,也是心造地狱;是心做佛,亦是心做饿鬼、畜生。众生与佛的区别,也在于心是迷还是悟,佛是悟者,众生心迷则不得入佛道。释佛反复指出,众生欲出三途,超六道,成佛做圣,必须从打开心锁入手,找到自性清净心,让自性清净心做自己身心的主人。佛陀告诉人们,心有多种,密乘《大日经》说,世间心有 160 种,如贪心、无贪心、嗔心、慈心、痴心、智心、决定心、疑心、暗心、明心、积聚心、斗心、净心(自心生是非)、无净心、天心(心思随愿而成)、人心(思念利他)、阿修罗心(乐处生死)、龙心(思念广大资财）、女人心（随顺欲染法）、自在心（思一切如意）、商人心（初收入后分析）、农夫心（初广闻而后求）、河心（心依两边）、井心（思深究微）、陂池心（渴求无厌足）、守护心（唯以此为笑，以余为虞）、悭心（悭啬不施）、狗心（得少为足）、狸心（渐进心）、鼠心（思想断诸束缚）、狮子心（无怯弱）、鸟心（一切处惊恐不安）、罗刹心（于善中发起不善）、刺心（常悔其所做）、歌咏心（追求修得神通）、舞心（向往得神变通）、绢索心（为我执所缚）等。就大的类别说，有肉团心、缘虑心、灵知心（自性清净心）。不同类型的心对事物有不同的感悟。肉团心是血污之心，属于不清净之心，对客观事物难得正确的感悟。缘虑心随顺境遇而发挥的作用，对客观事物也难得正遍知。唯有灵知心，"混千差而不乱，历三际，以靡迁，炳然独照，卓尔不群，在圣不增，在凡不减，处生死流，骊珠独辉于沧海，居涅槃岸，桂轮孤朗于中天，诸佛悟之，假名惟心，众生迷之，便成妄识"（《中峰三时系念》）。也就是说，佛是靠灵知心即自性清净心得到无上正等正觉的。

佛家指出，无始劫来，众生只知用肉团心，缘虑心感悟事物，心身被妄想、分别、执着束缚，自性清净心不得发挥作用，造贪、嗔、痴、诸恶业，在三途六道流转。

释佛对众生之迷做了深入浅出的研究，指出贪、嗔、痴、慢、疑是使人入迷途的五种最基本的祸根，如果人们对这些祸根不觉悟，身心就会日益迷上加迷，世间的世垢、八邪、八迷、八苦、八缠、八不正见、十恶，乃至八万四千烦恼、八万四千病苦皆由此五毒滋生。众生要想离苦得乐，出三途超六道，必须破迷开悟。而破迷开悟的根本点，就是驾驭自性清净心。佛家指出世人中许多人只知道诸苦皆由贪、嗔、痴、慢、疑、恶见引起，然而很少有人知道贪、嗔、痴、慢、疑、恶见由何而来。释佛明确告诉人们，众生一切苦皆因忘掉自性清净心即自己的真如本性，"只因最初不觉，忽而动心，认妄为真，迷己逐物，由是业网牵缠，流转五道，恒顺生死以升沉，亘古至今而靡闻"，"众生迷妄入心，积业成果，虚受轮转，妄见生灭"之，"只因迷悟之有差别，遂致现量之不一"。

《佛说清净心经》指出："欲得清净心，当断五法，修习七法而令圆满。"当断五法是说必须断除贪欲、嗔恚、不安、疑惑、懒惰五种恶趣；当修习并使之圆满的七法是择法觉、念觉、精进觉、喜觉、轻安觉、定觉、舍觉，即唤起和发展菩提心。《佛说弥勒大成佛经》说："发清净心，诸善业，得见世间灯明"，可入弥勒佛"正遍知"，"心如虚空，静然不动，于有非有，于无非无，达解空法"。"若人有过，自解知非，改恶行善，罪自消灭。"《佛说法灯明心正觉经》说"法灯明心经，常省诸法子，明察自修行"，"剔除诸恶因，常查贪嗔痴，守法护心镜。心镜无垢掩，智开内外明，不上邪贼船，不受伪道蒙，悟识真自性，彻了万缘空"。

5. 忏悔业障,乘愿再来

忏悔是佛家用来消除罪业、清除心垢的基本方法。《心地观经》说:"发露忏悔,罪即消除。"《华严经·普贤行愿品》指出"忏悔业障"是菩萨十大行愿之一。佛家忏悔大略有事忏、理忏二法。事忏是指忏悔者于僧或佛像前发露罪过,自责自咎,保证永不再犯。理忏是指忏悔者观罪性本空,与实相相应,发露忏悔意念中的罪恶。《观普贤行法经》说:"若欲忏悔者,端坐念实相,众罪如霜露,慧日能消除。"事忏又分两种:一作法忏,即在佛或众僧前坦白罪过,忏悔恶意犯戒之罪;二作取相忏,即于心中忏悔观修,以见到佛摩顶等瑞相为灭罪之验,以此消除烦恼罪业。

佛家的忏悔灭罪法,包括两个基本方面:一是公开承认自己的罪障,坦白讲出自己的罪过,有至诚悔过之心,保证永不再犯;二是变业障为动力,发愿皈依佛法僧三宝,修学戒定慧,用戒防身心之恶,用定使心不散乱,用慧破妄证真,全身心地修养自己,求觉行圆满。

佛家认为,忏悔发愿是众生由迷转悟、离苦得乐的唯一途径,佛家诸大德告诉人们:"久远劫来,众生随情造业,纵我为非,身造杀盗邪淫业,口造妄言、绮语、两舌、恶口罪业,意造贪、嗔、痴、慢、疑诸罪业,钩锁妄缘,常汩汩尘劳,但茫茫于岁月,欲思出离,唯凭忏悔,熏修之力,俾眼耳鼻舌身意之过愆,应念顿消,使色声香味触法之浮尘即时消净。"又说,"欲求生极乐,全凭发愿",强调"至心忏悔发愿","一切罪根皆忏悔",明确指出:"自性众生誓愿度,自性烦恼誓愿断,自性法门誓愿学,自性佛道誓愿成。"(详见《中峰三时系念》)

《佛遗教经》说:懂得"惭耻"是忏悔发愿的基础。"惭耻之服,于诸庄严最为第一","故常当惭耻,无得暂替。若离惭耻,则失诸功德。有愧之人,则有善法。若无愧者,与诸禽兽无相异也"。忏悔的目的是"悔过改恶"、"舍邪归正"、"破邪立正"(详见《佛说天地八阳神咒经》)。释佛告诉人们,必须懂得如何发愿。他说,愿力是人成长前进的伟大动力,但是如果目的不正确,方法不对头,仍达不到目的。《佛说法灯明心正觉经》指出,"佛道乃觉道,为我道不成;无我为众生,乃佛道正宗","若为成修佛,我相暗中生,永世不得道,易入魔途中"。

释迦佛在多部大乘经典中详细论述了应当如何发愿的问题。《地藏菩萨本愿经》介绍了地藏菩萨累劫以来是如何发愿成就圣道的。指出地藏菩萨往昔所发一切大愿都是为"救拔一切罪苦众生"。他在做国王时发的愿是:"若不先度罪苦,令是安乐,得至菩提,我终未愿成佛","发愿永度罪苦众生"。他为救母亲出地狱,发愿"救拔应有世界、所有地狱及三恶道罪苦众生,令离恶趣,如是罪报等人,尽成佛境,我然后方成正觉"。《华严经·入法界品》介绍了普贤菩萨往昔曾发十种甚深广大行愿。普贤说:"我于过去无始劫中,由贪嗔痴,发身口意,作诸恶业,无量无边……我今愿以清净之业,遍于法界极微尘刹,一切诸佛菩萨众前,诚心忏悔,后不复造,恒住净戒一切功德","如果虚空界尽,众生界尽,众生世界,众生烦恼尽,我忏乃尽,而虚空界,乃至众生烦恼,不可尽故,我此忏悔,无有穷尽,念念相接,无有间断,身语意业,无有疲厌"。普贤菩萨从忏悔业障入手,立下饶益众生的十大誓愿,被称为大愿王。释佛还讲了《文殊菩萨无尽十种甚深大愿》,药师佛的十二大愿,阿弥陀佛四十八愿度众生等。释佛告诉人们:"菩提属于众生,若无众生,一切菩萨终不能成无上正觉。"(《华严经·普贤行愿品》)

6. 把握缘起法则,驾驭推动人成长进步的动力系统

(1)断诸恶缘

佛家讲的缘,相当于条件和关系。佛家认为,宇宙间一切事物皆因缘而合成和发展变化。《俱舍论》说:"种种缘和合已,令诸行法聚集生起,是缘起义。"《阿含经》中多次重复,事物和现象依一定条件才能生起,亦依条件的变灭而变灭,"缘是有是,此生则生","此无故彼无,此灭则彼尽。由此发展成缘起法则和因果相续思想"。

佛家指出,推动事物形成和发展变化的因缘是多种多样的,《中论》《成唯识论》提出四缘说,指出有为法生起主要靠因缘、等无间缘、所缘缘、增上缘。《阿含经》说,缘起主要指十二因缘的流转还灭,四谛亦依据缘起法而建立。南传上座部《发趣论》说诸法生起主要依托二十四种缘。

佛家缘起说告诉人们,就诸缘与众生的生死流转和解脱的关系来说,主要分两大类:一类是使众生心受无明、烦恼污染或迷惑而造成生死流转的染因;一类是促使众生清除自心无明、烦恼污染、转迷为悟、解脱生死痛苦、达到涅槃果地的净因。简单地说:一类是助恶缘,一类是助善缘或增上缘。人们要想了生死、出三途、超六道、成佛做圣,就要远离诸恶缘,驾驭增上缘。

释迦佛明确指出,能不能断诸恶缘,关键在于人们自己。《佛说天地八阳神咒经》说:"返天时,逆地理,背日月之光明,常没暗室,违正道之广路,横行邪径,颠倒行事,自受其苦。"又说:"漫求邪神,拜饿鬼,却福招殃,而自受苦。""若说邪语,恶法常转,即堕地狱";"信邪倒见即被邪魔外道、魑魅、魍魉、鸟鸣百怪、诸恶鬼神恼乱,其横祸、恶肿、恶痘、恶忤必生,受其痛苦,无有休息";"多于淫欲,嗔恚愚痴,悭吝嫉妒……""多于妄言、绮语、恶口、两舌……"必"流转恶趣,堕于六道,永沉苦海"。《佛说四十二章经》说,人如果不明善恶,身行杀、盗、淫,口常两舌、恶口、妄言、绮语,意贪、嗔、痴,必堕恶道。"嗔心甚于猛火","不能欢喜忍受恶骂之毒如饮甘露者,不名入道智慧人也","劫功德贼,无过于瞋恚"。《佛说法灭尽经》说,"五逆浊世,魔首兴盛,魔作沙门,坏乱吾道",人如果自己不识善恶,就可能认魔为师,陷入恶道。

（2）发挥自主能动性，构建推动自身发展的强大动力系统

佛既指出，能推动人们成长进步的动力因素是多种多样的，就大的类别来说主要分两类：一是人自身的因素，二是人自身以外的因素。释迦牟尼佛明确告诉人们，自我因素是人的成长过程中起决定作用的因素。《佛遗教经》说，人应"常当自勉，精进修之"，"我如良医，知病说药。服与不服，非医咎也。又如善导导人善道，闻之不行，非导过也"。

《密严经》说："一切惟有觉。"觉是人得以发展的活的灵魂。《金刚心总持论》说，"一切众生皆有佛性，本来不生不灭，只因迷悟而致升沉"，"众生长迷不觉，所以永劫堕落。诸佛常觉不迷，所以永成佛道。"《圆觉经》说："一切如来本起因地，皆依圆满清静觉相，永断无明，方成佛道。"觉知力是人们成长发展动力系统的中枢神经。人有了无上正等正觉，能正遍知时，才能自由自在地发展自己。

明信力、志愿力、行真正能力是人们成长发展的核心动力。佛陀再三指出，信愿行足人成长发展不可缺少的三种食粮。《金刚经》《无量寿经》等反复强调，对自身善根和佛智慧要生明信心、实信心和净信心，否则圣道不成。有了坚不可摧的信力，还必须"发大誓愿"，形成不可动摇的志愿力，"住不退转"。志愿海靠"六度之行"实现。《天地八阳神咒经》说"常行真正""成圣道"。《道行般若经》说，"佛身不是用一事，而是用数百年成就的"，"过去、当来、现在诸佛皆是从数千万事各因缘条件中产生的"。《四十二章经》说："行道守真者善，志与道合者人。"《无量寿经》说："修菩提行，行普贤道。"

德善力、正定力、解蔽除障力是人成长发展基本保障力。《华严经》说："善根解放出光明"，"住善慧地一念成正觉"。《十善业道经》说："一切声闻、独觉菩提、诸菩萨行，一切佛法，咸共依此十善大地而得成就。若离十善业，欲修行正果，譬如空中建楼阁，或种稻子，欲成就生长，无有是处。""于昼夜常念思惟、观察善法，令诸善法念念增长，不容毫分不善间杂，是即能令诸恶永断，善法圆满。"《地藏经》说："依止善道，永取解脱。"《华严经》提出"修定力"。《金刚心总持论》说，人"有定性之宝，善能亲贤袭圣"。《法华经》主张"住正定妙境"。《无量寿经》强调"住正定聚"。《楞严经》指出"守住心地"，"归无上正道"。《法句经》说，"放逸生祸患，守戒成圣道"。《维摩诘经》要求人"持心住理"，"心常安住无碍解脱，念定思持"，"断诸邪见"，"永离盖缠"，"自增益一切善法"，修"不可思议解脱神力"，"成不可思议解脱菩萨"，得"不可思议解脱"。《四十二章经》说："住大禅定，降诸魔道。"《金刚心总持论》说：当制五根，勿令放逸，"眼是佛见，耳是佛闻，鼻是佛嗅，口是佛说，心是佛知，五根常显五佛神通，同种善根，成佛种智，若人把得定，作得主，依佛修行，佛说是人立地成佛"。《不退转法轮经》说："住菩提道"，

"转不退转法轮",才能除诸魔障,成佛圣道。强调指出:"夫为道者,犹木在水,寻流而行,不触两岸,不为人取,不为鬼神所遮,不为洄流所住,亦不腐败,吾保此木决定入海。学道之人,不为情欲所惑,不为众邪所娆,精进无为,吾保此人必得道矣。"《大通方广经》反复强调指出,除蔽得明,断缚生慧,"能解五欲邪见系缚","雨大因缘六度法雨","成就一乘菩萨极果"。《不退转法轮经》反复强调住正道,持正法,"转不退转法轮"。《无量寿经》强调安住不退转地,"不生退屈谄伪之心,设入大火,不应疑悔"。

学习力、调适力、惭耻悔过力,是人成长发展动力的加油站,能使人成长发展动力永不枯竭。人之所以能不断成长进步,在于人有无穷无尽的学习能力。凭借学习能力,人能继往开来,成佛做圣。《道行般若经》指出,最重要的学习是"学十方天下人道","学佛成圣道智慧"。《无量寿经》说,阿弥陀佛学习"二百一十亿诸佛刹土功德严净广大圆满","思惟究竟,便一其心,选择所欲,结得大愿","精勤求索,慕慎保持,修习功德",才得以成就西方极乐佛刹庄严。《金刚经》说,释迦牟尼佛"过去无量阿僧祇劫,于然灯佛前,得值八百四千万亿那由他诸佛,愿皆供养,承事无空过者"。《大通方广经》说,释迦牟尼佛在情景劫"供养九十二亿那由他诸佛如来",于乐见劫"供养四十二亿诸佛如来",于梵音劫"供养二十二亿诸佛如来",于心喜劫"供养八万四千诸佛如来",于救哭劫"供养四十亿诸佛如来",直到"修染大乘方广经典则得授记","疾至佛地","我于是光佛,闻此方便经,住忍得授记,号为释迦牟尼。于我灭度后,若有学是经,我亦与授记"。调适力是人成长过程中不可缺少的动力因素。《佛说四十二章经》说:"沙门夜诵迦叶佛遗教经,其声悲紧,思悔欲退。佛问之曰,汝在家曾为何业?对曰:爱弹琴。佛言:弦缓如何?对曰:不鸣矣。弦急如何?对曰:声绝矣。佛说:急缓得中如何?对曰:诸音普矣。佛言:沙门学道亦然。心若调适,道可得矣。于道若暴,暴即身疲,其身若疲,意即生恼。意若生恼,行即退矣。其行既退,罪必加矣。清净安乐,道不失矣。"人生天地间,存在和发展受各种各样因素制约,无论在不利因素和有利因素面前,人都要懂得和善于调整自己,使自己身心处于最佳状态。《阿维越致遮经》说,"圣道无所住,慧轨非有处",欲乘"不退转轮入圣轨",必须"存道无放逸",善调身语意,"当习无所著","正立于佛道"。《佛遗教经》说:"若离惭耻,则失诸功德。有愧之人则有善法。若无愧者与禽兽无相异也。""惭耻之服,于诸庄严最为第一。"有惭耻悔过能力,才有不断进步。《大同方光忏悔灭罪庄严成佛经》说,"自身观身不善业","发露忏悔","灭罪成佛";"自不发露忏悔,定堕地狱,诸佛菩萨,声闻缘觉,无能救扩,师僧父母,诸天世人,亦不能救"。

《金刚心总持论》说:"有佛陀尼名金刚心,能令众生一闻便得道果。""此心人人本有,个个不无。""一切善恶皆出自心。自心修善令身安乐。自

心造恶令身受苦。""若有人悟得自心,把得定,作得主,不造诸恶,常修诸善,依佛行持,立佛行愿","非理不说,非事不为,非道不行,非物不取,念念中正,步步真实,积德成名","佛说是人不久成佛"。又说:"五根同种善根","眼是佛见,耳是佛闻,鼻是佛嗅,口是佛说,心是佛知,五根常显五佛神通,同种善根,成佛种智。若人把得定,作得主,依佛修行,佛说是人立地成佛"。

第十二章　佛陀论开发人生

　　佛家指出，人生就像大地一样，蕴藏着无量的宝藏，这些宝藏可以开发出来为众生造福。这些宝藏存在于人生的什么地方呢？佛陀指出，人身上的宝藏存于世间人的自性之中。释迦牟尼佛把人自性里面的宝藏称为三德秘藏：一是自性之中有法身。法身是人的真身，不生不灭，不来不去，不垢不净，在人出生前就有，人死后还存在。二是自性之中有般若。佛法中的般若指究竟圆满的智慧。佛家认为般若智慧存在于人的自性之中。人的般若智慧无量无边、无所不知。三是自性之中有解脱。佛家讲的解脱指大自在。释迦牟尼佛在《华严经》中指出，人皆可事事无碍，就是说人自性之中存在着求得大自在的能力。

　　佛陀认为，人自性中的三德像大地中的宝藏一样，秘密地存在着，人的六根触摸不到，一般凡夫根本察觉不到，而善于开发自性的人却能得到它，其蕴藏量极其丰富，取之不尽，用之不竭。《大乘密严经》说："佛体不可见，亦非无有佛，定者观如来，三十二相具"；"碎末于金矿，矿中不见金，智者巧融炼，真金方乃显"。此经讲的佛体，即佛法身；真金即佛圣道。

一、释迦牟尼佛终生致力于人的开发

　　释迦牟尼佛在菩提树下悟道时，仰望星空说道："奇哉，奇哉，一切众生，个个具有如来智慧德相，只因妄想执着，不能证得。若离妄想，则无师智，自然智，一切显现。"佛陀从悟道之日起，就立志开展佛陀教育，教化众生清除烦恼，成佛圣道。他一生讲经说法四十九年，时刻不离引导众生开发自性宝藏，临涅槃前，又说《大般涅槃经》。该经反复强调："一切众生皆有佛性，以是性故，断无量亿诸烦恼结，既得成于阿耨多罗三藐三菩提，除一阐提。"佛陀教导诸佛弟子说，知自身实有佛性者，"是人真我弟子"。世尊进一步指出："要知道，虽然自身有佛性，如果不修诸善方便，佛性还是无法显现出来，就是指示一切众生，告诉他们都有佛性，只因为诸烦恼之所覆蔽，如像那贫人有真金藏身上而自己不能得见。今日告诉众生觉知自身宝藏，这宝藏就是佛性。"佛陀告诉诸众生，应"发菩提心"，"以无漏智慧炽火，烧诸烦恼结缠"；"凡夫之性，混杂着诸多烦恼"，犹如在矿之金，只有清除诸烦恼渣垢，

真金方乃显,佛是出矿金,佛性已成纯金,诸杂质已清除。世尊指出,众生烦恼无量,一般说有八万四千乃至无量,略说有一百零八,其中最根本的是贪嗔痴慢疑。佛告众生,烦恼使人堕落三途流转六趣,沉沦苦海,求出无期。唯有开发出佛性,才能离苦得乐。欲断除烦恼,需要"省恶","忏悔业障","受持正法","回归正道","以大乘水自浴","善深自防护","众生虽有佛性,但一定要借助持戒才能显发",这就要受持三皈、五戒,修三福、六度,行十善断十恶。《梵网经》说:"汝是当成佛,我是已成佛。常作如是信,戒品已具足。一切有心者,皆当摄佛戒。众生受佛戒,即入诸佛位。"《佛说伏婆塞五戒经》说:"惟不受戒则永无成佛因缘。"《大乘密严经》进一步指出:"密严中之人,一切同于佛,超过刹那际,恒游三昧中。"《大般涅槃经》说:"譬如金矿淘炼滓秽然后消融,成金后,价值无量。"

二、佛陀论人的真如本性开发

释迦牟尼佛开创的佛法,明确告诉人们,世人的真如本性久远劫来为诸烦恼覆障,而自己不知,因而流转六道、处于五浊恶世之中,"忧苦万端","永劫以来,辗转五道,忧苦不绝,生时苦痛,老亦苦痛,病极苦痛,死极苦痛,恶臭不净,无可乐者"。然而"世人善恶自不能见,吉凶祸福,竞各作之。身愚神暗,转受余教,颠倒相续,无常根本。蒙冥抵突,不信经法,心无远虑,各欲快意,迷于嗔恚,贪于财色,终不休止,哀哉可伤"。"死生之趣,善恶之道,都不之信。谓无有是,更相瞻视,且自见之,或父哭子,或子哭父,兄弟夫妇更相哭泣,一死一生,迭相顾恋,忧爱结缚,无有解时……惑道者众,悟道者少,各怀杀毒,恶气冥冥,为妄兴事,违逆天地,恣意罪极,顿夺其寿,下入恶道,无有出期。"(引文见《无量寿经》)人的真如本性中,蕴藏无量宝藏,深入开发,可得无量功德。

(一)使人离苦得乐

佛陀指出,人世间没有真正的乐,人生即是苦,人生短暂而又时刻处在病死贫困的威胁和折磨之中,人活在世间十分不容易,经常会遇到诸多的无可奈何,心中苦不堪言,稍有不慎就会造罪业,受果报,堕三途,求出无期。释迦牟尼佛深刻地认识了人生的生老病死是苦、贫穷无奈是苦、六道轮回是苦,发心寻求能使人们离苦得乐的方法。他总结了十法界众生求生存发展的经验教训后,认识到人们的根本出路在于开发人的智慧德能。他指出佛是处在十法界最高层次的人,是十法界中唯一具有大自在的人。那么佛是怎么得到大自在的呢?他告诉人们,佛是通过开发自性宝藏,求得大智慧大德能后,才离苦得乐的。

释迦牟尼佛创立佛法的宗旨,就是普度众生。修学佛法的目的,为自度度他。一为自己早离六道苦,二为济度六道苦众生早日离苦得乐。《无量寿经》说:"佛告弥勒……唯此五恶世间,最为剧苦。我今于此作佛,教化众生,令舍五恶,去五痛,离五烧,降化其意,令持五善,获其福德。"《佛说阿弥陀经》教人称佛名号,求生西方极乐世界,"佛告长老舍利弗,从是西方过十万亿佛土,有世界名曰极乐","彼土何故名为极乐。其国众生无有众苦,但受诸乐,故名为极乐"。又说:"彼佛国土,无三恶道。"《药师经》说:佛告曼殊室利,"此去东方过十恒河等佛土,有世界名琉璃","亦如西方极乐世界,功德庄严,等无差别",彼佛土有佛号药师琉璃光如来,"发十二大愿令诸有情,所求皆得","今复忆念,至心归依,以佛神力,众苦解脱,诸根聪利,智慧多闻,恒求胜法,常遇善友,永断魔罥,破无明壳,竭烦恼河,解脱一切生、老、病、死、忧愁苦恼"。

(二)使人超凡成圣

佛陀明确指出,佛法的宗旨是帮助人们超凡成圣。释迦牟尼佛在多部经中反复地强调指出,一切众生皆有佛性,一切众生皆可成佛。他在《华严经》中指出,"一切众生皆有如来智慧德相","一切众生皆有佛性"。他在《圆觉经》中说:"一切众生本来成佛。"佛性是人们本来具有的,那么世人的佛性为什么多不见了?释迦牟尼指出,是妄想、分别、执着等迷障掩盖了人们的佛性。人们要想求得佛性,就要破除迷障,除掉覆盖在佛性上的尘土。长期以来,世人佛性上的尘土越盖越厚,想轻轻地抖掉灰尘已经不可能了,只有用专门的挖掘器具将其取出来。谁的佛性能完美地开发出来,谁就会成为像佛一样的人。佛法就是指导人们开发佛性,使人超凡成圣的学说。佛陀明确指出了应当如何求超凡成圣的问题。释迦牟尼佛讲的诸多大经对此都进行了详细阐述。《十善业道经》《地藏菩萨本愿经》《法华经》《华严经》《无量寿经》《大般涅槃经》《宝积经》《楞严经》《金刚经》《圆觉经》等都有明确论述。概括地说,断十恶,修十善,至善圆满,是成就佛道的基础性条件,"譬如一切城邑聚落,皆依大地而得安住,一切药草卉木,亦皆依地而得生长。此十善道亦复如是,一切人天依之而立,一切声闻、独觉菩提、诸菩萨行,一切佛法咸共依此十善大地而得成就"。(详见《十善业道经》)又说,"开启妙觉本性"(《楞严经》),"修学大乘,以佛法的大庄严而庄严自己"(《大般涅槃经》),"发求阿耨多罗三藐三菩提心"(《华严经》),"断尽诸漏"(《法华经》),"用佛法摧破烦恼","获金刚心"、"妙觉圆明心",修三无漏学,"持戒收摄其心,由戒而生定,由定而开慧","得如来的常乐我净","使身心成为佛圣之相"(详见《楞严经》)等等。

《金刚心总持论》说:"一切众生皆有佛性,本来不生,本来不灭。只因迷悟而致升沉。何以故?众生长迷不觉,所以,永劫堕落;诸佛常觉不迷,所

以永成佛道。"佛告文殊师利菩萨："进道功程权分四级。号四句偈:一曰空身,二曰空心,三曰空性,四曰空法。云何空身,身是父母所生……四大假合,终须败坏……未死之前,当死一般,借此幻身,学佛修行,名悟身空一句偈也。复观自性,非生非灭,最圣最灵,遇境似有。境灭还无。今悟真心,常觉不昧,不随妄想流转,但依真性主行……复观自性,寂然不动,感而随通,变化无穷,威灵莫测,明明了了,自觉自知,灵灵寂寂,无为常为……复观如来所说经法,皆是方便,引导法门,如水洗尘,似病与药,今证心空法了,病退药除……此四句义,乃是超凡入圣,进道门路。三世如来从此成佛,十方菩萨依此进功。"世尊强调,"佛性人人本有,不投师修终不成佛","参求名师","得佛正法","悟佛知见,成佛无疑","得正见者,眼是佛见,耳是佛闻,鼻是佛嗅,口是佛说,心是佛知,五根常显五神通,同种善根,成佛种智。若人把得定,作得主,依佛修行,佛说是人,立地成佛";"不用杂心流转,只依佛法修行","从始至终守道如一","故得超凡入圣位也";"若人能具六波罗蜜者,名出生死,名到彼岸,名超三界,名登十地,成佛之数也";"若人能令持五戒,直成圣道";"当持如来清净戒,宁舍身命,终不毁犯,佛许此人,立地成佛";"欲成佛道,先用明心。心明则因果不昧,见性则成佛无疑";"佛告文殊师利,佛从发心斋戒清净得,佛从久久不退真实得,佛从广发大愿愿出世间得,佛从平等不择冤亲得,佛从下心参求名师得,佛从慈悲忍辱得,佛从精进解脱得,佛从难行能行、难舍能舍、难学能学得,乃至佛从一切种一切智得"。

《阿惟越致遮经》说:"舍一切著,乃得佛道,致寂然迹,不计身命,一切所有施而无惜,诸根常悦,捐除恚色,遵修圣行","救群生厄,即有所度,不住无为","用净佛道超度诸难,不畏生死","存道无放逸,舍众患害,得净然道","以微妙善权,常合善方便,为现佛道明";又说:"菩萨大士诸人立于佛道,求圣路者于一切法无所慕,具足慈心,行佛之仁,求不有处,习无上寂,慕求圣道,不著轨迹","劝化无数亿百千人使立大道"。

(三)使人得正解脱

佛陀指出,人生处处是痛苦、烦恼、束缚、无可奈何,追求解脱,渴望自在,是人们的普遍愿望。然而,许许多多的人们长期以来,不知什么是解脱,不知如何去求解脱,例如:有人认为死就是解脱,因而创造出各种各样的死法;有人认为失去知觉就是解脱,因而寻求各种各样的麻醉自己的方法,有的以酒浇愁,有的吸食麻醉剂,有的放纵自己,为所欲为等,其结果是,不但没有能求得解脱,反而遭束缚越来越严重。因而佛陀告诉人们,解脱有正误之区别,用饮酒等麻醉自己的办法求解脱是错误的,因为以酒浇愁不但会使愁更愁,而且会使人失去理智,做更多坏事,犯更大罪业。佛家明确把饮酒确定为五种重戒之一;用自杀了结自己生命的办法求解脱更是错误的,佛陀明确指出,用杀他人求解脱是犯罪,用自杀求自我解脱也是犯罪,其罪报皆在三途受苦,甚至求出无期。

佛陀明确指出什么叫正解脱。《大般涅槃经》指出:"解脱的人诸漏不染,完全摆脱了一切疾疚","解脱者名叫安静","解脱者名叫安稳,解脱中没有怖畏,所以安稳是真解脱,真解脱者即是如来,如来者即是法","解脱者名叫无忧愁……无忧畏,真正没有忧畏者便是如来,只有获得了解脱的人才没有忧畏","解脱者没有尘垢……没有负债……比如贫穷人欠了别人的东西,为别人所束缚枷锁惩罚,受尽种种苦毒,而解脱者没有负债,就像长者有无量财宝,不欠别人任何东西","解脱者叫清净,如水清白无染,澄静清净……解脱也是这样,身得寂静","解脱者能除无明……生出真明,真明即真解脱","解脱者名叫出世法,于一切法中最具超越性","解脱者的意思是断除了四种毒蛇般的烦恼……灭一切苦,得一切乐,永断贪欲、嗔恚、愚痴,拔断一切烦恼根本",解脱者名断一切有为之法,得一切无漏善法。

佛法明确指出了怎样求正解脱。释迦牟尼佛在《大般涅槃经》中说:"凡夫之人虽然也得戒定慧,但却没有适当的方法,不能正确解脱,因不能获得常戒、常定、常慧,也就不能得到解脱","他们不知道戒定慧,不懂皈依三宝,所以尽管嘴上说什么常乐我净,而其实根本无所知"。皈依佛法僧三宝,得戒定慧,因而能得真解脱,"佛常、法常、比丘僧常,涅槃虚空也是常",三皈得常乐我净,因而得正解脱。《大般涅槃经》还指出,追求正法得正解脱,忏悔业障得正解脱,修无漏智得正解脱,修大涅槃得正解脱,修习《大般涅槃经》得解脱。《大般涅槃经》教人"离恶漏","必然能得阿耨多罗三藐三菩提,清净而见佛性",因而能使人们得正解脱。释迦牟尼佛在诸多大乘经典中,反复教导众生求正解脱。《弥勒菩萨所问经》说,"深信于三宝,是则解脱因";《大般涅槃经》说,"皈依三宝得解脱","凡夫不得解脱","痴迷无知,不得解脱";《地藏经》强调指出,"依止善道,永取解脱";《佛说大乘庄严宝王经》说,"六字大明陀罗尼是观自在菩萨微妙本心,若有知是微妙本心,即知解脱","入解脱门,见涅槃地,贪嗔永灭,法藏圆满,破坏五趣轮回,净诸地狱,断除烦恼,救度旁生,圆满法味"。《无量寿经》说:"求生净刹,趣佛菩提,当生佛刹,永得解脱。"《大乘密严经》说,"密严佛土是诸佛解脱之处,从智定得。若乐解脱,应善修行","沐净戒流,饮智慧液,得真实解,度生死岸","常游妙定,至真解脱"。《法句譬喻经》说:"佛是三界至尊,渡济众生,能使我们得到自在解脱之道。"《法华经》说:"断尽诸漏,才能得彻底解脱。"《佛遗教经》说,"戒是正顺解脱之本……戒得生诸禅定及灭苦智慧","若人能持净戒,是则能有善法。若无净戒,诸善功德皆不得。是以当知戒为第一安稳功德之处"。

（四）使人除障蔽，破弊魔，求得通达无碍

《佛说三世因果经》指出，"一切有情沉沦三界，漂流六道，皆因无始劫来……无明覆翳，障蔽真性……背觉合尘，迷本逐末"，若想出三界超六道，则需"种善根，净三业，破六尘，明一心……悟佛正因，成佛正果"。

佛陀告诉人们，诸佛成就佛道的第一正因，在于佛有正知正见，能正遍知。而一切有情之所以沉沦三界，流转六道，首先是因为"无明覆翳，障蔽真性"，"背觉合尘，迷本逐末"。一切有情要想出三界超六道，则要清除无明蔽障，明一心，见真性。

释佛指出，一切有情众生的真实自性中皆有如来智慧德能，然而由于诸多有情众生不知我身并不是真我，我的真实自性也不寄身于我的肉团心之中，勿错把血肉之躯当作真我，勿把满足自己身心需要当作宗旨，随顺身心欲望，一切为自己打算。由于执着我之身心，则产生人我分别，执着人我，贪、嗔、痴、慢、疑、不正见诸烦恼随之而产生，身、语、意失去正确主宰，"造十恶，行五逆，逐四流、随八风，不见自过，全无正念，背觉合尘，迷本逐末，轮回后有"。

释迦牟尼佛开创佛陀教育，其根本宗旨就是为了清除一切有情众生的无明蔽障，恢复其圣明通达之真实本性。释佛讲经说法四十九年，其内容归结起来，不外乎戒、定、慧三学。释佛讲这三方面学说的目的，就是对治娑婆世界众生的无明蔽障。我们这个世界的众生因"无明障翳"，认妄为真，背觉合尘，造十恶业，释佛就告诉众生用戒学来对治造恶；人心散乱，心地不净，随境流转，释佛就引导众生用定学对治；众生愚痴，不明是非，不识善恶，不辨真假，不懂什么是正知、正见、正行。定学是讲思想、言论和行动如何定位的问题。

佛陀教育的根本点，是使众生明心见性，成就佛智。事实表明，有了佛智才会圣明，才能正遍知。众生明心见性之后，就能变迷为觉，入佛知见，一切无所障碍。被称为佛经之王的《华严经》讲述了文殊菩萨指导善财童子修行的故事。文殊菩萨指导善财童子从修学无上真理之智慧做起。善财童子按照文殊菩萨的教导，先后参访了五十三位善知识，其中包括观世音菩萨、地藏菩萨、普贤菩萨、弥勒菩萨等大菩萨在内。逐步明白了如何入佛知见，从而为众生开发智慧做出了光辉榜样。

释迦佛指出，众生皆有如来智慧德性，为诸多障碍所蔽而不得见。因而众生要想成佛正果，就必须首先清除障弊。因为众生的佛性多为众多障碍所蒙蔽，所以单靠众生自己现有的智慧清蔽障已经不够。佛法是释迦牟尼佛获正遍知能力后为众生破迷开悟而展示的大智慧，即佛智。众生只有用佛智取代世之辩聪，才能破无明，见自身之真实本性，明佛正因，成佛正果。

佛陀告诉众生,只懂什么是恶还不行,必须断恶修善。众生身、语、意所造恶业大致有十种,简称十恶,众生不但要懂得变十恶为十善,而且还要求善行圆满至善,众生至善圆满之时,就是其成佛之日。也就是说,众生求得戒学、定学、慧学统一之日,就是其成佛之时。

佛陀指出,荷花生长离不开淤泥,菩萨成佛离不开众生。因为娑婆世界的人们身、语、意有病,需要佛菩萨去教化,佛菩萨才有存在的价值。佛菩萨的价值只有在教化众生中才能体现出来。世人要想成就佛道,就要求自觉觉他,觉行圆满。即不但自己有无上正等正觉,而且能使众生获得无上正等正觉;不但自己觉行圆满,而且能帮助众生觉行圆满。也就是说,一个人只有懂得并实行起心动念、说话做事都以大智慧为指导,持戒严谨,坚持正定不动摇才能成佛正果。

正遍知是果,修学佛法,布施佛法是因。只有懂得并能坚持不懈求无上真理之智慧和广泛实行法布施的人,才能求得佛智。佛陀告诉人们,"佛即众生,众生即佛","心佛众生三无差别"。当一个人能把佛的大智慧变为众生的大智慧之时,才算有了大智慧,才能真正做到正遍知。

至善圆满是果,积善累功是因。只有懂得并能坚持不懈行善事而不居功的人,才能成佛正果。《法华经》《楞严经》等诸多大经都讲述了释迦牟尼佛修善成佛之道,明确告诉人们,释佛是靠累世累劫修善行而成就的。至善圆满就能通达无障碍,一个人修行到至善圆满之时,就能成佛正果。

人生实践表明,人们有了佛一样的大智慧,才能正知、正见、正定、正行,积德累功,至善圆满。正而不邪,善而不恶,修三福,行六度,守持六和敬,遵行普贤十愿,必然通达无碍,成佛正果。

《圆觉经》说:"理障碍正知见,事障续诸生死,二障未得断灭,名未成佛。若诸众生,永断贪欲,先断事障","若事理障已永断灭,即人如来微妙圆觉,满足菩提,及大涅槃"。又说:"欲求道不得成就,由昔业障,当勤忏悔,常起希望","常当忏悔无始一切罪,诸障若消灭,佛境便现前"。

释迦牟尼佛教导众生,欲修学佛圣道,必须修空。《道行般若经》说:"如果菩萨得到了空,就永远不可动摇。如果菩萨得到了阿惟越致地位,就是正在走向佛的大门,永远不会退回。"《般若波罗蜜多心经》说:"以无所得故,菩提萨埵。"明确指出,菩萨的含义即无所得。《佛说四十二章经》告诉人们:"达世知幻。佛言,吾观王侯之位,如过隙尘;视金玉之宝,如瓦砾;视纨素之服,如敝锦;视大千世界,如一诃子;视阿耨池水,如涂足油;视方便门,如化宝聚;视无上乘,如梦金帛;视佛道如眼前华;视禅定如须弥柱;视涅槃如昼夕寝;视倒正如六龙舞;视平等如一真地;视兴化如四时木。"

佛陀强调指出,欲成佛圣道,必须善于识别和排除敝魔干扰。《贤愚经》说,"魔对人们行善十分妒忌",想方设法引导人们去做十恶坏事。《释

迦如来应化事迹》告诉人们，魔怕众生成佛，因为众生成佛后，就获得了识魔破魔的能力，所以魔千方百计干扰破坏众生修学佛道。《不退转法轮经》说："释迦牟尼佛转不退转法轮，尔时波旬身毛皆竖，心生惊怖，作如是言：见此世界皆非世界，忧愁涕泣，身变朽老如百岁人，发白面皱。是时魔王形体肤发亦皆俱老。尔时魔王将四种兵魔及魔天皆诣佛所，亦如如来初成道时严治器仗而来向佛，各见己身皆悉朽老如百岁人，形体弯曲，持杖而行，到于佛前时，四种兵及虚空诸天皆闻释迦牟尼佛转不退法轮而此四兵皆不能进。即住一面心生惊疑，悉不能得随魔王意。"《大般涅槃经》说："魔亦能变化为佛的形象，用类似佛说"欺骗众生，欲成圣道者必须善于识别魔。"天魔梵为想破坏佛法，变为佛像，也具足庄严三十二相，八十种好，圆光一旬，面部圆满，好像月亮一样盛明……"世尊讲了修学佛法应坚持"四依法"，"知魔说佛说之差别"；告诉众生"不应畏惧魔波旬。如果魔波旬化做佛身来至你们面前，你们应当精勤努力，坚固自心，降伏于魔"。佛告众生说，"学大乘者有能力不畏惧一切诸魔毒蛇等，也能降服他们，使他们不能为害"，"降伏众魔，使其退散"。

（五）得无量光明，无量寿命

1. 成佛得无量光明

释迦牟尼佛在诸多大乘经典中皆明确指出，无明为诸敝障之母，有无明则有敝魔生。世尊讲经说法排在第一位的是破无明。《圆觉经》开篇即指出："永断无明，方成佛道。""了达无明，觉遍十方，得成佛"；"觉圆明，显心清静，心清净则见清净，见清净则眼根清净，眼根清净则眼识清净……无明灭，得涅槃"，"明真如法身"；"养无明，圣道不成"。《佛说阿弥陀经》说："彼佛光明无量，照十方国土无所障碍，是故号为阿弥陀。"《无量寿经》进一步指出："阿弥陀佛威神光明，最尊第一，十方诸佛，所不能及……光明普照无量无边无数佛刹……光明善好，胜于日月之明千亿万倍，光中极尊，佛中之王。"阿弥陀佛所发四十八大愿之一，就是"光明无量愿"，即使生西方极乐世界者，皆得无量光明。《楞严经》说："心不明，会认贼为子。"《药师经》说：药师佛发的第一大愿，是"自身光明炽然，照耀无量、无数、无边世界，以三十二大丈夫相，八十随形，庄严其身，令一切有情如我无疑"。药师佛主张"破无明壳，竭烦恼河"。《华严经·华藏世界品》赞颂华藏世界诸佛皆以"放大光明，普照众生海，令众生得破痴暗法，解脱一切烦恼，破一切众生暗"为己任。《佛说四十二章经》说："心垢灭尽，净无瑕秽，是为最明。未有天地，逮于今日，十方所有，无有不见，无有不知，无有不闻，得一切智，可谓明矣。"

2. 得无量寿命

释迦牟尼佛开展佛陀教育的直接目的之一，是解决人的寿命短促的问题。《佛说四十二章经》说："佛问沙门，人命在几间。对曰，数日间。佛言，子未知道。复问一沙门，人命在几间。对曰，饭食间。佛言，子未知道。复问一沙门，人命在几间。对曰，呼吸间。佛言善哉，子知道矣。"世尊明确指出，"生即有灭"，人生天地间，一息不回，即为来世。

释迦佛在诸多大乘经典中，不厌其烦地告诉人们，人凭借自身佛性，可求得自在寿命。《佛说阿弥陀经》说：西方极乐世界的阿弥陀佛及其人民，寿命"无量无边阿僧祇劫"。《无量寿经》进一步指出，阿弥陀佛所发救度众生四十八大愿之一，就是使众生得无量寿命。净土五经一论的基本点，就是告诉众生，至心称佛名号，可往生西方极乐世界，得佛自在寿命。《药师经》说，"药师琉璃光如来本行菩萨道时，发十二大愿，令诸有情，所求皆得"；"求长寿得长寿，求富饶得富饶，求官位得官位，求男女得男女"。

（六）驾驭必然，得无量自在

释迦牟尼佛告诉人们，佛是能把自己与道完善统一起来的人。《佛说四十二章经》说，"未有天地，逮于今日，十方所有，无有不见，无有不知，无有不闻，得一切智"，即能正遍知，有无上正等正觉。《佛说天地八阳神咒经》说，佛是六根八识皆得圣化，能"常行真正"者。《佛说真宗妙义经》说，佛是"行六波罗蜜，悟本性空，证得佛果"者，佛是专修"利益于人，难忍能忍，难舍能舍"，难行能行者。《金刚心总持论》说："佛从发心斋戒清净得，佛从平等不择冤亲得，佛从下心参求名师得，佛从慈悲忍辱得，佛从精进解脱得，佛从难行能行，难舍能舍，难学能学得，乃至佛从一切种，一切智得。"世尊讲经说法四十九年，一以贯之的就是千方百计地告诉众生，只有证得佛果时，才能真正把自己与道统一起来，得无量自在。佛陀告诉我们，所谓无量自在，简言之，就是已经超生死、超时空、无所不知、无所不能，可在十法界自由现身，度化众生。如文殊菩萨，久远劫前，已成佛圣道，佛号龙种佛，被称为三世佛师，为教化众生，现菩萨身，协助释迦牟尼佛进行佛陀教育。又如观世音菩萨，亦在久远劫前成佛圣道，佛号正法明，为教化众生，随众生愿望化身，度脱众生。阿弥陀佛、释迦牟尼佛等都在中国大地上多次现身教化中国人民。

三、佛陀论开发人生必须解决好的基本问题

《道行般若经》说："菩萨的真正深奥之法，就在努力修行中。"《金刚心总持论》进一步指出，佛家所说的修行，是指"正因正果，正见正修，降伏魔外，破除邪见，修正功行"。其根本点，在于行。"公修公得，婆修婆得，多修

多得,少修少得,同修同得,不修不得。若修得功,别人分不得;尔若造得罪,别人替不得。"《贤愚经》讲述了释迦牟尼佛,累劫以来,"不顾自己的身体和生命去追求佛法",忍受痛苦,"修行佛道,普度天下众生"。《道行般若经》进一步指出:佛身、佛音、佛道,不可能靠一事或两事来成就,需要"用数千万事","共和会是事乃得佛尔"。

(一)信为道元功德母

《华严经》说:"信为道元功德母,长养一切诸善根。"《无量寿经》告诉众生要"信己善根","明信佛智"。"于自善根不能生信"则不能成圣道;不信佛智慧则不能乘法身船,达理想彼岸。《不退转法轮经》强调,"当修信法,不取于空","发净信心,欢喜悦乐,当成法器","不舍信心","逮得信力";"教化众生,令信佛法","不信佛法者,不能得法照明",无法将佛智慧转化为自己的智慧。《真宗妙义经》说,"佛在心头莫远求","明心见性即是佛","真身中有此真经,人人本有,说你不信,故难转也","世上凡夫俗眼,贪着酒色财气,心猿不定,常思散乱,狐疑不信,根源自借,念出三界,前世不修,今世不知,酒色财气任你迷,只知目前贪快乐,限到头来悔也迟"。《大般涅槃经》再三强调,"知自身有佛性,是根本善,究竟善","生出清净正信",定能成佛圣道。《大乘金刚经论》指出:"信自佛性","信佛正法",信持奉行,"无一不成佛"。

(二)修般若智慧是成佛圣道的灵魂

释迦牟尼佛明确告诉人们,欲成佛圣道,不但需要长期坚持从各个方面努力修行,还要分清主次,抓住根本。《八大人觉经》概括了诸佛菩萨大人应觉悟的八事,明确指出"惟慧是业","精进行道,慈悲修慧,乘法身船,至涅槃岸,复还生死,度脱众生"。《佛说四十二章经》说:"智明破魔。"《佛遗教经》说:"智慧者则是度老病死海坚固船也,亦是无明黑暗大明灯也,一切病者之良药也,伐烦恼树之利斧也。是故汝等,当以闻思修慧而自增益。若人有智慧之照,虽无天眼,而是明见人也。"《法华经》强调,"发心求佛智慧",指出,"佛慧是通晓一切事理的智慧"。《华严经》说:"一切诸佛庄严清净,莫不皆以一切智故。"《大乘密严经》说,"智能脱苦","智灯能破暗","智火焚业薪","牟尼智灯照,刹那恶除灭","无慧离真实,于义不善知",强调:"饮智慧液,得真实解,度生死岸"。

般若是觉智,般若智慧是觉者修学的智慧。《圆觉经》前言说:"般若不是指一般的智慧,而是指导人们达到佛境的智慧。"《般若波罗蜜多心经》说:"三世诸佛依般若波罗蜜多故,得阿耨多罗三藐三菩提。"《道行般若经》进一步指出:"过去世一切诸佛,都是从般若波罗蜜中产生的,由于依般若波罗蜜,他们才能成为人中领袖,最终成佛;现在世十方诸佛如来,也都是从般若波罗蜜中产生的,因依般若波罗蜜而成为人中领袖,最终成了佛。"世尊又说:"菩萨应昼夜不断地修行般若波罗蜜","修行般若波罗蜜的菩萨,在一切菩萨中是最尊贵的。菩萨如果进行布施,进行持戒、忍辱、精进、禅定或以其他经法教人,都不如菩萨修行般若波罗蜜","五波罗蜜从般若波罗蜜出,般若波罗蜜出萨芸若","萨芸若德成法德,一切皆从般若波罗蜜中学成佛","般若波罗蜜者,是菩萨摩诃萨之母","敬佛者当自归依般若波罗蜜","人如般若波罗蜜者,便得佛如来智慧","住般若波罗蜜中者,无不解慧","菩萨学般若波罗蜜者,为诸佛所护"。

佛陀高度重视智慧,称智慧为慧命。佛家认为,佛法修学靠智慧,修行成败全由智慧决定。佛家要求修学佛法的人必须福慧双修,指出修福不修慧,只能得世间福,不能出六道。开智慧是佛法修学的终极目标。

1. 佛陀说智慧的种类

佛家把佛法分为戒、定、慧三学。慧学是佛法三学之一。佛家把明白一切事相叫智,了解一切事理叫慧。佛家主张人们既要明白事相又要明白事理,所以佛法讲智或讲慧都是从智与慧统一的意义上讲的,从来不主张只修明事相的智,而把只在事相上做表面文章的智称为世之辩聪,而不是真正的智慧。

佛家把智分得很细。佛家二智说把智分为如理智和如量智。佛法中的如理智又叫根本智、无分别智、真智、正体智、实智等,为佛菩萨亲证真如契于诸法实相的真智;如量智又叫后得智、分别智、俗智、权智等,是佛菩萨说法度生分别事相的智。佛法中还有一切智、一切种智的提法。佛家认为,一切智是声闻缘觉的智,能明白一切法真空的道理;一切种智为佛智,能通达一切诸法的实相。声闻缘觉只有一切智,佛则二智皆有。

佛家还有三智说法,即把智分为一切智、道种智、一切种智三种。一切智是声闻缘觉关于一切法总相的智;道种智是菩萨知一切道法差别相的智;一切种智是佛通达诸法总相别相,化道断惑的智,是合一切智和道种智二者为一的智,故名为一切种智。佛家把睿智称为慧,即睿智是正确了解诸法真相契合真理的正确认识。

佛家还有漏尽智,即断尽一切烦恼的阿罗汉智;福智,即福德与智慧相统一的智,是佛菩萨的化身;无生智,即阿罗汉果位的智,也是菩萨证悟无生理的智慧;无漏智,即声闻、缘觉、菩萨三乘人离诸烦恼的清净智,是一种能断惑证理的智慧;无师智,即无师自通的智慧;无碍智,是自在无碍的智慧,即佛的智慧。

瑜伽四智说是瑜伽行派所说的见道至成佛过程中转八识所成的四种智慧。《成唯识论》卷十说四种智慧为:一是妙观察智,善观诸法自相、共相,

得无量总持之门,能适应众生不同根性自在说法,令众生断疑生信,为第六意识所转,入初地见道时得;二是平等性智,观一切法,自他有情悉皆平等,大慈大悲恒共相应,为第七末那识所转,入初地见道时得;三是大圆镜智,离诸分别,于一切境离染清净,能现能生三身四土,如大圆镜中影现众相而离分别,为第八阿赖耶识所转,佛地始得;四是成所作智,能于十方示现种种变化身口意三业,成就本愿所应做事,利乐度化无量众生,为前五识所转,佛地始得。

密乘五智说是密乘派的智慧说,即在四智说上又加第九阿摩罗识所具有的"法界体性智"即了解法界体性之智。

2.佛家论为什么开发智慧

佛家对智慧的作用认识得非常深刻,告诉人们,智慧是人们认识过去、现在和未来一切事物,出三途超六道,往生极乐世界,入圣道的先决条件。《华严经》说:智慧能使人们,在一念之间下即普照过去、现在、未来所有诸法事物,修智慧波罗蜜才能"顺入佛智慧的真理之境","发心求菩提智慧",才能"往生彼岸",又说:菩萨有了往生彼岸的智慧,才"能够随顺众生应化而救度众生,为众生现示庄严华美的成道法门,变化神通方便说法,调伏教化众生","成就与佛智平等无别的正觉正见,转动法轮,变现广大神通去教化众生","证得一切真理之无上智慧",才能"破一切众生痴暗","以智慧明照世间事物,为处在生死长夜中的人们照亮道路","照亮众生心地中的黑夜,让众生迅速发心去求证一切真理之无上菩提智慧","成就众生的菩提智慧","在一切世界用清净智光驱逐无明黑暗障碍的境界,以一念智慧之光明,普照一切广大无边的三界方便海的境界","用如是顺缘的方便智巧,促成众生最终成就佛位的一切智之智"。佛在《华严经》中还告诉人们,智慧能使人们"一念而遍入一切秘密法门,一念而遍知三世一切法"。

《华严经》指出:"菩萨于十波罗蜜中,智慧波罗蜜最为增上,其余的波罗蜜不是不修,而是随分修学,各有差别。"也就是说,智慧波罗蜜是修持菩萨道的人都必须修持的,是进入佛道必不可少的条件。

佛家提倡智慧开发的目的明确,就是"以广大正法的智慧,普照一切世间,以此教化调伏一切众生","以无垢、无障碍的净法,为众生打开智慧宝藏"。(《华严经·入法界品》)释迦牟尼佛在《华严经》中指出,佛家提倡众生开发智慧,就是"把智慧即觉者的智慧布施给众生,把如来即通晓一切佛法的智慧布施给众生,把自证自悟的智慧即自性本有的智慧布施给众生","去成就一切众生的佛性智慧"(《楞严经》卷第一);《大般涅槃经》中说,痴迷无知的人是非常可怜而可悲哀的,"譬如人们要到远处去,由于无知和迷惑,迷失了正路,走上了邪路,还说自己正在正道上呢",佛家提倡开发智慧就是为了"用智慧之火去烧众生的烦恼"。又说:提倡开发智慧,就是让众生掌握无上真理,破除"迷惑颠倒,邪知邪见,难以教育感化","弘扬佛法,解除众生的一切烦恼,使众生也能转凡成圣"(《贤愚因缘经·梵天请法六事品》)。《道行般若经》指出:救度众生最重要之点,是"把慧眼交给一切众生,让众生认识般若波罗蜜法,依照般若波罗蜜法进行修行"。《宝积经》说:"太阳升起时,光明可一下子普照一切众生;智慧之光发射出来,也是可以一下子普照一切众生。"

3.佛家主张成就般若智慧

佛家对智慧认识深刻,对智慧类型分类也非常明确,在谈到智慧开发时,明确地指出,世之辩聪不是真正意义上的智慧,佛家说的智慧开发,不包括世人所说的巧智。

佛家开发智慧的目标明确,即求至高无上的圆满智慧,通常的说法是求金刚般若智慧或大智慧。《大智度论》卷四三说:"般若者,秦言智慧,一切智慧中最为第一,无上无比无等,更无胜者。"简单地说,佛家要求人们求通达真理、了知一切的大智慧。《法华经》说,佛家说的开发智慧,是指开发"佛慧大智",即一切种智,指通达一切事理的广大智慧。《般若波罗蜜多心经》等经把佛家的大智慧,称为"般若波罗蜜多智慧",指出:"依止了般若波罗蜜多智慧法门,才能得到无上正等正觉",又说"般若波罗蜜多智慧是度脱生死的总持法门"。《佛说仁王护国般若波罗蜜经》说:"这般若波罗蜜是一切功德之所藏,其功德之大,说也说不尽啊! 如果是无数无量的恒河沙粒那么多的菩萨,而且这些菩萨修习了十三种法门,得到了佛祖印证的,由他们来说般若波罗蜜功德,也只能讲说其百千亿分之一。"又说:"十四忍般若波罗蜜法门,是三世当中一切发心修习的众生,是一切三乘圣人,一切过去现在诸佛的依据,也是未来诸佛的依据。如果诸佛菩萨要想得一切种智,非经由此法门不可,除此之外,没有第二条可走的路啊!"《摩诃般若波罗蜜道行经》说:"般若波罗蜜非常尊贵","诸佛如来都是从般若波罗蜜中得到萨芸若智慧的,所以,如果有人想用般若波罗蜜成佛,如果尚未成佛,不久就会成佛,从般若波罗蜜中自己达到觉悟成佛的境界","过去、现在、未来一切诸佛,都是从般若波罗蜜中产生的"。又说:"此般若波罗蜜是唯一正确的金光大道,是一切诸佛如来获得觉悟成佛的智慧。"《金刚经》(又称《金刚般若波罗蜜经》《能断金刚般若波罗蜜经》)告诉人们,只有修持能断贪、嗔、痴、慢、疑一切不正见烦恼邪念的智慧,才能解脱生死,到达极乐世界的彼岸,成就佛道。

4.佛家论怎样开发智慧

佛家对怎样开发智慧的问题,做了深入浅出的论述,概括起来,主要有以下一些具体要求:第一,发求一切真理无上智慧的心愿。《华严经》记述了具有法王子之誉的文殊菩萨摩诃萨对开发智慧的要求"文殊菩萨劝导各

位比丘发起勤求一切真理之无上智慧的心愿",即"发求阿耨多罗三藐三菩提心",明确地告诉人们,要把开发智慧的目标确切定在求佛如来的正等正觉智慧上。

第二,善待自己的智慧根性,修整调伏自己的智慧根器。释迦牟尼佛反复告诉众生,个个皆具如来智慧德能,不要看不起自己,众生与佛如来的区别,仅仅在于迷还是觉。众生因执迷而不能见自己本性具有的如来智慧,佛具有正等正觉因而能充分认识和发挥自己的智慧。《华严经》说:"如果众生不知道善养自己的智慧根性,则不能生起心念求阿耨多罗三藐三菩提。所谓发心求证菩提智慧,就是要发起大悲悯心,去救护一切众生,使其出离痛苦,要发起大慈善心,平等无差别地去护佑一切世间众生,使其得生欢乐;要发起安乐之心,令一切众生能够身心安乐,灭除爱憎、别离、生老病死等烦恼痛苦;要发起利益众生心,令一切众生远离恶劣褊狭的认识;要发起哀悯心,去守护安慰那些心有恐怖畏惧的人;要发起融通自在心,从而能够远离一切认识上的偏差;要发起广大无量之心,能够于一切空间世界往来无阻等量齐观;要发起宽博之心,能够往见一切如来而不生差别;要发起无疑无染之心,能够与过去、现在、未来一切时间都不生违碍和疑惑,要发起智慧心,能够进入广大无边的佛智慧境界。"又说:"如果有人不去修整调伏自己的智慧根器,不去接受法性具足的朋友的教诲,就不会得到诸佛加持护卫。"《大般涅槃经》强调:用佛法庄严自己,"远离四颠倒法","远离诸非法";《道行般若经》要求"善男善女当经常地守护自己的身体、语言和思想",告诉人们"人只是因为不能守护自己才犯罪"。《华严经》强调,"积聚一切善法","用法雨润泽心田","善求佛法","求一切智无厌足","聚集一切有益的智慧","成就一切智","成就佛智慧","住智慧地"。《华严经》要求"明佛度众生达彼岸的法门","用如来功德智慧庄严自己","通晓一切佛法智慧"。

第三,亲近供养善知识,接受法性具足的朋友的教诲。佛家高度重视善知识的作用,明确指出修学无上真理之智慧需要善知识的指导。佛菩萨是最好的善知识。《华严经》引用文殊师利法王子指导善财童子修学佛智慧的话说:"亲近各位具足菩提智慧的人们,供养这些具足智慧的人们,是你求得无上真理之智慧的最起码的条件,你可不要有一点的厌倦啊!""你应当下定决心去访求一切真正具备菩提智慧的人们。""对于他们的所有教诲,你都应当随顺理解,对他们个别不同的行为做法,更不要执着,不要误认为其乖戾。"

第四,法轮常转化众生。佛陀告诉人们,佛智慧是至高无上的智慧,开发智慧的根本目标就是求佛智慧。佛智慧源于佛法,要想开发佛的至高无上的智慧,就必须了解佛法的本质,把智慧开发"与佛法本质精神契合如一"(《维摩诘所说经·卷上弟子品第三》)。佛法在本质上完全摆脱了虚妄、分别、执着的思想方法,没有自我相、没有他人相、没有寿命相、没有一切相。佛法的存在不依属于任何东西,它无处不在地深入一切事物,无生无灭,它与事实相应,不随缘动摇,与空性符合,所以求无上真理之智慧是没有止境的。佛智慧"始终在迁流之中,没有停留",所以求佛智慧的人,应当追随真实事物。《维摩诘经》明确指出,佛法智慧的根在众生,"好比高敞的陆地上不会生长莲花,而非在低洼潮湿的淤泥中才能生长莲花一样……只有依靠众生,佛法才有落实处啊!"追求佛法是为了开启众生的佛智慧,"要知道众生觉悟的根器有利有钝,其证道过程也就有快慢高下的分别",追求佛智慧的人,只有"怀着悲怜一切的菩萨心","保持平等看待一切的原则",才能做到畅行无阻、无碍无滞。追求佛法是为了常转法轮,度化众生。求法的过程,也是转法轮的过程。《法华经》指出:法华会上的菩萨"都获得了不再退转的无上道心。他们都能持善不失、持恶不生,乐说佛法,展辩才,化导众生痛苦;要发起利益众生心,令一切众生远离恶劣褊狭的认识;要发起怜悯心,去守护安慰那些心有恐怖畏惧的人;要发起融通自在心,从而能够远离一切认识上的偏差;要发起广大无量之心,能够于一切空间世界往来无阻等量齐观;要发起宽博之心,能够往见一切如来而不生差别;要发起智慧心,能够进入广大无边的佛智慧境界"。又说:"如果有人不去修正调伏自己的智慧根器,不去接受法性具足的朋友的教诲,就不会得到诸佛加持护卫。"

(三)成无上正等正觉,是佛法修学的基本点

佛与众生的根本区别在于觉或迷。《金刚心总持论》说:"一切众生皆有佛性,本来不生,本来不灭,只因迷悟而致升沉。何以故? 众生长迷不觉,所以永劫堕落;诸佛常觉不迷,所以永成佛道。"《大般涅槃经》深入阐述了众生与佛的如来真性是相同的,众生的佛性"为烦恼覆盖而不得显见",佛如来"游戏于觉悟之花之中"。

释迦牟尼佛讲经说法四十九年,一以贯之的就是教导众生觉自己的佛性。《佛说真宗妙义经》指出,修行者得成佛与未得成佛的基本原因,在于是否"见自性"。"先得成佛者,静心修行,内明性理,直门而入,得成无上道果","未得成佛者,不知门户,不见自性,内不明心,一心向外求,所以不得成佛"。进一步明确指出:"佛在人身坎宫,回光返照,明心见性即是佛。""每日省察身心","扫除心田尘垢","不叫声色香味诸魔牵引","无明若息,金刚不坏,永劫结成真性,渐渐明了","直下承当便成佛"。《金刚心总持论》说:"若人明自心,达自性,依佛修行,决定成佛。"世尊涅槃前念念强调的,就是告诉众生,"觉自身佛性","相信自己身中有如来性","知自身佛性是常"。

释迦牟尼佛指出,觉成熟需要经历一个过程。不觉而欲求觉时,当知读

佛经,求明师。《大般涅槃经》说:"修习常乐我净的经典","久久护持正法,然后而成佛道";不读佛经典,"谤正法人,终不能得阿耨多罗三藐三菩提"。《金刚心总持论》说:"得见真明师,修行得正法,无一不成佛。"世尊反复强调指出,无上正等正觉从般若波罗蜜多经中流出。《般若波罗蜜多心经》说:"三世诸佛依般若波罗蜜多故,得阿耨多罗三藐三菩提。"《金刚经》说:"一切诸佛及诸佛阿耨多罗三藐三菩提法,皆从此经出。"人们有了求正觉的意识后,应求无上正等正觉。《金刚经》阐述了如何求无上正等正觉的问题,明确指出:"不应住色生心,不应住声香味触法生心,应无所住而生其心","过去心不可得,现在心不可得,未来心不可得";应"通达无我法";应知"法如筏喻","于法不说断灭相"。宇宙变化不止,认识无止境,无上正等正觉终不可得,"是名阿耨多罗三藐三菩提"。《大乘密严经》指出,觉悟是一个渐次而进的过程。"一心求密严,不染著三界,至于密严已,渐次而开觉";"最上生密严,诸地转增进,得解脱智慧,如来微妙身","密严诸智者,与佛常共俱,恒游定境中,一味无差别","一切唯有觉,所觉义皆无,能觉所觉性,自然如是转","最上修行者,地地而进修,了知一切法,皆以心为性","能正觉之,心无所畏,以智慧火,焚烧一切诸患因缘,即生妙乐密严土"。

《楞严经》说:"求正觉正定","获觉慧,入圣道"。《坛经》说,"自性迷即是众生,自性觉即是佛","自性地上,觉性如来放大光明,外照六门清净,能破六欲诸天;自性内照,三毒即除,地狱等罪,一时消灭"。《佛说宝雨经》明确提出"开发觉悟","成熟觉悟",指出:"菩萨如是若得般若菩提分,华开敷之时说名觉悟……成熟觉悟如莲华成熟时,若有见者,能令眼根增上悦乐;若有触者能令身根增上悦乐;若劝喜者能令意根增上悦乐。菩萨如是若得般若光明成就,能令见者眼根清净,能令闻者耳根清净,能令触时即供养者身根清净。"又说,"菩萨能证菩提,名为正觉,是各菩萨深信菩提及如来出现","能于无上菩提而现等觉"。

佛陀根据觉悟程度,把人分成痴迷不悟的人、自觉的人、自觉觉他的人、圆觉的人、自觉觉他觉行圆满的人等类型。痴迷不悟的人是指那些愚痴迷妄固执错误的人,是人群中的下等人。自觉的人是指那些自己能分辨是非、不执迷的人。圆觉的人是指那些具足众德、能破无明的人,即有圆满觉性的人。自觉觉他的人是指那些不但自己能明理悟道,而且帮助他人也能明理悟道的人,佛家把这部分人称为菩萨。自觉、觉他、觉行圆满的人是指那些不但能自己觉悟,也能使他人觉悟,而且能把正知正见与正行统一起来的人,佛家把这部分人称为佛。

《圆觉经》中记载了文殊菩萨与释迦牟尼佛的对话。文殊菩萨向释迦佛陀请教,菩萨怎样于大乘佛法中发清净心,远离诸病,使未来末世众生求大乘者不堕邪见? 释迦牟尼说:"无上法王有大陀罗尼门,名为圆觉,流出一切清净真如、菩提、涅槃及波罗蜜，教授菩萨，一切如来本起因地，皆依圆觉照清净觉相，永断无明，方成佛道。"他明确地指出，一切佛成就佛道都是修圆觉成功的。他告诉人们，一切众生无始劫来迷妄颠倒，执迷不悟，在妄见中生灭，在六道中轮回。普贤菩萨问如何使诸众生永离诸幻时，释迦牟尼指出："一切菩萨及末世众生，应当远离一切幻化虚妄境界"，"需要有坚韧的态度，要有毫不松懈的断除无明的心志"，"要具有正念"，"修证到一切虚幻假相都灭绝，到那时，便会处处清净，无限圆满的觉悟，首先就要断除那久远以来使人在六道中轮回的孽根，即无明烦恼"。他指出："贪欲使众生轮回于生老病死的痛苦之中，如果末世一切众生能弃舍种种贪爱和憎恨，永远断除轮回的痛苦，勤奋追求如来圆满心智，心灵清净后，就可以开悟。"他告诉人们："应当向菩萨一样发清净大愿，从今以后永远追求佛的圆满妙觉悟，请有德的正道导师指导，逐步断除各种执障，到一切烦恼障碍除尽之时，就能证得无上庄严的佛境界。"

圆满妙觉是佛所具有的觉悟。佛法还把佛的觉悟称为无上正等正觉，即宇宙间至高无上的真正平等的正确无误的无所不觉的究竟圆满的觉悟。佛家讲的开发人，从提高觉悟的意义上说，就是要把人们的觉悟提高到与佛觉悟相同的高度。佛家告诉人们，圆觉是人人本来具有的圆满觉悟之心，背之则凡，顺之则圣；迷之则生死始，悟之则轮回息。

《无量寿经》说，"假令供养恒沙圣，不如坚勇求正觉"，当"发定成正觉愿"，"发无上正觉之心，取愿作佛，愿佛广说经法，如法修行"，"至心求道，精进不止"。

《楞严经》中指出，诸多觉悟之中，最重要的是觉悟菩提，"如果觉悟菩提，虚妄恶缘根本就不会有了"，又说，"众生在人道中，如果不依据正等正觉修持三摩地，而且别修妄念"，就出不了六道；只有"用佛妙觉，发用自己的心"，"处于大菩提之中，完善地获得通达之心"，才能"觉悟通达如来。究竟佛境界"。

释迦牟尼佛在《金刚般若波罗蜜经》中说，"如果有善男子善女人立下誓愿，一定要发心追求阿耨多罗三藐三菩提，亦即追求无上正等正觉"，"他们应该依我说的原则安住，去降服其本来的烦恼心"，"灭除他们的一切烦恼，使其得以度脱生死的大流"。他进一步指出，"我所说的一切法，都是为渡河而准备的木筏，只是手段而不是目的本身"，他强调："凡发心求取阿耨多罗三藐三菩提者，就当这样生出心愿：我应当灭除一切众生的烦恼，应当救度一切众生；虽然灭除一切众生的烦恼，救度了一切众生，但从实质上说，其实并没有众生的烦恼可以灭除，也没有什么众生可以救度。为什么这么说呢？因为菩萨如果怀有自我之想，怀有他人之想，怀有众生之想，怀有恒常持久之想，那他也就不是菩萨了"，"如果心中，不怀我想、不怀他人想、不

怀众生想、不怀恒久持续想,而能修习一切善法,这就是得阿耨多罗三藐三菩提了"。

佛陀告诉人们,圆觉或无上正等正觉,是至高无上的觉悟。这样觉悟的修成,需要经历一个过程。《八大人觉经》指出,必须从修养无我觉、少欲觉、知足守道觉、常行精进觉、多闻智慧觉、布施平等觉、出家梵行觉、大心普济觉做起。"如此八事为诸佛菩萨大人之所觉悟",要修成此八觉,必须"精进行道,慈悲修慧,乘法身船,至涅槃乐,复还生死,度脱众生","令诸众生觉生死苦,舍离五欲,修心圣道",只有念意不忘"此八事",才能"灭无量罪,进趣菩提,速登正觉,永断生死,常住快乐"。

(四)求至善圆满,是成佛圣道的基础

《佛说十善业道经》说:"譬如一切城邑聚落,皆以大地而得安住,一切药草、卉木、丛林,亦皆依地而得生长。此十善道,亦复如是。一切人天依之而立。一切声闻,独觉菩提,诸菩萨行,一切佛法,咸共依此十善大地而得成就。若离十善,欲修行证果,譬如空中建楼阁或种稻子,欲成就生长,无有是处。"又说:"当知此十善业,乃至能令十力,无畏,十八不共,一切佛法皆得圆满。是故汝等应勤修学。"《观无量寿经》说,欲生西方极乐国土者,"当修三福。一者孝养父母,奉事师长,慈心不杀,修十善业。二者受持三归,具足众戒,不犯威仪。三者发菩提心,深信因果,读诵大乘,劝进行者。如此三事,名为净业……此三种业,乃是过去、未来、现在三世诸佛,净业正因"。《阿弥陀经》说:"从是西方过十亿佛土,有世界名曰极乐,其国众生无有众苦,但受诸乐……彼佛国土无有众苦,但受诸乐……彼佛国土无三恶道……彼佛光明无量……彼佛寿命及其人民无量无边阿僧祇劫……众生闻者,应当发愿,愿生彼国……不可少善根福德因缘,得生彼国。"《华严经》指出,修无量无边善业,才能"具备清净的出世善业之根"。又说,"善慧地菩萨所有善根……能出光明照众生心,烦恼黑暗皆令消灭","开发众生往世聚集的善根,让未种植善根的种植善根,让已种植善根的人增进成长,让已经增进成长善根的人成就圆满"。善行圆满之时,佛圣道即成。《阿难问事佛吉凶经》说:"安神得道,皆从善生。善为大铠,不畏刀兵。善为大船,可以度水。有能守信,室内和安,福报自然,从善至善,非神授也。"

佛家全部学说建立在善的基础上。佛家认为,善是宇宙间万事万物存在和发展的根据。善根不迷失就有生命力。善根迷失越多,受苦报越多,最甚者则堕入地狱,受无量苦,求出无期。众生善根发展程度决定其自身在十法界所处界次,善根丧失者则堕地狱;处饿鬼道者,善根比堕地狱者多一点;处牲畜道者善根又比处饿鬼道者多一点。想提升自己所处界次者,必须从发展自己的善根入手。释迦佛曾以自己为例说,往昔在地狱中,他见抽罪人

筋,用作拉车绳时,其苦不堪忍受,便提出愿多抽自己身上一根,少抽别人一根,这种念头一起,当即出了地狱。人在人道的处境也是依修善行情况而变化的,行十善及格者,来世还可生于人道;行十善不及格者,则根据不及格程度分别堕入牲畜、饿鬼、地狱各道之中;修十善业好者,则根据善的程度,有的可升天界,有的可往生净土。佛是至善圆满者。人要想成佛道,必须修善行,发展善根。菩萨是一心一意修善行者。《维摩诘经》说,菩萨的心身是随着众生身心状况变化的,众生病,菩萨亦病,众生苦,菩萨亦苦;众生离苦,菩萨得乐。《地藏菩萨本愿经》说,地藏菩萨一次又一次发愿救度众生,"地狱不空,自己不作佛"的甚深大愿,代表了菩萨众的共同心愿。《佛说阿弥陀经》介绍了西方极乐世界的美好,同时告诉人们,那是"上善人"居住的地方,想生西方极乐世界者,"不可少善根"。《佛说大乘无量寿经》反复告诉人们,要求无量寿,生极乐净土,必须"敬善作善","努力修善","以善攻恶","择善勤而行之",身语意时时处处"与善相应","无毫发之恶"。《佛说法灭尽经》说,五浊恶世浊化到一定程度时,弥勒菩萨当出世做佛,此时的佛弟子全是慈氏弟子,即能以慈善之心度化迷失善根的人,才能真正成为佛的弟子。

(五)遵修普贤德行,才能圆成佛圣道之愿海

人的开发成长,从发愿起;而美好愿望的实现则依赖德行。人生开发的目标越伟大,则对德行的要求越高。释迦牟尼佛指出,要想成佛圣道,必须德遵普贤,修至高德行。《圆觉经》说:"如泛如来大愿海,先当发愿","菩萨唯以大悲方便入诸世间开发未悟,乃至示现种种形相,逆顺境界,与其同事,化令成佛,皆以无始清净愿力。若诸末世,一切众生,于大圆觉,起增上心,当发菩萨清净大愿"。《华严经·普贤行愿品》说:"若欲成就如来功德,应修十种广大行愿。何等为十:一者礼敬诸佛,二者称赞如来,三者广修供养,四者忏悔业障,五者随喜功德,六者请转法轮,七者请佛住世,八者常随佛学,九者恒顺众生,十者普皆回向。"《佛说十善业道经》说,"汝观佛身,从百千亿福德所生,诸相庄严,光明显耀,蔽诸大众";"汝观诸大菩萨妙色严净,一切皆由修集善业福德而生","所有众生,形色粗鄙,或大或小,皆由自心种种想念,作身语意诸不善业,是故随业,各自受报"。《无量寿经》说,诸佛及大菩萨"咸共遵修普贤大士之德,具足无量行愿,安住一切功德法中,游步十方,行权方便,入佛法藏,究竟彼岸,愿于无量世界成等正觉……为诸庶类,作不请之友。受持如来甚深法藏,护佛种性常使不绝,兴大悲,愍有情,演慈辩,授法眼,杜恶趣,开善门,于诸众生,视若自己,拯济负荷,皆度彼岸,悉获诸佛无量功德,智慧圣明"。赞叹阿弥陀佛"志愿深广","具足无量不可思议功德庄严"。《金刚心总持论》说:"欲免地狱,当除恶心;欲免饿鬼,

先断悭贪；欲免畜生，莫吃他肉；欲得人身，先学孝慈；欲生天上，当持五戒；欲成佛道，先用明心。心明则因果不昧，见性则成佛无疑。"该经强调指出："若不发心，佛也难救。"欲成佛圣道，当行好心。"若是好心，利益他人，不求他报；结事他人，不求果报；供养他人，不求福报；济利他人，不求恩报；及至下心满人心愿，难言能言，难忍能忍，难行能行，非但口说。"《水路忏仪轨》序言说："不住于法而修万行。"世尊再三强调，常修三福，持五戒，行六度十善，能与道同行者，成佛无疑。

佛家认为德性是人生成败的关键、起决定作用的因素。因而佛家对德性类型、作用及开发问题做了深入研究和论述。

1. 佛家论德性类型及作用

佛家把人自性中具有的德性叫性德，如善根、慈悲心、孝敬心等都属于性德一类。因为众生皆有善良的根性，所以说众生全部能成佛。众生的善良根性聚积起来就能形成一定的力量，善行越多则善力越强。释迦牟尼佛的《十善业道经》就是讲善业的作用，指出修成上品十善可升天道，而至善圆满就成就了佛道。释迦牟尼的《地藏经》被称为佛门孝经。他在净业三福中也是把孝养父母摆在了第一位，认为孝是天地之始，孝敬是社会存在和发展的基础。净业三福的第二句话是奉事师长，是讲尊敬老师。净业三福第三句话是慈心不杀，是讲慈悲心。净业三福第四句话是修十善业。上面四句话是人天福的根本内容。不但人道和天道要贯彻这四句话的精神，四圣道也是在此基础上发展起来的。所以说性德是诸德之基，其他一切德能都是在性德基础上发展起来的。

福德是人道讲得最多的一种德相，世人追求的财富、健康、权力、地位、长寿等都属于福德一类的内容。佛家认为，福德是人的善良根性即性德发展到一定阶段的表现。人们要得福德，就要发展善良的心性，发展慈悲心，种福田。福德是从福田中生长出来的。福田是用善心、慈悲心耕耘成的。一般说来，福田种得越多越广，得到的福报则越多，福报越大则福德越多。福德给众生实实在在的利益，因而众生皆喜欢有福德的人。佛家提倡人们修福德。无福德不能度众生。一个说法人，如果自己没福报，大家就不会相信他。一般说来，人的福德越大威望才越高，尊敬他的人才会越多，说话的分量也就越重。所以世间福德大的人，多权力大，地位高，人们习惯用大福大贵等词来赞美有福德之人。

功德是诸多德相中最重要的一种德相，是使人超三途出六道的根本条件。佛家讲的功德，一般指依佛法修念佛、诵经、布施、供养等善行，出世间行等，得到的智慧、福德等善果报应。世人多把行善布施等称为做功德。佛法中功德的本意为善行所具有的功能和德用。功德与福德不同。福德可以给人，例如：我有钱和财产可与人共享，可以把福德送给别人。我在社会上有地位,也可以送给人,譬如释迦牟尼弃王位;安土高大师是伊朗国王,他做了半年国王后,发心出家,把王位让给了他的叔叔,这都是把福德让给别人。可是功德则不能给人,功德需要自己修,谁修谁得,不修者不得,如我持戒我得功德,你不持戒你得不到功德。"愿以此功德,回向给某人",这是指你特别为他修的功德,譬如一个好朋友去世了,你特意为他念一百部《地藏经》,这个功德他能得到,但不能得到全部,《地藏经》中说,他只能得到七分之一。你的这种功德对于他来说是福德,他得到的不是功德,而是福德。《地藏经》中说的婆罗门女救母出地狱修的功德则是母女两人皆得。这是因为婆罗门女的母亲给婆罗门女做了增上了缘,是母亲堕地狱的事推动婆罗门女发至孝心,为救母出地狱,他一日一夜一心不乱念佛,母亲得到的一份功德是脱离地狱生天。佛家告诉人们,如果你自己真正修行,真有成就,你将功德回向给谁,谁才有可能得到功德。如回向给亲友,回向给冤亲债主,他们能得到,你的成就越大,他们得到的功德也越多;如果自己一无所成,他们什么也得不到,还要完全靠他们自己去修行。无论什么人,想完全靠别人给的功德成就四圣道是不可能的,必须靠自己修戒、定、慧三学,靠自己行善积德。为社会做好事是功德,好事做得越多功德越大,做到至善圆满就成就了佛道。

佛经明确告诉人们,福德不能了生死出六道,《六祖坛经》说到福德时指出:"此福不能救"生死。惟有功德能自利利他,功德圆满之时,就是圆成佛道之日。

佛法中还有三德说。三德指佛所证得的三种德相。《涅槃经》卷二说:一是法身德,即佛以不生不灭的法性为身;二是般若德,即智慧如实觉了一切;三是解脱德,即离束缚而得大自在。《俱舍论》中说佛有断德,即断一切烦恼;智德,即能破一切痴障;恩德,即能度化众生。又说佛有因圆德、果圆德、恩圆德三种德相。印度数论派说自性谛有萨埵(勇健)、刺阇(尘坌)、答摩(暗钝)三德。

《华严经·入法界品》记述了文殊菩萨对善财童子的开示,提出"修学菩萨的功德",《十地品》指出,菩萨功德的特点,是"广泛而长久不衰地为众生做有益的事情"。《宝积经》说,菩萨的功德决定他们"有福德聚集四大库藏"。《华严经》中说,菩萨功德是人们能往生彼岸的功德。《佛说阿弥陀佛》中,十方诸佛"赞叹阿弥陀佛不可思议功德"。《无量寿经》提出"住普贤行","大修功德","获诸佛无量功德","功德庄严",求"圆满功德",做"大威德者"。

2. 佛家的德性开发说

释迦牟尼佛在《圆觉经》中说:"众生本来就和佛一样具有成佛的潜能。"佛陀告诉人们,人自性中的潜能不能自然而然地彰显出来为人们所利

用,需要经过开发。《涅槃经》卷二六说:"众生佛性不名为佛,以诸功德因缘和合得见佛性,然后得佛。"也就是说,若不修功德而见佛性,虽有佛性亦不得成佛。至于断尽善根的一阐提,必须"忏四重禁,除谤法心,尽五逆罪,灭一阐提",然后才有可能成佛。

佛家的德性开发说告诉人们,人的本性中虽有成佛的德性,但是不认真修行不能成佛。而德性修行的途径则是做功德事。也就是说,开发德性需要从修功德做起。修功德的基本指导思想是用至善心行至善事。至善心是纯善心、没有半点不善夹杂。至善事是至高无上的善事,没有半点不善夹杂。用世人的话说,就是全心全意为众生谋利益,没有半点为自己打算,如果有半点不利于众生的事,就不是至善。自己是众生中的一员,众生都得利当然自己也得利。具体地说,想问题、说话、做事,一切从利益众生着想,落脚点也要落在众生皆得利益上。常存善念,常说善话,常做善事。释迦牟尼佛在《十善业道经》中说:"菩萨有一法,能断一切诸恶道苦。何等为一?于昼夜常念思惟、观察善法,令诸善法念念增长,不容毫分不善间杂,即令诸恶永断,善法圆满,常得亲近诸佛菩萨及余圣众。"他这里讲的诸善包括心善,心中存有善;念善,起心动念善;言语行为无有不善。

佛陀告诉人们,善心、善念、善言、善行都是种福田,必有福报现前。种福田是因,结福德是果。佛法明确指出,在福报现前的时候,一定不能享受,要懂得把福德变成功德,用福德做更大更好的善事。菩萨与凡夫的差别就在于菩萨无我而凡夫执着我;菩萨把福报完全回向众生,而凡夫则贪恋福报、贪图福报、贪享福报。佛法告诉人们,无论福报多么大,总有享受尽的时候,一旦福报享尽,仍要受苦。只有懂得把福德变成功德,用福德做善事种更大福田,德性才能越用越强有力。从这一意义上说,人的德性开发是没有穷尽的,人的德能的功用是用之不竭的,这就是佛家说的人人都像佛一样有无量智慧、无量德能。

佛陀提倡开发德能,反对单纯追求神通,认为德能开发到一定程度后,自有神通现前。佛家指出,在德能基础没有打好之前,有了神通则有可能做错事,入邪道受恶报。有大德性的人必然有大神通,因为他知道大神通是大德能的一个组成部分,没有大神通而大德性则是不完善的,就无法度化邪魔外道中的众生。释迦牟尼佛在《华严经》中指出,提婆达多忽视修行德能,追求邪门外道的神通,在他得到神通之后,就自以为比释迦牟尼强,非要与释迦牟尼比神通,释迦牟尼佛越是忍让,他越是紧逼,逼得释迦牟尼佛没有退路时,释迦牟尼佛只好展示神通,制服提婆达多。释迦牟尼佛在《十善业道经》中明确指出:要"成就自在神通",这就是成就如来的德性和能力。如来的德性就是"众生无边誓愿度",全心全意为尽虚空遍法界众生服务。如来的能力就是无所不能,凡是众生需要的皆有能力满足。

佛法说得很明确，如来的无量德性要靠无所不能的能力去实现。佛陀明确指出，度化众生若无能力，寸步难行。人们要学佛菩萨度化众生，首先要有识别善恶是非的能力；在识别善恶、是非之后，还要有能力断恶行，没有行善断恶的能力，凡夫不会相信你，恶魔倒会伤害你。你有断一切恶事、行一切善事的能力，才有资格度化众生。

佛家多部经中都明确指出："自性本具德能，在圣不增，在凡不减。"诸佛菩萨开发运用了自性中的德能，成就了大功德。我们迷失了自性，起心动念，说话做事，待人接物，不知道用如来德能，因此我们是凡夫。释迦牟尼佛在《十善业道经》中指出，"深信坚固，精进匪懈，常无迷忘，寂然调顺，断诸烦恼"，是步入佛道、开启如来智慧德能的五个最基本的方面，即"五根"。这五根是无上菩提的根。"深信坚固"讲的是信根，《华严经》中说："信为道元功德母，长养一切诸善根。"佛法首先强调解决信的问题，就是相信佛说的是真理；相信自己有佛性，能成佛；相信照佛说的去做没错。"精进匪懈"讲的是进根，行善事不勤奋精进不行，不真行实干什么德能也不会有。"常无迷忘"讲的是念根，念念不忘佛的教导。"寂然调顺"讲的是定根，自己内心有正定，坚定不移利益众生。"断诸烦恼"讲的是慧根，没有智慧，破不了迷障，善事难成，功德难见，德能不聚。

3. 佛家主张植众德本而不执着功德

《无量寿经》说："发菩提心，坚固不退，植众德本，至心回向，欲生极乐，无不遂者"，告诉人们，应当不断"积功累德"，"积植德行，不起贪嗔痴欲诸想，不着色声香味触法，但乐忆念过去诸佛，所修善根，行寂静行，远离虚妄，依真谛门，植众德本，不计众苦，少欲知足，去求佛法，惠利群生，志愿无倦，忍力成就，于诸有情，常怀慈忍，和颜爱语，劝谕策进，恭敬三宝，奉事师长，无有虚伪谄曲之心，庄严众行，轨范具足，观法如此，三昧常寂，善护口业，不讥他过；善护身业，不失律仪；善护意业，清净无染"。强调"广植德本，勿犯道禁，忍辱精进"，"植众德本，身心清净远离分别，求生净刹，趣佛菩提，当生佛刹，永得解脱"。

《金刚经》说："一切菩萨都不会享受福德"，"一切菩萨如果作有什么功德，他们首先是不应贪念执着的"，罪苦众生，无量无边，菩萨的任务和使命是度尽众生，菩萨的本质是无四相，是执空，执有便会生憍慢心，便不是菩萨了。

《华严经》说："大菩萨发心观照一切浩广如海的法门；发心修持功德已回向佛智慧，从而圆满成熟菩提心；发心端正意识，不作一切过失行为；发心求取一切菩萨深广如海的禅定清净；发心修成一切菩萨功德；发心去庄严一切菩萨之道；发心精进求取一切智慧，勤修种种功德无有休息，就像劫火炽然紧迫不休；发心实践普贤菩萨功德，教化一切众生；发心去学习一切菩萨

的威仪,以此实践菩萨功德,舍弃一切有为之法,住持守护一切无所有的真实心境界。"又说:"诸大菩萨不执着一切的功德法海。"

(六)得无量自在神通能力,是成圣道的根本保证

释迦牟尼佛一生念念不忘都告诉人们,欲成佛圣道,必须大力开发自在神通能力。同时强调指出,人的自在神通能力,与人的善根德本的发展、觉知能力的发展、行真正能力的发展,是统一的,任何想单独求得自在神通能力的想法和做法,都是行不通的。世尊从诸多方面阐述了开发自在神通能力的问题。

1. 无自由自在神通力则处处难行得通

本行经说,世尊安详渐行,从闲塞城到恒河岸。河水暴涨,无法过河,便求船师渡。船师报言,当与我渡钱。世尊说,我视一切财宝如瓦石土块,无有渡钱。船师言,若不与我渡钱,终不相济。世尊忽见一群雁从恒河南岸飞空而来。便向北而说偈言,诸雁群当渡恒河,不曾问彼船师价钱,各运自身出己力,飞空自在随之。我今应以神通渡之。亦翱翔如雁至恒河南岸,安稳住定如须弥。尔时船师,见佛已过,心生大悔。我观大圣福田,而不知施渡,闷绝倒地,良久方苏,即诣摩伽陀主频头王边,奏如是事。王闻此事,即勒令船师,从今以后,凡出家之人求渡者,勿取渡钱。

2. 无自在神通能力无法救苦难众生

《佛说大乘庄严宝王经》说:"观自在菩萨入大阿鼻地狱之中,为欲救度一切受大苦恼诸有情,阿鼻地狱一切苦皆无能逼切菩萨之身,地狱之猛火悉灭,成清凉地,大火坑变成宝池,池中莲花大如车轮。"该经赞颂观世音菩萨"能施有情愿,具大威神力,降伏极暴恶,暗趣为明灯","现无数威德,能破三界怖和一切烦恼,使一切恶道中众生皆得解脱"。观自在菩萨复入饿鬼城,"其城炽热火悉灭,变成清凉","观自在菩萨起大悲心,于十指端各个出河,又于足趾亦各个出河,一一毛孔皆出大河,使诸饿鬼得饮其水,得种种三昧饮食"。又说:"观自在菩萨于其眼中而出日月,额中出大自在天,肩出梵王天,心出那罗延天,牙出大辩才天,口出风天,脐出地天,腹出水天……此虚空大身大地以为座境界及有情皆从是身出。"观自在菩萨"为救如是有情证菩提道,随有情类现身说法,应以佛身得度者即以佛身说法,应以菩萨身得度者即现菩萨身而为说法……应以父母身得度者即现父母身而为说法……皆令当证如来涅槃之地"。

释迦牟尼佛明确指出,诸佛如来及大菩萨摩诃萨皆具有自在神通。《不退转法轮经》说,文殊菩萨以不可思议神通力,引导众生修不退转法轮。《维摩诘经》说,维摩诘居士具有不可思议自在神通,善用权巧度化众生。诸多大乘佛经介绍了佛陀运用无量自在神通教化众生成圣道的故事。因果

经云,世尊知伏楼频螺迦叶有大名,便前往教以正法。日既将暮,佛语迦叶,欲于石室止住一宿。迦叶言,石室中有毒龙,恐相伤害。佛言,虽有毒龙,但以见借。迦叶言,若能住者,便自随意。世尊即入石室,跌迦而坐,而入三昧。尔时,毒龙举体烟出。世尊便入火光三昧,亦出烟。毒龙大怒,身中出火。佛亦出火。二火具炽,焚烧石室。迦叶夜起,见室尽燃。惊怖叹惜,此大沙门,端正尊贵,不取我语,今为火龙所害。遂令弟子以水浇之。火不能灭。火更炽盛。尔时,世尊持钵毒龙而出。迦叶欢喜,叹未曾有。《法句譬喻经》云,从前有一梵志,聪明过人,他为了通达一切才艺,名扬天下,便四处游学,先后拜工匠为师、船夫为师、殿匠等为师,游遍十六大国,学尽一切技艺,心中高傲,认为天地之间没有人能胜过他。佛陀在定中遥见此人,觉得可以度化,便以神通化为一个沙门,拄杖持钵而前去。梵志问来者何人?沙门答:"我是调身之人! 即说偈言:弓匠调角,水人调船,木匠调木,智者调身;譬如厚石,风不能移,智者意重,毁誉不倾;譬如深渊,澄静清明,慧人闻道,心净欢然。"沙门说完此偈,身升虚空,还现佛身,三十二相,八十种好,光明照耀天地,然后从虚空中徐徐下降,对梵志说:"这就是道行变化,调身之法。"梵志问佛:"如何调身?"佛告梵志说:"五戒、十善、六度等皆调身之法。弓船匠艺皆绮饰虚华之事,若贪逐消耗生命,皆堕生死苦海,求出无期。"梵志便随佛出家。

　　3. 无自在神通力无法降服恶魔

　　释迦牟尼佛指出,诸魔怕众生修学大乘佛法成佛圣道,历来千方百计破坏干扰修学圣道之人。欲成圣道者,必须修无量自在神通,不断排除诸魔干扰。月光童子经云,昔者世尊求道之日,天魔见佛神圣,心中烦恼,认为悉达太子如成佛道,必当胜我,议设方计,召其鬼兵,兴军聚众,披甲持械,旌旗遮日,火曜蔽天,奇形异类,千变万化,担山负石,口眼吐火齐声吼叫,向佛围攻。佛以慈心,举手指之,群鬼恶兵自然退散。便顶礼世尊,愿自皈依如来。魔王以须弥之毒,大千之火,刀剑矛刃,不能动佛之一毛。便顶礼世尊,愿自皈依如来。《不退转法轮经》云:"释迦牟尼佛转不退转法轮,尔时魔波旬身毛皆竖,心生惊怖,作如是言,见此世界皆非世界,忧愁涕泣,身变朽老如百岁人发白面皱,身体肤发亦皆老俱。魔王将四种兵魔及魔天皆诣佛所。四种魔兵及虚空诸天皆闻释迦牟尼佛持不退转法轮故,而此四种兵皆不能进,悉不能得随魔王意。月光童子经云,有长者申日,信受外道六师,设计作火坑毒饭害佛。世尊为化十方和六师,接受其请。世尊极佛境界,放大光明,至长者门,火坑即成水池,出大莲花。申日见之心动神惊,憧惶怖悸,心中自念,我之逆恶。六师恐怖,即各个逃之。申日作礼,向佛求忏悔,告佛饭中有毒,求重炊饭食。佛言,便持饭来,不须更设。我已灭尽贪淫嗔恚愚痴邪见之世毒,世间这些毒不害我。申日下食,香沏十方。申日求佛济我涂炭。佛

曰申日,能觉悟,重罪必除。佛为申日广宣道义。申日醒悟,心开疑解。"

4.佛是体道者,必须具有道一样的不可战胜的品质力量

佛家告诉人们,佛菩萨是十法界正义力量的象征,是战胜邪恶势力的力量源泉,所以要求佛菩萨要有大能力、大神通、大作为、大自在。《维摩诘经》明确指出佛菩萨不住无为。释迦牟尼佛说:"为什么叫菩萨不住无为呢?是说菩萨修学空解脱门,而不执着于空法,以空法为空,所以称不证空;修无相无着的法门,但不执着于无相与无作,所以称不证无相无作;修学诸法缘会而有,本无生起,但也不执着无起;观照诸行无常,但仍然修善不断;观照世间一切众生痛苦,却并不厌恶生死世间;观照诸法无我,却仍然悉心教诲众生,没有厌倦;观照涅槃寂灭,却不肯安住寂灭;观照离欲贪,离烦恼,离诸法性空,却不远离修身心两方面善行;观照诸法不去不来,故无所归,但却一心以善法为归趣;观照一切法不生不灭,但却在世间生灭中承担弘法利生的责任;观照如来出世法无漏清净,却并不断绝对世间诸有漏行为的引导;观照法性无有故没有修行,但仍以佛法指导众生行业;观照一切诸法本性空无,仍然不肯放弃救助众生的大悲之心;观照由无为法而取证涅槃的道理,但不像小乘那样,由无生灭入证涅槃;观照诸法本来虚幻,无坚牢可言,无人我可言,无主体可言,无表相可言,但只要度尽一切众生的本愿未获满足,菩萨并不会放弃对福德、禅定和智慧的修心。"《华严经》说:"菩萨十波罗蜜中,以力波罗蜜为最胜,其余的波罗蜜不是不修,而是随其力随其分而修罢了。"这就是说,菩萨应行的十波罗蜜中,最强有力的是力波罗蜜,是菩萨们都必须用全力修好的,换句话说,菩萨们最不可缺少的是殊胜的能力。

佛家称为经中之王的《华严经》《法华经》《无量寿经》《大般涅槃经》等都明确要求佛弟子修大能力大自在大神通力。

《华严经》要求佛弟子"知一切佛调伏众生不思议的自在力","念念之中证知一切佛不可思议大神通力"。修习"菩萨的种种神通自在力","获得一切菩萨随意自在的神通力","成就神足神通力"。《法华经》反复赞颂释迦牟尼佛"在文殊师利等过去曾住婆婆世界的无数百千万亿大菩萨中,在比丘、比丘尼、男居士、女居士等四众弟子中,在天神、龙神、夜叉、香神、恶神、金翅鸟神、乐神、蟒神等似人非人的八部众中,在一切众生面前,显现出广大无边的神通力",又说:"释迦牟尼佛和菩提树下的分身诸佛显现神奇无碍的力量"。《大般涅槃经》指出,佛弟子必须大力开发神通力,因为有了大自在神通力,才能降伏魔波旬,并且指出,佛弟子只有修学大乘佛法,才能生长无限自在大神通力。《维摩诘经》赞颂维摩诘居士的自在神通力,说:"维摩诘神力甚大,他能派遣自己化身前往一切十方佛国,并在那里做诸佛事,以饶益一切众生。"释迦牟尼佛在该经中讲述了维摩诘居士运用自在神通力,把妙喜国一切统统接到阎浮提,并以三道宝物镶嵌的阶梯,从阎浮提通到忉

利天上,让诸天神循梯而上,都来礼敬妙喜国的无动佛;阎浮提众生也能顺着此宝梯拾级而上。那妙喜世界虽然被置放到阎浮提世界上,但大小没有丝毫变化,阎浮提世界也并没显得有丝毫拥挤。只有妙喜国中得神通力的菩萨和声闻大众,以及天界大众能感觉到,他们齐声问无动佛:"是谁把我们带走了? 快救一下我们吧!"无动佛说:"是维摩诘的神力。"

《宝积经》是释迦牟尼佛的一部重要的大乘经法。该经深刻地批评了执空的思想,指出执空比执有更有害,"宁可肯定自我的见解像须弥山那样高磊,也决不要因为起执空的见解,而导致增上慢的出现",因为起了空见,"这毛病就不是轻易可以消除的了"。该经强调:"信、精进、念、定、慧五根为观察法船航道的工具,五力则成为强大的载船浮力,七觉分是破魔贼的利器。"《贤愚经·降六师品》详细叙述了释迦牟尼靠自在神通力降伏魔师的事迹。该经说,释佛在王舍城竹园说法时,富兰那等一些人宣扬异端邪说,洴沙王的弟弟敬奉富兰那等六位邪说大师,并对哥哥洴沙王说富兰那等六位大师有道法,他已拜富兰那等六大师为师。在洴沙王的劝说下,弟弟同意举办一次法会供养到会的人。弟弟安排六位邪师坐上座,释迦佛等来后便依次坐在安排好的座位上。释佛用神足通的道法使六位邪师及弟子们忽然站起来坐在下位上。六位邪师感到羞辱,又站起来走向上位坐下,可是坐下后又见自己仍坐在下位,经过三番五次努力,仍没有办法坐到上位,只好低下头,坐在下位。施主送水给释佛,释佛让施主先给师傅送水。施主给六师倒水,水却不出来。从释佛开始,水才流出来。洗手念咒愿后,施主送食物给释佛,释佛让施主先送师傅,可是施主来到六师面前时,只见六师口张不开,不能说话,各自举手指释佛。施主只好又来到释佛面前,释佛便念咒愿,声音洪亮流畅。施主送食物给释佛,释佛让他先送给师傅,食物送到六师面前都飞了起来,停在虚空中,六师站起来取也取不着。施主送食给释佛和各位比丘僧后,食物才从空中落到六师面前。吃完食物后,洗漱还座,开始说法。释佛让施主请师傅先说法,可是六师又张不开口,只是同时举手指释佛。释佛发微妙音,令与会众人生欢喜心,断烦恼,开智慧。这次法会后,六位邪师各自寻清静处,专心学奇巧道术。六欲王魔王波旬怕六师胆怯,不敢再说邪法,于是便变化成六师的形状,用一个人的形象显示六个人的神奇道术,引导世间愚人去追随六师。六师前来请洴沙王批准他们与释迦决一胜负。洴沙王劝其不要再自招辱,可六师不肯,只好同意六日后举办比神通大会。洴沙王送走六师后,亲自到释佛住处,把此事告诉佛祖,并请释佛发挥神力,制伏并化解六师身上的邪恶,能显示出正义的力量。释佛知此事后,便和众僧离开王舍城到毗舍离去了。六师一边宣传释佛逃跑,一边追赶释佛到毗舍离,并决定在毗舍离决战。释佛又带众僧离开毗舍离去了越祇国,六师追到越祇国,并决定在越祇国与释迦决战。释迦离越祇国又去特叉尸

利国。六师率众又追到特叉尸利国,要求决战。释佛又率众僧离特叉尸利国到达波罗奈国,六师率众又寻迹追来。释佛率众僧又离波罗奈国去迦毗罗卫国,六师等又追来。释佛等又去了舍卫国,六师等又追来,释佛只好应战。第一天,波斯匿王亲自安排食物,清晨亲自给释佛送来一支杨枝,释佛咀嚼后,把渣吐在地上,地上便长出一棵大树,高五百由旬,慢慢长出了花,结出了果,树的枝叶蔽日月,随色发光;果实清凉可口,香气四溢,令人心生喜悦。香风吹拂树的枝叶,发出和谐音,好像说法,令听众各自发心求佛。第二天,优真国王供养如来,释佛在身体两边变化出两座宝山,严峻显赫,珍宝无量,光芒万丈,山上各种树排列整齐,果实累累,微妙奇香,山顶稻田中稻谷飘香,人们可在山上自由取食,牲畜在山上吃饱草后追逐撒欢。释佛为与会众人说法,人人心生欢喜,立志成佛。第三天,屯真陀罗国王供养释佛。国王送来一碗净水,供如来洗漱,如来喝了一口吐在地上,立即化成宝池,四周长二百里,用七种宝物嵌成,光彩夺目,池底遍满七种宝沙,八功德水注满池中,水面有青、黄、赤、白、红、绿、紫、杂八种莲花,大如车轮,芳香四溢,大放光明,释佛察言观色及时向与会众人演说各种佛法,使与会众人增福德,开智慧。第四天,因陀婆弥国王供养释佛,释佛在宫池四周变化出八条渠道,相互贯通,水自然流转,水声清脆奇妙,说诸佛法,五根五力、七觉八道、三明六通、六度四摄等。释佛慈悲,劝发开导,为在场众人说种种法。与会诸众心开意解,烦恼顿失皆发无上菩提心,力求正等正觉,成就佛道,开慧增福,得果生天者无计其数。第五天,梵摩达国王供养释佛,释佛口放金光,照遍大千国土,光到之处,众生贪嗔痴毒自然消除;色、受、想、行、识等易引起的诸烦恼五因自然消退,人人心身快乐,如出家受戒具足者修得第三禅天一样,会众叹服释佛,释佛为会众演说各种佛法,使会众深明智理,贪欲顿除,烦恼顿失,发愿求正觉,成佛道,人人得果增加福慧。第六天,毗舍离诸律昌辈供养释佛。释佛使来到比试场的一切众生都心心相知,心生惊喜,赞叹如来功德。如来为会众演说各种佛法,人人得开智明理,贪欲烦恼皆除,立志成佛道,当计得果生天者无以计数。第七天,迦毗罗卫国释族供养释佛。释佛行法术,教化会众,使到场人皆见自己成为转轮王,拥有成百上千七宝。在场国王、臣民皆对释佛肃然起敬,仰慕依赖之情更强烈,惊喜若狂。释佛为诸王及臣民演说各种神奇的佛法,净化他们的心愿,使大家悉发菩提心,得真实慧,立志修正觉,成佛道。第八天,天王帝释请释佛,释佛坐在狮子座上,天王帝释站在左边,梵天王尸弃站右边,其他会众皆静坐。释佛缓缓伸出手臂,然后接佛座,忽然发出响声如大象鸣吼,随着吼声,立即出现五种神鬼来推拉六师座位,金刚神高举金刚杵,金刚杵尖喷出大火,燃向六师,六师吓得惊慌失措,狼狈逃走,自觉惭愧,无地自容,便投河而死,六师的九亿信徒纷纷投释佛门下,六师的众弟子须发自落,法衣自然现身,顿入沙门。释佛为他们演说各种佛法,使六师的弟子们断尽一切烦恼,皆成罗汉果。这时,释佛身上八万个毛孔皆放大光明,光明充塞虚空,每一线光的尽头皆有一朵大莲花,每一朵莲花上都有释佛以神通力变化出来的佛,为大众演说佛法。与会众人目睹如来神奇莫测的神通力,对释佛更加信仰敬重。

(七)生命力开发

开发生命力,是佛家学说的一个鲜明的特点。佛家不只是提倡养生保健,而且主张开发生命力,阿弥陀佛所发四十八愿之一,就是求无量寿命。

1. 生命力开发目标

有一次,释迦牟尼佛问一个佛弟子:"你知道一个人的生命时间有多长吗?"这个弟子恭恭敬敬地回答:"几天的时间吧。"世尊听了慢慢地说:"你还不知道啊。"于是又问另一个弟子:"一个人的生命有多长时间?"这个弟子想了想说:"一顿饭的时间。"世尊听后摇摇头,又问另一个弟子:"一个人的生命时间有多长?"这个弟子回答说:"一个呼吸之间而已。"世尊听了笑着说:"很好,你说对了。"他告诉人们,人生无常,转瞬即逝。他不止一次强调,人生不但短,而且时时处处是苦,他举例说,生老病死是苦,贫穷饥饿是苦,求而不得是苦,总而言之,人生就是苦。

解决人生短苦的问题,是他创立佛陀教育的重要原因之一。他总结了人类求生存和发展的全部经验,认识到,只有佛陀能了生死,出六道,从诸多苦恼中解脱出来。他在《阿弥陀经》《无量寿经》《观无量寿经》中反复赞颂创立西方极乐世界的阿弥陀佛,他说阿弥陀佛是佛中极尊,他创造了没有生老病死、没有犯罪、没有地狱、没有苦恼的极乐世界,他开发出了无量寿命。佛陀提倡佛弟子和众生都发誓求往生西方极乐世界,求无量光明、无量寿命、无量智慧和无量德能。

2. 开发生命力的方法

释迦牟尼佛提出一整套开发生命力的方法,概括起来主要有以下一些:

(1)清除身心生病的根源

佛陀指出,破坏人生命力的东西,有人自身的因素,也有人体之外的因素,其中人内心存在的病毒是根本的起决定作用的东西。人内心的病毒主要有贪悭、嗔恚、愚痴,外面的病毒主要是六尘,内外一结合,人就要造恶业,受惩罚,遭果报,果报轻的就是劳心费神,心身苦不堪言,伤心身,损寿命;为恶严重者可能生命转瞬即逝。

佛陀指出,人生病的根源主要是三种:第一种是生理疾病,主要是吃东西吃坏了,保暖不注意感冒了等。第二种是冤业病,主要是杀生造成的罪业而致,如杀人或屠宰牲畜导致的恶报,即人们常说的"冤魂附身"。第三种是业障病,有的是这一生造的罪业,也有过去世造的罪业。这三种病都干扰

人的生命力正常存在和发展。

要开发生命力，就要清除上述三种病的因缘，即拔掉产生这些病的毒根。释迦牟尼佛很重视帮助人们拔除病根，发展人的生命力。佛家许多大乘经中都有关于如何清除病根、发展生命力的论述。《药师琉璃光如来本愿经》是专门阐述药师佛是如何帮助人们清除病根、求得心身健康的。《法华经》是佛门"经中之王"，经中阐述了诸多佛菩萨发展生命力圆成佛菩萨道的事。世尊在本经中指出："《法华经》也能使众生脱离一切苦海，脱离一切病痛，解除一切众生生死流转的束缚"，《阿弥陀经》《地藏菩萨本愿经》《大悲心陀罗尼经》等都是指导众生如何消病业发展生命力的经法。

佛陀告诉人们，世间有三种人不生病：第一种人是有福报的人，第二种人是有定力的人，第三种是有智慧的人。这三种人之所以不生病，是因为他们能把生病的因缘切断。有福报的人是能种福田的人，他们因心地慈善，济世有功，结恶缘少而结善缘多，自己心地清净，又有龙天善神加持，所以生病少而生命力强。禅定力强的人自我控制力强，能将生病的因素控制住，一是有能力不让外界病源进入自己的身心之中；二是有能力将以往进入体内的病因控制住，不让他们发挥作用。真正有智慧的人不生病，是因为他们能明心见性，彻底开悟，能把所有致病的因素化解掉，变病业为智慧。《维摩诘经》指出，佛是智慧圆满的人，因而佛是不会生病的，因而佛是生命力最强的人，是不会死的人。

（2）善养心身

佛家主张善于调养心身，提出了一整套调养心身的办法。

第一，不丧失自性。全部佛法是为人们开发自性服务的。所以，佛家指出，发展生命力是众生自己的事，任何外部因素都是增上缘或增下缘。只要众生提起自性中的觉、正、净，修持戒、定、慧三学，就知道如何调养心身，发展自己的生命力。

第二，修清净心。佛家告诉人们，心地清净无染的人，病魔是找不到住身之处的，因为心地清净的人能自由地照见自己的心身，哪里出现病魔入侵，立刻能见到，病魔想躲藏是无法找到藏身之处的。疾病之所以能损害乃至夺去人的生命，很重要的一点是因为受害人不能及时看清病魔的侵入，等到知道病魔已侵入自己心身时，想制伏病魔为时已晚，只好败给病魔，痛失生命。世人中死不瞑目者多是这样死掉的。

第三，作善百祥。佛家学说建筑在善的基础之上，佛法是至善之法。释迦牟尼开创的佛陀教育，是求至善圆满的人生教育。他明确指出，至善圆满的人是生命力无限的人。这是因为，善人行善众生欢迎拥护，龙天善神守护，各种邪恶势力无法接近至善人之身，因而至善之人是圆成佛道之人，是生命力无穷尽的人。

第四，利用佛法养生。佛法养生是佛家重要的养生之道。佛法养生的原则是心静，身要动。佛家用法轮表法。法轮的轮是动的，而轮心是定的。《楞严经》说："觅心了不可得。"心是空的，空无所有，所以不会生病。要想利用佛法养生，就要生法喜心。人得法喜之后，心就有了营养供应源泉，一天到晚快乐、欢喜、轻松，就会百病不生。心明才能净。佛法的最大功效是使人明心。喜欢读佛经的人都有亲身体验，读经越深入，内心越轻松，越读心越明亮，心地越明亮，心身越透明，那些不净之物，自然会消失。佛法养生凭佛法修学功夫。佛家讲"一通百通"，深入一部经，彻底弄明白，就会开悟，明心见性。佛法讲观照，弄明白佛法后才能真正会用佛法观照，事情来时，用佛法一对照，内心会立即明亮起来，没有迷障苦，心喜身轻松，自然心身健康。

第五，念佛养生。佛经浩如烟海，凡人一辈子钻读也无法读完。所以长期以来，佛家大德们精心研究佛法的精髓。至唐朝以后，佛家认识逐步统一，越来越多的佛众认为《无量寿经》是佛经中最重要的一部经。《无量寿经》中最重要的又是什么，经过众多佛众千年以上的苦苦寻求，大家逐渐认识到，释迦牟尼佛讲经说法四十九年的宗旨，归结为一句佛号：阿弥陀佛。"阿弥陀佛"这四个字包含了无量光明、无量寿命、无量智慧、无量德能。佛法的精髓就是要求人们把自己开发成像阿弥陀佛一样的人。大势至菩萨提出"净念相继"一句阿弥陀佛佛号，就能见佛成佛，成为像阿弥陀佛一样具有无量寿命、无量智慧德能的人。

第六，发心消病业。佛家认为，有因必有果，有果必有因。人生病必有致病的因缘。世人由于长期在六道轮回，致病因缘往往多种多样。消除病业的最好办法是发心。世人病的表现虽然千差万别，然而病因多来自贪、嗔、痴、慢、疑、不正见。发心皈依觉、止、净，清除贪、嗔、痴等病毒，断十恶行十善，人心就能得定，心定则神安，神安则慧生。世人有了智慧就会清楚，"凡是有相，皆属虚妄"。有形身躯终要消亡，有志之士皆懂发心保养好心身，充分利用好有形身躯，修造无量寿命。数千年来，发心消病业的事例屡见不鲜，许多心身患病严重的人，至心发愿后，病业刹那消逝者到处可见。

第七，求佛菩萨。佛氏门中，有求必应。这是人们的经验之谈。实践证明，向佛菩萨求健康长寿，求旺盛的生命力，都是可以做到的。佛菩萨不助纣为虐。人们要想求而有感应，就应当用至善心求佛菩萨加持，而不能用自私自利之心去求。如果你求健康长寿仅仅为了自己享乐，是求不到无量寿命的。只要你发心为罪苦众生求健康长寿，肯定会有求必应。

第八，禅定养生。禅定养生是佛门普遍强调的养生方法。佛法告诉人们，制心一处，将心定在正念之中，即定在求至善上，或定在"五蕴皆空"上，不让贪、嗔、痴、慢、疑、不正见干扰身心，人们就可以心身清净，精神愉悦，情

绪稳定,身体自然会健康。

第九,吃、穿、住、行得法。佛法告诉人们,人们日常生活诸事如理如法,人就不会生病,悖理违法而行肯定会生病。吃穿住行处处讲科学,肯定心身健康。

(八)开发心地

佛家重视心地开发,提出了许多有价值的思想,其中主要有以下一些:

1.心地的作用和价值

释迦牟尼佛在《华严经》中说:"虚空间一切众生,唯心所现,唯识所变。"他在《十善业道经》中指出:"一切众生,心想异故,造诸业亦异,由是故有诸趣轮转。"又说:众生"形色种类各别不耶,如是一切,靡不由心造善不善身业语业意业所致"。《观无量寿经》说:"是心是佛,是心作佛。"佛家还告诉人们,人类社会是心造出来的,心能转境,心能改变社会面貌。《地藏经》中指出,千百地狱,万千刑罚,皆是人心造出来的。"一切法由心想生",无论世间法还是出世间法,都是由心造出来的。这就是说,众生形象的千差万别,事物的千差万别,法的千差万别,天堂地狱的差别,人生境界的千差万别,皆由心的千差万别造就出来,因此佛家认为,改变人生形象、境遇、命运,改造社会和世界,皆要从改造人心入手。

2.开发心地的着眼点

佛家指出,不同状态的心造就不同的事物和世界。因而佛法明确告诉人们,心地开发的着眼点是要认识美好人生、美好形象、美好事物、美好世界是由什么样的心造出来的。

《地藏菩萨本愿经》指出,人的美好形象是由慈悲心、善心造就的。地藏菩萨在过去久远劫前,身为大长者子时,世上有佛叫师子奋迅具足万行如来,千福庄严。大长者子问彼佛:"作何行愿,而得此好相?"此佛说:"欲证此身,当须久远度脱一切受苦众生。"大长者子便于彼佛前发愿为六道罪苦众生广设方便,使六道众生成佛后,自己方成佛道。

《楞严经》中指出:"若能转境,则同如来。"佛家告诉人们,境随人转,人心能转境。世人如果能有佛一样的心,就能转境了。自然环境变坏了,自然灾害增多了,这种状况也是人心造成的。佛家告诉人们,要想使自然环境变好,应当从改变人心入手。人们有了不破坏自然,与自然和谐相处的心,自然环境自然会变好。人的心地善良,能改变环境,化解劫难。当今世界社会环境变坏是从人心浮躁、人心险恶生出来的,人人搞贪、嗔、痴、慢,人心不善社会才会出现尔虞我诈的风气。因为人的心性被污染了,社会环境自然环境才会出现污染。科学家们预言,地球环境日益变坏,五十年后将变得不适合人类居住。这种状况怎么改变?从何处入手呢?最根本的下手处,是从改变人心污染、净化人心入手。

3. 心地开发的着重点

（1）修清净心，是心地开发的重要内容之一。长期的人生经验表明，心不清净，贪、嗔、痴、慢、疑占满人心，人心就会充满烦恼。有烦恼就会有迷障，意念迷、言语行为迷，就会造罪业。所以，心地开发要首先解决心地清净。有了清净心，智慧就会现前，有了智慧才能识别善恶、行十善断十恶、成善业、积功德、度己度人、化己化人、自觉觉他觉行圆满、入佛菩萨道。

（2）修菩提心是心地开发的灵魂和核心内容。《成唯识论述记》卷一说："梵云菩提，此翻为觉，觉法性故。"《大智度论》卷四说："菩提名诸佛道。"菩提心是能如实觉知诸法真实、使人达到涅槃解脱的智慧心。《金刚心总持论》说：凡夫与佛菩萨的差别在一迷或觉，凡夫堕三途和在六道轮回的根本原因在于执迷不觉，佛菩萨能超六道在于觉而不迷。世人有了菩提心，就有了佛菩萨的觉悟心；有了佛菩萨的觉悟心，才能入佛菩萨道，超越六道轮回。

佛家对修菩提心有非常明确的要求，这就是修阿耨多罗三藐三菩提，亦叫大菩提心。阿耨多罗三藐三菩提是梵文，意义为"无上正等正觉"。释迦牟尼在《十善业道经》中念念不忘教导众生修阿耨多罗三藐三菩萨提，他在谈到行十善业时，告诉众生，行每一善业都不要忘回向阿耨多罗三藐三菩萨提，也就是说行一切善事，断一切恶业，都不要忘增长自己的大智慧，发展大菩提心。佛法告诉人们，有了大菩提心才能生出大觉悟、大智慧，圆成无上佛道。佛经介绍释迦牟尼佛、药师琉璃光如来、阿弥陀佛等行菩萨道时，都把求阿耨多罗三藐三菩提放在修行的第一位。大家知道药师佛行菩萨道时发了十二大愿，第一大愿就是"愿我来世得阿耨多罗三藐三菩提时，自身光明炽然，照亮无量、无数、无边世界，以三十二大丈夫相、八十随形庄严其身，令一切有情如我无异"。

（3）发展慈善心是佛家心地开发学说的基石。释迦牟尼佛在《十善业道经》中指出："譬如一切城邑聚落皆依大地而得安住，一切药草卉木丛林，亦皆依地而得生长。此十善道亦复如是。一切人天依之而立，一切声闻独觉菩提，诸菩萨行，一切佛法，咸共依此十善大地而得成就。"他告诉人们，一切人天及四圣道众生皆依善而立身，皆靠善根吸取营养成长发展，皆依行善业而得成就。善心对于人来说，就像大地对于众生万物。没有大地就没有众生，没有城市村落，没有江河湖海山川平原；没有善道就没有人天佛圣，人类社会就无法存在和发展。

善心是善念、善言、善行的发源地，是成就善业的根基。佛家告诉人们，善的纯度有差别，同样是善念、善言、善行、善业，但在质和量上都有区别。所以，释迦牟尼佛在《十善业道经》一开始就明确指出：众生形象不一，皆由

善心和善业不同而造就,他强调,"不容毫分不善间杂",他要求人们要养自己纯善之心。佛陀不厌其烦地告诉人们,人间大圣大贤和诸佛菩萨无一不是从修养自身心性上下功夫的。佛法与外道的区别就在于是否修自己的善心上。佛法主张修养自己心性,发展纯善之心;外道主张"心外求法"。佛家认为,自己心中如果没有善根或善根扎得不牢,就会受到外界事物的干扰。树木根深才能叶茂,不怕风吹雨打。人的善根深厚,善业才能依之而立,才不怕歪风邪气冲击。

慈悲心是从善心中发展起来的。心中有善心,才能表现出来怜人爱物,对人对物有慈爱心,对他人的不幸有怜悯心。佛菩萨大慈大悲,度化众生,源于善心,成就的是善业。

(4)增强信心是佛家心地开发学说不可缺少的内容。《华严经》中说:"信为道元功德母,长养一切诸善根。"佛家把信视为修学佛法圆成佛道的第一位的条件。佛家认为,修学佛法就是要开发如来智慧德能,求得大自在,圆成佛道,解脱生死,往生西方极乐世界。而要达到此目的,需要具备信、愿、行三个基本条件,佛家把这个三条件称为"三资粮"。信居三资粮之首位。《十善业道经》进一步阐述了信心的重要性,指出:"信诸谛理,信忍乐欲。"意思是说,信佛法是真理,将追求佛法变成自己的欲望和乐事,决心坚持实行,才能把自己与佛法联系起来。如果你不相信佛法,就无法与佛道建立起联系,也就无法求得"无上大菩提心"。藕益大师在《阿弥陀经要解》中讲了六种信,第一就是对自己有信心,相信自己有佛性,相信自己能成佛。第二是对佛菩萨有信心,相信佛说的话是真理,视佛经如视佛。除此之外,还要信事、信理、信因、信果。信心要解决的是使佛法在自己心中生根。佛陀常说"一切法从心想生"。佛法在心中扎了根。自己内心就有了主宰,就会想佛所想,说佛所说,做佛所做,学佛做佛,圆成佛道。

(5)开发真心是佛家心地开发学说的基本内容。佛法的宗旨是去妄求真。只有真心才能见到真相,因为真心里面没有妄想、没有分别、没有执着。交光大师在《楞严正脉》中提出"舍识用根",就是告诉人们舍八识用六根的根性。能变的是真的,所变的是假的;有相的是假的;无相的是真的。真心无相。所以禅家说:"若人识得心,大地无寸土。"《华严经》讲的事无碍、理无碍、理事无碍、事事无碍,就是真心所证得的究竟圆满的境界。《华严经》中讲的四十一位法身大士,都是用真心认识事物的。他们的差别只在于真心运用度不一样,修行到会运用圆满真心的时候,就进入了一真法界。也就是说,当人们能用真善美慧心对待一切人、一切事、一切物时,就求得了圆满真心。不管别人用什么心对待我们,我们都用真心对待对方,我们就会进入超凡入圣的境界。

真诚心是真心的具体表现。别人毁谤、侮辱、陷害我,我不生妄想、分别、执着，反而格外敬重他，等待他悔悟，这是真诚心；如果生嗔恚心，就有了妄想、分别、执着，真诚心也随之失去了。佛家告诉人们，修学佛法就是修清净心、真诚心。佛菩萨用清净心、真诚心待人处世，凡夫用妄心、分别心、执着心。凡夫如果学会用清净心、真诚心待人处世，凡夫也就证入了佛菩萨道。

（6）开发欢喜心，是佛法修学的关键点。佛法的归宿和落脚点是使众生得度，即转凡成圣。《地藏经》指出：处于五浊恶世的众生，刚强难化，度化众生是一项十分艰苦的事。从事此项工作的人们，如果不对度化众生的事业生欢喜心，是无法坚持到底的。心地开发首先就要开启从事度化众生工作的人对度化众生工作的欢喜心，像释迦牟尼佛、阿弥陀佛那样，放弃世间一切利乐，把度化众生当成最大的欢乐，生大欢喜心。

从事度化众生工作的人们，不但应当对自己从事度化众生工作生欢喜心，而且还必须有令众生生欢喜心的能力。众生对你及你所从事的工作不生欢喜心，不接受你的度化，你的度化工作则无法落到实处。也就是说，自化和化他都要解决开启欢喜心问题。

佛家告诉人们，修学佛法就是修欢喜心。佛法能帮助人们除去贪、嗔、痴、慢、疑诸烦恼而生出欢喜心，如学佛人生病时乐，死亡来临时亦乐，死后往生西方极乐世界更是极大的乐事。会念佛的人都能体会到，一句佛号能使人心旷神怡，忘掉一切烦恼，生起无量欢喜心。深入到佛法中去的人们，读诵佛经亦有心包太虚、欢喜无量的感受。拿修学佛法的人与不修学佛法的人比较，二者最大的差别在于对人、对物、对事的欢喜心不一样，真正的佛弟子只有欢喜心，而无忧愁苦恼心。

（7）修佛菩萨心，这是佛家开发心地的终极目的。佛家认为众生皆有佛性，佛家学说的全部宗旨，就是帮助众生成佛。而使众生成佛的切入点，就是开发心地。因为是心做佛，心外无佛，唯心佛亦尔。所以，佛陀告诉众生，要想出三途超六道，离苦得乐，了生死，成佛做圣，就要心中有佛。菩萨是佛在世间的代表，菩萨的任务是代表佛度化众生。菩萨心只有与佛心一致，才能代佛教化众生，在度化众生的过程中成就佛道。《华严经》说：发起"广大深重的悲悯心，意欲救护一切众生，普贤菩萨的功德就会显示在你面前。深重的大悲心愿，是圆满纯洁的菩萨心，是圆满成熟的菩提心，依持这个心念，就能获得佛的广大能力"。《华严经·十地品》明确地告诉人们，菩萨成长的全部过程，都是靠修心成就的，菩萨靠修大慈悲心、大喜舍心、大无畏心、大精进心、忍辱心、禅定心，不断证入佛道。《金刚经》说，"信心、精进心、念心、慧心、定心、施心、戒心、护心、愿心、回向心……是一切诸佛菩萨要不断涵养植培的圣胎"，又说"十五心为一切行的根本种子"，即修持布施、爱语、利行、同事的四摄法；修习慈、悲、喜、舍四无量心；修度尽众生、断尽烦恼、学

通法门、成就佛道的四宏愿;修习空、无相、无愿三种解脱门。"信忍菩萨从'善觉地'出发,达到萨婆若一切智,上面的十五种心修行,是他发展的根本依据。"《楞严经》也指出,菩萨的成长是靠修心逐步完成的,菩萨修菩提心,"处于大菩提之中,完善地获得通达之心,觉悟通达如来,穷尽了佛的境界","周遍一切真如境地,这叫运行地,唯一无上真如心,这叫作不动地。真如之心发用无碍,这叫作善慧地","从善慧地到等觉菩萨,这一觉慧能获金刚心"。《梵网经》菩萨心地品说:"菩萨成长过程,从十发趣心开始,中经十长善心,成十金刚心。"

(8)开发心能。佛家认为,人的心性运动能产生心能。心能是一种巨大的能量,它能创造无穷无尽的精神财富和物质财富,整个世界都是人的心能创造的。全部佛法建筑在佛菩萨"无我相"、"无自我利益"基础之上,佛菩萨能随心所欲组成自己的形象,众生喜欢什么形象,佛菩萨就组成什么形象。释迦牟尼佛在多部大经中都阐述过佛菩萨随心所欲变化形象、变化世界万物的事。《法华经·观世音菩萨普门品》说,观世音菩萨能随心所欲变化自己的身相,"在这三千大千世界的国土中,假如有众生应以佛身获取救度的,观世音菩萨就示现佛身来为他们说法。应以缘觉身获取救度的,观世音菩萨就示现缘觉身来为他们说法。应以声闻身获取救度的,观世音菩萨就示现声闻身来为他们说法……"《法华经·见宝塔品》讲述了佛菩萨变化万物的能力。多宝佛在行菩萨道时发下大誓愿:"我成佛灭度后,在这十方国土中,只要有佛讲《法华经》,为了使众生一心聆听,我都会于说法处涌现塔庙,替佛宣说这部无上经典作证明,同时发出好的赞叹。"多宝佛还有一个心愿,即如果听法大众想见多宝佛全部法身,只要说法佛陀把自己在十方世界说法的分身佛统统聚归一处,多宝佛身就能出现。释迦牟尼佛为满足大家的要求,从眉间放出一道白毫相光,众弟子立即看见毫光照耀下的东方世界五百多亿兆多的佛国土地上的佛陀都以洪亮妙音宣说佛法,遍布一切国土地的无数千万亿菩萨同样在为众生说法,其他九方世界也是如此。释迦牟尼的分身佛分别对本国菩萨说明自己要回娑婆世界参加法华会,供养多宝如来的舍利宝塔。娑婆世界立刻变为清静世界,处处用水晶铺地,地上长满宝树,地面用黄金做绳,划分出八条大道,一切天神世人都暂时迁到其他国土,只有法华会上的大众仍在。释迦牟尼为了使所有分身佛都能入座,又从周围八方增变出二百万亿兆国土,同时把上下两方的天神、世人迁到其他国土上去。所有新显化的国土,都以水晶为地,地上种有菩提宝树。释迦牟尼佛又在周围八方变现出二百万亿兆国土给他们安置座位。释迦牟尼佛把自己在十方世界的分身佛全部迁到了法华会上,围绕释迦牟尼分坐八方。释迦佛腾身虚空,七宝宝塔塔门敞开,法华会上四众立刻见到了宝塔中的多宝佛,多宝如来将自己的狮子宝座让出一半给释迦牟尼,释迦佛步入塔中与多宝佛并排而坐。释迦牟尼佛在诸多部经中都展现了佛菩萨随心所欲变化身相、组成一切事物的能力。佛家把这种能力称为心能,即心想事成,心想物成。

4.怎样开发心地

佛陀深入阐述了怎样开发心地的问题。

(1)制心一处。《十善业道经》把制心一处叫作"止观"。放下万缘是止,照明一处是观。断十恶是止,提起十善是观。佛家又把制心一处称为修定,修定也是止观。如"万缘放下"是止,"提起佛号"是观。所以说,制心一处也叫修禅定。制心一处是佛家修行的总纲领,无论修学哪个法门,都要修学禅定,即都要止观。

制心一处也叫把心安住一处。应当把心安住在什么地方,佛家有许多说法。《十善业道经》主张制心于"正",提出"正道庄严","得正智慧",并且明确指出实行"八正道",即奉持"正见、正思维、正语、正业、正精进、正定、正念、正命"。又说:"正勤庄严故,悉能断除一切不善法,成一切善法。"佛法又把正勤称为"四正勤",即"已生恶令断,未生恶令不生",已生善法令其不断增长,未生的善法让它生长起来,"昼夜常念善法","昼夜观察善法"。《楞严经》主张"常住真心"。《金刚经》提出"离相"、"离见","即无我相、无人相、无众生相、无寿相"。"无我见、无人见、无众生见、无寿者见"。《观无量寿经》提出"十六观",指出修任何一观都能制心一处,把心定下来。净土法门主张制心于"阿弥陀佛"佛号上,大势至菩萨提出"净念相继",认为将心止于"阿弥陀佛",妄想、分别、执着诸烦恼就自然会断掉。佛家诸多法门都主张制心于佛经,认为读经能断妄想、分别、执着,除诸烦恼。

(2)会发心。佛家告诉人们,全部佛法归结到一点,就是为一切众生服务。所以佛法要求佛弟子要会发心。佛菩萨在这方面为众生做出了榜样。释迦牟尼舍弃王子地位,发心解决众生生老病死和六道轮回之苦,创立了佛教,圆成了佛道。阿弥陀佛舍弃国王地位,发心为众生创造一个了生死、超六道的极乐世界。药师佛在行菩萨道时发了圆成佛道的十二大愿。普贤菩萨为圆成佛道发下十大愿,被称为十大愿王。地藏菩萨为度尽罪苦众生,不停止发深广大愿。佛法指出,自己发心为众生服务,也劝导众生发心为众生服务的人叫菩萨,为众生服务觉行圆满者叫佛。佛菩萨善于发心,才能成就佛菩萨道。

释迦牟尼佛在《地藏经》中明确提出"发回向心"。佛法告诉人们,回向心是一种愿力。回向心对于人的发展来说,是一种推动力;对于苦难中的众生来说,是一种希望力。它推动发愿人把愿望变成行动,它同时给苦难中的众生以希望,有助于众生发善念、行善事。所以,佛家告诉人们,一切有利于众生的心愿都会有好的果报。有些事情,虽然自己暂时没有能力办到,但是

我真有心愿,生生世世发愿去争取,这就是一种伟大的力量。地藏菩萨无量劫以前就发了"度尽一切罪苦众生圆成佛道后,自己方成佛"的誓愿,虽然至今仍有苦难众生存在,然而这一伟大誓愿不但造就了地藏菩萨的美好形象,而且推动无量无边的众生成了分身地藏菩萨。释迦牟尼佛在《地藏经》中说,到忉利天宫参加法会的分身地藏菩萨"有百千万亿不可思、不可议、不可量、不可说无量阿僧祇世界"。

(3)拓开心量。佛陀告诉人们,世人造罪业的根源在于心量太小,许许多多人都是为自己、为家庭、为小团体的一点点利益而造罪业的,如果世人都把心量放大到为国家民族利益负责,国内就不会有贪得无厌的个人;如果把心量放大到为全世界人民的利益负责,国与国之间就不会发生战争;如果心量扩大到尽虚空遍法界,整个宇宙就太平了。释迦牟尼佛在《华严经》中告诉众生要拓开心量。《地藏经》也是教人学地藏菩萨把孝敬父母、尊敬师长的德性扩展到尽虚空遍法界,彻底铲除贪、嗔、痴、慢、疑等诸妄想、分别、执着烦恼。

拓开心量,不是一句空话,而要切实落实在思想、言论和行动上,想问题、待人、处世、做事、待物都要用至诚心和至善心,全心全意为众生谋利益,一切为众生着想,开发智慧德能为众生,增强身心健康为众生,毫无自私自利之心,像地藏菩萨那样,地狱不空,誓不成佛。

(4)发心皈依佛、法、僧三宝。释迦牟尼佛在《地藏经》中反复强调"发心皈依"。佛家告诉人们,佛是无量觉,法是无量慧,僧是无量净。人有了无量无边的觉悟、智慧、德能、清净心,才能造福无量无边的众生,成就无量无边的功德,成长为至善圆满之人。发心皈依佛法僧三宝,就是以佛为老师,向佛学智慧德能,成就佛的事业,圆满佛的功德,使自己超凡入圣。

佛法告诉人们,佛是无所不知无所不觉的人。然而佛不度无缘之人。你自己不与佛建立联系,佛无法与你联系起来,无法加持你。人们发心皈依佛、法、僧三宝之后,就与佛有了因缘,佛就会关照你、加持你、推动你进步成长。佛家强调指出,皈依佛、法、僧三宝必须是真心皈依,而不是形式上的皈依,只有真心皈依才能受益,不发真心皈依,佛不会加持你。清朝的慈禧太后形式上皈依了章嘉大师,章嘉大师在形式上承认她是佛弟子,然而慈禧太后放不下自己心中的贪、嗔、痴、慢等诸多烦恼,心没皈依佛法僧三宝,先辈规定的以佛法教民治国的方针也被她终止了,她不但没能推进清朝功业,反而留下了许多罪业,成了一个专横跋扈的恶人代表。

《华严经》指出:"应当以正知正见来扶持自己的心念,使其不生幻景;应当以正法之水来润泽自我的心念,使之不生焦渴;应当以无生境界来陶冶自我的心念,使之能够纯清无垢;应当以精进不懈来督促自我的心念,使之能够坚固不退转;应当以忍辱来磨炼自我的心念,使之能够坦荡安详;应当以实相智慧来印证自己的心念,使之能够洁白无瑕;应当以佛智慧来照明自我的心念,使之能够坚利无碍;应当以佛的自在神通来开启自己的心念,使之能够发扬挥洒;应当以佛的平等一切世界的境界来推求自己的心念,使之能够广大阔远;应当以佛的十种广大智慧力来照鉴自我的心念,使之能够生长无碍的力量。"反复强调,"应当以善法扶助自心,应以法水润泽自心,应于境界净治自心,应以精进坚固自心,应以忍辱坦荡自心,应于智慧整洁自心,应以智慧明利自心,应以佛自在开发自心,应以佛平等广大自心,应以佛十力照察自心","用清净心去成就身、语、意业,舍一切恶,修一切善"。

《楞严经》提出"用佛妙觉,发用自己的心","持戒修身,使身得大自在;持戒修心,使心得大光明,身心一切都得圆通",强调"用觉明之心去分析辨别微细的魔事,当魔境现前时,能够谙识分辨,不堕邪见"。

《坛经》主张"自净其心……在一切处都能恒不住相……在一切处,无论行、住、坐、卧,皆是纯一真心境界,不动道场而应化十方,真实圆成清净佛刹"。

(九)开发六根,圣化八识

佛家把眼、耳、鼻、舌、身、意称为六根,即眼是视根、耳是听根、鼻是嗅根、舌是味根、身是触根、意是念虑根。根则能生之义,如草木有根,能生枝干。识依根生。眼是色识、耳是声识、鼻是香识、舌是味识、身是触识、意是分别识。六根生六识,加含藏识、阿赖耶识,是名八识。

佛家认为,六根是众生心之所依、与周围事物相处之根本器官。六根开发程度,直接关系到人生的成败。六根如果不能真实反映周围事物的本质,则会生"六妄",六妄如六尘,能污染心识,遮蔽心性本有光明,能使善法衰灭,滋生烦恼,害人慧命,使人衰败,这样的六根则生六衰,故名六贼。《法华经》说,如果能"获得六根聪敏的智慧"和巨大功德,则能灭烦恼得解脱,成圣道。即"能得到八百眼功德,一千二百耳功德,八百鼻功德,一千二百舌功德,八百身功德,一千二百意功德……六根清净,洁白无垢……下能明了最下面的阿鼻地狱,上能周知最高的天,能看见其中一切众生的行为,清楚他们的业因果报和生处",从而能知真行正。

《佛说天地八阳神咒经》明确指出了如何开发六根和圣化八识的问题,"即知两眼是光明天,光明天中即现日月光如来;两耳是声闻天,声闻天中即现无量声如来;两鼻是佛香天,佛香天中现香积如来;舌是法味天,法味天中现法喜如来;身是卢舍那天,卢舍那天中成就卢舍那佛、卢舍那镜像佛、卢舍那光明佛;意是无分别天,无分别天中现不动如来、大光明佛;心是法界天,法界天中现空王如来;含藏识天演出阿那含经、大般涅槃经;阿赖那识天演出大智度论经、瑜伽论经","合为一相,即现大通智胜如来"。

《无量寿经》中,阿弥陀佛所发四十八愿,也强调了六根开发,提出天眼通愿、天耳通愿、他心通愿、宿命通愿、身悉金色愿、三十二相愿、金刚那罗延身愿、庄严无尽愿、彻照十方愿、神足通愿等。

(十)转运造命

佛陀从因果报应论的观点出发,指出人在命运面前不是无能为力、被动无为的,提出转运造命说,强调人要做自己命运的主人。

世尊告诉人们,人生受三世因缘影响,前世因缘影响今生,今生因缘又影响来世。这一规律是任何人也逃脱不掉的。从来世报的意义上讲,欲求来世有好报,今生就要管好自己的思想、言论和行动,积功累德,不造恶业,如《十善业道经》指出的,今生断十恶修十善,如功德能达到上品,来世可生天界;达中品者来世可得人身;今生修十善不及格者,来世就要堕三途。《地藏经》对因果报应做了十分明确的阐述。对造什么样的罪业必遭受什么样恶报,说得清清楚楚。这对于一切关爱自己命运的人们来说,有极其重要的指导价值。长期以来,世人多因无知造罪业受恶报。佛陀告诉人们,遇到可能造罪业的事,意念一转下决心不去做,将自己的思想、言论和行动纳入正确轨道,不去造罪业,就不能遭受恶报,运气转过来了,好的命运将随之到来。

佛经不但阐明了因果有来世报,而且指出有现世报,明确地告诉人们,不但要重视来世报,而且尤其要重视今生的果报。佛法是根据社会现实需要创立的,现实生活中许多人不相信有来世,但对今生格外关心。因而佛陀有许多阐述现世报的经书,明确地告诉人们,因果报应不只报在来世,而是就在眼前,当即就报。释迦牟尼佛在《地藏经》中列举了大量事例告诉人们,无论恶报还是善报,在许多情况下都是立即就报,佛法同世间法一样,奖善惩恶是及时的。世人多熟悉世间法,许多人都知道,触犯了哪条法律,当即就依法惩处;在哪方面做出了贡献,马上就会受到表扬和奖励。佛陀指出,出世间法也是这样。宇宙间十法界同时存在,人们的一念、一言、一行,佛菩萨及相关法界的众生都清清楚楚,有人司过,也有人记功录善。释迦牟尼佛告诉人们,就连孩子们玩聚沙插草作香拜佛菩萨游戏,其功德都不会漏掉。《地藏经》列举了许多得现世报的事例。《地藏经·如来赞叹品》第六说,"若有善男子善女人能在地藏菩萨像前,作诸技乐及歌咏赞叹,香华供养,乃至劝于一人多人,如是等辈,现在世中及未来世,常得百千鬼神日夜守护,不令恶事辄闻其耳";又说读诵《地藏经》"能得未来现在百千万亿不可思议功德";能于十斋日读《地藏经》一遍,"现世令此居家无诸横病,衣食丰溢";"是诸众生,闻菩萨名,见菩萨相,乃至闻是经三字五字,或一偈一句者,现在殊妙安乐,未来之世,百千万生常得端正,生尊贵家"。"能每日念地藏菩萨名千遍,至于千日,是人当得菩萨遣所在土地鬼神终身卫护,现世衣食丰溢,无诸疾苦,乃至横事不入其门,何况及身,是人毕竟得菩萨摩顶授记。""有善男子善女人欲求现在未来百千万亿等愿,百千万亿等事,但当皈依瞻礼、供养赞叹地藏菩萨形象,如是所愿所求,悉皆成就。"

佛告诉人们,命是自己造的,人是自己命运的主人。善有善报,恶有恶报。积功累德之人必有好命,行恶不止之人必有厄运。人们要想有好的命运,必须自己去修造,如果自己不努力,外力给你的福也会很快享尽丢掉。改造命运,人人都能做到。只要认真从修善因做起,不间断地行善事,好的命运就会逐渐到来。佛法告诉人们,想得要先修舍。修财布施,得财富;修法布施,得智慧;施无畏布施,得健康长寿;想成为像佛一样的人,就要修学佛法,就要修像佛那样开发智慧德能、想问题、待人处事接物、做事情、积功累德。明朝了凡造命的事,许多人都听说过。了凡童年丧父,母亲按其父死前嘱咐,令了凡停止学业而专学医,以便将来有一技能养家糊口。了凡15岁那年在慈云寺遇到一个会算命的老者,说了凡县考童生将考14名,府考71名,提学考第9名,又说了凡哪年能考贡生,哪年能当什么官,在位三年半当告归,又说了凡命中无子。在此以后的时间里,算命老者说的事一件件兑现。了凡35岁那年,到南京栖霞寺访问云谷禅师。了凡与云谷禅师同坐一室,三天不起一个妄念。云谷禅师奇怪地问了凡:"你在这里坐了三天,不见你起一个妄念,这是什么缘故?"了凡对禅师说:"我为孔先生算定,荣辱生死皆有定数,想也没用。"云谷禅师说:"你相信命运的定数,还是有妄念,你坚持的是凡夫的标准。"了凡向云谷禅师请教。云谷禅师告诉他:"命由我作,福是自求。"了凡进一步向禅师请教。禅师告诉他:"汝不见六祖说:'一切福田,不离方寸;从心而觅,感无不通。'求在我,不独得道德仁义,亦得功名富贵;内外双得,是求有益于得也。"禅师还告诉了凡,"求之有道",要懂求的道理和方法,如理如法地去求,是会求到的。禅师进一步指出:"若不反躬内省,而徒向外驰求;则求之有道,而得之有命矣。内外双失,故无益。"他告诉了凡,向内求,能求得到。向内求,就要懂得发展自己的德行,如果自己没有德性,即使你求的道理和方法对,求得了也还是要丧失掉。云谷禅师又说:"世间享千金之产者,定是千金人物;享百金之产者,定是百金人物;应饿死者,定是饿死人物。"云谷禅师说,改造命运应从自己的习气、过失下手。譬如考功名,要首先想想,自己为什么考不取?把考不取的过失统统改过来,就能考取。他说:"务要积德,务要包荒,务要和爱,务要惜精神。"他告诉了凡要积功累德,要拓展开心量,要讲和爱,要爱惜精神。云谷禅师又说:"孔先生算汝不登科第、不生子者,此天作之孽,犹可得而违也。汝今扩充德性,力行善事,多积阴德,此自己所作之福也,安得而不受享乎?""积善之家,必有余庆,汝信得及否?"了凡信其言,"拜而受教"。将过去所做的种种

罪恶之事、种种过错,在佛前毫无隐瞒地说了出来,写一篇改过自新的文章,求佛菩萨为自己作证明。他命里没有功名,于是发誓"先求登科","誓行善事三千条,以报天地祖宗之德"。用了十年时间,三千桩善事完满,考取举人。求功名应验后,又发誓"行三千善事,辛巳生男儿",这一誓愿四年完成。辛巳果得第一个男儿。接着又"许行善事一万条,丙戌登第",四年后果然考中进士。

四、佛陀论人生开发机制

(一)人生开发主体及职责

人是宇宙间具有特殊质的规定性的客观存在实体。他以一个个具体的人生形式而存在。宇宙间产生了人,才开始有了人类社会。即是说,人是构成人类社会的基本要素。然而人又是社会活动的产物,它在社会活动中产生、存在和发展,没有社会,人就无法存在和发展。每个具体的活生生的人,都具有人的类本质属性,有与社会和谐统一的一面;人的自我意识和自觉能动性,又使人有追求个人自由和个人利益,与社会相悖的一面。人类的全部创造力,潜藏在一个个具体的活生生的人生过程中。人类社会的存在和发展,依靠于对每个具体的活生生的人生过程的开发。释迦牟尼佛开创的佛家人文化,就是基于这样的认识,谈人生开发的。

人的本质属性及个人与社会的关系,决定人生开发主体由两个基本部分组成:一方面是社会,另一方面是个人。

1. 社会诸因素在人生开发中的责任

社会诸多制约人生开发的因素中,影响力最明显的有如下一些:

(1)国家社会管理者在人生开发中的责任和作用

释迦牟尼佛明确指出,国家社会管理者在管理开发人生中,担负着极其重大的责任。《佛说仁王护国般若经》说:佛陀"托付诸国王以巨大的责任,督促四部弟子,为三界众生开启悟空的智慧之道,让他们修习七贤行、十善行,度化一切众生"。世尊告国王说:"《般若波罗蜜经》是护国的上善之法,其用有如城堙墙垣,有如刀锋矛盾","是一切国王安邦治国的法药","能使一切国土上的众生得到安乐与和平"。世尊强调指出:"我这《般若波罗蜜多经》是专门交付给你们国王,而不是委托给比丘比丘尼、优婆塞或优婆夷他们的。"佛陀又说:国王及诸大臣对用佛法开发众生的态度,决定佛法和国家的命运和前途。"后五浊恶世中","败坏和扰乱我所教说的正是你们诸王","一切国王、大臣、太子、王子等,全都自恃高贵,想要消灭我的教法,制定了好些法令压制佛的四部弟子","到那时候,出家人胆战心惊地站立堂下,在家人高高地坐在堂上","国家破灭就在眼前,正法也即不久于世间"。

世尊强调:"般若波罗蜜多是众生心神根本,神识之主人,一切国王的父母,护国的宝珠,玄照天地的明镜","四方盗贼蜂起,异国军队入侵,战火遍于国中,水、火、风、鬼诸灾随应而起,百姓无家可归,乱离之世,人命比猪狗不如。当此怪乱之时,便是第七大灾难,此时应读诵本《般若波罗蜜多经》"。世尊讲了许多国王为百姓求法度化众生的事例。《六度集经·卷二·波耶王经》说:"在百姓遇到危难时,我应该拯救他们,安抚他们;在百姓不懂道理而走邪路时,我应引导他们,帮助他们。"《贤愚经·梵天请法六事品》说:"大梵天尸弃……劝请佛弘扬佛法,解除众生一切烦恼,使众生也能转凡成圣。"又说:"不用道教育生民,怎么能立国呢?""应当用道去教育人民,使人民从无知中解脱出来。"大梵天王举例说:从前,在阎浮提,有一个大国王,名叫虔阇尼婆梨"舍身追求道法,发誓成佛圣道,用智慧光明,照亮众生,使他们从黑暗和愚昧中解脱出来,永远获得光明"。《长部经典·一六·大般涅槃经》说:"国王能带领人民尽职尽责,做好应做的事,遵奉律法,他们有繁荣可期,应无亡国之忧。"又说:"引导人民归心三宝,是摄诸心性趣入正道。"《大般涅槃经》说:"国王及四部众,应当劝励诸学人等,令得增上戒定智慧。若有不学是三品法,懈怠破戒毁正法者,王者大臣四部之众应当惩治他。"这是负责的表现,"虽然严厉,却能得福无量"。

(2)家庭在人生开发中的作用和责任

每个具体的人皆是父母所生,在其不能自立时,皆归属于一定的家庭。释迦牟尼佛认为,家中父母及其成员,肩负着教化和开发人生的重要责任。本行经介绍了释迦牟尼佛小时候受到的家庭教育。以净饭王为代表的家庭,首先确定了"不似世之婴儿"的培养目标,从抓"增长智慧"入手,选善知经论者教太子读书;选善武功者教太子习武;带领太子游观田野,看诸耕人辛苦,令太子起大悲心。《无量寿经》指出,子女不善,应从家长找原因。"先人不善,不识道德,无有语者,殊无怪也。"释迦牟尼佛指出,父母皆希望子女有所发展,然而诸多做父母的不知如何指导孩子成长,没能把孩子引上正路。宝藏经介绍了释迦牟尼佛成圣道后,教化弟难陀的事迹,指出人在缺少正知正觉时,是很难教化的,从事教化人的人,不但自己应有正知正觉,而且需要有一定的能力。《未会有因缘经》介绍了释迦牟尼佛教子出家的事迹,指出人的成长受诸多因素制约,从事教化人的人,必须懂得和善于排除一切干扰。《法句譬喻经·象品之一》介绍了佛陀教子罗睺罗的事迹,指出了罗云未得道时,心性粗犷,语言不信,行为不检,不知精进向道,佛陀亲自精心进行教化。《大般涅槃经》说,释迦牟尼佛直到涅槃前,仍不忘强调,家长应抓好子女教化开发,国王和宰辅大臣应带头抓好对自己子女的教育,"譬如国王宰辅大臣,有好几个儿子——托付严师教育,对严师说教孩子有所成就,假使三个儿子都给打死了,余下一子也一定要他有所成就"。

（3）教师及诸佛菩萨善知识在人生开发中的作用和责任

佛陀教育是以师道为基础而展开的一种社会教化形式。《金刚心总持论》说，众生具有与佛一样的佛性，只是久远劫来为诸烦恼覆障而不自知。而要清除诸烦恼障碍，则需要靠老师的教导。释迦牟尼佛认为，教师最神圣的职责是教人做人之道。《相应部经典·三六·六·箭》指出，佛陀所教弟子的，不是教历史数术一类的知识，而是教做人之道。《中含经·算术经目犍连经》说，佛陀在舍卫城郊外东园精舍时，有一天，有一个叫目犍连的数学者，怀着许多疑问来佛陀处求解答。佛陀说自己，并不是全能的救济者，而只是一个导人做人的导师。他说："确实有无上安稳之境地存在，也确实有到达这一境地的途径，而且我就是导师。可是在弟子中，有达到这个境地的，也有达不到的，我只是个导师，我有什么办法。"《离阿含经·一二·五城邑》说："佛陀是善知识，是众生的善友。与佛陀在一起可成圣道。"《阿难问事佛吉凶经》说，"佛为三界护，玄通无不知，广宣度世道，法鼓震大千"，"道之含覆，包弘天地，不达之人，自作墨碍"，"智士达命，没身不邪，善如佛教，可得度世之道"。《金刚心总持论》说："佛性人人本有，不投佛修终不成佛。"

释迦牟尼佛在诸多大乘经典中，不厌其烦地强调，为人师者应导人善法，示人正道。《金刚心总持论》说：佛陀教人作智者。"智者知也。智人知有佛道可修，知有圣教可学，知有明师可求"；佛陀强调，为人师者，应"能开众生佛之知见，能导众生悟佛知见，能引领众生入佛知见，能究竟众生成佛知见"，"得见真明师，修行得正法，无一不成佛"。同时指出，为人师者，误导众生，罪报无穷。百丈法师度野狐案指出，一法师讲法，下错一个结论，受五百世为野狐的报应。佛说地狱罪报因缘说，庸医为人治病，害人命者堕十八层地狱；庸教误导人，堕十九层地狱。

2. 人自己在人生开发中的地位和作用

释迦牟尼佛在诸多大乘经书中，反复强调："天地之间，为人最胜最上者，贵于一切万物。"（引文见《佛说天地八阳神咒经》）而人的宝贵性存在于每个具体的活生生的人生过程中。每个具体的活的人生过程，皆由具有自我意识和自觉能动性的个人主宰。不经个人同意，任何他人都无法得到其身之宝。释佛毕一生精力，不厌其烦告诉人们的，就是唤起人对自身佛性即最宝贵性的觉悟。《佛说真宗妙义经》指出，真金在人自性中，真金人人本有，"佛在心头莫远求，古今无缝塔中修"，"明心见性即是佛"。"每日省察身心"，"扫除心田尘垢"，"尘垢净时光自观，免向他方外面寻"。《金刚心总持论》说："一切善恶皆出自心"，"佛由心成，道由心学，德由心积，功由心修，福由心作，祸由心为，心能作天堂，心能作地狱，心能成佛，心能作众生，是故心正成佛，心邪成魔"，"一切诸佛及诸佛阿耨多罗三藐三菩提法，皆从自心流出,无穷无尽"。《相应部经典·三·八末利》说:"没有比自己更可爱的人","人的心思,何处都可以到","别人也是以自己为最可爱者。所以,知道爱自己的人,就不可以害别人啊"。《相应部经典·四七·一三·纯陀》说:舍利弗去世了,佛陀指出,"这个世界上没有一个东西是永久不变的","没有东西可能不灭","我不得不对你们说:'必须以自己为洲,依靠自己,不可以依靠他人;以法为洲,依靠法,切不可依靠其他'"。《相应部经典·四七·一四·(支)罗》说:在舍利弗去世不久,目犍连亦相继去世。佛陀的这两位上首优秀弟子相继先师而去世,对晚年的佛陀来说,是最痛心的事。世尊对大家说,"不见他们两人的面孔,使我孤寂愁伤","这个世界上的东西,没有一个是永久不变的","所以我说,以自己为洲,依靠自己切勿倚靠他人。依法为洲,依靠法,切勿依靠其他"。释迦牟尼佛临涅槃时,留下的最后一部大乘经典《大般涅槃经》,反复强调的,仍然是告诉大家,切实清除诸烦恼覆障,真正唤起对自身佛性的觉悟。《坛经》强调,"自心之佛是真佛","众生的本源自性,就是佛性","自性若得开悟,众生当下就是佛","见自本性,而自成佛道"。

(二)人生开发应坚持的原理和原则

释迦牟尼佛指出,人的生存和发展是在诸多原理和原则的作用下实现的。其中最主要最基本的有如下一些:

1. 持守因果关系原理,令诸恶永断,求善法圆满

佛家全部学说建筑在因果关系基础上。《佛说三世因果经》说:"法起有因。因果之理为长夜明灯。果必有因,因必结果。"众生需"明三世因果"。《金刚心总持论》说:"无始劫前,无终劫后,一切因果,如对目睹,毫发不失。""欲免地狱,当除恶心;欲免饿鬼,先断悭贪;欲免畜生,莫吃他肉;欲得人身,先学孝慈;欲生天上,当持五戒;欲成佛道,先用明心。心明则因果不昧,见性则成佛无疑。"《法句譬喻经》说,"根据所种的因,就会得到所要的果","种善因得善果","预防恶果生,先要消灭罪业的起因"。《佛说十善业道经》说:众生应"了达因果,修习善业",断十恶业,行十善业。"于昼夜常念思惟,观察善法,令诸善法念念增长,不容毫分不善间杂。是即能令诸恶永断,善法圆满,常得亲近诸佛菩萨及余圣众。言善法者,谓人天身、声闻菩提、独觉菩提、无上菩提,皆以此法。"《佛说轮转五道罪福报应经》说:"天地万物各有宿缘……人而豪贵国王长者,从礼佛事三宝中来;为人长寿无有疾病,身体强壮,从持戒中来;为人端正,颜色妙好……从忍辱中来;为人修习无有懈怠,乐为福德,从精进中来;为人安详,言行审谛,从禅定中来;为人才明,达解深法,赞叹妙义,开悟群蒙,人闻其言,莫不咨受,宣用珍宝,从智慧中来;为人音声清澈,从歌颂三宝中来。为人清静,无有疾病,从慈心

中来。"

2. 驾驭内外因关系原理，用好一切增上缘

翻开大乘经论，我们会清楚地看到，佛陀明确指出，天地万物中，人是最宝贵的；而人的宝贵性存在于人的真如本性之中，长期以来为诸烦恼覆盖，人多不自知或不知如何开发；社会开发人和人们自己开发的对象是同一的，即同一个具体的活生生的人生过程。人生这类客观存在非常特殊，它不能离开社会而自己自由存在发展；又具有自我意识和自觉能动性，不完全任社会摆布。释迦牟尼佛不止一次地指出，世间有调弓的，有调马的，他说自己是调人的。世尊一生讲了许多调人的道理，全部佛法是为调教人开发人服务的。

佛陀明确指出，国家社会在开发人生中的主要作用，一是教化导向，唤起人们对自身圣性的觉悟，二是为人们的成长创造条件。而人能不能接受教化、能不能利用国家社会创造的有利条件，则主要靠自己。

佛陀告诉国家社会管理者和一切觉者，应主动教化救度众生，"众生不请，友而安之"。"饶益众生入正法，救护一切。"（见《维摩诘经》）"修六度万行，自利利他，自觉觉他，自度度他"，"觉行圆满"。（见《法华经》）

佛陀对每个人自己应当怎么做，讲得很细。他告诉众生，自己必须有成长发展意识，如果自己没有发展自己的觉悟，别人教导不听，就无法受益。《金刚心总持论》说："若不发心，佛也难救。"《佛遗教经》说："常当自勉，精进修之，无为空死，后致有悔。我如良医，知病说药，服与不服，非医咎也。又如善导，导人善道，闻之不行，非导过也。"他强调："勿令一生空过无所得也。"《大般涅槃经》进一步指出，人身难得，得人身者，应懂得"不空过"。《维摩诘经》说："菩萨不住无为"，欲成佛圣道，必须发展智慧德能和"自在神通能力"。

佛陀指出，人生的发展，需要经历一个由不知到知、由知之不多到知之较多的过程，而推动这一过程完成的条件，就是接受教化，善于学习。《法华经》说，龙女之所以能八岁成圣道，是因为她拜文殊菩萨为师，能接受教化，信向圣道。《华严经》说，善财童子深懂师道，不但拜文殊菩萨为师，而且善听恩师文殊的教化，能向一切人学习。

佛陀指出，个人在未成圣道之前，自身能力有限，必须善结增上缘。诸佛菩萨摩诃萨，皆有大神通能力和愿力，有求必应，众生应懂得借用佛菩萨和一切善知识的力量。《佛说法灯明心正觉经》说："若为求真道，索缘是善行，得一成就师，见佛道必成。"《金刚心总持论》说："得见真明师，修行得正法，无一不成佛。"

3. 信守和生万物原理，求个人成长与社会发展和谐统一

《佛说天地八阳神咒经》说："天地气合，一切草木生焉；日月交运，四时

八节明焉；水火相承，一切万物熟焉；男女允谐，子孙兴焉。皆是天之常道，自然之理，世谛之法。"即是说，和是宇宙一切事物产生和发展的基本原理。人的成长发展也是靠和的原理完成的。《华严经·普贤菩萨行愿品》说的"恒顺众生"，就是与众生和，即对"尽法界、虚空界、十方刹海所有众生，无论种种差别，种种生类，种种色身，种种形状，种种相貌，种种寿量，种种族类，种种名号，种种心性，种种知见，种种欲乐，种种意行，种种威仪，种种衣服，种种饮食……乃至一切天龙八部、人非人……如是等类，我皆于彼，随顺而转，种种承事，种种供养，如敬父母，如奉师长，及阿罗汉，乃至如来，等无有异。平等饶益一切众生"。又说："诸佛如来以大悲心而为体故。因于众生，而起大悲；因于大悲生菩提心；因菩提心，成等正觉。譬如旷野沙碛之中，有大树王，若根得水，枝叶华果，悉皆繁茂……一切众生为树根，诸佛菩萨而为华果，以大悲水饶益众生，则能成就诸佛菩萨智慧华果。何以故？若诸菩萨以大悲水饶益众生，则能成就阿耨多罗三藐三菩提故。是故菩提属于众生。若无众生，一切菩萨终不能成无上正觉。"《金刚经》说：菩萨无我相，"若菩萨有我相人相众生相寿者相，即非菩萨"，又说："不可以身相，得见如来。"《维摩诘经》说：佛菩萨"以救护众生为己任"，"以众生为基础，以成就众生，使众生离苦得乐而建立佛国"，"佛国大小，取决于度化众生多寡"。即是说，个人与众生和谐程度越高，越广大，则成功度愈大。

4. 皈依三宝，修持觉正净

释迦牟尼佛明确指出，要想成就圣道，必须皈依佛法僧三宝。《大乘密严经》《梵网经》等皆指出，佛是出矿金，众生是矿中金。即是说，佛宝是含金矿石经过冶炼后得到的纯金，即已断诸烦恼已除诸迷障的真正觉者。法宝是佛成就圣道的经验总结和理论升华，是众生成佛圣道的理论武器。僧宝是清除一切污染后得到的清净。释迦牟尼佛把佛家全部学说归结为佛法僧三种学说，或三个方面的理论。皈依佛法僧，就是皈依觉正净，亦是将身语意纳入戒、定、慧的轨道。

《佛说真宗妙义经》告诉人们，三宝在众生的真如自性中。欲成佛圣道，须"净心修行，内明性理，直门而入，得成无上道果"。"迷人不晓自性"，"不见自性，内不明心，一心向外求，所以不得成佛"。强调指出："佛在人身坎宫，回光返照，明心见性即是佛。迷人不悟，自向外求，终日奔奔波波，色相迷佛，渐渐远也。"《观无量寿经》《金刚心总持论》等都明确指出："是心作佛，是心是佛，诸佛正遍知海，从心想生。""如来所说经法，皆是方便引导法门"，开示众生"超凡入圣进道门路"，"令悟真心，常觉不昧，不随妄想流转，但依真性主行"。"若人明自心，见自性，是人自己身中有经，六根门头，常放光明，照天照地，具足恒沙功德，出生四果、四相、十圣、三宝，乃至如来三十四相，八十种好。一切功德皆从自己心地修成，不从外得。"《佛说大般涅

槃经》再三再四告诉众生,至心求明自性,皈依自性三宝,修学戒定慧,求得觉正净,定能成佛圣道。

5. 信大乘,发大愿,修三福,行六度

信大乘佛法,是成佛圣道的基本点。《华严经》说:"信为道元功德母。"应知因信生愿,因愿起行。从初发心,次得往生,究竟成佛,皆资信力,故云信始终为根本。《智论》说:"佛法大海,信为能入。"《僧伽吒经》明确指出:"信清净大乘,不堕于恶道。"《佛说天地八阳神咒经》指出,"善恶之理,不得不信","善法常转,即成圣道";"恶法常转,即堕地狱"。"以正信故,兼行布施,平等供养,得无漏身,成菩提道";"信邪倒见,邪魔外道,魑魅魍魉,鸟鸣百怪,诸恶鬼神,竞来恼乱,与其横病,恶肿恶疮、恶忤,受其苦痛,无有休息","沉沦苦海"。《大乘密严经》说:"信为佛体,必当解脱。"《大乘起信论》说:"依信力故而能修行。"《阿维越致遮经》指出:"舍佛不信大道","圣道无所住","以广大信,能知如来广大威德","得安乐住","当修信法,不取于空","存道无放逸";"心不信法者,不能解了是法","少智智下劣","佛告魔波旬,颠倒众生,诸不信者,皆属于汝,是汝手力"。《金刚心总持论》说,"闻法不信","不信因果","却信邪鬼,步步造业,不修才善……生前不信三宝教化,死后决堕三途,受大苦恼,求出无期"。《净土十疑论》说:"信者万善之母,疑者众恶之根。"《法句譬喻经》说:"有信则戒成,从戒多致宝。"《佛说般舟三昧经》说:"有三昧名十方诸佛悉在前立",欲求"是定意法","常立大信,如法行之,则可得也"。《大般涅槃经》说:"信大乘佛法者,诸烦恼病可治,不信者不可治。"

发大愿心,是成佛圣道的最基本动力。《金刚心总持论》说:"欲成佛道,先用明心。心明则因果不昧……人身难得,中土难生,正法难遇,知识难逢……若不发心,佛也难救。"《圆觉经》说:"欲泛如来大圆觉海","当发菩萨清净大愿"。《僧伽吒经》说:"发净心愿,既得见佛。""众生愚痴无智,不知解脱在何处","不知发大誓愿成无上道","发净心愿既得见佛"。《楞严经》说:"发心不诚,修行会曲折多磨,如人咬自己肚脐,有谁能做到呢?""用佛妙觉,发用己心","得菩提心,入遍知海";"如果心中不作成圣的想法……便会遭遇种种邪魔……当清净心达到极致之时,十方大地山河都会成为佛国",发大愿者,"定力坚凝,正心不邪,魔则无法在其上得到便宜"。《宝积经》云:"欲见无量寿佛者,应发无上菩提心。"《往生论》说:"言发菩提心者,正是愿作佛心。愿作佛心者,则是度众生心,度众生心者,则是摄众生生佛国心。"《净土十疑论》说,"菩提心是安隐一切众生清净处。若不发心救拔一切众生,令离生死苦,即违菩提门","若为自身求乐,即染身心障菩提门"。《无量寿经》反复强调指出,众生"身愚神暗","身心不正","无常根本","心无远虑","共争不急之务","忧苦万端","宜自决断,洗除心垢……至心求愿"，"发菩提心，修诸功德"，"植众德本，至心回向"。佛家告诉人们，十方三世一切诸佛及大菩萨摩诃萨，皆靠"发大誓愿"，"至心求道，精进不止"，而得成就。

修三福，"乃是过去、未来、现在三世诸佛，净业正因"。《观无量寿经》说：欲生西方极乐国土，"当修三福。一者孝养父母，奉事师长，慈心不杀，修十善业。二者受持三归，具足众戒，不犯威仪。三者发菩提心，深信因果，读诵大乘，劝进行者。如此三事，各为净业"，乃三世诸佛成净业正因。即成佛圣道的入手处。

六度，即"六波罗蜜者，名出生死，名到彼岸，名超三界，名登十地，成佛之数也"（见《金刚心总持论》）。大乘佛法告诉人们，六度乃成佛圣道之舟。一切渴望成圣道者，应切实懂得"不住于法而修万行"。《无量寿经》说："恒以布施、持戒、忍辱、精进、禅定、智慧，六度之行，教化安立众生，住于无上正真之道。"此六度中，前五度为方便度，以修福为主；第六度为智慧度，以修慧为主。般若波罗蜜是六度的灵魂，无所得心是六度的载体。六度为成圣道的六大船筏，缺一不可。《佛遗教经》说："智慧者，是度老病死海坚牢船也，亦是无明黑暗大明灯也，一切病者之良药也，伐烦恼树之利斧也。""戒是正顺解脱之本，依戒得生诸禅定及灭苦智慧……戒为第一安稳功德住处。""能行忍者，乃可名为有力大人。若不能欢喜忍受恶骂之毒如饮甘露者，不名入道智慧人也。""若勤精进，则事无难者……譬如小水常流，则能穿石"，"当知世皆无常，合必有离，勿怀忧恼，世相如是，当勤精进，早求解脱"，"常当一心勤求出道"。《八大人觉经》说："觉知懈怠坠落，常行精进，破烦恼恶，摧伏四魔，出阴界狱。""觉知生死炽然，苦恼无量，发大乘心，普济一切，愿代众生受无量苦，令诸众生毕竟大乐。"《佛说真宗妙义经》说："文殊问佛：何为禅定？佛答曰：妄不生谓之禅。万缘顿息，谓之识破自己，真性了无所得，如同太虚，寂灭为乐，是名禅定。"《佛说四十二章经》说："离欲寂静，是最为胜，住大禅定，降诸魔道。"《净土十疑论》说："未得忍力，不能救众生。为此，常须近佛，得无生忍已，方能救众生……见阿弥陀佛，证无生忍已，还来三界，乘无上忍船，救苦众生，广施佛事，任意自在。"《金刚经》阐明了行六度的根本原则，即"度尽一切众生而不见度相"。

6. 守常道，行真正，不退转

释迦牟尼佛指出，人的成长与一切事物发展一样，有其常道。人欲想成就圣道，必须持守常道。《佛说天地八阳神咒经》说，天地运行有常道，自然发展有常理，人之成长亦有其常。人如果"反天时，逆地理，背日月光明，常没暗室，违正道之广路，恒寻邪径，颠倒之甚"，就将"流转诸趣，堕于恶道，永沉苦海"；"善恶之理，不可不信"；信有常道存在，坚持适道原则，"善法常转，即成圣道。恶法常转，即堕地狱"。"常行真正……成圣道。"《阿惟越致

遮经》指出："发大道意"，"志求大道"，"志求无上正真之道"；"立于正圣道"，"弃除诸恶道"，"存道无放逸"，"坚心立于道"；"佛道可成"。《金刚心总持论》指出："开正道门，塞邪恶路"，"常行正道"，"从始至终，守道如一"，"直成圣道"；"佛从久久不退真实得"，"心生颠倒，不成佛道"。

佛家讲的常道，是指长期不变的，具有必然性的，不可违抗的，真理性的东西。《佛说四十二章经》说："沙门问佛，何者为善，何者最大。佛言，行道守真者善，志与道合者大。"《地藏经》说，"依止善道"，才能远离三恶道。

《不退转法轮经》指出，"得阿耨多罗三藐三菩提"，"入不退转地"，"善根种子永不败坏"，"安住如实道"，"除恶道垢，摧伏众魔，远离愚痴，拔无明箭，竭无明种害无明怨……入佛乘，住菩提道"；"不退转地是诸大德菩提"，"能令恶魔无法扰乱"，"释迦牟尼佛转不退转法轮时，魔波旬朽老如百岁人，发白面皱，形体亦皆俱老，魔兵、魔天各见己身皆悉朽老如百岁人，四种兵魔皆不能进……""惟求圣道，是名修法忍"，"明智不退转"，"是菩萨无碍"，"如是觉真实，自号称为佛"。

（三）人的社会开发

释迦牟尼佛论人的社会开发理论，主要包括以下一些基本内容：

1. 社会需要是开发人生的依据

佛家经常讲荷花离不开污泥，佛菩萨成长离不开苦难众生。佛陀中反复强调，佛菩萨出世完全为了苦难大众。《大宝积经·文殊师利授记会》说，"娑婆世界具足三毒，苦恼众生之所聚集"，菩萨的追求是"成就大悲，常欲弊恶众生中成正等正觉，转妙法轮"，"令此三千大千世界三恶道苦悉皆消灭，得无上乐"。《大方广佛华严经·入不思议解脱境界普贤行愿品》说："菩提属于众生。"《文殊师利所说不思议佛境界经》说："诸佛境当于一切众生烦恼中求。"

佛家告诉人们，佛菩萨是人不是神，佛菩萨是为了救拔众生之苦而出世成长发展。释迦牟尼佛是娑婆世界的佛。他原来是一个小国的王子，为使众生解脱生老病死之苦恼而出家求道，经过长期探索思考，终于在菩提树下开悟，创立了佛陀教育，讲经说法四十九年，成长为一个具有大智慧大德能的人。

2. 佛法是指导人生开发的理论

人生中蕴藏着巨大的智慧和德能，然而这些宝贵的财富并不是人们随意就可得到的，需要掌握特殊的理论和方法。释迦牟尼佛总结了以往人生开发经验，创造了佛陀教育。佛法是社会开发人生经验的总结，它是社会的精神财富。这一财富的价值在于能使人超凡成圣。

佛家认为，佛是处于十法界最高层次的杰出人物，人们通常称之为圣。

佛家认为,十法界一切众生都具有佛一样的自性,修学佛法都可以成为佛。所以,佛家说:佛法是指导人们开发自性智慧德能的知识体系。《大乘密严经》说:"佛法是诸佛最上之教理。审量一切法,如秤如明镜,又如大明灯,亦如试金石,远离于断灭,正道之标相。"

3. 佛陀教育是修济世利人至善圆满的社会教育

佛家认为,众生之所以有贪、嗔、痴、慢、疑、不正见等诸多烦恼,之所以造罪业,受恶报,遭受六道轮回之苦而求出无期,最根本之点,在于众生的本性被这诸多的烦恼障迷住了,只要帮助众生拨开这些烦恼造成的迷障,众生自性中具有的同佛一样的智慧德能就能彰显出来。全部佛法就是为众生破迷开悟服务的。

佛陀认为,由于众生久远劫来一直处于被诸多烦恼障迷之中,经久成习,认假为真,以非为是,黑白颠倒,良莠不分,妄想、分别、执着,执迷不悟,刚强难化,单纯依靠众生自己觉悟,将是遥遥无期,特别是处于五浊恶世的众生,起心动念多是恶,言论行动多造恶,恶以为常,难调难教。佛家指出,帮助众生破迷开悟的办法,就是广泛开展佛陀教育,让众生接受佛法,指导众生至善圆满。人人向善,社会必然和谐、文明昌盛。文殊菩萨是三世佛师,成圣道而不做佛,协助释迦佛开展佛陀教育,教化众生"学习菩提,渐成佛道……理务世俗,一一清正,于国忠孝",引导众生离诸迷烦恼,"登正觉路","罪垢消灭,得入菩提"。(引文见《佛说文殊菩萨无尽十种甚深大愿经》)

4. 佛陀论社会开发人生的方法

释迦牟尼研究并开展人生教化四十九年,创造性地提出了开发人生的许多方法,在人的社会开发方面,主要有以下一些方法:

第一,用正知正见正行规范人生。这是佛家论的社会开发人生思想的基础。佛陀的《十善业道经》,明确阐述了什么是正知正见正行,以及怎样求正知正见正行等重大基本人生问题,明确告诉人们,有利于众生的思想、言论和行动,就是正知正见正行,强调指出,只有善护口业、身业、意业,断十恶修十善,才能免堕三途。《地藏经》进一步指出一切恶业都必然得恶果,明确指示应当如何行善业,求正果;如何转邪为正、转恶为善、出三途超六道。

第二,引导人们发菩提心,求无上真理智慧,得无上正等正觉。佛家全部大乘经法都明确指出,众生与佛菩萨的根本区别是觉与迷,佛菩萨是觉而不迷,众生是迷而不觉,觉者出三途,超六道,成佛成圣;迷者堕三途,在六道轮回,苦报无边。根治迷病的基本途径,就是求无上真理性的智慧;要想求得无上真理性的智慧,必须发阿耨多罗三藐三菩提心。《华严经》详细论述了如何"发求阿耨多罗三藐三菩提心",求无上真理性智慧,"为众生打开智

慧宝藏", "以广大正法智慧普照世间";行菩萨道,入佛乘等诸多重大人生问题。明确指出"把佛的智慧给众生", "使众生通晓一切佛法智慧"。

第三,国家领导者懂得并坚持用至高无上的正法觉诸众生。释迦牟尼佛讲经说法四十九年,一直把国王作为教化的主要对象。《宝积经》详细介绍了诸多国王把求至高无上的佛法看作比自己的生命还重要。修楼婆国王为求得佛用,以便人民求佛法不惜将爱妻儿女给夜叉;虔阇尼婆梨国王为用正法照亮国民之心,不惜在自己身上剜千个眼点千盏灯;毗楞竭梨国王为人民求佛法不惜身上钉进千个铁钉……

第四,鼓励全社会用佛法教化众生。佛家全部经法皆明确指出,用至高无上正法觉诸世间,是人、天、菩萨佛等一切任务中最重要最神圣的部分。释迦牟尼为用正法教化众生,不惜舍弃王子之位;阿弥陀佛为用正法觉诸世间,不惜舍弃国王之位。《宝积经》讲述了释迦佛在过去劫时,曾经剥皮做纸,折骨做笔,以血做墨,书写佛法的事迹。《法华经》《楞严经》等赞颂菩萨具备佛智而不做佛,住世间,教化众生的事迹,文殊、普贤、观音菩萨等,都是具有佛智而安住菩萨道度化众生的典范。

第五,提倡为弘法利生而掌权,主张一切强有力者皆应弘法利生。《华严经·十地品》强调菩萨"应作这样的念想,我应当在一切众生中成为其首领、成为胜者、成为殊胜者、成为妙者、成为微妙者、成为上者、成为无上者,乃至成为一切智所依者",因为只有这样的人,才能卓有成效地弘法利生。佛家主张法师弘法不能论资排辈,提倡能者为师。释迦牟尼指出,不只是佛说的法才是佛法,而是符合佛法的宗旨的正法都是佛法,收入《大藏经》的许多著作不是佛说的,而是菩萨、居士们说的。禅宗六祖慧能不识字,但深悟禅机,对佛法理解极深,句句符合佛法宗旨,仍能坐上祖师高座。

第六,提倡用善巧方便的方法觉化诸世间。佛家认为,众生虽然皆有如来根性,但因业障轻重有别,因而在世间的觉悟程度各不相同,因此对其开发不能采用千篇一律的方法。释迦牟尼讲经说法四十九年,一贯坚持随机说法,用善巧方便的方法引导众生入正知正见正行。《华严经》说, "以方便巧智调伏众生", "用这些善巧方便的方法,使众生离弃所恐怖,使他们都能发起心念去求证一切真理之无上智慧,永远不退转",主张学习"菩萨教化众生的种种方便巧智", "通达一切世间、出世间的善巧技法,于各方殊异技巧包容无遗"。《法华经》说: "因为佛从真如实相之道而来,以种种方便善巧应机说法,佛有通晓一切诸法的广大知见,有到达涅槃彼岸的修行方法", "佛以方便善巧,深入众生根性说法施教";主张"应机说法", "以种种教化方法或善巧言辞,开决三乘正理意趣,引导众生同佛一样进入圆满究竟的解脱境界"。

第七,引导众生掌握成就自己的诸种方法。佛家告诉人们,开发人生的方法,不但有各种各样,而且有好坏以及有效程度的区别,一切渴望成功的人们,不但不要拘泥于某一种方法,而且要善于区分正确与错误以及有效度的高低等问题。《大般涅槃经》说,有一位国王黯钝少智,任用一位愚顽不冥的医师,不再给其他医师俸禄。另一位医师,知晓八类不同疾病,并善于治疗各种疾病,为了等待时机,便拜此庸医为师。有一天,那庸御医带着外来的真医师一道去见国王,外来的医师便趁机为国王说种种医方及技艺,并说治国有治国的方术,治病有治病的方术。国王知道了原来的御医是一位庸碌无才艺之人,庸医所开药方不但不能治病,反而会贻误病人。客医还进一步讲明了原来御医开的药方在什么情况有用以及在什么情况下有害等,其医病方术和技艺,逐步为国王等所认识,从而使自己走出了困境。诸佛菩萨皆不忘告诉人们,佛法是诸佛获正遍知能力之后,关于宇宙人生真相的知识,是指导人们"常行真正"的知识(见《佛说天地八阳神咒经》)。佛家还告诉人们,释迦佛讲经说法四十九年,坚持善巧方便,随机说法,告诉人们,八万四千法门,门门可使众生成圣道,要求众生从各自的实际情况出发,选择最适合自己的方法。《华严经·入法界品》指出,初发心求佛道的人们,必须"求问菩萨成就菩提道之法";《华严经》开篇,就讲述了以往日月灯佛讲说过"苦、集、灭、道四谛法"、"十二因缘法","亦及相应的六道彼岸法门"、"到达涅槃的方法"。《宝积经》阐述了"菩萨得智慧进步之法"、"菩萨不失菩提心之法"。《楞严经》阐述了"显真摧妄的妙法"。《净土五经》讲述了念佛修净土,成佛道的方法。

(四)人的自我开发

全部佛法的着眼点和立足点是开发自性宝藏,佛家学说大厦建筑在认识自性、管理自性和开发自性的基础之上。

1. 佛家为什么强调自我开发

(1)自性弥陀,心心即佛

佛家学说的根本宗旨是进行佛陀教育。佛家认为,佛陀是真正的觉者,他具有无上正等正觉;佛陀是智者,他具有至高无上的智慧;佛陀是知者,他具有正遍知能力,能揭示至高无上的真理;佛陀是至善圆满者,他尊普贤行,无处不善,是德行圆满者;佛陀处于十法界最高层次,是天人师。用一句话概括,佛陀是佛性得以充分开发者。

《佛说法灯明心正觉经》说:"众生有佛性。"告诉人们:"悟识真自性","不受伪道蒙","只要真发心","见佛道必成"。释迦佛讲的《佛说真宗妙义经》《金刚心总持论》《大般涅槃经》等许多大乘经中都指出众生皆有佛性,佛性是众生自性中具有的,"个个不无,人人本具","自性弥陀"。入佛道,成弥陀,也靠众生自己,"阿弥陀佛即是我心,我心即是阿弥陀佛",也就是

说，众生靠自己的心成佛，"佛佛惟心"，"是心是佛"，"心心即佛"，"心外无佛"，"随心自现"，尽知心现前，悟得佛性，即入佛道，成佛做圣。自我开发的根本问题，是唤起自身的佛性。

（2）人是自性的主人，入阿弥陀佛大愿海靠自己

佛家认为，宇宙无始无终，无始劫以来，已有诸多众生悟入圣道，成为佛陀，阿弥陀佛就是离我们最近的成佛者之一，诸佛不但留下了希望众生成佛的大愿，而且留下了指导众生成就佛圣道的佛法。诸佛希望众生皆闻佛法，使愿入佛圣道者皆成佛陀。然而众生能不能入佛愿，成佛道，全靠自己。佛告众生，阿弥陀佛黄金臂昼夜常垂，白玉毫古今不昧，万法是心光，诸缘惟性晓，众生能不能悟佛法，入佛道，上莲台，成佛陀，全凭愿者承当，自己不去做，别人是没有办法代替的。释佛在涅槃前仍不忘告诉人们："我如良医，知病说药，服与不服，非医咎也。又如善导，导人善道，闻之不行，非导过也。"（《佛遗教经》）

佛家认为人的自性中蕴藏着宇宙间最伟大的宝藏，充分开发人自性中的智慧和德能，人就能成为像佛一样伟大的人物。佛是无所不知无所不能的人，人成佛的潜能一旦得到开发，就可以成佛。人成佛后，不但自己可以解脱生死，超离六道，而且可以度化众生断恶成善，自由自在地创造美好世界，如阿弥陀佛，想创造一个西方极乐世界，就创造出一个西方极乐世界。

由于人的智慧德能存在于人的自性之中，这就决定人人都是自身宝藏的主人，开启人生宝藏之门的钥匙掌握在人们自己的手中，要想得到人的智慧德能，只有人们自己用自身特有的钥匙去开启。人们开启自性宝藏的钥匙与人的自性是同一的东西，是人自身以外的任何人都无法拿到的。

从上述认识出发，佛陀认为，佛法只为人们开发自性宝藏提供理论指导和智力支持，是众生渡河的船。人的自性宝藏能否得以充分开发，完全靠人们自己的主观努力。所以释迦牟尼反复解释，佛菩萨是说而无说，做而无做。你自己不去开发自性宝藏，佛菩萨是无能为力的，也就是说，佛菩萨只能告诉你应当怎样去开发自性宝藏，而不能代替任何人开发自性宝藏。

2. 人应当怎样开发自性宝藏

（1）立志成圣道

释佛指出，众生皆有佛性；人是天地之间众生中最可宝贵者，能行真正，成圣道；人只有成就圣道，入佛知见，得佛身心，才能出三途，超六道，真正离苦得乐；他指出：能成就的伟业而不去做，是耻辱；"人身难得"，既然得到人身，切勿"令一生空过无所得也"，"无为空死后致有悔"，应当"自警"、"惭耻"，"勿令忘失，常当自勉，精进修之"，"当常惭耻，无得暂替；若离惭耻，则失诸功德"，"若无愧者，与诸禽兽无相异也"。（以上引文皆见《佛遗教经》）

佛家认为，人的自我开发是无止境的，人求得无量寿命后，必须用无量

寿命,造福于尽虚空遍法界众生。这就是说,决定自我开发成败的关键问题是驾驭好自我之舟,永不停止地为众生造福。佛家人文化明确指出,不同的目的会产生不同的结果。佛陀指出,世间有十法界存在。众生根据自己所造善业和恶业不同,分别处于十法界的不同层次。佛以宇宙为己心,成无上正等正觉,能正遍知,至善圆满,诸德圆满,觉行圆满统一,有自在神通,善于调御众生,至尊无上,是天人最好的导师,处于十法界最高层次。菩萨是佛弟子中卓有成绩者,处于佛之后的层次。人处于十法界的中间层次,进则可以生天、做菩萨、成佛;退则可以成畜生、饿鬼、堕地狱。人生进退的关键在于开发自己的目的,为自己贪求名利则退入三恶道;能为他人谋利益者,符合人道标准者,来世还可做人;优秀者来世可做王,亦可生天界入圣道。

佛家人文化指出,自己成佛不是目的,"若为成佛修,我相暗中生,永世不得道,易入魔途中,佛道乃觉道,为我道不成,无我为众生,乃佛道之正宗"(《佛说法灯明心正觉经》)。佛家记载修佛道的典例,告诉人们,开发自己的目的是先觉觉后觉,使众生皆成佛,世界成极乐。例如:文殊菩萨是三世佛师,早成佛道,佛号龙种,为度众生,回娑婆做菩萨,协助释迦佛行教化。观音菩萨亦早成佛道,佛号为正法明如来,仍回娑婆做菩萨,寻声救苦救难。释迦牟尼佛乘愿回娑婆,在中国示现过智者大师;阿弥陀佛乘愿回娑婆,在中国示现过善导大师、永明禅师、丰干和尚等。

（2）皈依自性三宝

佛家告诉人们,佛法是指导人们开发自性宝藏的科学知识体系。那么佛法是怎么样指导人们开发自性宝藏的呢?首要之点就是要实行三皈依,即皈依佛、皈依法、皈依僧。佛家告诉人们,皈依佛不是皈依哪一个人,而是皈依觉,即皈依彻底的觉悟,明明白白地懂得人人是自性宝藏的主人,人人都具有佛一样的智慧德能。皈依法是皈依正,也就是说,开发自性宝藏,不能搞妄想、分别、执着,必须正确地认识自性宝藏,必须用正确的方法去开发自性宝藏,而要做到这些,就要有智慧,有了大智慧才能正确认识自性宝藏,才能用正确方法去开发自性宝藏。皈依僧是皈依净,即开发自性的人需要有清净心。佛家告诉人们,人心只有清净无染时,才能生出智慧、生出觉悟、生出德能,只有提起大觉悟,生出大智慧,长出大德能,才叫作充分开发自性宝藏。

（3）修学戒、定、慧三学

佛法是释佛在成就佛道之后讲的关于宇宙人生的真理性道理。佛道处于十法最高层次。佛法告诉人们,佛并不是生来就是佛,而是历经无量劫磨难修学成的,例如我们娑婆世界的佛陀释迦牟尼,堕过地狱,做过牲畜,在人道做过王子,在菩萨道做过常不轻菩萨等,经历了无数劫三途六道轮回之苦之后,才圆成佛道的。佛法是释迦牟尼佛对十方三世诸佛成佛经验的概括

和总结，是建立在十法界基础上的系统化理论化了的人生道理。

佛陀把全部佛法理论分为戒、定、慧三种学问，告诉人们修学佛法需要从修学戒学、定学、慧学入手。佛家把戒学排在首位，明确指出戒律是佛家全部学说的基石，是修习一切善法的基础，是佛弟子成就佛道的基本保障。佛弟子修学佛法的成就与其持戒成正比，谁持戒严谨且层次高，谁的成功度就高。《华严经》说："戒是无上菩提本。"释佛在《四十二章经》中说："佛子离吾数千里，怀念吾戒，必成道果；在吾左右，虽常见吾，不顺吾戒，终不得道。"佛家戒律分为在家戒和出家戒，在家戒有三皈戒、五戒、八关戒斋、菩萨戒四种；出家戒有沙弥及沙弥尼戒、式叉摩尼戒、比丘尼戒、比丘戒、菩萨戒五种。就在家戒来说，三皈是成为佛弟子的条件，是受戒的基础，能积广大福德，受佛愿庇护，不堕恶趣，一切好事都会成功；能入佛道。五戒是佛家一切戒的根本，故称为佛家的根本戒，五戒修持不好，一切都会成为空话。《佛说优婆塞五戒经》说，"此五戒法乃是三世诸佛之父，于五戒中生出十方三世一切诸佛"。修五戒十善是修学佛道的起点，可由此而迈入圣城，了脱生死，可保人身或生天上，入四天王天及忉利天，享天福，如不愿享天福，可发心乘愿再生人道或往生西方净土。佛经又说，每持一戒，即可得到五位善神护佑，若持五戒可得二十五位善神随身保护。但只修五戒十善还不能成就佛道，还要修八关斋戒和菩萨戒。佛家告诉人们，要想成佛道，必须受戒、学戒、持戒，不受戒、不学戒、不持戒永远无法成佛道，然而受戒者如果破戒要入地狱，受惩罚后，仍会修持戒律，成就佛道。戒学告诉人们，人在世间求生存和发展不可以为所欲为，须要遵守一定的戒律、法规、道理、道德规范和法则等，其中包括世间法和出世间法。人们如果能自觉地持戒，不违犯戒律，则能得到安定。佛家告诉人们，懂得持戒的重要性之后，就要努力修持定学，发展定力，必须将心定于正道。佛家讲的正道，就是至善之道，不允许丝毫不善夹杂。定就是要将心恒定在至善之道上，不要让意念、语言和行动随境流转，要修心转境，不要境转心。慧学告诉人们，持戒、修定能生智慧，有了智慧才能更好地持戒、修定。能持戒、能心安正道，才能将智慧用于行善事，积善成德，发展德能，积累功德，求得至善圆满。

（4）断十恶，行十善

佛法告诉人们，开发人生要真干才行，说空话毫无用途。释迦牟尼佛告诉人们，十方三世诸佛开发自性都是从断十恶修十善入手的。《十善业道经》指出：离杀生得成就十离恼法，离偷盗得十种可保信法，离邪行得四种智所赞法，离妄语得八种不可坏法，离两舌得五种不可坏法，离恶口得成就八种净业，离绮语得成就三种决定，离贪欲得成就五种自在，离嗔恚得成就八种喜悦心法，离邪见得成就十功德法。

佛家告诉人们，断十恶行十善能达中品的可来世保住人身，能达到上品者可生天界,至心求生净土者可带业往生西方极乐世界。《华严经·十地品》指出,"清净自己的善业","普遍摄受众生","接受一切佛的灌顶,得一切世间最高大的身","超越一切世间道,具备清净的出世善业之根,因此而具足一切聪明才智"。

（5）用六度化六毒

佛家把布施、持戒、忍辱、精进、禅定、般若视为菩萨度众生达彼岸的六条法船,故称六度。佛家说众生烦恼有八万四千种,又把这八万四千种烦恼分为二十六类,这二十六种烦恼中有贪、嗔、痴、慢、疑、不正见六种根本烦恼。佛家指出,人造罪业,遭恶报,在六道中受轮回之苦,都是这六种烦恼造成的,因此称其为六毒。六毒应该怎么清除呢？佛法指出,就是用六度化六毒。如布施可治贪悭,持戒可治恶业,忍辱可治嗔恚,精进可治懈怠,禅定可治散乱,般若可对治愚痴和不正见。

（6）修六和敬

佛法是指导众生成佛的根本大法,佛菩萨坚持与众生和谐相处。因而佛家要求佛弟子必须修持六和敬,成为能与众生和谐相处的榜样。无论出家还是在家的佛众,只要受了三皈五戒都是佛弟子,就要修持六和敬,第一,见和同解,即必须把思想统一到对佛法的正确理解上。释迦佛讲经说法四十九年,坚持随机说法,佛弟子中因机缘不同,形成了不同的宗门,世尊告诉人们,法门平等,不管按佛家哪部经法修行,都是佛弟子,相互间都是平等的。第二,戒和同修,即共同遵守佛家戒律。在家的以修五戒为基础,出家的以修比丘戒和比丘尼戒为基础,再加上现实生活必须要遵守的法规和准则。第三,身和同住,即大家住在一起共修。这里主要指出家佛弟子,无论白天还是晚上,都要生活在一起,白天同修,晚上睡通铺,便于互相监督,互相促进,只有住持、年老、生病者,才住单独房间。第四,口和无诤,即大家住在一起用功向道,没有诤论,不造口业,没有闲话,集中精力诵经、念佛、持咒不停。第五,意和同悦,即法喜充满。修行者人人破迷开悟,离苦得乐,烦恼一天比一天少,生活得一天比一天快乐自在,人与人之间相处一天比一天和谐,内心充满欢喜。第六,利和同均,即在一起修行的人,物质生活平等。

（7）向佛菩萨学习,读诵大乘佛法

世人与佛菩萨比较,最大的差别是迷而不觉。佛家认为,度化众生的最好的办法,是引导众生向佛菩萨学习。佛法再三告诉人们,佛菩萨是人不是神,佛菩萨原来与普通世人一样,只是由于他们充分地开发了自性宝藏,才得以超凡成圣。佛家指出,不知道如何开发自己不怕,只要你跟着佛菩萨学习就行。要想学有成效,需要解决以下几个基本问题：

第一,亲近佛菩萨,学习佛菩萨。佛法指出,佛不度无缘之人,你不相信佛菩萨、不亲近佛菩萨,就无法把自己与佛菩萨联系起来,佛菩萨如何起心

动念,你不知道;佛菩萨如何待人、接物、处世、说话、做事,你也不知道;佛菩萨说了哪些话,做了哪些事,开发了什么样的智慧和德能、成就了什么样的功德,你当然也不知道。如果你要想知道这些,唯一的办法是亲近佛菩萨。佛家提出了许多亲近佛菩萨的办法,如礼敬诸佛菩萨、赞叹诸佛菩萨功德、供养诸佛菩萨、持名念佛菩萨名号等。《华严经·入法界品》,明确指出"以菩萨的慈爱功德作为主宰来严整自我"。"应当以佛的智慧来照明自我的心念,使之能够坚利无碍,应当以佛的自在神通来开启自己的心念,使之能够挥洒自如,应当以佛的一切世界平等境界来推求自己的心念,使之能够广大阔远,应当以佛的十种广大智慧力求照见自我的心念,使之能够生无碍的力量。"

第二,读诵大乘,依教奉行。大乘佛法是佛菩萨大智慧大德能的结晶,读诵大乘佛法,就能了解佛菩萨的智慧德能。依教奉行,按照佛菩萨的教导去做,就能把佛菩萨的智慧德能变成自己的智慧和德能。佛法是真理,用至高无上真理指导自己的思想、言论和行动,就是理智做人。凡夫的最大毛病是迷而不觉,又自以为是,喜欢随心所欲,结果常常不理智造罪业。佛菩萨是觉而不迷,时时处处坚持至高无上真理,意念、言论和行动无不结真、善、美之果。人们依照佛菩萨的教导去做,就是理智做人和理智做事。只要你切实照佛菩萨教导去做,没有半点背离走样,你的思想、言论和行动,也必然会结出真善美之果。《华严经·入法界品》指出,"应当知道营养自己的智慧根性,求一切真理智慧","以正知正见扶持自己的心念,使其不生幻景,应当以正法水来润泽自我的心念,使之不生焦渴"。

第三,求至善圆满。凡夫做事好大喜功,做了点好事就自以为了不起,追求回报,把做善事视为向社会和人民讨价还价的本钱。佛家指出,贪心一起,障门就开,进了障门就会造罪业,堕三途,以往的善事就变成了埋葬自己的坟墓。这是众生受六道轮回之苦的根本因缘。佛菩萨做善事讲回向。佛菩萨无我,做事为众生,做了善事自己不居功,而是回向给苦难众生,自己再去做更大的善事,所以释迦牟尼佛强调说而无说、做而无做。他讲经说法、教化众生四十九年,说了许多真理,给众生无穷智慧和力量,而他自己却认为什么也没说;他做了数不清的善事,却认为自己什么也没做。佛菩萨告诉我们,有了功而自居,功就会被自己化掉;而如果自己有了功不居,就会积功累德,功就会变成德能,积功越多德能就会越强,功德圆满就会圆成佛道。人们行善事的道理也是这样,如果做了点善事就居功自傲,障门就开了,随之而来的则是造罪业;如果做了善事回向给社会大众,觉得自己什么也没做,继续去做善事,力争做更大善事,更大善事做了还是做而无休,再继续去做,最后自己就会达到至善圆满,圆成佛道。

第四,修普贤行,求生净土。普贤菩萨是佛门实践派代表,他提出礼敬

687

诸佛、赞叹如来、广修供养、忏悔业障、随喜功德、请转法轮、请佛住世、常随佛学、恒顺众生、普皆回向十条做人、处世、接人、待物的基本原则。佛门普遍认为，普贤菩萨这十大愿是十方三世一切菩萨圆成菩萨道，得生阿弥陀佛西方极乐世界的基本条件。佛家同时指出，世人如果能行普贤十大愿，也可带业往生西方极乐世界净土。普贤十愿的核心是普遍利于一切众生，不漏掉一个，完全彻底为众生，没有半点为个人。佛陀指出，求生净土不是目的，而是到西方极乐世界向阿弥陀佛学习智慧德能，发展自己度化众生的能力，更好地度化众生。西方极乐世界是一个特殊的国土，只要能往生此国土，就能求得与阿弥陀佛一样的智慧、德能、自在力。佛家指出，如果有半点个人享乐的欲望，是不能往生西方极乐世界的。西方极乐世界不是个人主义者的天堂，而是求至善圆满者的乐土，是学习开发大智慧、大德能、大自在力的最高学府。

第五，发前人未发之心愿，善于创造新世界。佛陀认为，众生是心做佛，是心创造一切。而人心能包容太虚，广阔无边，所以人创造新事物的能力是无限的，因而要求人们必须善于发前人未发之心愿，创造前人没有创造过的事物。凡是读过大乘经典，熟悉佛家人生之道的人，都会清楚，佛家赞颂的佛菩萨各有其独特的专长和神通力。《华严经·入法界品》中，善财童子求无上真理，到过的一百多个城市，拜见的上百个菩萨、罗汉、居士等都有其专长，释迦牟尼佛大乘法中讲述的佛菩萨，都是懂得并善于创新的人。

（8）将菩提心贯注于整个生命之中

菩提是梵文音译，意为"觉"、"智"等。《成唯识论述记》卷一说："梵云菩提，此翻为觉，觉法性故。"《大智度论》卷四说："菩提，名诸佛道。"该书卷四十四鸠摩罗什注说："菩提，秦言'无上智慧'。"僧肇在《维摩诘经》注中说："道之极者，称曰菩提……盖是正觉正相之真智乎。"

释迦牟尼佛反复强调发菩提心。他在《观无量寿经》中指出"发菩提心"是修大乘福的首要条件。他在《无量寿经》中指出，"发菩提心，一向专念"，是往生阿弥陀佛净土的基本条件。"发菩提心"包括两个基本方面的内容，第一，发菩提心，即有真诚、清净、平等、正觉、慈悲之心；第二，将菩提心贯注于全部思想、言论和行为之中。

佛家指出，世人在修学佛法的过程中，常常存在两个方面的问题，一是不知发菩提心，二是不知把菩提心贯彻到底。不知发菩提心者，不能觉法性，没有无上智慧，则无法入佛道，不能往生极乐净土。虽然没有搞清楚菩提心，但是思想、言论、行为与菩提心相应者，可往生凡圣同居土。如果能把发菩提心、因果的道理都搞清楚且能"一向专念"，则可以一生成就，得生实报无障碍土。"一向专念"的含义是将菩提心贯注于一切思想、言论和行动之中。释迦牟尼佛明确指出，有"妄想执着"就无法证得菩提心。

众生皆有佛性,而至今之所以多数不能成佛,就是因为不知发菩提心或不能把菩提心贯注于整个生命之中。

要想做到将菩提心贯注于整个生命之中,首要之点是懂得渴求佛法,弄清楚佛法的根本宗旨。菩提心,是人自性中具有的,但是由于世人多有诸多迷障困扰,多不会自然而然发生。佛法的根本任务就是帮助人们发菩提心。然而佛法难得。纵观人类社会,我们会清楚地看到,现实生活中多数人无法从生命一开始就能接触到佛法,先人无佛法修养者居多数。孩子们走入学校大门之后,老师中有佛法修养者也为少数,多数学校从不对学生进行佛法教育。特别是中国近一百年来,在向西方学习的过程中,不少人把中国传统文化贬得一无是处,尤其是那些根本不了解佛法是什么的人,想当然地把佛法当迷信批判,使无比伟大的佛智慧变成了糟粕,信奉佛法的人反被人们瞧不起,谈论佛法成为耻辱的事,导致多数人不敢接触佛法。可以说,当今中国的十三亿人中很少有人认真读过佛经,至于佛文化的宗旨更是鲜为人知。关于什么是菩提心,修菩提心有什么用,怎样修菩提心等,大概万人中也没有一个人能说明白。不知道什么是菩提心,又怎么能将菩提心贯注于整个生命之中呢? 由于今日中国人多是从改革开放以来才敢接触佛法,佛法修养尚很低,就是已闻到佛法的人,多数人尚不知如何将菩提心贯注于生命之中。奉劝那些不了解佛法而担心佛法是迷信的人,不妨自己学学佛法,自己亲身去认证一下。

第二,做人难时求佛法。人生短暂且处处是烦恼、处处是难题。佛陀指出,世人烦恼无量无边,佛法之所以有八万四千法门或无量法门是因为世人有八万四千烦恼或无量无边烦恼。生老病死是烦恼,吃、穿、住、行方方面面都是烦恼,无权力、地位、金钱、美色有烦恼,有权力、地位、金钱、美色者也有烦恼。有烦恼就有迷障,有迷障则菩提心难发。做人难时求佛法,菩提心则自然会发。

第三,做好人难时也要求佛法。释迦牟尼佛早在刚刚创立佛法时就指出,面对世人多无佛法修养,想修学佛法的人做起事来也是很难的。他在《法华经》中以自己为例说,他当年在做常不轻菩萨时,因把诸众生皆当成佛来看待,常常遭人辱骂或殴打。他做忍辱仙人修忍辱波罗蜜时,歌利王无缘无故割他的肉,看他能不能忍。他告诉修学佛法的人,遇到这些情况,一定要用菩提心对待,要懂得成就自己的时候到了。正因为他忍受了歌利王的残暴,他才能修成忍辱波罗蜜,提前圆成了佛道。而现实生活中的人们,多不懂转烦恼为菩提,平时想着修菩提心,而烦恼真到来时则丢掉了菩提心,偏偏选择随顺烦恼。释迦牟尼还指出,随着"五浊"恶世的恶化,想修学佛法、做好人则会更困难。他预计自己创立的佛法法运也可能只有一万二千年。他要求佛弟子要懂得续佛慧命,要把续佛慧命视为头等重要的任务。

他强调能续佛慧命的人,才是真正的佛弟子。有了能续佛慧命的人,佛法才能有无穷无尽的生命力。佛陀告诉人们,荷花出自污泥,没有困难磨炼成就不了佛道,无论顺境逆境都是成就自己的大因缘,顺境和逆境出现时都要不忘发菩提心。

第四,将菩提心贯注于佛法修学的全过程。佛家指出,只有修学大乘佛法,才能发菩提心。而修学大乘佛法的全过程,时时处处离不开菩提心,只有全身心地守持菩提心,才有可能成就佛道,稍有松懈就会丧失菩提心而背离佛法。佛法修学者必须清楚地懂得,修觉、正、净是为了求菩提心;不以菩提心为指导,净业三福修不成,六和敬、六度做不到,普贤十大行愿无法落实。放眼人类社会,我们会看到,释迦牟尼创立佛陀教育以来,修学佛法的人中圆成佛道者少,不能成就者多。导致这种结果发生的原因,在于修学佛法的人多不能全方位地贯彻菩提心。梁武帝建了那么多佛寺但因执功而不能成就;日本人建了那么多佛学院而圆成佛道的人并不多,其重要原因就在于没有把修学佛法与发菩提心和全方位地落实菩提心统一起来。菩提心不发,佛法作用难以展现;不能全方位地落实菩提心,佛道不能成就。

第五,菩提心永远不能少。佛陀指出,菩提心是圆成佛道之心。修人天福和声闻、缘觉二乘福的人难以真正发菩提心,只有修大乘菩萨才能发菩提心,大乘菩萨的菩提心与行圆满时,就证入了佛道。佛之所以能称为佛,是因为他的菩提心与行愿统一而圆满。这就是说,十法界众生,只有到圆成佛道时,菩提心与行愿才能圆满统一。菩提心是做佛的基础,有菩提心才能做佛,没有菩提心则做不成佛。归结起来一句话,有菩提心才能学佛成佛做佛,有菩提心,才能与道同行与时俱进。

3. 自我开发的关键问题是能自省,善自强

佛家人文化的根本宗旨是破众生之迷,开启其成圣道的觉悟和智慧。因而释迦牟尼佛念念不忘告诉人们,必须能自省,善自强。

(1)提起自制心

释佛强调"自警","省恶",要求人们"处浊世当如莲花",出污泥而能自洁。他告诉人们,"人离恶道得为人难",身处浊世应时刻小心谨慎,防"危身之火"、"割舌之患","欲火烧身","会色祸生","见欲必当远之"。(以上引文见《佛说四十二章经》)《地藏经》明确指出:"欲达平地,需省恶路"。《涅槃经》说:走在邪路上的人,只有回到正路,才能离苦得乐,得正解脱。

释佛强调"自知非","常自省"(《佛遗教经》)。《地藏菩萨本愿经》强调省恶。告诉人们:"欲达平地,需省恶路。"如果自己身处恶道,不知省恶,是出不了恶道的。《大乘密严经》说:"若自了知,如火焚薪,即皆熄灭,入无漏位,名为圣人。"《楞严经》告诉人们:"末法之世,魔隐藏在佛法中,或出家修道人中,或附人体,或自现形,都说自己成就了正遍知,觉无上涅槃。"他们

企图"令那些真心修道的人，都成为其眷属弟子，命终后沦为魔的子民"，这些人因"亡失正遍知"，"不识魔事魔境"，"失却正等正觉而堕入无间地狱"。为防止迷误上魔的当，必须"用觉明之心，去分析辨别微细的魔事。如能遵佛所说，当魔境现前时，你就能够谛识分辨，心体中的尘垢除尽，便不会落入魔的邪见"，"如不明悟，被魔烦乱所迷的话，必然成为魔的弟子，最后成为魔人"。《摩诃般若波罗蜜经》说，"当觉知魔事"，《佛说佛母出生三法藏般若波罗蜜多经》说："常应觉知所有魔事，自持身心，清净无染。"

释佛强调"自摄心"，"自端心"，"不令有失"（《佛遗教经》）。《佛说法灭尽经》告诉人们，"五逆浊世，魔首兴盛。魔坐沙门，坏乱吾道"，"众魔共嫉诽谤行圣道之人"，"摈黜驱遣不令得住"，身逢此世的人们，如果不能自摄心，不会自我保护，就会为魔所害，犯罪造恶，堕入三途。《佛说四十二章经》反复指出，"恶人闻善故来扰乱"，"天魔挠佛"，"欲坏佛意"，行佛善道者，必须"行道在心"，"念无念念，行无行行，言无言言，修无修修"，"假真并观"，"观天地念非常，观世界念非常，观灵觉即菩提"。

《说无垢称经》告诉菩萨要究竟远离一切过失，"求学大乘是真法器"，"初学菩萨为自毁伤，不能获得甚深法忍"；"不信解甚深法门菩萨为自毁伤，不能速证无生法忍"。《无量寿经》说悔过得生极乐净土。

（2）发心自强，至心成圣道

第一，求一生有所成就。勿"令一生空过无所得"，"无为空死后致有悔"，"当念无常之火烧诸世间，早求自度"，"是故常当惭耻，无得暂替。若离惭耻，则失诸功德。有愧之人，则有善法；若无愧者与禽兽无相异也"。（《佛遗教经》）

第二，解开六根纠缠的结。释佛告诉人们，众生久远劫来迷失本性，认妄为真，被束缚于六道之中而不得脱。世人要想求发展，必须善于解开束缚自己的诸结。《楞严经》说："世人如果不知道这结的根源在哪里，最终是不能解结的。"佛法"可以指示我们知身心之结究竟在哪里，怎样去解，同时使未来苦难众生知道如何解结，从而不会陷入三界生死流转之中，不受六道轮转之苦"。"解开根结，那么一切妄想生灭尘相自然去尽"，但是须知道，这些结是久远劫来"依次结上的，现在还须依次解开才行"，要有不断深入解结的觉悟，直至"根结解尽"。《佛说天地八阳神咒经》告诉人们：修好八识，"明解大乘无为之理"，得"天地八阳"，"承佛威神，得大总持，常处人间，和光同尘，破邪立正，度四生，处八解，而不异"，"永无恐怖，使不善之物不得入侵"。

第三，普度众生，弘道润身。释佛不厌其烦地说："皆因众生执，方有佛说经。经是洗垢水，无垢水无用。"（《佛说法灯明心正觉经》）五浊恶世中，众生越迷而不觉，则越需要善知识广泛弘扬佛法，"要得金刚体，护法弘真经"（同上）。他告诉人们，弘法利生功德无量，法布施是一切布施中最重要的布施，"在末法之世，立志开化那些未学之人，其功德无量"，"假如有人身犯小乘的四重罪和大乘的十波罗夷罪，瞬息之间经过这方和那方的阿鼻地狱，乃至穷尽十方无间地狱，没有不经历的。但只要能够一念将此法门，在末法之世中去开示那些未学之人，那么这人的罪障，应念之间便已消尽，立即将他所受地狱之苦因变成安乐国土。他所得福报超过前面施者的百倍、千倍、千亿倍，如此乃至算数譬喻所不能及"。（《楞严经》）《佛说天地八阳神咒经》说："人能弘道以润身，依道依人，皆成圣道。"

第四，有大力，行大善。释佛在多部大乘经法中都强调做有力之人。他在《宝积经》中指出，欲想度众生脱离三途六道，需要自己有力量。要帮助众生断除欲流、有流、见流、无明流的四种烦恼，就必须修习佛法，造载众生渡生死河的法船。乘此法船，才能脱离苦难。菩萨应修什么法船呢？首先是培养救护一切众生的平等心，这是造法船的前提因缘。其次是修习无量清净戒行而积累无量福德，以此作为法船的坚牢愿定的船板。还要修习布施及其所获的果报作为法船的装饰。生清净心，以作为法船的木板。修忍辱行而得的柔软心和怀念不失作为法船上的钉子。在坚强精进中修行诸菩萨分，以之作为生产材木的最好的材料。以不可思议的无量禅定和福德成就调伏得极好的定心，作为造船的匠师。毕竟不坏的大悲心是法船在未来无穷际中广度众生的依靠，用布施、爱语、利行、同事四摄行引导众生，以智慧力觉照法船航行过程中的一切，以防止烦恼怨贼捣乱……那个鼓起风帆的疾风便是四正勤行和四如意足的精进力和定通力了。信力、精进力、念力、定力、慧力五根是观察法船航道的工具。五力则是载船的强大浮力。七觉分是破四种魔贼的利器。要用"神足通的道法"和无穷无尽的"正义力量制伏邪恶"。《密严经》说："以三昧力，生智慧火，焚烧色爱以及无明所依止"，用"神足力通"庄严自身，"游戏诸神通"，"具足诸功德"，"随意受身自在神通力无所畏，皆不退转"。《佛说四十二章经》指出："行道守真者善，志与道合者大"，从而告诉人们，大道无穷，善志无限，欲行大善者，必须时刻牢记将善志与大道统一起来。

第五，寻流而行，成就圣道。释佛告诉人们，只有成佛，才能真正求得大自在。他要求人们必须坚定不移地把成长发展目标定在成圣道。他说，求道者"犹木在水，寻流而行，不触两岸，不为人取，不为鬼神所遮，不为洄流所住，亦不腐败，吾保此木决定入海。学道之人，不为情欲所惑，不为众邪所娆，精进无为，吾保此人必得道矣"（《佛说四十二章》）。

4. 自我开发的基本方法

《大乘密严经》说："相从因缘起"，《观世音菩萨授记经》说："一切诸法因缘而生。"人们要想求得创造光辉形象的方法，就要寻找和利用创造美好

形象的因缘。

（1）学无上正法，求无上正觉知

佛陀告诉人们，众生虽然本性中蕴藏着正觉知能力，然而长期为诸烦恼障蔽，自不得知。亦不能发挥作用。人们成长的第一步，则是开启择法觉，学习和掌握开启正觉知的知识。《佛说清净心经》说，"修习正行欲得清净心者"，"第一个"需要唤起的觉悟是"法觉之择"。佛法是诸佛在获得正遍知能力后，关于宇宙人生真相的知识体系。《佛说法灯明心正觉经》说，"佛法是觉智"，"智开内外明"，"法灯明心境"，"明察自修行"。《佛说观普贤菩萨行法经》说："若有忏悔恶不善业，当读大乘经典。此方等经是诸佛眼，诸佛因是得具五眼，佛三种身从方等生，是大法印涅槃海，如此海中能生三种佛清净身，此三种身，人天福田应供中最。其有诵读大方等典，当知此人具佛功德，诸恶永灭，从佛慧生。"《说无垢经》说，"集法宝慧为大导师"，"获无等等佛智灌顶"，"超一切险秽深坑"。《大方广佛华严经·十定品》说，"入一切智海"，"成就一切智慧光明，住于一切佛菩提法，入如来智无有障碍"，"能了知无数、无量、无边、无等、不可数、不可称、不可思、不可量、不可说、不可说一切三昧……一切靡不明见"。《文殊师利普超三昧经》说：众生烦恼、迷障造罪的根源在于"无慧"，因而发无尽十种甚深大愿，教化众生"学习菩提"，"发菩提之心"，成无上正等正觉（《佛说文殊菩萨无尽十种甚深大愿》）；"志于佛慧无上大道"，"以慧得度"（《佛说文殊悔过经》）。《大乘密严经》说，"无慧离真实"，要求众生学如来"常法身"，"有大智慧"，"以慧定意，审谛观察，乃至分析，至于微尘，皆悉不见蕴粗鄙"，从而告诉人们，只有入"如来知见"，"才能善明了知"。

佛家诸多大经都明确指出，佛经是"正见之法"，是至善之法，是"智慧之理，大道之法"，"心不信邪，崇敬佛法"，"得无漏身，成菩提道"，"善法常转，即成圣道；若说邪经，恶法常转，即堕地狱"，"善恶之理，不得不信"。（以上引文皆见《佛说天地八阳神咒经》）

（2）发无上深心大愿，成就无上功德和自在神通

《大乘密严经》说，"能正观察，知诸世间，皆是自心"，"心能持身"，"能正觉知，心无所畏"，"意为先导，意最速疾，意为殊胜"，"意生之妙身，如佛而严饰，修行于十地，施等波罗蜜，众相以庄严，其身甚清净"。

因为人皆以意为先导，以心自持，所以佛家主张充分发挥心意的作用。善发心意，严净其身。佛家反复强调发愿。《大宝积经·文殊师利授记会》强调，人们须懂得发心的作用，"若不发心终不能得"。释佛对文殊说："汝可自说以何等愿庄严佛刹，令诸菩萨闻已，决定成满此愿。"文殊合掌白佛言："吾今承佛神力当为宣说，诸有欲求大菩提者，皆应谛听。若闻此愿，当如实学，令得圆满。""我以往昔百千亿那由他阿僧祇劫以来，起如是愿：我

以无碍天眼,所见十方无量无边诸佛刹中一切如来,若非是我劝发决定菩提之心,教授教诫,令修布施、持戒、忍辱、精进、禅定、智慧,乃至令得阿耨多罗之藐三菩提,我于菩提终不应证,而吾要当满此愿,然后乃证无上菩提。"文殊菩萨反复告诉人们,要"发胜愿","发菩提之心"(《文殊菩萨无尽十种甚深大愿》)。

《文殊师利普超三昧经》告诉人们要善于发心愿,要像大地那样发心,"地之所载一切众果、百草药木,因地而生,地无所置,亦不求报;群庶品类皆仰地活,地不辞厌不以为劳",大士发心"亦应当如是,发心如地无所著";又说:"发菩萨意所发者,不当发意令魔得便,无令如来而不欢喜,不使诸天人所不悦喜,不令德本而有耗减。"《大方广佛华严经·十定品》说:"彼诸如来修圆满行,发圆满愿,入圆满智,有圆满众,备圆满庄严,集圆满功德,悟圆满法,得圆满果,具圆满相,成圆满觉",告诉人们"速增诸行圆满大愿,速以法光照耀世间,速以方便转于法轮度脱众生,速随众生业示现诸佛清净国土,速以平等智趣入十力,速与一切如来同住,速以大慈力摧破魔军,速断众生疑令生欢喜,速随胜解示现神变,速以种种妙法言辞净诸世间"。

佛家讲的发无上大愿,实质上是告诉人们,要重视发挥意念的先导作用和心对身的主导作用。释佛在多部上乘大经中,反复告诉人们,誓愿力是推动人成长进步的伟大动力因素。无上甚深大愿会给人们无穷无尽的发展动力。《大宝积经·无量寿如来会》说:"诸菩萨于一切众生有大慈悲利益心故,有柔软无障心、不浊心,无愤恨心,有平等调伏寂静心、忍心、忍调伏心,等引澄净无散乱心、无覆蔽心、净心、极净心、照耀心、无尘心、大威德心、善心、广大心、无比心、甚深心、爱法心、喜法心、善意心,舍离一切执着心,断一切众生烦恼心,闭一切恶趣心故,行智慧行已,成就无量功德","天眼出现","法眼清净","慧眼通达","佛眼成就","生无碍慧","智慧日月察","作世间灯破众生暗,堪受利养殊胜福田,为大导师周济群物,远离憎爱心净无忧,勇进无怖为大法将;了知地狱,调伏自他,利益有情,拔诸毒箭,为世间解,为世间师,引导众生,舍诸爱著,永离三垢,游戏神通"。

释迦佛不厌其烦地告诉人们,无上甚深正义大愿的实现,必须有神通自在力作保证。诸佛及菩萨摩诃萨皆有无限神通自在力。《贤愚经·降六师品》说:善良的人们"希望世尊发挥出神力,化解、制伏六魔师的邪恶",显示出正义的力量是不可战胜的。如果正义的人们没有能力战胜邪恶,世间就不会有正义可讲。释佛赞颂普贤菩萨用"神通自在教化众生","一切神通悉能示现","不可说不可说三昧游戏自在",具有"无量不可思议大神勇力";赞颂文殊菩萨"三昧神通变化力不可穷尽",赞颂"观世音菩萨有如是自在神力,游于婆婆世界",能"以自在神力如应现化"等,从而告诉人们,要想成圣道,不但需要发展善根,积累功德,而且必须有无限能力和自在神

通力。

（3）用无上医王神药妙术，清除身心病垢，塑造无上光辉人生

《解深密经·地波罗蜜多品》说：“当知自地功德殊胜。一切菩萨十地功德皆是有上，佛地功德当知无上。”佛陀强调修好自地功德。《维摩诘所说经》明确指出，“自疾不能救者不能救诸疾”，“自能无染者能除他染”。“佛身无漏诸漏已尽，佛身无为不堕诸数。如此之身当有何疾，当有何恼？”《佛说文殊悔过经》说，“十方佛自首悔过，改往修来，不敢藏匿”，“如过去佛，诸天中天本为菩萨奉行道时皆悔诸罪、挂碍、阴盖，吾亦若兹。当来，现在诸佛世尊本所修改，我今悔过亦当如是。向尊自首归命于佛，为上为长，最胜殊特无上之德为无等伦。诸佛圣慧巍巍无量，愿知一切世界所有众生诸数而得自在，普能晓了众生的心念。吾等之身从无殃数阿僧祇劫，所行迷惑而自放逸，悔一切罪、阴盖之患，如为己身所悔殃衅，及为地狱、饿鬼、畜生，在于五趣一切众生罪所蔽者，今吾以五体礼虔而为悔过。晓了微妙，除诸根碍，已能游入观一切法；譬如虚空，所可悔者无罪无报，亦无尘染”，“菩萨大士自首悔过，无有罪害，得至佛慧，灭除一切休息、殃衅、挂碍之盖”。文殊菩萨说：“悔此一切众罪过已，寻发无上正真道意，请为一切众生之类，除诸殃衅使无罪盍，令在世间成佛证真”，“开化众生，诸求度者吾当度之，诸未脱者吾当脱之，诸求灭度者吾当灭度之”。

诸佛告诉众生，当知无始劫以来，在六道轮回造了诸多恶业，有许多烦恼迷障病垢待清除。佛是无上医王，“常思示现诸有趣生，为大医王善知方术，应病与药，愈疾施安，无量功德皆成就，无量佛土皆严净，甚见闻者无不蒙益”（《说无垢称经》）；佛法是百药俱全的药铺。唯有佛能知一切病，对病施药，除众生一切病垢。《阿差末菩萨经》说：菩萨应发意“自观痛痒、观他人痛痒”，“乘求圣慧”，“摄大哀者入于智慧，晓了休息一切痛痒，因此大哀使诸众生免除众难”。对眼、耳、鼻、舌、身、心、意等施行全方位自我观察，彻底清理，“永离垢浊”。《佛说四十二章经》说：“有众过而不自悔顿息其心，罪来赴身如水归海，渐成深广。若人有过自解知非，改恶行善，罪自消灭。”《佛说文殊悔过经》说：“已能如是悔所犯过，当发无上正真道意，常以慈心向于众生，不怀怨结，已无怨结清召三界，劝诸一切众德之本。稽首诸佛归命悔过，劝助转法轮，示现无量所建立德，则当兴发萨芸若智诸通敏慧。”《佛说天地八阳神咒经》说：能悔诸过，能守持佛法者，“得无漏身，成菩提道”。《千眼千手观世音菩萨广大圆满无碍大悲心陀罗尼经》说，“除一切病故，得寿命故，得富饶故，灭除一切恶业重罪故，离障难故，增长一切白法诸功德故，成就一切诸善根故，远离一切诸怖畏故，速能满足一切诸希求故”，“一切罪障悉皆消灭，一切十恶五逆、谤人谤法、破离破戒……一切恶业重罪愿皆灭尽”。

《阿差末菩萨经》告诉人们"修习自伏心不可尽","执御其心","住于三昧,心如金刚","心常不舍不离诸法"所施不怀异心,而具足如来法施;所施不兴斯念;所施普悯一切,不怀异心;所施不念望得三昧正受;所施皆能达知众生心行;所施其意清和;所施如受者意……"修习无穷智慧而不可尽","精进亦不可尽","是谓造立无数功德而不可尽"。

《佛说文殊悔过经》说:"种正义立于大定","净修诸佛功勋之德,庄严其身","以德本供养一切诸如来众","能严净诸佛国土","为诸佛所见摄护",得"三昧要慧","于过去、来、今普入平等","吾及众生悉使成就,进退自由,究竟清净,能蒙开化","诸界悉为佛界","十方因时开化得度,莫不得济至于大道"。《阿差末菩萨经》说:"入佛道要总持慧业,以德自严以超他严,三十二相八十种好","信力、精进力、意力、定力、慧力,不可穷尽"。"心常不离诸善法",神通辩才不可穷尽,"事与慧合","事不离德","无有罪咎,是则日大乘功德"。

《维摩诘所说经》指出:"娑婆世界有十事善法,诸余净土之无所有。何等为十:以布施掇贫穷,以净戒摄毁禁,以忍辱摄嗔恚,以精进摄懈怠,以禅定摄乱意,以智慧摄愚痴,以说除难法度八难者,以大乘法度乐十乘者,以诸善根济无德者,常以四摄成就众生。"

《维摩诘所说经》强调说:"有法门名无尽灯,汝等当学。无尽灯者,譬如一灯燃百千灯,冥者皆明,明终不尽。"佛法可助众生起正心,创造美好形象,"以菩提心起慈心,以救众生起大悲心,以持正法起喜心,以摄智慧行起舍心,以摄悭贪起檀波罗蜜,以化犯戒起尸波罗蜜,以无我法起羼提波罗蜜,以离身心相起毗梨耶波罗蜜,以菩提相起禅波罗蜜,以一切智起般若波罗蜜……以度众生起四摄法,以敬事一切起除慢法,于身命财起三坚法,于六念中起思念法,于六和敬起质直心,正行善法起于净命,心净欢喜起近贤圣,不憎恶人起调伏心,以出家法起于深心,以如说行起于多闻,以无净法起于空闲处,趣向佛慧起于宴坐,解众生缚起于修行地,以具相好及净佛土起福德业,知一切众生心念如应说法起于智慧,一切善法起于一切助佛道法"。《解深密经·地波罗蜜多品》说:菩萨行"布施、持戒、忍辱、精进、静虑、慧到彼岸","于身财无所顾吝便能受持清净禁戒,为护禁戒便修忍辱,修忍辱已能发精进,发精进已能具静虑,具静虑便能获得出世间慧"。"诸菩萨于自所有业果亦熟深生依法,一切所有不饶益事现在前时,不生愤发,亦不反骂,不嗔不打、不恐不异,不以种种不饶益事反相加害,不怀怨结,若谏悔时不令恚恼,亦复不待他来谏诲,不由恐怖有染爱心而行忍辱,不以作恩而便放舍"。佛菩萨告诉众生:"自业过失"是自己堕三途的根源,"若诸众生无自恶业障碍,何有世间贫穷?譬如饿鬼为大热渴逼迫其身,见大海水悉皆涸渴,非大海过,是诸饿鬼自业过耳"。

（4）行普贤慧行，在救度众生的实践中成就圣道

释佛指出，众生只有生佛法界，成就圣道，才能真正出三途超六道，有自在之乐。然而成佛做圣的伟业不能在空中求得。《说无垢称经》说："有人欲空地造立宫室，或复庄严随意无碍，若于虚空终不能成；菩萨如是，知一切法皆如虚空，惟为有情增长饶益生净功德，即便摄受如是佛土，摄受如是净佛土者非于空也。""诸有情土是为菩萨严净佛土"，"一切菩萨随诸有情增长饶益"，"随诸有情发起种种清净功德"，"随诸有情以如是严净佛土而得调伏"，"随诸有情应以如是严净佛土悟入佛智"，"随诸有情应以如是严净佛土起圣根行"，"菩萨摄受严净佛土，皆为有情增长饶益，发起种种清净功德"。《文殊师利所说不思议佛境界经》说："诸佛境界当于一切众生烦恼中求。所以者何？若正了知众生烦恼，即是诸佛境界故。""贪、嗔、痴等一切烦恼，莫不皆住于空之中"，"若修行者离贪、嗔、痴等而求于空，当知是人未善修行，不得名为修行之者。何以故？贪、嗔、痴等一切烦恼性即空故"。文殊菩萨在《佛说文殊师利净律经》中说："吾住五逆，乃成无上正真之道"，"人心本净，纵处秽浊则无瑕疵，犹如日月不与冥合，亦如莲花不为泥尘之所污，譬如虚空无能污者。欲行学法，发菩提心，住于诸逆亦不动摇，开化诸逆则名曰顺，其心本净，不与秽合"。

《大方广佛华严经·入不思议解脱境界普贤行愿品》说："譬如旷野沙碛之中，有大树王，若根得水，枝叶花果悉皆繁茂；生死旷野菩提树王，亦复如是：一切众生为树根，诸佛菩萨而为花果，以大悲水饶益众生，则能成就诸佛菩萨智慧花果。何以故？若诸菩萨以大悲水饶益众生，则成就阿耨多罗三藐三菩提。是故菩提属于众生，若无众生，一切菩萨终不能成无上正觉。"《大方广佛华严经·十定品》说："譬如大地，以持一切而得其名，终无有时舍离能持，菩萨摩诃萨亦复如是，以度一切而得其名，终无有时舍离大悲。譬如大海，以含众水而得其名，终无有时舍离于水；菩萨摩诃萨亦复如是，以诸大愿而得其名，终不暂舍度众生愿。"菩萨"修普贤行，乃至能令一切众生善法增长"，"置众生一切智处"，"尽未来际度脱一切苦恼众生"，"不舍普贤行，不断菩萨道"。《维摩诘所说经》说，开示一切佛法，给众生一切智令发菩提心，于病者做良医，于失道者示正路，于黑夜示明灯，于贫穷示宝藏，未度者我度之，度一切众生解尘劳。

欲度众生离贪、嗔、痴等诸烦恼，必须处于与众生平等之中。《文殊师利所说不思议佛境经》说："若见自身离贪、嗔、痴即是断见，若见他身有贪、嗔、痴即是常见……如是之人非为正住。夫正住者，不应于己见胜而谓他为劣故。"文殊菩萨说自己"于贪、嗔、痴非已出离，亦非未离"。

佛陀指出，欲成就圣道者，当知无有止境。"圣心解脱，无有止境"。文殊菩萨说，"我虽是声闻，然不从他闻；虽是辟支佛，而不舍大悲而无所畏；虽已成正等觉,而与一切所应作事未尝休息","菩萨示行于世,而不为世法所染","为断一切众生烦恼,勤行精进,而入于法界,不见尽相;虽不住有为,亦不得不为;虽处生死,如游园观,本愿未满故,不求速证无上涅槃;虽知无我,而恒化众生;虽观诸法自性犹如虚空,而勤修功德净佛国土;虽入法界见平等,而为庄严佛身口意业故,不舍精进"。(《文殊师利所说不思议佛境经》)"虽于空清净而善示诸境,亦不取于境;虽于无相清净,而善入诸相,亦不执于相","清净而善行三界,亦不著三界","令知一切境界空"。(同上)

"行普贤慧行"的首要的和根本问题,就是把行为和智慧统一起来,"常行真正",如果"反天时,逆地理,背日月之光明,常没暗室,违正道之广路,恒寻邪径,颠倒之甚",必"自受苦"。(以上引文见《佛说天地八阳神咒经》)其次还要把"行真正"与至高无上的妙智结合起来,《佛说四十二章经》说:"夫为道者,犹木在水,寻流而行,不触两岸,不为人取,不为鬼神所遮,不为洄流所住,亦不腐败,吾保此木决定入海。学道之人,不为情欲所惑,不为众邪所挠,精进无为,吾保此人必得道矣。"

后　记

　　《中华优秀传统人文化》(经典卷)由黑龙江省人生科学学会组织撰写,于2009年11月由黑龙江人民出版社出版。发行后广泛征求了社会各界意见。在集中了科研、高校、党政机关和社会各界意见后,开始修订。2013年3月发行了第2版,征求意见后,又做了第3次修改。

　　此次修稿,主要做了以下几个方面的工作:一是把中华优秀传统人文化置于世界人文化建设的全局高度,根据国内外著名科学家、思想家的论述,分析了中华优秀传统人文化在中华文明发展史上的作用及其对人类文明进步的贡献;二是把中华优秀传统人文化与马克思主义人文化进行了比较研究;三是研究了中华优秀传统人文化的普遍适用性,分析了实现中华民族伟大复兴和21世纪人类文明进步对中华优秀传统人文化的呼唤;四是对佛家佛陀关于人生智慧的论述重新做了筛选调整;五是对引文与原著又一次进行了精心核对。

　　《中华优秀传统人文化》(经典卷)是黑龙江省各界人生研究人员共同智慧的结晶。本课题历时十几年至今仍在深入进行,根本原因在于社会需要。我作为一个科研人员,二十多年来不敢忘记的是马国良先生任黑龙江省委副书记期间对我说的几句话:"你们搞研究的人,有机会能读大量的书,我们做具体工作的人没有那么多时间读书。你们如果能把读到的好内容介绍给社会大众,这是贡献啊!"1997年9月,我被派到人生科研所任所长。有人告诉我,这是我国第一个有编制的专门研究人生的科研所。我作为这个研究所的第一任正职,开始考虑我应该把哪些好东西告诉大家呢? 我从中国共产党人的人生思想研究起,读了能见到的毛主席著作和邓小平等中国无产阶级革命家的著作、马恩列斯的著作,直至儒家、道家、佛家及中国古代百家经典,越读越觉得自己不知的比自己知道的多得太多了! 越研究越觉得知识分子应做"善知识",给人以正确指导。

　　杜显忠先生在任黑龙江省人大副主任时最先支持了我省的人生科研工作,曾担任黑龙江省人生科研学会第一至三届理事会会长。他是一位把人生研究当事业看待的人。迄今为止,他对我省人生研究的批示最多且期望极大,临终前还语重心长地嘱咐我:"把全省关爱人生研究的人们团结起来,不断开展人生科研新局面。"省人大副主任刘东辉先生,在任省委副书记期间,十分热心人生科研事业,多次给我们鼓励和指导。他在黑龙江省社会科学院《要报》《一门从黑龙江走向全国的科学》一文批示中说:"随着社会的不断进步,人类对自身的认识亟待进一步深化。我省社会科学界对人生科学的研究,已经做了大量工作,希望社会科学规划办、社会科学院,对这一新兴学科的发展,一如既往地给予支持。"他还热心帮助我们解决人生科研人员及经费等相关问题。省政协原主席、省人生科学学会第四届理事会会长周文华不止一次地赞扬我省的人生科研队伍,鼓励我们努力推进人生科研工作。

黑龙江省人生科学学会是我国第一个成立的以人和人生为研究对象、以提高人的文明素质为宗旨的群众性的学术团体。该学会成立以来,坚持把科研放在第一位,抓住人和人生研究不放。我们的人生科研工作之所以能够坚持下来而且得以不断深入发展,除了有各级领导的支持外,尤为关键的是有一个负责任、干正事、无私奉献的科研核心。这个核心一直由老中青三部分力量组成。李耀宗教授从我学会成立至今一直担任副会长,并兼任第四届理事会学术研究专业委员会主任。在我省人生科研工作处于低谷时期,黑龙江省社会科学院党委派庞发现研究员出任人生科研所所长兼学会副会长和秘书长。李宗耀教授不但自己大力支持庞发现工作,而且告诉同事们支持庞发现工作,宣传庞发现是一个干正事的学者。刘翰德教授挺身而出,带领一批中青年学者,旗帜鲜明地支持庞发现工作。高崖教授、佟子林教授、刘忠孝教授、吴润泽高级政工师等,一批专家学者齐心协力推进人生科研工作。

"中华优秀传统人文化研究"是黑龙江省人生科学学会组织的集体科研课题,有七位副会长参与研究组织,作者队伍由黑龙江省社会科学院、黑龙江大学、哈尔滨师范大学、黑龙江中医药大学、东北林业大学、黑龙江科技学院等单位老中青专家学者组成。

哈尔滨四好文化学校是我们编写此书的助动力之一。他们以"存好心,说好话,行好事,做好人"为宗旨,以普及中华优秀传统文化为目的,以经典原著为教材,以3～13岁少年儿童及其家长为教育对象,属纯公益性的教育,办学只讲奉献不求个人利益。这个学校请我去给他们家长班、教师班讲中华优秀传统人文化,并指定将《中华优秀传统人文化》(经典卷)作为他们教师班、家长班专用教材。

在《中华优秀传统人文化》(经典卷)公开出版发行之际,我们在此告诉广大读者,当今世界的人生理论正在发生空前的伟大变革,一切关爱人生的人们必须跟上这一变化。经济基础决定上层建筑。当今世界经济全球化推动人生理论正在发生新变化。新的伟大人生实践迫切需要新的科学度更高

的人生理论指导。当今世界的人生舞台已经不是一国,而是整个世界。虽比以往广阔了,但随之而来的是,人们面临的竞争对手也比以往任何时代都更广大,要想做到与日俱新,明明白白地做人,清清楚楚地做事,必须用真正科学的人生理论指导自己,即用具有无上真理性的人生智慧武装自己,切实去掉盲目性,增强自觉性,驾驭必然,乘自由之舟,达理想彼岸。

近年来,习近平总书记再三强调指出,中华优秀传统文化是中华民族"精神命脉";"培育和弘扬社会主义核心价值观必须立足中华优秀传统文化";"要讲清楚中华优秀传统文化的历史渊源、发展脉络、基本走向,讲清楚中华文化的独特创造、价值理念、鲜明特色,增强文化自信和价值观自信"。遵照习近平总书记的指示,我们对中华优秀传统文化又做了深层次的探讨。中华民族在中国这片土地上求生存发展已经约 170 多万年的时间。在中国这片土地上,自古生活着诸多民族,各民族在共同谋生存发展的实践中积累了丰富的经验,在长期连续不断的实践、认识、再实践、再认识的过程中,创造了饱含真理的人生理论。人是社会的主体和主导力量,人的文明化是社会文明化的根据。宇宙发展变化的规律性和人的类本质的共同性,决定人道的不可违抗性。中华传统文化宝库中蕴藏着极其伟大的人生智慧,当今社会最需要挖掘古圣哲的哪些人生智慧,这是一个极其严肃重大的问题。本书作者对此做了一些思考,现在发表出来供读者参考,望关爱本书的读者进一步提出宝贵意见,以供下次修版补足。文字修改意见,请寄:黑龙江省社会科学院老科技工作者协会庞发现收(或)987146377@ qq. com。

本卷由庞发现研究员策划组织主持撰写定稿,张锡勤等众多专家精心指导。刘忠孝教授全心全意支持庞发现研究员工作,积极创造条件减轻庞发现研究员的压力。刘翰德教授、高崖教授、吴润泽高级政工师,佟子林教授、陈桂芝教授及薛文礼、裴丽两位博士后积极参与了本课题的工作。为此书做出贡献的还有孙文发、齐向友、庞博、范永凤、赵杰、庞道杰、孙尚斌教授等。在本卷即将开印之际,我的心灵有些颤抖。"经藏是圣智寄身之处"。本书涉及面比较广,应读的经卷极其多,加之经藏哲理至深,深怕我理解偏差,误导读者。在此想说几句心里话,30 多年来,我是尽了心力。多年来,我经常早两点开始工作,晚十点休息。累得眼睛看不见字了,就闭目休息几分钟;脱肛不能坐时,就跪在地上、趴在床上看或写;冬天供暖不好,屋里冷了,就一次次增加衣服,最冷时身穿绒衣绒裤再加毛衣毛裤、棉衣棉裤、羽绒大衣,坐在电暖气上工作。女儿庞宏、女婿安树宝心疼我,就把自己住的黑龙江大学家属楼(供暖好)让给我用;我需要什么资料就给搜集什么资料,需要帮助干什么就干什么。多年来,虽然身心有些苦,但精神境界却健康了许多。每读一部经卷或重读一遍时,不但精神振奋,而且感到心灵好像在颤动,心旷神怡,有说不出的乐趣和干劲。多年来很少陪老伴游玩。女儿在海南买了房子让我们去养老，我也没去，因为那么多书带不去，该干的事还没干完。在此只能对老伴说一声对不起，对女儿说声谢谢！

本书能够一次又一次顺利付梓，首先当感谢哈尔滨吉顺信息服务公司。哈尔滨吉顺信息服务公司王福纯经理摔伤，公司停止业务之后，还专门留用打字员借用别人的打字社专门为本书打印服务，精神可嘉。哈尔滨仪兴打印社负责人刘女士全心全意为本书打印服务，本书几易其稿，个别章节翻来覆去多次改动，刘女士怀孕期间仍不惜贪黑起早，保质按时完成打印工作。哈尔滨品先节能环保科技有限公司总经理赵诚先生及王女士，在此次修版过程中，以纯朴的爱国之心，热心支持弘扬中华优秀传统文化事业，为作者提供了满意的服务，在此表示衷心感谢！

庞发现

2015 年 11 月